CODEX CLAROMONTANUS.

CODEX CLAROMONTANUS

SIVE

EPISTULAE PAULI OMNES

GRAECE ET LATINE

EX CODICE PARISIENSI CELEBERRIMO NOMINE CLAROMONTANI PLERUMQUE DICTO

SEXTI UT VIDETUR POST CHRISTUM SAECULI

NUNC PRIMUM EDIDIT

CONSTANTINUS TISCHENDORF

THEOLOGIAE ET PHILOSOPHIAE DOCTOR, THEOLOGIAE IN ACADEMIA LIPSIENSI PROFESSOR PUBLICUS ORDINARIUS HONORARIUS, ORDINIS REGII BORUSSICI AQUILA RUBRAE CLASSIS TERTIAE, ORDINIS REGII SUECICI DE STELLA POLARI, ORDINIS FRANCICI LEGIONIS HONORIS, ORDINIS DUCALIS LUCCENSIS DE S. LUDOVICO EQUE SOCIETATUM HISTORICAE THEOLOGICAE LIPSIENSIS ET ORIENTALIS GERMANICAE SOCIUS ORDINARIUS, SOCIETATIS HAGANAE PRO DEFENDENDA RELIGIONE CHRISTIAN SOCIUS AB EPISTULIS.

WIPF & STOCK · Eugene, Oregon

Wipf and Stock Publishers
199 W 8th Ave, Suite 3
Eugene, OR 97401

Codex Claromontanus sive Epistulae Puli Omnes
By Tischendorf, Constantin
ISBN 13: 978-1-4982-8315-1
Publication date 3/18/2016
Previously published by F. A. Brochaus, 1852

SUBSCRIBENTEN

Seine Majestät der König von Sachsen.

Seine Majestät der König von Preussen.

Seine Majestät der König Ernst August von Hannover.

Seine Kaiserliche Königliche Hoheit der Grossherzog von Toscana.

Ihre Königliche Hoheit die Prinzessin Louise von Sachsen.

Seine Königliche Hoheit der Prinz Albert von Sachsen-Coburg-Gotha, Gemahl der Königin von Engl

Seine Durchlaucht der Fürst zu Lippe-Detmold.

Se. Excellenz der Wirkliche Geheime Rath und Minister Dr. *Bunsen*, Königlich Preussischer Gesandter zu London.

Dr. *Joseph Georg Strossmayer*, Diöcesan-Bischof von Diakova und Syrmien.

P. *Hieronymus Joseph Zeidler*, Abt des k. Prämonstratenser-Chorherrnstifts Strahow, Vaterabt mehrerer Stifte dieses Ordens, Dr. Th. u. Ph., zu Prag.

Die Kaiserliche Bibliothek zu Wien.

Die Königliche Hof- und Staatsbibliothek zu München.

Die Kurfürstliche Bibliothek zu Kassel.

Die Herzogliche Bibliothek zu Gotha.

Die Herzogliche Bibliothek zu Altenburg.

Die Stadtbibliothek zu Hamburg.

Die Universitätsbibliothek zu Berlin.

Die Universitätsbibliothek zu Bonn.

Die Universitätsbibliothek zu Giessen.

Die Universitätsbibliothek zu Greifswald.

Die Universitätsbibliothek zu Halle.

Die Universitätsbibliothek zu Jena.

Die Universitätsbibliothek zu Königsberg.

Die Universitätsbibliothek zu Marburg.

Die Universitätsbibliothek zu Prag.

Die Universitätsbibliothek zu Rostock.

Die Universitätsbibliothek zu Tübingen.

Besser'sche Buchhandlung zu Berlin.

Buchhändler *Wolfgang Gerhard* zu Leipzig.

Der Lord-Bischof von London.
Der Lord-Bischof von Lincoln.
Der Lord-Bischof von Manchester.
Rev *Will. Cureton*, Domherr von Westminster.
Rev. *G. Wellesley*, Kaplan der Königin von England.
Die Theologische Bibliothek der Vereinigten Presbyterian-Kirche Schottlands, zu Edinburgh.
Rev. *John Eadie*, D. D. Professor der Biblischen Literatur zu Glasgow.

Rev. *Churchill Babington*, Fellow am St. John's College zu Cambridge.
Rev. *Hubert A. Holden*, Fellow und Assistant Tutor am Trinity College zu Cambridge.
S. P. Tregelles, LL. D., zu Plymouth.
Buchhändler *Williams & Norgate* zu London. 4 Exemplare.
Buchhändler *A. Asher & Co.* zu London. 3 Exemplare
Buchhändler *Dulau & Co.* zu London.
Buchhändler *J. H. Parker* zu Oxford.

Favre *Bertrand* zu Genf. 2 Exemplare.
Professor Dr. *Abr. des Amorie van der Hoeven* zu Amsterdam.
Die Gesellschaft zur Vertheidigung des Christenthums, im Haag.
Die Universitätsbibliothek zu Leyden.
Die Königliche Bibliothek zu Kopenhagen.

Die Universitätsbibliothek zu Upsala.
Die Universitätsbibliothek zu Zürich.
Buchhändler *Kemink & Sohn* zu Utrecht.
Buchhändler *W. van Boekeren* zu Gröningen.

I. CODEX DESCRIBITUR.

1. Codex qui Claromontani nomine ex auctoritate Theodori Bezae apud viros doctos dici consuevit, in thesauris est bibliothecae Parisiensis Regiae hodie Nationalis, numero signatus nunc 107., olim 2245. Membranis constat laevissimis ac tenuissimis; forma est quadrata eaque minori. Hanc antiquitus maiorem fuisse posteaque abscindendis marginibus minutam esse, iis probatur locis ubi quae corrector secundus adnotaverat magnam partem abscisso margine perierunt, cf. 68, 1. 97, 5.; item ni fallor locis aliis multis ubi signum emendationis a correctore primo ad textum appositum est, ipsa vero emendatio desideratur: nimirum in margine adscripta fuisse ibique una cum margine perisse videtur. Cf. 90, 5. 6. 19. etc. Praeterea aliquot locis, ut 97, 6. 168, 17. 337, 18., ligatura codicis nonnihil de textu absorbuit; quamquam librarius certum versuum terminum observavit: quemadmodum lineolam transversam pro finalibus litteris N et M graecis et M latina posuit ubi parum supererat spatii (cf. pag. 18. v. 20. pag. 25. v. 10.), vel etiam minutis litteris exeunte versu usus est, ut pag. 359, 17; item 480. v. 20. ubi σανεισελθειν non tantum minoribus characteribus scriptum est, sed etiam litterae σελθειν infra lineam sunt collocatae.

Codex Claromontanus foliis constat 533, quorum sextum, sive id quod apud nos graeci textus paginam septimam, latini sextam efficit, reliquis paullo crassius est, quippe posteriore tempore adiectum. Item folia 162. et 163., in quibus sub sacro textu posteriore manu suppleto alia scriptura antiquior delitescit, in locum duorum deperditorum substituta sunt.

In quavis pagina, praeter inscriptionem libri plerumque repetitam, versus scripti sunt viginti unus. Exceptae sunt paginae (paginae apud nos, in codice folia) 514. et 179: priore enim loco unum, altero duo versus inter scribendum omissos ipse librarius super illum numerum et graece et latine supplevit. Item pag. 468. in stichometria veteri latina alterius columnae versus unus numerum solitum excedit. In fine vero singularum epistularum tantum spatii vacuum relinquitur quantum de tota pagina superest: quaevis enim epistula a nova pagina incipit. Quum textus stichometrice scriptus sit, versus qui plene scribantur rari sunt: aliquoties vero etiam aliquid minutis litteris infra lineam additum est, ut modo significavimus.

2. Per totum codicem et graeci et latini textus scriptio continua est. Quam in graecis editio nostra accurate exprimit, in latinis non exprimit. Hinc autem ipsius codicis auctoritatem non habuimus, *semetipsum* et similia coniuncte scribentes, rursusque alia ut *manu factum* seiungentes[1]). In ipso vero codice in inscriptionibus et subscriptionibus iisque aeque graecis ac latinis intervalla observari solent, quae et ipsi expressimus.

[1]) Iis tantum locis continuam ipsius codicis scripturam in latino quoque textu exprimendam curavimus ubi inde repetenda est vitiosae scripturae caussa, ut 246, 2. *nonnedicenda* 276, 10. *vestrosseruissetis*, *n* et *s* male duplicatis; 53, 5. *numnumerus* syllaba *num* male repetita; 115, 13. *idoliservientes* altero *s* omisso; 60, 3. *septemilia*, omisso *m* altero.

Litterae initiales continuis litteris aliquanto maiores quum librorum initio tum ad indicandas quasdam textus sectiones positae sunt. Eae plerumque unius litterae spatio versuum ordinem excedunt, cf. facsimile nostrum v. 18. Ponuntur in latinis ad eandem normam atque in graecis, nisi quod per septuaginta priora folia (apud nos paginas) in latinis cuiusque paginae initio initialis littera poni solet, non item in graecis; quod initialium genus in editione nostra non expressum a reliquis eo differt quod non extra lineam collocatae sunt. Praeterea vero paucis locis, ut pag. 481, 1., per incuriam librarii accidit ut initialis littera in altero textu posita non habeat in altero cui respondeat. Versus ii quibus aliquid ex Vetere Testamento laudatur aliquot litterarum spatium ab initio vacuum habent, qua re satis a reliquis distinguuntur. Aliquoties vero, ut 53, 10. 56, 20. 80, 8. 106, 3. 481, 18., initium verborum Veteris Testamenti non accurate observatum est.

Atramentum quo antiquissima manus utebatur fuscum est passimque flavescens. Tres primi cuiusque epistulae versus scripti sunt minio; item quicquid per omnes epistulas, excepta epistula ad Hebraeos, ex Vetere Testamento allatum legitur.

Antiqua scriptura in universum haud male conservata est; passim vero magna legendi difficultas orta est inde quod litterae unius paginae agglutinatae sunt alteri paginae, eoque vel evanuerunt vel perierunt: id quod maxime evenit locis minio scriptis, ut in latino textu pag. 53. v. 6 sqq; pag. 61, 1 sqq; pag. 70, 18 sqq; pag. 82, 1 sqq. Praeterea locis multis a correctoribus tractatis haud facile est primam lectionem assequi. De correctoribus ipsis accuratius infra videbimus; hoc loco notasse satis erit duos correctores (D** et D***) totum pertractasse textum graecum; tertium et graeca et latina passim adisse; quartum recensuisse totum epistulae ad Romanos textum latinum. Ad quos quattuor accedunt alii fere quinque qui in corrigendis locis paucis operam collocarunt.

3. Antiqua sive prima codicis scriptura ab eo uncialium litterarum genere est quod proxime accedit ad antiquissima eiusmodi monumenta, qualia sunt codex Friderico-Augustanus, codex bibliorum Vaticanus, codex Pentateuchi Sarravianus idemque Colbertinus, codex Alexandrinus, codex Ephraemi Syri rescriptus, codex Dionis Cassii Vaticanus: prorsus enim quadras ac rotundas formas habet. Litterae C et Є in extremitate semicirculi et lineae mediae in puncta admodum levia exeunt, quae ut nondum in Friderico-Augustano, in bibliorum Vaticano, in Pentateuchi Sarraviano eodemque Colbertino esse solent, ita usitatissima sunt in Alexandrino, Dionis Cassii Vaticano, in Ephraemi Syri rescripto. Eadem ratio est puncti ut ita dicam finalis quod habent lineolae tenues litterarum K T Γ Y. Litterae Π forma eo convenit cum codicibus Friderico-Augustano, bibliorum Vaticano, Ephraemi Syri rescripto aliisque, quod linea transversa ad latera non exit. Aliter est in codice argenteo Geneseos Caesareo, in Alexandrino aliisque. Porro in B H Z I Λ M N Ξ O P Φ Ψ Ⲱ litterarum formis nihil est quod ab eo unciali genere quod ex codicibus antiquissimis innotuit graviter differat. I et Y litterae ubi singulatim pronuntiandae sunt, ut in αχαϊα, λωϊδι, μωϋσει, ϊνα, ϋμεις, ex more antiquissimo duobus punctis notantur; passim vero non adest nisi unum; alibi vel a correctore demum addita sunt vel etiamnum plane desiderantur. Cuius rei quanta sit inconstantia, exemplum est pag. 443, 4 sq. ubi ÏⲁNNH̃C et ÏⲁMBPH̃C iuxta posita sunt. ⲁ Δ et Θ litterae, quarum formam inprimis ad definiendam librorum aetatem facere constat, antiqua simplicitate atque elegantia praestant. ⲁ enim maxime quadratam formam habet, luculento teste facsimili nostro: multo rarius quam in Alexandrino codice tenues lineae laterales ad rotundam formam inclinant. Δ littera uno scribentis ductu efformata est ita ut nihil adsit punctorum quibus laterales lineae innitantur. Eiusmodi puncta, levissima quidem, iam in codice Ephraemi Syri rescripto, in Dionis Cassii Vaticano, passim etiam in Alexandrino sunt; postea demum multo pinguiorem formam assumserunt. Ut vero nihil eiusmodi in Claromontano codice est, ita nec est in Vaticano bibliorum nec in Friderico-Augustano nec in Pentateuchi Sarraviano eodemque Colbertino. Θ denique littera plane rotunda est, ut consuetudo fert antiquissima, linea media circulum nusquam egrediente.

Universae scripturae magnitudo ut librum bibliorum Vaticanum, Friderico-Augustanum, Dionis Cassii Vaticanum superat, ita parum differt a Pentateuchi Sarraviano et Colbertino, a codice Ephraemi, a Cantabrigiensi; superatur vero a codice argenteo Geneseos Caesareo, item a fragmentis evangeliorum Vindobonensibus Vaticanis Londinensibus (Evv. I N Y apud criticos), item ab altero codice Dioscoridis Vindobonensi. In tota vero scriptura nihil est quod a simplicitate antiquorum scribarum aut a nativa uncialis scripturae ratione recedat. Quam in rem rectissime Montefalconius in Palaeogr. graec. pag. 217: *Character graecus nullam olet peregrinitatem, sed a perita manu exaratus est, Graecis ante memoratis*[1]) *in omnibus pene similis.*

Quae quum ita sint, nescio quid Griesbachius sibi voluerit de litteris graecis codicis Claromontani in Symbol. critic. II. pag. 31. in hunc modum disserens: *Litterae latinae longe elegantiores sunt quam graecae et librarium latinum prodere videntur*[2]); *graecae contra, licet deformes aut rudes non sint, tamen nescio quid inusitati spirant, et pictorem potius redolent quam scribam graeco characteri assuetum. Forma litterarum fere eadem est quae in Cantabrigiensi evangeliorum codice, sed elegantior* etc. Haec luculenter probant, Griesbachium idonea eiusmodi res iudicandi copia non instructum fuisse. Viderat ipse quidem perpaucos codices unciales; sed ne sic quidem quomodo in eam opinionem inciderit assequor. Res enimvero quibus antiquioris scripturae imitatores se produnt, ut quoddam artis studium et formarum quaedam inconstantia, ab iis Claromontanus codex omnino alienus est. Quod aliter fit in codice evangeliorum Basileensi[3]), in codice evangeliorum siglo M insignito (Parisiensi 48.), in codice Veneto evangeliorum U; item in ipsis Geneseos argenteo Caesareo et altero Dioscoridis Caesareo. Formarum quam dixi constantia magnum momentum iis potissimum locis habet ubi propter penuriam spatii minutarum litterarum usus fit. Eiusmodi locis ut in codice Friderico-Augustano, in bibliorum Vaticano, in Alexandrino, in codice Ephraemi rescripto a rotunda forma nullo modo receditur, ita nec in Claromontano usquam receditur. Aliter fit, ut Basileensem evangeliorum similesque alios praetercam, codicis argentei Caesarei locis multis, item passim in altero Dioscoridis Caesareo: cf. fol. 30. rect. βοηθει̅ et μιγνυτε.

Has res eo curiosius tractandas duxi ut probem quanta sit cura ponenda in rationibus palaeographicis veterum huius generis monumentorum indagandis, ut de eorum aetate cum aliqua probabilitate existimari possit: alia vero multa quae huc pertinent ex collectionibus meis afferre abs re esse visum est.

4. Accentuum et spirituum in codice Claromontano quae ratio sit, h. l. non est accuratius dicendum: quippe enim tota ad veteres codicis correctores pertinet. Qua de re mire rursus Griesbachius l. l. pag. 32. sic scripsit: *Accentus et spiritus rarissime a prima manu positi sunt; vix in tribus aut quatuor foliis unum deprehendi spiritum vel accentum ab ipso librario adpictum.* Sed praeeuntem ille habebat Wetstenium, ipsum librarium *rarissime accentus apposuisse* dicentem Nov. Test. tom. II. prolegg. p. 5. Multo vero rectius de ea re iam Montefalconius et Sabatarius scripserunt. Hic enim in admonitione praevia in epistulas b. Pauli apostoli Bibliorum sacr. lat. vers. antiq. tom. III. p. 591. codices Sangermanensem et Claromontanum sive Regium comparans sic habet: *At Regio aetate inferiorem eum esse vel ex hoc uno patet quod Graeco superpositos habeat accentus, Regius vero iisdem accentibus careat; quae omissio accentuum remotissimae antiquitatis non dubium esse indicium norunt ii omnes qui aliquem monimentorum huiuscemodi usum habuerint.* Montefalconii autem verba haec sunt: *Accentus et spiritus annotantur; sed ii secunda manu ut videtur, nec diu ut creditur post descriptum codicem adiecti sunt.* Hugius, qui de Vaticano bibliorum codice olim docte et prudenter scripsit, dormitavit de Claromontano codice exponens: Einleitung in die Schriften des N. T. 1826. I. p. 291 sq. Pendere Hugii disputationem magis a Griesbachio quam ab ipsius codicis examine, clarum fit inde quod Griesbachii errorem, quem is ab aliis[4]) receperat, repetiit, ex quo vetus scripturarum sanctarum stichometria, quae pagina (folio) 468 sq.

---

[1]) Recensuerat antea antiquissimos codices graecos, ut Pentateuchi Sarravianum, Ephraemi Syri rescriptum, Geneseos argenteum Caesareum, Dioscoridis Caesareum.

[2]) Haec de latino scribae genere coniectura quam improbabilis sit, etsi in graeco latino codice facillime cuivis in mentem venit, uberius infra demonstrabitur. Ceterum eadem coniectura iam ante Griesbachium Wetstenio placuerat, cf. Nov. Test. tom. I. Prolegg. p. 33. lin. 14 sq. ab imo: Griesbachio vero proprium hoc est quod ab ipsis graecis litteris ad latinum librarii genus conclusit.

[3]) De palaeographicis huius codicis rationibus uberius exposui in Studiis et Criticis theologicis anni 1844.

[4]) Wetstenius etiam hoc addidit l. l. pag. 6., inter epistulam ad Philemonem et stichometriam interiectas esse aliquot vacuas paginas. At eo loco nulla prorsus pagina vacua interiecta est. Absoluta vero stichometria fol. verso 469. librarius non potuit quin sequentem folii 470. paginam vacuam relinqueret: debebat enim graecae columnae in altera pagina exhibitae opponere in altera latinam. Quo de loco ne quem editio mea fallat, cf. appendix sub 469, 1 sqq.

habetur, unaque cum stichometria, id quod Hugius ex obscuris Griesbachii verbis conclusit, epistula ad Hebraeos ab alia manu scripta dicitur [1]).

Equidem bene cognita virorum doctorum de accentibus spiritibusque codicis Claromontani dubitatione nullo loco codicis toties a me examinati non attendi ad illorum signorum originem. Hinc intellexi a prima manu nullos accentus appositos esse neque magis spiritus, nisi forte passim apostrophus, ab antiquissimis quos novimus codicibus haud alienus ille quidem, qualem facsimile nostrum habet in επ᾽αυτους, απ᾽ορφανισθεντες, αφ᾽υμων, ipsi librario adscribi potest, licet locis longe plerisque neque hoc dubium sit, a solo correctore apostrophos additos esse. Quae res eiusmodi est ut ad liquidum perduci non potuerit nisi probe perspecta correctorum natura. Sunt autem res potissimum duae quae inquirentes facile in errorem ducere poterant. Alterum est quod folio secundo plures accentus habentur iam ante correctorem secundum, accentuum plerorumque auctorem, positi ab eoque passim mutati. Sed ii non ab ipso librario sed a primo correctore profecti sunt. Is igitur ab initio ea signa addere instituit, sed mox ab instituto destitit. Erat autem iste primus corrector accentuum admodum rudis; ita enim in iis ponendis versatus est: αγίοις — — ὑμιν και ειρήνη — — ἡμων — — Πρῶτον — — παντων ὑμων — — πίστις ὑμων καταγγέλλετε. Tum vero vocibus a correctore secundo improbatis passim additus est accentus vel spiritus. Sed iis locis idem corrector accentum vel spiritum iam posuerat antequam lectionem mutandam censeret: id quod plerumque in aperto est. Contra innumeris locis lectionem ab illo correctore reiici ex eo ipso planum fit quod desunt accentus et spiritus, ut 91, 19. και αι εκκλησιαι πασαι του χ̅υ̅.

Maxime autem ad probandam sententiam nostram idoneus est locus 92, 8 sqq. Ibi enim corrector postquam voces quattuor primas ex more accentu notaverat, totam doxologiam quam vocant improbandam duxit propptereaque ab addendis accentibus atque spiritibus abstinuit. Iam vero per hos versus novem omnes nihil prorsus eorum signorum invenitur.

5. Atque haec quidem de graeca codicis Claromontani scriptura. Latina vero et ipsa antiquum uncialis scripturae colorem refert, simillima latinae scripturae codicis Cantabrigiensis, quum si universam spectas, tum etiam in eo quod eandem uterque litterarum *d* [2]) et *b* formam habet. Quae formae etsi ab antiquo more recedunt, tamen in pluribus monumentis perantiquis immixtae antiquioribus formis inveniuntur. Ita non modo in celeberrimis Pandectarum membranis Florentinis fit, quemadmodum alphabeta inde desumta apud Henr. Brencmannum testantur in historia Pandectarum etc. Traj. ad Rhen. 1722.; sed idem etiam observavi in inscriptionibus antiquitatis Christianae in ea Vaticani porticu quae ad bibliothecam ducit expositis. Cf. ibi loculum ab imo quartum (*dalmatius* etc.), quintum, octavum, decimum nonum (*dulcissimo filio olympio celerina mater* etc.).

6. Compendia scripturae in codice Claromontano non habentur nisi quae iam antiquitatem adamasse scimus. Sunt enim in graecis Θ̅C̅, I̅C̅, X̅C̅, K̅C̅, П̅N̅A̅, П̅H̅P̅, M̅H̅P̅, A̅N̅OC, O̅Y̅N̅OC [3]), cum declinatis Θ̅Y̅, Θ̅Ѡ̅, Θ̅N̅ etc; item I̅H̅Λ̅, I̅Λ̅HM [4]) et I̅H̅M̅ (cf. 85, 10. 86, 20.), Δ̅A̅Δ̅ [5]). Nusquam vero και aut ται per compendium scribitur, neque magis μου aut similia alia iam in antiquissimis aliquot libris obvia. Item in latinis inveniuntur D̅S̅ [6]), D̅M̅S̅ (D̅M̅I̅, D̅M̅O̅, D̅M̅N̅, D̅O̅M̅), I̅H̅S̅, X̅P̅S̅, S̅P̅S̅ cum declinatis; praetereaque passim N· pro *noster* in formulis eiusmodi ut I̅H̅V̅ X̅P̅I̅ D̅M̅I̅ N· pag. 1, 13. [7]). Denique in utroque textu lineola transversa ad compensandas litteras finales graecas M et N, latinam M adhibetur, ut CAAH̅, EXѠME̅, MEV̅.

---

1) Et hoc Hugii de epistula ad Hebraeos testimonium et Griesbachii de scriba latino coniecturam cum fiducia repetiit Scholzius in editione Novi Testamenti et in introductione ad libros V. et N. T., nisi quod in posteriore opere illud quod est de epistula ad Hebraeos in emendandis revocavit, meis scilicet observationibus meliora doctus.

2) Notabile est in veteri stichometria latina pag. 468 sq. non *d* sed ∂ haberi.

3) Plene scribitur e. c. pag. 472, 8. ουρανοι, 334, 11. ουρανον.

4) Plene scribitur e. c. pag. 84. 3. ιερουσαλημ.

5) Plene scribitur pag. 61, 2. δαυειδ, item pag. 482, 8. Posteriore tantum loco ε a correctore exstinctum est.

6) Passim atque inprimis ab initio epistulae ad Romanos DEVS, DEO, DEVM scribitur, sed nihilominus superposita est lineola compendii.

7) Idem in eadem formula saepius plene scriptum habes: e. c. pag. 93, 11. 289, 12.

Tituli singulorum librorum in margine superiore plerumque repetiti a nobis ubique plene editi sunt, in ipso vero codice saepe per compendium sunt scripti. Ita non modo ΠΡΟϹ ΡΩΜΑΙΟΥϹ, ΠΡΟϹ ΓΑΛΑΤΑϹ, ΠΡΟϹ ЄΦЄϹΙΟΥϹ, ΠΡΟϹ ΚΟΛΟϹϹΑЄΙϹ, ΠΡΟϹ ΦΙΛΙΠΠΗΝϹΙΟΥϹ, ΠΡΟϹ ΤΙΜΟΘЄΟΝ Ā, ΠΡΟϹ ΤΙΜΟΘЄΟΝ B̄, ΠΡΟϹ ΤΙΤΟΝ, ΠΡΟϹ ΦΙΛΗΜΟΝΑ, ΠΡΟϹ ЄΒΡΑΙΟΥϹ legitur; sed etiam ΠΡΟϹ ΡΩΜΑΙ vel ΡΩΜΑΙΟ, ΠΡΟϹ ΚΟΡΙΝΘ Ā, ΠΡΟϹ ΚΟΡΙΝΘ B̄, ΠΡΟϹ ΚΟΛΟϹϹ, ΠΡΟϹ ΦΙΛΙΠΠΗΝ vel ΦΙΛΙΠΠΗΝϹ vel ΦΙΛΙΠΠ, ΠΡΟϹ ΘЄϹϹΑΛΟ vel ΘЄϹϹΑΛΟΝ vel ΘЄϹϹΑΛ Ā et B̄, ΠΡΟϹ ΤΙΜΟΘ vel ΤΙΜΟΘЄ Ā et B̄, puncto ad mediam litteram modo addito, modo non addito. Neque minus in latinis titulis scriptura fluctuat: ut enim AD ROMANOS legitur, AD GALATAS, AD EPHESIOS, AD TESSALONICENSES Ī, AD TITVM, AD PHILEMONEM, AD HEBREOS, ita etiam haec inveniuntur: AD CORINTH vel CORINT Ī et ĪĪ, AD COLOSSEN, AD PHILIPPEN vel PILIPPEN (ut pag. 369.), AD TESSALON Ī[1]), AD TESSALONICENS ĪĪ, AD TIMOT Ī et ĪĪ, AD FILEMON.

Quibus scribendi compendiis punctum modo apponitur, modo non apponitur. In titulis quidem librorum plerumque additur, etiam numeris; alibi satis rarum est. Quemadmodum autem passim IHV· XPI· DMI· et similia cum puncto scribuntur, ita ubique N· vidimus; quapropter etiam sic a nobis editum est. Praeter ea vero compendia et numeros rarissime signum puncti invenitur; neque in eo ponendo certa est lex observata, quemadmodum pag. 405. numeros ĪĪ absque punctis, numerus vero Ī cum duobus punctis legitur. Post αμην semel, et quidem in fine epistulae ad Galatas, punctum idque a prima manu positum deprehendere mihi videbar. Ceterum ubicunque ponitur puncti signum, ad medium numerum aut litteram apponitur.

Interpunctionis signa quae proprie dicis textus codicis Claromontani non habet, sed compensat eo quod stichometrice est scriptus. Stichometria enim insignis quaedam interpunctionis ratio erat, ad epistulas Paulinas primum ut constat adhibita ab Euthalio diacono Alexandrino anno 462: cuius exemplum mox multi, praesertim Alexandrini et qui cum illis litterarum commercium habebant, secuti sunt[2]).

Arabescorum quos vocant per totum codicem fere nihil invenitur praeter eos quos in fine epistulae ad Hebraeos apposuimus. Eiusmodi signa passim ubi epistula exit adpicta sunt.

7. Sed antequam ab hac codicis descriptione discedamus, dicendum est de facsimili nostro. Exscriptum id est ex ipso codice mihique, qua est erga me benevolentia, transscribendi caussa traditum a Tregellio clarissimo theologo Anglo. Egregie ab eo ipsam codicis scripturam redditam esse non dubito.

Versu 1. και υμεις additamentum primi correctoris est, a secundo correctore auctum accentibus.

Versu 2. sub υ, quod secundi correctoris est, latet α primae manus; item v. 3. αι sub ε.

ε versu 6. a primo correctore, v. 18. a secundo est additum.

Versu 7. ιδιους in margine secundus corrector addidit, sed signum iam posuerat primus.

Versu 11. pro εναντιον correctum est εναντιων; item v. 16. εφθασεν pro εφθακεν: κ vero in margine a recenti correctore (D^{nov}) adnotatum est.

Accentus et spiritus ubique a secundo correctore appositi sunt, nisi forte apostrophum super επ ante αυτους iam a prima manu positum esse velis.

Praeterea non est quod dicam quantopere nostrum facsimile imperfectas Montefalconii aliorumque delineationes superet.

8. Continentur autem codice Claromontano epistulae Pauli omnes hoc ordine:

Epistula ad Romanos. De graeco huius epistulae textu versus primi sex cum parte septimi desunt. Prae-

[1]) Numerus passim desideratur, ut etiam in facsimili nostro.

[2]) Passim ex neglecta ratione stichometrica probabile fit aliquid in exemplari vetustiore unde Claromontanum exemplar fluxit omissum fuisse vel certe defuisse in textu, nec in novum exemplar transisse nisi ex marginibus illius, ut 134, 2 sqq., quorum versuum ratio stichometrica in codice Boerneriano sic habet: Ινα ιουδαιους κερδησω Τοις (cod. Τους) υπο νομον ως υπο νομον Μη ων αυτος υπο νομον Ινα τους υπο νομον κερδησω. Cf. etiam pag. 92, 8 sqq. 107, 21. 42, 3. Mutuam rationem graecorum et latinorum illustrant 52, 4. 59, 17.

terea manu quadam antiquissima suppleta sunt latina paginae 6. graeca paginae 7. i. e. Rom. I, 27—30. Epistula ad Corinthios I. Latine deest XIV, 8—18. Epistula ad Corinthios II. Epistula ad Galatas. Epistula ad Ephesios. Epistula ad Colossenses. Epistula ad Philippenses. Epistula ad Thessalonicenses I. Epistula ad Thessalonicenses II. Epistula ad Timotheum I. Epistula ad Timotheum II. Epistula ad Titum. Epistula ad Philemonem. Denique, interiecta stichometria utriusque Testamenti p. 468 sq., epistula ad Hebraeos, de qua deest latine XIII, 21—25.

II. DE AETATE CODICIS.

1. His expositis dicendum erit qua aetate codex Claromontanus videatur scriptus esse. Iam enim plura tractata sunt quae ad eam rem definiendam faciunt: cuiusmodi inprimis sunt scripturae et graecae et latinae genus; accentuum spirituumque ratio; interpunctio. Resumam ab eo quod ultimo loco posui, ab interpunctione. Quum enim constet stichometricam rationem ad Pauli epistulas ab Euthalio Alexandrino primum adhibitam esse anno 462., clarum est post hunc demum annum Claromontanum codicem posse scriptum credi. Brevi post illum annum Euthalius, iam ex diacono Alexandrino episcopus Sulcensis factus, ad epistulas Pauli addidit et actus apostolorum et catholicas epistulas: quem laborem Athanasio episcopo Alexandrino sui amantissimo misit. Quae vero ab utroque episcopo rei novae commendatio proficiscebatur, ea vel maxime confirmata est egregia utilitate quam stichometria ad intelligendum recitandumque textum habebat. Unde factum est ut eadem mox in Alexandrinorum potissimum consuetudinem abiret, ab iisque rursus, tunc per totum litterarum orbem in arte scribendi celeberrimis, ad ceteras Christiani orbis terras transiret. Ad latinam quoque eamque Hieronymianam versionem mox eam adhibitam esse, testatur praeter alios Amiatinus codex circa annum 541. scriptus, qui iam totum Novi Testamenti textum stichometrice exaratum continet: quod ab eius codicis auctore primum institutum esse minime probabile est.

2. Sed quaeritur quanto tempore codex Claromontanus ab Euthalii aetate discedere videatur. Qua in re non negligendum est, codicem Claromontanum pariter ac fragmentum Paulinarum epistularum celebre Coislinianum, siglo H apud criticos insignitum a prima manu nec accentus habere, licet iam ab eodem Euthalio textui epistularum Paulinarum additi sint, nec magis Euthalianas singularum epistularum subscriptiones. Hinc enim apparet Claromontanum codicem non ad eiusmodi exemplar compositum esse quod proprie Euthalianum dixeris, quippe ex ipso opere Euthalii derivatum; sed stichometriam tantum inde translatam fuisse. Hanc vero solam transferre et facilius erat quam una accentus spiritusque transscribere, et tutius quam illas coniecturas doctorum ecclesiae ab Euthalio receptas addere. Tamen et istas coniecturas et accentus cum spiritibus postea in plerosque codices transisse notum est.

3. In scriptura vero codicis Claromontani nec graeca nec latina quicquam invenitur quod ab Euthalii aetate graviter differat, nisi quod latinarum litterarum *b* et *d* forma non antiquissima est, quamvis utramque ad sextum iam saeculum, ne dicam quintum, pertinere, non modo maxime probabile est sed etiam data opera extra dubitationem poni poterit. Alia si componimus monumenta manu scripta, tanta inter Claromontanum codicem et Cantabrigiensem similitudo intercedit ut eidem uterque saeculo adscribendus videatur. Graecae vero scripturae genus quod in his codicibus est non modo eiusdem sed etiam maioris antiquitatis speciem habet quam scriptura codicis Caesarei Dioscoridiani eius quem Montefalconius in Palaeographia graeca pag. 195 sqq. illustrat[1]). Maioris enim antiquitatis speciem

---

[1]) Nostrum iudicium non a Montefalconio pendet sed ab ipsius codicis examine, quod anno 1844. Vindobonae instituimus.

prae Dioscoridiano Claromontanus codex potissimum perpetua formarum constantia, de qua iam egimus pag. III., sibi vindicat. Iste vero Dioscoridis codex iussu Iulianae Aniciae e gente augusta initio sexti saeculi exaratus est. Eodem saeculo sexto quae scriptura graeca viguerit, discimus etiam, ut alia praetercam, ex indice haeresium Epiphanii praefixo codici syriaco nuper ex Libyae deserto Londinum advecto, quem anno aerae nostrae 561. librarius Edessenus scripsisse se profitetur[1]). Quo in indice cum antiquis litteris uncialibus mixtae sunt formae plures ab antiquo more iam paullulum deflectentes: id quod nescio an ab usu magis Syrorum quam Alexandrinorum graece scribentium fuerit.

Sed sunt haec eiusmodi quae aliquando in nova Palaeographia graeca omni cum studio tractanda erunt. Nunc quidem satis dictum puto ut probarem, codicem Claromontanum eodem sexto post Christum saeculo non posse probabiliter posteriorem haberi, ac potius eo medio vel etiam ineunte quam exeunte scriptum videri.

Accedit vero ad magnam libri antiquitatem tuendam etiam hoc quod ne corrector quidem is qui primus totum librum ad alium diversum textum recensuit accentus aut spiritus addidit, atque ii quos ab initio epistulae ad Romanos apposuit (cf. supra pag. IV.) ab accurato accentuum usu abhorrent. Nihilominus iste corrector et Graecus et doctus fuisse videtur.

Denique aliqua huic rei lux oritur ex patria codicis. Hanc si Africam vel ipsam Alexandriam fuisse probabiliter effici poterit, una concludendum erit ad aetatem eam qua calligraphorum Alexandrinorum studia nondum perierant Arabum armis et barbarie. Qua de re vide infra.

4. Quibus a rebus si ad ipsum textum codicis Claromontani par est progredi, hunc textum codice multo antiquiorem esse apparet. Iam enim ante medium saeculum tertium latinam epistularum Paulinarum interpretationem in usu atque auctoritate fuisse, testis est cum aliis Cyprianus, episcopus Carthaginiensis. Huius vero interpretationis, quam apud Afros secundo iam saeculo primum prodisse idoneis argumentis demonstrari potest et iam demonstratum est a pluribus, in epistulis Pauli nullus exstat testis Claromontano codici similis, nedum praeferendus. Boernerianus enim, qui solus comparari potest, minime immunis est a posterioribus studiis[2]). Claromontanus autem codex Afrae interpretationis antiquissimae eo purior atque certior testis est quum, ut infra videbimus, et patriam ipsam Africam et auctorem latini sermonis tantum non ignarum habuisse videatur.

Quam de antiquitate textus Claromontani sententiam quum antiquissimorum latinorum scriptorum testimonia[3]), tum duae maxime res mirum in modum confirmant. Canon enim sanctarum scripturarum stichometricus, qui in codice nostro epistulam ad Philemonem excipit, ita comparatus est ut in eum modum non potuerit componi nisi antequam ex ecclesiae auctoritate subtilius de canone praeceptum esset. Magnum in eo momentum non tantum hoc habet

---

[1]) Hunc codicem mecum communicavit vir summe venerabilis William Cureton.

[2]) Assentientem habeo Carolum Lachmannum, qui in prolegomenis Novi Testamenti 1842. pag. XII sq. haec scribit: *Boernerianus caute tractandus fuit, ut pote saeculo nono apud Sanctum Gallum scriptus (hoc enim Rettigius accurate docuit), sane ad exemplum vetus Graecum et Latinum, sed a librario qui et Hieronymianam in manibus haberet et ipse grammaticam Dosithei degustasset.*

[3]) Unum tantum locum prae ceteris insignem in hanc rem laudare mihi liceat. Loco epistulae ad Romanos 5, 14. testes longe plerique sic scriptum habent: ἀλλ' ἐβασίλευσεν ὁ θάνατος ἀπὸ 'Αδὰμ μέχρι Μωυσέως καὶ ἐπὶ τοὺς μὴ ἁμαρτήσαντας ἐπὶ τῷ ὁμοιώματι τῆς παραβάσεως 'Αδάμ. Graecorum omnium quos consulendi copia est non est nisi Origenes qui absque μή locum scripsisse videatur, cf. Griesbachii Symbol. crit. II. pag. 475. et eiusdem Diss. de codd. Origenianis pag. 39. De latinis vero patribus inprimis Hilarium diaconum (quem Ambrosiastrum dicere solent), Rufinum, Augustinum testes habemus, in antiquissimis latinis codicibus absque negatione eum locum scriptum fuisse. Ita enim de eo disserit Augustinus de peccat. meritis et remissione I, 10. *Scio quidem plerosque latinos codices sic habere Regnavit mors ab Adam usque ad Moysen in eos qui peccaverunt in similitudinem* (plerumque lectio apud Augustinum inter *-dinem* et *-dine* fluctuat) *praevaricationis Adae: – – – graeci autem codices, unde in latinam linguam interpretatio facta est, aut omnes aut paene omnes id quod a me primo positum est* (h. e. – – *et in eos [iis] qui non peccaverunt* – –) *habent.* Iamvero in codice Claromontano non modo a prima manu deest *et*, quod arctissime cum negatione ad lectionem loci addita coniunctum est, sed ipsa etiam negatio in serie textus desideratur. Quam etiamsi a prima vel coaeva manu supra lineam suppletam esse ponimus, a continuo textu codicis eius unde Claromontanus transscriptus est abfuisse eam dubium non est. Praeterea iste locus valet ad iudicandos locos eos quibus graecus textus a latino differt. Quum enim hoc probat, graeca latinis non de industria accommodata esse, tum antiquissimam lectionem passim fidelius in latinis quam in graecis conservatam esse.

quod Barnabae epistula, Pastor, actus Pauli, revelatio Petri ipsis libris canonicis adiiciuntur, sed etiam quod plane deest ad Hebraeos epistula: quod ut latinam sive Africanam originem, ita aetatem Augustino priorem testatur. Hoc vero utrumque probatur etiam eo quod epistula ad Hebraeos Paulinis epistulis annexa est ita ut appareat, priores epistulas fluxisse e codice in quo ea epistula nondum adnumerata neque addita esset canonicis. Iam enimvero in ipso Claromontano codice ita habetur ut a dubitatione latinae ecclesiae vix exemta esse videatur. Ista latinae ecclesiae dubitatio de canonica epistulae ad Hebraeos auctoritate videtur etiam in caussa fuisse cur latinus eius textus mira vitiositate prae reliquis epistulis omnibus laboret nec dudum ante Claromontani codicis aetatem manus emendatrices invenerit.

Atque haec quidem de latino codicis nostri textu. Graecus vero pro eximia utriusque affinitate proxime accedere censendus est ad textum ipsum eum quem interpres Africanus olim ante oculos habebat. Talem textum in ipsis graecis, neque tantum quemadmodum ex graecis latine redditus est, ad nos pervenisse, quam grave sit ad rem criticam, egregie docemur evangeliis, quorum latinum quidem textum ab Afrorum studiis profectum satis integrum etiamnum habemus, non item vero graecum quem iidem interpretando secuti sunt[1]); certe enim Cantabrigiensis codex, arguente Vercellensi codice similibusque, locis sat multis vel interpolationem vel corruptionem expertus est.

5. His de aetate quum ipsius codicis tum textus quem is continet ea qua par erat cura disputatis subiungam exempli caussa Morini Sabatarii Griesbachii de aetate codicis sententias, etsi intelligentibus viris facile clarum erit doctos homines illos subtiliore scientia rerum palaeographicarum non instructos fuisse. Illud enimvero omnino probe tenendum est, perdifficile esse iudicium de aetate codicum graecorum uncialium, neque id aliter posse ad quandam probabilitatem perduci nisi codicibus eiusmodi omnibus qui aetatem tulerunt summa cum diligentia excussis. Cui rei in itineribus meis per Europam et orientem susceptis ita operam dedi ut mihi multo plura quam ante me alii ulli in usum meum convertere liceret. Quum enim magnus sit uncialium scripturarum numerus quas in oriente vel primus vidi vel inde in patriam attuli, tum permulta ex bibliothecis Italiae Franciae Angliae Bataviae Helvetiae Germaniae eaque partim parum cognita collegi edendae novae Palaeographiae graecae profutura. Quod quum iam alibi dixi, tum repetendum duxi in usum eorum qui etiam in re palaeographica maiorum aliquot nominibus verbisque securi inhaerere quam rerum caussas indagare et doceri meliora malunt.

Sed ad Morinum Sabatarium Griesbachium redeundum est. Morinus enim in Exercitationum biblicarum Parte priore (Lutetiae 1633.) pag. 108. haec de codice Claromontano scripsit: *Quapropter consideratis figura magnitudine et splendore characteris tam graeci quam latini, illius ob vetustatem per se ipsum multis in locis dimidiata obliteratione passimque subobscura delineatione, versionis insuper cum vulgata textuque patrum comparatione, S. Hieronymi aetatem istius codicis scriptio videtur omnino praecedere.* Porro Sabatarius in Bibliorum sacrorum latinis versionibus antiquis, tom. III. p. 591. breviter sic: *Regius codex non minus quam ducentos annos supra mille praeferre videtur* (haec scripta sunt anno 1750.), *ut cuivis in huiusmodi rebus perito obvium est.* Griesbachius denique, quocum etiam Hugius[2]) aliique

---

[1]) Idem nobiscum Carolus Lachmannus sensit, cuius haec sunt verba: *quod si hodie illi codices Graeci extarent quos ante finem saeculi secundi in occidentem perlatos et Irenaeus et Latini versarunt interpretes, nobis necesse non esset pro fontibus rivos consectari. sed non est ea temporum nostrorum felicitas, quippe quibus vix duo illorum antiquissimorum occidentis* (occidentis nomine Lachmannus etiam Africam comprehendere solet) *librorum exempla multo recentiora satis accurate cognoscere liceat; alterum Parisiense, quod falso* (nimirum hoc Wetstenius docuit; vide infra ubi de possessoribus codicis sermo est) *nomine Claromontanum usurpatur, uncialibus litteris circa saeculum septimum* (secutus in his est Lachmannus Montefalconii verba *septimo circiter saeculo scriptus* Palaeograph. gr. pag. 217: codicem enim ipsum suis ille oculis non viderat. Lectiones autem graecas ex Wetstenii collatione, latinas ex Sabatarii opere repetiit; qua de re videbimus infra), *alterum Boernerianum nono saeculo apud Sangallenses scriptum. nihilo minus per hos duo libros Graecos efficitur ut epistularum Pauli* (*nam has complectuntur solas*) *multis partibus certior lectio sit quam reliquorum novi testamenti librorum, quorum nulla exemplaria supersunt in occidente scripta.* Vide C. Lachmanni Nov. Test. graece et latine, tom. I. pag. XIX sq.

[2]) Non possum autem quin h. l. adscribam Hugii de Cantabrigiensi codice iudicium: quod enim de hoc dixit, dum modo verum assecutus sit, id prorsus in Claromontanum quadrat. Postquam enim formas Alexandrinas in eo codice obvias recensuit (sunt autem in nullo codice alio frequentiores quam in Claromontano), ipsumque librarium parum graece, minus etiam latine scisse dixit, in hunc modum pergit:

faciunt, in Symbol. crit. tom. II. postquam pag. 31. *saeculo VI. aut VII. scriptum* dixit, paullo post pag. 52. nullis idoneis mutatae sententiae caussis allatis haec habet: *Librarius, qui codicem saeculo VII. aut ineunte VIII. exaravit, latinus fuit.* Montefalconii vero iudicium satis cautum illud quidem iam supra vidimus: is codicem nostrum septimo circiter saeculo scriptum dixit, quamquam graecis codicibus antiquissimis quos ante commemoraverat in omnibus paene similem declaravit.

III. DE PATRIA CODICIS.

1. Cum hac de aetate codicis Claromontani quaestione satis cohaeret altera quae est de eius patria. De qua quicumque antehac quaesiverunt, apud Latinos vel etiam, quod non plane idem est, ab homine latino hunc codicem scriptum esse putarunt. Quae coniectura placebat propterea quod latinam versionem graeco textui addere aeque inutile graeco homini ac latino utile videbatur. Sed ea res altioris indaginis est. Nimirum usui hominum latinae ecclesiae codicem eiusmodi destinatum fuisse, non est quod dubitemus: attamen hinc non sequitur scriptum eum esse apud Latinos. Ac minime vero de Romana ecclesia aut de alia ecclesiae latinae parte Europaea cogitandum puto: contra est enim quicquid codici peculiare est, ut statim accuratius dicemus. Multo probabilius patriam eius Africam proconsularem dixerim. Qua enim in terra latina interpretatio primum prodiit, in eadem maxime descripta esse recte existimatur, eoque magis hanc patriam Claromontanus codex sibi poscere videtur quum omnium liberrimus sit ab Italica emendatione. Quod longe aliter in Italia atque in tota Europa latina fieri solebat. Cuius rei testes habemus codices eos qui sine dubio ab occidentalibus hominibus sive Europaeis latinis scripti sunt et, quum pariter atque Claromontanus graecum textum cum latino coniunctum habeant, ipsius graeci textus indole proxime ad Claromontani accedunt similitudinem: codices dico Boernerianum, Augiensem, Sangermanensem, Sangallensem. Ac de Boerneriano quidem id quod huc valet iam dictum est supra pag. XV. Isto vero multo etiam magis a textu antiquo latino deflexerunt ii qui tres libros reliquos conscripserunt, etsi graecum textum antiquissimis Alexandrinis testibus simillimum fideliter repetierunt.

2. Sed prae Africa proconsulari Alexandriam pro codicis patria habere consentaneum est: quam civitatem scimus celeberrimam fuisse calligraphorum sedem, a quibus qui transscribebantur codices in totum litterarum orbem perferebantur. Qua de re non modo Strabonis est testimonium lib. XIII. §. 54.[1]), sed etiam Athanasius Alexandriae episcopus narrat, Constantis Augusti rogatu volumina codicum sacrorum se conficienda et ad eum mittenda curasse[2]): quemadmodum etiam verosimile est ab Alexandrinis artificibus confectos esse quinquaginta divinarum scripturarum codices illos quos ex Constantini Magni mandato Eusebius Caesareensis, Alexandrinis codicibus constanter usus, misit Byzantium[3]).

Quodsi *igitur liber, ut argumenta probant, Alexandriae scriptus est, aetas eius satis accurate definiri potest: scriptus est enim post Euthalium, sed* antequam *Alexandria ab Arabibus expugnata esset, quinti saeculi ultimis temporibus vel saeculo sexto, tum quum Graeci operosum calligraphorum* quaestum *deserebant totumque Aegyptiis cedebant, hominibus pauperibus atque industriis, sed nec graece nec latine doctis.*

[1]) Hoc loco Strabo id ipsum dicit, et Romae et Alexandriae libros εἰς πρᾶσιν describi, una querens de vitiositate codicum eiusmodi. — — βιβλιοπῶλαί τινες γραφεῦσι φαύλοις χρώμενοι καὶ οὐκ ἀντιβάλλοντες· ὅπερ καὶ ἐπὶ τῶν ἄλλων συμβαίνει τῶν εἰς πρᾶσιν γραφομένων βιβλίων καὶ ἐνθάδε καὶ ἐν Ἀλεξανδρείᾳ.

[2]) Eam rem Athanasius ita refert ut coniicere liceat, tale mandatum nihil novi aut insoliti habuisse. Cf. Athanas. Opp. ed. Benedict. tom. I. pag. 297. πυκτία τῶν θείων γραφῶν κελεύσαντος αὐτοῦ μοι κατασκευάσαι, ταῦτα ποιήσας ἀπέστειλα.

[3]) Cf. Euseb. de vita Constantini IV, 36 et 37. Item Theodoret. hist. eccl. I, 16. πρέπον γὰρ κατεφάνη τὸ δηλῶσαι τῇ σῇ συνέσει ὅπως ἂν πεντήκοντα σωμάτια ἐν διφθέραις ἐγκατασκεύοις, εὐανάγνωστά τε καὶ πρὸς τὴν χρῆσιν εὐμετακόμιστα, ὑπὸ τεχνιτῶν καλλιγράφων καὶ καλῶς τὴν τέχνην ἐπισταμένων γραφῆναι κελεύσειας, τῶν θείων δηλαδὴ γραφῶν etc.

3. Sed luculentiora sententiae nostrae argumenta habemus. Ut enim auctor codicis Claromontani artem venuste scribendi apprime callebat, neque graeci quem describebat textus plane rudem se praebuit — in hoc enim textu vitia scribendi satis rara sunt[1]) — ita latine nescisse videtur. Haec inprimis in Alexandrinum hominem quadrant, graecis quidem litteris imbutum, non item latinis, etsi qua erat artis suae peritia nec recusabat latinos textus transscribere. In latino enimvero textu innumera male scripta sunt, quorum alia sensum ineptum, alia plane nullum sensum habent. Poterant quidem quae ex priore potissimum genere sunt, partim iam in antiquiori inesse exemplo eo unde Claromontanus pendebat; sed ab homine latino aut qui latine vel mediocriter doctus esset ita scribi non potuit. Adscribamus exempla modo pauca: plura enim cuique sive textum sive appendicem perlustranti in promtu erunt. Pagina 490. haec habentur: *petitus est promissionem; et omnique controversia; volens ostendere inmobilem nobilatis suae.* Pag. 500. *iustitia* pro *iustitias; ulamentum* pro *velamentum; florierat.* Pag. 501. *habentes virtute* pro *habente virtutem,* et similia. Pag. 514. *quae magna habet remunerationem; qui venturis est; in renascenti animae; est autem fides ispirantium,* et similia. Pag. 521. *sperti* pro *experti; rueruerunt; eim* pro *enim; inarrando,* et similia. Sunt haec quidem ex epistula ad Hebraeos petita quae vitiositate eminet; sed similia nec in reliquis epistulis rara sunt; cf. 166, 20. *praophetae* 174, 1. *nonvissimos inimicos destruitur mors;* 178, 7. *quod spiritalis est;* 199, 3. *aborentur,* etc.

4. Huc accedit graeci textus ratio Alexandrina. Quicquid enim formarum Alexandrinarum quae dici solent in evangeliorum codicibus A B C D aliisque Aegyptiacae originis habetur, id vel constanter vel plerumque in Claromontano codice reperitur. Eiusmodi sunt λημψεται, προσλημψις, ανεπιλημπτοι, αδιαλιμπτος et αδιαλινπτως (Rom. 1, 9. est αδιαλιπτως); επενψαμεν, πενπει, προπενφθηναι; απολη νψεσθαι (pro eo 346, 6. D** απολημψ., D*** αποληψ.); συνκληρονομοι, σονπαθησαι, συνβασιλευσωμεν, σπλανχνα, συνφυτοι, ενπροσθεν, μεμιανμενοις, συνμιμηται, ενλογα, συνστεναζει; γυμνιτευομεν, ολεθρευων; εχθες; εφ ελπιδι, αφιδω, καθ εμε, ουκ εαυτω; συγγενην, ασφαλην; πιν, αποδεκατοιν, οιδες, παρεδιδετο, ειπα, εωρακαν, επιαν, επεσαν; ερυσατο, ευαγγελισαμην, καταισχυνθην, παραρυωμεν, εποικοδομησεν, ενοικησεν. Etc.

Atque haec quidem ad grammaticam sermonis graeci peculiaritatem pertinent. Confirmat vero etiam coniecturam nostram ipse textus eo quod Africana interpretatio, quacum egregie ille conspirat, ad antiquissimos instituta est codices Alexandrinos, ita ut ab his Claromontanus vel maxime derivatus esse videatur.

5. Denique Alexandriam potius quam Africam proconsularem codicis nostri patriam fuisse antiquorum correctorum quos expertus est ratio suadet. Haud dubie enim mox in graecas manus transiit: quippe primus corrector, qui totum textum graecum recensuit, in latinis ne litteram quidem attigit. Vero autem similius est ab Alexandria quam ab Afris latinis ad graecorum hominum usum codicem perlatum esse. Excepit primum illum correctorem alius qui cum graeco etiam latinum textum perlustravit, sed paucos tantum locos mutavit: cuius de genere nihil confidenter dixerim. Rursus vero duo vel potius tres secuti sunt qui in graecis emendandis acquieverunt. Post hos exstitit qui perpauca et graece et latine notabat. Nescio an circa idem tempus subscriptiones latinae amplificatae sint. Tandem homo haud dubie latinus totam ad Romanos epistulam retractavit. Hinc post aliquot demum saecula codicem ad latinos homines pervenisse certum est. Nihilominus innumeri loci vitiose scripti correctorem non invenerunt.

Quae quum ita sint, de patria et auctore codicis nostri mihi sic videtur. Scriptus est a calligrapho Alexandrino sive in Africa proconsulari sive, idque praestat, apud ipsos Alexandrinos. Ac destinatus quidem ille erat ad Latinorum usum; sed postquam fortasse in Graecorum monasterium aliquod illatus esset, post plura demum saecula a Graecis ad Latinos occidentales pervenit.

---

[1]) Horum vitiorum exempla haec sunt: 3, 14. τι (pro τινα) καρπον 5, 1. νοουμεν pro νοουμενα 12, 19. κλεπεις omisso τ 13, 21. γραματος 14, 9. επαι omisso νος 15, 12. πω pro πως 23, 21. ουτωσται pro ουτωσεσται 55, 2. δικαιοσυν omisso ην. Ex alio genere sunt litterarum αι et ε, ει et ι permutationes frequentissimae.

IV. DE ANTIQUIS CODICIS CORRECTORIBUS.

1. Codex Claromontanus per longam tot saeculorum seriem tot correctores expertus est ut aeque grave ac difficile sit quae horum cuique debeantur recte distinguere. Sed antequam codex aliena manu retractatus est, ipse librarius quae scripserat vel scripturus erat passim mutavit. Haec igitur primum nobis consideranda sunt. Sunt ea eiusmodi ut vix ullo loco quicquam dubii habeant; certe nusquam ubi erasis vel ablutis prioribus iisque per errorem scriptis id quod scribendum erat superposuit. Ita 88, 17. αμπλιαν super ουρβανον scripsit, quippe quod demum versu 19. ponendum esset. Item 210, 9. εαυτω super εν εαυτω quod non aptum erat rescripsit. 28, 18. το δε χαρισμα super exstincta εκ πολλων παραπτωματων quae proximo versu sequuntur scripsit. Item 251, 20. 292, 1. 380, 2. Item in latinis 245, 7. His locis omnibus dubium non est quin ipse se correxerit librarius, neque vero prior scriptura quicquam momenti habet. Quod nescio an aliter sit 474, 17: ibi enim verba και κατεστησας etc. postea correctori improbata librarius et ipse ex auctoritate exempli quod ante oculos habebat videtur omissurus fuisse nec nisi ex eius margine in suum textum transtulisse. Similiter statuendum existimo, ut iam supra exposui pag. XV., nota 3., de gravi loco epistulae ad Romanos 5, 14. ubi *non* textui superscriptum est.

Multo minus gravitatis habent loci ii quibus vel litteram vel syllabam vel vocem male praetermissam librarius superscripsit, ut 222, 13. ubi est ακ super παρλησεως (παρακλησεως); 288, 7. ubi est τ super σαυρω (σταυρω); 435, 15. ubi σι super ονηφορου (ονησιφορου) positum est; 239, 16. ubi supra lineam positum est $\overline{χυ}$, quo textus carere nequit nec latina versio caret. Quae quidem si quis dubitat an ipsius primae manus sint, non poterit quin addita ab eo putet qui recens scripta recognosceret[1]). At talem hominem, si studium suum ad hunc codicem adhibuisset, multo plura emendaturum fuisse arbitror; eoque minus locis quibusdam ambiguis ad talem emendatorem confugere consentaneum est quum emendationes aliae multae haud dubie in primam manum cadant. Ita etiam supplementa duo haec 514, 10. et 179, 22 sq. in graecis et latinis; de quibus cf. appendix.

Denique passim correctio ipsius librarii eo cernitur quod si quid, quod ex lege stichometriae sequenti versu scribendum erat, iam iis quae praecedunt adscribere coeperat, id intellecto errore deseruit addita improbandi nota vel etiam totum abluit aut erasit. Huiusmodi est 172, 1. ο post νεκροι: sequitur enim proximo versu ουκ; 303, 1. κ post αποστολοις, ubi versus is qui sequitur a και incipit; 449, 17. ubi post Σπουδασον priora eorum quae seq. versu leguntur deleta videntur; 188, 16. ubi librarius post υμας iam addiderat εις, quod proximo versu scribi oportebat. Etc.

2. Sed antequam correctores codici manum admoverent, accidit ut folium sextum, sive id quod apud nos paginam in latinis sextam, in graecis septimam efficit, quod casu aliquo excidisset, suppleretur. Cuius supplementi scriptura ex eodem uncialium litterarum genere est, tantamque in utroque textu similitudinem antiquissimi textus gerit ut ad ipsum folium deperditum credas conformatum. Quae coniectura inprimis eo commendatur quod ter DEVS plene scriptum lineolam compendii impositam habet, v. 1. $\overline{\text{DEVS}}$, v. 8. $\overline{\text{DEI}}$, v. 14. $\overline{\text{DEVS}}$, quemadmodum etiam 5, 8. $\overline{\text{DEVM}}$, 5, 17. $\overline{\text{DEI}}$, 7, 8. $\overline{\text{DEVM}}$, 7, 10. $\overline{\text{DEVS}}$, similiterque per totam priorem partem epistulae ad Romanos scribitur, non item vero in reliquis codicis epistulis. Differt autem a codice supplementum et crassiore membrana[2]) et atramento fusco. Possit facile quinquaginta vel centum annis ipso codice posterius esse. Nihilominus antecessit correctores omnes: iam primi enim eorum vestigiis certis notatum est.

---

1) Is est qui Straboni XIII, 54. ὁ ἀντιβάλλων dicitur. Queritur autem Strabo id ipsum quod codicibus iis qui in venditionem et Romae et Alexandriae conficiebantur eiusmodi studium non contingere solebat.

2) Supra, ubi de aetate et patria codicis dicebamus, commemorandum etiam hoc erat, miram membranarum quibus constat elegantiam quum eximiae antiquitatis signum esse — posterioribus enim saeculis codices crassioribus membranis fieri solebant — tum suadere Aegyptiacam originem: in Africa enim potissimum tenuissimae membranae ex antiloparum pellibus confectae et codicibus scribendis adhibitae esse videntur.

3. Primus autem corrector homo graecus fuit, fortasse ex monachis Sinaiticis vel ex alio illarum regionum monasterio graeco. Graeca eius scriptura hominem doctum prodit: accurate enim sed sine arte aut studio calligraphi scribit; nihilominus ab unciali litterarum genere nusquam discedit, ut septimo saeculo vixisse probabiliter credi possit. Saepe correxit codicem ubi αι et ε, ει et ι contra leges grammaticas permixta erant. In quibus quamvis nulla correctoris constantia fuerit, tamen alia corrigere, alia intacta relinquere solet. Prioris generis sunt τειμη, ουδις, τηριν, χριαν, επι (pro επει), ακουσθις, ις (pro εις), αληθια, δεθισαν, γεινωσκει, γεινεσθω, μενι (pro μενει): alterius generis συνιδησις, cf. 141, 6. 10. 11. 16.; οφιλει, quemadmodum 131, 14. 125, 12. ex οφιλι facit οφιλει (D*** demum οφειλει); τελιωσις, τελιος, επιφανια, δουλια, ειδωλιον, βραβιον, ονιδισμος, quemadmodum 80, 8. ε quod super νι adpinxerat ipse rursus delevit. Intacta relinquere solet νγ, νκ, νμ, νπ, νφ, νχ cum similibus, ut επανγιλαμενον (etsi ει pro ι scribit) 517, 8. συνκαταθεσις 214, 17. συνμεριζοντε 132, 14. ενπροσθεν 208, 2. συνφερει 116, 6. ελενχεται 165, 16. Nec magis formas λημψομαι, αδιαλιμπτως cum similibus mutare solet; quemadmodum 346, 6 ex αποληνψεσθαι ipse restituit απολημψεσθαι, cuius loco demum D*** αποληψεσθε posuit. Contra πενψω 181, 15. προπενψητε 182, 6. προπενφθηναι 190, 3. et similia non raro mutavit. εφ ελπιδι 44, 6. non attigit, nec alibi attigisse videtur. 84, 8. pro οπου ουκ scripsit ουκ οπου (D*** vero ουχ οπου). Pro επιαν 136, 3. πιν 130, 9. αποδεκατοιν 492, 9. correxit επιον, πιειν, αποδεκατουν, sed επεσαν 137, 5. non mutavit nec ηργασαντο 522, 6. nec ολεθρευων 521, 6. Ex his omnibus apparet primum correctorem Alexandrinam codicis scripturam magna cum moderatione mutasse ac multa quae eiusdem rationis esse putantur rata habuisse. Haec autem in homine docto, qui id ipsum agit ut insolentiam antiquae ac peregrinae scripturae corrigat, multo sunt graviora quam in librariis quae scribunt saepe ignorantibus.

Minime vero corrector iste in orthographicis his atque grammaticis acquievit; sed omnibus modis textum mutavit. Haud raro transpositiones vel versuum vel verborum indicavit: quod plerumque sic fecit ut versibus transponendis litteras Α Β Γ etc. praeponeret, verbis vero quae transponi volebat imponeret obelos in hunc modum: ' ''' '' '''' Maiorem partem lectionum quae primo correctori placebant corrector is qui post eum totum codicem recensebat confirmavit; de quibus accuratius infra videbimus. Sed nec desunt lectiones primo correctori propriae, quarum aliquot exempla afferamus. 74, 2. D** ex αποβαλωμεθα fecit αποθωμεθα, sed D*** revocavit priorem lectionem: 228, 15. D** pro μη αν mavult μη sine αν, D*** vero μηπως εαν : 235, 12 sq. D** legit ενκριναι εαυτους η συνκριναι τισιν, D*** vero εγκριναι η συγκριναι εαυτους τισιν : 253, 20. D** scribit το λοιπον, D*** restituit λοιπον: 312, 10. D** facit ανανεουσθε, D*** restituit ανανεουσθαι : 314, 13. D** corrigit το πνευμα το αγιον, D*** restituit το αγιον πνευμα : 386, 19. D** habet ενα εκαστον, D*** cum prima manu εκαστον : 449, 20. D** scribit σπουδης, D*** rursus πουδης : 456, 15 : D** υποτασσεσθωσαν, D*** ad priorem lectionem υποτασσεσθαι redit : 517, 3. D** pro στειρα mavult η στειρα, sed D*** improbat et η et στειρα. His locis adnumerandae sunt sat multae verborum transpositiones quas posterior corrector improbavit eo quod obelos ab illo super textum positos rursus abstulit, ut 165, 9. 171, 6 sq. 172, 11 sq. 470, 8.

Haud paucis locis ubi posterior corrector textum emendavit iam a primo correctore signum positum est. Eo signo aut ad marginem lectores delegasse videtur, ita ut emendatio cum ipso margine abscissa putetur, aut tantummodo aliquid corrigendum esse indicavit, quamvis id ipsum quod volebat non adscriberet. Aliquot vero locis tale signum a posteriore correctore rursus deletum est, ut 90, 6. ubi praeterquam quod signum ·/ adpictum est, etiam ερωτω inclusum est uncis; D*** vero ερωτω spiritu et accentu notavit. Eo loco vix dubium est quin D** in locum verbi ερωτω voluerit παρακαλω substitui; sed id non adscriptum est.

In appendice saepe significavimus dubium esse an cum posteriore correctore etiam prior correxerit. Hoc iis maxime locis fit ubi aliquid de textu prorsus erasum est. Passim quidem in ipsa litura signum delendi comparet, iam a primo correctore positum; sed nec a radendo ille plane abstinuisse videtur. Etiam ab atramento quo correctum est oritur dubitatio. Prioris enim correctoris atramentum flavi vel potius fulvi aliquid habet, posterioris fuscum est: passim vero posterior colorem suum emendationi prioris induxit, idque tam curiose fecit ut primo obtutu unum tantum scripsisse putes.

Ab initio epistulae ad Romanos primum correctorem accentus aliquot etsi parum aptos apposuisse iam supra significatum est.

4. De correctoribus duobus iis qui exceperunt primum potero brevior esse. Horum alter et graecum et latinum textum pluribus locis attigit; alter paucos locos textus graeci mutavit. In appendice priorem D**b, posteriorem D**c diximus. Corrector D**b ductum gracilem habet; utitur atramento subcaeruleo litterisque et graecis et latinis uncialibus maximam partem rotundis; accentus nullos apposuit. Plures eius correctiones in epistula ad Romanos habentur; reliquas codicis partes raptim tantum percurrisse videtur, ipsam lectionem raro mutans, emendans vero nonnihil de innumeris latini textus vitiis. Illarum correctionum exempla haec sunt: 4, 14. των ante ανων et linea per totam vocem ducta et punctis superpositis improbavit. 5, 9. ex ηυχαριστησαν iam ante D*** videtur D**b ηυχαριστησαν restituisse. 19, 8. pro ουκ αλλα ante D*** iam D**b scripsit ουχι αλλα δια. 19, 15. pro επειπερ εις θς D**b voluit ειπερ εις ο θς, D*** επειπερ εις ο θς. 20, 1. ex περιστανομεν fecit ιστανομεν, postea D*** ιστωμεν. 22, 5. α in δια improbavit duobus punctis superpositis. 23, 3. et ιυ et *ihu* appositis punctis delenda esse significavit. 24, 14. post δις addidit και. 26, 4. ex Ετι fecit Εις τι, atque ετι versu seq. delevit. 26, 14. post οτι addidit ει, quod D*** rursus abstulit. 28, 2. apposuit *et* ante *in eos*. 32, 17. ζωντας ex ζωντες fecit; item 38, 1. *mors* ex *mor*, 39, 18. *video* ex *vide*. 40, 20. ex πενψας iam ante D*** restituisse videtur πεμψας, quemadmodum ex *infirmabitur* correxit *infirmabatur*. 40, 11. addidit νυν, idque a D*** atramento inductum esse videtur: hinc Griesbachius quid eo faceret nesciebat Symb. crit. II. pag. 46. 40, 12. adscripsit μη κατα σαρκα περιπατουσιν, atque in latinis *non secundum carnem ambulantibus*. Praeter epistulam ad Romanos e. c. 90, 1. punctis improbavit και τους, item 96, 12. τουτου ad κοσμου apposuit. Sed exemplorum iam satis est; plura enim desideranti appendix copiam faciet[1]).

Hunc correctorem, quem non cum fiducia Griesbachii (l. l. pag. 39.) „Latinum procul dubio" dixerim, excepit is cui notam D**c dedimus. Atramento is utitur subfusco, non enim e fusco candidans dixerim, ductu unciali, accentibus nullis. Correctiones eius non cum eadem perspicuitate auctorem produnt atque eius qui modo praecessit. Exempla mihi haec in promtu sunt. 6, 19. ex δε fecit τε, quod D*** eo agnovit quod non apposuit accentum: appositurus enim fuisset si δε maluisset. 18, 2. ex μαρτυρομενη fecit μαρτυρουμενη. 19, 5. ad δικαιουν adnotavit τα, unde δικαιουντα factum est. Postea D*** super ου circumflexum posuit[2]). Eiusdem videntur esse 40, 4. αι pro ε in Ταλεπωρος correctum; 47, 17. Πεπισμαι pro Πεπισμε; 102, 7. χυ pro κυ.

5. Sed iam transeundum est ad correctorem eum qui non modo totum textum codicis Claromontani graecum accentibus spiritibusque instruxit et pleraque quae orthographiam spectant ad leges Graecorum grammaticas revocavit, sed etiam aliam eius textus recensionem quam dicunt codici inferre studuit. Is quin Graecus fuerit, iam propterea dubium non est quoniam latinam versionem pariter ac primus corrector nusquam attigit. Perite nec ineleganter scribit, atramento fusco[3]) eoque nitido. Litteris utitur uncialibus, neque ullo loco, quamvis bis mille et quod excedit locos corrigeret, ad minusculum quod dicitur litterarum genus desciit: quod sine dubio futurum erat si minusculis formis iam assuetus fuisset. Est autem istud unciale genus oblongum magis quam rotundum, quod inde a septimo saeculo adhibitum vulgatumque esse certum est. Similis est ea codicis Claromontani scriptura codici evangeliorum M (cod. Reg. nunc Nation. 48.)[4]), item codici evangeliorum W [Reg. nunc Nation. 314.], item correctori secundo codicis Ephraemi Syri rescripti. Nono eum saeculo vixisse maxime probabile est.

1) Griesbachius Symb. crit. II. pag. 40. erravit quod 87, 3. (Rom. 15, 2.) θυ et di huic correctori tribuit. Illud enim sine dubio a D***, hoc a D** profectum est. Ceterum de Griesbachii circa hos correctores studiis infra videbimus.

2) Falsus est de h. l. Griesbachius, etsi professus est se nescire unde emendatio esset, Symbol. crit. II. pag. 46. In margine enim τα non repetitum est; sed est $\frac{\lambda}{\tau}$ a D*** adpictum. Eiusmodi nota ecclesiastica sane rarissima est in cod. Clarom., sed sine dubio significat τέλος, atque h. l. rectissime indicat finem antiquae sectionis ecclesiasticae eius quae ab Οἴδαμεν δὲ ὅτι v. 19. usque πίστεως Ἰησ. v. 26. pertinebat. Simile signum passim in latinis aliena manu appositum vidi, ut 149, 18. 173, 11.

3) Male Griesbachius l. l. pag. 40. huius correctoris atramentum „splendens nigredine" dicit.

4) Facsimile huius codicis apud Montefalconium Palaeogr. graec. pag. 260. satis iniquum est.

Correctiones plurimas a correctoribus iis qui praecesserant, maxime a primo profectas comprobavit. Quod ita fecit ut vel primi correctoris litteras vividiore atramento induceret, vel rudiorem illius scripturam deleret in eiusque locum elegantiorem suam substitueret, vel illius notas aptiore loco collocaret[1]), vel nihil mutaret nisi quod ubi debebat accentum vel spiritum adderet[2]). Porro ubi ille aliquid improbandi caussa uncinis incluserat[3]) vel notaverat punctis, saepe hic vel obelos addidit vel plane erasit: alibi vero nihil fecit nisi ut accentu aut spiritu abstineret. Passim etiam ille iam erasisse, hic vero plenius delevisse videtur. Denique saepe fit ut quam emendationem priori iam correctori placuisse apposito signo apparet, eam ipsam posterior adscripserit. Atque haec quidem omnia consensionem utriusque correctoris significant. Contra sunt etiam loci ubi posterior corrector lectiones prioris non agnovit, quorum nonnulla exempla iam supra a nobis allata sunt. Huc inprimis pertinent plures verborum transpositiones quas ille obelis superpositis commendavit, hic eradendis obelis improbavit. Multo vero plura sunt quae corrector secundus de suo ipse codici intulit vel addendo vel delendo vel mutando. Saepissime ει pro ι atque ι pro ει correxit; item αι pro ε rursusque ε pro αι. Maximam partem orthographiae Alexandrinae[4]) et insolentiorum Alexandrinae dialecti formarum grammaticarum ad consuetudinem antiquorum Graecorum conformavit.

Nihilominus ne huius quidem correctoris studio contigit ut scriptura graeca codicis Claromontani vitiis omnibus liberaretur: quemadmodum etiamnum intacta sunt 117, 17. εἱστιν (cum hoc spiritu secundi correctoris) 361, 10. μεριμήσει 214, 12. πρὸσκότος (omisso ς altero) 253, 9. χαίρωμεν pro χαίρομεν 374, 4. κω̅ ιυ̅ χυ̅ 148, 10. γραιώδεις 433, 5. ἀναζωοπυρεῖν. Neque magis orthographia ad perfectam constantiam, quae quidem in paucis codicibus antiquis reperitur, perducta est. Ita, ut pauca exempla videamus, intacta manserunt 389, 14. ἀρχανγέλου 371, 10. εὐανγελίου 436, 2. εὑρεῖν ἔλαιον 29, 21. παρισῆλθεν 19, 1. ἔνδιξιν 232, 17. παρρῶν 89, 5. ἀσπάσασθαι (pro –σθε) 358, 5. ὑπερέροντες 338, 10. περιετνήθητε 31, 8. σύνφυτοι 54, 10. σειών. Inveniuntur etiam loci qui paullo incuriosius correcti sunt, ut 323, 4. περιεζωσαμενοι pro περιεζωσμενοι scripsit, ε non deleto; item 335, 11. ἑφανερώθεν pro φανερωθεν, quum deberet –ρώθη scribere; item 344, 3. μεμφὴν (volebat μομφην) pro μεμψιν. Ita per incuriam etiam D** 322, 4. Τα τεκνα υπακουεται correxit, quum recte a prima scriptum esset –ετε.

Ipse textus quem codex ab hoc correctore nactus est proxime accedere videtur ad universam indolem duorum codicum uncialium noni fere saeculi. Alter est codex bibliothecae Angelicae Romanae, siglo I ad epistulas Paulinas plerumque notatus; alter Mosquensis quem ad easdem epistulas siglo K notavi. De patribus autem eiusdem textus testes esse solent Chrysostomus et Theodoretus. Qua de re accuratius quaesituros ad editionem meam Novi Testamenti Lipsiensem II. delegare licebit.

Restat autem ut accentuum et spirituum nec non apostrophorum rationem quam antiquus ille codicis Claromontani corrector secutus est diligentius describamus. Haec enim quae fuerit in homine saeculi noni eoque haud dubie docto et signorum illorum quemadmodum apud Graecos adhibebantur peritissimo, accurate cognoscere criticorum philologorum interesse videbatur. Hinc operam dedi ut quicquid sive ab ipsis Graecis sive ab hominibus graece doctis vario modo scribi solet adnotarem. Huc pertinent nomina propria haec: ἁβραάμ, cf. 20, 3. 49, 9. 242. 267. 477. δαυεὶδ 61. ἑρμογένης 435. εὔβουλος 449. ἡλία 59. ἡσαΐας 53 bis. λίνος 449. συντυχήν 368. τυχικός 327. 347. 448. φιλητός 439. Porro haec nomina substantiva et adiectiva: θλίψις 47, 8. 123, 14. ἑβραῖος 364. ἑκατονταέτης 24, 4. κήρυξ 434. κρίμα 8. 28. 149. 150. 282. 414. 422. ὀσφῦν 325. πρᾶξιν 68, 4. σατάν 247. σπίλον 320. στῦλος 416. 262. τροφός 378: iam notaverat librarius primam acuto, sed eo rursus deleto gravem in ultima posuit. Item ex verbis haec: κρᾶζον 274. συνιών 16, 10. συνιοῦσιν 235. Adverbiis εἰκῆ et κρυφῆ non esse iota subscriptum, non est quod

[1]) Cf. 309, 19. ubi οι a D** post καταντησωμεν v. 18. additum, a D*** vero obelo transfixum et ante παντες v. 19. transpositum est. Item 457, 4. ubi D** η post θυ̅ v. 3, D*** vero ante σωτηριος v. seq. scripsit. Item 479, 20 sq. της.

[2]) Cf. 306, 10. ubi ad γνωναι D** apposuit τε; iam vero est γνῶναί τε. Item 429, 6. ubi D** addidit σε ad τηρησαι, D*** vero scripsit τηρῆσαί σε.

[3]) Hoc ita fit: ͺδιαυτουͺ sive ʿͺδιαυτουͺʾ.

[4]) Sed huc non pertinet ν ἐφελκυστικόν ante consonantes, quod is corrector aliquot locis ipse demum addidit, ut 502, 7. βρώμασι[ν] καὶ πόμασι[ν] καὶ 84, 19. κλίμασι[ν] τούτοις.

dicam: tale enim iota ab hoc similibusque codicibus prorsus alienum est. Ubique est ἆρα, non ἄρα: cf. 280, 2. 282, 7. 287, 15. 391, 10. 525. Notabile etiam est Ἴδε ἐγώ 280.

καγω non eodem ubique modo scribitur. Legitur καγω 98, 18. 102, 8. 126, 15; contra κἀγὼ 242 ter. 293. 142. Item κἀμὲ 181. κἀκεῖνοι 136, 15.

Praepositiones in compositis haud raro pariter ac separatim scriptae notantur accentu. Ita διὰμενεῖς 472. διὰλέγεται 525. ἐπὶτελέσαι 351. ἐπὶκαλούμενον 440. κατὰβραβευέτω 340. μετὰθέσεως 515. πρὸστεθῆναι 527. πρὸσευξόμεθα 45, 8. προήκούσατε (sic) 329, 1. παρόντος (sic) 329, 4. ἀπ᾽ὀρφανισθέντες 381. ὑπὲρἐκπερισσοῦ 385. (sed 306. ὑπερἐκπερισσοῦ). Similiter composita haec tractata sunt: δι᾽ὅτι 17, 16. 41, 14. 170. (4, 17. omisso accentu δι᾽ότι). δι᾽ὅ 247; sed δι᾽ὅ 8, 11. 194. 204. 305. δι᾽ὅπερ 138, 14. καθ᾽ὅ 45, 9. καθ᾽ὡς 159. καθὼς 15, 19. 20, 21. καθὼς 137, 3 et 13. καθ᾽ὡς 136, 18. καθάπερ 379. ἐξαὐτῆς 361. ὅτ᾽ἄν 11, 65. 181. 247. οὐκέτι 192. 209. 272. 301. 465. μὴκέτι 84, 18. 209. μὴδὲ 50, 3. 340 bis. μὴδεὶς 340, 5. μὴδὲν 286. μὴδέπω 516. οὐδέμίαν 217, 2 (οὐδεμία 371.) Pertinet huc etiam scriptura harum locutionum: διὰ τί 54, 5. ἵνα τί 141. διὰ παντός 61, 12. 405. 501. τοῦτ᾽ ἔστιν 55, 17 et 20. 39. 49. 465. 476. Contra est τοιγαροῦν 387. μενοῦνγε 58, 3. δεκαπέντε 259. δεκατεσσάρων 260.

Encliticarum usum haec illustrant: μετὰ σοῦ 431. περὶ σοῦ 432. ὑπὲρ σοῦ 465. (464, 10. διὰ σου: videtur circumflexus per incuriam praetermissus esse) ἕνεκεν σοῦ 47, 12. ἐν σοὶ 267. πρὸς σὲ 416. πρός με 183. 363. 461. οὐκ ἔστιν 268. 346. καὶ ἔστιν καρποφορούμενον 329, 17. αὐτός ἐστιν 332 bis. ἅτινά ἐστιν 341, 8. ο χ̅ς̅ ἐστιν 341. ἥτις ἐστίν 432. ἐγγύς σου ἐστίν 56, 1. ὑμῶν ἐστιν 106, 13. κακῶν ἐστιν 428. οὐκ εἰμί 129, 15. σὺν ὑμῖν εἰμί 337. ἀλλά γε ὑμῖν εἰμι (sic) 130, 1. ἐν ᾧ εἰσίν 336, 19. διακονιῶν εἰσίν 175. καὶ ἐστέ 338. πρός τινα 344, 3. ἐν τιμῇ τινὶ 341. τήν τινων 439. καθὼς φασίν τινες 15, 20.

Pronomen reflexivum αυτου ubique αὐτοῦ scribitur, nusquam αὑτοῦ. Cf. 77, 15. οὐδὲν κοινὸν δι᾽ αὐτοῦ. 59, 10. οὐκ ἀπώσατο ὁ θ̅ς̅ τὸν λαὸν αὐτοῦ. 512, 21. ὅτι κρινεῖ κ̅ς̅ τὸν λαὸν αὐτοῦ. 313. ἕκαστος μετὰ τοῦ πλησίον αὐτοῦ. 321, 12. α̅ν̅ο̅ς̅ – – πρὸς τὴν γυναῖκα αὐτοῦ. 499, 12. ἕκαστος τὸν πολίτην αὐτοῦ.

Duplicatum ρ nusquam spiritibus notatur. Ita est ἐρρύσατο, ἐρριζωμένοι, ἐρρήθησαν, παρρησία etc.

Passim accentu, prout acutus aut gravis ponitur, certa quaedam interpunctio significatur, ut 342, 21. ὀργήν θυμόν κακίαν. Plerumque exeunte versu pro gravi acutus ponitur, ut ὀργή καὶ θυμὸς, ubi litteris β α super και et θυμος positis iam D** transpositionem singulorum verborum indicaverat, quam eandem D*** comprobavit accentuum ratione.

Perquam raro accentus vitiose positi sunt, ut συνδοῦλου 329. ἀγαπάτε 345. σχῆμα 124. γιγνῶσκειν 353, 6. ἐφ᾽ ῷ 27, 16. κἀκείνος 438. Passim vero deest accentus ut nulla sit in omissione gravitas. Cf. 283, 20. πορνια 250, 13. γαρ 328, 10. καὶ πατρι 330, 11. και συνέσει 331, 5. τῶ πατρι 335, 21. και διδάσκοντες 335, 21. τῆς γης 341, 21.

6. Correctorem D*** exceperunt quos in appendice diximus D***b et D** (in latinis d**d). Prior qui subnigro atramento utebatur, primas tantum paginas attigisse videtur. Ad eum pertinent 2, 10. litterae C et P, de quibus cf. appendicem; item 3, 9. CMЄ inepte pro erasis OMЄ restitutae.

D** vero, cuius litterae et graecae et latinae, atramento fusco eoque plerumque rutilante scriptae, aliquid artificiosum habent, aliquot utriusque textus locos attigit. Correctore D*** posteriorem eum esse non modo inde apparet quod quae scripsit etiamnum accentibus carent, sed etiam duobus locis emendationes a D*** profectas rursus improbavit. 4, 17. enim D*** voluerat διοτι, D** vero rursus deleto δι restituit οτι. Item 135, 9. correctori D*** υπωπιαζω placuerat, D** revocavit υπωπιαζω. Praeterea locos tractavit hosce: 21, 13. addidit οτι; item 21, 17. και; item 23, 7. εστιν; item 24, 18. εις δικαιοσυνην et *ad iustitiam*. 24, 1. pro *in fidem* scripsit *fide*. 25, 6. in δικαίωσιν (iam D*** accentum posuerat) puncto notavit ν eique superscripsit νην, ut fieret δικαιοσυνην; sed factum ita est δικαίωσινην.

7. Post tempora correctorum D** et D***, i. e. decimo fere saeculo, evenit etiam ut supplerentur duo folia quibus graece continetur 1 Corinth. XIV, 13—22. Cf. pagg. 163. 164. Conscripta sunt haec supplementa duobus

foliis membranaceis quae antea iam librario quinti fere saeculi servierant textum graecum fabulae Euripideae transscribenti[1]). Is qui hanc libri Claromontani partem supplevit, utpote quum Graecus esset, latinorum deperditorum nullam curam habuit; hinc paginas eas duas in quas ex reliquorum foliorum ordine coniiciendus erat latinus textus 1 Corinth. XIV, 8—18. reliquit vacuas. Atramento usus est satis nigro et litteris uncialibus eiusmodi ut imitatorem antiquioris eius quae in codice est scripturae prodant. Versus quinque, 164, 15—19. ex Vetere Testamento allati ad similitudinem totius codicis minio scripti sunt, praetereaque singuli signum > praepositum habent. Accentus et spiritus multis vocibus apposuit, plerosque apte; pluribus vero non apposuit. Item ad finem omnium fere versuum puncti signa adpinxit, quorum altera eaque vi maiore ad frontem, altera eaque leviora ad pedem litterae finalis collocata sunt. Semel, 163, 18. (vide infra) etiam in medio versu interpungendum videbatur. Quae interpunctionis signa eiusdem docti hominis studio etiam textui foliorum eorum quae sequuntur illata sunt. Sed quo melius iudicari possit quae quum istius interpunctionis tum accentuum spirituumque in hoc codicis supplemento ratio sit, aliquot versus plene adscribamus. 163, 1—7. Διό ὁ λαλῶν γλώσση. προσευχεσθω. ἵνα διερμηνέυη· εὰν γαρ προσευχωμαι γλωσση. το πνα μου προσευχεται. ὁ δε νοῦς μου ἀκαρπός εστιν· 163, 18—164, 8. επειδη τὶ λεγεις. ουκ' οἶδεν· συ μεν γὰρ καλῶς ευχαριστεῖς· αλλ' ὁ ετερος ουκ' οικοδομεῖται· Ευχαριτῶ τω θω· πάντων ῦμων μαλλον. γλωσση λαλῶ· αλλὰ εν εκκλησία θέλω. πέντε λόγους τω νοΐ μου λαλῆσαι. ἵνα και ἄλλους κατηχήσω. ἢ μυρίους λογους εν γλώσση·

Quaesivit Griesbachius Symb. crit. II. pag. 51. de ipso textu huius supplementi de eoque sic scripsit *Textus supplementi, si universum eius habitum species, simillimus est textui codicis totius; ad eandem recensionem pertinet, atque cum iisdem libris manuscriptis concordat.* Rursus ibidem pag. 54. *Cum simillima sint, quod ad textus indolem attinet, primitivo totius codicis textui*, etc. At haec minus recte habent. Iudicandus est enim iste recentior textus graecus ex ea maxime parte cuius latina versio superest ab ipsa antiquissima manu scripta, i. e. 1 Corinth. XIV, 18—22. In his vero differunt τω νοι μου λαλησαι et *loqui per sensum meum* (Boern. cod. λαλη ομεν τω νοι μου); item ταις δε φρεσιν τελειοι γινεσθε et *ut sensibus perfecti sitis* (Boern. cod. ινα τ. φρ. τ. γενησθαι); item ουδ ουτως et *nondum* (Boern. cod. ουδεπω). Quae utriusque textus discrepantia eo plus momenti habet quoniam his locis omnibus latinum Claromontani codicis textum in Boerneriano, ut iam indicavimus, etiam graece expressum legimus. Illud vero facile clarum fit, supplementum istud ex antiquo codice eoque bonae notae fluxisse.

Ceterum quaesitum etiam est quando illud foliorum par ex codice excidisse videatur. Ac recte iam Griesbachius statuit l. l. pag. 54., quo tempore corrector D*** totius codicis textum graecum recognosceret, illa folia nondum videri avulsa fuisse. Quodsi enim iam tum perissent, eum ipsum qua esset codicis emendandi diligentia restituturum fuisse probabile est. Graviter vero erravit Wetstenius quod N. T. II. prolegg. 6. ipsi correctori D*** hoc supplementum adscripsit. Nulla enim est inter supplementum et correctoris D*** notas scripturae aut accentuum vel spirituum aut atramenti similitudo. Neque magis cum Wetstenio eidem correctori tribui potest nota folio ei quod supplemento antecedit adscripta: λειπι διφυλλην, cuius loco scriptum iam erat eadem manu εν φυλλον, sed id antequam λειπι vel simile aliquid adderetur rursus obelo exstinctum est. Quamvis enim atramentum et scriptura notae haud aliena sint a correctore D***, tamen incredibile est eum contra morem suum tam vitiose et sine accentibus scripsisse.

8. Perventum est ad duorum hominum latinorum studia in codice Claromontano conspicua. Alterius sunt subscriptionum latinarum, quae sub singulis epistulis leguntur, augmenta, accurate a nobis relata in appendice. Sunt ea cum artificiosa quadam imitatione antiquarum litterarum uncialium scripta, atramento fere subcaeruleo, quale est correctoris D**b. Praeter eas subscriptiones nihil attigisse videtur[2]). Alter vero undecimo fere saeculo litteris

[1]) Hac de re vide infra ubi de collatoribus codicis exponitur.

[2]) Per incuriam accidit ut Griesbachius l. l. pag. 53. scriberet, eundem hominem latinum fuisse qui hypographas quum graecas nonnullas tum inprimis latinas novis additamentis augeret. Per incuriam eum ita scripsisse dixi, quoniam quisque videt alio tempore alium in graecis alium in latinis subscriptionibus amplificandis operam collocasse. Graecas enimvero, ut supra exposui, ipse corrector primus tractavit. Sed fefellit Griesbachium memoria, diu post quam codicem oculis perlustrasset symbolas suas criticas scribentem.

plerumque minusculis e fusco rutilantibus totam ad Romanos epistulam ad antiquum quoddam Hieronymianae versionis exemplum recensuit[1]. Non raro scribendi compendiis utitur, quorum sunt quae difficile intelligas. Passim signo emendationibus vel praeposito vel addito indicari videtur unde corrector hauserit. Videbar autem mihi signum duplex deprehendere; alterum similitudinem litterae v habet, alterum litterae g vel s. Illud exempli caussa est 43, 11. 44, 16. 45, 10. 46, 12[2]; hoc 21, 16[3]. 43, 9. Recte iam Griesbachius notavit l. l. pag. 48. Rom. 8, 1. i. e. 40, 12. correctorem d^{***} — hoc enim signo in appendice nostra significatur — etiam ea quae correctori d^{**} (i. e. D^{**b} in graecis) debeantur mutasse. Etenim pro *non secundum carnem ambulantibus* scripsit *qui non secundum carnem ambulant.*

9. Superest de correctoribus, ut eo nomine abutamur, is qui in appendice siglo D^{nov} a nobis significatur. Qui quum recentiore aetate, saeculo fere decimo sexto, codicem perlustrabat, curam impendit restituendis aliquot lectionibus primae manus ab antiquis correctoribus mutatis. Quod ita fecit ut erasa vel in ipsa litura rescriberet vel adnotaret in margine, cuiusmodi notam facsimile nostrum repraesentat v. 16. Ac plerumque quidem primam ille lectionem assecutus est; passim vero erravit, quemadmodum bis (380, 8. 393, 13.) ubi debebat N notare notavit M: a prima enim manu scriptum erat αδιαλιπτως. Eiusdem correctoris est nota latine vulgaribus litteris adscripta pag. 219. quam retulimus in appendice; item quae similiter adscripta est pag. 120. de foliis a bibliopego transpositis: item similia. Denique ab eodem, nisi memoria me fallit, profecta est notatio singulorum cuiusque epistulae capitum ad modum editionum nostrarum.

In promtu est nihil ab eo homine illatum codici ullam antiquitatis laudem aut auctoritatem habere.

Itaque, ut breviter repetam cum siglis in appendice adhibitis, hic fere correctorum codicis Claromontani ordo est.

D^{b} [4] : is supplevit folium sextum, i. e. sextae paginae columnam latinam, septimae columnam graecam. Exeunte saeculo sexto?

D^{**} : Graecus septimi fere saeculi. Totius codicis textum graecum recensuit.

D^{**b} : idemque in latinis d^{**} dictus. Paucos correxit locos utriusque textus.

D^{**c} : Perpauca in graecis mutavit.

D^{***} : Graecus noni fere saeculi ineuntis. Textum graecum per omnes codicis partes diligenter recensuit.

D^{c} [5] : is est qui duobus foliis rescriptis supplevit graece 1 Corinth. XIV, 13—22.

D^{***b} : Paucissima attigit eaque parum apte.

D^{**}_{**} : idemque in latinis d^{**d}. Aliquot locos et graece et latine correxit.

d^{**c} [6] : corrector is est qui latinas subscriptiones suis additamentis auxit.

d^{***} : homo latinus qui totum epistulae ad Romanos textum latinum eumque solum recensuit.

D^{nov} : Erat is fortasse ex monachis monasterii eius unde codex in manus Theodori Bezae pervenit. Passim notandae lectioni primae operam dedit; item, ni fallor, capita Hugonis Cardinalis adscripsit.

10. Hoc loco breviter attingenda videtur quaestio quae est de Sangermanensi codice. Hunc descriptum esse ex Claromontano codice a plurimis correctoribus iam pertractato, rectissime vidit Griesbachius Symb. crit. II. pag. 77 sqq.[7], postquam similiter iam Wetstenius Sabatarius aliique statuerant. Descriptus est autem graecus textus ineptis-

---

[1] Tria exempla in promtu habeo quae huius correctoris consensionem cum antiquissimo codice Fuldensi contra vulgatam editionem Clementinam pariter atque contra codicem Amiatinum probant: 87, 4. (Rom. 15, 32.) 87, 16 sq. (Rom. 16, 3.) 88, 18. (Rom. 16, 8.) Primo loco est *requiescam* pro *refrigerer*, altero *adstitit mihi* (Fuld. addit *ipsi*) *et multis* pro *adstitit multis et mihi ipsi*, tertio *dilectum* pro *dilectissimum*.

[2] Hoc loco signo additum est nō i. e. *non.*

[3] Hoc loco additum est signo h̄ i. e. *habet.*

[4] [5] [6] Sigla haec tria: D^{b}, D^{c}, d^{**c}, in appendicem non recepimus.

[7] Eius verba sunt: *Dubitari prorsus nequit, nostrum* (i. e. Sangermanensem) *codicem Claromontani esse apographum.*

sime: nec enim is qui descripsit graece sciebat. Cuius rei quum innumera exempla afferri queant, tum tria ad probandum aptissima dudum per libros criticos repetita sunt. Exscriptum enim est Rom. 4, 25. δικαίωσινην (cf. appendix nostra sub 25, 6.; Griesbachii Symb. crit. II. pag. 80 et 45.; Sabatarii Biblia sacra tom. III. pag. 591.): ibidem 15, 29. πληρώματιρια (cf. appendix sub 86, 9., Griesbach. l. l. pag. 46 sq., Sabatar. l. l.): 1 Corinth. 15, 5. και μετα ταυεῖτα τοῖς δώενδεκα (cf. appendix sub 169, 19., Griesbach. l. l. pag. 41., Sabatar. l. l., Wetsten. N. T. II. pag 7.). Quibus exemplis alia potissimum duo, Heb. 10, 33. et Rom. 16, 25 sqq., ex Wetstenii et Griesbachii observationibus petita adiungam. Heb. 10, 33. corrector D*** litteris prima et extrema vocis ονιδιζομενοι obelo transfixis adscripsit θεατριζομενοι. Iam vero librarius Sangermanensis monstrum scripturae νιδιζομενοθεατριζομενοι creavit: cf. Wetsten. l. l. pag. 8., Griesbach. l. l. pag. 81. Altero loco momentum in eo est quod quum corrector D*** primis tantum quattuor vocibus accentus imposuisset, reliquis omnibus usque ad epistulae finem neglectis, Sangermanensis scriba totum locum eodem plane modo reddidit. Omnino igitur stat Griesbachii aliorumque sententia ex qua Sangermanensis codex, quod certe graecum textum attinet — hunc enim solum Griesbachius accuratius examinavit, — nihil est nisi vitiosum Claromontani codicis apographum; neque contra est si forte inveniuntur quae scriba Sangermanensis per incuriam aut inscitiam aliter atque in Claromontano scripserit. Quod vero locus Coloss. 2, 13. Griesbachium vexavit Symb. crit. II. pag. 83 sq., id ex mero errore fluxit Wetstenii. Is enim quum ad ὑμᾶς post συνεζωοποίησεν A C notare debebat, A E notavit. Deest enimvero ὑμᾶς in Sangermanensi pariter atque in Claromontano: id quod nec aliter ab Ed. de Muralt in N. T. pag. 661. notatum est.

Atque haec quidem de graeco codicis Sangermanensis textu. Latinus vero et ipse maximam partem transscriptus est ex Claromontano, nisi quod passim, ut ex lectionibus a Sabatario inde exscriptis concludendum est, mutatus est ad alium textum eumque cum Hieronymiano plerumque consentientem. Quae res in scriba occidentali nihil mirum habet, nisi quod aliis locis multis vitia Claromontani exempli ineptissima fideliter repetiit[1]). Sed utrumque ita factum esse videtur ut alius mutationes Claromontani textus indicaret, alius ex mandato serviliter scriberet.

Quo tempore Sangermanense apographum paratum sit, difficile dictu est: certum vero est, codicem Claromontanum iam correctores D**, D*** et D**** expertum et supplemento duorum foliorum rescriptorum iam auctum fuisse[2]) antequam Sangermanensis inde describeretur. Quid quod ex ratione loci Rom. 8, 1. probabile fit, antea etiam latinum epistulae ad Romanos textum iam a correctore d*** recensitum fuisse. Transiit enim in Sangermanensem codicem lectio haec: *qui non secundum carnem ambulant sed secundum spiritum.* Quorum verborum prior pars etiam ex Hieronymiano codice sumi poterat; sed quum una cum verbis *sed secundum spiritum* in nullo Hieronymianae versionis codice repertis transscripta sit, tota lectio ex Claromontano repetita esse videtur. Sequitur autem, etsi quod postremo loco vidimus non urgeamus, codicem Sangermanensem saeculo decimo priorem haberi non posse[3]).

---

[1]) Post Sabatarium, apud quem ex utroque codice haud pauca vitia notata sunt, ad hanc rem facit index lectionum vitiosarum, quibus in Sangermanensi nunc Petropolitano codice epistula ad Hebraeos depravatur, ab Ed. de Muralt in Catalogo codicum bibl. imperial. publ. gr. et lat. fasc. I. pag. 3. nota 7. exhibitus.

[2]) Docuit enim Griesbachius l. l. pag. 51. etiam haec vitia ἐπὶ (163, 13.), αμῆν (163, 16.), γινεσθαι (164, 10.), nec non εκ̸λησια (164, 3.) unde ineptus scriba εκλλησια fecit, ex rescriptis foliis in Sangermanensem transisse. Una vero res satis mira est. Latinus enim textus decem illorum versuum qui in Claromontano suppleti non sunt, etsi quemadmodum in Sangermanensi est plerumque cum vulgata facit, tamen aliquot locis ita ab ea discedit ut vel propius ad Boernerianum accedat codicem vel teneat quod non aliunde innotuit. Hinc alicui in mentem venerit, videri eos versus ex ipsis foliis iis quae rescriptis compensata sint fluxisse. At hoc non modo vitiis utriusque columnae graecae supra laudatis improbabile fit, sed obstat etiam graecus textus versuum 8—12. qui in Claromontano non periit: huic enim tribus potissimum locis, quum satis respondeat Boerneriani codicis interpres, latina Sangermanensis versio non respondet. Cf. Ει τυχοι v. 9., γενη φωνων ibidem, et εστιν v. 11.

[3]) Montefalconius, qui Palaeogr. gr. pag. 218. septimo circiter saeculo Sangermanensem codicem exaratum dixit, quam graviter falli se passus sit, in promtu est.

V. DE CODICIS POSSESSORIBUS.

1. Circa quod tempus codex Claromontanus in manus pervenerit Theodori Bezae, satis constat. Primum enim ille inventi huius thesauri mentionem facit in tertia — ex ipsius Bezae computatione — editione Novi Testamenti sua, cui praefatus est Genevae XX. Febr. 1582. Ibi postquam ad priorem Novi Testamenti partem ex manuscripto graeco latino ex D. Irenaei coenobio Lugdunensi eruto tantaeque vetustatis ut ipsius paene Irenaei temporibus exstitisse videri possit — codicem a se Cantabrigiensi universitati donatum dicit — multa se hausisse professus est, in hunc modum pergit de nostro codice exponens: *In posteriore vero, i. e. Pauli epistolis, ex alio paris vetustatis exemplari, in Claromontano apud Bellovacos coenobio reperto, plurima non parvi momenti observavimus.* Hinc sequitur, inter annum 1565, ubi primum ille Novum Testamentum graece et latine cum adnotationibus edidit, et 1582. codicem ad Theodorum Bezam perlatum esse.

Unde vero ad eum perlatus sit, in ambiguo est. Etsi enim ex ipsius Bezae auctoritate Claromontanus propterea nuncupatur quod eum in Claromontano apud Bellovacos (Beauvais) coenobio repertum asserit, tamen quam dubia ea inventio esset luculenter demonstravit Wetstenius Nov. Test. I. pag. 28 sqq. II. pag. 3. Grave in ea re est quod Beza in ista appellatione sibi non constat: modo enim eum codicem qui nunc Cantabrigiensis est Claromontanum dixit[1]), modo eum qui nunc Parisiensis est[2]). Vindicant autem Cantabrigiensi prae Parisiensi Claromontanum nomen res plures a Wetstenio l. l. commemoratae, quarum gravissimam h. l. attulisse satis erit. Refert enim Marianus Victorius in notis suis ad Hieronymi opera de antiquissimo graeco codice quem Tridentum attulerit Claromontanus episcopus anno 1546. Hunc episcopum fuisse Guilielmum a Prato eumque ad confirmandam latinam lectionem Ioh. 21, 22. *si eum volo sic manere usque dum venio* codicis illius antiquissimi protulisse lectionem graecam ἐὰν αὐτὸν ϑέλω μένειν οὕτως ἕως ἔρχομαι, constat ex actis synodicis. Quae lectio quum nusquam nisi in Cantabrigiensi codice reperta sit, dubium non est quin hunc ipsum Claromontanus episcopus in concilium Tridentinum attulerit. Recte autem Wetstenius simul monuit, Clarum Montem non esse obscurum illud apud Bellovacos coenobium, sed antiquissimam episcopi sedem apud Arvernos (Auvergne), unde et episcopus Guilielmus a Prato et is quo utebatur codex Tridentum pervenerit.

Quodsi igitur codex is quem Beza Cantabrigiensi academiae dono misit a Claro Monte recte nomen gerere censendus est: quaeritur de nostro codice quid sit statuendum. Quum autem Beza duobus nominibus inclytum codicum suorum par dicat, alterum Claromontano, alterum Lugdunensi, prius vero nomen evangeliorum actuumque codici conveniat, alteri qui Pauli epistulas continet convenire alterum, certe si ex verbis Bezae verum coniiciendum sit, sententia est Wetstenii. Hanc vero rursus is ita circumscripsit ut pro Lugdunensi Cluniacensem dici codicem mallet: ex Cluniaco enim coenobio prope Matisconem nec ita procul a Lugduno inter turbas belli civilis illum prodisse vult. Quam in rem locum laudat historiae Thuani, apud quem tom. I. lib. XXXI. pag. 221. haec leguntur: *Sub id tempus* (i. e. a. 1562.) *Poncenacus Lugduno a Subisio summissus cum Helvetiis auxiliaribus, quibus praeerat Nic. Diesbachus antiquae nobilitatis vir in Bernatum pago — — Interea Poncenacus Cluniacum nobilissimum toto Christiano orbe coenobium impetu capit: in cuius direptione longe copiosissima et omni librorum manuscriptorum suppellectile instructissima bibliotheca, magno studiosorum dolore et incredibili rei literariae, quod vix unquam sarciri poterit, detrimento, militari licentia aut incendio periit.* Cui loco Wetstenius addit N. T. I. p. 3. *Unde istum codicem exigua sua mole servatum miles forte Helvetius in patriam retulit; ubi Beza nescio quo pacto acquisivit, qui eo primum usus est in editione N. T.* 1582. Haec coniectura Wetstenii magnam sine dubio probabilitatis speciem habet. Poterat autem codex ex incendio Cluniaci pri-

1) Ita ad Luc. 19, 26: *Malim cum illo vetustissimo Claromontano codice servata particula γάρ versiculum 25. expungere.* Item ad Act. 20. 3. *Caeterum codex ille noster Claromontanus totum hunc locum sic legit* etc. Utrumque non potest nisi in Cantabrigiensem quadrare.

2) Ita eo loco quem modo laudavimus ex praefatione editionis Novi Testamenti 1582.

mum quidem Lugdunum transferri, indeque postea Genevam; praesertim quum anno 1565. a Beza nondum adhibitus sit; poterat etiam ex militis aut monachi ambigua traditione a Beza pro Lugdunensi haberi. Verum id ipsum quod manu Bezae in Cantabrigiensi codice notatum legitur: *Est hoc exemplar venerandae vetustatis ex Graecia, ut apparet ex barbaris graecis quibusdam ad marginem adscriptis, olim exportatum et in Sancti Irenaei monasterio Lugduni ita ut hic cernitur mutilatum, postquam ibi in pulvere diu iacuisset, repertum, oriente ibi civili bello anno Domini* 1562: id ipsum, inquam, maxime quod de inventionis anno est, Wetstenii coniecturam Thuani relatione iam egregie fultam confirmare videtur.

Ceterum facile fieri potuit ut in coenobium Cluniacense, quod a Guilielmo Pio Aquitaniae duce anno 910. fundatum mox auctoritate et litteris vigebat, pretiosi libri manuscripti ex longinquis terris perferrentur.

2. A Theodoro Beza codex Claromontanus — ut retineamus nomen per tria saecula apud viros doctos celebratissimum — Parisios ad Claudium Puteanum transiit, qui a consiliis parlamenti erat, virum colligendorum librorum studiosissimum. Hic utrum ab ipso Beza dum vivebat, an demum postquam Beza anno 1605. mortuus esset, codicem acquisiverit, dubitari potest. Illud vero quam hoc probabilius fit ex litteris Casauboni ad Iosephum Scaligerum datis anno 1601., unde haec in ipsum codicem transscripta sunt:

Casaubonus Iosepho Scaligero An. MDCI.

Codex τοῦ μακαρίτου *Puteani. Liber est venerandae vetustatis, maiusculis literis exaratus, habens e regione versionem Latinam, longe aliam ab ea quae edita.*

A Claudio vero Puteano ad Petrum et Iacobum filios transiit, nobile par fratrum, litterarum studio animique generositate celebritatem nominis assecutum. Praefecti erant bibliothecae Regiae inde ab anno 1635. usque ad annum 1656., quo Iacobus vita discessit quinquennio post Petrum fratrem. Eodem anno copia librorum lautissima a Puteanis patre filiisque undique congesta ex Iacobi Puteani legato ad regem Ludovicum XIV. pervenit. Sed Claromontanus codex non tam ex hoc legato quam ex emtione iam ante annum 1656. cum aliis libris manuscriptis in numerum Regiorum codicum receptus esse videtur[1]). Ab illo inde tempore inter pretiosissimos bibliothecae Regiae thesauros eminebat atque etiamnum eminet.

3. Sed restat ut mentionem faciamus detrimenti gravissimi quod codex Claromontanus fecit quinquaginta annis post quam Regiae bibliothecae ornamentum exstitisset. Anno enim 1707. Iohannes Aymont, qui ex Delphinatu Hagam Comitum se receperat indeque adierat Parisios, rediturum se fingens ad ministerium Romanae ecclesiae quam deseruerat, turpiter abutens fide Clementis tum custodis bibliothecae Regiae, cum libris manuscriptis aliis pluribus folia triginta quinque Claromontani codicis furtim abstulit[2]). Quod damnum tam acerbum post annos viginti duo penitus

---

[1]) Hanc historiae codicis partem ex iis contexui quae auctor catalogi librorum impressorum bibliothecae Regiae a. 1739. de huius bibliothecae historia exponens docet. Cf. Catalogue des livres imprimez de la bibliotheque du Roy. Théologie. I. P. Paris 1739. pag. XXIII. Rigault — — resta encore attaché à la bibliotheque et y conserva son logement jusque vers l'an 1635. Il quitta en ce temps-là la garde de la librairie — —. Sur sa démission, sa place de Garde fut donnée aux doctes freres Pierre et Jacques Dupuy, parens de M. de Thou. — — Pierre, qui estoit le plus sçavant, et dont la vie a esté escrite en latin par Nicolas Rigault son predecesseur dans l'employ de Garde de la bibliotheque du Roy, mourut en 1651. Jacques son frere resta seul en possession de la charge de Garde; il continua de l'exercer jusqu'au 17. novembre 1656. qu'il mourut, en rendant sa memoire immortelle dans la bibliotheque royale, par le legs qu'il luy fit des livres que luy et son frere avoient amassez. Ils consistoient en plus de neuf mille volumes imprimez, sans compter plus de deux cens manuscrits qu'ils avoient déja vendus au Roy. Plusieurs de ces manuscrits sont d'une très-grande antiquité, surtout le fameux exemplaire grec et latin des Epistres de S. Paul, escrit en lettres majuscules; il avoit appartenu à Claude Dupuy Conseiller au Parlement, pere de Mrs. Dupuy, comme on le voit par la signature, laquelle se trouve encore sur quelques autres, qui sont presque aussi estimables.

[2]) De hac re copiosius expositum est in Catalogo modo laudato. Cf. ibi pag. XLVI — VIII. Vers le temps de cette derniere acquisition arriva dans la bibliotheque le vol qui fit alors tant de bruit et qui causa tant de chagrin au bon M. Clement. Une espece d'aventurier, nommé Jean Aymont, Prestre du Dauphiné, ayant changé de religion, s'estoit retiré à la Haye. — — Aymont estant venu à Paris au mois d'avril 1706., M. Clement luy procura tous les secours qui dépendirent de luy: il le presenta au Ministre et ensuite au Cardinal de Noailles,

resarcire contigit. Folium enim numero 149. ex Hollandia a viro docto Stosel qui a fure emerat ad bibliothecarium Regium anno 1720. remissum est: quod in ipso folio notatum legitur in hunc modum: *Feuillet renvoyé de Hollande par Mr. Stosel. Mars* 1720. Reliqua folia triginta quattuor bibliothecae Regiae reddita sunt liberalitate R. Harleii comitis Oxoniensis[1]) anno 1729[2]).

Memoria huius rei in bibliotheca Parisina etiamnum conservata est eo quod folia quae olim erepta erant separatim compacta sunt: quod volumen in thesauris studiosorum hospitum caussa publice expositis locum habere solet[3]).

VI. DE COLLATORIBUS CODICIS.

1. Theodorum Bezam primum fuisse qui codice Claromontano ad illustrandum epistularum Pauli textum uteretur, quum anno 1582. secundum edebat adnotationes suas una cum textu Novi Testamenti graeco et latino, iam supra significatum est. Postquam autem familia Puteanaea in codicis possessionem venerat, ter potissimum in usum rei criticae conversus est. Primum enim Iohannes Morinus eum examinavit et cum vulgato textu contulit: cuius studii fructum anno 1633. publici iuris fecit. Inseruit enim cum codicis descriptione criticum lectionum variantium indicem Exercitationibus suis biblicis de hebraei graecique textus sinceritate etc. Lutetiae Parisiorum 1633. Cf. lib. I. exercit. II. cap. IV. cum hoc titulo: *In locis centum quadraginta et aliquot ex codice graeco epistolarum S. Pauli vetustissimo vulgata ecclesiae versio confirmatur. Innumeraque loca referuntur quae haeretici contra omnium manuscriptorum fidem se graece edere et latine vertere fatentur.* Pagg. 107—120[4]).

---

qui, pour s'assurer de la conversion de cet apostat le fit entrer au seminaire des Missions estrangeres. Cependant deux pitoyables memoires qu'il avoit remis – – avoient fait juger du caractere du personnage, et il fut méprisé comme il le meritoit. Nous avons de luy une lettre – –. Nous croyons en pouvoir presumer que ce fut pour se vanger de ce mépris, autant que pour se preparer les moyens de se justifier en Hollande quand il y seroit retourné, qu'il abusa de la trop grande confiance de M. Clement. – – Il s'évada au mois de may 1707. – – En faisant cette recherche, M. Clement n'avoit jugé du vol que par l'exterieur des livres – –. Il fut aussi surpris qu'affligé lorsqu'on luy fit remarquer quelque mois après les feuillets qui avoient esté arrachez ou coupez dans differens manuscrits, surtout dans celuy qui passe pour le plus rare et de l'antiquité la plus venerable, les épistres de S. Paul, en grec et en latin, escrites sur velin en lettres d'or (hoc per errorem scriptum est), et qu'on croit des premiers siecles de l'Eglise; il y manquoit trente-cinq feuillets. – –

[1]) Ita rectissime, opinor, Wetstenius habet N. T. II. pag. 4. In catalogo vero aeque ac in nota codicis manu scripta per mirum errorem *Milord Oxford et Mortimer* et *Milord d'Oxfort* legitur.

[2]) Cf. Catalogum l. l. Tout ce qu'on a pû recouvrer de ces feuilles ainsi enlevées – – c'est d'abord une feuille du volume des épistres de S. Paul, et un autre feuillet de la bible de Charles le Chauve. Un particulier escrivit de la Haye en 1720. qu'il avoit acheté l'un et l'autre d'Aymont luy-mesme – –: il en fut remboursé après avoir envoyé le tout à la bibliotheque. D'un autre costé Milord Oxford et Mortimer (in nota manu scripta codici adiecta est: milord d'Oxfort seigneur anglois), dans la bibliotheque de qui les trente-quatre autres feuillets du volume des épistres de S. Paul estoient entrez, renvoya ces précieux débris en 1729. à la prière de M. l'abbé Bignon, et avec une générosité qui mérite nos éloges, autant que nostre reconnoissance: par-là ce manuscrit que les sçavans regardent comme inestimable, a esté restabli dans sa parfaite integrité.

[3]) Huic volumini haec nota manu scripta praefixa est: Ce volume contenant trente quatre feuillets arrachés ou coupés du fameux et precieux ms. des Epitres de St. Paul par l'Apostat et le Scelerat Aymon, fut renvoyé à M. l'abbé Bignon au mois de . . . . . (nomen mensis deest) 1729. par milord d'Oxfort (vide supra) seigneur anglois. Il les avoit acheptés (ou fait achepter) du voleur Aymon. Folia autem olim erepta haec sunt: 146—150. 1 Cor. 11, 22—12, 10. graece (apud nos graeca columna folii 146. invenitur pagina 147. etc.) 173 sq. 1 Cor. 15, 26—35. graece. 178 sq. 1 Cor. 15, 50—16, 1. graece. 205 sq. 2 Cor. 5, 1—10. graece. 332—338. Coloss. 1, 19—2, 16. graece. 357 sq. Phil. 2, 3—13. graece. 384 sq. 1 Thess. 3, 10—4, 5. graece. 449—461. 2 Tim. 4, 21—Tit. 3, 20. graece.

[4]) Pag. 109. legitur: *Hoc autem vetustissimum epistolarum Paulinarum volumen in virorum clarissimorum fratrum Puteanorum manus pervenit, qui pro ea quae mihi cum eis intercedit amicitia et ea qua sunt erga omnes literarum studiosos benevolentia, illud utendum libentissime mihi mutuo dederunt.*

Postea alii criticum codicis examen instituerunt, indeque variantes lectiones et ad Usserium et ad Curcellaeum perlatae sunt. Has ab Usserio acceptas Waltonus in Bibliorum Polyglottorum appendicem recepit Londini anno 1657; Curcellaeus editioni suae Novi Testamenti addidit Amstelodami anno 1658.

Paucis vero annis ante totius codicis apographum manu Sarravii paratum est, quod etiamnum Oxonii servatur in bibliotheca Bodleiana signatum B 8317. Inscriptum est huic apographo: *Codex Claromontanus restitutus. Ex bibliotheca Puteanaea describente Sarravio anno Christi* 1648. Quo labore, quem ipse anno 1842. percurri, ne quis fallatur videndum est, quum ita sit comparatus ut in re critica plane nullius sit pretii. Pessime enim Sarravius fecit quod non distinxit inter primam et posteriores scripturas, satis habens luculentissimam quoque loco lectionem reddidisse, unde antiquiora et recentiora inepte in unum conglutinata sunt.

De Millio non est quod exponamus: lectiones enim Claromontani codicis maxime ex Waltoni polyglottis hausit. Disseruit autem de harum lectionum ipsiusque codicis pretio in prolegomenis Novi Testamenti sect. 1284—1293. (ed. Kuster. pag. 135 sq.)

Omnium vero maxime lectionibus graecis huius codicis excerpendis de re critica promeruit Iohannes Iacobus Wetstenius. De quo labore ipse testatur verbis his: *A me ipso denique bis et quantum potui accuratissime collatus est annis* 1715 *et* 1716. Folia autem triginta quinque [per errorem apud Wetstenium legitur *sex*][1]), quae illo tempore furtim ablata erant, postquam bibliothecae Regiae restituta essent, in Wetstenii gratiam cum editis contulit T. Nieuwenhuis, Amstelodami apud Mennonitas Theologiae Professor.

2. Quam Wetstenius diligentiam in excutiendo hoc codice a se adhibitam dixit, eam praestitam viri critici agnoverunt eo quod in iis quae ille dederat acquiescendum putarunt. Abstinuit a nova collatione Griesbachius, etsi in examinandis aliquot locis minus subtiliter Wetstenium versatum esse et intellexit et docuit[2]). Etiam Lachmannus, quum in edendo Novo Testamento suo codicem Claromontanum maximi faceret, lectionibus Wetstenii uti satis habuit, adsumtis paucis Griesbachii supplementis[3]). Neque est quod ipsi parvi aestimemus quae summae Wetstenii industriae debentur, quam quidem per totum saeculum a nemine superatam scimus. Attamen multum abest ut critico antiquissimi huius monumenti examini satisfecerit. Quod hoc loco non sic probabimus ut omnes eos locos recenseamus quos vel neglexit vel perperam tractavit: iam enim cuiuscunque interest codicem Claromontanum ad rem criticam adhibere, non lectiones a Wetstenio collectas sed nostram editionem consulere debebit. Satis igitur erit, quam imperfecta collatio Wetstenii sit, accuratius indicare et additis aliquot exemplis probare.

Primum ille latinum textum exceptis paucis locis prorsus neglexit: quod non recte fecit propterea quod locis multis latina a graecis differunt, nec raro in latinis antiquior aut rectior quam in graecis lectio superesse videtur. Ita 486, 4. *exauditus* confirmat lectionem εισακουσϑεις, non quod in graeca columna legitur ακουσϑεις. 486, 14. in graeco est και περι, in latino vero και recte abest. 498, 5. praestat *quanto et melioris* quam οσω κριττονος : item 496, 7. *sacerdotes* quam ο αρχιερευ[ς] : item 509, 21. *hoc testamentum* quam αυτη δε η διαϑηκη. 510, 20. graece est προσερχομεϑα (hoc ipsum Wetstenius male praeteriit), latine vero *accedamus*. Similiter 532, 1. pro graeco εξερχομεϑα latine legitur *exeamus* : 518, 1. ad ξενοι graece, non item latine, και παροικοι additur. 328, 1. (quem locum etiam Wetstenius observavit) latine legitur *Christi Iesu*, graece $\overline{\iota\upsilon}$ $\overline{\chi\upsilon}$: item 374, 5. *a deo* et απο $\overline{\vartheta\upsilon}$ $\overline{\pi\rho\varsigma}$.

Porro correctorum rationes parum indagavit: non modo enim nihil studii posuit in distinguendis singulis correctoribus[4]), quos inter se magnopere differre supra docuimus; sed etiam innumera neglexit quae a correctoribus

---

[1]) Indicem eorum quae foliis illis continentur Wetstenius recte exhibuit, excepto loco 1 Thess. III, 1., quod III, 10. esse debebat.

[2]) Cf. Symb. crit. II. pag. 45. ubi concludit, *Wetstenium satis quidem accurate codicem contulisse, interdum tamen vel primitivam lectionem vel emendationem silentio praeterivisse.*

[3]) Cf. N. T. graece et latine. I. pag. XX: „*in Claromontano Ioh. Iac. Wetstenii sequimur auctoritatem; nisi quod huius aliquot errores Ioh. Iac. Griesbachius in Symbolarum criticarum volumine altero indicavit*, *quod Halae edidit anno* 1793.

[4]) Cf. Wetsten. N. T. II. pag. 5. *Duae autem manus in illo codice clarissime distingui possunt, scriptoris et correctoris.* Eidem correctori, in quem unum Wetstenio coeunt nostri D** D**b D**c D*** D:: etc., etiam supplementum rescriptum 1 Cor. 14, 13—22. tribuit.

profecta sunt. Ita in uno capite, prioris ad Corinthios epistulae primo, silentio praeteriit haec. 187, 1. a prima est και αυτοι, sed D** et D*** και improbavere : ibidem v. 4. και post ουτως a correctore D*** deletum est : 188, 9 et 10. εσχηκαμεν a prima plane deest; D** addidit, rursus vero D*** aliter ac D** posuit: quorum omnium nihil apud Wetstenium notari iam Griesbachius arguit. 188, 18. a prima est ετι; D** delevit, cum codicibus F G consentiens; D*** vero restituit. 191, 17. ο και χρισας a prima legitur, sed iam D** articulum abstulit. In eodem capite Wetstenius praetermisit quod 188, 13. a prima manu legitur αλλα pro αλλ; item 189, 15. per errorem dixit ab eadem manu legi ἀλλ' ἃ omisso ἢ : est enim ἀλλ' ἢ omisso ἃ. Praeterea correctionum a Wetstenio omissarum exempla haec in promtu habeo, quae pleraque probant textum secundis ac tertiis curis codici illatum minime negligendum esse. 12, 2. D*** ιδε pro ει δε : 14, 10. του ante θεου a D** improbatum, item εστιν a D*** : 18, 17. της ad πιστεως a D*** additum : 19, 9. λογιζωμεθα pro λογιζομεθα a D*** scriptum : 19, 15. D**b ειπερ, item D** et D*** ο θεος : 20, 1. pro παριστανομεν D** ιστανομεν, D*** ιστωμεν : 26, 4. D** εις τι pro ετι : 43, 10. D*** και κληρονομοι pro και συνκληρονομοι : 147, 14. D** et D*** ελαβεν αρτον pro ελαβε τον αρτον : 147, 18. D** et D*** κλωμενον pro θρυπτομενον : 157, 14. D*** (cum codd. A B C) ουθεν pro ουδεν : 166, 1. D** et D*** (cum codd. A B) οντως ο θεος, quod non modo silentio praeteriit sed etiam correctorem cum recepta lectione facere innuit : 203, 14. D*** delet χυ : 205, 2. D*** εκκακουμεν : 207, 10. D*** κυριου pro θεου : 207, 16. D*** κυριον pro θεον : 242, 2. D** υμας εις προσωπον, sed D* et D*** εις προσωπον υμας : 242, 19. D** et D*** πολλακις pro πολλοις : 252, 11. D** συν αυτω (cum A B G) pro εν αυτω : 253, 9. D*** omittit γαρ : 253, 20. D** το λοιπον, D* et D*** λοιπον. 520, 5 sqq. (Heb. 11, 24.) verba πιστει μεγας γενομενος usque αδελφων αυτου cum prima manu agnoscit D**, non item D***.

Atque haec quidem de latino textu et de correctoribus. Sed etiam in ipso antiquissimo textu sat multa praeteriit quum leviora quae putantur tum graviora.

Ita orthographica neglexit, non modo qualia sunt γιγνεσθαι 70, 5. γιγνωσκω 159, 15. προπενφθηναι 85, 6. απολημψεσθε et απολημψεσθε 346, 6., γυμνειτευομεν 107, 1.; sed etiam εκκοπην 132, 6. αγιοσυνη 216, 1. αγαθοσυνης 82, 18. μεγαλοσυνης 470, 16. αραβωνα 207, 4. γενηματα 230, 21. αλλα pro αλλ plerumque praeteriit, ut 14, 6. 27, 21. 33, 2. 38, 21. 107, 3. 118, 15. 122, 6. 155, 3. 168, 14. 201, 4. Item δια pro δι 22, 5; ενεκεν pro ενεκα 47, 12. Neque maiorem curam posuit in notanda formarum grammaticarum peculiaritate. Huius generis sunt ευαγγελισαμην 169, 1. αφομοιωμενος 492, 1. εποικοδομησεν 105, 2. ενοικησεν 432, 21. κατηργασατο 83, 17. παρεδιδετο 147, 13. πειν 136, 21. αποδεκατοιν 492, 9. ηχρεωθησαν 16, 13. μαρτυρομενη 18, 2. μωμωθη pro μωμηθη 211, 17. συνισταν pro συνιστανειν 196, 9.

Accedunt vero etiam multa a Wetstenio praetermissa quorum differentia nec in orthographia nec in formatione grammatica est sita. Ita 21, 8. οὗ pro ᾧ : 29, 7. βασιλευσουσιν pro βασιλευουσι : 105, 11. φθειρει pro φθερει : 107, 7. κυριος pro ο κυριος : 113, 2. τουτου του κοσμου pro του κοσμου τουτου : 113, 5. ωφειλετε pro οφειλετε : 123, 13. γαμη pro γημη : 129, 2. εν τη ση γνωσει ο αδελφος pro αδελφος επι τη ση γνωσει : 137, 9. εξεπειρασαν pro επειρασαν : 147, 13. εν η νυκτι pro εν τη νυκτι η : 148, 21. εαυτον ο ανθρωπος pro ανθρωπος εαυτον : 157, 18. ινα καυθησομαι pro ινα καυθησωμαι : 197, 6. καρδιαις pro καρδιας : 205, 3. εξωθεν pro εξω : 206, 17. βαρυνομενοι pro βαρουμενοι : 207, 8. επιδημουντες pro ενδημουντες : 245, 12. εν τω σωματι pro εν σωματι : 477, 14. κατανοησετε pro κατανοησατε : 510, 20. προσερχομεθα pro προσερχωμεθα : Rom. 10, 11. ου μη καταισχυνθησεται pro ου καταισχ. : Rom. 10, 20. εγενομην εν τοις pro εγενομην τοις : Rom. 11, 26. αποστρεψει pro και αποστρεψει : Rom. 14, 14. αυτου pro εαυτου : 1 Cor. 10, 4. πετρα δε pro η δε πετρα : 1 Cor. 16, 15. απ αρχης pro απαρχη : Eph. 2, 7. εν χριστω pro εν χριστω ιησου : 2 Tim. 3, 9. εστιν pro εσται.

Denique plura observavi quae ille vel minus accurate vel falso ex codice Claromontano protulit. Exempla sunt 10, 8. ubi in codice est εγω αυτος, non αυτος : 55, 7. ubi recte est χς, Wetstenius vero specie se falli passus est ut notaret graece (h. l. latina consuluit) θς : 56, 16. est πας, non οτι πας : 75, 9. notare debebat δυνατει, non δυναται : 129, 6. est τυπτοντες αυτων, non τυπτ. εαυτων : 148, 16. est η πινη, non και πινη : 151, 6. non est αυτος δε, sed ο αυτος δε : 168, 4. αδελφοι μου a correctore est, non a prima manu : 203, 11. Wetstenius vult a prima legi του ιυ χυ, item a correctore του κυ ιυ; sed a prima est του χυ, a correctore του χυ ιυ : 238, 8. legitur ανεχεσθε.

non ανειχεσθε : 278, 16. debebat συνστοιχουσα, non η συνστοιχουσα notare : 279, 10. non tantum latine, quod h. l. indicavit, sed etiam graece a prima manu est υμεις : 280, 5 sqq. (Gal. 5, 1.) nec de prima manu nec de secunda recte retulit; prima non habet, ut vult, στηκετε ουν : 452, 1. est επανορθωσης, non επιδιορθωσης. Sic neque corrector legit sed επιδιορθωση : 470, 14. non est ποιησαμενος των αμαρτιων, sed των αμαρτιων ποιησαμενος : 474, 17 sq. και κατεστησας etc. a prima manu non deest, sed ex emendatione : 491, 13. retulit ευλογηθη υπ αυτου, sed est ευλογηθις υπ αυτου : 500, 21. est δοξης, non της δοξης : 518, 17. habet αβρααμ πειραζομενος, sed est πειραζομενος αβρααμ : 511, 2. notavit εραντισμενοι, sed est ρεραντισμενοι (statim post plane non notavit λελουσμενοι pro λελουμενοι). Locis iis ubi de correctore male retulit adde 112, 5. ubi χυ non a correctore deletum est; item 227, 15. ubi και corrector non addidit; item 308, 21. ubi πρωτον ad κατεβη a correctore additum dixit, sed non est. 26, 3. (Rom. 5, 5.) scripsit etiam verba τοῦ δοθέντος ἡμῖν Millio improbata esse *quia in ora codicis D leguntur teste Simonio.* At Simonius de ea re plane falsus est. Nec alibi nullam rationem notarum Millii habuit, etsi falsae sunt, ut 333, 14. ubi αυτου post της διανοιας addi perperam cum illo dixit. Cf. etiam 367, 6. ubi a prima est ουτω, ex emendatione ουτως. Wetstenius vero habet: ὄντως *D. et alius, teste Beza.*

Sed iam satis est exemplorum: si quis ad editionem nostram exigere voluerit lectiones Wetstenii, cuius auctoritatem, ut iam dictum est, etiam Lachmannus in novissima editione sua Novi Testamenti anno 1850. secutus est, plura cuiusvis generis addere facile erit.

3. Quod autem studii ad graecum codicis Claromontani textum Wetstenius contulit, id antequam ille editionem Novi Testamenti suam publici iuris faceret, Petrus Sabatier, ordinis S. Benedicti, e congregatione S. Mauri, in latino textu posuit. Hic enim tertio tomo magni operis sui, in quo bibliorum sacrorum latinas versiones antiquas edidit, totam versionem epistularum Pauli latinam ex Claromontano et Sangermanensi codicibus haustam inseruit. Qua in re ille sic versatus est ut a diligentia critica quae nostrae aetatis hominibus videtur alienissimum se praeberet.

Primum enim *orthographiam,* cui in tali antiquitatis monumento sua est gravitas, nullo modo curavit. Ita edit *apprehendam afficiant* pro *adpraehendam adficiant; exspectamus exhortatur* pro *expectamus exortatur; impertiar impatientem immutaverunt impossibile* pro *inpertiar inpatientem inmutaverunt inpossibile; impediebar* pro *inpedibar; Phoeben* pro *phoebem* (Rom. 16, 1.); *nunquid quicunque* pro *numquid quicumque; correptionem quotiescunque* pro *conreptionem quotienscumque; obduraverunt* pro *opturaverunt; solatii* pro *solacii; querela* pro *querella; prophetiam* pro *profitiam; apud sed* pro *aput set; charitate* (Rom. 1, 7.) pro *caritate; cathechizatur* pro *catechizatur*[1]); *colaphisamur* pro *colaphizamur; quotquot* pro *quodquod; membrum* pro *menbrum* (ita aliquoties); *israelitae israel* pro *istrahelitae israhel; quotidie iniquus* pro *cottidie inicus; caeteris epenetum coelo poenitentia oboediunt obediendum* pro *ceteris epaenetum caelo paenitentia obaudiunt obaudiendum; intelligens Isaias conspersio epistola consolentur* pro *intellegens Eseias consparsio epistula consulentur; filii Isaac Aaron* pro *fili isac aron; pusillanimes* pro *pusillianimes* (393, 4.); *occasione* pro *occansione* (Rom. 2, 5. *thensaurizasti* in margine notat). Item alia plurima. Quum codex continuo fluctuet inter *b* et *v,* id aliquoties retinuit, plerumque non retinuit: ita Rom. 3, 3. retinuit *evacuavit* (in graeco est καταργησει); 2, 27. non retinuit *iudicavit* (graece κρινει); Rom. 3, 6. scripturam codicis *iudicavit,* in qua non maior quam alibi gravitas est, in margine commemorat, sed innumeris locis non commemorat. Ita etiam ubi *i* et *e, is* et *es, us* et *os* atque alia id genus inter se permutata sunt, raro scripturam codicis expressit: non modo ubi differentia nihil momenti habet, ut *volentes et currentes* pro *volentis et currentis, passurus* pro *passuros;* sed etiam locis eiusmodi ut Rom. 6, 8. ubi edidit *vivemus* pro *vivimus.*

Porro vitia scripturae saepe refert in margine, potissimum per epistulam ad Hebraeos ubi frequentissima sunt; multo vero saepius non refert sed tacite corrigit. Ita pag. 498. (Hebr. 8, 5 sqq.) refert v. 9 sq. *secundas inquirere,* v. 20. *etducere,* vv. 17 et 18. *fecit* et *adprehendit* recipit in textum; sed *qualem* pro *quale* v. 17. non commemorat; vv. 13 et 14. bis legi *domum* dicit, sed altero loco est *domu;* v. 12. edit *venient,* sed in codice est *veniun,* quod corrigi debet *veniunt* (graece est ερχονται), non *venient.* Neque raro fit ut vitium quod de industria in margine indicat

[1]) Hoc ad locum Gal. 6, 6. spectat. Statim post *cathechizatur* Sabatier recte edit *catechizat.*

indiligenter indicet: ut 174, 1. ubi notat *novissimos* pro *nonvissimos;* 199, 3. *abhorentur* pro *aborentur;* 452, 21. *adpetentem* pro *adpectentem;* 490, 12. *immobilem nobilitatis* pro *inmobilem nobilatis;* 502, 6. *cosummari* pro *consummari.* 498, 14. *domum* pro *domu* iam vidimus. Alibi vitium codici per errorem adscribit: vel in margine, ut 456, 18. ubi refert *fraudentes,* sed est *fraudantes;* 205. ubi notat *et is qui,* sed est *et si qui*: vel in ipso textu, ut 207, 6. ubi edit *Audientes,* quum recte sit in codice *Audentes.* Alibi vitium esse praesumit quod non est, ut 108, 4. *regnastis* (in graeco est ἐβασιλεύσατε), quod edit *regnatis,* ut in vulgata legitur.

Emendationes quae in codice habentur plane ex arbitrio tractat: modo enim in margine refert, quamquam passim cum errore[1]); modo in textum recipit, priore lectione non notata[2]); modo — idque plerumque fit — silentio praeterit, quamvis consentiant cum lectionibus iis quas ex codice Sangermanensi edit. Ita quum Rom. 2, 9. et primam et secundam manum attendat, secundam ignorat eiusdem capitis versibus his: 1. 3. 5. 7. 8. 12. (ter) 14. 15. 16. 27. 28. 29.

Porro saepissime in margine lectionem ex Regio i. e. Claromontano affert, quae, quum in Claromontano minime inveniatur, ex Sangermanensi codice petita videtur. Id 1 Cor. 14, 18—29. (pag. 164 sqq.) novies fit: versu enim 18. in codice est *linguam aliis loquar,* Sabatier adnotat *Ms. Reg. lingua loquar* (in textu habet *ling. al. loquor*); v. 19. codex habet *ut et alios,* Sabatier *In Ms. Reg. deest et;* v. 21. codex *et in labiis,* Sabatier *In Ms. Reg. deest in;* eodem versu codex *nondum,* Sabatier *Ms. Reg. nec sic;* v. 22. codex *prophetia,* Sabatier *Ms. Reg. prophetiae;* v. 23. codex *quia,* Sabatier *Ms. Reg. quod;* v. 24. codex *aut,* Sabatier *Ms. Reg. vel;* v. 25. codex *occulta etiam cordis,* Sabatier *Ms. Reg. delet etiam;* v. 29. codex *vel tres loquantur,* Sabatier *aut tres dicant.* Contra in mediis his erroribus recte notat ex Regio ad v. 22. *in signium,* item ad v. 26. *revelationem* et *habent.* Similiter autem confusis Claromontano et Sangermanensi peccat 1 Cor. 11, 27. ubi codex habet *panem aut,* Sabatier notat *Ms. Reg. panem hunc vel;* ibidem 11, 32. ubi pro *nos ipsos iudicaremus* codicem Reg. tenere dicit *nosmetipsos diiudicaremus.* Item Coloss. 2, 10. 12. 28. 3, 2. 6. Phil. 2, 2. 4, 7 (bis). Tit. 1, 3. 5. 10. 11. 15. 2, 1 et 2. 3, 3. 1 Thess. 3, 12. 2 Timoth. 4, 22. locisque aliis plurimis.

Denique permulta contra auctoritatem codicis Claromontani edidit quae non aliunde orta esse videntur nisi ex errore Sabatarii. Huius quoque generis exempla tantummodo pauca afferre par est. 7, 18. codex habet *detrectatores,* Sabatier *detractores;* 31, 1. codex *consepulti ergo,* Sabatier *consepulti enim;* 49, 16. codex *aestimantur in semen,* Sabatier *aest. in semine;* 149, 20 et 150, 20. invito codice deesse dicit *mei* et *sunt;* 177, 15. codex *surgit in gloria,* Sabatier *surgit in gloriam;* 205, 1. codex *in gloriam,* Sabatier *in victoriam;* 235, 10. codex *praesentes in facto,* Sabatier *praesentes facto;* 293, 20. codex *memoriam faciens,* Sabatier *memoriam vestri faciens;* 315, 1. codex *estote itaque in invicem benigni.* Sabatier *estote invicem benigni;* 344, 4. codex *donavit nobis,* Sabatier *donavit vobis;* 360, 5. codex *detractationibus.* Sabatier *detractionibus;* 367, 17. codex *nostra enim,* Sabatier *nostra autem;* 388, 1. codex *in invicem,* Sabatier *invicem;* 406. 1. codex *Christi Iesu,* Sabatier *Iesu Christi;* 476, 17. codex *timetu,* Sabatier *ii metu;* 498, 7. codex *sanctum,* Sabatier *sancitum:* 498, 14. codex *dominum* ($\overline{\text{DOM}}$), Sabatier *deum;* 502, 6. codex *solummodo,* Sabatier *solum;* 522, 15. codex *surrectione,* Sabatier *resurrectione;* 524, 10. codex *proposito,* Sabatier *deposito;* 525, 14. codex *cuius participes,* Sabatier *cui participes;* 532, 4 sq. codex *hic manentem,* Sabatier *manentem hic;* 533, 3. codex *prode fit,* Sabatier *proderit.*

Atque haec dicta sunto de latino Claromontani codicis textu apud Sabatarium exhibito. Tot igitur tantisque ille vitiis corruptus est ut nemo ad illius opus exigere nostrum queat aut, si qua inter nos differre viderit, dubitare possit uter nostrum fidelius scripturam codicis expresserit.

---

1) Ita Rom. 1, 21. edit *Quia cum,* nota in margine addita *Reg. qui cum, expuncta lit. a.* Sed in codice contrarium est: a prima manu legatur *Qui* et a correctore additur *a,* ut iam sit *Quia.*

2) Ita 21, 18. (Rom. 4, 23.) *ad iustitiam,* quae a prima plane desunt; item 107, 16. (1 Cor. 4, 6.) *in vobis,* pro quibus a prima est *in nobis*. 9. 10. (Rom. 2, 5.) *secundum duritiam autem,* sed prima habet *secundum autem duritiam*; item 9, 11. (ibidem) *et impoenitens cor* in ipso codice correctum est *cor inpaenitens*), sed prima manu scriptum est *et sine paenitentiam cor;* 11, 18. (Rom. 2, 15.) *vel etiam,* sed a prima est *aut etiam.*

4. Post Wetstenium et Sabatarium Griesbachii studia circa codicem Claromontanum eminent. Iste, ut iam vidimus, iteratis Wetstenii curis confidendum arbitratus[1]), non id egit ut denuo manuscripta cum editis conferret, sed inprimis operam dedit ut accuratius Wetstenio *diversas manus plurium correctorum* distingueret. Qua in re multo plus praestitit quam in definienda scriptura et aetate codicis. Recte enim vidit distinguendos in graecis esse correctores hos: D** D**b D*** D^{**}_{**} D^{nov}, quos siglis A B C D E notavit; item in latinis D**b D^{**}_{**} d***. Item de subscriptionum amplificatione explicuit. Quibus de singulis ut multa bonae frugis dixit, ita non omnia recte habent, ut supra iam significavimus[2]). Vidit etiam accuratius Wetstenio de supplemento foliorum duorum rescriptorum; qua de re cf. quae supra dicta sunt. Denique prolixe scripsit de lectione Claromontana loci 1 Timoth. 3, 16: qua in disputatione rectissime probavit iam Morinum et Wetstenium veram loci lectionem assecutos esse, Woidii vero sententiam, inprimis fultam argumentis ab auctoritate Bezae perperam sumtis, egregie refutavit. Affertur ibi, ut alia praeteream, etiam docta epistula Iohannis Baptistae d'Ansse de Villoison, qua de eiusdem loci examine exponitur.

Ea Griesbachii de codice Claromontano commentatio invenitur in Symbol. critic. tom. II. pagg. 31—77.

5. Denique breviter ratio reddenda videtur eorum laborum qui in enucleandis fragmentis deperditae fabulae Euripideae, sub recentiore scriptura foliorum 162 et 163. delitescentibus, a pluribus viris doctis positi sunt. Qua de re quum nihil novi dicere habeam[3]), satis habebo repetere quae Godofredus Hermannus anno 1821. de studiis ad haec fragmenta collatis exposuit. Eo enim anno dissertationem scripsit, in tertio opusculorum volumine repetitam, cum hoc titulo: *Euripidis fragmenta duo Phaethontis e codice Claromontano edita.* Ex huius dissertationis paginis prioribus ad verbum excerpta sunt ea quae iam sequuntur.

— — Dicam qui factum sit, ut in hoc argumentum inciderem. Im. Bekkerus, cuius viri multam et humanitatem et liberalitatem expertus sum, quum ex Gallia et Britannia Berolinum rediens Lipsiam venisset, communicavit mecum fragmenta Phaethontis Euripidei, Parisiis e codice Claromontano a se descripta. Quae ego quum valde corrupta esse animadvertissem, seposui tractanda, si quando otio abundarem. Nuper vero allato mihi novissimo volumine Diarii classici, in quo eadem fragmenta G. Burgesius edidit, quum huius coniecturis non multum profici viderem, ipse aliquot horas huic rei impendi, quumque edenda mihi aliqua dissertatio esset, iam in eo eram ut aliquid de his versibus conscriberem, quum ex Frid. Osanno, qui Berolino Ienam se conferens me visum venerat, accepi, H. Hasium Philos. D. qui Dresdae asservandis antiquis statuis praefectus est, diligenter ad ipsum codicem expressa descripsisse fragmenta illa. Itaque hunc virum, cuius nota mihi erat humanitas, rogavi ut huius exempli mihi copiam faceret. Talia enim qui emendare aggreditur, figuras litterarum quales in codice sunt cognitas habere debet. Ab Hasio non solum liberalissime mihi missum est apographum illud cum exemplo dissertationis, quam ut Analectis litterariis Wolfii insereretur scripserat, sed etiam per litteras compellatus A. Matthiae, cui Hasius aliud idque accuratius etiam apographum, ab affine suo, Hasio qui bibliothecae Regiae Parisinae praefectus est, cum ipso codice iterum iterumque collatum, dederat. Hinc Matthiae quoque — — mihi scripsit, asservari illud apographum una cum dissertatione H. Hasii et suis aliquot emendationibus Berolini apud Wolfium, a quo illud repeterem. — — remisit Altenburgum: unde ea statim Matthiae mecum communicavit. Ita factum est ut horum virorum favore promptaque voluntate copia mihi fieret ex ipsis litterarum figuris coniectandi quid scriptum esset in codice. De eo codice cuius duo postrema[4]) folia, in quibus haec Euripidis fragmenta scripta fuerant, reciso imo margine magnitudini codicis aptata, rescripta sunt, deleta veteri scriptura, disseruerunt, quos nominavit Hasius, Wetstenius in Prolegom. in N. T. vol. II. p. 6. vel ex Semleri editione p. 544 sqq.

---

[1]) Cf. Symb. crit. II. pag. 32. *Atque cum Wetstenius profiteatur, bis se Claromontanum quantum potuerit accuratissime contulisse, a nova collatione, ne actum agendo tempus perderem, abstinui.*

[2]) Non praetereundum est, pag. 38. lectionem loci 1 Cor. 15, 29. eum non recte assecutum esse: est enim in codice βαπτιζοντε (pro βαπτιζονται), non βαπτιζοντες. Memini etiam Griesbachium ex Millio „παραπτωμάτων D^{gr}“ ad Rom. 5, 18. male repetisse.

[3]) Tamen haud dissimulo me dubitare an omnia a viris doctis ex vetustis membranis recte sint exscripta.

[4]) Non postrema sunt sed media. Sunt enim numero 162 et 163. notata; totus vero codex 533 complectitur.

Michaelis Einleitung in die Schriften des N. B. I. p. 594 sqq. Griesbachius in Symb. crit. II. p. 51. et inde Hugo Einleitung in das N. T. I. p. 241. (ed. III. p. 290 sqq.) atque ipse Hasius in epistola ad Gailium, in eius libro cui index le Philologue, vol. IV. scripturae quae in codice est specimine in primo volumine exhibito[1]). Mihi igitur quae adiumento fuerunt, haec sunt: primo quae Bekkeri diligentia eruit, quem legendis codicibus exercitatissimum ita omnia recte legisse apparet ut perpauca sint in quibus oculum fugientes litterae eum fefellisse videantur; deinde apographum illud — — quod Matthiae mihi misit, — — alterumque ab H. Hasio mihi missum, cuius dissertatio magis in describendo codice quam in emendandis fragmentis versatur. — —

Folia illa duo codicis non iusto ordine iuncta sunt. Pars enim ea tragoediae quae prior est incipit fol. 162. verso[2]) et continuatur eodem recto[3]); pars posterior incipit fol. 163. verso[4]) et continuatur folio eodem recto[5]). — —

Burgesius unde fragmenta ista acceperit, non dixit. A Bekkero tamen accepisse puto, siquidem nonnisi in paucissimis aliam scripturam quam Bekkerus exhibuit. — —

VII. DE EDITORIS CIRCA CODICEM CURIS.

Quum auctumno anni 1840. Parisios venissem, labores suscepturus in promovenda re Novi Testamenti critica gravissimos, primo loco ponebam duos Novi Testamenti codices antiquissimos, alterum palimpsestum a textu suprascripto nomine Ephraemi Syri dictum, alterum ex auctoritate Bezae nomine Claromontani insignitum. Hunc ut libere tractarem, per praefectum bibliothecae licuit; non idem statim in illo licuit. Omni igitur cunctatione abiecta id egi ut Claromontani codicis textum et graecum et latinum quingentis triginta tribus, i. e. totidem quot ipse codex habet, foliis totum ad verbum transscriberem. Quum autem antiqua eius codicis scriptura in universum satis conservata esset atque pro liberali bibliothecae Regiae instituto quinque per diem horas operi impendere liceret, res tam bene processit ut duobus mensibus propositum peragerem. Erat haec laboris in quem incumbendum videbatur prima pars; altera in eo consistebat ut quae manu mea scripseram ad scripturam codicis recognoscerem, lectu difficiliora certius eruerem, inprimis locos a variis correctoribus tractatos subtilius perscrutarer. Quam alteram partem quum absolvissem, ut confidebam antiquissimam scripturam in apographo meo ubique fideliter redditam esse, ita didiceram correctorum rationes, quas adieram duce Griesbachio, ad definiendum difficillimas, necdum penitus a me aut a Griesbachio perspectas esse. Sed tum Codex Ephraemi Syri rescriptus aliique urgebant labores, ut Claromontanum librum posteriore tempore retractandum seponerem. Retractavi vero totum anno fere post: qua re factum est ut de multis locis ex emendationum varietate implicitis multo confidentius statuere possem.

Eodem tempore cordi mihi erat ut quae indefessis studiis usui publico parassem, ea mox in publicum emitterem. Qua mente proposui curatoribus clarissimae academiae Oxoniensis ut codicem Claromontanum meis curis suorumque sumtibus ederent. Quos enim per superiora saecula publicandis editionibus Novi Testamenti Felliana et Milliana, Veteris Testamenti Kennicottiana et Holmesiana, de sacris litteris bene meritos sciebam, eos antiquae famae

---

[1]) Ex his viris de ipsis his fragmentis Euripideae fabulae disseruerunt praeter Hasium Wetstenius, Semlerus, Griesbachius, etsi parum profecerunt in legenda veteri scriptura.

[2]) Incipit ex Hermanni emendata editione sic: Μνησθεὶς ὅ μοί ποτ' εἶφ', ὅτ' εὐνάσθη, θεός, αἰτοῦ τί χρῄζεις ἕν· πέρα γὰρ οὐ θέμις λαχεῖν σε· κἂν μὲν τυγχάνῃς, σάφ' ἴσθ' ὅτι

[3]) Incipit apud Hermannum: σινδὼν δὲ πρότονον ἐπὶ μέσον πελάσσει. τὰ μὲν οὖν ἑτέροισι μέριμνα πέλει. (ἀντ. β'.)

[4]) Hermannus initium sic exhibet: Πυροῦσσ' Ἐρινὺς ἐν νεκροῖς θερήϊον ζῶσ' ἦδ' ἀνίησ' ἀτμὸν ἐμφανῆ . . .

[5]) Incipit apud Hermannum: θεᾶς προσελθῃ τέμενος ἐξ ἐμῶν δόμων. ὦ δέσποτ', ἔστρεψ' ἐκ δομῶν ταχὺν πόδα.

tali opere instaurandae operam daturos sperabam. Sed ea spes me fefellit. Die enim 15. m. Dec. anni 1841. hae mihi litterae redditae sunt.

C. Tischendorfio T. Gaisford s.

Recte et suo tempore ad me perlatae sunt literae tuae sub finem mensis Octobris Parisiis datae, tamen post diem quo Delegati Typographei Academici negotiorum expediendorum caussa convenire solent. Expectare igitur debui alteram virorum gravissimorum sessionem die Decembris 10. habendam: quo illucescente non haesitavi tuum cum illis consilium communicare de apographo codicis antiqui ms. Epistolarum Paulinarum Bibliothecae Regiae Parisiensis [conficiendo, postmodum [1])] typis Oxoniensibus excudendo. Paucis responsum est, novo istius codicis apographo nobis non opus esse, quippe qui in Bibliotheca nostra exemplum eius habeamus pereleganti manu a viro harum rerum callentissimo multis abhinc annis exaratum [2]): deinde, si nihil aliud impedimento esset, typis nos carere tali operi idoneis, qui sumptu non ita parvo parati in posterum tantum non inutiles mansuri essent. Adde quod his saltem in terris libri huiusmodi paucos emptores inveniunt, neque nobis moris est pecunias Academicas erogare, nisi cum spe aliqua, utcunque parva, reditus atque emolumenti. – – d. Oxonii Dec. 10°. 1841.

Qua in re non tantum hoc dolendum erat quod viri Oxonienses clarissimi opus meum recusabant; sed videbatur etiam id ita factum esse ut aliter atque ego ipse de eius operis gravitate existimarent. De hac vero ab illis dissentire malebam quam meam mutare sententiam: quam aliquando optimos quosque probaturos esse ut ipse confidebam, ita Caroli Lachmanni auctoritas confirmare videbatur, in Studiis Theologicis et Criticis anni 1830. testati, editurum codicem Ephraemi et codicem Claromontanum immortali merito de re Novi Testamenti critica auctum iri [3]); quemadmodum rursus de altero horum codicum in prolegomenis ad evangeliorum textum pag. XXIII. ita scripsit: „Parisiis per hos proximos centum annos nemo inventus est qui tanto thesauro promendo ecclesiae Christianae bene faceret [4]).“

Sed antequam curam edendi Claromontani codicis recipere contigit, apographo meo usus sum in paranda editione Novi Testamenti altera Lipsiensi. Quo ex labore quum intellexissem quartam totius codicis retractationem egregie valituram esse ad correctorum lectiones ex apographo meo recte edendas, potissimum ad lectiones correctorum primi (D**) et secundi (D***) qui nobis dicuntur distinguendas, operam dedi ut hieme anni 1849. Parisios repeterem. Hoc mihi contigit favore viri summi Ferdinandi de Beust, regi Saxoniae a supremis reipublicae ministris. Hieme igitur anni 1849. quartum institui totius codicis examen, unde exemplum meum quibuscunque locis opus erat emendatum est. Iam vero ex eo ad edendum paratissimus eram.

Ceterum edendi tanti thesauri bibliothecae Regiae veniam a summo regis Francorum ministro, penes quem earum rerum auctoritas erat, iam impetravi quum de Oxoniensi editione adnitebar. Eam is qui praefectorum bibliothecae Regiae nomine ad me scripsit, vir de studiis meis meritissimus, his verbis mecum communicavit:

Monsieur,

Je m'empresse de vous avertir que Mr. le Ministre de l'instruction publique vient de vous autoriser à publier le texte grec des Epîtres de S. Paul et la version latine, l'un et l'autre contenus dans le ms. 107.

---

[1]) Haec secundis curis addita sunt.

[2]) Quantus hic de apographo codicis Claromontani Oxoniensi error sit, vide supra pag. XXX., ubi id ad rem criticam prorsus inutile esse probavi.

[3]) „Durch einen Abdruck des codex regius Ephraemi und des Claromontanus könnten Pariser Gelehrte sich ein unsterbliches Verdienst um die Kritik des Neuen Testaments erwerben.“ Cf. Theologische Studien und Kritiken 1830. p. 832.

[4]) Quo rectius Carolus Lachmannus, cui res Novi Testamenti critica inprimis curae fuisse inter omnes constat, de auctoritate utriusque thesauri Parisiensis existimavit, eo magis dolendum est nec Ephraemi codicem ad textum evangeliorum nec Claromontanum ad textum epistularum Pauli ab ipso aliter quam ex Wetstenii et Sabatarii studiis adhiberi potuisse. Quod enim de codice Ephraemi olim a me dictum est, idem in Claromontanum quadrare nunc intellexi: innumeri enim errores a Wetstenio et Sabatario ad nuperrimum Lachmanni opus transierunt.

de l'ancien fonds de la Bibliothèque Royale. Je me félicite en mon particulier, Monsieur, d'avoir contribué, bien indirectement il est vrai, à la publication d'un ouvrage auquel votre critique si judicieuse et votre érudition si sûre et si étendue donnent le plus grand prix.

Agréez, Monsieur, cet hommage dû à vos savans travaux, et recevez l'assurance etc.

Paris, le 28. Octobre 1841.

Cui honorificae de me meisque laboribus opinioni ut hoc ipso opere quantum in me esset satisfacerem, meum esse duxi officium. Illud vero ab ore exterorum apud quos versabar saepe audivi, patriae nostrae magnopere gratulandum esse quod gaudeat typographis magnam laudem in eo ponentibus ut quum arte sua tum liberalitate bonas litteras promoveant. Cuius laudis studio valere eum cuius typis et sumtibus codex Claromontanus prodit, non est quod probem: iam satis enim litterae Oxonienses probant. Typos graecos quos ille me suadente ad hoc ipsum opus parari iussit viris doctis iisque rei palaeographicae peritis vel certe studiosis placituros esse spero. Etsi non omni ex parte antiquas formas fideliter reddunt, tamen eiusmodi sunt ut quicquid ex peculiaritate earum formarum quaerendum est subsidii ad corruptos locos illustrandos corrigendosque, id omne in se contineant. Hos typos multo praestare iis quibus in „Monumentis sacris ineditis" usi sumus, primo obtutu cuivis apparebit. Ceterum non ex re esse visum est etiam latinos typos ad antiquam formam summo studio revocare: quippe quae res sumtus libri nimis auxisset multoque carior quam utilior fuisset.

Confido autem in ipso edendi negotio tantam a me curam adhibitam esse ut nihil non recte typis exscriberetur. Identidem accidit, vel ubi de vitiosa codicis scriptura dubitabam vel ubi Wetstenium aut Sabatarium a me discrepare videbam, ut fidem apographi mei suspectam haberem. Sed quaecunque dubia erant, ea officio duorum amicorum Parisiensium benevolentissimorum denuo ad ipsum codicem exigebantur. Unde si quid textu iam typis exscripto resciebam, id in appendicem[1]) recepi. Praeterea iam antea lectiones codicis Claromontani in nupera editione mea Novi Testamenti allatas doctissimus Tregellius cum ipso codice contulerat. Sed in ea editione nondum ubique posteriores manus indicatae sunt, eaque iam absoluta demum quartum codicis examen institui. Nihilominus uno ille loco articulum a correctore obelis notatum animadvertit ubi obelos ego non notaveram; altero vero loco aliquid assecutus sibi videbatur quod errorem mihi videri significavi in appendice. Huius autem conficiendi quantus labor fuerit, ex numero lectionum quae ibi tractantur iudicari poterit. Iste numerus tria millia longe excedit. Praeter locos a correctoribus mutatos multarum etiam vitiosarum lectionum, latini potissimum textus, quae correctorem non invenerunt, facta est mentio; etsi plura alia eius generis non notata sunt, maxime eiusmodi quae cum aliqua constantia scribuntur, ut praepositiones cum alio casu compositae quam quocum componi solent; ut syllabae exeuntes in *is* pro *es* rursusque in *es* pro *is*, in *us* pro *os* itemque in *os* pro *us*; ut *ad* pro *ab* scriptum, et orthographica similia. Appendici autem lucem afferunt prolegomena, quibus, addito insuper facsimili quod dicunt, providi ut viri docti totum codicis habitum atque rationem nec non historiam perspectam atque cognitam haberent.

Iam vero etiam atque etiam mihi gratulor quod, pro beneficio et gratia Dei, sex voluminibus illis monumentorum sacrorum ineditorum per hos decem annos a me in lucem emissis[2]) codicem Claromontanum tot nominibus

---

[1]) Ita 180, 11. in apographo meo est *exierunt aegypto*, apud Sabatarium *exierunt de aegypto*. Quum autem facilius sit omittendo quam addendo errare, in vulgata vero versione non *de* sed *ex* legatur, praetereaque *de* Lucifer Calaritanus tueatur, eo loco me errasse suspicabar. Nihilominus mox rescivi non me sed Sabatarium errasse. Similiter 49, 17. in apographo meo est επαγγελιας γαρ λογος ουτος, cum articulo ante λογος. Quod quum pro mero vitio habendum neque mutatum esset ab ullo eorum correctorum qui epistulam ad Romanos [illegible], neque magis a Wetstenio, etsi talia alibi habet, notatum, articulum a me praetermissum credebam. At mox Parisiis mihi rescriptum est, in ipso codice articulum omissum nec a quoquam suppletum esse.

[2]) Codex Ephraemi Syri rescriptus sive Fragmenta utriusque Testamenti e codice graeco Parisiensi celeberrimo quinti ut videtur post Christum saeculi eruit atque edidit C. Tischendorf. 2 Tomi. 1843. 1845. — Monumenta sacra inedita sive Reliquiae antiquissimae textus Novi Testamenti graeci ex novem plus mille annorum codicibus per Europam dispersis eruit atque edidit C. Tischendorf. 1846. — Codex Friderico-Augustanus sive Fragmenta Veteris Testamenti e codice graeco omnium qui in Europa supersunt facile antiquissimo. In oriente detexit, in patriam attulit, ad modum codicis edidit C. Tischendorf. 1846. — Evangelium Palatinum ineditum

gravem addere contigit. Quibus edendis non tantum hoc mihi curae cordique erat ut rem textus sacri criticam maiorem in modum atque in perpetuum promoverem; sed videbatur mihi illud Christianae pietatis esse ut quae pauca librorum sacrorum monumenta per tot saeculorum seriem totque rerum omnium turbas non sine singulari providentiae divinae beneficio salva usque ad nos pervenissent, ea quantum in nobis esset ab iniuria temporum hominumque vindicaremus et quam fidelissime studiis nostris repraesentata per totum Christianum orbem divulgaremus. Cui consilio, ut mea quidem sententia est, dignius satisfieri non potuit quam si cum maxima laboris subtilitate aliquem operis splendorem coniunctum esse pateremur.

Sed antequam hoc novum opus litterarum Christianarum orbi tradam commendemque, non possum quin augustissimis clementissimisque principibus, quorum splendida nomina titulo praescripta sunt, iisque viris reverendissimis nobilissimis doctissimis omnibus qui quum in Germania tum apud exteros[1]), maximeque in Anglia, subscriptorum nomine gravissimi operis fautores exstiterunt, gratias quam maximas persolvam.

Scribebam Lipsiae dominica III. S. Adventus anni 1851.

---

sive Reliquiae textus evangeliorum latini ante Hieronymum versi ex codice Palatino purpureo quarti vel quinti post Christum saeculi nunc primum eruit atque edidit C. Tischendorf. 1847. — Codex Amiatinus sive Novum Testamentum latine interprete Hieronymo. Ex codice celeberrimo Amiatino, omnium qui supersunt et antiquissimo et praestantissimo nunc primum edidit C. Tischendorf. 1850.

[1]) In his est vir nomine apud Genevenses claro, Favre Bertrand. Qui quum dudum antequam codicis Claromontani editio publice annuntiaretur vita decessisset, filius Edmond Favre liberale patris promissum servare pietatis duxit.

PROLEGOMENORUM INDEX.

[1]) Mutatis inter imprimendum paginis secundae plagulae pag. XV. v. 1. pro III. scribendum erat XI; ibidem v. 12. pro IV. scribendum erat XII.

[1]) In ipso codice numeros habent 162 et 163: apud nos sunt columnae graecae paginarum 163 et 164, item columnae vacuae latini textus pagg. 162 et 163.

[2]) Pag. XXIV. v. 14. lege εὐχαριστῶ.

PAVLVS SERVVS IHV XPI VOCATVS
APOSTOLVS SEGREGATVS
IN EVANGELIVM DEI
QVOD ANTE PROMISERAT
PER PROPHETAS SVOS
IN SCRIPTVRIS SANCTIS DE FILIO SVO
QVI FACTVS EST EI
EX SEMINE DAVID SECVNDVM CARNEM
QVI PRAEDESTINATVS EST FILIVS DEI
IN VIRTVTE
SECVNDVM SPM SANCTIFICATIONIS
EX RESVRRECTIONE MORTVORVM
IHV XPI DMI N·
PER QVEM ACCEPIMVS GRATIAM
ET APOSTOLATVM
AD OBAVDIENDVM FIDEI
IN OMNIBVS GENTIBVS
PRO NOMINE EIVS
IN QVIBVS ESTIS ET VOS
VOCATI IHV XPI
OMNIBVS QVI SVNT ROMAE IN CARITATE DEI

ΚΑΗΤΟΙϹΑΓΙΟΙϹ
ΧΑΡΙϹΥΜЄΙΝΚΑΙЄΙΡΗΝΗ
ΑΠΟΘ̅Υ̅ΠΑΤΡΟϹΗΜωΝ
ΚΑΙΚ̅Υ̅Ι̅Υ̅Χ̅Υ̅
ΠΡωΤΟΝΜЄΝЄΥΧΑΡΙϹΤω
ΤωΘ̅ω̅ΜΟΥ
ΔΙΑΙ̅Υ̅Χ̅Υ̅ΠЄΡΙΠΑΝΤωΝΥΜωΝ
ΟΤΙΗΠΙϹΤΙϹΥΜωΝΚΑΤΑΓΓЄΛΛЄΤЄ
ЄΝΟΛωΤωΚΟϹΜω
ΜΑΡΤΥΡΓΑΡΜΟΙЄϹΤΙΝΟΘ̅Ϲ̅
ωΛΑΤΡЄΥωЄΝΤωΠ̅Ν̅Ι̅ΜΟΥ
ЄΝΤωЄΥΑΓΓЄΛΙωΤΟΥΥΙΟΥΑΥΤΟΥ
ωϹΑΔΙΑΛΙΠΤωϹ
ΜΝΙΑΝΥΜωΝΠΟΙΟΥΜΑΙ
ΠΑΝΤΟΤЄ
ЄΠΙΤωΝΠΡΟϹЄΥΧωΝΜΟΥ
ΔЄΟΜЄΝΟϹ
ЄΙΠωϹΗΔΗΠΟΤЄ
ЄΥΟΔωΘΗϹΟΜΑΙ
ЄΝΤωΘЄΛΗΜΑΤΙΤΟΥΘ̅Υ̅
ЄΛΘЄΙΝΠΡΟϹΥΜΑϹ

VOCATIS SANCTIS
GRATIA VOBIS ET PAX
A DEO PATRE N̄·
ET D̅M̅O̅ I̅H̅V̅ X̅P̅O̅
PRIMVM QVIDEM GRATIAS AGO
DEO MEO
PER I̅H̅M̅ X̅P̅M̅ PRO OMNIBVS VOBIS
QVIA FIDES VESTRA ADNVNTIATVR
IN VNIVERSO MVNDO
TESTIS ENIM MIHI EST DEVS
CVI SERVIO IN S̅P̅V̅ MEO
IN EVANGELIO FILII EIVS
QVOD SINE INTERMISSIONE
MEMORIAM VESTRI FACIO
SEMPER
IN ORATIONIBVS MEIS
OBSECRANS
SI QVOMODO TANDEM ALIQVANDO
PROSPERVM ITER HABEAM
IN VOLVNTATE DEI
VENIENDI AD VOS

ЄΠΙΠΟΘΩΓΑΡΙΔЄΙΝΥΜΑC	DESIDERO ENIM VIDERE VOS
ΙΝΑΤΙΜЄΤΑΔΩΧΑΡΙCΜΑΥΜЄΙΝ	VT ALIQVID INPERTIAR GRATIAE VOBIS
ΠΝЄΥΜΑΤΙΚΟΝ	SPIRITALIS
ЄΙCΤΟCΤΗΡΙΧΘΗΝΑΙΥΜΑC	AD CONFIRMANDOS VOS
ΤΟΥΤΟΔЄЄCΤΙΝCΥΝΠΑΡΑΚΛΗΘΗΝΑΙ	ID EST SIMVL CONSOLARI
ЄΝΥΜЄΙΝ	IN VOBIS
ΔΙΑΤΗCЄΝΑΛΛΗΛΟΙCΠΙCΤЄΩC	QVAE INVICEM EST FIDEM
ΥΜΩΝΤЄΚΑΙЄΜΟΥ	VESTRAM ATQVE MEAM
ΟΥΚΟΙΟΜЄΔЄΥΜΑC	NON AVTEM ARBITROR VOS
ΑΓΝΟЄΙΝΑΔЄΛΦΟΙ	IGNORARE FRATRES
ΟΤΙΠΟΛΛΑΚΙCΠΡΟЄΘЄΜΗΝ	QVIA SAEPE PROPOSVI
ЄΛΘЄΙΝΠΡΟCΥΜΑC	VENIRE AD VOS
ΚΑΙЄΚΩΛΥΘΗΝΑΧΡΙΤΟΥΔЄ́ΥΡΟ	ET PROHIBITVS SVM VSQVE ADHVC
ΙΝΑΤΙΚΑΡΠΟΝCΧΩ	VT ALIQVEM FRVCTVM HABEAM
ΚΑΙЄΝΥΜЄΙΝ	ET IN VOBIS
ΚΑΘΩCΚΑΙЄΝΤΟΙCΛΟΙΠΟΙCЄΘΝЄCΙΝ	SICVT ET IN CETERIS GENTIBVS
ЄΛΛΗCΙΝΤЄΚΑΙΒΑΡΒΑΡΟΙC	GRAECIS AC BARBARIS
CΟΦΟΙCΤЄΚΑΙΑΝΟΗΤΟΙC	SAPIENTIBVS ET INSIPIENTIBVS
ΟΦΙΛЄΤΗCЄΙΜΙ	DEBITOR SVM
ΟΥΤΩCΤΟΚΑΤЄΜЄΠΡΟΘΥΜΟΝ	ITA QVOD IN ME EST PROMPTVS SVM
ΚΑΙЄΝΥΜЄΙΝΤΟΙCЄΝΡΩΜΗЄΥΑΓΓЄΛΙCΑCΘЄ	ET IN VOBIS IN ROMA EVANGELIZARE

ὀΥΓΑΡЄΠЄϹΧΥΝΟΜΑΙ	NON ENIM ERVBESCO
ΤΟЄΥΑΓΓЄΛΙΟΝ	EVANGELIVM
ΔΥΝΑΜΙϹΓΑΡΘ̅Υ̅ЄϹΤΙΝЄΙϹϹΩΤΗΡΙΑΝ	VIRTVS ENIM DEI EST IN SALVTEM
ΠΑΝΤΙΤΩΠΙϹΤЄΥΟΝΤΙ	OMNI CREDENTI
ΙΟΥΔΑΙΩΤЄΠΡΩΤΟΝΚΑΙЄΛΛΗΝΙ	IVDAEO PRIMVM ATQVE GRAECO
ΔΙΚΑΙΟϹΥΝΗΓΑΡΘ̅Υ̅ЄΝΑΥΤΩ	IVSTITIA ENIM DEI IN EO
ΑΠΟΚΑΛΥΠΤЄΤΑΙ	REVELATVR·
ЄΚΠΙϹΤЄΩϹЄΙϹΠΙϹΤΙΝ	EX FIDE IN FIDEM
ΚΑΘΩϹΓЄΓΡΑΠΤΑΙ	SICVT SCRIPTVM EST
ΟΔЄΔΙΚΑΙΟϹЄΚΠΙϹΤЄΩϹΖΗϹЄΤΑΙ	IVSTVS AVTEM EX FIDE VIVIT
ΑΠΟΚΑΛΥΠΤЄΤΑΙΓΑΡΟΡΓΗΘ̅Υ̅	REVELATVR ENIM IRA DEI
ΑΠΟΥΡΑΝΟΥ	DE CAELO
ЄΠΙΠΑϹΑΝΑϹЄΒЄΙΑΝ ·	IN OMNEM INPIETATEM
ΚΑΙΑΔΙΚΙΑΝΤΩΝΑ̅Ν̅Ω̅Ν̅	ET INIVSTITIAM HOMINVM
ΤΩΝΤΗΝΑΛΗΘЄΙΑΝ	EORVM QVI VERITATEM
ЄΝΑΔΙΚΙΑΚΑΤЄΧΟΝΤΩΝ	INIVSTITIAM DETINENT
ΟΤΙΤΟΓΝΩϹΤΟΝΤΟΥΘ̅Υ̅	QVIA QVOD NOTVM EST DEI
ΦΑΝЄΡΟΝЄϹΤΙΝЄΝΑΥΤΟΙϹ	MANIFESTVM EST IN ILLIS
ΟΘ̅Ϲ̅ΓΑΡΑΥΤΟΙϹЄΦΑΝЄΡΩϹЄΝ	DEVS ENIM ILLIS MANIFESTAVIT
ΤΑΓΑΡΑΟΡΑΤΑΑΥΤΟΥ	INVISIBILIA ENIM IPSIVS
ΑΠΟΚΤΙϹЄΩϹΚΟϹΜΟΥ	A CREATVRA MVNDI

ΤΟΙCΠΟΙΗΜΑCΙΝΝΟΟΥΜЄΝ	QVAE FACTA SVNT INTELLECTA
ΚΑΘΟΡΑΤΑΙ	CONSPICIVNTVR
ΗΤЄΑΙΔΙΌCΑΥΤΟΥΔΥΝΑΜЄΙC	ET SEMPITERNA EIVS VIRTVS
ΚΑΙΘЄΙΟΤΗC	ET DIVINITAS
ЄΙCΤΟЄΙΝΑΙΑΥΤΟΥC	VT SINT IPSI
ΑΝΑΠΟΛΟΓΗΤΟΥC	INEXCVSABILES
ΔΙΟΤΙΓΝΟΝΤЄCΤΟΝΘ̅Ν̅	QVI CVM COGNOVERVNT DEVM
ΟΥΧѠCΘ̅Ν̅ЄΔΟΞΑCΑΝ	NON SICVT DEVM MAGNIFICAVERVNT
ΗΗΥΧΑΡΙCΘΗCΑΝ	AVT GRATIAS EGERVNT
ΑΛΛЄΜΑΤЄѠΘΗCΑΝ	SED EVANVERVNT
ЄΝΤΟΙCΔΙΑΛΟΓΙCΜΟΙCΑΥΤѠΝ	IN COGITATIONIBVS SVIS
ΚΑΙЄCΚΟΤΙCΘΗΗΑCΥΝЄΤΟC	ET OBSCVRATVM EST INSIPIENS
ΚΑΡΔΙΑΑΥΤѠΝ	COR EORVM
ΦΑCΚΟΝΤЄCЄΙΝΑΙCΟΦΟΙ	DICENTES ENIM SE ESSE SAPIENTES
ЄΜѠΡΑΝΘΗCΑΝ	STVLTI FACTI SVNT
ΚΑΙΗΛΛΑΞΑΝΤΗΝΔΟΞΑΝ	ET MVTAVERVNT GLORIAM
ΤΟΥΑΦΘΑΡΤΟΥΘ̅Υ̅	INCORRVPTIBILIS DEI
ЄΝΟΜΟΙѠΜΑΤΙЄΙΚΟΝΟC	IN SIMILITVDINEM IMAGINIS
ΦΘΑΡΤΟΥΑΝΘΡѠΠΟΥ	CORRVPTIBILIS HOMINIS
ΚΑΙΠЄΤЄΙΝѠΝΚΑΙΤЄΤΡΑΠΟΔѠΝ	ET VOLVCRVM ET QVADRVPEDVM
ΚΑΙЄΡΠЄΤѠΝ	ET SERPENTVM

ΔΙΟΚΑΙΠΑΡΕΔΩΚΕΝΑΥΤΟΥϹΟΘ̅Ϲ̅	PROPTER QVOD ET TRADIDIT ILLOS DEVS
ЄΝΤΑΙϹЄΠΙΘΥΜΙΑΙϹ	IN DESIDERIA
ΤΩΝΚΑΡΔΙΩΝΑΥΤΩΝ	CORDIS EORVM
ЄΙϹΑΚΑΘΑΡϹΙΑΝ	IN IMMVNDITIAM
ΤΟΥΑΤЄΙΜΑΖЄϹΘΑΙ	VT CONTVMELIIS ADFICIANT
ΤΑϹΩΜΑΤΑΑΥΤΩΝЄΝΑΥΤΟΙϹ	CORPORA SVA IN SEMETIPSIS
ΟΙΤΙΝЄϹΜЄΤΗΛΛΑΞΑΝ	QVI COMMVTAVERVNT
ΤΗΝΑΛΗΘΙΑΝΤΟΥΘ̅Υ̅	VERITATEM DEI
ЄΝΤΩΨЄΥΔЄΙ	IN MENDACIO
ΚΑΙЄϹЄΒΑϹΘΗϹΑΝΚΑΙЄΛΑΤΡЄΥϹΑΝ	ET COLVERVNT ET SERVIERVNT
ΤΗΚΤΙϹЄΙΠΑΡΑΤΟΝΚΤΙϹΑΝΤΑ	CREATVRAE POTIVS QVAM CREATORI
ΟϹЄϹΤΙΝЄΥΛΟΓΗΤΟϹ	QVI EST BENEDICTVS
ЄΙϹΤΟΥϹΑΙΩΝΑϹΑΜΗΝ	IN SAECVLA AMEN
ΔΙΑΤΟΥΤΟΠΑΡЄΔΩΚЄΝΑΥΤΟΥϹΟΘ̅Ϲ̅	PROPTEREA TRADIDIT ILLOS DEVS
ЄΙϹΠΑΘΗΑΤΙΜЄΙΑϹ	IN PASSIONIS IGNOMINIAE
ΑΙΤЄΓΑΡΘΗΛΙΑΙΑΥΤΩΝ	NAM FEMINAE EORVM
ΜЄΤΗΛΛΑΞΑΝΤΗΝΦΥϹΙΚΗΝΚΤΙϹΙΝ	INMVTAVERVNT NATVRALEM SENSV̄
ЄΙϹΤΗΝΠΑΡΑΦΥϹΙΝΧΡΗϹΙΝ	IN EVM VSVM QVI EST CONTRA NATVRĀ
ΟΜΟΙΩϹΔЄΚΑΙΟΙΑΡϹЄΝЄϹ	SIMILITER AVTEM ET MASCVLI
ΑΦЄΝΤЄϹΤΗΝΦΥϹΙΚΗΝ	RELICTO NATVRALI
ΧΡΗϹΙΝΤΗϹΘΗΛЄΙΑϹ	VSV FEMINAE

ΕΞΕΚΑΥΘΗϹΑΝΕΝΤΗΟΡΕΞΙΑΥΤΩΝ
ΕΙϹΑΛΛΗΛΟΥϹ
ΑΡϹΕΝΕϹΕΝΑΡϹΕϹΙΝ
ΤΗΝΑϹΧΗΜΟϹΥΝΗΝΚΑΤΕΡΓΑΖΟΜΕΝΟΙ
ΚΑΙΤΗΝΑΝΤΙΜΙϹΘΕΙΑΝ
ΗΝΕΔΙΤΗϹΠΛΑΝΗϹΑΥΤΩΝ
ΕΝΕΑΥΤΟΙϹΑΠΟΛΑΜΒΑΝΟΝΤΕϹ
ΚΑΙΚΑΘΩϹΟΥΚΕΔΟΚΙΜΑϹΑΝΤΟΝΘ̄Ν̄
ΕΧΕΙΝΕΝΕΠΙΓΝΩϹΕΙ
ΠΑΡΕΔΩΚΕΝΑΥΤΟΥϹΟΘ̄Ϲ̄
ΕΙϹΑΔΟΚΕΙΜΟΝΝΟΥΝ
ΠΟΙΕΙΝΤΑΜΗΚΑΘΗΚΟΝΤΑ
ΠΕΠΛΗΡΩΜΕΝΟΥϹΠΑϹΗΑΔΙΚΕΙΑ
ΚΑΚΕΙΑΠΟΡΝΕΙΑΠΛΕΟΝΕΞΕΙΑ
ΜΕϹΤΟΥϹΦΘΟΝΟΥ
ΦΟΝΟΥΕΡΙΔΟϹ
ΔΟΛΟΥΚΑΚΟΗΘΕΙΑϹ
ΨΙΘΥΡΙϹΤΑϹΚΑΚΟΛΑΛΟΥϹ
ΘΕΟϹΤΥΓΙϹΥΒΡΙϹΤΑϹ
ΥΠΕΡΗΦΑΝΟΥϹΑΛΑΖΟΝΑϹ ·
ΕΦΕΥΡΕΤΑϹΚΑΚΩΝ

EXARSERVNT IN DESIDERIO SVO
IN INVICEM
MASCVLI IN MASCVLOS
TVRPITVDINEM OPERANTES
ET MERCEDEM
QVAM OPORTVIT ERRORIS SVI
IN SEMETIPSOS RECIPIENTES
ET SICVT NON PROBAVERVNT DEVM
HABERE IN NOTITIA
TRADIDIT EOS DEVS
IN REPROBVM SENSVM
VT FACIANT EA QVAE NON CONVENIVNT
REPLETOS OMNI INIQVITATE
MALITIA FORNICATIONE AVARITIA
PLENOS INVIDIA
HOMICIDIIS CONTENTIONE
DOLO MALIGNITATE
SVSVRRONES DETRECTATORES
DEO ODIBILES CONTVMELIOSOS
SVPERBOS ELATOS
INVENTORES MALORVM

AD ROMANOS I, 27—30.

ΓΟΝΕΥϹΙΝΑΠΙΘΕΙϹ	PARENTIBVS NON OBAVDIENTES
ΑϹΥΝΕΤΟΥϹΑϹΥΝΘΕΤΟΥϹ	INSIPIENTES INCONPOSITOS
ΑϹΤΟΡΓΟΥϹΑΝΕΛΕΗΜΟΝΑϹ	SINE ADFECTIONE SINE MISERICORDIA
ΟΙΤΙΝΕϹΤΟΔΙΚΑΙΩΜΑΤΟΥΘ̅Υ̅	QVI CVM IVSTITIAM DEI
ΕΠΙΓΝΟΝΤΕϹ	COGNOVERVNT
ΟΥΚΕΝΟΗϹΑΝΟΤΙΟΙΤΑΤΟΙΑΥΤΑ	NON INTELLEXERVNT QVONIAM QVI TALIA
ΠΡΑϹϹΟΝΤΕϹΑΞΙΟΙΘΑΝΑΤΟΥΕΙϹΕΙΝ	AGVNT DIGNI SVNT MORTE
ΟΥΜΟΝΟΝΓΑΡΑΥΤΑΠΟΙΟΥϹΙΝ	NON SOLVM ILLA FACIVNT
ΑΛΛΑΚΑΙϹΥΝΕΥΔΟΚΟΥϹΙΝ	SED ETIAM CONSENTIVNT
ΤΟΙϹΠΡΑϹϹΟΥϹΙΝ	FACIENTIBVS
ΔΙΟΑΝΑΠΟΛΟΓΗΤΟϹΕΙ	PROPTEREA INEXCVSABILIS ES
ΩΑΝΘΡΩΠΕΠΑϹΟΚΡΕΙΝΩΝ	O HOMO OMNES QVI IVDICAS
ΕΝΩΓΑΡΚΡΙΝΕΙϹΤΟΝΕΤΕΡΟΝ	IN QVO ENIM ALTERVM IVDICAS
ϹΕΑΥΤΟΝΚΑΤΑΚΡΕΙΝΕΙϹ	TE IPSVM CONDEMNAS
ΤΑΓΑΡΑΥΤΑΠΡΑϹϹΕΙϹΟΚΡΕΙΝΩΝ	EADEM ENIM AGIS QVI IVDICAS
ΟΙΔΑΜΕΝΔΕΟΤΙΤΟΚΡΕΙΜΑΤΟΥΘ̅Υ̅ΕϹΤΙΝ	SCIMVS ENIM QVONIAM IVDICIVM DEI EST
ΚΑΤΑΑΛΗΘΕΙΑΝ	SECVNDVM VERITATEM
ΕΠΕΙΤΟΥϹΤΑΤΟΙΑΥΤΑ	IN EOS QVI TALIA
ΠΡΑϹϹΟΝΤΑϹ	AGVNT
ΛΟΓΙΖΗΔΕΤΟΥΤΟΩΑΝΘΡΩΠΕ	EXISTIMAS AVTEM HOC O HOMO
ΟΚΡΕΙΝΩΝ	QVI IVDICAS

ΤΟΥϹΤΑΤΟΙΑΥΤΑΠΡΑϹϹΟΝΤΑϹ	EOS QVI TALIA AGVNT
ΚΑΙΠΟΙΩΝΑΥΤΑ	ET FACIES EA
ΟΤΙϹΥЄΚΦЄΥΞΗΤΟΚΡΙΜΑΤΟΥΘ̅Υ̅	QVIA TV EFFVGIES IVDICIVM DEI
ΗΤΟΥΠΛΟΥΤΟΥΤΗϹΧΡΗϹΤΟΤΗΤΟϹΑΥΤΟΥ	AN DIVITIAS BONITATIS EIVS
ΚΑΙΤΗϹΑΝΟΧΗϹ	ET PATIENTIAE
ΚΑΙΤΗϹΜΑΚΡΟΘΥΜΙΑϹ	ET LONGANIMITATIS
ΚΑΤΑΦΡΟΝЄΙϹ	CONTEMNIS
ΑΓΝΟΩΝΟΤΙΤΟΧΡΗϹΤΟΝΤΟΥΘ̅Υ̅	IGNORANS QVONIAM BENIGNITAS DEI
ЄΙϹΜЄΤΑΝΟΙΑΝϹЄΑΓЄΙ	AD PAENITENTIAM TE ADDVCIT
ΚΑΤΑΔЄΤΗΝϹΚΛΗΡΟΤΗΤΑϹΟΥ	SECVNDVM AVTEM DVRITIAM TVAM
ΚΑΙΑΜЄΤΑΝΟΗΤΟΝΚΑΡΔΙΑΝ	ET SINE PAENITENTIAM COR
ΘΗϹΑΥΡΙΖЄΙϹϹЄΑΥΤΩΟΡΓΗΝ	THENSAVRIZASTI TIBI IRAM
ЄΝΗΜЄΡΑΟΡΓΗϹ	IN DIE IRAE
ΚΑΙΑΠΟΚΑΛΥΨЄΩϹ	ET REVELATIONIS
ΔΙΚΑΙΟΚΡΙϹΙΑϹΤΟΥΘ̅Υ̅	IVSTI IVDICII DEI
ΟϹΑΠΟΔΩϹЄΙЄΚΑϹΤΩ	QVI REDDET VNICVIQVE
ΚΑΤΑΤΑЄΡΓΑΑΥΤΟΥ	SECVNDVM OPERA EIVS
ΤΟΙϹΜЄΝΚΑΘΥΠΟΜΟΝΗΝ	HIS QVIDEM QVI SECVNDVM PATIENTIAM
ЄΡΓΟΥΑΓΑΘΟΥ	BONI OPERIS
ΔΟΞΑΝΚΑΙΤЄΙΜΗΝ	GLORIAM ET HONOREM
ΚΑΙΑΦΘΑΡϹЄΙΑΝ	INCORRVPTIONEM

ΖΗΤΟΥϹΙΝΖΩΗΝΑΙΩΝΙΟΝ
ΤΟΙϹΔΕΕΞΕΡΙΘΙΑϹ
ΚΑΙΑΠΙΘΟΥϹΙΝΤΗΑΛΗΘΕΙΑ
ΠΕΙΘΟΜΕΝΟΙϹΔΕΤΗΑΔΙΚΕΙΑ
ΟΡΓΗΚΑΙΘΥΜΟϹ
ΘΛΙΨΕΙϹΚΑΙϹΤΕΝΟΧΩΡΙΑ
ΕΠΙΠΑϹΑΝΨΥΧΗΝΑΝΘΡΩΠΟΥ
ΤΟΥΚΑΤΕΡΓΑΖΟΜΕΝΟΥΤΟΚΑΚΟΝ
ΙΟΥΔΑΙΟΥΤΕΠΡΩΤΟΝ
ΚΑΙΕΛΛΗΝΟϹ
ΔΟΞΑΔΕΚΑΙΤΕΙΜΗ
ΚΑΙΕΙΡΗΝΗΠΑΝΤΙΤΩΕΡΓΑΖΟΜΕΝΩ
ΤΟΑΓΑΘΟΝ
ΙΟΥΔΑΙΩΤΕΠΡΩΤΟΝ
ΚΑΙΕΛΛΗΝΙ
ΟΥΓΑΡΕϹΤΙΝΠΡΟϹΩΠΟΛΗΜΨΙΑ
ΠΑΡΑ$\overline{ΘΩ}$
ΟϹΟΙΓΑΡΑΝΟΜΩϹΗΜΑΡΤΟΝ
ΑΝΟΜΩϹΚΑΙΑΠΟΛΟΥΝΤΑΙ
ΚΑΙΟϹΟΙΕΝΝΟΜΩΗΜΑΡΤΟΝ
ΔΙΑΝΟΜΟΥΚΡΙΘΗϹΟΝΤΑΙ

QVAERENTIBVS VITAM AETERNAM
HIS AVTEM QVI EX CONTENTIONE
ET QVI DIFFIDVNT VERITATI
CREDVNT AVTEM INIQVITATI
IRA ET INDIGNATIO
TRIBVLATIO ET ANGVSTIA
IN OMNEM ANIMAM HOMINIS
OPERANTIS MALVM
IVDAEO PRIMVM
ET GRAECO
GLORIAM AVTEM ET HONOREM
ET PAX OMNI OPERANTI
BONVM
IVDAEO PRIMVM
ET GRAECO
NON EST ENIM PERSONARVM ACCEPTIO
APVT DEVM
QVICVMQVE ENIM SINE LEGE PECCAVERVNT
SINE LEGE PERIBVNT
ET QVICVMQVE IN LEGE PECCAVERVNT
PER LEGE IVDICABVNTVR

ΟΥΓΑΡΟΙΑΚΡΟΑΤΑΙΜΟΥ
ΔΙΚΑΙΟΙΠΑΡΑΘ̅Ω̅
ΑΛΛΟΙΠΟΙΗΤΑΙΝΟΜΟΥ
ΔΙΚΑΙΩΘΗCΟΝΤΑΙ
ΟΤΑΝΓΑΡЄΘΝΗ
ΤΑΜΗΝΟΜΟΝЄΧΟΝΤΑ
ΦΥCЄΙΤΑΤΟΥΝΟΜΟΥΠΟΙΟΥCΙΝ
ΟΥΤΟΙΝΟΜΟΝΜΗЄΧΟΝΤЄC
ЄΑΥΤΟΙCЄΙCΙΝΝΟΜΟC
ΟΙΤΙΝЄCЄΝΔЄΙΚΝΥΝΤΑΙ
ΤΟЄΡΓΟΝΤΟΥΝΟΜΟΥΓΡΑΠΤΟΝ
ЄΝΤΑΙCΚΑΡΔΙΑΙCΑΥΤΩΝ
CΥΜΜΑΡΤΥΡΟΥCΗC
ΤΗCCΥΝЄΙΔΗCЄΩCΑΥΤΩΝ
ΚΑΙΜЄΤΑΞΥΑΛΛΗΛΩΝ
ΤΩΝΛΟΓΙCΜΩΝ
ΚΑΤΗΓΟΡΟΥΝΤΩΝ
ΗΚΑΙΑΠΟΛΟΓΟΥΜЄΝΩΝ
ЄΝΗΜЄΡΑΟΤЄΚΡΙΝЄΙΟΘ̅C̅
ΤΑΚΡΥΠΤΑΤΩΝΑ̅Ν̅Ω̅Ν̅
ΚΑΤΑΤΟЄΥΑΓΓЄΛΙΟΝΜΟΥ

NON ENIM AVDITORES LEGIS
IVSTI SVNT APVT DEVM
SED FACTORES LEGIS
IVSTIFICABVNTVR
CVM ENIM GENTES
QVAE LEGEM NON HABENT
NATVRALITER QVAE LEGIS SVNT FACIVNT
EIVSMODI LEGEM NON HABENTES
IPSI SIBI SVNT LEX
QVI OSTENDVNT
OPVS LEGIS SCRIPTVM
IN CORDIBVS SVIS
TESTIMONIVM REDDENTIS
CONSCIENTIA ILLORVM
ET INVICEM
COGITATIONVM
ACCVSANTIVM
AVT ETIAM DEFENDENTIVM
IN DIE CVM IVDICAVIT DEVS
OCCVLTA HOMINVM
SECVNDVM EVANGELIVM

ΔΙΑΙΥΧΥΤΟΥΚΥΗΜΩΝ	PER IHM XPM DOM N·
ЄΙΔЄϹΥΙΟΥΔΑΙΟϹ	SI AVTEM TV IVDAEVS
ЄΠΘΝΟΜΑΖΗ	COGNOMINARIS
ΚΑΙЄΠΑΝΑΠΑΥΗΝΟΜΩ	ET REQVIESCIS IN LEGE
ΚΑΙΚΑΥΧΑϹЄЄΝΘΩ	ET GLORIARIS IN DEO
ΚΑΙΓЄΙΝΩϹΚЄΙϹΤΟΘЄΛΗΜΑ	ET NOSTI VOLVNTATEM
ΚΑΙΔΟΚΙΜΑΖЄΙϹΤΑΔΙΑΦЄΡΟΝΤΑ	ET PROBAS VTILIORA
ΚΑΤΗΧΟΥΜЄΝΟϹЄΚΤΟΥΝΟΜΟΥ	INSTRVCTVS PER LEGEM
ΠЄΠΟΙΘΑϹΤЄϹЄΑΥΤΟΝ	CONFIDES TE IPSVM
ΟΔΗΓΟΝЄΙΝΑΙΤΥΦΛΩΝ	DVCEM ESSE CAECORVM
ΦΩϹΤΩΝЄΝϹΚΟΤЄΙ	LVMEN EORVM QVI IN TENEBRIS SVNT
ΠΑΙΔЄΥΤΗΝΑΦΡΟΝΩΝ	ERVDITOREM INSIPIENTIVM
ΔΙΔΑϹΚΑΛΟΝΝΗΠΙΩΝ	MAGISTRVM INFANTIVM
ЄΧΟΝΤΑΤΗΝΜΟΡΦΩϹΙΝ	HABENTEM FORMAM
ΤΗϹΓΝΩϹЄΩϹ	SCIENTIAE
ΚΑΙΤΗϹΑΛΗΘЄΙΑϹЄΝΤΩΝΟΜΩ	ET VERITATIS IN LEGE
ΟΟΥΝΔΙΔΑϹΚΩΝЄΤЄΡΟΝ	QVI ERGO ALIVM DOCES
ϹЄΑΥΤΟΝΟΥΔΙΔΑϹΚЄΙϹ	TE IPSVM NON DOCES
ΟΚΗΡΥϹϹΩΝΜΗΚΛЄΠΤЄΙΝΚΛЄΠЄΙϹ	QVI PRAEDICAS NON FVRANDVM FVRARIS
ΟΛЄΓΩΝΜΗΜΟΙΧЄΥЄΙΝΜΟΙΧЄΥЄΙϹ	QVI DICIS NON MOECHANDVM MOECHARIS
ΟΒΔЄΛΥϹϹΟΜЄΝΟϹΤΑЄΙΔΩΛΑ	QVI ABOMINARIS IDOLA

ΙΕΡΟϹΥΛΕΙϹ
ΟϹΕΝΝΟΜΩΚΑΥΧΑϹΑΙ
ΔΙΑΤΗϹΠΑΡΑΒΑϹΕΩϹ
ΤΟΥΝΟΜΟΥ
ΤΟΝΘ̅Ν̅ΑΤΕΙΜΑΖΕΙϹ
ΤΟΓΑΡΟΝΟΜΑΤΟΥΘ̅Υ̅
ΔΙΥΜΑϹΒΛΑϹΦΗΜΕΙΤΑΙ
ΕΝΤΟΙϹΕΘΝΕϹΙΝ
ΚΑΘΩϹΓΕΓΡΑΠΤΑΙ
ΠΕΡΙΤΟΜΗΜΕΝΓΑΡΩΦΕΛΕΙ
ΕΑΝΝΟΜΟΝΦΥΛΑϹϹΗϹ
ΕΑΝΔΕΠΑΡΑΒΑΤΗϹΝΟΜΟΥΗϹ
ΗΠΕΡΙΤΟΜΗϹΟΥ
ΑΚΡΟΒΥϹΤΙΑΓΕΓΟΝΕΝ
ΕΑΝΟΥΝΗΑΚΡΟΒΥϹΤΙΑΤΑΔΙΚΑΙΩΜΑΤΑ
ΤΟΥΝΟΜΟΥΦΥΛΑϹϹΗ
ΟΥΧΙΗΑΚΡΟΒΥϹΤΙΑΑΥΤΟΥ
ΕΙϹΠΕΡΙΤΟΜΗΝΛΟΓΙϹΘΗϹΕΤΑΙ
ΚΑΙΚΡΙΝΕΙΗΕΚΦΥϹΕΩϹΑΚΡΟΒΥϹΤΕΙΑ
ΤΟΝΝΟΜΟΝΤΕΛΟΥϹΑ
ϹΕΤΟΝΔΙΑΓΡΑΜΑΤΟϹ

SACRILEGIVM FACIS
QVI IN LEGE GLORIARIS
PER PRAEVARICATIONEM
LEGIS.
DEVM INHONORAS
NOMEN ENIM DEI
PER VOS BLASPHEMATVR
INTER GENTES
SICVT SCRIPTVM EST
CIRCVMCISIO QVIDEM PRODEST
SI LEGEM OBSERVES
SI AVTEM PRAEVARICATOR LEGIS SIS
CIRCVMCISIO TVA
PRAEPVTIVM FACTA EST
SI IGITVR PRAEPVTIVM IVSTITIAS
LEGIS CVSTODIAT
NONNE PRAEPVTIVM ILLIVS
IN CIRCVMCISIONE REPVTABITVR
ET IVDICAVIT QVOD EX NATVRA EST PRAEPVTIVM
LEGEM CONSVMMANS
TE QVI PER LITTERAM

ΚΑΙΠΕΡΙΤΟΜΗϹΠΑΡΑΒΑΤΗΝΝΟΜΟΥ
ΟΥΓΑΡΟΕΝΤΩΦΑΝΕΡΩ
ΙΟΥΔΑΙΟϹΕϹΤΙΝ
ΟΥΔΕΗΕΝΤΩΦΑΝΕΡΩΕΝϹΑΡΚΙ
ΠΕΡΙΤΟΜΗ
ΑΛΛΑΟΕΝΤΩΚΡΥΠΤΩΙΟΥΔΑΙΟϹ
ΚΑΙΠΕΡΙΤΟΜΗΚΑΡΔΙΑϹ
ΕΝΠΝ̅Ι̅ΟΥΓΡΑΜΜΑΤΙ
ΟΥΟΕΠΑΙΟΥΚΕΞΑΝΘΡΩΠΩΝ
ΑΛΛΕΚΤΟΥΘ̅Υ̅ΕϹΤΙΝ
ΤΙΟΥΝΤΟΠΕΡΙϹϹΟΝ
ΤΟΥΙΟΥΔΑΙΟΥ
ΗΤΙϹΗΩΦΕΛΙΑΤΗϹΠΕΡΙΤΟΜΗϹ
ΠΟΛΥΚΑΤΑΠΑΝΤΑΤΡΟΠΟΝ
ΠΡΩΤΟΝΜΕΝΟΤΙΕΠΙϹΤΕΥΘΗϹΑΝ
ΤΑΛΟΓΙΑΤΟΥΘ̅Υ̅
ΤΙΓΑΡΕΙΗΠΙϹΤΗϹΑΝΤΙΝΕϹ
ΜΗΗΑΠΙϹΤΙΑΑΥΤΩΝ
ΤΗΝΠΙϹΤΙΝΤΟΥΘ̅Υ̅
ΚΑΤΑΡΓΗϹΕΙΜΗΓΕΝΟΙΤΟΓΕΙΝΕϹΘΩΔΕ
ΟΘ̅Ϲ̅ΑΛΗΘΗϹ

ET CIRCVMCISIONE PRAEVARICATOR ES LEGIS
NON ENIM QVI IN MANIFESTO
IVDAEVS EST
NEQVE QVAE MANIFESTA IN CARNE
CIRCVMCISIO
SED QVI IN ABSCONSO IVDAEVS
ET CIRCVMCISIO CORDIS
QVI S̅P̅V̅ NON LITTERA
CVIVS LAVS NON EX HOMINIBVS
SED EX DEO EST
QVID ERGO AMPLIVS EST
IVDAEO
AVT QVAE VTILITAS CIRCVMCISIONIS
MVLTVM PER OMNEM MODVM
PRIMVM QVIDEM QVIA CREDITA SVNT ILLI
ELOQVIA DEI
QVID ENIM SI QVIDAM ILLORVM NON CREDIDERVNT
NVMQVID INCREDVLITAS ILLORVM
FIDEM DEI
EVACVAVIT ABSIT EST ENIM
DEVS VERAX

ΠΑϹΔΕΑΝΘΡΩΠΟϹΨΕΥϹΤΗϹ	OMNIS AVTEM HOMO MENDAX
ΚΑΘΩϹΓΕΓΡΑΠΤΑΙ	SICVT SCRIPTVM EST
ΟΠΩϹΑΝΔΙΚΑΙΩΘΗϹ	VT IVSTIFICERIS
ΕΝΤΟΙϹΛΟΓΟΙϹϹΟΥ	IN SERMONIBVS TVIS
ΚΑΙΝΕΙΚΗϹΕΙϹΕΝΤΩΚΡΕΙΝΕϹΘΕϹΕ	ET VINCAS CVM IVDICARIS
ΕΙΔΕΗΑΔΙΚΙΑΗΜΩΝΘ̅Υ̅	SI AVTEM INIQVITAS NOSTRA DEI
ΔΙΚΑΙΟϹΥΝΗΝϹΥΝΙϹΤΗϹΙΝ	IVSTITIAM COMMENDAT
ΤΙΕΡΟΥΜΕΝ	QVID DICEMVS
ΜΗΑΔΙΚΟϹΟΘ̅Ϲ̅	NVMQVID INIQVVS DEVS
ΟΕΠΙΦΕΡΩΝΤΗΝΟΡΓΗΝ	QVI INFERT IRAM
ΚΑΤΑΑΝΘΡΩΠΟΝΛΕΓΩ	SECVNDVM HOMINEM DICO
ΜΗΓΕΝΟΙΤΟΕΠΙΠΩΚΡΙΝΕΙΟΘ̅Ϲ̅	ABSIT ALIOQVIN QVOMODO IVDICAVIT DEVS
ΤΟΝΚΟϹΜΟΝ	HVNC MVNDVM
ΕΙΓΑΡΗΑΛΗΘΕΙΑΤΟΥΘ̅Υ̅	SI ENIM VERITAS DEI
ΕΝΤΩΕΜΩΨΕΥϹΜΑΤΙΕΠΕΡΙϹϹΕΥϹΕΝ	IN MEO MENDACIO ABVNDAVIT
ΕΙϹΤΗΝΔΟΞΑΝΑΥΤΟΥ	IN GLORIAM IPSIVS
ΤΙΕΤΙΚΑΓΩΩϹΑΜΑΡΤΩΛΟϹ	QVID ADHVC EGO TAMQVAM PECCATOR
ΚΡΕΙΝΟΜΑΙ	IVDICOR
ΚΑΙΜΗΚΑΘΩϹΒΛΑϹΦΗΜΟΥΜΕΘΑ	ET NON SICVT BLASPHEMAMVR
ΚΑΙΚΑΘΩϹΦΑϹΙΝΤΙΝΕϹΗΜΑϹ	ET SICVT DICVNT NOS QVIDAM
ΛΕΓΕΙΝ	DICERE

ΟΤΙΠΟΙΗϹωΜЄΝΚΑΚΑ	QVIA FACIAMVS MALA
ΙΝΑЄΛΘΗΤΑΑΓΑΘΑ	VT VENIANT BONA
ωΝΤΟΚΡΙΜΑЄΝΔΙΚΟΝЄϹΤΙΝ	QVORVM DAMNATIO IVSTA EST
ΤΙΟΥΝΠΡΟΚΑΤЄΧΟΜЄΝΠЄΡΙϹϹΟΝ	QVID ERGO TENEMVS AMPLIVS
ΗΤΙΑϹΑΜЄΘΑΙΟΥΔΑΙΟΥϹΤЄ	CAVSATI ENIM SVMVS IVDAEOS
ΚΑΙЄΛΛΗΝΑϹΠΑΝΤΑϹ	ET GRAECOS OMNES
ΥΦΑΜΑΡΤΙΑΝЄΙΝΑΙ	SVB PECCATO ESSE
ΚΑΘωϹΓЄΓΡΑΠΤΑΙ	SICVT SCRIPTVM EST
ΟΤΙΟΥΚЄϹΤΙΝΔΙΚΑΙΟϹΟΥΔЄΙϹ	QVIA NON EST IVSTVS QVISQVAM
ΟΥΚЄϹΤΙΝΟϹΥΝЄΙωΝ	NON EST INTELLEGENS
ΟΥΚЄϹΤΙΝΟЄΚΖΗΤωΝΤΟΝΘ̅Ν̅	NON EST REQVIRENS DEVM
ΠΑΝΤЄϹЄΞЄΚΛЄΙΝΑΝ	OMNES DECLINAVERVNT
ΑΜΑΗΧΡЄωΘΗϹΑΝ	SIMVL INVTILES FACTI SVNT
ΟΥΚЄϹΤΙΝΟΠΟΙωΝΧΡΗϹΤΟΤΗΤΑ	NON EST QVI FACIAT BONVM
ΟΥΚЄϹΤΙΝЄωϹЄΝΟϹ	NON EST VSQVE AD VNVM
ΤΑΦΟϹΑΝЄωΓΜЄΝΟϹ	SEPVLCHRVM PATENS EST
ΟΛΑΡΥΓΞΑΥΤωΝ	GVTTVR EORVM
ΤΑΙϹΓΛωϹϹΑΙϹΑΥΤωΝ	LINGVIS SVIS
ЄΔΟΛΙΟΥϹΑΝ	DOLOSE AGEBANT
ΙΟϹΑϹΠΙΔωΝΥΠΟΤΑΧЄΙΛΗΑΥΤω̅	VENENVM ASPIDVM SVB LABIIS EORVM
ωΝΤΟϹΤΟΜΑΑΡΑϹ	QVORVM OS MALEDICTIONE

ΚΑΙΠΙΚΡΙΑCΓЄΜΗ	ET AMARITVDINE PLENVM EST
ΟΞЄΙCΟΙΠΟΔЄCΑΥΤΩΝ	VELOCES PEDES EORVM
ЄΚΧЄΑΙΑΙΜΑ	AD EFFVNDENDVM SANGVINEM
CΥΝΤΡΙΜΜΑΚΑΙΤΑΛΑΙΠΩΡΙΑ	CONTRITIO ET INFELICITAS
ЄΝΤΑΙCΟΔΟΙCΑΥΤΩΝ	IN VIIS EORVM
ΚΑΙΟΔΟΝЄΙΡΗΝΗC	ET VIAM PACIS
ΟΥΚЄΓΝΩCΑΝ	NON COGNOVERVNT
ΟΥΚЄCΤΙΝΦΟΒΟCΘΥΑΠЄΝΑΝΤΙ	NON EST TIMOR DEI ANTE
ΤΩΝΟΦΘΑΛΜΩΝΑΥΤΩΝ	OCVLOS EORVM
ΟΙΔΑΜЄΝΔЄΟΤΙΟCΑ	SCIMVS AVTEM QVONIAM QVAECVMQVE
ΟΝΟΜΟCΛЄΓЄΙ	LEX LOQVITVR
ΤΟΙCЄΝΤΩΝΟΜΩΛЄΓЄΙ	HIS QVI IN LEGE SVNT LOQVITVR
ΙΝΑΠΑΝCΤΟΜΑΦΡΑΓΗ	VT OMNE OS OBSTRVATVR
ΚΑΙΥΠΟΔΙΚΟCΓЄΝΗΤΑΙ	ET SVBDITVS FIAT
ΠΑCΟΚΟCΜΟCΤΩΘΩ	OMNIS MVNDVS DEO
ΔΙΟΤΙΟΥΔΙΚΑΙΩΘΗCЄΤΑΙ	QVIA NON IVSTIFICABITVR
ЄΞЄΡΓΩΝΝΟΜΟΥ	EX OPERIBVS LEGIS
ΠΑCΑCΑΡΞЄΝΩΠΙΟΝΑΥΤΟΥ	OMNIS CARO CORAM ILLO
ΔΙΑΓΑΡΝΟΜΟΥЄΠΙΓΝΩCΙC	PER LEGEM ENIM COGNITIO
ΑΜΑΡΤΙΑC	PECCATI
ΝΥΝЄΙΔЄΧΩΡΙCΝΟΜΟΥ	NVNC AVTEM SINE LEGE

ΔΙΚΑΙΟϹΥΝΗΘ̅Υ̅ΠΕΦΑΝΕΡΩΤΑΙ	IVSTITIA DEI MANIFESTATA EST
ΜΑΡΤΥΡΟΜΕΝΗΥΠΟΤΟΥΝΟΜΟΥ	TESTIFICATA A LEGE
ΚΑΙΤΩΝΠΡΟΦΗΤΩΝ	ET PROPHETIS
ΔΙΚΑΙΟϹΥΝΗΔΕΘ̅Υ̅	IVSTITIA AVTEM DEI
ΔΙΑΠΙϹΤΕΩϹΙ̅Υ̅Χ̅Υ̅	PER FIDEM I̅H̅V̅ X̅P̅I̅
ΕΙϹΠΑΝΤΑϹΚΑΙΕΠΙΠΑΝΤΑϹ	IN OMNES ET SVPER OMNES
ΤΟΥϹΠΙϹΤΕΥΟΝΤΑϹ	QVI CREDVNT
ΟΥΓΑΡΕϹΤΙΝΔΙΑϹΤΟΛΗ	NON EST ENIM DISTINCTIO
ΠΑΝΤΕϹΓΑΡΗΜΑΡΤΟΝ	OMNES ENIM PECCAVERVNT
ΚΑΙΥϹΤΕΡΟΥΝΤΑΙ	ET EGENT
ΤΗϹΔΟΞΗϹΤΟΥΘ̅Υ̅	GLORIAM DEI
ΔΙΚΑΙΟΥΜΕΝΟΙΔΩΡΕΑΝ	IVSTIFICATI GRATIS
ΤΗΑΥΤΟΥΧΑΡΙΤΙ	PER IPSIVS GRATIAM
ΔΙΑΤΗϹΑΠΟΛΥΤΡΩϹΕΩϹ	PER REDEMPTIONEM
ΤΗϹΕΝΧ̅Ω̅Ι̅Υ̅	QVAE EST IN X̅P̅O̅ I̅H̅V̅
ΟΝΠΡΟΕΘΕΤΟΟΘ̅Ϲ̅ΕΙΛΑϹΤΗΡΙΟΝ	QVEM PROPOSVIT DEVS PROPITIATOREM
ΔΙΑΠΙϹΤΕΩϹΕΝΤΩΑΥΤΟΥΑΙΜΑΤΙ	FIDE IN SANGVINE IPSIVS
ΕΙϹΕΝΔΙΞΙΝΤΗϹΔΙΚΑΙΟϹΥΝΗϹΑΥΤΟΥ	IN OSTENSIONEM IVSTITIAE SVAE
ΔΙΑΤΗΝΠΑΡΕϹΙΝ	PROPTER PROPOSITVM
ΤΩΝΠΡΟΓΕΓΟΝΟΤΩΝΑΜΑΡΤΗΜΑΤΩ̅	PRAECEDENTIVM DELICTORVM
ΕΝΤΗΑΝΟΧΗΤΟΥΘ̅Υ̅	IN SVSTENTATIONE DEI

ΠΡΟCΤΗΝЄΝΔΙΞΙΝ	AD OSTENSIONEM
ΤΗCΔΙΚΑΙΟCΥΝΗCΑΥΤΟΥ	IVSTITIAE EIVS
ЄΝΤωΝΥΝΚΑΙΡω	IN HOC TEMPORE
ЄΙCΤΟЄΙΝΑΙΑΥΤΟΝΔΙΚΑΙΟΝΚΑΙ	VT SIT IVSTVS ET
ΔΙΚΑΙΟΥΝΤΟΝЄΚΠΙCΤЄωCΙ̅Ν̅	IVSTIFICANS EVM QVI EX FIDE EST X̅P̅I̅ I̅H̅V̅
ΠΟΥΟΥΝΗΚΑΥΧΗCΙCЄΞЄΚΛΙCΘΗ	VBI EST ERGO IVSTIFICATIO TVA EXCLVSA EST
ΔΙΑΠΟΪΟΥΝΟΜΟΥΤωΝЄΡΓωΝ	PER QVAM LEGEM FACTORVM
ΟΥΚΑΛΛΑΝΟΜΟΥΠΙCΤЄωC	NON SED PER LEGEM FIDEI
ΛΟΓΙΖΟΜЄΘΑΓΑΡΔΙΚΑΙΟΥCΘΑΙ	ARBITRAMVR ENIM IVSTIFICARI
ΠΙCΤΙΑΝΘΡωΠΟΝ	PER FIDEM HOMINVM
ΧωΡΙCЄΡΓωΝΝΟΜΟΥ	SINE OPERIBVS LEGIS
ΗΙΟΥΔΑΙωΝΟΘ̅C̅ΜΟΝΟC	AD IVDAEORVM DEVS TANTVM
ΟΥΧΙΚΑΙЄΘΝωΝ	NONNE ET GENTIVM
ΝΑΙΚΑΙЄΘΝωΝ	IMMO ET GENTIVM
ЄΠЄΙΠЄΡЄΙCΘ̅C̅	QVONIAM QVIDEM VNVS DEVS
ΟCΔΙΚΑΙωCЄΙ	QVI IVSTIFICAVIT
ΠЄΡΙΤΟΜΗΝЄΚΠΙCΤЄωC	CIRCVMCISIONEM EX FIDE
ΚΑΙΑΚΡΟΒΥCΤΙΑΝΔΙΑΤΗCΠΙCΤЄωC	ET PRAEPVTIVM PER FIDEM
ΝΟΜΟΝΟΥΝΚΑΤΑΡΓΟΥΜЄΝ	LEGEM ERGO DESTRVIMVS
ΔΙΑΤΗCΠΙCΤЄωC	PER FIDEM
ΜΗΓЄΝΟΙΤΟ	ABSIT

ΑΛΛΑΝΟΜΟΝΠΕΡΙϹΤΑΝΟΜΕΝ
ΤΙΟΥΝΕΡΟΥΜΕΝΕΥΡΗΚΕΝΑΙ
ΑΒΡΑΑΜΤΟΝΠΑΤΕΡΑΗΜωΝ
ΚΑΤΑϹΑΡΚΑ
ΕΙΓΑΡΑΒΡΑΑΜΕΞΕΡΓωΝ
ΕΔΙΚΑΙωΘΗ
ΕΧΕΙΚΑΥΧΗΜΑΑΛΛΟΥΠΡΟϹΘ̅Ν̅
ΤΙΓΑΡΗΓΡΑΦΗΛΕΓΕΙ
ΕΠΙϹΤΕΥϹΕΝΑΒΡΑΑΜΤω̇Θ̅ω̅
ΚΑΙΕΛΟΓΙϹΘΗΑΥΤω
ΕΙϹΔΙΚΑΙΟϹΥΝΗΝ
ΤωΔΕΕΡΓΑΖΟΜΕΝω
ΟΜΙϹΘΟϹΟΥΛΟΓΙΖΕΤΑΙ
ΚΑΤΑΧΑΡΙΝ
ΑΛΛΑΚΑΤΑΟΦΙΛΕΜΑ
ΤωΔΕΜΗΕΡΓΑΖΟΜΕΝω
ΠΙϹΤΕΥΟΝΤΙΔΕ
ΕΠΙΤΟΝΔΙΚΑΙΟΥΝΤΑΤΟΝΑϹΕΒΗΝ
ΛΟΓΙΖΕΤΑΙΗΠΙϹΤΙϹΑΥΤΟΥ
ΕΙϹΔΙΚΑΙΟϹΥΝΗΝ
ΚΑΘωϹΚΑΙΟΔΑΥΕΙΔΛΕΓΕΙ

SED LEGEM STATVIMVS
QVID ERGO DICEMVS INVENISSE
ABRAHAM PATREM NOSTRVM
SECVNDVM CARNEM
SI ENIM ABRAHAM EX OPERIBVS
IVSTIFICATVS EST
HABET GLORIAM SED NON APVT DEVM
QVID ENIM SCRIPTVRA DICIT
CREDIDIT ABRAHAM DEO
ET DEPVTATVM EST ILLI
AD IVSTITIAM
EI AVTEM QVI OPERATVR
MERCES NON IMPVTATVR
SECVNDVM GRATIAM
SED SECVNDVM DEBITVM
EI AVTEM QVI NON OPERATVR
CREDENTI AVTEM
IN EVM QVI IVSTIFICAT IMPIVM
REPVTATVR FIDES EIVS
AD IVSTITIAM
SICVT ET DAVID DICIT

ΤΟΝΜΑΚΑΡΙϹΜΟΝ
ΤΟΥΑΝΘΡΩΠΟΥΩΟΘ̅Ϲ̅
ΛΟΓΙΖЄΤΑΙΔΙΚΑΙΟϹΥΝΗΝ
ΧΩΡΙϹЄΡΓΩΝ
ΜΑΚΑΡΙΟΙΩΝΑΦЄΘΗϹΑΝΑΙΑΝΟΜΙΑΙ
ΚΑΙΩΝЄΠЄΚΑΛΥΦΘΗϹΑΝΑΙΑΜΑΡΤΙΑΙ
ΜΑΚΑΡΙΟϹΑΝΗΡ
ΟΥΟΥΜΗΛΟΓΙϹΗΤΑΙΚ̅Ϲ̅ΑΜΑΡΤΙΑΝ
ΟΜΑΚΑΡΙϹΜΟϹΟΥΝΟΥΤΟϹ
ЄΠΙΤΗΝΠЄΡΙΤΟΜΗΝΜΟΝΟΝ
ΗΚΑΙЄΠΙΤΗΝΑΚΡΟΒΥϹΤΙΑΝ
ΛЄΓΟΜЄΝΓΑΡ
ЄΛΟΓΙϹΘΗΤΩΑΒΡΑΑΜΗΠΙϹΤΙϹ
ЄΙϹΔΙΚΑΙΟϹΥΝΗΝ
ΠΩϹΟΥΝЄΛΟΓΙϹΘΗ
ЄΝΠЄΡΙΤΟΜΗΟΝΤΙ
ΗЄΝΑΚΡΟΒΥϹΤЄΙΑ
ΟΥΚЄΝΠЄΡΙΤΟΜΗ
ΑΛΛЄΝΑΚΡΟΒΥϹΤЄΙΑ
ΚΑΙϹΗΜЄΙΟΝЄΛΑΒЄΝ
ΠЄΡΙΤΟΜΗϹ

BEATITVDINEM
HOMINIS CVI DEVS
ACCEPTO FERT IVSTITIAM
SINE OPERIBVS
BEATI QVORVM REMISSAE SVNT INIQVITA
ET QVORVM TECTA SVNT PECCATA
BEATVS VIR
CVI NON IMPVTAVIT D̅M̅S̅ PECCATVM
BEATITVDO ERGO HAEC
IN CIRCVMCISIONE TANTVM
MANET IN PRAEPVTIO
DICIMVS ENIM
QVIA REPVTATA EST FIDES ABRAHAE
AD IVSTITIAM
QVOMODO ERGO REPVTATA EST
IN CIRCVMCISIONE CVM ESSET
AN IN PRAEPVTIO
NON IN CIRCVMCISIONE
SED IN PRAEPVTIO
ET SIGNVM ACCEPIT
CIRCVMCISIONIS

ϹΦΡΑΓΙΔΑΤΗϹΔΙΚΑΙΟϹΥΝΗϹ
ΤΗϹΠΙϹΤЄωϹΤΗϹЄΝΑΚΡΟΒΥϹΤΙΑ
ЄΙϹΤΟЄΙΝΑΙΑΥΤΟΝΠΑΤЄΡΑΠΑΝΤωΝ
ΤωΝΠΙϹΤЄΥΟΝΤωΝ
ΔΙΑΑΚΡΟΒΥϹΤΙΑϹ
ЄΙϹΤΟΛΟΓΙϹΘΗΝΑΙ
ΚΑΙΑΥΤΟΙϹΔΙΚΑΙΟϹΥΝΗΝ
ΚΑΙΠΑΤЄΡΑΠЄΡΙΤΟΜΗϹ
ΤΟΙϹΟΥΚЄΚΠЄΡΙΤΟΜΗϹΜΟΝΟΝ
ΑΛΛΑΚΑΙΤΟΙϹϹΤΟΙΧΟΥϹΙΝ
ΤΟΙϹΙΧΝЄϹΙΝΤΗϹΠΙϹΤЄωϹ
ΤΗϹЄΝΑΚΡΟΒΥϹΤΙΑΠΙϹΤЄωϹ
ΤΟΥΠΑΤΡΟϹΗΜωΝΑΒΡΑΑΜ
ΟΥΓΑΡΔΙΑΝΟΜΟΥΗЄΠΑΓΓЄΛΙΑ
ΤωΑΒΡΑΑΜΗΤωϹΠЄΡΜΑΤΙΑΥΤΟΥ
ΤΟΚΛΗΡΟΝΟΜΟΝΑΥΤΟΝЄΙΝΑΙΚΟϹΜΟΥ
ΑΛΛΑΔΙΑΔΙΚΑΙΟϹΥΝΗϹΠΙϹΤЄωϹ
ЄΙΓΑΡΟΙЄΚΝΟΜΟΥΚΛΗΡΟΝΟΜΟΙ
ΚЄΚЄΝωΤΑΙΗΠΙϹΤΙϹΚΑΙ
ΚΑΤΗΡΓΗΤΑΙΗЄΠΑΓΓЄΛΙΑ
ΟΓΑΡΝΟΜΟϹΟΡΓΗΝΚΑΤЄΡΓΑΖЄΤЄ

SIGNACVLVM IVSTITIAE
FIDEI QVAE EST IN PRAEPVTIO
VT SIT PATER OMNIVM
CREDENTIVM
PER PRAEPVTIVM
VT REPVTETVR
ET ILLIS IVSTITIA
ET PATER CIRCVMCISIONIS
EIS QVI NON EX CIRCVMCISIONE TANTVM
SED ET HIS QVI SECTANTVR
VESTIGIA FIDEI
QVAE EST IN PRAEPVTIO FIDEI
PATRIS NOSTRI ABRAHAE
NON ENIM PER LEGEM PROMISSIO
ABRAHAE AVT SEMINI EIVS
VT HERES ESSET MVNDI
SED PER IVSTITIAM FIDEI
SI ENIM QVI EX LEGE HEREDES SVNT
EXINANITA EST FIDES
ABOLITA EST PROMISSIO
LEX ENIM IRAM OPERATVR

ΟΥΓΑΡΟΥΚΕϹΤΙΝΝΟΜΟϹ
ΟΥΔΕΠΑΡΑΒΑϹΙϹ
ΔΙΑΤΟΥΤΟΕΚΠΙϹΤΕΩϹΙ̅Υ̅
ΙΝΑΚΑΤΑΧΑΡΙΝ
ΕΙϹΤΟΕΙΝΑΙΒΕΒΑΙΑΝΤΗΝΕΠΑΓΓΕΛΙΑΝ
ΠΑΝΤΙΤΩϹΠΕΡΜΑΤΙ
ΟΥΤΩΕΚΤΟΥΝΟΜΟΥΜΟΝΟΝ
ΑΛΛΑΚΑΙΤΩΕΚΠΙϹΤΕΩϹΑΒΡΑΑΜ
ΟϹΕϹΤΙΝΠΑΤΗΡΠΑΝΤΩΝΗΜΩΝ
ΚΑΘΩϹΓΕΓΡΑΠΤΑΙ
    ΟΤΙΠΑΤΕΡΑΠΟΛΛΩΝΕΘΝΩΝ
    ΤΕΘΕΙΚΑϹΕ
ΚΑΤΕΝΑΝΤΙΟΥΕΠΙϹΤΕΥϹΑΝΘ̅Υ̅
ΤΟΥΖΩΟΠΟΙΟΥΝΤΟϹΤΟΥϹΝΕΚΡΟΥϹ
ΚΑΙΚΑΛΟΥΝΤΟϹΤΑΜΗΟΝΤΑ
ΩϹΟΝΤΑ
ΟϹΠΑΡΕΛΠΙΔΑΕΦΕΛΠΙΔΙΕΠΙϹΤΕΥϹΕΝ
ΕΙϹΤΟΓΕΝΕϹΘΑΙΑΥΤΟΝ
ΠΑΤΕΡΑΠΟΛΛΩΝΕΘΝΩΝ
ΚΑΤΑΤΟΕΙΡΗΜΕΝΟΝ
    ΟΥΤΩϹΤΑΙΤΟϹΠΕΡΜΑϹΟΥ

VBI ENIM NON EST LEX
NEC PRAEVARICATIO
IDEO EX FIDE I̅H̅V̅
VT SECVNDVM GRATIAM
FIRMA SIT PROMISSIO
OMNI SEMINI
NON EI QVI EX LEGE EST
SED EI QVI EX FIDE EST ABRAHAE
QVI EST PATER OMNIVM NOSTRVM
SICVT SCRIPTVM EST
    QVIA PATREM MVLTARVM GENTIVM
    POSVI TE
ANTE DEVM CVI CREDIDISTI DEVM
QVI VIVIFICAT MORTVOS
ET VOCAT QVAE NON SVNT
TAMQVAM QVAE SVNT
QVI CONTRA SPEM IN SPEM CREDIDIT
VT FIERET
PATER MVLTARVM GENTIVM
SECVNDVM QVOD DICTVM EST
    SIC ERIT SEMEN TVVM

AD ROMANOS IV; 15—18.

ΚΑΙΜΗΑCΘЄΝΗCΑCЄΝΤΗΠΙCΤЄΙ
ΟΥΚΑΤЄΝΟΗCЄΝΤΟЄΑΥΤΟΥCѠΜΑΗΔΗ
ΝЄΝЄΚΡѠΜЄΝΟΝ
ЄΚΑΤΟΝΤΑЄΤΗCΠΟΥΥΠΑΡΧЄΙ
ΚΑΙΤΗΝΝЄΚΡѠCΙΝ
ΤΗCΜΗΤΡΑCCΑΡΡΑC
ЄΙCΔЄΤΗΝЄΠΑΓΓЄΛΙΑΝΤΟΥΘ̅Υ̅
ΟΥΔΙЄΚΡΙΘΗΤΗΑΠΙCΤЄΙΑ
ΑΛΛЄΝЄΔΥΝΑΜѠΘΗΤΗΠΙCΤЄΙ
ΔΟΥCΔΟΞΑΝΤѠΘ̅Ѡ̅
ΚΑΙΠΛΗΡΟΦΟΡΗΘЄΙC
ΟΤΙΟЄΠΗΓΓЄΛΤΑΙ
ΔΥΝΑΤΟCЄCΤΙΝΚΑΙΠΟΙΗCΑΙ
ΔΙΟЄΛΟΓΙCΘΗΑΥΤѠ
ЄΙCΔΙΚΑΙΟCΥΝΗΝ
ΟΥΚЄΓΡΑΦΗΔЄΜΟΝΟΝ
ΔΙΑΥΤΟΝ
ΟΤΙЄΛΟΓΙCΘΗΑΥΤѠ
ΑΛΛΑΚΑΙΔΙΗΜΑC
ΟΙCΜЄΛΛЄΙΛΟΓΙΖЄCΘΑΙ
ΤΟΙCΠΙCΤЄΥΟΥCΙΝ

ET NON EST INFIRMATVS IN FIDEM
NON CONSIDERAVIT CORPVS SVVM
EMORTVVM
CVM CENTVM FERE ANNORVM ESSET
ET EMORTVAM
VVLVAM SARRAE
IN REPROMISSIONE AVTEM ETIAM DEI
NON HAESITAVIT DIFFIDENTIA
SED CONFORTATVS EST FIDE
DANS GLORIAM DEO
PLENISSIME SCIENS
QVIA QVAECVMQVE PROMISIT
POTENS EST ET FACERE
IDEOQVE REPVTATVM EST ILLI
AD IVSTITIAM
NON EST AVTEM SCRIPTVM TANTVM
PROPTER IPSVM
QVIA REPVTATVM EST ILLI
SED ET PROPTER NOS
QVIBVS REPVTABITVR
CREDENTIBVS IN EVM

ΕΠΕΙΤΟΝΕΓΕΙΡΑΝΤΑΙ̅Ν̅ΤΟΝΚ̅Ν̅ΗΜΩΝ	QVI SVSCITAVIT I̅H̅M̅ D̅O̅M̅ N̅·
ΕΚΝΕΚΡΩΝ	EX MORTVIS
ΟϹΠΑΡΕΔΟΘΗ	QVI TRADITVS EST
ΔΙΑΤΑΠΑΡΑΠΤΩΜΑΤΑΗΜΩΝ	PROPTER DELICTA NOSTRA
ΚΑΙΗΓΕΡΘΗ	ET RESVRREXIT
ΔΙΑΤΗΝΔΙΚΑΙΩϹΙΝΗΜΩΝ	PROPTER IVSTIFICATIONEM NOSTRAM
ΔΙΚΑΙΩΘΕΝΤΕϹΟΥΝΕΚΠΙϹΤΕΩϹ	IVSTIFICATI IGITVR EX FIDE
ΕΙΡΗΝΗΝΕΧΩΜΕΝΠΡΟϹΤΟΝΘ̅Ν̅	PACEM HABEAMVS AD DEVM
ΔΙΑΤΟΥΚ̅Υ̅ΗΜΩΝΙ̅Υ̅Χ̅Υ̅	PER D̅O̅M̅ N̅· I̅H̅M̅ X̅P̅M̅
ΔΙΟΥΚΑΙΤΗΝΠΡΟϹΑΓΩΓΗΝΕϹΧΗΚΑΜΕ̅	PER QVEM ET ACCESSVM HABEMVS
ΕΙϹΤΗΝΧΑΡΙΝΤΑΥΤΗΝ	IN GRATIAM ISTAM
ΕΝΗΕϹΤΗΚΑΜΕΝΚΑΙΚΑΥΧΩΜΕΘΑ	IN QVA STAMVS ET GLORIAMVR
ΕΦΕΛΠΙΔΙΤΗϹΔΟΞΗϹΤΟΥΘ̅Υ̅	IN SPE GLORIAE DEI
ΟΥΜΟΝΟΝΔΕΤΟΥΤΟΑΛΛΑΚΑΙΚΑΥΧΩΜΕΘΑ	NON SOLVM AVTEM SED ET GLORIAMVR
ΕΝΤΑΙϹΘΛΙΨΕϹΙΝ	IN TRIBVLATIONIBVS
ΕΙΔΟΤΕϹΟΤΙΗΘΛΙΨΕΙϹ	SCIENTES QVOD TRIBVLATIO
ΥΠΟΜΟΝΗΝΚΑΤΕΡΓΑΖΕΤΕ	PATIENTIAM OPERATVR
ΗΔΕΥΠΟΜΟΝΗΔΟΚΙΜΗΝ	PATIENTIA AVTEM PROBATIONEM
ΗΔΕΔΟΚΙΜΗΕΛΠΙΔΑ	PROBATIO AVTEM SPEM
ΗΔΕΕΛΠΕΙϹΟΥΚΑΤΑΙϹΧΥΝΕΙ	SPES AVTEM NON CONFVNDIT
ΟΤΙΗΑΓΑΠΗΤΟΥΘ̅Υ̅ΕΚΚΕΧΥΤΑΙ	QVIA CARITAS DEI DIFFVSA EST

ЄΝΤΑΙϹΚΑΡΔΙΑΙϹΗΜΩΝ
ΔΙΑΠΝЄΥΜΑΤΟϹΑΓΙΟΥ
ΤΟΥΔΟΘЄΝΤΟϹΗΜЄΙΝ
ЄΤΙΓΑΡΧ̅Ϲ̅ΟΝΤΩΝΗΜΩΝ
ΑϹΘЄΝΩΝЄΤΙ
ΚΑΤΑΚΑΙΡΟΝ
ΥΠЄΡΑϹЄΒΩΝΑΠЄΘΑΝЄΝ
ΜΟΛΙϹΓΑΡΥΠЄΡΔΙΚΑΙΟΥ
ΤΙϹΑΠΟΘΑΝЄΙΤΑΙ
ΥΠЄΡΓΑΡΤΟΥΑΓΑΘΟΥΤΑΧΑΤΙϹΚΑΙΤΟΛΜΑ
ΑΠΟΘΑΝЄΙΝ
ϹΥΝΙϹΤΗϹΙΝΔЄΤΗΝЄΑΥΤΟΥΑΓΑΠΗΝ
ΟΘ̅Ϲ̅ЄΙϹΗΜΑϹ
ΟΤΙЄΤΙ
ΑΜΑΡΤΩΛΩΝΟΝΤΩΝΗΜΩΝ
Χ̅Ϲ̅ΥΠЄΡΗΜΩΝΑΠЄΘΑΝЄΝ
ΠΟΛΛΩΜΑΛΛΟΝΔΙΚΑΙΩΘЄΝΤЄϹΝΥΝ
ЄΝΤΩΑΙΜΑΤΙΑΥΤΟΥ
ϹΩΘΗϹΟΜЄΘΑΔΙΑΥΤΟΥ
ΑΠΟΤΗϹΟΡΓΗϹ
ЄΙΓΑΡЄΧΘΡΟΙΟΝΤЄϹ

IN CORDIBVS NOSTRIS
PER S̅P̅M̅ SANCTVM
QVI DATVS EST NOBIS
VT QVID ENIM X̅P̅S̅ CVM ADHVC
INFIRMI ESSEMVS
SECVNDVM TEMPVS
PRO IMPIIS MORTVVS EST
VIX ENIM PRO IVSTO
QVIS MORITVR
NAM PRO BONO FORSITAM ALIQVIS AVDEAT
MORI
COMMENDAT AVTEM SVAM CARITATEM
DEVS IN NOBIS
QVONIAM SI CVM ADHVC
PECCATORES ESSEMVS
X̅P̅S̅ PRO NOBIS MORTVVS EST
MVLTO MAGIS IVSTIFICATI NVNC
IN SANGVINE IPSIVS
SALVI ERIMVS PER IPSVM
AB IRA
SI ENIM CVM INIMICI ESSEMVS

ΚΑΤΗΛΛΑΓΗΜΕΝΤΩΘ̅Ω̅	RECONCILIATI SVMVS DEO
ΔΙΑΤΟΥΘΑΝΑΤΟΥΤΟΥΥΙΟΥΑΥΤΟΥ	PER MORTEM FILII EIVS
ΠΟΛΛΩΜΑΛΛΟΝΚΑΤΑΛΛΑΓΕΝΤΕϹ	MVLTO MAGIS RECONCILIATI
ϹΩΘΗϹΟΜΕΘΑΕΝΤΗΖΩΗΑΥΤΟΥ	SALVI ERIMVS IN VITA IPSIVS
ΟΥΜΟΝΟΝΔΕΤΟΥΤΟ	NON SOLVM AVTEM HOC
ΑΛΛΑΚΑΙΚΑΥΧΩΜΕΝΟΙΕΝΤΩΘ̅Ω̅	SED ET GLORIAMVR IN DEO
ΔΙΑΤΟΥΚ̅Υ̅ΗΜΩΝΙ̅Υ̅Χ̅Υ̅	PER D̅O̅M̅ N̅· I̅H̅M̅ X̅P̅M̅
ΔΙΟΥΝΥΝΤΗΝΚΑΤΑΛΛΑΓΗΝ	PER QVEM NVNC RECONCILIATIONEM
ΕΛΑΒΟΜΕΝ	ACCEPIMVS
ΔΙΑΤΟΥΤΟΩϹΠΕΡΔΙΕΝΟϹΑ̅Ν̅Ο̅Υ̅	PROPTEREA SICVT PER VNVM HOMINEM
ΕΙϹΤΟΝΚΟϹΜΟΝ	IN HVNC MVNDVM
ΗΑΜΑΡΤΙΑΕΙϹΗΛΘΕΝ	PECCATVM INTRAVIT
ΚΑΙΔΙΑΤΗϹΑΜΑΡΤΙΑϹΟΘΑΝΑΤΟϹ	ET PER PECCATVM MORS
ΚΑΙΟΥΤΩϹΕΙϹΠΑΝΤΑϹ	ET ITA IN OMNES
ΑΝΘΡΩΠΟΥϹΔΙΗΛΘΕΝ	HOMINES PERTRANSIIT
ΕΦΩΠΑΝΤΕϹΗΜΑΡΤΟΝ	IN QVO OMNES PECCAVERVNT
ΑΧΡΙΓΑΡΝΟΜΟΥΑΜΑΡΤΙΑ	VSQVE AD LEGEM ENIM PECCATVM
ΗΝΕΝΚΟϹΜΩ	IN HOC MVNDO
ΑΜΑΡΤΙΑΔΕΟΥΚΕΝΛΟΓΕΙΤΑΙ	PECCATVM AVTEM NON INPVTATVR
ΜΗΟΝΤΟϹΝΟΜΟΥ	CVM LEX NON EST
ΑΛΛΑΕΒΑϹΙΛΕΥϹΕΝΟΘΑΝΑΤΟϹ	SED REGNAVIT MORS

ΑΠΟΑΔΑΜΜЄΧΡΙΜΩΥϹЄΩϹ
ΚΑΙЄΠΙΤΟΥϹΜΗΑΜΑΡΤΗϹΑΝΤΑϹ
ЄΠΙΤΩΟΜΟΙΩΜΑΤΙ
ΤΗϹΠΑΡΑΒΑϹЄΩϹΑΔΑΜ
ΟϹЄϹΤΙΝΤΥΠΟϹΤΟΥΜЄΛΛΟΝΤΟϹ
ΑΛΛΟΥΧΩϹΤΟΠΑΡΑΠΤΩΜΑ
ΟΥΤΩϹΚΑΙΤΟΧΑΡΙϹΜΑ
ЄΙΓΑΡΤΩΤΟΥЄΝΟϹΠΑΡΑΠΤΩΜΑΤΙ
ΟΙΠΟΛΛΟΙΑΠЄΘΑΝΟΝ
ΠΟΛΛΩΜΑΛΛΟΝΗΧΑΡΙϹΤΟΥΘ̅Υ̅
ΚΑΙΗΔΩΡЄΑЄΝΧΑΡΙΤΙ
ΤΗΤΟΥЄΝΟϹΑΝΘΡΩΠΟΥΙ̅Υ̅Χ̅Υ̅
ЄΙϹΤΟΥϹΠΟΛΛΟΥϹЄΠЄΡΙϹϹЄΥϹЄΝ
ΚΑΙΟΥΧΩϹΔΙЄΝΟϹΑΜΑΡΤΗΜΑΤΟϹ
ΤΟΔΩΡΗΜΑ
ΤΟΜЄΝΓΑΡΚΡΙΜΑЄΞЄΝΟϹ
ЄΙϹΚΑΤΑΚΡΙΜΑ
ΤΟΔЄΧΑΡΙϹΜΑ
ЄΚΠΟΛΛΩΝΠΑΡΑΠΤΩΜΑΤΩΝ
ЄΙϹΔΙΚΑΙΩΜΑΖΩΗϹ
ЄΙΓΑΡЄΝΤΩЄΝΙΠΑΡΑΠΤΩΜΑΤΙ

AB ADAM VSQVE AD MOYSEN
IN EOS QVI PECCAVERVNT
IN SIMILITVDINE
PRAEVARICATIONIS ADAE
QVI EST FORMA FVTVRI
SED NON SICVT DELICTVM
ITA ET DONATIO
SI ENIM VNIVS DELICTO
MVLTI MORTVI SVNT
MVLTO MAGIS GRATIA DEI
ET DONVM IN GRATIA
VNIVS HOMINIS I̅H̅V̅ X̅P̅I̅
IN PLVRES ABVNDAVIT
ET NON SICVT PER VNVM PECCATVM
ITA ET DONATIO
NAM IVDICIVM EX VNO
IN CONDEMNATIONEM
GRATIA AVTEM
EX MVLTIS DELICTIS
IN IVSTIFICATIONEM VITAE
SI ENIM VNIVS DELICTO

ΟΘΑΝΑΤΟϹΕΒΑϹΙΛΕΥϹΕΝ
ΔΙΑΤΟΥΕΝΟϹ
ΠΟΛΛΩΜΑΛΛΟΝΟΙΤΗΝΠΕΡΙϹϹΕΙΑΝ
ΤΗϹΧΑΡΙΤΟϹΚΑΙΤΗϹΔΩΡΕΑϹ
ΤΗϹΔΙΚΑΙΟϹΥΝΗϹ
ΛΑΜΒΑΝΟΝΤΕϹΕΝΖΩΗ
ΒΑϹΙΛΕΥϹΟΥϹΙΝΔΙΑΤΟΥΕΝΟϹΙ̅Υ̅Χ̅Υ̅
ΑΡΑΟΥΝΩϹΔΙΕΝΟϹΠΑΡΑΠΤΩΜΑΤΟϹ
ΕΙϹΠΑΝΤΑϹΑΝΘΡΩΠΟΥϹ
ΕΙϹΚΑΤΑΚΡΙΜΑ
ΟΥΤΩϹΚΑΙΔΙΕΝΟϹΤΟΔΙΚΑΙΩΜΑ
ΕΙϹΠΑΝΤΑϹΑΝΘΡΩΠΟΥϹ
ΕΙϹΔΙΚΑΙΩϹΙΝΖΩΗϹ
ΩϹΠΕΡΓΑΡΔΙΑΤΗϹΠΑΡΑΚΟΗϹ
ΤΟΥΕΝΟϹΑΝΘΡΩΠΟΥ
ΑΜΑΡΤΩΛΟΙΚΑΤΕϹΤΑΘΗϹΑΝ
ΟΙΠΟΛΛΟΙ
ΟΥΤΩϹΚΑΙΔΙΑΤΗϹΥΠΑΚΟΗϹ
ΤΟΥΕΝΟϹΑΝΘΡΩΠΟΥ
ΔΙΚΑΙΟΙΚΑΤΑϹΤΑΘΗϹΟΝΤΑΙΟΙΠΟΛΛΟΙ
ΝΟΜΟϹΔΕΠΑΡΙϹΗΛΘΕΝ

MORS REGNAVIT
PER VNVM
MVLTO MAGIS ABVNDANTIAM
GRATIAE ET DONATIONIS
IVSTITIAE
ACCIPIENTES IN VITA
REGNABVNT PER VNVM I̅H̅M̅ X̅P̅M̅
IGITVR SICVT PER VNIVS DELICTVM
IN OMNES HOMINES
IN CONDEMNATIONEM
SIC ET PER VNIVS IVSTITIAM
IN OMNES HOMINES
IN IVSTIFICATIONEM VITAE
SICVT ENIM PER INOBAVDIENTIAM
VNIVS HOMINIS
PECCATORES CONSTITVTI SVNT
MVLTI
ITA ET PER VNIVS HOMINIS
OBAVDITIONEM
IVSTI CONSTITVENTVR MVLTI
LEX AVTEM SVBINTRAVIT

ΙΝΑΠΛΕΟΝΑϹΗΤΟΠΑΡΑΠΤΩΜΑ
ΟΥΔΕΕΠΛΕΟΝΑϹΕΝΗΑΜΑΡΤΙΑ
ΥΠΕΡΕΠΕΡΙϹϹΕΥϹΕΝΗΧΑΡΙϹ
ΙΝΑΩϹΠΕΡΕΒΑϹΙΛΕΥϹΕΝ
ΗΑΜΑΡΤΙΑΕΝΤΩΘΑΝΑΤΩ
ΟΥΤΩϹΚΑΙΗΧΑΡΙϹΒΑϹΙΛΕΥϹΗ
ΔΙΑΔΙΚΑΙΟϹΥΝΗϹ
ΕΙϹΖΩΗΝΑΙΩΝΙΟΝ
ΔΙΑΙ̅Υ̅Χ̅Υ̅ΤΟΥΚ̅Υ̅ΗΜΩΝ
ΤΙΟΥΝΕΡΟΥΜΕΝ
ΕΠΙΜΕΝΩΜΕΝΤΗΑΜΑΡΤΙΑ
ΙΝΑΗΧΑΡΙϹΠΛΕΟΝΑϹΗ
ΜΗΓΕΝΟΙΤΟ
ΟΙΤΙΝΕϹΑΠΕΘΑΝΟΜΕΝ
ΤΗΑΜΑΡΤΙΑ
ΠΩϹΕΤΙΖΗϹΟΜΕΝ
ΕΝΑΥΤΗ
ΗΑΓΝΟΕΙΤΕΟΤΙΟϹΟΙ
ΕΒΑΠΤΙϹΘΗΜΕΝΕΙϹΧ̅Ν̅Ι̅Ν̅
ΕΙϹΤΟΝΘΑΝΑΤΟΝΑΥΤΟΥ
ΕΒΑΠΤΙϹΘΗΜΕΝ

VT ABVNDARET DELICTVM
VBI AVTEM ABVNDAVIT PECCATVM
SVPERABVNDAVIT GRATIA
ET SICVT REGNAVIT
PECCATVM IN MORTEM
ITA ET GRATIA REGNET
PER IVSTITIAM
IN VITAM AETERNAM
PER I̅H̅M̅ X̅P̅M̅ D̅O̅M̅ N̅·
QVID ERGO DICEMVS
PERMANEAMVS IN PECCATO
VT GRATIA ABVNDET
ABSIT
QVI ENIM MORTVI SVMVS
PECCATO
QVOMODO ADHVC VIVEMVS
IN ILLO
AN IGNORATIS QVIA QVICVMQVE
BAPTIZATI SVMVS IN X̅P̅O̅ I̅H̅V̅
IN MORTE IPSIVS
BAPTIZATI SVMVS

ϹΥΝΕΤΑΦΗΜΕΝΟΥΝΑΥΤΩ
ΔΙΑΤΟΥΒΑΠΤΙϹΜΑΤΟϹ
ΕΙϹΘΑΝΑΤΟΝ
ΙΝΑΩϹΠΕΡΗΓΕΡΘΗΧ̅Ϲ̅ΕΚΝΕΚΡΩΝ
ΔΙΑΤΗϹΔΟΞΗϹΤΟΥΠΑΤΡΟϹ
ΟΥΤΩϹΚΑΙΗΜΕΙϹΕΝΚΑΙΝΟΤΗΤΙ
ΖΩΗϹΠΕΡΙΠΑΤΗϹΩΜΕΝ
ΕΙΓΑΡϹΥΝΦΥΤΟΙΓΕΓΟΝΑΜΕΝ
ΤΩΟΜΟΙΩΜΑΤΙΤΟΥΘΑΝΑΤΟΥΑΥΤΟΥ
ΑΛΛΑΚΑΙΤΗϹΑΝΑϹΤΑϹΕΩϹΕϹΟΜΕΘΑ
ΤΟΥΤΟΓΕΙΝΩϹΚΟΝΤΕϹ
ΟΤΙΟΠΑΛΑΙΟϹΗΜΩΝΑΝΘΡΩΠΟϹ
ϹΥΝΕϹΤΑΥΡΩΘΗ
ΙΝΑΚΑΤΑΡΓΗΘΗΤΟϹΩΜΑ
ΤΗϹΑΜΑΡΤΙΑϹ
ΤΟΥΜΗΚΕΤΙΔΟΥΛΕΥΕΙΝΗΜΑϹΤΗΑΜΑΡΤΙΑ
ΟΓΑΡΑΠΟΘΑΝΩΝΔΕΔΙΚΑΙΩΤΑΙ
ΑΠΟΤΗϹΑΜΑΡΤΙΑϹ
ΕΙΔΕΑΠΕΘΑΝΟΜΕΝϹΥΝΧ̅Ω̅
ΠΙϹΤΕΥΟΜΕΝΟΤΙΚΑΙϹΥΝΖΗϹΟΜΕΝ
ΤΩΧ̅Ω̅

CONSEPVLTI ERGO SVMVS CVM EO
PER BAPTISMVM
IN MORTEM
VT QVOMODO SVRREXIT X̅P̅S̅ A MORTVIS
PER GLORIAM PATRIS
ITA ET NOS IN NOVITATE
VITAE AMBVLEMVS
SI ENIM CONPLANTATI FACTI SVMVS
SIMILITVDINI MORTIS EIVS
SIMVL ET RESVRRECTIONIS ERIMVS
HOC SCIENTES
QVIA VETVS NOSTER HOMO
SIMVL CRVCI CONFIXVS EST
VT DESTRVATVR CORPVS
PECCATI
VT VLTRA NON SERVIAMVS PECCATO
QVI AVTEM MORTVVS EST IVSTIFICATVS EST
A PECCATO
SI AVTEM MORTVI SVMVS CVM X̅P̅O̅
CREDIMVS QVIA ETIAM SIMVL VIVIMVS
CVM X̅P̅O̅

ΕΙΔΟΤΕϹΟΤΙΧ̅Ϲ̅ΕΓΕΡΘΙϹΕΚΝΕΚΡΩΝ	SCIENTES QVOD X̅P̅S̅ SVRGENS A MORTVIS
ΟΥΚΕΤΙΑΠΟΘΝΗϹΚΕΙ	IAM NON MORITVR
ΘΑΝΑΤΟϹΑΥΤΟΥΟΥΚΕΤΙΚΥΡΙΕΥΕΙ	MORS ILLI VLTRA NON DOMINABITVR
ΟΓΑΡΑΠΕΘΑΝΕΝΤΗΑΜΑΡΤΙΑ	QVOD ENIM MORTVVS EST PECCATO
ΑΠΕΘΑΝΕΝΕΦΑΠΑΞ	MORTVVS EST SEMEL
ΟΔΕΖΗΖΗΤΩΘ̅Ω̅	QVOD AVTEM VIVIT VIVIT DEO
ΟΥΤΩϹΚΑΙΥΜΕΙϹΛΟΓΙΖΕϹΘΑΙ	ITA ET VOS EXISTIMATE VOS
ΕΑΥΤΟΥϹΝΕΚΡΟΥϹΜΕΝΤΗΑΜΑΡΤΙΑ	MORTVOS ESSE PECCATO
ΖΩΝΤΑϹΔΕΤΩΘ̅Ω̅ΕΝΧ̅Ω̅Ι̅Υ̅	VIVENTES AVTEM DEO IN X̅P̅O̅ I̅H̅V̅
ΜΗΟΥΝΒΑϹΙΛΕΥΕΤΩΗΑΜΑΡΤΙΑ	NON ERGO REGNET PECCATVM
ΕΝΤΩΘΝΗΤΩΥΜΩΝϹΩΜΑΤΙ	IN VESTRO MORTALI CORPORE
ΕΙϹΤΟΥΠΑΚΟΥΕΙΝΑΥΤΗ	VT OBAVDIATIS EI
ΜΗΔΕΠΑΡΙϹΤΑΝΕΤΕ	SED NEQVE EXHIBEATIS
ΤΑΜΕΛΗΥΜΩΝ	MEMBRA VESTRA
ΟΠΛΑΑΔΙΚΙΑϹΤΗΑΜΑΡΤΙΑ	ARMA INIQVITATIS PECCATO
ΑΛΛΑΠΑΡΑϹΤΗϹΑΤΕΕΑΥΤΟΥϹΤΩΘ̅Ω̅	SED EXHIBETE VOS DEO
ΩϹΕΚΝΕΚΡΩΝΖΩΝΤΕϹ	TAMQVAM EXH MORTVIS VIVENTES
ΚΑΙΤΑΜΕΛΗΥΜΩΝΟΠΛΑ	ET MEMBRA VESTRA ARMA
ΔΙΚΑΙΟϹΥΝΗϹΤΩΘ̅Ω̅	IVSTITIAE DEO
ΑΜΑΡΤΙΑΓΑΡΥΜΩΝ	PECCATVM ENIM IN VOS
ΟΥΚΥΡΙΕΥϹΕΙ	NON DOMINABITVR

ΟΥΓΑΡΕϹΤΑΙΥΠΟΝΟΜΟΝ	NON ENIM SVB LEGE ESTIS
ΑΛΛΑΥΠΟΧΑΡΙΝ	SED SVB GRATIA
ΤΙΟΥΝΑΜΑΡΤΗϹΩΜΕΝ	QVID ERGO PECCAMVS
ΟΤΙΟΥΚΕϹΜΕΝΥΠΟΝΟΜΟΝ	QVONIAM NON SVMVS SVB LEGE
ΑΛΛΥΠΟΧΑΡΙΝΜΗΓΕΝΟΙΤΟ	SED SVB GRATIA ABSIT
ΗΟΥ̓ΚΟΙΔΑΤΕ	AN NESCITIS
ΟΤΙΩΠΑΡΙϹΤΑΝΕΤΑΙΕΑΥΤΟΥϹ	QVONIAM CVI EXHIBETIS VOS
ΔΟΥΛΟΥϹΕΙϹΥΠΑΚΟΗΝ	SERVOS AD OBAVDIENDVM
ΔΟΥΛΟΙΕϹΤΕΩΥΠΑΚΟΥΕΤΕ	SERVI ESTIS CVI OBAVDITIS
ΗΤΟΙΑΜΑΡΤΙΑϹΗΥΠΑΚΟΗϹ	SIVE PECCATO SIVE OBAVDITIONI
ΕΙϹΔΙΚΑΙΟϹΥΝΗΝ	IVSTITIAE
ΧΑΡΙϹΔΕΤΩΘ̅Ω̅	GRATIAS AVTEM DEO
ΟΤΙΗΤΕΔΟΥΛΟΙΤΗϹΑΜΑΡΤΙΑϹ	QVOD FVISTIS SERVI PECCATI
ΥΠΗΚΟΥϹΑΤΕΔΕΕΚΚΑΡΔΙΑϹ	OBAVDISTIS AVTEM EX CORDE
ΕΙϹΟΝΠΑΡΕΔΟΘΗΤΕΤΥΠΟΝ	IN QVAM TRADITI ESTIS FORMAM
ΔΙΔΑΧΗϹ	DOCTRINAE
ΕΛΕΥΘΕΡΩΘΕΝΤΕϹΔΕ	LIBERATI AVTEM
ΑΠΟΤΗϹΑΜΑΡΤΙΑϹ	A PECCATO
ΕΔΟΥΛΩΘΗΤΕ	SERVI FACTI ESTIS
ΤΗΔΙΚΑΙΟϹΥΝΗ	IVSTITIAE
ΑΝΘΡΩΠΙΝΟΝΛΕΓΩ	HVMANVM DICO

ΔΙΑΤΗΝΑϹΘΕΝΙΑΝ	PROPTER INFIRMITATEM
ΤΗϹϹΑΡΚΟϹΥΜΩΝ	CARNIS VESTRAE
ΩϹΠΕΡΓΑΡΠΑΡΕϹΤΗϹΑΤΕ	SICVT ENIM EXHIBVISTIS
ΤΑΜΕΛΗΥΜΩΝ	MEMBRA VESTRA
ΔΟΥΛΑΤΗΑΚΑΘΑΡϹΙΑ	SERVIRE IMMVNDITIAE
ΚΑΙΤΗΑΝΟΜΙΑΕΙϹΤΗΝΑΝΟΜΙΑΝ	ET INIQVITATI AD INIQVITATEM
ΟΥΤΩΝΥΝΠΑΡΑϹΤΗϹΑΤΕ	ITA NVNC EXHIBETE
ΤΑΜΕΛΗΥΜΩΝ	MEMBRA VESTRA
ΔΟΥΛΑΤΗΔΙΚΑΙΟϹΥΝΗ	SERVIRE IVSTITIAE
ΕΙϹΑΓΙΑϹΜΟΝ	IN SANCTIFICATIONEM
ΟΤΕΓΑΡΔΟΥΛΟΙΗΤΕΤΗϹΑΜΑΡΤΙΑϹ	CVM ENIM SERVI ESSETIS PECCATI
ΕΛΕΥΘΕΡΟΙΗΤΕΤΗΔΙΚΑΙΟϹΥΝΗ	LIBERI ERATIS IVSTITIAE
ΤΙΝΑΟΥΝΚΑΡΠΟΝΕΙΧΕΤΕΤΟΤΕ	QVEM ERGO FRVCTVM HABVISTIS TVNC
ΕΦΟΙϹΝΥΝΕΠΕϹΧΥΝΕϹΘΑΙ	IN QVIBVS NVNC ERVBESCITIS
ΤΟΜΕΝΓΑΡΤΕΛΟϹΕΚΕΙΝΩΝ	NAM FINIS ILLORVM
ΘΑΝΑΤΟϹ	MORS EST
ΝΥΝΕΙΔΕΕΛΕΥΘΕΡΩΘΕΝΤΕϹ	NVNC VERO LIBERATI
ΑΠΟΤΗϹΑΜΑΡΤΙΑϹ	A PECCATO
ΔΟΥΛΩΘΕΝΤΕϹΔΕΤΩΘ̄Ω̄	SERVI AVTEM FACTI DEI
ΕΧΕΤΕΤΟΝΚΑΡΠΟΝΥΜΩΝ	HABENTES FRVCTVM VESTRVM
ΕΙϹΑΓΙΑϹΜΟΝ	IN SANCTIFICATIONEM

AD ROMANOS VI, 19–22.

ΤΟΔЄΤЄΛΟСΖωΗΝΑΙωΝΙΟΝ
ΤΑΓΑΡΟΨωΝΙΑΤΗСΑΜΑΡΤΙΑСΘΑΝΑΤΟС
ΤΟΔЄΧΑΡΙСΜΑΤΟΥΘ̅Υ̅
ΖωΗΑΙωΝΙΟС
ЄΝΧ̅ω̅Ι̅Υ̅ΤωΚ̅ω̅ΗΜωΝ
ΗΑΓΝΟЄΙΤЄΑΔЄΛΦΟΙ
ΓЄΙΝωСΚΟΥСΙΝΓΑΡΝΟΜΟΝΛΑΛω
ΟΤΙΟΝΟΜΟСΚΥΡΙЄΥЄΙΤΟΥΑ̅Ν̅Ο̅Υ̅
ЄΦΟСΟΝΧΡΟΝΟΝΖΗ
ΗΓΑΡΥΠΑΝΔΡΟСΓΥΝΗΤωΖωΝΤΙ
ΑΝΔΡΙΔЄΔЄΤΑΙΝΟΜω
ЄΑΝΔЄΑΠΟΘΑΝΗΟΑΝΗΡ
ΚΑΤΗΡΓΗΤΑΙΑΠΟΤΟΥΝΟΜΟΥΤΟΥΑΝΔΡΟС
ΑΡΑΟΥΝΖωΝΤΟСΤΟΥΑΝΔΡΟС
ΧΡΗΜΑΤΙСЄΙΜΟΙΧΑΛΙС
ЄΑΝΓЄΝΗΤΑΙΑΝΔΡΙЄΤЄΡω
ЄΑΝΔЄΑΠΟΘΑΝΗΟΑΝΗΡΑΥΤΗС
ЄΛЄΥΘЄΡΑЄСΤΙΝΑΠΟΤΟΥΝΟΜΟΥ
ΤΟΥΜΗЄΙΝΑΙΑΥΤΗΝΜΟΙΧΑΛΙΔΑ
ΓЄΝΟΜЄΝΗΝΑΝΔΡΙЄΤЄΡω
ωСΤЄΑΔЄΛΦΟΙΜΟΥ

FINEM VERO VITAM AETERNAM
STIPENDIA ENIM PECCATI MORS
GRATIA AVTEM DEI
VITA AETERNA
IN· X̅P̅O̅ I̅H̅V̅ D̅M̅O̅ N̅·
AN IGNORATIS FRATRES
SCIENTIBVS ENIM LEGEM LOQVOR
QVIA LEX DOMINATVR IN HOMINE
QVANTO TEMPORE VIVIT
NAM QVAE SVB VIRO EST MVLIER VIVENTI
VIRO ALLIGATA EST LEGI
SI AVTEM MORTVVS FVERIT VIR
SOLVTA EST LEGE VIRI
IGITVR VIVENTE VIRO
VOCABITVR ADVLTERA
SI FVERIT CVM ALIO VIRO
SI AVTEM MORTVVS FVERIT VIR EIVS
LIBERATA EST A LEGE
VT NON SIT ADVLTERA
SI FVERIT CVM ALIO VIRO
ITAQVE FRATRES MEI

ΚΑΙΥΜΕΙϹΕΘΑΝΑΤΩΘΗΤΕΤΩΝΟΜΩ	ET VOS MORTIFICATI ESTIS LEGI
ΔΙΑΤΟΥϹΩΜΑΤΟϹΤΟΥΧ̅Υ̅	PER CORPVS X̅P̅I̅
ΕΙϹΤΟΓΕΝΕϹΘΑΙΥΜΑϹΕΤΕΡΩ	VT SITIS VOS ALTERIVS
ΤΩΕΚΝΕΚΡΩΝΕΓΕΡΘΕΝΤΙ	QVI EX MORTVIS RESVRREXIT
ΙΝΑΚΑΡΠΟΦΟΡΗϹΩΜΕΝΤΩΘ̅Ω̅	VT FRVCTIFICEMVS DEO
ΟΤΕΓΑΡΗΜΗΝΕΝΤΗϹΑΡΚΙ	CVM ENIM ESSEMVS IN CARNE
ΤΑΠΑΘΗΜΑΤΑΤΩΝΑΜΑΡΤΙΩΝ	PASSIONES PECCATORVM
ΤΑΔΙΑΤΟΥΝΟΜΟΥΕΝΕΡΓΕΙΤΟ	QVAE PER LEGEM ERANT OPERABANTVR
ΕΝΤΟΙϹΜΕΛΕϹΙΝΗΜΩΝ	IN MEMBRIS NOSTRIS
ΕΙϹΤΟΚΑΡΠΟΦΟΡΗϹΑΙΤΩΘΑΝΑΤΩ	VT FRVCTIFICARENT MORTI
ΝΥΝΕΙΔΕΚΑΤΗΡΓΗΘΗΜΕΝ	NVNC AVTEM SOLVTI SVMVS
ΑΠΟΤΟΥΝΟΜΟΥΤΟΥΘΑΝΑΤΟΥ	A LEGE MORTIS
ΕΝΩΚΑΤΕΙΧΟΜΕΘΑ	IN QVA DETINEBAMVR
ΩϹΤΕΔΟΥΛΕΥΕΙΝΗΜΑϹΕΝΚΕΝΟΤΗΤΙΠ̅Ν̅Ϲ̅	ITA VT SERVIAMVS IN NOVITATE S̅P̅S̅
ΚΑΙΟΥΠΑΛΕΟΤΗΤΙΓΡΑΜΜΑΤΟϹ	ET NON IN VETVSTATE LITTERAE
ΤΙΟΥΝΕΡΟΥΜΕΝ	QVID ERGO DICEMVS
ΟΝΟΜΟϹΑΜΑΡΤΙΑΜΗΓΕΝΟΙΤΟ	LEX PECCATVM EST ABSIT
ΑΛΛΑΤΗΝΑΜΑΡΤΙΑΝΟΥΚΕΓΝΩΝ	SED PECCATVM NON COGNOVI
ΕΙΜΗΔΙΑΝΟΜΟΥ	NISI PER LEGEM
ΤΗΝΤΕΓΑΡΕΠΙΘΥΜΙΑΝΟΥΚΗΔΕΙΝ	NAM CONCVPISCENTIAM NESCIEBAM
ΕΙΜΗΟΝΟΜΟϹΕΛΕΓΕΝ	NISI LEX DICERET

ΟΥΚЄΠΙΘΥΜΗϹЄΙϹ
ΑΦΟΡΜΗΝΛΑΒΟΥϹΑΗΑΜΑΡΤЄΙΑ
ΔΙΑΤΗϹЄΝΤΟΛΗϹ
ΚΑΤΗΡΓΑϹΑΤΟЄΝЄΜΟΙ
ΠΑϹΑΝЄΠΙΘΥΜΙΑΝ
ΧωΡΙϹΓΑΡΝΟΜΟΥ
ΑΜΑΡΤΙΑΝЄΚΡΑ
ЄΓωΔЄЄΖωΝ
ΧωΡΙϹΝΟΜΟΥΠΟΤЄ
ЄΛΘΟΥϹΗϹΔЄΤΗϹЄΝΤΟΛΗϹ
ΗΑΜΑΡΤΙΑΑΝЄΖΗϹЄΝ
ЄΓωΔЄΑΠЄΘΑΝΟΝ
ΚΑΙЄΥΡЄΘΗΜΟΙΗЄΝΤΟΛΗ
ΗЄΙϹΖωΗΝ
ΑΥΤΗЄΙϹΘΑΝΑΤΟΝ
ΗΓΑΡΑΜΑΡΤΙΑΑΦΟΡΜΗΝΛΑΒΟΥϹΑ
ΔΙΑΤΗϹЄΝΤΟΛΗϹЄΞΗΠΑΤΗϹЄΝΜЄ
ΚΑΙΔΙΑΥΤΗϹΑΠЄΚΤЄΙΝЄΝ
ωϹΤЄΟΜЄΝΝΟΜΟϹΑΓΙΟϹ
ΚΑΙΗЄΝΤΟΛΗΑΓΙΑ
ΚΑΙΔΙΚΑΙΑΚΑΙΑΓΑΘΗ

NON CONCVPISCES
OCCANSIONE ACCEPTA PECCATVM
PER MANDATVM
OPERATVM EST IN ME
OMNEM CONCVPISCENTIAM
SINE LEGE ENIM
PECCATVM MORTVVM ERAT
EGO AVTEM VIVEBAM
SINE LEGE ALIQVANDO
SED CVM VENIT MANDATVM
PECCATVM REVIXIT
EGO AVTEM MORTVVS SVM
ET INVENTVM EST MIHI MANDATVM
QVOD ERAT AD VITAM
HOC ESSE AD MORTEM
NAM PECCATVM OCCANSIONE ACCEPTA
PER MANDATVM SEDVXIT ME
ET PER ILLVD OCCIDIT
ITAQVE QVIDEM LEX SANCTA
ET MANDATVM SANCTVM
ET IVSTVM ET BONVM

ΤΟΟΥΝΑΓΑΘΟΝΕΜΟΙΕΓΕΝΕΤΟΘΑΝΑΤΟϹ
ΜΗΓΕΝΟΙΤΟ
ΑΛΛΑΗΑΜΑΡΤΙΑΙΝΑΦΑΝΗΑΜΑΡΤΙΑ
ΔΙΑΤΟΥΑΓΑΘΟΥΜΟΙ
ΚΑΤΕΡΓΑΖΟΜΕΝΗΘΑΝΑΤΟΝ
ΙΝΑΓΕΝΗΤΑΙ
ΚΑΘΥΠΕΡΒΟΛΗΝΗΑΜΑΡΤΙΑ
ΑΜΑΡΤΩΛΟϹΔΙΑΤΗϹΕΝΤΟΛΗϹ
ΟΙΔΑΜΕΝΔΕΟΤΙΟΝΟΜΟϹ
ΠΝΕΥΜΑΤΙΚΟϹΕϹΤΙΝ
ΕΓΩΔΕϹΑΡΚΙΝΟϹΕΙΜΙ
ΠΕΠΡΑΜΕΝΟϹΥΠΟΤΗΝΑΜΑΡΤΙΑΝ
ΟΓΑΡΚΑΤΕΡΓΑΖΟΜΑΙΟΥΓΕΙΝΩϹΚΩ
ΟΥΓΑΡΟΘΕΛΩΠΡΑϹϹΩ
ΑΛΛΟΜΕΪϹΩΤΟΥΤΟΠΟΙΩ
ΕΙΔΕΟΟΥΘΕΛΩΤΟΥΤΟΠΟΙΩ
ϹΥΝΦΗΜΙΤΩΝΟΜΩ
ΟΤΙΚΑΛΟϹ
ΝΥΝΕΙΔΕΟΥΚΕΤΙΕΓΩ
ΚΑΤΕΡΓΑΖΟΜΑΙΑΥΤΟ
ΑΛΛΑΗΟΙΚΟΥϹΑΕΝΕΜΟΙ

QVOD ERGO BONVM EST MIHI MORS EST
ABSIT
SED PECCATVM VT PAREAT PECCATVM
PER BONVM MIHI
OPERATVM EST MORTEM
VT FIAT
SVPRA MODVM PECCATVM
PECCANS PER MANDATVM
SCIMVS ENIM QVOD LEX
SPIRITALIS EST
EGO AVTEM CARNALIS SVM
VENVMDATVS SVB PECCATO
QVOD OPEROR NESCIO
NON ENIM QVOD VOLO AGO
SED QVOD ODIO ILLVD FACIO
SI AVTEM QVOD NOLO ILLVT FACIO
CONSENTIO LEGI
QVONIAM BONA
NVNC AVTEM IAM NON EGO
OPEROR ILLVD
SED QVOD HABITAT IN ME

ΑΜΑΡΤΙΑ	PECCATVM
ΟΙΔΑΓΑΡΟΤΙΟΥΚΟΙΚΕΙΕΝΕΜΟΙ	SCIO ENIM QVIA NON HABITAT IN ME
ΤΟΥΤΕϹΤΙΝΕΝΤΗϹΑΡΚΙΜΟΥ	HOĊ EST IN CARNE MEA
ΑΓΑΘΟΝ	BONVM
ΤΟΓΑΡΘΕΛΕΙΝΠΑΡΑΚΕΙΤΑΙΜΟΙ	NAM VELLE ADIACET MIHI
ΤΟΔΕΚΑΤΕΡΓΑΖΕϹΘΑΙΤΟΚΑΛΟΝΟΥΧΕΥΡΙϹΚΩ	PERFICERE AVTEM BONVM NON INVENIO
ΟΥΓΑΡΟΘΕΛΩΠΟΙΩΑΓΑΘΟΝ	NON ENIM QVOD VOLO FACIO BONVM
ΑΛΛΑΟΟΥΘΕΛΩΚΑΚΟΝ	SED QVOD NOLO MALVM
ΤΟΥΤΟΠΡΑϹϹΩ	HOC AGO
ΕΙΔΕΟΟΥΘΕΛΩΤΟΥΤΟΠΟΙΩ	SI AVTEM QVOD NOLO ILLVT FACIO
ΟΥΚΕΤΙΕΓΩΚΑΤΕΡΓΑΖΟΜΑΙΑΥΤΟ	NON EGO OPEROR ILLVD
ΑΛΛΑΗΟΙΚΟΥϹΑῈΝΕΜΟΙΑΜΑΡΤΙΑ	SED QVOD INHABITAT IN ME PECCATVM
ΕΥΡΙϹΚΩΑΡΑΤΟΝΝΟΜΟΝ	INVENIO IGITVR LEGEM
ΤΩΘΕΛΟΝΤΙΕΜΟΙΠΟΙΕΙΝΤΟΚΑΛΟΝ	VOLENTI MIHI FACERE BONVM
ΟΤΙΕΜΟΙΤΟΚΑΚΟΝΠΑΡΑΚΕΙΤΑΙ	QVONIAM MIHI MALV̇M ADICET
ϹΥΝΗΔΟΜΑΙΓΑΡΤΩΝΟΜΩΤΟΥΘ̅Υ̅	CONDELECTOR ENIM LEGI DEI
ΚΑΤΑΤΟΝΕϹΩΑΝΘΡΩΠΟΝ	SECVNDVM INTERIOREM HOMINEM
ΒΛΕΠΩΔΕΕΤΕΡΟΝΝΟΜΟΝ	VIDE AVTEM ALIAM LEGEM
ΕΝΤΟΙϹΜΕΛΕϹΙΝΜΟΥ	IN MEMBRIS MEIS
ΑΝΤΙϹΤΡΑΤΕΥΟΜΕΝΟΝΤΩΝΟΜΩ	REPVGNANTEM LEGI
ΤΟΥΝΟΟϹΜΟΥ	MENTIS MEAE

ΚΑΙΑΙΧΜΑΛΩΤΙΖΟΝΤΑΜЄ
ЄΝΤΩΝΟΜΩΤΗCΑΜΑΡΤΙΑC
ΤΩΟΝΤΙЄΝΤΟΙCΜЄΛЄCΙΝΜΟΥ
ΤΑΛЄΠΩΡΟCЄΓΩΑΝΟC
ΤΙCΜЄΡΥCЄΤΑΙЄΚΤΟΥCΩΜΑΤΟC
ΤΟΥΘΑΝΑΤΟΥΤΟΥΤΟΥ
ΗΧΑΡΙCΤΟΥΘΥΔΙΑΙΥΧΥΤΟΥΚΥΗΜΩΝ
ΑΡΑЄΓΩΑΥΤΟCΤΩΜЄΝΝΟЄΙΔΟΥΛЄΥΩ
ΝΟΜΩΘΥ
ΤΗΔЄCΑΡΚΙΝΟΜΩΑΜΑΡΤΙΑC
ΟΥΔЄΝΑΡΑΚΑΤΑΚΡΙΜΑ
ΤΟΙCЄΝΧΩΙΥ
ΟΓΑΡΝΟΜΟCΤΟΥΠΝCΤΗCΖΩΗC
ЄΝΧΩΙΥΗΛЄΥΘЄΡΩCЄΝΜЄ
ΑΠΟΤΟΥΝΟΜΟΥΤΗCΑΜΑΡΤΙΑC
ΚΑΙΤΟΥΘΑΝΑΤΟΥ
ΤΟΓΑΡΑΔΥΝΑΤΟΝ
ΤΟΥΝΟΜΟΥ
ЄΝΩΗCΘЄΝΙΔΙΑΤΗCCΑΡΚΟC
ΟΘCΤΟΝЄΑΥΤΟΥΥΙΟΝΠЄΝΨΑC
ЄΝΟΜΟΙΩΜΑΤΙCΑΡΚΟCΑΜΑΡΤΙΑC

ET CAPTIVANTEM ME
IN LEGE PECCATI
QVOD EST IN MEMBRIS MEIS
INFELIX EGO HOMO
QVIS ME LIBERAVIT DE CORPORE
MORTIS HVIVS
GRATIA DEI PER IHM XPM DOM N·
IGITVR EGO IPSE MENTE SERVIO
LEGI DEI
CARNE AVTEM LEGI DEI
NIHIL ERGO NVNC DAMNATIONIS EST
HIS QVI SVNT IN XPO IHV
LEX ENIM SPS VITAE
IN XPO IHV LIBERAVIT ME
A LEGE PECCATI
ET MORTIS
NAM QVOD INPOSSIBILE ERAT
LEGI
IN QVO INFIRMABITVR PER CARNEM
DS FILIVM SVVM MITTENS
IN SIMILITVDINEM CARNIS PECCATI

ΚΑΙΠΕΡΙΑΜΑΡΤΙΑϹΚΑΤΕΚΡΙΝΕΝ	ET DE PECCATO DAMNABIT
ΤΗΝΑΜΑΡΤΙΑΝΕΝΤΗϹΑΡΚΙ	PECCATVM IN CARNEM
ΙΝΑΤΟΔΙΚΑΙΩΜΑΤΟΥΝΟΜΟΥ	VT IVSTIFICATIO LEGIS
ΠΛΗΡΩΘΗΕΝΗΜΙΝ	IMPLERETVR IN NOBIS
ΤΟΙϹΜΗΚΑΤΑϹΑΡΚΑΠΕΡΙΠΑΤΟΥϹΙΝ	QVI NON SECVNDVM CARNEM AMBVLAMVS
ΑΛΛΑΚΑΤΑΠΝΑ	SED SECVNDVM SPM
ΟΙΓΑΡΚΑΤΑϹΑΡΚΑΟΝΤΕϹ	QVI ENIM SECVNDVM CARNEM SVNT
ΤΑΤΗϹϹΑΡΚΟϹΦΡΟΝΟΥϹΙΝ	QVAE CARNIS SVNT SAPIVNT
ΟΙΔΕΚΑΤΑΠΝΑ	QVI VERO SECVNDVM SPM
ΤΑΤΟΥΠΝϹ	QVAE SVNT SPS
ΤΟΓΑΡΦΡΟΝΗΜΑΤΗϹϹΑΡΚΟϹΘΑΝΑΤΟϹ	NAM PRVDENTI CARNIS MORS
ΤΟΔΕΦΡΟΝΗΜΑΤΟΥΠΝϹΖΩΗ	PRVDENTI AVTEM SPS VITAE
ΚΑΙΕΙΡΗΝΗ	ET PAX
ΔΙΟΤΙΤΟΦΡΟΝΗΜΑΤΗϹϹΑΡΚΟϹ	QVONIAM SAPIENTIA CARNIS
ΕΧΘΡΑΕΙϹΘΝ	INIMICA EST DEO
ΤΩΓΑΡΝΟΜΩΤΟΥΘΥΟΥΧΥΠΟΤΑϹϹΕΤΑΙ	LEGI ENIM DEI NON EST SVBIECTA
ΟΥΔΕΓΑΡΔΥΝΑΤΑΙ	NEC ENIM POTEST
ΟΙΔΕΕΝϹΑΡΚΙΟΝΤΕϹ	QVI ENIM IN CARNE SVNT
ΤΩΘΩΑΡΕϹΑΙΟΥΔΥΝΑΝΤΑΙ	DEO PLACERE NON POSSVNT
ΥΜΙϹΔΕΟΥΚΕϹΤΕΕΝϹΑΡΚΙ	VOS AVTEM NON ESTIS IN CARNE
ΑΛΛΑΕΝΠΝΙ	SED IN SPV

ΕΙΠΕΡΠΝΑΘΥΟΙΚΕΙΕΝΥΜΕΙΝ	SI TAMEN SPS DI HABITET IN VOBIS
ΕΙΔΕΤΙΣΠΝΑΧΥΟΥΚΕΧΕΙ	SI QVIS AVTEM SPM XPI NON HABET
ΟΥΤΟΣΟΥΚΕΣΤΙΝΑΥΤΟΥΕΙΔΕΧΣΕΝΥΜΙ	HIC NON EST EIVS SI AVTEM XPS IN VOBIS
ΤΟΜΕΝΣΩΜΑ	CORPVS QVIDEM MORTVVM EST
ΝΕΚΡΟΝΔΙΑΜΑΡΤΙΑΝ	PROPTER PECCATVM
ΤΟΔΕΠΝΑΖΩΗΔΙΑΔΙΚΑΙΟΣΥΝΗΝ	SPS VERO VITAM PROPTER IVSTIFICATIONE
ΕΙΔΕΤΟΠΝΑΤΟΥΕΓΕΙΡΑΝΤΟΣΙΝ	QVODSI SPS EIVS QVI SVSCITAVIT IHM
ΕΚΝΕΚΡΩΝΟΙΚΕΙΕΝΥΜΙΝ	EX MORTVIS ABITAT IN VOS
ΟΕΓΕΙΡΑΣΧΝΙΝΕΚΝΕΚΡΩΝ	QVI SVSCITAVIT XPM IHM A MORTVIS
ΖΩΟΠΟΙΗΣΕΙΚΑΙΤΑΘΝΗΤΑ	VIVIFICAVIT INMORTALIA
ΣΩΜΑΤΑΥΜΩΝ	CORPORA VESTRA
ΔΙΑΤΟΕΝΟΙΚΟΥΝΑΥΤΟΥΠΝΑ	PROPTER INHABITANTEM SPM EIVS
ΕΝΥΜΙΝ	IN VOBIS
ΑΡΑΟΥΝΑΔΕΛΦΟΙΟΦΙΛΕΤΕΕΣΜΕΝ	IGITVR FRATRES DEVITORES SVMVS
ΟΥΤΗΣΑΡΚΙ	NON CARNI
ΤΟΥΚΑΤΑΣΑΡΚΑΖΗΝ	VT SECVNDVM CARNEM VIVAMVS
ΕΙΓΑΡΚΑΤΑΣΑΡΚΑΖΗΤΕ	SI ENIM SECVNDVM CARNEM VIXERITIS
ΜΕΛΛΕΤΕΑΠΟΘΝΗΣΚΕΙΝ	INCIPIETIS MORI
ΕΙΔΕΠΝΙΤΑΣΠΡΑΞΙΣΤΗΣΣΑΡΚΟΣ	SI ENIM SPS FACTA CARNIS
ΘΑΝΑΤΟΥΤΕΖΗΣΕΣΘΕ	MORTIFICETIS VIVETIS
ΟΣΟΙΓΑΡΠΝΙΘΥΑΓΟΝΤΑΙ	QVICVMQVE ENIM SPS DI AGVNTVR

ΟΥΤΟΙΥΙΟΙΘΥΕΙϹΙΝ
ΟΥΓΑΡΕΛΑΒΕΤΕΠΝΑΔΟΥΛΙΑϹ
ΠΑΛΙΝΕΙϹΦΟΒΟΝ
ΑΛΛΕΛΑΒΕΤΕΠΝΑ
ΥΙΟΘΕϹΙΑϹ
ΕΝΩΚΡΑΖΟΜΕΝΑΒΒΑΟΠΗΡΩϹΤΕ
ΑΥΤΟΤΟΠΝΑϹΥΝΜΑΡΤΥΡΕΙ
ΤΩΠΝΙΗΜΩΝ
ΟΤΙΕϹΜΕΝΤΕΚΝΑΘΥ
ΕΙΔΕΤΕΚΝΑΚΑΙϹΥΝΚΛΗΡΟΝΟΜΟΙ
ΚΛΗΡΟΝΟΜΟΙΜΕΝΘΥ
ϹΥΝΚΛΗΡΟΝΟΜΟΙΔΕΧΥ
ΕΙΠΕΡϹΥΝΠΑϹΧΟΜΕΝ
ΙΝΑΚΑΙϹΥΝΔΟΞΑϹΘΩΜΕΝ
ΛΟΓΙΖΟΜΑΙΓΑΡ
ΟΤΙΟΥΚΑΞΙΑΤΑΠΑΘΗΜΑΤΑ
ΤΟΥΝΥΝΚΑΙΡΟΥ
ΠΡΟϹΤΗΝΜΕΛΛΟΥϹΑΝΔΟΞΑΝ
ΑΠΟΚΑΛΥΦΘΗΝΑΙΕΙϹΗΜΑϹ
ΗΓΑΡΑΠΟΚΑΡΑΔΟΚΙΑΤΗϹΚΤΙϹΕΩϹ
ΤΗΝΑΠΟΚΑΛΥΨΙΝΤΩΝΥΙΩΝΤΟΥΘΥ

HI FILI DI SVNT
NON ENIM ACCIPISTIS SPM SERVITVTIS
ITERVM IN TIMOREM
SET ACCEPISTIS SPM
ADOPTIONES FILIORVM
IN QVO CLAMAMVS ABBA PATER
IPSE SPS TESTIMONIVM REDDIT
SPIRITVI NOSTRO
QVOD SIMVS FILI DI
SI AVTEM FILI ET HEREDES
HAEREDES AVTEM DI
COHEREDES AVTEM XPI
SI ITA CONPATIMVR
VT ET SIMVL GLORIFICEMVS
EXISTIMO ENIM
QVOD INDIGNAE SVNT PASSIONES
HVIVS TEMPORIS
AD FVTVRAM GLORIAM
QVE REVELABITVR IN NOBIS
NAM EXPECTATIO CREATVRAE
REVELATIONEM FILIORVM DI

ΑΠΕΚΔΕΧΕΤΑΙ	EXPECTAT
ΤΗΓΑΡΜΑΤΕΟΤΗΤΙ	VANITATI ENIM
ΗΚΤΙCICΥΠΕΤΑΓΗ	CREATVRA SVBIECTA EST
ΟΥΧΕΚΟΥCΑ	NON VOLENS
ΑΛΛΑΔΙΑΤΟΝΥΠΟΤΑΞΑΝΤΑ	SED PROPTER EO QVI SVBIECIT
ΕΦΕΛΠΙΔΙ	IN SPEM
ΔΙΟΤΙΚΑΙΑΥΤΗΗΚΤΙCIC	QVIA ET IPSA CREATVRA
ΕΛΕΥΘΕΡΩΘΗCΕΤΑΙΑΠΟΤΗCΔΟΥΛΙΑC	LIBERAVITVR A SERVITVTAE
ΤΗCΦΘΟΡΑC	CORRVPTIONE
ΕΙCΤΗΝΕΛΕΥΘΕΡΙΑΝΤΗCΔΟΞΗC	IN LIBERTATE GLORIAE
ΤΩΝΤΕΚΝΩΝΤΟΥΘ̅Υ̅	FILIORVM D̅I̅
ΟΙΔΑΜΕΝΓΑΡΟΤΙΠΑCΑΗΚΤΙCIC	SCIMVS ENIM QVOD OMNIS CREATVRA
CΥΝCΤΕΝΑΖΕΙΚΑΙCΥΝΩΔΙΝΕΙ	INGEMESCIT ET PARTVRIT
ΑΧΡΙΤΟΥΝΥΝ	VSQVE ADHVC
ΟΥΜΟΝΟΝΔΕΑΛΛΑΚΑΙΗΜΙCΑΥΤΟΙ	NON SOLVM AVTEM SET ET NOS IPSI
ΤΗΝΑΠΑΡΧΗΝΤΟΥΠ̅Ν̅C̅ΕΧΟΝΤΕC	RECEPTACVLVM S̅P̅S̅ HABENTES
ΑΥΤΟΙΕΝΕΑΥΤΟΙCCΥΝCΤΕΝΑΖΟΜΕ̅	NOS IPSI INTRA NOS GEMIMVS
ΑΠΕΚΔΕΧΟΜΕΝΟΙ	EXPECTANTES
ΤΗΝΑΠΟΛΥΤΡΩCΙΝ	REDEMPTIONEM
ΤΟΥCΩΜΑΤΟCΗΜΩΝ	CORPORIS VESTRI
ΤΗΓΑΡΕΛΠΙΔΙΕCΩΘΗΜΕΝ	SPE ENIM SALVI FACTI SVMVS

ΕΛΠΙϹΔΕΒΛΕΠΟΜΕΝΗ	SPES AVTEM QVE VIDETVR
ΟΥΚΕϹΤΙΝΕΛΠΙϹ	NON EST SPES
ΟΓΑΡΒΛΕΠΙΤΙϹΤΙΕΛΠΙΖΕΙ	NAM QVOD VIDET QVIS QVID SPERAT
ΕΙΔΕΟΟΥΒΛΕΠΟΜΕΝΕΛΠΙΖΟΜΕΝ	SI AVTEM QVOD NON VIDEMVS SPERAMVS
ΔΙΥΠΟΜΟΝΗϹΑΠΕΚΔΕΧΟΜΕΘΑ	PER PATIENTIAM EXPECTAMVS
ΩϹΑΥΤΩϹΔΕΚΑΙΤΟΠ̅Ν̅Α̅	SIMILITER AVTEM ET S̅P̅S̅
ϹΥΝΑΝΤΙΛΑΜΒΑΝΕΤΑΙΤΗΑϹΘΕΝΙΑ	ADIVBAT INFIRMITATEM
ΤΟΓΑΡΤΙΠΡΟϹΕΥΞΟΜΕΘΑ	NAM QVID OREMVS
ΚΑΘΟΔΕΙΟΥΚΟΙΔΑΜΕΝ	SI QVOD OPORTET NESCIMVS
ΑΛΛΑΑΥΤΟΤΟΠ̅Ν̅Α̅ΥΠΕΡΕΝΤΥΓΧΑΝΕΙ	SED IPSE S̅P̅S̅ POSTVLAT
ϹΤΕΝΑΓΜΟΙϹ	GEMITIBVS
ΑΛΑΛΗΤΟΙϹ	QVI ELOQVI NON POSSVNT
ΟΔΕΕΡΕΥΝΩΝΤΑϹΚΑΡΔΙΑϹ	QVI AVTEM SCRVTATVR CORDA
ΟΙΔΕΝΤΙΤΟΦΡΟΝΗΜΑΤΟΥΠ̅Ν̅Ϲ̅	SCIT SENSVS S̅P̅S̅
ΟΤΙΚΑΤΑΘ̅Ν̅ΕΝΤΥΓΧΑΝΕΙ	QVIA SECVNDVM D̅M̅ POSTVLAT
ΥΠΕΡΑΓΙΩΝ	PRO SANCTIS
ΟΙΔΑΜΕΝΔΕ	SCIMVS AVTEM
ΟΤΙΤΟΙϹΑΓΑΠΩϹΙΝΤΟΝΘ̅Ν̅	QVONIAM DILIGENTIBVS D̅M̅
ΠΑΝΤΑϹΥΝΕΡΓΕΙΕΙϹΑΓΑΘΟΝ	OMNIA PROCEDVNT IN BONIS
ΤΟΙϹΚΑΤΑΠΡΟΘΕϹΙΝ	HIS QVI SECVNDVM PROPOSITVM
ΚΛΗΤΟΙϹΟΥϹΙΝ	VOCATI SVNT

Greek	Latin
ΟΤΙΟΥϹΠΡΟΕΓΝΩΚΑΙΠΡΟΩΡΙϹΕΝ	QVIA QVOS PRAESCIT ET PREDESTINAVIT
ϹΥΜΜΟΡΦΟΥϹΤΗϹΕΙΚΟΝΟϹ	COMFORMIS FIERI IMAGINIS
ΤΟΥΥΙΟΥΑΥΤΟΥ	FILI EIVS
ΕΙϹΤΟΕΙΝΑΙΑΥΤΟΝΠΡΩΤΟΤΟΚΟΝ	VT SIT IPSE PRIMOGENITVS
ΕΝΠΟΛΛΟΙϹΑΔΕΛΦΟΙϹ	IN MVLTIS FRATRIBVS
ΟΥϹΔΕΠΡΟΩΡΙϹΕΝ	QVOS AVTEM PRAEDESTINAVIT
ΤΟΥΤΟΥϹΚΑΙΕΚΑΛΕϹΕΝ	EOS ET VOCAVIT
ΚΑΙΟΥϹΕΚΑΛΕϹΕΝ	ET QVOS VOCAVIT
ΤΟΥΤΟΥϹΚΑΙΕΔΙΚΑΙΩϹΕΝ	EOS ET IVSTIFICAVIT
ΟΥϹΔΕΕΔΙΚΑΙΩϹΕΝ	QVOS AVTEM IVSTIFICAVIT
ΤΟΥΤΟΥϹΚΑΙΕΔΟΞΑϹΕΝ	ILLOS ET MAGNIFICAVIT
ΤΙΟΥΝΕΡΟΥΜΕΝΠΡΟϹΤΑΥΤΑ	QVID ERGO DICEMVS ADVERSVS HAEC
ΕΙΟΘ̅Ϲ̅ΥΠΕΡΗΜΩΝ	SI D̅S̅ PRO NOBIS
ΤΙϹΚΑΘΗΜΩΝ	QVIS CONTRA NOS
ΟϹΟΥΔΕΤΟΥΙΔΙΟΥΥΙΟΥΕΦΙϹΑΤΟ	QVI NEC FILIO SVO PEPERCIT
ΑΛΛΑΥΠΕΡΗΜΩΝΠΑΝΤΩΝ	SET PRO NOBIS OMNIBVS
ΠΑΡΕΔΩΚΕΝΑΥΤΟΝ	TRADIDIT ILLVM
ΠΩϹΟΥΧΙΚΑΙϹΥΝΑΥΤΩ	QVOMODO NON ETIAM CVM ILLO
ΠΑΝΤΑΗΜΙΝΧΑΡΙϹΕΤΑΙ	OMNIA NOBIS DONAVIT
ΤΙϹΕΝΚΑΛΕϹΕΙΚΑΤΑΕΚΛΕΚΤΩΝΘ̅Υ̅	QVIS ADVERSVS ESCVSAVIT ELECTOS D̅I̅
Θ̅Ϲ̅ΟΔΙΚΑΙΩΝ	D̅S̅ QVI IVSTIFICAT

ΤΙϹΟΚΑΤΑΚΡΙΝΩΝ
ΧϹΟΑΠΟΘΑΝΩΝ
ΜΑΛΛΟΝΔΕΚΑΙΕΓΕΡΘΕΙϹ
ΟϹΚΑΙΕϹΤΙΝΕΝΔΕΞΙΑΤΟΥΘΥ
ΟϹΚΑΙΕΝΤΥΓΧΑΝΕΙΥΠΕΡΗΜΩΝ
ΤΙϹΗΜΑϹΧΩΡΙϹΕΙ
ΑΠΟΤΗϹΑΓΑΠΗϹΤΟΥΧΥ
ΘΛΙΨΙϹΗϹΤΕΝΟΧΩΡΙΑ
ΔΙΩΓΜΟϹΗΛΙΜΟϹ
ΗΓΥΜΝΟΤΗϹΗΚΙΝΔΥΝΟϹ
ΗΜΑΧΑΙΡΑΚΑΘΩϹΓΕΓΡΑΠΤΑΙ
ΟΤΙΕΝΕΚΕΝϹΟΥΘΑΝΑΤΟΥΜΕΘΑ
ΟΛΗΝΤΗΝΗΜΕΡΑΝΕΛΟΓΙϹΘΗΜΕΝ
ΩϹΠΡΟΒΑΤΑϹΦΑΓΗϹ
ΑΛΛΕΝΤΟΥΤΟΙϹΠΑϹΙΝΥΠΕΡΝΙΚΩΜΕΝ
ΔΙΑΤΟΝΑΓΑΠΗϹΑΝΤΑΗΜΑϹ
ΠΕΠΙϹΜΕΓΑΡΟΤΙΟΥΤΕΘΑΝΑΤΟϹ
ΟΥΤΕΖΩΗ
ΟΥΤΕΑΓΓΕΛΟϹΟΥΤΕΕΞΟΥϹΙΑ
ΟΥΤΕΑΡΧΑΙΟΥΤΕΕΝΕϹΤΩΤΑ
ΟΥΤΕΜΕΛΛΟΝΤΑΟΥΤΕΔΥΝΑΜΙϹ

QVIS CONDEMNAT
SIMVL AVTEM XPS QVI MORTVVS EST
IMMO ET QVI RESVRREXIT
QVI EST AD DEXTRAM DI
QVI ETIAM INTERPELLAT PRO NOBIS
QVIS ERGO NOS SEPARAVIT
A CARITATE XPI
TRIBVLATIO AN ANGVSTIA
PERSECVTIO AN FAMIS
AN NVDITAS AN PERICVLVM
AN GLADIVM SICVTI SCRIPTVM EST
QVIA PROPTER TE MORTI ADFICIMVR
TOTA DIE EXTIMATI SVMVS
QVASI OVES OCCISIONIS
SED IN HIS OMNIBVS SVPERAMVS
PROPTER EO QVI DILEXIT NOS
CERTVS SVM ENIM QVIA NEQVE MORS
NEQVE VITA
NEQVE ANGELVS
NEQVE INITIA NEQVE STANTIAM
NEQVE FVTVRA NEQVE VIRTVS

ΟΥΤЄΥΨΩΜΑΟΥΤЄΒΑΘΟϹ
ΟΥΤЄΚΤΙϹΙϹЄΤЄΡΑ
ΔΥΝΗϹЄΤΑΙΗΜΑϹΧΩΡΙϹΑΙ
ΑΠΟΤΗϹΑΓΑΠΗϹΤΟΥΘ̅Υ̅
ΤΗϹЄΝΧ̅Ω̅Ι̅Υ̅ΤΩΚ̅Ω̅ΗΜΩΝ
ΑΛΗΘΙΑΝΛЄΓΩЄΝΧ̅Ω̅Ι̅Υ̅
ΟΥΨЄΥΔΟΜΑΙ
ϹΥΝΜΑΡΤΥΡΟΥϹΗϹΜΟΙ
ΤΗϹϹΥΝΙΔΗϹЄΩϹΜΟΥЄΝΠ̅Ν̅ΙΑΓΙΩ
ΟΤΙΛΥΠΗΜΟΙЄϹΤΙΝΜЄΓΑΛΗ
ΚΑΙΑΔΙΑΛΙΠΤΟϹΟΔΥΝΗΤΗΚΑΡΔΙΑΜΟΥ
ЄΥΧΟΜΗΝΓΑΡΑΝΑΘЄΜΑЄΙΝΑΙ
ΑΥΤΟϹЄΓΩΥΠΟΤΟΥΧ̅Υ̅
ΥΠЄΡΤΩΝΑΔЄΛΦΩΝΜΟΥ
ΤΩΝϹΥΓΓЄΝΩΝΤΩΝΚΑΤΑϹΑΡΚΑ
ΟΙΤΙΝЄϹЄΙϹΙΝΙϹΤΡΑΗΛЄΙΤΑΙ
ΩΝΗΥΙΟΘЄϹΙΑ
ΚΑΙΗΔΟΞΑΚΑΙΗΔΙΑΘΗΚΗ
ΚΑΙΗΝΟΜΟΘЄϹΙΑ
ΚΑΙΗΛΑΤΡΙΑΚΑΙΗЄΠΑΓΓЄΛΙΑ
ΩΝΟΙΠΑΤЄΡЄϹ

NEQVE ALTITVDO NEQVE PROFVNDV̄
NEQVE CREATVRA ALIA
POTERIT NOS SEPARARE
A CARITATE D̅I̅
QVAE EST IN X̅P̅O̅ I̅H̅V̅ D̅N̅O̅ NOSTRO
VERITATEM DICO IN X̅P̅O̅ I̅H̅V̅
NON MENTIOR
TESTIMONIVM MIHI PERHIBENTE
CONSCIENTIA MEA IN S̅P̅V̅ SANCTO
QVONIAM TRISTITIA EST MIHI MAGNA
ET CONTINVVS DOLOR CORDI MEO
OPTABAM ENIM ANATHEMA ESSE
IPSE EGO A X̅P̅O̅
PRO FRATRIBVS MEIS
QVI SVNT COGNATI SECVNDVM CARNEM
QVI SVNT ISTRAHELITAE
QVORVM ADOPTIO EST FILIORVM
ET GLORIA ET TESTAMENTA
ET LEGISLATIO
ET OBSEQVIVM ET PROMISSA
QVORVM PATRES

ΚΑΙΕΞΩΝΟΧ̅Ϲ̅ΤΟΚΑΤΑϹΑΡΚΑ
ΟΩΝΕΠΙΠΑΝΤΩΝΘ̅Ϲ̅
ΕΥΛΟΓΗΤΟϹΕΙϹΤΟΥϹΑΙΩΝΑϹ
ΑΜΗΝ
ΟΥΧΟΙΟΝΔΕΟΤΙΕΚΠΕΠΤΩΚΕΝ
ΟΛΟΓΟϹΤΟΥΘ̅Υ̅
ΟΥΓΑΡΠΑΝΤΕϹΟΙΕΞΙ̅Η̅Λ̅
ΟΥΤΟΙΙϹΡΑΗΛΕΙΤΑΙ
ΟΥΔΟΤΙΕΙϹΙΝϹΠΕΡΜΑΑΒΡΑΑΜ
ΠΑΝΤΕϹΤΕΚΝΑ
ΑΛΛΕΝΙϹΑΚ
ΚΛΗΘΗϹΕΤΑΙϹΟΙϹΠΕΡΜΑ
ΤΟΥΤΕϹΤΙΝΟΥΤΑΤΕΚΝΑΤΗϹϹΑΡΚΟϹ
ΤΑΥΤΑΤΕΚΝΑΤΟΥΘ̅Υ̅
ΑΛΛΑΤΑΤΕΚΝΑΤΗϹΕΠΑΓΓΕΛΙΑϹ
ΛΟΓΙΖΕΤΕΕΙϹϹΠΕΡΜΑ
ΕΠΑΓΓΕΛΙΑϹΓΑΡΟΛΟΓΟϹΟΥΤΟϹ
ΚΑΤΑΤΟΝΚΑΙΡΟΝΤΟΥΤΟΝΕΛΕΥϹΟΜΑΙ
ΚΑΙΕϹΤΕΤΗϹΑΡΡΑΥΙΟϹ
ΟΥΜΟΝΟΝΔΕΑΛΛΑΚΑΙΡΕΒΕΚΚΑ
ΕΞΕΝΟϹΚΟΙΤΗΝΕΧΟΥϹΑ

ET EX QVIBVS X̅P̅S̅ SECVNDVM CARNĒ
QVI EST SVPER OMNIA D̅S̅
BENEDICTVS IN SAECVLA
AMEN
NON AVTEM EXCIDIT
VERBVM D̅I̅
NON ENIM OMNES QVI EX ISTRAHEL
HI SVNT ISTRAHELITAE
NEQVE QVIA SVNT SEMEN ABRAHAE
OMNES FILI
SED IN ISAC
VOCABITVR TIBI SEMEN
ID EST NON QVI FILI CARNIS
HI FILI D̅I̅
SED QVI FILI SVNT PROMISSIONIS
AESTIMANTVR IN SEMEN
PROMISSIONIS ENIM VERBVM HOC EST
AD TEMPVS HOC VENIAM
ET ERIT SARRAE FILIVS
NON SOLVM AVTEM SED ET REBECCA
EX VNO CONCVBITV HABENS

ΕΙϹΑΚΤΟΥΠ̅Ρ̅Ϲ̅ΗΜΩΝ
ΜΗΠΩΓΑΡΓΕΝΗΘΕΝΤΩΝ
ΜΗΔΕΠΡΑΞΑΝΤΩΝΤΙΑΓΑΘΟΝ
ΗΚΑΚΟΝ
ΙΝΑΗΚΑΤΕΚΛΟΓΗ
ΠΡΟΘΕϹΙϹΤΟΥΘ̅Υ̅ΜΕΝΗ
ΟΥΚΕΞΕΡΓΩΝ
ΑΛΛΕΚΤΟΥΚΑΛΟΥΝΤΟϹΕΡΡΕΘΗ
ΟΤΙΟΜΙΖΩΝΔΟΥΛΕΥϹΕΙ
ΤΩΕΛΑϹϹΟΝΙ
ΚΑΘΩϹΓΕΓΡΑΠΤΑΙ
ΤΟΝΙΑΚΩΒΗΓΑΠΗϹΑ
ΤΟΝΔΕΗϹΑΥΕΜΙϹΗϹΑ
ΤΙΟΥΝΕΡΟΥΜΕΝ
ΜΗΑΔΙΚΙΑΠΑΡΑΘ̅Ω̅ΜΗΓΕΝΟΙΤΟ
ΤΩΜΩϹΗΓΑΡΛΕΓΕΙ
ΕΛΕΗϹΩΟΝΑΝΕΛΕΩ
ΚΑΙΟΙΚΤΙΡΗϹΩ
ΟΝΑΝΟΙΚΤΕΙΡΩ
ΑΡΑΟΥΝΟΥΤΟΥΘΕΛΟΝΤΟϹ
ΟΥΔΕΤΟΥΤΡΕΧΟΝΤΟϹ

ISAC PATRI NOSTRI
NAM CVM NONDVM NATI FVISSENT
AVT ALIQVID EGISSENT BONVM
AVT MALVM
VT SECVNDVM ELECTIONĒ
PROPOSITVM D̅I̅ MANERET
NON EX OPERIBVS
SED EX VOCANTE DICTVM EST
QVIA MAIOR SERVIET
MINORI
SICVT SCRIPTVM EST
IACOB DILEXI
ESAV AVTEM ODIO HABVI
QVID ERGO DICEMVS
NVNQVID INIQVITAS APVT D̅M̅ ABSIT
MOYSES ENIM DICIT
MISEREBOR CVI MISERTVS ERO
ET MISERICORDIAM PRAESTABO
CVI MISEREBOR
IGITVR NON VOLENTES
NEQVE CVRRENTES

ΠΡΟϹ ΡΩΜΑΙΟΥϹ	AD ROMANOS
ΑΛΛΑΤΟΥΕΛΕΩΝΤΟϹΘ̅Υ̅	SED MISERENTIS EST D̅I̅
ΛΕΓΕΙΓΑΡΗΓΡΑΦΗΤΩΦΑΡΑΩ	DICIT ENIM SCRIPTVRA FAONI
ΟΤΙΕΙϹΑΥΤΟΤΟΥΤΟΕΞΗΓΕΙΡΑϹΕ	QVIA HOC IPSVM EXCITAVI TE
ΟΠΩϹΕΝΔΕΙΞΩΜΑΙΕΝϹΟΙ	VT OSTENDAM IN TE
ΤΗΝΔΥΝΑΜΙΝΜΟΥ	VIRTVTEM MEAM
ΚΑΙΟΠΩϹΔΙΑΓΓΕΛΗΤΟΟΝΟΜΑΜΟΥ	ET VT NVNTIETVR NOMEN MEVM
ΕΝΠΑϹΗΤΗΓΗ	IN VNIVERSA TERRA
ΑΡΑΟΥΝΟΝΘΕΛΕΙΟΘ̅Ϲ̅ΕΛΕΑ	IGITVR ERGO CVI VVL D̅S̅ MISERITVR
ΟΝΔΕΘΕΛΕΙϹΚΛΗΡΥΝΕΙ	QVEM AVTEM VVL INDVRAT
ΕΡΙϹΟΥΝΜΟΙ	DICIS ITAQVE MIHI
ΤΙΟΥΝΕΤΙΜΕΜΦΕΤΕ	QVID IGITVR ADHVC QVAERITVR
ΤΩΓΑΡΒΟΥΛΗΜΑΤΙΑΥΤΟΥ	VOLVNTATI ENIM EIVS
ΤΙϹΑΝΘΕϹΤΗΚΕΝ	QVID RESISTIT
ΩΑ̅Ν̅ΕϹΥΤΙϹΕΙ	O HOMO TV QVIS ES
ΟΑΝΤΑΠΟΚΡΙΝΟΜΕΝΟϹΤΩΘ̅Ω̅	QVI RESPONDEAS D̅O̅
ΜΗΕΡΕΙΤΟΠΛΑϹΜΑ	NVMQVID DICIT FIGMENTVM
ΤΩΠΛΑϹΑΝΤΙ	EI QVI SE FINXIT
ΤΙΜΕΕΠΛΑϹΑϹΟΥΤΩϹ	QVID ME FECISTI SIC
ΗΟΥΚΕΧΕΙΕΞΟΥϹΙΑΝ	AVT NON HABET POTESTATEM
ΟΚΕΡΑΜΕΥϹΤΟΥΠΗΛΟΥ	FIGVLVS LVTI
ΕΚΤΟΥΑΥΤΟΥΦΥΡΑΜΑΤΟϹΠΟΙΗϹΕ	EX EADEM MASSA FACERE

ΟΜΕΝΕΙCΤΕΙΜΗΝCΚΕΥΟC
ΟΔΕΕΙCΑΤΙΜΙΑΝ
ΕΙΔΕΘΕΛΩΝΟΘ̅C̅ΕΝΔΙΞΑCΘΑΙΤΗΝΟΡΓΗ̅
ΚΑΙΓΝΩΡΙCΑΙΤΟΔΥΝΑΤΟΝΑΥΤΟΥΗΝΕΓΚΕ̅
ΕΝΠΟΛΛΗΜΑΚΡΟΘΥΜΙΑ
CΚΕΥΗΟΡΓΗC
ΚΑΤΗΡΤΙCΜΕΝΑΕΙCΑΠΩΛΙΑΝ
ΚΑΙΙΝΑΓΝΩΡΙCΗΤΟΝΠΛΟΥΤΟΝ
ΤΗCΔΟΞΗCΑΥΤΟΥ
ΕΠΙCΚΕΥΗΕΛΕΟΥC
ΑΠΡΟΗΤΟΙΜΑCΕΝΕΙCΔΟΞΑΝ
ΟΥCΚΑΙΕΚΑΛΕCΕΝΗΜΑC
ΟΥΜΟΝΟΝΕΞΙΟΥΔΑΙΩΝ
ΑΛΛΑΚΑΙΕΞΕΘΝΩΝ
ΩCΚΑΙΕΝΤΩΩ̈CΗΕΛΕΓΕΙ
ΚΑΛΕCΩΤΟΝΟΥΛΑΟΝΜΟΥ
ΛΑΟΝΜΟΥ
ΚΑΙΤΗΝΟΥΚΗΓΑΠΗΜΕΝΗΝ
ΗΓΑΠΗΜΕΝΗΝ
ΚΑΙΕCΤΕΕΝΤΩΤΟΠΩΟΥΕΡΡΕΘΗΑΥΤΟΙC
ΟΥΛΑΟCΜΟΥΥΜΙC

ALIVT QVIDEM VAS IN HONOREM
ALIVT VERO IN CONTVMELIAM
QVODSI VOLENS D̅S̅ OSTENDERE IRAM
ET NOTAM FACERE POTENTIAM SVAM
IN MVLTA PATIENTIA
IN VASA IRAE
APTATA IN VIRTVTE
ET VT OSTENDERET DIVITIAS
GLORIAE SVAE
IN VASA MISERICORDIAE
QVAE PRAEPARAVIT IN GLORIAM
QVOS ET VOCAVIT NOS
NON SOLVM EX IVDAEIS
SED ETIAM EX GENTIBVS
SICVT ET IN OSEE DICIT
VOCABO NON PLEBEM MEAM
PLEBEM MEAM
ET NON DILECTAM
DILECTAM
ET ERIT IN LOCO VBI VOCABVNTVR
NON PLEBS MEA VOS

ΕΚΕΙΚΛΗΘΗϹΟΝΤΑΙ
ΥΙΟΙΘ̅Υ̅ΖΩΝΤΟϹ
ΗϹΑΙΑϹΔΕΚΡΑΖΕΙ
ΥΠΕΡΤΟΥΙ̅Η̅Λ̅
ΕΑΝΗΟΑΡΙΘΜΟϹΤΩΝΥΙΩΝΙ̅Η̅Λ̅
ΩϹΗΑΜΜΟϹΤΗϹΘΑΛΑϹϹΗϹ
ΤΟΚΑΤΑΛΕΙΜΜΑϹΩΘΗϹΕΤΑΙ
ΛΟΓΟΝΓΑΡϹΥΝΤΕΛΩΝ
ΚΑΙϹΥΝΤΕΜΝΩΝ
ΕΝΔΙΚΑΙΟϹΥΝΗ
ΟΤΙΛΟΓΟΝϹΥΝΤΕΤΜΗΜΕΝΟΝ
ΠΟΙΗϹΕΙΚ̅Ϲ̅ΕΠΙΤΗϹΓΗϹ
ΚΑΙΚΑΘΩϹΠΡΟΕΙΡΗΚΕΝΗϹΑΙΑϹ
ΕΙΜΗΚ̅Ϲ̅ϹΑΒΑΩΘ
ΕΝΚΑΤΕΛΙΠΕΝΗΜΙΝϹΠΕΡΜΑ
ΩϹϹΟΔΟΜΑΑΝΕΓΕΝΗΘΗΜΕΝ
ΚΑΙΩϹΓΟΜΟΡΡΑΑΝΩΜΟΙΩΘΗΜΕ̅
ΤΙΟΥΝΕΡΟΥΜΕΝΟΤΙΕΘΝΗ
ΟΤΙΕΘΝΗ
ΤΑΜΗΔΙΩΚΟΝΤΑΔΙΚΑΙΟϹΥΝΗΝ
ΚΑΤΕΛΑΒΕΝΔΙΚΑΙΟϹΥΝΗΝ

IBI VOCABVNTVR
FILI D̅I̅ VIVI
ESEIAS AVTEM CLAMAT
PRO ISTRAHEL
SI FVERIT NVMNVMERVS FILIORVM IS...HEL
TAMQVAM ARENA MARIS
RELIQVIAE SALVAE FIENT
VERBVM ENIM CONSVMMANS
ET BREVIANS
IN AEQVITATE
QVIA VERBVM BREVIATVM
FACIET D̅M̅S̅ SVPER TERRAM
ET SICVT PRAEDIXIT ESEIAS
NISI D̅M̅S̅ SABAOTH
RELIQVISSET NOBIS SEMEN
SICV̀T SODOMA FACTI ESSEMVS
ET SICVT GOMORRA SIMILES FVISSEMVS
QVID ERGO DICEMVS
QVOD GENTES
QVAE NON SECTABANTVR IVSTITIAM
ADPRAEHENDERVNT IVSTITIAM

ΔΙΚΑΙΟϹΥΝΗΝΔЄΤΗΝЄΚΠΙϹΤЄѠϹ
ΙϹΡΑΗΛΔЄΔΙѠΚѠΝΝΟΜΟΝ
ΔΙΚΑΙΟϹΥΝΗϹ
ЄΙϹΝΟΜΟΝΟΥΚЄΦΘΑϹЄΝ
ΔΙΑΤΙΟΤΙΟΥΚЄΚΠΙϹΤЄѠϹ
ΑΛΛѠϹЄΞЄΡΓѠΝΝΟΜΟΥ
ΠΡΟϹЄΚΟΨΑΝΤѠΛΙΘѠ
ΤΟΥΠΡΟϹΚΟΜΜΑΤΟϹ
ΚΑΘѠϹΓЄΓΡΑΠΤΑΙ
ΙΔΟΥΤΙΘΗΜΙЄΝϹЄΙѠΝΛΙΘΟΝ
ΠΡΟϹΚΟΜΜΑΤΟϹ
ΚΑΙΠЄΤΡΑΝϹΚΑΝΔΑΛΟΥ
ΚΑΙΟΠΙϹΤЄΥѠΝЄΠΑΥΤѠ
ΟΥΜΗΚΑΤЄϹΧΥΝΘΗ
ΑΔЄΛΦΟΙΗΜЄΝЄΥΔΟΚΙΑ
ΤΗϹЄΜΗϹΚΑΡΔΙΑϹ
ΚΑΙΗΔЄΗϹΙϹΠΡΟϹΤΟΝΘ̅Ν̅
ΥΠЄΡΑΥΤѠΝЄΙϹϹѠΤΗΡΙΑΝ
ΜΑΡΤΥΡѠΓΑΡΑΥΤΟΙϹ
ΟΤΙΖΗΛΟΝΘ̅Υ̅ЄΧΟΥϹΙΝ
ΑΛΛΟΥΚΑΤЄΠΙΓΝѠϹΙΝ

IVSTITIA AVTEM QVAE EX FIDE EST
ISTRAHEL VERO SECTANDO LEGEM
IVSTITIAE
IN LEGEM NON PERVENIT
QVARE QVIA NON EX FIDE
SED QVASI EX OPERIBVS LEGIS
OFFENDERVNT IN LAPIDEM
OFFENSIONIS
SICVT SCRIPTVM EST
ECCE PONO IN SION LAPIDEM
OFFENSIONIS
ET PETRAM SCANDALI
ET QVI CREDIDERIT IN EO
NON CONFVNDETVR
FRASTRES VOLVNTAS QVIDEM
CORDIS MEI
ET OBSECRATIO AD D̅M̅
PRO ILLIS IN SALVTEM
TESTIMONIVM ENIM PERHIBEO ILLIS
QVOD AEMVLATIONEM D̅I̅ HABENT
SED NON SECVNDVM SCIENTIAM

ΑΓΝΟΟΥΝΤЄCΓΑΡΤΗΝΤΟΥΘ̅Υ̅	IGNORANTES ENIM D̅I̅
ΔΙΚΑΙΟCΥΝ	IVSTITIAM
ΚΑΙΤΗΝΙΔΙΑΝ	ET SVAM IVSTITIAM
ΖΗΤΟΥΝΤЄCCΤΗCΑΙ	QVAERENTES CONSTITVERE
ΤΗΔΙΚΑΙΟCΥΝΗΤΟΥΘ̅Υ̅	IVSTITIAE
ΟΥΧΥΠЄΤΑΓΗCΑΝ	NON· SVNT SVBIECTI
ΤЄΛΟCΓΑΡΝΟΜΟΥΧ̅C̅ЄΙCΔΙΚΑΙΟCΥΝΗ̅	FINIS ENIM LEGIS X̅P̅S̅ AD IVSTITIAM
ΠΑΝΤΙΤΩΠΙCΤЄΥΟΝΤΙ	OMNI CREDENTI
ΜΩCΗCΓΑΡΓΡΑΦЄΙΟΤΙΤΗΝΔΙΚΑΙΟCΥΝΗΝ	MOYSES ENIM SCRIPSIT IVSTITIAM
ΤΗCЄΚΤΟΥΝΟΜΟΥ	QVAE EX LEGE EST
ΟΠΟΙΗCΑCΑ̅Ν̅Ο̅C̅	QVONIAM QVI FECERIT EA HOMO
ΖΗCЄΤΑΙЄΝΑΥΤΟΙC	VIVET IN EIS
ΗΔЄЄΚΠΙCΤЄΩCΔΙΚΑΙΟCΥΝΗ	QVAE AVTEM EX FIDE EST IVSTITIA
ΟΥΤΩCΛЄΓЄΙ	SIC DICIT
ΜΗЄΙΠΗCЄΝΤΗΚΑΡΔΙΑCΟΥ	NE DIXERIS IN CORDE TVO
ΤΙCΑΝΑΒΗCЄΤΑΙЄΙCΤΟΝΟΥΡΑΝΟΝ	QVIS ASCENDIT IN CAELVM
ΤΟΥΤЄCΤΙΝΧ̅Ν̅ΚΑΤΑΓΑΓЄΙΝ	ID EST X̅P̅M̅ DEDVCERE
ΗΤΙCΚΑΤΑΒΗCЄΤΑΙ	AVT QVIS DISCENDET
ЄΙCΤΗΝΑΒΥCCΟΝ	IN ABYSSVM
ΤΟΥΤЄCΤΙΝΧ̅Ν̅ЄΚΝЄΚΡΩΝΑΝΑΓΑΓЄΙΝ	HOC EST X̅P̅M̅ EX MORTVIS REDVCERE
ΑΛΛΑΤΙΛЄΓЄΙΗΓΡΑΦΗ	SED QVID DICIT SCRIPTVRA

ΕΓΓΥϹϹΟΥΕϹΤΙΝΤΟΡΗΜΑ
ΕΝΤΩϹΤΟΜΑΤΙϹΟΥ
ΚΑΙΕΝΤΗΚΑΡΔΙΑϹΟΥ
ΤΟΥΤΕϹΤΙΝΤΟΡΗΜΑΤΗϹΠΙϹΤΕΩϹ
ΟΚΗΡΥϹϹΟΜΕΝ
ΟΤΙΕΑΝΟΜΟΛΟΓΗϹΗϹ
ΕΝΤΩϹΤΟΜΑΤΙϹΟΥΚ̅Ν̅Ι̅Ν̅
ΚΑΙΠΙϹΤΕΥϹΗϹΕΝΤΗΚΑΡΔΙΑϹΟΥ
ΟΤΙΟΘ̅Ϲ̅ΑΥΤΟΝΗΓΕΙΡΕΝΕΚΝΕΚΡΩ̅
ϹΩΘΗϹΗ
ΚΑΡΔΙΑΓΑΡΠΙϹΤΕΥΕΤΑΙ
ΕΙϹΔΙΚΑΙΟϹΥΝΗΝ
ϹΤΟΜΑΤΙΔΕΟΜΟΛΟΓΕΙΤΑΙ
ΕΙϹϹΩΤΗΡΙΑΝ
ΛΕΓΕΙΓΑΡΗΓΡΑΦΗ
ΠΑϹΟΠΙϹΤΕΥΩΝΕΠΑΥΤΩ
ΟΥΜΗΚΑΤΕϹΧΥΝΘΗϹΕΤΑΙ
ΟΥΓΑΡΕϹΤΙΝΔΙΑϹΤΟΛΗΙΟΥΔΑΙΩ
ΚΑΙΕΛΛΗΝΙ
ΟΓΑΡΑΥΤΟϹΚ̅Ϲ̅ΠΑΝΤΩΝΠΛΟΥΤΩ̅
ΕΙϹΠΑΝΤΑϹΤΟΥϹΕΠΙΚΑΛΟΥΜΕΝΟΥϹ

PROPE EST VERBVM
IN ORE TVO
ET IN CORDE TVO
HOC EST VERBVM FIDEI
QVOD PRAEDICAMVS
QVIA SI CONFITEARIS
IN ORE TVO D̅M̅O̅ I̅H̅M̅
ET CREDIDERIS IN CORDE TVO
QVOD D̅S̅ ILLVM SVSCITAVIT EX MORTVIS
SALVVS ERIS
CORDE ENIM CREDITVR
AD IVSTITIAM
ORE AVTEM CONFESSIO FVIT
IN SALVTEM
DICIT ENIM SCRIPTVRA
OMNIS QVI CREDIDERIT IN ILLO
NON CONFVNDENTVR
NON ENIM EST DISTINCTIO IVDAEI
ET GRAECI
NAM IDEM D̅M̅S̅ OMNIVM DIVES
IN OMNES QVI INVOCANT

ΑΥΤΟΝ	ILLVM
ΠΑϹΓΑΡΟϹΑΝΕΠΙΚΑΛΕϹΗΤΕ	OMNIS ENIM QVICVMQVE INVOCAVERIT
ΤΟΟΝΟΜΑΚ̅Υ̅ϹΩΘΗϹΕΤΑΙ	NOMEN D̅M̅I̅ SALVVS ERIT
ΠΩϹΟΥΝΕΠΙΚΑΛΕϹΩΝΤΑΙ	QVOMODO ERGO INVOCABVNT
ΕΙϹΟΝΟΥΚΕΠΙϹΤΕΥϹΑΝ	IN QVEM NON CREDIDERVNT
ΠΩϹΔΕΠΙϹΤΕΥϹΩϹΙΝ	AVT QVOMODO CREDENT EI
ΟΥΟΥΚΗΚΟΥϹΑΝ	QVEM NON AVDIERVNT
ΠΩϹΔΕΑΚΟΥϹΟΝΤΑΙ	QVOMODO AVTEM AVDIENT
ΧΩΡΙϹΚΗΡΥϹϹΟΝΤΟϹ	SINE PRAEDICANTEM
ΠΩϹΔΕΚΗΡΥΞΩϹΙΝ	AVT QVOMODO PRAEDICABVNT
ΕΑΝΜΗΑΠΟϹΤΑΛΩϹΙΝ	NISI MITTATVR
ΚΑΘΩϹΓΕΓΡΑΠΤΑΙ	SICVT SCRIPTVM EST
ΩϹΩΡΕΟΙΟΙΠΟΔΕϹ	QVAM SPECIOSI PEDES
ΤΩΝΕΥΑΓΓΕΛΙΖΟΜΕΝΩΝΕΙΡΗΝΗ̅	EVANGELIZANTIVM PACEM
ΤΩΝΕΥΑΓΓΕΛΙΖΟΜΕΝΩΝΑΓΑΘΑ	EVANGELIZANTIVM BONA
ΑΛΛΟΥΠΑΝΤΕϹΥΠΗΚΟΥϹΑΝ	SED NON OMNES OBAVDIVNT
ΤΩΕΥΑΓΓΕΛΙΩ	EVANGELIO
ΗϹΑΙΑϹΓΑΡΛΕΓΕΙ	ESEIAS ENIM DICIT
Κ̅Ε̅ΤΙϹΕΠΙϹΤΕΥϹΕΝ	D̅N̅E̅ QVIS CREDIDIT
ΤΗΑΚΟΗΗΜΩΝ	AVDITVI NOSTRO
ΑΡΑΗΠΙϹΤΙϹΕΞΑΚΟΗϹ	ERGO FIDES EX AVDITV

ΗΔΕΑΚΟΗΔΙΑΡΗΜΑΤΟCΧΥ
ΑΛΛΑΛΕΓΩ
ΜΗΟΥΚΗΚΟΥCΑΝΜΕΝΟΥΝΓΕ
ΕΙCΠΑCΑΝΓΑΡΤΗΝΓΗΝ
ΕΞΗΛΘΕΝΟΦΘΟΓΓΟCΑΥΤΩΝ
ΚΑΙΕΙCΤΑΠΕΡΑΤΑΤΗCΟΙΚΟΥΜΕΝΗC
ΤΑΡΗΜΑΤΑΑΥΤΩΝ
ΑΛΛΑΛΕΓΩΜΗΙΗΛ
ΟΥΚΕΓΝΩ
ΠΡΩΤΟCΜΩCΗCΛΕΓΕΙ
ΕΓΩΠΑΡΑΖΗΛΩCΩΥΜΑC
ΕΠΟΥΚΕΘΝΙ
ΕΠΕΘΝΙΑCΥΝΕΤΩ
ΠΑΡΟΡΓΙΩΥΜΑC
ΗCΑΙΑCΔΕΛΕΓΕΙ
ΕΥΡΕΘΗΝΕΝΤΟΙCΕΜΕ
ΜΗΖΗΤΟΥCΙΝ
ΕΜΦΑΝΗCΕΓΕΝΟΜΗΝ
ΕΝΤΟΙCΕΜΕΜΗΕΠΕΡΩΤΩCΙΝ
ΠΡΟCΔΕΤΟΝΙΗΛΛΕΓΕΙ
ΟΛΗΝΤΗΝΗΜΕΡΑΝΕΞΕΠΕΤΑCΑ

AVDITVS AVTEM PER VERBVM XPI
SED DICO
NVNQVID NON AVDIERVNT
IN OMNEM ENIM TERRAM
EXIVIT SONVS EORVM
ET IN FINES ORBIS TERRAE
VERBA EORVM
SED DICO NVMQVID ISRAHEL
NON COGNOVIT
PRIMVS MOSES DICIT
EGO AD AEMVLATIONEM
VOS ADDVCAM IN GENTEM
IN GENTEM INSIPIENTEM
IN IRAM VOS MITTAM
ESEIAS AVTEM DICIT
PALAM APPARVI
NON QVAERENTIBVS ME
INVENTVS SVM INTER EOS
QVI ME NON INTERROGABANT
AD ISTRAHEL AVTEM DICIT
TOTA DIE EXPANDI

AD ROMANOS X, 17—21.

ΤΑϹΧΕΙΡΑϹΜΟΥ
ΕΠΙΛΑΟΝΑΠΙΘΟΥΝΤΑΚΑΙΛΕΓΟΝΤΑ
ΛΕΓωΟΥΝ·
ΜΗΑΠωϹΑΤΟΟΘ̅Ϲ̅
ΤΟΝΛΑΟΝΑΥΤΟΥΟΝΠΡΟΕΓΝω
ΜΗΓΕΝΟΙΤΟ
ΚΑΙΓΑΡΕΓωΙϹΡΑΗΛΙΤΗϹΕΙΜΙ
ΕΚϹΠΕΡΜΑΤΟϹΑΒΡΑΑΜ
ΦΥΛΗϹΒΕΝΙΑΜΙΝ
ΟΥΚΑΠωϹΑΤΟΟΘ̅Ϲ̅ΤΟΝΛΑΟΝΑΥΤΟΥ
ΟΝΠΡΟΕΓΝω
ΗΟΥΚΟΙΔΑΤΕΕΝΗΛΙΑ
ΤΙΛΕΓΕΙΗΓΡΑΦΗ
ωϹΕΝΤΥΓΧΑΝΕΙΤωΘ̅ω̅
ΚΑΤΑΤΟΥΙ̅Η̅Λ̅
Κ̅Ε̅ΤΟΥϹΠΡΟΦΗΤΑϹϹΟΥ
ΑΠΕΚΤΙΝΑΝΚΑΙΤΑ
ΘΥϹΙΑϹΤΗΡΙΑϹΟΥΚΑΤΕϹΚΑΨΑΝ
ΚΑΓωΥΠΕΛΙΦΘΗΝΜΟΝΟϹ
ΚΑΙΖΗΤΟΥϹΙΝΤΗΝΨΥΧΗΝΜΟΥ
ΑΛΛΑΤΙΛΕΓΕΙΑΥΤω

MANVS MEAS
AD PLEBEM NON CREDENTEM ET CONTRAI
DICO ERGO
NVMQVID REPPVLIT D̅S̅
POPVLVM SVVM QVAM PRAESCIIT
ABSIT
NAM ET EGO ISTRAHELITA SVM
EX SEMINE ABRAHAM
TRIBV VENIAMIN
NON REPVLIT D̅S̅ PLEBEM SVAM
QVAM PRAESCIIT
AN NESCITIS IN HELIAN
QVID DICIT SCRIPTVRA
QVEMADMODVM POSTVLAT D̅M̅
ADVERSVS ISRAHEL
D̅M̅E̅ PROPHETAS TVOS
OCCIDERVNT
ALTARIA TVA SVFFODERVNT
ET EGO RELICTVS SVM SOLVS
ET QVAERVNT ANIMAM MEAM
SED QVID DICIT ILLI

ΟΧΡΗΜΑΤΙCΜΟC
ΚΑΤΕΛΙΠΟΝΕΜΑΥΤΩ
ΕΠΤΑΚΙCΧΙΛΙΟΥCΑΝΔΡΑC
ΟΙΤΙΝΕCΟΥΚΕΚΑΜΨΑΝΓΟΝΥ
ΤΗΒΑΑΛ
ΟΥΤΩCΟΥΝΚΑΙΕΝΤΩΝΥΝΚΑΙΡΩ
ΛΙΜΜΑΚΑΤΕΚΛΟΓΗC
ΧΑΡΙΤΟCΓΕΓΟΝΕΝ
ΕΙΔΕΧΑΡΙΤΙ
ΟΥΚΕΤΙΕΞΕΡΓΩΝ
ΕΠΙΗΧΑΡΙCΟΥΚΕΤΙΓΕΙΝΕΤΑΙ
ΧΑΡΙC
ΤΙΟΥΝΟΕΠΙΖΗΤΕΙΙΗ̄Λ̄
ΤΟΥΤΟΟΥΚΕΠΕΤΥΧΕΝ
ΗΔΕΕΚΛΟΓΗΕΠΕΤΥΧΕΝ
ΟΙΔΕΛΟΙΠΟΙΕΠΩΡΩΘΗCΑΝ
ΚΑΘΩCΓΕΓΡΑΠΤΑΙ
ΕΔΩΚΕΝΑΥΤΟΙCΟΘ̄C̄Π̄Ν̄Ā
ΚΑΤΑΝΥΞΕΩC
ΟΦΘΑΛΜΟΥCΤΟΥΜΗΒΛΕΠΕΙΝ
ΚΑΙΩΤΑΤΟΥΜΗΑΚΟΥΕΙΝ

RESPONSVM DIVINVM
RELIQVI MIHI
SEPTEMILIA VIRORVM
QVI NON CVRVAVERVNT GENVM
ANTE BAHAL
SIC ERGO IN HOC TEMPORE
RELIQVIA SECVNDVM ELECTIONEM
GRATIAE FACTAE SVNT
SI AVTEM GRATIA
NON EX OPERIBVS
ALIOQVIN GRATIA NON EST
GRATIA
QVID ERGO QVOD QVAEREBAT ISTRAHEL
HOC NON EST CONSECVTVS
ELECTIO AVTEM CONSECVTA EST
CETERI VERO EXCAECATI SVNT
SICVT SCRIPTVM EST
DEDIT ILLIS D̄S̄ S̄P̄M̄
CONPVNCTIONIS
OCVLOS VT NON VIDEANT
ET AVRES VT NON AVDIANT

ΕΩϹΤΗϹϹΗΜΕΡΟΝΗΜΕΡΑϹ
ΚΑΙΔΑΥΕΙΔΛΕΓΕΙ
ΓΕΝΗΘΗΤΩΗΤΡΑΠΕΖΑΑΥΤΩΝ
ΕΙϹΠΑΓΙΔΑΚΑΙΕΙϹΘΗΡΑΝ
ΚΑΙΕΙϹΘΗΡΑΝ
ΚΑΙΕΙϹϹΚΑΝΔΑΛΟΝ
ΚΑΙΕΙϹΑΝΤΑΠΟΔΟΜΑΑΥΤΟΙϹ
ϹΚΟΤΙϹΘΗΤΩϹΑΝ
ΟΙΟΦΘΑΛΜΟΙΑΥΤΩΝ
ΤΟΥΜΗΒΛΕΠΕΙΝ
ΚΑΙΤΟΝΝΩΤΟΝΑΥΤΩΝ
ΔΙΑΠΑΝΤΟϹϹΥΝΚΑΜΨΟΝ
ΛΕΓΩΟΥΝΜΗΕΠΤΕϹΑΝ
ΙΝΑΠΕϹΩϹΙΝΜΗΓΕΝΟΙΤΟ
ΑΛΛΑΤΩΑΥΤΩΝΠΑΡΑΠΤΩΜΑΤΙ
ΗϹΩΤΗΡΙΑΤΟΙϹΕΘΝΕϹΙΝ
ΕΙϹΤΟΠΑΡΑΖΗΛΩϹΑΙΑΥΤΟΥϹ
ΕΙΔΕΤΟΠΑΡΑΠΤΩΜΑΑΥΤΩΝ
ΠΛΟΥΤΟϹΚΟϹΜΟΥ
ΚΑΙΤΟΗΤΤΗΜΑΑΥΤΩΝ
ΠΛΟΥΤΟϹΕΘΝΩΝ

VSQVE IN HODIERNVM DIEM
ET DAVID DICIT
FIAT MENSA EORVM
IN LAQVEVM
ET IN CAPTIONEM
ET IN SCANDALVM
ET IN RETRIBVTIONEM ILLIS
OBSCVRENTVR
OCVLI EORVM
NE VIDEANT
ET DORSVM ILLORVM
IN PERPETVVM INCVRVA
DICO ERGO NVMQVID OFFENDERVNT
VT CADERENT ABSIT
SED ILLORVM DELICTO
SALVS GENTIBVS
VT ILLOS AEMVLENTVR
QVODSI DELICTVM ILLORVM
DIVITIAE SVNT MVNDI
ET DEMINVTIO EORVM
DIVITIAE GENTIVM

ΠΟCΩΜΑΛΛΟΝΤΟΠΛΗΡΩΜΑΑΥΤΩΝ
ΥΜΙΝΓΑΡΛΕΓΩΤΟΙCΕΘΝΕCΙΝ
ΕΦΟCΟΝΕΙΜΙΕΓΩ
ΕΘΝΩΝΑΠΟCΤΟΛΟC
ΤΗΝΔΙΑΚΟΝΙΑΝΜΟΥ
ΔΟΞΑΖΩ
ΕΙΠΩCΠΑΡΑΖΗΛΩCΩ
ΤΗΝCΑΡΚΑΜΟΥ
ΚΑΙCΩCΩΤΙΝΑCΕΞΑΥΤΩΝ
ΕΙΓΑΡΗΑΠΟΒΟΛΗΑΥΤΩΝ
ΚΑΤΑΛΛΑΓΗΚΟCΜΟΥ
ΤΙCΗΠΡΟCΛΗΜΨΙCΕΙΜΗΖΩΗ
ΕΚΝΕΚΡΩΝ
ΕΙΔΕΗΑΠΑΡΧΗΑΓΙΑ
ΚΑΙΤΟΦΥΡΑΜΑ
ΚΑΙΕΙΗΡΙΖΑΑΓΙΑ
ΚΑΙΟΙΚΛΑΔΟΙ
ΕΙΔΕΤΙΝΕCΤΩΝΚΛΑΔΩΝ
ΕΞΕΚΛΑCΘΗCΑΝ
CΥΔΕΑΓΡΙΕΛΑΙΟCΩΝ
ΕΝΕΚΕΝΤΡΙCΘΗCΕΝΑΥΤΟΙC

QVANTO MAGIS PLENITVDO EORVM
VOBIS ENIM DICO GENTIBVS
QVANDIV EGO SVM
GENTIVM APOSTOLVS
MINISTERIVM MEVM
HONORIFICABO
SI QVOMODO AEMVLER
CARNEM MEAM
ET SALVOS FACIAM ALIQVOS EX ILLIS
SI ENIM AMISSIO EORVM
RECONCILIATIO EST MVNDI
QVAE ADSVMPTIO NIS VITA
EX MORTVIS
QVODSI LIBERATIO SANCTA EST
ET MASSA
ET SI RADIX SANCTA
ET RAMI
QVODSI ALIQVI EX RAMIS
FRACTI SVNT
TV AVTEM CVM OLEASTER ESSES
INSERTVS ES IN ILLO

ΚΑΙϹΥΝΚΟΙΝΩΝΟϹΕΓΕΝΟΥ
ΤΗϹΠΙΟΤΗΤΟϹ
ΤΗϹΕΛΕΑϹ
ΜΗΚΑΤΑΚΑΥΧΩΤΩΝΚΛΑΔΩΝ
ΕΙΔΕϹΥΚΑΥΧΑϹΑΙΟΥϹΥΤΗΝΡΙΖΑΝ
ΒΑϹΤΑΖΕΙϹ
ΑΛΛΑΗΡΙΖΑϹΕ
ΕΡΙϹΟΥΝΕΞΕΚΛΑϹΘΗϹΑΝΟΙΚΛΑΔΟΙ
ΙΝΑΕΓΩΕΝΚΕΝΤΡΙϹΘΩ
ΚΑΛΩϹΤΗΑΠΙϹΤΙΑ
ΕΚΛΑϹΘΗϹΑΝ
ϹΥ · ΔΕΤΗ · ΠΙϹΤΙ · ΕϹΤΗΚΑϹ
ΜΗ ΥΨΗΛΟΦΡΟΝΕΙ
ΑΛΛΑΦΟΒΟΥ
ΕΙΓΑΡΟΘ̅Ϲ̅ΤΩΝΚΑΤΑΦΥϹΙΝ
ΚΛΑΔΩΝΟΥΚΕΦΙϹΑΤΟ
ΜΗΠΩϹΟΥΔΕϹΟΥΦΙϹΕΤΑΙ
ΙΔΕΟΥΝΧΡΗϹΤΟΤΗΤΑ
ΚΑΙΑΠΟΤΟΜΙΑΝΘ̅Υ̅
ΕΠΙΜΕΝΤΟΥϹΠΕϹΟΝΤΑϹ
ΑΠΟΤΟΜΙΑΝ

ET SOCIVS FACTVS ES
PINGVEDINIS
OLIVAE
NOLI GLORIARI ADVERSVS RAMOS
QVODSI TV GLORIARIS NON TV RADICEM
PORTAS
SED RADIX TE
DICIS ERGO SI FRACTI SVNT RAMI
VT EGO INSERAR
BENE PROPTER INCREDVLITATEM
FRACTI SVNT
TV AVTEM FIDE STAS
NOLI ALTVM SAPERE
SED TIME
SI ENIM D̅S̅ NATVRALIBVS
RAMIS NON PEPERCIT
NE FORTE NEC TIBI PARCAT
VIDE ERGO BONITATEM
ET SEVERITATEM D̅I̅
IN EOS QVIDEM QVI CAECIDERVNT
SIVERITATEM

ΕΠΙΔΕϹΕΧΡΗϹΤΟΤΗϹΘ̅Υ̅	IN TE AVTEM BONITATEM D̅I̅
ΕΑΝΕΠΙΜΕΝΗϹΤΗΧΡΗϹΤΟΤΗΤΙ	SI PERMANSERIS IN BONITATE
ΕΠΙΚΑΙϹΥΕΚΚΟΠΗϹΗ	ALIOQVIN ET TV EXCIDERIS
ΚΑΚΕΙΝΟΙΔΕΕΑΝΜΗΕΠΙΜΕΝΩϹΙΝ	ET ILLI SI NON PERMANSERINT
ΤΗΑΠΙϹΤΙΑ	IN INCREDVLITATEM
ΕΝΚΕΝΤΡΙϹΘΗϹΟΝΤΑΙ	INSERENTVR
ΔΥΝΑΤΟϹΓΑΡΕϹΤΙΝΟΘ̅Ϲ̅	POTENS ENIM D̅S̅
ΠΑΛΙΝΕΝΚΕΝΤΡΙϹΕΑΥΤΟΥϹ	ITERVM INSERERE ILLOS
ΕΙΓΑΡϹΥΕΚΤΗϹΚΑΤΑΦΥϹΙΝ	NAM SI TV EX NATVRALI
ΕΞΕΚΟΠΗϹΑΓΡΙΕΛΑΙΟΥ	EXCISVS ES OLEASTRO
ΚΑΙΠΑΡΑΦΥϹΙΝ	ET CONTRA NATVRAM
ΕΝΕΚΕΝΤΡΙϹΘΗϹ	INSERTVS ES
ΕΙϹΚΑΛΛΙΕΛΑΙΟΝ	IN BONAM OLIVAM
ΠΟϹΩΜΑΛΛΟΝΟΥΤΟΙ	QVANTO MAGIS HI
ΟΙΚΑΤΑΦΥϹΙΝ	SECVNDVM NATVRAM
ΕΝΚΕΝΤΡΙϹΘΗϹΟΝΤΑΙ	INSERENTVR
ΤΗΙΔΙΑΕΛΑΙΑ	IN SVAM OLIVAM
ΟΥΓΑΡΘΕΛΩΥΜΑϹΑΓΝΟΕΙΝΑΔΕΛΦΟΙ	NOLO ENIM VOS IGNORARE FRATRES
ΤΟΜΥϹΤΗΡΙΟΝΤΟΥΤΟ	MYSTERIVM HOC
ΙΝΑΜΗΗΤΕΠΑΡΕΑΥΤΟΙϹ	VT NON SITIS VOBIS IPSIS
ΦΡΟΝΙΜΟΙ	SAPIENTES

ΟΤΙΠΩΡΩϹΙϹΑΠΟΜΕΡΟΥϹ
ΤΩΙ̅Η̅Λ̅ΓΕΓΟΝΕΝΑΧΡΙϹΟΥΤΟΠΛΗΡΩΜΑ
ΤΩΝΕΘΝΩΝΕΙϹΕΛΘΗ
ΚΑΙΟΥΤΩϹΠΑϹΙ̅Η̅Λ̅
ϹΩΘΗϹΕΤΑΙ
ΚΑΘΩϹΓΕΓΡΑΠΤΑΙ
ΗΞΕΙΕΚϹΕΙΩΝΟΡΥΟΜΕΝΟϹ
ΑΠΟϹΤΡΕΨΕΙΑϹΕΒΕΙΑϹΑΠΟΙΑΚΩΒ
ΚΑΙΑΥΤΗΑΥΤΟΙϹΗΠΑΡΕΜΟΥΔΙΑΘΗΚΗ
ΟΤΑΝΑΦΕΛΩΜΑΙΤΑϹΑΜΑΡΤΙΑϹΑΥΤΩ̅
ΚΑΤΑΜΕΝΤΟΕΥΑΓΓΕΛΙΟΝ
ΕΧΘΡΟΙΔΙΥΜΑϹ
ΚΑΤΑΔΕΤΗΝΕΚΛΟΓΗΝ
ΑΓΑΠΗΤΟΙΔΙΑΤΟΥϹΠΑΤΕΡΑϹ
ΑΜΕΤΑΜΕΛΗΤΑΓΑΡΤΑΧΑΡΙϹΜΑΤΑ
ΚΑΙΗΚΛΗϹΙϹΤΟΥΘ̅Υ̅
ΩϹΠΕΡΓΑΡΥΜΙϹΠΟΤΕ
ΗΠΙΘΗϹΑΤΕΤΩΘ̅Ω̅
ΝΥΝΔΕ
ΗΛΕΗΘΗΤΕ
ΤΗΤΟΥΤΩΝΑΠΙΘΙΑ

QVIA CAECITAS EX PARTE
ISRAHEL CONTIGIT DONEC PLENITVDO
GENTIVM INTRARET
ET SIT OMNIS ISRAHEL
SALVVS FIERET
SICVT SCRIPTVM EST
VENIET EX SION QVI ERIPIAT
ET AVERTAT INPIETATEM AB IACOB
ET HOC ILLIS A ME TESTAMENTVM
CVM ABSTVLERO PECCATA EORVM
SECVNDVM EVANGELIVM QVIDEM
INIMICI PROPTER VOS
SECVNDVM ELECTIONEM AVTEM
CARISSIMI PROPTER PATRES
SINE PAENITENTIA ENIM SVNT DONA
ET VOCATIO D̅I̅
SICVT ENIM ALIQVANDO VOS
NON CREDIDISTIS D̅O̅
NVNC AVTEM
MISERICORDIAM CONSECVTI ESTIS
PROPTER ILLORVM DIFFIDENTIAM

ΟΥΤΩϹΚΑΙΑΥΤΟΙΝΥΝΗΠΙΘΗϹΑΝ
ΤΩΥΜΕΤΕΡΩΕΛΕΕΙ
ΙΝΑΚΑΙΑΥΤΟΙΝΥΝΕΛΕΗΘΩϹΙΝ
ϹΥΝΕΚΛΙϹΕΝΓΑΡΟΘ̅Ϲ̅ΤΑΠΑΝΤΑ
ΕΙϹΑΠΙΘΙΑΝ
ΙΝΑΤΟΥϹΠΑΝΤΑϹΕΛΕΗϹΗ
ΩΒΑΘΟϹΠΛΟΥΤΟΥΚΑΙϹΟΦΙΑϹ
ΚΑΙΓΝΩϹΕΩϹΘ̅Υ̅
ΩϹΑΝΕΞΕΡΕΥΝΗΤΑ
ΤΑΚΡΙΜΑΤΑΑΥΤΟΥ
ΚΑΙΑΝΕΞΙΧΝΙΑϹΤΟΙΑΙΟΔΟΙΑΥΤΟΥ
ΤΙϹΓΑΡΕΓΝΩΝΟΥΝΘ̅Υ̅
ΗΤΙϹϹΥΜΒΟΥΛΟϹΑΥΤΟΥ
ΕΓΕΝΕΤΟ
ΗΤΙϹΠΡΟΕΔΩΚΕΝΑΥΤΩ
ΚΑΙΑΝΤΑΠΟΔΟΘΗϹΕΤΑΙΑΥΤΩ
ΟΤΙΕΞΑΥΤΟΥΚΑΙΔΙΑΥΤΟΥ
ΚΑΙΕΙϹΑΥΤΟΝΤΑΠΑΝΤΑ
ΑΥΤΩΗΔΟΞΑΕΙϹΤΟΥϹΑΙΩΝΑϹ
ΑΜΗΝ
ΠΑΡΑΚΑΛΩΟΥΝΥΜΑϹΑΔΕΛΦΟΙ

ITA ET ISTI NON CREDIDERVNT
IN VESTRA MISERICORDIA
VT ET ISTI MISERICORDIAM CONSEQVANTVR
CONCLVSIT ENIM D̅S̅ OMNIA
IN INCREDVLITATEM
VT OMNIVM MISEREATVR
O ALTITVDO DIVITIARVM EN SAPIENTIAE
SCIENTIAE D̅I̅
QVAM INCONPREHENSIBILIA
IVDICIA EIVS
ET INVESTIGABILIS VIAE EIVS
QVIS ENIM COGNOVIT SENSVM D̅I̅
AVT QVIS CONSILIARIVS EIVS
FVIT
AVT QVIS PRIOR DEDIT ILLI
ET RETRIBVETVR ILLI
QVONIAM EX IPSO ET PER IPSVM
ET IN IPSVM OMNIA
IPSI GLORIA IN SAECVLA
AMEN
OBSECRO ITAQVE VOS FRATRES

ΔΙΑΤΩΝΟΙΚΤΕΙΡΜΩΝΤΟΥΘ̅Υ̅	PER MISERICORDIAM D̅I̅
ΠΑΡΑϹΤΗϹΕΤΑϹΩΜΑΤΑΥΜΩΝ	VT EXIBEATIS CORPORA VESTRA
ΘΥϹΙΑΝΖΩϹΑΝΑΓΙΑΝ	HOSTIAM VIVENTEM SANCTAM
ΕΥΑΡΕϹΤΟΝΤΩΘ̅Ω̅	PLACENTEM D̅O̅
ΤΗΝΛΟΓΙΚΗΝΛΑΤΡΙΑΝΥΜΩΝ	RATIONABILEM OBSEQVIVM VESTRVM
ΚΑΙΜΗϹΥΝϹΧΗΜΑΤΙΖΕϹΘΑΙ	NOLITE CONFORTARI
ΤΩΑΙΩΝΙΤΟΥΤΩ	HVIC SAECVLO
ΑΛΛΑΜΕΤΑΜΟΡΦΟΥϹΘΑΙ	SED REFORMAMINI
ΤΗΑΝΑΚΑΙΝΩϹΕΙΤΟΥΝΟΟϹ	IN NOVITATE SENSVS VESTRI
ΕΙϹΤΟΔΟΚΙΜΑΖΕΙΝΥΜΑϹ	VT PROBETIS VOS
ΤΙΤΟΘΕΛΗΜΑΤΟΥΘ̅Υ̅ΤΟΑΓΑΘΟΝ	QVAE SIT VOLVNTAS D̅I̅ QVOD BONVM
ΚΑΙΕΥΑΡΕϹΤΟΝΚΑΙΤΕΛΙΟΝ	ET BENEPLACITVM ET QVOD PERFECTVM
ΛΕΓΩΓΑΡΔΙΑΤΗϹΧΑΡΙΤΟϹ.	DICO ENIM PER GRATIAM
ΤΗϹΔΟΘΙϹΗϹΜΟΙ	QVAE DATA EST MIHI
ΠΑΝΤΙΤΩΟΝΤΙΕΝΥΜΙΝ	OMNIBVS QVI SVNT INTER VOS
ΜΗΥΠΕΡΦΡΟΝΕΙΝ	NON PLVS SAPERE
ΠΑΡΟΔΙΦΡΟΝΕΙΝ	QVAM OPORTET SAPERE
ΑΛΛΑΦΡΟΝΕΙΝ	SED SAPERE
ΕΙϹΤΟϹΩΦΡΟΝΕΙΝ	AD SOBRIETATEM
ΕΚΑϹΤΩΩϹΟΘ̅Ϲ̅ΕΜΕΡΙϹΕΝ	VNICVIQVE SICVT D̅S̅ DIVISIT
ΜΕΤΡΟΝΠΙϹΤΕΩϹ	MENSVRAM FIDEI

ΩCΠЄΡΓΑΡЄΝЄΝΙCΩΜΑΤΙ	SICVT ENIM IN VNO CORPORE
ΠΟΛΛΑΜЄΛΗЄΧΟΜЄΝ	MVLTA MEMBRA HABEMVS
ΤΑΔЄΜЄΛΗΠΑΝΤΑ	MEMBRA AVTEM OMNIA
ΟΥΤΗΝΑΥΤΗΝЄΧЄΙΠΡΑΞΙΝ	NON EVNDEM HABENT ACTVM
ΟΥΤΩCΟΙΠΟΛΛΟΙЄΝCΩΜΑЄCΜЄΝ	ITA MVLTI VNVM CORPVS SVMVS
ЄΝΧ̅Ω̅	IN X̅P̅O̅
ΤΟΔЄΚΑΘΙCΑΛΛΗΛΩΝΜЄΛΗ	SINGVLI AVTEM ALTERIVS MEMBRA
ЄΧΟΝΤЄCΔЄΧΑΡΙCΜΑΤΑ	HABENTES AVTEM DONATIONES
ΚΑΤΑΤΗΝΧΑΡΙΝ	SECVNDVM GRATIAM
ΤΗΝΔΟΘΙCΑΝΗΜΙΝΔΙΑΦΟΡΑΝ	QVAE DATA EST NOBIS DIFFIDENTIAE
ЄΙΤЄΠΡΟΦΗΤЄΙΑΝ	SIVE PROFITIAM
ΚΑΤΑΤΗΝΑΝΑΛΟΓΙΑΝ	SECVNDVM RATIONEM
ΤΗCΠΙCΤЄΩC	FIDEI
ЄΙΤЄΔΙΑΚΟΝΙΑΝ	SIVE MINISTERIVM
ЄΝΤΗΔΙΑΚΟΝΙΑ	IN MINISTRANDO
ЄΙΤЄΟΔΙΔΑCΚΩΝ	SIVE QVI DOCET
ЄΝΤΗΔΙΔΑCΚΑΛΙΑ	IN DOCTRINA
ΟΠΑΡΑΚΑΛΩΝЄΝΤΗΠΑΡΑΚΛΗCЄΙ	QVI EXORTATVR IN EXORTATIONE
ΟΜЄΤΑΔΙΔΟΥCЄΝΑΠΛΟΤΗΤΙ	QVI TRIBVIT IN SIMPLICITATE
ΟΠΡΟΙCΤΑΜЄΝΟCЄΝCΠΟΥΔΗ	QVI PRAEEST IN SOLLICITVDINE
ΟЄΛЄΩΝЄΝΙΛΑΡΟΤΗΤΙ	QVI MISERETVR IN HILARITATE

ΗΑΓΑΠΗΑΝΥΠΟΚΡΙΤΟC	DILECTIO SINE SIMVLATIONE
ΑΠΟCΤΥΓΟΥΝΤЄCΤΟΠΟΝΗΡΟΝ	ODIENTES MALVM
ΚΟΛΛΩΜЄΝΟΙΓΤΩΑΓΑΘῺ	ET HERENTES BONO
ΤΗΦΙΛΑΔЄΛΦΙΑЄΙCΑΛΛΗΛΟΥC	CARITATE FRATERNITATIS
ΦΙΛΟCΤΟΡΓΟΙΤ	INVICEM BENIGNI
ΤΗΤЄΙΜΗΑΛΛΗΛΟΥC	HONORE INVICEM
ΠΡΟCΗΓΟΥΜЄΝΟΙ	PRAEVENIENTES
ΤΗCΠΟΥΔΗΜΗΟΚΝΗΡΟΙ	SOLLICITVDINE NON PIGRI
ΤΩΠ̅Ν̅ΙΖЄΟΝΤЄC	S̅P̅V̅ FERBENTES
ΤΩΚΑΙΡΩΔΟΥΛЄΥΟΝΤЄC	TEMPORI SERVIENTES
ΤΗЄΛΠΙΔΙΧΑΙΡΟΝΤЄC	SPE GAVDENTES
ΤΗΘΛΙΨЄΙΥΠΟΜЄΝΟΝΤЄC	IN TRIBVLATIONE PATIENTES
ΤΗΠΡΟCЄΥΧΗΠΡΟCΚΑΡΤЄΡΟΥΝΤЄC	ORATIONE INSTANTES
ΤΑΙCΜΝΙΑΙCΤΩΝΑΓΙΩΝ	MEMORIIS SANCTORVM
ΚΟΙΝΩΝΟΥΝΤЄC	COMMVNICANTES
ΤΗΝΦΙΛΟΞЄΝΙΑΝΔΙΩΚΟΝΤЄC	HOSPITALITATEM SECTANTES
ЄΥΛΟΓЄΙ · Τ · ЄΚΑΙΜΗΚΑΤΑΡΑCΘΑΙ	BENEDICITE ET NOLITE MALEDICERE
ЄΥΛΟΓЄΙΤЄΤΟΥCΔΙΩΚΟΝΤΑCΥΜΑC	BENEDICITE PERSEQVENTES VOS
ΧΑΙΡЄΙΝΜЄΤΑΧΑΙΡΟΝΤΩΝ	GAVDERE IN GAVDENTIBVS
ΚΛΑΙЄΙΝΜЄΤΑΚΛΑΙΟΝΤΩΝ	FLERE CVM FLENTIBVS
ΤΟΑΥΤΟЄΙCΑΛΛΗΛΟΥC	ID IPSVM INVICEM

ΦΡΟΝΟΥΝΤΕϹ
ΜΗΤΑΥΨΗΛΑΦΡΟΝΟΥΝΤΕϹ
ΑΛΛΑΤΟΙϹΤΑΠΙΝΟΙϹ
ϹΥΝΑΠΑΓΟΜΕΝΟΙ
ΜΗΓΙΓΝΕϹΘΑΙΦΡΟΝΙΜΟΙ
ΠΑΡΕΑΥΤΟΙϹ
ΜΗΔΕΝΙΚΑΚΟΝΑΝΤΙΚΑΚΟΥ
ΑΠΟΔΙΔΟΝΤΕϹ
ΠΡΟΝΟΟΥΜΕΝΟΙΚΑΛΑ
ΕΝΩΠΙΟΝΤΩΝΑ̅Ν̅Ω̅Ν̅
ΕΙΔΥΝΑΤΟΝΤΟΕΞΥΜΩΝ
ΜΕΤΑΠΑΝΤΩΝΑ̅Ν̅Ω̅Ν̅
ΕΙΡΗΝΕΥΟΝΤΕϹ
ΜΗΕΑΥΤΟΥϹΕΚΔΙΚΟΥΝΤΕϹ
ΑΓΑΠΗΤΟΙ
ΑΛΛΑΔΟΤΕΤΟΠΟΝΤΗΟΡΓΗ
ΓΕΓΡΑΠΤΑΙΓΑΡ
ΕΜΟΙΕΚΔΙΚΗϹΙϹ
ΕΓΩΑΝΤΑΠΟΔΩϹΩΛΕΓΕΙΚ̅Ϲ̅
ΕΑΝΠΙΝΑΟΕΧΘΡΟϹϹΟΥ
ΨΩΜΙΖΕΑΥΤΟΝΚΑΙ

SENTIENTES
NON ALTA SAPIENTES
SED HVMILIBVS
CONSENTIENTES
NOLITE ESSE PRVDENTES
APVT VOSMETIPSOS
NVLLI MALVM PRO MALO
REDDENTES
PROVIDENTES BONA
CORAM HOMINIBVS
SI FIERI POTEST QVOD EX VOBIS EST
CVM OMNIBVS HOMINIBVS
PACEM HABENTES
NON VOSMETIPSOS DEFENDENTES
CARISSIMI
SED DATE LOCVM IRAE
SCRIPTVM EST ENIM
MIHI VINDICTAM
EGO RETRIBVAM DICIT D̅M̅S̅ SED
SI ESVRIERIT INIMICVS TVVS
CIBA ILLVM ET

ΕΑΝΔΙΨΑΠΟΤΙΖΕΑΥΤΟΝ	SI SITIT POTVM DA ILLI
ΤΟΥΤΟΓΑΡΠΟΙΩΝΑΝΘΡΑΚΑϹΠΥΡΟϹ	HOC ENIM FACIENS CARBONEM IGNIS
ϹΩΡΕΥϹΕΙϹ	CONGERES
ΕΠΙΤΗΝΚΕΦΑΛΗΝΑΥΤΟΥ	SVPRA CAPVT EI
ΜΗΝΕΙΚΩΥΠΟΤΟΥΚΑΚΟΥ	NOLI VINCI A MALO
ΑΛΛΑΝΙΚΑΕΝΤΩΑΓΑΘΩΤΟΚΑΚΟΝ	SED VINCE IN BONO MALVM
ΠΑϹΑΙϹΕΞΟΥϹΙΑΙϹΥΠΕΡΕΧΟΥϹΑΙϹ	OMNIBVS POTESTATIBVS SVBLIMIORIBVS
ΥΠΟΤΑϹϹΕϹΘΑΙ	SVBDITI ESTOTE
ΟΥΓΑΡΕϹΤΙΝΕΞΟΥϹΙΑΕΙΜΗΑΠΟΘ̅Υ̅	NON EST ENIM POTESTAS NISI A D̅O̅
ΕΔΕΟΥϹΑΙ	QVAE AVTEM SVNT
ΥΠΟΘ̅Υ̅ΤΕΤΑΓΜΕΝΑΙΕΙϹΙΝ	A DEO ORDINATAE SVNT
ΩϹΤΕΟΑΝΤΙΤΑϹϹΟΜΕΝΟϹΤΗΕΞΟΥϹΙΑ	ITAQVE QVI RESISTIT POTESTATI
ΤΗΤΟΥΘ̅Υ̅ΔΙΑΤΑΓΗΑΝΘΕϹΤΗΚΕΝ	D̅I̅ ORDINATIONI RESISTIT
ΟΙΔΕΑΝΘΕϹΤΗΚΟΤΕϹ	QVI AVTEM RESISTVNT
ΕΑΥΤΟΙϹΚΡΙΜΑΛΗΜΨΟΝΤΑΙ	IPSI SIBI DAMNATIONEM ADQVIRVNT
ΟΙΓΑΡΑΡΧΟΝΤΕϹΟΥΚΕΙϹΙΝΦΟΒΟϹ	NAM PRINCIPES NON SVNT TIMORI
ΤΩΑΓΑΘΩΕΡΓΩ	BONO OPERE
ΑΛΛΑΤΩΚΑΚΩ	SED MALO
ΘΕΛΕΙϹΔΕΜΗΦΟΒΕΙϹΘΑΙ	VIS AVTEM NON TIMERE
ΤΗΝΕΞΟΥϹΙΑΝ	POTESTATEM
ΤΟΑΓΑΘΟΝΠΟΙΕΙ	BONVM FAC

Greek	Latin
ΚΑΙΕΞΙϹΕΠΑΙΝΟΝΕΞΑΥΤΗϹ	ET HABEBIS LAVDEM EX ILLA
Θ̅Υ̅ΓΑΡΔΙΑΚΟΝΟϹΕϹΤΙΝϹΟΙ	D̅I̅ ENIM MINISTER EST TIBI
ΕΙϹΤΟΑΓΑΘΟΝ	IN BONVM
ΕΑΝΔΕΤΟΚΑΚΟΝΠΟΙΗϹΦΟΒΟΥ	SI AVTEM MALE FECERIS TIME
ΟΥΓΑΡΕΙΚΗΤΗΝΜΑΧΑΙΡΑΝΦΟΡΕΙ	NON ENIM SINE CAVSA GLADIVM PORTAT
Θ̅Υ̅ΓΑΡΔΙΑΚΟΝΟϹΕϹΤΙΝ	D̅I̅ ENIM MINISTER EST
ΕΚΔΙΚΟϹΤΩΤΟΚΑΚΟΝΠΡΑϹϹΟΝΤΙ	VINDEX IN EVM QVI MALE AGIT
ΔΙΟΥΠΟΤΑϹϹΕϹΘΑΙ	IDEOQVAE SVBDITI ESTOTE
ΟΥΜΟΝΟΝΔΙΑΤΗΝΟΡΓΗΝ	NON SOLVM PROPTER IRAM
ΑΛΛΑΚΑΙΔΙΑΤΗΝϹΥΝΙΔΗϹΙΝ	SED ET PROPTER CONSCIENTIAM
ΔΙΑΤΟΥΤΟΓΑΡΚΑΙΦΟΡΟΥϹΤΕΛΕΙΤΕ	IDEO ENIM ET TRIBVTA PRAESTATIS
ΛΕΙΤΟΥΡΓΟΙΓΑΡΘ̅Υ̅ΕΙϹΙΝΕΙϹΑΥΤΟ	MINISTRI ENIM D̅I̅ SVNT IN HOC
ΤΟΥΤΟΠΡΟϹΚΑΡΤΕΡΟΥΝΤΕϹ	IPSVM SERVIENTES
ΑΠΟΔΟΤΕΠΑϹΙΝΤΑϹΟΦΙΛΑϹ	REDDITE ERGO OMNIBVS DEVITA
ΤΩΤΟΝΦΟΡΟΝΤΟΝΦΟΡΟΝ	CVI TRIBVTVM TRIBVTVM
ΤΩΤΟΤΕΛΟϹΤΟΤΕΛΟϹ	CVI VECTIGAL VECTIGAL
ΤΩΤΟΝΦΟΒΟΝΤΟΝΦΟΒΟΝ	CVI TIMOREM TIMOREM
ΤΩΤΗΝΤΕΙΜΗΝΤΗΝΤΕΙΜΗΝ	CVI HONOREM HONOREM
ΜΗΔΕΝΙΜΗΔΕΝΟΦΙΛΕΤΕ	NEMINI QVIDQVAM DEBEATIS
ΕΙΜΗΤΟΑΛΛΗΛΟΥϹΑΓΑΠΑΝ	NISI VT INVICEM DILIGATIS
ΟΓΑΡΑΓΑΠΩΝΤΟΝΕΤΕΡΟΝ	QVI ENIM DILIGIT PROXIMVM SVVM

AD ROMANOS XIII, 3—8.

ΝΟΜΟΝΠΕΠΛΗΡΩΚΕΝ
ΤΟΓΑΡΟΥΜΟΙΧΕΥϹΕΙϹ
ΟΥΦΟΝΕΥϹΕΙϹ
ΟΥΚΛΕΨΕΙϹ
ΟΥΚΕΠΙΘΥΜΗϹΕΙϹ
ΚΑΙΕΙΤΙϹΕΤΕΡΑΕΝΤΟΛΗ
ΕΝΤΩΛΟΓΩΤΟΥΤΩ
ΑΝΑΚΕΦΑΛΕΟΥΤΑΙΕΝΤΩ
ΑΓΑΠΗϹΙϹΤΟΝΠΛΗϹΙΟΝϹΟΥ
ΩϹϹΕΑΥΤΟΝ
ΗΑΓΑΠΗΤΩΠΛΗϹΙΟΝ
ΚΑΚΟΝΟΥΚΑΤΕΡΓΑΖΕΤΕ
ΠΛΗΡΩΜΑΔΕΝΟΜΟΥ
ΗΑΓΑΠΗ
ΚΑΙΤΟΥΤΟΕΙΔΟΤΕϹΤΟΝΚΑΙΡΟΝ
ΟΤΙΩΡΑΗΔΗΗΜΑϹΕΞΥΠΝΟΥ
ΕΓΕΡΘΗΝΑΙ
ΝΥΝΓΑΡΕΝΓΥΤΕΡΟΝΗΜΩΝ
ΗϹΩΤΗΡΙΑ
ΗΟΤΕΕΠΙϹΤΕΥϹΑΜΕΝ
ΗΝΥΞΠΡΟΕΚΟΨΕΝ

LEGEM INPLEBIT
ETENIM NON ADVLTERABIS
NON OCCIDES
NON FVRABERIS
NON CONCVPISCES
ET SI QVID EST ALIVD MANDATVM
IN HOC VERBO
RESTAVRATVR
DILIGES PROXIMVM TVVM
TAMQVAM TE IPSVM
DILECTIO PROXIMO
MALVM NON OPERATVR
PLENITVDO AVTEM LEGIS
EST DILECTIO
ET HOC SCIENTES TEMPVS
QVIA HORA EST IAM NOS DE SOMNO
SVRGERE
NVNC ENIM PROPRIOR EST NOSTRA
SALVS
QVAM CVM CREDIMVS
NOX PRAECESSIT

Greek	Latin
ΗΔΕΗΜΕΡΑΗΓΓΙΚΕΝ	DIES AVTEM ADPROPIAVIT
ΑΠΟΒΑΛΩΜΕΘΑΟΥΝ	ABICIAMVS ERGO
ΤΑΕΡΓΑΤΟΥϹΚΟΤΟΥϹ	FACTA TENEBRARVM
ΕΝΔΥϹΩΜΕΘΑΔΕΤΑΕΡΓΑ	ET INDVAMVS OPERA
ΤΟΥΦΩΤΟϹ	LVMINIS
ΩϹΕΝΗΜΕΡΑΕΥϹΧΗΜΟΝΩϹ	SICVT IN DIE HONESTE
ΠΕΡΙΠΑΤΗϹΩΜΕΝ	AMBVLEMVS
ΜΗΚΩΜΟΙϹΚΑΙΜΕΘΑΙϹ	NON COMISATIONIBVS ET EBRIETATIBVS
ΜΗΚΟΙΤΑΙϹΚΑΙΑϹΕΛΓΙΑΙϹ	NON CVBILIBVS ET INPVDICITIIS
ΜΗΕΡΙΔΙΚΑΙΖΗΛΩ	NON CONTENTIONE ET AEMVLATIONE
ΑΛΛΕΝΔΥϹΑϹΘΑΙΤΟΝΚΝΙΝΧΝ	SED INDVITE DM IHN XPM
ΤΗϹϹΑΡΚΟϹΠΡΟΝΟΙΑΝΜΗΠΟΙΕΙϹΘΑΙ	CARNIS CVRAM NE FECERITIS
ΕΙϹΕΠΙΘΥΜΙΑϹ	IN CONCVPISCENTIIS
ΤΟΝΔΕΑϹΘΕΝΟΥΝΤΑ	INFIRMVM AVTEM
ΤΗΠΙϹΤΙΠΡΟϹΛΑΜΒΑΝΕϹΘΑΙ	IN FIDE ABSVMITE
ΜΗΕΙϹΔΙΑΚΡΙϹΙϹ	NON IN DISCEPTATIONES
ΔΙΑΛΟΓΙϹΜΩΝ	COGITATIONVM
ΟϹΜΕΝΠΙϹΤΕΥΕΙ	ALIVS ENIM CREDIT
ΦΑΓΕΙΝΠΑΝΤΑ	MANDVCARE OMNIA
ΟΔΕΑϹΘΕΝΩΝ	QVI AVTEM INFIRMVS EST
ΛΑΧΑΝΑΕϹΘΙΕΤΩ	OLVS MANDVCAT

AD ROMANOS XIII, 12—XIV, 2.

ΟΕϹΘΙΩΝ	QVI MANDVCAT
ΤΟΝΜΗΑΙϹΘΙΟΝΤΑΜΗΕΞΟΥΘΕΝΙΤΩ	NON MANDVCANTEM NON SPERNAT
ΟΔΕΜΗΑΙϹΘΙΩΝΤΟΝΕϹΘΙΟΝΤΑ	QVI AVTEM NON MANDVCAT MANDVCANTE̅
ΜΗΚΡΙΝΕΤΩ	NON IVDICET
ΟΘ̅Ϲ̅ΓΑΡΑΥΤΟΝΠΡΟϹΕΛΑΒΕΤΟ	D̅S̅ ENIM ILLVM ADSVMSIT
ϹΥΤΙϹΕΙΟΚΡΙΝΩΝΑΛΛΟΤΡΙΟΝΟΙΚΕΤΗΝ	TV QVIS ES QVI IVDICES ALIENVM SERVV̅
ΤΩΙΔΙΩΚ̅Ω̅ϹΤΗΚΙΗΠΙΠΤΙ	SVO DOMINO STAT AVT CADET
ϹΤΑΘΗϹΕΤΑΙΔΕ	STABIT AVTEM
ΔΥΝΑΤΙΓΑΡΟΘ̅Ϲ̅ϹΤΗϹΑΙΑΥΤΟΝ	POTENS EST ENIM D̅S̅ STATVERE EVM
ΟϹΜΕΝΚΡΙΝΙΗΜΕΡΑΝΠΑΡΗΜΕΡΑΝ	NAM ALIVS IVDICAT ALTERNO QVOQVE DIE
ΟϹΔΕΚΡΙΝΕΙΠΑϹΑΝΗΜΕΡΑΝ	ALIVS AVTEM IVDICAT OMNEM DIEM
ΕΚΑϹΤΟϹΕΝΤΩΙΔΙΩΝΟΕΙ	VNVSQVISQVE IN SVO SENSV
ΠΛΗΡΟΦΟΡΕΙϹΘΩ	ABVNDET
ΟΦΡΟΝΩΝΤΗΝΗΜΕΡΑΝ	QVI SAPIT DIEM
Κ̅Ω̅ΦΡΟΝΕΙ	D̅M̅O̅ SAPIT
ΚΑΙΟΕϹΘΙΩΝ	ET QVI MANDVCAT
Κ̅Ω̅ΕϹΘΙΕΙ	D̅M̅O̅ MANDVCAT
ΕΥΧΑΡΙϹΤΕΙΓΑΡΤΩΘ̅Ω̅	GRATIAS ENIM AGIT D̅O̅
ΚΑΙΟΜΗΕϹΘΙΩΝ	ET QVI NON MANDVCAT
Κ̅Ω̅ΟΥΚΕϹΘΙΕΙ	D̅M̅O̅ NON MANDVCAT
ΚΑΙΕΥΧΑΡΙϹΤΕΙΤΩΘ̅Ω̅	ET GRATIAS AGIT D̅O̅

ΟΥΔΙΣΓΑΡΗΜΩΝΕΑΥΤΩΖΗ
ΚΑΙΟΥΔΙΣΕΑΥΤΩΑΠΟΘΝΗΣΚΕΙ
ΕΑΝΤΕΓΑΡΖΩΜΕΝΤΩΚ̅Ω̅ΖΩΜΕΝ
ΕΑΝΤΕΑΠΟΘΝΗΣΚΟΜΕΝ
ΤΩΚ̅Ω̅ΑΠΟΘΝΗΣΚΟΜΕΝ
ΕΑΝΤΕΟΥΝΖΩΜΕΝ
ΕΑΝΤΕΑΠΟΘΝΗΣΚΟΜΕΝ
ΤΟΥΚ̅Υ̅ΕΣΜΕΝ
ΕΙΣΤΟΥΤΟΓΑΡΧ̅Σ̅Ε̣ΖΗΣΕΝΚΑΙ
ΑΠΕΘΑΝΕΝΚΑΙΑΝΕΣΤΗ
ΙΝΑΚΑΙΝΕΚΡΩΝΚΑΙΖΩΝΤΩΝ
ΚΥΡΙΕΥΣΗ
ΣΥΔΕΤΙΚΡΙΝΕΙΣ
ΤΟ̣ΝΑΔΕΛΦΟΝΣΟΥ
ΕΝΤΩΜΗΕΣΘΙΕΙΝ
ΗΚΑΙΣΥΤΙΕΞΟΥΘΕΝΙΣ
ΤΟΝΑΔΕΛΦΟΝΣΟΥ
ΠΑΝΤΕΣΓΑΡΠΑΡΑΣΤΗΣΟΜΕΘΑ
ΤΩΒΗΜΑΤΙΤΟΥΘ̅Υ̅
ΓΕΓΡΑΠΤΑΙΓΑΡ
ΖΩΕΓΩΛΕΓΕΙΚ̅Σ̅

NEMO ENIM NOSTRVM SIBI VIVIT
ET NEMO SIBI MORITVR
SIVE ENIM VIVIMVS D̅M̅O̅ VIVIMVS
SIVE MORIMVR
D̅M̅O̅ MORIMVR
SIVE ERGO VIVIMVS
SIVE MORIMVR
D̅M̅I̅ SVMVS
IN HOC ENIM X̅P̅S̅ ET VIXỊT
ET MORTVVS EST ET RESVRREXIT
VT ET VIVORVM ET MORTVORVM
DOMINETVR
TV AVTEM QVI IVDICAS
FRATREM TVVM
IN NON MANDVCANDO
AVT TV QVARE SPERNIS
FRATREM TVVM
OMNES ENIM ADSTABIMVS
ANTE TRIBVNAL D̅I̅
SCRIPTVM EST ENIM
VIVO EGO DICIT D̅M̅S̅

....ΕΜΟΙΚΑΜΨΕΙΠΑΝΓΟΝΥ
ΚΑΙΕΞΟΜΟΛΟΓΗϹΕΤΑΙ
ΠΑϹΑΓΛΩϹϹΑΤΩΘ̅Ω̅
ΑΡΑΕΚΑϹΤΟϹΗΜΩΝ
ΠΕΡΙΕΑΥΤΟΥΛΟΓΟΝ
ΑΠΟΔΩϹΕΙΤΩΘ̅Ω̅
ΜΗΚΕΤΙΟΥΝΑΛΛΗΛΟΥϹ
ΚΡΕΙΝΩΜΕΝ
ΑΛΛΑΤΟΥΤΟΚΡΙΝΕΤΑΙΜΑΛΛΟΝ
ΤΟΜΗΤΙΘΕΝΑΙΠΡΟϹΚΟΜΜΑ
ΤΩΑΔΕΛΦΩ
ΗϹΚΑΝΔΑΛΟΝ
ΟΙΔΑΚΑΙΠΕΠΙϹΜΕ
ΕΝΚ̅Ω̅Ι̅Υ̅
ΟΤΙΟΥΔΕΝΚΟΙΝΟΝΔΙΑΥΤΟΥ
ΕΙΜΗΤΩΛΟΓΙΖΟΜΕΝΩΤΙ
ΚΟΙΝΟΝΤΙΕΙΝΑΙ
ΕΚΕΙΝΩ · ΚΟΙΝΟΝ
ΕΙΓΑΡΔΙΑΒΡΩΜΑΟΑΔΕΛΦΟϹϹΟΥ
ΛΥΠΕΙΤΑΙ
ΟΥΚΕΤΙΚΑΤΑΑΓΑΠΗΝ

QVONIAM MIHI FLECTE .. OMNE GENV
ET CONFITEBITVR
OMNIS LINGVA D̅O̅
ITAQVE VNVSQVISQVE NOSTRVM
PRO SE RATIONEM
REDDET D̅O̅
NON ERGO AMPLIVS INVICEM
IVDICEMVS
SED HOC IVDICATE MAGIS
NE PONATIS OFFENSIONEM
FRATRI
VEL SCANDALVM
SCIO ET CONFIDO
IN D̅N̅O̅ I̅H̅V̅
QVIA NIHIL COMMVNE PER IPSVM
NISI QVI EXISTIMAT QVID
COMMVNE ESSE
ILLI COMMVNE EST
NAM SI PROPTER ESCAM FRATER TVVS
CONTRISTATVR
IAM NON SECVNDVM CARITATEM

ΠΕΡΙΠΑΤΕΙϹ	AMBVLAS
ΜΗΤΩΒΡΩΜΑΤΙϹΟΥΕΚΕΙΝΟΝ	NOLI ESCA TVA ILLVM
ΑΠΟΛΛΥΕ	PERDERE
ΥΠΕΡΟΥΧ̅Ϲ̅ΑΠΕΘΑΝΕΝ	PRO QVO X̅P̅S̅ MORTVVS EST
ΜΗΒΛΑϹΦΗΜΙϹΘΩΟΥΝ	NON ERGO BLASPHEMETVR
ΗΜΩΝΤΟΑΓΑΘΟΝ	NOSTRVM BONVM
ΟΥΓΑΡΕϹΤΙΝΗΒΑϹΙΛΙΑΤΟΥΘ̅Υ̅	NON EST ENIM REGNVM D̅I̅
ΒΡΩϹΙϹΚΑΙΠΟϹΙϹ	ESCA EET POTVS
ΑΛΛΑΔΙΚΑΙΟϹΥΝΗΚΑΙΕΙΡΗΝΗ	SED IVSTITIA ET PAX
ΚΑΙΧΑΡΑΕΝΠ̅Ν̅ΙΑΓΙΩ	ET GAVDIVM IN S̅P̅V̅ SANCTO
ΟΓΑΡΕΝΤΟΥΤΩΔΟΥΛΕΥΩΝΧ̅Ω̅	QVI ENIM IN HOC SERVIT X̅P̅S̅
ΕΥΑΡΕϹΤΟϹΤΩΘ̅Ω̅	PLACET D̅O̅
ΚΑΙΔΟΚΙΜΟϹΤΟΙϹΑ̅Ν̅ΟΙϹ	ET HOMINIBVS EST PROBATVS
ΑΡΑΟΥΝΤΑΤΗϹΕΙΡΗΝΗϹ	ITAQVE ERGO QVAE PACIS SVNT
ΔΙΩΚΩΜΕΝ	SECTEMVR
ΚΑΙΤΑΤΗϹΟΙΚΟΔΟΜΗϹ	ET QVAE AEDIFICATIONIS SVNT
ΤΗϹΕΙϹΑΛΛΗΛΟΥϹΦΥΛΑΞΩΜΕΝ	IN INVICEM CVSTODIAMVS
ΜΗΕΝΕΚΕΝΒΡΩΜΑΤΟϹ	NOLI PROPTER ESCAM
ΚΑΤΑΛΥΕΤΟΕΡΓΟΝΤΟΥΘ̅Υ̅	DISTRVERE OPVS D̅I̅
ΠΑΝΤΑΜΕΝΚΑΘΑΡΑ	OMNIA'QVIDEM MVNDA
ΑΛΛΑΚΑΚΟΝΤΩΑ̅Ν̅Ω̅	SED MALVM HOMINI

ΤΩΔΙΑΠΡΟCΚΟΜΜΑΤΟC
ЄCΘΙΟΝΤΙ
ΚΑΛΟΝΤΟΜΗΦΑΓЄΙΝΚΡЄΑ
ΜΗΔЄΠЄΙΝΟΙΝΟΝ
ΜΗΔЄЄΝΩΟΑΔЄΛΦΟCCΟΥ
ΠΡΟCΚΟΠΤЄΙ
ΗCΚΑΝΔΑΛΙΖЄΤЄ
ΗΑCΘЄΝЄΙ
CΥΠΙCΤΙΝЄΧЄΙC
ΚΑΤΑCЄΑΥΤΟΝЄΧЄ
ЄΝΩΠΙΟΝΤΟΥΘ̅Υ̅
ΜΑΚΑΡΙΟCΟΜΗΚΡΙΝΩΝЄΑΥΤΟΝ
ЄΝΩΔΟΚΙΜΑΖЄΙ
ΟΔЄΔΙΑΚΡΙΝΟΜЄΝΟC
ЄΑΝΦΑΓΗΚΑΤΑΚЄΚΡΙΤΑΙ
ΟΤΙΟΥΚЄΚΠΙCΤЄΩC
ΠΑΝΔЄΤΟΟΥΚЄΚΠΙCΤЄΩC
ΑΜΑΡΤΙΑЄCΤΙΝ
ΟΦΙΛΟΜЄΝΔЄΗΜΙC
ΟΙΔΥΝΑΤΟΙ
ΤΑΑCΘЄΝΗΜΑΤΑΤΩΝΑΔΥΝΑΤΩΝ

QVI PER OFFENSIONEM
MANDVCANT
BONVM EST NON MANDVCARE CARNEM
ET NON VIVERE VINVM
NEQVE IN QVO FRATER TVVS
OFFENDIT
AVT SCANDALIZATVR
AVT INFIRMATVR
TV FIDEM HABES
PENES TEMET IPSVM HABES
CORAM D̅O̅
BEATVS QVI NON IVDICAT SEMET IPSVM
IN QVO PROBAT
QVI AVTEM DISCERNIT
SI MANDVCAVERIT DAMNATVS EST
QVIA NON EX FIDE
OMNE AVTEM QVOD NON EST EX FIDE
PECCATVM EST
DEBEMVS AVTEM NOS
FIRMIORES
INBECILLITATES INFIRMORVM

ΒΑϹΤΑΖЄΙΝ
ΚΑΙΜΗЄΑΥΤΟΙϹΑΡЄϹΚЄΙΝ
ЄΚΑϹΤΟϹΗΜΩΝΤΩΠΛΗϹΙΟΝ
ΑΡЄϹΚЄΤΩЄΙϹΤΟΑΓΑΘΟΝ
ΠΡΟϹΟΙΚΟΔΟΜΗΝ
ΚΑΙΓΑΡΧ̅Ϲ̅ΟΥΧЄΑΥΤΩΗΡЄϹЄΝ
ΑΛΛΑΚΑΘΩϹΓЄΓΡΑΠΤΑΙ
ΟΙΟΝΙΔΙϹΜΟΙ
ΤΩΝΟΝΙΔΙΖΟΝΤΩΝϹЄ
ЄΠЄΠЄϹΑΝЄΠЄΜЄ
ΟϹΑΓΑΡΠΡΟϹЄΓΡΑΦΗ
ЄΙϹΤΗΝΗΜЄΤЄΡΑΝΔΙΔΑϹΚΑΛΙΑΝ
ЄΓΡΑΦΗ
ΙΝΑΔΙΑΤΗϹΥΠΟΜΟΝΗϹ
ΚΑΙΤΗϹΠΑΡΑΚΛΗϹЄΩϹ
ΤΩΝΓΡΑΦΩΝ
ΤΗΝЄΛΠΙΔΑЄΧΩΜЄΝ
ΟΔЄΘ̅Ϲ̅ΤΗϹΥΠΟΜΟΝΗϹ
ΚΑΙΤΗϹΠΑΡΑΚΛΗϹЄΩϹ
ΔΩΗΥΜΙΝΤΟΑΥΤΟΦΡΟΝЄΙΝ
ЄΝΑΛΛΗΛΟΙϹ

SVSTINERE
ET NON NOBIS PLACERE
VNVSQVISQVE VESTRVM PROXIMO SVO
PLACEAT AD BONAM
AEDIFICATIONEM
ETENIM X̅P̅S̅ NON SIBI PLACVIT
SED SICVT SCRIPTVM EST
INPROPERIA
INPROPERANTIVM TIBI
CECIDERVNT SVPER ME
QVAECVMQVE ENIM SCRIPTA SVNT
AD NOSTRAM DOCTRINAM
SCRIPTA SVNT
VT PER PATIENTIAM
ET PER CONSOLATIONEM
SCRIPTVRARVM
SPEM HABEMVS
D̅S̅ AVTEM PATIENTIAE
ET SOLACII
DET VOBIS ID IPSVM SAPERE
IN ALTERVTRVM

ΚΑΤΑΧΝΙΝ
ΙΝΑΟΜΟΘΥΜΑΔΟΝΕΝΕΝΙϹΤΟΜΑΤΙ
ΔΟΞΑΖΗΤΕΤΟΝΘΝ
ΚΑΙΠΑΤΕΡΑΤΟΥΚΥΗΜωΝ
ΙΥΧΥ
ΔΙΟΠΡΟϹΛΑΜΒΑΝΕϹΘΑΙΑΛΛΗΛΟΥϹ
ΚΑΘωϹΚΑΙΟΧϹΠΡΟϹΕΛΑΒΕΤΟΗΜΑϹ
ΕΙϹΔΟΞΑΝΤΟΥΘΥ
ΛΕΓωΓΑΡΙΝΧΝΔΙΑΚΟΝΟΝ
ΓΕΝΕϹΘΑΙΠΕΡΙΤΟΜΗϹ
ΥΠΕΡΑΛΗΘΙΑϹΘΥ
ΕΙϹΤΟΒΕΒΑΙωϹΑΙΤΑϹΕΠΑΓΓΕΛΙΑϹ
ΤωΝΠΑΤΕΡωΝ
ΤΑΔΕΕΘΝΗΥΠΕΡΕΛΑΙΟΥϹ
ΔΟΞΑϹΑΙΤΟΝΘΝ
ΚΑΘωϹΓΕΓΡΑΠΤΑΙ
ΔΙΑΤΟΥΤΟΕΞΟΜΟΛΟΓΗϹΟΜΑΙϹΟΙ
ΕΝΕΘΝΕϹΙΝ
ΚΑΙΨΑΛωΤωΟΝΟΜΑΤΙϹΟΥ
ΚΑΙΠΑΛΙΝΛΕΓΕΙ
ΕΥΦΡΑΝΘΗΤΕΕΘΝΗ

SECVNDVM XPM IHM
VT VNANIMES IN VNO ORE
HONORIFICETIS DM
ET PATREM DMI NOSTRI
IHV XPI
PROPTER QVOD SVSCIPITE INVICEM
SICVT ET XPS SVSCEPIT NOS
IN GLORIAM DI
DICO ENIM IHM XPM MINISTRVM
FVISSE CIRCVMCISIONIS
PROPTER VERITATEM DI
AD CONFIRMANDAS PROMISSIONIS
PATRVM
GENTES AVTEM SVPER MISERICORDIĀ
HONORARE DM
SICVT SCRIPTVM EST
PROPTER HOC CONFITEBOR TIBI
IN GENTIBVS
ET NOMINI TVO CANTABO
ET ITERVM DICIT
LAETAMINI GENTES

ΜΕΤΑΤΟΥΛΑΟΥΑΥΤΟΥ
ΚΑΙΠΑΛΙΝΛΕΓΕΙ
ΑΙΝΕΙΤΕΠΑΝΤΑΤΑΕΘΝΗΤΟΝΚ̅Ν̅
ΚΑΙΕΠΑΙΝΕΣΑΤΩΣΑΝΑΥΤΟΝ
ΠΑΝΤΕΣΟΙΛΑΟΙ
ΚΑΙΠΑΛΙΝΗΣΑΙΑΣΛΕΓΕΙ
ΕΣΤΕΗΡΙΖΑΤΟΥΙΕΣΣΑΙ
ΚΑΙΟΑΝΙΣΤΑΜΕΝΟΣΑΡΧΙΝΕΘΝΩ̅
ΕΠΑΥΤΩΕΘΝΗΕΛΠΙΟΥΣΙΝ
ΟΔΕΘ̅Σ̅ΤΗΣΕΛΠΙΔΟΣ
ΠΛΗΡΩΣΑΙΥΜΑΣ
ΠΑΣΗΣΧΑΡΑΣΚΑΙΕΙΡΗΝΗΣ
ΕΙΣΤΟΠΕΡΙΣΣΕΥΕΙΝΥΜΑΣ
ΤΗΕΛΠΙΔΙΕΝΔΥΝΑΜΕΙ
Π̅Ν̅Σ̅ΑΓΙΟΥ
ΠΕΠΙΣΜΕΔΕΚΑΙΑΥΤΟΣΕΓΩ
ΠΕΡΙΥΜΩΝΑΔΕΛΦΟΙ
ΟΤΙΜΕΣΤΟΙΕΣΤΕΑΓΑΘΟΣΥΝΗΣ
ΚΑΙΠΕΠΛΗΡΩΜΕΝΟΙ
ΠΑΣΗΣΓΝΩΣΕΩΣ
ΑΛΛΗΛΟΥΣΔΥΝΑΜΕΝΟΙΝΟΥΘΕΤΕΙ̅

CVM PLEBE EIVS
ET ITERVM DICIT
LAVDATE OMNES GENTES D̅M̅
ET MAGNIFICATE EVM
OMNES POPVLI
ET ITERVM ESEIAS DICIT
ERIT RADIX . . . . .
ET QVI EXVRGET REGERE GENTES
IN EO GENTES SPERABVNT
D̅S̅ AVTEM SPEI
REPLEAT VOS
OMNI GAVDIO ET PACE
AD ABVNDANDAM VOBIS
SPEM NOSTRAM IN VIRTVTE
S̅P̅S̅ SANCTI
CERTVS SVM AVTEM ET IPSE EGO
DE VOBIS FRATRES
QVONIAM PLENI ESTIS DELICTIONE
ET REPLETI
OMNI SCIENTIA
ITA VT POSSITIS ALTERVTRVM MONERE

ΤΟΛΜΗΡΟΤЄΡΟΝΔЄ	AVDACIVS AVTEM
ЄΓΡΑΨΑΥΜΙΝΑΔЄΛΦΟΙΑΠΟΜЄΡΟΥϹ	SCRIPSI VOBIS FRATRES EX PARTE
ΩϹЄΠΑΝΑΜΙΜΝΗϹΚΩΝΥΜΑϹ	TAMQVAM REMEMORANS VOS
ΔΙΑΤΗΝΧΑΡΙΝ	PROPTER GRATIA
ΤΗΝΔΟΘΙϹΑΝΜΟΙ	QVAE DATA EST MIHI
ΥΠΟΤΟΥΘΥ	A DO
ЄΙϹΤΟΓЄΝЄϹΘΑΙΜЄΛΙΤΟΥΡΓΟΝΙΥΧΥ	VT SIM SERVIENS XPO IHV
ЄΙϹΤΑЄΘΝΗ	IN GENTIBVS
ΙЄΡΟΥΡΓΟΥΝΤΑΤΟЄΥΑΓΓЄΛΙΟΝΤΟΥΘΥ	SANCTIFICANS EVANGELIVM DI
ΙΝΑΓЄΝΗΤΑΙΗΠΡΟϹΦΟΡΑ	VT FIAT OBLATIO
ΤΩΝЄΘΝΩΝЄΥΠΡΟϹΔЄΚΤΟϹ	GENTIVM ACCEPTA
ΗΓΙΑϹΜЄΝΗЄΝΠΝΙΑΓΙΩ	SANCTIFICATA IN SPV SANCTO
ЄΧΩΟΥΝΤΗΝΚΑΥΧΗϹΙΝ	HABEO IGITVR GLORIAM
ЄΝΧΩΙΥ	IN XPO IHV
ΤΑΠΡΟϹΤΟΝΘΝ	QVAE AD DM
ΟΥΓΑΡΤΟΛΜΗϹΩΤΙЄΙΠЄΙΝ	NON ENIM AVDEO ALIQVID LOQVI
ΩΝΟΥΚΑΤΗΡΓΑϹΑΤΟΧϹΔΙЄΜΟΥ	EORVM QVAE PER ME NON EFFICIT XPS
ЄΙϹΥΠΑΚΟΗΝЄΘΝΩΝ	OBAVDIENTIAM GENTIVM
ΛΟΓΩΚΑΙЄΡΓΩ	VERBO ET FACTIS
ЄΝΔΥΝΑΜЄΙΑΥΤΟΥ	IN VIRTVTE EIVS
ϹΗΜЄΙΩΝΚΑΙΤЄΡΑΤΩΝ	SIGNORVM ET PRODIGIORVM

ΕΝΔΥΝΑΜΙΠΝϹΑΓΙΟΥ	IN VIRTVTE SPS SANCTI
ΩϹΤΕΠΕΠΛΗΡΩϹΘΑΙ	ITA VT COMPLERETVR
ΑΠΟΙΕΡΟΥϹΑΛΗΜ	AB IERVSALEM
ΜΕΧΡΙΤΟΥΙΛΛΥΡΙΚΟΥΚΑΙΚΥΚΛΩ	VSQVE IN ILLYRICVM ET IN CIRCVITO
ΤΟΕΥΑΓΓΕΛΙΟΝΤΟΥΧΥ	EVANGELIVM XPI
ΟΥΤΩϹΔΕΦΙΛΟΤΕΙΜΟΥΜΕ	SIC AVTEM HOC PRAEDICABI
ΕΥΑΓΓΕΛΙΖΕϹΘΑΙ	EVANGELIVM
ΟΠΟΥΟΥΚΩΝΟΜΑϹΘΗΟΧϹ	NON VBI NOMINATVS EST XPS
ΙΝΑΜΗΕΠΑΛΛΟΤΡΙΟΝΘΕΜΕΛΙΟΝ	VT NON SVPER ALIENVM FVNDAMENTV̄
ΟΙΚΟΔΟΜΩ	AEDIFICEM
ΑΛΛΑΚΑΘΩϹΓΕΓΡΑΠΤΑΙ	SED SICVT SCRIPTVM EST
ΟΙϹΟΥΚΑΝΗΓΓΕΛΗΠΕΡΙΑΥΤΟΥ	QVIBVS NON EST ADNVNTIATVM DE EO
ΟΨΟΝΤΑΙ	VIDEBVNT
ΚΑΙΟΙΟΥΚΑΚΗΚΟΑϹΙΝ	ET QVI NON AVDIERVNT
ϹΥΝΗϹΟΥϹΙΝ	INTELLEGENT
ΔΙΟΚΑΙΕΝΕΚΟΠΗΝΠΟΛΛΑΚΙϹ	PROPTER QVOD INPEDIBAR PLVRIMVM
ΤΟΥΕΛΘΙΝΠΡΟϹΥΜΑϹ	VENIRE AD VOS
ΝΥΝΕΙΔΕΜΗΚΕΤΙΤΟΠΟΝΕΧΩΝ	NVNC VERO VLTERIVS LOCVM NON HABENS
ΕΝΤΟΙϹΚΛΙΜΑϹΙΤΟΥΤΟΙϹ	IN HIS REGIONIBVS
ΕΠΙΠΟΘΙΑΝΔΕΕΧΩ	CVPIO AVTEM
ΤΟΥΕΛΘΙΝΠΡΟϹΥΜΑϹ	VENIRE AD VOS

ΑΠΟΠΟΛΛΩΝЄΤΩΝ	MVLTIS IAM PRAECEDENTIBVS ANNIS
ΩCΑΝΟΥΝΠΟΡЄΥΟΜΑΙ	SED CVM PROFICISCI COEPERO
ЄΙCΤΗΝCΠΑΝΙΑΝ	IN HISPANIAM
ЄΛΠΙΖΩΓΑΡΔΙΑΠΟΡЄΥΟΜЄΝΟC	SPERO PERTRANSIENS
ΘЄΑCΑCΘΑΙΥΜΑC	VIDERE VOS
ΚΑΙΑΦΥΜΩΝΠΡΟΠЄΝΦΘΗΝΑΙЄΚЄΙ	ET A VOBIS PRAEMITTI ILLVC
ЄΑΝΥΜΩΝΠΡΩΤΟΝ	CVM VOS PRIMVM
ΑΠΟΜЄΡΟΥCЄΜΠΛΗCΘΩ	EX PARTE FRVCTVS FVERO
ΝΥΝЄΙΔЄΠΟΡЄΥΟΜΑΙ	NVNC IGITVR PROFICISCAR
ЄΙCΙ̅Η̅Μ̅	IN HIERVSALEM
ΔΙΑΚΟΝΗCΑΙΤΟΙCΑΓΙΟΙC	MINISTRARE SANCTIS
ЄΥΔΟΚΗCΑΝΓΑΡΜΑΚЄΔΟΝΙΑ	PROBABERVNT ENIM MACEDONES
ΚΑΙΑΧΑΙΑ	ET ACHAIA
ΚΟΙΝΩΝΙΑΝΤΙΝΑΠΟΙΗCΑCΘЄ	CONLATIONEM ALIQVAM FACERE
ЄΙCΤΟΥCΠΤΩΧΟΥC	IN PAVPERES
ΤΩΝЄΝΙ̅Η̅Μ̅ΑΓΙΩΝ	QVI SVNT IN HIERVSALEM SANCTI
ΟΦΙΛЄΤΑΙЄΙCΙΝΑΥΤΩΝ	DEBITORES ENIM SVNT EORVM
ЄΙΓΑΡΤΟΙCΠ̅Ν̅Ι̅ΚΟΙCΑΥΤΩΝ	QVONIAM SI SPIRITALIVM EORVM
ЄΚΟΙΝΩΝΗCΑΝΤΑЄΘΝΗ	PARTICIPES FACTI SVNT GENTILES
ΟΦΙΛΟΥCΙΝ	DEBENT
ΚΑΙЄΝΤΟΙCCΑΡΚΙΚΟΙC	ET CARNALIBVS

ΛЄΙΤΟΥΡΓΗCЄΑΥΤΟΙC
ΤΟΥΤΟΟΥΝЄΠΙΤЄΛЄCΑC
ΚΑΙCΦΡΑΓΙCΑΜЄΝΟCΑΥΤΟΙC
ΤΟΝΚΑΡΠΟΝΤΟΥΤΟΝ
ΑΠЄΛЄΥCΟΜΑΙΔΙΥΜΩΝ
ЄΙCCΠΑΝΙΑΝ
ΟΙΔΑΔЄ
ΟΤΙЄΡΧΟΜЄΝΟCΠΡΟCΥΜΑC
ЄΝΠΛΗΡΟΦΟΡΙΑCЄΥΛΟΓΙΑCΧ̅Υ̅
ЄΛЄΥCΟΜΑΙ
ΠΑΡΑΚΑΛΩΔЄΥΜΑCΑΔЄΛΦΟΙ
ΔΙΑΤΟΥΚ̅Υ̅ΗΜΩΝΙ̅Υ̅Χ̅Υ̅
ΚΑΙΔΙΑΤΗCΑΓΑΠΗCΤΟΥΠ̅Ν̅C̅
CΥΝΑΓΩΝΙCΑCΘΑΙΜΟΙ
ЄΝΤΑΙCΠΡΟCЄΥΧΑΙCΥΜΩΝΥΠЄΡЄΜΟΥ
ΠΡΟCΤΟΝΘ̅Ν̅
ΙΝΑΡΥCΘΩΑΠΟΤΩΝΑΠΙΘΟΥΝΤΩΝ
ЄΝΤΗΙΟΥΔΑΙΑ
ΚΑΙΗΔΩΡΟΦΟΡΙΑΜΟΥ
ΗЄΝΙ̅Η̅Μ̅
ЄΥΠΡΟCΔЄΚΤΟCΓЄΝΗΤΑΙ

MINISTRARE EIS
HOC IGITVR CVM CONSVMMAVERO
ET ADSIGNAVERO EIS
FRVCTVM HVNC
PROFICISCAR PER VOS
IN HISPANIAM
SCIO ENIM
QVONIAM VENIENS AD VOS
IN ABVNDANTIAM BENEDICTIONIS X̅P̅I̅
VENIAM
OBSECRO ITAQVE VOS FRATRES
PER D̅O̅M̅ NOSTRVM I̅H̅M̅ X̅P̅M̅
ET PER CARITATEM S̅P̅S̅
VT SOLLICITVDINEM INPERTIAMINI MIHI
IN ORATIONIBVS VESTRIS
AD D̅M̅
VT LIBERER AB INFIDELIBVS
QVI SVNT IN IVDAEA
ET REMVNERATIO MEA
QVAE IN HIERVSALEM
ACCEPTALIS FIAT

ΤΟΙϹΑΓΙΟΙϹ
ΙΝΑΕΝΧΑΡΑΕΛΘΩΠΡΟϹΥΜΑϹ
ΔΙΑΘΕΛΗΜΑΤΟϹΧ̅Υ̅Ι̅Υ̅
ΚΑΙΑΝΑΨΥΞΩΜΕΘΥΜΩΝ
ΟΔΕΘ̅Ϲ̅ΤΗϹΕΙΡΗΝΗϹ
ΗΤΩΜΕΤΑΠΑΝΤΩΝ
ΥΜΩΝΑΜΗΝ
ϹΥΝΙϹΤΗΜΙΥΜΙΝΦΟΙΒΗΝ
ΤΗΝΑΔΕΛΦΗΝΗΜΩΝ
ΟΥϹΗΝΔΙΑΚΟΝΟΝΤΗϹΕΚΚΛΗϹΙΑϹ
ΤΗϹΕΝΚΕΝΧΡΕΑΙϹ
ΙΝΑΠΡΟϹΔΕΞΗϹΘΑΙΑΥΤΗΝΕΝΚ̅Ω̅
ΑΞΙΩϹΤΩΝΑΓΙΩΝ
ΚΑΙΠΑΡΑϹΤΗΤΕΑΥΤΗ
ΕΝΩΑΝΥΜΩΝΧΡΗΖΗΠΡΑΓΜΑΤΙ
ΚΑΙΓΑΡΑΥΤΗΚΑΙΕΜΟΥ
ΚΑΙΑΛΛΩΝΠΡΟϹΤΑΤΙϹΕΓΕΝΕΤΟ
ΑϹΠΑϹΑϹΘΑΙΠΡΙϹΚΑΝΚΑΙΑΚΥΛΑΝ
ΤΟΥϹϹΥΝΕΡΓΟΥϹΜΟΥΕΝΧ̅Ω̅Ι̅Υ̅
ΚΑΙΤΗΝΚΑΤΟΙΚΟΝΑΥΤΩΝ
ΕΚΚΛΗϹΙΑΝ

SANCTIS
VT CVM GAVDIO VENIAM AD VOS
PER VOLVNTATEM X̅P̅I̅ I̅H̅V̅
ET REFRIGEREM VOBISCVM
D̅S̅ AVTEM PACIS
SIT CVM OMNIBVS
VOBIS AMEN
COMMENDO VOBIS FOEBEM
SOROREM VESTRAM
QVAE EST IN MINISTERIO ECCLESIAE
QVAE EST CENCHRIS
VT SVSCIPIATIS EAM IN D̅N̅O̅
DIGNE SANCTIS
ET ADSISTATIS EI
IN QVIBVSCVMQVE DESIDERAVIT VESTRI
ETENIM IPSA QVOQVE MIHI
ET ALIIS ADSISTIT
SALVTATE PRISCAM ET AQVILAM
ADIVTORES MEOS IN X̅P̅O̅ I̅H̅V̅
ET DOMESTICAM EORVM
ECCLESIAM

ΟΙΤΙΝΕϹΥΠΕΡΤΗϹΨΥΧΗϹΜΟΥ	QVI PRO ANIMA MEA
ΤΟΝΕΑΥΤΩΝΤΡΑΧΗΛΟΝΥΠΕΘΗΚΑΝ	SVAS CERVICES PROPOSVERVNT
ΟΙϹΟΥΚΕΓΩΜΟΝΟϹΕΥΧΑΡΙϹΤΩ	QVIBVS NON EGO SOLVS GRATIAS AGO
ΑΛΛΑΚΑΙΠΑϹΕΑΙΕΚΚΛΗϹΙΑΙΤΩΝΕΘΝΩΝ	SED ET CVNCTA ECCLESIA GENTIVM
ΑϹΠΑϹΑϹΘΑΙΕΠΑΙΝΕΤΟΝ	SALVTATE EPAENETVM
ΤΟΝΑΓΑΠΗΤΟΝΜΟΥ	DILECTVM MIHI
ΟϹΕϹΤΙΝΑΠΑΡΧΗϹΤΗϹΑϹΙΑϹΕΝΧΩ	QVI EST IN PRINCIPIO ASIE IN XPO
ΑϹΠΑϹΑϹΘΑΙΜΑΡΙΑΜ	SALVTATE MARIAM
ΗΤΙϹΠΟΛΛΑΕΚΟΠΙΑϹΕΝΕΝΥΜΙΝ	QVAE MVLTA LABORAVIT IN VOBIS
ΑϹΠΑϹΑϹΘΑΙΑΝΔΡΟΝΙΚΟΝ	SALVTATE ANDRONICVM
ΚΑΙΙΟΥΝΙΑΝΤΟΥϹϹΥΓΓΕΝΙϹΜΟΥ	ET IVNIAM COGNATOS MEOS
ΚΑΙϹΥΝΑΙΧΜΑΛΩΤΟΥϹΜΟΥ	ET CONCAPTIVOS MEOS
ΟΙΤΙΝΕϹΕΙϹΙΝ	QVI SVNT
ΕΠΙϹΗΜΟΙ	NOBILES
ΕΝΤΟΙϹΑΠΟϹΤΟΛΟΙϹ	IN APOSTOLIS
ΤΟΙϹΠΡΟΕΜΟΥΕΝΧΩΙΥ	QVI ANTE ME FVERVNT IN XPO IHV
ΑϹΠΑϹΑϹΘΑΙΑΜΠΛΙΑΝ	SALVTATE AMPHIATVM
ΤΟΝΑΓΑΠΗΤΟΝΜΟΥΕΝΚΩ	DILECTISSIMVM MIHI IN DNO
ΑϹΠΑϹΑϹΘΑΙΟΥΡΒΑΝΟΝ	SALVTATE VRBANVM
ΤΟΝϹΥΝΕΡΓΟΝΗΜΩΝΕΝΚΩ	ADIVTOREM MEVM IN DNO
ΚΑΙϹΤΑΧΥΝΤΟΝΑΓΑΠΗΤΟΝΜΟΥ	ET STACHYM DILECTVM MEVM

ΑϹΠΑϹΑϹΘΑΙΑΠЄΛΛΗΝ
ΤΟΝΔΟΚΙΜΟΝЄΝΧ̅Ω̅
ΑϹΠΑϹΑϹΘΑΙΤΟΥϹ
ЄΚΤΩΝΑΡΙϹΤΟΒΟΥΛΟΥ
ΑϹΠΑϹΑϹΘΑΙΗΡΩΔΙΩΝΑ
ΤΟΝϹΥΓΓЄΝΗΝΜΟΥ
ΑϹΠΑϹΑϹΘΑΙΤΟΥϹЄΚΤΩΝΝΑΡΚΙϹϹΟΥ
ΤΟΥϹΟΝΤΑϹЄΝΚ̅Ω̅
ΑϹΠΑϹΑϹΘΑΙΤΡΥΦΑΙΝΑΝΚΑΙΤΡΥΦΩϹΑ̅
ΤΑϹΚΟΠΙΩϹΑϹЄΝΚ̅Ω̅
ΑϹΠΑϹΑϹΘΑΙΠЄΡϹΙΔΑΤΗΝΑΓΑΠΗΤΗΝ
ΗΤΙϹΠΟΛΛΑЄΚΟΠΙΑϹЄΝЄΝΚ̅Ω̅
ΑϹΠΑϹΑϹΘΑΙΡΟΥΦΟΝΤΟΝЄΚΛЄΚΤΟΝЄΝΚ̅Ω̅
ΚΑΙΤΗΝΜ̅Ρ̅Α̅ΑΥΤΟΥΚΑΙЄΜΟΥ
ΑϹΠΑϹΑϹΘΑΙΑϹΥΝΚΡΙΤΟΝ
ΦΛЄΓΟΝΤΑЄΡΜΗΝ
ΠΑΤΡΟΒΑΝЄΡΜΑΝ
ΚΑΙΤΟΥϹϹΥΝΑΥΤΟΙϹΑΔЄΛΦΟΥϹ
ΑϹΠΑϹΑϹΘΑΙΦΙΛΟΛΟΓΟΝ
ΚΑΙΙΟΥΛΙΑΝΝΗΡЄΑ
ΚΑΙΤΗΝΑΔЄΛΦΗΝΑΥΤΟ

SALVTATE APELLEN
PROBVM IN X̅P̅O̅
SALVTATE EOS QVI SVNT
EX ARISTOBOLI
SALVTATE ERODIONEM
COGNATVM MEVM
SALVTATE EOS QVI SVNT EX NARCISSI
QVI SVNT IN D̅N̅O̅
SALVTATE TRYPHENAM ET TRYPHOSAM
QVAE LABORAVERVNT IN D̅M̅O̅
SALVTATE PERSIDAM CARISSIMAM
QVAE MVLTA LABORAVIT IN D̅M̅O̅
SALVTATE RVFVM DILECTVM IN D̅M̅O̅
ET MATREM EIVS ET MEAM
SALVTATE ASYNCRITVM
FLEGONTA HERMEN
PATROBAM HERMAN
ET QVI SVNT CVM EIS FRATRES
SALVTATE FILOLOGVM
ET IVLIAM NEREAM
ET SOROREM EIVS

ΚΑΙΟΛΥΜΠΑΝΚΑΙΤΟΥϹ	ET OLYMPIADEM
ΚΑΙΓΟΥϹϹΥΝΑΥΤΟΙϹ	ET QVI CVM EIS SVNT
ΠΑΝΤΑϹΑΓΙΟΥϹ	OMNES SANCTOS
ΑϹΠΑϹΑϹΘΑΙΑΛΛΗΛΟΥϹ	SALVTATE INVICEM
ΕΝΦΙΛΗΜΑΤΙΑΓΙΩ	IN OSCVLO SANCTO
ΕΡΩΤΩΔΕΥΜΑϹΑΔΕΛΦΟΙ	ROGO AVTEM VOS FRATRES
ΑϹΦΑΛΩϹϹΚΟΠΕΙΤΕΤΟΥϹ	DILIGENTER OBSERVATE
ΤΑϹΔΙΧΟϹΤΑϹΙΑϹ.	QVI DISSENSIONES
ΚΑΙΤΑϹΚΑΝΔΑΛΑ	ET OFFENDICVLA
ΠΕΡΙΤΗΝΔΙΔΑΧΗΝ	PRAETER DOCTRINAM
ΗΝΥΜΙϹΕΜΑΘΕΤΕ	QVAM VOS DIDICISTIS
ΛΕΓΟΝΤΑϹ	DICENTES
ΗΠΟΙΟΥΝΤΑϹ	VEL FACIENTES
ΚΑΙΕΚΚΛΙΝΑΤΕΑΠΑΥΤΩΝ	ET-DECLINANTE AB ILLIS
ΟΙΓΑΡΤΟΙΟΥΤΟΙ	HVIVSMODI ENIM
ΤΩΚ̅Ω̅Χ̅Ω̅ΗΜΩΝ	D̅N̅O̅ ET X̅P̅O̅ NOSTRO
ΟΥΔΟΥΛΕΥΟΥϹΙΝ	NON SERVIVNT
ΑΛΛΑΤΗΕΑΥΤΩΝΚΟΙΛΙΑ	SED SVO VENTRI
ΚΑΙΔΙΑΤΗϹΧΡΗϹΤΟΛΟΓΙΑϹ	ET PER DVLCES SERMONES
ΕΞΑΠΑΤΩϹΙΝΤΑϹΚΑΡΔΙΑϹ	SEDVCVNT CORDA
ΤΩΝΑΚΑΚΩΝ	INNOCENTIVM

ΗΓΑΡΥΠΑΚΟΗΥΜΩΝ	VESTRA ENIM OB . . DIENTIAM
ЄΙϹΠΑΝΤΑϹ	IN OMNES
ΑΦΙΚЄΤΟ	PROVVLGATA EST
ΧΑΙΡΩΟΥΝЄΦΥΜΙΝ	GAVDEO IGITVR IN VOBIS
ΚΑΙΘЄΛΩΥΜΑϹ	ET VOLO VOS
ϹΟΦΟΥϹЄΙΝΑΙ	SAPIENTES ESSE
ЄΙϹΤΟΑΓΑΘΟΝ	IN BONVM
ΑΚΑΙΡЄΟΥϹΔЄ	INTEGROS AVTEM
ЄΙϹΤΟΚΑΚΟΝ	IN MALVM
ΟΔЄΘ̅Ϲ̅ΤΗϹЄΙΡΗΝΗϹ	D̅S̅ AVTEM PACIS
ϹΥΝΤΡΙΨЄΙΤΟΝϹΑΤΑΝΑΝ	CONTERET SATANAN
ΥΠΟΤΟΥϹΠΟΔΑϹΥΜΩΝ	SVB PEDES VESTROS
ЄΝΤΑΧЄΙ	VELOCITER
ΑϹΠΑΖЄΤЄΥΜΑϹ	SALVTAT VOS
ΤЄΙΜΟΘЄΟϹ	TIMOTHEVS
ΟϹΥΝЄΡΓΟϹΜΟΥ	ADIVTOR MEVS
ΚΑΙΛΟΥΚΙΟϹΚΑΙΙΑϹΩΝ	ET LVCIVS ET IASON
ΚΑΙϹΩϹΙΠΑΤΡΟϹΟΙϹΥΓΓЄΝΙϹΜΟΥ	ET SOSIPATER COGNATI MEI
ΚΑΙΑΙЄΚΚΛΗϹΙΑΙΠΑϹΑΙΤΟΥΧ̅Υ̅	ET ECCLESIAE VNIVERSAE X̅P̅I̅
ΑϹΠΑΖΟΜЄΥΜΑϹЄΓΩΤЄΡΤΙΟϹ	SALVTO VOS EGO TERTIVS
ΟΓΡΑΨΑϹΤΗΝЄΠΙϹΤΟΛΗΝЄΝΚ̅Ω̅	QVI SCRIPSI EPISTVLAM IN D̅M̅O̅

ΑϹΠΑΖΕΤΕΥΜΑϹΓΑΙΟϹΟΞΕΝΟϹΜΟΥ
ΚΑΙΟΛΗϹΤΗϹΕΚΚΛΗϹΙΑϹ
ΑϹΠΑΖΕΤΕΥΜΑϹΕΡΑϹΤΟϹ
ΟΟΙΚΟΝΟΜΟϹΤΗϹΠΟΛΕΩϹ
ΚΑΙΚΟΥΑΡΤΟϹΟΑΔΕΛΦΟϹ
ΗΧΑΡΙϹΤΟΥΚ̅Υ̅ΗΜΩΝΙ̅Υ̅Χ̅Υ̅
ΜΕΤΑΠΑΝΤΩΝΥΜΩΝΑΜΗΝ
ΤΩΔΕΔΥΝΑΜΕΝΩΥΜΑϹϹΤΗΡΙΞΑΙ
ΚΑΤΑΤΟΕΥΑΓΓΕΛΙΟΝΜΟΥΚΑΙΤΟΚΗ
ΡΥΓΜΑΙ̅Υ̅Χ̅Υ̅ΚΑΤΑΑΠΟΚΑΛΥΨΙΝΜΥϹ
ΤΗΡΙΟΥΧΡΟΝΟΙϹΑΙΩΝΙΟΙϹϹΕϹΙΓΗ
ΜΕΝΟΥΦΑΝΕΡΩΘΕΝΤΟϹΔΕΝΥΝ
ΔΙΑΓΡΑΦΩΝΠΡΟΦΗΤΙΚΩΝ
ΚΑΤΕΠΙΤΑΓΗΝΤΟΥΑΙΩΝΙΟΥΘ̅Υ̅ΕΙϹΥΠΑ
ΚΟΗΝΠΙϹΤΕΩϹΕΙϹΠΑΝΤΑΤΑΕΘΝΗ
ΓΝΩΡΙϹΘΕΝΤΟϹΜΟΝΩΘ̅Ω̅ϹΟΦΩΔΙΑΙ̅Υ̅Χ̅Υ̅
ΩΗΔΟΞΑΕΙϹΤΟΥϹΑΙΩΝΑϹΤΩΝΑΙΩΝΩ̅
ΑΜΗΝ

ΠΡΟϹΡΩΜΑΙΟΥϹ

SALVTAT VOS GAIVS HOSPIS MEVS
ET VNIVERSAE ECCLESIAE
SALVTAT VOS ERASTVS
ARCARIVS CIVITATIS
ET QVARTVS FRATER
GRATIA D̅M̅I̅ NOSTRI I̅H̅V̅ X̅P̅I̅
CVM OMNIBVS VOBIS AMEN
QVI AVTEM POTEST VOS CONFIRMARE
SECVNDVM EVANGELIVM MEVM ET
PRAEDICATIONEM I̅H̅V̅ X̅P̅I̅ SECVM APOCALYPSEM
SACRAMENTI TEMPORIS AETERNI
TACITVRNITATIS INNOTESCERET AVTEM NVNC
PER SCRIPTVRAS PROFETARVM IVXTA
IVSSIONEM AETERNI D̅I̅ IN OBOEDIEN
TIA FIDEM IN OMNES GENTES
DECLARASSET SOLO D̅O̅ SAPIENTI PER I̅H̅M̅ X̅P̅M̅
CVIVS GLORIA IN SAECVLA SAECVLORVM
AMEN

AD ROMANOS

AD ROMANOS XVI, 23—27.

ΠΑΥΛΟϹΑΠΟϹΤΟΛΟϹΧΥΙΥ
ΔΙΑΘЄΛΗΜΑΤΟϹΘΥ
ΚΑΙϹωϹΘЄΝΗϹΟΑΔЄΛΦΟϹ
ΤΗЄΚΚΛΗϹΙΑΤΟΥΘΥ
ΗΓΙΑϹΜЄΝΟΙϹЄΝΧωΙΥ
ΤΗΟΥϹΗЄΝΚΟΡΙΝΘω
ΚΛΗΤΟΙϹΑΓΙΟΙϹ
ϹΥΝΠΑϹΙΝΤΟΙϹЄΠΙΚΑΛΟΥΜЄΝΟΙϹ
ΤΟΟΝΟΜΑΤΟΥΚΥΗΜωΝΙΥΧΥ
ЄΝΠΑΝΤΙΤΟΠωΑΥΤωΝΚΑΙΗΜωΝ
ΧΑΡΙϹΥΜΙΝΚΑΙЄΙΡΗΝΗ
ΑΠΟΘΥΠΑΤΡΟϹΗΜωΝ
ΚΑΙΚΥΙΥΧΥ
ЄΥΧΑΡΙϹΤωΤωΘωΜΟΥ
ΠΑΝΤΟΤЄΠЄΡΙΥΜωΝ
ЄΠΙΤΗΧΑΡΙΤΙΤΟΥΘΥ
ΤΗΔΟΘΙϹΗΥΜΙΝЄΝΧωΙΥ
ΟΤΙЄΝΠΑΝΤΙЄΠΛΟΥΤΙϹΘΗΤЄЄΝΑΥΤω
ЄΝΠΑΝΤΙΛΟΓωΚΑΙΠΑϹΗΓΝωϹЄΙ
ΚΑΘωϹΤΟΜΑΡΤΥΡΙΟΝΤΟΥΧΥ
ЄΒЄΒΑΙωΘΗЄΝΥΜΙΝ

PAVLVS APOSTOLVS XPI IHV
PER VOLVNTATEM DI
·ET SOSTHENES FRATER
ECCLESIAE DI
SANCTIFICATIS IN XPO IHV
QVAE EST CORINTHI
VOCATIS SANCTIS
CVM OMNIBVS QVI INVOCANT
NOMEN DMI NOSTRI IHV XPI
IN OMNI LOCO IPSORVM ET NOSTRO
GRATIA VOBIS ET PAX
A DO PATRE NOSTRO
ET DMO IHV XPI
GRATIAS AGO DO MEO
SEMPER PRO VOBIS
IN GRATIA DI
QVAE DATA EST VOBIS IN XPO IHV
QVONIAM IN OMNIBVS LOCVPLETATI ESTIS IN ILLO
OMNI VERBO ET OMNI SCIENTIA
SICVT TESTIMONIVM XPI
CONFIRMATVM EST IN VOBIS

ωCΤЄΥΜΑCΜΗΥCΤЄΡΙCΘΑΙ	ITA VT NON INDIGEATIS
ЄΝΜΗΔЄΝΙΧΑΡΙCΜΑΤΙ	IN NVLLA GRATIA
ΑΠЄΚΔЄΧΟΜЄΝΟΥCΤΗΝΑΠΟΚΑΛΥΨΙΝ	EXPECTANTES REVELATIONEM
ΤΟΥΚ̅Υ̅ΗΜωΝΙ̅Υ̅Χ̅Υ̅	D̅M̅I̅ NOSTRI I̅H̅V̅ X̅P̅I̅
ΟCΚΑΙΒЄΒΑΙωCЄΙΥΜΑC	QVI ET CONFIRMAVIT VOS
ΑΧΡΙΤЄΛΟΥCΑΝЄΝΚΛΗΤΟΥC	VSQVE IN FINEM SINE CRIMINE
ЄΝΤΗΠΑΡΟΥCΙΑΤΟΥΚ̅Υ̅ΗΜωΝΙ̅Υ̅Χ̅Υ̅	IN ADVENTVM D̅M̅I̅ NOSTRI I̅H̅V̅ X̅P̅I̅
ΠΙCΤΟCΟΘ̅C̅ΥΦΟΥЄΚΛΗΘΗΤЄ	FIDELIS D̅S̅ PER QVEM VOCATI ESTIS
ЄΙCΚΟΙΝωΝΙΑΝΤΟΥΥΙΟΥΑΥΤΟΥ	IN SOCIETATEM FILI EIVS
Ι̅Υ̅Χ̅Υ̅ΤΟΥΚ̅Υ̅ΗΜωΝ	I̅H̅V̅ X̅P̅I̅ D̅M̅I̅ NOSTRI
ΠΑΡΑΚΑΛωΔЄΥΜΑCΑΔЄΛΦΟΙ	OBSECRO AVTEM VOS FRATRES
ΔΙΑΤΟΥΟΝΟΜΑΤΟCΧ̅Υ̅Ι̅Υ̅	PER NOMEN I̅H̅V̅ X̅P̅I̅
ΤΟΥΚ̅Υ̅ΗΜωΝ	D̅M̅I̅ NOSTRI
ΙΝΑΤΟΑΥΤΟΛЄΓΗΤЄΠΑΝΤЄC	VT ID IPSVM DICATIS OMNES
ΚΑΙΜΗΗЄΝΥΜΙΝCΧΙCΜΑΤΑ	ET NON SINT IN VOBIS SCISSVRAE
ΗΤЄΔЄΚΑΤΗΡΤΙCΜЄΝΟΙ	SITIS AVTEM PERFECTI
ЄΝΤωΑΥΤωΝΟЄΙ	IN EODEM SENSV
ΚΑΙЄΝΤΗΑΥΤΗΓΝωΜΗ	ET IN EADEM SCIENTIA
ЄΔΗΛωΘΗΓΑΡΜΟΙΠЄΡΙΥΜωΝ	PERLATVM EST ENIM MIHI DE VOBIS
ΑΔЄΛΦΟΙΜΟΥΥΠΟΤωΝΧΛΟΗC	FRATRES AD HIS QVI SVNT CHLOES
ΟΤΙЄΡΙΔЄCЄΝΥΜΙΝЄΙCΙΝ	QVOD CONTENTIONES INTER VOS SVNT

ΛΕΓΩΔΕΤΟΥΤΟ
ΟΤΙΕΚΑϹΤΟϹΥΜΩΝΛΕΓΕΙ
ΕΓΩΜΕΝΕΙΜΙΠΑΥΛΟΥ
ΕΓΩΔΕΑΠΟΛΛΩ
ΕΓΩΔΕΚΗΦΑΕΓΩΔΕΧ̅Υ̅
ΜΕΜΕΡΙϹΤΑΙΟΧ̅Ϲ̅
ΜΗΠΑΥΛΟϹΕϹΤΑΥΡΩΘΗΠΕΡΙΥΜΩΝ
ΗΕΙϹΤΟΟΝΟΜΑΠΑΥΛΟΥΕΒΑΠΤΙϹΘΗΤΕ
ΕΥΧΑΡΙϹΤΩΤΩΘ̅Ω̅
ΟΤΙΟΥΔΕΝΑΥΜΩΝΕΒΑΠΤΙϹΑ
ΕΙΜΗΚΡΙϹΠΟΝΚΑΙΓΑΙΟΝ
ΙΝΑΜΗΤΙϹΕΙΠΗ
ΟΤΙΕΙϹΤΟΕΜΟΝΟΝΟΜΑΕΒΑΠΤΙϹΑ
ΒΕΒΑΠΤΙΚΑΔΕΚΑΙΤΟΝϹΤΕΦΑΝΑΟΙΚΟ̅
ΛΟΙΠΟΝΟΥΚΟΙΔΑ
ΕΙΤΙΝΑΑΛΛΟΝΒΕΒΑΠΤΙΚΑ
ΟΥΓΑΡΑΠΕϹΤΙΛΕΝΜΕΧ̅Ϲ̅ΒΑΠΤΙΖΕΙΝ
ΑΛΛΑΕΥΑΓΓΕΛΙΖΕϹΘΑΙ
ΟΥΚΕΝϹΟΦΙΑΛΟΓΟΥ
ΙΝΑΜΗΚΕΝΩΘΗΟϹΤΑΥΡΟϹΤΟΥΧ̅Υ̅
ΟΛΟΓΟϹΓΑΡΟΤΟΥϹΤΑΥΡΟΥ

DICO AVTEM HOC
QVIA NVSQVISQVE VESTRVM DICIT
EGO QVIDEM SVM PAVLI
EGO AVTEM APOLLO
EGO AVTEM CEPHE EGO AVTEM X̅P̅I̅
DIVISVS EST X̅P̅S̅
NVMQVID PAVLVS CRVCIFIXVS EST PRO VOB
AVT IN NOMINE PAVLI BAPTIZATI ESTIS
GRATIAS AGO D̅O̅
QVOD NEMINEM VESTRVM BAPTIZAVI
NISI CRISPVM ET GAIVM
NE QVIS DICAT
QVOD IN NOMINE MEO BAPTIZAVI
BAPTIZAVI AVTEM ET STEPHANE DOMV̅
CETERVM NESCIO
SI QVEM BAPTIZAVI
NON ENIM MISIT ME X̅P̅S̅ BAPTIZARE
SED EVANGELIZARE
NON IN SAPIENTIA VERBI
VT NON EVACVETVR CRVX X̅P̅I̅
VERBVM ENIM CRVCIS

ΤΟΙϹΜΕΝΑΠΟΛΛΥΜΕΝΟΙϹΜΩΡΙΑΕϹΤῙ
ΤΟΙϹΔΕϹΩΖΟΜΕΝΟΙϹΗΜΙΝ
ΔΥΝΑΜΙϹΘ̄Ῡ ΕϹΤΙΝΓΕΓΡΑΠΤΑΙ
ΑΠΟΛΩΤΗΝϹΟΦΙΑΝΤΩΝϹΟΦΩΝ
ΚΑΙΤΗΝϹΥΝΕϹΙΝΤΩΝϹΥΝΕΤΩ̄
ΑΘΕΤΗϹΩ
Πουϲοφοϲ
ΠΟΥΓΡΑΜΜΑΤΕΥϹ
ΠΟΥϹΥΝΖΗΤΗΤΗϹ
ΤΟΥΑΙΩΝΟϹΤΟΥΤΟΥ
ΟΥΧΙΕΜΩΡΑΝΕΝΟΘ̄Ϲ̄
ΤΗΝϹΟΦΙΑΝΤΟΥΚΟϹΜΟΥ
ΕΠΙΔΗΓΑΡΕΝΤΗϹΟΦΙΑΤΟΥΘ̄Ῡ
ΟΥΚΕΓΝΩ
ΟΚΟϹΜΟϹΔΙΑΤΗϹϹΟΦΙΑϹΤΟΝΘ̄Ν̄
ΕΥΔΟΚΗϹΕΝΟΘ̄Ϲ̄
ΔΙΑΤΗϹΜΩΡΙΑϹ
ΤΟΥΚΗΡΥΓΜΑΤΟϹ
ϹΩϹΑΙΤΟΥϹΠΙϹΤΕΥΟΝΤΑϹ
ΕΠΙΔΗΚΑΙΙΟΥΔΑΙΟΙ
ϹΗΜΙΑΑΙΤΟΥϹΙΝ

PEREVNTIBVS STVLTITIA EST
HIS AVTEM QVI SALVI FIVNT
VIRTVS D̄Ī EST SCRIPTVM EST ENIM
PERDAM SAPIENTIAM SAPIENTIVM
ET PRVDENTIAM PRVDENTIVM
REPROBABO
VBI SAPIENS
VBI SCRIBA
VBI CONQVISITOR
HVIVS SAECVLI
NONNE STVLTA FECIT D̄S̄
SAPIENTIAM HVIVS MVNDI
NAM QVIA IN SAPIENTIA D̄Ī
NON COGNOVIT
MVNDVM PER SAPIENTIAM D̄M̄Ī
PLACVIT D̄Ō
PER STVLTITIAM
PRAEDICATIONIS
SALVOS FACERE CREDENTES
QVONIAM QVIDEM IVDAEI
SIGNA PETVNT

ΚΑΙΕΛΛΗΝΕϹϹΟΦΙΑΝΖΗΤΟΥϹΙΝ
ΗΜΙϹΔΕΚΗΡΥϹϹΟΜΕΝΧ̅Ν̅
ΕϹΤΑΥΡΩΜΕΝΟΝ
ΙΟΥΔΑΙΟΙϹΜΕΝϹΚΑΝΔΑΛΟΝ
ΕΘΝΕϹΙΝΔΕΜΩΡΙΑΝ
ΑΥΤΟΙϹΔΕΤΟΙϹΚΛΗΤΟΙϹΙΟΥΔΑΙΟΙϹΤΕ
ΚΑΙΕΛΛΗϹΙΝ
ΧΝ̅Θ̅Υ̅ΔΥΝΑΜΙΝ
ΚΑΙΘ̅Υ̅ϹΟΦΙΑΝ
ΟΤΙΤΟΜΩΡΟΝΤΟΥΘ̅Υ̅
ϹΟΦΩΤΕΡΟΝΕϹΤΙΝΤΩΝΑ̅Ν̅Ω̅Ν̅
ΚΑΙΤΟΑϹΘΕΝΕϹΤΟΥΘ̅Υ̅
ΙϹΧΥΡΟΤΕΡΟΝΕϹΤΙΝΤΩΝΑ̅Ν̅Ω̅Ν̅
ΒΛΕΠΕΤΕΟΥΝΤΗΝΚΛΗϹΙΝΥΜΩΝ
ΑΔΕΛΦΟΙ
ΟΤΙΟΥΠΟΛΛΟΙϹΟΦΟΙ
ΚΑΤΑϹΑΡΚΑ
ΟΥΔΕΠΟΛΛΟΙΔΥΝΑΤΟΙ
ΟΥΠΟΛΛΟΙΕΥΓΕΝΙϹ
ΑΛΛΑΤΑΜΩΡΑΤΟΥΚΟϹΜΟΥ
ΕΞΕΛΕΞΑΤΟΟΘ̅Ϲ̅

ET GRAECI SAPIENTIAM QVAERVNT
NOS AVTEM PRAEDICAMVS X̅P̅M̅
CRVCIFIXVM
IVDAEIS QVIDEM SCANDALVM
GENTIBVS AVTEM STVLTITIAM
IPSIS AVTEM VOCATIS IVDAEIS
ET GRAECIS
XP̅M̅ D̅I̅ VIRTVTEM
ET D̅I̅ SAPIENTIAM
QVIA QVOD STVLTVM EST D̅I̅
SAPIENTIVS EST HOMINIBVS
ET INFIRMVM D̅I̅
FORTIVS EST HOMINIBVS
VIDETE ENIM VOCATIONEM VESTRAM
FRATRES
QVONIAM NON MVLTI SAPIENTES
SECVNDVM CARNEM
NON MVLTI POTENTES
NON MVLTI NOBILES
SED QVAE STVLTA SVNT MVNDI
ELEGIT D̅S̅

ΙΝΑΚΑΤΕϹΧΥΝΗΤΟΥϹϹΟΦΟΥϹ
ΚΑΙΤΑΑϹΘΕΝΗΤΟΥΚΟϹΜΟΥ
ΕΞΕΛΕΞΑΤΟΟΘ̅Ϲ̅
ΙΝΑΚΑΤΕϹΧΥΝΗΤΑΙϹΧΥΡΑ
ΚΑΙΤΑΑΓΕΝΗΤΟΥΚΟϹΜΟΥ
ΚΑΙΤΑΕΞΟΥΘΕΝΗΜΕΝΑ
ΕΞΕΛΕΞΑΤΟΟΘ̅Ϲ̅ΤΑΜΗΟΝΤΑ
ΙΝΑΤΑΟΝΤΑΚΑΤΑΡΓΗϹΗ
ΟΠΩϹΜΗΚΑΥΧΗϹΗΤΕΠΑϹΑϹΑΡΞ
ΕΝΩΠΙΟΝΤΟΥΘ̅Υ̅
ΕΞΑΥΤΟΥΔΕΥΜΙϹΕϹΤΑΙΕΝΧ̅Ω̅Ι̅Υ̅
ΟϹΕΓΕΝΗΘΗϹΟΦΙΑΗΜΙΝΑΠΟΘ̅Υ̅
ΔΙΚΑΙΟϹΥΝΗΚΑΙΑΓΙΑϹΜΟϹ
ΚΑΙΑΠΟΛΥΤΡΩϹΙϹ
ΙΝΑΚΑΘΩϹΓΕΓΡΑΠΤΑΙ
ΟΚΑΥΧΩΜΕΝΟϹΕΝΚ̅Ω̅
ΚΑΥΧΑϹΘΩ
ΚΑΓΩΕΛΘΩΝΠΡΟϹΥΜΑϹΑΔΕΛΦΟΙ
ΗΛΘΟΝΟΥΚΑΘΥΠΕΡΟΧΗΝ
ΛΟΓΟΥΗϹΟΦΙΑϹ
ΚΑΤΑΓΓΕΛΛΩΝΥΜΙΝ

VT CONFVNDAT SAPIENTES
ET INFIRMA MVNDI
ELEGIT D̅O̅
VT CONFVNDAT FORTIORA
ET IGNOBILIA HVIVS MODI
ET CONTEMPTIBILIA
ELEGIT D̅S̅ QVAE NON SVNT
VT EA QVAE SVNT DISTRVERET
VT NON GLORIETVR OMNIS CARO
CORAM D̅O̅
EX IPSO AVTEM VOS ESTIS IN X̅P̅O̅ I̅H̅V̅
QVIA FACTVS EST SAPIENTIA NOBIS A D̅O̅
ET IVSTITIA ET SANCTIFICATIO
ET REDEMPTIO
VT QVEMADMODVM SCRIPTVM EST
QVI GLORIATVR IN D̅M̅O̅
GLORIETVR
ET EGO VENIENS AD VOS FRATRES
VENI NON IN SVBLIMITATE
SERMONIS AVT SAPIENTIAE
ADNVNTIANS VOBIS

ΤΟΜΑΡΤΥΡΙΟΝΤΟΥΘ̅Υ̅
ΟΥΓΑΡЄΚΡΙΝΑ
ΤΙЄΝΥΜЄΙΝЄΙΔЄΝΑΙ
ЄΙΜΗΙ̅Ν̅Χ̅Ν̅
ΚΑΙΤΟΥΤΟΝЄCΤΑΥΡѠΜЄΝΟΝ
ΚΑΙЄΓѠЄΝΑCΘЄΝΙΑ
ΚΑΙЄΝΦΟΒѠΚΑΙΤΡΟΜѠ
ΠΟΛΛѠЄΓЄΝΟΜΗΝΠΡΟCΥΜΑC
ΚΑΙΟΛΟΓΟCΜΟΥ
ΚΑΙΤΟΚΗΡΥΓΜΑΜΟΥ
ΟΥΚЄΝΠΙΘΟΙCCΟΦΙΑCΛΟΓΟΙC
ΑΛΛЄΝΑΠΟΚΑΛΥΨЄΙΠ̅Ν̅C̅
ΚΑΙΔΥΝΑΜЄѠC
ΙΝΑΗΠΙCΤΙCΥΜѠΝΜΗΗ
ЄΝCΟΦΙΑΑ̅Ν̅Ѡ̅Ν̅
ΑΛΛЄΝΔΥΝΑΜЄΙΘ̅Υ̅
CΟΦΙΑΝΔЄΛΑΛΟΥΜЄΝ
ЄΝΤΟΙCΤЄΛΙΟΙC
CΟΦΙΑΝΔЄ
ΟΥΤΟΥΑΙѠΝΟCΤΟΥΤΟΥ
ΟΥΔЄΤѠΝΑΡΧΟΝΤѠΝ

TESTIMONIVM D̅I̅
NEQVE ENIM IVDICAVI
SCIRE ALIQVID INTER VOS
NISI I̅H̅N̅ X̅P̅M̅
ET HVNC CRVCIFIXVM
ET EGO IN INFIRMITATE
ET IN TIMORE ET TREMORE
MVLTO FVI APVT VOS
ET SERMO MEVS
ET PRAEDICATIO MEA
NON IN PERSVASIONE SAPIENTIAE SERMONI
SED IN OSTENSIONE S̅P̅S̅
ET VIRTVTI
VT FIDES VESTRA NON SIT
IN SAPIENTIAM HOMINVM
SED IN VIRTVTE D̅I̅
SAPIENTIAM AVTEM LOQVIMVR
INTER PERFECTOS
SAPIENTIAM AVTEM
NON HVIVS SAECVLI
NEQVE PRINCIPVM

ΤΟΥΑΙΩΝΟϹΤΟΥΤΟΥ	HVIVS SAECVLI
ΤΩΝΚΑΤΑΡΓΟΥΜΕΝΩΝ	QVI DESTRVVNTVR
ΑΛΛΑΛΑΛΟΥΜΕΝΘ̅Υ̅ϹΟΦΙΑΝ	SED LOQVIMVR D̅I̅ SAPIENTIAM
ΕΝΜΥϹΤΗΡΙΩ	ET MYSTERIO
ΤΗΝΑΠΟΚΕΚΡΥΜΜΕΝΗΝ	QVAE IN ABSCONDITO EST
ΗΝΠΡΟΩΡΙϹΕΝΟΘ̅Ϲ̅	QVAM PRAEDESTINAVIT D̅S̅
ΠΡΟΤΩΝΑΙΩΝΩΝ	ANTE SAECVLA
ΕΙϹΔΟΞΑΝΗΜΩΝ	IN GLORIAM NOSTRAM
ΗΝΟΥΔΕΕΙϹΤΩΝΑΡΧΟΝΤΩΝ	QVAM NEMO PRINCIPVM
ΤΟΥΑΙΩΝΟϹΤΟΥΤΟΥΕΓΝΩΚΕΝ	SAECVLI HVIVS COGNOVIT
ΕΙΓΑΡΕΓΝΩϹΑΝ	SI ENIM COGNOVISSENT
ΟΥΚΑΝΤΟΝΚ̅Ν̅ΤΗϹΔΟΞΗϹ	NVMQVAM D̅N̅M̅ MAESTATIS
ΕϹΤΑΥΡΩϹΑΝ	CRVCIFIXISSENT
ΑΛΛΑΚΑΘΩϹΓΕΓΡΑΠΤΑΙ	SED SICVT SCRIPTVM EST
ΑΟΦΘΑΛΜΟϹΟΥΚΕΙΔΕΝ	QVOD OCVLVS NON VIDIT
ΚΑΙΟΥϹΟΥΚΗΚΟΥϹΕΝ	NEC AVRES AVDIVIT
ΚΑΙΕΠΙΚΑΡΔΙΑΝΘΡΩΠΟΥ	ET IN COR HOMINIS
Ο̇ΥΚΑΝΕΒΗ	NON ASCENDIT
ΑΗΤΟΙΜΑϹΕΝΟΘ̅Ϲ̅	QVAE PRAEPARAVIT D̅S̅
ΤΟΙϹΑΓΑΠΩϹΙΝΑΥΤΟΝ	DILIGENTIBVS EVM
ΗΜΙΝΔΕΑΠΕΚΑΛΥΨΕΝΟΘ̅Ϲ̅	NOBIS AVTEM REVELAVIT D̅S̅

ΔΙΑΤΟΥΠΝϹΑΥΤΟΥ
ΤΟΓΑΡΠΝΑΠΑΝΤΑΕΡΕΥΝΑ
ΚΑΙΤΑΒΑΘΗΤΟΥΘΥ
ΤΙϹΓΑΡΟΙΔΕΝΑΝΩΝΤΑΤΟΥ
ΑΝΟΥΕΙΜΗΤΟΠΝΑΤΟΥ
ΑΝΟΥΤΟΕΝΑΥΤΩ
ΟΥΤΩϹΚΑΙΤΟΤΟΥΘΥ
ΟΥΔΙϹΕΓΝΩΚΕΝΕΙΜΗΤΟΠΝΑΤΟΥΘΥ
ΗΜΙϹΔΕΟΥΤΟΠΝΑΤΟΥΚΟϹΜΟΥΤΟΥΤΟΥ
ΕΛΑΒΟΜΕΝΑΛΛΑΤΟΠΝΑΤΟΕΚΤΟΥΘΥ
ΙΝΑΙΔΩΜΕΝΤΑΥΠΟΤΟΥΘΥ
ΧΑΡΙϹΘΕΝΤΑΗΜΕΙΝ
ΑΚΑΙΛΑΛΟΥΜΕΝ
ΟΥΚΕΝΔΙΔΑΚΤΟΙϹΑΝΘΡΩΠΙΝΗϹ
ϹΟΦΙΑϹΛΟΓΟΙϹ
ΑΛΛΕΝΔΙΔΑΚΤΟΙϹΠΝϹ
ΠΝΙΚΟΙϹΠΝΑΤΙΚΑ
ϹΥΝΚΡΙΝΟΝΤΕϹ
ΨΥΧΙΚΟϹΔΕΑΝΟϹ
ΟΥΔΕΧΕΤΑΙΤΑΤΟΥΠΝϹΤΟΥΘΥ
ΜΩΡΙΑΓΑΡΑΥΤΩΕϹΤΙΝ

PER SPM SVVM
SPS ENIM OMNIA SCRVTAT
ETIAM ALTA DI
QVIS ENIM SCIT HOMINVM QVAE SIT
HOMINVM NISI SPS QVI
IN HOMNE QVI IN IPSO EST
ITA ET QVAE DI
NEMO COGNOVIT NISI SPS DI
NOS AVTEM NON SPM HVIVS MVNDI
ACCEPIMVS SED SPM DI
VT SCIAMVS QVAE A DO
DONATA SVNT NOBIS
QVAE ET LOQVIMVR
NON IN DOCTRINA HVMANA
SAPIENTIAE VERBIS
SED IN DOCTRINA SPS
SPIRITALIBVS SPIRITALIA
COMPARANTES
ANIMALIS AVTEM HOMO
NON PERCIPIT QVAE SPS DI
STVLTITIA ENIM EST ILLI

ΚΑΙΟΥΔΥΝΑΤΑΙΓΝΩΝΑΙ
ΟΤΙΠ̅Ν̅Ι̅ΚΩCΑΝΑΚΡΙΝΕΤΑΙ
ΟΔΕΠ̅Ν̅Ι̅ΚΟCΑΝΑΚΡΙΝΕΙΤΑΠΑΝΤΑ
ΑΥΤΟCΔΕΥΠΟΥΔΕΝΟCΑΝΑΚΡΙΝΕΤΑΙ
ΤΙCΓΑΡΕΓΝΩΝΟΥΝΚ̅Υ̅
ΟCCΥΝΒΙΒΑCΕΙΑΥΤΟΝ
ΗΜΙCΔΕΝΟΥΝΚ̅Υ̅ΕΧΟΜΕΝ
ΚΑΓΩΑΔΕΛΦΟΙΟΥΚΗΔΥΝΗΘΗΝ
ΛΑΛΗCΑΙΥΜΕΙΝ
ΩCΠ̅Ν̅Ι̅ΚΟΙC
ΑΛΛΩCCΑΡΚΙΝΟΙC
ΩCΝΗΠΙΟΙCΕΝΧ̅Ω̅
ΓΑΛΑΥΜΑCΕΠΟΤΙCΑΚΑΙΟΥΒΡΩΜΑ
ΟΥΠΩΓΑΡΗΔΥΝΑCΘΑΙ
ΑΛΛΟΥΔΕΕΤΙΝΥΝΔΥΝΑCΘΑΙ
ΕΤΙΓΑΡΕCΤΕCΑΡΚΙΝΟΙ
ΟΠΟΥΓΑΡΕΝΥΜΙΝΖΗΛΟC
ΚΑΙΕΡΙCΚΑΙΔΙΧΟCΤΑCΙΑΙ
ΟΥΧΙCΑΡΚΙΝΟΙΕCΤΕ
ΚΑΙΚΑΤΑΑ̅Ν̅Ο̅Ν̅ΠΕΡΙΠΑΤΕΙΤΕ
ΟΤΑΝΓΑΡΤΙCΛΕΓΗ

ET NON POTEST SCIRE
QVONIAM SPIRITALITER IVDICATVR
SPIRITALIS AVTEM IVDICAT OMNIA
IPSE AVTEM A NEMINE IVDICATVR
QVIS ENIM COGNOVIT SENSVM D̅M̅I̅
QVI INSTRVAT EVM
NOS AVTEM SENSVM X̅P̅I̅ HABEMVS
ET EGO FRATRES NON POTVI
LOQVI VOBIS
QVASI SPIRITALIBVS
SED QVASI CARNALIBVS
QVASI PARVOLIS IN X̅P̅O̅
LAC VOBIS POTVM DEDI ET NON ESCAM
NONDVM ENIM POTERATIS
SED NEQVE ADHVC POTESTIS
ADHVC ENIM ESTIS CARNALES
CVM ENIM SIT INTER VOS AEMVLATIO
ET CONTENTIO ET DISSENSIONES
NONNE CARNALIS ESTIS
ET SECVNDVM HOMINEM AMBVLATIS
CVM ENIM QVIS DICIT

ΕΓΩΜΕΝΕΙΜΙΠΑΥΛΟΥ	EGO QVIDEM SVM PAVLI
ΕΤΕΡΟϹΔΕΕΓΩΑΠΟΛΛΩ	ALIVS AVTEM EGO APOLLO
ΟΥΧΙΑΝΘΡΩΠΟΙΕϹΤΕ	NONNE HOMINES ESTIS
ΤΙϹΟΥΝΕϹΤΙΝΑΠΟΛΛΩϹ	QVID IGITVR EST APOLLO
ΤΙϹΔΕΠΑΥΛΟϹ	QVID AVTEM PAVLVS
ΔΙΑΚΟΝΟΙΔΙΩΝΕΠΙϹΤΕΥϹΑΤΕ	MINISTRI EIVS CVI CREDIDISTIS
ΚΑΙΕΚΑϹΤΩΩϹΟΚ̅Ϲ̅ΕΔΩΚΕΝ	ET VNICVIQVE SICVT D̅M̅S̅ DEDIT
ΕΓΩΕΦΥΤΕΥϹΑ	EGO PLANTAVI
ΑΠΟΛΛΩϹΕΠΟΤΙϹΕΝ	APOLLO INRIGAVIT
ΑΛΛΑΟΘ̅Ϲ̅ΗΥΞΑΝΕΝ	SED D̅S̅ INCREMENTVM DEDIT
ΩϹΤΕΟΥΤΕΟΦΥΤΕΥΩΝΕϹΤΙΝΤΙ	ITAQVE NEQVE QVI PLANTAT EST ALIQVID
ΟΥΤΕΟΠΟΤΙΖΩΝ	NEQVE QVI RIGAT
ΑΛΛΑΟΑΥΞΑΝΩΝΘ̅Ϲ̅	SED QVI INCREMENTVM DAT D̅S̅
ΟΦΥΤΕΥΩΝΔΕ	QVI PLANTAT AVTEM
ΚΑΙΟΠΟΤΙΖΩΝΕΝΕΙϹΙΝ	ET QVI RIGAT VNVM SVNT
ΕΚΑϹΤΟϹΔΕΤΟΝΙΔΙΟΝ	VNVSQVISQVE AVTEM PROPRIAM
ΜΙϹΘΟΝΛΗΜΨΕΤΑΙ	MERCEDEM ACCIPIET
ΚΑΤΑΤΟΝΙΔΙΟΝΚΟΠΟΝ	SECVNDVM SVVM LABOREM
Θ̅Υ̅ΓΑΡΕϹΜΕΝϹΥΝΕΡΓΟΙ	D̅I̅ ENIM SVMVS ADIVTORES
Θ̅Υ̅ΓΕΟΡΓΙΟΝ	D̅I̅ CVLTVRA
Θ̅Υ̅ΟΙΚΟΔΟΜΗΕϹΤΕ	D̅I̅ AEDIFICATIO ESTIS

ΚΑΤΑΤΗΝΧΑΡΙΝΤΟΥΘ̅Υ̅	SECVNDVM GRATIAM D̅I̅
ΤΗΝΔΟΘΙϹΑΝΜΟΙ	QVAE DATA EST MIHI
ΩϹϹΟΦΟϹΑΡΧΙΤΕΚΤΩΝ	VT SAPIENS ARCHITECTVS
ΘΕΜΕΛΙΟΝΤΕΘΙΚΑ	FVNDAMENTVM POSVI
ΑΛΛΟϹΕΠΟΙΚΟΔΟΜΕΙ	ALTER SVPERAEDIFICAT
ΕΚΑϹΤΟϹΔΕΒΛΕΠΕΤΩ	VNVSQVISQVE AVTEM VIDEAT
ΠΩϹΕΠΟΙΚΟΔΟΜΕΙ	QVOMODO SVPERAEDIFICAT
ΘΕΜΕΛΙΟΝΓΑΡΑΛΛΟΝ	FVNDAMENTVM ENIM ALIVD
ΟΥΔΙϹΔΥΝΑΤΑΙΘΕΙΝΑΙ	NEMO POTEST PONERE
ΠΑΡΑΤΟΝΚΕΙΜΕΝΟΝ	PRAETER ID QVOD POSITVM EST
ΟϹΕϹΤΙΝΧ̅Ϲ̅Ι̅Ϲ̅	QVI EST X̅P̅S̅ I̅H̅S̅
ΕΙΔΕΤΙϹΕΠΟΙΚΟΔΟΜΕΙ	SI QVIS AVTEM SVPERAEDIFICAT
ΕΠΙΤΟΝΘΕΜΕΛΙΟΝΤΟΥΤΟΝ	SVPER FVNDAMENTVM HOC
ΧΡΥϹΟΝΑΡΓΥΡΟΝΛΙΘΟΥϹΤΙΜΙΟΥϹ	AVRVM ARGENTVM LAPIDES PRAETIOSOS
ΞΥΛΑΧΟΡΤΟΝΚΑΛΑΜΗΝ	LIGNA FENVM STIPVLAM
ΟΠΟΙΗϹΑϹΤΟΥΤΟΤΟΕΡΓΟΝ	QVI FECIT HOC OPVS
ΦΑΝΕΡΟϹΓΕΝΗΤΑΙ	MANIFESTVS ERIT
ΗΓΑΡΗΜΕΡΑΔΗΛΩϹΕΙ	DIES ENIM MANIFESTAVIT
ΟΤΙΕΝΠΥΡΙΑΠΟΚΑΛΥΠΤΕΤΑΙ	QVONIAM IN IGNE REVELABITVR
ΚΑΙΕΚΑϹΤΟΥΤΟΕΡΓΟΝ	ET VNIVSCVIVSQVE OPVS
ΟΠΟΙΟΝΕϹΤΙΝΤΟΠΥΡΔΟΚΙΜΑϹΕΙ	QVALE SIT IGNIS PROBAVIT

ΕΙΤΙΝΟϹΤΟΕΡΓΟΝΜΕΝΕΙ
ΟΕΠΟΙΚΟΔΟΜΗϹΕΝ
ΜΙϹΘΟΝΛΗΜΨΕΤΑΙ
ΕΙΤΙΝΟϹΤΟΕΡΓΟΝΚΑΤΑΚΑΗϹΕΤΑΙ
ΖΗΜΙΩΘΗϹΕΤΑΙ
ΑΥΤΟϹΔΕϹΩΘΗϹΕΤΑΙ
ΟΥΤΩϹΔΕΩϹΔΙΑΠΥΡΟϹ
ΟΥΚΟΙΔΑΤΕΟΤΙΝΑΟϹΘ̅Υ̅ΕϹΤΕ
ΚΑΙΤΟΠ̅Ν̅ΑΤΟΥΘ̅Υ̅ΟΙΚΕΙΕΝΥΜΕΙΝ
ΕΙΤΙϹΤΟΝΝΑΟΝΤΟΥΘ̅Υ̅ΦΘΙΡΕΙ
ΦΘΕΙΡΙΑΥΤΟΝΟΘ̅Ϲ̅
ΟΓΑΡΝΑΟϹΤΟΥΘ̅Υ̅ΑΓΙΟϹΕϹΤΙΝ
ΟΙΤΙΝΕϹΕϹΤΕΥΜΕΙϹ
ΜΗΔΙϹΕΑΥΤΟΝΕΞΑΠΑΤΑΤΩ
ΚΕΝΟΙϹΛΟΓΟΙϹ
ΕΙΤΙϹΔΟΚΕΙϹΟΦΟϹΕΙΝΑΙΕΝΥΜΙΝ
ΕΝΤΩΑΙΩΝΙΤΟΥΤΩ
ΜΩΡΟϹΓΕΝΕϹΘΩ
ΙΝΑΓΕΝΗΤΑΙϹΟΦΟϹ
ΗΓΑΡϹΟΦΙΑΤΟΥΚΟϹΜΟΥΤΟΥΤΟΥ
ΜΩΡΙΑΠΑΡΑΘ̅Ω̅ΕϹΤΙΝ

SI CVIVS OPVS MANSERIT
QVOD SVPERAEDIFICAVERIT
MERCEDEM ACCIPIET
SI CVIVS OPVS ARSERIT
DETRIMENTVM PATIETVR
IPSE AVTEM SALVVS ERIT
SIC TAMEN QVASI PER IGNEM
NESCITIS QVIA TEMPLVM D̅I̅ ESTIS
ET S̅P̅S̅ D̅I̅ HABITAT IN VOBIS
SI QVIS TEMPLVM D̅I̅ VIOLAVERIT
DISPERDET ILLVM D̅S̅
TEMPLVM ENIM D̅I̅ SANCTVM EST
QVOD ESTIS VOS
NEMO VOS SEDVCAT
BANIS VERBIS
SI QVIS VIDETVR SAPIENS ESSE INTER VOS
IN HOC SAECVLO
STVLTVS FIAT
VT SIT SAPIENS
SAPIENTIA ENIM HVIVS SAECVLI
STVLTITIA EST APVT D̅M̅

ΓΕΓΡΑΠΤΑΙ	SCRIPTVM EST ENIM
ΟΔΡΑϹϹΟΜΕΝΟϹΤΟΥϹϹΟΦΟΥϹ	ADPRAEHENDAM SAPIENTES
ΕΝΤΗΠΑΝΟΥΡΓΙΑΑΥΤΩΝ·	IN ASTVTIA EORVM
ΚΑΙΠΑΛΙΝ	ET ITERVM
ΚϹΓΕΙΝΩϹΚΕΙΤΟΥϹΔΙΑΛΟΓΙϹΜΟΥϹ	DMS NOVIT COGITATIONES
ΤΩΝϹΟΦΩΝΟΤΙΕΙϹΙΝΜΑΤΑΙΟΙ	SAPIENTIVM QVONIAM VANAE SVNT
ΩϹΤΕΜΗΔΙϹΚΑΥΧΑϹΘΩ	ITAQVE NEMO GLORIETVR
ΕΝΑΝΘΡΩΠΟΙϹ	IN HOMINES
ΠΑΝΤΑΓΑΡΥΜΩΝΕϹΤΙΝ	OMNIA ENIM VESTRA SVNT
ΕΙΤΕΠΑΥΛΟϹΕΙΤΕΑΠΟΛΛΩϹ	SIVE PAVLVS SIVE APOLLO
ΕΙΤΕΚΗΦΑϹΕΙΤΕΚΟϹΜΟϹΕΙΤΕΖΩΗ	SIVE CEPHAS SIVE HIC MVNDVS SIVE VITA
ΕΙΤΕΘΑΝΑΤΟϹΕΙΤΕΕΝΕϹΤΩΤΑ	SIVE MORS SIVE PRAESENTIA
ΕΙΤΕΜΕΛΛΟΝΤΑΠΑΝΤΑΥΜΩΝ	SIVE FVTVRA OMNIA VESTRA
ΥΜΙϹΔΕΧΥΧϹΔΕΘΥ	VOS AVTEM XPI XPS AVTEM DI
ΟΥΤΩϹΗΜΑϹΛΟΓΙΖΕϹΘΩΑΝΟϹ	SIC NOS EXISTIMET HOMO
ΩϹΥΠΗΡΕΤΑϹΧΥ	VT MINISTROS XPI
ΚΑΙΟΙΚΟΝΟΜΟΥϹΜΥϹΤΗΡΙΩΝΘΥ	ET DISPENSATORES MYSTERIORVM DI
ΩΔΕΛΟΙΠΟΝΖΗΤΕΙΤΕ	HIC IAM QVAERITVR
ΕΝΤΟΙϹΟΙΚΟΝΟΜΟΙϹ	INTER DISPENSATORES
ΙΝΑΤΙϹΕΥΡΕΘΗΠΙϹΤΟϹ	VT FIDELIS QVIS INVENIATVR
ΕΜΟΙΔΕΕΙϹΕΛΑΧΙϹΤΟΝΕϹΤΙΝ	MIHI AVTEM PRO MINIMO EST

ΙΝΑΥΦΥΜΩΝΑΝΑΚΡΙΘΩ	VT A VOBIS IVDICER
ΗΥΠΟΑΝΘΡΩΠΙΝΗϹΗΜΕΡΑϹ	AVT AB HVMANO DIE
ΑΛΛΑΟΥΔΕΕΜΑΥΤΟΝΑΝΑΚΡΙΝΩ	SED NEQVE ME IPSVM IVDICO
ΟΥΔΕΝΓΑΡΕΜΑΥΤΩϹΥΝΟΙΔΑ	NIHIL ENIM MIHI CONSCIVS SVM
ΑΛΛΟΥΚΕΝΤΟΥΤΩΔΕΔΙΚΑΙΩΜΑΙ	SED NON IN HOC IVSTIFICATVS SVM
ΟΔΕΑΝΑΚΡΙΝΩΝΜΕΚ̅Ϲ̅ΕϹΤΙΝΘ̅Ϲ̅	QVI AVTEM IVDICAT ME D̅M̅S̅ EST D̅S̅
ΩϹΤΕΜΗΠΡΟΚΕΡΟΥΤΙΚΡΙΝΕΤΕΕΩϹΑΝΕΛΘΗΚ̅Ϲ̅	ITAQVE NOLITE ANTE TEMPVS IVDICARE VSQV VENI
ΚΑΙΦΩΤΙϹΕΙΤΑΚΡΥΠΤΑΤΟΥϹΚΟΤΟΥϹ	ET INLVMINAVIT OCCVLTA TENEBRARV̅
ΚΑΙΦΑΝΕΡΩϹΕΙΤΑϹΒΟΥΛΑϹ	ET MANIFESTAVIT CONSILIA
ΤΩΝΚΑΡΔΙΩΝ	CORDIVM
ΚΑΙΤΟΤΕΟΕΠΑΙΝΟϹΓΕΝΗϹΕΤΑΙ	ET TVNC LAVS ERIT
ΕΚΑϹΤΩΑΠΟΘ̅Υ̅	VNICVIQVE A DEO
ΤΑΥΤΑΔΕΑΔΕΛΦΟΙ	HAEC AVTEM FRATRES
ΜΕΤΕϹΧΗΜΑΤΙϹΑΕΙϹΕΜΑΥΤΟΝ	TRANSFIGVRAVI IN ME
ΚΑΙΑΠΟΛΛΩΔΙΥΜΑϹ	ET APOLLO PROPTER VOS
ΙΝΑΕΝΥΜΙΝΜΑΘΗΤΕ	VT IN NOBIS DISCATIS
ΤΟΜΗΥΠΕΡΟΓΕΓΡΑΠΤΑΙ	NE SVPRA QVAM SCRIPTVM EST
ΙΝΑΕΙϹΥΠΕΡΤΟΥΕΝΟϹΦΥϹΙΟΥϹΘΑΙ	VNVS ADVERSVS ALTERVM INFLETVR
ΚΑΤΑΤΟΥΕΤΕΡΟΥ	PRO ALIO
ΤΙϹΓΑΡϹΕΔΙΑΚΡΙΝΕΙ	QVIS ENIM TE DISCERNIT
ΤΙΔΕΕΧΙϹΟΟΥΚΕΛΑΒΕϹΕΙΔΕΚΑΙΕΛΑΒΕϹ	QVID AVTEM HABES QVOD NON ACCEPISTI QV ACCI

ΤΙΚΑΥΧΑϹΑΙωϹΜΗΛΑΒωΝ	QVID GLORIARIS QVASI NON ACCEPERIS
ΗΔΗΚΕΚΟΡΕϹΜΕΝΟΙΕϹΤΕ	IAM SATVRATI ESTIS
ΗΔΗΕΠΛΟΥΤΗϹΑΤΕ	DIVITES FACTI ESTIS
ΧωΡΙϹΗΜωΝΕΒΑϹΙΛΕΥϹΑΤΕ	SINE NOBIS REGNASTIS
ΚΑΙΟΦΕΛΟΝΕΒΑϹΙΛΕΥϹΑΤΕ	VTINA REGNETIS
ΙΝΑΚΑΙΗΜΙϹϹΥΝΥΜΙΝ	VT ET NOS VOBISCVM
ϹΥΝΒΑϹΙΛΕΥϹωΜΕΝ	REGNETIS
ΔΟΚωΓΑΡΟΘ̅Ϲ̅ΗΜΑϹΤΟΥϹΑΠΟϹΤΟΛΟΥϹ	PVTO ENIM D̅S̅ NOS APOSTOLOS
ΕϹΧΑΤΟΥϹΑΠΕΔΕΙΞΕΝ	NOVISSIMOS OSTENDIT
ωϹΕΠΙΘΑΝΑΤΙΟΥϹ	TAMQVAM MORTI DESTINATOS
ΟΤΙΘΕΑΤΡΟΝΕΓΕΝΗΘΗΜΕΝ	QVONIAM SPECTACVLVM FACTI SVMVS
ΤωΚΟϹΜω	HVIC MVNDO
ΚΑΙΑΓΓΕΛΟΙϹΚΑΙΑ̅Ν̅Ο̅ΙϹ	ET ANGELIS ET HOMINIBVS
ΗΜΙϹΜωΡΟΙΔΙΑΧ̅Ν̅	NOS STVLTI PROPTER X̅P̅M̅
ΥΜΙϹΔΕΦΡΟΝΙΜΟΙΕΝΧ̅ω̅	VOS AVTEM PRVDENTES IN X̅P̅O̅
ΗΜΕΙϹΑϹΘΕΝΙϹ	NOS INFIRMI
ΥΜΕΙϹΔΕΙϹΧΥΡΟΙ	VOS AVTEM FORTES
ΥΜΕΙϹΕΝΔΟΞΟΙ	VOS NOBILES
ΗΜΕΙϹΔΕΑΤΙΜΟΙ	NOS AVTEM IGNOBILES
ΑΧΡΙΤΗϹΑΡΤΙωΡΑϹ	VSQVE IN HANC ORAM
ΚΑΙΠΙΝωΜΕΝΚΑΙΔΙΨωΜΕΝ	ET ESVRIMVS ET SITIMVS

I. AD CORINTHIOS IV, 7—11.

ΚΑΙΓΥΜΝΕΙΤΕΥΟΜΕΝ
ΚΑΙΚΟΛΑΦΙΖΟΜΕΘΑ
ΚΑΙΑϹΤΑΤΟΥΜΕΝ
ΚΑΙΚΟΠΙΩΜΕΝΕΡΓΑΖΟΜΕΝΟΙ
ΤΑΙϹΙΔΙΑΙϹΧΕΡϹΙΝ
ΛΟΙΔΟΡΟΥΜΕΝΟΙΕΥΛΟΓΟΥΜΕΝ
ΔΙΩΚΟΜΕΝΟΙ
ΑΝΕΧΟΜΕΘΑ
ΒΛΑϹΦΗΜΟΥΜΕΝΟΙ
ΠΑΡΑΚΑΛΟΥΜΕΝ
ΩϹΠΕΡΙΚΑΘΑΡΜΑ
ΤΟΥΚΟϹΜΟΥΕΓΕΝΗΘΗΜΕΝ
ΠΑΝΤΩΝΠΕΡΙΨΗΜΑΕΩϹΑΡΤΙ
ΟΥΚΕΝΤΡΕΠΩΝΥΜΑϹ
ΤΑΥΤΑΓΡΑΦΩ
ΑΛΛΩϹΤΕΚΝΑΜΟΥΑΓΑΠΗΤΑ
ΝΟΥΘΕΤΩ
ΕΑΝΓΑΡΜΥΡΙΟΥϹΠΑΙΔΑΓΩΓΟΥϹ
ΕΧΗΤΕΕΝΧΩ
ΑΛΛΟΥΠΟΛΛΟΥϹΠΑΤΕΡΑϹ
ΕΝΓΑΡΧΩΙΥΔΙΑΤΟΥΕΥΑΓΓΕΛΙΟΥ

ET NVDI SVMVS
ET COLAPHIZAMVR
ET INSTABILES SVMVS
ET LABORAMVS OPERANTES
MANIBVS NOSTRIS
MALEDICIMVR ET BENEDICIMVS
PERSECVTIONEM PATIEMVR
ET SVSTINEMVS
BLASPHEMATI
OBSECRAMVS
TANQVAM PVRGAMENTA
HVIVS MVNDI FACTI SVMVS
OMNIVM PERIPSEMA VSQVE ADHVC
NON VT CONFVNDAM VOS
HAEC SCRIBO
SED VT FILIOS MEOS CARISSIMOS
MONEO
SI ENIM DECEM MILIA PAEDAGOGORV
HABEATIS IN XPO
SED NON MVLTOS PATRES
NAM IN XPO IHV PER EVANGELIVM

I. AD CORINTHIOS IV, 11—15.

ΕΓΩΥΜΑϹΕΓΕΝΝΗϹΑ	EGO VOS GENVI
ΠΑΡΑΚΑΛΩΔΕΥΜΑϹ	OBSECRO ITAQVE VOS
ΜΕΙΜΗΤΑΙΜΟΥΓΕΙΝΕϹΘΑΙ	EMITATORES MEI ESTOTE
ΔΙΑΤΟΥΤΟΕΠΕΜΨΑΥΜΙΝ	IDEO MISI AD VOS
ΤΕΙΜΟΘΕΟΝ	TIMOTHEVM
ΟϹΕϹΤΙΝΤΕΚΝΟΝΜΟΥΑΓΑΠΗΤΟΝ	QVI EST FILIVS MEVS CARISSIMVS
ΚΑΙΠΙϹΤΟΝΕΝΚ̅Ω̅	ET FIDELIS IN D̅N̅O̅
ΟϹΥΜΑϹΑΝΑΜΝΗϹΕΙΤΑϹΟΔΟΥϹΜΟΥ	QVI VOS ADMONEVIT VIAS MEAS
ΤΑϹΕΝΚ̅Ω̅Ι̅Υ̅	QVAE SVNT IN D̅N̅O̅ I̅H̅V̅
ΚΑΘΩϹΠΑΝΤΑΧΟΥ	SICVT VBIQVE
ΕΝΠΑϹΗΕΚΚΛΗϹΙΑΔΙΔΑϹΚΩ	IN OMNI ECCLESIA DOCEO
ΩϹΜΗΕΡΧΟΜΕΝΟΥΔΕΜΟΥΠΡΟϹΥΜΑϹ	TAMQVAM NON VENTVRVS SIM AD VOS
ΕΦΥϹΙΩΘΗϹΑΝΤΙΝΕϹ	SIC INFLATI SVNT QVIDAM
ΕΛΕΥϹΟΜΕΔΕΤΑΧΕΩϹ	VENIAM AVTEM CITO
ΠΡΟϹΥΜΑϹ	AD VOS
ΕΑΝΟΚ̅Ϲ̅ΘΕΛΗϹΗ	SI D̅S̅ VOLVERIT
ΚΑΙΓΝΩϹΟΜΑΙΤΟΝΛΟΓΟΝ	ET COGNOSCAM SERMONEM EORV̅
ΤΩΝΠΕΦΥϹΙΩΜΕΝΩΝ	QVI INFLATI SVNT
ΑΛΛΑΤΗΝΔΥΝΑΜΙΝ	SED VIRTVTEM
ΟΥΓΑΡΕΝΛΟΓΩΗΒΑϹΙΛΕΙΑΤΟΥΘ̅Υ̅	NON ENIM IN SERMONE EST REGNVM D̅I̅
ΑΛΛΕΝΔΥΝΑΜΕΙ	SED IN VIRTVTE

ΤΙΘΕΛΕΤΕΕΝΡΑΒΔΩ
ΕΛΘΩΠΡΟCΥΜΑC
ΗΕΝΑΓΑΠΗ
Π̅Ν̅Α̅ΤΕΠΡΑΟΤΗΤΟC
ΟΛΩCΑΚΟΥΕΤΕ
ΕΝΥΜΙΝΠΟΡΝΙΑ
ΚΑΙΤΟΙΑΥΤΗΠΟΡΝΕΙΑ
ΗΤΙCΟΥΔΕΕΝΤΟΙCΕΘΝΕCΙΝ
ΩCΤΕΓΥΝΑΙΚΑΤΟΥΠΑΤΡΟC
ΕΧΕΙΝΤΙΝΑ
ΚΑΙΥΜΙCΠΕΦΥCΙΩΜΕΝΟΙΕCΤΕ
ΚΑΙΟΥΧΙΜΑΛΛΟΝΕΠΕΝΘΗCΑΤΕ
ΙΝΑΑΡΘΗΕΚΜΕCΟΥΥΜΩΝ
ΟΤΟΕΡΓΟΝΤΟΥΤΟΠΟΙΗCΑC
ΕΓΩΜΕΝΓΑΡΑΠΩΝΤΩCΩΜΑΤΙ
ΠΑΡΩΝΔΕΤΩΠ̅Ν̅Ι̅
ΗΔΗΚΕΚΡΙΚΑΩCΠΑΡΩΝ
ΤΟΝΟΥΤΩCΤΟΥΤΟΚΑΤΕΡΓΑCΑΜΕΝΟ̅
ΕΝΤΩΟΝΟΜΑΤΙΤΟΥΚ̅Υ̅ΗΜΩΝΙ̅Υ̅
CΥΝΑΧΘΕΝΤΩΝΥΜΩΝ
ΚΑΙΤΟΥΕΜΟΥΠ̅Ν̅C̅CΥΝΤΗΔΥΝΑΜΕΙ

QVID VVLTIS IN VIRGAM
VENIAM AD VOS
AVT IN CARITATE
S̅P̅S̅ QVOQVE MANSVETVDINIS
OMNINO AVDITVR
INTER VOS FORNICATIO
ET TALIS FORNICATIO
QVALES NEC INTER GENTES
ITA VXOREM PATRIS
ALIQVIS HABEAT
ET VOS INFLATI ESTIS
ET NON POTIVS LVCTVM HABVISTIS
VT TOLLERETVR DE MEDIO VESTRVM
QVI HOC OPVS FECIT
EGO ENIM VT ABSENS CORPORE
PRAESENS AVTEM S̅P̅S̅
IAM IVDICAVI VT PRAESENS
EVM QVI SIC OPERATVS EST
IN NOMINE D̅M̅I̅ NOSTRI I̅H̅V̅
CONGREGATIS VOBIS
ET SPIRITV MEO CVM VIRTVTE

ΤΟΥΚ̅Υ̅ΗΜΩΝΙ̅Υ̅	D̅M̅I̅ NOSTRI I̅H̅V̅
ΠΑΡΑΔΟΥΝΑΙΤΟΝΤΟΙΟΥΤΟΝΤΩϹΑΤΑΝΑ	TRADERE HVIVSMODI SATANAE
ΕΙϹΟΛΕΘΡΟΝΤΗϹϹΑΡΚΟϹ	IN INTERITVM CARNIS
ΙΝΑΤΟΠ̅Ν̅Α̅ϹΩΘΗ	VT S̅P̅S̅ SALVVS SIT
ΕΝΤΗΗΜΕΡΑΤΟΥΚ̅Υ̅Ι̅Υ̅Χ̅Υ̅	IN DIEM D̅M̅I̅ I̅H̅V̅ X̅P̅I̅
ΟΥΚΑΛΟΝΤΟΚΑΥΧΗΜΑΥΜΩΝ	NON BONA GLORIATIO VESTRA
ΟΥΚΟΙΔΑΤΕΟΤΙΚΡΑΖΥΜΗ	NESCITIS QVIA MODICVM FERMENTV̅
ΟΛΟΝΤΟΦΥΡΑΜΑΔΟΛΟΙ	TOTAM MASSAM CORRVMPIT
ΕΚΚΑΘΑΡΑΤΕΤΗΝΠΑΛΑΙΑΝΖΥΜΗΝ	EXPVRGATE VETVS FERMENTVM
ΙΝΑΗΤΕΝΕΟΝΦΥΡΑΜΑ	VT SITIS NOVA CONSPARSIO
ΚΑΘΩϹΕϹΤΕΑΖΥΜΟΙ	SICVT ESTIS AZYMI
ΚΑΙΓΑΡΤΟΠΑϹΧΑΗΜΩΝΕΤΥΘΗ	ETENIM PASCHA NOSTRVM
ΕΤΥΘΗΧ̅Ϲ̅	IMMOLATVS EST X̅P̅S̅
ΩϹΤΕΕΟΡΤΑΖΟΜΕΝ	ITAQVE DIEM FESTVM CELEBREMVS
ΜΗΕΝΖΥΜΗΠΑΛΑΙΑ	NON IN FERMENTO VETERE
ΜΗΔΕΕΝΖΥΜΗΚΑΚΙΑϹ	NEQVE IN FERMENTO MALITIAE
ΚΑΙΠΟΝΗΡΙΑϹ	ET NEQVITIAE
ΑΛΛΕΝΑΖΥΜΟΙϹΙΛΙΚΡΙΝΙΑϹ	SED IN AZYMIS SINCERITATIS
ΚΑΙΑΛΗΘΙΑϹ	ET VERITATIS
ΕΓΡΑΨΑΥΜΙΝΕΝΤΗΕΠΙϹΤΟΛΗ	SCRIPSI VOBIS IN EPISTVLAM
ΜΗϹΥΝΑΝΑΜΙΓΝΥϹΘΑΙΠΟΡΝΟΙϹ	NON CONMISCERI FORNICARIIS

ΟΥΠΑΝΤΩϹΤΟΙϹΠΟΡΝΟΙϹ
ΤΟΥΤΟΥΤΟΥΚΟϹΜΟΥ
ΗΤΟΙϹΠΛЄΟΝЄΚΤΑΙϹΚΑΙΑΡΠΑΞΙΝ
ΗЄΙΔΩΛΟΛΑΤΡΑΙϹ
ЄΠЄΙΩΦΙΛЄΤЄΑΡΑ
ЄΚΤΟΥΚΟϹΜΟΥЄΞЄΛΘΙΝ
ΝΥΝЄΙΔЄЄΓΡΑΨΑΥΜΙΝ
ΜΗϹΥΝΑΝΑΜΙΓΝΥϹΘΑΙ
ЄΑΝΤΙϹΑΔЄΛΦΟϹΟΝΟΜΑΖΟΜЄΝΟϹ
ΗΠΟΡΝΟϹΗΠΛЄΟΝЄΚΤΗϹ
ΗЄΙΔΩΛΟΛΑΤΡΗϹ
ΗΛΟΙΔΟΡΟϹΗΜЄΘΥϹΟϹ
ΗΑΡΠΑΞ
ΤΩΤΟΙΟΥΤΩΜΗΔЄϹΥΝЄϹΘΙЄΙΝ
ΤΙΓΑΡΜΟΙΚΑΙΤΟΥϹЄΞΩ
ΚΡΙΝЄΙΝ
ΟΥΧΙΤΟΥϹЄϹΩΥΜЄΙϹΚΡΙΝЄΤЄ
ΤΟΥϹΔЄЄΞΩΟΘ̅Ϲ̅ΚΡΙΝЄΙ
ЄΞΑΡΑΤЄΤΟΝΠΟΝΗΡΟΝЄΞΥΜΩΝΑΥΤΩΝ
ΤΟΛΜΑΤΙϹΥΜΩΝ
ΠΡΟϹΤΟΝЄΤЄΡΟΝ

NON VTIQVE FORNICARIIS
HVIVS MVNDI
AVT AVARIS ET RAPACIBVS
AVT IDOLATRIS
ALIOQVIN DEBVERATIS
DE HOC MVNDO EXIRE
NVNC AVTEM SCRIPSI VOBIS
NON CONMISCERI
SI QVIS FRATER NOMINETVR
FORNICATOR AVT AVARVS
AVT IDOLORVM CVLTOR
AVT MALEDICVS AVT EBRIOSVS
AVT RAPAX
CVM EIVSMODI NEC CIBVM SVMERE
QVID ENIM MIHI DE HIS QVI FORIS SVNT
IVDICARE
NON DE HIS QVI INTVS SVNT IVDICATIS
QVI AVTEM FORIS SVNT D̅S̅ IVDICAT
AVTFERTE MALVM DE VOBIS IPSIS
AVTDET ALIQVIS VESTRVM
ADVERSVS ALTERVM

ΠΡΑΓΜΑΕΧΩΝ	NEGOTIVM HABENT
ΚΡΙΝΕϹΘΑΙΕΠΙΤΩΝΑΔΙΚΩΝ	IVDICARI APVT INIVSTOS
ΚΑΙΟΥΧΙΕΠΙΤΩΝΑΓΙΩΝ	ET NON APVT SANCTOS
ΗΟΥΚΟΙΔΑΤΕΟΤΙΟΙΑΓΙΟΙ	AVT NESCITIS QVIA SANCTI
ΤΟΝΚΟϹΜΟΝΚΡΙΝΟΥϹΙΝ	DE HOC MVNDO IVDICABVNT
ΚΑΙΕΝΥΜΙΝΚΡΙΝΕΤΑΙΟΚΟϹΜΟϹ	ET IN VOBIS IVDICABITVR HIC MVNDVS
ΑΝΑΞΙΟΙΕϹΤΕΚΡΙΤΗΡΙΩΝΕΛΑΧΙϹΤΩ̅	INDIGNI ESTIS IVDICIORVM MINIMORV̅
ΟΥΚΟΙΔΑΤΕΟΤΙΑΓΓΕΛΟΥϹ	NESCITIS QVONIAM ANGELOS
ΚΡΙΝΟΥΜΕΝΜΗΤΙΓΕΒΙΩΤΙΚΑ	IVDICAMVS NEQVE SAECVLARIA
ΒΙΩΤΙΚΑΜΕΝΟΥΝΚΡΙΤΗΡΙΑ	SAECVLARIA IGITVR IVDICIA
ΕΑΝΕΧΗΤΕ	SI HABVERITIS
ΤΟΥϹΕΞΟΥΘΕΝΗΜΕΝΟΥϹ	CONTEMPTIBILES QVI SVNT
ΕΝΤΗΕΚΚΛΗϹΙΑ	IN ECCLESIA
ΤΟΥΤΟΥϹΚΑΘΙΖΕΤΕ	ILLOS CONSTITVITE
ΠΡΟϹΕΝΤΡΟΠΗΝΥΜΙΝΛΕΓΩ	AD REVERENTIAM VOBIS DICO
ΟΥΤΩϹΟΥΚΕϹΤΙΝΕΝΥΜΙΝϹΟΦΟϹ	SIC NON EST INTER VOS SAPIENS
ΟϹΔΥΝΗϹΕΤΑΙΔΙΑΚΡΙΝΑΙ	QVI POSSIT IVDICARE
ΑΝΑΜΕϹΟΝΤΟΥΑΔΕΛΦΟΥΑΥΤΟΥ	INTER FRATREM SVVM
ΑΛΛΑΑΔΕΛΦΟϹΜΕΤΑΑΔΕΛΦΟΥ	SED FRATREM CVM FRATRE
ΚΡΕΙΝΕΤΑΙ	IVDICIO CONTENDIT
ΚΑΙΤΟΥΤΟΜΕΤΑΑΠΙϹΤΩΝ	ET HOC APVT INFIDELIS

ΗΔΗΜЄΝΟΛωC
ΗΤΗΜΑΥΜΙΝЄCΤΙΝ
ΟΤΙΚΡΙΜΑΤΑЄΧЄΤЄΜЄΘЄΑΥΤώΝ
ΔΙΑΤΙΟΥΧΙΜΑΛΛΟΝΑΔΙΚЄΙCΘΑΙ
ΔΙΑΤΙΟΥΧΙΜΑΛΛΟΝΑΠΟCΤЄΡΙCΘΑΙ
ΑΛΛΥΜΙCΑΠΟCΤЄΡΙΤЄ
ΚΑΙΑΔΙΚЄΙΤЄ
ΚΑΙΤΟΥΤΟΑΔЄΛΦΟΥC
ΗΟΥΚΟΙΔΑΤЄΟΤΙΑΔΙΚΟΙ
Θ̄ῩΒΑCΙΛΙΑΝΟΥΚΛΗΡΟΝΟΜΗCΟΥCῙ
ΜΗΠΛΑΝΑCΘΑΙ
ΟΥΔЄΠΟΡΝΟΙ
ΟΥΔЄЄΙΔωΛΟΛΑΤΡΑΙ
ΟΥΔЄΜΟΙΧΟΙΟΥΔЄΜΑΛΑΚΟΙ
ΟΥΔЄΑΡCЄΝΟΚΟΙΤΑΙ
ΟΥΔЄΚΛЄΠΤΑΙΟΥΔЄΠΛЄΟΝЄΚΤΑΙ
ΟΥΤЄΜЄΘΥCΟΙΟΥΤЄΛΟΙΔΟΡΟΙ
ΟΥΧΑΡΠΑΓЄC
Θ̄ῩΒΑCΙΛΙΑΝΚΛΗΡΟΝΟΜΗCΟΥCΙΝ
ΚΑΙΤΑΥΤΑΤΙΝЄCΗΤЄ
ΑΛΛΑΠЄΛΟΥCΑCΘΑΙ

QVIDEM OMNINO
DELICTVM EST VOBIS
QVIA IVDICIA HABETIS INTER VOS
QVARE NON MAGIS INIVRIAM PATIMINI
QVARE NON MAGIS FRAVDAMINI
SED VOS FRAVDATIS
ET INIVRIAM FACITIS
ET HOC FRATRIBVS
AVT NESCITIS QVONIAM INIQVI
REGNVM D̄Ī NON POSSIDEBVNT
NOLITE ERRARE
NEQVE INPVDICI
NEQVE IDOLISERVIENTES
NEQVE ADVLTERI NEQVE MOLLES
NEQVE MASCVLORVM CONCVBITORES
NEQVE FVRES NEQVE AVARI
NEQVE EBRIOSI NEQVE MALEDICI
NEQVE RAPACES
REGNVM D̄Ī POSSIDEBVNT
SED HAEC ALIQVANDO FVISTIS
SED ABLVTI ESTIS

Greek	Latin
ΑΛΛΑΗΓΙΑϹΘΗΤЄ	SED SANCTIFICATI ESTIS
ΑΛΛΑЄΔΙΚΑΙѠΘΗΤЄ	SED IVSTIFICATI ESTIS
ЄΝΤѠΟΝΟΜΑΤΙΤΟΥΚ̅Υ̅Ι̅Υ̅Χ̅Υ̅	IN NOMINE D̅M̅I̅ I̅H̅V̅ X̅P̅I̅
ΚΑΙЄΝΤѠΠ̅Ν̅ΙΤΟΥΘ̅Υ̅ΗΜѠΝ	ET IN S̅P̅V̅ D̅I̅ NOSTRI
ΠΑΝΤΑΜΟΙЄΞЄϹΤΙΝΑΛΛΟΥΠΑΝΤΑ	OMNIA MIHI LICENT SED NON OMNIA
ϹΥΝΦЄΡЄΙΠΑΝΤΑΜΟΙЄΞЄϹΤΙΝ	EXPEDIVNT OMNIA MIHI LICENT
ΑΛΛΟΥΚЄΓѠЄΞΟΥϹΙΑϹΘΗϹΟΜΑΙ	SED EGO NVLLIVS REDIGAR
ΥΠΟΤΙΝΟϹ	AD QVIBVS
ΤΑΒΡѠΜΑΤΑΤΗΚΟΙΛΙΑ	ESCAE VENTRI
ΚΑΙΗΚΟΙΛΙΑΤΟΙϹΒΡѠΜΑϹΙΝ	ET VENTER ESCIS
ΟΔЄΘ̅Ϲ̅ΚΑΙΤΑΥΤΗΝ	D̅S̅ AVTEM ET HANC
ΚΑΙΤΑΥΤΑΚΑΤΑΡΓΗϹЄΙ	ET HAEC DESTRVET
ΤΟΔЄϹѠΜΑΟΥΤΗΠΟΡΝΙΑ	CORPVS AVTEM NON FORNICATIONI
ΑΛΛΑΤѠΚ̅Ѡ̅	SED D̅M̅O̅
ΚΑΙΟΚ̅Ϲ̅ΤѠϹѠΜΑΤΙ	ET D̅M̅S̅ CORPORI
ΟΔЄΘ̅Ϲ̅ΚΑΙΤΟΝΚ̅Ν̅ΗΓЄΙΡЄΝ	D̅S̅ AVTEM ET D̅O̅N̅ SVSCITAVIT
ΚΑΙΗΜΑϹЄΞЄΓΙΡЄΙ	ET NOS SVSCITAT
ΔΙΑΤΗϹΔΥΝΑΜЄѠϹΑΥΤΟΥ	PER VIRTVTEM SVAM
ΟΥΚΟΙΔΑΤЄΟΤΙΤΑϹѠΜΑΤΑΥΜѠΝ	NESCITIS QVIA CORPORA VESTRA
ΜЄΛΗΧ̅Υ̅ЄϹΤΙΝ	MENBRA X̅P̅I̅ SVNT
ΑΡΑϹΟΥΝΤΑΜЄΛΗΤΟΥΧ̅Υ̅	TOLLENS ERGO MENBRA X̅P̅I̅

ΠΟΙΗϹΩΜΕΛΗΠΟΡΝΗϹ
ΜΗΓΕΝΟΙΤΟ
ΟΥΚΟΙΔΑΤΕΟΤΙΟΚΟΛΛΩΜΕΝΟϹ
ΤΗΠΟΡΝΗΕΝϹΩΜΑΕϹΤΙΝ
ΕϹΟΝΤΑΙΓΑΡΦΗϹΙΝΟΙΔΥΟ
ΕΙϹϹΑΡΚΑΜΙΑΝ
ΟΔΕΚΟΛΛΩΜΕΝΟϹΤΩΚ̅Ω̅
ΕΝΠ̅Ν̅ΑΕϹΤΙΝ
ΦΕΥΓΕΤΕΤΗΝΠΟΡΝΙΑΝ
ΠΑΝΑΜΑΡΤΗΜΑΟΑΝ
ΠΟΙΗϹΗΑ̅Ν̅Ο̅Ϲ̅
ΕΚΤΟϹΤΟΥϹΩΜΑΤΟϹΕϹΤΙΝ
ΟΔΕΠΟΡΝΕΥΩΝ
ΕΙϹΤΟΙΔΙΟΝϹΩΜΑΑΜΑΡΤΑΝΕΙ
ΗΟΥΚΟΙΔΑΤΕΟΤΙΤΟϹΩΜΑΥΜΩΝ
ΝΑΟϹΤΟΥΕΝΥΜΙΝΑΓΙΟΥ
Π̅Ν̅Ϲ̅ΕΙϹΤΙΝ
ΟΥΕΧΕΤΕΑΠΟΘ̅Υ̅
ΚΑΙΟΥΚΕϹΤΕΕΑΥΤΩΝ
ΗΓΟΡΑϹΘΗΤΕΓΑΡΤΕΙΜΗϹ
ΔΟΞΑϹΑΤΕΔΗΤΟΝΘ̅Ν̅

FACIAM MEMBRA MERETRICIS
ABSIT
AVT NESCITIS QVIA QVI SE IVNGIT
MERETRICI VNVM CORPVS EST
ERVNT ENIM INQVID DVO
IN CARNE VNA
QVI AVTEM SE IVNGIT D̅M̅O̅
VNVS S̅P̅S̅ EST
FVGITE FORNICATIONEM
OMNE PECCATVM QVODCVMQVE
FECERIT HOMO
EXTRA CORPVS EST
QVI AVTEM FORNICATVR
IN CORPVS SVVM PECCAT
AVT NESCITIS QVIA CORPVS VESTRVM
TEMPLVM QVOD IN VOBIS SANCTI
S̅P̅S̅ EST
QVEM HABETIS A D̅O̅
ET· NON ESTIS VESTRI
EMPTI ENIM ESTIS PRAETIO
GLORIFICATE D̅M̅

ΕΝΤΩϹΩΜΑΤΙΥΜΩΝ
ΠΕΡΙΔΕΩΝΕΓΡΑΨΑΤΕΜΟΙ
ΚΑΛΟΝΑ̅Ν̅Ω̅ΓΥΝΑΙΚΟϹ
ΓΥΝΑΙΚΟϹΜΗΑΠΤΕϹΘΑΙ
ΔΙΑΔΕΤΑϹΠΟΡΝΙΑϹ
ΕΚΑϹΤΟϹΤΗΝΕΑΥΤΟΥΓΥΝΑΙΚΑΕΧΕΤΩ
ΚΑΙΕΚΑϹΤΗΤΟΝΙΔΙΟΝΑΝΔΡΑΕΧΕΤΩ
ΤΗΓΥΝΑΙΚΙΟΑΝΗΡΤΗΝΟΦΙΛΗΝ
ΑΠΟΔΙΔΟΤΩ
ΟΜΟΙΩϹΔΕΚΑΙΗΓΥΝΗΤΩΑΝΔΡΙ
ΗΓΥΝΗΤΟΥΙΔΙΟΥϹΩΜΑΤΟϹ
ΟΥΚΕΞΟΥϹΙΑΖΕΙΑΛΛΟΑΝΗΡ
ΟΜΟΙΩϹΔΕΚΑΙΟΑΝΗΡ
ΤΟΥΙΔΙΟΥϹΩΜΑΤΟϹΟΥΚΕΞΟΥϹΙΑΖΕΙ
ΑΛΛΑΗΓΥΝΗ
ΜΗΑΠΟϹΤΕΡΕΙΤΕΑΛΛΗΛΟΥϹ
ΕΙΜΗΤΙΑΝΕΚϹΥΜΦΩΝΟΥ
ΠΡΟϹΚΑΙΡΟΝ
ΙΝΑϹΧΟΛΑϹΗΤΕΤΗΠΡΟϹΕΥΧΗ
ΚΑΙΠΑΛΙΝΕΠΙΤΟΑΥΤΟΗΤΕ
ΙΝΑΜΗΠΕΙΡΑΖΗΥΜΑϹΟϹΑΤΑΝΑϹ

IN CORPORE VESTRO
DE QVIBVS AVTEM SCRIPSISTIS MIHI
BONVM EST HOMINI
MVLIEREM NON TANGERE
PROPTER FORNICATIONES AVTEM
VNVSQVISQVE SVAM VXOREM HABEAT
ET VNAQVEQVE SVVM VIRVM HABEAT
VXORI VIR DEBITVM
REDDAT
SIMILITER AVTEM ET VXOR VIRO
MVLIER SVI CORPORIS
POTESTATEM NON HABET SED VIR
SIMILITER AVTEM ET VIR
SVI CORPORIS POTESTATEM NON HABET
SED MVLIER
NOLITE FRAVDARE INVICEM
NISI FORTE EX CONSENSV
AD TEMPVS
VT VACETIS ORATIONI
ET ITERVM AD ID IPSVM
NE VOS TEMPTET SATANAS

ΔΙΑΤΗΝΑΚΡΑϹΙΑΝΥΜΩΝ
ΤΟΥΤΟΔЄΛЄΓΩΚΑΤΑϹΥΓΝΩΜΗΝ
ΟΥΚΑΤЄΠΙΤΑΓΗΝ
ΘЄΛΩΔЄΠΑΝΤΑϹΑ̅Ν̅Ο̅Υ̅ϹЄΙΝΑΙ
ΩϹΚΑΙЄΜΑΥΤΟΝ
ΑΛΛΑЄΚΑϹΤΟϹΙΔΙΟΝЄΧЄΙ
ΧΑΡΙϹΜΑЄΚΤΟΥΘ̅Υ̅
ΟΜЄΝΟΥΤΩϹΟΔЄΟΥΤΩϹ
ΛЄΓΩΔЄΤΟΙϹΑΓΑΜΟΙϹ
ΚΑΙΤΑΙϹΧΗΡΑΙϹ
ΚΑΛΟΝΑΥΤΟΙϹЄΑΝΜΙΝΩϹΙΝ
ΩϹΚΑΙЄΓΩ
ЄΙΔЄΟΥΚЄΝΚΡΑΤЄΥΟΝΤΑΙ
ΓΑΜΗϹΑΤΩϹΑΝ
ΚΡΙΤΤΟΝΓΑΡΓΑΜΗϹΑΙΗΠΥΡΟΥϹΘΑΙ
ΤΟΙϹΔЄΓЄΓΑΜΗΚΟϹΙΝ
ΠΑΡΑΓΓЄΛΛΩΟΥΚЄΓΩ
ΑΛΛΑΟΚ̅Ϲ̅ΓΥΝΑΙΚΑΑΠΟΑΝΔΡΟϹ
ΜΗΧΩΡΙΖЄϹΘΑΙЄΑΝΔЄΚΑΙΧΩΡΙϹΘΗ
ΜЄΝЄΤΩΑΓΑΜΟϹΗΤΩΑΝΔΡΙΚΑΤΑΛΛΑΓΗΤΩ
ΚΑΙΑΝΔΡΑΓΥΝΑΙΚΑΜΗΑΦΙЄΝΑΙ

PROPTER INTEMPERANTIAM VESTRĀ
HOC AVTEM DICO SECVNDVM CONSILIV̄
NON SECVNDVM IMPERIVM
VOLO AVTEM OMNES HOMINES ESSE
SICVT ET ME IPSVM
SED VNVSQVISQVE PROPRIVM HABET
DONVM A D̅N̅O̅
ALIVS SIC ALIVS AVTEM SIC
DICO AVTEM HIS QVI SINE VXORIBVS SVNT
ET VIDVIS
BONVM EST ILLIS SI SIC MANSERINT
SICVT ET EGO
QVODSI NON SE CONTINENT
NVBANT
MELIVS EST ENIM NVBERE QVAM VRI
HIS AVTEM QVI MATRIMONIO IVNCTI SVNT
PRAECIPIO NON EGO
SED D̅M̅S̅ VXOREM A VIRO
NON DISCEDERE QVODSI DISCESSERIT
MANERE INNVPTAM AVT VIRO RECONCILIARI
ET VIR VXOREM NE DIMITTAT

ΤΟΙϹΔΕΛΟΙΠΟΙϹΟΥΧΕΓΩΛΕΓΩΟΥΧΟΚ̅Ϲ̅
ΕΙΤΙϹΑΔΕΛΦΟϹΓΥΝΑΙΚΑΕΧΕΙ
ΑΠΙϹΤΟΝ
ΚΑΙΑΥΤΗϹΥΝΕΥΔΟΚΕΙ
ΟΙΚΕΙΝΜΕΤΑΥΤΟΥ
ΜΗΑΦΙΕΤΩΑΥΤΗΝ
ΚΑΙΓΥΝΗΕΙΤΙϹΕΧΕΙΑΝΔΡΑ
ΑΠΙϹΤΟΝ
ΚΑΙΟΥΤΟϹϹΥΝΕΥΔΟΚΕΙ
ΟΙΚΕΙΝΜΕΤΑΥΤΗϹ
ΜΗΑΦΙΕΤΩΤΟΝΑΝΔΡΑ
ΗΓΙΑϹΤΕΓΑΡΟΑΝΗΡ
ΟΑΠΙϹΤΟϹ
ΕΝΤΗΓΥΝΑΙΚΙΤΗΠΙϹΤΗ
ΚΑΙΗΓΙΑϹΤΑΙΗΓΥΝΗ
ΗΑΠΙϹΤΟϹΕΝΤΩΑΔΕΛΦΩ
ΕΠΕΙΑΡΑΤΑΤΕΚΝΑΥΜΩΝ
ΑΚΑΘΑΡΤΑΕϹΤΙΝ
ΝΥΝΕΙΔΕΑΓΙΑΕϹΤΙΝ
ΕΙΔΕΟΑΠΙϹΤΟϹΧΩΡΙΖΕΤΕ
ΧΩΡΙΖΕϹΘΩ

CETERIS AVTEM EGO DICO NON D̅M̅S̅
SI QVIS FRATER VXOREM HABET
INFIDELEM
ET HAEC CONSENSIT
HABITARE CVM ILLO
NON DIMITTAT ILLAM
ET SI QVA MVLIER HABET VIRVM
INFIDELEM
ET HIC CONSENTIT
HABITARE CVM ILLA
NON DIMITTAT VIRVM
SANCTIFICATVS ENIM VIR
INFIDELIS
IN VXORE FIDEI
ET SANCTIFICATA EST MVLIER
INFIDELIS IN FRATRE
ALIOQVIN FILI VESTRI
IMMVNDI ESSENT
NVNC AVTEM SANCTI SVNT
QVODSI INFIDELIS DISCEDIT
DISCEDAT

ΟΥΔЄΔΟΥΛΩΤΑΙ	NON EST SERVITVTI SVBIECTVS
ΟΑΔЄΛΦΟϹΗΗΑΔЄΛΦΗ	FRATER AVT SOROR
ЄΝΤΟΙϹΤΟΙΟΥΤΟΙϹ	IN EIVSMODI
ЄΝΔЄЄΙΡΗΝΗ	IN PACEM AVTEM
ΚЄΚΛΗΚЄΝΗΜΑϹΟΘ̅Ϲ̅	VOCAVIT NOS D̅S̅
ΤΙΓΑΡΟΙΔΑϹΓΥΝΑΙ	QVID ENIM SCIS MVLIER
ЄΙΤΟΝΑΝΔΡΑϹΩϹЄΙϹ	SI VIRVM SALVVM FACIES
ΗΤΙΟΙΔΑϹΑΝЄΡ	AVT QVID SCIS VIR
ЄΙΤΗΝΓΥΝΑΙΚΑϹΩϹЄΙϹ	SI VXOREM SALVAM FACIES
ЄΙΜΗЄΚΑϹΤΩΩϹЄΜЄΡΙϹЄΝΟΚ̅Ϲ̅	NISI VNICVIQVE SICVT DIVISIT D̅M̅S̅
ЄΚΑϹΤΟΝΩϹΚЄΚΛΗΚЄΝΟΘ̅Ϲ̅	VNVMQVEMQVE SICVT VOCABIT D̅S̅
ΟΥΤΩϹΠЄΡΙΠΑΤЄΙΤΩ	ITA AMBVLET
ΚΑΙΟΥΤΩϹЄΝΤΑΙϹЄΚΚΛΗϹΙΑΙϹ	ET ITA IN ECCLESIIS
ΠΑϹΑΙϹΔΙΔΑϹΚΩ	OMNIBVS DOCEO
ΠЄΡΙΤЄΤΜΗΜЄΝΟϹЄΚΛΗΘΗΤΙϹ	CIRCVMCISVS QVI VOCATVS EST
ΜΗЄΠΙϹΠΑϹΘΩ	NON ADDVCAT PRAEPVTIVM
ЄΝΑΚΡΟΒΥϹΤΙΑΤΙϹΚЄΚΛΗΤΑΙ	IN PRAEPVTIO ALIQVIS VOCATVS EST
ΜΗΠЄΡΙΤЄΜΝЄϹΘΩ	NON CIRCVMCIDATVR
ΗΠЄΡΙΤΟΜΗΟΥΔЄΝЄϹΤΙΝ	CIRCVMCISIO NIHIL EST
ΚΑΙΗΑΚΡΟΒΥϹΤΙΑΟΥΔЄΝЄϹΤΙΝ	ET PRAEPVTIVM NIHIL EST
ΑΛΛΑΤΗΡΗϹΙϹЄΝΤΟΛΩΝΘ̅Υ̅	SED SERVA MANDATVM D̅I̅

ΕΚΑϹΤΟϹΕΝΤΗΚΛΗϹΕΙ
ΗΕΚΛΗΘΗ
ΕΝΤΑΥΤΗΜΕΝΕΤΩ
ΔΟΥΛΟϹΕΚΛΗΘΗϹ
ΜΗϹΟΙΜΕΛΕΤΩ
ΑΛΛΑΕΙΚΑΙΔΥΝΑϹΕΕΛΕΥΘΕΡΟϹΓΕΝΕϹΘΕ
ΜΑΛΛΟΝΧΡΗϹΑΙ
ΟΓΑΡΕΝΚ̅Ω̅ΚΛΗΘΕΙϹΔΟΥΛΟϹ
ΑΠΕΛΕΥΘΕΡΟϹΚ̅Υ̅ΕϹΤΙΝ
ΟΜΟΙΩϹΔΕΚΑΙΟΕΛΕΥΘΕΡΟϹ
ΚΛΗΘΕΙϹ
ΔΟΥΛΟϹΕϹΤΙΝΧ̅Υ̅
ΤΕΙΜΗϹΗΓΟΡΑϹΘΗΤΕ
ΜΗΓΕΙΝΕϹΘΑΙΔΟΥΛΟΙΑ̅Ν̅Ω̅Ν̅
ΕΚΑϹΤΟϹΑΔΕΛΦΟΙ
ΕΝΩΕΚΛΗΘΗΤΕ
ΕΝΤΟΥΤΩΜΕΝΕΤΩΠΑΡΑΘ̅Ω̅
ΠΕΡΙΔΕΤΩΝΠΑΡΘΕΝΩΝ
ΕΠΙΤΑΓΗΝΚ̅Υ̅ΟΥΚΕΧΩ
ΓΝΩΜΗΝΔΕΔΙΔΩΜΙ
ΩϹΗΛΕΗΜΕΝΟϹΥΠΟΚ̅Υ̅

VNVSQVISQVE IN QVA VOCATIONE
VOCATVS EST
IN IPSA PERMANEAT
SERVVS VOCATVS ES
NIHIL CVRES
SED ET SI POTES LIBER FIERI
MAGIS VTERE
QVI ENIM IN D̅N̅O̅ VOCATVS EST SERVVS
LIBERTVS EST D̅N̅I̅
SIMILITER AVTEM ET QVI LIBER
VOCATVS EST
SERVVS EST X̅P̅I̅
PRAETIO EMPTI ESTIS
NOLITE FIERI SERVI HOMINVM
VNVSQVISQVE FRATRES
IN QVO VOCATVS EST
IN HOC MANEAT APVT D̅M̅
DE VIRGINIBVS AVTEM
PRAECEPTVM D̅N̅I̅ NON HABEO
CONSILIVM AVTEM DO
TAMQVAM MISERICORDIAM CONSECVTVS A D̅M̅O̅

ΠΙϹΤΟϹΕΙΝΑΙ	VT FIDELIS SIM
ΝΟΜΙΖΩΟΥΝΤΟΥΤΟΚΑΛΟΝΥΠΑΡΧΕΙ̅	EXISTIMO ENIM HOC BONVM ESSE
ΔΙΑΤΗΝΕΝΕϹΤΩϹΑΝ	PROPTER INSTANTEM
ΑΝΑΓΚΗΝ	NECESSITATEM
ΟΤΙΚΑΛΟΝΕϹΤΙΝΑ̅Ν̅Ω̅	QVIA OPTIMVM EST HOMINĒ
ΤΟΟΥΤΩϹΕΙΝΑΙ	SIC ESSE
ΔΕΔΕϹΕΓΥΝΑΙΚΙ	ALLIGATVS EST VXORI
ΜΗΖΗΤΙΛΥϹΙΝ	NOLI QVAERERE SOLVTIONEM
ΛΕΛΥϹΑΙΑΠΟΓΥΝΑΙΚΟϹ	SOLVTVS EST AB VXOREM
ΜΗΖΗΤΕΙΓΥΝΑΙΚΑ	NOLI QVAERERE VXOREM
ΕΑΝΔΕΚΑΙΛΑΒΗϹΓΥΝΑΙΚΑ	SI AVTEM ACCEPERIS VXOREM
ΟΥΚΗΜΑΡΤΕϹ	NON PECCASTI
ΚΑΙΕΑΝΓΑΜΗΗΠΑΡΘΕΝΟϹΟΥΚΗΜΑΡΤΕ̅	ET SI NVPSERIT VIRGO NON PECCAVIT
ΘΛΙΨΙΝΔΕΕΝΤΗϹΑΡΚΙ	TRIBVLATIONEM TAMEN CARNIS
ΕΞΟΥϹΙΝΟΙΤΟΙΟΥΤΟΙ	HABEBVNT HVIVSMODI
ΕΓΩΔΕΥΜΩΝΦΙΔΟΜΑΙ	EGO AVTEM VOBIS PARCO
ΤΟΥΤΟΔΕΦΗΜΙΑΔΕΛΦΟΙ	HOC AVTEM DICO FRATRES
ΟΤΙΟΚΑΙΡΟϹϹΥΝΕϹΤΑΛΜΕΝΟϹΕϹΤΙ̅	QVIA TEMPVS BREVIATVM EST
ΛΟΙΠΟΝ	RELICVVM EST
ΙΝΑΚΑΙΟΙΕΧΟΝΤΕϹΓΥΝΑΙΚΑϹ	VT ET QVI HABENT VXORES
ΩϹΜΗΕΧΟΝΤΕϹΩϹΙΝ	TANQVAM NON HABENTES SINT

ΚΑΙΟΙΚΛΕΟΝΤΕϹ
ωϹΜΗΚΛΕΟΝΤΕϹΚΑΙΟΙΧΑΙΡΟΝΤΕϹ
ωϹΜΗΧΑΙΡΟΝΤΕϹ
ΚΑΙΟΙΑΓΟΡΑΖΟΝΤΕϹ
ωϹΜΗΚΑΤΕΧΟΝΤΕϹ
ΚΑΙΟΙΧΡωΜΕΝΟΙΤΟΝΚΟϹΜΟΝΤΟΥΤΟ̄
ωϹΜΗΚΑΤΑΧΡωΜΕΝΟΙ
ΠΑΡΑΓΕΙΓΑΡΤΟϹΧΗΜΑ
ΤΟΥΚΟϹΜΟΥΤΟΥΤΟΥ
ΘΕΛωΔΕΥΜΑϹΑΜΕΡΙΜΝΟΥϹΕΙΝΑΙ
ΟΑΓΑΜΟϹΜΕΡΙΜΝΑ
ΤΑΤΟΥΚ̅Υ̅
ΠωϹΑΡΕϹΗΤωΚ̅ω̅
ΟΔΕΓΑΜΗϹΑϹΜΕΡΙΜΝΑ
ΤΑΤΟΥΚΟϹΜΟΥ
ΠωϹΑΡΕϹΗΤΗΓΥΝΑΙΚΙ
ΚΑΙΜΕΜΕΡΙϹΤΑΙΗΓΥΝΗ
ΚΑΙΗΠΑΡΘΕΝΟϹ
ΗΑΓΑΜΟϹΜΕΡΙΜΝΑΤΑΤΟΥΚ̅Υ̅
ΙΝΑΗΑΓΙΑϹωΜΑΤΙΚΑΙΠ̅Ν̅Ι̅
ΗΔΕΓΑΜΗϹΑϹΑ

ET QVI FLENTES
TANQVAM NON FLENTES ET QVI GAVDENT
TANQVAM NON GAVDENTES
ET QVI EMVNT
TANQVAM NON POSSIDENTES
ET QVI VTVNTVR HVNC MVNDVM
TANQVAM NON VTANTVR
PRAETERIIT ENIM HABITVS
HVIVS MVNDI
VOLO VOS SINE SOLLICITVDINE ESSE
QVI SINE VXORE EST SOLLICITVS EST
QVAE SVNT D̅M̅I̅
QVOMODO PLACEAT D̅M̅O̅
QVI AVTEM CVM VXORE EST COGITAT
QVAE SVNT HVIVS MVNDI
QVOMODO PLACEAT VXORI
DIVISA EST ET MVLIER
ET VIRO
QVAE INNVPTA EST COGITAT QVAE SVNT D̅M̅I̅
VT SIT SANCTA ET CORPORE ET S̅P̅V̅
QVAE AVTEM NVPTA EST

ΜΕΡΙΜΝΑΤΑΤΟΥΚΟϹΜΟΥ	COGITAT QVAE SVNT MVNDI
ΠωϹΑΡΕϹΗΤωΑΝΔΡΙ	QVOMODO PLACEAT VIRO
ΤΟΥΤΟΔΕΠΡΟϹΤΟΥΜωΝΑΥΤωΝ	HOC AD VESTRAM
ϹΥΜΦΟΡΟΝΛΕΓω	VTILITATEM DICO
ΟΥΧΙΝΑΒΡΟΧΟΝΥΜΙΝΕΠΙΒΑΛω	NON VT LAQVEVM VOBIS INICIAM
ΑΛΛΑΠΡΟϹΤΟΕΥϹΧΗΜΟΝ	SED AD ID QVOD HONESTVM EST
ΚΑΙΕΥΠΑΡΕΔΡΟΝΤωΚ̅ω̅	ET PRAESENTE D̅M̅O̅
ΑΠΕΡΙϹΠΑϹΤωϹ	NON RECEDENTES
ΕΙΔΕΤΙϹΑϹΧΗΜΟΝΙΝΝΟΜΙΖΕΙ	QVODSI QVIS TVRPEM SE EXISTIMAT
ΕΠΙΤΗΝΠΑΡΘΕΝΟΝΑΥΤΟΥ	IN VIRGINEM SVAM
ΕΑΝΗΥΠΕΡΑΚΜΟϹ	SI SVPRA QVAM MATVRA SIT
ΚΑΙΟΥΤωϹΟΦΙΛΙΓΕΙΝΕϹΘΑΙ	ET ITA OPORTET FIERI
ΟΘΕΛΕΙΠΟΙΕΙΤω	QVOD VVLT FACIAT
ΟΥΚΑΜΑΡΤΑΝΕΙΓΑΜΕΙΤω	NON PECCAT SI NVBAT
ΟϹΔΕΕϹΤΗΚΕΝΕΝΤΗΚΑΡΔΙΑΑΥΤΟΥ	QVI AVTEM STATVIT IN CORDE SVO
ΕΔΡΕΟϹΜΗΕΧωΝΑΝΑΓΚΗΝ	NON HABENS NECESSITATEM
ΕΞΟΥϹΙΑΝΔΕΕΧΕΙ	POTESTATEM AVTEM HABET
ΠΕΡΙΤΟΥΙΔΙΟΥΘΕΛΗΜΑΤΟϹ	SVAE VOLVNPTATIS
ΚΑΙΤΟΥΤΟΚΕΚΡΙΚΕΝ	ET HOC STATVIT
ΕΝΤΗΚΑΡΔΙΑΑΥΤΟΥ	IN CORDE SVO
ΤΟΥΤΗΡΙΝΤΗΝΕΑΥΤΟΥΠΑΡΘΕΝΟΝ	VT SERVET VIRGINEM SVAM

ΚΑΛΩϹΠΟΙΕΙ
ΩϹΤΕΚΑΙΟΓΑΜΙΖΩΝ
ΤΗΝΠΑΡΘΕΝΟΝΕΑΥΤΟΥ
ΚΑΛΩϹΠΟΙΕΙ
ΚΑΙΟΜΗΓΑΜΙΖΩΝΚΡΙϹϹΟΝΠΟΙΕΙ
ΓΥΝΗΔΕΔΕΤΕ
ΕΦΟϹΟΝΧΡΟΝΟΝΖΗΟΑΝΗΡΑΥΤΗϹ
ΕΑΝΔΕΚΟΙΜΗΘΗΟΑΝΗΡΑΥΤΗϹ
ΕΛΕΥΘΕΡΑΕϹΤΙΝ
ΩΘΕΛΕΙΓΑΜΗΘΗΝΑΙ
ΜΟΝΟΝΕΝΚΩ
ΜΑΚΑΡΙΩΤΕΡΑΔΕΕϹΤΙΝ
ΕΑΝΟΥΤΩϹΜΕΙΝΗ
ΚΑΤΑΤΗΝΕΜΗΝΓΝΩΜΗΝ
ΔΟΚΩΔΕΚΑΓΩΠΝΑΘΥΕΧΕΙΝ·
ΠΕΡΙΔΕΤΩΝΕΙΔΩΛΟΘΥΤΩΝ
ΟΙΔΑΜΕΝΟΤΙΠΑΝΤΕϹ
ΓΝΩϹΙΝΕΧΟΜΕΝ
ΗΓΝΩϹΙϹΦΥϹΙΟΙ
ΗΔΕΑΓΑΠΗΟΙΚΟΔΟΜΕΙ
ΕΙΔΕΤΙϹΔΟΚΙΕΓΝΩΚΕΝΑΙΤΙ

BENE FACIT
ITAQVE ET QVI NVPTO DAT
VIRGINEM SVAM
BENE FACIT
ET QVI NON DAT NVPTO MELIVS FACIT
MVLIER ALLIGATA EST
QVANTO TEMPORE VIVIT VIR EIVS
QVODSI DORMITIONEM VIR EIVS ACCEPERIT
LIBERATA EST
CVI VVLT NVBAT
TANTVM IN DNO
BEATIOR AVTEM EST
SI SIC PERMANSERIT
SECVNDVM MEVM CONSILIVM
PVTO ET EGO AVTEM SPM DI HABEO
DE HIS AVTEM QVAE IDOLIS SACRIFICANTVR
SCIMVS QVONIAM OMNES
SCIENTIAM HABEMVS
SCIENTIA INFLAT
CARITAS AVTEM AEDIFICAT
QVODSI QVIS SE EXISTIMAT COGNOVISSE ALIQVID

ΟΥΔΕΠΩΕΓΝΩ	NONDVM COGNOVIT
ΚΑΘΩϹΔΕΙΓΝΩΝΑΙ	QVEMADMODVM OPORTEAT SCIRE
ΕΙΔΕΤΙϹΑΓΑΠΑΤΟΝΘ̅Ν̅	SI QVIS AVTEM DILIGIT D̅M̅
ΟΥΤΟϹΕΓΝΩϹΤΑΙΥΠΑΥΤΟΥ	HIC COGNITVS EST AB ILLO
ΠΕΡΙΔΕΤΗϹΓΝΩϹΕΩϹ	DE ESCIS AVTEM
ΤΩΝΕΙΔΩΛΟΘΥΤΩΝ	SACRIFICIORVM
ΟΙΔΑΜΕΝΟΤΙΟΥΔΕΝΕΙΔΩΛΟΝ	SCIMVS QVIA NIHIL IDOLVM
ΕΝΚΟϹΜΩ	IN SAECVLO
ΚΑΙΟΤΙΟΥΔΙϹΘ̅Ϲ̅ΕΙΜΗΕΙϹ	ET QVOD NEMO D̅S̅ NISI VNVS
ΚΑΙΓΑΡΕΙΠΕΡΕΙϹΙΝ	NAM ETSI SINT
ΛΕΓΟΜΕΝΟΙΘΕΟΙΚΑΙΚΥΡΙΟΙ	QVI DICANTVR DII ET DOMINI
ΕΙΤΕΕΝΟΥΡΑΝΩΕΙΤΕΕΠΙΓΗϹ	SIVE IN CAELO SIVE IN TERRA
ΩϹΠΕΡΕΙϹΙΝΘΕΟΙΠΟΛΛΟΙ	SICVT ENIM SVNT DI MVLTI
ΚΑΙΚΥΡΙΟΙΠΟΛΛΟΙ	ET DOMINI MVLTI
ΑΛΛΗΜΙΝΕΙϹΘ̅Ϲ̅ΟΠΑΤΗΡ	SED NOBIS VNVS EST D̅S̅ PATER
ΕΞΟΥΠΑΝΤΑΚΑΙΗΜΙϹΕΙϹΑΥΤΟΝ	EX QVO OMNIA ET NOS IN IPSVM
ΚΑΙΕΙϹΚ̅Ϲ̅Ι̅Ϲ̅Χ̅Ϲ̅ΔΙΟΥΤΑΠΑΝΤΑ	ET VNVS D̅M̅S̅ I̅H̅S̅ PER QVEM OMNIA
ΚΑΙΗΜΙϹΔΙΑΥΤΟΥ	ET NOS PER IPSVM
ΑΛΛΟΥΚΕΝΠΑϹΙΝΗΓΝΩϹΙϹ	SED NON IN OMNIBVS SCIENTIA
ΤΙΝΕϹΔΕΤΗϹΥΝΙΔΗϹΕΙ	QVIDAM AVTEM IN CONSCIENTIA
ΕΩϹΑΡΤΙΤΟΥΕΙΔΩΛΟΥ	VSQVE ADHVC IDOLI

ΩϹΕΙΔΩΛΟΘΥΤΟΝΕϹΘΙΟΥϹΙΝ
ΚΑΙΗϹΥΝΕΙΔΗϹΙϹΑΥΤΩΝ
ΑϹΘΕΝΗϹΟΥϹΑΜΟΛΥΝΕΤΑΙ
ΒΡΩΜΑΔΕΗΜΑϹ
ΟΥΠΑΡΙϹΤΗϹΙΝΤΩΘ̅Ω̅
ΟΥΤΕΓΑΡΕΑΝΦΑΓΩΜΕΝ
ΠΕΡΙϹϹΕΥΟΜΕΝ
ΟΥΤΕΕΑΝΜΗΦΑΓΩΜΕΝ
ΥϹΤΕΡΟΥΜΕΘΑ
ΒΛΕΠΕΤΕΔΕΜΗΠΩϹ
ΗΕΞΟΥϹΙΑΥΜΩΝΑΥΤΗ
ΠΡΟϹΚΟΜΜΑΓΕΝΗΤΑΙ
ΤΟΙϹΑϹΘΕΝΕϹΙΝ
ΕΑΝΓΑΡΤΙϹΙΔΗϹΕ
ΤΟΝΕΧΟΝΤΑΓΝΩϹΙΝ
ΕΝΕΙΔΩΛΙΩΚΑΤΑΚΙΜΕΝΟΝ
ΟΥΧΙΗϹΥΝΙΔΗϹΙϹΑΥΤΟΥ
ΑϹΘΕΝΟΥϹΟΝΤΟϹ
ΟΙΚΟΔΟΜΗΘΗϹΕΤΑΙ
ΕΙϹΤΟΕϹΘΙΕΙΝ
ΤΑΙΔΩΛΟΘΥΤΑ

QVASI IDOLO IMMOLATVM MANDVCANT
ET CONSCIENTIA EORVM
CVM SIT INFIRMA INQVINATVR
ESCA AVTEM NOS
NON COMMENDAT D̅O̅
NEQVE ENIM SI MANDVCAVERIMVS
ABVNDAVIMVS
NEQVE ENIM SI NON MANDVCAVERIMVS
EGEMVS
VIDETE AVTEM NE FORTE
LICENTIA VESTRA HAEC
OFFENDICVLVM FIAT
INFIRMIBVS
NAM SI QVIS VIDERIT TE
QVI HABET SCIENTIA
ET IN IDOLO RECVNBENTEM
NONNE CONSCIENTIA EIVS
CVM SIT INFIRMA
AEDIFICABITVR
AD MANDVCANDVM
IMMOLATA

ΚΑΙΑΠΟΛΥΤΑΙΟΑСΘЄΝѠΝ	ET PERIT INFIRMVS
ЄΝΤΗСΗΓΝѠСЄΙΟΑΔЄΛΦΟС	IN TVA SCIENTIA FRATER
ΔΙΟΝΧ̅С̅ΑΠЄΘΑΝЄΝ	PROPTER QVEM X̅P̅S̅ MORTVVS EST
ΟΥΤѠСΔЄΑΜΑΡΤΑΝΟΝΤЄС	SI AVTEM PECCANTES
ЄΙСΤΟΥСΑΔЄΛΦΟΥС	IN FRATRES
ΚΑΙΤΥΠΤΟΝΤЄСΑΥΤѠΝ	PERCVTIENTES IPSORVM
ΤΗΝСΥΝΙΔΗСΙΝΑСΘЄΝΟΥСΑΝ	CONSCIENTIAM INFIRMAM
ЄΙСΧ̅Ν̅ΑΜΑΡΤΑΝЄΤЄ	IN X̅P̅O̅ PECCATIS
ΔΙΟΠЄΡЄΙΒΡѠΜΑ	PROPTER QVOD SI ESCA
СΚΑΝΔΑΛΙΖЄΙΤΟΝΑΔЄΛΦΟΝΜΟΥ	SCANDALIZAT FRATREM
ΟΥΜΗΦΑΓѠΚΡЄΑ	NON MANDVCABO CARNEM
ЄΙСΤΟΝΑΙѠΝΑ	IN AETERNVM
ΙΝΑΜΗΤΟΝΑΔЄΛΦΟΝ	VT NON FRATREM
СΚΑΝΔΑΛΙСѠ	SCANDALIZEM
ΟΥΚΙΜΙΑΠΟСΤΟΛΟС	NON SVM APOSTOLVS
ΟΥΚΙΜΙЄΛЄΥΘЄΡΟС	NON SVM LIBER
ΟΥΧΙΙ̅Ν̅Χ̅Ν̅	NON I̅H̅M̅ X̅P̅M̅
ΤΟΝΚ̅Ν̅ΗΜѠΝЄѠΡΑΚΑ	D̅N̅M̅ NOSTRVM VIDI
ΟΥΤΟЄΡΓΟΝΜΟΥ	NON OPVS MEVM
ΥΜΙСЄСΤЄЄΝΚ̅Ѡ̅	VOS ESTIS IN D̅M̅O̅
ЄΙΑΛΛΟΙСΟΥΚΙΜΙΑΠΟСΤΟΛΟС	SI ALIIS NON SVM APOSTOLVS

ΑΛΛΑΓΕΥΜΙΝΕΙΜΙ	SED TAMEN VOBIS SVM
Η̈ΓΑΡϹΦΡΑΓΙϹΤΗϹΕΜΗϹ	NAM SIGNACVLVM
ΑΠΟϹΤΟΛΗϹ	APOSTOLATVS MEI
ΥΜΙϹΕϹΤΕ	VOS ESTIS
ΗΕΜΗΑΠΟΛΟΓΙΑ	MEA DEFENSIO
ΤΟΙϹΕΜΕΑΝΑΚΡΙΝΟΥϹΙΝ	AD EOS QVI ME INTERROGANT
ΑΥΤΗΕϹΤΙΝ	HAEC EST
ΜΗΟΥΚΕΧΟΜΕΝΕΞΟΥϹΙΑΝ	NVMQVID NON HABEMVS POTESTATEM
ΦΑΓΕΙΝΚΑΙΠΙΝ	MANDVCANDI ET BIBENDI
ΜΗΟΥΚΕΧΟΜΕΝΕΞΟΥϹΙΑΝΑΔΕΛΦΗ̄	NVMQVID NON HABEMVS POTESTATEM SORORE̅
ΓΥΝΑΙΚΑΠΕΡΙΑΓΕΙΝ	MVLIERE CIRCVMDVCENDI
ΩϹΚΑΙΟΙΛΟΙΠΟΙΑΠΟϹΤΟΛΟΙ	SICVT ET CETERI APOSTOLI
ΚΑΙΟΙΑΔΕΛΦΟΙΤΟΥΚ̅Υ̅ΚΑΙ	ET FRATRES D̅M̅I̅
ΚΗΦΑϹ	ET CAEPHAS
ΗΜΟΝΟϹΕΓΩΚΑΙΒΑΡΝΑΒΑϹ	AVT SOLVS EGO ET BARNABAS
ΟΥΚΕΧΟΜΕΝΕΞΟΥϹΙΑΝ	NON HABEMVS POTESTATEM
ΜΗΕΡΓΑΖΕϹΘΑΙ	NON OPERANDI
ΤΙϹϹΤΡΑΤΕΥΕΤΕ	QVIS MILITAT
ΙΔΙΟΙϹΟΨΩΝΙΟΙϹΠΟΤΕ	SVIS STIPENDIIS VMQVAM
ΤΙϹΦΥΤΕΥΕΙΑΜΠΕΛΩΝΑ	QVIS PLANTAT VINEAM
ΚΑΙΤΟΝΚΑΡΠΟΝΑΥΤΟΥΟΥΚΕϹΘΙΕΙ	ET DE FRVCTVM EIVS NON EDIT

ΚΑΙΠΙΝΕΙ	ET BIBIT
ΤΙϹΠΟΙΜΑΙΝΕΙΠΟΙΜΝΗΝ	QVIS PASCIT GREGEM
ΚΑΙΕΚΤΟΥΓΑΛΑΚΤΟϹΑΥΤΗϹ	ET DE LACTE GRAEGIS IPSIVS
ΟΥΚΕϹΘΙΕΙ	NON PERCIPIT
ΜΗΚΑΤΑΑΝΘΡΩΠΟΝ	NVMQVID SECVNDVM HOMINEM
ΤΑΥΤΑΛΕΓΩ	HAEC DICO
ΗΚΑΙΟΝΟΜΟϹΤΑΥΤΑΟΥΛΕΓΕΙ	AN ET LEX HAEC NON DICIT
ΓΕΓΡΑΠΤΑΙΓΑΡ	SCRIPTVM EST ENIM
ΟΥΚΗΜΩϹΕΙϹΒΟΥΝΑΛΟΩΝΤΑ	NON CAMVM MITTES BOVI TRITVRANTI
ΜΗΠΕΡΙΤΩΝΒΟΩΝΜΕΛΙΤΩΘ̄Ω̄	NVMQVID DE BOBVS CVRA EST D̄Ō
ΗΔΙΗΜΑϹΠΑΝΤΩϹΛΕΓΕΙ	AN PROPTER NOS VTIQVE DICIT
ΔΙΗΜΑϹΓΑΡΕΓΡΑΦΗ	PRO NOS VTIQVE SCRIPTVM EST
ΟΤΙΟΕΠΕΛΠΙΔΙΑΡΟΤΡΙΩΝ	QVIA IN SPE QVI ARAT
ΟΦΙΛΙΑΡΟΤΡΙΑΝ	DEBET ARARE
ΚΑΙΟΑΛΟΩΝΤΗϹΕΛΠΙΔΟϹΑΥΤΟΥ	ET QVI TRITVRAT SPEI SVAE FRVCTVM
ΜΕΤΕΧΕΙΝ	PERCIPERE
ΕΙΗΜΙϹΥΜΙΝΤΑΠ̄Ν̄ΙΚΑ	SI NOS VOBIS SPIRITALIA
ΕϹΠΙΡΑΜΕΝΟΥ	SEMINAVIMVS NON
ΜΕΓΑΕΙΗΜΙϹΥΜΩΝ	MAGNVM SI NOS VESTRA
ΤΑϹΑΡΚΙΚΑΘΕΡΙϹΩΜΕΝ	CARNALIA METAMVS
ΕΙΑΛΛΟΙΤΗϹΥΜΩΝ	SI ALII VESTRORVM

ЄΞΟΥϹΙΑϹΜЄΤЄΧΟΥϹΙΝ	POTESTATEM HABENT
ΟΥΜΑΛΛΟΝΗΜΙϹ	NON MAGIS NOS
ΑΛΛΟΥΚЄΧΡΗϹΑΜЄΘΑ	SED NON VSI SVMVS
ΤΗЄΞΟΥϹΙΑΤΑΥΤΗ	HAC POTESTATE
ΑΛΛΑΠΑΝΤΑϹΤЄΓΟΜЄΝ	SED OMNIA SVFFERIMVS
ΙΝΑΜΗЄΚΚΟΠΗΝΤΙΝΑΔΩΜЄΝ	NE QVOD OFFENDICVLVM DEMVS
ΤΩЄΥΑΓΓЄΛΙΩΤΟΥΧ̅Υ̅	EVANGELIO X̅P̅I̅
ΟΥΚΟΙΔΑΤЄ	NESCITIS
ΟΤΙΟΙΤΑΙЄΡΑ	QVONIAM QVI IN SACRARIIS
ЄΡΓΑΖΟΜЄΝΟΙ	OPERANTVR
ΤΑЄΚΤΟΥΙЄΡΟΥЄϹΘΙΟΥϹΙΝ	DE SACRARIO EDVNT
ΟΙΤΩΘΥϹΙΑϹΤΗΡΙΩ	QVI ALTARIO
ΠΑΡЄΔΡЄΥΟΝΤЄϹ	DESERVIVNT
ΤΩΘΥϹΙΑϹΤΗΡΙΩϹΥΝΜЄΡΙΖΟΝΤЄ	CVM ALTARIO PARTICIPANTVR
ΟΥΤΩϹΚΑΙΟΚ̅Ϲ̅ΔΙЄΤΑΞЄΝ	ITA ET D̅M̅S̅ DISPONSVIT
ΤΟΙϹΤΟЄΥΑΓΓЄΛΙΟΝΚΑΤΑΓΓЄΛΛΟΥϹΙ̅	HIS QVI EVANGELIVM ADNVNTIANT
ЄΚΤΟΥЄΥΑΓΓЄΛΙΟΥΖΗΝ	DE EVANGELIO VIVANT
ЄΓΩΔЄΟΥΚЄΧΡΗΜΑΙΟΥΔЄΝΙΤΟΥΤΩ̅	EGO AVTEM NVLLO EORVM IVSSVS SVM
ΟΥΚЄΓΡΑΦΑΔЄΤΑΥΤΑ	NON AVTEM SCRIBSI HAEC
ΙΝΑΟΥΤΩϹΓЄΝΗΤΑΙЄΝЄΜΟΙ	VT ITA FIAT IN ME
ΚΑΛΟΝΓΑΡΜΟΙΜΑΛΛΟΝ	BONVM ENIM MIHI EST MAGIS

ΑΠΟΘΑΝΙΝΗΤΟΚΑΥΧΗΜΑΜΟΥ	MORI QVAM GLORIAM MEAM
ΟΥΔΙϹΚΕΝΩϹΕΙ·	NEMO EXINANIET
ΕΑΝΓΑΡΕΥΑΓΓΕΛΙϹΩΜΑΙ	SI ENIM EVANGELIZEM
ΟΥΚΕϹΤΙΝΜΟΙΧΑΡΙϹ	NON EST MIHI GRATIA
ΑΝΑΓΚΗΓΑΡΜΟΙΕΠΙΚΕΙΤΑΙ	NECESSITAS ENIM MIHI INCVMBIT
ΟΥΑΙΓΑΡΜΟΙΕϹΤΙΝ	VAE ENIM MIHI EST
ΕΑΝΜΗΕΥΑΓΓΕΛΙϹΩΜΑΙ	SI NON EVANGELIZEM
ΕΙΓΑΡΕΚΩΝΤΟΥΤΟΠΡΑϹϹΩ	NAM SI VOLENS HOC AGO
ΜΙϹΘΟΝΕΧΩΕΙΔΕΑΚΩΝ	MERCEDEM HABEO SI AVTEM INVITVS
ΟΙΚΟΝΟΜΙΑΝΠΕΠΙϹΤΕΥΜΑΙ	DISPENSATIO MIHI CREDITA EST
ΤΙϹΟΥΝΕϹΤΑΙΜΟΙΟΜΙϹΘΟϹ	QVAE IGITVR ERIT MIHI MERCES
ΙΝΑΕΥΑΓΓΕΛΙΖΟΜΕΝΟϹ	VT EVANGELIZANS
ΑΔΑΠΑΝΟΝΘΗϹΩ	SINE SVMPTVS EFFICIAM
ΤΟΕΥΑΓΓΕΛΙΟΝ.	EVANGELIVM
ΕΙϹΤΟΜΗΚΑΤΑΧΡΗϹΑϹΘΑΙ	VT NON ABVTAR
ΤΗΝΕΞΟΥϹΙΑΝΜΟΥ	POTESTATE MEA
ΕΝΤΩΕΥΑΓΓΕΛΙΩΜΟΥ	IN EVANGELIO
ΕΛΕΥΘΕΡΟϹΓΑΡΩΝΕΚΠΑΝΤΩΝ	NAM CVM LIBER SIM AB OMNIBVS
ΕΝΠΑϹΙΝΕΜΑΥΤΟΝΕΔΟΥΛΩϹΑ	IN OMNIBVS. ME SERVVM FECI
ΙΝΑΤΟΥϹΠΛΙΟΝΑϹΚΕΡΔΗϹΩ	VT PLVRES LVCRI FACIAM
ΕΓΕΝΟΜΗΝΤΟΙϹΙΟΥΔΑΙΟΙϹ	FVI IVDAEIS

ΩCΙΟΥΔΑΙΟC
ΙΝΑΙΟΥΔΑΙΟΥCΚΕΡΔΗCΩΤΟΙCΥΠΟΝΟ
ΜΟΝΩCΥΠΟΝΟΜΟΝΜΗΩΝΑΥΤΟCΥΠΟ
ΝΟΜΟΝΙΝΑΤΟΥCΥΠΟΝΟΜΟΝΚΕΡΔΗCΩ
ΤΟΙCΑΝΟΜΟΙCΩCΑΝΟΜΟC
ΜΗΩΝΑΝΟΜΟCΘ̅Υ̅ΑΛΛΕΝΝΟΜΟCΧ̅Υ̅
ΙΝΑΤΟΥCΑΝΟΜΟΥCΚΕΡΔΗCΩ
ΕΓΕΝΟΜΗΝΤΟΙCΑCΘΕΝΟΥCΙΝΩCΑCΘΕΝΗC
ΙΝΑΤΟΥCΑCΘΕΝΙCΚΕΡΔΗCΩ
ΤΟΙCΠΑCΙΝΓΕΓΟΝΑΠΑΝΤΑ
ΙΝΑΠΑΝΤΑCCΩCΩ
ΠΑΝΤΑΔΕΠΟΙΩ
ΔΙΑΤΟΕΥΑΓΓΕΛΙΟΝ
ΙΝΑCΥΝΚΟΙΝΩΝΟCΑΥΤΟΥΓΕΝΩΜΑΙ
ΟΥΚΟΙΔΑΤΕΟΤΙΟΙΕΝCΤΑΔΙΩ
ΤΡΕΧΟΝΤΕC
ΠΑΝΤΕCΜΕΝΤΡΕΧΟΥCΙΝ
ΕΙCΔΕΛΑΜΒΑΝΕΙΤΟΒΡΑΒΙΟΝ
ΟΥΤΩΤΡΕΧΕΤΕΙΝΑΚΑΤΑΛΑΒΗΤΕ
ΠΑCΔΕ
ΟΑΓΩΝΙΖΟΜΕΝΟC

QVASI IVDAEVS
VT IVDAEOS LVCRI FACEREM HIS QVI SVB LEGE
QVASI SVB LEGE CVM IPSE NON ESSE SVB
LEGE VT QVI SVNT SVB LEGE LVCRARE
HIS QVI SENE LEGE SVNT SICVT SENE LEGE
CVM SINE LEGE D̅I̅ NON SIM SED IN LEGE SIM X̅
VT EOS QVI SINE LEGE ERANT LVCRI FACER
FVI INFIRMIBVS INFIRMVS
VT INFIRMOS LVCRI FACEREM
OMNIBVS FACTVS SVM OMNIA
ET OMNES SALVOS FACIAM
OMNIA AVTEM FACIO
PROPTER EVANGELIVM
VT SOCIVS EIVS EFFICIAR
NESCITIS QVONIAM QVI IN STADIO
CVRRVNT
OMNES QVIDEM CVRRVNT
VNVS AVTEM ACCIPIT BRABIVM
SIC CVRRITE VT CONPREHENDATIS
OMNES AVTEM
QVI IN AGONE CONTENDIT

ΠΑΝΤΑΕΝΚΡΑΤΕΥΕΤΕ
ΕΚΕΙΝΟΙΜΕΝΟΥΝΙΝΑΦΘΑΡΤΟΝ
ϹΤΕΦΑΝΟΝΛΑΒΩϹΙΝ
ΗΜΙϹΔΕΑΦΘΑΡΤΟΝ
ΕΓΩΤΟΙΝΥΝΟΥΤΩϹΤΡΕΧΩ
ΩϹΟΥΚΑΔΗΛΩϹ
ΟΥΤΩϹΠΥΚΤΕΥΩ
ΩϹΟΥΚΑΕΡΑΔΕΡΩΝ
ΑΛΛΥΠΩΠΙΑΖΩΜΟΥΤΟϹΩΜΑ
ΚΑΙΔΟΥΛΑΓΩΓΩ
ΜΗΠΩϹΑΛΛΟΙϹΚΗΡΥΞΑϹ
ΑΥΤΟϹΑΔΟΚΙΜΟϹΓΕΝΩΜΑΙ
ΟΥΘΕΛΩΓΑΡΥΜΑϹΑΓΝΟΕΙΝΑΔΕΛΦΟΙ
ΟΤΙΟΙΠΑΤΕΡΕϹΗΜΩΝΠΑΝΤΕϹ
ΥΠΟΤΗΝΝΕΦΕΛΗΝΗϹΑΝ
ΚΑΙΠΑΝΤΕϹΔΙΑΤΗϹΘΑΛΑϹϹΗϹ
ΔΙΗΛΘΟΝ
ΚΑΙΠΑΝΤΕϹΕΙϹΤΟΝΜΩϹΗΝ
ΕΒΑΠΤΙϹΘΗϹΑΝΕΝΤΗΝΕΦΕΛΗ
ΚΑΙΕΝΤΗΘΑΛΑϹϹΗ
ΚΑΙΠΑΝΤΕϹΤΟΑΥΤΟΒΡΩΜΑ

AB OMNIBVS SE ABSTINET
ILLI QVIDEM VT CORRVPTIBILEM
CORONAM ACCIPIANT
NOS AVTEM INCORRVPTIBILEM
EGO QVIDEM SIC CVRRO
NON QVASI INCERTVM
SIC PVGNO
NON QVASI AERAM CAEDENS
SED LIVIDVM FACIO CORPVS MEVM
ET SERVITVTI SVBICIO
NE FORTE CVM ALIIS PRAEDICAVERIM
IPSE REPROBVS EFFICIAR
NOLO ENIM VOS IGNORARE FRATRES
QVOD PATRES NOSTRI OMNES
SVB NVBE ERANT
ET OMNES PER MARE
TRANSIERVNT
ET OMNES IN MOYSEN
BAPTIZATI SVNT IN NVBE
ET IN MARI
ET OMNES EANDEM ESCAM

I. AD CORINTHIOS IX, 25—X, 3.

П̅Н̅Ι̅ΚΟΝЄΦΑΓΟΝ
ΚΑΙΠΑΝΤЄϹΤΟΑΥΤΟΠΟΜΑ
П̅Н̅Ι̅ΚΟΝЄΠΙΑΝ
ЄΠΙΝΟΝΓΑΡЄΚП̅Н̅Ι̅ΚΗϹ
ΑΚΟΛΟΥΘΟΥϹΗϹΠЄΤΡΑϹ
ΗΠЄΤΡΑΔЄΗΝΟΧ̅Ϲ̅
ΑΛΛΟΥΚЄΝΤΟΙϹΠΛΙΟϹΙΝΑΥΤΩΝ
ЄΥΔΟΚΗϹЄΝΟΘ̅Ϲ̅
ΚΑΤЄϹΤΡΩΘΗϹΑΝΓΑΡ
ЄΝΤΗЄΡΗΜΩ
ΤΑΥΤΑΔЄΤΥΠΟΙΗΜΩΝ
ЄΓЄΝΗΘΗϹΑΝ
ЄΙϹΤΟΜΗЄΙΝΑΙΗΜΑϹ
ЄΠΙΘΥΜΗΤΑϹΚΑΚΩΝ
ΚΑΘΩϹΚΑΚЄΙΝΟΙЄΠЄΘΥΜΗϹΑΝ
ΜΗΔЄЄΙΔΩΛΟΛΑΤΡΑΙ
ΓЄΙΝЄϹΘΑΙ
ΚΑΘΩϹΚΑΙΤΙΝЄϹΑΥΤΩΝ
ΩϹΓЄΓΡΑΠΤΑΙ
ЄΚΑΘΙϹЄΝΟΛΑΟϹ
ΦΑΓЄΙΝΚΑΙΠЄΙΝ

SPIRITALEM MANDVCAVERVNT
ET OMNES EVNDEM POTVM
SPIRITALEM BIBERVNT
BIBANT ENIM SPIRITALIA
SEQVENTI SE PETRA
PETRA AVTEM ERAT X̅P̅S̅
SED NON OMNIBVS ILLIS
VOLVNTAS FVIT D̅I̅
PROSTATI ENIM SVNT
IN DESERTO
HAEC AVTEM IN FIGVRAM NOSTRI
FACTI SVNT
VT NON EFFICIAMVR NOS
CONCVPISCENTES MALVM
SICVT ET ILLI CONCVPIERVNT
NEC IDOLORVM CVLTORES
EFFICIAMVR
SICVT QVIDAM EX ILLIS
SICVT SCRIPTVM EST
SEDIT POPVLVS
MANDVCARE ET BIBERE

ΚΑΙΑΝΕϹΤΗϹΑΝΠΑΙΖΕΙΝ	ET SVRREXERVNT LVDERE
ΜΗΔΕΕΚΠΟΡΝΕΥΩΜΕΝ	NEQVE FORNICEMVR
ΚΑΘΩϹΤΙΝΕϹΑΥΤΩΝ	SICVT QVIDAM EX ILLIS
ΕΞΕΠΟΡΝΕΥϹΑΝ	FORNICATI SVNT
ΚΑΙΕΠΕϹΑΝΜΙΑΗΜΕΡΑ	ET CECIDERVNT VNA DIE
ΕΙΚΟϹΙΤΡΙϹΧΙΛΙΑΔΕϹ	VIGINTI TREA MILIA
ΜΗΔΕΕΚΠΙΡΑΖΩΜΕΝΤΟΝΧ̅Ν̅	NEC TEMPTEMVS X̅P̅M̅
ΚΑΘΩϹΤΙΝΕϹΑΥΤΩΝ	SICVT QVIDAM EORVM
ΕΞΕΠΙΡΑϹΑΝ	TEMPTAVERVNT
ΚΑΙΥΠΟΤΩΝΟΦΕΩΝ	ET A SERPENTIBVS
ΑΠΩΛΟΝΤΟ	PERIERVNT
ΜΗΔΕΓΟΓΓΥΖΩΜΕΝ	NEQVE MVRMVREMVR
ΚΑΘΩϹΤΙΝΕϹΑΥΤΩΝ	SICVT QVIDAM EX ILLIS
ΕΓΟΓΓΥϹΑΝ	MVRMVRAVERVNT
ΚΑΙΑΠΩΛΟΝΤΟ	ET PERIERVNT
ΥΠΟΤΟΥΟΛΕΘΡΕΥΤΟΥ	AB EXTERMINATORE
ΠΑΝΤΑΔΕΤΑΥΤΑΤΥΠΟΙ	HAEC AVTEM OMNIA IN FIGVRA
ϹΥΝΕΒΑΙΝΟΝΕΚΕΙΝΟΙϹ	CONTINGEBANT ILLIS
ΕΓΡΑΦΗΔΕ	SCRIPTA SVNT AVTEM
ΠΡΟϹΝΟΥΘΕϹΙΑΝΗΜΩΝ	AD CONREPTIONEM NOSTRAM
ΕΙϹΟΥϹΤΑΤΕΛΗΤΩΝΑΙΩΝΩΝ	IN QVOS FINES SAECVLORVM

ΚΑΤΗΝΤΗΚЄΝ
ΩϹΤЄΟΔΟΚΩΝЄϹΤΑΝΑΙ
ΒΛЄΠЄΤΩΜΗΠЄϹΗ
ΠΙΡΑϹΜΟϹΥΜΑϹ
ΟΥΚЄΙΛΗΦЄΝ
ЄΙΜΗΑΝΘΡΩΠΙΝΟϹ
ΠΙϹΤΟϹΔЄΟΘ̅Ϲ̅
ΟϹΟΥΚΑΦΗϹЄΙΥΜΑϹ
ΠЄΙΡΑϹΘΗΝΑΙ
ΥΠЄΡΟΔΥΝΑϹΘΑΙ
ΑΛΛΑΠΟΙΗϹЄΙϹΥΝΤΩΠΙΡΑϹΜΩ
ΚΑΙΤΗΝЄΚΒΑϹΙΝ
ΤΟΥΔΥΝΑϹΘΑΙΥΠЄΝЄΓΚЄΙΝ
ΔΙΟΠЄΡΑΓΑΠΗΤΟΙΜΟΥ
ΦЄΥΓЄΤЄ
ΑΠΟΤΗϹЄΙΔΩΛΟΛΑΤΡΙΑϹ
ΩϹΦΡΟΝΙΜΟΙϹΥΜΙΝΛЄΓΩ
ΚΡΙΝΑΤЄΟΥΝΦΗΜΙ
ΤΟΠΟΤΗΡΙΟΝΤΗϹЄΥΛΟΓΙΑϹ
ΟΗΥΛΟΓΟΥΜЄΝ
ΟΥΧΙΚΟΙΝΩΝΙΑ

DEVENIT
ITAQVE QVI TE PVTANT STARE
VIDEAT NE CADAT
TEMPTATIO VOS
NON ADPRAEHENDIT
NISI HVMANA
FIDELIS AVTEM D̅S̅
QVI NON PATIETVR VOS
TEMPTARI
SVPER ID QVOD NON POTESTIS
SED FACIET CVM TEMPTATIONE
ETIAM PROVENTVM
VT POSSITIS SVSTINERE
PROPTER QVOD CARISSIMI MEI
FVGITE
AB IDOLORVM CVLTV
SICVT PRVDENTES VOBIS DICO
IVDICATE VOS QVOD DICO
CALIX BENEDICTIONIS
QVEM BENEDICIMVS
NONNE COMMVNICATIO

ΤΟΥΑΙΜΑΤΟCΤΟΥΧ̅Υ̅ΕCΤΙΝ
ΤΟΝΑΡΤΟΝΟΝΚΛωΜΕΝ
ΟΥΧΙΚΟΙΝωΝΙΑΤΟΥCωΜΑΤΟC
ΤΟΥΚ̅Υ̅ΕCΤΙΝ
ΟΤΙΕΙCΑΡΤΟCΕΝCωΜΑ
ΟΙΠΟΛΛΟΙΕCΜΕΝ
ΟΙΓΑΡΠΑΝΤΕCΕΚΤΟΥΕΝΟCΑΡΤΟΥ
ΚΑΙΤΟΥΠΟΤΗΡΙΟΥ
ΜΕΤΕΧΟΜΕΝ
ΒΛΕΠΕΤΕΤΟΝΙCΡΑΗΛ
ΚΑΤΑCΑΡΚΑ
ΟΥΧΟΙΕCΘΟΝΤΕCΤΑCΘΥCΙΑC
ΚΟΙΝωΝΟΙΤΟΥΘΥCΙΑCΤΗΡΙΟΥΕΙCΙΝ
ΤΙΟΥΝΦΗΜΙ
ΟΤΙΕΙΔωΛΟΘΥΤΟΝ
ΕCΤΙΝ ΤΙ
ΟΥΧΟΤΙΕΙΔωΛΟΝΕCΤΙΝΤΙ
ΑΔΕΘΥΟΥCΙΝΔΑΙΜΟΝΙΟΙC
ΘΥΟΥCΙΝΚΑΙΟΥΘ̅ω̅
ΟΥΘΕΛωΔΕΥΜΑCΔΑΙΜΟΝΙωΝ
ΚΟΙΝωΝΟΥCΓΕΙΝΕCΘΑΙ

SANGVINIS X̅P̅I̅ EST
PANIS QVEM FRANGIMVS
NONNE COMMVNICATIO CORPORIS
D̅M̅I̅ EST
QVONIAM VNVS PANIS VNVS CORPVS
MVLTI SVMVS
OMNES ENIM DE VNO PANE
ET DE VNO CALICE
PERCIPIMVS
VIDETE ISRAHEL
SECVNDVM CARNEM
NONNE QVI MANDVCANT SACRIFICIA
PARTICIPES SVNT ALTARIIS
QVID ERGO DI
QVIA SIMVLACRO IMMOLATVM
EST ALIQVID
NON QVOD IDOLVM SIT ALIQVID
SED QVAE SACRIFICANT DAEMONIIS
SACRIFICANT ET NON D̅O̅
NOLO VOS DAEMONIORVM
SOCIOS FIERI

ΟΥΔΥΝΑϹΘΑΙΠΟΤΗΡΙΟΝ
Κ̅Υ̅ΠΙΝЄΙΝ
ΚΑΙΠΟΤΗΡΙΟΝΔΑΙΜΟΝΙΩΝ
ΟΥΔΥΝΑϹΘΑΙΤΡΑΠЄΖΗϹΚ̅Υ̅
ΜЄΤЄΧЄΙΝ
ΚΑΙΤΡΑΠЄΖΗϹΔΑΙΜΟΝΙΩΝ
ΗΠΑΡΑΖΗΛΟΥΜЄΝΤΟΝΚ̅Ν̅
ΜΗΙϹΧΥΡΟΤЄΡΟΙΑΥΤΟΥЄϹΜЄΝ
ΠΑΝΤΑЄΞЄϹΤΙΝ
ΑΛΛΟΥΠΑΝΤΑϹΥΜΦЄΡЄΙ
ΠΑΝΤΑЄΞЄϹΤΙΝ
ΑΛΛΟΥΠΑΝΤΑΟΙΚΟΔΟΜЄΙ
ΜΗΔΙϹΤΟЄΑΥΤΟΥΖΗΤЄΙΤΩ
ΑΛΛΑΤΟΤΟΥЄΤЄΡΟΥ
ΠΑΝΤΟЄΝΜΑΚЄΛΛΩΠΩΛΟΥΜЄΝΟ̅
ЄϹΘΙЄΤЄ
ΜΗΔЄΝΑΝΑΚΡΙΝΟΝΤЄϹ
ΔΙΑΤΗΝϹΥΝΙΔΗϹΙΝ
ΤΟΥΚ̅Υ̅ΓΑΡΗΓΗ
ΚΑΙΤΟΠΛΗΡΩΜΑΑΥΤΗϹ
ЄΙΤΙϹΚΑΛЄΙΥΜΑϹ

NON POTESTIS CALICEM
D̅M̅I̅ BIBERE
ET CALICEM DAEMONIORVM
NON POTESTIS MENSAE D̅M̅I̅
PARTICIPARE
ET MENSAE DAEMONIORVM
AVT AEMVLAMVR D̅O̅M̅
NVMQVID FORTIORES ILLO SVMVS
OMNIA LICENT
SED NON OMNIA EXPEDIVNT
OMNIA LICENT
SED NON OMNIA AEDIFICANT
NEMO QVOD SVVM EST QVAERIT
SED QVOD ALTERIVS
OMNE QVOD IN MACELLVM VENIT
MANDVCATE
NIHIL INTERROGANTES
PROPTER CONSCIENTIAM
D̅M̅I̅ ENIM EST TERRA
ET PLENITVDO EIVS
SI QVIS VOCAT VOS

ΤΩΝΑΠΙϹΤΩΝΕΙϹΔΙΠΝΟΝ
ΚΑΙΘΕΛΕΤΕΠΟΡΕΥΕϹΘΑΙ
ΠΑΝΤΟΠΑΡΑΤΙΘΕΜΕΝΟΝΥΜΙΝ
ΕϹΘΙΕΤΕ
ΜΗΔΕΝΑΝΑΚΡΙΝΟΝΤΕϹ
ΔΙΑΤΗΝϹΥΝΙΔΗϹΙΝ
ΕΑΝΔΕΤΙϹΥΜΙΝΕΙΠΗ
ΤΟΥΤΟΕΙΔΩΛΟΘΥΤΟΝΕϹΤΙΝ
ΜΗΕϹΘΙΕΤΕΔΙΕΚΕΙΝΟΝΤΟΝΜΗΝΥϹΑΝΤΑ
ΚΑΙΔΙΑΤΗΝϹΥΝΙΔΗϹΙΝ
ϹΥΝΙΔΗϹΙΝΔΕΛΕΓΩ
ΟΥΤΗΝϹΕΑΥΤΟΥ
ΑΛΛΑΤΗΝΤΟΥΕΤΕΡΟΥ
ΙΝΑΤΙΓΑΡΗΕΛΕΥΘΕΡΙΑΜΟΥ
ΚΡΕΙΝΕΤΑΙ
ΥΠΟΑΛΛΗϹϹΥΝΙΔΗϹΕΩϹ
ΕΙΕΓΩΧΑΡΙΤΙΜΕΤΕΧΩ
ΤΙΒΛΑϹΦΗΜΟΥΜΑΙ
ΥΠΕΡΟΥΕΓΩΕΥΧΑΡΙϹΤΩ
ΕΙΤΕΟΥΝΕϹΘΙΕΤΕ
ΕΙΤΕΠΙΝΕΤΕ

EX INFIDELIBVS AD CENAM
ET VVLTIS IRE
OMNE QVOD ANTE VOS PONITVR
MANDVCATE
NIHIL INTERROGANTES
PROPTER CONSCIENTIAM
SI QVIS AVTEM DIXERIT
HOC IMMOLATICIVM EST
NOLITE MANDVCARE PROPTER ILLVM QVI
PROPTER CONSCIENTIAM
CONSCIENTIAM AVTEM DICO
NON TVAM
SED ALTERIVS
VT QVID ENIM LIBERTAS MEA
IVDICATVR
AB INFIDELI CONSCIENTIA
SI EGO GRATIA PERCIPIO
QVID BLASPHEMOR
PRO QVO EGO GRATIAS AGO
SIVE ERGO MANDVCATIS
SIVE VIVITIS

ΕΙΤΕΠΟΙΕΙΤΕΤΙ	SIVE ALIQVID FACITIS
ΠΑΝΤΑΕΙϹΔΟΞΑΝΘΥΠΟΙΕΙΤΕ	OMNIA IN GLORIAM DI FACITIS
ΑΠΡΟϹΚΟΠΟΙΓΕΙΝΕϹΘΑΙ	SINE OFFENSIONE ESTOTE
ΚΑΙΙΟΥΔΑΙΟΙϹ	ET IVDAEIS
ΚΑΙΕΛΛΗϹΙΝ	ET GRAECIS
ΚΑΙΤΗΕΚΚΛΗϹΙΑΤΟΥΘΥ	ET ECCLESIAE DI
ΚΑΘΩϹΚΑΓΩΠΑϹΙΝ	SICVT ET EGO OMNIBVS
ΠΑΝΤΑΑΡΕϹΚΩ	PER OMNIA PLACEO
ΜΗΖΗΤΩΝ	NON QVAERENS
ΤΟΕΜΑΥΤΟΥϹΥΜΦΕΡΟΝ	QVOD MIHI VTILE EST
ΑΛΛΑΤΟΤΩΝΠΟΛΛΩΝ	SED QVOD MVLTIS
ΙΝΑϹΩΘΩϹΙΝ	VT SALVI FIANT
ΜΙΜΗΤΑΙΜΟΥΓΙΝΕϹΘΑΙ	IMITATORES MEI ESTOTE
ΚΑΘΩϹΚΑΓΩΧΥ	SICVT ET EGO XPI
ΕΠΑΙΝΩΔΕΥΜΑϹΑΔΕΛΦΟΙ	LAVDO AVTEM VOS FRATRES
ΟΤΙΠΑΝΤΑΜΟΥ	QVOD OMNIA MEA
ΜΕΜΝΗϹΘΑΙ	MEMORIA TENETIS
ΚΑΙΚΑΘΩϹ	ET SICVT VBIQVE
ΠΑΡΕΔΩΚΑΥΜΕΙΝ	TRADIDI VOBIS
ΤΑϹΠΑΡΑΔΟϹΙϹΜΟΥ	TRADITIONEM MEAM
ΚΑΤΕΧΕΤΕ	TENETIS

ΘΕΛΩΔΕΥΜΑϹΕΙΔΕΝΑΙ	VOLO AVTEM VOS SCIRE
ΟΤΙΠΑΝΤΟϹΑΝΔΡΟϹ	QVIA OMNIS VIRI
ΗΚΕΦΑΛΗΧ̅Ϲ̅ΕϹΤΙΝ	CAPVT X̅P̅I̅ EST
ΚΕΦΑΛΗΔΕΓΥΝΑΙΚΟϹΟΑΝΗΡ	CAPVT AVTEM MVLIERIS VIR
ΚΕΦΑΛΗΔΕΤΟΥΧ̅Υ̅ΟΘ̅Ϲ̅	CAPVT VERO X̅P̅I̅ D̅S̅
ΠΑϹΑΝΗΡΠΡΟϹΕΥΧΟΜΕΝΟϹ	OMNIS VIR ORANS
ΗΠΡΟΦΗΤΕΥΩΝ	AVT PROPHETANS
ΚΑΤΑΚΕΦΑΛΗϹΕΧΩΝ	VELATO CAPITE
ΚΑΤΕϹΧΥΝΕΙΤΗΝΚΕΦΑΛΗΝΑΥΤΟΥ	DETVRPAT CAPVT SVVM
ΠΑϹΑΔΕΓΥΝΗΠΡΟϹΕΥΧΟΜΕΝΗ	OMNIS AVTEM MVLIER ORANS
ΗΠΡΟΦΗΤΕΥΟΥϹΑ	VEL PROPHETIZANS
ΑΚΑΤΑΚΑΛΥΠΤΩΚΕΦΑΛΗ	NON VELATO CAPITE
ΚΑΤΕϹΧΥΝΕΙΤΗΝΚΕΦΑΛΗΝΑΥΤΗϹ	DETVRPAT CAPVT SVVM
ΕΝΓΑΡΕϹΤΙΝΚΑΙΤΟΑΥΤΟ	VNVM EST ENIM ET IPSVM
ΤΗΕΞΥΡΗΜΕΝΗ	ADQVE DECALVATA SIT
ΕΙΓΑΡΟΥΚΑΤΑΚΑΛΥΠΤΕΤΑΙΓΥΝΗ	SI ENIM NON VELATVR MVLIER
ΚΑΙΚΕΙΡΑϹΘΩ	ET TONDEATVR
ΕΙΔΕΑΙϹΧΡΟΝΓΥΝΑΙΚΙ	QVODSI TVRPE EST MVLIERI
ΤΟΚΙΡΑϹΘΑΙΗΞΥΡΑϹΘΑΙ	TONDERI AVT DECALVARI
ΚΑΤΑΚΑΛΥΠΤΕϹΘΩ	VELET CAPVT SVVM
ΑΝΗΡΜΕΝΓΑΡΟΥΚΟΦΙΛΕΙ	VIR ENIM NON DEBET

ΚΑΤΑΚΑΛΥΠΤΕϹΘΑΙΤΗΝΚΕΦΑΛΗΝ
ΕΙΚΩΝΚΑΙΔΟΞΑ
Θ̅Υ̅ΥΠΑΡΧΩΝ
ΗΓΥΝΗΔΕΔΟΞΑ
ΑΝΔΡΟϹΕϹΤΙΝ
ΟΥΓΑΡΕϹΤΙΝΑΝΗΡ
ΕΚΓΥΝΑΙΚΟϹ
ΑΛΛΑΓΥΝΗΕΞΑΝΔΡΟϹ
ΚΑΙΓΑΡΟΥΚΕΚΤΙϹΘΗΑΝΗΡ
ΔΙΑΤΗΝΓΥΝΑΙΚΑ
ΑΛΛΑΓΥΝΗΔΙΑΤΟΝΑΝΔΡΑ
ΔΙΑΤΟΥΤΟΟΦΙΛΙΗΓΥΝΗ
ΕΞΟΥϹΙΑΝΕΧΕΙΝ
ΕΠΙΤΗϹΚΕΦΑΛΗϹ
ΔΙΑΤΟΥϹΑΓΓΕΛΟΥϹ
ΠΛΗΝΟΥΤΕΓΥΝΗ
ΧΩΡΙϹΑΝΔΡΟϹ
ΟΥΤΕΑΝΗΡΧΩΡΙϹΓΥΝΑΙΚΟϹ
ΕΝΚ̅Ω̅
ΩϹΠΕΡΓΑΡΗΓΥΝΗΕΚΤΟΥΑΝΔΡΟϹ
ΟΥΤΩϹΚΑΙΟΑΝΗΡ

VELARE CAPVT
CVM IMAGO ET GLORIA
D̅I̅ SIT
MVLIER AVTEM GLORIA
VIRI EST
NON ENIM EST VIR
DE MVLIERE
SED MVLIER PROPTER VIRVM
ETENIM NON EST CREATVS VIR
PROPTER MVLIEREM
SED MVLIER PROPTER VIRVM
PROPTER HOC DEBET MVLIER
POTESTATEM HABERE
SVPRA CAPVT
PROPTER ANGELOS
VERVMTAMEN NEQVE MVLIER
SINE VIRO
NEQVE VIR SINE MVLIERE
IN D̅M̅O̅
NAM SICVT MVLIER EX VIRO
ITA ET VIR

Greek	Latin
ΔΙΑΤΗϹΓΥΝΑΙΚΟϹ	PER MVLIEREM
ΤΑΔΕΠΑΝΤΑΕΚΤΟΥΘ̅Υ̅	OMNIA AVTEM EX D̅O̅
ΥΜΙϹΑΥΤΟΙΚΡΙΝΑΤΕ	VOS IPSI IVDICATE
ΠΡΕΠΟΝΕϹΤΙΝΓΥΝΑΙΚΑ	DECET MVLIEREM
ΑΚΑΤΑΚΑΛΥΠΤΟΝ	NON VELATAM
ΠΡΟϹΕΥΧΕϹΘΑΙΤΩΘ̅Ω̅	ORARE D̅M̅
ΟΥΔΕΗΦΥϹΙϹΑΥΤΗ	NEC IPSA NATVRA
ΔΙΔΑϹΚΕΙΥΜΑϹ	DOCET VOS
ΟΤΙΑΝΗΡΜΕΝΑΝΚΟΜΑ	QVIA VIR QVIDEM SI COMAM NVTRIAT
ΑΤΙΜΙΑΑΥΤΩΕϹΤΙΝ	IGNOMINIA EST ILLI
ΓΥΝΗΔΕΕΑΝΚΟΜΑ	MVLIER AVTEM SI COMAM NVTRIAT
ΔΟΞΑΑΥΤΗΕϹΤΙΝ	GLORIA EST ILLI
ΟΤΙΗΚΟΜΗ	QVIA COMA
ΑΝΤΙΠΕΡΙΒΟΛΑΙΟΥΔΕΔΟΤΑΙ	PRO VELAMINE EST
ΕΙΔΕΤΙϹΔΟΚΕΙ	SI QVIS AVTEM VIDETVR
ΦΙΛΟΝΙΚΟϹΕΙΝΑΙ	CONTENTIOSVS ESSE
ΗΜΙϹΤΟΙΑΥΤΗΝϹΥΝΗΘΙΑΝ	NOS TALEM CONSVETVDINEM
ΟΥΚΕΧΟΜΕΝ	NON HABEMVS
ΟΥΔΕΑΙΕΚΚΛΗϹΙΑΙΤΟΥΘ̅Υ̅	NEQVE ECCLESIAE D̅I̅
ΤΟΥΤΟΔΕΠΑΡΑΓΓΕΛΛΩ	HOC AVTEM PRAECIPIENS
ΟΥΚΕΠΑΙΝΩ	NON LAVDO

ΟΤΙΟΥΚΙϹΤΟΚΡΙϹϹΟΝ
ΑΛΛΑΕΙϹΤΟΗϹϹΟΝϹΥΝΕΡΧΕϹΘΑΙ
ΠΡΩΤΟΝΜΕΝΓΑΡ
ϹΥΝΕΡΧΟΜΕΝΩΝΥΜΩΝ
ΕΝΕΚΚΛΗϹΙΑ
ΑΚΟΥΩϹΧΙϹΜΑΤΑΥΠΑΡΧΕΙΝ
ΕΝΥΜΙΝ
ΚΑΙΜΕΡΟϹΤΙΠΙϹΤΕΥΩ
ΔΕΙΓΑΡΚΑΙΑΙΡΕϹΙϹΕΙΝΑΙ
ΙΝΑΚΑΙΟΙΔΟΚΙΜΟΙ
ΦΑΝΕΡΟΙΓΕΝΩΝΤΑΙ
ΕΝΥΜΕΙΝ
ϹΥΝΕΡΧΟΜΕΝΩΝΥΜΩΝ
ΕΠΙΤΟΑΥΤΟ
ΟΥΚΕΤΙΚΥΡΙΑΚΟΝ
ΔΕΙΠΝΟΝΦΑΓΕΙΝ
ΕΚΑϹΤΟϹΓΑΡΤΟΙΔΙΟΝΔΕΙΠΝΟΝ
ΠΡΟΛΑΜΒΑΝΕΙΕΠΙΤΩΦΑΓΕΙΝ
ΚΑΙΟϹΜΕΝΠΕΙΝΑ
ΟϹΔΕΜΕΘΥΕΙ
ΜΗΓΑΡΟΙΚΙΑϹΟΥΚΕΧΕΤΕ

QVOD NON IN MELIVS
SED IN DETERIVS CONVENITIS
PRIMVM QVIDEM
CONVENIENTIBVS VOBIS
IN ECCLESIA
AVDIO SCISSVRAE ESSE
INTER VOS
ET EX PARTE ALIQVA CREDO
OPORTET ENIM ET HAERESESSE
VT ET PROBATI
MANIFESTI FIANT
INTER VOS
CONVENIENTIBVS VOBIS
IN VNVM
NON DOMINICAM
CENAM MANDVCARE
VNVSQVISQVE ENIM SVAM CENAM
PRAESVMIT IN MANDVCANDO
ET ALIVS QVIDEM ESVRIT
ALIVS AVTEM EBRIVS EST
NVMQVID DOMOS NON HABETIS

ЄΙϹΤΟЄϹΘΙЄΙΝ
ΚΑΙΠΙΝЄΙΝ
ΗΤΗϹЄΚΚΛΗϹΙΑϹΤΟΥΘ̅Υ̅
ΚΑΤΑΦΡΟΝЄΙΤЄ
ΚΑΙΚΑΤЄϹΧΥΝЄΤЄ
ΤΟΥϹΜΗЄΧΟΝΤΑϹ
ΤΙЄΙΠωΥΜЄΙΝ
ЄΠΑΙΝЄϹωΥΜΑϹЄΝΤΟΥΤω
ΟΥΚЄΠЄΝω
ЄΓωΓΑΡΠΑΡЄΛΑΒΟΝΠΑΡΑΚ̅Υ̅
ΟΚΑΙΠΑΡЄΔωΚΑΥΜЄΙΝ
ΟΤΙΟΚ̅Ϲ̅Ι̅Ϲ̅
ЄΝΗΝΥΚΤΙΠΑΡЄΔΙΔЄΤΟ
ЄΛΑΒЄΤΟΝΑΡΤΟΝ
ΚΑΙЄΥΧΑΡΙϹΤΗϹΑϹЄΚΛΑϹЄΝ
ΚΑΙЄΙΠЄΝ
ΤΟΥΤΟΜΟΥЄϹΤΙΝΤΟϹωΜΑ
ΤΟΥΠЄΡΥΜωΝΘΡΥΠΤΟΜЄΝΟΝ
ΤΟΥΤΟΠΟΙЄΙΤЄ
ЄΙϹΤΗΝЄΜΗΝΑΝΑΜΝΗϹΙΝ
ωϹΑΥΤωϹ

AD MANDVCANDVM
ET BIBENDVM
AVT ECCLESIAM D̅I̅
CONTEMNITIS
ET CONFVNDITIS
NON HABENTES
QVID DICAM VOBIS
LAVDO VOS IN HOC
NON LAVDO
EGO ENIM ACCIPI A D̅O̅
QVOD ET TRADIDI VOBIS
QVIA D̅M̅S̅ I̅H̅S̅
IN QVA NOCTE TRADEBATVR
ACCEPIT PANEM
ET GRATIAS QVVM EGISSET FREGIT
ET DIXIT
HOC EST CORPVS MEVM
QVOD PRO VOBIS FRANGITVR
HOC FACITE
IN MEAM COMMEMORATIONEM
SIMILITER

ΚΑΙΤΟΠΟΤΗΡΙΟΝΜΕΤΑΤΟΔΕΙΠΝΗϹΕ
ΛΕΓΩΝ
ΤΟΥΤΟΤΟΠΟΤΗΡΙΟΝ
ΗΚΑΙΝΗΔΙΑΘΗΚΗΕϹΤΙΝ
ΕΝΤΩΕΜΩΑΙΜΑΤΙ
ΤΟΥΤΟΠΟΙΕΙΤΕ
ΟϹΑΚΙϹΑΝΠΙΝΗΤΕ
ΕΙϹΤΗΝΕΜΗΝΑΝΑΜΝΗϹΙΝ
ΟϹΑΚΙϹΓΑΡΑΝ
ΕϹΘΙΗΤΕ
ΤΟΝΑΡΤΟΝΤΟΥΤΟΝ
ΚΑΙΤΟΠΟΤΗΡΙΟΝΠΙΝΗΤΕ
ΤΟΝΘΑΝΑΤΟΝΤΟΥΚ̅Υ̅
ΚΑΤΑΓΓΕΛΛΕΤΕΑΧΡΙϹΟΥΕΛΘΗ
ΩϹΤΕΟϹΑΝΕϹΘΙΗ
ΤΟΝΑΡΤΟΝΗΠΙΝΗ
ΤΟΠΟΤΗΡΙΟΝΤΟΥΚ̅Υ̅
ΑΝΑΞΙΩϹ
ΕΝΟΧΟϹΕϹΤΑΙΤΟΥϹΩΜΑΤΟϹ
ΚΑΙΤΟΥΑΙΜΑΤΟϹΤΟΥΚ̅Υ̅
ΔΟΚΙΜΑΖΕΤΩΔΕΕΑΥΤΟΝ

ET CALICEM POSQVAM CENAVIT
DICENS
HIS EST CALIX
NOVVM TESTAMENTVM EST
IN MEO SANGVINE
HOC FACITE
QVOTIENSCVMQVE BIBITIS
IN MEAM COMMEMORATIONEM
QVOTIENSCVMQVE ENIM
MANDVCABITIS
PANEM HVNC
ET CALICEM BIBITIS
MORTEM D̅M̅I̅
ADNVNTIATIS DONEC VENIAT
ITAQVE QVICVMQVE MANDVCAVERIT
PANEM AVT BIBERIT
CALICEM D̅M̅I̅
INDIGNE
REVS ERIT CORPORIS
ET SANGVINIS D̅M̅I̅
PROBET AVTEM SE IPSVM

ΟΑΝΘΡΩΠΟϹ
ΚΑΙΟΥΤΩϹΕΚΤΟΥΑΡΤΟΥ
ΕϹΘΙΕΤΩ
ΚΑΙΕΚΤΟΥΠΟΤΗΡΙΟΥΠΙΝΕΤΩ
ΟΓΑΡΕϹΘΙΩΝ
ΚΑΙΠΙΝΩΝΑΝΑΞΙΩϹ
ΚΡΙΜΑΕΑΥΤΩΕϹΘΙΕΙ
ΚΑΙΠΙΝΕΙ
ΜΗΔΙΑΚΡΙΝΩΝΤΟϹΩΜΑΤΟΥΚ̅Υ̅
ΔΙΑΤΟΥΤΟΕΝΥΜΙΝ
ΠΟΛΛΟΙΑϹΘΕΝΙϹ
ΚΑΙΑΡΡΩϹΤΟΙ
ΚΑΙΚΟΙΜΩΝΤΑΙΙΚΑΝΟΙ
ΕΙΔΕΕΑΥΤΟΥϹΔΙΕΚΡΙΝΟΜΕΝ
ΟΥΚΑΝΕΚΡΙΝΟΜΕΘΑ
ΚΡΙΝΟΜΕΝΟΙΔΕΥΠΟΚ̅Υ̅
ΠΑΙΔΕΥΟΜΕΘΑ
ΙΝΑΜΗϹΥΝΤΩΚΟϹΜΩ
ΚΑΤΑΚΡΙΘΩΜΕΝ
ΩϹΤΕΑΔΕΛΦΟΙΜΟΥ
ϹΥΝΕΡΧΟΜΕΝΟΙΕΙϹΤΟΦΑΓΕΙΝ

HOMO
ET SIC DE PANE
MANDVCET
ET DE CALICE BIBAT
QVI ENIM MANDVCAT
ET BIBET INDIGNE
IVDICIVM SIBI MANDVCAT
ET BIBIT
NON DISCERNENS CORPVS D̅M̅I̅
PROPTEREA INTER VOS
MVLTI INFIRMI
ET EGRI
ET DORMIVNT MVLTI
QVODSI NOS IPSOS IVDICAREMVS
NON VTIQVE IVDICAREMVR
DVM IVDICAMVR AVTEM A D̅N̅O̅
CORRVMPIMVR
NE CVM HOC MVNDO
DAMNEMVR
ITAQVE FRATRES MEI
CONVENIENTES AD MANDVCANDV̅

I. AD CORINTHIOS XI, 28—33.

ΑΛΛΗΛΟΥϹΕΚΔΕΧΕΘΑΙ
ΕΙΤΙϹΠΕΙΝΑ
ΕΝΟΙΚΩΕϹΘΙΕΤΩ
ΙΝΑΜΗΕΙϹΚΡΙΜΑϹΥΝΕΡΧΗϹΘΑΙ
ΤΑΔΕΛΟΙΠΑΩϹΑΝΕΛΘΩ
ΔΙΑΤΑΞΩΜΑΙ
ΠΕΡΙΔΕΤΩΝΠ̅Ν̅ΙΚΩΝ
ΟΥΘΕΛΩΥΜΑϹΑΓΝΟΕΙΝ
ΑΔΕΛΦΟΙ
ΟΙΔΑΤΕΟΤΙΟΤΕΕΘΝΗΗΤΕ
ΠΡΟϹΤΑΕΙΔΩΛΑΤΑΑΦΩΝΑ
ΩϹΑΝΗΓΕϹΘΕΑΠΑΓΟΜΕΝΟΙ
ΔΙΟΓΝΩΡΙΖΩΥΜΙΝ
ΟΤΙΟΥΔΙϹΕΝΠ̅Ν̅ΙΘ̅Υ̅ΛΕΓΕΙ
ΑΝΑΘΕΜΑΙ̅Ν̅
ΚΑΙΟΥΔΙϹΔΥΝΑΤΑΙΕΙΠΕΙΝ
Κ̅Ν̅Ι̅Ν̅
ΕΙΜΗΕΝΠ̅Ν̅ΙΑΓΙΩ
ΔΙΑΙΡΕϹΕΙϹΔΕ
ΧΑΡΙϹΜΑΤΩΝΕΙϹΙΝ
ΤΟΔΕΑΥΤΟΠ̅Ν̅Α

INVICEM EXPECTATE
SI QVIS ESVRIT
DOMI MANDVCET
VT NON AD IVDICIVM CONVENIATIS
CETERA AVTEM CVM VENERO
ORDINABO
DE SPIRITALIBVS AVTEM
NOLO VOS IGNORARE
FRATRES
SCITIS QVONIAM GENTES ERATIS
IDOLORVM SINE VOCE
EVNTES PROVT DVCEBAMINI
PROPTER QVOD NOTVM VOBIS FACIO
QVIA NEMO IN S̅P̅V̅ D̅I̅ DICIT
ANATHEMA I̅H̅M̅
ET NEMO POTES DICERE
D̅O̅M̅ I̅H̅M̅
NISI IN S̅P̅V̅ SANCTO
DIVISIONIS AVTEM
DONATIONVM SVNT
IDEM AVTEM S̅P̅S̅

ΚΑΙΔΙΑΙΡΕϹΙϹ	ET DIVISIONIS
ΔΙΑΚΟΝΙΩΝΕΙϹΙΝ	MINISTERIORVM SVNT
ΚΑΙΟΑΥΤΟϹΚ̅Ϲ̅	IDEM VERO D̅S̅
ΚΑΙΔ̣ΙΑΙΡΕϹΕΙϹ	ET DIVISIONES
ΕΝΕΡΓΗΜΑΤΩΝΕΙϹΙΝ	OPERATIONVM SVNT
ΟΑΥΤΟϹΔΕΘ̅Ϲ̅ΟΕΝΕΡΓΩΝ	IDEM VERO D̅S̅ QVI OPERATVR
ΠΑΝΤΑΕΝΠΑϹΙΝ	OMNIA IN OMNIBVS
ΕΚΑϹΤΩΔΕΔΙΔΟΤΑΙ	VNICVIQVE AVTEM DATVR
ΗΦΑΝΕΡΩϹΙϹΤΟΥΠ̅Ν̅Ϲ̅	MANIFESTATIO S̅P̅S̅
ΠΡΟϹΤΟϹΥΜΦΕΡΟΝ	AD VTILITATEM
ΩΜΕΝΓΑΡΔΙΑΤΟΥΠ̅Ν̅Ϲ̅	ALII ENIM PER S̅P̅M̅
ΔΙΔΟΤΑΙΛΟΓΟϹϹΟΦΙΑϹ	DATVR SERMO SAPIENTIAE
ΑΛΛΩΔΕΛΟΓΟϹΓΝΩϹΕΩϹ	ALII SERMO SCIENTIAE
ΚΑΤΑΤΟΑΥΤΟΠ̅Ν̅Α̅	SECVNDVM EVNDEM S̅P̅M̅
ΕΤΕΡΩΠΙϹΤΙϹ	ALII FIDES
ΕΝΤΩΑΥΤΩΠ̅Ν̅Ι̅	IN EODEM S̅P̅V̅
ΑΛΛΩΧΑΡΙϹΜΑΤΑΙΑΜΑΤΩΝ	ALII GRATIA SANITATEM
ΕΝΤΩΑΥΤΩΠ̅Ν̅Ι̅	IN VNV S̅P̅V̅
ΑΛΛΩΕΝΕΡΓΙΑΔΥΝΑΜΕΩϹ	ALII OPERATIO VIRTVTIS
ΑΛΛΩΠΡΟΦΗΤΙΑ	ALII PROPHETIA
ΑΛΛΩΔΙΑΚΡΙϹΙϹΠ̅Ν̅Α̅ΤΩΝ	ALII SEPARATIO SPIRITVVM

I. AD CORINTHIOS XII, 5–10.

ΕΤΕΡΩΓΕΝΗΓΛΩϹϹΩΝ	ALII GENERA LINGVARVM
ΑΛΛΩΔΙΕΡΜΗΝΙΑΓΕΝΗΓΛΩϹϹΩΝ	ALII INTERPRAETATIO LINGVARVM
ΤΑΥΤΑΔΕΠΑΝΤΑΕΝΕΡΓΕΙ	HAEC AVTEM OMNIA OPERATVR
ΕΝΚΑΙΤΟΑΥΤΟΠ̅Ν̅Α̅	VNVS ADQVE IDEM S̅P̅S̅
ΔΙΕΡΟΥΜΕΝΑΕΚΑϹΤΩ	DIVIDENS VNICVIQVE
ΚΑΘΩϹΒΟΥΛΕΤΑΙ	PROVT VVLT
ΚΑΘΑΠΕΡΓΑΡΤΟϹΩΜΑ	SICVT ENIM CORPVS
ΕΝΕϹΤΙΝ	VNVM EST
ΜΕΛΗΔΕΕΧΕΙΠΟΛΛΑ	MEMBRA AVTEM HABET MVLTA
ΠΑΝΤΑΔΕΤΑΜΕΛΗ	OMNIA AVTEM MEMBRA
ΕΚΤΟΥϹΩΜΑΤΟϹΤΟΥΕΝΟϹ	DE CORPORE VNO
ΠΟΛΛΑΟΝΤΑ	CVM SINT MVLTA
ΕΝΕϹΤΙΝϹΩΜΑ	VNVM EST CORPVS
ΟΥΤΩϹΚΑΙΟΧ̅Ϲ̅	ITA ET X̅P̅S̅
ΚΑΙΓΑΡΕΝΕΝΙΠ̅Ν̅Ι̅ΗΜΙϹΠΑΝΤΕϹ	NAM ET VNO S̅P̅V̅ NOS OMNES
ΕΙϹΕϹΜΕΝ	IN VNVM CORPVS
ΕΝϹΩΜΑΕΒΑΠΤΙϹΘΗΜΕΝ	BAPTIZATI SVMVS
ΕΙΤΕΙΟΥΔΑΙΟΙ	SIVE IVDAEI
ΕΙΤΕΕΛΛΗΝΕϹΕΙΤΕΔΟΥΛΟΙ	SIVE GRAECI SIVE SERVI
ΕΙΤΕΕΛΕΥΘΕΡΟΙ	SIVE LIBERI
ΚΑΙΠΑΝΤΕϹΕΝΠ̅Ν̅Α̅	ET OMNES VNVM S̅P̅M̅

ΕΠΟΤΙϹΘΗΜΕΝ
ΚΑΙΓΑΡΤΟϹΩΜΑ
ΟΥΚΕϹΤΙΝΕΝΜΕΛΟϹ
ΑΛΛΑΠΟΛΛΑ
ΕΑΝΕΙΠΗΟΠΟΥϹ
ΟΤΙΟΥΚΙΜΙΧΕΙΡ
ΟΥΚΙΜΕΙΕΚΤΟΥϹΩΜΑΤΟϹ
ΟΥΠΑΡΑΤΟΥΤΟΟΥΚΕϹΤΙΝ
ΕΚΤΟΥϹΩΜΑΤΟϹ
ΕΑΝΕΙΠΗΤΟΟΥϹ
ΟΤΙΟΥΚΙΜΙΟΦΘΑΛΜΟϹ
ΟΥΚΙΜΙΕΚΤΟΥϹΩΜΑΤΟϹ
ΟΥΠΑΡΑΤΟΥΤΟΟΥΚΕϹΤΙΝ
ΕΚΤΟΥϹΩΜΑΤΟϹ
ΕΙΟΛΟΝΤΟϹΩΜΑΟΟΦΘΑΛΜΟϹ
ΠΟΥΗΑΚΟΗΕΙΟΛΟΝΑΚΟΗ
ΠΟΥΗΟϹΦΡΗϹΙϹ
ΝΥΝΔΕΟΘ̅Ϲ̅ΕΘΕΤΟΤΑΜΕΛΗ
ΕΝΕΚΑϹΤΟΝΑΥΤΩΝ
ΕΝΤΩϹΩΜΑΤΙ
ΚΑΘΩϹΗΘΕΛΗϹΕΝ

POTAVIMVS
ETENIM CORPVS
NON EST VNVM MEMBRVM
SED MVLTA
SI DIXERIT PES
QVONIAM NON SVM MANVS
NON SVM EX CORPORE
NON PROPTEREA NON EST
EX CORPORE
SI DIXERIT AVRICVLA
QVIA NON SVM OCVLVS
NON SVM EX CORPORE
NON IDEO NON EST
EX CORPORE
SI TOTVM CORPVS OCVLVS
VBI AVDITVS SI TOTVM AVDITVS
VBI ODORATVS
NVNC AVTEM D̅S̅ POSVIT MEMBRA
SINGVLA QVOQVE EORVM
IN CORPORE
PROVT VOLVIT

ЄΙΔЄΗΝΤΑΠΑΝΤΑ
ЄΝΜЄΛΟϹΠΟΥΤΟϹωΜΑ
ΝΥΝΔЄΠΟΛΛΑΜЄΛΗ
ЄΝΔЄϹωΜΑ
ΟΥΔΥΝΑΤΑΙΔЄΟΟΦΘΑΛΜΟϹ
ЄΙΠЄΙΝΤΗΧЄΙΡΙ
ΧΡΙΑΝϹΟΥΟΥΚЄΧω
ΗΠΑΛΙΝΗΚЄΦΑΛΗΤΟΙϹΠΟϹΙΝ
ΧΡΙΑΝΥΜωΝΟΥΚЄΧω
ΑΛΛΑΠΟΛΛωΜΑΛΛΟΝ
ΤΑΔΟΚΟΥΝΤΑΜЄΛΗ
ΤΟΥϹωΜΑΤΟϹΑϹΘЄΝЄϹΤЄΡΑΥΠΑΡΧЄΙ̅
ΑΝΑΓΚΑΙΑЄϹΤΙΝ
ΚΑΙΑΔΟΚΟΥΜЄΝ
ΑΤЄΙΜΟΤЄΡΑЄΙΝΑΙ
ΜЄΛΗΤΟΥϹωΜΑΤΟϹ
ΤΟΥΤΟΙϹΤЄΙΜΗΝΠЄΡΙϹϹΟΤЄΡΑΝ
ΠЄΡΙΤΙΘЄΜЄΝ
ΚΑΙΤΑΑϹΧΗΜΟΝΑΗΜωΝ
ЄΥϹΧΗΜΟϹΥΝΗΝ
ΠЄΡΙϹϹΟΤЄΡΑΝЄΧЄΙ

QVODSI ESSENT OMNIA
VNVM MENBRVM VBI CORPVS
NVNC AVTEM MVLTA MEMBRA
SED VNVM CORPVS
NON POTEST AVTEM OCVLVS
DICERE MANVI
NON EST MIHI NECESSARIA
AVT ITERVM CAPVT PEDIBVS
NON DESIDERO OPERAM VESTRAM
SED MVLTO MAGIS
QVAE VIDENTVR MEMBRA
CORPORIS INFIRMIORA ESSE
NECESSARIA SVNT
ET QVAE PVTAMVS
IGNOBILIORA ESSE
MEMBRA CORPORIS
HIS HONOREM ABVNDANTIOREM
CIRCVMDAMVS
ET QVAE VERECVNDIORA NOSTRA
HONESTATEM
ABVNDANTIOREM HABENT

ΤΑΔΕΕΥCΧΗΜΟΝΑΗΜΩΝ
ΟΥΧΡΙΑΝΕΧΕΙΤΕΙΜΗC
ΑΛΛΑΟΘ̅C̅CΥΝΕΚΕΡΑCΕΝΤΟCΩΜΑ
ΤΩΥCΤΕΡΟΥΝΤΙ
ΠΕΡΙCCΟΤΕΡΑΝΔΟΥCΤΕΙΜΗΝ
ΙΝΑΜΗΗCΧΙCΜΑΤΑ
ΕΝΤΩCΩΜΑΤΙ
ΑΛΛΑΤΑΑΥΤΑΥΠΕΡΑΛΛΗΛΩΝ
ΜΕΡΙΜΝΑΤΑΜΕΛΗ
ΚΑΙΕΙΤΕΠΑCΧΕΙ
ΕΝΜΕΛΟC
CΥΝΠΑCΧΕΙ
ΠΑΝΤΑΤΑΜΕΛΗ
ΕΙΤΕΔΟΞΑΖΕΤΕ
ΕΝΜΕΛΟC
CΥΝΧΑΙΡΕΙΠΑΝΤΑΤΑΜΕΛΗ
ΥΜΙCΔΕΕCΤΕCΩΜΑΧ̅Υ̅
ΚΑΙΜΕΛΗΕΚΜΕΛΟΥC
ΚΑΙΟΥCΜΕΝΕΘΕΤΟΟΘ̅C̅
ΕΝΤΗΕΚΚΛΗCΙΑ
ΠΡΩΤΟΝΑΠΟCΤΟΛΟΥC

HONESTIORA AVTEM NOSTRA
NVLLIVS EGENT HONOREM
SED D̅S̅ TEMPERAVIT CORPVS
SI CVI DEERAT
PLVS TRIBVENDO HONOREM
VT NON SIT SCISSVRA
IN CORPORE
SED ID IPSVM PRO INVICEM
SOLLICITA SINT MEMBRA
ET SI QVID PATITVR
VNVM MEMBRVM
CONPATIANTVR
OMNIA MEMBRA
SIVE GLORIFICETVR
VNVM MEMBRVM
CONGAVDENT OMNIA MEMBRA
VOS AVTEM ESTIS CORPVS X̅P̅I̅
ET MEMBRA EX MEMBRO
ET QVOSDAM POSVIT D̅S̅
IN ECCLESIA
PRIMVM APOSTOLOS

ΔΕΥΤΕΡΟΝΠΡΟΦΗΤΑϹ	SECVNDVM PROPHETAS
ΤΡΙΤΟΝΔΕΔΙΔΑϹΚΑΛΟΥϹ	TERTIO MAGISTROS
ΕΠΙΤΑΔΥΝΑΜΙϹ	DEINDE VIRTVTES
ΧΑΡΙϹΜΑΤΑΙΑΜΑΤΩΝ	DONATIONES SANITATIVM
ΑΝΤΙΛΗΜΨΙϹ	ADIVTORIA
ΚΥΒΕΡΝΗϹΙϹ	GVBERNATIONES
ΓΕΝΗΓΛΩϹϹΩΝ	GENERA LINGVARVM
ΜΗΠΑΝΤΕϹΑΠΟϹΤΟΛΟΙ	NVMQVID OMNES APOSTOLI
ΜΗΠΑΝΤΕϹΠΡΟΦΗΤΑΙ	NVMQVID OMNES PROPHETAE
ΜΗΠΑΝΤΕϹΔΙΔΑϹΚΑΛΟΙ	NVMQVID OMNES MAGISTRI
ΜΗΠΑΝΤΕϹΔΥΝΑΜΙϹ	NVMQVID OMNES VIRTVTES
ΜΗΠΑΝΤΕϹ	NVMQVID OMNES
ΧΑΡΙϹΜΑΤΑΕΧΟΥϹΙΝ	DONATIONES HABENT
ΙΑΜΑΤΩΝ	SANITATIVM
ΜΗΠΑΝΤΕϹ	NVMQVID OMNES
ΓΛΩϹϹΑΙϹΛΑΛΟΥϹΙΝ	LINGVIS LOQVVNTVR
ΜΗΠΑΝΤΕϹΔΙΕΡΜΗΝΕΥΟΥϹΙΝ	NVMQVID OMNES INTERPRAETANTVR
ΖΗΛΟΥΤΕΔΕΤΑΧΑΡΙϹΜΑΤΑ	AEMVLAMINI AVTEM DONA
ΤΑΚΡΙϹϹΟΝΑΚΑΙΕΙΤΙ	MELIORA ADHVC
ΚΑΘΥΠΕΡΒΟΛΗΝ	MAIOREM
ΟΔΟΝΥΜΙΝΔΕΙΚΝΥΜΕΙ	VIAM VOBIS DEMONSTRO

ΕΑΝΤΑΙϹΓΛΩϹϹΑΙϹ
ΤΩΝΑ̅Ν̅Ω̅Ν̅ΛΑΛΩ
ΚΑΙΤΩΝΑΓΓΕΛΩΝ
ΑΓΑΠΗΝΔΕΜΗΕΧΩ
ΕΝΕΙΜΙ
ΧΑΛΚΟϹΗΧΩΝ
ΗΚΥΜΒΑΛΟΝΑΛΑΛΑΖΩΝ
ΚΑΙΕΑΝΕΧΩΠΡΟΦΗΤΙΑΝ
ΚΑΙΙΔΩΤΑΜΥϹΤΗΡΙΑΠΑΝΤΑ
ΚΑΙΠΑϹΑΝΤΗΝΓΝΩϹΙΝ
ΚΑΙΕΑΝΕΧΩΠΑϹΑΝΤΗΝΠΙϹΤΙΝ
ΩϹΤΕΟΡΗΜΕΘΙϹΤΑΝΑΙ
ΑΓΑΠΗΝΔΕΜΗΕΧΩ
ΟΥΔΕΝΕΙΜΙ
ΚΑΙΕΑΝΨΩΜΙϹΩ
ΠΑΝΤΑΤΑΥΠΑΡΧΟΝΤΑΜΟΥ
ΚΑΙΕΑΝΠΑΡΑΔΩΤΟϹΩΜΑΜΟΥ
ΙΝΑΚΑΥΘΗϹΟΜΑΙ
ΑΓΑΠΗΝΔΕΜΗΕΧΩ
ΟΥΔΕΝΩΦΕΛΟΥΜΑΙ
ΗΑΓΑΠΗΜΑΚΡΟΘΥΜΕΙ

SI LINGVIS
HOMINVM LOQVAR
ET ANGELORVM
CARITATEM AVTEM NON HABEAM
IN VNVM SVM
VT ERAMENTVM SONANS
AVT CYMBALVM TINNIENS
ET SI HABEAM PROPHETIAM
ET NOVERIM MYSTERIA OMNIA
ET OMNEM SCIENTIAM
ET SI HABEAM OMNEM FIDEM
ITA VT MONTES TRANSFERAM
CARITATEM AVTEM NON HABEAM
NIHIL SVM
ET SI IN CIBOS DIVISERO
OMNEM SVBSTANTIAM MEAM
ET TRADIDERO CORPVS MEVM
VT ARDEAM
CARITATEM AVTEM NON HABEAM
NIHIL PRODEST MIHI
CARITAS PATIENS EST

ΧΡΗϹΤΕΥΕΤΑΙΗΑΓΑΠΗ
ΟΥΖΗΛΟΙΗΑΓΑΠΗ
ΟΥΠΕΡΠΕΡΕΥΕΤΑΙ
ΟΥΦΥϹΙΟΥΤΑΙ
ΟΥΚΑϹΧΗΜΟΝΕΙ
ΟΥΖΗΤΕΙΤΑΕΑΥΤΗϹ
ΟΥΠΑΡΟΞΥΝΕΤΑΙ
ΟΥΛΟΓΙΖΕΤΑΙΤΟΚΑΚΟΝ
ΟΥΧΑΙΡΕΙΕΠΙΤΗΑΔΙΚΙΑ
ϹΥΝΧΑΙΡΕΙΔΕΤΗΑΛΗΘΙΑ
ΠΑΝΤΑϹΤΕΓΕΙ
ΠΑΝΤΑΠΙϹΤΕΥΕΙ
ΠΑΝΤΑΕΛΠΙΖΕΙ
ΠΑΝΤΑΥΠΟΜΕΝΕΙ
ΗΑΓΑΠΗ
ΟΥΔΕΠΟΤΕΕΚΠΙΠΤΕΙ
ΕΙΤΕΠΡΟΦΗΤΙΑΙ
ΚΑΤΑΡΓΗΘΗϹΟΝΤΑΙ
ΕΙΤΕΓΛΩϹϹΑΙΠΑΥϹΟΝΤΑΙ
ΕΙΤΕΓΝΩϹΙϹΚΑΤΑΡΓΗΘΗϹΕΤΑΙ
ΕΚΜΕΡΟΥϹΓΑΡΓΕΙΝΩϹΚΟΜΕΝ

BENIGNA EST CARITAS
NON AEMVLATVR CARITAS
NON EST PERPERA
NON INFLATVR
NON AMBITIOSA EST
NON QVAERIT QVAE SVA SVNT
NON INRITATVR
NON COGITAT MALVM
NON GAVDET SVPER INIQVITATEM
CONGAVDET AVTEM VERITATI
OMNIA SVFFERIT
OMNIA CREDIT
OMNIA SPERAT
OMNIA SVSTENET
CARITAS
NVMQVAM EXCIDET
SIVE PROPHETIAE
ABOLEBVNTVR
SIVE LINGVAE CESSABVNT
SIVE SCIENTIA DESTRVETVR
EX PARTE ENIM SCIMVS

ΚΑΙΕΚΜΕΡΟΥϹΠΡΟΦΗΤΕΥΟΜΕΝ	ET EX PARTE PROPHETEMVR
ΟΤΑΝΔΕΕΛΘΗ	CVM AVTEM VENERIT
ΤΟΤΕΛΕΙΟΝ	QVOD PERFECTVM EST
ΚΑΤΑΡΓΗΘΗϹΕΤΑΙ	DESTRVETVR
ΤΟΕΚΜΕΡΟΥϹ	QVAE EX PARTE SVNT
ΟΤΕΔΕΗΜΗΝΝΗΠΙΟϹ	CVM ERAM PARVOLVS
ΩϹΝΗΠΙΟϹΕΛΑΛΟΥΝ	VT PARVOLVS LOQVEBAR
ΩϹΝΗΠΙΟϹΕΦΡΟΝΟΥΝ	VT PARVOLVS SAPIEBAM
ΩϹΝΗΠΙΟϹΕΛΟΓΙΖΟΜΗΝ	VT PARVOLVS COGITABAM
ΟΤΕΓΕΓΟΝΑΑΝΗΡ	CVM FACTVS SVM VIR
ΤΑΤΟΥΝΗΠΙΟΥΚΑΤΗΡΓΗΚΑ	QVAE PARVOLI ERANT DEPOSVI
ΒΛΕΠΟΜΕΝΑΡΤΙΩϹΔΙΕϹΟΠΤΡΟΥ	VIDEMVS NVNC PER SPECVLVM
ΕΝΕΝΙΓΜΑΤΙΤΟΤΕΔΕ	IN AENIGMATE TVNC AVTEM
ΠΡΟϹΩΠΟΝΠΡΟϹΠΡΟϹΩΠΟΝ	FACIEM AD FACIEM
ΑΡΤΙΓΙΓΝΩϹΚΩΕΚΜΕΡΟΥϹ	NVNC SCIO EX PARTE
ΤΟΤΕΔΕΕΠΙΓΝΩϹΟΜΑΙ	TVNC AVTEM COGNOSCAM
ΚΑΘΩϹΚΑΙΩΕΠΕΓΝΩϹΘΗΝ	SICVT EGO COGNOTVS SVM
ΝΥΝΕΙΔΕΜΕΝΙΠΙϹΤΙϹ	MANET AVTEM FIDES
ΕΛΠΙϹΑΓΑΠΗ	SPES CARITAS
ΤΑΤΡΙΑΤΑΥΤΑ	TRIA HAEC
ΜΕΙΖΩΔΕΤΟΥΤΩΝΗΑΓΑΠΗ	MAIOR AVTEM HORVM CARITAS

ΔΙѠΚЄΤЄΤΗΝΑΓΑΠΗΝ	SECTAMINI CARITATEM
ΖΗΛΟΥΤЄΔЄΤΑΠ̅Ν̅Ι̅ΚΑ	AEMVLAMINI AVTEM SPIRITALIA
ΜΑΛΛΟΝΔЄΙΝΑΠΡΟΦΗΤЄΥΗΤЄ	MAGIS AVTEM VT PROPHETETIS
ΟΓΑΡΛΑΛѠΝΓΛѠCCΑΙC	QVI ENIM LOQVITVR LINGVA
ΟΥΚΑΝΘΡѠΠΟΙCΛΑΛЄΙ	NON HOMINIBVS LOQVITVR
ΑΛΛΑΘЄѠ	SED D̅O̅
ΟΥΔΙCΓΑΡΑΚΟΥЄΙ	NEMO ENIM AVDIT
Π̅Ν̅Ι̅ΔЄΛΑΛЄΙΜΥCΤΗΡΙΑ	S̅P̅S̅ AVTEM LOQVITVR MYSTERIA
ΟΔЄΠΡΟΦΗΤЄΥѠΝ	NAM QVI PROPHETAT
ΑΝΘΡѠΠΟΙCΛΑΛЄΙ	HOMINIBVS LOQVITVR
ΟΙΚΟΔΟΜΗΝ	AEDIFICATIONEM
ΚΑΙΠΑΡΑΚΛΗCΙΝ	ET EXHORTATIONEM
ΚΑΙΠΑΡΑΜΥΘΙΑΝ	ET CONSOLATIONEM
ΟΛΑΛѠΝΓΛѠCCΑΙC	QVI LOQVITVR LINGVA
ЄΑΥΤΟΝΟΙΚΟΔΟΜЄΙ	SE IPSVM AEDIFICAT
ΟΔЄΠΡΟΦΗΤЄΥѠΝ	QVI AVTEM PROPHETAT
ЄΚΚΛΗCΙΑΝΟΙΚΟΔΟΜЄΙ	ECCLESIAM AEDIFICAT
ΘЄΛѠΔЄΠΑΝΤΑCΥΜΑC	VOLO ENIM OMNES VOS
ΛΑΛЄΙΝΓΛѠCCΑΙC	LOQVI LINGVIS
ΜΑΛΛΟΝΔЄΠΡΟΦΗΤЄΥЄΙΝ	MAGIS AVTEM VT PROPHETIS
ΜЄΙΖѠΝΓΑΡΟΠΡΟΦΗΤЄΥѠΝ	MAIOR EST ENIM QVI PROPHETAT

ΗΟΛΑΛΩΝΓΛΩϹϹΑΙϹ	QVAM QVI LOQVITVR LINGVIS
ΕΚΤΟϹΕΙΜΗΔΙΕΡΜΗΝΕΥΩΝ	NISI SI INTERPRAETETVR
ΙΝΑΗΕΚΚΛΗϹΙΑ	VT ECCLESIA
ΟΙΚΟΔΟΜΗΝΛΑΒΗ	AEDIFICATIONEM ACCIPIAT
ΝΥΝΔΕΑΔΕΛΦΟΙ	NVNC AVTEM FRATRES
ΕΑΝΕΛΘΩΠΡΟϹΥΜΑϹ	SI VENERO AD VOS
ΓΛΩϹϹΑΙϹΛΑΛΩΝ	LINGVIS LOQVENS
ΤΙΥΜΑϹΩΦΕΛΗϹΩ	QVID VOBIS PRODEERO
ΕΑΝΜΗΥΜΙΝΛΑΛΗϹΩ	NISI VOBIS LOQVAR
ΗΕΝΑΠΟΚΑΛΥΨΕΙ	IN REVELATIONEM
ΗΕΝΓΝΩϹΕΙΗΕΝΠΡΟΦΗΤΙΑ	VT SCIENTIA AVT PROPHETIA
ΗΔΙΔΑΧΗ	AVT IN DOCTRINA
ΟΜΩϹΤΑΑΨΥΧΑ	TAMEN QVI SINE ANIMA SVNT
ΦΩΝΗΝΔΙΔΟΝΤΑ	VOCEM DANT
ΕΙΤΕΑΥΛΟϹΕΙΤΕΚΙΘΑΡΑ	SIVE TIBIA SIVE CITHARA
ΕΑΝΜΗΔΙΑϹΤΟΛΗΝ	NISI DISTINCTIONEM
ΤΟΙϹΦΘΟΓΓΟΙϹΔΩ	SONI DENT
ΠΩϹΓΝΩϹΘΗ	QVOMODO SCIETVR
ΤΟΑΥΛΟΥΜΕΝΟΝ	QVOD PER TIBIAM CANITVR
ΗΤΟΚΙΘΑΡΙΖΟΜΕΝΟΝ	VEL QVOD CITHARIZATVR
ΚΑΙΓΑΡΕΑΝΑΔΗΛΟΝΦΩΝΗΝ	NAM SI INCERTAM VOCEM

CΑΛΠΙΓΞΔΩΗ	—	—	—	—
ΤΙCΠΑΡΑCΚЄΥΑCЄΤΑΙЄΙCΠΟΛЄΜΟΝ	—	—	—	—
ΟΥΤΩCΚΑΙΥΜΙCΔΙΑΤΗCΓΛΩCCΗC	—	—	—	—
ЄΑΝΜΗЄΥCΧΗΜΟΝ	—	—	—	—
ΛΟΓΟΝΔΩΤЄ	—	—	—	—
ΠΩCΓΝΩCΘΗCЄΤΑΙ	—	—	—	—
ΤΟΛΑΛΟΥΜЄΝΟΝ	—	—	—	—
ЄCЄCΘΑΙΓΑΡЄΙCΑЄΡΑΛΑΛΟΥΝΤЄC	—	—	—	—
ЄΙΤΥΧΟΙΓЄΝΗΦΩΝΩΝЄΙCΙΝ	—	—	—	—
ЄΝΤΩΚΟCΜΩ	—	—	—	—
ΚΑΙΟΥΔЄΝΑΦΩΝΟΝЄCΤΙΝ	—	—	—	—
ЄΑΝΟΥΝΜΗΙΔΩ	—	—	—	—
ΤΗΝΔΥΝΑΜΙΝΤΗCΦΩΝΗC	—	—	—	—
ЄCΟΜΑΙΤΩΛΑΛΟΥΝΤΙΒΑΡΒΑΡΟC	—	—	—	—
ΚΑΙΟΛΑΛΩΝЄΜΟΙΒΑΡΒΑΡΟC	—	—	—	—
ΟΥΤΩCΚΑΙΥΜΙC	—	—	—	—
ЄΠΙΖΗΛΩΤЄЄCΤЄ	—	—	—	—
ΠΝЄΥΜΑΤΩΝ	—	—	—	—
ΠΡΟCΤΗΝΟΙΚΟΔΟΜΗΝ	—	—	—	—
ΤΗCЄΚΚΛΗCΙΑC	—	—	—	—
ΖΗΤЄΙΤЄΙΝΑΠЄΡΙCCЄΥΗΤЄ	—	—	—	—

I. AD CORINTHIOS XIV, 7—12.

ΔΙΟΟΛΑΛΩΝΓΛΩCCΗ
ΠΡΟCΕΥΧΕCΘΩ
ΙΝΑΔΙΕΡΜΗΝΕΥΗ
ΕΑΝΓΑΡΠΡΟCΕΥΧΩΜΑΙΓΛΩCCΗ
ΤΟΠ̅Ν̅ΑΜΟΥΠΡΟCΕΥΧΕΤΑΙ
ΟΔΕΝΟΥCΜΟΥ
ΑΚΑΡΠΟCΕCΤΙΝ
ΤΙΟΥΝΕCΤΙΝ
ΠΡΟCΕΥΞΩΜΑΙΤΩΠ̅Ν̅Ι̅
ΠΡΟCΕΥΞΩΜΑΙΔΕΚΑΙΤΩΝΟΙ
ΨΑΛΩΤΩΠ̅Ν̅Ι̅
ΨΑΛΩΔΕΚΑΙΤΩΝΟΙ
ΕΠΙΕΑΝΕΥΛΟΓΗCΕΝΠ̅Ν̅Ι̅
ΟΑΝΑΠΛΗΡΩΝ
ΤΟΝΤΟΠΟΝΤΟΥΙΔΙΩΤΟΥ
ΠΩCΕΡΕΙΤΟΑΜΗΝ
ΕΠΙΤΗCΗΕΥΧΑΡΙCΤΙΑ
ΕΠΕΙΔΗΤΙΛΕΓΕΙCΟΥΚΟΙΔΕΝ
CΥΜΕΝΓΑΡΚΑΛΩCΕΥΧΑΡΙCΤΕΙC
ΑΛΛΟΕΤΕΡΟCΟΥΚΟΙΚΟΔΟΜΕΙΤΑΙ
ΕΥΧΑΡΙCΤΩΤΩΘ̅Ω̅

ΠΑΝΤΩΝΥΜΩΝΜΑΛΛΟΝ
ΓΛΩϹϹΗΛΑΛΩ
ΑΛΛΑΕΝΕΚΚΛΗϹΙΑΘΕΛΩ
ΠΕΝΤΕΛΟΓΟΥϹ
ΤΩΝΟΙΜΟΥΛΑΛΗϹΑΙ
ΙΝΑΚΑΙΑΛΛΟΥϹΚΑΤΗΧΗϹΩ
ΗΜΥΡΙΟΥϹΛΟΓΟΥϹ
ΕΝΓΛΩϹϹΗ

ΑΔΕΛΦΟΙ
ΜΗΠΑΙΔΙΑΓΙΝΕϹΘΑΙΤΑΙϹΦΡΕϹΙ̅
ΑΛΛΑΤΗΚΑΚΙΑΝΗΠΙΑΖΕΤΕ
ΤΑΙϹΔΕΦΡΕϹΙΝ
ΤΕΛΕΙΟΙΓΙΝΕϹΘΕ

ΕΝΤΩΝΟΜΩΓΕΓΡΑΠΤΑΙ
ΟΤΙΕΝΕΤΕΡΟΓΛΩϹϹΟΙϹ
ΚΑΙΕΝΧΕΙΛΕϹΙΝΕΤΕΡΟΙϹ
ΛΑΛΗϹΩΤΩΛΑΩΤΟΥΤΩ
ΚΑΙΟΥΔΟΥΤΩϹΕΙϹΑΚΟΥϹΟΝΤΑΙΜΟΥ
ΛΕΓΕΙΚ̅Ϲ̅

ΩϹΤΕΑΙΓΛΩϹϹΑΙ
ΕΙϹϹΗΜΕΙΟΝΕΙϹΙΝ

QVOD OMNIVM VESTRVM
LINGVAM ALIIS LOQVAR
SED IN ECCLESIA VOLO
QVINQVE VERBA LOQVI
PER SENSVM MEVM
VT ET ALIOS INSTRVAM
QVAM MVLTA MILIA VERBORVM
IN LINGVA

FRATRES NOLITE PVERI EFFICI
SENSIBVS
SED MALITIA PARVOLI ESTOTE
VT SENSIBVS
PERFECTI SITIS

IN LEGE SCRIPTVM EST
QVONIAM IN ALIIS LINGVIS
ET IN LABIIS ALIIS
LOQVAR POPVLO ....
ET NONDVM EXAVDIENT ME
DICIT D̅M̅S̅

ITAQVE LINGVAE
IN SIGNVM SVNT

ΟΥΤΟΙCΠΙCΤΕΥΟΥCΙΝ	NON HIS QVI CREDVNT
ΑΛΛΑΤΟΙCΑΠΙCΤΟΙC	SED NON CREDENTIBVS
ΗΔΕΠΡΟΦΗΤΙΑ	PROPHETIA AVTEM
ΟΥΤΟΙCΑΠΙCΤΟΙC	NON INFIDELIBVS
ΑΛΛΑΤΟΙCΠΙCΤΕΥΟΥCΙΝ	SED FIDELIBVS
ΕΑΝΟΥΝCΥΝΕΛΘΗ	SI CONVENERIT
ΟΛΗΗΕΚΚΛΗCΙΑ	VNIVERSA ECCLESIA
ΕΠΙΤΟΑΥΤΟ	IN VNVM
ΚΑΙΛΑΛωCΙΝΓΛωCCΑΙC	ET LOQVANTVR LINGVIS
ΠΑΝΤΕC	OMNES
ΕΙCΕΛΘωCΙΝΔΕΙΔΙωΤΑΙΗΑΠΙCΤΟΙ	INTRENT AVTEM IDIOTAE AVT INFIDELIS
ΟΥΚΕΡΟΥCΙΝΟΤΙΜΑΙΝΕCΘΑΙ	NONNE DICENT QVIA INSANITIS
ΕΑΝΔΕΠΑΝΤΕCΠΡΟΦΗΤΕΥωCΙΝ	SI AVTEM OMNES PROPHETENT
ΕΙCΕΛΘΗΔΕΤΙCΑΠΙCΤΟC	INTRET AVTEM QVIS INFIDELIS
ΗΙΔΙωΤΗC	AVT IDIOTA
ΕΛΕΝΧΕΤΑΙΥΠΟΠΑΝΤωΝ	CONVINCITVR AB OMNIBVS
ΑΝΑΚΡΙΝΕΤΑΙΥΠΟΠΑΝΤωΝ	INTERROGATVR AB OMNIBVS
ΤΑΚΡΥΠΤΑΤΗCΚΑΡΔΙΑCΑΥΤΟΥ	OCCVLTA ETIAM CORDIS EIVS
ΦΑΝΕΡΑΓΕΙΝΕΤΑΙ	MANIFESTA FIENT
ΚΑΙΟΥΤωCΠΕCωΝΕΠΙΠΡΟCωΠΟΝ	ET TVNC CADENS IN FACIEM
ΠΡΟCΚΥΝΗCΕΙΤωΘ̅ω̅	ADORAVIT D̅M̅

ΑΠΑΓΓΕΛΛΩΝΟΤΙΟΝΤΩϹΘϹ
ЄΝΥΜΙΝЄϹΤΙΝ
ΤΙΟΥΝЄϹΤΙΝΑΔЄΛΦΟΙ
ΟΤΑΝϹΥΝЄΡΧΗϹΘΑΙ
ЄΚΑϹΤΟϹΥΜΩΝ
ΨΑΛΜΟΝЄΧЄΙ
ΔΙΔΑΧΗΝЄΧЄΙ
ΑΠΟΚΑΛΥΨΙΝЄΧЄΙ
ΓΛΩϹϹΑΝЄΧЄΙ
ΔΙЄΡΜΗΝΙΑΝЄΧЄΙ
ΠΑΝΤΑΠΡΟϹΟΙΚΟΔΟΜΗΝ
ΓЄΙΝЄϹΘΩ
ЄΙΤЄΓΛΩϹϹΗΤΙϹΛΑΛЄΙ
ΚΑΤΑΔΥΟΗΤΟΠΛΙϹΤΟΝΤΡΙϹ
ΚΑΙΑΝΑΜЄΡΟϹ
ΚΑΙЄΙϹΔΙЄΡΜΗΝЄΥЄΤΩ
ЄΑΝΔЄΜΗΗΟЄΡΜΗΝЄΥΤΗϹ
ϹЄΙΓΑΤΩЄΝЄΚΚΛΗϹΙΑ
ЄΑΥΤΩΔЄΛΑΛЄΙΤΩΚΑΙΤΩΘΩ
ΠΡΟΦΗΤΑΙΔЄΔΥΟΗΤΡΙϹ
ΛΑΛЄΙΤΩϹΑΝ

ADNVNTIANS QVOD VERE DS
IN VOBIS EST
QVID ERGO EST FRATRES
CVM CONVENITIS
VNVSQVISQVE VESTRVM
PSALMVM HABET
DOCTRINAM HABET
REVELATIONEM HABET
LINGVAM HABENT
INTERPRAETATIONEM HABET
OMNIA AD AEDIFICATIONEM
FIANT
SIVE LINGVA QVIS LOQVITVR
PER BINOS AVT MVLTVM TRES
ET PER PARTES
ET VNVS INTERPRAETETVR
SI AVTEM NON FVERIT INTERPRES
TACEAT IN ECCLESIAM
SIBI AVTEM LOQVATVR ET DO
PRAOPHETAE DVO VEL TRES
LOQVANTVR

ΚΑΙΑΛΛΟΙΑΝΑΚΡΙΝΕΤΩCΑΝ	ET CETERI EXANIMENT
ΕΑΝΑΛΛΩΑΠΟΚΑΛΥΦΘΗ	QVODSI ALII REVELATVM FVERIT
ΚΑΘΗΜΕΝΩ	SEDENTI
ΟΠΡΩΤΟCCΙΓΑΤΩ	PRIOR TACEAT
ΔΥΝΑCΘΑΙΓΑΡΠΑΝΤΕC	POTESTIS ENIM OMNES
ΚΑΘΕΝΑΠΡΟΦΗΤΕΥΕΙΝ	PER SINGVLOS PROPHETARE
ΙΝΑΠΑΝΤΕCΜΑΝΘΑΝΩCΙΝ	VT OMNES DISCANT
ΚΑΙΠΑΝΤΕCΠΑΡΑΚΑΛΩΝΤΑΙ	ET OMNES EXHORTENTVR
ΚΑΙΠ̅Ν̅ΑΠΡΟΦΗΤΩΝ	ET S̅P̅S̅ PROPHETARVM
ΠΡΟΦΗΤΑΙCΥΠΟΤΑCCΕΤΑΙ	PROPHETIS SVBIECTVS EST
ΟΥΓΑΡΕCΤΙΝΑΚΑΤΑCΤΑCΙΑCΟΘ̅C̅	NON ENIM EST DISSENSIONIS D̅S̅
ΑΛΛΑΕΙΡΗΝΗC	SED PACIS
ΩCΕΝΠΑCΑΙCΤΑΙCΕΚΚΛΗCΙΑΙC	SICVT IN OMNIBVS ECCLESIIS
ΤΩΝΑΓΙΩΝ	SANCTORVM
ΗΑΦΥΜΩΝΟΛΟΓΟCΤΟΥΘ̅Υ̅	AN A VOBIS SERMO D̅I̅
ΕΞΗΛΘΕΝ	PROCESSIT
ΗΕΙCΥΜΑCΜΟΝΟΥC	AVT IN VOBIS SOLIS
ΚΑΤΗΝΤΗCΕΝ	DEVENIT
ΕΙΤΙCΔΟΚΕΙΠΡΟΦΗΤΗCΕΙΝΑΙ	SI QVIS VIDETVR PROPHETA ESSE
ΗΠΝΕΥΜΑΤΙΚΟC	AVT SPIRITALIS
ΕΠΙΓΙΓΝΩCΚΕΤΩΑΓΡΑΦΩΥΜΙΝ	COGNOSCAT QVAE SCRIBO VOBIS

I. AD CORINTHIOS XIV, 29—33; 36. 37.

ΟΤΙΚΥ̅ЄϹΤΙΝ
ЄΙΔЄΤΙϹΑΓΝΟЄΙ
ΑΓΝΟЄΙΤЄ
ΩϹΤЄΑΔЄΛΦΟΙΖΗΛΟΥΤЄ
ΤΟΠΡΟΦΗΤЄΥЄΙΝ
ΚΑΙΤΟΛΑΛЄΙΝЄΝΓΛΩϹϹΑΙϹ
ΜΗΚΩΛΥЄΤЄ
ΠΑΝΤΑΔЄЄΥϹΧΗΜΟΝΩϹΚΑΙΚΑΤΑΤΑΞΙΝ
ΓЄΙΝЄϹΘΩ
ΑΙΓΥΝΑΙΚΑΙϹΥΜΩΝ
ЄΝΤΑΙϹЄΚΚΛΗϹΙΑΙϹϹΙΓΑΤΩϹΑΝ
ΟΥΓΑΡЄΠΙΤΡЄΠЄΤЄΑΥΤΑΙϹ
ΛΑΛЄΙΝ
ΑΛΛΑΥΠΟΤΑϹϹЄϹΘΑΙ
ΚΑΘΩϹΚΑΙΟΝΟΜΟϹΛЄΓЄΙ
ЄΙΤΙΔЄΜΑΘΙΝΘЄΛΟΥϹΙΝ
ЄΝΟΙΚΩΤΟΥϹΙΔΙΟΥϹΑΝΔΡΑϹЄΠЄΡΩΤΑΤΩϹΑΝ
ΑΙϹΧΡΟΝΓΑΡЄϹΤΙΝΓΥΝΑΙΞΙΝ
ЄΝЄΚΚΛΗϹΙΑΛΑΛΙΝ
ΓΝΩΡΙΖΩΔЄΥΜΙΝΑΔЄΛΦΟΙ
ΤΟЄΥΑΓΓЄΛΙΟΝ

QVIA D̅M̅I̅ SVNT
SI QVIS AVTEM IGNORANT
IGNORATVR
ITAQVE FRATRES AEMVLAMINI
PROPHETARE
ET LOQVI IN LINGVIS
NOLITE PROHIBERE
OMNIA AVTEM HONESTE ET ORDINE
FIANT
MVLIERES VESTRAE
IN ECCLESIIS TACEANT
NON ENIM PERMITTITVR ILLIS
LOQVI
SED SVBDITA ESSE
SICVT ET LEX DICIT
SI QVID AVTEM DISCERE VOLVNT
DOMI SVOS VIROS INTERROGENT
TVRPE EST ENIM MVLIERIBVS
IN ECCLESIIS LOQVI
NOTVM ENIM VOBIS FACIO FRATRES
EVANGELIVM

ΟΕΥΑΓΓΕΛΙϹΑΜΗΝΥΜΙΝ
ΟΚΑΙΠΑΡΕΛΑΒΕΤΕ
ΕΝΩΚΑΙϹΤΗΚΕΤΕ
ΔΙΟΥΚΑΙϹΩΖΕϹΘΑΙ
ΤΙΝΙΛΟΓΩΚΑΙ
ΕΥΗΝΓΕΛΙϹΑΜΗΝΥΜΕΙΝ
ΟΦΙΛΕΤΕΚΑΤΕΧΕΙΝ
ΕΚΤΟϹΕΙΜΗΕΙΚΗΕΠΙϹΤΕΥϹΑΤΕ
ΠΑΡΕΔΩΚΑΓΑΡΥΜΙΝ
ΕΝΠΡΩΤΟΙϹΟΚΑΙΠΑΡΕΛΑΒΟΝ
ΟΤΙΧ̅Ϲ̅ΑΠΕΘΑΝΕΝ
ΥΠΕΡΤΩΝΑΜΑΡΤΙΩΝΗΜΩΝ
ΚΑΤΑΤΑϹΓΡΑΦΑϹ
ΚΑΙΟΤΙΕΤΑΦΗ
ΚΑΙΟΤΙΕΓΗΓΕΡΤΑΙ
ΤΗΗΜΕΡΑΤΗΤΡΙΤΗ
ΚΑΤΑΤΑϹΓΡΑΦΑϹ
ΚΑΙΟΤΙΩΦΘΗΚΗΦΑ
ΚΑΙΜΕΤΑΤΑΥΤΑΤΟΙϹΕΝΔΕΚΑ
ΕΠΙΤΑΩΦΘΗΕΠΑΝΩ
ΠΕΝΤΑΚΟϹΙΟΙϹΑΔΕΛΦΟΙϹ

QVOD EVANGELIZAVI VOBIS
QVOD ET ACCEPISTIS
IN QVO ET STATIS
PER QVOD ET SALVI EFFICIMINI
QVA RATIONE ET
EVANGELIZAVI VOBIS
DEBETIS TENERE
NISI SINE CAVSA CREDIDISTIS
TRADIDI ENIM VOBIS
IN PRIMIS SICVT ACCEPIMVS
QVIA X̅P̅S̅ MORTVVS EST
PRO PECCATIS NOSTRIS
SECVNDVM SCRIPTVRAS
ET QVIA SEPVLTVS EST
ET QVIA SVRREXIT
DIE TERTIA
SECVNDVM SCRIPTVRAS
ET QVIA VISVS EST CEPHAE
ET POSTEA ILLIS VNDECIM
DEINDE APPARVIT AMPLIVS
QVINGENTIS FRATRIBVS

ЄΦΑΠΑΞ	SIMVL
ЄΞѠΝΟΙΠΛΙΟΝЄCΜЄΝΟΥCΙΝ	EX QVIBVS PLVRES MANENT
ЄѠCΑΡΤΙ	VSQVE ADHVC
ΤΙΝЄCΔЄЄΚΟΙΜΗΘΗCΑΝ	QVID AVTEM DORMIERVNT
ЄΙΤΑѠΦΘΗΙΑΚѠΒѠ	DEINDE APPARVIT IACOBO
ЄΙΤΑΤΟΙCΑΠΟCΤΟΛΟΙCΠΑCΙΝ	POSTMODVM APOSTOLIS OMNIBVS
ЄCΧΑΤΟΝΔЄΠΑΝΤѠΝ	NOVISSIME AVTEM
ѠCΠЄΡΤѠЄΚΤΡѠΜΑΤΙ	TAMQVAM ABORTIVO
ѠΦΘΗΚΑΜΟΙ	VISVS EST ET MIHI
ЄΓѠΓΑΡЄΙΜΙΟЄΛΑΧΙCΤΟC	EGO ENIM SVM MINIMVS
ΤѠΝΑΠΟCΤΟΛѠΝ	APOSTOLORVM
ΟCΟΥΚΙΜΙΙΚΑΝΟCΚΑΛЄΙCΘΑΙ	QVI NON SVM DIGNVS VOCARI
ΑΠΟCΤΟΛΟC	APOSTOLVS
ΔΙΟΤΙЄΔΙѠΞΑ	QVONIAM PERSECVTVS SVM
ΤΗΝЄΚΚΛΗCΙΑΝΤΟΥΘ̅Υ̅	ECCLESIAM D̅I̅
ΧΑΡΙΤΙΔЄΘ̅Υ̅ЄΙΜΙΟЄΙΜΙ	GRATIA AVTEM D̅I̅ SVM QVOD SVM
ΚΑΙΗΧΑΡΙCΑΥΤΟΥЄΙCЄΜЄ	ET GRATIA EIVS IN ME
ΠΤѠΧΗΟΥΚЄΓЄΝΗΘΗ	PAVPERA NON FVIT
ΑΛΛΑΠЄΡΙCCΟΤЄΡΟΝ	SED ABVNDANTIVS
ΠΑΝΤѠΝЄΚΟΠΙΑCΑ	ILLIS OMNIBVS LABORAVI
ΟΥΚЄΓѠΔЄ	NON EGO AVTEM

ΑΛΛΑΗΧΑΡΙΣΤΟΥΘ̅Υ̅ΣΥΝΕΜΟΙ	SED GRATIA D̅I̅ MECVM
ΕΙΤΕΔΕΕΓΩΕΙΤΕΕΚΕΙΝΟΙ	SIVE AVTEM EGO SIVE ILLI
ΟΥΤΩΣΚΗΡΥΣΣΩΜΕΝ	ITA PRAEDICAMVS
ΚΑΙΟΥΤΩΣΕΠΙΣΤΕΥΣΑΤΕ	ET ITA CREDIDISTIS
ΕΙΔΕΧ̅Σ̅ΚΗΡΥΣΣΕΤΕ	SI AVTEM X̅P̅S̅ PRAEDICATVS
ΕΚΝΕΚΡΩΝ	EX MORTVIS
ΟΤΙΕΓΗΓΕΡΤΑΙ	QVOD RESVRREXIT
ΠΩΣΛΕΓΟΥΣΙΝΤΙΝΕΣ	QVOMODO QVIDAM DICVNT
ΕΝΥΜΙΝ	IN VOBIS
ΟΤΙΑΝΑΣΤΑΣΙΣΝΕΚΡΩΝ	QVOD RESVRRECTIO MORTVORVM
ΟΥΚΕΣΤΙΝ	NON EST
ΕΙΔΕΑΝΑΣΤΑΣΙΣΝΕΚΡΩΝ	NAM SI RESVRRECTIO MORTVORVM
ΟΥΚΕΣΤΙΝ	NON EST
ΟΥΔΕΧ̅Σ̅ΟΥΚΕΓΗΓΕΡΤΑΙ	NEC X̅P̅S̅ RESVRREXIT
ΚΕΝΟΝΑΡΑΚΑΙΤΟΚΗΡΥΓΜΑΗΜΩΝ	INANIS EST PRAEDICATIO NOSTRA
ΚΕΝΗΚΑΙΗΠΙΣΤΙΣΗΜΩΝ	VACVA EST FIDES VESTRA
ΕΥΡΙΣΚΟΜΕΘΑΔΕ	INVENIMVR ETIAM
ΨΕΥΔΟΜΑΡΤΥΡΕΣΤΟΥΘ̅Υ̅	FALSI TESTES D̅I̅
ΟΤΙΕΜΑΡΤΥΡΗΣΑΜΕΝΚΑΤΑΤΟΥΘ̅Υ̅	QVOD TESTIMONIVM DIXIMVS ADVERSVS D̅M̅
ΟΤΙΗΓΕΙΡΕΝΤΟΝΧ̅Ν̅	QVOD SVSCITAVERIT X̅P̅M̅
ΟΝΟΥΚΗΓΕΙΡΕΝ	QVEM NON SVSCITAVIT

ΕΙΓΑΡΝΕΚΡΟΙ
ΟΥΚΕΓΕΙΡΟΝΤΑΙ
ΟΥΔΕΧ̅Ϲ̅ΕΓΗΓΕΡΤΑΙ
ΕΙΔΕΧ̅Ϲ̅ΟΥΚΕΓΗΓΕΡΤΑΙ
ΜΑΤΕΑΗΠΙϹΤΙϹΥΜΩΝΕϹΤΙΝ
ΕΤΙΕϹΤΕ
ΕΝΤΑΙϹΑΜΑΡΤΙΑΙϹΥΜΩΝ
ΑΡΑΚΑΙΟΙΚΟΙΜΗΘΕΝΤΕϹΕΝΧ̅Ω̅
ΑΠΩΛΟΝΤΟ
ΕΙΕΝΤΗΖΩΗΤΑΥΤΗ
ΕΝΧ̅Ω̅ΗΛΠΙΚΟΤΕϹ
ΕϹΜΕΝΜΟΝΟΝ
ΕΛΕΕΙΝΟΤΕΡΟΙΕϹΜΕΝ
ΠΑΝΤΩΝΑΝΘΡΩΠΩΝ
ΝΥΝΕΙΔΕΧ̅Ϲ̅ΕΓΗΓΕΡΤΑΙ
ΕΚΝΕΚΡΩΝ
ΑΠΑΡΧΗΤΩΝΚΕΚΟΙΜΗΜΕΝΩ̅
ΕΠΙΔΗΓΑΡΔΙΑΝΘΡΩΠΟΥ
ΘΑΝΑΤΟϹ
ΚΑΙΔΙΑΝΘΡΩΠΟΥΑΝΑϹΤΑϹΙϹ
ΝΕΚΡΩΝ

SI ENIM MORTVI
NON RESVRGVNT
NEQVE X̅P̅S̅ SVRREXIT
QVODSI X̅P̅S̅ NON RESVRREXIT
VANA EST FIDES VESTRA
QVID ADHVC ESTIS
IN PECCATIS VESTRIS
ERGO ET QVI DORMIERVNT IN X̅P̅O̅
PERIERVNT
SI IN VITA HAC
IN X̅P̅O̅ SPERANTES
SVMVS TANTVM
MISERABILIORES SVMVS
OMNIBVS HOMINIBVS
SI AVTEM X̅P̅S̅ RESVRREXIT
A MORTVIS
INITIVM DORMIENTIVM
QVONIAM QVIDEM PER HOMINEM
MORS
ET PER HOMINEM RESVRRECTIO
MORTVORVM

ΩϹΠ̅ΕΡΓΑΡΕΝΤΩΑΔΑΜ	SICVT ENIM IN ADAM
ΠΑΝΤΕϹΑΠΟΘΝΗϹΚΟΥϹΙΝ	OMNES MORIVNTVR
ΟΥΤΩϹΚΑΙΕΝΤΩΧ̅Ω̅	ITA ET IN X̅P̅O̅
ΠΑΝΤΕϹΖΩΟΠΟΙΗΘΗϹΟΝΤΑΙ	OMNES VIVIFICABVNTVR
ΕΚΑϹΤΟϹΔΕΕΝΤΩΙΔΙΩΤΑΓΜΑΤΙ	VNVSQVISQVE AVTEM IN SVO ORDINE
ΑΠΑΡΧΗΧ̅Ϲ̅ΕΠΙΤΑΟΙΤΟΥΧ̅Υ̅	INITIVM X̅P̅S̅ DEINDE HI QVI SVNT X̅P̅I̅
ΕΝΤΗΠΑΡΟΥϹΙΑΑΥΤΟΥ	IN ADVENTV EIVS
ΕΙΤΑΤΟΤΕΛΟϹ	DEINDE FINIS
ΟΤΑΝΠΑΡΑΔΙΔΩ	CVM TRADIDERIT
ΤΗΝΒΑϹΙΛΕΙΑΝΤΩΘ̅Ω̅	REGNVM D̅O̅
ΚΑΙΠ̅Ρ̅Ι̅	ET PATRI
ΟΤΑΝΚΑΤΑΡΓΗϹΗ	CVM EVACVAVERIT
ΠΑϹΑΝΑΡΧΗΝ	OMNEM PRINCIPATVM
ΚΑΙΠΑϹΑΝΕΞΟΥϹΙΑΝ	ET OMNEM POTESTATEM
ΚΑΙΔΥΝΑΜΙΝ	ET VIRTVTEM
ΔΕΙΓΑΡΑΥΤΟΝΒΑϹΙΛΕΥΕΙΝ	OPORTET ENIM ILLVM REGNARE
ΑΧΡΙϹΟΥΘΗ	DONEC PONAT
ΠΑΝΤΑϹΤΟΥϹΕΧΘΡΟΥϹ	OMNES INIMICOS
ΥΠΟΤΟΥϹΠΟΔΑϹΑΥΤΟΥ	SVB PEDIBVS EIVS
ΠΑΝΤΑΓΑΡΥΠΕΤΑΞΕΝ	OMNIA ENIM SVBIECIT
ΥΠΟΤΟΥϹΠΟΔΑϹΑΥΤΟΥ	SVB PEDIBVS EIVS

ΕϹΧΑΤΟϹΕΧΘΡΟϹ
ΚΑΤΑΡΓΕΙΤΕΟΘΑΝΑΤΟϹ
ΟΤΑΝΔΕΕΙΠΗΟΤΙ
ΠΑΝΤΑΥΠΟΤΕΤΑΚΤΑΙ
ΔΗΛΟΝΟΤΙΕΚΤΟϹ
ΤΟΥΥΠΟΤΑΞΑΝΤΟϹΑΥΤΩ
ΤΑΠΑΝΤΑ
ΟΤΑΝΔΕΑΥΤΩΥΠΟΤΑΓΗ
ΤΑΠΑΝΤΑ
ΤΟΤΕΑΥΤΟϹΟΥΙΟϹ
ΥΠΟΤΑΓΗϹΕΤΑΙ
ΤΩΥΠΟΤΑΞΑΝΤΙΑΥΤΩΤΑΠΑΝΤΑ
ΙΝΑΟΘ̅Ϲ̅ΗΠΑΝΤΑΕΝΠΑϹΙΝ
ΕΠΙΤΙΠΟΙΗϹΟΥϹΙΝ
ΟΙΒΑΠΤΙΖΟΜΕΝΟΙ
ΥΠΕΡΤΩΝΝΕΚΡΩΝ
ΕΙΟΛΩϹΝΕΚΡΟΙ
ΟΥΚΕΓΕΙΡΟΝΤΑΙ
ΤΙΚΑΙΒΑΠΤΙΖΟΝΤΕ
ΥΠΕΡΑΥΤΩΝ
ΤΙΚΑΙΗΜΙϹΚΙΝΔΥΝΕΥΟΜΕΝ

NONVISSIMOS INIMICOS
DESTRVITVR MORS
CVM AVTEM DICAT
OMNIA SVBIECTA SVNT
PRAETER EVM
QVI SVBIECIT EI
OMNIA
NAM CVM SVBIECTA ILLI FVERINT
OMNIA
TVNC IPSE FILIVS
SVBDITVS ERIT EI
QVI SI SVBDIDIT OMNIA
VT D̅S̅ SIT OMNIA IN OMNIBVS
ALIOQVIN QVID FACIET
QVI BAPTIZANTVR
PRO MORTVIS
SI OMNINO MORTVI
NON RESVRGVNT
QVI QVID BAPTIZANTVR
PRO ILLIS
QVID ET NOS PERICLITAMVR

ΠΑϹΑΝѠΡΑΝ	OMNIA HORA
ΚΑΘΗΜЄΡΑΝΑΠΟΘΝΗϹΚѠ	COTTIDIE MORIOR
ΝΗ̇ΤΗΝΥΜЄΤЄΡΑΝΚΑΥΧΗϹΙΝ	PER VESTRAM GLORIAM
ΗΝЄΧѠЄΝΚ̅Ѡ̅	QVAM HABEO IN D̅M̅O̅
ЄΙΚΑΤΑΑΝΘΡѠΠΟΝ	SI SECVNDVM HOMINEM
ЄΘΗΡΙΟΜΑΧΗϹΑЄΝЄΦЄϹѠ	BESTEIS PVGNAVI EPHESI
ΤΙΜΟΙΟΦЄΛΟϹ	QVID MIHI PRODEST
ЄΙΝЄΚΡΟΙΟΥΚЄΓЄΙΡΟΝΤΑΙ	SI MORTVI NON RESVRGVNT
ΦΑΓѠΜЄΝΚΑΙΠΙѠΜЄΝ	MANDVCEMVS ET BIBAMVS
ΑΥΡΙΟΝΓΑΡΑΠΟΘΝΗϹΚΟΜЄΝ	CRAS ENIM MORIEMVR
ΜΗΠΛΑΝΑϹΘΑΙ	NOLITE SEDVCI
ΦΘΙΡΟΥϹΙΝΗΘΗΧΡΗϹΤΑ	CORRVMPVNT MORES BONOS
ΟΜΙΛΙΑΙΚΑΚΑΙ	CONLOQVIA MALA
ЄΚΝΙΨΑΤЄΔΙΚΑΙѠϹ	SOBRII ESTOTE IVSTI
ΚΑΙΜΗΑΜΑΡΤΑΝЄΤЄ	ET NOLITE PECCARE
ΑΓΝѠϹΙΑΝΓΑΡ̇Θ̅Υ̅	IGNORANTIAM ENIM D̅I̅
ΤΙΝЄϹЄΧΟΥϹΙΝ	QVIDAM HEBENT
ΠΡΟϹЄΝΤΡΟΠΗΝ	AD REVERENTIAM
ΥΜΙΝΛΑΛѠ	VOBIS LOQVOR
ΑΛΛЄΡЄΙΤΙϹ	SED DICIT ALIQVIS
ΠѠϹЄΓЄΙΡΟΝΤΑΙ	QVOMODO RESVRGVNT

ΟΙΝΕΚΡΟΙ
ΠΟΙΩΔΕϹΩΜΑΤΙΕΡΧΟΝΤΑΙ
ΑΦΡΩΝ
ϹΥΟϹΠΙΡΕΙϹΟΥΖΩΟΠΟΙΕΙΤΕ
ΕΑΝΜΗΑΠΟΘΑΝΗΠΡΩΤΟΝ
ΚΑΙΟϹΠΙΡΕΙϹ
ΟΥΤΟϹΩΜΑΤΟΓΕΝΗϹΟΜΕΝΟΝ
ϹΠΙΡΕΙϹ
ΑΛΛΑΓΥΜΝΟΝΚΟΚΚΟΝΕΙΤΥΧΟΙ
ϹΕΙΤΟΥ
ΗΤΙΝΟϹΤΩΝΛΟΙΠΩΝ
ΟΔΕΘ̅Ϲ̅ΑΥΤΩΔΙΔΩϹΙΝϹΩΜΑ
ΚΑΘΩϹΗΘΕΛΗϹΕΝ
ΚΑΙΕΚΑϹΤΩΤΩΝϹΠΕΡΜΑΤΩΝ
ΙΔΙΟΝϹΩΜΑ
ΟΥΠΑϹΑϹΑΡΞΗΑΥΤΗϹΑΡΞ
ΑΛΛΗΜΕΝΑΝΘΡΩΠΟΥ
ΑΛΛΗΔΕΚΤΗΝΟΥϹ
ΑΛΛΗϹΑΡΞΠΕΤΙΝΩΝ
ΑΛΛΗΔΕΙΧΘΥΩΝ
ΚΑΙϹΩΜΑΤΑΕΠΟΥΡΑΝΙΑ

MORTVI
QVO AVTEM CORPORE VENIVNT
INSIPIENS
TV QVOD SEMINAS NON VIVIFICATVR
NISI PRIVS MORIATVR
ET QVOD SEMINAS
NON CORPVS QVOD NASCETVR
SEMINAS
SED NVDVM GRANVM VT PVTA
TRITICI
AVT ALICVIVS CETERORVM
D̅S̅ AVTEM ILLI DAT CORPVS
PROVT VOLVIT
ET VNICVIQVE SEMINVM
PROPRIVS CORPVS
NON OMNIS CARO EADEM CARO
SED ALIA QVIDEM HOMINIS
ALIA AVTEM PECORIS
ALIA CARO VOLVCRVM
ALIA AVTEM PISCIVM
ET CORPORA CAELESTIA

ΚΑΙϹΩΜΑΤΑΕΠΙΓΙΑ
ΑΛΛΑΕΤΕΡΑΜΕΝ
ΗΤΩΝΕΠΟΥΡΑΝΙΩΝΔΟΞΑ
ΕΤΕΡΑΔΕΗΤΩΝΕΠΙΓΙΩΝ
ΑΛΛΗΔΟΞΑΗΛΙΟΥ
ΚΑΙΑΛΛΗΔΟΞΑϹΕΛΗΝΗϹ
ΚΑΙΑΛΛΗΔΟΞΑΑϹΤΕΡΩΝ
ΑϹΤΗΡΓΑΡΑϹΤΕΡΟϹ
ΔΙΑΦΕΡΕΙΕΝΔΟΞΗ
ΟΥΤΩϹΚΑΙΗΑΝΑϹΤΑϹΙϹ
ΤΩΝΝΕΚΡΩΝ
ϹΠΙΡΕΤΕΕΝΦΘΟΡΑ
ΕΓΕΙΡΕΤΕΕΝΑΦΘΑΡϹΙΑ
ϹΠΕΙΡΕΤΕΕΝΑΤΙΜΙΑ
ΕΓΕΙΡΕΤΕΕΝΔΟΞΗ
ϹΠΕΙΡΕΤΕΕΝΑϹΘΕΝΙΑ
ΕΓΕΙΡΕΤΕΕΝΔΥΝΑΜΕΙ
ϹΠΕΙΡΕΤΕϹΩΜΑΨΥΧΙΚΟΝ
ΕΓΕΙΡΕΤΕϹΩΜΑΠ̅Ν̅Ι̅ΚΟΝ
ΕΙΕϹΤΙΝϹΩΜΑΨΥΧΙΚΟΝ
ΕϹΤΙΝΚΑΙΠ̅Ν̅Ι̅ΚΟΝ

ET CORPORA TERRESTRIA
SED ALIA QVIDEM
CAELESTIVM GLORIA
ALIA AVTEM TERRESTRIA
ALIA GLORIA SOLIS
ET ALIA GLORIA LVNAE
ET ALIA GLORIA STELLARVM
STELLA ENIM STELLAE
DIFFERET IN CARITATE
ITA ET RESVRRECTIO
MORTVORVM
SEMINATVR IN CORRVPTIONEM
SVRGIT IN INCORRVPTIONEM
SEMINATVR IN CONTVMELIAM
SVRGIT IN GLORIA
SEMINATVR IN INFIRMITATE
SVRGIT IN VIRTVTE
SEMINATVR CORPVS ANIMALE
SVRGIT CORPVS SPIRITALE
SI EST CORPVS ANIMALE
EST ET SPIRITALE

ΟΥΤΩϹΚΑΙΓΕΓΡΑΠΤΑΙ	SIC ETIAM SCRIPTVM EST
ΕΓΕΝΕΤΟΟΠΡΩΤΟϹΑ̅Ν̅Ο̅Ϲ̅	FACTVS EST PRIMVS HOMO
ΑΔΑΜΕΙϹΨΥΧΗΝΖΩϹΑΝ	ADAM IN ANIMAM VIVENTEM
ΟΕϹΧΑΤΟϹΑΔΑΜ	NOVISSIMVS ADAM
ΕΙϹΠ̅Ν̅Α̅ΖΩΟΠΟΙΟΥΝ	IN S̅P̅V̅ VIVIFICANTE
ΑΛΛΑΟΥΠΡΩΤΟΝ	SED NON PRIVS
ΤΟΠ̅Ν̅ΙΚΟΝ	QVOD SPIRITALIS EST
ΑΛΛΑΤΟΨΥΧΙΚΟΝ	SED QVOD ANIMALE
ΕΠΕΙΤΑΤΟΠ̅Ν̅ΙΚΟΝ	DEINDE QVOD SPIRITALE
ΟΠΡΩΤΟϹΑ̅Ν̅Ο̅Ϲ̅	PRIMVS HOMO
ΕΚΓΗϹΧΟΙΚΟϹ	DE TERRA TERRENVS
ΟΔΕΥΤΕΡΟϹΑ̅Ν̅Ο̅Ϲ̅	SECVNDVS HOMO
ΕΞΟΥΡΑΝΟΥΟΙΟϹΟΧΟΙΚΟϹ	DE CAELO QVALIS TERRENVS
ΤΟΙΟΥΤΟΙΚΑΙΟΙΧΟΙΚΟΙ	TALIS ET TERRENI
ΚΑΙΟΙΟϹΟΟΥΡΑΝΙΟϹ	ET QVALIS CAELESTIS
ΤΟΙΟΥΤΟΙΚΑΙΟΙΟΥΡΑΝΙΟΙ	TALIS ET CAELESTIS
ΚΑΙΚΑΘΩϹΕΦΟΡΕϹΑΜΕΝ	SICVT PORTAVIMVS
ΤΗΝΕΙΚΟΝΑΤΟΥΧΟΙΚΟΥ	IMAGINEM TERRESTRIS
ΦΟΡΕϹΩΜΕΝΚΑΙΤΗΝΕΙΚΟΝΑ	PORTEMVS ET IMAGINEM
ΤΟΥΕΠΟΥΡΑΝΙΟΥ	CAELESTIS
ΤΟΥΤΟΓΑΡΦΗΜΙΑΔΕΛΦΟΙ	HOC ENIM DICO FRATRES

ΟΤΙCΑΡΞΚΑΙΑΙΜΑ	QVIA CARO ET SANGVIS
ΒΑCΙΛЄΙΑΝΘ̅Υ̅ΚΛΗΡΟΝΟΜΗCΑΙ	REGNVM D̅I̅ POSSIDERE
ΟΥΔΥΝΑΝΤΑΙ	NON POSSVNT
ΟΥΔЄΗΦΘΟΡΑΤΗΝΑΦΘΑΡCΙΑΝ	NEQVE CORRVPTIO INCORRVPTELAM
ΚΛΗΡΟΝΟΜΗCЄΙ	POSSIDEBIT
ΙΔΟΥΜΥCΤΗΡΙΟΝΥΜЄΙΝΛЄΓω	ECCE MYSTERIVM VOBIS DICO
ΠΑΝΤЄCΑΝΑCΤΗCΟΜЄΘΑ	OMNES RESVRGIMVS
ΟΥΠΑΝΤЄCΔЄ	NON OMNES AVTEM
ΑΛΛΑΓΗCΟΜЄΘΑ	IMMVTAVIMVR
ЄΝΑΤΟΜωЄΝΡΟΠΗΟΦΘΑΛΜΟΥ	IN MOMENTO IN ICTV OCVLI
ЄΝΤΗЄCΧΑΤΗCΑΛΠΙΓΓΙ	IN NOVISSIMA TVBA
CΑΛΠΙCЄΙΓΑΡ	BVCINAT ENIM
ΚΑΙΟΙΝЄΚΡΟΙΑΝΑCΤΗCΟΝΤΑΙ	ET MORTVI RESVRGVNT
ΑΦΘΑΡΤΟΙ	INCORRVPTI
ΚΑΙΗΜΙCΑΛΛΑΓΗCΟΜЄΘΑ	ET NOS MVTABIMVR
ΔЄΙΓΑΡΤΟΦΘΑΡΤΟΝΤΟΥΤΟ	OPORTET ENIM CORRVPTIBILE HOC
ЄΝΔΥCΑCΘΑΙΑΦΘΑΡCΙΑΝ	INDVERE INCORRVPTIONEM
ΚΑΙΤΟΘΝΗΤΟΝΤΟΥΤΟ	ET MORTALE HOC
ЄΝΔΥCΑCΘΑΙΑΘΑΝΑCΙΑΝ	INDVERE INMORTALITATEM
ΟΤΑΝΔЄΤΟΦΘΑΡΤΟΝΤΟΥΤΟ	CVM AVTEM CORRVPTIBILE HOC
ЄΝΔΥCΗΤЄΑΦΘΑΡCΙΑΝ	INDVERIT INCORRVPTALITATEM
ΚΑΙΤΟΘΝΗΤΟΝΤΟΥΤΟ	ET MORTALE HOC
ЄΝΔΥCΗΤЄΑΘΑΝΑCΙΑΝ	INDVERE INMORTALITATEM

ΤΟΤΕΓΕΝΗϹΕΤΑΙΟΛΟΓΟϹ
ΟΓΕΓΡΑΜΜΕΝΟϹ
ΚΑΤΕΠΟΘΗΟΘΑΝΑΤΟϹ
ΕΙϹΝΕΙΚΟϹ
ΠΟΥϹΟΥΘΑΝΑΤΕΤΟΚΕΝΤΡΟΝ
ΠΟΥϹΟΥΘΑΝΑΤΕΤΟΝΕΙΚΟϹ
ΤΟΔΕΚΕΝΤΡΟΝΤΟΥΘΑΝΑΤΟΥ
ΗΑΜΑΡΤΙΑ
ΗΔΕΔΥΝΑΜΙϹΤΗϹΑΜΑΡΤΙΑϹ
ΟΝΟΜΟϹ
ΤΩΔΕΘ̅Ω̅ΧΑΡΙϹ
ΤΩΔΟΝΤΙΗΜΕΙΝΤΟΝΕΙΚΟϹ
ΔΙΑΤΟΥΚ̅Υ̅ΗΜΩΝΙ̅Υ̅Χ̅Υ̅
ΩϹΤΕΑΔΕΛΦΟΙΜΟΥΑΓΑΠΗΤΟΙ
ΕΔΡΑΙΟΙΓΕΙΝΕϹΘΑΙ
ΑΜΕΤΑΚΕΙΝΗΤΟΙ
ΠΕΡΙϹϹΕΥΟΝΤΕϹΕΝΤΩΕΡΓΩ
ΤΟΥΚ̅Υ̅ΠΑΝΤΟΤΕ
ΕΙΔΟΤΕϹΟΤΙΟΚΟΠΟϹΥΜΩΝ
ΟΥΚΕϹΤΙΝΚΕΝΟϹΕΝΚ̅Ω̅
ΠΕΡΙΔΕΤΗϹΛΟΓΙΑϹ

TVNC FIET SERMO
QVI SCRIPTVS EST
ABSORTA EST MORS
IN VICTORIA
VBI EST MORS STIMVLVS TVVS
VBI EST MORS VICTORIA TVA
ACVLEVS AVTEM MORTIS
PECCATVM
VIRTVS AVTEM PECCATI
LEX
D̅O̅ AVTEM GRATIAS
QVI DEDIT NOBIS VICTORIAM
PER D̅O̅M̅ N̅· I̅H̅M̅ X̅P̅M̅
ITAQVE FRATRES MEI DILECTI
STABILES ESTOTE
IMMOBILES
ABVNDANTES IN OPERE
D̅M̅I̅ SEMPER
SCIENTES QVIA LABOR VESTER
NON EST INANIS IN D̅M̅O̅
DE COLLECTIS AVTEM

ΤΗϹΕΙϹΤΟΥϹΑΓΙΟΥϹ	QVAE FIVNT IN SANCTIS
ΩϹΠΕΡΔΙΕΤΑΞΑΤΕϹΕΚΚΛΗϹΙΑΙϹ	SICVT ORDINAVIT ECCLESIIS
ΤΗϹΓΑΛΑΤΕΙΑϹ	GALATIAE
ΟΥΤΩϹΚΑΙΥΜΙϹΠΟΙΗϹΑΤΕ	ITA ET VOS FACITE
ΚΑΤΑΜΙΑΝϹΑΒΒΑΤΟΥ	PER VNAM SABBATI
ΕΚΑϹΤΟϹΥΜΩΝΠΑΡΕΑΥΤΩ	VNVSQVISQVE VESTRVM
ΠΑΡΕΑΥΤΩΤΙΘΕΤΩ	APVT SE PONAT
ΘΗϹΑΥΡΙΖΩΝ	THENSAVRIZANS
ΟΤΙΑΝΕΥΟΔΩΤΕ	QVOD EI PLACVERIT
ΙΝΑΜΗΟΤΑΝΕΛΘΩ	VT NON CVM VENERO
ΤΟΤΕΛΟΓΙΑΙΓΕΙΝΩΝΤΑΙ	TVNC COLLECTA FIANT
ΟΤΑΝΔΕΠΑΡΑΓΕΝΩΜΑΙ	CVM AVTEM ADVENERO
ΟΥϹΑΝΔΟΚΙΜΑϹΗΤΕ	QVOSCVMQVE PROBABERITIS
ΔΙΕΠΙϹΤΟΛΩΝ	PER EPISTVLAS
ΤΟΥΤΟΥϹΠΕΝΨΩ	HOS MITTAM
ΑΠΕΝΕΝΚΕΙΝΤΗΝΧΑΡΙΝΥΜΩΝ	PERFERRE GRATIAM VESTRAM
ΕΙϹΙΕΡΟΥϹΑΛΗΜ	IN HIERVSALEM
ΕΑΝΔΕΗΑΞΙΟΝ	QVOD SI DIGNVM FVERIT
ΤΟΥΚΑΜΕΠΟΡΕΥΕϹΘΑΙ	VT ET EGO EAM
ϹΥΝΕΜΟΙΠΟΡΕΥϹΟΝΤΑΙ	MECVM IBVNT
ΕΛΕΥϹΟΜΑΙΔΕΠΡΟϹΥΜΑϹ	VENIO AVTEM AD VOS

ΟΤΑΝΜΑΚЄΔΟΝΙΑΝΔΙЄΛΘω
ΜΑΚЄΔΟΝΙΑΝΓΑΡΔΙЄΡΧΟΜЄ
ΠΡΟϹΥΜΑϹΔЄΤΥΧΟΝ
ΠΑΡΑΜЄΝω
ΙΝΑЄΙΚΑΙΠΑΡΑΧΙΜΑϹω
ΥΜΙϹΜЄΠΡΟΠЄΝΨΗΤЄ
ΟΥΑΝΠΟΡЄΥωΜΑΙ
ΟΥΘЄΛωΓΑΡΥΜΑϹ
ΑΡΤΙЄΝΠΑΡΟΔωΙΔЄΙΝ
ЄΛΠΙΖωΓΑΡΧΡΟΝΟΝΤΙΝΑ
ЄΠΙΜЄΙΝΑΙΠΡΟϹΥΜΑϹ
ЄΑΝΟΚ̅Ϲ̅ЄΠΙΤΡЄΠΗ
ЄΠΙΜЄΝωΔЄЄΝЄΦЄϹω
ЄωϹΤΗϹΠЄΝΤΗΚΟϹΤΗϹ
ΘΥΡΑΓΑΡΜΟΙΑΝЄωΓЄΝ
ΜЄΓΑΛΗΚΑΙЄΝЄΡΓΗϹ
ΚΑΙΑΝΤΙΚЄΙΜЄΝΟΙΠΟΛΛΟΙ
ЄΑΝΔЄЄΛΘΗΤЄΙΜΟΘЄΟϹ
ΒΛЄΠЄΤЄΙΝΑΑΦΟΒωϹ
ΓЄΝΗΤΑΙΠΡΟϹΥΜΑϹ
ΤΟΓΑΡЄΡΓΟΝΚ̅Υ̅ЄΡΓΑΖЄΤЄ

CVM MACAEDONIAM TRANSIERO
MACEDONIAM ENIM PERTRANSEO
APVT VOS AVTEM FORSITAM
REMANEBO
VEL ETIAM HIEMABO
NISI SI VOS ME DVXERITIS
VBICVMQVE IERO
NOLO ENIM VOS
NVNC IN TRANSITV VIDERE
SPERO ENIM ALIQVOD TEMPORIS
MANERE APVT VOS
SI D̅M̅S̅ PERMISERIT
PERMANEBO AVTEM EPHESI
VSQVE AD PENTECOSTEN
OSTIVM ENIM MIHI APERTVM EST
MAGNVM ET VIDENS
ET ADVERSARII MVLTI
QVODSI VENERIT TIMOTHEVS
VIDETE VT SINE TIMORE
SIT APVT VOS
OPVS ENIM D̅M̅I̅ OPERATVR

ΩϹΚΑΙΕΓΩ	SICVT ET EGO
ΜΗΤΙϹΑΥΤΟΝΕΞΟΥΘΕΝΗϹΗ	NE QVIS ILLVM SPERNAT
ΠΡΟΠΕΝΨΑΤΕΔΕΑΥΤΟΝ	PRAEMITTITE AVTEM ILLVM
ΕΝΕΙΡΗΝΗ	IN PACE
ΙΝΑΕΛΘΗΠΡΟϹΕΜΕ	VT VENIAT AD ME
ΕΚΔΕΧΟΜΑΙΓΑΡΑΥΤΟΝ	EXPECTO ENIM ILLVM
ΜΕΤΑΤΩΝΑΔΕΛΦΩΝ	CVM FRATRIBVS
ΠΕΡΙΔΕΑΠΟΛΛΩΤΟΥΑΔΕΛΦΟΥ	DE APOLLO AVTEM FRATRE
ΔΗΛΩΥΜΕΙΝ	NOTVM VOBIS FACIO
ΟΤΙΠΟΛΛΑΠΑΡΕΚΑΛΕϹΑΑΥΤΟΝ	QVIA MVLTVM ILLVM ROGAVI
ΙΝΑΕΛΘΗΠΡΟϹΥΜΑϹ	VT VENIRET AD VOS
ΜΕΤΑΤΩΝΑΔΕΛΦΩΝ	CVM FRATRIBVS
ΚΑΙΠΑΝΤΩϹΟΥΚΗΝΘΕΛΗΜΑ	ET VTIQVE NON FVIT VOLVPTAS
ΙΝΑΝΥΝΕΛΘΗ	VT NVNC VENIRET
ΕΛΕΥϹΕΤΑΙΔΕ	VENIET AVTEM
ΟΤΑΝΕΥΚΕΡΗϹΗ	CVM OPPORTVNVM FVERIT
ΓΡΗΓΟΡΕΙΤΕ	VIGILATE
ϹΤΗΚΕΤΕΕΝΤΗΠΙϹΤΕΙ	STATE IN FIDE
ΑΝΔΡΙΖΕϹΘΑΙΚΑΙΚΡΑΤΕΟΥϹΘΕ	CONFORTAMINI VIRILITER AGITE
ΠΑΝΤΑΥΜΩΝ	OMNIA VESTRA
ΕΝΑΓΑΠΗΓΙΝΕϹΘΩ	IN CARITATE FIANT

ΠΑΡΑΚΑΛΩΥΜΑϹΑΔΕΛΦΟΙ
ΟΙΔΑΤΕΤΗΝΟΙΚΙΑΝϹΤΕΦΑΝΑ
ΚΑΙΦΟΡΤΟΥΝΑΤΟΥ
ΟΤΙΕΙϹΙΝΑΠΑΡΧΗϹ
ΤΗϹΑΧΑΙΑϹ
ΚΑΙΕΙϹΔΙΑΚΟΝΙΑΝΤΟΙϹΑΓΙΟΙϹ
ΕΤΑΞΑΝΕΑΥΤΟΥϹ
ΙΝΑΚΑΙΥΜΙϹΥΠΟΤΑϹϹΗϹΘΑΙ
ΤΟΙϹΤΟΙΟΥΤΟΙϹ
ΚΑΙΠΑΝΤΙΤΩϹΥΝΕΡΓΟΥΝΤΙ
ΚΑΙΚΟΠΙΩΝΤΙ
ΧΑΙΡΩΔΕΕΠΙΤΗΠΑΡΟΥϹΙΑ
ϹΤΕΦΑΝΑ
ΚΑΙΦΟΡΤΟΥΝΑΤΟΥΚΑΙΑΧΑΙΚΟΥ
ΟΤΙΤΟΥΜΕΤΕΡΟΝΥϹΤΕΡΗΜΑ
ΑΥΤΟΙΑΝΕΠΛΗΡΩϹΑΝ
ΑΝΕΠΑΥϹΑΝΓΑΡΚΑΙΤΟΕΜΟΝΠ̅Ν̅Α
ΚΑΙΤΟΥΜΩΝΕΠΙΓΕΙΝΩϹΚΕΤΕ
ΟΥΝΤΟΥϹΤΟΙΟΥΤΟΥϹ
ΑϹΠΑΖΟΝΤΑΙΥΜΑϹΑΙΕΚΚΛΗϹΙΑΙ
ΤΗϹΑϹΙΑϹ

OBSECRO AVTEM VOS FRATRES
NOSTIS DOMVM STEPHANAE
ET FORTVNATI
QVONIAM SVNT INITIVM
ACHAIAE
ET IN MINISTERIVM SANCTIS
ORDINAVERVNT SE IPSOS
VT ET VOS SVBIECTI SITIS
TALIBVS
ET OMNI QVI ADIVVAT
ET LABORAT
GAVDEO AVTEM IN ADVENTV
STEPHANAE
ET FORTVNATI ET ACHAICI
QVIA QVOD A VOBIS DEERAT
ILLI SVPPLEVERVNT
REFECERVNT ENIM ET MEVM S̅P̅M̅
ET VESTRVM COGNOSCITE ERGO
QVI EIVSMODI SVNT
SALVTANT VOS ECCLESIAE
ASIAE

ΑϹΠΑΖΕΤΕΥΜΑϹΕΝΚΩ	SALVTANT VOS IN DMO
ΑΚΥΛΑϹΠΟΛΛΑΚΑΙΠΡΙϹΚΙΛΛΑ	AQVILA MVLTVM ET PRISCILLA
ϹΥΝΤΗΚΑΤΟΙΚΟΝΑΥΤΩΝΕΚΚΛΗϹΙΑ	CVM DOMESTICA SVA ECCLESIA
ΠΑΡΟΙϹΚΑΙΞΕΝΙΖΟΜΕ	APVT QVOS ETIAM HOSPITOR
ΑϹΠΑΖΟΝΤΕΥΜΑϹΟΙΑΔΕΛΦΟΙΠΑΝΤΕϹ	SALVTANT VOS OMNES FRATRES
ΑϹΠΑϹΑϹΘΑΙΑΛΛΗΛΟΥϹ	SALVTATE INVICEM
ΕΝΦΙΛΗΜΑΤΙΑΓΙΩ	IN AMOREM SANCTI
ΟΑϹΠΑϹΜΟϹΤΗΕΜΗΧΕΙΡΙΠΑΥΛΟΥ	SALVTATIO MEA MANV PAVLI
ΕΙΤΙϹΟΥΦΙΛΕΙΤΟΝΚΝΙΝΧΝ	SI QVIS NON AMAT DOM IHM XPM
ΗΤΩΑΝΑΘΕΜΑΜΑΡΑΝΑΘΑ	SIAT ANATHEMA MARANATHA
ΗΧΑΡΙϹΤΟΥΚΥΙΥΧΥΜΕΘΥΜΩΝ	GRATIA DMI IHV XPI VOBISCVM
ΗΑΓΑΠΗΜΟΥΜΕΤΑΠΑΝΤΩΝΥΜΩΝ	CARITAS MEA CVM OMNIBVS VOBIS
ΕΝΧΩΙΥΑΜΗΝ	IN XPO IHV AMEN
ΠΡΟϹ ΚΟΡΙΝΘΙΟΥϹ Α	AD CORINTHIOS I
ΕΠΛΗΡΩΘΗ ΑΡΧΕΤΕ	EXPLICIT INCIPIT
ΠΡΟϹ ΚΟΡΙΝΘΙΟΥϹ Β	AD CORINTHIOS II

ΠΑΥΛΟϹΑΠΟϹΤΟΛΟϹΙΥΧΥ
ΔΙΑΘЄΛΗΜΑΤΟϹΘΥ
ΚΑΙΤЄΙΜΟΘЄΟϹΟΑΔЄΛΦΟϹ
ΤΗЄΚΚΛΗϹΙΑΤΟΥΘΥ
ΤΗΟΥϹΗЄΝΚΟΡΙΝΘѠ
ϹΥΝΤΟΙϹΑΓΙΟΙϹΠΑϹΙΝ
ΤΟΙϹΟΥϹΙΝЄΝΟΛΗΤΗΑΧΑΙΑ
ΧΑΡΙϹΥΜΙΝΚΑΙЄΙΡΗΝΗ
ΑΠΟΘΥΠΑΤΡΟϹΗΜѠΝ
ΚΑΙΚΥΙΥΧΥ
ЄΥΛΟΓΗΤΟϹΟΘϹΚΑΙΠΑΤΗΡ
ΤΟΥΚΥΗΜѠΝΙΥΧΥ
ΟΠΑΤΗΡΤѠΝΟΙΚΤЄΙΡΜѠΝ
ΚΑΙΘϹΠΑϹΗϹΠΑΡΑΚΛΗϹЄѠϹ
ΟΠΑΡΑΚΑΛѠΝΗΜΑϹ
ЄΠΙΠΑϹΗΤΗΘΛΙΨЄΙΗΜѠΝ
ЄΙϹΤΟΔΥΝΑϹΘΑΙΗΜΑϹ
ΠΑΡΑΚΑΛЄΙΝ
ΤΟΥϹЄΝΠΑϹΗΘΛΙΨЄΙ
ΔΙΑΤΗϹΠΑΡΑΚΛΗϹЄѠϹ
ΗϹΠΑΡΑΚΑΛΟΥΜЄΘΑ

PAVLVS APOSTOLVS IHV XPI
PER VOLVNTATE DI
ET THIMOTHAEVS FRATER
ECCLESIAE DI
QVAE EST CORINTHI
CVM SANCTIS OMNIBVS
QVI SVNT IN VNIVERSA ACHAIA
GRATIA VOBIS ET PAX
A DO PATRE NOSTRO
ET DMO IHV XPO
BENEDICTVS DS ET PATER
DMI N· IHV XPI
PATER MISERICORDIARVM
ET DS OMNIS CONSOLATIONIS
QVI CONSOLATVR NOS
IN OMNI TRIBVLATIONE NOSTRA
VT POSSIMVS ET NOS
CONSOLARI EOS
QVI IN OMNI TRIBVLATIONE SVNT
PER EXHORTATIONEM
QVA EXHORTAMVR

ΚΑΙΑΥΤΟΙΥΠΟΤΟΥΘΥ	ET IPSI A DO
ΟΤΙΚΑΘΩϹΠΕΡΙϹϹΕΥΕΙ	QVONIAM SICVT ABVNDANT
ΤΟΠΑΘΗΜΑΤΟΥΧΥΕΙϹΗΜΑϹ	PASSIONES XPI IN VOBIS
ΟΥΤΩϹΚΑΙΔΙΑΤΟΥΧΥΠΕΡΙϹϹΕΥΕΙ	ITA ET PER XPM ABVNDANT
ΚΑΙΗΠΑΡΑΚΛΗϹΙϹΗΜΩΝ	ET CONSOLATIO NOSTRA
ΕΙΔΕΘΛΙΒΟΜΕΘΑ	SIVE AVTEM TRIBVLAMVR
ΥΠΕΡΤΗϹΥΜΩΝΠΑΡΑΚΛΗϹΕΩϹ	PRO VESTRA EXHORTATIONE
ΚΑΙϹΩΤΗΡΙΑϹ	ET SALVTE
ΤΗϹΕΝΕΡΓΟΥΜΕΝΗϹ	QVAE OPERATVR
ΕΝΥΠΟΜΟΜΟΝΗ	IN SVSTENTATIONEM
ΤΩΝΑΥΤΩΝΠΑΘΗΜΑΤΩΝ	EARVNDEM PASSIONVM
ΩϹΚΑΙΗΜΙϹΠΑϹΧΟΜΕΝ	QVAS ET NOS PATIMVR
ΚΑΙΗΕΛΠΙϹΗΜΩΝ	ET SPES NOSTRA
ΒΕΒΑΙΑΥΠΕΡΥΜΩΝ	FIRMA PRO VOBIS
ΕΙΤΕΠΑΡΑΚΑΛΟΥΜΕΘΑ	SIVE EXHORTAMVR
ΥΠΕΡΤΗϹΥΜΩΝΠΑΡΑΚΛΗϹΕΩϹ	PRO VESTRA EXHORTATIONE
ΚΑΙϹΩΤΗΡΙΑϹ	ET SALVTE
ΕΙΔΟΤΕϹΟΤΙΩϹΚΟΙΝΩΝΟΙ	SCIENTES QVIA SI SOCII
ΤΩΝΠΑΘΗΜΑΤΩΝΕϹΤΕΟΥΤΩϹ	PASSIONVM ESTIS
ΚΑΙΤΗϹΠΑΡΑΚΛΗϹΕΩϹ	ET CONSOLATIONVM ERITIS
ΟΥΓΑΡΘΕΛΟΜΕΝΥΜΑϹ	NON ENIM VOLVMVS VOS

ΑΓΝΟЄΙΝΑΔЄΛΦΟΙ	IGNORARE FRATRES
ΠЄΡΙΤΗϹΘΛΙΨЄѠϹΗΜѠΝ	DE TRIBVLATIONE NOSTRA
ΤΗϹΓЄΝΟΜЄΝΗϹЄΝΤΗΑϹΙΑ	QVAE FACTA EST IN ASIA
ΟΤΙΚΑΘΥΠЄΡΒΟΛΗΝ	QVIA SVPRA MODVM
ЄΒΑΡΗΘΗΜЄΝΠΑΡΑΔΥΝΑΜΙΝ	GRAVATI SVMVS SVPER VIRTVTEM
ѠϹΤЄЄΞΑΠΟΡΗΘΗΝΑΙΗΜΑϹ	ITA VT TEDERET NOS
ΚΑῚΤΟΥΖΗΝ	ETIAM VIVERE
ΑΛΛΑΑΥΤΟΙЄΝЄΑΥΤΟΙϹ	SED IPSI IN NOBIS IPSIS
ΤΟΑΠΟΚΡΙΜΑ	RESPONSVM
ΤΟΥΘΑΝΑΤΟΥ	MORTIS HABVIMVS
ΙΝΑΜΗΠЄΠΟΙΘΟΤЄϹ	VT NON SIMVS FIDENTES
ѠΜЄΝЄΦЄΑΥΤΟΙϹ	IN NOBIS
ΑΛΛΑЄΠΙΤѠΘ̅Ѡ̅	SED IN D̅M̅O̅
ΤѠЄΓЄΙΡΟΝΤΙΤΟΥϹΝЄΚΡΟΥϹ	QVI SVSCITAT MORTVOS
ΟϹЄΚΤΗΛΙΚΟΥΤΟΥΘΑΝΑΤΟΥ	QVI DE TANTIS MORIBVS
ЄΡΡΥϹΑΤΟΗΜΑϹ	ERIPVIT NOS
ЄΙϹΟΝΗΛΠΙΚΑΜЄΝ	IN QVEM SPERAMVS
ΚΑΙЄΤΙΡΥϹЄΤΑΙ	QVONIAM ET ERIPIET
ϹΥΝΥΠΟΥΡΓΟΥΝΤѠΝΚΑΙΥΜѠΝ	ADIVVANTIBVS ET VOBIS
ΠЄΡΙΗΜѠΝΤΗΔЄΗϹЄΙ	PRO NOBIS IN ORATIONE
ΙΝΑЄΚΠΟΛΛѠΝΠΡΟϹѠΠѠΝ	VT IN MVLTIFACIE

ΤΟЄΙCΗΜΑCΧΑΡΙCΜΑ	QVAE IN NOBIS EST GRATIA
ΔΙΑΠΟΛΛΩΝЄΥΧΑΡΙCΤΗΘΗ	PER MVLTOS GRATIAE· AGANTVR
ΥΠЄΡΗΜΩΝ	PRO NOBIS
ΗΓΑΡΚΑΥΧΗCΙCΗΜΩΝΑΥΤΗЄCΤΙΝ	NAM GLORIA NOSTRA HAEC EST
ΤΟΜΑΡΤΥΡΙΟΝ	TESTIMONIVM
ΤΗCCΥΝΙΔΗCЄΩCΗΜΩΝ	CONSCIENTIAE NOSTRAE
ΟΤΙЄΝΑΠΛΟΤΗΤΙ	QVOD IN SIMPLICITATE
ΚΑΙЄΙΛΙΚΡΙΝΙΑΤΟΥΘ̅Υ̅	ET SINCERITATE D̅I̅
ΟΥΚЄΝCΟΦΙΑCΑΡΚΙΚΗ	NON IN SAPIENTIA CARNALI
ΑΛΛЄΝΧΑΡΙΤΙΘ̅Υ̅	SED IN GRATIA D̅I̅
ΑΝЄCΤΡΑΦΗΜЄΝ	CONVERSATI SVMVS
ЄΝΤΩΚΟCΜΩ	IN HOC MVNDO
ΠЄΡΙCCΟΤЄΡΩCΔЄΠΡΟCΥΜΑC	ABVNDANTIVS AVTEM AD VOS
ΟΥΓΑΡΑΛΛΑΓΡΑΦΟΜЄΝΥΜЄΙΝ	NON ENIM ALIAS SCRIBIMVS VOBIS
ΑΛΛΗΑΝΑΓЄΙΝΩCΚΗΤЄ	QVAM QVAE LEGITIS
ΗΚΑΙЄΠΙΓЄΙΝΩCΚЄΤЄ	ET COGNOSCITIS
ЄΛΠΙΖΩΔЄ	SPERO AVTEM
ΟΤΙЄΩCΤЄΛΟΥC	QVONIAM VSQVE IN FINEM
ЄΠΙΓΝΩCЄCΘΑΙ	COGNOSCETIS
ΚΑΘΩCΚΑΙЄΠЄΓΝΩΤЄΗΜΑC	SICVT ET COGNOVISTIS NOS
ΑΠΟΜЄΡΟΥC	EX PARTE

II. AD CORINTHIOS I, 11—14.

ΟΤΙΚΑΥΧΗΜΑΥΜΩΝЄϹΜЄΝ	QVIA GLORIA VESTRA SVMVS
ΚΑΘΑΠЄΡΚΑΙΥΜΙϹΗΜΩΝ	SICVT ET VOS NOSTRA
ЄΝΤΗΗΜЄΡΑΤΟΥΚ̅Υ̅Ι̅Υ̅Χ̅Υ̅	IN DIEM D̅M̅I̅ I̅H̅V̅ X̅P̅I̅
ΚΑΙΤΑΥΤΗΤΗΠЄΠΟΙΘΗϹЄΙ	ET HAEC CONFIDENTIA
ЄΒΟΥΛΟΜΗΝΠΡΟΤЄΡΟΝ	VOLVERAM PRIVS
ЄΛΘΙΝΠΡΟϹΥΜΑϹ	VENIRE AD VOS
ΙΝΑΔЄΥΤЄΡΑΝΧΑΡΙΝ	VT SECVNDVM GRATIAM
ЄΧΗΤЄ	HABERETIS
ΚΑΙΔΙΥΜΩΝΑΠЄΛΘΙΝ	ET PER VOS PROFICISCI
ЄΙϹΜΑΚЄΔΟΝΙΑΝ	IN MACAEDONIAM
ΚΑΙΠΑΛΙΝΑΠΟΜΑΚЄΔΟΝΙΑϹ	ET ITERVM A MACAEDONIA
ЄΛΘΙΝΠΡΟϹΥΜΑϹ	VENIRE AD VOS
ΚΑΙΑΦΥΜΩΝΠΡΟΠЄΝΦΘΗΝΑΙ	ET A VOBIS PRAEMITTI
ЄΙϹΤΗΝΙΟΥΔΑΙΑΝ	IN IVDAEAM
ΤΟΥΤΟΟΥΝΒΟΥΛЄΥΟΜЄΝΟϹ	CVM ERGO COGITASSEM HOC
ΜΗΤΙΑΡΑΤΗЄΛΑΦΡΙΑЄΧΡΗϹΑΜΗΝ	NVMQVID LEVITATEM VSVS SVM
ΗΑΒΟΥΛЄΥΟΜΑΙ	AVT QVAE COGITO
ΚΑΤΑϹΑΡΚΑΒΟΥΛЄΥΟΜΑΙ	SECVNDVM CARNEM COGITO
ΙΝΑΗΠΑΡЄΜΟΙΤΟΝΑΙΝΑΙ	VT SIT APVT ME EST EST
ΚΑΙΤΟΟΥΟΥ	ET NON NON
ΠΙϹΤΟϹΔЄΟΘ̅Ϲ̅	FIDELIS AVTEM D̅S̅

ΟΤΙΟΛΟΓΟϹΗΜΩΝΠΡΟϹΥΜΑϹ
ΟΥΚЄϹΤΙΝΝΑΙΚΑΙΟΥ
ΟΓΑΡΤΟΥΘΥΥΙΟϹΙϹΧϹ
ΟЄΝΥΜЄΙΝ
ΔΙΗΜΩΝΚΗΡΥΧΘЄΙϹ
ΔΙЄΜΟΥΚΑΙϹΙΛΒΑΝΟΥ
ΚΑΙΤЄΙΜΟΘЄΟΥ
ΟΥΚЄΓЄΝЄΤΟΝΑΙΚΑΙΟΥ.
ΑΛΛΑΝΑΙЄΝΑΥΤΩΓЄΓΟΝЄΝ
ΟϹΑΙΓΑΡ
ЄΠΑΝΓЄΛΙΑΙΘΥ
ЄΝΑΥΤΩΤΟΝΑΙ
ΚΑΙΔΙΑΥΤΟΥΤΟΑΜΗΝΤΩΘΩ
ΠΡΟϹΔΟΞΑΝΔΙΗΜΩΝ
ΟΔЄΒЄΒΑΙΩΝΗΜΑϹ
ϹΥΝΥΜΙΝЄΙϹΧΝ
ΟΚΑΙΧΡΙϹΑϹΗΜΑϹΘϹ
ΟΚΑΙϹΦΡΑΓΙϹΑΜЄΝΟϹΗΜΑϹ
ΚΑΙΔΟΥϹΤΟΝΑΡΡΑΒΩΝΑ
ΤΟΥΠΝϹЄΝΤΑΙϹΚΑΡΔΙΑΙϹΗΜΩΝ
ЄΓΩΔЄΜΑΡΤΥΡΑΤΟΝΘΝ

QVIA SERMO NOSTER QVI FIT APVT VOS
NON EST EST ET NON
DI ENIM FILIVS IHV XPS
QVI IN VOBIS EST
QVI PER NOS PRAEDICATVS EST
PER ME ET SILBANVM
ET THIMOTHEVM
NON FVIT EST ET NON
SED EST IN ILLO FVIT
QVODQVOD ENIM
PROMISSIONES DI SVNT
IN ILLO EST
ET PER IPSVM AMEN DO
AD GLORIAM PER NOS
QVI AVTEM CONFIRMAT NOS
VOBISCVM IN XPO
ET QVI VNXIT NOS DS
ET QVI SIGNAVIT NOS
ET DEDIT PIGNVS
SPS IN CORDIBVS NOSTRIS
EGO AVTEM TESTEM DM

ΕΠΙΚΑΛΟΥΜΑΙ	INVOCO
ΕΠΙΤΗΝΕΜΗΝΨΥΧΗΝ	IN MEAM ANIMAM
ΟΤΙΦΙΔΟΜΕΝΟCΥΜΩΝ	QVOD PARCENS VOBIS
ΟΥΚΕΤΙΗΛΘΟΝΕΙCΚΟΡΙΝΘΟΝ	NON VENIO CORINTHVM
ΟΥΧΟΤΙΚΥΡΙΕΥΟΜΕΝ	NON QVIA DOMINAMVR
ΤΗCΠΙCΤΕΩCΥΜΩΝ	FIDEI VESTRAE
ΑΛΛΑCΥΝΕΡΓΟΙΕCΜΕΝ	SED ADIVTORES SVMVS
ΤΗCΧΑΡΑCΥΜΩΝ	GAVDII VESTRI
ΤΗΓΑΡΠΙCΤΙΕCΤΗΚΑΤΕ	NAM FIDE STATIS
ΕΚΡΙΝΑΤΕΕΜΑΥΤΩΤΟΥΤΟ	STATVI AVTEM HOC IPSVM APVT ME
ΤΟΜΗΠΑΛΙΝΕΝΛΥΠΗ	NE ITERVM IN TRISTITIAM
ΕΛΘΙΝΠΡΟCΥΜΑC	VENIRE AD VOS
ΕΙΓΑΡΕΓΩΛΥΠΩΥΜΑC	SI ENIM EGO CONTRISTO VOS
ΚΑΙΤΙCΕCΤΙΝΟΕΥΦΡΑΙΝΩΝΜΕ	ET QVIS EST QVI ME LAETIFICAT
ΕΙΜΗΟΛΥΠΟΥΜΕΝΟCΕΞΕΜΟΥ	NISI QVIS CONTRISTATVR EX ME
ΚΑΙΤΟΥΤΟΑΥΤΟΕΓΡΑΨΑΥΜΙΝ	ET HOC IPSVM SCRIPSI VOBIS
ΙΝΑΜΗΕΛΘΩΝ	VT NON CVM VENERO
ΛΥΠΗΝ	TRISTITIAM
ΕΠΙΛΥΠΗΝ	SVPER TRISTITIAM
ΕΧΩ	HABEAM
ΑΦΩΝΕΔΕΙΜΕΧΑΙΡΕΙΝ	A QVIBVS OPORTVERAT ME GAVDERE

ΠΕΠΟΙΘΩϹΕΠΙΠΑΝΤΑϹΥΜΑϹ	CONFIDENS IN OMNIBVS VOBIS
ΟΤΙΗΕΜΗΧΑΡΑ	QVIA MEVM GAVDIVM
ΠΑΝΤΩΝΥΜΩΝΕϹΤΙΝ	OMNIVM VESTRVM EST
ΕΚΓΑΡΠΟΛΛΗϹΘΛΙΨΕΩϹ	NAM EX VESTRA TRIBVLATIONE
ΚΑΙϹΥΝΟΧΗϹΚΑΡΔΙΑϹ	ET ANGVSTIA CORDIS
ΕΓΡΑΨΑΥΜΙΝ	SCRIPSI VOBIS PER MVLTAS
ΔΙΑΠΟΛΛΩΝΔΑΚΡΥΩΝ	LACRIMAS
ΟΥΧΙΝΑΛΥΠΗΘΗΤΕ	NON VT CONTRISTEMINI
ΑΛΛΑΤΗΝΑΓΑΠΗΝΙΝΑΓΝΩΤΕ	SED VT CARITATEM SCIATIS
ΗΝΕΧΩΠΕΡΙϹϹΟΤΕΡΩϹ	QVAM HABEO ABVNDANTIVS
ΕΙϹΥΜΑϹ	IN VOBIS
ΕΙΔΕΤΙϹΛΕΛΥΠΗΚΕΝ	SI QVIS AVTEM CONTRISTAVIT
ΟΥΧΕΜΕΛΕΛΥΠΗΚΕΝ	NON ME CONTRISTAVIT
ΑΛΛΑΠΟΜΕΡΟΥΙΝΑΜΗΕΠΙΒΑΡΩ	SED EX PARTE VT NON GRAVAREM
ΠΑΝΤΑϹΥΜΑϹ	OMNES VOS
ΙΚΑΝΟΝΤΩΤΟΙΟΥΤΩ	SVFFICIT ILLI QVI EIVSMODI EST
ΗΕΠΙΤΙΜΙΑΑΥΤΗ	VBIVRGATIO HAEC
ΗΥΠΟΤΩΝΠΛΙΟΝΩΝ	QVAE FIT A PLVRIBVS
ΩϹΤΕΤΟΥΝΑΝΤΙΟΝΥΜΑϹ	ITA VT CONTRARIO VOS
ΜΑΛΛΟΝΧΑΡΙϹΑϹΘΑΙ	MAGIS DONETIS
ΚΑΙΠΑΡΑΚΑΛΕϹΑΙ	ET CONSOLEMINI

ΜΗΠΩϹΤΗΠΕΡΙϹϹΟΤΕΡΑΛΥΠΗ
ΚΑΤΑΠΟΘΗΤΟΤΟΙΟΥΤΟϹ
ΔΙΟΠΑΡΑΚΑΛΩΥΜΑϹ
ΚΥΡΩϹΑΙΕΙϹΑΥΤΟΝ
ΑΓΑΠΗΝ
ΕΙϹΤΟΥΤΟΓΑΡΚΑΙΕΓΡΑΨΑ
ΙΝΑΓΝΩ
ΤΗΝΔΟΚΙΜΗΝΥΜΩΝ
ΕΙΕΙϹΠΑΝΤΑ
ΥΠΗΚΟΟΙΕϹΤΕ
ΩΔΕΤΙΧΑΡΙΖΕϹΘΑΙ
ΚΑΓΩ
ΚΑΙΓΑΡΕΓΩΚΕΧΑΡΙϹΜΕ
ΕΙΤΙΚΕΧΑΡΙϹΜΕΔΙΥΜΑϹ
ΕΝΠΡΟϹΩΠΩΧ̅Υ̅
ΙΝΑΜΗΠΛΕΟΝΕΚΤΗΘΩΜΕΝ
ΥΠΟΤΟΥϹΑΤΑΝΑ
ΟΥΓΑΡΑΥΤΟΥΤΑΝΟΗΜΑΤΑ
ΑΓΝΟΟΥΜΕΝ
ΕΛΘΩΝΔΕΕΙϹΤΗΝΤΡΩΑΔΑ
ΔΙΑΤΟΥΕΥΑΓΓΕΛΙΟΥΤΟΥΧ̅Υ̅

NE FORTE MAIORE TRISTIA
ADSORBEATVR QVI EIVSMODI EST
PROPTER QVOD OBSECRO VOS
VT CONFIRMETIS ILLVM
CARITATEM
IDAEO ENIM ET SCRIPSI
VT COGNOSCAM
EXPEDIMENTVM VESTRVM
SI IN OMNIBVS
OBAVDIENTES ESTIS
SICVT AVTEM ALIQVID DONATIS
ET EGO
NAM ET EGO QVOD DONAVI
SI QVID DONAVI PROPTER VOS
IN FACIEM X̅P̅I̅
VT NON CIRCVMVENIAMVR
A SATANA
NON ENIM VERSVTIAS EIVS
IGNORAMVS
CVM VENISSEM AVTEM TROADAM
PROPTER EVANGELIVM X̅P̅I̅

ΚΑΙΘΥΡΑϹΜΟΙΗΝΕΩΓΜΕΝΗϹ
ΕΝΚΩ
ΟΥΚΕϹΧΗΚΑΑΝΕϹΙΝ
ΤΩΠΝΙΜΟΥ
ΕΝΤΩΜΗΕΥΡΙϹΚΙΝΜΕΤΙΤΟΝ
ΤΟΝΑΔΕΛΦΟΝΜΟΥ
ΑΛΛΑΑΠΟΤΑΞΑΜΕΝΟϹΑΥΤΟΙϹ
ΕΞΗΛΘΟΝΕΙϹΜΑΚΕΔΟΝΙΑΝ
ΤΩΔΕΘΩΧΑΡΙϹ
ΤΩΠΑΝΤΟΤΕ
ΘΡΙΑΝΒΕΥΟΝΤΙΗΜΑϹΕΝΤΩΧΩ
ΚΑΙΤΗΝΟϹΜΗΝΤΗϹΓΝΩϹΕΩϹΑΥΤΟΥ
ΦΑΝΕΡΟΥΝΤΙΔΙΗΜΩΝ
ΕΝΠΑΝΤΙΤΟΠΩ
ΟΤΙΧΥΕΥΩΔΙΑΕϹΜΕΝΤΩΘΩ
ΕΝΤΟΙϹϹΩΖΟΜΕΝΟΙϹ
ΚΑΙΕΝΤΟΙϹΑΠΟΛΛΥΜΕΝΟΙϹ
ΟΙϹΜΕΝΟϹΜΗΝΘΑΝΑΤΟΥ
ΕΙϹΘΑΝΑΤΟΝ
ΟΙϹΔΕΟϹΜΗΝΖΩΗϹ
ΕΙϹΖΩΗΝ

ET OSTIVM MIHI APERTVM ESSET
IN DMO
NON HABVI REQVIEM
SPV MEO
EO QVOD NON INVENIREM TITVM
FRATREM MEVM
SED QVVM VALE ILLIS DIXISSEM
PROFECTVS SVM IN MACAEDONIAM
DO AVTEM GRATIAS
QVI SEMPER
TRIVMPHAT NOS IN XPO
ET ODOREM NOTITIAE SVAE
MANIFESTAT PER NOS
IN OMNI LOCO
QVIA XPS BONVS ODOR SVMMVS DO
IN HIS QVI SALVI FIVNT
ET IN HIS QVI PEREVNT
ALIIS QVIDEM ODOR MORTIS
IN MORTEM
ALIIS AVTEM ODOR VITAE
IN VITAM

ΚΑΙΠΡΟϹΤΑΥΤΑΤΙϹΙΚΑΝΟϹ
ΟΥΓΑΡЄϹΜЄΝѠϹΟΙΛΟΙΠΟΙ
ΚΑΠΗΛЄΥΟΝΤЄϹ
ΤΟΝΛΟΓΟΝΤΟΥΘ̅Υ̅
ΑΛΛѠϹЄΞΙΛΙΚΡΙΝΙΑϹ
ΑΛΛѠϹЄΚΘ̅Υ̅
ΚΑΤЄΝѠΠΙΟΝΘ̅Υ̅
ЄΝΧ̅Ѡ̅ΛΑΛΟΥΜЄΝ
ΑΡΧΟΜЄΘΑΠΑΛΙΝ
ЄΑΥΤΟΥϹϹΥΝΙϹΤΑΝ
ΗΜΗΧΡΗΖΟΜЄΝѠϹΠЄΡΤΙΝЄϹ
ϹΥΝϹΤΑΤΙΚѠΝЄΠΙϹΤΟΛѠΝ
ΠΡΟϹΥΜΑϹ
ΗЄΞΥΜѠΝϹΥΝϹΤΑΤΙΚΑϹ
ΗЄΠΙϹΤΟΛΗΗΜѠΝΥΜΙϹЄϹΤЄ
ЄΝΓЄΓΡΑΜΜЄΝΗ
ЄΝΤΑΙϹΚΑΡΔΙΑΙϹΗΜѠΝ
ΓЄΙΝѠϹΚΟΜЄΝΗ
ΚΑΙΑΝΑΓЄΙΝѠϹΚΟΜЄΝΗ
ΥΠΟΠΑΝΤѠΝΑ̅Ν̅Ѡ̅Ν̅
ΦΑΝЄΡΟΥΜЄΝΟΙ

ET AD HAEC QVIS TAM IDONEVS EST
NON ENIM SVMVS SICVT PLVRIMI
ADVLTERANTES
VERBVM D̅I̅
SED EX SINCERITATE
SICVT EX D̅O̅
CORAM D̅O̅
IN X̅P̅O̅ LOQVIMVR
INCIPIMVS ITERVM
NOSMETIPSOS COMMENDARE
AVT NVMQVID EGEMVS SICVT QVIDAM
COMMENDATICIAS EPISTVLAS
AD VOS
AVT EX VOBIS COMMENDATICIAS
EPISTVLA NOSTRA VOS ESTIS
INSCRIPTA
IN CORDIBVS NOSTRIS
QVAE SCITVR
ET QVAE LEGITVR
AB OMNIBVS HOMINIBVS
MANIFESTATI

ΟΤΙЄCΤЄЄΠΙCΤΟΛΗΧ̅Υ̅	QVONIAM ESTIS EPISTVLA X̅P̅I̅
ΔΙΑΚΟΝΗΘΙCΑΥΦΗΜΩΝ	MINISTRATA A NOBIS
ЄΝΤЄΓΡΑΜΜЄΝΗΟΥΜЄΛΑΝΙ	INSCRIPTA NON ATRAMENTO
ΑΛΛΑΠ̅Ν̅Ι̅Θ̅Υ̅ΖΩΝΤΟC	SED S̅P̅V̅ D̅I̅ VIVI
ΟΥΚЄΝΠΛΑΝΞΙΝΛΙΘΙΝΑΙC	NON IN TABVLIS LAPIDEIS
ΑΛΛЄΝΠΛΑΝΞΙΝΚΑΡΔΙΑΙCCΑΡΚΙΝΑΙC	SED IN TABVLIS CORDIS CARNALIBVS
ΠЄΠΟΙΘΗCΙΝΔЄΤΟΙΑΥΤΗΝ	CONFIDENTIAM AVTEM TALEM
ЄΧΟΜЄΝ	HABEMVS
ΔΙΑΤΟΥΧ̅Υ̅ΠΡΟCΤΟΝΘ̅Ν̅	PER X̅P̅M̅ AD D̅M̅
ΟΥΧΟΤΙΙΚΑΝΟΙЄCΜЄΝ	NON QVOD SVFFICIENTES SVMVS
ΛΟΓΙΖЄCΘΑΙΤΙΑΦЄΑΥΤΩΝ	COGITARE
ΤΙΑΦЄΑΥΤΩΝΩCЄΞЄΑΥΤΩΝ	ALIQVID A NOBIS QVASI EX NOBIS
ΑΛΛΗΙΚΑΝΟΤΗCΗΜΩΝ	SED SVFFICIENTIA NOSTRA
ЄΚΤΟΥΘ̅Υ̅	EX D̅O̅ EST
ΟCΚΑΙΙΚΑΝΩCЄΝΗΜΑC	QVI ET SVFFICIENTES NOS FECIT
ΔΙΑΚΟΝΟΥC	MINISTROS
ΚЄΝΗCΔΙΑΘΗΚΗC	NOVI TESTAMENTI
ΟΥΓΡΑΜΜΑΤΟCΑΛΛΑΠ̅Ν̅C̅	NON LITTERAESSED S̅P̅V̅
ΤΟΓΑΡΓΡΑΜΜΑΑΠΟΚΤЄΝЄΙ	NAM LITTERA OCCIDIT
ΤΟΔЄΠ̅Ν̅Α̅ΖΩΟΠΟΙЄΙ	S̅P̅V̅ AVTEM VIVIFICAT
ЄΙΔЄΗΔΙΑΚΟΝΙΑΤΟΥΘΑΝΑΤΟΥ	SI AVTEM MINISTERIVM MORTIS

ЄΝΓΡΑΜΜΑΤΙ	IN LITTERIS
ЄΝΤЄΤΥΠΩΜЄΝΗΛΙΘΟΙϹ	FORMATA IN LAPIDIBVS
ЄΓЄΝΗΘΗЄΝΔΟΞΗ	FVIT IN GLORIA
ΩϹΤЄΜΗΔΥΝΑϹΘΑΙΑΤЄΝΙϹЄ	ITA VT NON POSSINT INTENDERE
ΤΟΥϹΥΙΟΥϹΙ̅Η̅Λ̅	FILI ISRAHEL
ЄΙϹΤΟΠΡΟϹΩΠΟΝΜΩϹЄΩϹ	IN FACIEM MOYSI
ΔΙΑΤΗΝΔΟΞΗΝ	PROPTER GLORIAM
ΤΟΥΠΡΟϹΩΠΟΥΑΥΤΟΥ	VVLTVS EIVS
ΤΗΝΚΑΤΑΡΓΟΥΜЄΝΗΝ	QVAE ABOLETVR
ΠΩϹΟΥΧΙΜΑΛΛΟΝ	QVOMODO NON MAGIS
ΗΔΙΑΚΟΝΙΑΤΟΥΠ̅Ν̅Ϲ̅	MINISTRATIO S̅P̅S̅
ЄϹΤЄЄΝΔΟΞΗ	ERIT IN GLORIA
ЄΙΓΑΡΤΗΔΙΑΚΟΝΙΑ	NAM SI MINISTERIO
ΤΗϹΚΑΤΑΚΡΙϹЄΩϹ	DAMNATIONIS
ΔΟΞΑЄϹΤΙΝ	GLORIA EST
ΠΟΛΛΩΜΑΛΛΟΝΠЄΡΙϹϹЄΥϹЄΙ	MVLTO MAGIS ABVNDAVIT
ΗΔΙΑΚΟΝΙΑΤΗϹΔΙΚΑΙΟϹΥΝΗϹ	MINISTERIVM IVSTITIAE
ЄΝΔΟΞΗ	IN GLORIA
ΚΑΙΓΑΡΟΥΔЄΔΟΞΑϹΤЄ	NAM NE GLORIFICATVM EST
ΤΟΔЄΔΟΞΑϹΜЄΝΟΝ	QVOD GLORIOSVM FACTVM EST
ЄΝΤΟΥΤΩΤΩΜЄΡЄΙ	IN HAC PARTE

ΕΙΝΕΚΕΝΤΗϹΥΠΕΡΒΑΛΛΟΥϹΗϹ	PROPTER EAM QVAE SVPERAEMINET
ΔΟΞΗϹ	GLORIAM
ΕΙΓΑΡΤΟΚΑΤΑΡΓΟΥΜΕΝΟΝ	SI ENIM QVOD ABORENTVR
ΔΙΑΔΟΞΗϹ	PER GLORIAM
ΠΟΛΛΩΜΑΛΛΟΝΤΟΜΕΝΟΝ	MVLTO MAGIS QVOD MANET
ΕΝΔΟΞΗ	IN GLORIA
ΕΧΟΝΤΕϹΟΥΝΤΟΙΑΥΤΗΝΕΛΠΙΔΑ	HABENTES IGITVR TALEM SPEM
ΠΟΛΛΗΠΑΡΡΗϹΙΑΧΡΩΜΕΘΑ	MVLTA CONFIDENTIA VTAMVR
ΚΑΙΟΥΚΑΘΑΠΕΡΜΩϹΗϹ	ET NON SICVT MOYSES
ΕΤΙΘΕΙΚΑΛΥΜΜΑ	PONEBAT VELAMEN
ΕΠΙΤΟΠΡΟϹΩΠΟΝΕΑΥΤΟΥ	SVPRA FACIEM SVAM
ΠΡΟϹΤΟΜΗΑΤΕΝΙϹΕ	VT NON INTENDERENT
ΤΟΥϹΥΙΟΥϹΙϹΡΑΗΛ	FILI ISRAHEL
ΕΙϹΤΕΛΟϹ	VSQVE IN FINEM
ΤΟΥΚΑΤΑΡΓΟΥΜΕΝΟΥ	EIVS QVOD ABOLETVR
ΑΛΛΕΠΩΡΩΘΗΤΑΝΟΗΜΑΤΑΑΥΤΩ̅	SED OBTVNSI SVNT SENSVS EORVM
ΑΧΡΙΓΑΡΤΗϹϹΗΜΕΡΟΝΗΜΕΡΑϹ	VSQVE IN HODIERNVM DIEM
ΤΟΑΥΤΟΚΑΛΥΜΜΑ	ID IPSVM VELAMEN
ΕΝΤΗΑΝΑΓΝΩϹΕΙ	IN LECTIONE
ΤΗϹΠΑΛΑΙΑϹΔΙΑΘΗΚΗϹΜΕΝΕΙ	VETERIS TESTAMENTI MANET
ΜΗΑΝΑΚΑΛΥΠΤΟΜΕΝΟΝ	DVM NON REBELATVR

ΟΤΙΕΝΧ̄Ω̄ΚΑΤΑΡΓΕΙΤΑΙ
ΑΛΛΕΩϹϹΗΜΕΡΟΝ
ΗΝΙΚΑΑΝΑΓΙΝΩϹΚΗΤΕ
ΜΩΥϹΗϹ
ΚΑΛΥΜΜΑΚΕΙΤΑΙ
ΕΠΙΤΗΝΚΑΡΔΙΑΝΑΥΤΩΝ
ΗΝΙΚΑΔΑΝΕΠΙϹΤΡΕΨΗ
ΠΡΟϹΚ̄Ν̄
ΠΕΡΙΕΡΕΙΤΕΤΟΚΑΛΥΜΜΑ
ΟΔΕΚ̄Ϲ̄ΤΟΠ̄Ν̄ΑΕϹΤΙΝ
ΟΥΔΕΤΟΠ̄Ν̄ΑΚ̄ῩΕΛΕΥΘΕΡΙΑ
ΗΜΕΙϹΔΕΠΑΝΤΕϹ
ΑΝΑΚΕΚΑΛΥΜΜΕΝΩΠΡΟϹΩΠΩ
ΤΗΝΔΟΞΑΝΚ̄Ῡ
ΚΑΤΟΠΤΡΙΖΟΜΕΝΟΙ
ΤΗΝΑΥΤΗΝΕΙΚΟΝΑ
ΜΕΤΑΜΟΡΦΟΥΜΕΘΑ
ΑΠΟΔΟΞΗϹ
ΕΙϹΔΟΞΑΝ
ΚΑΘΑΠΕΡΑΠΟΚ̄ῩΠ̄Ν̄Ϲ̄
ΔΙΑΤΟΥΤΟΕΧΟΝΤΕϹ

QVONIAM IN X̄P̄Ō ABOLETVR
SED VSQVE IN HODIERNVM
CVM LEGITVR
MOYSES
VELAMEN EST POSITVM
SVPER COR EORVM
CVM AVTEM CONVERSVS FVERIT
AD D̄M̄
AVFERETVR VELAMEN
D̄M̄S̄ AVTEM S̄P̄S̄ EST
VBI AVTEM S̄P̄S̄ D̄M̄Ī IBI LIBERTAS
NOS AVTEM OMNES
REVELATA FACIĒ
GLORIAM D̄M̄Ī
SPECVLANTES
EANDEM IMAGINEM
REFORMARVM
DE GLORIA
IN GLORIAM
TAMQVAM A D̄M̄Ī S̄P̄V̄
IDEO HABENTES

ΤΗΝΔΙΑΚΟΝΙΑΝΤΑΥΤΗΝ	MINISTRATIONEM HANC
ΚΑΘΩϹΗΛΕΗΘΗΜΕΝ	SICVT MISERICORDIAM CONSECVTI
ΟΥΚΕΝΚΑΚΟΥΜΕΝ	NON DEFECIMVS
ΑΛΛΑΑΠΙΠΑΜΕΘΑ	SED RENVNTIAVIMVS
ΤΑΚΡΥΠΤΑΤΗϹΑΙϹΧΥΝΗϹ	OCCVLTIS PVDORIS
ΜΗΠΕΡΙΠΑΤΟΥΝΤΕϹ	NON AMBVLANTES
ΕΝΠΑΝΟΥΡΓΙΑ	IN ASTVTIA
ΜΗΔΕΔΟΛΟΥΝΤΕϹ	NEQVE ADVLTERANTES
ΤΟΝΛΟΓΟΝΤΟΥΘ̅Υ̅	VERBVM D̅I̅
ΑΛΛΑΤΗΦΑΝΕΡΩϹΕΙ	SED MANIFESTATIO
ΤΗϹΑΛΗΘΕΙΑϹ	VERITATIS
ϹΥΝΙϹΤΑΝΤΕϹΕΑΥΤΟΥϹ	COMMENDANTES NOSMETIPSOS
ΠΡΟϹΠΑϹΑΝϹΥΝΙΔΗϹΙΝ	AD OMNEM CONSCIENTIAM
ΑΝΘΡΩΠΩΝ	HOMINVM
ΕΝΩΠΙΟΝΤΟΥΘ̅Υ̅	CORAM D̅O̅
ΕΙΔΕΚΑΙΕϹΤΙΝΚΕΚΑΛΥΜΜΕΝΟΝ	QVODSI ETIAM OPERTVM EST
ΤΟΕΥΑΓΓΕΛΙΟΝΗΜΩΝ	EVANGELIVM NOSTRVM
ΕΝΤΟΙϹΑΠΟΛΛΥΜΕΝΟΙϹΕϹΤΙΝ	IN HIS QVI PEREVNT EST
ΚΕΚΑΛΥΜΜΕΝΟΝ	COOPERTVM
ΕΝΟΙϹΟΘ̅Ϲ̅	IN QVIBVS D̅S̅
ΤΟΥΑΙΩΝΟϹΤΟΥΤΟΥ	SAECVLI HVIVS

ΕΤΥΦΛΩϹΕΝΤΑΝΟΗΜΑΤΑ	EXCAECAVIT MENTES
ΤΩΝΑΠΙϹΤΩΝ	INFIDELIVM
ΕΙϹΤΟΜΗΚΑΤΑΥΓΑϹΑΙΤΟΝΦΩΤΙϹΜΟ̅	VT NON FVLGEAT INLVMINATIO
ΤΟΥΕΥΑΓΓΕΛΙΟΥΤΗϹΔΟΞΗϹΤΟΥΧ̅Υ̅	EVANGELII GLORIAE X̅P̅I̅
ΟϹΕϹΤΙΝΕΙΚΩΝΤΟΥΘ̅Υ̅	QVI EST IMAGO D̅I̅
ΟΥΓΑΡΕΑΥΤΟΥϹ	NON ENIM NOSMETIPSOS
ΚΗΡΥϹϹΟΜΕΝ	PRAEDICAMVS
ΑΛΛΑΙ̅Ν̅Χ̅Ν̅Κ̅Ν̅	SED I̅H̅M̅ X̅P̅M̅ D̅O̅M̅
ΕΑΥΤΟΥϹΔΕΔΟΥΛΟΥϹΥΜΩΝ	NOS AVTEM SERVOS NOSTROS
ΔΙΑΙ̅Ν̅	PER I̅H̅M̅
ΟΤΙΟΘ̅Ϲ̅ΟΕΙΠΩΝ	QVONIAM D̅S̅ QVI DIXIT
ΕΚϹΚΟΤΟΥϹΦΩϹΛΑΜΨΕΙ	DE TENEBRIS LVMEN FVLGERE
ΕΛΑΝΨΕΝΕΝΤΑΙϹΚΑΡΔΙΑΙϹΗΜΩ̅	INLVXIT IN CORDIBVS NOSTRIS
ΠΡΟϹΦΩΤΙϹΜΟΝ	AD INLVMINATIONEM
ΤΗϹΓΝΩϹΕΩϹ	SCIENTIAE
ΤΗϹΔΟΞΗϹΑΥΤΟΥ	GLORIAE EIVS
ΕΝΠΡΟϹΩΠΩΧ̅Υ̅Ι̅Υ̅	IN FACIEM X̅P̅I̅ I̅H̅V̅
ΕΧΟΜΕΝΔΕ	HABEMVS AVTEM
ΤΟΝΘΗϹΑΥΡΟΝΤΟΥΤΟΝ	THENSAVRVM HVNC
ΕΝΟϹΤΡΑΚΙΝΟΙϹϹΚΕΥΕϹΙΝ	IN VASIS FICTILIBVS
ΙΝΑΗΥΠΕΡΒΟΛΗ	VT SVBLIMITAS

ΤΗϹΔΥΝΑΜΕΩϹΗΤΟΥΘ̅Υ̅
ΚΑΙΜΗΕΞΗΜΩΝ
ΕΝΠΑΝΤΙΘΛΙΒΟΜΕΝΟΙ
ΑΛΛΟΥϹΤΕΝΟΧΩΡΟΥΜΕΝΟΙ
ΑΠΟΡΟΥΜΕΝΟΙ
ΑΛΛΟΥΚΕΞΑΠΟΡΟΥΜΕΝΟΙ
ΔΙΩΚΟΜΕΝΟΙ
ΑΛΛΟΥΚΕΝΚΑΤΑΛΙΠΟΜΕΝΟΙ
ΚΑΤΑΒΑΛΛΟΜΕΝΟΙ
ΑΛΛΟΥΚΑΠΟΛΛΥΜΕΝΟΙ
ΠΑΝΤΟΤΕΤΗΝΝΕΚΡΩϹΙΝΤΟΥΧ̅Υ̅
ΕΝΤΩϹΩΜΑΤΙΗΜΩΝ
ΠΕΡΙΦΕΡΟΝΤΕϹ
ΙΝΑΚΑΙΗΖΩΗΤΟΥΙ̅Υ̅Χ̅Υ̅
ΕΝΤΩϹΩΜΑΤΙΗΜΩΝ
ΦΑΝΕΡΩΘΗ
ΑΕΙΓΑΡΗΜΙϹΟΙΖΩΝΤΕϹ
ΕΙϹΘΑΝΑΤΟΝ
ΠΑΡΑΔΙΔΟΜΕΘΑΔΙΑΙ̅Ν̅
ΙΝΑΚΑΙΗΖΩΗΙ̅Υ̅Χ̅Υ̅
ΦΑΝΕΡΩΘΗΕΝΤΗΘΝΗΤΗ

VIRTVTIS SIT D̅I̅
ET NON EX NOBIS
IN OMNIBVS TRIBVLATIO
SED NON ANGVSTIAMVR
APORIAMVR
SED NON DESTITVIMVR
PERSECVTIONEM PATIMVR
SED NON DERELINQVIMVR
DEICIMVR
SED NON PERIMVS
SEMPER MORTEM X̅P̅I̅
IN CORPORE NOSTRO
CIRCVMFERENTES
VT ET VITA I̅H̅V̅ X̅P̅I̅
IN CORPORE NOSTRO
MANIFESTETVR
SEMPER ENIM NOS QVI VIVIMVS
IN MORTEM
TRADIMVR PROPTER I̅H̅M̅
VT ET VITA I̅H̅V̅ X̅P̅I̅
MANIFESTETVR IN MORTALI

ϹΑΡΚΙΗΜΩΝ
ΩϹΤΕΟΘΑΝΑΤΟϹΕΝΗΜΙΝ
ΕΝΕΡΓΕΙΤΕ
ΗΔΕΖΩΗΕΝΥΜΕΙΝ
ΕΧΟΝΤΕϹΔΕΤΟΑΥΤΟΠ̅Ν̅Α̅
ΤΗϹΠΙϹΤΕΩϹ
ΚΑΤΑΤΟΓΕΓΡΑΜΜΕΝΟΝ
ΕΠΙϹΤΕΥϹΑ
ΔΙΟΕΛΑΛΗϹΑ
ΚΑΙΗΜΙϹΠΙϹΤΕΥΟΜΕΝ
ΔΙΟΚΑΙΛΑΛΟΥΜΕΝ
ΕΙΔΟΤΕϹΟΤΙΟΕΓΕΙΡΑϹ
ΤΟΝΚ̅Ν̅Ι̅Ν̅
ΚΑΙΗΜΑϹϹΥΝΙ̅Υ̅ΕΓΙΡΕΙ
ΚΑΙΠΑΡΑϹΤΗϹΗϹΥΝΥΜΙΝ
ΤΑΓΑΡΠΑΝΤΑΔΙΥΜΑϹ
ΙΝΑΗΧΑΡΙϹ
ΠΛΕΟΝΑϹΑϹΑ
ΔΙΑΤΩΝΠΛΙΟΝΩΝ
ΤΗΝΕΥΧΑΡΙϹΤΙΑΝ
ΠΕΡΙϹϹΕΥϹΗ

CARNE NOSTRA
ITAQVE MORS IN NOBIS
OPERATVR
VITA AVTEM IN VOBIS
HABENTES AVTEM EADEM S̅P̅M̅
FIDEI
SICVT SCRIPTVM EST
CREDIDI
PROPTER QVOD LOCVTVS SVM
ET NOS CREDIDIMVS
PROPTER QVOD ET LOQVIMVR
SCIENTES QVONIAM QVI SVSCITAVIT
D̅O̅M̅ I̅H̅M̅
ET NOS CVM I̅H̅S̅ SVSCITAVIT
ET CONSTITVET VOBISCVM
OMNIA ENIM PROPTER VOS
VT GRATIA
ABVNDANS
PER MVLTOS
GRATIARVM ACTIONEM
ABVNDET

ΕΙϹΤΗΝΔΟΞΑΝΤΟΥΘ̅Υ̅
ΔΙΟΟΥΚΕΝΚΑΚΟΥΜΕΝ
ΑΛΛΕΙΚΑΙΟΕΞΩΘΕΝ
ΗΜΩΝΑΝΘΡΩΠΟϹ
ΔΙΑΦΘΙΡΕΤΑΙ
ΑΛΛΟΕϹΩΗΜΩΝΑΝΑΚΕΝΟΥΤΑΙ
ΗΜΕΡΑΚΑΙΗΜΕΡΑ
ΤΟΓΑΡΠΑΡΑΥΤΙΚΑ
ΠΡΟϹΚΑΙΡΟΝΚΑΙΕΛΑΦΡΟΝ
ΤΗϹΘΛΙΨΕΩϹΗΜΩΝ
ΚΑΘΥΠΕΡΒΟΛΗΝ
ΕΙϹΥΠΕΡΒΟΛΗΝ
ΑΙΩΝΙΟΝΒΑΡΟϹΔΟΞΗϹ
ΚΑΤΕΡΓΑΖΕΤΕΗΜΙΝ
ΜΗϹΚΟΠΟΥΝΤΕϹ
ΤΑΒΛΕΠΟΜΕΝΑ
ΑΛΛΑΤΑΜΗΒΛΕΠΟΜΕΝΑ
ΤΑΓΑΡΒΛΕΠΟΜΕΝΑ
ΠΡΟϹΚΕΡΑΤΑΔΕΜΗΒΛΕΠΟΜΕΝΑ
ΑΙΩΝΙΑ
ΟΙΔΑΜΕΝΓΑΡ

IN GLORIAM D̅I̅
PROPTEREA NON DEFICIMVS
SED ET SI QVI FORIS
EST HOMO NOSTER
CORRVMPITVR
SED QVI INTVS EST RENOVATVR
DE DIE IN DIEM
NAM QVOD IN PRAESENTI EST
MOMENTANEVM ET LEVE
TRIBVLATIONIS NOSTRAE
SECVNDVM EXCELLENTIAM
IN SVBLIMITATE
AETERNAE GLORIAE PONDVS
OPERATVR IN NOBIS
NON RESPICIENTES
QVAE VIDENT
SED QVAE NON VIDENTVR
QVAE ENIM VIDENTVR
TEMPORALIA QVAE AVTEM NON VIDENTVR
AETERNA SVNT
SCIMVS ENIM

ΟΤΙΕΑΝΗΕΠΙΓΙΟϹ	QVONIAM SI TERRESTRIS
ΗΜΩΝΟΙΚΙΑ	DOMVS NOSTRA
ΤΟΥϹΚΗΝΟΥϹΚΑΤΑΛΥΘΗ	HVIVS HABITATIONIS DISSOLVATVR
ΟΤΙΟΙΚΟΔΟΜΗΝ	QVOD AEDIFICATIONEM
ΕΚΘ̅Υ̅ΕΧΟΜΕΝ	EX D̅O̅ HABEMVS
ΟΙΚΙΑΝΑΧΕΙΡΟΠΟΙΗΤΟΝ	DOMVM NON MANV FACTAM
ΑΙΩΝΙΟΝ	AETERNAM
ΕΝΤΟΙϹΟΥΡΑΝΟΙϹ	IN CAELIS
ΚΑΙΓΑΡΕΝΤΟΥΤΩϹΤΕΝΑΖΟΜΕΝ	NAM ET IN HOC GEMIMVS
ΤΟΟΙΚΗΤΗΡΙΟΝΗΜΩΝ	HABITACVLVM NOSTRVM
ΤΟΕΞΟΥΡΑΝΟΥΕΠΕΝΔΥϹΑϹΘΑΙ	QVOD DE CAELO EST SVPERINDVI
ΕΠΙΠΟΘΟΥΝΤΕϹ	CVPIENTES
ΕΙΠΕΡΚΑΙΕΚΔΥϹΑΜΕΝΟΙ	SI TAMEN ET SPOLIATI
ΟΥΓΥΜΝΟΝΕΥΡΕΘΗϹΟΜΕΘΑ	NON NVDI INVENIAMVR
ΚΑΙΓΑΡΟΙΟΝΤΕϹ	NAM ET QVI SVMVS
ΕΝΤΩϹΚΗΝΕΙΤΟΥΤΩ	IN HABITACVLO ISTO
ϹΤΕΝΑΖΟΜΕΝΒΑΡΥΝΟΜΕΝΟΙ	INGEMESCIMVS ONERATI
ΕΦΩΟΥΘΕΛΟΜΕΝ	IN QVO NOLVMVS
ΕΚΔΥϹΑϹΘΑΙ	EXSPOLIARI
ΑΛΛΕΠΕΝΔΥϹΑϹΘΑΙ	SED SVPERVESTIRI
ΙΝΑΚΑΤΑΠΟΘΗΤΟΘΝΗΤΟΝ	VT ABSORBEATVR MORTALE

ΥΠΟΤΗϹΖⲰΗϹ	A VITA
ΟΔЄΚΑΤЄΡΓΑΖΟΜЄΝΟϹΗΜΑϹ	QVI AVTEM EFFICIT NOS
ЄΙϹΑΥΤΟΤΟΥΤΟΘ̅Ϲ̅	IN HOC IPSVM D̅S̅
ΟΔΟΥϹΗΜΙΝΤΟΝΑΡΑΒⲰΝΑ	QVI DEDIT NOBIS PIGNVS
ΤΟΥΠ̅Ν̅Ϲ̅	SPIRITVS
ΘΑΡΡΟΥΝΤЄϹΟΥΝΠΑΝΤΟΤЄ	AVDENTES IGITVR SEMPER
ΚΑΙЄΙΔΟΤЄϹ	ENSCIENTES
ΟΤΙЄΠΙΔΗΜΟΥΝΤЄϹ	QVOD DVM SVMVS
ЄΝΤⲰϹⲰΜΑΤΙ	IN CORPORE
ΑΠΟΔΗΜΟΥΜЄΝΑΠΟΤΟΥΘ̅Υ̅	PEREGRINAMVR A D̅O̅
ΔΙΑΠΙϹΤЄⲰϹΓΑΡΠЄΡΙΠΑΤΟΥΜЄ̅	PER FIDEM ENIM AMBVLAMVS
ΟΥΔΙΑЄΙΔΟΥϹ	NON PER SPECIEM
ΘΑΡΡΟΥΜЄΝΔЄΚΑΙЄΥΔΟΚΟΥΜЄΝ	AVDEMVS ETIAM VOLVNTATEM HABENTES
ΜΑΛΛΟΝЄΚΔΗΜΗϹΑΙ	MAGIS PEREGRINARE
ЄΚΤΟΥϹⲰΜΑΤΟϹ	A CORPORE
ΚΑΙЄΝΔΗΜΗϹΑΙΠΡΟϹΤΟΝΘ̅Ν̅	ET PRAESENTES ESSE AD D̅O̅M̅
ΔΙΟΚΑΙΦΙΛΟΤЄΙΜΟΥΜЄΘΑ	ET CONTENDIMVS
ЄΙΤЄЄΝΔΗΜΟΥΝΤЄϹ	SIVE PRAESENTES
ЄΙΤЄЄΚΔΗΜΟΥΝΤЄϹ	SIVE ABSENTES
ЄΥΑΡЄϹΤΟΙΑΥΤⲰЄΙΝΑΙ	PLACERE ILLI
ΤΟΥϹΓΑΡΠΑΝΤΑϹΗΜΑϹ	NAM OMNES VOS

ΦΑΝΕΡΩΘΗΝΑΙΔΕΙ	MANIFESTARI OPORTET
ΕΝΠΡΟϹΘΕΝΤΟΥΒΗΜΑΤΟϹΤΟΥΧ̅Υ̅	ANTE TRIBVNA X̅P̅I̅
ΙΝΑΚΟΜΙϹΗΤΕΕΚΑϹΤΟϹ	VT FERAT VNVSQVISQVE
ΑΔΙΑΤΟΥϹΩΜΑΤΟϹΕΠΡΑΞΕΝ	PROPRIA CORPORIS SECVNDVM QVOD GESSI
ΕΙΤΕΑΓΑΘΟΝΕΙΤΕΚΑΚΟΝ	SIVE BONVM SIVE MALVM
ΕΙΔΟΤΕϹΟΥΝ	SCIENTES IGITVR
ΤΟΝΦΟΒΟΝΤΟΥΚ̅Υ̅	TIMOREM D̅M̅I̅
ΑΝΘΡΩΠΟΥϹΠΕΙΘΟΜΕΝ	HOMINIBVS SVADEMVS
Θ̅Ω̅ΔΕΠΕΦΑΝΕΡΩΜΕΘΑ	D̅O̅ AVTEM MANIFESTI SVMVS
ΕΛΠΙΖΩΔΕ	SPERO AVTEM
ΚΑΙΕΝΤΑΙϹϹΥΝΙΔΗϹΕϹΙΝΥΜΩΝ	ET IN CONSCIENTIIS VESTRIS
ΠΕΦΑΝΕΡΩϹΘΑΙ	MANIFESTOS NOS ESSE
ΟΥΠΑΛΙΝΕΑΥΤΟΥϹ	NON ITERVM NOS
ϹΥΝΙϹΤΑΝΟΜΕΝΥΜΕΙΝ	COMMENDAMVS VOBIS
ΑΛΛΑΑΦΟΡΜΗΝΔΙΔΟΝΤΕϹΥΜΕΙ̅	SED OCCANSIONEM DANTES NOBIS
ΚΑΥΧΗΜΑΤΟϹΥΠΕΡΗΜΩΝ	GLORIANDI PRO NOBIS
ΙΝΑΕΧΗΤΕΠΡΟϹΑΥΤΟΥϹ	VT HABEATIS AD EOS
ΕΝΠΡΟϹΩΠΩΚΑΥΧΩΜΕΝΟΥϹ	QVI IN FACIE GLORIANTVR
ΚΑΙΟΥΚΕΝΚΑΡΔΙΑ	ET NON IN CORDE
ΕΙΤΕΓΑΡΕΞΕϹΤΗΜΕΝΘ̅Ω̅	SIVE ENIM EXCIDIMVS MENTE D̅O̅
ΕΙΤΕϹΩΦΡΟΝΟΥΜΕΝΥΜΙΝ	SIVE SOBRII SVMVS VOBIS

ΗΓΑΡΑΓΑΠΗΤΟΥΧ̅Υ̅	CARITAS ENIM X̅P̅I̅
ϹΥΝΕΧΕΙΗΜΑϹ	VRGVET NOS
ΚΡΕΙΝΑΝΤΑϹΤΟΥΤΟ	IVDICANTES HOC
ΟΤΙΕΙϹΥΠΕΡΠΑΝΤΩΝ	QVONIAM VNVS PRO OMNIBVS
ΑΠΕΘΑΝΕΝ	MORTVVS EST
ΑΡΑΟΙΠΑΝΤΕϹΑΠΕΘΑΝΟΝ	ERGO OMNES MORTVI SVNT
ΚΑΙΥΠΕΡΠΑΝΤΩΝΑΠΕΘΑΝΕΝ	ET PRO OMNIBVS MORTVVS EST
ΙΝΑΟΙΖΩΝΤΕϹ	VT QVI VIVVNT
ΜΗΚΕΤΙΕΑΥΤΟΙϹΖΩϹΙΝ	NON SIBI IPSI VIVANT
ΑΛΛΑΤΩΥΠΕΡΑΥΤΩΝ	SED EI QVI PRO ILLIS
ΑΠΟΘΑΝΟΝΤΙ	MORTVVS EST
ΚΑΙΕΓΕΡΘΕΝΤΙ	ET SVRREXIT
ΩϹΤΕΗΜΙϹΑΠΟΤΟΥΝΥΝ	IGITVR NOS A MODO
ΟΥΔΕΝΑΟΙΔΑΜΕΝΚΑΤΑϹΑΡΚΑ	NEMINE NOVIMVS SECVNDVM CARNE̅
ΕΙΚΑΙΕΓΝΩΚΑΜΕΝΧ̅Ν̅	ET SI COGNOVIMVS X̅P̅M̅
ΚΑΤΑϹΑΡΚΑ	SECVNDVM CARNEM
ΑΛΛΑΝΥΝΟΥΚΕΤΙΓΕΙΓΝΩϹΚΟΜΕ̅	SED NVNC IAM NON NOVIMVS
ΚΑΤΑϹΑΡΚΑ	SECVNDVM CARNEM
ΩϹΤΕΕΙΤΙϹΕΝΧ̅Ω̅	ITAQVE SI QVA IN X̅P̅O̅
ΚΕΝΗΚΤΙϹΙϹ	NOVA CREATVRA
ΤΑΑΡΧΑΙΑΠΑΡΗΛΘΕΝ	VETERA TRANSIERVNT

ΙΔΟΥΓΕΓΟΝΕΝΚΕΝΑ	ECCE FACTA SVNT NOVA
ΤΑΔΕΠΑΝΤΑΕΚΘ̅Υ̅	OMNIA AVTEM EX D̅O̅
ΤΟΥΚΑΤΑΛΛΑΞΑΝΤΟϹ	QVI RECONCILIAVIT
ΗΜΑϹΕΑΥΤΩΔΙΑΧ̅Υ̅	NOS SIBI PER X̅P̅M̅
ΚΑΙΔΟΝΤΟϹΗΜΙΝΤΗΝΔΙΑΚΟΝΙΑ̅	ET DEDIT NOBIS MINISTERIVM
ΤΗϹΚΑΤΑΛΛΑΓΗϹ	RECONCILIATIONIS
ΩϹΟΤΙΘ̅Ϲ̅ΗΝ	QVONIAM QVIDEM D̅S̅ ERAT
ΕΝΧ̅Ω̅ΚΟϹΜΟΝ	IN X̅P̅O̅ SAECVLVM
ΚΑΤΑΛΛΑϹϹΩΝΕΑΥΤΩ	RECONCILIANS SIBI
ΜΗΛΟΓΙΖΟΜΕΝΟϹΕΑΥΤΟΙϹ	NON REPVTANS ILLIS
ΤΑΠΑΡΑΠΤΩΜΑΤΑΑΥΤΩΝ	DELICTA EORVM
ΚΑΙΘΕΜΕΝΟϹΕΝΗΜΙΝ	ET POSVIT IN NOBIS
ΤΟΥΕΥΑΓΓΕΛΙΟΥΤΟΝΛΟΓΟΝ	ADNVNTIATIONEM VERBVM
ΤΗϹΚΑΤΑΛΛΑΓΗϹ	RECONCILIATIONIS
ΟΝΥΠΕΡΧ̅Υ̅ΠΡΕϹΒΕΥΟΜΕΝ	PRO QVO X̅P̅O̅ LEGATIONE FVNGIMVR
ΩϹΤΟΥΘ̅Υ̅ΠΑΡΑΚΑΛΟΥΝΤΟϹ	TAMQVAM D̅O̅ EXHORTANTE
ΔΙΗΜΩΝ	PER NOS
ΔΕΟΜΕΝΟΪΥΠΕΡΧ̅Υ̅	OBSECRANTES PRO X̅P̅O̅
ΚΑΤΑΛΛΑΓΗΝΑΙΤΩΘ̅Ω̅	RECONCILIARI D̅O̅
ΤΟΝΜΗΓΝΟΝΤΑ	EVM QVI NON NOVERAT
ΑΜΑΡΤΙΑΝ	PECCATVM

ΥΠЄΡΗΜωΝΑΜΑΡΤΙΑΝ
ЄΠΟΙΗCЄΝ.
ΙΝΑΗΜΙCΓЄΝωΜЄΘΑ
ΔΙΚΑΙΟCΥΝΗΘ̅Υ̅ЄΝΑΥΤω
CΥΝЄΡΓΟΥΝΤЄCΔЄ
ΚΑΙΠΑΡΑΚΑΛΟΥΝΤЄC
ΜΗЄΙCΚЄΝΟΝΤΗΝΧΑΡΙΝΤΟΥΘ̅Υ̅
ΔЄΞΑCΘΑΙ
ΚΑΙΡωΓΑΡΛЄΓЄΙ
ΔЄΚΤωЄΠΗΚΟΥCΑCΟΥ
ΚΑΙЄΝΗΜЄΡΑCωΤΗΡΙΑC
ЄΒΟΗΘΗCΑCΟΙ
ΙΔΟΥΝΥΝΚΑΙΡΟCЄΥΠΡΟCΔЄΚΤΟC
ΙΔΟΥΝΥΝΗΜЄΡΑCωΤΗΡΙΑC
ΜΗΔЄΜΙΑΝЄΝΜΗΔЄΝΙΔΙΔΟΝΤЄC
ΠΡΟCΚΟΠΗΝ
ΙΝΑΜΗΜωΜωΘΗ
ΗΔΙΑΚΟΝΙΑΗΜωΝ
ΑΛΛЄΝΠΑΝΤΙCΥΝΙCΤΑΝΤЄC
ЄΑΥΤΟΥC
ωCΘ̅Υ̅ΔΙΑΚΟΝΟΥC

PRO NOBIS PECCATVM
FECIT
VT NOS EFFICEREMVR
IVSTITIA D̅I̅ IN ILLO
ADIVVANTES AVTEM
ET EXHORTANTES
NE IN VACVVM GRATIA D̅I̅
EXCIPIATIS
TEMPORE ENIM INQVID
ACCEPTO EXAVDIVI TE
ET IN DIE SALVTIS
ADIVVI TE
ECCE NVNC TEMPVS ACCEPTVM
ECCE NVNC DIES SALVTIS
NVLLAM IN NVLLO DANTES
OFFENSIONEM
VT NON VITVPERETVR
MINISTERIVM NOSTRVM
SED IN OMNIBVS COMMENDANTES
NOSMETIPSOS
SICVT D̅I̅ MINISTRI

ΕΝΥΠΟΜΟΝΗΠΟΛΛΗ	IN PATIENTIA MVLTA
ΕΝΘΛΙΨΕCΙΝ	IN TRIBVLATIONIBVS
ΕΝΑΝΑΓΚΑΙC	IN NECESSITATIBVS
ΕΝCΤΕΝΟΧΩΡΙΑΙCΕΝΠΛΗΓΑΙC	IN ANGVSTIIS IN PLAGIS
ΕΝΦΥΛΑΚΑΙC	IN CARCERIBVS
ΕΝΑΚΑΤΑCΤΑCΙΑΙC	IN SEDITIONIBVS
ΕΝΚΟΠΟΙC	IN LABORIBVS
ΕΝΑΓΡΥΠΝΙΑΙC	IN VIGILIIS
ΕΝΝΗCΤΙΑΙC	IN IEIVNIIS
ΕΝΑΓΝΟΤΗΤΙ	IN CASTITATE
ΕΝΓΝΩCΕΙ	IN SCIENTIA
ΕΝΜΑΚΡΟΘΥΜΙΑ	IN MAGNANIMITATE
ΕΝΧΡΗCΤΟΤΗΤΙ	IN BENIGNITATE
ΕΝΠ̅Ν̅Ι̅ΑΓΙΩ	IN S̅P̅V̅ SANCTO
ΕΝΑΓΑΠΗΑΝΥΠΟΚΡΙΤΩ	IN CARITATE NON FICTA
ΕΝΛΟΓΩΑΛΗΘΙΑC	IN VERBO VERITATIS
ΕΝΔΥΝΑΜΙΘ̅Υ̅	IN VIRTVTE D̅I̅
ΔΙΑΤΩΝΟΠΛΩΝΤΗCΔΙΚΑΙΟCΥΝΗC	PER ARMA IVSTITIAE
ΤΩΝΔΕΞΙΩΝ	A DEXTRIS
ΚΑΙΑΡΙCΤΕΡΩΝ	ET SINISTRIS
ΔΙΑΔΟΞΗCΚΑΙΑΤΕΙΜΙΑC	PER GLORIAM IN NOVITATEM

ΔΙΑΔΥCΦΗΜΙΑC
ΚΑΙΕΥΦΗΜΙΑC
ΩCΠΛΑΝΟΙΚΑΙΑΛΗΘΕΙC
ΩCΑΓΝΟΟΥΜΕΝΟΙ
ΚΑΙΕΠΙΓΙΓΝΩCΚΟΜΕΝΟΙ
ΩCΑΠΟΘΝΗCΚΟΝΤΕC
ΚΑΙΙΔΟΥΖΩΜΕΝ
ΩCΠΙΡΑΖΟΜΕΝΟΙ
ΚΑΙΜΗΘΑΝΑΤΟΥΜΕΝΟΙ
ΩCΛΥΠΟΥΜΕΝΟΙ
ΑΕΙΔΕΧΑΙΡΟΝΤΕC
ΩCΠΤΩΧΟΙ
ΠΟΛΛΟΥCΔΕΠΛΟΥΤΙΖΟΝΤΕC
ΩCΜΗΔΕΝΕΧΟΝΤΕC
ΚΑΙΠΑΝΤΑΚΑΤΕΧΟΝΤΕC
ΤΟCΤΟΜΑΗΜΩΝΑΝΕΩΓΕΝ
ΠΡΟCΥΜΑCΚΟΡΙΝΘΙΟΙ
ΗΚΑΡΔΙΑΗΜΩΝ
ΠΕΠΛΑΤΥΝΤΑΙ
ΟΥCΤΕΝΟΧΩΡΙCΘΑΙ
ΕΝΗΜΕΙΝ

PER INFAMIAM
ET BONAM FAMAM
VT SEDVCTORES ET VERACES
VT QVI IGNORAMVR
ET COGNOSCIMVS
VT MORIENTES
ET ECCE VIVIMVS
ET TEMPTATI
VT NON MORTIFICATI
VT TRISTES
SEMPER AVTEM GAVDENTES
SICVT ET EGENTES
MVLTOS AVTEM LOCVPLETANTES
TAMQVAM NIHIL HABENTES
ET OMNIA POSSIDENTES
OS NOSTRVM PATET
AD VOS CORINTHII
COR NOSTRVM
DILATATVM EST
NON ANGVSTIAMINI
IN NOBIS

ϹΤЄΝΟΧΩΡΙϹΘЄΔЄ
ЄΝΤΟΙϹϹΠΛΑΝΧΝΟΙϹΥΜΩΝ
ΤΗΝΔЄΑΥΤΗΝΑΝΤΙΜΙϹΘΙΑΝ
ΩϹΤЄΚΝΟΙϹΛЄΓΩ
ΠΛΑΤΥΝΘΗΤЄΚΑΙΥΜΙϹ
ΜΗΓЄΙΝЄϹΘΑΙ
ЄΤЄΡΟΖΥΓΟΥΝΤЄϹ
ΑΠΙϹΤΟΙϹ
ΤΙϹΓΑΡΜЄΤΟΧΗΔΙΚΑΙΟϹΥΝΗϹ
ΚΑΙΑΔΙΚΙΑϹ
ΗΤΙϹΚΟΙΝΩΝΙΑΦΩΤΟϹ
ΗΠΡΟϹΚΟΤΟϹ
ΤΙϹΔЄϹΥΝΦΩΝΗϹΙϹΧ̅Ω̅
ΠΡΟϹΒЄΛΙΑΝ
ΗΤΙϹΜЄΡΙϹΠΙϹΤΩ
ΜЄΤΑΑΠΙϹΤΟΥ
ΤΙϹΔЄϹΥΝΚΑΤΑΘЄϹΙϹ
ΝΑΩΘ̅Υ̅
ΜЄΤΑЄΙΔΩΛΩΝ
ΗΜΙϹΓΑΡΝΑΟϹΘ̅Υ̅ЄϹΜЄΝ
ΖΩΝΤΟϹ

ANGVSTIAMINI AVTEM
IN VISCERIBVS VESTRIS
EANDEM AVTEM REMVNERATIONĒ
TAMQVAM FILIIS DICO
DILATAMINI ET VOS
ET NOLITE
IVGVM DVCERE
CVM INFIDELIBVS
QVAE ENIM PARTICIPATIO IVSTITIAE
CVM INIQVITATE
AVT QVAE SOCIETAS LVCIS
AD TENEBRAS
QVAE AVTEM CONVENTIO X̅P̅I̅
AD BELIAB
AVT QVAE PARS FIDELI
CVM INFIDELE
QVI AVTEM CONSENSVS
TEMPLO D̅I̅
CVM IDOLIS
NOS ENIM TEMPLVM D̅I̅ SVMVS
VIVI

ΛεγειγαροΘ̅Ϲ̅
ΟΤΙΕΝΟΙΚΗϹΩΕΝΑΥΤΟΙϹ
ΚΑΙΕΝΠΕΡΙΠΑΤΗϹΩ
ΚΑΙΕϹΟΜΑΙΑΥΤΩΝΘ̅Ϲ̅
ΚΑΙΑΥΤΟΙΕϹΟΝΤΑΙΜΟΙΛΑΟϹ
ΔΙΟΕΞΕΛΘΕΤΕ
ΕΚΜΕϹΟΥΑΥΤΩΝ
ΚΑΙΑΦΟΡΙϹΘΗΤΕ
ΛΕΓΕΙΚ̅Ϲ̅
ΚΑΙΑΚΑΘΑΡΤΟΥΜΗΑΠΤΕϹΘΑΙ
ΚΑΓΩΕΙϹΔΕΞΟΜΑΙΥΜΑϹ
ΚΑΙΕϹΟΜΑΙΥΜΙΝΕΙϹΠΑΤΕΡΑ
ΚΑΙΥΜΙϹΕϹΕϹΘΑΙΜΟΪ
ΕΙϹΥΙΟΥϹΚΑΙΘΥΓΑΤΕΡΑϹ
ΛΕΓΕΙΚ̅Ϲ̅ΠΑΝΤΟΚΡΑΤΩΡ
ΤαυταϲουνεχοντεϹ
ΤΑϹΕΠΑΝΓΕΛΙΑϹΑΓΑΠΗΤΟΙ
ΚΑΘΑΡΙϹΩΜΕΝΕΑΥΤΟΥ
ΑΠΟΠΑΝΤΟϹΜΟΛΥϹΜΟΥ
ϹΑΡΚΟϹΚΑΙΠ̅Ν̅Ϲ̅
ΕΠΙΤΕΛΟΥΝΤΕϹ

DICIT ENIM D̅S̅
QVONIAM INHABITABO IN ILLIS
ET INTER EOS AMBVLABO
ET ERO ILLORVM D̅S̅
ET IPSI ERVNT MIHI POPVLVS
PROPTER QVOD EXITE
DE MEDIO EORVM
ET SEPARAMINI
DICIT D̅M̅S̅
ET INMVNDVM NE TETIGERITIS
ET EGO RECIPIAM VOS
ET ERO VOBIS IN PATREM
ET VOS ERITIS MIHI
IN FILIOS ET FILIAS
DICIT D̅M̅S̅ OMNIPOTENS
HAS IGITVR HABENTES
PROMISSIONES CARISSIMI
MVNDEMVS NOS
AB OMNI INQVINAMENTO
CARNIS ET S̅P̅S̅
PERFICIENTES

ΑΓΙΟϹΥΝΗΝ
ΕΝΦΟΒΩΘ̅Υ̅
ΧΩΡΙϹΑΤΕΗΜΑϹ
ΟΥΔΕΝΑΗΔΙΚΗϹΑΜΕΝ
ΟΥΔΕΝΑΕΦΘΙΡΑΜΕΝ
ΟΥΔΕΝΑΕΠΛΕΟΝΕΚΤΗϹΑΜΕΝ
ΟΥΠΡΟϹΚΑΤΑΚΡΙϹΙΝ
ΛΕΓΩ
ΠΡΟΕΙΡΗΚΑΓΑΡ
ΟΤΙΕΝΤΑΙϹΚΑΡΔΙΑΙϹΗΜΩΝΕϹΤΕ
ΕΙϹΤΟϹΥΝΑΠΟΘΑΝΕΙΝ
ΚΑΙϹΥΝΖΗΝ
ΠΟΛΛΗΜΟΙΠΑΡΡΗϹΙΑ
ΠΡΟϹΥΜΑϹΕϹΤΙΝ
ΠΟΛΛΗΜΟΙΚΑΥΧΗϹΙϹ
ΥΠΕΡΥΜΩΝ
ΠΕΠΛΗΡΩΜΑΙΤΗΠΑΡΑΚΛΗϹΕΙ
ΥΠΕΡΠΕΡΙϹϹΕΥΟΜΕΤΗΧΑΡΑ
ΕΠΙΠΑϹΗΤΗΠΟΛΛΗ
ΘΛΙΨΕΙΗΜΩΝ
ΚΑΙΓΑΡΕΛΘΟΝΤΩΝΗΜΩΝ

SANCTIFICATIONEM
IN TIMORE D̅I̅
CAPETE NOS
NEMINEM NOCVIMVS
NEMINEM CORRVMPIMVS
NEMINEM CIRCVMVENIMVS
NON AD CONDEMNATIONEM
DICO
PRAEDIXI ENIM
QVOD IN CORDIBVS NOSTRIS ESTIS
AD COMMORIENDVM
ET AD CONVIVENDVM
MVLTA MIHI FIDVCIA
AD VOS EST
MVLTA GLORIATIO
PRO VOBIS
REPLETVS SVM EXHORTATIONE
SVPERABVNDO GAVDIO
IN MVLTA
TRIBVLATIONE NOSTRA
NAM ET CVM VENISSEMVS

ΕΙϹΜΑΚΕΔΟΝΙΑΝ
ΟΥΔΕΜΙΑΝΕϹΧΗΚΕΝΑΝΕϹΙΝ
ΗϹΑΡΞΗΜΩΝ
ΑΛΛΕΝΠΑΝΤΙΘΛΙΒΟΜΕΝΟϹ
ΕΞΩΘΕΝΜΑΧΑΙ
ΕϹΩΘΕΝΦΟΒΟΙ
ΑΛΛΟΠΑΡΑΚΑΛΩΝΤΟΥϹΤΑΠΙΝΟΥϹ
ΠΑΡΕΚΑΛΕϹΕΝΗΜΑϹΟΘ̅Ϲ̅
ΕΝΤΗΠΑΡΟΥϹΙΑΤΙΤΟΥ
ΟΥΜΟΝΟΝΔΕ
ΕΝΤΗΠΑΡΟΥϹΙΑΑΥΤΟΥ
ΑΛΛΑΚΑΙΕΝΤΗΠΑΡΑΚΛΗϹΕΙ
ΗΝΠΑΡΕΚΛΗΘΗΝΕΦΥΜΙΝ
ΑΝΑΓΓΕΛΛΩΝΥΜΙΝ
ΤΗΝΥΜΩΝΕΠΙΠΟΘΗϹΙΝ
ΤΟΝΥΜΩΝΟΔΥΡΜΟΝ
ΤΟΝΥΜΩΝΖΗΛΟΝΥΠΕΡΕΜΟΥ
ΩϹΤΕΜΑΛΛΟΝΜΕ
ΧΑΡΗΝΑΙ
ΟΤΙΕΙΚΑΙΕΛΥΠΗϹΑΥΜΑϹ
ΕΝΤΗΕΠΪϹΤΟΛΗΜΟΥ

IN MACAEDONIAM
NVLLAM REQVIEM HABVNT
CARO NOSTRA
SED IN OMNIBVS TRIBVLATIO
FORIS PVGNAE
INTVS TIMORES
SED QVI CONSOLATVR HVMILES
CONSOLATVS EST NOS D̅S̅
IN ADVENTVM TITI
NON SOLVM AVTEM
IN ADVENTVM EIVS
SED ETIAM IN CONSOLATIONEM
QVA CONSOLATVS EST IN VOBIS
NVNTIANS NOBIS
VESTRVM DESIDERIVM
VESTRVM MAEROREM
VESTRAM AEMVLATIONEM PRO ME
ITA VT MAGIS
GAVDEREM
QVONIAM ETSI CONTRISTAVI VOS
IN EPISTVLA MEA

ΟΥΜΕΤΑΜΕΛΟΜΑΙ	NON ME PAENITET
ΕΙΚΑΙΜΕΤΕΛΟΜΗΝ	ET SI PENITET
ΒΛΕΠΩΟΤΙΗΕΠΙϹΤΟΛΗ	VIDEO QVOD EPISTVLA
ΕΚΕΙΝΗ	ILLA
ΕΙΚΑΙΠΡΟϹΩΡΑΝ	ETSI AD HORAM
ΕΛΥΠΗϹΕΝΥΜΑϹ	CONTRISTAVIT VOS
ΧΑΙΡΩΟΥΧΟΤΙ	GAVDEO NON QVIA
ΕΛΥΠΗΘΗΤΕΑΛΛΟΤΙ	CONTRISTATI ESTIS SED QVIA
ΈΛΥΠΗΘΗΤΕ	CONTRISTATI ESTIS
ΕΙϹΜΕΤΑΝΟΙΑΝ	AD PAENITENTIAM
ΕΛΥΠΗΘΗΤΕΓΑΡ	CONTRISTATI ENIM ESTIS
ΚΑΤΑΘ̅Ν̅	SECVNDVM D̅M̅
ΙΝΑΕΝΜΗΔΕΝΙ	VT IN NVLLO
ΖΗΜΙΩΘΗΤΕΕΞΗΜΩΝ	DETRIMENTVM PATIAMINI EX NOBIS
ΗΓΑΡΚΑΤΑΘ̅Ν̅ΛΥΠΗ	NAM SECVNDVM D̅M̅ TRISTITIA̅
ΜΕΤΑΝΟΙΑΝ	PAENITENTIAM
ΕΙϹϹΩΤΗΡΙΑΝ	IN SALVTEM
ΑΜΕΤΑΜΕΛΗΤΟΝΕΡΓΑΖΕΤΕ	STABILEM OPERATVR
ΗΔΕΤΟΥΚΟϹΜΟΥΛΥΠΗ	NAM HVIVS SAECVLI TRISTITIA
ΘΑΝΑΤΟΝΚΑΤΕΡΓΑΖΕΤΕ	MORTEM OPERATVR
ΙΔΟΥΓΑΡΑΥΤΟΤΟΥΤΟ	ECCENIM HOC IPSVM

ΤΟΚΑΤΑΘ̅Ν̅	SECVNDVM D̅M̅
ΛΥΠΗΘΗΝΑΙΥΜΑϹ	CONTRISTARI VOS
ΠΟϹΗΝΚΑΤΗΡΓΑϹΑΤΟΥΜΙΝ	QVANTAM OPERATVS EST VOBIS
ϹΠΟΥΔΗΝ	SOLLICITVDINEM
ΑΛΛΑΑΠΟΛΟΓΙΑΝ	SED EXCVSATIONEM
ΑΛΛΑΑΓΑΝΑΚΤΗϹΙΝ	SED INDIGNATIONEM
ΑΛΛΑΦΟΒΟΝ	SED TIMOREM
ΑΛΛΑΕΠΙΠΟΘΗϹΙΝ	SED DESIDERIVM
ΑΛΛΑΖΗΛΟΝ	SED AEMVLATIONEM
ΑΛΛΑΕΚΔΙΚΗϹΙΝ	SED VINDICTAM
ΕΝΠΑΝΤΙϹΥΝΕϹΤΗϹΑΤΕ	IN OMNIBVS EXIBVISTIS
ΕΑΥΤΟΥϹΑΓΝΟΥϹΕΙΝΑΙ	VOS CASTOS ESSE
ΤΩΠΡΑΓΜΑΤΙ	IN NEGOTIO
ΑΡΑΕΙΚΑΙΕΓΡΑΨΑΥΜΙΝ	IGITVR SI SCRIPSI
ΟΥΚΕΝΕΚΕΝ	NON PROPTER EVM
ΤΟΥΑΔΙΚΗΘΕΝΤΟϹ	QVI INIVRIAM FECIT
ΟΥΔΕΕΝΕΚΕΝ	NEC PROPTER EVM
ΤΟΥΑΔΙΚΗϹΑΝΤΟϹ	QVI INIVRIAM PASSVS EST
ΑΛΛΕΝΕΚΕΝΤΟΥΦΑΝΕΡΩΘΗΝΑΙ	SED VT MANIFESTETVR
ΤΗΝϹΠΟΥΔΗΝΥΜΩΝ	SOLLICITVDO NOSTRA
ΤΗΝΥΠΕΡΥΜΩΝΠΡΟϹΥΜΑϹ	QVAE EST PRO NOBIS AD VOS

ΕΝΩΠΙΟΝΤΟΥΘΥ
ΔΙΑΤΟΥΤΟΠΑΡΑΚΕΚΛΗΜΕΘΑ
ΕΠΙΔΕΤΗΠΑΡΑΚΛΗΣΙΗΜΩΝ
ΠΕΡΙΣΣΟΤΕΡΩΣΜΑΛΛΟΝ
ΕΧΑΡΗΜΕΝ
ΕΠΙΤΗΧΑΡΑΤΙΤΟΥ
ΟΤΙΑΝΑΠΕΠΑΥΤΑΙ
ΤΟΠΝΑΑΥΤΟΥ
ΑΠΟΠΑΝΤΩΝΥΜΩΝ
ΟΤΙΕΙΤΙΑΥΤΩΥΠΕΡΥΜΩΝ
ΚΕΚΑΥΧΗΜΑΙ
ΟΥΚΑΤΗΣΧΥΝΘΗΝ
ΑΛΛΩΣΠΑΝΤΑΥΜΙΝ
ΕΝΑΛΗΘΙΑΕΛΑΛΗΣΑΜΕΝ
ΟΥΤΩΣΚΑΙΗΚΑΥΧΗΣΙΣΗΜΩΝ
ΗΠΡΟΣΤΙΤΟΝ
ΑΛΗΘΙΑΕΓΕΝΗΘΗ
ΚΑΙΤΑΣΠΛΑΝΧΝΑΑΥΤΟΥ
ΠΕΡΙΣΣΟΤΕΡΩΣ
ΕΙΣΥΜΑΣΕΣΤΙΝ
ΑΝΑΜΙΜΝΗΣΚΟΜΕΝΟΥ

CORAM DO
IDEO CONSOLATI SVMVS
IN CONSOLATIONE AVTEM NOSTRA
ABVNDANTIVS MAGIS
GAVISI SVMVS
SVPER GAVDIVM TITI
QVONIAM PERFECTVS EST
SPIRITVS EIVS
AB OMNIBVS VOBIS
QVIA SI QVID APVT ILLVM DE VOBIS
GLORIATVS SVM
NON SVM CONFVSVS
SED SICVT OMNIA VOBIS
IN VERITATE LOCVTI SVMVS
ITA ET GLORIATIO NOSTRA
QVAE AD TITVM FVIT
VERITAS FACTA EST
ET VISCERA EIVS
ABVNDANTIVS
IN VOBIS SVNT
REMEMORANTES

ΤΗΝΠΑΝΤωΝΥΜωΝ
ΥΠΑΚΟΗΝ
ωϹΜϵΤΑΦΟΒΟΥ
ΚΑΙΤΡΟΜΟΥ
ϵΔϵΞΑϹΘΑΙΑΥΤΟΝ
ΧΑΙΡωΟΤΙϵΝΠΑΝΤΙ
ΘΑΡΡωϵΝΥΜΙΝ
ΓΝωΡΙΖΟΜϵΝΔϵΥΜΙΝ
ΑΔϵΛΦΟΙ
ΤΗΝΧΑΡΙΝΤΟΥΘ̅Υ̅ΤΗΝΔϵΔΟΜϵΝΗ̅
ϵΝΤΑΙϹϵΚΚΛΗϹΙΑΙϹ
ΤΗϹΜΑΚϵΔΟΝΙΑϹ
ΟΤΙϵΝΠΟΛΛΗΔΟΚΙΜΗ
ΘΛΙΨϵωϹ
ΗΠϵΡΙϹϹΙΑΤΗϹΧΑΡΑϹΑΥΤωΝ
ΚΑΙΗΚΑΤΑΒΑΘΟϹ
ΠΤωΧϵΙΑΑΥΤωΝ
ϵΠϵΡΙϹϹϵΥϹϵΝϵΙϹΤΟΝΠΛΟΥΤΟΝ
ΤΗϹΑΠΛΟΤΗΤΟϹΑΥΤωΝ
ΟΤΙΚΑΤΑΔΥΝΑΜΙΝ
ΜΑΡΤΥΡω

OMNIVM VESTRVM
OBAVDIENTIAM
QVOMODO CVM TIMOREM
ET TREMORE
EXCEPISTIS EVM
GAVDEO QVOD IN OMNIBVS
CONFIDO IN VOBIS
NOTAM AVTEM FACIMVS VOBIS
FRATRES
GRATIAM D̅I̅ QVAE DATA EST
IN ECCLESIIS
MACAEDONIAE
QVOD IN MVLTA PROBATIONE
TRIBVLATIONIS
ABVNDANTIA GAVDII EORVM
ET PROFVNDA
PAVPERTAS EORVM
ABVNDAVIT IN DIVITIIS
SIMPLICITATIS EORVM
QVIA SECVNDVM VIRTVTEM
TESTIMONIVM REDDO

ΚΑΙΠΑΡΑΔΥΝΑΜΙΝ	ET SVPRA VIRTVTEM
ΑΥΘΑΙΡΕΤΟΙ	SVA SPONTE
ΜΕΤΑΠΟΛΛΗCΠΑΡΑΚΛΗCΕΩC	CVM MVLTA PRAECE
ΔΑΙΟΜΕΝΟΙΗΜΩΝ	OBSECRANTES NOS
ΤΗΝΧΑΡΙΝ	GRATIAM
ΚΑΙΤΗΝΚΟΙΝΩΝΙΑΝ	ET COMMVNICATIONEM
ΤΗCΔΙΑΚΟΝΙΑC	MINISTERII
ΤΗCΕΙCΤΟΥCΑΓΙΟΥC	QVOD FIT IN SANCTOS
ΚΑΙΟΥΚΑΘΩCΗΛΠΙCΑΜΕ	ET NON SICVT SPERAMVS
ΑΛΛΑΕΑΥΤΟΥCΕΔΩΚΑΝ	SED SEMET IPSI DEDERVNT
ΠΡΩΤΟΝΤΩΚ̅Ω̅	PRIMVM D̅O̅M̅
ΚΑΙΗΜΙΝΔΙΑΘΕΛΗΜΑΤΟCΘ̅Υ̅	DEINDE NOBIS PER VOLVNTATEM D̅I̅
ΕΙCΤΟΠΑΡΑΚΑΛΕCΕΗΜΑC	ITA VT ROGAREMVS
ΤΙΤΟΝ	TITVM
ΙΝΑΚΑΘΩCΠΡΟΕΝΗΡΞΑΤΟ	VT QVEMADMODVM COEPIT
ΟΥΤΩCΚΑΙΕΠΙΤΕΛΕCΗ	ITA ET PERFICIAT
ΕΙCΥΜΑC	IN VOS
ΚΑΙΤΗΝΧΑΡΙΝΤΑΥΤΗΝ	ETIAM GRATIAM ISTAM
ΑΛΛΩCΠΕΡΕΝΠΑΝΤΙ	SED SICVT SEMPER IN OMNIBVS
ΠΕΡΙCCΕΥΕΤΕΠΙCΤΙ	ABVNDATIS FIDE
ΚΑΙΛΟΓΩΚΑΙΓΝΩCΕΙ	ET SERMONE ET SCIENTIA

ΚΑΙΠΑϹΗϹΠΟΥΔΗ	ET OMNI SOLLICITVDINE
ΚΑΙΤΗΕΞΥΜΩΝ	ET INSVPER VESTRA
ΕΝΗΜΙΝΑΓΑΠΗ	IN NOS CARITATE
ΙΝΑΚΑΙΕΝΤΑΥΤΗΤΗΧΑΡΙΤΙ	ET VT IN HAC GRATIA
ΠΕΡΙϹϹΕΥϹΗΤΕ	ABVNDETIS
ΟΥΚΑΤΕΠΙΤΑΓΗΝΛΕΓΩ	NON QVASI IMPERANS DICO
ΑΛΛΑΔΙΑΤΗΝΕΤΕΡΩΝ	SED PROPTER ALIORVM
ϹΠΟΥΔΗΝ	SOLLICITVDINEM
ΚΑΙΤΟΤΗϹΥΜΕΤΕΡΑϹΑΓΑΠΗϹ	ET VESTRAE CARITATIS
ΓΝΗϹΙΟΝΔΟΚΙΜΑΖΩ	INGENIVM PROBANS
ΓΕΙΝΩϹΚΕΤΕΓΑΡΤΗΝΧΑΡΙΝ	SCITIS ENIM GRATIAM
ΤΟΥΚ̅Υ̅ΗΜΩΝΙ̅Υ̅Χ̅Υ̅	D̅M̅I̅ N̅· I̅H̅V̅ X̅P̅I̅
ΟΤΙΔΙΥΜΑϹΕΠΤΩΧΕΥϹΕΝ	QVIA PROPTER VOS PAVPER FACTVS EST
ΠΛΟΥϹΙΟϹΩΝ	CVM DIVES ESSET
ΙΝΑΤΗΑΥΤΟΥΠΤΩΧΙΑ	VT ILLIVS INOPIA
ΥΜΙϹΠΛΟΥΤΗϹΗΤΕ	VOS DIVITES ESSETIS
ΚΑΙΓΝΩΜΗΝΕΝΤΟΥΤΩΔΙΔΩΜΙ	ET CONSILIVM IN HOC D̅O̅
ΤΟΥΤΟΓΑΡΥΜΙΝϹΥΜΦΕΡΕΙΟΙΤΙΝΕϹ	HOC ENIM VOBIS VTILE EST
ΟΥΜΟΝΟΝΤΟΠΟΙΗϹΑΙ	QVI NON SOLVM FACERE
ΑΛΛΑΚΑΙΤΟΘΕΛΙΝΕΝΗΡΞΑϹΘΑΙ	SED ET VELLE COEPISTIS LABORARE
ΑΠΟΠΕΡϹΥ	AB ANNO PRIORE

ΝΥΝΕΙΔΕΚΑΙΤΟΠΟΙΗCΑΙ	NVNC VERO ET FACIO
ΕΠΙΤΕΛΕCΑΤΕ	PERFICITE
ΟΠΩCΚΑΘΑΠΕΡΗΠΡΟΘΥΜΙΑ	VT QVEMADMODVM ANIMVS EST
ΤΟΘΕΛΕΙΝ	VOLVNTATIS
ΟΥΤΩCΚΑΙΤΟΕΠΙΤΕΛΕCΕ	ITA SIT ET PERFICIENDI
ΕΚΤΟΥΕΧΕΙΝ	EX ABVNDANTIA
ΕΙΓΑΡΗΠΡΟΘΥΜΙΑ	NAM SI PROMPTVS
ΠΡΟΚΕΙΤΕ	ANIMVS EST
ΚΑΘΟΑΝΕΧΗ	SECVNDVM QVOD HABET
ΕΥΠΡΟCΔΕΚΤΟC	ACCEPTVS EST
ΟΥΚΑΘΟΟΥΚΕΧΕΙΤΙC	NON SECVNDVM QVOD NON HABET
ΟΥΓΑΡΙΝΑΑΛΛΟΙCΑΝΕCΙC	NON ENIM VT ALIIS SIT REMISSIO
ΥΜΙΝΔΕΘΛΙΨΕΙC	VOBIS TRIBVLATIO
ΑΛΛΕΞΙCΟΤΗΤΟC	SED EX AEQVITATE
ΕΝΤΩΝΥΝΚΑΙΡΩ	IN HOC TEMPORE
ΤΟΥΜΩΝΠΕΡΙCCΕΥΜΑ	VESTRA ABVNDANTIA
ΕΙCΤΟΕΚΕΙΝΩΝΥCΤΕΡΗΜΑ	AD ILLORVM INOPIA
ΙΝΑΚΑΙΤΟΕΚΕΙΝΩΝ	VT ET ILLORVM
ΠΕΡΙCCΕΥΜΑΓΕΝΗΤΑΙ	ABVNDANTIA SIT
ΕΙCΤΟΥΜΩΝΥCΤΕΡΗΜΑ	AD VESTRAM INOPIAM
ΟΠΩCΓΕΝΗΤΑΙ	VT FIAT

ΙϹΟΤΗϹΚΑΘΩϹ
ΓЄΓΡΑΠΤΑΙ
ΟΤΟΠΟΛΥ
ΟΥΚЄΠΛЄΟΝΑϹЄΝ
ΚΑΙΟΤΟΟΛΙΓΟΝ
ΟΥΚΗΛΑΤΤΟΝΗϹЄΝ
ΧΑΡΙϹΔЄΤΩΘ̅Ω̅
ΤΩΔΟΝΤΙΤΗΝΑΥΤΗΝ
ϹΠΟΥΔΗΝΥΠЄΡΥΜΩΝ
ЄΝΤΗΚΑΡΔΙΑΤΙΤΟΥ
ΟΤΙΤΗΝΜЄΝΠΑΡΑΚΛΗϹΙΝ
ЄΔЄΞΑΤΟ
ϹΠΟΥΔЄΟΤЄΡΟϹΔЄ
ΥΠΑΡΧΩΝ
ΑΥΘЄΡЄΤΟϹЄΞΗΛΘЄΝ
ΠΡΟϹΥΜΑϹ
ϹΥΝЄΠЄΝΨΑΜЄΝΔЄ
ΜЄΤΑΥΤΟΥΤΟΝΑΔЄΛΦΟΝ
ΟΥΟЄΠΑΙΝΟϹ
ЄΝΤΩЄΥΑΝΓЄΛΙΩ
ΔΙΑΠΑϹΩΝΤΩΝЄΚΚΛΗϹΙΩΝ

AEQVALITAS
SICVT SCRIPTVM EST
QVI MVLTVM
NON ABVNDAVIT
ET QVI MODICVM
NON MINORAVIT
GRATIA AVTEM D̅O̅
QVI DEDIT EANDEM
SOLLICITVDINEM PRO VOBIS
IN CORDE TITI
QVONIAM QVIDEM EXHORTATIONE̅
SVSCEPIT
SOLLICITIOR AVTEM
CVM ESSET
VOLVNTARIVS PROFECTVS EST
AD VOS
MISIMVS AVTEM
CVM ILLO FRATREM
CVIVS LAVS
IN EVANGELIO
PER OMNES ECCLESIAS

ΟΥΜΟΝΟΝΔΕ
ΑΛΛΑΚΑΙΧΕΙΡΟΤΟΝΗΘΕΙϹ
ΥΠΟΤΩΝΕΚΚΛΗϹΙΩΝ
ϹΥΝΕΚΔΗΜΟϹΗΜΩΝΕΓΕΝΕΤΟ
ϹΥΝΤΗΧΑΡΙΤΑΥΤΗ
ΤΗΔΙΑΚΟΝΟΥΜΕΝΗ
ΥΦΗΜΩΝ
ΠΡΟϹΤΗΝΤΟΥΚ̅Υ̅ΔΟΞΑΝ
ΚΑΙΠΡΟΘΥΜΙΑΝΗΜΩΝΤΕΛΟΥϹΙΝ
ϹΤΕΛΛΟΜΕΝΟΙΤΟΥΤΟ
ΜΗΤΙϹΗΜΑϹΜΩΜΗϹΗΤΕ
ΕΝΤΗΑΔΡΟΤΗΤΙΤΑΥΤΗ
ΤΗΔΙΑΚΟΝΟΥΜΕΝΗ
ΥΦΗΜΩΝ
ΠΡΟΝΟΟΥΜΕΝΓΑΡΚΑΛΑ
ΟΥΜΟΝΟΝΕΝΩΠΙΟΝΚ̅Υ̅
ΑΛΛΑΚΑΙΕΝΩΠΙΟΝΑΝΘΡΩΠΩΝ
ϹΥΝΕΠΕΜΨΑΜΕΝΔΕΑΥΤΟΙϹ
ΤΟΝΑΔΕΛΦΟΝΗΜΩΝ
ΟΝΕΔΟΚΙΜΑϹΑΜΕΝ
ΕΝΠΟΛΛΟΙϹΠΟΛΛΑΚΙϹ

NON SOLVM AVTEM
SED ORDINATVS
AB ECCLESIIS
COMES NOSTER
CVM HAC GRATIA
QVAE MINISTRATVR
A NOBIS
AD D̅M̅I̅ GLORIAM
ET DESTINATAM NOSTRAM VOLVNT
DEVITANTES HOC
NE QVIS NOS VITVPERET
IN PLENITVDINE HAC
QVAE MINISTRATVR
A NOBIS
PROVIDEMVS ENIM BONA
NON SOLVM CORAM D̅O̅M̅
SED CORAM HOMINIBVS
MISIMVS AVTEM CVM ILLIS
FRATREM NOSTRVM
QVEM PROBABIMVS
IN MVLTIS SAEPE

ϹΠΟΥΔΑΙΟΝΟΝΤΑ
ΝΥΝΕΙΔΕΠΟΛΥϹ
ϹΠΟΥΔΕΟΤΕΡΟΝ
ΠΕΠΟΙΘΗϹΕΙΠΟΛΛΗ
ΤΗΕΙϹΥΜΑϹ
ΕΙΤΕΥΠΕΡΤΙΤΟΥ
ΚΟΙΝΩΝΟϹΕΜΟϹ
ΚΑΙϹΥΝΕΡΓΟϹΕΙϹΥΜΑϹ
ΕΙΤΕΑΔΕΛΦΟΙΗΜΩΝ
ΑΠΟϹΤΟΛΟΙΕΚΚΛΗϹΙΩΝ
ΔΟΞΑΧ̅Υ̅
ΤΗΝΟΥΝΕΝΔΙΞΙΝ
ΤΗϹΑΓΑΠΗϹΥΜΩΝ
ΚΑΙΗΜΩΝΚΑΥΧΗϹΕΩϹΥΠΕΡΗ̇ΜΩΝ
ΕΙϹΑΥΤΟΥϹΕΝΔΕΙΚΝΥΜΕΝΟΙ
ΕΙϹΠΡΟϹΩΠΟΝ
ΤΩΝΕΚΚΛΗϹΙΩΝ
ΠΕΡΙΜΕΝΓΑΡΤΗϹΔΙΑΚΟΝΙΑϹ
ΤΗϹΕΙϹΤΟΥϹΑΓΙΟΥϹ
ΠΕΡΙϹϹΟΝΜΟΙΕϹΤΙΝ
ΤΟΓΡΑΦΕΙΝΥΜΕΙΝ

SOLLICITVM ESSE
NVNC VERO MVLTO
SOLLICITIOREM
CONFIDENTIA MVLTA
IN NOBIS
SIVE PRO TITO
SOCIVS MEVS
ET ADIVTOR IN VOBIS
SIVE FRATRES NOSTRI
APOSTOLI ECCLESIARVM
GLORIA X̅P̅I̅
OSTENSIONEM ERGO
CARITATIS VESTRAE
ET NOSTRAE GLORIAE PRO VOBIS
IN IPSOS OSTENDENTES
IN FACIEM
ECCLESIARVM
NAM DE MINISTERIO
QVOD FIT IN SANCTOS
EX ABVNDANTI EST MIHI
SCRIBERE VOBIS

ΟΙΔΑΓΑΡΤΗΝΠΡΟΘΥΜΙΑΝΥΜΩΝ	SCIO ENIM PROMPTVM ANIMVM VESTRV̄
ΗΝΥΠЄΡΥΜΩΝΚΑΥΧΩΜΑΙ	DE QVO GLORIOR DE VOBIS
ΜΑΚЄΔΟСΙΝ	APVT MACAEDONAS
ΟΤΙΑΧΑΙΑΠΑΡЄСΚЄΥΑСΤΑΙ	QVIA ACHAIA PRAEPARATA EST
ΑΠΟΠЄΡСΥ	AB ANNO PRIORE
ΚΑΙΟЄΞΥΜΩΝΖΗΛΟС	ET QVAE EX VOBIS EST AEMVLATIO
ΗΡЄΘΙСЄΝΤΟΥСΠΛΙΟΝΑС	PROVOCABIT PLVRES
ЄΠЄΝΨΑΜЄΝΔЄΤΟΥСΑΔЄΛΦΟΥС	MISI AVTEM FRATRES
ΙΝΑΜΗΤΟΚΑΥΧΗΜΑ	VTI NON QVOD GLORIAMVS
ΗΜΩΝ	DE VOBIS
ΤΟΥΠЄΡΥΜΩΝΚЄΝΩΘΗ	EXINANIATVR
ЄΝΤΩΜЄΡΙΤΟΥΤΩ	IN HAC PARTE
ΙΝΑΚΑΘΩСЄΛЄΓΟΝ	VT QVEMADMODVM DIXERAM
ΠΑΡЄСΚЄΥΑСΜЄΝΟΙΗΤЄ	PARATI SITIS
ΜΗΑΝЄΛΘΩСΙΝСΥΝЄΜΟΙ	ET NE CVM VENERINT MECVM
ΜΑΚЄΔΟΝЄС	MACAEDONES
ΚΑΙЄΥΡΩСΙΝΥΜΑС	ET INVENERINT VOS
ΑΠΑΡΑСΚЄΥΑСΤΟΥСΚΑΙ	INPARATOS ET
ΚΑΤЄСΧΥΝΘΩΜЄΝΗΜΙС	CONFVNDAMVR NOS
ΙΝΑΜΗΛЄΓΩΥΜЄΙС	NE DICAM VOS
ЄΝΤΗΥΠΟСΤΑСЄΙΤΑΥΤΗ	IN HAC SVBSTANTIA

ΑΝΑΓΚΑΙΟΝΟΥΝ
ΗΓΗϹΑΜΗΝ
ΠΑΡΑΚΑΛΕϹΑΙ
ΤΟΥϹΑΔΕΛΦΟΥϹ
ΙΝΑΠΡΟΕΛΘΩϹΙΝΠΡΟϹΥΜΑϹ
ΚΑΙΠΡΟΚΑΤΑΡΤΙϹΩϹΙΝ
ΤΗΝΠΡΟΕΠΗΝΓΕΛΜΕΝΗΝ
ΕΥΛΟΓΙΑΝΤΑΥΤΗΝ
ΕΤΟΙΜΗΝΕΙΝΑΙ
ΟΥΤΩϹΩϹΕΥΛΟΓΙΑΝ
ΚΑΙΜΗΩϹΠΛΕΟΝΕΞΙΑΝ
ΤΟΥΤΟΔΕΟϹΠΙΡΩΝ
ΦΙΔΟΜΕΝΩϹ
ΦΙΔΟΜΕΝΩϹΚΑΙΘΕΡΙϹΕΙ
ΚΑΙΟϹΠΙΡΩΝ
ΕΝΕΥΛΟΓΙΑ
ΕΞΕΥΛΟΓΙΑϹΘΕΡΙϹΕΙ
ΕΚΑϹΤΟϹΚΑΘΩϹΠΡΟΑΙΡΕΙΤΕ
ΤΗΚΑΡΔΙΑ
ΜΗΕΚΛΥΠΗϹ
ΗΕΞΑΝΑΓΚΗϹ

NECESSARIVM ERGO
EXISTIMAVI
ROGARE
FRATRES
VT PERGANT AD VOS
VT PRAEPARENT
ANTE PROMISSAM
BENEDICTIONEM HANC
PARATAM ESSE
SIC QVASI BENEDICTIONEM
NON QVASI AVARITIAM
HOC AVTEM QVI SEMINAT
PARCE
PARCE ET METET
ET QVI SEMINAT
IN BENEDICTIONE
DE BENEDICTIONE ET METET
VNVSQVISQVE SICVT PROPOSVIT
CORDE
NON EX TRISTITIA
AVT NECESSITATE

II. AD CORINTHIOS IX, 5—7.

ΙΛΑΡΟΝΓΑΡΔΟΤΗΝ
ΑΓΑΠΑΟΘ̅Ϲ̅
ΔΥΝΑΤЄΙΓΑΡΟΘ̅Ϲ̅
ΠΑϹΑΝΧΑΡΙΝ
ΠЄΡΙϹϹЄΥϹЄЄΙϹΥΜΑϹ
ΙΝΑЄΝΠΑΝΤΙΠΑΝΤΟΤЄ
ΠΑϹΑΝΑΥΤΑΡΚΙΑΝ
ЄΧΟΝΤЄϹΠЄΡΙϹϹЄΥΗΤЄ
ЄΙϹΠΑΝЄΡΓΟΝΑΓΑΘΟΝ
ΚΑΘΩϹΓЄΓΡΑΠΤΑΙ
ЄϹΚΟΡΠΙϹЄΝЄΔΩΚЄΝ
ΤΟΙϹΠЄΝΗϹΙΝ
ΗΔΙΚΑΙΟϹΥΝΗΑΥΤΟΥ
ΜЄΝΙЄΙϹΤΟΝΑΙΩΝΑ
ΟΔЄЄΠΙΧΟΡΗΓΩΝϹΠΟΡΟΝ
ΤΩϹΠΙΡΟΝΤΙ
ΚΑΙΑΡΤΟΝЄΙϹΒΡΩϹΙΝ
ΧΟΡΗΓΗϹЄΙ
ΚΑΙΠΛΗΘΥΝЄΙ
ΤΟΝϹΠΟΡΟΝΥΜΩΝ
ΚΑΙΑΥΞΗϹЄΙΤΑΓЄΝΗΜΑΤΑ

HILAREM ENIM DATOREM
DICIT D̅S̅
POTENS EST AVTEM D̅S̅
OMNEM GRATIAM
ABVNDARE IN VOBIS
VT VBIQVE SEMPER
OMNEM SVFFICIENTIAM
HABENTES ABVNDETIS
IN OMNE OPVS BONVM
SICVT SCRIPTVM EST
SPARSIT DEDIT
PAVPERIBVS
IVSTITIA EIVS
MANET IN AETERNVM
QVI AVTEM SVBMINISTRAT SEMEN
SEMINANTI
ET PANEM IN ESCAM
SVBMINISTRAVIT
ET MVLTIPLICABIT
SEMEN VESTRVM
ET AVGEBIT NASCENTIA

ΤΗϹΔΙΚΑΙΟϹΥΝΗϹΥΜΩΝ
ЄΝΠΑΝΤΙΠΛΟΥΤΙΖΟΜЄΝΟΙ
ЄΙϹΠΑϹΑΝΑΠΛΟΤΗΤΑ
ЄΙΤΙϹΚΑΤЄΡΓΑΖЄΤЄΔΙΗΜΩΝ
ЄΥΧΑΡΙϹΤΙΑΝΘ̅Ω̅
ΟΤΙΗΔΙΑΚΟΝΙΑ
ΤΗϹΛΙΤΟΥΡΓΙΑϹΤΑΥΤΗϹ
ΟΥΜΟΝΟΝЄϹΤΙΝ
ΠΡΟϹΑΝΑΠΛΗΡΟΥϹΑ
ΤΑΥϹΤЄΡΗΜΑΤΑΤΩΝΑΓΙΩΝ
ΑΛΛΑΚΑΙΠЄΡΙϹϹЄΥΟΥϹΑ
ΔΙΑΠΟΛΛΩΝЄΥΧΑΡΙϹΤΙΩΝΤΩΘ̅Ω̅
ΔΙΑΤΗϹΔΟΚΙΜΗϹ
ΤΗϹΔΙΑΚΟΝΙΑϹΤΑΥΤΗϹ
ΔΟΞΑΖΟΝΤЄϹΤΟΝΘ̅Ν̅
ЄΠΙΤΗΥΠΟΤΑΓΗ
ΤΗϹΟΜΟΛΟΓΙΑϹΥΜΩΝ
ЄΙϹΤΟЄΥΑΓΓЄΛΙΟΝΤΟΥΧ̅Υ̅
ΚΑΙΑΠΛΟΤΗΤΙ
ΤΗϹΚΟΙΝΩΝΙΑϹ
ЄΙϹΑΥΤΟΥϹΚΑΙЄΙϹΠΑΝΤΑϹ

IVSTITIAE VESTRAE
IN OMNIBVS LOCVPLETATI
IN OMNEM SIMPLICITATEM
QVAE OPERATVR PER NOS
GRATIARVM ACTIONEM D̅O̅
QVIA MINISTRATIO
OFFICII HVIVS
NON SOLVM
REPLENS
EA QVAE DESVNT SANCTIS
SED ET ABVNDAT
PER MVLTARVM GRATIARVM ACTIONEM D̅O̅
PER EXPEDIMENTVM
MINISTRATIONIS HVIVS
MAGNIFICANTES D̅M̅
IN OBAVDIENTIAM
CONFESSIONIS VESTRAE
IN EVANGELIO X̅P̅I̅
ET SIMPLICITATE
COMMVNICATIONIS
IN ILLOS ET IN OMNES

ΚΑΙΑΥΤΩΝΔΕΗϹΕΙ
ΥΠΕΡΥΜΩΝ
ΕΠΙΠΟΘΟΥΝΤΩΝΥΜΑϹ
ΔΙΑΤΗΝΥΠΕΡΒΑΛΛΟΥϹΑΝΧΑΡΙΝ
ΤΟΥΘ̅Υ̅ΕΦΥΜΙΝ
ΧΑΡΙϹΤΩΘ̅Ω̅
ΕΠΙΤΗΑΝΕΓΔΙΗΓΗΤΩ
ΑΥΤΟΥΔΩΡΕΑ
ΑΥΤΟϹΔΕΕΓΩΠΑΥΛΟϹ
ΠΑΡΑΚΑΛΩΥΜΑϹ
ΔΙΑΤΗϹΠΡΑΟΤΗΤΟϹ
ΚΑΙΕΠΙΕΙΚΙΑϹΤΟΥΧ̅Υ̅
ΟϹΚΑΤΑΠΡΟϹΩΠΟΝΜΕΝ
ΤΑΠΙΝΟϹΕΝΥΜΙΝ
ΑΠΩΝΔΕΘΑΡΡΩΕΙϹΥΜΑϹ
ΔΕΟΜΑΙΔΕ
ΤΟΜΗΠΑΡΡΩΝΘΑΡΡΗϹΑΙ
ΤΗΠΕΠΟΙΘΗϹΕΙ
ΗΛΟΓΙΖΟΜΑΙΤΟΛΜΗϹΑΙ
ΕΠΙΤΙΝΑϹ
ΤΟΥϹΛΟΓΙΖΟΜΕΝΟΥϹΗΜΑϹ

ET EORVM OBSECRATIONEM
PRO VOBIS
DESIDERANTIVM VOS
PROPTER EMINENTEM GRATIAM
D̅I̅ IN VOBIS
GRATIA D̅O̅
SVPER ENARRABILI
EIVS DONO
IPSE AVTEM EGO PAVLVS
OBSECRO VOS
PER MANSVETVDINEM
ET MODESTIAM X̅P̅I̅
QVI AD FACIEM QVIDEM
HVMILIS INTER VOS
ABSENS AVTEM AVDEO IN VOBIS
OBSECRO AVTEM
VT NON PRAESENS AVDEAM
FIDVCIAM
QVA EXISTIMOR AVDIRE
IN QVOSDAM
QVI ARBITRANTVR NOS

ΩϹΚΑΤΑϹΑΡΚΑ	TAMQVAM SECVNDVM CARNEM
ΠΕΡΙΠΑΤΟΥΝΤΑϹ	AMBVLEMVS
ΕΝϹΑΡΚΙΓΑΡΠΕΡΙΠΑΤΟΥΝΤΕϹ	IN CARNE ENIM AMBVLANTES
ΟΥΚΑΤΑϹΑΡΚΑ	NON SECVNDVM CARNEM
ϹΤΡΑΤΕΥΟΜΕΘΑ	MILITAMVS
ΤΑΓΑΡΟΠΛΑΤΗϹϹΤΡΑΤΙΑϹΗΜΩΝ	ARMA ENIM MILITIAE NOSTRAE
ΟΥϹΑΡΚΙΚΑ	NON CARNALIA
ΑΛΛΑΔΥΝΑΤΑΤΩΘ̅Ω̅	SED POTENTIA D̅O̅
ΠΡΟϹΚΑΘΑΙΡΕϹΙΝ	AD DESTRVENDAM
ΟΧΥΡΩΜΑΤΩΝ	MVNITIONEM
ΛΟΓΙϹΜΟΥϹΚΑΘΑΙΡΟΥΝΤΩΝ	CONSILIA DESTRVENTES
ΚΑΙΠΑΝΥΨΩΜΑ	ET OMNEM ALTITVDINEM
ΕΠΑΙΡΟΜΕΝΟΝ	EXTOLLENTEM SE
ΚΑΤΑΤΗϹΓΝΩϹΕΩϹΤΟΥΘ̅Υ̅	ADVERSVS SCIENTIAM D̅I̅
ΚΑΙΕΚΜΑΛΩΤΙΖΟΝΤΕϹ	CAPTIVANTES
ΠΑΝΝΟΗΜΑ	OMNEM INTELLECTVM
ΕΙϹΤΗΝΥΠΑΚΟΗΝΤΟΥΧ̅Υ̅	AD OBAVDIENDVM X̅P̅O̅
ΑΓΟΝΤΕϹ	PERDVCENTES
ΚΑΙΕΤΟΙΜΩϹΕΧΟΝΤΕϹ	ET IN PROMPTV HABENTES
ΕΚΔΙΚΗϹΑΙΠΑϹΑΝ	VINDICARE OMNEM
ΠΑΡΑΚΟΗΝ	INOBAVDIENTIAM

ΟΤΑΝΠΛΗΡΩΘΗ	CVM IMPLETA FVERIT
ΗΥΠΑΚΟΗΗΜΩΝ	OBAVDITIO NOSTRA
ΤΑΚΑΤΑΠΡΟϹΩΠΟΝΒΛЄΠЄΤЄ	QVAE SECVNDVM FACIEM SVNT VIDETE
ЄΙΤΙϹΠЄΠΟΙΘЄΝЄΑΥΤΩ	SI QVIS CONFIDET SE
Χ̅Υ̅ΔΟΥΛΟϹЄΙΝΑΙ	X̅P̅I̅ SERVVM ESSE
ΤΟΥΤΟΛΟΓΙΖЄϹΘΩΠΑΛΙΝ	HOC COGITET ITERVM
ΑΦЄΑΥΤΟΥ	APVT SE
ΟΤΙΚΑΘΩϹΑΥΤΟϹΧ̅Υ̅	QVIA SICVT IPSE X̅P̅I̅ EST
ΟΥΤΩϹΚΑΙΗΜΙϹ	ITA ET NOS
ЄΑΝΤЄΓΑΡΠЄΡΙϹϹΟΤЄΡΟΝΤΙ	SI ENIM ALIQVID ABVNDANTIVS
ΚΑΥΧΗϹΩΜΑΙ	GLORIATVS FVERO
ΠЄΡΙΤΗϹЄΞΟΥϹΙΑϹΗΜΩΝ	DE POTESTATE NOSTRA
ΗϹЄΔΩΚЄΝΟΘ̅Ϲ̅	QVAM DEDIT D̅S̅
ЄΙϹΟΙΚΟΔΟΜΗΝ	ET IN AEDIFICATIONEM
ΚΑΙΟΥΚΙϹΚΑΘЄΡЄϹΙΝΥΜΩΝ	ET NON IN DESTRVCTIONEM VESTRĀ
ΟΥΚЄϹΧΥΝΘΗϹΟΜΑΙ	NON CONFVNDAR
ΙΝΑΜΗΔΟΞΩΜΑΙΝ	VT NON EXISTIMEMVR
ЄΚΦΟΒΟΥΝΤЄϹΥΜΑϹ	TAMQVAM TERRENTES VOS
ΔΙΑΤΩΝЄΠΙϹΤΟΛΩΝ	PER EPISTVLAS
ΟΤΙΑΙΜЄΝЄΠΙϹΤΟΛΑΙ	QVONIAM QVIDEM EPISTVLAE
ΦΗϹΙΝ	INQVID

ΒΑΡΙΑΙΚΑΙΙϹΧΥΡΑΙ
ΗΔЄΠΑΡΟΥϹΙΑ
ΤΟΥϹωΜΑΤΟϹΑϹΘЄΝΗϹ
ΚΑΙΟΛΟΓΟϹЄΞΟΥΘЄΝΗΜЄΝΟϹ
ΤΟΥΤΟΛΟΓΙΖЄϹΘω
ΟΤΟΙΟΥΤΟϹ
ΟΤΙΟΙΟΙЄϹΜЄΝΤωΛΟΓω
ΔΙЄΠΙϹΤΟΛωΝ
ΑΠΟΝΤЄϹΤΟΙΟΥΤΟΙ
ΚΑΙΠΑΡΟΝΤЄϹΤωЄΡΓω
ΟΥΓΑΡΤΟΛΜωΜЄΝ
ЄΝΚΡΙΝЄЄΑΥΤΟΥϹ
ΗϹΥΝΚΡΙΝЄЄΑΥΤΟΥϹ
ΤωΝЄΑΥΤΟΥϹϹΥΝΙϹΤΑΝΟΝΤωΝ
ΑΛΛΑΥΤΟΙЄΝЄΑΥΤΟΙϹ
ЄΑΥΤΟΥϹΜЄΤΡΟΥΝΤЄϹ
ΚΑΙϹΥΝΚΡΙΝΟΝΤЄϹ
ЄΑΥΤΟΙϹЄΑΥΤΟΥϹ
ΟΥΚЄΙϹΤΟΑΜЄΤΡΟΝ
ΑΛΛΑΚΑΤΑΤΟΜЄΤΡΟΝ
ΤΟΥΚΑΝΟΝΟϹ

GRAVES ET FORTES SVNT
PRAESENTIA AVTEM
CORPORIS INFIRMA
ET SERMO CONTEMPTIBILIS
HOC COGITET
QVI EIVSMODI EST
QVIA QVALES SVMVS VERBO
PER EPISTVLAS
ABSENTES TALES SVMVS
ET PRAESENTES IN FACTO
NON ENIM AVDIMVS
CONIVNGERE NOS
AVT COMPARARE QVIBVSDAM
QVI SEMETIPSOS COMMENDANT
SED IPSI INTRA NOS
METIPSOS MISVRANTES
ET CONPARANTES
NOBIS NOSMETIPSOS
NON IN IMMENSVM
SED SECVNDVM MENSVRAM
REGVLAE

ΟΥЄΜЄΡΙCЄΝΗΜΙΝΟΚ̅C̅	QVAM MENSVS EST NOBIS D̅M̅S̅
ΜЄΤΡΟΥ	MENSVRAM
ЄΦΙΚЄCΘΑΙΑΧΡΙΚΑΙΥΜΩΝ	CONTINGENDI VSQVE ET AD VOS
ΟΥΓΑΡΩCΜΗЄΦΙΚΝΟΥΜЄΝΟΙ	NON ENIM QVASI NON PERTINGENTES
ЄΙCΥΜΑC	AD VOS
ΥΠЄΡЄΚΤΙΝΟΜЄΝЄΑΥΤΟΥC	SVPEREXTENDIMVS NOS
ΑΧΡΙΓΑΡΚΑΙΥΜΩΝ	VSQVE ET AD VOS ENIM
ЄΦΘΑCΑΜЄΝ	PERVENIMVS
ЄΝΤΩЄΥΑΓΓЄΛΙΩΤΟΥΧ̅Υ̅	IN EVANGELIO X̅P̅I̅
ΟΥΚΙCΤΑΑΜЄΤΡΑΚΑΥΧΩΜЄΝΟΙ	NON IMMENSVM GLORIANTES
ЄΝΑΛΛΟΤΡΙΟΙCΚΟΠΟΙC	IN ALIENIS LABORIBVS
ЄΛΠΙΔΑΔЄЄΧΟΝΤЄC	SPEM AVTEM HABENTES
ΑΥΞΑΝΟΜЄΝΗCΤΗCΠΙCΤЄΩCΥΜΩ̅	INCRESCENTE FIDE VESTRA
ЄΝΥΜΙΝΜЄΓΑΛΥΝΘΗΝΑΙ	IN NOBIS MAGNIFICARI
ΚΑΤΑΤΟΝΚΑΝΟΝΑΗΜΩΝ	SECVNDVM REGVLAM NOSTRAM
ЄΙCΠЄΡΙCCΙΑΝ	IN ABVNDANTIAM
ЄΙCΤΑΥΠЄΡЄΚЄΙΝΑΥΜΩΝ	VLTRA VOS
ЄΥΑΓΓЄΛΙCΑCΘΑΙ	EVANGELIZARE
ΟΥΚЄΝΑΛΛΟΤΡΙΩΚΑΝΟΝΙ	NON ALIENA REGVLA
ЄΙCΤΑЄΤΟΙΜΑΚΑΥΧΗCΑCΘΑΙ	IN PRAEPARATA GLORIARI
ΟΔЄΚΑΥΧΩΜЄΝΟC	NAM QVI GLORIATVR

II. AD CORINTHIOS X, 13–17.

ЄΝΚ̅Ω̅ΚΑΥΧΑϹΘΩ	IN D̅M̅O̅ GLORIATVR
ΟΥΓΑΡΟЄΑΥΤΟΝϹΥΝΙϹΤΑΝΩΝЄΚΙΝΟϹ	NON ENIM QVI SE IPSVM COMMENDAT
ΔΟΚΙΜΟϹЄϹΤΙΝ	PROBATVS EST
ΑΛΛΟΝΟΚ̅Ϲ̅ϹΥΝΙϹΤΗϹЄΙΝ	SED QVEM D̅M̅ COMMENDAT
Ο.ΦΙΛΟΝΑΝΙΧЄϹΘΑΙΜΟΥ	VTINAM PORTARETIS
ΜЄΙΚΡΟΝ	PVSILLVM
ΤΙΑΦΡΟϹΥΝΗϹ	INSIPIENTIAM MEAM
ΑΛΛΑΚΑΙΑΝЄΧЄϹΘΑΙΜΟΥ	SED ET SVPPORTATE ME
ΖΗΛΩΓΑΡΥΜΑϹ	AEMVLANS ENIM VOS
Θ̅Υ̅ΖΗΛΩ	D̅O̅ AEMVLOR
ΗΡΜΟϹΑΜΗΝΓΑΡΥΜΑϹ	STATVI ENIM VOS
ЄΝΙΑΝΔΡΙ	VNI VIRO
ΠΑΡΘЄΝΟΝΑΓΝΗΝ	VIRGINEM CASTAM
ΠΑΡΑϹΤΗϹΑΙΤΩΧ̅Ω̅	EXHIBERE X̅P̅O̅
ΦΟΒΟΥΜΑΙΔЄ	TIMEO AVTEM
ΜΗΩϹΟΟΦΙϹЄΥΑΝЄΞΗΠΑΤΗϹЄ̅	NE SICVT SERPENS EVVAM SEDVXIT
ΤΗΠΑΝΟΡΓΙΑΑΥΤΟΥ	DE ASTVTIA SVA
ΦΘΑΡΗ	CORRVMPATVR
ΤΑΝΟΗΜΑΤΑΥΜΩΝ	SENSVS VESTRI
ΑΠΟΤΗϹΑ.. ΟΤΗΤΟϹΚΑΙΤΗϹΑΠΛΟΤΗΤΟϹ	A CASTITATE ET SIMPLICITATE
ΤΗϹЄΙϹΤΟΝΧ̅Ν̅	QVAE EST IN X̅P̅O̅

ΕΙΜΕΝΓΑΡΟΕΡΧΟΜΕΝΟC
ΑΛΛΟΝΙ̅Ν̅ΚΗΡΥCCΕΙ
ΟΝΟΥΚΕΚΗΡΥΞΑΜΕΝ
ΗΠ̅Ν̅ΑΕΤΕΡΟΝΛΑΜΒΑΝΕΤΕ
ΟΟΥΚΕΛΑΒΕΤΕ
ΗΕΥΑΓΓΕΛΙΟΝΕΤΕΡΟΝ
ΟΟΥΚΕΔΕΞΑCΘΑΙ
ΚΑΛΩCΑΝΕΧΕCΘΑΙ
ΛΟΓΙΖΟΜΕΓΑΡ
ΜΗΔΕΝΥCΤΕΡΗΚΕΝΑΙ
ΕΝΥΜΙΝ
ΤΩΝΥΠΕΡΛΙΑΝΑΠΟCΤΟΛΩΝ
ΕΙΚΑΙΙΔΙΩΤΗCΕΙΜΙ
ΤΩΛΟΓΩ
ΑΛΛΟΥΤΗΓΝΩCΕΙ
ΑΛΛΕΝΠΑΝΤΙΦΑΝΕΡΩΘΙC
ΕΝΠΑCΙΝΕΙCΥΜΑC
ΗΑΜΑΡΤΙΑΝΕΠΟΙΗCΑ
ΕΑΥΤΟΝΤΑΠΙΝΩΝ
ΙΝΑΥΜΙCΥΨΩΘΗΤΕ
ΟΤΙΔΩΡΕΑΝΤΟΤΟΥΘ̅Υ̅

NAM SI IS QVI VENIT
ALIVM I̅H̅M̅ PRAEDICAT
QVEM NON PRAEDICAVIMVS
AVT S̅P̅M̅ ALIVM ACCEPISTIS
QVEM NON ACCEPISTIS
AVT EVANGELIVM ALIVT
QVOD NON SVSCEPISTIS
BENE PATEREMINI
EXISTIMO ENIM ME
NIHIL MINVS FECISSE
IN VOBIS
AB ALIIS APOSTOLIS
ETSI INPERITVS SVM
SERMONE
SED NON SCIENTIA
SED IN OMNI MANIFESTATVS
IN OMNES VOS
AN PECCATVM FECI
ME IPSVM HVMILIANS
VT VOS EXALTEMINI
QVOD GRATIS D̅I̅

ЄΥⲀΓΓЄΛΙΟΝ	EVANGELIVM
ЄΥΗΓΓЄΛΙCⲀΜΗΝΥΜЄΙΝ	EVANGELIZAVI VOBIS
ⲀΛΛⲀCЄΚΚΛΗCΙⲀCЄCΥΛΗCⲀ	ALIAS ECCLESIAS GRAVAVI
ΛⲀΒϢΝΟΨϢΝΙΟΝ	ACCEPTIS STIPENDIIS
ΠΡΟCΤΗΝΥΜϢΝ	AD VESTRAM
ΔΙⲀΚΟΝΙⲀΝ	MINISTRATIONEM
ΚⲀΙΠⲀΡϢΝΠΡΟCΥΜⲀC	ET CVM ESSEM APVT VOS
ΚⲀΙΥCΤЄΡΗΘΙCΟΥΚⲀΤЄΝⲀΡΚΗCⲀ	ET EGENS NEMINI HONORE FVI
ΟΥΔЄΝΟCΤΟΓⲀΡΥCΤЄΡΗΜⲀΜΟΥ	NAM QVOD DEERAT MIHI
ΠΡΟCⲀΝЄΠΛΗΡϢCⲀΝ	SVPPLEVERVNT
ΟΙⲀΔЄΛΦΟΙЄΛΘΟΝΤЄC	FRATRES QVI VENERVNT
ⲀΠΟΜⲀΚЄΔΟΝΙⲀC	A MACAEDONIA
ΚⲀΙЄΝΠⲀΝΤΪⲀΒⲀΡΗΥΜЄΙΝ	ET OMNIBVS SINE HONORE ME
ЄΜⲀΥΤΟΝЄΤΗΡΗCⲀ	VOBIS SERVAVI
ΚⲀΙΤΗΡΗCϢ	ET SERVABO
ЄCΤΙΝⲀΛΗΘΙⲀ [Χ̅Υ̅] ЄΝЄΜΟΙ	EST VERITAS X̅P̅I̅ IN ME
ΟΤΙΗΚⲀΥΧΗCΙCⲀΥΤΗ	QVOD GLORIA HAEC
ΟΥΦΡⲀΓΗCЄΤⲀΙЄΙCЄΜЄ	NON INFRINGETVR IN ME
ЄΝΤΟΙCΚΛΙΜⲀCΙΤΗCⲀΧⲀΙⲀC	IN FINIBVS ACHAIAE
ΔΙⲀΤΙΟΤΙΟΥΚⲀΓⲀΠϢΥΜⲀC	QVARE QVIA NON DILIGO VOS
Θ̅C̅ΟΙΔЄΝΟΔЄΠΟΙϢ	D̅S̅ SCIT QVOD AVTEM FACIO

ΚΑΙΠΟΙΗϹΩ
ΙΝΑΕΚΚΟΨΩΤΗΝΑΦΟΡΜΗΝ
ΤΩΝΘΕΛΟΝΤΩΝΑΦΟΡΜΗΝ
ΙΝΑΕΝΩΚΑΥΧΩΝΤΑΙ
ΕΥΡΕΘΩϹΙΝ
ΚΑΘΩϹΚΑΙΗΜΕΙϹ
ΟΙΓΑΡΤΟΙΟΥΤΟΙ
ΨΕΥΔΟΑΠΟϹΤΟΛΟΙ
ΕΡΓΑΤΕΔΟΛΙΟΙ
ΜΕΤΑϹΧΗΜΑΤΙΖΟΜΕΝΟΙ
ΕΙϹΑΠΟϹΤΟΛΟΥϹΧ̅Υ̅
ΚΑΙΟΥΘΑΥΜΑ
ΑΥΤΑϹΓΑΡΟϹΑΤΑΝΑϹ
ΜΕΤΑϹΧΗΜΑΤΙΖΕΤΕ
ΩϹΑΓΓΕΛΟϹΦΩΤΟϹ
ΟΥΜΕΓΑΕΙΚΑΙΟΙΔΙΑΚΟΝΟΙΑΥΤΟΥ
ΜΕΤΑϹΧΗΜΑΤΙΖΟΝΤΑΙ
ΩϹΔΙΑΚΟΝΟΙΔΙΚΑΙΟϹΥΝΗϹ
ΩΝΤΟΤΕΛΟϹΕϹΤΙΝ
ΚΑΤΑΤΑΕΡΓΑΑΥΤΩΝ
ΠΑΛΙΝΛΕΓΩ

ET FACIAM
VT AMPVTEM OCCANSIONEM EORV̄
QVI VOLVNT OCCANSIONEM
VT IN QVO GLORIANTVR
INVENIANTVR
SICVT ET NOS
NAM EIVSMODI
PSEVDOAPOSTOLI SVNT
OPERARII DOLOSI
TRANSFIGVRANTES SE
IN APOSTOLOS X̅P̅I̅
NEC MIRANDVM
IPSE ENIM SATANAS
TRANSFIGVRAT SE
SICVT ANGELVS LVCIS
NON MAGNVM SI MINISTRI EIVS
TRANSFIGVRANTVR
SICVT MINISTRI IVSTITIAE
QVORVM FINIS EST
SECVNDVM OPERA IPSORVM
ITERVM DICO

ΜΗΤΙCΜЄΔΟΞΗ	NE QVIS ME EXISTIMET
ΑΦΡΟΝΑЄΙΝΑΙ	INSIPIENTEM
ЄΙΔЄΜΗΚΑΝѠCΑΦΡΟΝΑ	ALIOQVIN VELVT INSIPIENTEM
ΔЄΞΑCΘΑΙΜЄ	SVSCIPITE ME
ΙΝΑΚΑΓѠΜЄΙΚΡΟΝ	VT EGO PVSILLVM
ΤΙΚΑΥΧΗCΟΜΑΙ	QVID GLORIER
ΟΛΑΛѠΟΥΛΑΛѠ	QVOD LOQVOR NON LOQVOR
ΚΑΤΑΚ̅Ν̅	SECVNDVM D̅O̅M̅
ΑΛΛѠCЄΝΑΦΡΟCΥΝΗ	SED QVASI IN INSIPIENTIA
ЄΝΤΑΥΤΗΤΗΥΠΟCΤΑCЄΙ	IN HAC SVBSTANTIA
ΤΗCΚΑΥΧΗCЄѠC	GLORIAE
ЄΠΙΠΟΛΛΟΙΚΑΥΧѠΝΤΑΙ	QVIA MVLTIS GLORIANTVR
ΚΑΤΑCΑΡΚΑ	SECVNDVM CARNEM
ΚΑΓѠΚΑΥΧΗCΟΜΑΙ	ET EGO GLORIABOR
ΗΔЄѠCΓΑΡΑΝЄΧЄCΘΑΙ	LIBENTER ENIM SVFFERTIS
ΤѠΝΑΦΡΟΝѠΝ	INSIPIENTES
ΦΡΟΝΙΜΟΙΟΝΤЄC	CVM SAPIENTES SITIS
ΑΝЄΧЄCΘΑΙΓΑΡ	SVFFERITIS ENIM
ЄΙΤΙCΥΜΑCΚΑΤΑΔΟΥΛΟΙ	SI QVIS VOS IN SERVITVTEM REDIGIT
ЄΙΤΙCΚΑΤЄCΘΙЄΙ	SI QVIS DEVORAT
ЄΙΤΙCΛΑΜΒΑΝЄΙ	SI QVIS ACCIPIT

ΕΙΤΙϹΕΠΑΙΡΕΤΑΙ
ΕΙΤΙϹΕΙϹΠΡΟϹΩΠΟΝΥΜΑϹΔΕΡΕΙ
ΚΑΤΑΑΤΙΜΙΑΝ
ΛΕΓΩ
ΩϹΟΤΙΗΜΙϹΗϹΘΕΝΗϹΑΜΕΝ
ΕΝΤΟΥΤΩΤΩΜΕΡΕΙ
ΕΝΩΑΝΤΙϹΤΟΛΜΑ
ΕΝΑΦΡΟϹΥΝΗΛΕΓΩ
ΤΟΛΜΩΚΑΓΩ
ΕΒΡΑΙΟΙΕΙϹΙΝΚΑΓΩ
ΙϹΡΑΗΛΕΙΤΑΙΕΙϹΙΝΚΑΓΩ
ϹΠΕΡΜΑΑΒΡΑΑΜΕΙϹΙΝΚΑΓΩ
ΔΙΑΚΟΝΟΙΧ̅Υ̅ΕΙϹΙΝ
ΠΑΡΑΦΡΟΝΩΝΛΕΓΩ
ΥΠΕΡΕΓΩ
ΕΝΚΟΠΟΙϹΠΕΡΙϹϹΟΤΕΡΩϹ
ΕΝΦΥΛΑΚΑΙϹΠΕΡΙϹϹΟΤΕΡΩϹ
ΕΝΠΛΗΓΑΙϹΥΠΕΡΒΑΛΛΟΝΤΩϹ
ΕΝΘΑΝΑΤΟΙϹΠΟΛΛΟΙϹ
ΥΠΟΙΟΥΔΑΙΩΝ
ΠΕΝΤΑΚΙϹΤΕϹϹΕΡΑΚΟΝΤΑ

SI QVIS EXTOLLITVR
SI QVIS IN FACIEM VOS CAEDIT
SECVNDVM IGLOBILITATEM
DICO
QVASI NOS INFIRMI FVERIMVS
IN HAC PARTE
IN QVO QVIS AVDET
IN INSIPIENTIAM DICO
AVDEO ET EGO
HEBRAEI SVNT ET EGO
ISRAHELITAE SVNT ET EGO
SEMEN ABRAAM SVNT ET EGO
MINISTRI X̅P̅I̅ SVNT
VT MINVS SAPIENS DICO
SVPER EGO
IN LABORIBVS PLVRIMIS
IN CARCERIBVS ABVNDANTIVS
IN PLAGIS SVPRA MODVM
IN MORTIBVS FREQVENTER
A IVDAEIS
QVINQVIES QVADRAGINTA

ΠΑΡΑΜΙΑΝΕΛΑΒΟΝ	VNA. MINVS ACCEPI
ΤΡΙϹΕΡΑΒΔΙϹΘΗΝ	TER VIRGIS CAESVS SVM
ΑΠΑΞΕΛΙΘΑϹΘΗΝ	SEMEL LAPIDATVS SVM
ΤΡΙϹΕΝΑΥΑΓΗϹΑ	TER NAVFRAGIVM FECI
ΝΥΧΘΗΜΕΡΟΝ	NOCTEM ET DIEM
ΕΝΤΩΒΥΘΩΠΕΠΟΙΗΚΑ	IN PROFVNDO MARIS FECI
ΟΔΟΙΠΟΡΙΑΙϹΠΟΛΛΑΙϹ	ITINERIBVS MVLTIS
ΚΙΝΔΥΝΟΙϹΠΟΤΑΜΩΝ	PERICVLIS FLVMINVM
ΚΙΝΔΥΝΟΙϹΛΗϹΤΩΝ	PERICVLIS LATRONVM
ΚΙΝΔΥΝΟΙϹΕΚΓΕΝΟΥϹ	PERICVLIS EX GENERE
ΚΙΝΔΥΝΟΙϹΕΞΕΘΝΩΝ	PERICVLIS EX GENTIBVS
ΚΙΝΔΥΝΟΙϹΕΝΠΟΛΕΙ	PERICVLIS IN CIVITATE
ΚΙΝΔΥΝΟΙϹΕΝΕΡΗΜΙΑ	PERICVLIS IN DESERTO
ΚΙΝΔΥΝΟΙϹΕΝΘΑΛΑϹϹΗ	PERICVLIS IN MARI
ΚΙΝΔΥΝΟΙϹΕΝΨΕΥΔΑΔΕΛΦΟΙϹ	PERICVLIS IN FALSIS FRATRIBVS
ΚΟΠΩΚΑΙΜΟΧΘΩ	LABORE ET AERVMNA
ΕΝΑΓΡΥΠΝΙΑΙϹΠΟΛΛΑΙϹ	IN VIGILIIS MVLTIS
ΕΝΛΙΜΩΚΑΙΔΙΨΕΙ	IN FAME ET SITI
ΕΝΝΗϹΤΙΑΙϹΠΟΛΛΑΙϹ	IN IEIVNIIS MVLTIS
ΕΝΨΥΧΙΚΑΙΓΥΜΝΟΤΗΤΙ	IN FRIGORE ET NVDITATE
ΧΩΡΙϹΤΩΝΠΑΡΕΚΤΟϹ	PRAETER ILLA QVAE

ΗΕΠΙϹΤΑϹΙϹΜΟΥ
ΗΚΑΘΗΜΕΡΑΝ
ΗΜΕΡΙΜΝΑΠΑϹΩΝ
ΤΩΝΕΚΚΛΗϹΙΩΝ
ΤΙϹΑϹΘΕΝΙ
ΚΑΙΟΥΚΑϹΘΕΝΩ
ΤΙϹϹΚΑΝΔΑΛΙΖΕΤΕ
ΚΑΙΟΥΚΕΓΩΠΥΡΟΥΜΑΙ
ΕΙΚΑΥΧΑϹΘΑΙΔΕΙ
ΤΑΤΗϹΑϹΘΕΝΙΑϹΜΟΥ
ΚΑΥΧΗϹΟΜΑΙ
ΟΘ̅Ϲ̅ΤΟΥΙϹΡΑΗΛ
ΚΑΙΠΑΤΗΡΤΟΥΚ̅Υ̅ΗΜΩΝΙ̅Υ̅Χ̅Υ̅
ΟΙΔΕΝΟΩΝΕΥΛΟΓΗΤΟϹ
ΕΙϹΤΟΥϹΑΙΩΝΑϹ
ΟΤΙΟΥΨΕΥΔΟΜΑΙ
ΕΝΔΑΜΑϹΚΩ
ΟΕΘΝΑΡΧΗϹΑΡΑΙΤΑΤΟΥΒΑϹΙΛΕΩϹ
ΕΦΡΟΥΡΙΤΗΝΠΟΛΙΝ
ΔΑΜΑϹΚΗΝΩΝ
ΠΙΑϹΑΙΜΕ

EXTRINSECVS SVNT CONCVRSVS IN ME
COTTIDIANVS
SOLLITVDO OMNIVM
ECCLESIARVM
QVIS INFIRMATVR
ET NON INFIRMOR
QVIS SCANDALIZATVR
ET NON EGO VROR
SI GLORIARI OPORTET
QVAE INFIRMITATIS MEAE SVNT
GLORIABOR
D̅S̅ ISRAHEL
ET PATER D̅M̅I̅ N̅· I̅H̅V̅ X̅P̅I̅
SCIT BENEDICTVS
IN SAECVLA
QVIA NON MENTIOR
DAMASCI PRAEPOSITVS
GENTIS ARETAE REGIS
CVSTODIEBAT CIVITATEM
DAMASCENORVM
VT ME CAPERET

ΚΑΙΔΙΑΘΥΡΙΔΟϹΕΝϹΑΡΓΑΝΗ
ΕΧΑΛΑϹΘΗΝ
ΔΙΑΤΟΥΤΕΙΧΟΥϹ
ΚΑΙΕΞΕΦΥΓΟΝΤΑϹΧΕΙΡΑϹΑΥΤΟΥ
ΚΑΥΧΑϹΘΕΔΕ
ΟΥϹΥΝΦΕΡΕΙ
ΕΛΕΥϹΟΜΑΙΓΑΡΕΙϹΟΠΤΑϹΙΑϹ
ΚΑΙΑΠΟΚΑΛΥΨΙϹΚ̅Υ̅
ΟΙΔΑΑΝΘΡΩΠΟΝΕΝΧ̅Ω̅
ΠΡΟΕΤΩΝ
ΔΕΚΑΤΕϹϹΑΡΩΝ
ΕΙΤΕΕΝΤΩϹΩΜΑΤΙΟΥΚΟΙΔΑ
ΕΙΤΕΕΚΤΟϹΤΟΥϹΩΜΑΤΟϹΟΥΚΟΙΔΑ
ΟΘ̅Ϲ̅ΟΙΔΕΝ
ΑΡΠΑΓΕΝΤΑΤΟΝΤΟΙΟΥΤΟΝ
ΕΩϹΤΡΙΤΟΥΟΥΡΑΝΟΥ
ΚΑΙΟΙΔΑΤΟΝΤΟΙΟΥΤΟΝ
ΑΝΘΡΩΠΟΝ
ΕΙΤΕΕΝϹΩΜΑΤΙ
ΕΙΤΕΧΩΡΙϹΤΟΥϹΩΜΑΤΟϹ
ΟΥΚΟΙΔΑΟΘ̅Ϲ̅ΟΙΔΕΝ

VT PER FENESTRAM IN SPORTAM
MISSVS · SVM
PER MVRVM
ET EFFVGI MANVS EIVS
GLORIARI OPORTET
NON EXPEDIT MIHI
VENIAM EI AD VISIONES
ET REVELATIONIS D̅M̅I̅
SCIO HOMINEM IN X̅P̅O̅
ANTE ANNOS
QVATTVORDECIM
SIVE IN CORPORE NESCIO
SIVE EXTRA CORPORE NESCIO
D̅S̅ SCIT
RAPTVM EIVSMODI
VSQVE AD TERTIVM CAELVM
ET SCIO EIVSMODI
HOMINEM
SIVE IN CORPORE
SIVE EXTRA CORPVS
NESCIO D̅S̅ SCIT

ΟΤΙΗΡΠΑΓΗΕΙCΤΟΝΠΑΡΑΔΙCΟΝ	QVIA RAPTVS EST IN PARADISVM
ΚΑΙΗΚΟΥCЄΝΑΡΡΗΤΑ	ET AVDIVIT NONNEDICENDA
ΡΗΜΑΤΑ	VERBA
ΑΟΥΚЄΞΟΝΑΝΘΡΩΠΩ	QVAE NON LICET HOMINI
ΛΑΛΗCΑΙ	LOQVI
ΥΠЄΡΤΟΥΤΟΙΟΥΤΟΥΚΑΥΧΗCΟΜЄ	PRO EIVSMODI GLORIABOR
ΠЄΡΙΔЄЄΜΑΥΤΟΥ	PRO ME AVTEM
ΟΥΚΑΥΧΗCΟΜΑΙ	NIHIL GLORIABOR
ЄΙΜΗЄΝΤΟΙCΑCΘЄΝΗΜΑCΙΝ	NISI INFIRMITATIBVS
ЄΑΝΓΑΡΘЄΛΗCΩ	SI ENIM VOLVERO
ΚΑΥΧΗCΑCΘΑΙ	GLORIARI
ΟΥΚЄCΟΜΑΙΑΦΡΩΝ	NON ERO INSIPIENS
ΑΛΗΘΙΑΝΓΑΡЄΡΩ	NAM VERITATEM DICAM
ΦΙΔΟΜΑΙΔЄ	PARCO AVTEM
ΜΗΤΙCЄΙCЄΜЄΛΟΓΙCΗΤЄ	NE QVIS IN ME EXISTIMET
ΥΠЄΡΟΒΛЄΠЄΙΜЄ	SVPRA ID QVOD ME VIDET
ΗΑΚΟΥЄΙΤΙЄΞЄΜΟΥ	AVT AVDIT ALIQVID EX ME
ΚΑΙΤΗΥΠЄΡΒΟΛΗ	ET IN SVBLIMITATE
ΤΩΝΑΠΟΚΑΛΥΨЄΩΝ	REVELATIONVM
ΙΝΑΜΗΥΠЄΡЄΡΟΜΑΙ	NE EXTOLLAR
ЄΔΟΘΗΜΟΙCΚΟΛΟΨΤΗCΑΡΚΙ	DATVS EST MIHI STIMVLVS CARNIS

ΑΓΓΕΛΟϹϹΑΤΑΝΑ
ΙΝΑΜΕΚΟΛΑΦΙΖΗ
ΥΠΕΡΤΟΥΤΟΥΤΟΝΚ̅Ν̅
ΤΡΙϹΠΑΡΕΚΑΛΕϹΑ
ΙΝΑΑΠΟϹΤΗΑΠΕΜΟΥ
ΚΑΙΕΙΡΗΚΕΝΜΟΙ
ΑΡΚΙϹΟΙΗΧΑΡΙϹΜΟΥ
ΗΓΑΡΔΥΝΑΜΙϹ
ΕΝΑϹΘΕΝΙΑΤΕΛΕΙΤΕ
ΗΔΙϹΤΑΟΥΝΜΑΛΛΟΝ
ΚΑΥΧΗϹΟΜΑΙ
ΕΝΤΑΙϹΑϹΘΕΝΙΑΙϹΜΟΥ
ΙΝΑΕΠΙϹΚΗΝΩϹΗΕΠΕΜΕ
ΗΔΥΝΑΜΙϹΤΟΥΧ̅Υ̅
ΔΙΟΕΥΔΟΚΩ
ΕΝΑϹΘΕΝΙΑΙϹ
ΕΝΥΒΡΕϹΙΝ
ΕΝΑΝΑΓΚΑΙϹ
ΕΝΔΙΩΓΜΟΙϹ
ΕΝϹΤΕΝΟΧΩΡΙΑΙϹΥΠΕΡΧ̅Υ̅
ΟΤΑΝΓΑΡΑϹΘΕΝΩ

ANGELVS SATANAE
VT ME COLAPHIZET
PROPTER HOC D̅O̅M̅
TER ROGAVI
VT DISCEDERET A ME
ET DIXIT MIHI
SVFFICIT TIBI GRATIA MEA
NAM VIRTVS
IN INFIRMITATE PERFICITVR
LIBENTISSIME ITAQVE MAGIS
GLORIABOR
IN INFIRMITATIBVS MEIS
VT INHABITET IN ME
VIRTVS X̅P̅I̅
PROPTER QVOD PLACEO
IN INFIRMITATIBVS
IN CONTVMELIIS
IN NECESSITATIBVS
IN PERSECVTIONIBVS
IN ANGVSTIIS PRO X̅P̅O̅
CVM ENIM INFIRMOR

ΤΟΤΕΔΥΝΑΤΟϹΕΙΜΙ
ΓΕΓΟΝΑΑΦΡΩΝ
ΥΜΙϹΜΕΗΝΑΓΚΑϹΑΤΕ
ΕΓΩΓΑΡΩΦΙΛΟΝ
ΥΜΩΝϹΥΝΙϹΤΑϹΘΑΙ
ΟΥΔΕΝΓΑΡΥϹΤΕΡΗϹΑ
ΤΩΝΥΠΕΡΛΙΑΝΑΠΟϹΤΟΛΩΝ
ΕΙΚΑΙΟΥΔΕΝΕΙΜΙ
ΤΑΜΕΝϹΗΜΙΑΤΟΥΑΠΟϹΤΟΛΟΥ
ΚΑΤΗΡΓΑϹΘΗΝΕΝΥΜΕΙΝ
ΕΝΠΑϹΗΥΠΟΜΟΝΗ
ϹΗΜΙΟΙϹΚΑΙΤΕΡΑϹΙΝ
ΚΑΙΔΥΝΑΜΕϹΙΝ
ΤΙΓΑΡΕϹΤΙΝΟΗϹϹΩΘΗΤΕ
ΠΑΡΑΤΑϹΛΟΙΠΑϹΕΚΚΛΗϹΙΑϹ
ΕΙΜΗΟΤΙΑΥΤΟϹΕΓΩ
ΟΥΚΑΤΕΝΑΡΚΗϹΑΥΜΩΝ
ΧΑΡΙϹΑϹΘΑΙΜΟΙ
ΤΗΝΑΔΙΚΙΑΝΤΑΥΤΗΝ
ΙΔΟΥΤΟΥΤΟΤΡΙΤΟΝ
ΕΤΟΙΜΩϹΕΧΩ

TVNC POTENS SVM
FACTVS SVM INSIPIENS
VOS ME COEGISTIS
EGO ENIM DEBVI
A VOBIS COMMENDARE
NIHIL ENIM MINVS FECI
AB ALIIS QVI SVPRA MODVM SVNT APOSTO
ETSI NIHIL SVM
TAMEN SIGNA APOSTOLI
FACTA SVNT INTER VOS
IN OMNI PATIENTIA
SIGNIS ET PRODIGIIS
ET VIRTVTIBVS
QVID EST ENIM QVOD MINVS HABVISTIS
QVAM CAETERE ECCLESIAE
NISI QVOD EGO IPSE
NON GRAVAVI VOS
DONATE MIHI
INIVRIAM HANC
ECCE TERTIVM HOC
PARATVS SVM

ΕΛΘΕΙΝΠΡΟϹΥΜΑϹ	VENIRE AD VOS
ΚΑΙΟΥΚΑΤΑΝΑΡΚΗϹΩΥΜΑϹ	ET NON VOS GRAVABO
ΟΥΓΑΡΖΗΤΩΤΑΥΜΩΝ	NON ENIM QVAERO QVAE VESTRA SVNT
ΑΛΛΑΥΜΑϹ	SED VOS
ΟΥΓΑΡΟΦΙΛΕΙΤΑΤΕΚΝΑ	NEC ENIM DEBENT FILI
ΤΟΙϹΓΟΝΕΥϹΙΝΘΗϹΑΥΡΙΖΕΙΝ	PARENTIBVS THENSAVRIZARE
ΑΛΛΟΙΓΟΝΙϹΤΟΙϹΤΕΚΝΟΙϹ	SED PARENTES FILIIS
ΕΓΩΔΕΗΔΙϹΤΑ	EGO AVTEM LIBENTISSIME
ΔΑΠΑΝΗϹΩ	INPENDAM
ΚΑΙΕΚΔΑΠΑΝΗϹΩ	ET SVPERINPENDAM
ΚΑΙΕΚΔΑΠΑΝΗϹΟΜΑΙ	ET IPSE INTENDAR
ΥΠΕΡΤΩΝΨΥΧΩΝΥΜΩΝ	PRO ANIMIS VESTRIS
ΠΕΡΙϹϹΟΤΕΡΩϹΥΜΑϹΑΓΑΠΩΝ	PLVS VOS DILIGENS
ΗϹϹΟΝΑΓΑΠΩΜΕ	MINVS DILIGOR
ΕϹΤΩΔΕΕΓΩ	SED ESTO EGO
ΟΥΚΕΒΑΡΗϹΑΥΜΑϹ	NON GRAVAVI VOS
ΑΛΛΑΥΠΑΡΧΩΝΠΑΝΟΥΡΓΟϹ	SED CVM SIT ASTVTVS
ΔΟΛΩΥΜΑϹΕΛΑΒΟΝ	DOLO VOS ACCEPI
ΜΗΤΙΝΑΩΝΕΠΕΝΨΑ	NVMQVID PER ALIQVEM EX HIS QVOS MISI
ΠΡΟϹΥΜΑϹ	AD VOS
ΔΙΑΥΤΟΥΕΠΛΕΟΝΕΚΤΗϹΑΥΜΑϹ	PER EVM CIRCVMVENI VOS

ΠΑΡΕΚΑΛΕϹΑΤΙΤΟΝ
ΚΑΙϹΥΝΑΠΕϹΤΙΛΑΤΟΝΑΔΕΛΦΟΝ
ΜΗΤΙΕΠΛΕΟΝΕΚΤΗϹΕΝΥΜΑϹ
ΤΙΤΟϹ
ΟΥΤωΑΥΤωΠ̅Ν̅Ι̅
ΠΕΡΙΕΠΑΤΗϹΑΜΕΝ
ΟΥΤΟΙϹΑΥΤΟΙϹΙΧΝΕϹΙΝ
ΠΑΛΙΝΔΟΚΕΙΤΕ
ΟΤΙΥΜΙΝΑΠΟΛΟΓΟΥΜΕΘΑ
ΚΑΤΕΝωΠΙΟΝΘ̅Υ̅ΕΝΧ̅ω̅ΛΑΛΟΥΜΕΝ
ΤΑΔΕΠΑΝΤΑΑΓΑΠΗΤΟΙ
ΥΠΕΡΤΗϹΥΜωΝΟΙΚΟΔΟΜΗϹ
ΦΟΒΟΥΜΕΓΑΡ
ΜΗΠωϹΕΛΘωΝ
ΟΥΧΟΙΟΥϹΘΕΛωΕΥΡωΥΜΑϹ
ΚΑΓωΕΥΡΕΘωΥΜΕΙΝ
ΟΙΟΝΟΥΘΕΛΕΤΕ
ΜΗΠωϹΕΡΕΙϹ
ΖΗΛΟϹΘΥΜΟΙ
ΑΙΡΙΘΙΑΙΚΑΤΑΛΑΛΙΑΙ
ΨΙΘΥΡΙϹΜΟΙ

ROGAVI TITVM
ET MISI CVM ILLO FRATREM
NVMQVID CIRCVMVENIT VOS
TITVS
NONNE EODEM S̅P̅V̅
AMBVLAVIMVS
NON ISDEM VESTIGIIS
OLIM SPERATIS
QVONIAM VOBIS DISPVTAMVS
CORAM D̅O̅ LOQVIMVR
OMNIA AVTEM CARISSIMI
PRO VESTRA AEDIFICATIONE
TIMEO ENIM
NE CVM VENERO
NON QVALES VOLO INVENIAM VOS
ET EGO INVENIAR VOBIS
QVALEM NON VVLTIS
NE FORTE CONTENTIONES
AEMVLATIONES ANIMOSITATES
DISSENSIONES DETRACTIONES
SVSVRRATIONES

ΦΥCΙΩCΙCΑΚΑΤΑCΤΑCΙΑΙ	INFLATIONES DISSENSIONES
ΜΗΠΑΛΙΝЄΛΘΟΝΤΑΜЄ	NE ITERVM CVM VENERO
ΠΡΟCΥΜΑC	AD VOS
ΤΑΠΙΝΩCЄΙΜЄΟΘ̅C̅ΜΟΥ	HVMILIET ME D̅S̅ MEVS
ΚΑΙΠЄΝΘΗCΩΠΟΛΛΟΥC	ET LVGEAM MVLTOS
ΤΩΝΠΡΟΗΜΑΡΤΗΚΟΤΩΝ	EX HIS QVI ANTE PECCAVERVNT
ΚΑΙΜΗΜЄΤΑΝΟΗCΑΝΤΩΝ	ET NON EGERVNT PAENITENTIAM
ЄΠΙΤΗΑΚΑΘΑΡCΙΑ	IN IMMVNDITIAM
ΠΟΡΝΙΑΚΑΙΑCЄΛΓΙΑ	FORNICATIONE ET INPVDICITIA
ΗЄΠΡΑΞΑΝ	QVAM GESSERVNT
ΤΡΙΤΟΝΤΟΥΤΟ	TERTIVM HOC
ЄΡΧΟΜΑΙΠΡΟCΥΜΑC	VENIO AD VOS
ЄΠΙCΤΟΜΑΤΟCΔΥΟΜΑΡΤΥΡΩΝ	IN ORE DVORVM TESTIVM
ΚΑΙΤΡΙΩΝ	ET TRIVM
CΤΑΘΗCЄΤΑΙΠΑΝΡΗΜΑ	STABIT OMNEM VERBVM
ΠΡΟЄΙΡΗΚΑΓΑΡΚΑΙΠΡΟΛЄΓΩ	PRAEDIXI ET PRAEDICO
ΠΑΡΩΝΤΟΔЄΥΤЄΡΟΝ	PRAESENS SECVNDVM
ΚΑΙΑΠΩΝΝΥΝ	ET ABSENS NVNC
ΤΟΙCΠΡΟΗΜΑΡΤΗΚΟCΙΝ	QVI ANTE PECCAVERVNT
ΚΑΙΤΟΙCΛΟΙΠΟΙCΠΑCΙΝ	ET CETERIS OMNIBVS
ΟΤΙЄΑΝЄΛΘΩЄΙCΤΟΠΑΛΙΝ	QVIA SI VENERO ITERVM

ΟΥΦΙϹΟΜΑΙ
ΕΠΙΔΟΚΙΜΗΝΖΗΤΕΙΤΕ
ΤΟΥΕΝΕΜΟΙΛΑΛΟΥΝΤΟϹΧ̅Υ̅
ΟϹΕΙϹΥΜΑϹΟΥΚΑϹΘΕΝΕΙ
ΑΛΛΑΔΥΝΑΤΕΙΕΝΥΜΕΙΝ
ΚΑΙΓΑΡΕϹΤΑΥΡΩΘΗ
ΕΞΑϹΘΕΝΙΑϹ
ΑΛΛΑΖΗΕΚΔΥΝΑΜΕΩϹΘ̅Υ̅
ΚΑΙΓΑΡΗΜΙϹΑϹΘΕΝΟΥΜΕΝ
ΕΝΑΥΤΩ
ΑΛΛΑΖΗϹΟΜΕΝΕΝΑΥΤΩ
ΕΚΔΥΝΑΜΕΩϹΘ̅Υ̅
ΕΙϹΥΜΑϹΕΑΥΤΟΥϹΠΕΙΡΑΖΕΤΕ
ΕΙΕϹΤΕΕΝΤΗΠΙϹΤΕΙ
ΕΑΥΤΟΥϹΔΟΚΙΜΑΖΕΤΕ
ΗΟΥΚΕΠΙΓΙΝΩϹΚΕΤΕΕΑΥΤΟΥϹ
ΟΤΙΙ̅Ϲ̅Χ̅Ϲ̅ΕΝΥΜΙΝ
ΕΙΜΗΤΙΑΔΟΚΙΜΟΙΕϹΤΕ
ΕΛΠΙΖΩΔΕΟΤΙΓΝΩϹΕϹΘΑΙ
ΟΤΙΗΜΙϹΟΥΚΕϹΜΕΝΑΔΟΚΙΜΟΙ
ΕΥΧΟΜΕΘΑΔΕΠΡΟϹΤΟΝΘ̅Ν̅

NON PARCAM
QVIA EXPERIMENTVM QVAERITIS EIVS
QVI IN ME LOQVITVR X̅P̅S̅
QVI IN VOS NON INFIRMATVR
SED POTENS IN VOBIS
NAM ET CRVCIFIXVS EST
EX INFIRMITATE
SED VIVIT EX VIRTVTE D̅I̅
NAM ET NOS INFIRMI SVMVS
IN ILLO
SED VIVEMVS IN IPSO
EX VIRTVTE D̅I̅
IN VOBIS IPSIS TEMPTATE
SI ESTIS IN FIDE
IPSI VOS PROBATE
AVT NON COGNOSCITIS VOS
QVIA I̅H̅S̅ X̅P̅S̅ IN VOBIS EST
NISI SI REPROBI ESTIS
SPERO AVTEM QVOD COGNOSCITIS
QVIA NOS NON SVMVS REPROBI
ORAMVS AVTEM D̅M̅

ΜΗΠΟΙΗCΑΙΥΜΑCΚΑΚΟΝΜΗΔΕ̄
ΟΥΧΙΝΑΗΜΙCΔΟΚΙΜΟΙ
ΦΑΝΩΜΕΝ
ΑΛΛΑΙΝΑΥΜΙCΤΟΚΑΛΟΝΠΟΙΗΤΕ
ΗΜΙCΔΕΩCΑΔΟΚΙΜΟΙΩΜΕΝ
ΟΥΓΑΡΔΥΝΑΜΕΘΑ
ΤΙΚΑΤΑΤΗCΑΛΗΘΙΑC
ΑΛΛΑΥΠΕΡΤΗCΑΛΗΘΙΑC
ΧΑΙΡΩΜΕΝΓΑΡ
ΟΤΑΝΗΜΙCΑCΘΕΝΩΜΕΝ
ΥΜΙCΔΕΔΥΝΑΤΟΙΗΤΕ
ΤΟΥΤΟΚΑΙΕΥΧΟΜΕΘΑ
ΤΗΝΥΜΩΝΚΑΤΑΡΤΙCΙΝ
ΔΙΑΤΟΥΤΟΤΑΥΤΑΠΩΝΓΡΑΦΩ
ΙΝΑΜΗΠΑΡΩΝΑΠΟΤΟΜΩC
ΧΡΗCΟΜΑΙΚΑΤΑΤΗΝΕΞΟΥCΙΑΝ
ΗΝΟΚ̄C̄ΕΔΩΚΕΝΜΟΙ
ΕΙCΟΙΚΟΔΟΜΗΝΚΑΙ
ΟΥΚΙCΚΑΘΑΙΡΕCΙΝ
ΛΟΙΠΟΝΑΔΕΛΦΟΙΧΑΙΡΕΤΕ
ΚΑΤΑΡΤΙΖΕCΘΕ

NE FACIATIS VOS QVICQVAM MALI
VT NON NOS PROBATI
PAREAMVS
SED VT VOS QVOD BONVM EST FACIATIS
NOS AVTEM VT REPROBI SVMVS
NON ENIM POSSVMVS
QVID ADVERSVS VERITATEM
SED PRO VERITATE
GAVDEMVS ENIM
QVANDO NOS INFIRMI SVMVS
VOS AVTEM POTENTES ESTIS
HOC ET ORAMVS
VESTRAM CONSVMMATIONEM
PROPTEREA HAEC ABSENS SCRIBO
VT NON PRAESENS DVRIVS
AGAM SECVNDVM POTESTATEM
QVAM D̅N̅S̅ DEDIT MIHI
IN AEDIFICATIONEM
ET NON IN DESTRVCTIONEM
DE CETERO FRATRES GAVDETE
PERFECTI ESTOTE

ΠΑΡΑΚΑΛΙCΘΑΙ
ΤΟΑΥΤΟΦΡΟΝΙΤΕΕΙΡΗΝΕΥΕΤΕ
ΚΑΙΟΘCΤΗCΕΙΡΗΝΗCΚΑΙΤΗCΑΓΑΠΗC
ΕCΤΕΜΕΘΥΜΩΝ
ΑCΠΑCΑCΘΑΙΑΛΛΗΛΟΥC
ΕΝΑΓΙΩΦΙΛΗΜΑΤΙ
ΑCΠΑΖΟΝΤΑΙΥΜΑC
ΟΙΑΓΙΟΙΠΑΝΤΕC
ΗΧΑΡΙCΤΟΥΚΥΙΥΧΥ
ΚΑΙΗΑΓΑΠΗΤΟΥΘΥ
ΚΑΙΗΚΟΙΝΩΝΙΑΤΟΥΑΓΙΟΥΠΝC
ΜΕΤΑΠΑΝΤΩΝΥΜΩΝΑΜΗΝ

ΠΡΟC ΚΟΡΙΝΘΙΟΥC Β

ΕΠΛΗΡΩΘΗ ΑΡΧΕΤΑΙ

ΠΡΟC ΓΑΛΑΤΑC

EXHORTAMINI
ID IPSVM SAPITE PACIFICI ESTOTE
ET DS PACIS ET CARITATIS
ERIT VOBISCVM
SALVTATE INVICEM
IN SANCTO OSCVLO
SALVTANT VOS
SANCTI OMNES
GRATIA DMI IHV XPI
ET CARITAS DI
ET COMMVNICATIO SANCTI SPS
CVM OMNIBVS VOBIS AMEN

AD CORINTHIOS ·II·

EXPLICIT INCIPIT

AD GALATAS

ΠΑΥΛΟϹΑΠΟϹΤΟΛΟϹ
ΟΥΚΑΠΑΝΘΡΩΠΩΝ
ΟΥΔΕΔΙΑΝΘΡΩΠΟΥ
ΑΛΛΑΔΙΑΙ̅Υ̅Χ̅Υ̅
ΚΑΙΘ̅Υ̅ΠΑΤΡΟϹ
ΤΟΥΕΓΕΙΡΑΝΤΟϹΑΥΤΟΝ
ΕΚΝΕΚΡΩΝ
ΚΑΙΟΙϹΥΝΕΜΟΙ
ΠΑΝΤΕϹΑΔΕΛΦΟΙ
ΤΑΙϹΕΚΚΛΗϹΙΑΙϹΤΗϹΓΑΛΑΤΙΑϹ
ΧΑΡΙϹΥΜΙΝΚΑΙΕΙΡΗΝΗ
ΑΠΟΘ̅Υ̅ΠΑΤΡΟϹ
ΚΑΙΚ̅Υ̅ΗΜΩΝΙ̅Υ̅Χ̅Υ̅
ΤΟΥΔΟΝΤΟϹΕΑΥΤΟΝ
ΠΕΡΙΤΩΝΑΜΑΡΤΙΩΝΗΜΩΝ
ΟΠΩϹΕΞΕΛΗΤΑΙΗΜΑϹ
ΕΚΤΟΥΕΝΕϹΤΩΤΟϹ
ΑΙΩΝΟϹΠΟΝΗΡΟΥ
ΚΑΤΑΤΟΘΕΛΗΜΑΤΟΥΘ̅Υ̅
ΚΑΙΠΑΤΡΟϹΗΜΩΝ
ΩΗΔΟΞΑ

PAVLVS APOSTOLVS
NON AB HOMINIBVS
NEQVE PER HOMINEM
SED PER I̅H̅M̅ X̅P̅M̅
ET D̅O̅ PATRI
QVI SVSCITAVIT EVM
A MORTVIS
ET QVI MECVM SVNT
OMNES FRATRES
ECCLESIIS GALATIAE
GRATIAE VOBIS ET PAX
A D̅O̅ PATRE
ET D̅M̅O̅ N̅· I̅H̅V̅ X̅P̅O̅
QVI DEDIT SE IPSVM
PRO PECCATIS NOSTRIS
VT ERIPERET NOS
DE PRAESENTI
SAECVLO MALO
SECVNDVM VOLVNTATEM D̅I̅
ET PATRI NOSTRI
CVI EST GLORIA

ΕΙϹΤΟΥϹΑΙΩΝΑϹΤΩΝΑΙΩΝΩΝ	IN SAECVLA SAECVLORVM
ΑΜΗΝ	AMEN
ΘΑΥΜΑΖΩΟΤΙΟΥΤΩϹΤΑΧΕΩϹ	MIROR QVOD SIC TAM CITO
ΜΕΤΑΤΙΘΕϹΘΑΙ	TRANSFEREMINI
ΑΠΟΤΟΥΚΑΛΕϹΑΝΤΟϹΥΜΑϹ	AB EO QVI VOCAVIT VOS
ΕΝΧΑΡΙΤΙΙ̅Υ̅Χ̅Υ̅	IN GRATIA I̅H̅V̅ X̅P̅I̅
ΕΙϹΕΤΕΡΟΝΕΥΑΓΓΕΛΙΟΝ	IN ALIVT EVANGELIVM
ΟΟΥΚΕϹΤΙΝΑΛΛΟ	QVOD NON EST ALIVT
ΕΙΜΗΤΙΝΕϹΕΙϹΙΝ	NISI SI SVNT ALIQVI
ΟΙΤΑΡΑϹϹΟΝΤΕϹΥΜΑϹ	QVI CONTVRBANT VOS
ΚΑΙΘΕΛΟΝΤΕϹΜΕΤΑϹΤΡΕΨΑΙ	ET VOLVNT CONVERTERE
ΤΟΕΥΑΓΓΕΛΙΟΝΤΟΥΧ̅Υ̅	EVANGELIVM X̅P̅I̅
ΑΛΛΑΚΑΙΕΑΝΗΜΕΙϹ	SED LICET NOS
ΗΑΓΓΕΛΟϹΕΞΟΥΡΑΝΟΥ	AVT ANGELVS DE CAELO
ΕΥΑΓΓΕΛΙΖΗΤΕΥΜΑϹ	EVANGELIZAVERIT VOBIS
ΠΑΡΟΕΥΑΓΓΕΛΙϹΑΜΕΘΑΥΜΙΝ	PRAETERQVAM EVANGELIZAVIMVS VOBIS
ΑΝΑΘΕΜΑΕϹΤΩ	ANATHEMA SIT
ΩϹΠΡΟΕΙΡΗΚΑΜΕΝ	SICVT PRAEDIXIMVS
ΚΑΙΑΡΤΙΠΑΛΙΝΛΕΓΩ	ET NVNC ITERVM DICO
ΕΙΤΙϹΥΜΑϹΕΥΑΝΓΕΛΙΖΕΤΑΙ	SI QVIS VOBIS ADNVNTIAVERIT
ΠΑΡΟΠΑΡΕΛΑΒΕΤΕ	PRAETERQVAM QVOD ACCEPISTIS

ΑΝΑΘЄΜΑЄϹΤΩ	ANATHEMA SIT
ΑΡΤΙΓΑΡΑΝΘΡΩΠΟΥϹΠЄΙΘΩ	MODO ENIM HOMINIBVS SVADEO
ΗΤΟΝΘ̅Ν̅	AVT D̅O̅
ΗΖΗΤΩΑΝΘΡΩΠΟΙϹ	AVT QVAERO HOMINIBVS
ΑΡЄϹΚЄΙΝ	PLACERE
ЄΙЄΤΙΑΝΘΡΩΠΟΙϹ	SI ADHVC HOMINIBVS
ΗΡЄϹΚΟΝ	PLACERE
Χ̅Υ̅ΔΟΥΛΟϹΟΥΚΑΝΗΜΗΝ	X̅P̅I̅ SERVVS NON ESSEM
ΓΝΩΡΙΖΩΓΑΡΥΜЄΙΝ	NOTVM ENIM VOBIS FACIO
ΑΔЄΛΦΟΙ	FRATRES
ΤΟЄΥΑΓΓЄΛΙΟΝ	EVANGELIVM
ΤΟЄΥΑΓΓЄΛΙϹΘЄΝΥΠЄΜΟΥ	QVOD EVANGELIZATVM EST A ME
ΟΤΙΟΥΚЄϹΤΙΝ	QVIA NON EST
ΚΑΤΑΑΝΘΡΩΠΟΝ	SECVNDVM HOMINEM
ΟΥΔЄΓΑΡЄΓΩ	NEQVE ENIM EGO
ΠΑΡΑΑΝΘΡΩΠΟΥ	AB HOMINE
ΠΑΡЄΛΑΒΟΝΑΥΤΟ	ACCEPI ILLVD
ΟΥΔЄЄΔΙΔΑΧΘΗΝ	NEQVE DIDICI
ΑΛΛΑΔΙΑΠΟΚΑΛΥΨЄΩϹ	SED PER REVELATIONEM
Ι̅Υ̅Χ̅Υ̅	I̅H̅V̅ X̅P̅I̅
ΗΚΟΥϹΑΤЄΓΑΡ	AVDISTIS ENIM

ΤΗΝЄΜΗΝΑΝΑCΤΡΟΦΗΝ	MEAM CONVERSATIONEM
ΠΟΤЄ	ALIQVANDO
ЄΝΤΩΙΟΥΔΑΙCΜΩ	IN IVDAISMO
ΟΤΙΚΑΘΥΠЄΡΒΟΛΗΝЄΔΙΩΚΟΝ	QVOD SVPER MODVM PERSEQVEBAR
ΤΗΝЄΚΚΛΗCΙΑΝΤΟΥΘ̅Υ̅	ECCLESIAM D̅I̅
ΚΑΙЄΠΟΡΘΟΥΝΑΥΤΗΝ	ET EXPVGNABAM ILLAM
ΚΑΙΠΡΟЄΚΟΠΤΟΝ	ET PROFICIEBAM
ЄΝΤΩΙΟΥΔΑΙCΜΩ	IN IVDAISMO
ΥΠЄΡΠΟΛΛΟΥCCΥΝΗΛΙΚΙΩΤΑC	SVPER MVLTOS COETANEOS
ЄΝΤΩΓЄΝΙΜΟΥ	IN GENERE MEO
ΠЄΡΙCCΟΤЄΡΩCΖΗΛΩΤΗCΥΠΑΡΧΩ̅	ABVNDANTIVS AEMVLATOR EXISTENS
ΤΩΝΠΑΤΡΙΚΩΝΜΟΥ	PATERNARVM MEARVM
ΠΑΡΑΔΟCЄΩΝ	TRADITIONVM
ΟΤЄΔЄЄΥΔΟΚΗCЄΝΟΘ̅C̅	CVM AVTEM PLACVIT D̅O̅
ΟΑΦΟΡΙCΑCΜЄ	QVI SEGREGAVIT ME
ЄΚΚΟΙΛΙΑCΜΗΤΡΟCΜΟΥ	DE VTERO MATRIS MEAE
ΚΑΙΚΑΛЄCΑC	ET VOCAVIT
ΔΙΑΤΗCΧΑΡΙΤΟCΑΥΤΟΥ	PER GRATIAM SVAM
ΑΠΟΚΑΛΥΨΑΙ	VT REVELARET
ΤΟΝΥΙΟΝΑΥΤΟΥЄΝЄΜΟΙ	FILIVM SVVM IN ME
ΙΝΑЄΥΑΓΓЄΛΙCΩΜΑΙΑΥΤΟΝ	VT EVANGELIZAREM EVM

ΕΝΤΟΙϹΕΘΝΕϹΙΝ	IN GENTIBVS
ΕΥΘΕΩϹΟΥΠΡΟϹΑΝΕΘΕΜΗΝ	CONTINVO NON ADQVIEVI
ϹΑΡΚΙΚΑΙΑΙΜΑΤΙ	CARNI ET SANGVINI
ΟΥΔΕΑΠΗΛΘΟΝΕΙϹΙΕΡΟϹΟΛΥΜΑ	NEQVE VENI IN HIEROSOLYMA
ΠΡΟϹΤΟΥϹΠΡΟΕΜΟΥΑΠΟϹΤΟΛΟΥϹ	AD PRAECESSORES MEOS APOSTOLOS
ΑΛΛΑΑΠΗΛΘΟΝΕΙϹΑΡΑΒΙΑΝ	SED ABI IN ARABIAM
ΚΑΙΠΑΛΙΝΥΠΕϹΤΡΕΨΑ	ET ITERVM REVERSVS SVM
ΕΙϹΔΑΜΑϹΚΟΝ	DAMASCO
ΕΠΕΙΤΑΜΕΤΑΕΤΗΤΡΙΑ	DEINDE POST ANNOS TRES
ΑΝΗΛΘΟΝΕΙϹΙΕΡΟϹΟΛΥΜΑ	VENI IN HIEROSOLYMA
ΙϹΤΟΡΗϹΕΠΕΤΡΟΝ	VIDERE PETRVM
ΚΑΙΕΠΕΜΙΝΑΠΡΟϹΑΥΤΟΝ	ET REMANSI APVT ILLVM
ΗΜΕΡΑϹΔΕΚΑΠΕΝΤΕ	DIEBVS QVINDECIM
ΕΤΕΡΟΝΔΕΤΩΝΑΠΟϹΤΟΛΩΝ	ALIVM AVTEM APOSTOLORVM
ΕΙΔΟΝΟΥΔΕΝΑ	VIDI NEMINEM
ΕΙΜΗΙΑΚΩΒΟΝΤΟΝΑΔΕΛΦΟΝΤΟΥΚ̅Υ̅	NISI IACOBVM FRATREM D̅M̅I̅
ΑΔΕΓΡΑΦΩΥΜΕΙΝ	QVAE AVTEM SCRIBO VOBIS
ΙΔΟΥΕΝΩΠΙΟΝΤΟΥΘ̅Υ̅	ECCE CORAM D̅O̅
ΟΤΙΟΥΨΕΥΔΟΜΑΙ	QVIA NON MENTIOR
ΕΠΙΤΑΗΛΘΟΝΕΙϹΤΑΚΛΙΜΑΤΑ	DEINDE VENI IN PARTES
ΤΗϹϹΥΡΙΑϹΚΑΙΤΗϹΚΙΛΙΚΙΑϹ	SYRIAE ET CILICIAE

ΗΜΗΝΔΕΑΓΝΟΟΥΜΕΝΟϹΤΩΠΡΟϹΩΠΩ	ERAM AVTEM IGNOTVS FACIE
ΤΑΙϹΕΚΚΛΗϹΙΑΙϹΤΗϹΙΟΥΔΑΙΑϹΤΗϹΕΝΧ̅Ω̅	ECCLESIIS IVDAEAE QVI SVNT IN X̅P̅O̅
ΜΟΝΟΝΔΕΑΚΟΥΟΝΤΕϹΗϹΑΝ	TANTVM AVTEM AVDIENTES ERANT
ΟΤΙΟΔΙΩΚΩΝΗΜΑϹ	QVIA QVI PERSEQVEBANTVR NOS
ΠΟΤΕ	ALIQVANDO
ΝΥΝΕΥΑΓΓΕΛΙΖΕΤΕ	NVNC ADNVNTIANT
ΤΗΝΠΙϹΤΙΝ	FIDEM
ΗΝΠΟΤΕΕΠΟΡΘΙ	QVAM ALIQVANDO EXPVGNABAT
ΚΑΙΕΝΕΜΟΙΕΔΟΞΑΖΟΝΤΟΝΘ̅Ν̅	ET IN ME MAGNIFICABANT D̅M̅
ΕΠΕΙΤΑΔΙΑΔΕΚΑΤΕϹϹΑΡΩΝΕΤΩΝ	DEINDE POST XIIII ANNOS
ΑΝΕΒΗΝΠΑΛΙΝ	ASCENDI ITERVM
ΕΙϹΙΕΡΟϹΟΛΥΜΑ	HIEROSOLYMA
ΜΕΤΑΒΑΡΝΑΒΑ	CVM BARNABA
ϹΥΝΠΑΡΑΛΑΒΩΝΚΑΙΤΙΤΟΝ	ADSVMPTO ET TITO
ΑΝΕΒΗΝΔΕ	ASCENDI AVTEM
ΚΑΤΑΑΠΟΚΑΛΥΨΙΝ	SECVNDVM REVELATIONEM
ΚΑΙΑΝΕΘΕΜΗΝΑΥΤΟΙϹ	ET CONTVLI CVM EIS
ΤΟΕΥΑΓΓΕΛΙΟΝ	EVANGELIVM
ΟΚΗΡΥϹϹΩΕΝΤΟΙϹΕΘΝΕϹΙΝ	QVOD PRAEDICO INTER GENTES
ΚΑΤΙΔΙΑΝΔΕΤΟΙϹΔΟΚΟΥϹΙΝ	SECRETO AVTEM HIS QVI VIDEBANTVR
ΜΗΠΩϹΕΙϹΚΕΝΟΝΤΡΕΧΩ	NE FORTE IN VACVVM CVCVRRERE̅

ΗЄΔΡΑΜΟΝ	AVT CVCVRRISSE
ΑΛΛΟΥΔЄΤΙΤΟC	SED NEQVE TITVS
ΟCΥΝЄΜΟΙЄΛΛΗΝΩΝ	QVI MECVM ERAT CVM ESSET GRECVS
ΗΝΑΓΚΑCΘΗΠЄΡΙΤΝΗΘΗΝΑΙ	COACTVS EST CIRCVMCIDI
ΔΙΑΔЄΤΟΥCΠΑΡΙCΑΚΤΟΥC	PROPTER SVBINTRODVCTOS AVTEM
ΨЄΥΔΑΔЄΛΦΟΥC	FALSOS FRATRES
ΟΙΤΙΝЄCΠΑΡΙCΗΛΘΟΝ	QVI SVBINTROIERVNT
ΚΑΤΑCΚΟΠΗCΑΙ	EXPLORARE
ΤΗΝЄΛЄΥΘЄΡΙΑΝΗΜΩΝ	LIBERTATEM NOSTRAM
ΗΝЄΧΟΜЄΝЄΝΧ̅Ω̅Ι̅Υ̅	QVAM HABEMVS IN X̅P̅O̅ I̅H̅V̅
ΙΝΑΗΜΑCΚΑΤΑΔΟΥΛΩCΟΥCΙΝ	VT NOS IN SERVITVTEM REDIGERENT
ΠΡΟCΩΡΑΝЄΙΞΑΜЄΝ	AD HORAM CESSIMVS
ΤΗΥΠΟΤΑΓΗ	SVBIECTIONI
ΙΝΑΗΑΛΗΘΙΑΤΟΥЄΥΑΓΓЄΛΙΟΥ	VT VERITAS EVANGELII
ΔΙΑΜΙΝΗΠΡΟCΥΜΑC	PERMANEAT APVT VOS
ΑΠΟΔЄΤΩΝΔΟΚΟΥΝΤΩΝЄΙΝΑΙΤΙ	AD HIS AVTEM QVI VIDENTVR ESSE ALIQVID
ΟΠΟΙΟΙΠΟΤЄΗCΑΝ	QVALIS ALIQVANDO FVERVNT
ΟΥΔЄΝΜΟΙΔΙΑΦЄΡЄΙ	NIHIL MEA INTEREST
Θ̅C̅ΑΝΘΡΩΠΟΥΠΡΟCΩΠΟΝ	D̅S̅ HOMINIS PERSONAM
ΟΥΛΑΜΒΑΝЄΙ	NON ACCIPIT
ЄΜΟΙΓΑΡΟΙΔΟΚΟΥΝΤЄC	MIHI ENIM QVAE VIDENTVR ESSE

ΟΥΔΕΝΠΡΟϹΑΝΕΘΕΝΤΟ
ΑΛΛΑΤΟΥΝΑΝΤΙΟΝΙΔΟΝΤΕϹ
ΟΤΙΠΕΠΙϹΤΕΥΜΕ
ΤΟΕΥΑΝΓΕΛΙΟΝΤΗϹΑΚΡΟΒΥϹΤΙΑϹ
ΚΑΘΩϹΠΕΤΡΟϹΤΗϹΠΕΡΙΤΟΜΗϹ
ΟΓΑΡΕΝΕΡΓΗϹΑϹΠΕΤΡΩ
ΕΙϹΑΠΟϹΤΟΛΗΝ
ΤΗϹΠΕΡΙΤΟΜΗϹ
ΕΝΕΡΓΗϹΕΝΚΑΜΟΙ
ΕΙϹΤΑΕΘΝΗ
ΚΑΙΓΝΟΝΤΕϹΤΗΝΧΑΡΙΝ
ΤΗΝΔΟΘΙϹΑΝΜΟΙ
ΠΕΤΡΟϹΚΑΙΑΚΩΒΟϹ
ΚΑΙΙΩΑΝΝΗϹ
ΟΙΔΟΚΟΥΝΤΕϹϹΤΥΛΟΙΕΙΝΑΙ
ΔΕΞΙΑϹΕΔΩΚΑΝΕΜΟΙ
ΚΑΙΒΑΡΝΑΒΑΚΟΙΝΩΝΙΑϹ
ΙΝΑΗΜΙϹΜΕΝΕΙϹΤΑΕΘΝΗ
ΑΥΤΟΙΔΕΕΙϹΤΗΝΠΕΡΙΤΟΜΗΝ
ΜΟΝΟΝΙΝΑΤΩΝΠΤΩΧΩΝ
ΜΝΗΜΟΝΕΥΟΜΕΝ

NIHIL CONTVLERVNT
SED CONTRA CVM VIDISSENT
QVIA CREDITVM MIHI EST
EVANGELIVM PRAEPVTII
SICVT PETRO CIRCVMCISIONIS
QVI ENIM OPERATVS EST PETRO
IN APOSTOLATVM
CIRCVMCISIONIS
OPERATVS EST ET MIHI
INTER GENTES
ET CVM COGNOVISSET GRATIAM
QVAE DATA EST MIHI
PETRVS ET IACOBVS
ET IOHANNES
QVI VIDEBANTVR COLVMNAE ESSE
DEXTRAS DEDERVNT MIHI
VT BARNABAE SOCIETATIS
VT NOS IN GENTES
IPSI AVTEM IN CIRCVMCISIONEM
TANTVM VT PAVPERVM
MEMORES ESSEMVS

ΟΚΑΙΕϹΠΟΥΔΑϹΑ	QVOD ENIM SOLLICITVS FVI
ΑΥΤΟΤΟΥΤΟΠΟΙΗϹΑΙ	HOC IPSVT FACERE
ΟΤΕΔΕΗΛΘΕΝΠΕΤΡΟϹ	CVM AVTEM VENISSET PETRVS
ΕΙϹΑΝΤΙΟΧΙΑΝ	ANTIOCHIAM
ΚΑΤΑΠΡΟϹΩΠΟΝΑΥΤΩΑΝΤΕϹΤΗΝ	IN FACIE ILLI RESTITI
ΟΤΙΚΑΤΕΓΝΩϹΜΕΝΟϹΗΝ	QVIA REPRAEHENSVS ERAT
ΠΡΟΤΟΥΓΑΡΕΛΘΕΙΝΤΙΝΑϹ	PRIVS ENIM QVAM VENISSET QVIDĀ
ΑΠΟΙΑΚΩΒΟΥ	AB IACOBO
ΜΕΤΑΤΩΝΕΘΝΩΝϹΥΝΗϹΘΙΕΝ	CVM GENTILIBVS SEDEBAT
ΟΤΕΔΕΗΛΘΕΝ	CVM AVTEM VENISSET
ΥΠΕϹΤΕΛΛΕΝ	SVBTRAHEBAT SE
ΚΑΙΑΦΩΡΙΖΕΝΕΑΥΤΟΝ	ET SEGREGABAT
ΦΟΒΟΥΜΕΝΟϹ	TIMEN EOS
ΤΟΥϹΕΚΠΕΡΙΤΟΜΗϹ	QVI EX CIRCVMCISIONE ERAT
ΚΑΙϹΥΝΥΠΕΚΡΙΘΗϹΑΝΑΥΤΩ	ET CONSENSERVNT CVM ILLO
ΚΑΙΟΙΛΟΙΠΟΙΙΟΥΔΑΙΟΙ	ET CETERI IVDAEI
ΩϹΤΕΚΑΙΒΑΡΝΑΒΑϹ	ITA ET BARNABAS
ϹΥΝΑΠΗΧΘΗΤΗΥΠΟΚΡΙϹΕΙΑΥΤΩΝ	DVCERETVR AD HIS IN ILLA SIMVLATIONE
ΑΛΛΟΤΕΕΙΔΟΝ	SED CVM VIDISSEM
ΟΤΙΟΥΧΟΡΘΟΠΟΔΟΥϹΙΝ	QVOD NON RECTE INGREDIVNTVR
ΠΡΟϹΤΗΝΑΛΗΘΙΑΝΤΟΥΕΥΑΓΓΕΛΙΟΥ	AD VERITATEM EVANGELII

ΕΙΠΟΝΤΩΠΕΤΡΩ	DIXI PETRO
ΕΝΠΡΟΣΘΕΝΠΑΝΤΩΝ	CORAM OMNIBVS
ΕΙΣΥΙΟΥΔΑΙΟΣΩΝ	SI TV CVM SIS IVDAEVS
ΕΘΝΙΚΩΣΖΗΣΚΑΙΟΥΧΙΙΟΥΔΑΙΚΩΣ	GENTILITER VIVIS
ΠΩΣΤΑΕΘΝΗΑΝΑΓΚΑΖΕΙΣ	QVOMODO GENTES COGIS
ΙΟΥΔΑΙΖΕΙΝ	IVDAEIZARE
ΗΜΕΙΣΦΥΣΙΙΟΥΔΑΙΟΙ	NOS NATVRA IVDAEI
ΚΑΙΟΥΚΕΞΕΘΝΩΝΑΜΑΡΤΩΛΟΙ	ET NON EX GENTIBVS PECCATORES
ΕΙΔΟΤΕΣΔΕ	SCIENTES AVTEM
ΟΤΙΟΥΔΙΚΑΙΟΥΤΑΙΑΝΘΡΩΠΟΣ	QVIA NON IVSTIFICATVR HOMO
ΕΞΕΡΓΩΝΝΟΜΟΥ	EX OPERIBVS LEGIS
ΕΑΝΜΗΔΙΑΠΙΣΤΕΩΣΙΥΧΥ	NISI PER FIDEM IHV XPI
ΚΑΙΗΜΙΣΕΙΣΧΝΙΝ	ET NOS PER IHM XPM
ΕΠΙΣΤΕΥΣΑΜΕΝ	CREDIDIMVS
ΙΝΑΔΙΚΑΙΩΘΩΜΕΝΕΚΠΙΣΤΕΩΣΧΥ	VT IVSTIFICEMVR EX FIDE XPI
ΚΑΙΟΥΚΕΞΕΡΓΩΝΝΟΜΟΥ	ET NON EX OPERIBVS LEGIS
ΟΤΙΕΞΕΡΓΩΝΝΟΜΟΥ	QVI EX OPERIBVS LEGIS
ΟΥΔΙΚΑΙΩΘΗΣΕΤΑΙ	NON IVSTIFICABITVR
ΠΑΣΑΣΑΡΞ	OMNIS CARO
ΕΙΔΕΖΗΤΟΥΝΤΕΣ	SI AVTEM QVAERENTES
ΔΙΚΑΙΩΘΗΝΑΙΕΝΧΩ	IVSTIFICARI IN XPO

ΕΥΡΕΘΗΜΕΝ	INVENTI SVMVS
ΚΑΙΑΥΤΟΙΑΜΑΡΤΩΛΟΙ	PECCATORES
ΑΡΑΧ̅Ϲ̅ΑΜΑΡΤΙΑϹΔΙΑΚΟΝΟϹ	ERGO X̅P̅S̅ PECCATI MINISTER
ΜΗΓΕΝΟΙΤΟ	ABSIT
ΕΙΓΑΡΑΚΑΤΕΛΥϹΑ	SI ENIM QVAE DESTRVXI
ΤΑΥΤΑΠΑΛΙΝΟΙΚΟΔΟΜΩ	HAEC ITERVM AEDIFICO
ΠΑΡΑΒΑΤΗΝΕΜΑΥΤΟΝ	PRAEVARICATOREM ME
ϹΥΝΙϹΤΑΝΩ	CONSTITVO
ΕΓΩΓΑΡΔΙΑΝΟΜΟΥ	EGO ENIM PER LEGEM
ΝΟΜΩΑΠΕΘΑΝΟΝ	LEGI MORTVVS SVM
ΙΝΑΘ̅Ω̅ΖΗϹΩ	VT D̅O̅ VIVAM
Χ̅Ω̅ϹΥΝΕϹΤΑΥΡΩΜΑΙ	X̅P̅O̅ CRVCI CONFIXVS SVM
ΖΩΔΕΟΥΚΕΤΙΕΓΩ	VIVO AVTEM IAM NON EGO
ΖΗΔΕΕΝΕΜΟΙΧ̅Ϲ̅	VIVIT AVTEM IN ME X̅P̅S̅
ΟΔΕΝΥΝΖΩΕΝϹΑΡΚΙ	QVOD AVTEM NVNC VIVO IN CARNE̅
ΕΝΠΙϹΤΕΙΖΩΤΗΤΟΥΘ̅Υ̅ΚΑΙΧ̅Υ̅	IN FIDE VIVO D̅I̅ ET X̅P̅I̅
ΤΟΥΑΓΑΠΗϹΑΝΤΟϹΜΕ	QVI DILEXIT ME
ΚΑΙΠΑΡΑΔΟΝΤΟϹΕΑΥΤΟΝ	ET TRADIDIT SE
ΥΠΕΡΕΜΟΥ	PRO ME
ΟΥΚΑΘΕΤΩΤΗΝΧΑΡΙΝΤΟΥΘ̅Υ̅	NON ABICIO GRATIAM D̅I̅
ΕΙΓΑΡΔΙΑΝΟΜΟΥΔΙΚΑΙΟϹΥΝΗ	SI ENIM PER LEGEM IVSTITIA

ΑΡΑΧ̅Ϲ̅ΔωΡЄΑΝ
ΑΠЄΘΑΝЄΝ
ωΑΝΟΗΤΟΙΓΑΛΑΤΑΙ
ΤΙϹΥΜΑϹЄΒΑϹΚΑΝЄΝ
ΟΙϹΚΑΤΑΟΦΘΑΛΜΟΥϹΙ̅Ϲ̅Χ̅Ϲ̅
ΠΡΟЄΓΡΑΦΗЄΝΥΜΙΝ
ЄϹΤΑΥΡωΜЄΝΟϹ
ΤΟΥΤΟΜΟΝΟΝΜΑΘΙΝΘЄΛω
ΑΦΥΜωΝ
ЄΞЄΡΓωΝΝΟΜΟΥΤΟΠ̅Ν̅Α̅ЄΛΑΒЄΤЄ
ΗЄΞΑΚΟΗϹΠΙϹΤЄωϹ
ΟΥΤωϹΑΝΟΗΤΟΙЄϹΤЄ
ЄΝΑΡΞΑΜЄΝΟΙΠ̅Ν̅Ι̅
ΝΥΝϹΑΡΚΙЄΠΙΤЄΛΙϹΘΑΙ
ΤΟϹΑΥΤΑЄΠΑΘЄΤЄЄΙΚΗ
ЄΙΓЄΚΑΙЄΙΚΗ
ΟΟΥΝЄΠΙΧΟΡΗΓωΝΥΜΙΝΤΟΠ̅Ν̅Α̅
ΚΑΙЄΝЄΡΓωΝΔΥΝΑΜΙϹ
ЄΝΥΜЄΙΝ
ЄΞЄΡΓωΝΝΟΜΟΥ
ΗЄΞΑΚΟΗϹΠΙϹΤЄωϹ

ERGO X̅P̅S̅ GRATIS
MORTVVS EST
O INSENSATI GALATAE
QVIS VOS FASCINAVIT
ANTE QVORVM OCVLOS I̅H̅S̅ X̅P̅S̅
PROSCRIPTVS EST IN VOBIS
CRVCIFIXVS
HOC SOLVM DISCERE VOLO
A VOBIS
EX OPERIBVS LEGIS S̅P̅S̅ ACCEPISTIS
AN EX AVDITV FIDEI
SIC INSENSATI ESTIS
CVM COEPERITIS S̅P̅V̅
NVNC CARNE PERFICIAMINI
TANTA PASSI ESTIS SINE CAVSA
SI TAMEN SINE CAVSA
QVI ERGO TRIBVIT VOBIS S̅P̅M̅
ET OPERATVR VIRTVTES
IN VOBIS
EX OPERIBVS LEGIS
AN EX AVDITVM FIDE

ΚΑΘΩϹΑΒΡΑΑΜ
ΕΠΙϹΤΕΥϹΕΝΤΩΘ̅Ω̅
ΚΑΙΕΛΟΓΙϹΘΗΑΥΤΩ
ΕΙϹΔΙΚΑΙΟϹΥΝΗΝ
ΓΕΙΝΩϹΚΕΤΕΑΡΑ
ΟΤΙΟΙΕΚΠΙϹΤΕΩϹ
ΟΥΤΟΙΕΙϹΙΝΥΙΟΙΑΒΡΑΑΜ
ΠΡΟΙΔΟΥϹΑΔΕΗΓΡΑΦΗ
ΟΤΙΕΚΠΙϹΤΕΩϹΔΙΚΑΙΟΙ
ΤΑΕΘΝΗΟΘ̅Ϲ̅
ΠΡΟΕΥΗΓΓΕΛΙϹΤΑΙΤΩΑΒΡΑΑΜ
ΟΤΙΕΝΕΥΛΟΓΗΘΗϹΟΝΤΑΙΕΝϹΟΙ
ΠΑΝΤΑΤΑΕΘΝΗ
ΩϹΤΕΟΙΕΚΠΙϹΤΕΩϹ
ΕΥΛΟΓΟΥΝΤΑΙ
ϹΥΝΤΩΠΙϹΤΩΑΒΡΑΑΜ
ΟϹΟΙΓΑΡΕΞΕΡΓΩΝΝΟΜΟΥΕΙϹΙΝ
ΥΠΟΚΑΤΑΡΑΝΕΙϹΙΝ
ΓΕΓΡΑΠΤΑΙΓΑΡ
ΟΤΙΕΠΙΚΑΤΑΡΑΤΟϹΠΑϹ
ΟϹΟΥΚΕΝΜΕΝΕΙ

SICVT ABRAHAM
CREDIDIT D̅O̅
ET REPVTATVM EST EI
AD IVSTITIAM
COGNOSCITE ERGO
QVIA QVI EX FIDE SVNT
HI SVNT FILI ABRAHAE
PROVIDENS AVTEM SCRIPTVRA
QVIA EX FIDE IVSTIFICAT
GENTES D̅S̅
PRONVNTIAVIT ABRAHAE
QVIA BENEDICVNTVR
OMNES GENTES
IGITVR QVI EX FIDE SVNT
BENEDICENTVR
CVM FIDELI ABRAHAM
QVODQVOD ENIM EX OPERIBVS LEGIS SVNT
SVB MALEDICTO SVNT
SCRIPTVM EST ENIM
QVIA MALEDICTVS OMNIS
QVI NON PERMANET

ΕΝΠΑϹΙΝΤΟΙϹΓΕΓΡΑΜΜΕΝΟΙϹ
ΕΝΤωΒΙΒΛΙωΤΟΥΝΟΜΟΥ
ΤΟΥΠΟΙΗϹΕΑΥΤΑ
ΟΤΙΔΕΕΝΝΟΜω
ΟΥΔΙϹΔΙΚΑΙΟΥΤΑΙΠΑΡΑΘ̅ω̅ΔΗΛΟΝ
ΓΕΓΡΑΠΤΑΙΓΑΡ
ΟΤΙΟΔΙΚΑΙΟϹ
ΕΚΠΙϹΤΕωϹΖΗϹΕΤΑΙ
ΟΔΕΝΟΜΟϹΟΥΚΕϹΤΙΝ
ΕΚΠΙϹΤΕωϹ
ΑΛΛΑΟΠΟΙΗϹΑϹΑΥΤΑ
ΖΗϹΕΤΕΕΝΑΥΤΟΙϹ
Χ̅Ϲ̅ΗΜΑϹΕΞΗΓΟΡΑϹΕΝ
ΕΚΤΗϹΚΑΤΑΡΑϹΤΟΥΝΟΜΟΥ
ΓΕΝΟΜΕΝΟϹΥΠΕΡΗΜωΝ
ΚΑΤΑΡΑ
ΟΤΙΓΕΓΡΑΠΤΑΙ
ΕΠΙΚΑΤΑΡΑΤΟϹΠΑϹ
ΟΚΡΕΜΑΜΕΝΟϹΕΠΙΞΥΛΟΥ
ΙΝΑΕΙϹΤΑΕΘΝΗ
ΗΕΥΛΟΓΙΑΤΟΥΑΒΡΑΑΜ

IN OMNIBVS QVAE SCRIPTA SVNT
IN LIBRO LEGIS
VT FACIAT EA
QVONIAM AVTEM IN LEGE
NEMO IVSTIFICATVR APVT D̅M̅ MANIFESTV̅
SCRIPTVM EST
QVIA IVSTVS
EX FIDE VIVIT
LEX AVTEM NON EST
EX FIDE
SED QVI FECERIT EA
VIVET IN ILLIS
X̅P̅S̅ NOS REDIMET
DE MALEDICTO LEGIS
FACTVS PRO NOBIS
MALEDICTVM
QVIA SCRIPTVM EST
MALEDICTVS OMNIS
QVI PENDET IN LIGNO
VT IN GENTES
BENEDICTIO ABRAHAE

ΓΕΝΗΤΑΙΕΝΧΩΙΥ	FIERET IN XPO IHV
ΙΝΑΤΗΝΕΥΛΟΓΙΑΝΤΟΥΠΝϹ	VT BENEDICTIONEM SPS
ΛΑΒΩΜΕΝ	ACCIPIAMVS
ΔΙΑΤΗϹΠΙϹΤΕΩϹ	PER FIDEM
ΑΔΕΛΦΟΙΚΑΤΑΑΝΘΡΩΠΟΝ	FRATRES SECVNDVM HOMINEM
ΛΕΓΩ	DICO
ΟΜΩϹΑΝΘΡΩΠΟΥ	TAMEN HOMINIS
ΚΕΚΥΡΩΜΕΝΗΝ	CONFIRMATVM
ΔΙΑΘΗΚΗΝΟΥΔΙϹΑΘΕΤΕΙ	TESTAMENTVM NEMO INRITVM FACIAT
ΗΕΠΙΤΑϹϹΕΤΑΙ	AVT SVPERORDINAT
ΤΩΑΒΡΑΑΜΕΡΡΕΘΗϹΑΝ	ABRAHAE DICTAE SVNT
ΑΙΕΠΑΓΓΕΛΙΑΙ	PROMISSIONIS
ΚΑΙΤΩϹΠΕΡΜΑΤΙΑΥΤΟΥ	VT SEMINI EIVS
ΟΥΛΕΓΕΙΚΑΙΤΟΙϹϹΠΕΡΜΑϹΙΝϹΟΥ	NON DICIT ET SEMINIBVS TVIS
ΩϹΕΠΙΠΟΛΛΩΝ	TAMQVAM IN MVLTIS
ΑΛΛΩϹΕΦΕΝΟϹ	SED SICVT IN VNO
ΚΑΙΤΩϹΠΕΡΜΑΤΙϹΟΥ	ET SEMINI TVO
ΟΕϹΤΙΝΧϹ	QVI EST XPS
ΤΟΥΤΟΔΕΛΕΓΩ	HOC AVTEM DICO
ΔΙΑΘΗΚΗΝΠΡΟΚΕΚΥΡΩΜΕΝΗΝ	TESTAMENTVM CONFIRMATVM
ΥΠΟΤΟΥΘΥΕΙϹΧΝ	A DO IN XPO

ΟΜΕΤΑΤΕΤΡΑΚΟCΙΑ	QVAE POST $\overline{\text{CCCC}}$
ΚΑΙΤΡΙΑΚΟΝΤΑΕΤΗ	ET $\overline{\text{XXX}}$ ANNOS
ΓΕΓΟΝΩCΝΟΜΟC	FACTA LEX
ΟΥΚΑΚΥΡΟΙ	NON INRITAM FACIT
ΕΙCΤΟΚΑΤΑΡΓΗCΑΙ	AD EVACVANDAM
ΤΗΝΕΠΑΓΓΕΛΙΑΝ	REPROMISSIONEM
ΕΙΓΑΡΕΚΝΟΜΟΥ	SI ENIM EX LEGE
ΗΚΛΗΡΟΝΟΜΙΑ	HEREDITAS
ΟΥΚΕΤΙΕΞΕΠΑΓΓΕΛΙΑC	IAM NON EX REPROMISSIONE
ΤΩΔΕΑΒΡΑΑΜ	ABRAHAE AVTEM
ΔΙΕΠΑΓΓΕΛΙΑC	REPROMISSIONEM
ΚΕΧΑΡΙCΤΑΙΟ$\overline{\text{ΘC}}$	DONAVIT $\overline{\text{DS}}$
ΤΙΟΥΝΟΝΟΜΟCΤΩΝΠΑΡΑΔΟCΕΩΝΧΑΡΙΝ	QVID ERGO LEX FACTORVM GRATIA
ΕΤΕΘΗ	POSITA EST
ΑΧΡΙCΟΥΕΛΘΗΤΟCΠΕΡΜΑ	QVOADVSQVE VENIAT SEMEN
ΩΕΠΗΝΓΕΛΤΑΙ	CVI REPROMISSVS EST
ΔΙΑΤΑΓΙCΔΙΑΓΓΕΛΩΝ	DISPOSITVM PER ANGELOS
ΕΝΧΕΙΡΙΜΕCΕΙΤΟΥ	IN MANV MEDIATORIS
ΟΔΕΜΕCΕΙΤΗC	MEDIATOR AVTEM
ΕΝΟCΟΥΧΕCΤΙΝ	VNIVS NON EST
ΟΔΕ$\overline{\text{ΘC}}$ΕΙCΕCΤΙΝ	$\overline{\text{DS}}$ AVTEM VNVS EST

ΟΟΥΝΝΟΜΟϹ	LEX ERGO
ΚΑΤΑΤΩΝЄΠΑΓΓЄΛΙΩΝΤΟΥΘ̅Υ̅	ADVERSVS PROMISSA
ΜΗΓЄΝΟΙΤΟ	ABSIT
ЄΙΓΑΡЄΔΟΘΗΝΟΜΟϹ	SI ENIM DATA EST LEX
ΟΔΥΝΑΜЄΝΟϹ	QVAE POSSET
ΖΩΟΠΟΙΗϹΑΙ	VIVIFICARE
ΟΝΤΩϹЄΚΝΟΜΟΥΗΝ	PRO CERTO EX LEGE
ΗΔΙΚΑΙΟϹΥΝΗ	IVSTITIA
ΑΛΛΑϹΥΝЄΚΛΙϹЄΝΗΓΡΑΦΗΤΑ	SED CONCLVSIT SCRIPTVRA
ΠΑΝΤΑΥΦΑΜΑΡΤΙΑΝ	OMNIA SVB PECCATO
ΙΝΑΗЄΠΑΓΓЄΛΙΑ	VT PROMISSIO
ЄΚΠΙϹΤЄΩϹΙ̅Υ̅Χ̅Υ̅	EX FIDE I̅H̅V̅ X̅P̅I̅
ΔΟΘΗ	DARETVR
ΤΟΙϹΠΙϹΤЄΥΟΥϹΙΝ	EIS QVI CREDVNT
ΠΡΟΤΟΥΔЄЄΛΘΙΝ	PRIVS AVTEM QVAM VENIRET
ΤΗΝΠΙϹΤΙΝ	FIDES
ΥΠΟΝΟΜΟΝЄΦΡΟΥΡΟΥΜЄΘΑ	SVB LEGE CVSTODIEBAMVR
ϹΥΝΚΛΙΟΜЄΝΟΙ	CONCLVSI
ЄΙϹΤΗΝΜЄΛΛΟΥϹΑΝΠΙϹΤΙΝ	IN EAM FIDEM QVAE POSTEA
ΑΠΟΚΑΛΥΦΘΗΝΑΙ	RETEGEBATVR
ΩϹΤЄΟΝΟΜΟϹ	ITAQVE LEX

ΠΑΙΔΑΓΩΓΟϹΗΜΩΝΓΕΓΟΝΕΝ
ΕΙϹΧΝΙΝ
ΙΝΑΕΚΠΙϹΤΕΩϹ
ΔΙΚΑΙΩΘΩΜΕΝ
ΕΛΘΟΥϹΗϹΔΕ
ΤΗϹΠΙϹΤΕΩϹ
ΟΥΚΕΤΙΥΠΟΠΑΙΔΑΓΩΓΟΝΕϹΜΕΝ
ΠΑΝΤΕϹΓΑΡΥΙΟΙΘΥΕϹΤΕ
ΔΙΑΤΗϹΠΙϹΤΕΩϹ
ΕΝΧΩΙΥ
ΟϹΟΙΓΑΡΕΙϹΧΝ
ΕΒΑΠΤΙϹΘΗΤΕ
ΧΝΕΝΕΔΥϹΑϹΘΑΙ
ΟΥΚΕΝΙΙΟΥΔΑΙΟϹ
ΟΥΔΕΕΛΛΗΝ
ΟΥΚΕΝΙΔΟΥΛΟϹ
ΗΕΛΕΥΘΕΡΟϹ
ΟΥΚΕΝΙΑΡϹΕΝΚΑΙΘΗΛΥ
ΠΑΝΤΕϹΓΑΡΥΜΕΙϹ
ΕΙϹΕϹΤΑΙΕΝΧΩΙΥ
ΕΙΔΕΥΜΕΙϹΕΙϹΕϹΤΕ

PAEDAGOGVS NOSTER FVIT
IN XPM IHM
VT EX FIDE
IVSTIFICEMVR
VENIENTE AVTEM
FIDE
IAM NON SVB PAEDAGOGV SVMVS
OMNES ENIM FILI DI ESTIS
PER FIDEM
IN XPO IHV
QVICVMQVE ENIM IN XPO
BAPTIZATI ESTIS
XPM INDVISTIS
NON EST IVDAEVS
NEQVAE GRAECVS
NON EST SERVVS
NEQVE LIBER
NON EST MASCVLVS ET FEMINA
OMNES ENIM VOS
VNVM ESTIS IN XPO IHV
SI AVTEM VOS VNVM ESTIS

ЄΝΧ̅Ⲱ̅Ι̅Υ̅
ΑΡΑΟΥΝΤΟΥΑΒΡΑΑΜ
ϹΠЄΡΜΑЄϹΤЄ
ΚΑΤЄΠΑΓΓЄΛΙΑΝ
ΚΛΗΡΟΝΟΜΟΙ
ΛЄΓⲰΔЄЄΦΟϹΟΝΧΡΟΝΟΝ
ΟΚΛΗΡΟΝΟΜΟϹΝΗΠΙΟϹЄϹΤΙΝ
ΟΥΔЄΝΔΙΑΦЄΡΙΔΟΥΛΟΥ
Κ̅Ϲ̅ΠΑΝΤⲰΝⲰΝ
ΑΛΛΑΥΠΟЄΠΙΤΡΟΠΟΥϹЄϹΤЄΙΝ
ΚΑΙΟΙΚΟΝΟΜΟΥϹ
ΑΧΡΙΤΗϹΠΡΟΘЄϹΜΙΑϹ
ΤΟΥΠΑΤΡΟϹ
ΟΥΤⲰϹΚΑΙΗΜΙϹ
ΟΤЄΗΜЄΝΝΗΠΙΟΙ
ΥΠΟΤΑϹΤΟΙΧΙΑΤΟΥΚΟϹΜΟΥ
ΗΜЄΘΑΔЄΔΟΥΛⲰΜЄΝΟΙ
ΟΤЄΔЄΗΛΘЄΝΤΟΠΛΗΡⲰΜΑ
ΤΟΥΧΡΟΝΟΥ
ЄΞΑΠЄϹΤΙΛЄΝΟΘ̅Ϲ̅
ΤΟΝΥΙΟΝΑΥΤΟΥ

IN X̅P̅O̅ I̅H̅V̅
ERGO ABRAHAE
SEMEN ESTIS
SECVNDVM PROMISSIONEM
HEREDES
DICO AVTEM QVANDIV
HEREDES PARVOLVS EST
NIHIL DIFFERT A SERVO
CVM D̅M̅S̅ OMNIVM SIT
SED SVB CVRATORE EST
ET ACTORES
VSQVE AD PRAEFINITVM
A PATRE
SIC ET NOS
CVM ESSEMVS PARVOLI
SVB ELEMENTA HVIVS MVNDI
ERAMVS SERVIENTES
POSTQVAM VERO VERO VENIT PLENITVDO
TEMPORVM
MISIT D̅S̅
FILIVM SVVM

ΓΕΝΟΜΕΝΟΝΕΚΓΥΝΑΙΚΟϹ	FACTVM EX MVLIERE
ΓΕΝΟΜΕΝΟΝΥΠΟΝΟΜΟΝ	FACTVM SVB LEGE
ΙΝΑΤΟΥϹΥΠΟΝΟΜΟΝ	VT EOS QVI SVB LEGE ERANT
ΕΞΑΓΟΡΑϹΗ	REDIMERET
ΙΝΑΤΗΝΫΙΟΘΕϹΙΑΝ	VT ADPOTIONEM FILIORVM
ΑΠΟΛΑΒΩΜΕΝ	RECIPEREMVS
ΟΤΙΔΕΕϹΤΕΥΙΟΙΘ̅Υ̅	QVONIAM AVTEM ESTIS FILI D̅I̅
ΕΞΑΠΕϹΤΙΛΕΝΟΘ̅Ϲ̅	MISIT D̅S̅
ΤΟΠ̅Ν̅Α̅ΤΟΥΥΙΟΥΑΥΤΟΥ	SPIRITVM FILI SVI
ΕΙϹΤΑϹΚΑΡΔΙΑϹΗΜΩΝΚΡΑΖΟΝ	IN CORDA NOSTRA CLAMANTES
ΑΒΒΑΟΠΑΤΗΡ	ABBA PATER
ΩϹΤΕΟΥΚΕΤΙΕΙΔΟΥΛΟϹ	ITAQVE IAM NON EST SERVVS
ΑΛΛΑΥΙΟϹ	SED FILIVS
ΕΙΔΕΥΙΟϹ	SI AVTEM FILIVS
ΚΑΙΚΛΗΡΟΝΟΜΟϹΘ̅Υ̅ΔΙΑΧ̅Υ̅	ET HERES D̅I̅ PER X̅P̅M̅
ΑΛΛΑΤΟΤΕΜΕΝ	SED TVNC QVIDEM
ΟΥΚΙΔΟΤΕϹΘ̅Ν̅	NESCIENTES D̅M̅
ΤΟΙϹΦΥϹΕΙΜΗΟΥϹΙΘΕΟΙϹ	HI QVI NON SVNT D̅I̅
ΕΔΟΥΛΕΥϹΑΤΕ	SERVIEBATIS
ΝΥΝΕΙΔΕΓΝΟΝΤΕϹΘ̅Ν̅	NVNC AVTEM VTI COGNOVISTIS D̅M̅
ΜΑΛΛΟΝΔΕΓΝΩϹΘΕΝΤΕϹ	MAGIS AVTEM COGNOTI ESTIS

ΥΠΟΘ̅Υ̅	A D̅O̅
ΠΩϹΕΠΙϹΤΡΕΦΕϹΘΑΙΠΑΛΙΝ	QVOMODO CONVERTIMINI ITERVM
ΕΠΙΤΑΑϹΘΕΝΗ	AD INFIRMA
ΚΑΙΠΤΩΧΑϹΤΟΙΧΙΑ	ET EGENA ELEMENTA
ΟΙϹΠΑΛΙΝΑΝΩΘΕΝ	QVIBVS RVRSVS
ΔΟΥΛΕΥΕΙΝΘΕΛΕΤΕ	SERVIRE VVLTIS
ΗΜΕΡΑϹΠΑΡΑΤΗΡΙϹΘΑΙ	DIES OBSERVATIS
ΚΑΙΜΗΝΑϹΚΑΙΕΝΙΑΥΤΟΥϹ	ET MENSES ET ANNOS
ΚΑΙΚΕΡΟΥϹ	ET TEMPORA
ΦΟΒΟΥΜΑΙΥΜΑϹ	TIMEO VOS
ΜΗΠΩϹΕΙΚΗ	NE FORTE SINE CAVSA
ΚΕΚΟΠΙΑΚΑΕΙϹΥΜΑϹ	LABORAVERIM IN VOBIS
ΓΕΙΝΕϹΘΑΙΩϹΕΓΩ	ESTOTE SICVT ET EGO
ΟΤΙΚΑΓΩΩϹΥΜΕΙϹ	QVIA ET EGO SICVT VOS
ΑΔΕΛΦΟΙΔΕΟΜΑΙΥΜΩΝ	FRATRES OBSECRO VOS
ΟΥΔΕΝΜΕΗΔΙΚΗϹΑΤΕ	NIHIL ME LESISTIS
ΟΙΔΑΤΕΟΤΙΔΙΑϹΘΕΝΙΑΝ	SCITIS QVOD PER INFIRMITATEM
ΤΗϹϹΑΡΚΟϹ	CARNIS
ΕΥΗΓΓΕΛΙϹΑΜΗΝΥΜΕΙΝ	EVANGELIZAVI VOBIS
ΤΟΠΡΟΤΕΡΟΝ	IAM PRIDEM
ΚΑΙΤΟΝΠΙΡΑϹΜΟΝΥΜΩΝ	ET TEMPTATIONEM VESTRAM

ΕΝΤΗCΑΡΚΙΜΟΥ	IN CARNE MEA
ΟΥΚΕΞΟΥΘΕΝΗCΑΤΕ	NON SPREVISTIS
ΟΥΔΕΕΞΕΠΤΥCΑΤΕ	NEQVE RESPVISTIS
ΑΛΛΩCΑΓΓΕΛΟΝΘ̅Υ̅	SED SICVT ANGELVM D̅I̅
ΕΔΕΞΑCΘΑΙΜΕ	EXCEPISTIS ME
ΩCΧ̅Ν̅Ι̅Ν̅	SICVT X̅P̅M̅ I̅H̅M̅
ΤΙCΟΥΝΗΝΟΜΑΚΑΡΙCΜΟCΥΜΩΝ	QVAE ERGO ERAT BEATITVDO VESTRA
ΜΑΡΤΥΡΩΓΑΡΥΜΙΝ	TESTIMONIVM ENIM VOBIS PERHIBEO
ΟΤΙΕΙΔΥΝΑΤΟΝ	QVIA SI FIERI POSSET
ΤΟΥCΟΦΘΑΛΜΟΥCΥΜΩΝΕΞΟΡΥΞΑΝΤΕC	OCVLOS VESTROSSERVISSETIS
ΕΔΩΚΑΤΕΜΟΙ	ET DEDISSETIS MIHI
ΩCΤΕΕΓΩΕΧΘΡΟCΥΜΩΝ	ERGO EGO INIMICVS VOBIS
ΓΕΓΟΝΑ	FACTVS SVM
ΑΛΗΘΕΥΩΝΥΜΕΙΝ	VERVM DICENS VOBIS
ΖΗΛΟΥCΙΝΥΜΑC	AEMVLANTVR VOS
ΟΥΚΑΛΩC	NON BENE
ΑΛΛΕΚΚΛΙÇΑΙΥΜΑC·	SED EXCLVDERE VOS
ΘΕΛΟΥCΙΝ	VOLVNT
ΙΝΑΑΥΤΟΥCΖΗΛΟΥΤΕ	VT EOS AEMVLEMINI
ΖΗΛΟΥΤΕΔΕΤΑΚΡΙΤΤΩ	AEMVLAMINI AVTEM MELIORA
ΧΑΡΙCΜΑΤΑ	DONA

ΚΑΛΟΝΤΟΖΗΛΟΥϹΘΑΙЄΝΚΑΛΩ	BONVM EST AEMVLARI IN BONIS
ΠΑΝΤΟΤЄ	SEMPER
ΚΑΙΟΥΜΟΝΟΝ	ET NON SOLVM
ЄΝΤΩΠΑΡΙΝΑΙΜЄ	CVM PRAESENS SVM
ΠΡΟϹΥΜΑϹ	APVT VOS
ΤЄΚΝΑΜΟΥ	FILI MEI
ΟΥϹΠΑΛΙΝΩΔΙΝΩ	QVOS ITERVM PARTVRIO
ΑΧΡΙϹΟΥΜΟΡΦΩΘΗΧ̅Ϲ̅	DONEC FORMETVR X̅P̅S̅
ЄΝΥΜЄΙΝ	IN VOBIS
ΗΘЄΛΟΝΔЄΠΑΡΙΝΑΙ	VEL AVTEM ADESSE
ΠΡΟϹΥΜΑϹΑΡΤΙ	APVT VOS MODO
ΚΑΙΑΛΛΑΞΑΙ	ET MVTARE
ΤΗΝΦΩΝΗΝΜΟΥ	VOCEM MEAM
ΟΤΙΑΠΟΡΟΥΜΑΙЄΝΥΜΙΝ	QVONIAM CONFVNDOR IN VOBIS
ΛЄΓЄΤЄΜΟΙΟΙΥΠΟΝΟΜΟΝ	DICITE MIHI QVI SVB LEGE
ΘЄΛΟΝΤЄϹЄΙΝΑΙ	VOLENTES ESSE
ΤΟΝΝΟΜΟΝΟΥΚΑΝΑΓΙΝΩϹΚЄΤЄ	LEGEM NON LESISTIS
ΓЄΓΡΑΠΤΑΙΓΑΡ	SCRIPTVM EST ENIM
ΟΤΙΑΒΡΑΑΜΔΥΟΥΙΟΥϹ	QVIA ABRAHAM DVOS FILIOS
ЄϹΧЄΝ	HABVIT
ЄΝΑЄΚΤΗϹΠΑΙΔΙϹΚΗϹ	VNVM EX ANCILLA

Greek	Latin
ΚΑΙΕΝΑΕΚΤΗϹΕΛΕΥΘΕΡΑϹ	ET VNVM DE LIBERA
ΑΛΛΟΜΕΝΕΚΤΗϹΠΑΙΔΙϹΚΗϹ	SED IS QVIDEM QVI DE ANCILLA
ΚΑΤΑϹΑΡΚΑ	SECVNDVM CARNEM
ΓΕΓΕΝΗΤΕ	NATVS EST
ΟΔΕΕΚΤΗϹΕΛΕΥΘΕΡΑϹ	QVI AVTEM DE LIBERA
ΔΙΑΤΗϹΕΠΑΓΓΕΛΙΑϹ	PER REPROMISSIONEM
ΑΤΙΝΑΕϹΤΙΝ	QVAE SVNT
ΑΛΛΗΓΟΡΟΥΜΕΝΑ	SIGNIFICANTIA
ΑΥΤΑΙΓΑΡΕΙϹΙΝ	HAEC ENIM SVNT
ΔΥΟΔΙΑΘΗΚΑΙ	DVO TESTAMENTA
ΜΙΑΜΕΝΑΠΟΟΡΟΥϹϹΙΝΑ	VNVM QVIDEM A MONTE SINA
ΕΙϹΔΟΥΛΙΑΝΓΕΝΝΩϹΑ	IN SERVITVTEM GENERANS
ΗΤΙϹΕϹΤΙΝΑΓΑΡΤΟΔΕ	QVAE EST AGAR
ΑΓΑΡϹΕΙΝΑΟΡΟϹΕϹΤΙΝ	AGAR ENIM MONS EST
ΕΝΤΗΑΡΑΒΕΙΑ	IN ARABIA
ϹΥΝϹΤΟΙΧΟΥϹΑ	QVAE CONSONAT
ΤΗΝΥΝΙΕΡΟΥϹΑΛΗΜ	HVIC QVAE NVNC EST HIERVSALEM
ΔΟΥΛΕΥΕΙΓΑΡ	SERVIT ENIM
ΜΕΤΑΤΩΝΤΕΚΝΩΝΑΥΤΗϹ	CVM FILIIS SVIS
ΗΔΕΑΝΩΙΕΡΟΥϹΑΛΗΜ	QVAE AVTEM SVSVM EST HIERVSALEM
ΕΛΕΥΘΕΡΑΕϹΤΙΝ	LIBERA EST

ΗΤΙϹЄϹΤΙΝΜΗΤΗΡΗΜΩΝ
ΓЄΓΡΑΠΤΑΙΓΑΡ
ЄΥΦΡΑΝΘΗΤΙϹΤΙΡΑ
ΗΜΗΤΙΚΤΟΥϹΑ
ΡΗΞΟΝΚΑΙΒΟΗϹΟΝ
ΗΟΥΚΩΔΙΝΟΥϹΑ
ΟΤΙΠΟΛΛΑΤΑΤЄΚΝΑ
ΤΗϹЄΡΗΜΟΥΜΑΛΛΟΝ
ΗΤΗϹЄΧΟΥϹΗϹΤΟΝΑΝΔΡΑ
ΥΜΙϹΔЄΑΔЄΛΦΟΙ
ΚΑΤΑΙϹΑΚ
ЄΠΑΓΓЄΛΙΑϹΤЄΚΝΑЄϹΤЄ
ΑΛΛΩϹΠЄΡΤΟΤЄ
ΟΚΑΤΑϹΑΡΚΑΓЄΝΝΗΘΙϹ
ЄΔΙΩΚЄΝΤΟΝΚΑΤΑΠ̅Ν̅Α̅
ΟΥΤΩϹΚΑΙΝΥΝ
ΑΛΛΑΤΙΛЄΓЄΙΗΓΡΑΦΗ
ЄΚΒΑΛЄΤΗΝΠΑΙΔΙϹΚΗΝ
ΚΑΙΤΟΝΥΙΟΝΑΥΤΗϹ
ΟΥΓΑΡΜΗΚΛΗΡΟΝΟΜΗϹЄΙ
ΟΥΙΟϹΤΗϹΠΑΙΔΙϹΚΗϹ

QVAE EST MATER NOSTRA
SCRIPTVM EST ENIM
LAETARE STERILIS
QVAE NON PARIS
ERVMPE ET CLAMA
QVAE NON PARTVRIS
QVIA MVLTI FILII
DESERTAE MAGIS
QVAM EIVS QVAE HABET VIRVM
VOBIS AVTEM FRATRES
SECVNDVM ISAC
PROMISSIONIS FILI ESTIS
SED SICVT TVNC
QVI SECVNDVM CARNEM NATVS EST
PERSEQVEBATVR EVM QVI SECVNDVM S̅P̅M̅
ITA ET NVNC
SED QVID DICIT SCRIPTVRA
EICE ANCILLAM
ET FILIVM EIVS
NON ENIM HERES ERIT
FILIVS ANCILLAE

ΜΕΤΑΤΟΥΥΙΟΥΜΟΥΙϹΑΑΚ
ΔΙΟΑΔΕΛΦΟΙ
ΟΥΚΕϹΜΕΝΠΑΙΔΙϹΚΗϹΤΕΚΝΑ
ΑΛΛΑΤΗϹΕΛΕΥΘΕΡΑϹ
ΤΗΕΛΕΥΘΕΡΙΑΗΜΑϹ
Χ̅Ϲ̅ΗΛΕΥΘΕΡΩϹΕΝ
ϹΤΗΚΕΤΕ
ΚΑΙΜΗΠΑΛΙΝΔΟΥΛΙΑϹ
ΖΥΓΩΑΝΕΧΕϹΘΑΙ
ΙΔΕΕΓΩΠΑΥΛΟϹ
ΛΕΓΩΥΜΙΝ
ΟΤΙΕΑΝΠΕΡΙΤΕΜΝΗϹΘΑΙΧ̅Ϲ̅ΥΜΑϹ
ΟΥΔΕΝΩΦΕΛΗϹΕΙ
ΜΑΡΤΥΡΟΜΑΙΔΕ
ΠΑΝΤΙΑΝΘΡΩΠΩ
ΠΕΡΙΤΕΜΝΟΜΕΝΩ
ΟΤΙΟΦΙΛΕΤΗϹΕϹΤΙΝ
ΟΛΟΝΤΟΝΝΟΜΟΝΠΟΙΗϹΑΙ
ΚΑΤΗΡΓΗΘΗΤΕΑΠΟΧ̅Υ̅
ΟΙΤΙΝΕϹΕΝΝΟΜΩ
ΔΙΚΑΙΟΥϹΘΑΙ

CVM FILIO MEO ISAC
ITAQVE FRATRES
NON SVMVS ANCILLAE FILI
SED LIBERAE
QVA LIBERTATE NOSTRA
X̅P̅S̅ LIBERAVIT
STATE
ET NOLITE ITERVM SERVITVTIS
IVGO CONTINERI
ECCE EGO PAVLVS
DICO VOBIS
QVIA SI CIRCVMCIDAMINI X̅P̅S̅ VOBIS
NIHIL PRODERIT
TESTIFICOR AVTEM
OMNI HOMINI
CIRCVMCIDENTE SE
QVONIAM DEBITOR EST
VNIVERSAE LEGIS FACIENDAE
EVACVATI ESTIS A X̅P̅O̅
QVI IN LEGE
IVSTIFICAMINI

ΤΗϹΧΑΡΙΤΟϹΕΞΕΠΕϹΑΤΕ
ΗΜΙϹΓΑΡΠ̅Ν̅Ι̅ΕΚΠΙϹΤΕΩϹ
ΕΛΠΙΔΑΔΙΚΑΙΟϹΥΝΗϹ
ΑΠΕΚΔΕΧΟΜΕΘΑ
ΕΝΓΑΡΧ̅Ω̅Ι̅Υ̅
ΟΥΤΕΠΕΡΙΤΟΜΗ
ΤΙΙϹΧΥΕΙ
ΟΥΤΕΑΚΡΟΒΥϹΤΙΑ
ΑΛΛΑΠΙϹΤΙϹΔΙΑΓΑΠΗϹ
ΕΝΕΡΓΟΥΜΕΝΗ
ΕΤΡΕΧΕΤΕΚΑΛΩϹ
ΤΙϹΥΜΑϹΕΝΕΚΟΨΕΝ
ΤΗΑΛΗΘΙΑ
ΜΗΠΙΘΕϹΘΑΙ
ΗΠΙϹΜΟΝΗ
ΕΚΤΟΥΚΑΛΟΥΝΤΟϹΥΜΑϹ
ΜΙΚΡΑΖΥΜΗ
ΟΛΟΝΤΟΦΥΡΑΜΑΔΟΛΟΙ
ΕΓΩΠΕΠΟΙΘΑΕΙϹΥΜΑϹ
ΕΝΚ̅Ω̅
ΟΤΙΟΥΔΕΝΑΛΛΟΦΡΟΝΗϹΕΤΕ

A GRATIA EXCIDISTIS
NOS ENIM S̅P̅V̅ EX FIDE
SPEM IVSTITIAE
EXPECTAMVS
IN X̅P̅O̅ ENIM I̅H̅V̅
NEQVE CIRCVMCISIO
ALIQVID VALET
NEQVE PRAEPVTIVM
SED FIDES QVAE PER CARITATEM
OPERATVR
CVRREBATIS BENE
QVIS VOS INPEDIVIT
VERITATI
NON OBAVDIRE
SVASIO
EX EO EST QVI VOS VOCAT
MODICVM FERMENTVM
TOTAM MASSAM CORRVMPIT
EGO CONFIDO IN VOBIS
IN D̅N̅O̅
QVOD NIHIL ALIVD SENTIETIS

ΟΔΕΤΑΡΑϹϹΩΝΥΜΑϹ
ΒΑϹΤΑϹΕΙΤΟΚΡΙΜΑ
ΟϹΤΙϹΑΝΗ
ΕΓΩΔΕΑΔΕΛΦΟΙ
ΕΙΠΕΡΙΤΟΜΗΝΚΗΡΥϹϹΩ
ΤΙΕΤΙΔΙΩΚΟΜΑΙ
ΑΡΑΚΑΤΗΡΓΗΤΑΙ
ΤΟϹΚΑΝΔΑΛΟΝΤΟΥϹΤΑΥΡΟΥ
ΟΦΕΛΟΝΚΑΙΑΠΟΚΟΨΩΝΤΑΙ
ΟΙΑΝΑϹΤΑΤΟΥΝΤΕϹΥΜΑϹ
ΥΜΙϹΓΑΡΕΠΕΛΕΥΘΕΡΙΑ
ΕΚΛΗΘΗΤΕΑΔΕΛΦΟΙ
ΜΟΝΟΝΜΗΤΗΝΕΛΕΥΘΕΡΙΑΝ
ΕΙϹΑΦΟΡΜΗΝΤΗϹϹΑΡΚΟϹ
ΑΛΛΑΤΗΑΓΑΠΗΤΟΥΠ̅Ν̅Ϲ̅
ΔΟΥΛΕΥΕΤΕΑΛΛΗΛΟΙϹ
ΟΓΑΡΠΑϹΝΟΜΟϹ
ΕΝΥΜΙΝ
ΕΝΕΝΙΛΟΓΩΠΛΗΡΟΥΤΑΙ
ΑΓΑΠΗϹΙϹΤΟΝΠΛΗϹΙΟΝϹΟΥ
ΩϹϹΕΑΥΤΟΝ

QVI AVTEM CONTVRBAT NOS
PORTAVIT IVDICIVM
QVICVMQVE EST ILLE
EGO AVTEM FRATRES
SI CIRCVMCISIONEM PRAEDICO
QVID ADHVC PERSECVTIONEM PATIOR
ERGO EVACVATVM EST
SCANDALVM CRVCIS
VTINAM ET ABSCIDANTVR
QVI SVBVERTVNT VOS
VOS ENIM IN LIBERTATEM
VOCATI ESTIS FRATRES
TANTVM NE LIBERTATEM
IN OCCANSIONEM CARNIS
SED PER CARITATEM S̅P̅V̅
SERVITE INVICEM
OMNIS ENIM LEX
IN VOBIS
VNO SERMONE IMPLETVR
DIGES PROXIMVM TVVM
SICVT TE IPSVM

ΕΙΔΕΔΑΚΝΕΤΕ
ΚΑΙΚΑΤΕϹΘΙΕΤΕΑΛΛΗΛΟΥϹ
ΒΛΕΠΕΤΕΜΗΑΝΑΛΩΘΗΤΕ
ΥΠΑΛΛΗΛΩΝ
ΛΕΓΩΔΕΠ̅Ν̅Ι̅ΠΕΡΙΠΑΤΕΙΤΕ
ΚΑΙΕΠΙΘΥΜΙΑΝϹΑΡΚΟϹ
ΟΥΜΗΤΕΛΕϹΗΤΕ
ΗΓΑΡϹΑΡΞΕΠΙΘΥΜΕΙ
ΚΑΤΑΤΟΥΠ̅Ν̅Ϲ̅
ΤΟΔΕΠ̅Ν̅Α̅ΚΑΤΑΤΗϹϹΑΡΚΟϹ
ΤΑΥΤΑΓΑΡΑΛΛΗΛΟΙϹ
ΑΝΤΙΚΕΙΤΑΙ
ΙΝΑΜΗΟΑΝΘΕΛΗΤΕ
ΤΑΥΤΑΠΟΙΗΤΕ
ΙΔΕΠ̅Ν̅Ι̅ΑΓΕϹΘΑΙ
ΟΥΚΕϹΤΕΥΠΟΝΟΜΟΝ
ΦΑΝΕΡΑΔΕΕϹΤΙΝ
ΤΑΕΡΓΑΤΗϹϹΑΡΚΟϹ
ΑΤΙΝΑΕϹΤΙΝΜΟΙΧΙΑ
ΠΟΡΝΙΑ
ΑΚΑΘΑΡϹΙΑ

QVODSIM MORDETIS
ET INACCVSATIS INVICEM
VIDETE NE CONSVMMAMINI
AB INVICEM
DICO AVTEM S̅P̅S̅ AMBVLATE
ET CONCVPISCENTIAM CARNIS
NON PERFICIETIS
NAM CARO CONCVPISCIT
ADVERSVS S̅P̅M̅
S̅P̅S̅ AVTEM ADVERSVS CARNEM
HAEC ENIM INVICEM
ADVERSANTVR
VT NON QVAECVMQVE VVLTIS
ISTA FACIATIS
SI AVTEM S̅P̅V̅ DVCIMINI
NON ESTIS SVB LEGE
MANIFESTA AVTEM SVNT
OPERA CARNIS
QVAE SVNT ADVLTERIA
FORNICATIONIS
IMMVNDITIA

ΑϹΕΛΓΙΑ
ΕΙΔΩΛΟΛΑΤΡΙΑ
ΦΑΡΜΑΚΙΑΕΧΘΡΑΙ
ΕΡΙϹΖΗΛΟϹ
ΘΥΜΟΙΕΡΙΘΙΑΙ
ΔΙΧΟϹΤΑϹΙΑΙ
ΑΙΡΕϹΕΙϹ
ΦΘΟΝΟΙΦΟΝΟΙ
ΜΕΘΕΚΩΜΟΙ
ΚΑΙΤΑΟΜΟΙΑΤΟΥΤΟΙϹ
ΑΠΡΟΛΕΓΩΥΜΙΝ
ΚΑΘΩϹΚΑΙΠΡΟΕΙΡΗΚΑ
ΟΤΙΟΙΤΑΤΟΙΑΥΤΑ
ΠΡΑϹϹΟΝΤΕϹ
ΒΑϹΙΛΙΑΝΘ̅Υ̅
ΟΥΚΛΗΡΟΝΟΜΗϹΟΥϹΙΝ
ΟΔΕΚΑΡΠΟϹΤΟΥΠ̅Ν̅ϹΕϹΤΙΝ
ΑΓΑΠΗΧΑΡΑ
ΕΙΡΗΝΗΜΑΚΡΟΘΥΜΙΑ
ΧΡΗϹΤΟΤΗϹΑΓΑΘΟϹΥΝΗ
ΠΙϹΤΙϹΠΡΑΟΤΗϹ

INPVDICITIA
IDOLOLATROCINIA
BENEFICIA INIMICITIAE
CONTENTIONES AEMVLATIONIS
IRAE INRITATIONES
DISSENSIONES
HAERESIS
INVIDIAE HOMICIDIAE
EBRIETATIS COMISATIONES
ET SIMILIA HIS
QVAE PRAEDICO VOBIS
SICVT ET PRAEDIXI
QVIA QVI TALIA
AGVNT
REGNVM D̅I̅
NON POSSIDEBVNT
FRVCTVS AVTEM S̅P̅S̅ EST
CARITAS GAVDIVM
PAX PATIENTIA
BONITAS MANSVETVDO
FIDES LENITAS

ΕΝΚΡΑΤΙΑΑΓΝΙΑ	CONTINENTIA CASTITATIS
ΚΑΤΑΤΩΝΤΟΙΟΥΤΩΝ	ADVERSVS HVIVSMODI
ΟΥΚΕΣΤΙΝΝΟΜΟΣ	NON EST LEX
ΟΙΔΕΤΟΥΧΥ	QVI AVTEM XPI
ΤΗΝΣΑΡΚΑΕΣΤΑΥΡΩΣΑΝ	CARNEM CRVCIFIXERVNT
ΣΥΝΤΟΙΣΠΑΘΗΜΑΣΙΝ	CVM PASSIONIBVS
ΚΑΙΤΑΙΣΕΠΙΘΥΜΙΑΙΣ	ET CONCVPISCENTIIS
ΕΙΠΝΙΖΩΜΕΝ	SI SPV VIVIMVS
ΠΝΙΚΑΙΣΤΟΙΧΩΜΕΝ	SPV AMBVLEMVS
ΜΗΓΕΙΝΩΜΕΘΑ	NON EFFICIAMVR
ΚΕΝΟΔΟΞΟΙ	INANIS GLORIAE CVPIDI
ΑΛΛΗΛΟΥΣΠΡΟΚΑΛΟΥΜΕΝΟΙ	INVICEM PROVOCANTES
ΑΛΛΗΛΟΙΣΦΘΟΝΟΥΝΤΕΣ	INVICEM INVIDENTES
ΑΔΕΛΦΟΙ	FRATRES
ΕΑΝΚΑΙΠΡΟΛΗΜΦΘΗΑΝΘΡΩΠΟΣ	ET SI PRAEOCCVPATVS FVERIT HOMO
ΕΝΤΙΝΙΠΑΡΑΠΤΩΜΑΤΙ	IN ALIQVO DELICTO
ΥΜΙΣΟΙΠΝΙΚΟΙ	VOS QVI SPIRITALES ESTIS
ΚΑΤΑΡΤΙΖΕΤΕΤΟΝΤΟΙΟΥΤΟΝ	INSTVITE HVIVSMODI
ΕΝΠΝΙ	IN SPV
ΠΡΑΟΤΗΤΟΣ	MANSVETVDINIS
ΣΚΟΠΩΝΣΕΑΥΤΟΝ	CONSIDERANS VNVSQVISQVE SEIPSV̄

ΜΗΚΑΙΑΥΤΟϹΠΙΡΑϹΘΗϹ
ΑΛΛΗΛωΝΤΑΒΑΡΗΒΑϹΤΑΖЄΤЄ
ΚΑΙΟΥΤωϹΑΝΑΠΛΗΡωϹΑΤЄ
ΤΟΝΝΟΜΟΝΤΟΥΧ̅Υ̅
ЄΙΓΑΡΔΟΚЄΙΤΙϹЄΙΝΑΙΤΙ
ΜΗΔЄΝωΝ
ЄΑΥΤΟΝΦΡЄΝΑΠΑΤΑ
ΤΟΔЄЄΡΓΟΝЄΑΥΤΟΥ
ΔΟΚΙΜΑΖЄΤωЄΚΑϹΤΟϹ
ΚΑΙΤΟΤЄЄΙϹЄΑΥΤΟΝΜΟΝΟΝ
ΤΟΚΑΥΧΗΜΑЄΞЄΙ
ΚΑΙΟΥΚΙϹΤΟΝЄΤЄΡΟΝ
ЄΚΑϹΤΟϹΓΑΡ
ΤΟΙΔΙΟΝ
ΦΟΡΤΙΟΝΒΑϹΤΑϹЄΙ
ΚΟΙΝωΝЄΙΤωΔЄ
ΟΚΑΤΗΧΟΥΜЄΝΟϹΤΟΝΛΟΓΟΝ
ΤωΚΑΤΗΧΟΥΝΤΙ
ЄΝΠΑϹΙΝΑΓΑΘΟΙϹ
ΜΗΠΛΑΝΑϹΘΑΙ
Θ̅Ϲ̅ΟΥΜΥΚΤΗΡΙΖЄΤЄ

NE ET IPSE TEMPTETVR
ALTER ALTERIVS HONERA PORTATE
ET SIC IMPLEVITIS
LEGEM X̅P̅I̅
SI ENIM PVTAT SE QVIS ESSE ALIQVID
CVM NIHIL SIT
IPSE SE SEDVCIT
OPVS AVTEM SVVM
PROBET VNVSQVISQVE
ET TVNC IN SE SOLVM
HABEBIT GLORIAM
ET NON IN ALTERVM
VNVSQVISQVE ENIM
IN PROPRIVM
ONVS SVVM PORTAVIT
COMMVNICET AVTEM
IS QVI CATECHIZATVR VERBVM
QVI CATECHIZAT
IN OMNIBVS BONIS
NOLITE ERRARE
D̅S̅ NON RIDETVR

ΟΓΑΡΑΝϹΠΙΡΗΑΝΘΡΩΠΟϹ
ΤΑΥΤΑΚΑΙΘΕΡΙϹΕΙ
ΟΤΙΟϹΠΙΡΩΝ
ΕΙϹΤΗΝϹΑΡΚΑΑΥΤΟΥ
ΕΚΤΗϹϹΑΡΚΟϹΑΥΤΟΥ
ΘΕΡΙϹΕΙΦΘΟΡΑΝ
ΟΔΕϹΠΙΡΩΝΕΚΤΟΥΠΝ̅Ϲ̅
ΕΚΤΟΥΠΝ̅Ϲ̅ΘΕΡΙϹΕΙ
ΖΩΗΝΑΙΩΝΙΟΝ
ΤΟΔΕΚΑΛΟΝΠΟΙΟΥΝΤΕϹ
ΜΗΕΝΚΑΚΩΜΕΝ
ΚΑΙΡΩΓΑΡΙΔΙΩ
ΘΕΡΙϹΟΜΕΝ
ΜΗΕΚΛΥΟΜΕΝΟΙ
ΑΡΑΟΥΝΩϹΚΑΙΡΟΝΕΧΟΜΕΝ
ΕΡΓΑΖΩΜΕΘΑΤΟΑΓΑΘΟΝ
ΠΡΟϹΠΑΝΤΑϹ
ΜΑΛΙϹΤΑΔΕ
ΠΡΟϹΤΟΥϹΟΙΚΙΟΥϹ
ΤΗϹΠΙϹΤΕΩϹ
ΙΔΕΤΕΠΗΛΙΚΟΙϹΓΡΑΜΜΑϹΙΝ

QVAE ENIM SEMINAVERIT HOMO
EADET ET METET
QVONIAM QVI SEMINAT
IN CARNE SVA
DE CARNE SVA
METET CORRVPTIONEM
QVI AVTEM SEMINAT IN S̅P̅V̅
DE S̅P̅V̅ METET
VITAM AETERNAM
BONVM AVTEM FACIENTES
NON DEFICIAMVS
TEMPORE ENIM SVO
METEMVS
NON FATIGATI
ERGO DVM TEMPVS HABEMVS
OPEREMVR BONVM
AD OMNES
MAXIME AVTEM
AD DOMESTICOS
FIDEI
VIDETE QVALIBVS LITTERIS

ΥΜΙΝЄΓΡΑΨΑ
ΤΗЄΜΗΧЄΙΡΙ
ΟCΟΙΘЄΛΟΥCΙΝ
ЄΠΡΟCΩΠΗCΑΙЄΝCΑΡΚΙ
ΟΥΤΟΙΑΝΑΓΚΑΖΟΥCΙΝΥΜΑC
ΠЄΡΙΤЄΜΝЄCΘΑΙ
ΜΟΝΟΝΙΝΑΤΩCΤΑΥΡΩ
ΤΟΥΧ̅Υ̅
ΜΗΔΙΩΚΩΝΤΑΙ
ΟΥΔЄΓΑΡΟΙΠЄΡΙΤЄΜΝΟΜЄΝΟΙ
ΑΥΤΟΙΝΟΜΟΝΦΥΛΑCCΟΥCΙΝ
ΑΛΛΑΘЄΛΟΥCΙΝΥΜΑC
ΠЄΡΙΤЄΜΝЄCΘΑΙ
ΙΝΑЄΝΤΗΥΜЄΤЄΡΑCΑΡΚΙ
ΚΑΥΧΗCΟΝΤΑΙ
ЄΜΟΙΔЄΜΗΓЄΝΟΙΤΟ
ΚΑΥΧΗCΑCΘΑΙ
ЄΙΜΗЄΝΤΩCΤΑΥΡΩ
ΤΟΥΚ̅Υ̅ΗΜΩΝΙ̅Υ̅Χ̅Υ̅
ΔΙΟΥЄΜΟΙΚΟCΜΟC
ЄCΤΑΥΡΩΤΑΙΚΑΓΩΚΟCΜΩ

VOBIS SCRIPSI
MEA MANV
QVICVMQVE VOLVNT
PLACERE IN CARNE
HI CONPELLVNT VOS
CIRCVMCIDI
TANTVM VT CRVX
X̅P̅I̅
NON FVGENTVR
NEC ENIM QVI CIRCVMCISI SVNT
IPSI LEGEM CVSTODIVNT
SED VOLVNT VOS
CIRCVMCIDI
VT IN VESTRA CARNE
GLORIENTVR
MIHI AVTEM ABSIT
GLORIARI
NISI IN CRVCE
D̅N̅I̅ NOSTRI I̅H̅V̅ X̅P̅I̅
PER QVEM MIHI MVNDVS
CRVCIFIXVS EST ET EGO MVNDO

ΕΝΓΑΡΧ̅Ω̅Ι̅Υ̅ΟΥΤΕΠΕΡΙΤΟΜΗ
ΤΙΕϹΤΙΝΟΥΤΕΑΚΡΟΒΥϹΤΙΑ
ΑΛΛΑΚΑΙΝΗΚΤΙϹΙϹ
ΚΑΙΟϹΟΙΤΩΚΑΝΟΝΙΤΟΥΤΩ
ϹΤΟΙΧΟΥϹΙΝΕΙΡΗΝΗΕΠΑΥΤΟΥϹ
ΚΑΙΕΛΕΟϹΕΠΙΤΟΝΙϹΡΑΗΛΤΟΥΚ̅Υ̅
ΤΟΛΟΙΠΟΝΜΗΔΙϹΜΟΙ
ΚΟΠΟΥϹΠΑΡΕΧΕΤΩ
ΕΓΩΓΑΡΤΑϹΤΙΓΜΑΤΑ
ΤΟΥΚ̅Υ̅ΗΜΩΝΙ̅Υ̅Χ̅Υ̅
ΕΝΤΩϹΩΜΑΤΙΜΟΥΒΑϹΤΑΖΩ
ΗΧΑΡΙϹΤΟΥΚ̅Υ̅ΗΜΩΝΙ̅Υ̅Χ̅Υ̅
ΜΕΤΑΤΟΥΠ̅Ν̅Ϲ̅ΥΜΩΝΑΔΕΛΦΟΙ
ΑΜΗΝ

ΠΡΟϹ ΓΑΛΑΤΑϹ

ΕΠΛΗΡΩΘΗ ΑΡΧΕΤΑΙ

ΠΡΟϹ ΕΦΕϹΙΟΥϹ

IN X̅P̅O̅ ENIM I̅H̅V̅ NEQVE CIRCVMCISIO
ALIQVID EST NEQVE PRAEPVTIVM
SED NOVA CREATVRA
ET QVICVMQVE REGVLAM HANC
SECTANTVR PAX SVPER ILLOS
ET MISERICORDIA ET SVPER ISRAHEL D̅M̅I̅
DE CETERO NEMO MIHI
MOLESTVS SIT
EGO ENIM STIGMATA
D̅N̅I̅ I̅H̅V̅ X̅P̅I̅
IN CORPORE MEO PORTO
GRATIA D̅N̅I̅ NOSTRI I̅H̅V̅ X̅P̅I̅
CVM SPIRITV VESTRO FRATRES
AMEN

AD GALATAS

EXPLICIT INCIPIT

AD EPHESIOS

ΠΡΟC ЄΦЄCΙΟΥC	AD EPHESIOS
ΠΑΥΛΟCΑΠΟCΤΟΛΟCΧ̅Υ̅Ι̅Υ̅	PAVLVS APOSTOLVS X̅P̅I̅ I̅H̅V̅
ΔΙΑΘЄΛΗΜΑΤΟCΘ̅Υ̅	PER VOLVNTATEM D̅I̅
ΤΟΙCΑΓΙΟΙCΟΥCΙΝЄΝЄΦЄCΩ	SANCTIS QVI SVNT EPHESI
ΚΑΙΠΙCΤΟΙCЄΝΧ̅Ω̅Ι̅Υ̅	ET FIDELIBVS IN X̅P̅O̅ I̅H̅V̅
ΧΑΡΙCΥΜΙΝΚΑΙЄΙΡΗΝΗ	GRATIA VOBIS ET PAX
ΑΠΟΘ̅Υ̅ΠΑΤΡΟCΗΜΩΝ	A D̅O̅ PATRE NOSTRO
ΚΑΙΚ̅Υ̅Ι̅Υ̅Χ̅Υ̅	ET D̅N̅O̅ I̅H̅V̅ X̅P̅O̅
ЄΥΛΟΓΗΤΟCΟΘ̅C̅ΚΑΙΠΑΤΗΡ	BENEDICTVS EST D̅S̅ ET PATER
ΤΟΥΚ̅Υ̅ΗΜΩΝΙ̅Υ̅Χ̅Υ̅	D̅N̅I̅ NOSTRI I̅H̅V̅ X̅P̅I̅
ΟЄΥΛΟΓΗCΑCΗΜΑC	QVI BENEDIXIT NOS
ЄΝΠΑCΗЄΥΛΟΓΙΑ	IN OMNI BENEDICTIONE
Π̅Ν̅ΙΚΗ	SPIRITALI
ЄΝΤΟΙCЄΠΟΥΡΑΝΙΟΙCЄΝΧ̅Ω̅	IN CAELESTIBVS IN X̅P̅O̅
ΚΑΘΩCЄΞЄΛЄΞΑΤΟΗΜΑC	SICVT ET ELEGIT NOS
ЄΝΑΥΤΩ	IN IPSO
ΠΡΟΚΑΤΑΒΟΛΗCΚΟCΜΟΥ	ANTE CONSTITVTIONEM MVNDI
ЄΙΝΑΙΗΜΑCΑΓΙΟΥC	VT ESSEMVS SANCTI
ΚΑΙΑΜΩΜΟΥC	ET INMACVLATI
ΚΑΤЄΝΩΠΙΟΝΑΥΤΟΥ	IN CONSPECTV EIVS
ЄΝΑΓΑΠΗ	IN CARITATE
ΠΡΟΩΡΙCΑCΗΜΑC	PRAEDESTINANS NOS

ΕΙϹΥΙΟΘΕϹΙΑΝ	IN NATIONEM FILIORVM
ΔΙΑΙ̅Υ̅Χ̅Υ̅ΕΙϹΑΥΤΟΝ	PER I̅H̅M̅ X̅P̅M̅ IN IPSVM
ΚΑΤΑΤΗΝΕΥΔΟΚΙΑΝ	SECVNDVM PLACITVM
ΤΟΥΘΕΛΗΜΑΤΟϹΑΥΤΟΥ	VOLVNTATIS SVAE
ΕΙϹΕΠΑΙΝΟΝΤΗϹΔΟΞΗϹ	AD LAVDEM GLORIAE
ΤΗϹΧΑΡΙΤΟϹΑΥΤΟΥ	GRATIAE SVAE
ΕΝΗΕΧΑΡΙΤΩϹΕΝΗΜΑϹ	IN QVA GRATIFICAVIT NOS
ΕΝΤΩΗΓΑΠΗΜΕΝΩ	IN DELECTO
ΥΙΩΑΥΤΟΥ	FILIO SVO
ΕΝΩΕϹΧΟΜΕΝ	IN QVO ABEMVS
ΤΗΝΑΠΟΛΥΤΡΩϹΙΝ	REDEMPTIONEM
ΔΙΑΤΟΥΑΙΜΑΤΟϹΑΥΤΟΥ	PER SANGVINEM EIVS
ΤΗΝΑΦΕϹΙΝ	REMISSIONEM
ΤΩΝΠΑΡΑΠΤΩΜΑΤΩΝ	PECCATORVM
ΚΑΤΑΤΟΠΛΟΥΤΟϹ	SECVNDVM DIVITIAS
ΤΗϹΧΑΡΙΤΟϹΑΥΤΟΥ	GRATIAE EIVS
ΗϹΕΠΕΡΙϹϹΕΥϹΕΝ	QVAE SVPERABVNDAVIT
ΕΙϹΗΜΑϹ	IN NOBIS
ΕΝΠΑϹΗϹΟΦΙΑ	IN OMNI SAPIENTIA
ΚΑΙΦΡΟΝΗϹΕΙ	ET PRVDENTIA
ΓΝΩΡΙϹΑϹΗΜΙΝ	VT OSTENDERENT NOBIS

ΤΟΜΥϹΤΕΡΙΟΝ	SACRAMENTVM
ΤΟΥΘΕΛΗΜΑΤΟϹΑΥΤΟΥ	VOLVPTATIS SVAE
ΚΑΤΑΤΗΝΕΥΔΟΚΙΑΝ	SECVNDVM PLACITVM
ΗΝΠΡΟΕΘΕΤΟΕΝΑΥΤΩ	QVOD PROPOSVIT IN EO
ΕΙϹΟΙΚΟΝΟΜΙΑΝ	IN DISPOSITIONE
ΤΟΥΠΛΗΡΩΜΑΤΟϹΤΩΝΚΑΙΡΩΝ	PLENITVDINIS TEMPORVM
ΑΝΑΚΕΦΑΛΑΕΩϹΑϹΘΑΙ	RESTAVRARE
ΤΑΠΑΝΤΑΕΝΤΩΧ̅Ω̅	OMNIA IN X̅P̅O̅
ΤΑΕΠΙΤΟΙϹΟΥΡΑΝΟΙϹ	QVAE IN CAELIS
ΚΑΙΤΑΕΠΙΤΗϹΓΗϹΕΝΑΥΤΩ	ET QVAE IN TERRA SVNT IN IPSO
ΕΝΩΚΑΙΕΚΛΗΘΗΜΕΝ	IN QVO ET VOCATI SVMVS
ΠΡΟΩΡΙϹΘΕΝΤΕϹ	PRAEDESTINATI
ΚΑΤΑΤΗΝΠΡΟΘΕϹΙΝΤΟΥΘ̅Υ̅	SECVNDVM PROPOSITVM D̅I̅
ΤΟΥΠΑΝΤΑΕΝΕΡΓΟΥΝΤΟϹ	QVI OMNIA OPERATVR
ΚΑΤΑΤΗΝΒΟΥΛΗΝ	SECVNDVM CONSILIVM
ΤΟΥΘΕΛΗΜΑΤΟϹΑΥΤΟΥ	VOLVNTATIS SVAE
ΕΙϹΤΟΕΙΝΑΙΗΜΑϹ	VT ESSEMVS
ΕΙϹΕΠΑΙΝΟΝΔΟΞΗϹ	IN LAVDEM GLORIAE
ΤΟΥϹΠΡΟΗΛΠΙΚΟΤΑϹΕΝΤΩΧ̅Ω̅	QVI ET ANTE SPERAVIMVS IN X̅P̅O̅
ΕΝΩΚΑΙΥΜΙϹΑΚΟΥϹΑΝΤΕϹ	IN QVO ET VOS AVDIENTES
ΤΟΝΛΟΓΟΝΤΗϹΑΛΗΘΙΑϹ	VERBVM VERITATIS

ΤΟΕΥΑΓΓΕΛΙΟΝ	EVANGELIVM
ΤΗϹϹΩΤΗΡΙΑϹΥΜΩΝ	SALVTIS VESTRAE
ΕΝΩΠΙϹΤΕΥϹΑΝΤΕϹ	IN QVO CREDENTES
ΕϹΦΡΑΓΙϹΘΗΤΕ	SIGNATI ESTIS
ΤΩΠ̅Ν̅Ι̅ΤΗϹΕΠΑΓΓΕΛΙΑϹ	S̅P̅S̅ PROMISSIONIS
ΤΩΑΓΙΩ	SANCTO
ΟϹΕϹΤΙΝΑΡΡΑΒΩΝ	QVOD EST PIGNVS
ΤΗϹΚΛΗΡΟΝΟΜΙΑϹΗΜΩΝ	HEREDITATIS NOSTRAE
ΕΙϹΑΠΟΛΥΤΡΩϹΙΝ	IN REDEMPTIONEM
ΤΗϹΠΕΡΙΠΟΙΗϹΕΩϹ	ADOPTIONIS
ΕΙϹΕΠΑΙΝΟΝ	IN LAVDEM
ΤΗϹΔΟΞΗϹΑΥΤΟΥ	GLORIAE IPSIVS
ΔΙΑΤΟΥΤΟΚΑΓΩΑΚΟΥϹΑϹ	PROPTER HOC ET EGO AVDIENS
ΤΗΝΚΑΘΥΜΑϹΠΙϹΤΙΝ	VESTRA FIDE
ΕΝΤΩΚ̅Ω̅Ι̅Υ̅Χ̅Υ̅	IN D̅N̅O̅ I̅H̅V̅ X̅P̅O̅
ΚΑΙΤΗΝΑΓΑΠΗΝ	ET CARITATEM
ΕΙϹΠΑΝΤΑϹΤΟΥϹΑΓΙΟΥϹ	IN OMNES SANCTOS
ΟΥΠΑΥϹΟΜΑΙΕΥΧΑΡΙϹΤΩΝ	NON CESSO GRATIAS AGENS
ΥΠΕΡΥΜΩΝ	PRO VOBIS
ΜΝΙΑΝΠΟΙΟΥΜΕΝΟϹ	MEMORIAM FACIENS
ΕΠΙΤΩΝΠΡΟϹΕΥΧΩΝΜΟΥ	IN ORATIONIBVS MEIS

ΙΝΑΟΘϹΤΟΥΚΥΗΜΩΝΙΥΧΥ	VT DS DNI NOSTRI IHV XPI
ΟΠΑΤΗΡΤΗϹΔΟΞΗϹ	PATER GLORIAE
ΔΩΗΥΜΙΝΠΝΑϹΟΦΙΑϹ	DET VOBIS SPM SAPIENTIAE
ΚΑΙΑΠΟΚΑΛΥΨЄΩϹ	ET REVELATIONIS
ЄΝЄΠΙΓΝΩϹЄΙΑΥΤΟΥ	IN AGNITIONE EIVS
ΠЄΦΩΤΙϹΜЄΝΟΥϹ	INLVMINATOS
ΤΟΥϹΟΦΘΑΛΜΟΥϹ	OCVLOS
ΤΗϹΚΑΡΔΙΑϹΥΜΩΝ	CORDIS VESTRI
ЄΙϹΤΟЄΙΔЄΝΑΙΥΜΑϹ	VT SCIATIS VOS
ΤΙϹЄϹΤΙΝΗЄΛΠΙϹ	QVAE SIT SPES
ΤΗϹΚΛΗϹЄΩϹΑΥΤΟΥ	VOCATIONIS EIVS
ΤΙϹΟΠΛΟΥΤΟϹΤΗϹΔΟΞΗϹ	QVAE DIVITIAE GLORIAE
ΤΗϹΚΛΗΡΟΝΟΜΙΑϹΑΥΤΟΥ	HEREDITATIS EIVS
ЄΝΤΟΙϹΑΓΙΟΙϹ	IN SANCTIS
ΚΑΙΤΙΤΟΥΠЄΡΒΑΛΛΟΝ	ET QVAE SIT SVPEREMINENS
ΜЄΓЄΘΟϹ	MAGNITVDO
ΤΗϹΔΥΝΑΜЄΩϹΑΥΤΟΥ	VIRTVTIS EIVS
ЄΙϹΥΜΑϹΤΟΥϹΠΙϹΤЄΥΟΝΤΑϹ	IN VOBIS QVI CREDIDISTIS
ΚΑΤΑΤΗΝЄΝЄΡΓΙΑΝ	SECVNDVM OPERATIONEM
ΤΟΥΚΡΑΤΟΥϹ	POTESTATIS
ΤΗϹΙϹΧΥΟϹΑΥΤΟΥ	VIRTVTIS EIVS

ΗΝΕΝΗΡΓΗϹΕΝΕΝΤΩΧ̅Ω̅ΕΓΕΙΡΑϹΑΥΤΟ̅	QVAM OPERATVS EST IN X̅P̅O̅ SVSCITANS ILLV̄
ΕΚΝΕΚΡΩΝ	A MORTVIS
ΚΑΙΕΚΑΘΙϹΕΝ	ET CONSTITVIT
ΕΝΔΕΞΙΑΑΥΤΟΥ	AD DEXTERAM SVAM
ΕΝΤΟΙϹΕΠΟΥΡΑΝΙΟΙϹ	IN CAELESTIBVS
ΥΠΕΡΑΝΩΠΑϹΗϹΑΡΧΗϹ	SVPER OMNEM INITIVM
ΚΑΙΕΞΟΥϹΙΑϹ	ET POTESTATEM
ΚΑΙΔΥΝΑΜΕΩϹ	ET VIRTVTEM
ΚΑΙΚΥΡΙΟΤΗΤΟϹ	ET DOMINATIONEM
ΚΑΙΠΑΝΤΟϹΟΝΟΜΑΤΟϹ	ET OMNE NOMEN
ΟΝΟΜΑΖΟΜΕΝΟΥ	QVOD NOMINATVR
ΟΥΜΟΝΟΝΕΝΤΩΑΙΩΝΙΤΟΥΤΩ	NON SOLVM IN SAECVLO HOC
ΑΛΛΑΚΑΙΕΝΤΩΜΕΛΛΟΝΤΙ	SED ETIAM IN FVTVRO
ΚΑΙΠΑΝΤΑΥΠΕΤΑΞΕΝ	ET OMNIA SVBIECIT
ΥΠΟΤΟΥϹΠΟΔΑϹΑΥΤΟΥ	SVB PEDIBVS EIVS
ΚΑΙΑΥΤΟΝΕΔΩΚΕΝ	ET IPSVM DEDIT
ΚΕΦΑΛΗΝΥΠΕΡΠΑΝΤΑ	CAPVT SVPER OMNIA
ΤΗΕΚΚΛΗϹΙΑ	ECCLESIA
ΗΤΙϹΕϹΤΙΝΤΟϹΩΜΑΑΥΤΟΥ	QVAE EST CORPVS EIVS
ΤΟΠΛΗΡΩΜΑ	SVPPLEMENTVM
ΤΟΥΤΑΠΑΝΤΑΕΝΠΑϹΙΝ	QVI OMNIA ET IN OMNIBVS

ΠΛΗΡΟΥΜЄΝΟΥ
ΚΑΙΥΜΑCΟΝΤΑC
ΝЄΚΡΟΥC
ΤΟΙCΠΑΡΑΠΤѠΜΑCΙΝ
ΚΑΙΤΑΙCΑΜΑΡΤΙΑΙCΥΜѠΝ
ЄΝΑΙCΠΟΤЄ
ΠЄΡΙЄΠΑΤΗCΑΤЄ
ΚΑΤΑΤΟΝΑΙѠΝΑ
ΤΟΥΚΟCΜΟΥΤΟΥΤΟΥ
ΚΑΤΑΤΟΝΑΡΧΟΝΤΑ
ΤΗCЄΞΟΥCΙΑC
ΤΟΥΑЄΡΟCΤΟΥΠ̅Ν̅C̅
ΤΟΥΝΥΝЄΝЄΡΓΟΥΝΤΟC
ЄΝΤΟΙCΥΙΟΙCΤΗCΑΠΙΘΙΑC
ЄΝΟΙCΚΑΙΥΜΙC
ΠΑΝΤЄC
ΑΝЄCΤΡΑΦΗΜЄΝΠΟΤЄ
ЄΝΤΑΙCЄΠΙΘΥΜΙΑΙC
ΤΗCCΑΡΚΟCΗΜѠΝ
ΠΟΙΟΥΝΤЄCΤΑΘЄΛΗΜΑΤΑ
ΤΗCCΑΡΚΟC

IMPLETVR
ET VOS CVM ESSETIS
MORTVI
DELICTIS
ET PECCATIS VESTRIS
IN QVIBVS ALIQVANDO
AMBVLASTIS
SECVNDVM SAECVLVM
MVNDI HVIVS
SECVNDVM PRINCIPEM
POTESTATIS
AERIS HVIVS S̅P̅S̅
QVI NVNC OPERATVR
IN FILIIS DIFFIDENTIAE
IN QVIBVS ET NOS
OMNES
CONVERSATI SVMVS ALIQVANDO
IN CONCVPISCENTIA
CARNIS NOSTRAE
FACIENTES VOLVMPTATES
CARNIS

ΚΑΙΤΩΝΔΙΑΝΟΙΩΝ	ET CONSILIORVM
ΚΑΙΗΜΕΝΦΥCΕΙ	ET ERAMVS NATVRA
ΤΕΚΝΑΟΡΓΗC	FILI IRAE
ΩCΚΑΙΟΙΛΟΙΠΟΙ	SICVT ET CETERI
ΟΔΕΘ̅C̅ΠΛΟΥCΙΟCΩΝ	D̅S̅ AVTEM QVI DIVES EST
ΕΝΕΛΕΕΙ	IN MISERICORDIA
ΔΙΑΤΗΝΠΟΛΛΗΝΑΓΑΠΗΝ	PER MVLTAM CARITATEM
ΗΝΗΓΑΠΗCΕΝΗΜΑC	MISERTVS EST NOSTRI
ΚΑΙΟΝΤΑCΗΜΑC	ET CVM ESSEMVS
ΝΕΚΡΟΥC	MORTVI
ΤΑΙCΑΜΑΡΤΙΑΙC	PECCATIS
CΥΝΕΖΩΟΠΟΙΗCΕΝΤΩΧ̅Ω̅	CONVIVIFICAVIT NOS X̅P̅O̅
ΟΥΤΗΧΑΡΙΤΙΕCΤΕ	CVIVS GRATIA ESTIS
CΕCΩCΜΕΝΟΙ	SALVATI
ΚΑΙCΥΝΗΓΕΙΡΕΝ	ET COEXCITAVIT
ΚΑΙCΥΝΕΚΑΘΙCΕΝ	ET COLLIGAVIT
ΕΝΤΟΙCΕΠΟΥΡΑΝΙΟΙCΕΝΧ̅Ω̅Ι̅Υ̅	IN CAELESTIBVS IN X̅P̅O̅ I̅H̅V̅
ΙΝΑΕΝΔΙΞΗΤΕ	VT OSTENDERET
ΕΝΤΟΙCΑΙΩCΙΝ	IN SAECVLIS
ΤΟΙCΕΠΕΡΧΟΜΕΝΟΙC	SVPERVENIENTIBVS
ΤΟΥΠΕΡΒΑΛΛΟΝ	SVPERABVNDANTE

ΠΛΟΥΤΟϹΤΗϹΧΑΡΙΤΟϹΑΥΤΟΥ
ΕΝΤΗΧΡΗϹΤΟΤΗΤΙ
ΕΦΗΜΑϹΕΝΧΥ
ΤΗΓΑΡΑΥΤΟΥΧΑΡΙΤΙϹΕϹΩϹΜΕΝΟΙΕϹΜΕ̄
ΔΙΑΠΙϹΤΕΩϹ
ΚΑΙΤΟΥΤΟΟΥΚΕΞΗΜΩΝ
ΘΥΤΟΔΩΡΟΝ
ΟΥΚΕΞΕΡΓΩΝ
ΙΝΑΜΗΤΙϹΚΑΥΧΗϹΗΤΕ
ΑΥΤΟΥΓΑΡΕϹΜΕΝ
ΠΟΙΗΜΑ
ΚΤΙϹΘΕΝΤΕϹΕΝΧΩΙΥ
ΕΠΙΕΡΓΟΙϹΑΓΑΘΟΙϹ
ΟΙϹΠΡΟΗΤΟΙΜΑϹΕΝΟΘϹ
ΙΝΑΕΝΑΥΤΟΙϹΠΕΡΙΠΑΤΗϹΩΜΕΝ
ΔΙΟΜΝΗΜΟΝΕΥΕΤΕΟΤΙ
ΠΟΤΕΥΜΙϹ
ΤΑΕΘΝΗΕΝϹΑΡΚΙ
ΟΙΛΕΓΟΜΕΝΟΙ
ΑΚΡΟΒΥϹΤΙΑ
ΥΠΟΤΗϹΛΕΓΟΜΕΝΗϹ

DIVITIAE GLORIAE SVAE
IN BONITATE
SVPER NOS IN XPO
NAM GRATIA EIVS SALVI FACTI SVMVS
PER FIDEM
ET HOC NON EX NOBIS
DI DONVM EST
NON EX OPERIBVS
VT NE QVIS GLORIETVR
IPSIVS ENIM SVMVS
FIGMENTVM
CREATI IN DNO IHV
IN OPERIBVS BONIS
QVAE PRAEPARAVIT DS
VT IN ILLIS AMBVLEMVS
MEMORIAM HABENTES
ALIQVANDO VOS
GENTES IN CARNE
QVI DICIMINI
PRAEPVTATIVM
AB EA QVE DICITVR

ΠΕΡΙΤΟΜΗϹ
ΕΝϹΑΡΚΙΧΕΙΡΟΠΟΙΗΤΩ
ΟΤΙΗΤΕΤΩΚΑΙΡΩΕΚΕΙΝΩ
ΧΩΡΙϹΧΥ
ΑΠΗΛΛΟΤΡΙΩΜΕΝΟΙ
ΤΗϹΠΟΛΙΤΕΙΑϹ
ΤΟΥΙϹΡΑΗΛ
ΚΑΙΞΕΝΟΙΤΩΝΔΙΑΘΗΚΩΝ
ΤΗϹΕΠΑΓΓΕΛΙΑϹ
ΕΛΠΙΔΑΜΗΕΧΟΝΤΕϹ
ΚΑΙΑΘΕΟΙΕΝΤΩΚΟϹΜΩ
ΝΥΝΕΙΔΕΕΝΧΩΙΥΥΜΕΙϹ
ΟΙΠΟΤΕΟΝΤΕϹΜΑΚΡΑΝ
ΕΝΓΥϹΕΓΕΝΗΘΗΤΕ
ΕΝΤΩΑΙΜΑΤΙΤΟΥΧΥ
ΑΥΤΟϹΓΑΡΕϹΤΙΝ
ΗΕΙΡΗΝΗΗΜΩΝ
ΟΠΟΙΗϹΑϹΤΑΑΜΦΟΤΕΡΑΕΝ
ΚΑΙΤΟΜΕϹΟΤΟΙΧΟΝ
ΤΟΥΦΡΑΓΜΟΥ
ΛΥϹΑϹΤΗΝΕΧΘΡΑΝ

CIRCVMCISIO
IN CARNE MANV FACTA
QVIA FVISTIS TEMPORE ILLO
SINE XPO
ALIENATI
A CONVERSATIONE
ISRAHEL
ET HOSPITES TESTAMENTORVM
PROMISSIONIS EORVM
SPEM NON HABENTES
ET SINE DO IN HOC MVNDO
NVNC AVTEM IN XPO IHV BOS
QVI ALIQVANDO FVISTIS LONGE
IVSTA FACTI ESTI
IN SANGVINE XPI
IPSE ENIM EST
PAX NOSTRA
QVI FECIT VTRAQVE VNVM
ET MEDIVM PARIETEM
MACERIAE
SOLVENS INIMICITIAM

ΕΝΤΗϹΑΡΚΙΑΥΤΟΥ
ΤΟΝΝΟΜΟΝΤΩΝΕΝΤΟΛΩΝ
ΕΝΔΟΓΜΑϹΙΝΚΑΤΑΡΤΙϹΑϹ
ΙΝΑΤΟΥϹΔΥΟΚΤΙϹΗ
ΕΝΕΑΥΤΩ
ΕΙϹΕΝΑΚΑΙΝΟΝ
ΑΝΘΡΩΠΟΝ
ΠΟΙΩΝΕΙΡΗΝΗΝ
ΚΑΙΑΠΟΚΑΤΑΛΛΑΞΗ
ΤΟΥϹΑΜΦΟΤΕΡΟΥϹ
ΕΝΕΝΙϹΩΜΑΤΙΤΩΘΩ
ΔΙΑΤΟΥϹΤΑΥΡΟΥ
ΑΠΟΚΤΙΝΑϹ
ΤΗΝΕΧΘΡΑΝΕΝΑΥΤΩ
ΚΑΙΕΛΘΩΝΕΥΗΓΓΕΛΙϹΑΤΟ
ΕΙΡΗΝΗΥΜΙΝ
ΤΟΙϹΜΑΚΡΑΝ
ΚΑΙΕΙΡΗΝΗΤΟΙϹΕΓΓΥϹ
ΟΤΙΔΙΑΥΤΟΥΕΧΟΜΕΝ
ΤΗΝΠΡΟϹΑΓΩΓΗΝ
ΟΙΑΜΦΟΤΕΡΟΙΕΝΕΝΙΠΝΙ

IN CARNE SVA
LEGEM MANDATORVM
IN AEDICTIS DESTITVENS
VT DVOS CONDAT
IN SE IPSO
IN VNVM NOVVM
HOMINEM
FACIENS PACEM
ET RECONCILIARET
AMBOS
IN VNO CORPORE DO
PER CRVCEM
INTERFICIENS
INIMICITIAM IN SEMETIPSVM
ET VENIENS EVANGELIZAVI
PACEM VOBIS
QVI LONGE
ET PACEM HIS QVI IVXTA
QVIA PER IPSVM HABEMVS
ACCESSVM
AMBO IN VNO SPV

ΠΡΟϹΤΟΝΠΑΤЄΡΑ	AD PATREM
ΑΡΑΟΥΝΟΥΚЄΤΙЄϹΤЄΞЄΝΟΙ	ERGO IAM NON ESTIS HOSPITES
ΚΑΙΠΑΡΟΙΚΟΙ	ET ADVENAE
ΑΛΛЄϹΤЄϹΥΝΠΟΛЄΙΤΑΙ	SED ESTIS CONCIVES
ΤΩΝΑΓΙΩΝ	SANCTORVM
ΚΑΙΟΙΚΙΟΙΤΟΥΘΥ	ET DOMESTICI DI
ЄΠΟΙΚΟΔΟΜΗΘЄΝΤЄϹ	SVPERAEDIFICATI
ЄΠΙΤΩΘЄΜЄΛΙΩ	SVPRA FVNDAMENTVM
ΤΩΝΑΠΟϹΤΟΛΩΝ	APOSTOLORVM
ΚΑΙΠΡΟΦΗΤΩΝ	ET PROPHETARVM
ΟΝΤΟϹΑΚΡΟΓΩΝΙЄΟΥΛΙΘΟΥ	CVM SIT ANGVLARIS LAPIS
ΑΥΤΟΥΙΥΧΥ	IPSE IHS XPS
ЄΝΩΠΑϹΑΟΙΚΟΔΟΜΗ	IN QVO OMNIS AEDIFICATIO
ϹΥΝΑΡΜΟΛΟΓΟΥΜЄΝΗ	CONPACTA
ΑΥΞЄΙ	CRESCIT
ЄΙϹΝΑΟΝΑΓΙΟΝЄΝΚΩ	IN TEMPLVM SANCTVM IN DNO
ЄΝΩΚΑΙΥΜЄΙϹ	IN QVO ET VOS
ϹΥΝΟΙΚΟΔΟΜΙϹΘΑΙ	COAEDIFICAMINI
ЄΙϹΚΑΤΟΙΚΗΤΗΡΙΟΝ	IN HABITATIONE
ΤΟΥΘΥЄΝΠΝΙ	DI IN SPV
ΤΟΥΤΟΥΧΑΡΙΝ	HVIVS REI GRATIA

ΕΓΩΠΑΥΛΟϹ
ΟΔΕϹΜΙΟϹΤΟΥΧΥ
ΥΠΕΡΥΜΩΝΤΩΝΕΘΝΩΝΠΡΕϹΒΕΥΩ
ΕΙΓΕΗΚΟΥϹΑΤΕ
ΤΗΝΟΙΚΟΝΟΜΙΑΝΤΟΥΘΥ
ΤΗϹΧΑΡΙΤΟϹΤΗϹΔΟΘΙϹΗϹΜΟΙ
ΕΙϹΥΜΑϹΟΤΙ
ΚΑΤΑΑΠΟΚΑΛΥΨΙΝ
ΕΓΝΩΡΙϹΘΗΜΟΙ
ΤΟΜΥϹΤΗΡΙΟΝ
ΚΑΘΩϹΠΡΟΕΓΡΑΨΑ
ΕΝΟΛΙΓΩ
ΠΡΟϹΟΔΥΝΑϹΘΑΙ
ΑΝΑΓΙΝΩϹΚΟΝΤΕϹΝΟΗϹΑΙ
ΤΗΝϹΥΝΕϹΙΝΜΟΥ
ΕΝΤΩΜΥϹΤΗΡΙΩΤΟΥΧΥ
ΟΕΤΕΡΕϹΓΕΝΕΑΙϹ
ΟΥΚΕΓΝΩΡΙϹΘΗ
ΤΟΙϹΥΙΟΙϹΤΩΝΑΝΘΡΩΠΩΝ
ΩϹΝΥΝΑΠΕΚΑΛΥΦΘΗ
ΤΟΙϹΑΓΙΟΙϹΑΥΤΟΥ

EGO PAVLVS
VINCTVS XPI
PRO VOBIS GENTIBVS POSTVLO
SI TAMEN AVDISTIS
DISPOSITIONEM DI
GRATIAE QVAE DATA EST MIHI
IN VOBIS
SECVNDVM REVELATIONEM
COGNITVM MIHI FACTVM EST
SACRAMENTVM
SICVT ANTE SCRIPSI
IN MODICO
AD QVOD POTESTIS
LEGENTES INTELLEGERE
PRVDENTIAM MEAM
IN SACRAMENTO XPI
QVOD ALIIS GENERATIONIBVS
NON FVIT NOTVM
FILIIS HOMINVM
SICVT NVNC REVELATVM EST
SANCTIS EIVS

ΑΠΟCΤΟΛΟΙCΚ
ΚΑΙΠΡΟΦΗΤΑΙC
ЄΝΠΝΙΑΓΙωЄΙΝΑΙΤΑЄΘΝΗ
CΥΝΚΛΗΡΟΝΟΜΑ
ΚΑΙCΥΝCωΜΑ
ΚΑΙCΥΝΜЄΤΟΧΑ
ΤΗCЄΠΑΓΓЄΛΙΑC
ЄΝΤωΧω
ΔΙΑΤΟΥЄΥΑΝΓЄΛΙΟΥ
ΟΥЄΓЄΝΗΘΗΝΔΙΑΚΟΝΟC
ΚΑΤΑΤΗΝΔωΡЄΑΝ
ΤΗCΧΑΡΙΤΟCΤΟΥΘΥ
ΤΗCΔΟΘЄΙCΗCΜΟΙ
ΚΑΤΑΤΗΝЄΝЄΡΓΙΑΝ
ΤΗCΔΥΝΑΜЄωCΑΥΤΟΥ
ЄΜΟΙΤωЄΛΑΧΙCΤΟΤЄΡω
ΠΑΝΤωΝΑΓΙωΝ
ЄΔΟΘΗΗΧΑΡΊCΑΥΤΗ
ЄΝΤΟΙCЄΘΝЄCΙΝ
ЄΥΗΓΓЄΛΙCΑCΘΑΙ
ΤΟΑΝЄΞΙΧΝΙΑCΤΟΝ

APOSTOLIS
ET PROPHETIS
IN SPV SANCTO ESSE GENTES
COHEREDES
ET CONCORPORALES
ET PARTICIPES
PER PROMISSIONIS
IN XPO
PER EVANGELIVM
CVIVS FACTVS SVM MINISTER
SECVNDVM MODVM
GRATIAE DI
QVAE DATA EST MIHI
SECVNDVM OPERATIONEM
VIRTVTIS EIVS
MIHI MINIMO
OMNIVM SANCTORVM
DATA EST GRATIA HAEC
INTER GENTES
EVANGELIZARE
INVESTIGABILIS

ΠΛΟΥΤΟCΤΟΥΧ̅Υ̅	DIVITIAS X̅P̅I̅
ΚΑΙΦѠΤΙCΑΙΠΑΝΤΑC	ET INLVMINARE OMNES
ΤΙCΗ̇ΟΙΚΟΝΟΜΙΑ	QVAE SIT DISPOSITIO
ΤΌΥΜΥCΤΗΡΙΟΥ	SACRAMENTI
ΤΟΥΑΠΟΚЄΚΡΥΜΜЄΝΟΥ	ABSCONDITI
ΑΠΟΤѠΝΑΙѠΝѠΝЄΝΤѠΘ̅Ѡ̅	A SAECVLIS IN D̅O̅
ΤѠΠΑΝΤΑΚΤΙCΑΝΤΙ	QVI OMNIA CREAVIT
ΙΝΑΓΝѠΡΙCΘΗΝΥΝ	VT INNOTESCAT
ΤΑΙCΑΡΧΑΙC	PRINCIPIBVS
ΚΑΙΤΑΙCЄΞΟΥCΙΑΙC	ET POTESTATIBVS
ЄΝΤΟΙCЄΠΟΥΡΑΝΙΟΙC	IN CAELESTIBVS
ΔΙΑΤΗCЄΚΚΛΗCΙΑC	PER ECCLESIAM
ΗΠΟΛΥΠΟΙΚΙΛΟC	MVLTIFORMES
CΟΦΙΑΤΟΥΘ̅Υ̅	SAPIENTIA D̅I̅
ΚΑΤΑΠΡΟΘЄCΙΝ	SECVNDVM PROPOSITVM
ΤѠΝΑΙѠΝѠΝ	SAECVLORVM
ΗΝЄΠΟΙΗCЄΝЄΝΧ̅Ѡ̅Ι̅Υ̅	QVAM FECIT IN X̅P̅O̅ I̅H̅V̅
ΤѠΚ̅Ѡ̅ΗΜѠΝ	D̅N̅O̅ NOSTRO
ЄΝѠЄΧΟΜЄΝ	IN QVO HABEMVS
ΤΗΝΠΡΟCΑΓѠΓΗΝ	FIDVCIAM
ΚΑΙΤΗΝΠΑΡΡΗCΙΑΝ	IN CONFIDENTIA

ΕΝΤΩΕΛΕΥΘΕΡΩΘΗΝΑΙ
ΔΙΑΤΗϹΠΙϹΤΕΩϹΑΥΤΟΥ
ΔΙΟΑΙΤΟΥΜΑΙΜΗΕΝΚΑΚΙΝ
ΕΝΤΑΙϹΘΛΙΨΕϹΙΝΜΟΥ
ΥΠΕΡΥΜΩΝ
ΗΤΙϹΕϹΤΙΝΔΟΞΑΥΜΩΝ
ΤΟΥΤΟΥΧΑΡΙΝΚΑΜΠΤΩ
ΤΑΓΟΝΑΤΑΜΟΥ
ΠΡΟϹΤΟΝΠΑΤΕΡΑ
ΤΟΥ$\overline{\text{ΚΥ}}$ΗΜΩΝ$\overline{\text{ΙΥ}}\overline{\text{ΧΥ}}$
ΕΞΟΥΠΑϹΑΠΑΤΡΙΑ
ΕΝΟΥΡΑΝΟΙϹ
ΚΑΙΕΠΙΓΗϹΟΝΟΜΑΖΕΤΕ
ΙΝΑΔΩΗΥΜΙΝΚΑ
ΚΑΤΑΤΟΠΛΟΥΤΟϹ
ΤΗϹΔΟΞΗϹΑΥΤΟΥ
ΔΥΝΑΜΕΙ
ΚΡΑΤΕΩΘΗΝΑΙ
ΔΙΑΤΟΥ$\overline{\text{ΠΝϹ}}$ΑΥΤΟΥ
ΕΙϹΤΟΝΕϹΩΑΝΘΡΩΠΟΝ
ΚΑΤΟΙΚΗϹΑΙΤΟΝ$\overline{\text{ΧΝ}}$

ET LIBERTATEM
PER FIDEM EIVS
PROPTER QVOD PETO NE DEFICIATIS
IN TRIBVLATIONIBVS MEIS
PRO VOBIS
QVAE EST GLORIA VESTRA
HVIVS REI GRATIA FLECTO
GENVA MEA
AD PATREM
$\overline{\text{DNI}}$ NOSTRI $\overline{\text{IHV}}$ $\overline{\text{XPI}}$
EX QVO OMNIS PATERNITAS
IN CAELIS
ET IN TERRA NOMINATVR
VT DET VOBIS
SECVNDVM DIVITIAS
GLORIAE SVAE
VIRTVTEM
CONFORTARI
PER $\overline{\text{SPM}}$ EIVS
IN INTERIOREM HOMINEM
HABITARE $\overline{\text{XPM}}$

AD EPHESIOS III, 12—17.

ΔΙΑΤΗϹΠΙϹΤЄⲰϹ	PER FIDEM
ЄΝΤΑΙϹΚΑΡΔΙΑΙϹΥΜⲰΝ	IN CORDIBVS VESTRIS
ЄΝΑΓΑΠΗЄΡΡΙΖⲰΜЄΝΟΙ	IN CARITATE RADICATI
ΚΑΙΤЄΘЄΜЄΛΙⲰΜЄΝΟΙ	ET FVNDATI
ΙΝΑΙϹΧΥϹΗΤЄΚΑΤΑΛΑΒЄϹΘΑΙ	VT POSSITIS CONPRAEHENDERE
ϹΥΝΠΑϹΙΤΟΙϹΑΓΙΟΙϹ	CVM OMNIBVS SANCTIS
ΤΙΤΟΠΛΑΤΟϹ	QVAE SIT LATITVDO
ΚΑΙΜΗΚΟϹ	ET LONGITVDO
ΚΑΙΥΨΟϹΚΑΙΒΑΘΟϹ	ET ALTITVDO ET PROFVNDVM
ΓΝⲰΝΑΙ	COGNOSCERE QVOQVE
ΤΗΝΥΠЄΡΒΑΛΛΟΥϹΑΝ	SVPEREMINENTIAM
ΤΗϹΓΝⲰϹЄⲰϹ	SCIENTIAE
ΑΓΑΠΗΝΤΟΥΧ̅Υ̅	CARITATEM X̅P̅I̅
ΙΝΑΠΛΗΡⲰΘΗΤЄ	VT INPLEAMINI
ЄΙϹΠΑΝΤΟΠΛΗΡⲰΜΑΤΟΥΘ̅Υ̅	IN OMNEM PLENITVDINEM D̅I̅
ΤⲰΔЄΔΥΝΑΜЄΝⲰ	EI AVTEM QVI POTEST
ΠΑΝΤΑΠΟΙΗϹΑΙ	OMNIA FACERE
ΥΠЄΡЄΚΠЄΡΙϹϹΟΥ	SVPERABVNDANTER
ⲰΝΑΙΤΟΥΜЄΘΑΗΝΟΟΥΜЄΝ	QVAE PETIMVS AVT INTELLEGIMVS
ΚΑΤΑΤΗΝΔΥΝΑΜΙΝ	SECVNDVM VIRTVTEM
ΤΗΝЄΝЄΡΓΟΥΜЄΝΗΝ	QVAE OPERATVR

ΕΝΗΜΕΙΝ	IN NOBIS
ΑΥΤΩΗΔΟΞΑΕΝΧΩΙΥ	IPSI GLORIA IN XPO IHV
ΚΑΙΤΗΕΚΚΛΗϹΙΑ	ET IN ECCLESIA
ΕΙϹΠΑϹΑϹΤΑϹΓΕΝΕΑϹΤΟΥΑΙΩΝΟϹ	ET IN OMNIA SAECVLA
ΤΩΝΑΙΩΝΩΝΑΜΗΝ	SAECVLORVM AMEN
ΠΑΡΑΚΑΛΩΟΥΝΥΜΑϹ	OBSECRO ITAQVE VOS
ΕΓΩΟΔΕϹΜΙΟϹΕΝΚΩ	EGO VINCTVS IN DNO
ΑΞΙΩϹΠΕΡΙΠΑΤΗϹΑΙ	DIGNE AMBVLARE
ΤΗϹΚΛΗϹΕΩϹΗϹΕΚΛΗΘΗΤΕ	VOCATIONE QVA VOCATI ESTIS
ΜΕΤΑΠΑϹΗϹ	CVM OMNI
ΤΑΠΙΝΟΦΡΟϹΥΝΗϹ	HVMILITATE
ΚΑΙΠΡΑΟΤΗΤΟϹ	ET MANSVETVDINE
ΜΕΤΑΜΑΚΡΟΘΥΜΙΑϹ	CVM MAGNANIMITATE
ΑΝΕΧΟΜΕΝΟΙΑΛΛΗΛΩΝ	SVFFERENTES INVICEM
ΕΝΑΓΑΠΗ	IN CARITATE
ϹΠΟΥΔΑΖΟΝΤΕϹΤΗΡΕΙΝ	SOLLICITI SERVARE
ΤΗΝΑΙΝΟΤΗΤΑΤΟΥΠΝϹ	VNITATEM SPS
ΕΝΤΩϹΥΝΔΕϹΜΩ	IN VINCVLO
ΤΗϹΕΙΡΗΝΗϹ	PACIS
ΕΝϹΩΜΑΚΑΙΕΝΠΝΑ	VNVM CORPVS ET VNVS SPS
ΚΑΘΩϹΚΑΙΕΚΛΗΘΗΤΕ	SICVT ET VOCATI ESTIS

ϵΝΜΙΑϵΛΠΙΔΙ	IN VNA SPE
ΤΗCΚΛΗCϵωCΥΜωΝ	VOCATIONIS VESTRAE
ϵΙCΚ̅C̅ΜΙΑΠΙCΤΙC	VNVS D̅M̅S̅ VNA FIDES
ϵΝΒΑΠΤΙCΜΑ	VNVM BAPTISMA
ϵΙCΘ̅C̅ΚΑΙΠΑΤΗΡ	VNVS D̅S̅ ET PATER
ΠΑΝΤωΝ	OMNIVM
ΟϵΠΙΠΑΝΤωΝ	QVI SVPER OMNES
ΚΑΙΔΙΑΠΑΝΤωΝ	ET PER OMNIA
ΚΑΙϵΝΠΑCΙΝΗΜϵΙΝ	ET IN OMNIBVS NOBIS
ϵΝΙΔϵϵΚΑCΤωΗΜωΝ	VNICVIQVE AVTEM NOSTRVM
ϵΔΟΘΗΧΑΡΙC	DATA EST GRATIA
ΚΑΙΤΟΜϵΤΡΟΝ	SECVNDVM MENSVRAM
ΤΗCΔωΡϵΑCΤΟΥΧ̅Υ̅	DONATIONIS X̅P̅I̅
ΔΙΟΛϵΓϵΙ	PROPTER QVOD DICIT
ΑΝΑΒΑCϵΙCΥΨΟC	ASCENDENS IN ALTVM
ΗΧΜΑΛωΤϵΥCϵΝ	CAPTIVAM DVXIT
ϵΧΜΑΛωCΙΑΝ	CAPTIVITATEM
ϵΔωΚϵΝΔΟΜΑΤΑ	DEDIT DONA
ΤΟΙCΑΝΘΡωΠΟΙC	HOMINIBVS
ΤΟΔϵΑΝϵΒΗΤΙϵCΤΙΝ	QVOD AVTEM ASCENDIT QVID EST
ϵΙΜΗΟΤΙΚΑΙΚΑΤϵΒΗ	NISI QVIA ET DISCENDIT

ЄΙϹΤΑΚΑΤѠΤЄΡΑΤΗϹΓΗϹ
ΟΚΑΤΑΒΑϹΑΥΤΟϹЄϹΤΙΝ
ΚΑΙΟΑΝΑΒΑϹ
ΥΠЄΡΑΝѠΠΑΝΤѠΝ
ΤѠΝΟΥΡΑΝѠΝ
ΙΝΑΠΛΗΡѠϹΗΤΑΠΑΝΤΑ
ΚΑΙΑΥΤΟϹЄΔѠΚЄΝ
ΤΟΥϹΜЄΝΑΠΟϹΤΟΛΟΥϹ
ΤΟΥϹΔЄΠΡΟΦΗΤΑϹ
ΤΟΥϹΔЄЄΥΑΓΓЄΛΙϹΤΑϹ
ΤΟΥϹΔЄΠΟΙΜЄΝΑϹ
ΚΑΙΔΙΔΑϹΚΑΛΟΥϹ
ΠΡΟϹΤΟΝΚΑΤΑΡΤΙϹΜΟΝ
ΤѠΝΑΓΙѠΝ
ЄΙϹЄΡΓΟΝΤΗϹΔΙΑΚΟΝΙΑϹ
ЄΙϹΟΙΚΟΔΟΜΗΝ
ΤΟΥϹѠΜΑΤΟϹΤΟΥ$\overline{\text{ΧΥ}}$
ΜЄΧΡΙΚΑΤΑΝΤΗϹѠΜЄΝ
ΠΑΝΤЄϹ
ЄΙϹΤΗΝΑΙΝΟΤΗΤΑ
ΤΗϹΠΙϹΤЄѠϹ

IN INFERIORA TERRAE
QVI DISCENDIT IPSE EST
ET QVI ASCENDIT
SVPER OMNES
CAELOS
VT ADIMPLERET OMNIA
ET IPSE DEDIT
QVOSDAM QVIDEM APOSTOLVS
QVOSDAM AVTEM PROPHETAS
QVOSDAM AVTEM EVANGELISTAS
QVOSDAM AVTEM PASTORES
ET DOCTORES
AD CONSVMMATIONEM
SANCTORVM
IN OPVS MINISTERII
IN AEDIFICATIONEM
CORPORIS $\overline{\text{XPI}}$
DONEC OCCVRRAMVS
OMNES
IN VNITATEM
FIDEI

ΚΑΙΤΗϹΕΠΙΓΝΩϹΕΩϹΤΟΥΥΙΟΥΤΟΥΘ̅Υ̅	ET AGNITIONIS FILI D̅I̅
ΕΙϹΑΝΔΡΑΤΕΛΙΟΝ	IN VIRVM PERFECTVM
ΕΙϹΜΕΤΡΟΝΗΛΙΚΙΑϹ	IN MENSVRAM AETATIS
ΤΟΥΠΛΗΡΩΜΑΤΟϹΤΟΥΧ̅Υ̅	PLENITVDINIS X̅P̅I̅
ΙΝΑΜΗΚΕΤΙΩΜΕΝ	VT NON IAM SVMVS
ΝΗΠΙΟΙ	PARVOLI
ΚΛΥΔΩΝΙΖΟΜΕΝΟΙ	FRVCTVANTES
ΚΑΙΠΕΡΙΦΕΡΟΜΕΝΟΙ	ET CIRCVMFERAMVR
ΠΑΝΤΙΑΝΕΜΩ	OMNI VENTO
ΤΗϹΔΙΔΑϹΚΑΛΙΑϹ	DOCTRINAE
ΕΝΤΗΚΥΒΙΑΤΩΝΑΝΘΡΩΠΩΝ	IN NEQVITIA HOMINVM
ΕΝΠΑΝΟΥΡΓΙΑ	IN ASTVTIA
ΠΡΟϹΤΗΝΜΕΘΟΔΙΑΝ	AD REMEDIVM
ΤΗϹΠΛΑΝΗϹ	ERRORES
ΑΛΗΘΕΥΟΝΤΕϹΔΕ	VERITATEM AVTEM FACIENTES
ΕΝΑΓΑΠΗ	IN CARITATE
ΑΥΞΗϹΩΜΕΝΕΙϹΑΥΤΟΝ	CRESCAMVS IN ILLO
ΤΑΠΑΝΤΑ	OMNIA
ΟϹΕϹΤΙΝΚΕΦΑΛΗΟΧ̅Ϲ̅	QVI EST CAPVT X̅P̅S̅
ΕΞΟΥΠΑΝΤΟϹΩΜΑ	EX QVO TOTVM CORPVS
ϹΥΝΑΡΜΟΛΟΓΟΥΜΕΝΟΝ	CONPACTVM

AD EPHESIOS IV, 13—16.

ΚΑΙϹΥΝΒΙΒΑΖΟΜΕΝΟΝ	ET CONEXVM
ΔΙΑΠΑϹΗϹΑΦΗϹ	PER OMNEM IVNCTVRAM
ΤΗϹΕΠΙΧΟΡΗΓΙΑϹΚΑΤΕΝΕΡΓΙΑΝ	SVBMINISTRATIONIS
ΕΝΜΕΤΡΩ	IN MENSVRAM
ΕΝΟϹΕΚΑϹΤΟΥΜΕΡΟΥϹ	INIVSCVIVSQVE PARTIS
ΤΗΝΑΥΞΗϹΙΝΤΟΥϹΩΜΑΤΟϹΠΟΙΕΙΤΕ	INCREMENTVM CORPORIS FACIT
ΕΙϹΟΙΚΟΔΟΜΗΝΑΥΤΟΥ	IN AEDIFICATIONEM SVI
ΕΝΑΓΑΠΗ	IN CARITATE
ΤΟΥΤΟΟΥΝΛΕΓΩ	HOC ITAQVE DICO
ΚΑΙΜΑΡΤΥΡΟΜΑΙΕΝΚ̅Ω̅	ET TESTIFICOR IN D̅N̅O̅
ΜΗΚΕΤΙΥΜΑϹ	IAM NON VOS
ΠΕΡΙΠΑΤΕΙΝ	SIC AMBVLARE
ΚΑΘΩϹΚΑΙΤΑΕΘΝΗ	SICVT ET GENTES
ΠΕΡΙΠΑΤΕΙ	AMBVLANT
ΕΝΜΑΤΕΟΤΗΤΙΤΟΥΝΟΟϹΑΥΤΩΝ	IN VANITATE MENTIS SVAE
ΕϹΚΟΤΙϹΜΕΝΟΙΤΗΔΙΑΝΟΙΑΟΝΤΕϹ	OBSCVRATI INTELLECTV
ΑΠΗΛΛΟΤΡΙΩΜΕΝΟΙ	ALIENATI
ΤΗϹΖΩΗϹΤΟΥΘ̅Υ̅	A VITA D̅I̅
ΔΙΑΤΗΝΑΓΝΟΙΑΝ	PER IGNORANTIAM
ΤΗΝΟΥϹΑΝΕΝΑΥΤΟΙϹ	QVAE EST IN ILLIS
ΔΙΑΤΗΝΠΩΡΩϹΙΝ	PROPTER CAECITATEM

ΤΗϹΚΑΡΔΙΑϹΑΥΤΩΝ	CORDIS IPSORVM
ΟΙΤΙΝЄϹΑΠΗΛΠΙΚΟΤЄϹ	QVI DESPERANTES
ЄΑΥΤΟΥϹ	SEMETIPSOS
ΠΑΡЄΔΩΚΑΝΤΗΑϹЄΛΓΙΑ	TRADIDERVNT INPVDICITIAE
ЄΙϹЄΡΓΑϹΙΑΝ	IN OPERATIONEM
ΠΑϹΗϹΑΚΑΘΑΡϹΙΑϹ	OMNIS INMVNDITIAE
ΚΑΙΠΛЄΟΝЄΞΙΑϹ	ET AVARITIAE
ΥΜЄΙϹΔЄΟΥΧΟΥΤΩϹ	VOS AVTEM NON ITA
ЄΜΑΘЄΤЄΤΟΝΧ̅Ν̅	DIDICISTIS X̅P̅M̅
ЄΙΓЄΑΥΤΟΝΗΚΟΥϹΑΤЄ	SI TAMEN IN ILLVM AVDISTIS
ΚΑΙЄΝΑΥΤΩЄΔΙΔΑΧΘΗΤЄ	ET IN ILLO DOCTI ESTIS
ΚΑΘΩϹЄϹΤΙΝΑΛΗΘΙΑ	SICVT EST VERITAS
ЄΝΤΩΙ̅Υ̅	IN I̅H̅V̅
ΑΠΟΘЄϹΘΑΙΥΜΑϹ	DEPONERE VOS
ΚΑΤΑΤΗΝΠΡΟΤЄΡΑΝ	SECVNDVM PRIOREM
ΑΝΑϹΤΡΟΦΗΝ	CONVERSATIONEM
ΤΟΝΠΑΛΑΙΟΝΑΝΘΡΩΠΟΝ	VETEREM HOMINEM
ΤΟΝΦΘЄΙΡΟΜЄΝΟΝ	EVM QVI CORRVMPITVR
ΚΑΤΑΤΗΝЄΠΙΘΥΜΙΑΝ	SECVNDVM CONCVPISCENTIAM
ΤΗϹΑΠΑΤΗϹ	SEDVCTIONIS
ΑΝΑΝЄΟΥϹΘΑΙΔЄΤΩΠ̅Ν̅Ι̅	RENOVAMINI AVTEM S̅P̅V̅

ΤΟΥΝΟΟCΥΜΩΝ
ΚΑΙΕΝΔΥCΑCΘΑΙΤΟΝΚΑΙΝΟΝ
ΑΝΘΡΩΠΟΝ
ΤΟΝΚΑΤΑΘ̅Ν̅ΚΤΙCΘΕΝΤΑ
ΕΝΔΙΚΑΙΟCΥΝΗ
ΚΑΙΟCΙΟΤΗΤΙ
ΚΑΙΑΛΗΘΙΑ
ΔΙΟΑΠΟΘΕΜΕΝΟΙΤΟΨΕΥΔΟC
ΛΑΛΕΙΤΑΙ
ΑΛΗΘΕΙΑΝ
ΕΚΑCΤΟCΜΕΤΑΤΟΥΠΛΗCΙΟΝΑΥΤΟΥ
ΟΤΙΕCΜΕΝΑΛΛΗΛΩΝΜΕΛΗ
ΟΡΓΙΖΕCΘΑΙ
ΚΑΙΜΗΑΜΑΡΤΑΝΕΤΕ
ΟΗΛΙΟCΜΗΕΠΙΔΥΕΤΩ
ΕΝΤΩΠΑΡΟΡΓΙCΜΩΥΜΩΝ
ΜΗΔΕΔΙΔΟΤΕΤΟΠΟΝ
ΤΩΔΙΑΒΟΛΩ
ΟΚΛΕΠΤΩΝ
ΜΗΚΕΤΙΚΛΕΠΤΕΤΩ
ΜΑΛΛΟΝΔΕΚΟΠΙΑΤΩ

SENSVS VESTRI
ET INDVITE NOVVM
HOMINEM
QVI SECVNDVM D̅M̅ CREATVS EST
IN IVSTITIA
ET SANCTITATE
ET VERITATE
PROPTER QVOD DEPONENTES MENDACIV̄
LOQVIMINI
VERITATEM
VNVSQVISQVE CVM PROXIMO SVO
QVIA SVMVS INVICEM MEMBRA
IRASCIMINI
ET NOLITE PECCARE
SOL NON OCCIDAT
SVPER IRACVNDIAM VESTRAM
NEQVE DETIS LOCVM
DIABOLO
QVI FVRABATVR
IAM NON FVRETVR
MAGIS AVTEM LABORET

ΕΡΓΑΖΟΜΕΝΟϹ	OPERANDO
ΤΑΙϹΙΔΙΑΙϹΧΙΡϹΙΝΤΟΑΓΑΘΟΝ	MANIBVS SVIS QVOD BONVM EST
ΙΝΑΕΧΗΜΕΤΑΔΟΥΝΑΙ	VT HABEAT TRIBVERE
ΤΩΧΡΙΑΝΕΧΟΝΤΙ	NECESSITATEM PATIENTI
ΠΑϹΛΟΓΟϹϹΑΠΡΟϹ	OMNIS SERMO MALVS
ΕΚΤΟΥϹΤΟΜΑΤΟϹΥΜΩΝ	EX ORE VESTRO
ΜΗΕΚΠΟΡΕΥΕϹΘΩ	NON PROCEDAT
ΑΛΛΑΕΙΤΙϹΑΓΑΘΟϹ	SED SI QVIS BONVS
ΠΡΟϹΟΙΚΟΔΟΜΗΝ	AD AEDIFICATIONEM
ΤΗϹΠΙϹΤΕΩϹ	FIDEI
ΙΝΑΔΟΙΧΑΡΙΝΤΟΙϹΑΚΟΥΟΥϹΙΝ	VT DET GRATIAM AVDIENTIBVS
ΚΑΙΜΗΛΥΠΕΙΤΕ	ET NOLITE CONTRISTARE
ΤΟΑΓΙΟΝΠ̅Ν̅ΑΤΟΥΘ̅Υ̅	SANCTVM S̅P̅M̅ D̅I̅
ΕΝΩΕϹΦΡΑΓΙϹΘΗΤΕ	IN QVO SIGNATI ESTIS
ΕΙϹΗΜΕΡΑΝ	IN DIEM
ΑΠΟΛΥΤΡΩϹΕΩϹ	REDEMPTIONIS
ΠΑϹΑΠΙΚΡΙΑ	OMNIS AMARITVDO
ΚΑΙΟΡΓΗΚΑΙΘΥΜΟϹ	ET IRA ET INDIGNATIO
ΚΑΙΚΡΑΥΓΗΚΑΙΒΛΑϹΦΗΜΙΑ	ET CLAMOR ET BLASPHEMIA
ΑΡΘΗΤΩΑΦΥΜΩΝ	TOLLATVR A VOBIS
ϹΥΝΠΑϹΗΚΑΚΙΑ	CVM OMNI MALITIA

ΓΕΙΝΕϹΘΑΙΟΥΝΕΙϹΑΛΛΗΛΟΥϹ	ESTOTE ITAQVE IN INVICEM
ΧΡΗϹΤΟΙ	BENIGNI
ΕΥϹΠΛΑΝΧΝΟΙ	MISERICORDES
ΧΑΡΙΖΟΜΕΝΟΙΕΑΥΤΟΙϹ	DONANTES VOBIS
ΚΑΘΩϹΚΑΙΟΘ̅Ϲ̅ΕΝΧ̅Ω̅	SICVT ET D̅S̅ IN X̅P̅O̅
ΕΧΑΡΙϹΑΤΟΗΜΕΙΝ	DONAVIT VOBIS
ΓΕΙΝΕϹΘΑΙΟΥΝ	ESTOTE IGITVR
ΜΕΙΜΗΤΑΙΤΟΥΘ̅Υ̅	IMITATORES D̅I̅
ΩϹΤΕΚΝΑΑΓΑΠΗΤΑ	SICVT FILI DILECTI
ΚΑΙΠΕΡΙΠΑΤΕΙΤΕΕΝΑΓΑΠΗ	ET AMBVLATE IN CARITATE
ΚΑΘΩϹΚΑΙΟΧ̅Ϲ̅ΗΓΑΠΗϹΕΝΗΜΑϹ	SICVT ET X̅P̅S̅ DILEXIT NOS
ΚΑΙΠΑΡΕΔΩΚΕΝΕΑΥΤΟΝ	ET TRADIDIT SEMETIPSVM
ΠΡΟϹΦΟΡΑΝΥΠΕΡΗΜΩΝ	PRO NOBIS OBLATIONEM
ΚΑΙΘΥϹΙΑΝΤΩΘ̅Ω̅	ET HOSTIAM D̅O̅
ΕΙϹΟϹΜΗΝΕΥΩΔΙΑϹ	IN ODOREM SVAVITATIS
ΠΟΡΝΙΑΔΕ	FORNICATIO AVTEM
ΚΑΙΠΑϹΑΑΚΑΘΑΡϹΙΑ	ET OMNIS IMMVNDITIA
ΗΠΛΕΟΝΕΞΙΑ	AVT AVARITIA
ΜΗΔΕΟΝΟΜΑΖΕϹΘΩΕΝΥΜΕΙΝ	NEC NOMINETVR IN VOBIS
ΚΑΘΩϹΠΡΕΠΙΑΓΙΟΙϹ	SICVT DECET SANCTOS
ΗΑΙϹΧΡΟΤΗϹΗΜΟΡΟΛΟΓΙΑ	AVT TVRPITVDO AVT STVLTILOQVIVM

ΗЄΥΤΡΑΠЄΛΙΑ	AVT SCVRRILITAS
ΤΑΟΥΚΑΝΗΚΟΝΤΑ	QVAE AD REM NON PERTINET
ΑΛΛΑΜΑΛΛΟΝЄΥΧΑΡΙCΤΙΑ	SED MAGIS GRATIARVM ACTIO
ΤΟΥΤΟΓΑΡΙCΤЄΓЄΙΝωCΚΟΝΤЄC	HOC ENIM SCITOTE INTELLEGENTES
ΟΤΙΠΑCΠΟΡΝΟC	QVOD OMNIS FORNICATOR
ΗΑΚΑΘΑΡΤΟC	AVT INMVNDVS
ΗΠΛЄΟΝЄΚΤΗC	AVT AVARVS
ΟCЄCΤΙΝЄΙΔωΛΟΛΑΤΡΗC	QVOD EST IDOLORVM SERVITVS
ΟΥΚЄΧЄΙΚΛΗΡΟΝΟΜΙΑΝ	NON HABET HEREDITATEM
ЄΝΤΗΒΑCΙΛЄΙΑΤΟΥ$\overline{\text{ΧΥ}}$	IN REGNO $\overline{\text{XPI}}$
ΚΑΙ$\overline{\text{ΘΥ}}$	ET $\overline{\text{DI}}$
ΜΗΔΙCΥΜΑCΑΠΑΤΑΤω	NEMO VOS SEDVCAT
ΚЄΝΟΙCΛΟΓΟΙC	INABVS VERBIS
ΔΙΑΤΑΥΤΑΓΑΡЄΡΧЄΤΑΙ	PROPTER HOC ENIM VENIT
ΗΟΡΓΗΤΟΥ$\overline{\text{ΘΥ}}$	IRA $\overline{\text{DI}}$
ЄΠΙΤΟΥCΥΙΟΥCΤΗCΑΠΙΘΙΑC	IN FILIOS DIFFIDENTIAE
ΜΗΟΥΝΓΙΝЄCΘΑΙ	NOLITE ITAQVE FIERI
CΥΝΜЄΤΟΧΟΙΑΥΤωΝ	PARTICIPES EORVM
ΗΤЄΓΑΡΠΟΤЄCΚΟΤΟC	ERATIS ENIM ALIQVANDO TENEBRAE
ΝΥΝΔЄΦωCЄΝ$\overline{\text{Κω}}$	NVNC AVTEM LVX IT $\overline{\text{DMO}}$
ωCΤЄΚΝΑΦωΤΟC	SICVT FILI LVCIS

ΠЄΡΙΠΑΤЄΙΤЄ	AMBVLATE
ΟΓΑΡΚΑΡΠΟCΤΟΥΦѠΤΟC	FRVCTVS ENIM LVMINIS EST
ЄΝΠΑCΗΑΓΑΘΟCΥΝΗ	IN OMNI BONITATE
ΚΑΙΔΙΚΑΙΟCΥΝΗ	ET IVSTITIAE
ΚΑΙΑΛΗΘΙΑ	ET VERITATE
ΔΟΚΙΜΑΖΟΝΤЄCΤΙЄCΤΙΝ	PROBANTES QVID SIT
ЄΥΑΡЄCΤΟΝΤѠΘ̅Ѡ̅	QVOD PLACEAT D̅O̅
ΚΑΙΜΗCΥΝΚΟΙΝѠΝΙΤЄ	ET NOLITE CONMVNICARE
ΤΟΙCЄΡΓΟΙCΤΟΙCΑΚΑΡΠΟΙC	OPERIBVS INFRVCTVOSIS
ΤΟΥCΚΟΤΟΥC	TENEBRARVM
ΜΑΛΛΟΝΔЄΚΑΙЄΛЄΝΧЄΤЄ	MAGIS AVTEM ET REDARGVITE
ΤΑΓΑΡΚΡΥΦΗΓЄΙΝΟΜЄΝΑ	NAM QVAE IN OCCVLTO FIVNT
ΥΠΑΥΤѠΝ	AB IPSIS
ΑΙCΧΡΟΝЄCΤΙΝΚΑΙΛЄΓЄΙΝ	TVRPE EST ET DICERE
ΤΑΔЄΠΑΝΤΑЄΛЄΝΧΟΜЄΝΑ	OMNIA AVTEM QVAE ARGVVNTVR
ΥΠΟΤΟΥΦѠΤΟC	A LVMINE
ΦΑΝЄΡΟΥΤΑΙ	MANIFESTANTVR
ΠΑΝΓΑΡΤΟΦΑΝЄΡΟΥΜЄΝΟΝ	OMNE ENIM QVOD MANIFESTATVR
ΦѠCЄCΤΙΝ	LVMEN EST
ΔΙΟΛЄΓЄΙ	PROPTER QVOD DICIT
ЄΓЄΙΡʼЄΟΚΑΘЄΥΔѠΝ	SVRGE QVI DORMIS

ΚΑΙΑΝΑϹΤΑΕΚΤΩΝΝΕΚΡΩΝ
ΚΕΙΕΠΙΨΑΥϹΕΙϹΤΟΥΧΥ
ΒΛΕΠΕΤΕΟΥΝ
ΠΩϹΑΚΡΙΒΩϹΠΕΡΙΠΑΤΕΙΤΕ
ΜΗΩϹΑϹΟΦΟΙ
ΑΛΛΩϹϹΟΦΟΙ
ΕΞΑΓΟΡΑΖΟΜΕΝΟΙΤΟΝΚΑΙΡΟΝ
ΟΤΙΑΙΗΜΕΡΑΙΠΟΝΗΡΑΙΕΙϹΙΝ
ΔΙΑΤΟΥΤΟΜΗΓΙΝΕϹΘΑΙ
ΑΦΡΟΝΕϹ
ΑΛΛΑϹΥΝΙΟΝΤΕϹ
ΤΙΤΟΘΕΛΗΜΑΤΟΥΚΥ
ΚΑΙΜΗΜΕΘΥϹΚΕϹΘΑΙΟΙΝΩ
ΕΝΩΕϹΤΙΝΑϹΩΤΙΑ
ΑΛΛΑΠΛΗΡΟΥϹΘΑΙΕΝΠΝΙ
ΛΑΛΟΥΝΤΕϹΕΑΥΤΟΙϹ
ΨΑΛΜΟΙϹΚΑΙΥΜΝΟΙϹ
ΚΑΙΩΔΑΙϹΠΝΙΚΑΙϹ
ΑΔΟΝΤΕϹΚΑΙΨΑΛΛΟΝΤΕϹ
ΕΝΤΑΙϹΚΑΡΔΙΑΙϹΥΜΩΝ
ΤΩΚΩΕΥΧΑΡΙϹΤΟΥΝΤΕϹ

ET EXVRGE A MORTVIS
ET CONTINGES XPM
VIDETE ITAQVE
QVOMODO AMBVLETIS
NON QVASI INSIPIENTES
SED VT SAPIENTES
REDIMENTES TEMPVS
QVIA DIES MALI SVNT
PROPTEREA NOLITE EFFICI
INPRVDENTES
SED INTELLEGENTES
QVAE SIT VOLVPTAS DI
ET NOLITE INEBRIARI VINO
IN QVO EST LVXVRIA
SED INPLEMINI IN SPV
LOQVENTES VOBIS IPSIS
IN PSALMIS ET HYMNIS
ET CANTICIS
CANTANTES ET PSALLENTES
IN CORDIBVS VESTRIS
DNO GRATIAS AGENTES

ΠΑΝΤΟΤЄΥΠЄΡΠΑΝΤΩΝ
ЄΝΟΝΟΜΑΤΙΤΟΥΚ̅Υ̅ΗΜΩΝ
Ι̅Υ̅Χ̅Υ̅
ΤΩΠΑΤΡΙΚΑΙΘ̅Ω̅
ΥΠΟΤΑCCΟΜЄΝΟΙΑΛΛΗΛΟΙC
ЄΝΦΟΒΩΧ̅Υ̅Ι̅Υ̅
ΑΙΓΥΝΑΙΚЄCΥΠΟΤΑCCЄCΘΑΙ
ΤΟΙCΙΔΙΟΙCΑΝΔΡΑCΙΝ
ΩCΤΩΚ̅Ω̅
ΟΤΙΑΝΗΡЄCΤΙΝ
ΚЄΦΑΛΗΤΗCΓΥΝΑΙΚΟC
ΩCΚΑΙΟΧ̅C̅
ΚЄΦΑΛΗΤΗCЄΚΚΛΗCΙΑC
ΑΥΤΟCCΩΤΗΡΤΟΥCΩΜΑΤΟC
ΑΛΛΑΩCΗЄΚΚΛΗCΙΑ
ΥΠΟΤΑCCЄΤΑΙΤΩΚ̅Ω̅
ΟΥΤΩCΚΑΙΑΙΓΥΝΑΙΚЄC
ΤΟΙCΑΝΔΡΑCΙΝЄΝΠΑΝΤΙ
ΟΙΑΝΔΡЄCΑΓΑΠΑΤЄ
ΤΑCΓΥΝΑΙΚΑCЄΑΥΤΩΝ
ΚΑΘΩCΚΑΙΟΧ̅C̅ΗΓΑΠΗCЄΝ

SEMPER PRO OMNIBVS
IN NOMINE D̅N̅I̅ NOSTRI
I̅H̅V̅ X̅P̅I̅
PATRI ET D̅O̅
SVBIECTI INVICEM
IN TIMORE X̅P̅I̅ I̅H̅V̅
MVLIERES SVBDITAE ESTOTE
VIRIS VESTRIS
SICVT D̅N̅O̅
QVIA VIR EST
CAPVT MVLIERIS
SICVT ET X̅P̅S̅
CAPVT ECCLESIAE
IPSE SALVATOR CORPORIS
SED QVOMODO ECCLESIA
SVBIECTA EST X̅P̅O̅
ITA ET MVLIERES
VIRIS IN OMNIBVS
VIRI DILIGITE
VXORES VESTRAS
SICVT ET X̅P̅S̅ DILEXIT

ΤΗΝΕΚΚΛΗϹΙΑΝ	ECCLESIAM
ΚΑΙΕΑΥΤΟΝΠΑΡΕΔΩΚΕΝ	ET SE IPSVM TRADIDIT
ΥΠΕΡΑΥΤΗϹ	PRO EA
ΙΝΑΑΥΤΗΝΑΓΙΑϹΗ	VT EAM SANCTIFICARET
ΚΑΘΑΡΙϹΑϹΤΩΛΟΥΤΡΩ	MVNDANS LAVACRO
ΤΟΥΥΔΑΤΟϹΕΝΡΗΜΑΤΙ	AQVE IN VERBO
ΙΝΑΠΑΡΑϹΤΗϹΗ	VT EXHIBERET
ΑΥΤΟϹΕΑΥΤΩ	IPSE SIBI
ΕΝΔΟΞΟΝΤΗΝΕΚΚΛΗϹΙΑΝ	GLORIOSAM ECCLESIAM
ΜΗΕΧΟΥϹΑΝϹΠΙΛΟΝ	NON HABENTE MACVLAM
ΗΡΥΤΙΔΑ	AVT RVGAM
ΗΤΙΤΩΝΤΟΙΟΥΤΩΝ	AVT ALIQVID EIVSMODI
ΑΛΛΙΝΑΗΑΓΙΑ	SED VT SIT SANCTA
ΚΑΙΑΜΩΜΟϹ	ET INMACVLATA
ΟΥΤΩϹΚΑΙΟΙΑΝΔΡΕϹ	SIC ET VIRI
ΟΦΙΛΟΥϹΙΝ	DEBENT
ΑΓΑΠΑΝΤΑϹΕΑΥΤΩΝΓΥΝΑΙΚΑϹΩϹ	DILIGERE VXORES SVAS
ΤΟΕΑΥΤΩΝϹΩΜΑ	SVVM CORPVS DILIGIT
ΟΤΗΝΕΑΥΤΟΥΓΥΝΑΙΚΑΑΓΑΠΩΝ	QVI VXOREM SVAM DILIGIT
ΕΑΥΤΟΝΑΓΑΠΑ	ET SE IPSVM DILIGIT
ΟΥΔΙϹΓΑΡΠΟΤΕ	NEMO ENIM VMQVAM

ΤΗΝΕΑΥΤΟΥϹΑΡΚΑ
ΕΜΕΙϹΗϹΕΝ
ΑΛΛΕΚΤΡΕΦΕΙΑΥΤΗΝ
ΚΑΙΘΑΛΠΕΙ
ΚΑΘΩϹΚΑΙΟΧ̅Ϲ̅ΤΗΝΕΚΚΛΗϹΙΑΝ
ΟΤΙΜΕΛΗΕϹΜΕΝ
ΤΟΥϹΩΜΑΤΟϹΑΥΤΟΥ
ΕΚΤΗϹϹΑΡΚΟϹΑΥΤΟΥ
ΚΑΙΕΚΤΩΝΟϹΤΕΩΝΑΥΤΟΥ
ΑΝΤΙΤΟΥΤΟΥΚΑΤΑΛΙΨΕΙΑ̅Ν̅Ο̅Ϲ̅
ΠΑΤΕΡΑΚΑΙΜΗΤΕΡΑ
ΚΑΙΚΟΛΛΗΘΗϹΕΤΑΙΤΗΓΥΝΑΙΚΙΑΥΤΟΥ
ΚΑΙΕϹΟΝΤΑΙΟΙΔΥΟ
ΕΙϹϹΑΡΚΑΜΙΑΝ
ΤΟΜΥϹΤΗΡΙΟΝΤΟΥΤΟ
ΜΕΓΑΕϹΤΙΝ
ΕΓΩΔΕΛΕΓΩΕΙϹΧ̅Ν̅
ΚΑΙΕΙϹΤΗΝΕΚΚΛΗϹΙΑΝ
ΠΛΗΝΚΑΙΥΜΙϹΟΙΚΑΘΕΝΑ
ΙΝΑΕΚΑϹΤΟϹΤΗΝΕΑΥΤΟΥ
ΓΥΝΑΙΚΑ

SVAM CARNEM
ODIO HABVIT
SED NVTRIT EAM
ET FOVEM
SICVT ET X̅P̅S̅ ECCLESIAM
QVIA MEMBRA SVMVS
CORPORIS EIVS
DE CARNE EIVS
ET DE OSSIBVS EIVS
PROPTER HOC RELINQVET HOMO
PATREM ET MATREM
ET ADHEREBIT VXORI SVAE
ET ERVNT DVO
IN CARNE VNA·
SACRAMENTVM HOC
MAGNVM EST
EGO AVTEM DICO IN X̅P̅O̅
ET IN ECCLESIAM
VERVMTAMEN ET VOS SINGVLI
VNVSQVISQVE SVAM
VXOREM

ΩϹΕΑΥΤΟΝΑΓΑΠΑ
ΗΔΕΓΥΝΗΙΝΑΦΟΒΗΤΕ
ΤΟΝΑΝΔΡΑ
ΤΑΤΕΚΝΑΥΠΑΚΟΥΕΤΕ
ΤΟΙϹΓΟΝΕΥϹΙΝΥΜΩΝ
ΤΟΥΤΟΓΑΡΕϹΤΙΝΔΙΚΑΙΟΝ
ΤΕΙΜΑΤΟΝΠ̅Ρ̅Α̅ϹΟΥ
ΚΑΙΤΗΝΜΗΤΕΡΑ
ΗΤΙϹΕϹΤΙΝΕΝΤΟΛΗΠΡΩΤΗ
ΕΝΤΗΕΠΑΓΓΕΛΙΑ
ΙΝΑΕΥϹΟΙΓΕΝΗΤΑΙ
ΚΑΙΕϹΗΜΑΚΡΟΧΡΟΝΙΟϹ
ΕΠΙΤΗϹΓΗϹ
ΚΑΙΟΙΠΑΤΕΡΕϹ
ΜΗΠΑΡΟΡΓΙΖΕΤΕ
ΤΑΤΕΚΝΑΥΜΩΝ
ΑΛΛΑΕΚΤΡΕΦΕΤΕΑΥΤΑ
ΕΝΠΑΙΔΙΑ
ΚΑΙΝΟΥΘΕϹΙΑΚ̅Υ̅
ΟΙΔΟΥΛΟΙΥΠΑΚΟΥΕΤΕ
ΤΟΙϹΚΥΡΙΟΙϹ

SICVT SE IPSVM DILIGAT
MVLIER AVTEM VT TIMEAT
VIRVM
FILI OBAVDITE
PARENTIBVS VESTRIS
HOC ENIM EST IVSTVM
HONORA PATREM TVVM
ET MATREM
QVOD EST MANDATVM PRIMVM
IN PROMISSIONE
ET BENE TIBI SIT
ET ERIS LONGAE VITAE
SVPER TERRAM
ET PATRES
NOLITE AD IRACVNDIAM PROVOCARE
FILIOS VESTROS
SED ET NVTRITE EOS
IN DISCIPLINAM
ET CORREPTIONEM D̅M̅I̅
SERVI OBAVDITE
DOMINIS

ΚΑΤΑϹΑΡΚΑ	CARNALIBVS
ΜЄΤΑΦΟΒΟΥ	CVM TIMORE
ΚΑΙΤΡΟΜΟΥ	ET TREMORE
ЄΝΑΠΛΟΤΗΤΙ	IN SIMPLICITATE
ΤΗϹΚΑΡΔΙΑϹΥΜΩΝ	CORDIS VESTRIS
ΩϹΤΩΧ̅Ω̅	SICVT X̅P̅O̅
ΜΗΚΑΤΟΦΘΑΛΜΟΔΟΥΛΙΑΝ	NON AD OCVLVM SERVIENTES
ΩϹΑΝΘΡΩΠΑΡЄϹΚΟΙ	QVASI HOMINIBVS PLACENTES
ΑΛΛΩϹΔΟΥΛΟΙΧ̅Υ̅	SED VT SERVI X̅P̅I̅
ΠΟΙΟΥΝΤЄϹ	FACIENTES
ΤΟΘЄΛΗΜΑΤΟΥΘ̅Υ̅ЄΚΨΥΧΗϹ	VOLVNTATEM D̅I̅ EX ANIMO
ΜЄΤЄΥΝΟΙΑϹ	CVM BENIGNITATE
ΔΟΥΛЄΥΟΝΤЄϹ	SERVIENTES SICVT
ΩϹΤΩΚ̅Ω̅	ET D̅N̅O̅
ΚΑΙΟΥΚΑΝΘΡΩΠΟΙϹ	ET NON HOMINIBVS
ЄΙΔΟΝΤЄϹΟΤΙЄΚΑϹΤΟϹ	SCIENTES QVOD VNVSQVISQVE
ΟΑΝΠΟΙΗϹΗΑΓΑΘΟΝ	SI QVOD FECERIT BONVM
ΤΟΥΤΟΚΟΜΙϹЄΤΑΙΠΑΡΑΚ̅Υ̅	HOC CONSEQVETVR A D̅N̅O̅
ЄΙΤЄΔΟΥΛΟϹ	SIVE SERVVS
ЄΙΤЄЄΛЄΥΘЄΡΟϹ	SIVE LIBER
ΚΑΙΟΙΚΥΡΙΟΙΤΑΑΥΤΑΠΟΙЄΙΤЄ	ET D̅N̅I̅ EADEM FACITE

ΠΡΟϹΑΥΤΟΥϹ	AD ILLOS
ΑΝΙΕΝΤΕϹΤΗΝΑΠΙΛΗΝ	REMITTENTES MINAS
ΕΙΔΟΤΕϹ	SCIENTES
ΟΤΙΚΑΙΑΥΤΩΝΚΑΙΥΜΩΝ	QVIA ET VESTRVM IPSORVM
ΟΚ̅Ϲ̅ΕϹΤΙΝΕΝΟΥΡΑΝΟΙϹ	D̅N̅S̅ EST IN CAELIS
ΚΑΙΠΡΟϹΩΠΟΛΗΜΨΙΑ	ET PERSONARVM ACCEPTIO
ΟΥΚΕϹΤΙΝΠΑΡΑΘ̅Ω̅	NON EST APVT D̅M̅
ΤΟΛΟΙΠΟΝΕΝΔΥΝΑΜΟΥϹΘΑΙ	DE CETERO CONFORTAMINI
ΕΝΚ̅Ω̅	IN D̅N̅O̅
ΚΑΙΕΝΤΩΚΡΑΤΕΙ	ET IN POTENTIAM
ΤΗϹΙϹΧΥΟϹΑΥΤΟΥ	VIRTVTIS EIVS
ΕΝΔΥϹΑϹΘΑΙΤΗΝΠΑΝΟΠΛΙΑΝΤΟΥΘ̅Υ̅	INDVITE ARMA D̅I̅
ΕΙϹΤΟΔΥΝΑϹΘΑΙϹΤΗΝΑΙΥΜΑϹ	VT POSSITIS STARE
ΠΡΟϹΤΑϹΜΕΘΟΔΙΑϹ	ADVERSVS REMEDIVM
ΤΟΥΔΙΑΒΟΛΟΥ	DIABOLI
ΟΤΙΟΥΚΕϹΤΙΝΥΜΙΝ	QVIA NON EST VOBIS
ΗΠΑΛΗ	COLLVCTATIO
ΠΡΟϹΑΙΜΑΚΑΙϹΑΡΚΑ	ADVERSVS SANGVINEM ET CARNEM
ΑΛΛΑΠΡΟϹΤΑϹΑΡΧΑϹΚΑΙΕΞΟΥϹΙΑϹ	SED CONTRA POTESTATES
ΠΡΟϹΤΟΥϹΚΟϹΜΟΚΡΑΤΟΡΑϹ	CONTRA HVIVS MVNDI RECTORES
ΤΟΥϹΚΟΤΟΥϹ	TENEBRARVM

AD EPHESIOS VI, 9—12.

ΤΟΥΤΟΥ	HARVM
ΠΡΟCΤΑΠ̅Ν̅ΙΚΑ	CONTRA SPIRITALIA
ΤΗCΠΟΝΗΡΙΑC	NEQVITIAE
ЄΝΤΟΙCЄΠΟΥΡΑΝΙΟΙC	IN CAELESTIBVS
ΔΙΑΤΟΥΤΟΑΝΑΒΑΛЄΤЄ	PROPTEREA ACCIPITE
ΤΗΝΠΑΝΟΠΛΙΑΝΤΟΥΘ̅Υ̅	ARMA D̅I̅
ΙΝΑΔΥΝΗΘΗΤЄΑΝΤΙCΤΗΝΑΙ	VT POSSITIS RESISTERE
ЄΝΤΗΗΜЄΡΑΤΗΠΟΝΗΡΑ	IN DIE MALO
ΚΑΙΑΠΑΝΤΑ	ET OMNIBVS
ΚΑΤЄΡΓΑCΑΜЄΝΟΙCΤΗΤЄ	OPERIS STETIS
ΠЄΡΙЄΖωCΜЄΝΟΙ	PRAECINCTI
ΤΗΝΟCΦΥΝΥΜωΝ	LVMBOS VESTROS
ЄΝΑΛΗΘЄΙΑ	IN VERITATE
ΚΑΙЄΝΔΥCΑΜЄΝΟΙ	INDVENTES
ΤΟΝΘωΡΑΚΑ	LORICAM
ΤΗCΔΙΚΑΙΟCΥΝΗC	IVSTITIAE
ΚΑΙΥΠΟΔΗCΑΜЄΝΟΙ	ET CALCIATI
ΤΟΥCΠΟΔΑC	PEDES
ЄΝЄΤΟΙΜΑCΙΑ	IN PRAEPARATIONEM
ΤΟΥЄΥΑΓΓЄΛΙΟΥΤΗCЄΙΡΗΝΗC	EVANGELII PACIS
ЄΠΙΠΑCΙΝΑΝΑΛΑΒΟΝΤЄC	IN OMNIBVS ADSVMENTES

AD EPHESIOS VI, 12—16.

ΤΟΝΘΥΡΑΙΟΝΤΗϹΠΙϹΤЄѠϹ	SCVTVM FIDEI
ЄΝѠΔΥΝΑϹΘΑΙΠΑΝΤΑ	IN QVO POSSITIS OMNIA
ΤΑΒЄΛΗΤΟΥΠΟΝΗΡΟΥ	IACVLA NEQVISSIMI
ΠЄΠΥΡѠΜЄΝΑϹΒЄϹΑΙ	CANDENTIA EXTINGVERE
ΚΑΙΤΗΝΠЄΡΙΚЄΦΑΛΑΙΑΝ	ET GALEAM
ΤΟΥϹѠΤΗΡΙΟΥ	SALVTARIS
ΚΑΙΤΗΝΜΑΧΑΙΡΑΝΤΟΥΠ̅Ν̅Ϲ̅	ET GLADIVM S̅P̅S̅
ΟЄϹΤΙΝΡΗΜΑΘ̅Υ̅	QVOD EST VERBVM D̅I̅
ΔΙΑΠΑϹΗϹΠΡΟϹЄΥΧΗϹ	PER OMNEM ORATIONEM
ΚΑΙΔЄΗϹЄѠϹ	ET OBSECRATIONEM
ΠΡΟϹЄΥΧΟΜЄΝΟΙ	ORANTES
ЄΝΠΑΝΤΙΚΑΙΡѠЄΝΠ̅Ν̅Ι̅	OMNI TEMPORE IN S̅P̅V̅
ΚΑΙЄΙϹΑΥΤΟΝΑΓΡΥΠΝΟΥΝΤЄϹ	ET IN ILLO VIGILANTES
ΠΑΝΤΟΤЄ	SEMPER
ЄΝΠΑϹΗΤΗΔЄΗϹЄΙ	IN OMNI OBSERVATIONE
ΥΠЄΡΠΑΝΤѠΝΤѠΝΑΓΙѠΝ	PRO OMNIBVS SANCTIS
ΚΑΙΥΠЄΡЄΜΟΥ	ET PRO ME
ΙΝΑΜΟΙΔΟΘΗΛΟΓΟϹ	VT DETVR MIHI SERMO
ЄΝΑΝΟΙΞΙΤΟΥϹΤΟΜΑΤΟϹΜΟΥ	IN APERTIONE ORIS MEI
ЄΝΠΑΡΡΗϹΙΑ	CVM FIDVCIA
ΓΝѠΡΙϹΑΙΤΟΜΥϹΤΗΡΙΟΝΤΟΥЄΥΑΓΓЄΛΙΟΥ	NOTVM FACERE SACRAMENTVM EVANGELI

ΥΠΕΡΟΥΠΡΕCΒΕΥΩ
ΕΝΑΛΥCΕΙ
ΙΝΑΕΝΑΥΤΩΠΑΡΗCΙΑCΩΜΑΙ
ΩCΔΕΙΜΕΛΑΛΗCΑΙ
ΙΝΑΔΕΚΑΙΥΜΕΙCΙΔΗΤΕ
ΤΑΚΑΤΕΜΕΤΙΠΡΑCCΩ
ΓΝΩΡΙCΕΙΥΜΙΝΤΥΧΙΚΟC
ΟΑΓΑΠΗΤΟCΑΔΕΛΦΟCΚΑΙΠΙCΤΟC
ΔΙΑΚΟΝΟCΕΝΚΩ
ΟΝΕΠΕΝΨΑΠΡΟCΥΜΑC
ΕΙCΑΥΤΟΤΟΥΤΟ
ΙΝΑΓΝΩΤΕΤΑΠΕΡΙΗΜΩΝ
ΚΑΙΠΑΡΑΚΑΛΕCΗ
ΤΑCΚΑΡΔΙΑCΥΜΩΝ
ΕΙΡΗΝΗΤΟΙCΑΔΕΛΦΟΙC
ΚΑΙΑΓΑΠΗΜΕΤΑΠΙCΤΕΩCΑΠΟ
ΘΥΠΑΤΡΟCΚΑΙΚΥΙΥΧΥΗΧΑΡΙCΜΕΤΑΠΑΝΤΩ
ΤΩΝΑΓΑΠΩΝΤΩΝΤΟΝΚΝΗΜΩΝΙΝΧΝ
ΕΝΑΦΘΑΡCΙΑΑΜΗΝ

ΠΡΟC ΕΦΕCΙΟΥ
ΠΡΟC ΚΟΛΟCCΑΕΙC

PRO QVO LEGATIONE FVNGOR
IN CATENA
ET IN ILLO AVDEAM
QVEMADMODVM ME OPORTEAT LOQVI
VT AVTEM VT VOS SCIATIS
QVAE CIRCA ME SVNT QVID AGAM
NOTVM FACIET VOBIS THYCHICVS
CARISSIMVS FRATER ET FIDELIS
MINISTER IN DNO
QVEM MISI AD VOS
IN HOC IPSVM
VT COGNOSCATIS QVE CIRCA NOS AGVNTVR
ET EXHORTENTVR
CORDA VESTRA
PAX FRATRIBVS
ET CARITAS CVM FIDE A
DO PATRI ET DMO IHV XPO GRATIA CVM OMNES
HIS QVI DILIGVNT DMN N IHM XPM
INCORRVPTIONE AMEN

AD EPHESIOS
AD COLOSSENSES

ΠΑΥΛΟϹΑΠΟϹΤΟΛΟϹΙΥΧΥ
ΔΙΑΘΕΛΗΜΑΤΟϹΘΥ
ΚΑΙΤΕΙΜΟΘΕΟϹΟΑΔΕΛΦΟϹ
ΤΟΙϹΕΝΚΟΛΟϹϹΑΕΙϹΑΓΙΟΙϹ
ΚΑΙΠΙϹΤΟΙϹΑΔΕΛΦΟΙϹ
ΕΝΧΩΙΥ
ΧΑΡΙϹΥΜΙΝΚΑΙΕΙΡΗΝΗ
ΑΠΟΘΥΠΑΤΡΟϹΗΜΩΝ
ΕΥΧΑΡΙϹΤΟΥΜΕΝΤΩΘΩ
ΤΩΠΑΤΡΙΤΟΥΚΥΗΜΩΝ
ΙΥΧΥ
ΠΑΝΤΟΤΕΥΠΕΡΥΜΩΝ
ΠΡΟϹΕΥΧΟΜΕΝΟΙ
ΑΚΟΥϹΑΝΤΕϹΤΗΝΠΙϹΤΙΝΥΜΩ
ΕΝΧΩΙΥ
ΚΑΙΤΗΝΑΓΑΠΗΝ
ΗΝΕΧΕΤΕΕΙϹΠΑΝΤΑϹ
ΤΟΥϹΑΓΙΟΥ
ΔΙΑΤΗΝΕΛΠΙΔΑ
ΤΗΝΑΠΟΚΙΜΕΝΗΝΥΜΙΝ
ΕΝΤΟΙϹΟΥΡΑΝΟΙϹ

PAVLVS APOSTOLVS XPI IHV
PER VOLVNTATEM DI
ET THIMOTHEVS FRATER
HIS QVI SVNT COLOSSIS SANCTIS
ET FIDELIBVS FRATRIBVS
IN XPO IHV
GRATIA VOBIS ET PAX
A DO PATRE NOSTRO
GRATIAS AGIMVS DO
PATRI DMI NOSTRI
IHV XPI
SEMPER PRO VOBIS
ORANTES
AVDIENTES FIDEM VESTRAM
IN XPO IHV
E DILECTIONEM
QVAM HABETIS IN OMNES
SANCTOS
PROPTER SPEM
QVAE REPOSITA EST VOBIS
IN CAELIS

ΗΝΠΡΟΗΚΟΥϹΑΤЄ	QVAM ANTE AVDISTIS
ЄΝΤωΛΟΓωΤΗϹΑΛΗΘΙΑϹ	IN VERBO VERITATIS
ΤΟΥЄΥΑΓΓЄΛΙΟΥ	EVANGELII
ΤΟΥΠΑΡΟΝΤΟϹЄΙϹΥΜΑϹ	QVOD PERVENIT AD VOS
ΚΑΘὠϹΚΑΙЄΝΠΑΝΤΙ	SICVT ET IN OMNI
ΤωΚΟϹΜω	MVNDO
ЄϹΤΙΝΚΑΡΠΟΦΟΡΟΥΜЄΝΟΝ	ET EST FRVCTIFICANS
ΚΑΙΑΥΞΑΝΟΜЄΝΟΝ	ET CRESCENS
ΚΑΘωϹΚΑΙ....	SICVT IN VOBIS
ΑΦΗϹΗΜЄΡΑϹΗΚΟΥϹΑΤЄ	EX QVA DIE AVDISTIS
ΚΑΙЄΠЄΓΝωΤЄΤΗΝΧΑΡΙΝΤΟΥΘ̅Υ̅	ET COGNOVISTIS GRATIAM D̅I̅
ЄΝΑΛΗΘΙΑ	IN VERITATE
ΚΑΘωϹЄΜΑΘЄ́ΤЄ	SICVT DIDICISTIS
ΑΠΟЄΠΑΦΡΑ	AD EPAPHRA
ΤΟΥΑΓΑΠΗΤΟΥ	CARISSIMO
ϹΥΝΔΟΥΛΟΥΗΜωΝ	CONSERVO NOSTRO
ΟϹЄϹΤΙΝΠΙϹΤΟϹ	QVI EST FIDELIS
ΥΠЄΡΗΜωΝΔΙΑΚΟΝΟϹΤΟΥΧ̅Υ̅	PRO VOBIS MINISTER X̅P̅I̅
ΟΚΑΙΔΗΛωϹΑϹΗΜΙΝ	QVI ET SIGNIFICAVIT NOBIS
ΤΗΝΥΜωΝΑΓΑΠΗΝ	VESTRAM DILECTIONEM
ЄΝΠΝЄΥΜΑΤΙ	IN S̅P̅V̅

AD COLOSSENSES I, 5–8.

ΔΙΑΤΟΥΤΟΚΑΙΗΜΕΙϹ
ΑΦΗϹΗΜΕΡΑϹΗΚΟΥϹΑΜΕΝ
ΟΥΠΑΥΟΜΕΘΑ
ΥΠΕΡΥΜΩΝ
ΠΡΟϹΕΥΧΟΜΕΝΟΙ
ΚΑΙΑΙΤΟΥΜΕΝΟΙ
ΙΝΑΠΛΗΡΩΘΗΤΕ
ΤΗΝΕΠΙΓΝΩϹΙΝ
ΤΟΥΘΕΛΗΜΑΤΟϹΑΥΤΟΥ
ΕΝΠΑϹΗϹΟΦΙΑ
ΚΑΙϹΥΝΕϹΙΠ̅Ν̅ΙΚΗ
ΠΕΡΙΠΑΤΗϹΑΙ
ΑΞΙΩϹΤΟΥΚ̅Υ̅
ΕΙϹΠΑϹΑΝΑΡΕϹΚΙΑΝ
ΕΝΠΑΝΤΙΕΡΓΩΑΓΑΘΩ
ΚΑΡΠΟΦΟΡΟΥΝΤΕϹ
ΚΑΙΑΥΞΑΝΟΜΕΝΟΙ
ΤΗΕΠΙΓΝΩϹΕΙΤΟΥΘ̅Υ̅
ΕΝΠΑϹΗΔΥΝΑΜΕΙ
ΔΥΝΑΜΟΥΜΕΝΟΙ
ΚΑΤΑΤΟΚΡΑΤΟϹ

PROPTER HOC ET NOS
EX QVA DIE AVDIVIMVS
NON CESSAMVS
PRO VOBIS
ORANTES
ET POSTVLANTES
VT IMPLEAMINI
SCIENTIA
VOLVNTATIS EIVS
IN OMNI SAPIENTIA
ET INTELLECTV SPIRITALI
VT AMBVLETIS
DIGNE D̅N̅O̅
IN OMNE QVOD PLACEAT
IN OMNI OPERE BONO
FRVCTIFICANTES
ET CRESCENTES
IN SCIENTIA D̅I̅
IN OMNI VIRTVTE
CONFORTATI
SECVNDVM POTESTATEM

AD COLOSSENSES 1, 9–11.

ΤΗϹΔΟΞΗϹΑΥΤΟΥ	GLORIAE EIVS
ΕΙϹΠΑϹΠΑϹΑΝΥΠΟΜΟΝΗΝ	IN OMNI PATIENTIA
ΚΑΙΜΑΚΡΟΘΥΜΙΑΝ	ET LONGANIMITATEM
ΜΕΤΑΧΑΡΑϹΕΥΧΑΡΙϹΤΟΥΝΤΕϹ	CVM GAVDIO GRATIAS AGENTES
ΤΩΠΑΤΡΙ	PATRI
ΤΩΚΑΛΕϹΑΝΤΙΗΜΑϹ	QVI VOCAVIT NOS
ΕΙϹΤΗΝΜΕΡΙΔΑΤΟΥΚΛΗΡΟΥ	IN PARTEM HEREDITATIS
ΤΩΝΑΓΙΩΝ	SANCTORVM
ΕΝΤΩΦΩΤΙ	IN LVMINE
ΟϹΕΡΡΥϹΑΤΟΗΜΑϹ	QVI ERIPVIT NOS
ΕΚΤΗϹΕΞΟΥϹΙΑϹ	DE POTESTATE
ΤΟΥϹΚΟΤΟΥϹ	TENEBRARVM
ΚΑΙΜΕΤΕϹΤΗϹΕΝ	ET TRANSTVLIT
ΕΙϹΤΗΝΒΑϹΙΛΕΙΑΝΤΟΥΥΙΟΥ	IN REGNVM FILI
ΤΗϹΑΓΑΠΗϹΑΥΤΟΥ	CARITATIS SVAE
ΕΝΩΕΧΟΜΕΝ	IN QVO HABEMVS
ΤΗΝΑΠΟΛΥΤΡΩϹΙΝΤΩΝΑΜΑΡΤΙΩΝ	REMISSIONEM PECCATORVM
ΟϹΕϹΤΙΝΕΙΚΩΝΤΟΥΘ̅Υ̅	QVI EST IMAGO D̅I̅
ΤΟΥΑΟΡΑΤΟΥ	INVISIBILIS
ΠΡΩΤΟΤΟΚΟϹ	PRIMOGENITVS
ΠΑϹΗϹΚΤΙϹΕΩϹ	OMNIS CREATVRAE

ΟΤΙΕΝΑΥΤΩΕΚΤΙϹΘΗ
ΤΑΠΑΝΤΑ
ΕΝΤΟΙϹΟΥΡΑΝΟΙϹ
ΚΑΙΤΑΕΠΙΤΗϹΓΗϹΤΑΟΡΑΤΑ
ΚΑΙΤΑΑΟΡΑΤΑ
ΕΙΤΕΘΡΟΝΟΙΕΙΤΕΚΥΡΙΟΤΗΤΕϹ
ΕΙΤΕΑΡΧΑΙ
ΕΙΤΕΕΞΟΥϹΙΑΙ
ΤΑΠΑΝΤΑΔΙΑΥΤΟΥ
ΚΑΙΕΙϹΑΥΤΟΝΕΚΤΙϹΤΑΙ
ΚΑΙΑΥΤΟϹΕϹΤΙΝΠΡΟΠΑΝΤΩΝ
ΚΑΙΠΑΝΤΑΕΝΑΥΤΩ
ϹΥΝΕϹΤΗΚΕΝ
ΚΑΙΑΥΤΟϹΕϹΤΙΝ
ΗΚΕΦΑΛΗΤΟΥϹΩΜΑΤΟϹ
ΤΗϹΕΚΚΛΗϹΙΑϹ
ΟϹΕϹΤΙΝΑΡΧΗ
ΠΡΩΤΟΤΟΚΟϹ
ΕΚΤΩΝΝΕΚΡΩΝ
ΙΝΑΓΕΝΗΤΑΙΕΝΠΑϹΙΝΑΥΤΟϹ
ΠΡΩΤΕΥΩΝ

QVIA IN IPSO CREATAE SVNT
VNIVERSA
IN CAELIS
ET IN TERRA VISIBILIA
ET INVISIBILIA
SEVE TRONIS SIVE DONATIONIS
SIVE PRINCIPATVS
SIVE POTESTATES
OMNIA PER IPSVM
ET IN IPSO CREATA SVNT
ET IPSE EST ANTE OMNES
ET OMNIA IN IPSI
CONSTANT
ET IPSE EST
CAPVT CORPORIS
ECCLESIAE
QVI EST PRINCIPIVM
PRIMOGENITVS
EX MORTVIS
VT SIT IN OMNIBVS IPSE
PRIMATVM TENENS

ΟΤΙΕΝΑΥΤΩΗΥΔΟΚΗϹΕΝ
ΠΑΝΤΟΠΛΗΡΩΜΑ
ΚΑΤΟΙΚΗϹΑΙ
ΚΑΙΔΙΑΥΤΟΥΑΠΟΚΑΤΑΛΛΑΞΑΙ
ΤΑΠΑΝΤΑΕΙϹΑΥΤΟΝ
ΕΙΡΗΝΟΠΟΙΗϹΑϹ
ΔΙΑΤΟΥΑΙΜΑΤΟϹ
ΤΟΥϹΤΑΥΡΟΥΑΥΤΟΥ
ΕΙΤΕΤΑΕΠΙΤΗϹΓΗϹ
ΕΙΤΕΤΑΕΝΤΟΙϹΟΥΡΑΝΟΙϹ
ΚΑΙΗΜΑϹΠΟΤΕΟΝΤΑϹ
ΑΠΗΛΛΟΤΡΙΩΜΕΝΟΥϹ
ΚΑΙΕΧΘΡΟΥϹ
ΤΗϹΔΙΑΝΟΙΑϹ
ΕΝΤΟΙϹΕΡΓΟΙϹΤΟΙϹΠΟΝΗΡΟΙϹ
ΝΥΝΔΕΑΠΟΚΑΤΑΛΛΑΓΕΝΤΕϹ
ΕΝΤΩϹΩΜΑΤΙ
ΤΗϹϹΑΡΚΟϹΑΥΤΟΥ
ΔΙΑΤΟΥΘΑΝΑΤΟΥ
ΠΑΡΑϹΤΗϹΑΙΥΜΑϹΑΓΙΟΥϹ
ΚΑΙΑΜΩΜΟΥϹ

QVIA IN IPSO CONPLACVIT
OMNIS PLENITVDO
INHABITARE
ET PER EVM RECONCILIARE
OMNIA IN IPSVM
PACIFICANS
PER SANGVINEM
CRVCIS EIVS
SIVE QVAE IN TERRA
SIVE QVAE IN CAELIS SVNT
ET VOS CVM ALIQVANDO ERATIS
ALIENATI
ET INIMICI
SENSVS EIVS
IN OPERIBVS MALIS
NVNC AVTEM RECONCILIATI
IN CORPORE
CARNIS EIVS
PER MORTEM
EXHIBERE VOS SANCTOS
ET INMACVLATOS

ΚΑΙΑΝЄΓΚΛΗΤΟΥϹ	ET SINE CRIMINE
ΚΑΤЄΝΩΠΙΟΝΑΥΤΟΥ	IN CONSPECTV EIVS
ЄΙΓЄЄΠΙΜЄΝЄΤЄΤΗΠΙϹΤЄΙ	SIQVIDEM PERSEVERATIS IN FIDE
ΤЄΘЄΜЄΛΙΩΜЄΝΟΙ	FVNDATI
ΚΑΙЄΔΡΑΙΟΙ	ET STABILES
ΚΑΙΜΗΜЄΤΑΚЄΙΝΟΥΜЄΝΟΙ	ET INMOVILES
ΑΠΟΤΗϹЄΛΠΙΔΟϹΤΟΥЄΥΑΓΓЄΛΙΟΥ	AB SPE EVANGELI
ΟΥΗΚΟΥϹΑΤЄ	QVOD AVDISTIS
ΤΟΥΚΗΡΥΧΘЄΝΤΟϹ	QVOD PRAEDICATVM EST
ЄΝΠΑϹΗΚΤΙϹЄΙ	IN VNIVERSA CREATVRA
ΤΗΥΠΟΤΟΝΟΥΡΑΝΟΝ	QVAE SVB CAELO EST
ΟΥЄΓЄΝΟΜΗΝ	CVIVS FACTVS SVM
ЄΓΩΠΑΥΛΟϹΔΙΑΚΟΝΟϹ	EGO PAVLVS MINISTER
ΟϹΝΥΝΧΑΙΡΩ	QVI NVNC GAVDEO
ЄΝΤΟΙϹΠΑΘΗΜΑϹΙΝ	IN PASSIONIBVS
ΥΠЄΡΥΜΩΝ	PRO VOBIS
ΚΑΙΑΝΤΑΝΑΠΛΗΡΩ	ET SVPPLEO
ΤΑΥϹΤЄΡΗΜΑΤΑ	QVAE DESVNT
ΤΩΝΘΛΙΨЄΩΝΤΟΥΧ̅Υ̅	TRIBVLATIONVM X̅P̅I̅
ЄΝΤΗϹΑΡΚΙΜΟΥ	IN CARNE MEA
ΥΠЄΡΤΟΥϹΩΜΑΤΟϹ	PRO CORPORE EIVS

ΟϹΕϹΤΙΝΕΚΚΛΗϹΙΑ
ΗϹΕΓΕΝΟΜΗΝ
ΕΓΩΔΙΑΚΟΝΟϹ
ΚΑΤΑΤΗΝΟΙΚΟΝΟΜΙΑΝΤΟΥΘ̅Υ̅
ΤΗΝΔΟΘΕΙϹΑΝΜΟΙΕΙϹΥΜΑϹ
ΠΛΗΡΩϹΑΙΤΟΝΛΟΓΟΝΤΟΥΘ̅Υ̅
ΤΟΜΥϹΤΗΡΙΟΝ
ΤΟΑΠΟΚΕΚΡΥΜΜΕΝΟΝ
ΑΠΟΤΩΝΑΙΩΝΩΝ
ΚΑΙΑΠΟΤΩΝΓΕΝΕΩΝ
ΝΥΝΕΙΔΕΦΑΝΕΡΩΘΕΝ
ΤΟΙϹΑΓΙΟΙϹΑΥΤΟΥ
ΟΙϹΗΘΕΛΗϹΕΝΟΘ̅Ϲ̅
ΓΝΩΡΙϹΑΙΤΟΝΠΛΟΥΤΟΝ
ΤΗϹΔΟΞΗϹΤΟΥΜΥϹΤΗΡΙΟΥΤΟΥΘ̅Υ̅
ΕΝΤΟΙϹΕΘΝΕϹΙΝ
ΟϹΕϹΤΙΝΧ̅Ϲ̅ΕΝΥΜΙΝ
ΗΕΛΠΙϹΤΗϹΔΟΞΗϹ
ΟΝΗΜΙϹΚΑΤΑΝΓΕΛΛΟΜΕΝ
ΝΟΥΘΕΤΟΥΝΤΕϹΠΑΝΤΑΑ̅Ν̅Ο̅Ν̅
ΚΑΙΔΙΔΑϹΚΟΝΤΕϹΕΝΠΑϹΗϹΟΦΙΑ

QVOD EST ECCLESIA
CVIVS FACTVS SVM
EGO MINISTER
SECVNDVM DISPOSITIONEM D̅I̅
QVAE DATA EST MIHI IN VOS
INPLERE VERBVM D̅I̅
MYSTERIVM
QVOD ABSCONDITVM FVIT
A SAECVLIS
ET GENERATIONIBVS
NVNC AVTEM MANIFESTATVM FVIT
SANCTIS EIVS
QVIBVS VOLVIT D̅S̅
NOTAS FACERE DIVITIAS
GLORIAE MYSTERII D̅I̅
INTER GENTES
QVOD EST X̅P̅S̅ IN VOBIS
SPES GLORIAE
QVAE NOS ADNVNTIAMVS
CORRIPIENTES OMNEM HOMINEM
ET DOCENTES OMNI SAPIENTIA SPIRITALI

ΙΝΑΠΑΡΑϹΤΗϹΩΜΕΝ
ΠΑΝΤΑΑΝΘΡΩΠΟΝ
ΤΕΛΙΟΝΕΝΧ̅Ω̅
ΕΙϹΟΚΑΙΚΟΠΙΩΑΓΩΝΙΖΟΜΕΝΟϹ
ΚΑΤΑΤΗΝΕΝΕΡΓΙΑΝΑΥΤΟΥ·
ΤΗΝΕΝΕΡΓΟΥΜΕΝΗΝΕΝΕΜΟΙ
ΕΝΔΥΝΑΜΕΙ
ΘΕΛΩΓΑΡΥΜΑϹΕΙΔΕΝΑΙ
ΗΛΙΚΟΝΑΓΩΝΑΕΧΩΠΕΡΙΥΜΩΝ
ΚΑΙΤΩΝΕΝΛΑΟΔΙΚΙΑ
ΚΑΙΟϹΟΙΟΥΧΕΩΡΑΚΑΝ
ΤΟΠΡΟϹΩΠΟΝΜΟΥΕΝϹΑΡΚΙ
ΙΝΑΠΑΡΑΚΛΗΘΩϹΙΝΑΙΚΑΡΔΙΑΙΑΥΤΩ̅
ϹΥΝΒΙΒΑϹΘΕΝΤΕϹΕΝΑΓΑΠΗ
ΕΙϹΠΑΝΤΑΤΟΝΠΛΟΥΤΟΝ
ΤΗϹΠΛΗΡΟΦΟΡΙΑϹΤΗϹϹΥΝΕϹΕΩϹ
ΕΙϹΕΠΙΓΝΩϹΙΝΤΟΥΜΥϹΤΗΡΙΟΥΤΟΥΘ̅Υ̅
ΟΕϹΤΙΝΧ̅Ϲ̅
ΕΝΩΕΙϹΙΝΠΑΝΤΕϹ
ΟΙΘΗϹΑΥΡΟΙΤΗϹϹΟΦΙΑϹ
ΚΑΙΓΝΩϹΕΩϹΑΠΟΚΡΥΦΟΙ

VT EXHIBEAMVS
OMNEM HOMINEM
PERFECTVM IN X̅P̅O̅
IN QVO ET LABORO CERTANDO
SECVNDVM OPERATIONEM EIVS
QVAM OPERATVR IN ME
IN VIRTVTE
VOLO ENIM VOS SCIRE
QVALE CERTAMEN HABEO PRO VOBIS
ET PRO HIS QVI SVNT LAODICIAE
ET QVICVMQVE NON VIDERVNT
FACIEM MEAM IN CARNE
VT CONSVLẸNTVR CORDA ILLORVM
INSTRVCTI CARITATE
IN OMNES DIVITIAS
ADINPLETIONIS INTELLECTVS
IN AGNITIONEM MYSTERII D̅I̅
QVOD EST X̅P̅S̅
IN QVO SVNT OMNES
THENSAVRI SAPIENTIAE
ET SCIENTIAE ABSCONDITI

ΤΟΥΤΟΔΕΛΕΓΩ	HOC AVTEM DICO
ΙΝΑΜΗΔΙϹΥΜΑϹΠΑΡΑΛΟΓΙΖΗΤΕ	VT NEMO VOS CIRCVMVENIAT
ΕΝΠΙΘΑΝΟΛΟΓΙΑ	IN SVBTILITATE SERMONIS
ΕΙΓΑΡΚΑΙΤΗϹΑΡΚΙΑΠΙΜΙ	NAM ETSI CORPORE ABSENS SVM
ΑΛΛΑΓΕΤΩΠ̅Ν̅Ι̅ϹΥΝΥΜΙΝΕΙΜΙ	SED S̅P̅V̅ VOBISCVM SVM
ΧΑΙΡΩΝΚΑΙΒΛΕΠΩΝΥΜΩΝ	GAVDENS ET VIDENS VESTRVM
ΤΗΝΤΑΞΙΝ	ORDINEM
ΚΑΙΤΟϹΤΕΡΕΩΜΑΤΗϹΕΙϹΧ̅Ν̅	VT IN QVOD DEEST NECESSITATIBVS
ΠΙϹΤΕΩϹΥΜΩΝ	FIDEI VESTRAE
ΩϹΟΥΝΠΑΡΕΛΑΒΕΤΕΤΟΝΚ̅Ν̅Ι̅Ν̅Χ̅Ν̅	SICVT ERGO ACCEPISTIS D̅M̅I̅ I̅H̅V̅ X̅P̅I̅
ΕΝΑΥΤΩΠΕΡΙΠΑΤΕΙΤΕ	IN ILLO AMBVLATE
ΕΡΡΙΖΩΜΕΝΟΙ	RADICATI
ΚΑΙΕΠΟΙΚΟΔΟΜΟΥΜΕΝΟΙΕΝΑΥΤΩ	ET SVPERAEDIFICATI IN IPSO
ΚΑΙΒΕΒΑΙΟΥΜΕΝΟΙΤΗΠΙϹΤΙ	ET CONFIRMATI FIDE
ΚΑΘΩϹΚΑΙΕΔΙΔΑΧΘΗΤΕ	SICVT ET DEDICISTIS
ΠΕΡΙϹϹΕΥΟΝΤΕϹΕΝ̅ΑΥΤΩ	ABVNDANTES IN ILLO
ΕΝΕΥΧΑΡΙϹΤΙΑ	IN GRATIARVM ACTIONEM
ΒΛΕΠΕΤΕΜΗΤΙϹΕϹΤΕΥΜΑϹΟϹΥΛΑΓΩΓΩΝ	VIDETE NE QVIS SIT QVI VOS SVADEAT
ΔΙΑΤΗϹΦΙΛΟϹΟΦΙΑϹ	PER PHILOSOPHIAM
ΚΑΙΚΕΝΗϹΑΠΑΤΗϹ	ET INANEM SEDVCTIONEM
ΚΑΤΑΤΗΝΠΑΡΑΔΟϹΙΝ	SECVNDVM TRADITIONEM

ΤΩΝΑΝΘΡΩΠΩΝ	HOMINVM
ΚΑΤΑΤΑϹΤΟΙΧΙΑΤΟΥΚΟϹΜΟΥ	SECVNDVM ELEMENTA MVNDI
ΚΑΙΟΥΚΑΤΑΧ̅Ν̅	ET NON SECVNDVM X̅P̅M̅
ΟΤΙΕΝΑΥΤΩΚΑΤΟΙΚΙ	QVIA IN IPSO HABITAT
ΠΑΝΤΟΠΛΗΡΩΜΑ	OMNIS PLENITVDO
ΤΗϹΘΕΟΤΗΤΟϹϹΩΜΑΤΙΚΩϹ	DIVINITATIS CORPORALITER
ΚΑΙΕϹΤΕΕΝΑΥΤΩΠΕΠΛΗΡΩΜΕΝΟΙ	ET ESTIS IN ILLO REPLETI
ΟΕϹΤΙΝΚΕΦΑΛΗ	QVOD EST CAPVT
ΠΑϹΗϹΕΚΚΛΗϹΙΑϹ	OMNIS PRINCIPATVS ET POTESTATIS
ΕΝΩΚΑΙΠΕΡΙΕΤΝΗΘΗΤΕ	IN QVO ET CIRCVMCISI ESTIS
ΠΕΡΙΤΟΜΗ	CIRCVMCISIONE
ΑΧΕΙΡΟΠΟΙΗΤΩ	NON MANV FACTA
ΕΝΤΗΑΠΕΚΔΥϹΕΙ	IN EXPOLIATIONE
ΤΟΥϹΩΜΑΤΟϹΤΗϹϹΑΡΚΟϹ	CORPORIS CARNIS
ΕΝΤΗΠΕΡΙΤΟΜΗΤΟΥΧ̅Υ̅	IN CIRCVMCISIONE X̅P̅I̅
ϹΥΝΤΑΦΕΝΤΕϹΑΥΤΩ	CONSEPVLTI EI
ΕΝΤΩΒΑΠΤΙϹΜΩ	IN BAPTISMO
ΕΝΩΚΑΙϹΥΝΗΓΕΡΘΗΤΕ	IN QVO ET SVRREXISTIS
ΔΙΑΤΗϹΠΙϹΤΕΩϹ	PER FIDEM
ΤΗϹΕΝΕΡΓΙΑϹΤΟΥΘ̅Υ̅	OPERATIONIS D̅I̅
ΤΟΥΕΓΕΙΡΑΝΤΟϹΑΥΤΟΝΕΚΤΩΝΝΕΚΡΩΝ	QVI EXCITAVIT ILLVM A MORTVIS

AD COLOSSENSES II, 8—12.

ΚΑΙΥΜΑϹΝΕΚΡΟΥϹΟΝΤΑϹ	ET VOS CVM MORTVI ESSETIS
ΕΝΤΟΙϹΠΑΡΑΠΤΩΜΑϹΙΝ	IN DELICTIS
ΚΑΙΕΝΤΗΑΚΡΟΒΥϹΤΙΑ	ET IN PRAEPVTIO
ΤΗϹϹΑΡΚΟϹΥΜΩΝ	CARNIS VESTRAE
ΕΖΩΟΠΟΙΗϹΕΝϹΥΝΑΥΤΩ	CONVIVIFICAVIT CVM ILLO
ΧΑΡΙϹΑΜΕΝΟϹΗΜΙΝ	DONANS NOBIS
ΠΑΝΤΑΤΑΠΑΡΑΠΤΩΜΑΤΑΗΜΩΝ	OMNIA PECCATA NOSTRA
ΕΞΑΛΙΨΑϹΤΟΚΑΤΗΜΩΝ	DELETO QVOD ADVERSVS NOS ERAT
ΧΕΙΡΟΓΡΑΦΟΝ	CHIROGRAPHVM
ΤΟΙϹΔΟΓΜΑϹΙΝ	DECLETI
ΟΗΝΥΠΕΝΑΝΤΙΟΝΗΜΙΝ	QVOD ERAT CONTRARIVM NOBIS
ΚΑΙΑΥΤΟΗΡΕΝΕΚΤΟΥΜΕϹΟΥ	ET IPSVT TVLLIT DE MEDIO
ΠΡΟϹΗΛΩϹΑϹΑΥΤΟΤΩϹΤΑΥΡΩ	ADFIGENS ILLVT CRVCI
ΑΠΕΚΔΥϹΑΜΕΝΟϹΤΑϹΑΡΧΑϹ	EXVENS SE PRINCIPATA
ΚΑΙΤΑϹΕΞΟΥϹΙΑϹΕΔΙΓΜΑΤΙϹΕΝ	ET POTESTATES TRADVXIT LIBERE
ΕΝΠΑΡΡΗϹΙΑ	PROPALVM
ΘΡΙΑΝΒΕΥϹΑϹΑΥΤΟΥϹ	TRIVMPHANS ILLOS
ΕΝΑΥΤΩ	IN SEMETIPSO
ΜΗΟΥΝΤΙϹΥΜΑϹΚΡΙΝΕΤΩ	NEMO ERGO VOS IVDICET
ΕΝΒΡΩϹΕΙΗΕΝΠΟϹΕΙ	IN CIBO VEL IN POTV
ΗΕΝΜΕΡΙΕΟΡΤΗϹ	AVT IN PARTE DIE FESTI

ΗΝΟΥΜΗΝΙΑ
ΗϹΑΒΒΑΤΟΥ
ΑΕϹΤΙΝϹΚΙΑΤΩΝΜΕΛΛΟΝΤΩΝ
ΤΟΔΕϹΩΜΑΧ̅Υ̅
ΜΗΔΙϹΥΜΑϹΚΑΤΑΒΡΑΒΕΥΕΤΩ
ΘΕΛΩΝΕΝΤΑΠΙΝΟΦΡΟϹΥΝΗ
ΚΑΙΘΡΗϹΚΙΑΤΩΝΑΓΓΕΛΩΝ
ΑΕΟΡΑΚΕΝ
ΕΝΒΑΤΕΥΩΝΕΙΚΗ
ΦΥϹΙΟΥΜΕΝΟΙΥΠΟΤΟΥΝΟΟϹ
ΤΗϹϹΑΡΚΟϹΑΥΤΟΥ
ΚΑΙΟΥΚΡΑΤΩΝΤΗΝΚΕΦΑΛΗΝΧ̅Ν̅
ΕΞΟΥΠΑΝΤΟϹΩΜΑ
ΔΙΑΤΩΝΑΦΩΝΚΑΙϹΥΝΔΕϹΜΩ̅
ΕΠΙΧΟΡΗΓΟΥΜΕΝΟΝ
ΚΑΙϹΥΝΒΙΒΑΖΟΜΕΝΟΝ
ΑΥΞΕΙΤΗΝΑΥΞΗϹΙΝΤΟΥΘ̅Υ̅
ΕΙΑΠΕΘΑΝΕΤΕϹΥΝΧ̅Ω̅
ΑΠΟΤΩΝϹΤΟΙΧΙΩΝΤΟΥΚΟϹΜΟΥ
ΔΙΑΤΙΠΑΛΙΝΩϹΖΩΝΤΕϹ
ΕΝΚΟϹΜΩΔΟΓΜΑΤΙΖΕϹΘΑΙ

AVT NVMENIA
AVT SABBATORVM
QVOD EST VMBRA FVTVRORVM
CORPVS AVTEM X̅P̅I̅
NEMO VOS CONVINCAT
VOLENS IN HVMILITATE
ET RELIGIONE ANGELORVM
QVAE VIDIT
AMBVLANS SINE CAVSA
INFLATVS SENSV
CARNIS SVAE
ET NON TENENS CAPVT X̅P̅M̅
EX QVO OMNES CORPVS
CONEXVM ET CONDVCTIONE
SVBMINISTRATVM
ET PROVECTVM
CRESCIT IN INCREMENTVM D̅I̅
SI MORTVI ESTIS CVM X̅P̅O̅
AB ELEMENTIS MVNDI
QVARE TANQVAM VIVENTES
IN HOC MVNDO DECERNITIS

ΜΗΑΨΗΜΗΔΕΓΕΥϹΗ	NE TANGAS NEQVE GVSTES
ΜΗΔΕΘΙΓΗϹ	NEQVE ADTAMINAVERIS
ΑЄϹΤΙΝΠΑΝΤΑ	QVAE SVNT OMNIA
ЄΙϹΦΘΟΡΑΝΤΗΑΠΟΧΡΗϹЄΙ	IN INTERITVM PER ABVSIONEM
ΚΑΤΑΤΑЄΝΤΑΛΜΑΤΑ	SECVNDVM PRAECEPTA
ΚΑΙΔΙΔΑϹΚΑΛΙΑϹ	ET DOCTRINAS
ΤѠΝΑΝΘΡѠΠѠΝ	HOMINVM
ΑΤΙΝΑЄϹΤΙΝ	QVAE SVNT
ΛΟΓΟΝΜЄΝЄΧΟΝΤΑϹΟΦΙΑϹЄΝЄ	RATIONEM QVIDEM HABENTIA SAPIENTIA
ΘЄΛΟΘΡΗϹΚΙΑ	IN RELIGIONE
ΚΑΙΤΑΠΙΝΟΦΡΟϹΥΝΗ	ET HVMILITATE SENSVS
ΚΑΙΑΦΙΔΙΑϹѠΜΑΤΟϹ	ET VEXATIONEM CORPORIS
ΟΫ́ΚЄΝΤΙΜΗΤΙΝΙ	NON IN HONORE ALIQVO
ΠΡΟϹΠΛΗϹΜΟΝΗΝΤΗϹϹΑΡΚΟϹ	AD SATVRITATEM CARNIS
ЄΙΟΥΝϹΥΝΗΓЄΡΘΗΤЄΤѠΧ̅Ѡ̅	SI ERGO CONSVRREXISTIS CVM X̅P̅O̅
ΤΑΑΝѠΖΗΤЄΙΤЄ	QVAE SVSVM SVNT QVAERITE
ΟΥΟΧ̅Ϲ̅ЄϹΤΙΝ	VBI X̅P̅S̅ EST
ЄΝΔЄΞΙΑΤΟΥΘ̅Υ̅	AD DEXTRAM DI
ΚΑΘΗΜЄΝΟϹ	SEDENS
ΤΑΑΝѠΦΡΟΝЄΙΤЄ	QVAE SVSV SVNT SAPITE
ΜΗΤΑЄΠΙΤΗϹΓΗϹ	NON QVAE IN TERRAM

ΑΠΕΘΑΝΕΤΕΓΑΡ
ΚΑΙΗΖΩΗΥΜΩΝ
ΚΕΚΡΥΠΤΑΙCΥΝΧ̅Ω̅ΕΝΤΩΘ̅Ω̅
ΟΤΑΝΟΧ̅C̅ΦΑΝΕΡΩΘΗ
ΗΖΩΗΥΜΩΝ
ΤΟΤΕΚΑΙΥΜΙCCΥΝΑΥΤΩ
ΦΑΝΕΡΩΘΗCΕCΘΑΙΕΝΔΟΞΗ
ΝΕΚΡΩCΑΤΕΟΥΝΤΑΜΕΛΗΥΜΩΝ
ΤΑΕΠΙΤΗCΓΗC
ΠΟΡΝΙΑΝΚΑΙΑΚΑΘΑΡCΙΑΝ
ΠΑΘΟCΕΠΙΘΥΜΙΑΝ
ΚΑΚΗΝ
ΚΑΙΤΗΝΠΛΕΟΝΕΞΙΑΝ
ΗΤΙCΕCΤΙΝΕΙΔΩΛΟΛΑΤΡΙΑ
ΔΙΟΕΡΧΕΤΑΙΗΟΡΓΗΤΟΥΘ̅Υ̅ΕΠΙΤΟΥCΥΙΟΥCΤΗC ΑΠΙΘΙΑC
ΕΝΟΙCΚΑΙΥΜΕΙC
ΠΕΡΙΕΠΑΤΗCΑΤΕΠΟΤΕ
ΟΤΕΕΖΗΤΕΕΝΤΟΥΤΟΙC
ΝΥΝΕΙΔΕΑΠΟΘΕCΘΑΙ
ΚΑΙΥΜΙCΤΑΠΑΝΤΑ
ΟΡΓΗΝΘΥΜΟΝΚΑΚΙΑΝ

MORTVI ENIM ESTIS
ET VITA VESTRA
ABSCONSA EST CVM X̅P̅O̅ IN D̅O̅
CVM X̅P̅S̅ APPARVERIT
VITA VESTRA
TVNC ET VOS CVM ILLO
APPAREBITIS IN GLORIA
MORTIFICATE ERGO MEMBRA VESTRA
QVAE SVNT IN TERRAM
FORNICATIONEM INMVNDITIAM
VITIVM CONCVPISCENTIAM
MALAM
ET AVARITIAM
QVAE EST IDOLORVM SERVITVS
PROPTER QVOD VENIT IRA D̅I̅ SVPER FILIOS DE
IN QVIBVS ET VOS
AMBVLASTIS ALIQVANDO
CVM VIVERETIS IN ILLIS
NVNC AVTEM DEPONITE
ET VOS OMNIA
IRAM INDIGNATIONEM MALITIAM

ΒΛΑϹΦΗΜΙΑΝΑΙϹΧΡΟΛΟΓΙΑΝ	BLASPHEMIAM TVRPILOQVIVM
ΕΚΤΟΥϹΤΟΜΑΤΟϹΥΜΩΝΜΗΨΕΥΔΕϹΘΕ	EX ORE VESTRO NOLITE MENTIRI
ΕΙϹΑΛΛΗΛΟΥϹ	INVICEM
ΑΠΕΚΔΥϹΑΜΕΝΟΙ	EXPOLIANTES VOS
ΤΟΝΠΑΛΑΙΟΝΑΝΘΡΩΠΟΝ	VETEREM HOMINEM
ϹΥΝΤΑΙϹΠΡΑΞΕϹΙΝΑΥΤΟΥ	CVM ACTIBVS EIVS
ΚΑΙΕΝΔΥϹΑΜΕΝΟΙΤΟΝΝΕΟΝ	ET INDVENTES NOVVM
ΤΟΝΑΝΑΚΑΙΝΟΥΜΕΝΟΝ	EVM QVI RENOVATVR
ΕΙϹΕΠΙΓΝΩϹΙΝ	IN GNITIONEM
ΚΑΤΙΚΟΝΑΤΟΥΚΤΙϹΑΝΤΟϹΑΥΤΟΝ	SECVNDVM IMAGINEM EIVS QVI CREAVIT ILLV̄
ΟΠΟΥΟΥΚΕΝΙΑΡϹΕΝΚΑΙΘΗΛΥ	VBI NON EST MASCVLVS ET FEMINA
ΕΛΛΗΝΚΑΙΙΟΥΔΑΙΟϹ	GRECVS ET IVDAEVS
ΠΕΡΙΤΟΜΗΚΑΙΑΚΡΟΒΥϹΤΙΑ	CIRCVMCISIO ET PRAEPVTIVM
ΒΑΡΒΑΡΟϹΚΑΙϹΚΥΘΗϹ	BARBARVS ET SCYTHA
ΔΟΥΛΟϹΚΑΙΕΛΕΥΘΕΡΟϹ	SERVVS ET LIBER
ΑΛΛΑΤΑΠΑΝΤΑΚΑΙΕΝΠΑϹΙΝ$\overline{\text{ΧϹ}}$	SED OMNIA ET IN OMNIBVS $\overline{\text{XPS}}$
ΕΝΔΥϹΑϹΘΑΙΟΥΝΩϹΕΙΕΚΛΕΚΤΟΙ$\overline{\text{ΘΥ}}$	INDVITE VOS ERGO TAMQVAM ELECTI $\overline{\text{DI}}$
ΑΓΙΟΙΚΑΙΗΓΑΠΗΜΕΝΟΙ	SANCTI ET DILECTI
ϹΠΛΑΝΧΝΑΚΑΙΟΙΚΤΕΙΡΜΟΝ	VISCERA MISERICORDIAE
ΧΡΗϹΤΟΤΗΤΑΤΑΠΙΝΟΦΡΟϹΥΝΗΝ	BENIGNITATEM HVMILITATEM
ΠΡΑΟΤΗΤΑΜΑΚΡΟΘΥΜΙΑΝ	PATIENTIAM MODESTIAM

ΑΝΕΧΟΜΕΝΟΙΑΛΛΗΛΩΝ
ΚΑΙΧΑΡΙΖΟΜΕΝΟΙΕΑΥΤΟΙϹ
ΕΑΝΤΙϹΠΡΟϹΤΙΝΑΕΧΗΜΕΜΨΙΝ
ΚΑΘΩϹΚΑΙΟΚ̅Ϲ̅ΕΧΑΡΙϹΑΤΟΗΜΙΝ
ΟΥΤΩϹΚΑΙΥΜΙϹΠΟΙΕΙΤΕ
ΕΠΙΠΑϹΙΝΔΕΤΟΥΤΟΙϹ
ΤΗΝΑΓΑΠΗΝ
ΟϹΕϹΤΙΝϹΥΝΔΕϹΜΟϹΤΗϹΑΙΝΟΤΗΤΟϹ
ΚΑΙΗΕΙΡΗΝΗΤΟΥΧ̅Υ̅
ΒΡΑΒΕΥΕΤΩΕΝΤΑΙϹΚΑΡΔΙΑΙϹΥΜΩ̅
ΕΙϹΗΝΚΑΙΕΚΛΗΘΗΤΕ
ΕΝΕΝΙϹΩΜΑΤΙ
ΚΑΙΕΥΧΑΡΙϹΤΟΙΓΕΝΕϹΘΑΙ
ΟΛΟΓΟϹΤΟΥΧ̅Υ̅ΕΝΟΙΚΕΙΤΩΕΝΥΜΙ̅
ΠΛΟΥϹΙΩϹ
ΕΝΠΑϹΗϹΟΦΙΑΔΙΔΑϹΚΟΝΤΕϹ
ΚΑΙΝΟΥΘΕΤΟΥΝΤΕϹΕΑΥΤΟΥϹ
ΨΑΛΜΟΙϹΥΜΝΟΙϹΩΔΑΙϹ
Π̅Ν̅ΙΚΑΙϹΕΝΤΗΧΑΡΙΤΙ
ΑΔΟΝΤΕϹΕΝΤΑΙϹΚΑΡΔΙΑΙϹΥΜΩ̅
ΤΩΘ̅Ω̅

SVPPORTANTES INVICEM
ET DONANTES VOBIS IPSIS
SI QVIS ADVERSVS ALIQVEM HABET QVEREL
SICVT ET D̅M̅S̅ DONAVIT NOBIS
ITA ET VOS FACITE
SVPER HAEC AVTEM OMNIA
CARITATEM
QVOD EST VINCVLVM VNITATIS
ET PAX X̅P̅I̅
ABVNDET IN CORDIBVS VESTRIS
AD QVAM ET VOCATI ESTIS
IN VNO CORPORE
ET GRATI ESTOTE
VERBVM X̅P̅I̅ HABITET IN VOBIS
ABVNDANTER
IN OMNI SAPIENTIA DOCENTES
ET CORRIPIENTES VOSMETIPSOS
PSALMIS HYMNIS CANTICIS
SPIRITABVS IN GRATIA
CANTANTES IN CORDIBVS VESTRIS
D̅O̅

ΠΑΝΟΤΙΑΝΠΟΙΗΤΕ
ΕΝΛΟΓΩΗΕΝΕΡΓΩ
ΠΑΝΤΑΕΝΟΝΟΜΑΤΙΙ̅Υ̅Χ̅Υ̅
ΕΥΧΑΡΙϹΤΟΥΝΤΕϹΤΩΘ̅Ω̅
ΚΑΙΠΑΤΡΙΔΙΑΥΤΟΥ
ΑΙΓΥΝΑΙΚΕϹΥΠΟΤΑϹϹΕϹΘΑΙ
ΤΟΙϹΑΝΔΡΑϹΙΝΥΜΩΝ
ΩϹΑΝΗΚΕΝΕΝΚ̅Ω̅
ΟΙΑΝΔΡΕϹΑΓΑΠΑΤΕΤΑϹΓΥΝΑΙΚΑϹΥΜΩ̅
ΚΑΙΜΗΠΙΚΡΑΙΝΕϹΘΑΙΠΡΟϹΑΥΤΑϹ
ΤΑΤΕΚΝΑΥΠΑΚΟΥΕΤΕ
ΤΟΙϹΓΟΝΕΥϹΙΝΚΑΤΑΠΑΝΤΑ
ΤΟΥΤΟΓΑΡΕΥΑΡΕϹΤΟΝΕϹΤΙΝΕΝΚ̅Ω̅
ΟΙΠΑΤΕΡΕϹΜΗΠΑΡΟΡΓΙΖΕΤΕ
ΤΑΤΕΚΝΑΥΜΩΝ
ΙΝΑΜΗΑΘΥΜΩϹΙΝ
ΟΙΔΟΥΛΟΙΥΠΑΚΟΥΕΤΕΚΑΤΑΠΑΝΤΑ
ΤΟΙϹΚΑΤΑϹΑΡΚΑΚΥΡΙΟΙϹ
ΜΗΕΝΟΦΘΑΛΜΟΔΟΥΛΙΑ
ΩϹΑΝΘΡΩΠΑΡΕϹΚΟΙ
ΑΛΛΕΝΑΠΛΟΤΗΤΙΚΑΡΔΙΑϹ

OMNE QVODCVMQVE FACIETIS
IN VERBO VEL IN OPERE
OMNIA IN NOMINE X̅P̅I̅ I̅H̅V̅
GRATIAS AGENTES D̅O̅
ET PATRI PER IPSVM
MVLIERES SVBDITE ESTOTE
VIRIS VESTRIS
SICVT CONVENIT IN D̅N̅O̅
VIRI DILIGITE VXORES VESTRAS
ET NOLITE AMARI ESSE AD ILLAS
FILI OBAVDITE
PARENTIBVS PER OMNIA
HOC ENIM PLACENS EST IN D̅N̅O̅
PATRES NOLITE IN IRAM PROVOCARE
FILIOS VESTROS
NE DEFICIANT
SERVI OBAVDITE PER OMNIA
DOMINIS CARNALIBVS
NON AD OCVLVM SERVIENTES
QVASI HOMINIBVS PLACENTES
SED IN SIMPLICITATE CORDIS

ΦΟΒΟΥΜΕΝΟΙΤΟΝΚ̅Ν̅	TIMENTES D̅M̅
ΟΑΝΠΟΙΗΤΕΕΚΨΥΧΗϹ	QVODCVMQVE FACIENTES EX ANIMO
ΕΡΓΑΖΕϹΘΑΙΩϹΤΩΚ̅Ω̅	OPERAMINI SICVT D̅N̅O̅
ΚΑΙΟΥΚΑΝΘΡΩΠΟΙϹ	ET NON HOMINIBVS
ΕΙΔΟΤΕϹΟΤΙΑΠΟΚ̅Υ̅	SCIENTES QVOD A D̅N̅O̅
ΑΠΟΛΗΝΨΕϹΘΑΙΤΗΝΑΝΤΑΠΟΔΟϹΙ̅	PERCIPIETIS RETRIBVTIONEM
ΤΗϹΚΛΗΡΟΝΟΜΙΑϹΤΩΚ̅Ω̅Χ̅Ω̅	HEREDITATIS D̅N̅I̅ X̅P̅I̅
ΔΟΥΛΕΥΕΤΕ	CVI SERVITIS
ΟΓΑΡΑΔΙΚΩΝ	QVI ENIM INIVRIAM FACIT
ΚΟΜΙΕΙΤΕΟΗΔΙΚΗϹΕΝ	REPORTAVIT ID QVOD INIVRIAM FECIT
ΚΑΙΟΥΚΕϹΤΙΝΠΡΟϹΩΠΟΛΗΜΨΙΑ	ET NON ES PERSONARVM ACCEPTIO
ΟΙΚΥΡΙΟΙΤΟΔΙΚΑΙΟΝ	DOMINI QVOD IVSTVM EST
ΚΑΙΤΗΝΙϹΟΤΗΤΑ	ET AECVM
ΤΟΙϹΔΟΥΛΟΙϹΠΑΡΕΧΕϹΘΑΙ	SERVIS PRAESTATE
ΕΙΔΟΤΕϹΟΤΙΚΑΙΥΜΙϹΕΧΕΤΕΚ̅Ν̅	SCIENTES QVONIAM ET VOS HABETIS D̅N̅M̅
ΕΝΟΥΡΑΝΟΙϹ	IN CAELIS
ΤΗΠΡΟϹΕΥΧΗΠΡΟϹΚΑΡΤΕΡΙΤΕ	ORATIONI INSTATE
ΓΡΗΓΟΡΟΥΝΤΕϹΕΝΑΥΤΗ	VIGILANTES IN EA
ΠΡΟϹΕΥΧΟΜΕΝΟΙΑΜΑ	ORANTES SIMVL
ΚΑΙΠΕΡΙΗΜΩΝ	ET PRO NOBIS
ΙΝΑΟΘ̅Ϲ̅ΑΝΟΙΞΗΗΜΕΙΝ	VT D̅S̅ APERIAT NOBIS

AD COLOSSENSES III, 22—IV, 3.

ΘΥΡΑΝΛΟΓΟΥ	OSTIVM SERMONIS
ΛΑΛΗϹΑΙΤΟΜΥϹΤΗΡΙΟΝΤΟΥΧ̅Υ̅	LOQVENDI MYSTERIVM X̅P̅I̅
ΔΙΟΚΑΙΔΕΔΕΜΑΙ	PROPTER QVOD ET LIGATVS SVM
ΙΝΑΚΑΙΦΑΝΕΡΩϹΩΑΥΤΩ	VT MANIFESTEM ILLVD
ΩϹΔΕΙΜΕΛΑΛΗϹΑΙ	QVEMADMODVM OPORTEAT ME LOQVI
ΕΝϹΟΦΙΑΠΕΡΙΠΑΤΙΤΕ	IN SAPIENTIA AMBVLATE
ΠΡΟϹΤΟΥϹΕΞΩ	AD EOS QVI FORIS SVNT
ΤΟΝΚΑΙΡΟΝΕΞΑΓΟΡΑΖΟΜΕΝΟΙ	TEMPVS REDIMENTES
ΟΛΟΓΟϹΗΜΩΝΠΑΝΤΟΤΕΕΝΧΑΡΙΤΙ	SERMO VESTER SEMPER IN GRATIA
ΑΛΑΤΙΗΡΤΥΜΕΝΟϹ	SALE CONDITVS SIT
ΕΙΔΕΝΑΙΠΩϹΔΕΙΥΜΑϹ	VT SCIATIS QVOMODO OPORTEAT VOS
ΕΝΙΕΚΑϹΤΩΑΠΟΚΡΙΝΕϹΘΑΙ	VNICVIQVE RESPONDERE
ΤΑΚΑΘΕΜΕΠΑΝΤΑ	QVAE CIRCA ME SVNT OMNIA
ΓΝΩΡΙϹΕΙΥΜΙΝ	NOTA FACIET VOBIS
ΤΥΧΙΚΟϹΟΑΓΑΠΗΤΟϹΑΔΕΛΦΟϹ	TYCHICVS DILECTISSIMVS FRATER
ΚΑΙΠΙϹΤΟϹΔΙΑΚΟΝΟϹ	ET FIDELIS MINISTER
ΚΑΙϹΥΝΔΟΥΛΟϹΕΝΚ̅Ω̅	ET CONSERVVS IN D̅N̅O̅
ΟΝΕΠΕΝΨΑΠΡΟϹΥΜΑϹΕΙϹΑΥΤΟΤΟΥΤΟ	QVEM MISI AD VOS IN HOC IPSVM
ΙΝΑΓΝΩΤΕΤΑΠΕΡΙΗΜΩΝ	VT COGNOSCATIS QVAE CIRCA NOS SVNT
ΚΑΙΠΑΡΑΚΑΛΕϹΑΙ	ET CONSVLETVR
ΤΑϹΚΑΡΔΙΑϹΥΜΩΝ	CORDA VESTRA

ϹΥΝΟΝΗϹΙΜΩΤΩΑΓΑΠΗΤΩ	CVM HONESIMO DILECTISSIMO
ΚΑΙΠΙϹΤΩΑΔΕΛΦΩ	ET FIDELI FRATRE
ΟϹΕϹΤΙΝΕΞΥΜΩΝΟΙ	QVI EST EX VOBIS
ΠΑΝΤΑΥΜΙΝΓΝΩΡΙϹΩϹΙΝ	OMNIA VOBIS NOTA FACIENT
ΤΑΩΔΕ	QVAE HIC AGVNTVR
ΑϹΠΑΖΕΤΕΥΜΑϹΑΡΙϹΤΑΡΧΟϹ	SALVTAT VOS ARISTHARCVS
ΟϹΥΝΑΙΧΜΑΛΩΤΟϹΜΟΥ	CONCAPTIVOS MEOS
ΚΑΙΜΑΡΚΟϹΟΑΝΕΨΙΟϹ	ET MARCVS CONSOBRINVS
ΒΑΡΝΑΒΑ	BARNABAE
ΠΕΡΙΟΥΕΛΑΒΕΤΕΕΝΤΟΛΑϹ	DE QVO ACCEPISTIS MANDATA
ΕΑΝΕΛΘΗΠΡΟϹΥΜΑϹ	SI VENERIT AD VOS
ΔΕΞΑϹΘΑΙΑΥΤΟΝ	EXCIPITE ILLVM
ΚΑΙΟΙ̅Ϲ̅ΟΛΕΓΟΜΕΝΟϹΙΟΥϹΤΟϹ	ET I̅H̅S̅ QVI DICITVR IVSTVS
ΟΙΟΝΤΕϹΕΚΠΕΡΙΤΟΜΗϹ	QVI SVNT EX CIRCVMCISIONE
ΟΥΤΟΙΜΟΝΟΙϹΥΝΕΡΓΟΙΜΟΥΕΙϹΙ	HI SOLI SVNT ADIVTORES MEI
ΕΙϹΤΗΝΒΑϹΙΛΕΙΑΝΤΟΥΘ̅Υ̅	REGNI D̅I̅
ΟΙΤΙΝΕϹΕΓΕΝΗΘΗϹΑΝΜΟΙ	QVI FACTI SVNT MIHI
ΠΑΡΗΓΟΡΙΑ	SOLACIO
ΑϹΠΑΖΕΤΕΥΜΑϹΕΠΑΦΡΑϹ	SALVTAT VOS EPAPHRAS
ΟΕΞΥΜΩΝΔΟΥΛΟϹΧ̅Υ̅	QVI EX VOBIS EST SERVVS X̅P̅I̅
ΠΑΝΤΟΤΕΑΓΩΝΙΖΟΜΕΝΟϹ	SEMPER SOLLICITVS

ΠΕΡΙΥΜΩΝΕΝΤΑΙϹΠΡΟϹΕΥΧΑΙϹ
ΙΝΑϹΤΗΤΕΤΕΛΙΟΙ
ΚΑΙΠΕΠΛΗΡΟΦΟΡΗΜΕΝΟΙ
ΕΝΠΑΝΤΙΘΕΛΗΜΑΤΙΤΟΥΧ̅Υ̅
ΜΑΡΤΥΡΩΓΑΡΑΥΤΩ
ΟΤΙΕΧΕΙΠΟΛΥΝΚΟΠΟΝ
ΥΠΕΡΥΜΩΝ
ΚΑΙΤΩΝΕΝΛΑΟΔΙΚΙΑ
ΚΑΙΤΩΝΕΝΙΕΡΑΠΟΛΕΙ
ΑϹΠΑΖΕΤΕΥΜΑϹΛΟΥΚΑϹΟΙΑΤΡΟϹ
ΟΑΓΑΠΗΤΟϹΚΑΙΔΗΜΑϹ
ΑϹΠΑϹΑϹΘΑΙΤΟΥϹΕΝΛΑΟΔΙΚΙΑ
ΑΔΕΛΦΟΥϹΚΑΙΝΥΜΦΑΝ
ΚΑΙΤΗΝΚΑΤΟΙΚΟΝΑΥΤΟΥ
ΕΚΚΛΗϹΙΑΝ
ΚΑΙΟΤΑΝΑΝΑΓΝΩϹΘΗ
ΠΑΡΥΜΙΝΗΕΠΙϹΤΟΛΗΠΟΙΗϹΑΤΕ
ΙΝΑΚΑΙΕΝΤΗΛΑΟΔΙΚΑΙΩΝΕΚΚΛΗϹΙΑ
ΑΝΑΓΝΩϹΘΗ
ΚΑΙΤΗΝΕΚΛΑΟΔΙΚΙΑϹ
ΙΝΑΥΜΙϹΑΝΑΓΝΩΤΕ

PRO VOBIS IN ORATIONIBVS
VT STETIS PERFECTI
ET ADINPLETI
IN OMNE VOLVNTATE X̅P̅I̅
TESTIMONIVM ENIM ILLI REDDO
QVONIAM HABET MVLTVM LABOREM
PRO VOBIS
ET PRO HIS QVI LAODICIAE SVNT
ET QVI HIERAPOLI
SALVTAT VOS LVCAS MEDICVS
CARISSIMVS ET DEMAS
SALVTATE EOS QVI SVNT IN LAODICIAE
FRATRES ET NYMPHAM
ET DOMESTICAM EIVS
ECCLESIAM
ET CVM LECTA FVERIT
APVT VOS EPISTVLAM FACITE
VT ET IN LAODICENSIVM ECCLESIA
LEGATVR
ET EAM QVI LAODICIAM EST
VT VOS LEGATIS

ΚΑΙЄΙΠΑΤЄΑΡΧΙΠΠΩ	ET DICITE ARCHIPPO
ΒΛЄΠЄΤΗΝΔΙΑΚΟΝΙΑΝ	VIDE MINISTERIVM
ΗΝΠΑΡЄΛΑΒЄϹЄΝΚ̅Ω̅	QVOD SVSCEPISTI IN D̅N̅O̅
ΙΝΑΑΥΤΗΝΠΛΗΡΟΙϹ	VT ILLVT IMPLEAS
ΟΑϹΠΑϹΜΟϹΤΗЄΜΗΧЄΙΡΙΠΑΥΛΟΥ	SALVTATIO MEA MANV PAVLI
ΜΝΗΜΟΝЄΥЄΤЄΜΟΥΤΩΝΔЄϹΜΩ̅	MEMORES ESTOTE VINCVLORVM MEORV̅
ΗΧΑΡΙϹΜЄΘΥΜΩΝΑΜΗΝ	GRATIA VOBISCVM AMEN

ΠΡΟϹ ΚΟΛΟϹϹΑЄΙϹ	AD COLOSSENSES
ЄΠΛΗΡΩΘΗ ΑΡΧЄΤΑΙ	EXPLICIT INCIPIT
ΠΡΟϹ ΦΙΛΙΠΠΗΝϹΙΟΥϹ	AD PHILIPPENSES

ΠΑΥΛΟCΚΑΙΤЄΙΜΟΘЄΟC
ΔΟΥΛΟΙΧ̅Υ̅Ι̅Υ̅
ΠΑCΙΝΤΟΙCΑΓΙΟΙCЄΝΧ̅Ω̅Ι̅Υ̅
ΤΟΙCΟΥCΙΝЄΝΦΙΛΙΠΠΟΙC
CΥΝЄΠΙCΚΟΠΟΙCΚΑΙΔΙΑΚΟΝΟΙC
ΧΑΡΙCΥΜΙΝΚΑΙЄΙΡΗΝΗ
ΑΠΟΘ̅Υ̅ΠΑΤΡΟCΗΜΩΝ
ΚΑΙΚ̅Υ̅Ι̅Υ̅Χ̅Υ̅
ЄΓΩΜЄΝЄΥΧΑΡΙCΤΩ
ΤΩΚ̅Ω̅ΗΜΩΝ
ЄΠΙΠΑCΗΜΝΙΑΥΜΩΝΠΑΝΤΟΤЄ
ЄΝΠΑCΗΔЄΗCЄΙΜΟΥ
ΥΠЄΡΠΑΝΤΩΝΥΜΩΝ
ΜЄΤΑΧΑΡΑC
ΤΗΝΔЄΗCΙΝΠΟΙΟΥΜЄΝΟC
ЄΠΙΤΗΚΟΙΝΩΝΙΑΥΜΩΝ
ЄΙCΤΟЄΥΑΓΓЄΛΙΟΝ
ΑΠΟΠΡΩΤΗCΗΜЄΡΑCΑΧΡΙΤΟΥΝΥΝ
ΠЄΠΟΙΘΩCΑΥΤΟΤΟΥΤΟ
ΟΤΙΟЄΝΑΡΞΑΜЄΝΟCЄΝΥΜЄΙΝ
ЄΡΓΟΝΑΓΑΘΟΝЄΠΙΤЄΛЄCЄΙ

PAVLVS ET THIMOTHEVS
SERVI X̅P̅I̅ I̅H̅V̅
OMNIBVS SANCTIS IN X̅P̅O̅ I̅H̅V̅
QVI SVNT PHILIPPIS
CVM EPISCOPIS ET DIACONIBVS
GRATIA VOBIS ET PAX
A D̅O̅ PATRE NOSTRO
ET D̅N̅O̅ I̅H̅V̅ X̅P̅O̅
EGO QVIDEM GRATIAS AGO
D̅N̅O̅ NOSTRO SVPER
OMNI MEMORIA VESTRI SEMPER
IN OMNI ORATIONE MEA
PRO OMNIBVS VOBIS
CVM GAVDIO
ORATIONEM FACIENS
SVPER COMMVNICATIONEM VESTRĀ
IN EVANGELIVM
A PRIMA DIE VSQVE NVNC
CONFIDENS HOC IPSVM
QVIA IS QVI COEPIT IN VOBIS
OPVS BONVM PERFICIET

ΑΧΡΙϹΗΜΕΡΑϹΧΥΙΥ	VSQVE IN DIEM XPI IHV
ΚΑΘΩϹΕϹΤΙΝΔΙΚΑΙΟΝΕΜΟΙ	SICVT EST IVSTVM MIHI
ΤΟΥΤΟΦΡΟΝΙΝΥΠΕΡΠΑΝΤΩΝΥΜΩ	HOC SENTIRE PRO OMNIBVS VOBIS
ΔΙΑΤΟΕΧΕΙΝΜΕ	EO QVOD HABEAM
ΕΝΤΗΚΑΡΔΙΑΥΜΑϹ	VOS IN CORDE
ΕΝΤΕΤΟΙϹΔΕϹΜΟΙϹΜΟΥ	IN VINCVLIS MEIS
ΚΑΙΤΗΑΠΟΛΟΓΙΑ	ET IN DEFENSIONE
ΚΑΙΒΕΒΑΙΩϹΕΙΤΟΥΕΥΑΓΓΕΛΙΟΥ	ET CONFIRMATIONEM EVANGELI
ϹΥΝΚΟΙΝΩΝΟΥϹ	SOCIOS
ΤΗϹΧΑΡΙΤΟϹΜΟΥ	GAVDII MEI
ΠΑΝΤΑϹΥΜΑϹΟΝΤΑϹ	OMNES VOS ESSE
ΜΑΡΤΥϹΓΑΡΜΟΙΕϹΤΙΝΟΘϹ	TESTIS ENIM MIHI DS
ΩϹΕΠΙΠΟΘΩΠΑΝΤΑϹΥΜΑϹ	QVOMODO CONCVPISCO OMNES VOS
ΕΝϹΠΛΑΝΧΝΟΙϹΧΥΙΥ	IN VISCERIBVS XPI IHV
ΚΑΙΤΟΥΤΟΠΡΟϹΕΥΧΟΜΑΙ	ET HOC ORO
ΙΝΑΗΑΓΑΠΗΥΜΩΝ	VT CARITAS VESTRA
ΕΤΙΜΑΛΛΟΝΚΑΙΜΑΛΛΟΝΠΕΡΙϹϹΕΥΗ	ADHVC MAGIS AC MAGIS ABVNDET
ΕΝΕΠΙΓΝΩϹΕΙΚΑΙΠΑϹΗΑΙϹΘΗϹΕΙ	IN SCIENTIA ET OMNI SENSV
ΕΙϹΤΟΔΟΚΙΜΑΖΕΙΝΥΜΑϹ	VT PROBETIS VOS
ΤΑΔΙΑΦΕΡΟΝΤΑ	QVAE POTIORA SVNT
ΙΝΑΗΤΕΕΙΛΙΚΡΙΝΕΙϹ	VT SITIS SINCERES

ΚΑΙΑΠΡΟϹΚΟΠΟΙ
ΕΙϹΗΜΕΡΑΝΧΥ
ΠΕΠΛΗΡΩΜΕΝΟΙΚΑΡΠΟΝΔΙΚΑΙΟϹΥΝΗϹ
ΤΟΝΔΙΑΙΥΧΥ
ΕΙϹΔΟΞΑΝΚΑΙΕΠΑΙΝΟΝΧΥ
ΓΕΙΓΝΩϹΚΕΙΝΔΕΥΜΑϹ
ΒΟΥΛΟΜΑΙΑΔΕΛΦΟΙ
ΟΤΙΤΑΚΑΤΕΜΕΜΑΛΛΟΝ
ΕΙϹΠΡΟΚΟΠΗΝ
ΤΟΥΕΥΑΓΓΕΛΙΟΥΕΛΗΛΥΘΕΝ
ΩϹΤΕΤΟΥϹΔΕϹΜΟΥϹΜΟΥ
ΦΑΝΕΡΟΥϹΓΕΝΕϹΘΑΙΕΝΧΩ
ΕΝΟΛΩΤΩΠΡΑΙΤΩΡΙΩ
ΚΑΙΤΟΙϹΛΟΙΠΟΙϹΠΑϹΙΝ
ΚΑΙΤΟΥϹΠΛΙΟΝΑϹ
ΤΩΝΑΔΕΛΦΩΝΕΝΚΩ
ΠΕΠΟΙΘΟΤΑϹΤΟΙϹΔΕϹΜΟΙϹΜΟΙ
ΠΕΡΙϹϹΟΤΕΡΩϹ
ΤΟΛΜΑΝΑΦΟΒΩϹ
ΤΟΝΛΟΓΟΝΛΑΛΕΙΝΤΟΥΘΥ
ΤΙΝΕϹΜΕΝΚΑΙΔΙΑΦΘΟΝΟΝ

ET SINE OFFENSIONE
IN DIE XPI
REPLETI FRVCTVM IVSTITIAE
PER IHM XPM
IN GLORIAM ET LAVDEM DI
SCIRE AVTEM VOS
VOLO FRATRES
QVIA QVAE ATTINENT MAGIS
AD PROFECTVM
EVANGELII VENERVNT
ITA VT VINCVLA MEA
MANIFESTA IN XPO FIERENT
IN TOTO PRAETORIO
ET CETERIS OMNIBVS
ET PLVRES
EX FRATRIBVS IN DNO
CONFIDENTES VINCVLIS MEIS
ABVNDANTIVS
AVTDERENT SINE TIMORE
VERBVM LOQVI DI
QVIDAM QVIDEM ET PROPTER INVIDIA¯

ΚΑΙЄΡΙΝ	ET CONTENTIONEM
ΤΙΝЄϹΔЄΚΑΙΔΙЄΥΔΟΚΙΑΝ	QVIDAM VERO PROPTER BENEPLACITV̅
ΤΟΝΧ̅Ν̅ΚΗΡΥϹϹΟΥϹΙΝ	X̅P̅M̅ PRAEDICANT
ΟΙΜЄΝЄΞΑΓΑΠΗϹ	QVIDAM EX CARITATE
ЄΙΔΟΤЄϹΟΤΙЄΙϹΑΠΟΛΟΓΙΑΝ	SCIENTES QVIA IN DEFENSIONE
ΤΟΥЄΥΑΓΓЄΛΙΟΥΚЄΙΜΑΙ	EVANGELII POSITVS SVM
ΟΙΔЄЄΞЄΡΙΘΙΑϹΤΟΝ	QVIDAM AVTEM EX DISSENSIONE
Χ̅Ν̅ΚΑΤΑΝΓЄΛΛΟΥϹΙΝΟΥΧΑΓΝΩϹ	X̅P̅M̅ ADNVNTIANT NON SANCTE
ΟΙΟΜЄΝΟΙΘΛΙΨЄΙΝ	EXISTIMANTES TRIBVLATIONEM
ЄΓЄΙΡЄΙΝ	SVSCITARE
ΤΟΙϹΔЄϹΜΟΙϹΜΟΥ	VINCVLIS MEIS
ΤΙΓΑΡΠΛΗΝΠΑΝΤΙΤΡΟΠΩ	QVID ENIM DVM OMNI MODO
ЄΙΤЄΠΡΟΦΑϹЄΙ	SIVE PER OCCANSIONEM
ЄΙΤЄΑΛΗΘЄΙΑ	SIVE PER VERITATEM
Χ̅Ϲ̅ΚΑΤΑΝΓЄΛΛЄΤЄ	X̅P̅S̅ ADNVNTIATVR
ΚΑΙЄΝΤΟΥΤΩΧΑΙΡΩ	ET IN HOC GAVDEO
ΑΛΛΑΚΑΙΧΑΡΗϹΟΜΑΙ	SED ET GAVDEBO
ΟΙΔΑΓΑΡΟΤΙΤΟΥΤΟΜΟΙ	SCIO ENIM QVOD HOC MIHI
ΑΠΟΒΗϹЄΤΑΙЄΙϹϹΩΤΗΡΙΑΝ	PROCEDANT IN SALVTEM
ΔΙΑΤΗϹΥΜΩΝΔЄΗϹЄΩϹ	PER VESTRAM OBSECRATIONEM
ΚΑΙЄΠΙΧΟΡΗΓΙΑϹ	ET SVBMINISTRATIONEM

ΤΟΥΠΝCΧΥΙΥ	SPS XPI IHV
ΚΑΤΑΤΗΝΑΠΟΚΑΡΑΔΟΚΙΑΝ	SECVNDVM EXPECTATIONEM
ΚΑΙΕΛΠΙΔΑΜΟΥ	ET SPEM MEAM
ΟΤΙΕΝΟΥΔΕΝΙΑΙCΧΥΝΘΗCΟΜΑΙ	QVIA IN NVLLO CONFVNDAR
ΑΛΛΕΝΠΑCΗΠΑΡΡΗCΙΑ	SED IN OMNI FIDVCIA
ΩCΠΑΝΤΟΤΕΚΑΙΝΥΝ	SICVT SEMPER ET NVNC
ΜΕΓΑΛΥΝΘΗCΕΤΑΙΧC	MAGNIFICABITVR XPS
ΕΝΤΩCΩΜΑΤΙΜΟΥ	IN CORPORE MEO
ΕΙΤΕΔΙΑΖΩΗC	SIVE PER VITAM
ΕΙΤΕΔΙΑΘΑΝΑΤΟΥ	SIVE PER MORTEM
ΕΜΟΙΓΑΡΤΟΖΗΝΧC	MIHI ENIM VIVERE XPS EST
ΚΑΙΤΟΑΠΟΘΑΝΙΝΚΕΡΔΟC	ET MORI LVCRVM
ΕΙΤΕΤΟΖΗΝΕΝCΑΡΚΙ	SI AVTEM VIVERE IN CARNEM
ΤΟΥΤΟΜΟΙΚΑΡΠΟCΕΡΓΟΥ	HIC MIHI FRVCTVS OPERIS EST
ΚΑΙΤΙΑΙΡΗCΟΜΑΙΟΥΓΝΩΡΙΖΩ	ET QVID ELIGAM NON ADCOGNOSCO
CΥΝΕΧΟΜΑΙΔΕΕΚΤΩΝΔΥΟ	CONTINEOR AVTEM EX DVOBVS
ΤΗΝΕΠΙΘΥΜΙΑΝΕΧΩΝ	CONCVPISCENTIAM HABENS
ΤΟΑΝΑΛΥCΑΙΚΑΙCΥΝΧΩΕΙΝΑΙ	DISSOLVI ET CVM XPO ESSE
ΠΟCΩΜΑΛΛΟΝΚΡΙCCΟΝ	QVANTO MAGIS MELIVS
ΤΟΔΕΕΠΙΜΕΝΕΙΝ	PERMANERE AVTEM
ΕΝΤΗCΑΡΚΙ	IN CARNE

ΑΝΑΝΚΑΙΟΤЄΡΟΝΔЄΙΥΜΑC	NECESSARIVM PROPTER VOS
ΚΑΙΤΟΥΤΟΠЄΠΟΙΘѠC	ET HOC CONFIDENS
ΟΙΔΑΟΤΙΜЄΝѠ	SCIO QVIA MANEBO
ΚΑΙΠΑΡΑΜЄΝѠΠΑCΙΝΥΜΙΝ	ET PERMANEBO OMNIBVS VOBIS
ЄΙCΤΗΝΥΜѠΝΠΡΟΚΟΠΗΝ	AD VESTRVM PROFECTVM
ΚΑΙΧΑΡΑΝΤΗCΠΙCΤЄѠC	ET GAVDIVM FIDE
ΙΝΑΤΟΚΑΥΧΗΜΑΥΜѠΝ	VT GLORIATIO VESTRA
ΠЄΡΙCCЄΥCΗЄΝΧ̅Ѡ̅Ι̅Υ̅ЄΝЄΜΟΙ	ABVNDET IN X̅P̅O̅ I̅H̅V̅ IN ME
ΔΙΑΤΗCЄΜΗCΠΑΡΟΥCΙΑC	PER MEVM ADVENTVM
ΠΑΛΙΝΠΡΟCΥΜΑC	ITERVM AD VOS
ΜΟΝΟΝΑΞΙѠCΤΟΥЄΥΑΓΓЄΛΙΟΥΧ̅Υ̅	TANTVM DIGNE EVANGELIO X̅P̅I̅
ΠΟΛΙΤЄΥЄCΘΑΙ	CONVERSAMINI
ΙΝΑЄΙΤЄЄΛΘѠΝΚΑΙΙΔѠΝΥΜΑC	VT SIVE ADVENIENS VIDERE VOS
ЄΙΤЄΑΠѠΝΑΚΟΥѠΤΑΠЄΡΙΥΜѠΝ	SIVE ABSENS AVDIAM DE VOBIS
ΟΤΙCΤΗΚЄΤЄЄΝЄΝΙΠ̅Ν̅Ι	QVIA STATIS IN VNO S̅P̅V̅
ΜΙΑΨΥΧΗCΥΝΑΘΛΟΥΝΤЄC	VNANIMES CONCERTANTES
ΤΗΠΙCΤΙΤΟΥЄΥΑΓΓЄΛΙΟΥ	FIDE EVANGELI
ΚΑΙΜΗΠΤΥΡΟΜЄΝΟΙ	ET NON EXPAVESCENTES
ЄΝΜΗΔЄΝΙ	IN NVLLO
ΥΠΟΤѠΝΑΝΤΙΚЄΙΜЄΝѠΝ	AB ADVERSARIIS
ΗΤΙCЄCΤΙΝΑΥΤΟΙC	QVAE EST ILLIS

ЄΝΔΙΞΙϹΑΠѠΛΙΑϹ
ΗΜΙΝΔЄϹѠΤΗΡΙΑϹ
ΚΑΙΤΟΥΤΟΑΠΟΘΥ
ΟΤΙΥΜΙΝЄΧΑΡΙϹΘΗΤΟΥΠЄΡΧΥ
ΟΥΜΟΝΟΝΤΟЄΙϹΑΥΤΟΝ
ΠΙϹΤЄΥЄΙΝ
ΑΛΛΑΚΑΙΤΟΥΠЄΡΑΥΤΟΥ
ΠΑϹΧЄΙΝ
ΤΟΝΑΥΤΟΝΑΓѠΝΑЄΧΟΝΤЄϹ
ΟΙΟΝΚΑΙЄΙΔЄΤЄЄΝЄΜΟΙ
ΚΑΙΝΥΝΑΚΟΥЄΤЄЄΝЄΜΟΙ
ЄΙΤΙϹΟΥΝΠΑΡΑΚΛΗϹΙϹЄΝΧѠ
ЄΙΤΙϹΠΑΡΑΜΥΘΙΟΝΑΓΑΠΗϹ
ЄΙΤΙϹΚΟΙΝѠΝΙΑΠΝϹ
ЄΙΤΙϹϹΠΛΑΝΧΝΑ
ΚΑΙΟΙΚΤЄΙΡΜΟΙ
ΠΛΗΡѠϹΑΤЄΜΟΥΤΗΝΧΑΡΑΝ
ΙΝΑΤΟΑΥΤΟΦΡΟΝΗΤЄ
ΤΗΝΑΥΤΗΝΑΓΑΠΗΝЄΧΟΝΤЄϹ
ϹΥΝΨΥΧΟΙ
ΤΟЄΝΦΡΟΝΟΥΝΤЄϹ

OSTENSIO PERDITIONIS
VESTRAE AVTEM SALVTIS
ET HOC A DO
QVIA VOBIS DONATVM EST PRO XPO
NON SOLVM VT IN EVM
CREDATIS
SED VT ETIAM PRO ILLO
PATIAMINI
ID IPSVM CERTAMEN HABENTES
QVALE ET VIDISTIS IN ME
ET NVNC AVDISTIS IN ME
SI QVA ERGO CONSOLATIO IN XPO
SI QVOD SOLACIVM CARITATIS
SI QVA COMMVNICATIO SPS
SI QVA VISCERA
ET MISERATIONES
IMPLETE GAVDIVM MEVM
ET ID IPSVD SAPIATIS
EANDEM CARITATEM HABENTES
VNANIMES
VNVM SENTIENTES

ΜΗΔΕΝΚΑΤΕΡΙΘΙΑΝ
ΗΚΑΙΝΟΔΟΞΙΑΝ
ΑΛΛΑΤΗΤΑΠΙΝΟΦΡΟϹΥΝΗ
ΑΛΛΗΛΟΥϹΠΡΟΗΓΟΥΜΕΝΟΙ
ΥΠΕΡΕΧΟΝΤΕϹΕΑΥΤΩΝ
ΜΗΤΑΕΑΥΤΩΝΕΚΑϹΤΟϹ
ϹΚΟΠΟΥΝΤΕϹ
ΑΛΛΑΤΑΤΩΝΕΤΕΡΩΝΕΚΑϹΤΟΙ
ΤΟΥΤΟΓΑΡΦΡΟΝΕΙΤΕΕΝΥΜΙΝ
ΟΚΑΙΕΝΧ̅Ω̅Ι̅Υ̅
ΟϹΕΝΜΟΡΦΗΘ̅Υ̅
ΥΠΑΡΧΩΝ
ΟΥΧΑΡΠΑΚΜΟΝΗΓΗϹΑΤΟΤΟ
ΕΙΝΑΙΙϹΑΘ̅Ω̅
ΑΛΛΕΑΥΤΟΝΕΚΕΝΩϹΕΝ
ΜΟΡΦΗΝΔΟΥΛΟΥΛΑΒΩΝ
ΕΝΟΜΟΙΩΜΑΤΙΑ̅Ν̅Ω̅Ν̅
ΓΕΝΟΜΕΝΟϹ
ΚΑΙϹΧΗΜΑΤΙΕΥΡΕΘΕΙϹ
ΩϹΑΝΘΡΩΠΟϹ
ΕΤΑΠΙΝΩϹΕΝΕΑΥΤΟΝ

NIHIL PER CONTENTIONEM
NEQVE PER INANEM GLORIAM
SED IN HVMILITATEM
INVICEM ARBITRANTES
PRAECELLENTES INVICEM
NON SVA VNVSQVISQVE
CONSIDERANTES
SED QVAE ALIORVM VNVSQVISQVE
HOC ENIM SENTITE IN VOBIS
QVOD ET X̅P̅S̅ I̅H̅S̅
QVI CVM IN FORMA D̅I̅
CONSTITVTVS
NON RAPINAM ARBITRATVS EST
ESSE SE AEQVALEM D̅O̅
SED SEMETIPSVM EXINANIVIT
FORMAM SERVI ACCIPIENS
IN SIMILITVDINE HOMINVM
FACTVS
ET HABITV ADINVENTVS
VT HOMO
HVMILIAVIT SE IPSVM

ΓΕΝΟΜΕΝΟϹΥΠΗΚΟΟϹ
ΑΧΡΙΘΑΝΑΤΟΥ
ΘΑΝΑΤΟΥΔΕϹΤΑΥΡΟΥ
ΔΙΟΚΑΙΟΘ̅Ϲ̅ΑΥΤΟΝΥΠΕΡΥΨΩϹΕΝ
ΚΑΙΕΧΑΡΙϹΑΤΟΑΥΤΩΟΝΟΜΑ
ΤΟΥΠΕΡΠΑΝΟΝΟΜΑ
ΙΝΑΕΝΤΩΟΝΟΜΑΤΙΙ̅Υ̅
ΠΑΝΓΟΝΥΚΑΜΨΗ
ΕΠΟΥΡΑΝΙΩΝΚΑΙΕΠΙΓΙΩΝ
ΚΑΙΚΑΤΑΧΘΟΝΙΩΝ
ΚΑΙΠΑϹΑΓΛΩϹϹΑΕΞΟΜΟΛΟΓΗϹΕΤΑΙ
ΟΤΙΚ̅Ϲ̅Ι̅Ϲ̅Χ̅Ϲ̅
ΕΙϹΔΟΞΑΝΘ̅Υ̅ΠΑΤΡΟϹ
ΩϹΤΕΑΓΑΠΗΤΟΙΜΟΥ
ΚΑΘΩϹΠΑΝΤΟΤΕΥΠΗΚΟΥϹΑΤΕ
ΜΗΩϹΕΝΤΗΠΑΡΟΥϹΙΑΜΟΥΜΟΝΟ̅
ΑΛΛΑΠΟΛΛΩΜΑΛΛΟΝΝΥΝΕΝΤΗΠΟΥϹΙΑΜΟΥ
ΜΕΤΑΦΟΒΟΥΚΑΙΤΡΟΜΟΥ
ΤΗΝΕΑΥΤΩΝϹΩΤΗΡΙΑΝ
ΚΑΤΕΡΓΑΖΕϹΘΑΙ
Θ̅Ϲ̅ΓΑΡΕϹΤΙΝΟΕΝΕΡΓΩΝΕΝΥΜΕΙ̅

FACTVS OBAVDIENS
VSQVE AD MORTEM
MORTEM AVTEM CRVCIS
PROPTER QVOD ET D̅S̅ ILLVM EXALTAVI[T]
ET DONAVIT ILLI NOMEN
SVPER OMNE NOMEN
VT IN NOMINE I̅H̅V̅
OMNE GENV FLECTAT
CELESTIVM ET TERRESTRIVM
ET INFERNORVM
ET OMNIS LINGVA CONFITEATVR
QVONIAM D̅N̅S̅ I̅H̅S̅ X̅P̅S̅
IN GLORIAM D̅I̅ PATRIS
PROPTER QVOD DILECTISSIMI MIHI
SICVT SEMPER OBAVDISTIS
NON VT PRAESENTIA MEI TANTVM
SED MVLTO MAGIS NVNC IN ABSENTIA M[EI]
CVM TIMORE ET TREMORE
VESTRAM SALVTEM
OPERAMINI
D̅S̅ ENIM EST QVI OPERATVR IN VOBIS

ΚΑΙΤΟΘΕΛΕΙΝΚΑΙΤΟΕΝΕΡΓΕΙΝ
ΥΠΕΡΤΗϹΕΥΔΟΚΙΑϹ
ΠΑΝΤΑΠΟΙΕΙΤΕ
ΧΩΡΙϹΓΟΓΓΥϹΜΩΝ
ΚΑΙΔΙΑΛΟΓΙϹΜΩΝ
ΙΝΑΗΤΕΑΜΕΜΠΤΟΙ
ΚΑΙΑΚΕΡΕΟΙ
ΤΕΚΝΑΘ̅Υ̅ΑΜΩΜΗΤΑ
ΜΕϹΟΝΓΕΝΕΑϹϹΚΟΛΙΑϹ
ΚΑΙΔΙΕϹΤΡΑΜΜΕΝΗϹ
ΕΝΟΙϹΦΑΙΝΕϹΘΑΙ
ΩϹΦΩϹΤΗΡΕϹΕΝΚΟϹΜΩ
ΛΟΓΟΝΖΩΗϹΕΠΕΧΟΝΤΕϹ
ΕΙϹΚΑΥΧΗϹΙΝΕΜΟΙΕΙϹΗΜΕΡΑΝΧ̅Υ̅
ΟΤΙΟΥΚΙϹΚΕΝΟΝΕΔΡΑΜΟΝ
ΟΥΔΕΕΙϹΚΕΝΟΝΕΚΟΠΙΑϹΑ
ΑΛΛΑΕΙΚΑΙϹΠΕΝΔΟΜΑΙ
ΕΠΙΤΗΘΥϹΙΑΚΑΙΛΙΤΟΥΡΓΙΑ
ΤΗϹΠΙϹΤΕΩϹΥΜΩΝ
ΧΑΙΡΩΚΑΙϹΥΝΧΑΙΡΩ
ΠΑϹΙΝΥΜΕΙΝ

ET VELLE ET OPERARI
PROVT PLACET
OMNIA FACITE
SINE MVRMVRATIONIBVS
ET DETRACTATIONIBVS
ET SITIS SINE CRIMINE
ET SINCERES
FILI D̅I̅ INMACVLATI
IN MEDIO NATIONIS PRAVAE
ET PERVERSAE
INTER QVOS LVCETIS
SICVT LVMINARIA IN HOC MVNDO
VERBVM VITAE CONTINENTES
AD GLORIAM MEAM IN DIEM X̅P̅I̅
QVIA NON IN VACVVM CVCVRRI
NEQVE IN VACVVM LABORAVI
SET ET LIBERI
SVPRA SACRIFICIVM ET SERVITVTE̅
FIDEI VESTRAE
GAVDEO ET CONGRATVLOR
OMNIBVS VOBIS

ΤΟΔΑΥΤΟΚΑΙΥΜΙϹΧΑΙΡΕΤΕ
ΚΑΙϹΥΝΧΑΙΡΕΤΕΜΟΙ
ΕΛΠΙΖΩΔΕΕΝΧ̅Ω̅Ι̅Υ̅
ΤΕΙΜΟΘΕΟΝ
ΤΑΧΕΩϹΠΕΜΨΑΙΠΡΟϹΥΜΑϹ
ΙΝΑΚΑΓΩΕΥΨΥΧΩ
ΓΝΟΥϹΤΑΠΕΡΙΥΜΩΝ
ΟΥΔΕΝΑΓΑΡΕΧΩΕΙϹΟΨΥΧΟΝ
ΟϹΤΙϹΓΝΗϹΙΩϹΤΑΠΕΡΙΗΜΩΝ
ΜΕΡΙΜΗϹΕΙ
ΟΙΠΑΝΤΕϹΓΑΡΤΑΕΑΥΤΩΝΖΗΤΟΥϹΙ̅
ΟΥΤΑΙ̅Υ̅Χ̅Υ̅
ΤΗΝΔΕΔΟΚΙΜΗΝΑΥΤΟΥ
ΓΕΙΝΩϹΚΕΤΕ
ΟΤΙΩϹΠ̅Ρ̅ΙΤΕΚΝΟΝϹΥΝΕΜΟΙ
ΕΔΟΥΛΕΥϹΕΝΕΙϹΤΟΕΥΑΓΓΕΛΙΟΝ
ΤΟΥΤΟΝΜΕΝΟΥΝΕΛΠΙΖΩΠΕΝΨΑΙ
ΩϹΑΝΑΦΙΔΩΤΑΠΕΡΙΕΜΕ
ΕΞΑΥΤΗϹ
ΠΕΠΟΙΘΑΔΕΕΝΚ̅Ω̅
ΟΤΙΚΑΙΑΥΤΟϹΤΑΧΕΩϹΕΛΕΥϹΟΜΑΙ

ID IPSVM AVTEM ET VOS GAVDETE
ET CONGRATVLAMINI MIHI
SPERO AVTEM IN X̅P̅O̅ I̅H̅V̅
TIMOTHEVM
CITO MITTERE AD VOS
VT EGO BONO ANIMO SIM
CVM COGNOVERO DE VOBIS
NEMINEM ENIM ABEO VNANIMEM
QVI FIDENTER PRO VOBIS
SOLLICITVS SIT
OMNES ENIM SVA QVERVNT
NON QVAE I̅H̅V̅ X̅P̅I̅
EXPERIMENTVM AVTEM EIVS
SCITIS
QVIA SICVT PATRI FILIVS
SERVIVIT IN EVANGELIVM
HVNC ERGO SPERO ME MITTERE
MOX VIDERO QVAE CIRCA ME SVNT
EX IPSA
CONFIDO AVTEM IN D̅N̅O̅
QVONIAM ET IPSE CITO VENIAM

ΑΝΑΓΚΑΙΟΝΔΕΗΓΗϹΑΜΗΝ	NECESSARIVM AVTEM ARBITRATVS SVM
ΕΠΑΦΡΟΔΙΤΟΝ	EPAPHRODITVM
ΤΟΝΑΔΕΛΦΟΝ	FRATREM
ΚΑΙϹΥΝϹΤΡΑΤΙΩΤΗΝΜΟΥ	ET COMMILITONEM MEVM
ΥΜΩΝΔΕΑΠΟϹΤΟΛΟΝ	VESTRVM AVTEM APOSTOLVM
ΚΑΙΛΙΤΟΥΡΓΟΝΤΗϹΧΡΙΑϹΜΟΥ	ET MINISTRVM NECESSITATIS MEAE
ΠΕΝΨΑΙΠΡΟϹΥΜΑϹ	MITTERE AD VOS
ΕΠΙΔΗΕΠΙΠΟΘΩΝΗΗΝ	QVONIAM DESIDERANS ERAT
ΠΑΝΤΑϹΥΜΑϹΙΔΕΙΝ	OMNES VOS VIDERE
ΚΑΙΑΔΗΜΟΝΩΝ	ET ERAT SOLLICITVS
ΔΙΟΤΙΗΚΟΥϹΑΤΕΑΥΤΟΝ	QVIA AVDIERATIS ILLVM
ΗϹΘΕΝΗΚΕΝΑΙ	INFIRMATVM
ΚΑΙΓΑΡΗϹΘΕΝΗϹΕΝ	NAM ET INFIRMATVS EST
ΠΑΡΑΠΛΗϹΙΟΝΘΑΝΑΤΩ	AD DESPERATIONEM MORTIS
ΑΛΛΑΟΘ̄Ϲ̄ΗΛΕΗϹΕΝΑΥΤΟΝ	SED D̄S̄ MISERTVS EST EVM
ΟΥΧΑΥΤΟΝΔΕΜΟΝΟΝ	NON SOLVM AVTEM ILLIVM
ΑΛΛΑΚΑΙΕΜΕ	SED ETIAM ET MEI
ΙΝΑΜΗΛΥΠΗΝΕΠΙΛΥΠΗΝΕΧΩ	NE TRISTITIAM SVPER TRISTITIAM HABEĀ
ϹΠΟΥΔΕΟΤΕΡΟΝΟΥΝΕΠΕΝΨΑΑΥΤŌ	SOLLICITVS ITAQVE MISI EVM
ΙΝΑΙΔΟΝΤΕϹΑΥΤΟΝΠΑΛΙΝΧΑΡΗΤΕ	VT VISO EO ITERVM GAVDEATIS
ΚΑΓΩΑΛΥΠΟΤΕΡΟϹΩ	ET EGO SINE TRISTITIAM SIM

ΠΡΟϹΔΕΧΕϹΘΑΙΟΥΝΑΥΤΟΝΕΝΚΩ
ΜΕΤΑΠΑϹΗϹΧΑΡΑϹ
ΚΑΙΤΟΥϹΤΟΙΟΥΤΟΥϹ
ΕΝΤΙΜΟΥϹΕΧΕΤΕ
ΟΤΙΔΙΑΤΟΕΡΓΟΝΤΟΥΧΥ
ΕΩϹΘΑΝΑΤΟΥΗΓΓΙϹΕΝ
ΠΑΡΑΒΟΛΕΥϹΑΜΕΝΟϹΤΗΨΥΧΗ
ΙΝΑΑΝΑΠΛΗΡΩϹΗ
ΤΟΥΜΩΝΥϹΤΕΡΗΜΑ
ΤΗϹΠΡΟϹΜΕΛΙΤΟΥΡΓΙΑϹ
ΤΟΛΟΙΠΟΝΑΔΕΛΦΟΙΜΟΥ
ΧΑΙΡΕΤΕΕΝΚΩ
ΤΑΑΥΤΑΓΡΑΦΙΝΥΜΙΝ
ΕΜΟΙΜΕΝΟΥΚΟΚΝΗΡΟΝ
ΥΜΙΝΔΕΑϹΦΑΛΕϹ
ΒΛΕΠΕΤΕΤΟΥϹΚΥΝΑϹ
ΒΛΕΠΕΤΕΤΟΥϹΚΑΚΟΥϹΕΡΓΑΤΑϹ
ΒΛΕΠΕΤΕΤΗΝΚΑΤΑΤΟΜΗΝ
ΗΜΙϹΓΑΡΕϹΜΕΝ
ΗΠΕΡΙΤΟΜΗ
ΟΙΠΝΙΘΩΛΑΤΡΕΥΟΝΤΕϹ

EXCIPITE ITAQVE EVM IN DNO
CVM OMNI GAVDIO
ET HVIVSMODI
HONORIFICOS HABETE
QVONIAM PROPTER OPVS XPI
VSQVE AD MORTEM ACCESSIT
PARABOLATVS DE ANIMAM SVAM
VT SVPPLERET
QVOD VOBIS DEERAT
CIRCA MEVM OBSEQVIVM
DE CETERO FRATRES MEI
GAVDETE IN DNO
EADEM SCRIBERE VOBIS
MIHI QVIDEM NON PIGRVM
VOBIS AVTEM MANIFESTATVM EST
VIDETE CANES
VIDETE MALOS OPERARIOS
VIDETE CONCISIONEM
NOS ENIM SVMVS
CIRCVMCISIO
QVI SPV DO SERVIMVS

ΚΑΙΚΑΥΧΩΜΕΝΟΙΕΝΧ̅Ω̅Ι̅Υ̅
ΚΑΙΟΥϹΑΡΚΙΠΕΠΟΙΘΟΤΕϹ
ΚΑΙΠΕΡΕΓΩΕΧΩΝ
ΠΕΠΟΙΘΗϹΙΝΕΝϹΑΡΚΙ
ΕΙΤΙϹΑΛΛΟϹΔΟΚΙ
ΠΕΠΟΙΘΕΝΑΙΕΝϹΑΡΚΙ
ΕΓΩΜΑΛΛΟΝ
ΠΕΡΙΤΟΜΗΟΚΤΑΗΜΕΡΟϹ
ΕΚΓΕΝΟΥϹΙϹΡΑΗΛ
ΦΥΛΗϹΒΕΝΙΑΜΙΝ
ΕΒΡΑΙΟϹΕΞΕΒΡΑΙΩΝ
ΚΑΤΑΝΟΜΟΝΦΑΡΙϹΑΙΟϹ
ΚΑΤΑΖΗΛΟϹΔΙΩΚΩΝ
ΕΚΚΛΗϹΙΑΝ
ΚΑΤΑΔΙΚΑΙΟϹΥΝΗΝ
ΤΗΝΕΝΝΟΜΩ
ΓΕΝΟΜΕΝΟϹΑΜΕΜΠΤΟϹΑΛΛΑ
ΑΤΙΝΑΗΝΜΟΙΚΕΡΔΗ
ΤΑΥΤΑΗΓΗΜΑΙΔΙΑΤΟΝΧ̅Ν̅
ΖΗΜΙΑΝ
ΑΛΛΑΜΕΝΟΥΝ

ET GLORIAMVR IN X̅P̅O̅ I̅H̅V̅
ET NON IN CARNE CONFIDETIS
QVAMQVAM EGO HABEAM
FIDVCIAM IN CARNE
SI QVIS ALTER PVTAT SE
FIDVCIAM HABERE IN CARNE
EGO MAGIS
CIRCVMCISIONE OCTABA DIE
DE GENERE ISRAHEL
TRIBV BENIAMIN
HEBREVS EX EBREIS
SECVNDVM LEGEM PHARISEVS
SECVNDVM ZELVM PERSEQVENS
ECCLESIAM
SECVNDVM IVSTITIAM
QVAE IN LEGE EST
CVM ESSEM SINE CRIMINE
QVAE MIHI FVERVNT LVCRA
HAEC EXISTIMAVI PROPTER X̅P̅M̅
DETRIMENTA
VERVMTAMEN

ΚΑΙΗΓΟΥΜΑΙΠΑΝΤΑΖΗΜΙΑΝΕΙΝΑΙ	ET ARBITROR OMNIA DETRIMENTA ESSE
ΔΙΑΤΟΥΠΕΡΕΧΟΝ	PROPTER EMINENTIAM
ΤΗϹΓΝΩϹΕΩϹΧ̅Υ̅Ι̅Υ̅	SCIENTIAE X̅P̅I̅ I̅H̅V̅
ΤΟΥΚ̅Υ̅ΜΟΥ	D̅N̅I̅ MEI
ΔΙΟΝΤΑΠΑΝΤΑΕΖΗΜΙΩΘΗΝ	PROPTER QVEM OMNIA DAMNVM FECI
ΚΑΙΗΓΟΥΜΑΙϹΚΥΒΑΛΑ	ET ARBITROR STERCORO
ΙΝΑΧ̅Ν̅ΚΕΡΔΗϹΩ	VT X̅P̅M̅ LVCRI FACIAM
ΚΑΙΕΥΡΕΘΩΕΝΑΥΤΩ	ET INVENIAR IN ILLO
ΜΗΕΧΩΝΕΜΗΝΔΙΚΑΙΟϹΥΝΗΝ	NON HABENS MEAM IVSTITIAM
ΤΗΝΕΚΝΟΜΟΥ	QVAE EST EX LEGE
ΑΛΛΑΤΗΝΔΙΑΠΙϹΤΕΩϹΧ̅Υ̅	SED ILLAM QVAE PER FIDEM X̅P̅I̅
ΤΗΝΕΚΘ̅Υ̅ΔΙΚΑΙΟϹΥΝΗΝ	QVAE EX D̅O̅ EST IVSTITIA
ΕΝΠΙϹΤΙ	IN FIDE
ΤΟΥΓΝΩΝΑΙΑΥΤΟΝ	AD COGNOSCENDVM ILLVM
ΚΑΙΤΗΝΔΥΝΑΜΙΝΤΗϹΑΝΑϹΤΑϹΕΩϹ	ET VIRTVTEM RESVRRECTIONIS EIVS
ΚΑΙΤΗΝΚΟΙΝΩΝΙΑΝ	ET COMMVNICATIONEM
ΤΩΝΠΑΘΗΜΑΤΩΝΑΥΤΟΥ	PASSIONEM EIVS
ϹΥΝΜΟΡΦΙΖΟΜΕΝΟϹ	COONERATVS
ΤΩΘΑΝΑΤΩΑΥΤΟΥ	MORTI IPSIVS
ΕΙΠΩϹΚΑΤΑΝΤΗϹΩ	SI QVO MODO OCCVRRAM
ΕΙϹΤΗΝΕΞΑΝΑϹΤΑϹΙΝ	IN RESVRRECTIONEM

AD PHILIPPENSES III, 8—11.

ΤΗΝΕΚΝΕΚΡΩΝ
ΟΥΧΟΤΙΗΔΗΕΛΑΒΟΝ
ΗΗΔΗΔΕΔΙΚΑΙΩΜΑΙ
ΗΗΔΗΤΕΤΕΛΙΩΜΑΙ
ΔΙΩΚΩΔΕΕΙΚΑΤΑΛΑΒΩ
ΕΦΩΚΑΤΕΛΗΜΦΘΗΝΥΠΟΧ̅Υ̅
ΑΔΕΛΦΟΙΕΜΑΥΤΟΝΟΥΠΩΛΟΓΙΖΟΜΕ
ΚΑΤΙΛΗΦΕΝΑΙ
ΕΝΔΕΤΑΜΕΝΟΠΙϹΩ
ΕΠΙΛΑΝΘΑΝΟΜΕΝΟϹ
ΕΙϹΔΕΤΑΕΝΠΡΟϹΘΕΝ
ΕΠΕΚΤΙΝΟΜΕΝΟϹΚΑΤΑϹΚΟΠΟ̅
ΔΙΩΚΩΕΠΙΤΟΒΡΑΒΙΟΝ
ΤΗϹΑΝΩΚΛΗϹΕΩϹΤΟΥΘ̅Υ̅
ΕΝΚ̅Ω̅Ι̅Υ̅Χ̅Ω̅
ΟϹΟΙΟΥΝΤΕΛΙΟΙ
ΤΟΥΤΟΦΡΟΝΩΜΕΝ
ΚΑΙΕΙΤΙΕΤΕΡΩϹΦΡΟΝΙΤΕ
ΚΑΙΤΟΥΤΟΘ̅Ϲ̅ΥΜΕΙΝ
ΑΠΟΚΑΛΥΨΕΙ
ΠΛΗΝΕΙϹΟΕΦΘΑϹΑΜΕΝ

QVAE EST A MORTVIS
NON QVIA IAM ACCEPERIM
AVT IAM IVSTIFICATVS SVM
AVT IAM PERFECTVS SIM
SEQVOR AVTEM SI ADPRAEHENDAM
IN QVO ET ADPREHENSVS SVM A X̅P̅O̅
FRATRES EGO ME NON ARBITROR
CONPREHENDISSE
VNVM TAMEN QVE QVIDEM RETRO SVNT
OBLIVISCENS
IN EA AVTEM QVAE IN PRIORE SVNT
ME EXTENDENS SECVNDVM REGVLĀ
CONSEQVOR AD BRABIVM
SVPERIORIS VOCATIONIS D̅I̅
IN D̅N̅O̅ I̅H̅V̅ X̅P̅O̅
QVODQVOD ERGO PERFECTI SVMVS
HOC SAPIAMVS
ET SI QVID ALITER SAPITIS
ET HOC D̅S̅ VOBIS
REVELAVIT
VERVMTAMEN IN QVO PERVENIMVS

ΤΟΑΥΤΟΦΡΟΝΕΙΝ	IN IPSVM SAPIAMVS
ΤΩΑΥΤΟΙϹΤΟΙΧΕΙΝ	AD HOC IPSVM CONVENIRE
ϹΥΝΜΕΙΜΗΤΑΙΜΟΥ	COIMITATORES MEI
ΓΙΝΕϹΘΑΙΑΔΕΛΦΟΙ	ESTOTE FRATRES
ΚΑΙϹΚΟΠΕΙΤΕ	ET OBSERVATE
ΤΟΥϹΟΥΤΩΠΕΡΙΠΑΤΟΥΝΤΑϹ	QVI SIC AMBVLANT
ΚΑΘΩϹΕΧΕΤΕΤΥΠΟΝΗΜΑϹ	SICVT HABETIS FORMAM NOS
ΠΟΛΛΟΙΓΑΡΠΕΡΙΠΑΤΟΥϹΙΝ	MVLTI ENIM AMBVLANT
ΟΥϹΠΟΛΛΑΚΙϹΕΛΕΓΟΜΕΝΥΜΙΝ	QVOS SEMPER DICEBAM VOBIS
ΝΥΝΔΕΚΛΑΙΩΝ	NVNC AVTEM ET FLENS
ΛΕΓΩΤΟΥϹΕΧΘΡΟΥϹ	DICO INIMICVS
ΤΟΥϹΤΑΥΡΟΥΤΟΥ$\overline{ΧΥ}$	CRVCIS $\overline{XPI}$
ΩΝΤΟΤΕΛΟϹΑΠΩΛΙΑ	QVORVM FINIS EST INTERITVS
ΩΝΟ$\overline{ΘϹ}$ΗΚΟΙΛΙΑ	QVORVM $\overline{DS}$ VENTER EST
ΚΑΙΗΔΟΞΑΕΝΤΗΑΙϹΧΥΝΗΑΥΤΩΝ	ET GLORIA IN CONFESSIONE IPSORVM
ΟΙΤΑΕΠΙΓΙΑΦΡΟΝΟΥΝΤΕϹ	QVI TERRENA SAPIVNT
ΗΜΩΝΓΑΡΤΟΠΟΛΕΙΤΕΥΜΑ	NOSTRA ENIM CONVERSATIO
ΕΝΟΥΡΑΝΟΙϹΥΠΑΡΧΕΙ	IN CAELIS CONSTITVTA EST
ΕΞΟΥΚΑΙϹΩΤΗΡΑΑΠΕΚΔΕΧΟΜΕΘΑ	VNDE ET SALVATOREM EXPECTAMVS
$\overline{ΚΝ}\overline{ΙΝ}\overline{ΧΝ}$	$\overline{DNM}$ $\overline{IHM}$ $\overline{XPM}$
ΟϹΜΕΤΑϹΧΗΜΑΤΙϹΕΙΤΟϹΩΜΑ	QVI TRANSFIGVRAVIT CORPVS

AD PHILIPPENSES III, 16—21.

ΤΗϹΤΑΠΙΝΩϹΕΩϹΗΜΩΝ
ϹΥΝΜΟΡΦΟΝΤΩϹΩΜΑΤΙ
ΤΗϹΔΟΞΗϹΑΥΤΟΥ
ΚΑΤΑΤΗΝΕΝΕΡΓΙΑΝ
ΤΟΥΔΥΝΑϹΘΑΙΑΥΤΟΝ
ΚΑΙΥΠΟΤΑΞΑΙΑΥΤΩΤΑΠΑΝΤΑ
ΩϹΤΕΑΔΕΛΦΟΙΜΟΥ
ΑΓΑΠΗΤΟΙ
ΚΑΙΕΠΙΠΟΘΗΤΟΙ
ΧΑΡΑΚΑΙϹΤΕΦΑΝΟϹΜΟΥΟΥΤΩ
ϹΤΗΚΕΤΕΕΝΚ̅Ω̅
ΕΥΟΔΙΑΝΠΑΡΑΚΑΛΩ
ΚΑΙϹΥΝΤΥΧΗΝΠΑΡΑΚΑΛΩ
ΤΟΑΥΤΟΦΡΟΝΕΙΝΕΝΚ̅Ω̅
ΝΑΙΕΡΩΤΩΚΑΙϹΕΓΝΗϹΙΕ
ϹΥΝΖΥΓΕϹΥΝΛΑΜΒΑΝΟΥΑΥΤΑΙϹ
ΑΙΤΙΝΕϹΕΝΤΩΕΥΑΓΓΕΛΙΩ
ϹΥΝΗΘΛΗϹΑΝΜΟΙΜΕΤΑΚΛΗΜΕΝΤΟϹ
ΚΑΙΤΩΝΛΟΙΠΩΝϹΥΝΕΡΓΩΝΜΟΥ
ΩΝΤΑΟΝΟΜΑΤΑ
ΕΝΒΙΒΛΩΖΩΗϹ

HVMILITATIS NOSTRAE
CONFORMATVM CORPORIS
GLORIAE SVAE
SECVNDVM OPERATIONEM
QVAM POSSIT
ET SVBICERE EI OMNIA
PROPTER QVOD FRATRES MEI
DILECTISSIMI
ET DESIDERANTISSIMI
GAVDIVM ET CORONA MEA SIC
STATE IN D̅N̅O̅
EVHODIAM ROGO
ET SYNTYCHEN ROGO
ID IPSVM SAPERE IN D̅N̅O̅
ITA ROGO ET TE DILECTISSIME
CONIVX ADIVVA ILLAS
QVAE IN EVANGELIO
LABORAVERVNT MECVM CVM CLEMENTE
ET CETERIS ADIVTORIBVS MEIS
QVORVM NOMINA SVNT
IN LIBRO VITAE

ΧΑΙΡΕΤΕΕΝΚΩΠΑΝΤΟΤΕ
ΠΑΛΙΝΕΡΩΧΑΙΡΕΤΕ
ΤΟΕΠΙΕΙΚΕCΥΜΩΝ
ΓΝΩCΘΗΤΩΠΑCΙΝΑΝΘΡΩΠΟΙC
ΟΚCΕΓΓΥC
ΜΗΔΕΝΜΕΡΙΜΝΑΤΕ
ΑΛΛΕΝΠΑΝΤΙΤΗΠΡΟCΕΥΧΗ
ΚΑΙΤΗΔΕΗCΕΙ
ΜΕΤΑΕΥΧΑΡΙCΤΙΑC
ΤΑΑΙΤΗΜΑΤΑΥΜΩΝ
ΓΝΩΡΙΖΕCΘΩΠΡΟCΤΟΝΘΝ
ΚΑΙΗΕΙΡΗΝΗΤΟΥΘΥ
ΗΥΠΕΡΕΧΟΥCΑΠΑΝΤΑΝΟΥΝ
ΦΡΟΥΡΗCΕΙ
ΤΑCΚΑΡΔΙΑCΥΜΩΝ
ΚΑΙΤΑΝΟΗΜΑΤΑΥΜΩΝΕΝΧΩΙΥ
ΤΟΛΟΙΠΟΝΑΔΕΛΦΟΙ
ΟCΑΕCΤΙΝΑΛΗΘΗ
ΟCΑCΕΜΝΑ
ΟCΑΔΙΚΑΙΑ
ΟCΑΑΓΝΑ

HABETE IN DNO SEMPER
ITERVM DICAM HABETE
MODESTIA VESTRA
NOTA FIAT OMNIBVS HOMINIBVS
DNS IN PROXIMO EST
NIHIL SOLLICITI FVERITIS
SED IN OMNI ORATIONE
ET PRAECATIONE
CVM GRATIARVM ACTIONEM
POSTVLATIONES VESTRAE
INNOTESCANT APVT DM
ET PAX DI
QVAE PRAECELLET OMNEM SENSVM
CVSTODIAT
CORDA VESTRA
ET CORPORA VESTRA IN XPO IHV
DE CETERO FRATRES
QVAECVMQVE SVNT VERA
QVAECVMQVE PVDICA
QVAECVMQVE IVSTA
QVAECVMQVE SANCTA

ΟϹΑΠΡΟϹΦΙΛΗ	QVAECVMQVE CARISSIMA
ΟϹΑΕΥΦΗΜΑ	QVAECVMQVE BONAE FAMAE
ΕΙΤΙϹΑΡΕΤΗ	SI QVA VIRTVS
ΚΑΙΕΙΤΙϹΕΠΑΙΝΟϹΕΠΙϹΤΗΜΗϹ	ET SI QVA LAVS DISCIPLINAE
ΤΑΥΤΑΛΟΓΙΖΕϹΘΑΙ	HAEC COGITATE
ΑΚΑΙΕΜΑΘΕΤΕΚΑΙΠΑΡΕΛΑΒΕΤΕ	QVAE ET DIDICISTIS ET ACCEPISTIS
ΚΑΙΗΚΟΥϹΑΤΕ	ET AVDISTIS
ΚΑΙΕΙΔΕΤΕΕΝΕΜΟΙΤΑΥΤΑΠΡΑϹϹΕΤΕ	ET VIDISTIS IN ME HAEC AGITE
ΚΑΙΟΘ̅Ϲ̅ΤΗϹΕΙΡΗΝΗϹ	ET D̅S̅ PACIS
ΕϹΤΕΜΕΘΥΜΩΝ	ERIT VOBISCVM
ΕΧΑΡΗΝΔΕΕΝΚ̅Ω̅ΜΕΓΑΛΩϹ	GAVISVS SVM AVTEM IN D̅N̅O̅ VALDE
ΟΤΙΗΔΗΠΟΤΕΕΘΑΛΑΤΕ	QVONIAM TANDEM ALIQVANDO REFLOVISTIS
ΤΟΥΠΕΡΕΜΟΥΦΡΟΝΕΙΝ	PRO ME SAPERE
ΕΦΩΚΑΙΕΦΡΟΝΙΤΕ	SVPER QVEM ET SAPIEBATIS
ΗΚΑΙΡΙϹΘΑΙΔΕ	OCCVPATI AVTEM ERATIS
ΟΥΧΟΤΙΚΑΘΥϹΤΕΡΗϹΙΝΛΕΓΩ	NON QVASI DESIT ALIQVID DICO
ΕΓΩΓΑΡΕΜΑΘΟΝ	EGO ENIM DIDICI
ΕΝΟΙϹΕΙΜΙΑΥΤΑΡΚΗϹΕΙΝΑΙ	IN QVIBVS SVFFICIENS ESSE
ΟΙΔΑΚΑΙΤΑΠΙΝΟΥϹΘΑΙ	SCIO ET HVMILIARI
ΟΙΔΑΚΑΙΠΕΡΙϹϹΕΥΕΙΝ	SCIO ET ABVNDARE
ΕΝΠΑΝΤΙΚΑΙΕΝΠΑϹΙΝ	IN OMNI ET IN OMNIBVS

ΜЄΜΥΗΜΑΙ	INBVTVS SVM
ΚΑΙΧΟΡΤΑΖЄϹΘΑΙΚΑΙΠЄΙΝΑΝ	ET SATIARI ET ESVRIRE
ΚΑΙΠЄΡΙϹϹЄΥЄΙΝΚΑΙΥϹΤЄΡΙϹΘΑΙ	ET ABVNDARE ET EGERE
ΠΑΝΤΑΙϹΧΥω	OMNIA POSSVM
ЄΝΤωЄΝΔΥΝΑΜΟΥΝΤΙΜЄ	IN EO QVI CONFORTAT ME
ΠΛΗΝΚΑΛωϹЄΠΟΙΗϹΑΤЄ	VERVMTAMEN BENE FECISTIS
ϹΥΝΚΟΙΝωΝΗϹΑΝΤЄϹ	COMMVNICANTES
ΤΗΘΛΙΨЄΙΜΟΥ	TRIBVLATIONI MEAE
ΟΙΔΑΤЄΚΑΙΥΜΙϹΦΙΛΙΠΠΗϹΙΟΙ	SCITIS AVTEM ET VOS. FILIPPENSES
ΟΤΙЄΝΑΡΧΗΤΟΥЄΥΑΝΓЄΛΙΟΥ	QVONIAM IN PRINCIPIO EVANGELII
ΟΤЄЄΞΗΛΘΟΝΑΠΟΜΑΚЄΔΟΝΙΑϹ	QVANDO PROFECTVS SVM A MACEDONIA
ΟΤΙΟΥΔЄΜΙΑΜΟΙЄΚΚΛΗϹΙΑ	QVIA NVLLA MIHI ECCLESIA
ЄΚΟΙΝωΝΗϹЄΝ	COMMVNICABIT
ЄΙϹΛΟΓΟΝΔΟϹЄωϹ	IN VERBO DATI
ΚΑΙΛΗΜΨЄωϹ	ET ACCEPTI
ЄΙΜΗΥΜЄΙϹΜΟΝΟΙ	NISI VOS SOLI
ΟΤΙΚΑΙЄΝΘЄϹϹΑΛΟΝΙΚΗ	QVIA ET IN TESSALONICEN
ΚΑΙΑΠΑΞΚΑΙΔΙϹ	ET SEMEL ET BIS
ΤΗΝΧΡΙΑΝΜΟΥЄΠЄΝΨΑΤЄ	IN VSVM MIHI MISISTIS
ΟΥΧΟΤΙЄΠΙΖΗΤωΤΟΔΟΜΑ	NON QVIA REQVIRO DATVM
ΑΛΛЄΠΙΖΗΤωΤΟΝΚΑΡΠΟΝ	SED REQVIRO FRVCTVM

ΤΟΝΠΛΕΟΝΑΖΟΝΤΑ
ΕΙϹΛΟΓΟΝΥΜΩΝ
ΑΠΕΧΩΔΕΠΑΝΤΑ
ΚΑΙΠΕΡΙϹϹΕΥΩ
ΠΕΠΛΗΡΩΜΑΙΔΕΞΑΜΕΝΟϹ
ΠΑΡΑΕΠΑΦΡΟΔΙΤΟΥΤΟΠΑΡΥΜΩΝΠΕΝΦΘΕΝ
ΟϹΜΗΝΕΥΩΔΙΑϹ
ΘΥϹΙΑΝΔΕΚΤΗΝ
ΕΥΑΡΕϹΤΟΝΤΩΘΩ
ΟΔΕΘϹΜΟΥΠΛΗΡΩϹΑΙ
ΠΑϹΑΝΧΡΙΑΝΥΜΩΝ
ΚΑΤΑΤΟΠΛΟΥΤΟϹΥΜΩΝ
ΕΝΔΟΞΗΕΝΧΩΙΥ
ΤΩΔΕΘΩΚΑΙΠΡΙΗΜΩΝ
ΗΔΟΞΑΕΙϹΤΟΥϹΑΙΩΝΑϹ
ΤΩΝΑΙΩΝΩΝΑΜΗΝ
ΑϹΠΑϹΑϹΘΑΙΠΑΝΤΑΑΓΙΟΝΕΝΧΩΙΥ
ΑϹΠΑΖΟΝΤΕΥΜΑϹ
ΟΙϹΥΝΕΜΟΙΑΔΕΛΦΟΙ
ΑϹΠΑΖΟΝΤΕΥΜΑϹΠΑΝΤΕϹΟΙΑΓΙΟΙ
ΜΑΛΙϹΤΑΔΕΟΙΕΚΤΗϹΚΑΙϹΑΡΟϹΟΙΚΙΑϹ

QVI ABVNDAT
IN VERBO VESTRO
HABEO AVTEM OMNIA
ET ABVNDO
REPLETVS SVM ACCIPIENS
AB EPAPHRODITO EA QVAE A VOBIS MISSA SVNT
HONORET SVAVITATIS
HOSTIAM ACCEPTAM
PLACENTEM DO
DEVS AVTEM MEVS IMPLEAT
OMNEM DESIDERIVM VESTRVM
SECVNDVM DIVITIAS SVAS
IN GLORIA IN XPO IHV
DO AVTEM ET PATRI NOSTRO
GLORIA IN SAECVLA
SAECVLORVM AMEN
SALVTATE OMNEM SANCTVM IN XPO IHV
SALVTAT VOS
QVI MECVM SVNT FRATRES
SALVTAN VOS OMNES SANCTI
MAXIME AVTEM QVI DE CAESARIS SVNT DOMO

AD PHILIPPENSES IV, 17–22.

ΗΧΑΡΙϹΤΟΥΚ̅Υ̅ΗΜΩΝΙ̅Υ̅Χ̅Υ̅
ΜΕΤΑΤΟΥΠ̅Ν̅Ϲ̅ΥΜΩΝΑΜΗΝ

ΠΡΟϹ ΦΙΛΙΠΠΗΝϹΙΟΥϹ

ΕΠΛΗΡΩΘΗ ΑΡΧΕΤΑΙ

ΠΡΟϹ ΘΕϹϹΑΛΟΝΙΚΕΙϹ Α̅·

GRATIA D̅N̅I̅ I̅H̅V̅ X̅P̅I̅
CVM S̅P̅V̅ VESTRO AMEN

AD PHILIPPENSES

EXPLICIT INCIPIT

AD TESSALONICENSES I̅·

ΠΑΥΛΟCΚΑΙCΙΛΒΑΝΟCΚΑΙΤΙΜΟΘЄΟC
ΤΗЄΚΚΛΗCΙΑ
ΘЄCCΑΛΟΝΙΚЄωΝЄΝΘ̅ω̅Π̅Ρ̅Ι̅
ΚΑΙΚ̅ω̅Ι̅Υ̅Χ̅Υ̅
ΧΑΡΙCΥΜΙΝΚΑΙЄΙΡΗΝΗΑΠΟΘ̅Υ̅Π̅Ρ̅C̅
ΚΑΙΚ̅Υ̅Ι̅Υ̅Χ̅Υ̅
ЄΥΧΑΡΙCΤΟΥΜЄΝΤωΘ̅ω̅ΠΑΝΤΟΤЄ
ΠЄΡΙΠΑΝΤωΝΥΜωΝ
ΜΝΙΑΝΥΜωΝΠΟΙΟΥΜЄΝΟΙ
ЄΠΙΤωΝΠΡΟCЄΥΧωΝΗΜωΝ
ΑΔΙΑΛΙΜΠΤωC
ΜΝΗΜΟΝЄΥΟΝΤЄCΤΟΥЄΡΓΟΥ
ΤΗCΠΙCΤЄωCΥΜωΝ
ΚΑΙΤΟΝΚΟΠΟΝΤΗCΑΓΑΠΗC
ΚΑΙΤΗΝΥΠΟΜΟΝΗΝΤΗCЄΛΠΙΔΟC
ΤΟΥΚ̅Υ̅ΗΜωΝΙ̅Υ̅Χ̅Υ̅
ЄΝΠΡΟCΘЄΝΤΟΥΘ̅Υ̅
ΚΑΙΠΑΤΡΟCΗΜωΝ
ЄΙΔΟΤЄCΑΔЄΛΦΟΙ
ΗΓΑΠΗΜЄΝΟΙΥΠΟΘ̅Υ̅
ΤΗΝЄΚΛΟΓΗΝΥΜωΝ

PAVLVS ET SILBANVS ET THIMOTHEVS
ECCLESIAE
TESSALONICENSIVM IN D̅O̅ PATRE
ET D̅N̅O̅ I̅H̅V̅ X̅P̅O̅
GRATIA VOBIS ET PAX A D̅O̅
ET D̅N̅O̅ I̅H̅V̅ X̅P̅O̅
GRATIAS AGIMVS SEMPER
PRO OMNIBVS VOBIS
MEMORIAM VESTRI FACIENS
IN ORATIONIBVS NOSTRIS
SINE INTERMISSIONE
MEMORES OPERIS
FIDEI VESTRAE
ET LABOREM CARITATIS
ET PATIENTIAE SPEI
D̅M̅I̅ NOSTRI I̅H̅V̅ X̅P̅I̅
INTE D̅M̅
ET PATREM NOSTRVM
SCIENTES FRATRES
DILECTI A D̅O̅
ELECTIONEM VESTRAM

ΟΤΙΤΟΕΥΑΓΓΕΛΙΟΝΗΜΩΝ	QVIA EVANGELIVM NOSTRVM
ΟΥΚΕΓΕΝΗΘΗΠΡΟϹΥΜΑϹ	NON FVIT APVT VOS
ΕΝΛΟΓΩΜΟΝΩ	IN VERO TANTVM
ΑΛΛΑΚΑΙΕΝΔΥΝΑΜΕΙ	SED ET IN VIRTVTE
ΚΑΙΕΝΠΝΙΑΓΙΩ	ET SPV SANCTO
ΚΑΙΕΝΠΛΗΡΟΦΟΡΙΑΠΟΛΛΗ	ET IN PLENITVDINE MVLTA
ΚΑΘΩϹΟΙΔΑΤΕ	SICVT SCITIS
ΟΙΟΙΕΓΕΝΗΘΗΜΕΝ	QVALES FVERIMVS
ΕΝΥΜΙΝΔΙΥΜΑϹ	IN VOBIS PROPTER VOS
ΚΑΙΥΜΕΙϹΜΙΜΗΤΑΙΗΜΩΝ	ET VOS IMITATORES NOSTRI
ΕΓΕΝΗΘΗΤΕ	FACTI ESTIS
ΚΑΙΤΟΥΚΥ	ET DNI
ΔΕΞΑΜΕΝΟΙΤΟΝΛΟΓΟΝ	RECIPIENTES VERBVM
ΕΝΘΛΙΨΕΙΠΟΛΛΗ	IN TRIBVLATIONE MVLTA
ΜΕΤΑΧΑΡΑϹΠΝϹΑΓΙΟΥ	CVM GAVDIO SPS SANCTI
ΩϹΤΕΓΕΝΕϹΘΑΙΥΜΑϹΤΥΠΟΝ	ITA VT FACTI SITIS FIGVRA
ΠΑϹΙΤΟΙϹΠΙϹΤΕΥΟΥϹΙΝ	OMNIBVS CREDENTIBVS
ΕΝΤΗΜΑΚΕΔΟΝΙΑ	IN MACEDONIA
ΚΑΙΕΝΤΗΑΧΑΙΑ	ET IN ACHAIA
ΑΦΥΜΩΝΓΑΡΕΞΗΧΗΤΑΙ	A VOBIS ENIM DECLARATVS EST
ΟΛΟΓΟϹΤΟΥΚΥ	SERMO DNI

ΟΥΜΟΝΟΝΕΝΤΗΜΑΚΕΔΟΝΙΑ
ΚΑΙΕΝΤΗΑΧΑΙΑ
ΑΛΛΕΝΠΑΝΤΙΤΟΠΩ
ΗΠΙϹΤΙϹΗΜΩΝ
ΗΠΡΟϹΤΟΝΘ̅Ν̅ΕΞΕΛΗΛΥΘΕΝ
ΩϹΤΕΜΗΧΡΙΑΝΕΧΕΙΝΗΜΑϹ
ΛΑΛΕΙΝΤΙ
ΑΥΤΟΙΓΑΡΠΕΡΙΗΜΩΝ
ΑΠΑΓΓΕΛΟΥϹΙΝ
ΟΠΟΙΑΝΕΙϹΟΔΟΝ
ΕϹΧΟΜΕΝΠΡΟϹΥΜΑϹ
ΚΑΙΠΩϹΕΠΕϹΤΡΕΨΑΤΕ
ΠΡΟϹΤΟΝΘ̅Ν̅
ΑΠΟΤΩΝΕΙΔΩΛΩΝ
ΔΟΥΛΕΥΕΙΝΘ̅Ω̅ΖΩΝΤΙ
ΚΑΙΑΛΗΘΕΙΝΩ
ΚΑΙΑΝΑΜΕΝΙΝΤΟΝΥΙΟΝΑΥΤΟΥ
ΕΚΤΩΝΟΥΡΑΝΩΝ
ΟΝΗΓΕΙΡΕΝΕΚΤΩΝΝΕΚΡΩΝΙ̅Ν̅
ΤΟΝΡΥΟΜΕΝΟΝΗΜΑϹ
ΑΠΟΤΗϹΟΡΓΗϹΤΗϹΕΡΧΟΜΕΝΗϹ

NON SOLVM IN MACEDONIA
ET IN ACHAIA
SED IN OMNI LOCO
FIDES VESTRA
QVAE EST AD D̅M̅ EXIVIT
ITA VT NON SIT OPVS NOBIS
LOQVI ALIQVID
IPSE ENIM DE VOBIS
RENVNTIANT
QVALEM INTROITVM
HABVIMVS AD VOS
ET QVOMODO CONVERSI ESTIS
AD D̅M̅
DE SIMVLACRIS
SERVIRE D̅O̅ VIVO
ET VERO
ET EXPECTARE FILIVM EIVS
DE CAELIS
QVEM EXCITAVIT A MORTVIS I̅H̅M̅
QVI ERIPIET NOS
AB IRA VENTVRA

ΑΥΤΟΙΓΑΡΟΙΔΑΤΕΑΔΕΛΦΟΙ
ΤΗΝΙϹΟΔΟΝΗΜΩΝ
ΤΗΝΠΡΟϹΥΜΑϹ
ΟΤΙΟΥΚΕΝΗΓΕΓΟΝΕΝ
ΑΛΛΑΠΡΟΠΑΘΟΝΤΕϹ
ΚΑΙΥΒΡΙϹΘΕΝΤΕϹ
ΚΑΘΩϹΟΙΔΑΤΕΕΝΦΙΛΙΠΠΟΙϹ
ΕΠΑΡΡΗϹΙΑϹΑΜΕΘΑ
ΕΝΘ̅Ω̅ΗΜΩΝ
ΛΑΛΗϹΑΙΠΡΟϹΥΜΑϹ
ΤΟΕΥΑΓΓΕΛΙΟΝΤΟΥΘ̅Υ̅
ΕΝΠΟΛΛΩΑΓΩΝΙ
ΗΓΑΡΠΑΡΑΚΛΗϹΙϹΗΜΩΝ
ΟΥΚΕΚΠΛΑΝΗϹΟΥΔΕΕΞΑΚΑΘΑΡϹΙΑϹ
ΟΥΔΕΕΝΔΟΛΩ
ΑΛΛΑΚΑΘΩϹΔΕΔΟΚΙΜΑϹΜΕΘΑ
ΥΠΟΤΟΥΘ̅Υ̅
ΠΙϹΤΕΥΘΗΝΑΙΤΟΕΥΑΓΓΕΛΙΟΝ
ΟΥΤΩϹΛΑΛΟΥΜΕΝ
ΟΥΧΩϹΑ̅Ν̅Ο̅ΙϹΑΡΕϹΚΟΝΤΕϹ
ΑΛΛΑΘ̅Ω̅

IPSI ENIM SCITIS FRATRES
INTROITVM NOSTRVM
AD VOS
QVIA NON INANIS FVIT
SED ET ANTE PASSI
ET CONTVMELIIS ADFLICTI
SICVT SCITIS IN PHILIPPIS
FIDVCIAM HABVIMVS
IN D̅N̅O̅ NOSTRO
LOQVI AD VOS
EVANGELIVM D̅I̅
IN MVLTO CERTAMINE
EXORTATIO ENIM NOSTRA
NON DE ERRORE NEQVE EX IMMVNDITIA
NEQVE IN DOLO
SED QVEMADMODVM PROBATI SVMVS
A D̅O̅
VT CREDERETVR NOBIS EVANGELIV̅
ITA LOQVIMVR
NON QVASI HOMINIBVS PLACENTES
SED D̅O̅

ΤΩΔΟΚΙΜΑΖΟΝΤΙΤΑϹΚΑΡΔΙΑϹΗΜΩ̅	EI QVI PROBAT CORDA NOSTRA
ΟΥΤΕΓΑΡΠΟΤΕΕΝΛΟΓΩ	NEQVE ENIM ALIQVANDO IN SERMONE
ΚΟΛΑΚΙΑϹΕΓΕΝΗΘΗΜΕΝ	ADVLATIONIS FVIMVS
ΚΑΘΩϹΟΙΔΑΤΕ	SICVT SCITIS
ΟΥΤΕΕΝΠΡΟΦΑϹΕΙΠΛΕΟΝΕΞΙΑϹ	NEQVE IN OCCANSIONEM AVARITIAE
Θ̅Ϲ̅ΜΑΡΤΥϹ	D̅S̅ TESTIS EST
ΟΥΤΕΖΗΤΟΥΝΤΕϹ	NEQVE QVERENTES
ΕΞΑΝΘΡΩΠΩΝΔΟΞΑΝ	ET HOMINIBVS GLORIAM
ΟΥΤΕΑΦΥΜΩΝ	NEQVE A VOBIS
ΟΥΤΕΑΠΟΑΛΛΩΝ	NEQVE AB ALIIS
ΔΥΝΑΜΕΝΟΙΕΝΒΑΡΙΕΙΝΑΙ	CVM POSSEMVS IN GRAVITATE ESSE
ΩϹΧ̅Υ̅ΑΠΟϹΤΟΛΟΙ	VT X̅P̅I̅ APOSTOLI
ΑΛΛΕΓΕΝΗΘΗΜΕΝΝΗΠΙΟΙ	SED FACTI SVMVS PARVOLI
ΕΝΜΕϹΩΥΜΩΝ	IN MEDIO VESTRVM
ΩϹΕΑΝΤΡΟΦΟϹΘΑΛΠΗ	TANQVAM SI NVTRIX FOVEAT
ΤΑΕΑΥΤΗϹΤΕΚΝΑ	SVOS FILIOS
ΟΥΤΩϹΟΜΙΡΟΜΕΝΟΙΥΜΩΝ	ITA DESIDERANTES VOS
ΕΥΔΟΚΟΥΜΕΝ	CVPIMVS
ΜΕΤΑΔΟΥΝΑΙΥΜΙΝ	COMMVNICARE VOBISCVM
ΟΥΜΟΝΟΝΤΟΕΥΑΓΓΕΛΙΟΝΤΟΥΘ̅Υ̅	NON SOLVM EVANGELIVM D̅I̅
ΑΛΛΑΚΑΙΤΑϹΕΑΥΤΩΝΨΥΧΑϹ	VERVM ETIAM ET NOSTRAS ANIMAS

ΔΙΟΤΙΑΓΑΠΗΤΟΙΗΜΙΝ	QVIA CARISSIMI NOBIS
ΕΓΕΝΗΘΗΤΕ	FACTI ESTIS
ΜΝΗΜΟΝΕΥΕΤΕΓΑΡΑΔΕΛΦΟΙ	MEMINISTIS ENIM FRATRES
ΤΟΝΚΟΠΟΝΗΜΩΝ	LABOREM NOSTRVM
ΚΑΙΤΟΝΜΟΧΘΟΝ	ET FATIGATIONEM
ΝΥΚΤΟϹΚΑΙΗΜΕΡΑϹ	NOCTE AC DIE
ΕΡΓΑΖΟΜΕΝΟΙ	OPERANTES
ΠΡΟϹΤΟΜΗΕΠΙΒΑΡΗϹΑΙ	AD HOC NE GRAVAREMVS
ΤΙΝΑΥΜΩΝ	ALIQVEM VESTRVM
ΕΚΗΡΥΞΑΜΕΝΕΙϹΥΜΑϹ	PRAEDICAVIMVS IN VOBIS
ΤΟΕΥΑΓΓΕΛΙΟΝΤΟΥΘ̅Υ̅	EVANGELIVM D̅I̅
ΥΜΕΙϹΜΑΡΤΥΡΕϹΕϹΤΕΚΑΙΟΘ̅Ϲ̅	VOS TESTES ESTIS ET D̅S̅
ΩϹΟϹΙΩϹΚΑΙΔΙΚΑΙΩϹ	QVAM SANCTE ET IVSTE
ΚΑΙΑΜΕΜΠΤΩϹ	ET SINE QVERELLA
ΥΜΙΝΤΟΙϹΠΙϹΤΕΥΟΥϹΙΝ	VOBIS QVI CREDIDISTIS
ΕΓΕΝΗΘΗΜΕΝΚΑΘΑΠΕΡΟΙΔΑΤΕ	FACTI SVMVS SICVT SCITIS
ΩϹΕΝΑΕΚΑϹΤΟΝΥΜΩΝ	QVALITER VNVMQVEMQVE VESTRV̅
ΩϹΠ̅Η̅Ρ̅ΤΕΚΝΑΕΑΥΤΟΥ	SICVT PATER FILIOS SVOS
ΠΑΡΑΚΑΛΟΥΝΤΕϹΥΜΑϹ	DEPRAECANTES VOS
ΚΑΙΠΑΡΑΜΥΘΟΥΜΕΝΟΙ	ET CONSOLANTES
ΚΑΙΜΑΡΤΥΡΟΥΜΕΝΟΙ	ET TESTIFICANTES

ΕΙϹΤΟΠΕΡΙΠΑΤΕΙΝΥΜΑϹ	VT AMBVLETIS
ΑΞΙΩϹΤΟΥΘ̅Υ̅	DIGNE D̅O̅
ΤΟΥΚΑΛΟΥΝΤΟϹΥΜΑϹ	QVI VOCAT VOS
ΕΙϹΤΗΝΑΥΤΟΥΒΑϹΙΛΙΑΝ	IN SVVM· REGNVM·
ΚΑΙΔΟΞΑΝ	ET· GLORIAM
ΔΙΑΤΟΥΤΟΚΑΙΗΜΙϹ	PROPTEREA ET NOS
ΕΥΧΑΡΙϹΤΟΥΜΕΝΤΩΘ̅Ω̅	GRATIAS AGIMVS D̅O̅
ΑΔΙΑΛΙΝΠΤΩϹ	SINE INTERMISSIONE
ΟΤΙΠΑΡΑΛΑΒΟΝΤΕϹ	QVONIAM CVM PERCIPISSETIS
ΛΟΓΟΝΑΚΟΗϹΠΑΡΗΜΩΝ	VERBVM AVDITVM A NOBIS
ΤΟΥΘ̅Υ̅ΕΔΕΞΑϹΘΑΙ	D̅I̅ EXCIPISTIS
ΟΥΛΟΓΟΝΑΝΘΡΩΠΩΝ	NON VERBVM HOMINVM
ΑΛΛΑΚΑΘΩϹΕϹΤΙΝ	SED SICVT EST
ΑΛΗΘΩϹΛΟΓΟΝΘ̅Υ̅	VERVM VERBVM D̅I̅
ΟϹΚΑΙΕΝΕΡΓΕΙΤΑΙΕΝΥΜΕΙΝ	QVOD OPERATVR IN VOBIS
ΤΟΙϹΠΙϹΤΕΥΟΥϹΙΝ	QVI CREDIDISTIS
ΥΜΕΙϹΓΑΡΜΕΙΜΗΤΑΙ	VOS ENIM IMITATORES
ΕΓΕΝΗΘΗΤΕΑΔΕΛΦΟΙ	FACTI ESTIS FRATRES
ΤΩΝΕΚΚΛΗϹΙΩΝΤΟΥΘ̅Υ̅	ECCLESIARVM D̅I̅
ΤΩΝΟΥϹΩΝΕΝΤΗΙΟΥΔΑΙΑ	QVAE SVNT IN IVDAEA
ΕΝΧ̅Ω̅Ι̅Υ̅	IN X̅P̅O̅ I̅H̅V̅

ΟΤΙΤΑΑΥΤΑΕΠΑΘΕΤΕ
ΑΠΟΤΩΝΙΔΙΩΝ
CΥΝΦΥΛΑΙΤΩΝ
ΚΑΘΩCΚΑΙΑΥΤΟΙ
ΥΠΟΤΩΝΙΟΥΔΑΙΩΝ
ΤΩΝΚΑΙΤΟΝΚ̅Ν̅ΑΠΟΚΤΙΝΑΝΤΩΝΙ̅Ν̅
ΚΑΙΤΟΥCΠΡΟΦΗΤΑC
ΚΑΙΗΜΑCΕΚΔΙΩΞΑΝΤΩΝ
ΚΑΙΘ̅Ω̅ΜΗΑΡΕCΚΟΝΤΩΝ
ΚΑΙΠΑCΙΝΑΝΘΡΩΠΟΙC·
ΕΝΑΝΤΙΟΝ
ΚΩΛΥΟΝΤΩΝΗΜΑC
ΤΟΙCΕΘΝΕCΙΝΛΑΛΗCΑΙΙΝΑCΩΘΩCΙ̅
ΕΙCΤΟΑΝΑΠΛΗΡΩCΑΙΑΥΤΩΝ
ΤΑCΑΜΑΡΤΙΑCΠΑΝΤΟΤΕ
ΕΦΘΑΚΕΝΔΕΕΠΑΥΤΟΥC
ΗΟΡΓΗΤΟΥΘ̅Υ̅ΕΙCΤΕΛΟC
ΗΜΙCΔΕΑΔΕΛΦΟΙ
ΑΠΟΡΦΑΝΙCΘΕΝΤΕCΑΦΥΜΩΝ
ΠΡΟCΚΑΙΡΟΝΩΡΑC
ΠΡΟCΩΠΩΟΥΚΑΡΔΙΑ

QVIA EADEM PASSI ESTIS ET VOS
A VESTRIS
CVMTRIBVBVS
QVOMODO ET IPSI
A IVDAEIS
QVI IPSVM D̅N̅M̅ OCCIDERVŃT I̅H̅M̅
ET PROPHETAS
ET NOS PERSECVTI SVNT
ET D̅O̅ NON PLACVERVNT
ET OMNIBVS HOMINIBVS
CONTRARI
PROHIBENTES NOS
GENTIBVS LOQVI VT SALVENTVR
VT CONPLEANTVR IPSORVM
PECCATA SEMPER
PRAEVENIT AVTEM SVPER EOS
IRA D̅I̅ VSQVE AD FINEM
NOS AVTEM FRATRES
DESOLATIO A VOBIS
AD TEMPVS HORAE
FACIE NON CORDE

ΠΕΡΙϹϹΟΤΕΡΩϹΕϹΠΟΥΔΑϹΑΜΕΝ	ABVNDANTIVS FESTINAVIMVS
ΤΟΠΡΟϹΩΠΟΝΥΜΩΝ	FACIEM VESTRAM
ΕΙΔΕΝΕΝΠΟΛΛΗΕΠΙΘΥΜΙΑ	VIDERE IN MVLTO DESIDERIO
ΔΙΟΤΙΗΘΕΛΗϹΑΜΕΝ	QVONIAM VOLVIMVS
ΕΛΘΙΝΠΡΟϹΥΜΑϹ	VENIRE AD VOS
ΕΓΩΜΕΝΠΑΥΛΟϹΚΑΙΑΠΑΞΚΑΙΔΙϹ	EGO QVIDEM PAVLVS ET SEMEL ET BIS
ΚΑΙΕΝΕΚΟΨΕΝΗΜΑϹΟϹΑΤΑΝΑϹ	ET INPEDIVIT NOS SATANAS
ΤΙϹΓΑΡΗΜΩΝ	QVAE EST ENIM NOSTRA
ΕΛΠΙϹΗΧΑΡΑΗϹΤΕΦΑΝΟϹ	SPES AVT GAVDIVM AVT CORONA
ΚΑΥΧΗϹΕΩϹ	GLORIAE
ΗΟΥΧΙΚΑΙΥΜΕΙϹ	AVT NON ETIAM VOS
ΕΝΠΡΟϹΘΕΝΤΟΥΚ̅Υ̅ΗΜΩΝΙ̅Υ̅	ANTE D̅N̅M̅ NOSTRVM I̅H̅M̅
ΕΝΤΗΑΥΤΟΥΠΑΡΟΥϹΙΑ	IN IPSIVS ADVENTV
ΥΜΙϹΓΑΡΕϹΤΑΙΗΔΟΞΑΗΜΩΝ	VOS ENIM ESTIS GLORIA NOSTRA
ΚΑΙΗΧΑΡΑ	ET GAVDIVM
ΔΙΟΜΗΚΕΤΙϹΤΕΓΟΝΤΕϹ	PROPTER QVOD IAM NON SVSTINENTES
ΕΥΔΟΚΗϹΑΜΕΝ	PLACVIT NOBIS
ΚΑΤΑΛΙΦΘΗΝΑΙ	REMANERE
ΕΝΑΘΗΝΑΙϹΜΟΝΟΙ	ATHENIS SOLIS
ΚΑΙΕΠΕΝΨΑΜΕΝΤΙΜΟΘΕΟΝ	ET MISIMVS TIMOTHEVM
ΤΟΝΑΔΕΛΦΟΝΗΜΩΝ	FRATREM NOSTRVM

ΚΑΙCΥΝΕΡΓΟΝΤΟΥΘ̅Υ̅
ΕΝΤΩΕΥΑΓΓΕΛΙΩΤΟΥΧ̅Υ̅
ΕΙCΤΟCΤΗΡΙΞΑΙΥΜΑC
ΚΑΙΠΑΡΑΚΑΛΕCΑΙ
ΥΠΕΡΤΗCΠΙCΤΕΩCΥΜΩΝ
ΤΟΜΗΔΕΝΑ··ΝΕCΘΑΙ
ΕΝΤΑΙCΘΛΙΨΕCΙΝΤΑΥΤΑΙC
ΑΥΤΟΙΓΑΡΟΙΔΑΤΕΟΤΙ
ΕΙCΤΟΥΤΟΚΕΙΜΕΘΑ
ΚΑΙΓΑΡΟΤΕΠΡΟCΥΜΑCΗΜΕΝ
ΠΡΟCΕΛΕΓΟΜΕΝΥΜΙΝ
ΟΤΙΜΕΛΛΟΜΕΝΘΛΙΒΕCΘΑΙ
ΚΑΘΩCΚΑΙΕΓΕΝΕΤΟ
ΚΑΙΟΙΔΑΤΕ
ΔΙΑΤΟΥΤΟΚΑΓΩΜΗΚΕΤΙCΤΕΓΩΝ
ΕΠΕΝΨΑΕΙCΤΟΓΝΩΝΑΙ
ΤΗΝΠΙCΤΙΝΥΜΩΝ
ΜΗΠΩCΕΠΙΡΑCΕΝΥΜΑC
ΟΠΙΡΑΖΩΝ
ΚΑΙΕΙCΚΕΝΟΝΓΕΝΗΤΑΙ
ΟΚΟΠΟCΗΜΩΝ

ET ADIVTOREM D̅I̅
IN EVANGELIO X̅P̅I̅
AD CONFORTANDOS VOS
ET COHORTANDOS
PRO FIDE VESTRA
VT NEMOVEATVR
IN TRIBVLATIONIBVS ISTIS
IPSI ENIM SCITIS
QVOD IN HOC POSITI SVMVS
NAM ET CVM APVT VOS FVIMVS
PRAEDICAVIMVS VOBIS
PASSVRVS NOS TRIBVLATIONEM
SICVT FACTVM EST
ET SCITIS
PROPTEREA ET EGO IAM NON SVSTINENS
MISI AD COGNOSCENDAM
FIDEM VESTRAM
NE FORTE TEMPTAVERIT VOS
IS QVI TEMPTAT
ET INANIS FIAT
LABOR NOSTER

I. AD THESSALONICENSES III, 2–5.

ΑΡΤΙΔΕΕΛΘΟΝΤΟϹ
ΤΕΙΜΟΘΕΟΥΠΡΟϹΗΜΑϹΑΦΥΜΩΝ
ΚΑΙΕΥΑΓΓΕΛΙϹΑΜΕΝΟϹΗΜΙΝ
ΤΗΝΠΙϹΤΙΝΚΑΙΤΗΝΑΓΑΠΗΝΥΜΩ̅
ΚΑΙΟΤΙΜΝΙΑΝΕΧΕΤΕΗΜΩΝ
ΑΓΑΘΗΝΠΑΝΤΟΤΕ
ΕΠΙΠΟΘΟΥΝΤΕϹΗΜΑϹΙΔΕΙΝ
ΚΑΘΑΠΕΡΚΑΙΗΜΙϹΥΜΑϹ
ΔΙΑΤΟΥΤΟΠΑΡΕΚΛΗΘΗΜΕΝ
ΑΔΕΛΦΟΙΕΦΥΜΙΝ
ΕΠΙΠΑϹΗΤΗΑΝΑΓΚΗ
ΚΑΙΘΛΙΨΕΙΗΜΩΝ
ΚΑΙΤΗϹΥΜΩΝΠΙϹΤΕΩϹ
ΟΤΙΝΥΝΖΩΜΕΝ
ΕΑΝΥΜΙϹϹΤΗΚΗΤΕΕΝΚ̅Ω̅
ΤΙΝΑΓΑΡΕΥΧΑΡΙϹΤΙΑΝ
ΔΥΝΑΜΕΘΑΤΩΚ̅Ω̅
ΑΝΤΑΠΟΔΟΥΝΑΙΠΕΡΙΥΜΩΝ
ΕΠΙΠΑϹΗΤΗΧΑΡΑ
ΗΕΧΑΙΡΟΜΕΝΔΙΥΜΑϹ
ΕΝΠΡΟϹΘΕΝΤΟΥΘ̅Υ̅ΗΜΩΝ

NVNC AVTEM VENIENTE
TIMOTHEO A NOS A VOBIS
ET ADNVNTIANTE NOBIS
FIDEM ET CARITATEM VESTRAM
ET QVONIAM MEMORIAM NOSTRI HABETIS
BONAM SEMPER
DESIDERANTES NOS VIDERE
SICVT ET NOS ET VOS
PROPTEREA CONSOLATI SVMVS
FRATRES IN VOBIS
SVPER OMNEM NECESSITATEM
ET TRIBVLATIONEM NOSTRAM
PER VESTRAM FIDEM
QVONIAM NVNC VIVIMVS
SI VOS STETERITIS IN D̅N̅O̅
QVAM ENIM GRATIARVM ACTIONEM
POSSVMVS D̅O̅
RETRIBVERE PRO VOBIS
SVPER OMNEM GAVDIVM
QVO GAVDEMVS PROPTER VOS
CORAM D̅M̅ NOSTRVM

ΝΥΚΤΟϹΚΑΙΗΜΕΡΑϹ	NOCTE ET DIE
ΥΠΕΡΕΚΠΕΡΙϹϹΟΥΔΕΟΜΕΝΟΙ	SVPERABVNDANTER ORANTES
ΕΙϹΤΟΙΔΕΙΝΥΜΩΝ	VT VIDEAMVS VESTRAM
ΤΟΠΡΟϹΩΠΟΝ	FACIEM
ΚΑΙΚΑΤΑΡΤΙϹΑΙΤΑΥϹΤΕΡΗΜΑΤΑ	ET SVPPLEAMVS QVAE DESVNT
ΤΗϹΠΙϹΤΕΩϹΥΜΩΝ	FIDEI VESTRAE
ΑΥΤΟϹΔΕΟΘ̅Ϲ̅	IPSE AVTEM D̅S̅
ΚΑΙΠΑΤΗΡΗΜΩΝ	ET PATER NOSTER
ΚΑΙΟΚ̅Ϲ̅ΗΜΩΝ	ET D̅N̅S̅ NOSTER I̅H̅S̅
ΚΑΤΕΥΘΥΝΑΙΤΗΝΟΔΟΝΗΜΩΝ	DIRIGAT VIAM NOSTRAM
ΠΡΟϹΥΜΑϹ	AD VOS
ΥΜΑϹΔΕΟΚ̅Ϲ̅Ι̅Ϲ̅ΠΛΕΟΝΑϹΑΙ	VOS AVTEM D̅N̅S̅ I̅H̅S̅ MVLTIPLICET
ΚΑΙΠΕΡΙϹϹΕΥϹΑΙ	ET ABVNDARE FACIAM
ΤΗΑΓΑΠΗΕΙϹΑΛΛΗΛΟΥϹ	IN CARITATE IN INVICEM
ΚΑΙΕΙϹΠΑΝΤΑϹ	ET IN OMNES
ΚΑΘΑΠΕΡΚΑΙΗΜΙϹΕΙϹΥΜΑϹ	QVEMADMODVM ET NOS IN VOS
ΕΙϹΤΟϹΤΗΡΙΞΑΙΤΑϹΚΑΡΔΙΑϹΥΜΩΝ	AD CONFIRMANDA CORDA VESTRA
ΑΜΕΜΠΤΟΥϹΕΝΑΓΙΟϹΥΝΗ	SINE QVAERELLA IN SANCTITATE
ΕΝΠΡΟϹΘΕΝΤΟΥΘ̅Υ̅	ANTE D̅M̅
ΚΑΙΠΑΤΡΟϹΗΜΩΝ	ET PATREM NOSTRVM
ΕΝΤΗΠΑΡΟΥϹΙΑ	IN ADVENTVM

ΤΟΥΚ̅Υ̅ΗΜΩΝΙ̅Υ̅
ΜϵΤΑΠΑΝΤΩΝΤΩΝΑΓΙΩΝΑΥΤΟΥΑΜΗ̅
ΛΟΙΠΟΝΟΥΝΑΔϵΛΦΟΙ
ϵΡΩΤΩΜϵΝΥΜΑC
ΚΑΙΠΑΡΑΚΑΛΟΥΜϵΝϵΝΚ̅Ω̅Ι̅Υ̅
ΙΝΑΚΑΘΩCΠΑΡϵΛΑΒϵΤϵ
ΠΑΡΗΜΩΝ
ΤΟΠΩCΔϵΙΥΜΑCΠϵΡΙΠΑΤϵΙΝ
ΚΑΙΑΡϵCΚΙΝΘ̅Ω̅
ΚΑΘΩCΚΑΙΠϵΡΙΠΑΤϵΙΤϵ
ΙΝΑΠϵΡΙCCϵΥΗΤϵΜΑΛΛΟΝ
ΟΙΔΑΤϵΓΑΡΤΙΝΑCΠΑΡΑΓΓϵΛΙΑC
ΠΑΡϵΔΩΚΑΜϵΝΥΜΙΝ
ΔΙΑΤΟΥΚ̅Υ̅ΗΜΩΝΙ̅Υ̅
ΤΟΥΤΟΓΑΡϵCΤΙΝΘϵΛΗΜΑΘ̅Υ̅
ΟΑΓΙΑCΜΟCΥΜΩΝ
ΑΠϵΧϵCΘΑΙΥΜΑC
ΑΠΟΤΗCΠΟΡΝΙΑC
ϵΙΔϵΝΑΙϵΚΑCΤΟΝΥΜΩΝ
ΚΤΑCΘΑΙΤΟϵΑΥΤΟΥCΚϵΥΟC
ϵΝΑΓΙΑCΜΩΚΑΙΤϵΙΜΗ

D̅N̅I̅ NOSTRI I̅H̅V̅
CVM OMNIBVS SANCTIS EIVS AMEN
DE CETERO AVTEM FRATRES
ROGAMVS VOS
ET OBSECRAMVS IN D̅N̅O̅ I̅H̅V̅
VT QVEMADMODVM ACCEPISTIS
A NOBIS
QVALITER OPORTEAT VOS AMBVLARE
ET PLACERE D̅O̅
SICVT ET AMBVLATIS
VT ABVNDETIS MAGIS
SCITIS ENIM QVAE PRAECEPTA
DEDIMVS VOBIS
PER D̅N̅M̅ NOSTRVM I̅H̅M̅
HAEC EST ENIM VOLVNTAS D̅I̅
SANCTIFICATIO VESTRA
ABSTINERE VOS
A FORNICATIONE
VT SCIAT VNVSQVISQVE VESTRVM
POSSIDERE SVVM PROPRIVM VAS
IN SANCTIFICATIONE ET HONORE

ΜΗΕΝΠΑΘΙΕΠΙΘΥΜΙΑϹ
ΚΑΘΑΠΕΡΚΑΙΤΑΕΘΝΗ
ΤΑΜΗΕΙΔΟΤΑΤΟΝΘ̅Ν̅
ΤΟΜΗΥΠΕΡΒΑΙΝΕΙΝ
ΚΑΙΠΛΕΟΝΕΚΤΕΙΝ
ΕΝΤΩΠΡΑΓΜΑΤΙΤΟΝΑΔΕΛΦΟΝΑΥΤΟΥ
ΔΙΟΤΙΕΚΔΙΚΟϹΚ̅Ϲ̅
ΠΕΡΙΠΑΝΤΩΝΤΟΥΤΩΝ
ΚΑΘΩϹΚΑΙΠΡΟΕΙΠΑΜΕΝΥΜΙΝ
ΚΑΙΔΙΕΜΑΡΤΥΡΑΜΕΘΑ
ΟΥΓΑΡΕΚΑΛΕϹΕΝΗΜΑϹ
ΟΘ̅Ϲ̅ΕΠΙΑΚΑΘΑΡϹΙΑ
ΑΛΛΕΝΑΓΙΑϹΜΩ
ΤΟΙΓΑΡΟΥΝΟΑΘΕΤΩΝ
ΟΥΚΑΝΘΡΩΠΟΝΑΘΕΤΕΙ
ΑΛΛΑΘ̅Ν̅ΤΟΝΚΑΙΔΙΔΟΝΤΑ
ΤΟΠ̅Ν̅ΑΑΥΤΟΥΤΟΑΓΙΟΝΕΙϹΥΜΑϹ
ΠΕΡΙΔΕΤΗϹΦΙΛΑΔΕΛΦΙΑϹ
ΟΥΧΡΙΑΝΕΧΟΜΕΝ
ΓΡΑΦΙΝΥΜΕΙΝ
ΑΥΤΟΙΓΑΡΥΜΙϹΘΕΟΔΙΔΑΚΤΟΙΕϹΤΕ

NON IN PASSIONE DESIDERII
SICVT ET GENTES
QVAE IGNORANT D̅N̅M̅
VT NE QVIS SVPERGREDIATVR
ET CIRCVMVENIAT
IN NEGOTIO FRATREM SVVM
QVIA VINDEX EST D̅M̅S̅
DE OMNIBVS HIS
SICVT ETIAM PRAEDIXIMVS VOBIS
ET TESTIFICATI SVMVS
NON ENIM VOCAVIT NOS
D̅S̅ IN INMVNDITIA
SED IN SANCTIFICATIONE
ITAQVE QVI SPERNIT
NON HOMINEM SPERNIT
SED D̅M̅ QVI DEDICIT
S̅P̅V̅ SVVM SANCTVM IN VOS
DE AMORE AVTEM FRATERNITATIS
NON NECESSE HABEMVS
SCRIBERE VOBIS
IPSI ENIM VOS A D̅O̅ DOCTI ESTIS

ЄΙϹΤΟΑΓΑΠΑΝΑΛΛΗΛΟΥϹ
ΚΑΙΓΑΡΠΟΙЄΙΤЄΑΥΤΟ
ЄΙϹΠΑΝΤΑϹΤΟΥϹΑΔЄΛΦΟΥϹ
ЄΝΟΛΗΤΗΜΑΚЄΔΟΝΙΑ
ΠΑΡΑΚΑΛΟΥΜЄΝΔЄΥΜΑϹΑΔЄΛΦΟΙ
ΠЄΡΙϹϹЄΥЄΙΝΜΑΛΛΟΝ
ΚΑΙΦΙΛΟΤЄΙΜΙϹΘΑΙ
ΗϹΥΧΑΖЄΙΝ
ΚΑΙΠΡΑϹϹΙΝΤΑΙΔΙΑ
ΚΑΙЄΡΓΑΖЄϹΘΑΙΤΑΙϹΧЄΡϹΙΝΥΜѠ̄
ΚΑΘѠϹΥΜΙΝΠΑΡΗΝΓΙΛΑΜЄΝ
ΙΝΑΠЄΡΙΠΑΤΗΤЄЄΥϹΧΗΜΟΝѠϹ
ΠΡΟϹΤΟΥϹЄΞѠ
ΚΑΙΜΗΔЄΝΟϹΧΡΙΑΝЄΧΗΤЄ
ΟΥΘЄΛΟΜЄΝΔЄΥΜΑϹ
ΑΓΝΟЄΙΝΑΔЄΛΦΟΙ
ΠЄΡΙΤѠΝΚЄΚΟΙΜΗΜЄΝѠΝ
ΙΝΑΜΗΛΥΠΙϹΘЄ
ѠϹΚΑΙΟΙΛΟΙΠΟΙ
ΟΙΜΗЄΧΟΝΤЄϹЄΛΠΙΔΑ
ЄΙΓΑΡΠΙϹΤЄΥΟΜЄΝ

VT DILIGATIS IN INVICEM
NAM ET FACITIS ILLVD
IN OMNES FRATRES
IN VNIVERSA MACEDONIA
HORTAMVR AVTEM VOS FRATRES
ABVNDARE MAGIS
ET VT OPERAM DETIS
QVIESCERE
ET AGERE PROPRIA
ET OPERARI MANIBVS VESTRIS
SICVT VOBIS PRAECEPIMVS
VT AMBVLETIS HONESTE
AD EOS QVI FORTIS SVNT
ET NVLLIVS DESIDERIVM SIT VOBIS
NOLVMVS AVTEM VOS
IGNORARE FRATRES
DE DORMIENTIBVS
VT NON CONTRISTEMINI
SICVT ET CETERI
QVI NON HABENT SPEM
SI ENIM CREDIMVS

ΟΤΙΙ̅Ϲ̅ΑΠΕΘΑΝΕΝ
ΚΑΙΑΝΕϹΤΗ
ΟΥΤωϹΚΑΙΟΘ̅Ϲ̅
ΤΟΥϹΚΟΙΜΗΘΕΝΤΑϹΔΙΑΤΟΥΙ̅Υ̅
ΑΞΕΙϹΥΝΑΥΤω
ΤΟΥΤΟΓΑΡΥΜΕΙΝΛΕΓΟΜΕΝ
ΕΝΛΟΓωΚ̅Υ̅
ΟΤΙΗΜΕΙϹΟΙΖωΝΤΕϹ
ΟΙΠΕΡΙΛΙΠΟΜΕΝΟΙ
ΕΙϹΤΗΝΠΑΡΟΥϹΙΑΝΤΟΥΚ̅Υ̅
ΟΥΜΗΦΘΑϹωΜΕΝ
ΤΟΥϹΚΟΙΜΗΘΕΝΤΑϹ
ΟΤΙΑΥΤΟϹΟΚ̅Ϲ̅ΕΝΚΕΛΕΥϹΜΑΤΙ
ΕΝΦωΝΗΑΡΧΑΝΓΕΛΟΥ
ΚΑΙΕΝϹΑΛΠΙΓΓΙΘ̅Υ̅
ΚΑΤΑΒΗϹΕΤΑΙΑΠΟΥΡΑΝΟΥ
ΚΑΙΟΙΝΕΚΡΟΙΕΝΧ̅ω̅
ΑΝΑϹΤΗϹΟΝΤΑΙΠΡωΤΟΙ
ΕΠΙΤΑΗΜΙϹΟΙΖωΝΤΕϹΟΙΠΕΡΙΛΙΠΟΜΕΝΟΙ
ΑΜΑϹΥΝΑΥΤΟΙϹΑΡΠΑΓΗϹΟΜΕΘΑ
ΕΝΝΕΦΕΛΑΙϹ

QVIA I̅H̅S̅ MORTVVS EST
ET SVRREXIT
SIC ET D̅S̅
EOS QVI DORMIERVNT PER I̅H̅M̅
ADDVCET CVM EO
HOC ENIM VOBIS DICIMVS
IN VERBO D̅N̅I̅
QVIA NOS VIVIMVS
QVI SVPERAMVS
AD ADVENTVM D̅N̅I̅
NON PRAEVENIEMVS
EOS QVI DORMIERVNT
QVIA IPSE D̅N̅S̅ IN IVSSV
IN VOCE ARCHANGELI
ET TVBA D̅I̅
DESCENDET DE CAELO
ET MORTVI QVI IN X̅P̅O̅ SVNT
RESVRGVNT PRIMI
DEINDE NOS QVI VIVIMVS QVI DESIMVS
SIMVL CVM ILLIS RAPIEMVR
IN NVBIBVS

ΕΙϹΥΠΑΝΤΗϹΙΝΤΩΧ̅Ω̅	IN OBVIAM. X̅P̅O̅
ΕΙϹΑΕΡΑ	IN AERA
ΚΑΙΟΥΤΩϹΠΑΝΤΕϹϹΥΝΚ̅Ω̅	ET SIC OMNES CVM D̅N̅O̅
ΕϹΟΜΕΘΑ	ERIMVS
ΩϹΤΕΠΑΡΑΚΑΛΕΙΤΕΑΛΛΗΛΟΥϹ	ITAQVE CONSOLAMINI IN INVICEM
ΕΝΤΟΙϹΛΟΓΟΙϹΤΟΥΤΟΙϹ	IN HIS VERBIS
ΠΕΡΙΔΕΤΩΝΧΡΟΝΩΝ	DE TEMPORIBVS AVTEM
ΚΑΙΤΩΝΚΑΙΡΩΝΑΔΕΛΦΟΙ	ET MOMENTES FRATRES
ΟΥΧΡΙΑΝΕΧΕΤΕΥΜΙΝ	NON EST NECESSE VOBIS
ΓΡΑΦΕϹΘΑΙ	SCRIBERE
ΑΥΤΟΙΓΑΡΑΚΡΙΒΩϹ	VOS ENIM IPSI DILIGENTER
ΟΙΔΑΤΕΟΤΙΗΜΕΡΑΚ̅Υ̅	SCITIS QVIA DIES D̅N̅I̅
ΩϹΚΛΕΠΤΗϹΕΝΝΥΚΤΙ	SICVT FVR IN NOCTE
ΟΥΤΩϹΕΡΧΕΤΑΙ	ITA VENIET
ΟΤΑΝΔΕΛΕΓΩϹΙΝΕΙΡΗΝΗ	CVM DIXERINT PAX
ΚΑΙΑϹΦΑΛΙΑ	ET MVNITIO
ΤΟΤΕΕΦΝΙΔΙΟϹΑΥΤΟΙϹ	TVNC SVBITANEVS ILLIS
ΕΦΙϹΤΑΤΑΙΟΛΕΘΡΟϹ	APPAREBIT INTERITVS
ΩϹΠΕΡΗΩΔΕΙΝΗ	SICVT DOLORES
ΕΝΤΗΕΝΓΑϹΤΡΙΕΧΟΥϹΗ	IN VTERO HABENTI
ΚΑΙΟΥΜΗΕΚΦΕΥΞΟΝΤΑΙ	ET NON EFFVGIENT

ΥΜΙCΔΕΑΔΕΛΦΟΙ
ΟΥΚΕCΤΕΕΝCΚΟΤΙ
ΙΝΑΥΜΑCΗΗΜΕΡΑ
ωCΚΛΕΠΤΗCΚΑΤΑΛΑΒΗ
ΠΑΝΤΕCΓΑΡΥΜΕΙC
ΥΙΟΙΦωΤΟCΕCΤΕ
ΚΑΙΥΙΟΙΗΜΕΡΑC
ΟΥΚΕCΤΕΝΥΚΤΟC
ΟΥΔΕCΚΟΤΟΥC
ΑΡΑΟΥΝΜΗΚΑΘΕΥΔωΜΕΝ
ωCΚΑΙΟΙΛΟΙΠΟΙ
ΑΛΛΑΓΡΗΓΟΡωΜΕΝ
ΚΑΙΝΗΦωΜΕΝ
ΟΙΓΑΡΚΑΘΕΥΔΟΝΤΕC
ΝΥΚΤΟCΚΑΘΕΥΔΟΥCΙΝ
ΚΑΙΟΙΜΕΘΥCΚΟΜΕΝΟΙ
ΝΥΚΤΟCΜΕΘΥΟΥCΙΝ
ΗΜΙCΔΕΗΜΕΡΑCΟΝΤΕC
ΝΗΦωΜΕΝ
ΕΝΔΥCΑΜΕΝΟΙΘωΡΑΚΑΠΙCΤΕωC
ΚΑΙΑΓΑΠΗC

VOS AVTEM FRATRES
NON ESTIS IN TENEBRIS
VT VOS DIES ILLE
TANQVAM FVR ADPREHENDAD
OMNES ENIM VOS
FILI LVMINIS ESTIS
ET FILI D̄Ī
NON ESTIS NOCTIS
NEQVE TENEBRARVM
ERGO NON DORMIAMVS
SICVT ET CETERI
SED VIGILEMVS
ET SOBRII SVMVS
QVI ENIM DORMIVNT
NOCTE DORMIVNT
ET QVI INEBRIANTVR
NOCTE EBRII SVNT
NOS AVTEM QVI DIEI SVMVS
SOBRII SVMVS
INDVENTES NOS LORICAM FIDEI
ET CARITATIS

Greek	Latin
ΚΑΙΠΕΡΙΚΕΦΑΛΑΙΑΝ	ET GALEAM
ΕΛΠΙΔΑΣΩΤΗΡΙΑΣ	SPEM SALVTIS
ΟΤΙΟΥΚΕΘΕΤΟΗΜΑΣΟΘΣ	QVONIAM NON POSVIT NOS DS
ΕΙΣΟΡΓΗΝ	IN IRAM
ΑΛΛΑΙΣΠΕΡΙΠΟΙΗΣΙΝΣΩΤΗΡΙΑΣ	SED IN AQVISITIONEM SALVTIS
ΔΙΑΤΟΥΚΥΗΜΩΝΙΥΧΥ	PER DNM NOSTRVM IHM XPM
ΤΟΥΑΠΟΘΑΝΟΝΤΟΣΥΠΕΡΗΜΩΝ	QVI MORTVVS EST PRO NOBIS
ΙΝΑΕΙΤΕΓΡΗΓΟΡΩΜΕΝ	VT SIVE VIGILEMVS
ΕΙΤΕΚΑΘΕΥΔΩΜΕΝΑΜΑ	SIVE DORMIAMVS SIMVL
ΣΥΝΑΥΤΩΖΩΜΕΝ	CVM EO VIVAMVS
ΔΙΟΠΑΡΑΚΑΛΕΙΤΕΑΛΛΗΛΟΥΣ	PROPTER QVOD EXHORTAMINI INVICĒ
ΚΑΙΟΙΚΟΔΟΜΕΙΤΕΕΙΣΤΟΝΕΝΑ	ET AEDIFICATE ALTERVTRVM
ΚΑΘΩΣΚΑΙΠΟΙΕΙΤΕ	SICVT ET FACITIS
ΕΡΩΤΩΜΕΝΔΕΥΜΑΣΑΔΕΛΦΟΙ	ROGAMVS AVTEM VOS FRATRES
ΕΙΔΕΝΑΙΤΟΥΣΚΟΠΙΩΝΤΑΣ	COGNOSCERE EOS QVI LABORANT
ΕΝΥΜΙΝ	IN VOBIS
ΚΑΙΠΡΟΙΣΤΑΜΕΝΟΥΣΥΜΩΝΕΝΚΩ	ET PRAESVNT VOBIS IN DNO
ΚΑΙΝΟΥΘΕΤΟΥΝΤΑΣΥΜΑΣ	ET COMMONENT VOS
ΚΑΙΗΓΕΙΣΘΑΙΑΥΤΟΥΣ	VT HABEATIS ILLOS
ΥΠΕΡΕΚΠΕΡΙΣΣΩΣΕΝΑΓΑΠΗ	ABVNDANTIVS IN CARITATE
ΔΙΑΤΟΕΡΓΟΝΑΥΤΩΝ	PROPTER OPVS ILLORVM

ΕΙΡΗΝΕΥΕΤΕΕΝΑΥΤΟΙϹ
ΠΑΡΑΚΑΛΟΥΜΕΝΔΕΑΔΕΛΦΟΙ
ΝΟΥΘΕΤΕΙΤΕΤΟΥϹΑΤΑΚΤΟΥϹ
ΠΑΡΑΜΥΘΙΤΕΤΟΥϹΟΛΙΓΟΨΥΧΟΥϹ
ΑΝΤΕΧΕϹΘΑΙΤΩΝΑϹΘΕΝΩΝ
ΜΑΚΡΟΘΥΜΕΙΤΕΠΡΟϹΠΑΝΤΑϹ
ΟΡΑΤΕΜΗΤΙϹΚΑΚΟΝ
ΑΝΤΙΚΑΚΟΥΤΙΝΙΑΠΟΔΟΙΗ
ΑΛΛΑΠΑΝΤΟΤΕΤΟΑΓΑΘΟΝ
ΔΙΩΚΕΤΕ
ΕΙϹΑΛΛΗΛΟΥϹΚΑΙΕΙϹΠΑΝΤΑϹ
ΠΑΝΤΟΤΕΧΑΙΡΕΤΕ
ΑΔΙΑΛΙΠΤΩϹΠΡΟϹΕΥΧΕϹΘΑΙ
ΕΝΠΑΝΤΙΕΥΧΑΡΙϹΤΕΙΤΕ
ΤΟΥΤΟΓΑΡΕϹΤΙΝΘΕΛΗΜΑΘ̅Υ̅
ΕΝΧ̅Ω̅Ι̅Υ̅ΕΙϹΥΜΑϹ
ΤΟΠ̅Ν̅Α̅ΜΗΖΒΕΝΝΥΤΕ
ΠΡΟΦΗΤΙΑϹΜΗΕΞΟΥΘΕΝΙΤΕ
ΠΑΝΤΑΔΕΔΟΚΙΜΑΖΕΤΕ
ΤΟΚΑΛΟΝΚΑΤΕΧΕΤΕ
ΑΠΟΠΑΝΤΟϹΕΙΔΟΥϹ

PACEM HABENTIS IN IPSIS
HORTAMVR AVTEM VOS FRATRES
CORRIPITE INQVIETOS
CONSVLAMINI PVSILLIANIMES
SVSTINETE INFIRMOS
AEQVO ANIMO ESTOTE AD OMNES
VIDETE NE QVIS MALVM
PRO MALO ALICVI REDDAT
SED SEMPER QVOD BONVM EST
SECTAMINI
IN INVICEM IN OMNES
SEMPER GAVDETE
SINE INTERMISSIONE ORATE
IN OMNIBVS GRATIAS AGITE
HAEC EST ENIM VOLVNTAS D̅I̅
IN X̅P̅O̅ I̅H̅V̅ AD VOS
S̅P̅M̅ NOLITE EXTINGVERE
PROPHETATIONES NOLITE SPERNERE
OMNIA AVTEM EXANIMATE
BONVM CONTINETE
AB OMNI SPECIE

ΠΟΝΗΡΟΥΑΠΕΧΕϹΘΑΙΑΥΤΟϹΔΕΟΘ̅Ϲ̅ΤΗϹΕΙΡΗΝΗϹ	MALA ABSTINETE VOS IPSE AVTEM D̅S̅ PACIS
ΑΓΙΑϹΑΙΥΜΑϹΟΛΟΤΕΛΙϹ	SANCTIFICATE VOS AD PERFECTVM
ΚΑΙΟΛΟΚΛΗΡΟΝΥΜΩΝΤΟΠ̅Ν̅Α̅	ET INTEGER S̅P̅S̅
ΚΑΙΗΨΥΧΗΚΑΙΤΟϹΩΜΑ	ET ANIMA ET CORPVS
ΑΜΕΜΠΤΩϹΕΝΤΗΠΑΡΟΥϹΙΑ	SINE QVERELLA IN ADVENTVM
ΤΟΥΚ̅Υ̅ΗΜΩΝΙ̅Υ̅Χ̅Υ̅ΤΗΡΗΘΙΗΝ	D̅M̅I̅ NOSTRI I̅H̅V̅ X̅P̅I̅ SERVETVR
ΠΙϹΤΟϹΟΚΑΛΩΝΥΜΑϹΟϹΚΑΙΠΟΙΗϹΕΙ	FIDELIS EST QVI VOCAT VOS QVI ET FACIET
ΑΔΕΛΦΟΙΠΡΟϹΕΥΧΕϹΘΑΙΚΑΙΠΕΡΙΗΜΩ̅	FRATRES ORATE ET PRO NOBIS
ΑϹΠΑϹΑϹΘΑΙΤΟΥϹΑΔΕΛΦΟΥϹΠΑΝΤΑϹ	SALVTATE FRATRES OMNES
ΕΝΦΙΛΗΜΑΤΙΑΓΙΩ	IN OSCVLO SANCTO
ΕΝΟΡΚΙΖΩΥΜΑϹΤΟΝΚ̅Ν̅	ADIVRO VOS PER D̅N̅M̅
ΑΝΑΓΝΩϹΘΗΝΑΙΤΗΝΕΠΙϹΤΟΛΗ̅	VT LEGATVR EPISTVLA
ΠΑϹΙΤΟΙϹΑΔΕΛΦΟΙϹ	OMNIBVS FRATRIBVS
ΗΧΑΡΙϹΤΟΥΚ̅Υ̅ΗΜΩΝΙ̅Υ̅Χ̅Υ̅	GRATIA D̅N̅I̅ NOSTRI I̅H̅V̅ X̅P̅I̅
ΜΕΘΥΜΩΝ	VOBISCVM
ΠΡΟϹ ΘΕϹϹΑΛΟΝΙΚΙϹ Α̅	AD TESSALONICENS· I̅
ΕΠΛΗΡΩΘΗ ΑΡΧΕΤΑΙ	EXPLICIT INCIPIT
ΠΡΟϹ ΘΕϹϹΑΛΟΝΙΚΙϹ Β̅	AD TESSALONICENS· I̅I̅

I. AD THESSALONICENSES V, 22—28.

ΠΑΥΛΟϹΚΑΙϹΙΛΒΑΝΟϹΚΑΙΤΙΜΟΘΕΟϹ
ΤΗΕΚΚΛΗϹΙΑΘΕϹϹΑΛΟΝΙΚΕΩΝ
ΕΝΘ̅Ω̅Π̅Ρ̅ΙΗΜΩΝ
ΚΑΙΚ̅Ω̅Χ̅Ω̅Ι̅Υ̅
ΧΑΡΙϹΥΜΕΙΝΚΑΙΕΙΡΗΝΗ
ΑΠΟΘ̅Υ̅ΠΑΤΡΟϹΚΑΙΚ̅Υ̅Ι̅Υ̅Χ̅Υ̅
ΕΥΧΑΡΙϹΤΙΝΟΦΙΛΟΜΕΝ
ΤΩΘ̅Ω̅ΠΑΝΤΟΤΕ
ΠΕΡΙΥΜΩΝΑΔΕΛΦΟΙ
ΚΑΘΩϹΑΞΙΟΝΕϹΤΙΝ
ΟΤΙΥΠΕΡΑΥΞΑΝΕΙ
ΗΠΙϹΤΙϹΥΜΩΝ
ΚΑΙΠΛΕΟΝΑΖΕΙΗΑΓΑΠΗ
ΕΝΟϹΕΚΑϹΤΟΥ
ΠΑΝΤΩΝΥΜΩΝΕΙϹΑΛΛΗΛΟΥϹ
ΩϹΤΕΗΜΑϹΑΥΤΟΥϹ
ΕΝΥΜΙΝΚΑΥΧΑϹΘΑΙ
ΕΝΤΑΙϹΕΚΚΛΗϹΙΑΙϹΤΟΥΘ̅Υ̅
ΥΠΕΡΤΗϹΥΠΟΜΟΝΗϹΥΜΩΝ
ΚΑΙΠΙϹΤΕΩϹΕΝΠΑϹΙΝ
ΤΟΙϹΔΙΩΓΜΟΙϹΥΜΩΝ

PAVLVS ET SILBANVS ET TIMOTHEVS
ECCLESIAE TESSALONICENSIVM
IN D̅O̅ PATRE NOSTRO
ET D̅O̅M̅ X̅P̅O̅ I̅H̅V̅
GRATIA VOBIS ET PAX
A D̅O̅ PATRE ET D̅N̅O̅ I̅H̅V̅ X̅P̅O̅
GRATIAS AGERE DEBEMVS
D̅O̅ SEMPER
PRO VOBIS FRATRES
SICVT DIGNVM EST
QVONIAM SVPERCRESCET
FIDES VESTRA
ET ABVNDAT CARITAS
VNIVSCVIVSQVE
OMNIVM VESTRVM IN INVICEM
ITA VT NOS IPSI
IN VOBIS GLORIEMVR
IN ECCLESIIS D̅I̅
PRO PATIENTIAM VESTRAM
ET FIDE IN OMNIBVS
PERSECVTIONIBVS VESTRIS

ΚⲀΙΘΛΙΨЄϹΙΝⲀΙϹⲀΝЄΧЄϹΘⲀΙ	ET TRIBVLATIONIBVS QVAS SVSTINETIS
ЄΝΔΙΓΜⲀΤΗϹΔΙΚⲀΙⲀϹ	EXEMPLVM IVSTI
ΚΡΙϹЄⲰϹΤΟΥΘ̅Υ̅	IVDICII D̅I̅
ЄΙϹΤΟΚⲀΤⲀΞΙⲰΘΗΝⲀΙΥΜⲀϹ	VT DIGNI HABEAMINI
ΤΗϹΒⲀϹΙΛΙⲀϹΤΟΥΘ̅Υ̅	IN REGNO D̅I̅
ΥΠЄΡΗϹΚⲀΙΠⲀϹΧЄΤЄ	PRO QVO ETIAM ET PATIMINI
ЄΙΠЄΡΔΙΚⲀΙΟΝΠⲀΡⲀΘ̅Ⲱ̅	SI TAMEN IVSTVM EST APVT D̅M̅
ⲀΝΤⲀΠΟΔΟΥΝⲀΙ	RETRIBVERE EIS
ΤΟΙϹΘΛΙΒΟΥϹΙΝΥΜⲀϹΘΛΙΨΙΝ	QVI TRIBVLANT VOS TRIBVLATIONEM
ΚⲀΙΥΜΙΝΤΟΙϹΘΛΙΒΟΜЄΝΟΙϹ	VOBIS AVTEM QVI TRIBVLAMINI
ⲀΝЄϹΙΝΜЄΘΗΜⲰΝ	REQVEM NOBISCVM
ЄΝΤΗⲀΠΟΚⲀΛΥΨЄΙΤΟΥΚ̅Υ̅Ι̅Υ̅	IN REVELATIONEM D̅N̅I̅ I̅H̅V̅
ⲀΠΟΥΡⲀΝΟΥΜЄΤⲀΝΓЄΛⲰΝ	DE CAELO CVM ANGELIS
ΔΥΝⲀΜЄⲰϹⲀΥΤΟΥ	VIRTVTIS EIVS
ЄΝΦΛΟΓΙΠΥΡΟϹ	ET IN IGNEM FLAMMAE
ΔΙΔΟΥϹЄΚΔΙΚΗϹΙΝ	DANS VINDICTAM
ΤΟΙϹΜΗЄΙΔΟϹΙΝΘ̅Ν̅	IS QVI NON NOVERVNT D̅M̅
ΚⲀΙΤΟΙϹΜΗΥΠⲀΚΟΥΟΥϹΙΝ	ET QVI NON OBAVDIERVNT
ΤⲰЄΥⲀΓΓЄΛΙⲰΤΟΥΚ̅Υ̅ΗΜⲰΝΙ̅Υ̅	EVANGELIVM D̅N̅I̅ NOSTRI I̅H̅V̅ X̅P̅I̅
ΟΙΤΙΝЄϹΔΙΚΗΝΤΙϹΟΥϹΙΝ	QVI POENAS DABVNT
ΟΛЄΘΡΟΝⲀΙⲰΝΙΟΝ	INTERITVS AETERNAS

ΑΠΟΠΡΟϹΩΠΟΥΚ̅Υ̅	A FACIE D̅N̅I̅
ΚΑΙΑΠΟΤΗϹΔΟΞΗϹΤΗϹΙϹΧΥΟϹΑΥΤΟΥ	ET A GLORIA VIRTVTIS EIVS
ΟΤΑΝЄΛΘΗЄΝΔΟΞΑϹΘΗΝΑΙ	CVM VENERIT CLARIFICARI
ЄΝΤΟΙϹΑΓΙΟΙϹΑΥΤΟΥ	IN SANCTIS SVIS
ΚΑΙЄΝΘΑΥΜΑϹΘΗΝΑΙ	ET ADMIRABILIS ESSE
ЄΝΠΑϹΙΝΤΟΙϹΠΙϹΤЄΥϹΑϹΙΝ	IN OMNIBVS QVI CREDIDERVNT
ΟΤΙЄΠΙϹΤЄΥΘΗ	QVIA CREDITVM EST
ΤΟΜΑΡΤΥΡΙΟΝΗΜΩΝЄΦΥΜΑϹ	TESTIMONIVM NOSTRVM IN VOS
ЄΝΤΗΗΜЄΡΑЄΚЄΙΝΗ	IN DIE ILLO
ЄΙϹΟΚΑΙΠΡΟϹЄΥΧΟΜЄΘΑ	IN QVO ETIAM ORAMVS
ΠΑΝΤΟΤЄΚΑΙΠЄΡΙΥΜΩΝ	SEMPER PRO VOBIS
ΙΝΑΥΜΑϹΑΞΙΩϹΗΤΗϹΚΛΗϹЄΩϹΟΘ̅Ϲ̅	VT VOS DIGNETVR VOCATIONE D̅S̅
ΚΑΙΠΛΗΡΩϹΗ	ET IMPLEAT
ΠΑϹΑΝЄΥΔΟΚΙΑΝΑΓΑΘΟϹΥΝΗϹ	OMNEM VOLVNTATEM BONITATIS
ΚΑΙЄΡΓΟΝΠΙϹΤЄΩϹЄΝΔΥΝΑΜЄΙ	ET OPVS FIDEI IN VIRTVTE
ΟΠΩϹЄΝΔΟΞΑϹΘΗ	VT CLARIFICETVR
ΤΟΟΝΟΜΑΤΟΥΚ̅Υ̅ΗΜΩΝΙ̅Υ̅ЄΝΥΜЄΙ̅	NOMEN D̅N̅I̅ NOSTRI I̅H̅V̅ IN VOBIS
ΚΑΙΥΜЄΙϹЄΝΑΥΤΩ	ET VOS IN ILLO
ΚΑΤΑΤΗΝΧΑΡΙΝΤΟΥΘ̅Υ̅ΗΜΩΝ	SECVNDVM GRATIAM D̅I̅ NOSTRI
ΚΑΙΚ̅Υ̅Ι̅Υ̅Χ̅Υ̅	ET D̅N̅I̅ NOSTRI I̅H̅V̅ X̅P̅I̅
ЄΡΩΤΩΜЄΝΔЄΥΜΑϹΑΔЄΛΦΟΙ	ROGAMVS AVTEM VOS FRATRES

ΥΠΕΡΤΗϹΠΑΡΟΥϹΙΑϹ	PER ADVENTVM
ΤΟΥΚΥΗΜωΝΙΥΧΥ	DNI NOSTRI IHV XPI
ΚΑΙΗΜωΝΕΠΙϹΥΝΑΓωΓΗϹ	ET NOSTRAE CONGREGATIONIS
ΕΠΑΥΤΟΝ	IN IPSVM
ΕΙϹΤΟΜΗΤΑΧΕωϹϹΑΛΕΥΘΗΝΑΙΥΜΑϹ	VT NON CITO MOVEAMINI
ΑΠΟΤΟΥΝΟΟϹΥΜωΝ	A SENSV VESTRO
ΜΗΔΕΘΡΟΥΕΙϹΘΑΙ	NEQVE CONTVRBEMINI
ΜΗΤΕΔΙΑΠΝϹ	NEQVE PER SPM
ΜΗΔΕΔΙΑΛΟΓΟΥ	NEQVE PER SERMONEM
ΜΗΤΕΔΙΕΠΙϹΤΟΛΗϹωϹΔΙΗΜωΝ	NEQVE PER EPISTVLAM TANQVAM A NOBIS
ωϹΟΤΙΕΝΕϹΤΗΚΕΝΗΜΕΡΑΤΟΥΚΥ	QVASI STET DIES DNI
ΜΗΤΙϹΥΜΑϹΕΞΑΠΑΤΗϹΗ	NE QVIS VOS SEDVCAT
ΚΑΤΑΜΗΔΕΝΑΤΡΟΠΟΝ	NVLLO MODO
ΟΤΙΕΑΝΜΗΕΛΘΗ	QVIA NESI VENERIT
ΗΑΠΟϹΤΑϹΙΑΠΡωΤΟΝ	REFVGA PRIMVM
ΚΑΙΑΠΟΚΑΛΥΦΘΗΟΑΝΟϹ	ET REVELATVS FVERIT HOMO
ΤΗϹΑΜΑΡΤΙΑϹ	PECCATI
ΟΥΙΟϹΤΗϹΑΠωΛΙΑϹ	FILIVS PERDITIONIS
ΟΑΝΤΙΚΕΙΜΕΝΟϹΚΑΙΥΠΕΡΑΙΡΟΜΕΝΟϹ	QVI ADVERSATVR EXTOLLITVR
ΕΠΙΠΑΝΤΑΛΕΓΟΜΕΝΟΝΘΝ	SVPER OMNE QVI DICITVR DS
ΗϹΕΒΑϹΜΑ	AVT QVOD COLITVR

ωϹΤЄΑΥΤΟΝЄΙϹΤΟΝΝΑΟΝΤΟΥΘ̅Υ̅
ΚΑΘΙϹΑΙ
ΑΠΟΔЄΙΚΝΥΝΤΑЄΑΥΤΟΝΟΤΙЄϹΤΙΝΘ̅Ϲ̅
ΟΥΜΝΗΜΟΝЄΥЄΤЄ
ΟΤΙЄΤΙЄΜΟΥΟΝΤΟϹΠΡΟϹΥΜΑϹ
ΤΑΥΤΑЄΛЄΓΟΝΥΜΙΝ
ΚΑΙΝΥΝΤΟΚΑΤЄΧΟΝΟΙΔΑΤЄ
ЄΙϹΤΟΑΠΟΚΑΛΥΦΘΗΝΑΙΑΥΤΟΝ
ЄΝΤωЄΑΥΤΟΥΚΑΙΡω
ΤΟΓΑΡΜΥϹΤΗΡΙΟΝΗΔΗЄΝЄΡΓЄΙΤΑΙ
ΤΗϹΑΝΟΜΙΑϹ
ΜΟΝΟΝΟΚΑΤЄΧωΝΑΡΤΙ
ЄωϹЄΚΜЄϹΟΥΓЄΝΗΤЄ
ΚΑΙΤΟΤЄΑΠΟΚΑΛΥΦΘΗϹЄΤΑΙ
ΟΑΝΟΜΟϹ
ΟΝΟΚ̅Ϲ̅Ι̅Ϲ̅ΑΝЄΛЄΙΤωΠ̅Ν̅Ι̅
ΤΟΥϹΤΟΜΑΤΟϹΑΥΤΟΥ
ΚΑΙΚΑΤΑΡΓΙϹЄΙΤΗΝЄΠΙΦΑΝΙΑΝ
ΤΗϹΠΑΡΟΥϹΙΑϹΑΥΤΟΥ
ΟΥЄϹΤΙΝΗΠΑΡΟΥϹΙΑ
ΚΑΤЄΝЄΡΓΙΑΝ

ITA VT IN TEMPLO D̅I̅
SEDEAT
OSTENDENS SE QVASI SIT D̅S̅
NON RETINETIS
QVOD CVM ESSEM APVT VOS
HAEC DICEBANTVR VOBIS
ET NVNC QVOD DETENEAT SCITIS
VT REVELETVR
IN SVO TEMPORE
NAM MYSTERIVM IAM OPERATVR
INIQVITATIS
TANTVM VT QVI NVNC TENET TENEAT
DONEC DE MEDIO FIAT
ET TVNC REVELABITVR
ILLE INIQVS
QVEM D̅N̅S̅ I̅H̅S̅ INTERFICIET S̅P̅V̅
ORIS SVI
ET DESTRVET ASPECTV
ADVENTVS SVILLVM
CVIVS EST PRAESENTIA
SECVNDVM OPERATIONEM ·

ΤΟΥϹΑΤΑΝΑ	SATANAE
ΕΝΠΑϹΗΔΥΝΑΜΙΚΑΙϹΗΜΙΟΙϹ	IN OMNI VIRTVTE ET SIGNIS
ΚΑΙΤΕΡΑϹΙΝΨΕΥΔΟΥϹ	ET PRODIGIIS MENDACII
ΚΑΙΕΝΠΑϹΗΑΠΑΤΗΤΗϹΑΔΙΚΙΑϹ	ET IN OMNI SEDVCTIONE INIQVITATIS
ΤΟΙϹΑΠΟΛΛΥΜΕΝΟΙϹ	HIS QVI PEREVNT
ΑΝΘΩΝΤΗΝΑΓΑΠΗΝ	EO QVOD CARITATEM
ΤΗϹΑΛΗΘΙΑϹΧ̅Υ̅	VERITATIS X̅P̅I̅
ΟΥΚΕΔΕΞΑΝΤΟ	NON ACCEPERVNT
ΕΙϹΤΟϹΩΘΗΝΑΙΑΥΤΟΥϹ	VT SALVI FIERENT
ΔΙΑΤΟΥΤΟΠΕΝΠΕΙΑΥΤΟΙϹΟΘ̅Ϲ̅	IDEO MITTET ILLIS D̅S̅
ΕΝΕΡΓΙΑΝΠΛΑΝΗϹ	OPERATIONEM ERRORIS
ΕΙϹΤΟΠΙϹΤΕΥϹΑΙΑΥΤΟΥϹ	VT CREDANT
ΤΩΨΕΥΔΙ	MENDACIA
ΙΝΑΚΡΙΘΩϹΙΝΠΑΝΤΕϹ	VT IVDICENTVR OMNES
ΟΙΜΗΠΙϹΤΕΥϹΑΝΤΕϹΤΗΑΛΗΘΙΑ	QVI NON CREDIDERVNT VERITATI
ΑΛΛΕΥΔΟΚΗϹΑΝΤΕϹ	SED CONSENSERVNT
ΤΗΑΔΙΚΙΑ	INQVINATI
ΗΜΙϹΔΕΟΦΙΛΟΜΕΝ	NOS AVTEM DEBEMVS
ΕΥΧΑΡΙϹΤΙΝΤΩΘ̅Ω̅	GRATIAS AGERE D̅O̅
ΠΑΝΤΟΤΕΠΕΡΙΥΜΩΝ	SEMPER PRO VOBIS
ΑΔΕΛΦΟΙΗΓΑΠΗΜΕΝΟΙΥΠΟΘ̅Υ̅	FRATRES DILECTI A D̅O̅

ΟΤΙΕΙΛΑΤΟΗΜΑϹΟΘ̅Ϲ̅	QVOD ELEGERIT NOS D̅S̅
ΑΠΑΡΧΗϹΕΙϹϹΩΤΗΡΙΑΝ	AB INITIO AD SALVTEM
ΕΝΑΓΙΑϹΜΩΠ̅Ν̅Ϲ̅	IN SANCTIFICATIONE S̅P̅S̅
ΚΑΙΠΙϹΤΙΑΛΗΘΙΑϹ	ET FIDE VERITATIS
ΕΙϹΟΕΚΑΛΕϹΕΝΗΜΑϹ	IN QVOD VOCAVIT NOS
ΔΙΑΤΟΥΕΥΑΓΓΕΛΙΟΥΗΜΩΝ	PER EVANGELIVM NOSTRVM
ΕΙϹΠΕΡΙΠΟΙΗϹΙΝΔΟΞΗϹ	IN OPTIONEM GLORIAE
ΤΟΥΚ̅Υ̅ΗΜΩΝΙ̅Υ̅Χ̅Υ̅	D̅N̅I̅ NOSTRI I̅H̅V̅ X̅P̅I̅
ΑΡΑΟΥΝΑΔΕΛΦΟΙϹΤΗΚΕΤΕ	ITAQVE FRATRES STATE
ΚΑΙΚΡΑΤΕΙΤΕΤΑϹΠΑΡΑΔΟϹΙϹΗΜΩ̅	ET TENETE TRADITIONES NOSTRAS
ΑϹΕΔΕΙΔΑΧΘΗΤΕ	QVAS DIDICISTIS
ΕΙΤΕΔΙΑΛΟΓΟΥ	SIVE PER SERMONEM
ΕΙΤΕΔΙΕΠΙϹΤΟΛΗϹΗΜΩΝ	SIVE PER EPISTVLAM NOSTRAM
ΑΥΤΟϹΔΕΟΚ̅Ϲ̅ΗΜΩΝΙ̅Ϲ̅Χ̅Ϲ̅	IPSE AVTEM D̅N̅S̅ NOSTER I̅H̅S̅ X̅P̅S̅
ΚΑΙΘ̅Ϲ̅ΟΠΑΤΗΡΗΜΩΝ	ET D̅S̅ ET PATER NOSTER
ΟΑΓΑΠΗϹΑϹΗΜΑϹ	QVI DILEXIT NOS
ΚΑΙΔΟΥϹΠΑΡΑΚΛΗϹΙΝΑΙΩΝΙΑΝ	ET DEDIT EXHORTATIONEM AETERNA̅
ΚΑΙΕΛΠΙΔΑΑΓΑΘΗΝΕΝΧΑΡΙΤΙ	ET SPEM BONAM IN GRATIA
ΠΑΡΑΚΑΛΕΙϹΘΑΙΥΜΩΝΤΑϹΚΑΡΔΙΑϹ	EXHORTETVR VESTRA CORDA
ΚΑΙϹΤΗΡΙΞΑΙΕΝΠΑΝΤΙΕΡΓΩ	ET CONFIRMET IN OMNI OPERE
ΚΑΙΛΟΓΩΑΓΑΘΩ	ET SERMONE BONO

II. AD THESSALONICENSES II, 13—17.

ΤΟΛΟΙΠΟΝΠΡΟϹΕΥΧΕϹΘΑΙ
ΠΕΡΙΗΜΩΝΑΔΕΛΦΟΙ
ΙΝΑΟΛΟΓΟϹΤΟΥΚ̅Υ̅
ΤΡΕΧΗΚΑΙΔΟΞΑΖΗΤΕ
ΚΑΘΩϹΚΑΙΠΡΟϹΥΜΑϹ
ΚΑΙΙΝΑΡΥϹΘΩΜΕΝ
ΑΠΟΤΩΝΑΤΟΠΩΝ
ΚΑΙΠΟΝΗΡΩΝΑΝΘΡΩΠΩΝ
ΟΥΓΑΡΠΑΝΤΩΝΗΠΙϹΤΙϹ
ΠΙϹΤΟϹΔΕΕϹΤΙΝΟΘ̅Ϲ̅
ΟϹϹΤΗΡΙΞΕΙΥΜΑϹ
ΚΑΙΦΥΛΑΞΕΙΑΠΟΤΟΥΠΟΝΗΡΟΥ
ΠΕΠΟΙΘΑΜΕΝΔΕΕΝΚ̅Ω̅ΕΦΥΜΑϹ
ΟΤΙΑΠΑΡΑΓΓΕΛΛΟΜΕΝΠΟΙΕΙΤΕ
ΚΑΙΠΟΙΗϹΑΤΕ
ΟΔΕΚ̅Ϲ̅ΚΑΤΕΥΘΥΝΑΙ
ΤΑϹΚΑΡΔΙΑϹΥΜΩΝ
ΕΙϹΤΗΝΑΓΑΠΗΝΤΟΥΘ̅Υ̅
ΚΑΙΕΙϹΤΗΝΥΠΟΜΟΝΗΝΤΟΥΧ̅Υ̅
ΠΑΡΑΓΓΕΛΛΟΜΕΝΔΕΥΜΙΝ
ΑΔΕΛΦΟΙ

DE CETERO ORATE
PRO NOBIS FRATRES
VT SERMO D̅N̅I̅
CVRRAT ET MAGNIFICETVR
SICVT ETIAM APVT VOS
ET VT LIBEREMVR
AB INIQVIS
ET MALIS HOMINIBVS
NON ENIM OMNIVM EST FIDES
FIDELIS AVTEM EST D̅S̅
QVI CONFIRMAVIT VOS
ET CVSTODIET A MALO
CONFIDIMVS AVTEM IN D̅N̅O̅ DE VOBIS
QVONIAM QVAE PRAECIPIMVS FACITIS
ET FACIETIS
D̅N̅S̅ AVTEM DIRIGAT
CORDA VESTRA
IN CARITATE D̅I̅
ET IN PATIENTIA X̅P̅I̅
PRAECIPIMVS AVTEM VOBIS
FRATRES

ΕΝΟΝΟΜΑΤΙΤΟΥΚ̄ῩĪ̄ῩΧ̄Ῡ	IN NOMINE D̄N̄Ī ĪH̄V̄ X̄P̄Ī
ϹΤΕΛΛΕϹΘΑΙΥΜΑϹ	VT SVBTRAHATIS VOS
ΑΠΟΠΑΝΤΟϹΑΔΕΛΦΟΥ	AB OMNI FRATRE
ΠΕΡΙΠΑΤΟΥΝΤΟϹΑΤΑΚΤΩϹ	INQVIETE AMBVLANTE
ΚΑΙΜΗΚΑΤΑΤΗΝΠΑΡΑΔΟϹΙΝ	ET NON SECVNDVM RATIONEM
ΗΝΕΛΑΒΟϹΑΝΠΑΡΗΜΩΝ	QVAM ACCEPERVNT A NOBIS
ΑΥΤΟΙΓΑΡΟΙΔΑΤΕ	IPSI ENIM SCITIS
ΠΩϹΔΕΙΜΙΜΕΙϹΘΑΙΗΜΑϹ	QVEMADMODVM OPORTEAT IMITARI NOS
ΟΤΙΟΥΚΗΤΑΚΤΗϹΑΜΕΝ	QVONIAM NON INQVIETI FVIMVS
ΕΝΥΜΕΙΝ	INTER VOS
ΟΥΔΕΔΩΡΕΑΝΑΡΤΟΝΕΦΑΓΟΜΕ̄	NEC GRATIS PANEM MANDVCAVIMVS
ΠΑΡΑΤΙΝΟϹ	ALIOQVO
ΑΛΛΕΝΚΟΠΩ	SED IN LABORE
ΚΑΙΜΟΧΘΩΝΥΚΤΑ	ET FATIGATIONE NOCTE
ΚΑΙΗΜΕΡΑΝΕΡΓΑΖΟΜΕΝΟΙ	ET DIE OPERANTES
ΠΡΟϹΤΟΜΗΕΠΙΒΑΡΗϹΑΙΤΙΝΑΥΜΩ	NE QVEM VESTRVM GRAVAREMVS
ΟΥΧΟΤΙΟΥΚΕΧΟΜΕΝ	NON QVASI NON HABEREMVS
ΕΞΟΥϹΙΑΝ	POTESTATEM
ΑΛΛΙΝΑΕΑΥΤΟΥϹΤΥΠΟΝ	SED VT NOSMETIPSOS FORMAM
ΔΩΜΕΝΥΜΙΝ	DEMVS VOBIS
ΕΙϹΤΟΜΙΜΙϹΘΑΙΗΜΑϹ	AD EMITANDOS NOS

ΚΑΙΓΑΡΟΤΕΗΜΕΝΠΡΟϹΥΜΑϹ	NAM CVM ESSEMVS APVT VOS
ΤΟΥΤΟΠΑΡΑΝΓΕΛΛΟΜΕΝΥΜΙΝ	HOC PRAECIPIEBAMVS VOBIS
ΟΤΙΕΙΤΙϹΜΗΘΕΛΕΙΕΡΓΑΖΕϹΘΑΙ	QVIA SI QVIS NON VVL OPERARI
ΜΗΔΕΕϹΘΙΕΤω	NEC MANDVCEM
ΑΚΟΥΟΜΕΝΓΑΡΤΙΝΑϹΕΝΥΜΙΝ	AVDIVIMVS ENIM QVOSDAM INTER VOBIS
ΠΕΡΙΠΑΤΟΥΝΤΑϹΑΤΑΚΤωϹ	AMBVLARE INQVIETE
ΜΗΔΕΝΕΡΓΑΖΟΜΕΝΟΥϹ	NIHIL OPERANTES
ΑΛΛΑΠΕΡΙΕΡΓΑΖΟΜΕΝΟΥϹ	SED CVRIOSE AGENTES
ΤΟΥϹΔΕΤΟΙΟΥΤΟΥϹ	HIS AVTEM QVI EIVSMODI SVNT
ΠΑΡΑΝΓΕΛΛΟΜΕΝ	PRAECIPIMVS
ΚΑΙΠΑΡΑΚΑΛΟΥΜΕΝΕΝΚ̅ω̅Ι̅Υ̅Χ̅Υ̅	ET ROGAMVS IN D̅N̅O̅ I̅H̅V̅ X̅P̅O̅
ΙΝΑΜΕΤΑΗϹΥΧΙΑϹΕΡΓΑΖΟΜΕΝΟΙ	VT CVM SILENTIO OPERANTES
ΤΟΝΕΑΥΤωΝΑΡΤΟΝΕϹΘΙωϹΙΝ	SVVM PANEM MANDVCENT
ΥΜΙϹΔΕΑΔΕΛΦΟΙ	VOS AVTEM FRATRES
ΜΗΕΝΚΑΚΕΙΤΕΚΑΛΟΠΟΙΟΥΝΤΕϹ	NOLITE DEFICERE BENE FACIENTES
ΕΙΔΕΤΙϹΟΥΧΥΠΑΚΟΥΕΙ	SI QVIS AVTEM NON OBAVDIT
ΤωΛΟΓωΗΜωΝ	VERBO NOSTRO
ΔΙΑΤΗϹΕΠΙϹΤΟΛΗϹ	PER EPISTVLAM
ΤΟΥΤΟΝϹΗΜΙΟΥϹΘΑΙ	NVNC NOTATE
ΚΑΙΜΗϹΥΝΑΝΑΜΙϹΓΕϹΘΑΙΑΥΤω	VT NON CONMISCEAMINI CVM ILLO
ΙΝΑΕΝΤΡΑΠΗ	VT CONFVNDATVR

ΜΗΩϹЄΧΘΡΟΝΗΓΙϹΘΑΙ	NON VT INIMICVM EXTIMETIS
ΑΛΛΑΝΟΥΘЄΤЄΙΤЄΩϹΑΔЄΛΦΟΝ	SED CORRIPITE VT FRATREM
ΑΥΤΟϹΔЄΟΚ̅Ϲ̅ΤΗϹЄΙΡΗΝΗϹ	IPSE AVTEM D̅N̅S̅ PACIS
ΔΩΗΥΜΙΝΤΗΝЄΙΡΗΝΗΝ	DET VOBIS PACEM
ΔΙΑΠΑΝΤΟϹЄΝΠΑΝΤΙΤΟΠΩ	SEMPER IN OMNI LOCO
ΟΚ̅Ϲ̅ΜЄΤΑΠΑΝΤΩΝΥΜΩΝ	D̅N̅S̅ CVM OMNIBVS VOBIS
ΟΑϹΠΑϹΜΟϹ	SALVTATIO
ΤΗЄΜΗΧЄΙΡΙΠΑΥΛΟΥ	MEA MANV PAVLI
ΟЄϹΤΙΝϹΗΜΙΟΝ	QVOD EST SIGNVM
ЄΝΠΑϹΗЄΠΙϹΤΟΛΗ	IN OMNI EPISTVLA
ΟΥΤΩϹΓΡΑΦΩ	ITA SCRIBO
ΗΧΑΡΙϹΤΟΥΚ̅Υ̅ΗΜΩΝΙ̅Υ̅Χ̅Υ̅	GRATIA D̅N̅I̅ NOSTRI I̅H̅V̅ X̅P̅I̅
ΜЄΤΑΠΑΝΤΩΝΥΜΩΝΑΜΗΝ	CVM OMNIBVS VOBIS AMEN
ΠΡΟϹ ΘЄϹϹΑΛΟΝΙΚЄΙϹ Β̅	AD TESSALONICENSES I̅I̅
ЄΠΛΗΡΩΘΗ ΑΡΧЄΤΑΙ	EXPLICIT INCIPIT
ΠΡΟϹ ΤЄΙΜΟΘЄΟΝ Α̅	AD TIMOTHEVM ·I·

ΠΑΥΛΟCΑΠΟCΤΟΛΟCΧΥΙΥ	PAVLVS APOSTOLVS XPI IHV
ΚΑΤЄΠΙΤΑΓΗΝΘΥ	SECVNDVM IMPERIVM DI
ΤΟΥCωΤΗΡΟCΗΜωΝ	SALVTARIS NOSTRI
ΚΑΙΧΥΙΥ	ET XPI IHV
ΤΗCЄΛΠΙΔΟCΗΜωΝ	SPEI NOSTRAE
ΤЄΙΜΟΘЄωΓΝΗCΙωΤЄΚΝω	TIMOTHEO CARISSIMO FILIO
ЄΝΠΙCΤΙ	IN FIDE
ΧΑΡΙCЄΛЄΟCЄΙΡΗΝΗ	GRATIA MISERICORDIA PAX
ΑΠΟΘΥΠΑΤΡΟC	A DO PATRE
ΚΑΙΧΡΥΙΥΤΟΥΚΥΗΜωΝ	ET XPO IHV DMO NOSTRO
ΚΑΘωCΠΑΡЄΚΑΛЄCΑCΑΙΠЄΡΙΜΙΝΑΙ	SICVT ROGAVI TE REMANERE
ЄΝЄΦΑΙCωΠΟΡЄΥΟΜЄΝΟC	EPHESI CVM IREM
ЄΙCΜΑΚЄΔΟΝΙΑΝ	IN MACEDONIAM
ΙΝΑΠΑΡΑΓΓΙΛΗCΤΙCΙΝ	VT DENVNTIARES QVIBVSDAM
ΜΗЄΤЄΡΟΔΙΔΑCΚΑΛΙΝ	NE ALITER DOCEANT
ΜΗΔЄΠΡΟCЄΧΙΝΜΥΘΟΙC	NEQVI INTENDAN FABVLIS
ΚΑΙΓЄΝЄΑΛΟΓΙΑΙC	ET GENEALOGIIS
ΑΠЄΡΑΝΤΟΙC	INFINITIS
ΑΙΤΙΝЄCΖΗΤΗCΙC	QVAE QVAESTIONEM
ΠΑΡЄΧΟΥCΙΝΜΑΛΛΟΝ	PRAESTANT MAGIS
ΗΟΙΚΟΔΟΜΗΝΘΥ	QVAM AEDIFICATIONEM DI

ΤΗΝΕΝΠΙϹΤΙ	QVAE IN FIDE EST
ΤΟΔΕΤΕΛΟϹΤΗϹΠΑΡΑΓΓΕΛΙΑϹΕϹΤΙ̅	FINIS AVTEM PRAECEPTI EST
ΑΓΑΠΗ	CARITAS
ΕΚΚΑΘΑΡΑϹΚΑΡΔΙΑϹ	DE PVRO CORDE
ΚΑΙϹΥΝΙΔΗϹΕΩϹΑΓΑΘΗϹ	ET CONSCIENTIA BONA
ΚΑΙΠΙϹΤΕΩϹΑΝΥΠΟΚΡΙΤΟΥ	ET FIDE NON FICTA
ΩΝΤΙΝΕϹΑϹΤΟΧΗϹΑΝΤΕϹ	A QVIBVS QVIDAM EXCIDENTES
ΕΞΕΤΡΑΠΗϹΑΝ	CONVERSI SVNT
ΕΙϹΜΑΤΕΟΛΟΓΙΑΝ	IN VANILOQVIVM
ΘΕΛΟΝΤΕϹΕΙΝΑΙΝΟΜΟΔΙΔΑϹΚΑΛΟΙ	VOLENTES ESSE LEGIS DOCTORES
ΜΗΝΟΟΥΝΤΕϹ	NON INTELLEGENTES
ΜΗΤΕΑΛΕΓΟΥϹΙΝ	NEQVA QVAE DICVNT
ΜΗΤΕΠΕΡΙΤΙΝΩΝ	NEQVA DE QVIBVS
ΔΙΑΒΕΒΑΙΟΥΝΤΕ	ADFIRMANT
ΟΙΔΑΜΕΝΔΕΟΤΙΚΑΛΟϹΟΝΟΜΟϹ	SCIMVS AVTEM QVONIAM BONA EST LEX
ΕΑΝΤΙϹΑΥΤΩΝΟΜΙΜΩϹΧΡΗΤΑΙ	SI QVIS EAM LEGITIME VTATVR
ΙΔΩϹΤΟΥΤΟ	SCIENTES HOC
ΟΤΙΔΙΚΑΙΩΝΟΜΟϹΟΥΚΕΙΤΑΙ	QVIA IVSTO LEX NON EST POSITA
ΑΝΟΜΟΙϹΔΕΚΑΙΑΝΥΠΟΤΑΚΤΟΙϹ	INIVSTIS AVTEM ET NON OBAVDIENTIBVS
ΚΑΙΑϹΕΒΕϹΙΝ	ET INPIIS
ΚΑΙΑΜΑΡΤΩΛΟΙϹΑΝΟϹΙΟΙϹ	ET PECCATORIBVS EST CAELESTIS

ΚΑΙΒΕΒΗΛΟΙϹΠΑΤΡΟΛΩΕϹ	ET PROFANIS PATRICIDIIS
ΚΑΙΜΗΤΡΟΛΩΕϹ	ET MATRICIDIIS
ΑΝΔΡΟΦΟΝΟΙϹΠΟΡΝΟΙϹ	MASCVLORVM CONCVBITORES
ΑΡϹΕΝΟΚΟΙΤΑΙϹ	HOMICIDIIS INPVDICIS
ΑΝΔΡΑΠΟΔΙϹΤΑΙϹΨΕΥϹΤΑΙϹ	PLAGIARIIS MENDACIBVS
ΕΦΙΟΡΚΟΙϹ	PERIVRIS
ΚΑΙΕΙΤΙΕΤΕΡΟΝΤΗΥΓΙΑΙΝΟΥϹΗ	ET SI QVID ALIVD SANE
ΔΙΔΑϹΚΑΛΙΑΑΝΤΙΚΕΙΤΑΙ	DOCTRINAE ADVERSATVR
ΤΗΚΑΤΑΤΟΕΥΑΝΓΕΛΙΟΝ	QVAE SECVNDVM EVANGELIVM EST
ΤΗϹΔΟΞΗϹΤΟΥΜΑΚΑΡΙΟΥΘ̅Υ̅	GLORIAE BEATI D̅I̅
ΟΕΠΙϹΤΕΥΘΗΝΕΓΩ	QVOD CREDITVM EST MIHI
ΚΑΙΧΑΡΙΝΕΧΩ	ET GRATIAS AGO
ΤΩΕΝΔΥΝΑΜΩϹΑΝΤΙΜΕ	EI QVI CONFIRMAVIT ME
ΕΝΧ̅Ω̅Ι̅Υ̅ΤΩΚ̅Ω̅ΗΜΩΝ	IN X̅P̅O̅ I̅H̅V̅ D̅N̅O̅ NOSTRO
ΟΤΙΠΙϹΤΟΝΜΕΗΓΗϹΑΤΟ	QVOD FIDELEM ME AESTIMAVIT
ΘΕΜΕΝΟϹΕΙϹΔΙΑΚΟΝΙΑΝ	PONENS IN MINISTERIVM
ΤΟΠΡΟΤΕΡΟΝΟΝΤΑΒΛΑϹΦΗΜΟΝ	QVI PRIVS FVERAM BLASPHEMVS
ΚΑΙΔΙΩΚΤΗΝΚΑΙΥΒΡΙϹΤΗΝ	ET PERSECVTOR ET INIVRIOSVS
ΑΛΛΑΔΙΑΤΟΥΤΟΗΛΕΗΘΗΝ	ED MISERICORDIAM CONSECVTVS SV̅
ΟΤΙΑΓΝΟΩΝ	QVOD IGNORANS
ΕΠΟΙΗϹΑΤΗΑΠΙϹΤΙΑ	FECI IN INCREDVLITATEM

ΥΠЄΡЄΠΛЄΟΝΑϹЄΝΔЄ	SVPERABVNDAVIT AVTEM
ΗΧΑΡΙϹΤΟΥΚ̅Υ̅ΗΜωΝ	GRATIA D̅N̅I̅ NOSTRI
ΜЄΤΑΠΙϹΤЄωϹΚΑΙΑΓΑΠΗϹ	CVM FIDE ET DILECTIONE
ΤΗϹЄΝΧ̅ω̅Ι̅Υ̅	QVAE EST IN X̅P̅O̅ I̅H̅V̅
ΠΙϹΤΟϹΟΛΟΓΟϹ	FIDELIS SERMO
ΚΑΙΠΑϹΗϹΑΠΟΔΟΧΗϹΑΞΙΟϹ	ET OMNI ACCEPTIONE DIGNVS
ΟΤΙΧ̅Ϲ̅Ι̅Ϲ̅ΗΛΘЄΝ	QVONIAM X̅P̅S̅ I̅H̅S̅ VENIT
ЄΙϹΤΟΝΚΟϹΜΟΝ	IN HVNC MVNDVM
ΑΜΑΡΤωΛΟΥϹϹωϹΑΙ	PECCATORES SALVOS FACERE
ωΝΠΡωΤΟϹЄΙΜΙЄΓω	QVORVM PRIMVS SVM EGO
ΑΛΛΑΔΙΑΤΟΥΤΟΗΛЄΗΘΗΝ	SED IDEO MISERICORDIAM CONSECVTVS SV̅
ΙΝΑЄΝЄΜΟΙЄΝΔЄΙΞΗΤΑΙΧ̅Ϲ̅Ι̅Ϲ̅	VT IN ME OSTENDERET X̅P̅S̅ I̅H̅S̅
ΤΗΝΠΑϹΑΝΜΑΚΡΟΘΥΜΙΑΝΑΥΤΟΥ	OMNEM PATIENTIAM SVAM
ΠΡΟϹΥΠΟΤΥΠωϹΙΝΤωΝΜЄΛΛΟΝΤω̅	AD EXEMPLVM EORVM
ΠΙϹΤЄΥЄΙΝЄΠΑΥΤω	QVI CREDITVRI SVNT ILLI
ЄΙϹΖωΗΝΑΙωΝΙΟΝ	IN VITAM AETERNAM
ΤωΔЄΒΑϹΙΛЄΙΤωΝΑΙωΝωΝ	REGI AVTEM SAECVLORVM
ΑΘΑΝΑΤωΑΟΡΑΤωΜΟΝωΘ̅ω̅	INMORTALI INVISIBILI SOLO D̅O̅
ΤЄΙΜΗΚΑΙΔΟΞΑЄΙϹΤΟΥϹΑΙωΝΑϹ	HONOR ET GLORIA IN SAECVLA
ΤωΝΑΙωΝωΝΑΜΗΝ	SAECVLORVM AMEN
ΤΑΥΤΗΝΤΗΝΠΑΡΑΝΓЄΛΙΑΝ	HOC PRAECEPTVM

ΠΑΡΑΤΙΘЄΜЄCΟΙ	COMMENDO TIBI
ΤЄΚΝΟΝΤΙΜΟΘЄЄ	FILI THIMOTHEE
ΚΑΤΑΤΑCΠΡΟΑΓΟΥCΑC	SECVNDVM PRAECEDENTES
ЄΠΙCЄΠΡΟΦΗΤΙΑC	IN TER PROPHETIAS
ΙΝΑCΤΡΑΤЄΥCΗЄΝΑΥΤΑΙC	VT MILITES IN EIS
ΤΗΝΚΑΛΗΝCΤΡΑΤΙΑΝ	BONAM MILITIAM
ЄΧωΝΠΙCΤΙΝΚΑΙΑΓΑΘΗΝ	HABES FIDEM ET BONAM
CΥΝΙΔΗCΙΝ	CONSCIENTIAM
ΗΝΤΙΝЄCΑΠωCΑΜЄΝΟΙ	QVAM QVIDAM REPELLENTES
ΠЄΡΙΤΗΝΠΙCΤΙΝЄΝΑΥΑΓΗCΑΝ	CIRCA FIDEM NAVFRAGAVERVNT
ωΝЄCΤΙΝΥΜΑΙΝЄΟC	EX QVIBVS EST HYMENAEVS
ΚΑΙΑΛЄΞΑΝΔΡΟC	ET ALEXANDER
ΟΥCΠΑΡЄΔωΚΑΤωCΑΤΑΝΑ	QVOS TRADIDI SATANAE
ΙΝΑΠΑΙΔЄΥΘωCΙΝ	VT DISCIPLINAM ACCIPIANT
ΜΗΒΛΑCΦΗΜЄΙΝ	NON BLASPHEMARE
ΠΑΡΑΚΑΛЄΙΟΥΝΠΡωΤΟΝ	OBSECRA IGITVR PRIMVM
ΠΑΝΤωΝΠΟΙЄΙCΘΑΙ	OMNIVM FIERI
ΔЄΗCЄΙCΠΡΟCЄΥΧΑC	OBSECRATIONES ORATIONES
ЄΝΤЄΥΞЄΙC	POSTVLATIONES
ЄΥΧΑΡΙCΤΙΑC	GRATIARVM ACTIONES
ΥΠЄΡΠΑΝΤωΝΑΝΘΡωΠωΝ	PRO OMNIBVS HOMINIBVS

ΥΠЄΡΒΑCΙΛЄΩΝ	PRO REGIBVS
ΚΑΙΠΑΝΤΩΝΤΩΝЄΝΥΠЄΡΟΧΗΟΝΤΩ̄	ET OMNIBVS QVI IN SVBLIMITATE SVNT
ΙΝΑΗΡЄΜΟΝΚΑΙΗCΥΧΙΟΝΒΙΟΝ	VT CON SECVRITATEM ET GRAVITATEM VITAM
ΔΙΑΓΩΜЄΝЄΝЄΥCЄΒΙΑ	TRANSAGAMVS CVM PIETATEM
ΚΑΙCЄΜΝΟΤΗΤΙ	ET CASTITATEM
ΤΟΥΤΟΓΑΡΚΑΛΟΝ	HOC ENIM BONVM
ΚΑΙΑΠΟΔЄΚΤΟΝ	ET ACCEPTVM
ЄΝΩΠΙΟΝΤΟΥCΩΤΗΡΟCΗΜΩΝΘ̅Υ̅	CORAM SALVTARI NOSTRO D̅I̅
ΟCΠΑΝΤΑCΑΝΘΡΩΠΟΥC	QVI OMNES HOMINES
ΘЄΛЄΙCΩΘΗΝΑΙ	VVL SALVOS FIERI
ΚΑΙЄΙCЄΠΙΓΝΩCΙΝ	ET IN AGNITIONEM
ΑΛΗΘΙΑCЄΛΘЄΙΝ	VERITATIS VENIRE
ЄΙCΓΑΡΘ̅C̅ЄΙCΚΑΙΜЄCЄΙΤΗCΘ̅Υ̅	VNVS ENIM D̅S̅ VNVS ET MEDIATOR D̅I̅
ΚΑΙΑΝΘΡΩΠΩΝ	ET HOMINVM
ΑΝΘΡΩΠΟCΧ̅C̅Ι̅C̅	HOMO X̅P̅S̅ I̅H̅S̅
ΟΔΟΥCЄΑΥΤΟΝΑΝΤΙΛΥΤΡΟΝ	QVI DEDIT SE IPSVM REDEMPTIONEM
ΥΠЄΡΠΑΝΤΩΝ	PRO OMNIBVS
ΟΥΤΟΜΑΡΤΥΡΙΟΝ	CVIVS TESTIMONIVM
ΚΑΙΡΟΙCΙΔΙΟΙCЄΔΟΘΗ	TEMPORIBVS SVIS DATVM EST
ЄΙCΟЄΤЄΘΗΝЄΓΩΚΗΡΥΞ	IN QVO POSITVS SVM EGO PRAEDICATOR
ΚΑΙΑΠΟCΤΟΛΟC	ET APOSTOLVS

ΑΛΗΘΙΑΝΛΕΓΩΟΥΨΕΥΔΟΜΑΙ
ΔΙΔΑϹΚΑΛΟϹΕΘΝΩΝ
ΕΝΠΙϹΤΕΙΚΑΙΑΛΗΘΕΙΑ
ΒΟΥΛΟΜΑΙΟΥΝΤΟΥϹΑΝΔΡΑϹ
ΠΡΟϹΕΥΧΕϹΘΑΙΕΝΠΑΝΤΙΤΟΠΩ
ΕΠΑΙΡΟΝΤΑϹΟϹΙΟΥϹΧΕΙΡΑϹ
ΧΩΡΙϹΟΡΓΗϹ
ΚΑΙΔΙΑΛΟΓΙϹΜΟΥ
ΩϹΑΥΤΩϹΚΑΙΓΥΝΑΙΚΑϹ
ΕΝΚΑΤΑϹΤΟΛΗΚΟϹΜΙΩϹ
ΜΕΤΑϹΩΦΡΟϹΥΝΗϹΚΑΙΑΙΔΟΥϹ
ΚΟϹΜΙΝΕΑΥΤΑϹ
ΜΗΕΝΠΛΕΓΜΑϹΙΝ
ΚΑΙΧΡΥϹΩΗΜΑΡΓΑΡΙΤΑΙϹ
ΗΕΙΜΑΤΙϹΜΩΠΟΛΥΤΕΛΕΙ
ΑΛΛΟΠΡΕΠΙΓΥΝΑΙΞΙΝ
ΕΠΑΓΓΕΛΛΟΜΕΝΑΙϹΘΕΟϹΕΒΙΑΝ
ΔΙΕΡΓΩΝΑΓΑΘΩΝ
ΓΥΝΗΕΝΗϹΥΧΙΑΜΑΝΘΑΝΕΤΩ
ΕΝΠΑϹΗΥΠΟΤΑΓΗ
ΔΙΔΑϹΚΙΝΔΕΓΥΝΑΙΚΙ

VERITATEM DICO NON MENTIOR
MAGISTER GENTIVM
IN FIDE ET VERITATE
VOLO ITAQVE VIROS
ORARE IN OMNI LOCO
LEVANTES SANCTAS MANOS
SINE IRA
ET DISCEPTATIONE
SIMILITER ET MVLIERES
IN HABITV ORNATV
CVM PVDORE ET SOBRIETATE
ORNANTES SE
NON ORNATVRIS CAPILLORVM
ET AVRO AVT MARGARITAS
AVT VESTITV PRAETIOSO
SED QVOD DECET MVLIERES
PROMITTENTES PIETATEM
PER OPERA BONA
MVLIER IN SILENTIO DISCAT
CVM OMNI OBSEQVIO
DOCERE AVTEM MVLIERE̅

ΟΥΚΕΠΙΤΡΕΠΩ
ΟΥΔΕΑΥΘΕΝΤΕΙΝΑΝΔΡΟϹ
ΑΛΛΕΙΝΑΙΕΝΗϹΥΧΙΑ
ΑΔΑΜΓΑΡΠΡΩΤΟϹΕΠΛΑϹΘΗ
ΕΙΤΑΕΥΑ
ΚΑΙΑΔΑΜΟΥΚΗΠΑΤΗΘΗ
ΗΔΕΓΥΝΗΕΞΑΠΑΤΗΘΕΙϹΑ
ΕΝΠΑΡΑΒΑϹΕΙΓΕΓΟΝΕΝ
ϹΩΘΗϹΕΤΑΙΓΑΡΔΙΑΤΗϹΤΕΚΝΟΓΟΝΙΑϹ
ΕΑΝΜΙΝΩϹΙΝΕΝΠΙϹΤΙΚΑΙ
ΚΑΙΑΓΑΠΗ
ΚΑΙΑΓΙΑϹΜΩ
ΜΕΤΑϹΩΦΡΟϹΥΝΗϹ
ΑΝΘΡΩΠΙΝΟϹΟΛΟΓΟϹ
ΕΙΤΙϹΕΠΙϹΚΟΠΗϹΟΡΕΓΕΤΕ
ΚΑΛΟΥΕΡΓΟΥΕΠΙΘΥΜΙ
ΔΕΙΟΥΝΤΟΝΕΠΙϹΚΟΠΟΝ
ΑΝΕΠΙΛΗΜΠΤΟΝΕΙΝΑΙ
ΜΙΑϹΓΥΝΑΙΚΟϹΑΝΔΡΑ
ΝΗΦΑΛΙΟΝϹΩΦΡΟΝΑ
ΚΟϹΜΙΟΝΦΙΛΟΞΕΝΟΝ

NON PERMITTO
NEQVE DOMINARI SVPRA VIRVM
SED ESSE IN SILENTIO
ADAM ENIM PRIMVS FORMATVS EST
DEINDE EVA
ET ADAM NON EST SEDVCTVS
SED MVLIER SEDVCTA
IN PRAEVARICATIONE FVIT
SALVA AVTEM FIET PER FILIORVM CREATIONE
SI PERSEVERAVERINT IN FIDE
ET CARITATE
ET SANCTIFICATIONE
CVM SOBRIETATE
HVMANVS SERMO
SI QVIS EPISCOPATVM CVPIT
BONVM OPVS DESIDERAT
OPORTET EGO EPISCOPVM
INREPREHENSIBILE ESSE
VNIVS VXORIS VIRVM
SOBRIVM PRVDENTEM
ORNATVM HOSPITALEM

ΔΙΔΑΚΤΙΚΟΝ
ΜΗΠΑΡΟΙΝΟΝΜΗΠΛΗΚΤΗΝ
ΑΛΛЄΠΙЄΙΚΗΑΜΑΧΟΝ
ΑΦΙΛΑΡΓΥΡΟΝ
ΤΟΥΙΔΙΟΥΟΙΚΟΥ
ΚΑΛωCΠΡΟΙCΤΑΜЄΝΟΝ
ΤЄΚΝΑЄΧΟΝΤΑЄΝΥΠΟΤΑΓΗ
ΜЄΤΑΠΑCΗCCЄΜΝΟΤΗΤΟC
ЄΙΔЄΤΙCΤΟΥΙΔΙΟΥΟΙΚΟΥ
ΠΡΟCΤΗΝΑΙΟΥΚΟΙΔЄΝ
ΠωCЄΚΚΛΗCΙΑCΘΥ̅
ЄΠΙΜЄΛΗCЄΤΑΙ
ΜΗΝΑΙΟΦΥΤΟΝ
ΙΝΑΜΗΤΥΦωΘΙC
ЄΙCΚΡΙΜΑЄΝΠЄCΗΤΟΥΔΙΑΒΟΛΟΥ
ΔЄΙΔЄΑΥΤΟΝΚΑΙΜΑΡΤΥΡΙΑΝ
ЄΧЄΙΝΚΑΛΗΝ
ΑΠΟΤωΝЄΞωΘЄΝ
ΙΝΑΜΗЄΙCΟΝΙΔΙCΜΟΝЄΝΠЄCΗ
ΚΑΙЄΙCΠΑΓΙΔΑΤΟΥΔΙΑΒΟΛΟΥ
ΔΙΑΚΟΝΟΥCωCΑΥΤωCCЄΜΝΟΥC

DOCIBILEM
NON VINOLENTVM NON PERCVSSORE̅
SED MOLESTVM NON LITIGIOSVM
NON CVPIDVM
SVAM DOMVM
BENE REGENTEM
FILIOS HABENTEM IN OBSEQVIO
CVM OMNI GRAVITATE
SI QVIS AVTEM SVAE DOMVI
PRAEESSE NESCIT
QVOMODO ECCLESIAE D̅I̅
DILIGENTIA HABEBIT
NON NEOPHYTVM
NE IN SVPERVIA ELATVS
IN IVDICIVM INCIDAT DIABOLI
OPORTET AVTEM ILLVM ET TESTIMONIV̅
HABERE BONVM
AB HIS QVI FORIS SVNT
VT NON IN OPPROBRIVM INCIDAT
ET IN LAQVEVM DIABOLI
DIACONOS SIMILITER GRAVES

ΜΗΔΙΛΟΓΟΥϹ
ΜΗΟΙΝΩΠΟΛΛΩΠΡΟϹΕΧΟΝΤΑϹ
ΜΗΑΙϹΧΡΟΚΕΡΔΙϹ
ΕΧΟΝΤΑϹΤΟΜΥϹΤΗΡΙΟΝ
ΤΗϹΠΙϹΤΕΩϹ
ΕΝΚΑΘΑΡΑϹΥΝΕΙΔΗϹΕΙ
ΚΑΙΟΥΤΟΙΔΕΔΟΚΙΜΑΖΕϹΘΩϹΑΝ
ΠΡΩΤΟΝ
ΚΑΙΟΥΤΩΔΙΑΚΟΝΙΤΩϹΑΝ
ΑΝΕΓΚΛΗΤΟΙΟΝΤΕϹ
ΓΥΝΑΙΚΑϹΩϹΑΥΤΩϹϹΕΜΝΑϹ
ΜΗΔΙΑΒΟΛΟΥϹ
ΝΗΦΑΛΙΟΥϹ
ΠΙϹΤΑϹΕΝΠΑϹΙΝ
ΔΙΑΚΟΝΟΙΕϹΤΩϹΑΝ
ΜΙΑϹΓΥΝΑΙΚΟϹΑΝΔΡΕϹ
ΤΕΚΝΩΝΚΑΛΩΝΠΡΟΙϹΤΑΜΕΝΟΙ
ΚΑΙΤΩΝΙΔΙΩΝΟΙΚΩΝ
ΟΙΓΑΡΚΑΛΩϹΔΙΑΚΟΝΗϹΑΝΤΕϹ
ΒΑΘΜΟΝΕΑΥΤΟΙϹ
ΚΑΛΟΝΠΕΡΙΠΟΙΟΥΝΤΑΙ

NON BILINGVIS
NON VINO MVLTOS DEDITOS
NON TVRPILVCROS
HABENTES SACRAMENTVM
FIDEI
IN CONSCIENTIA PVRA
ET HII QVOQVE PROBENTVR
PRIMVM
ET SCIT MINISTRENT
NVLLVM CRIMEN HABENTES
MVLIERES SIMILITER VERECVNDAS
NON DETRAHENTES
SOBRIAS
FIDELES IN OMNIBVS
DIACONI SINT
VNIVS VXORIS VIRI
FILIOS BENE REGENTES
ET SVAS DOMOS
QVI ENIM BENE MINISTRAVERINT
GRADVM SIBI
BONVM ADQVIRVNT

ΚΑΙΠΟΛΛΗ̈ΝΠΑΡΡΗϹΙΑΝ
ΕΝΠΙϹΤΙΤΗΕΝΧ̅Ω̅Ι̅Υ̅
ΤΑΥΤΑϹΟΙΓΡΑΦΩ
ΕΛΠΙΖΩΝΕΛΘΙΝΠΡΟϹϹΕΕΝΤΑΧΕΙ
ΕΑΝΔΕΒΡΑΔΥΝΩ
ΙΝΑΙΔΗϹΠΩϹΔΕΙϹΕ
ΕΝΟΙΚΩΘ̅Υ̅ΑΝΑϹΤΡΕΦΕϹΘΑΙ
ΗΤΙϹΕϹΤΙΝΕΚΚΛΗϹΙΑ
Θ̅Υ̅ΖΩΝΤΟϹ
ϹΤΥΛΟϹΚΑΙΕΔΡΑΙΩΜΑ
ΤΗϹΑΛΗΘΙΑϹ
ΚΑΙΟΜΟΛΟΓΟΥΜΕΝ
ΩϹΜΕΓΑΕϹΤΙΝ
ΤΟΤΗϹΕΥϹΕΒΙΑϹΜΥϹΤΗΡΙΟΝ
ΟΕΦΑΝΕΡΩΘΗΕΝϹΑΡΚΙ
ΕΔΙΚΑΙΩΘΗΕΝΠ̅Ν̅Ι
ΩΦΘΗΑΓΓΕΛΟΙϹ
ΕΚΗΡΥΧΘΗΕΝΕΘΝΕϹΙΝ
ΕΠΙϹΤΕΥΘΗΕΝΚΟϹΜΩ
ΑΝΕΛΗΜΦΘΗΕΝΔΟΞΗ
ΤΟΔΕΠ̅Ν̅ΑΡΗΤΩϹΛΕΓΕΙ

ET MVLTAM FIDVCIAM
IN FIDE QVAE EST IN X̅P̅O̅ I̅H̅V̅
HAEC TIBI SCRIBO
SPERANS VENI AD TE CITO
QVODSI TARDAVERO
VT SCIAS QVALITER OPORTEAT TE
IN DOMO D̅I̅ CONVERSARI
QVAE EST ECCLESIA
D̅I̅ VIVI
COLVMNA ET FIRMAMENTVM
VERITATIS
ET MANIFESTE
MAGNVM EST
PIETATIS SACRAMENTVM
QVOD MANIFESTATVM EST IN CARNE
IVSTIFICATVM EST IN S̅P̅V̅
APPARVIT ANGELIS
PRAEDICATVM EST GENTIBVS
CREDITVM EST IN HOC MVNDO
ABSVMPTVM EST IN GLORIA
SP̅S̅ AVTEM MANIFESTE DICIT

ΟΤΙΕΝΥϹΤΕΡΟΙϹΚΑΙΡΟΙϹ	QVIA IN NOVISSIMIS TEMPORIBVS
ΑΠΟϹΤΗϹΟΝΤΑΙΤΙΝΕϹΤΗϹΠΙϹΤΕΩϹ	RECEDENT QVIDAM A VERITATE
ΠΡΟϹΕΧΟΝΤΕϹ	ADTENDENTES
ΠΝΕΥΜΑϹΙΝΠΛΑΝΟΙϹ	SPIRITIBVS SEDVCTORIBVS
ΔΙΔΑϹΚΑΛΙΑΙϹΔΑΙΜΟΝΙΩΝ	DOCTRINIS DAEMONIORVM
ΕΝΥΠΟΚΡΙϹΕΙΨΕΥΔΟΛΟΓΩΝ	IN DISSIMVLATIONE MENDACILOQVORV̄
ΚΕΚΑΥΤΗΡΙΑϹΜΕΝΩΝ	CAVTERIATAM HABENTIVM MENTEM ET
ΤΗΝϹΥΝΙΔΗϹΙΝΕΑΥΤΩΝ	CONSCIENTIAM SVAM
ΚΩΛΥΟΝΤΩΝΓΑΜΕΙΝ	PROHIBENTIVM NVBERE
ΑΠΕΧΕϹΘΑΙΒΡΩΜΑΤΩΝ	ABSTINERE A CIBIS
ΑΟΘ̅Ϲ̅ΕΚΤΙϹΕΝ	QVOS D̅S̅ CREAVIT
ΕΙϹΜΕΤΑΛΗΜΨΙΝ	AD PERCIPIENDVM
ΜΕΤΑΕΥΧΑΡΙϹΤΙΑϹ	CVM GRATIARVM ACTIONE
ΤΟΙϹΠΙϹΤΟΙϹ	FIDELIBVS
ΚΑΙΕΠΕΓΝΩΚΟϹΙΝ	ET QVI COGNOVERVNT
ΤΗΝΑΛΗΘΙΑΝΑΥΤΟΥ	VERITATEM EIVS
ΟΤΙΠΑΝΚΤΙϹΜΑΘ̅Υ̅ΚΑΛΟΝ	QVONIAM OMNIS CREATVRA D̅I̅ BONA
ΚΑΙΟΥΔΕΝΑΠΟΒΛΗΤΟΝ	ET NIHIL ABICIENDVM
ΜΕΤΑΕΥΧΑΡΙϹΤΙΑϹ	QVOD CVM GRATIARVM ACTIONE
ΛΑΜΒΑΝΟΜΕΝΟΝ	PERCIPITVR
ΑΓΙΑΖΕΤΑΙΓΑΡΔΙΑΛΟΓΟΥΘ̅Υ̅	SANCTIFICATVR ENIM PER VERBVM D̅I̅

I. AD TIMOTHEVM IV, 1–5.

ΚΑΙЄΝΤЄΥΞЄϹΙΝ
ΤΑΥΤΑΥΠΟΤΙΘЄΜЄΝΟϹ
ΤΟΙϹΑΔЄΛΦΟΙϹ
ΚΑΛΟϹЄϹΗΔΙΑΚΟΝΟϹΧ̅Υ̅Ι̅Υ̅
ЄΝΤΡЄΠΟΜЄΝΟϹΤΟΙϹΛΟΓΟΙϹ
ΤΗϹΠΙϹΤЄѠϹ
ΚΑΙΤΗϹΚΑΛΗϹΔΙΔΑϹΚΑΛΙΑϹ
ΗΠΑΡΗΚΟΛΟΥΘΗΚΑϹ
ΤΟΥϹΔЄΒЄΒΗΛΟΥϹ
ΚΑΙΓΡΑѠΔΙϹΜΥΘΟΥϹΠΑΡΑΙΤΟΥ
ΓΥΜΝΑΖЄϹЄΑΥΤΟΝ
ΠΡΟϹЄΥϹЄΒΙΑΝ
ΗΓΑΡϹѠΜΑΤΙΚΗΓΥΜΝΑϹΙΑ
ΠΡΟϹΟΛΙΓΟΝЄϹΤΙΝѠΦЄΛΙΜΟϹ
ΗΔЄЄΥϹЄΒΙΑΠΡΟϹΠΑΝΤΑ
ѠΦЄΛΙΜΟϹЄϹΤΙΝ
ЄΠΑΓΓЄΛΙΑΝЄΧΟΥϹΑΖѠΗϹ
ΤΗϹΝΥΝΚΑΙΤΗϹΜЄΛΛΟΥϹΗϹ
ΠΙϹΤΟϹΟΛΟΓΟϹ
ΚΑΙΠΑϹΗϹΑΠΟΔΟΧΗϹΑΞΙΟϹ
ЄΙϹΤΟΥΤΟΓΑΡΚΟΠΙѠΜЄΝ

ET ORATIONEM
HAEC PROPONENS
FRATRIBVS
BONVS ERIS MINISTER X̅P̅I̅ I̅H̅V̅
ENVTRITVS SERMONIBVS
FIDEI
ET BONAE DOCTRINAE
QVAM SVBSECVTVS EST
PROFANAS AVTEM
ET ANILES FABVLAS DEVITA
EXERCE TE IPSVM
AD PIETATEM
NAM CORPORALIS EXERCITATI
AD MODICVM EST VTILIS
PIETAS AVTEM AD OMNIA
VTILIS EST
PROMISSIONEM HABENS VITAE
QVAE NVNC EST ET FVTVRAE
FIDELIS SERMO
ET OMNI ACCEPTIONE DIGNVS
IN HOC ENIM LABORAMVS

ΚΑΙΟΝΙΔΙΖΟΜΕΘΑ
ΟΤΙΗΛΠΙϹΑΜΕΝΕΠΙΘ̅Ν̅ΖΩΝΤΑ
ΟϹΕϹΤΙΝϹΩΤΗΡ
ΠΑΝΤΩΝΑ̅Ν̅Ω̅Ν̅
ΜΑΛΙϹΤΑΠΙϹΤΩΝ
ΠΑΡΑΓΓΕΛΛΕΤΑΥΤΑΚΑΙΔΙΔΑϹΚΕ
ΜΗΔΙϹϹΟΥΤΗϹΝΕΟΤΗΤΟϹ
ΚΑΤΑΦΡΟΝΕΙΤΩ
ΑΛΛΑΤΥΠΟϹΓΕΙΝΟΥΤΩΝΠΙϹΤΩΝ
ΕΝΛΟΓΩ
ΕΝΑΝΑϹΤΡΟΦΗ
ΕΝΑΓΑΠΗΕΝΠΙϹΤΕΙ
ΕΝΑΓΝΕΙΑ
ΕΩϹΕΡΧΟΜΑΙΠΡΟϹΕΧΕ
ΤΗΑΝΑΓΝΩϹΕΙ
ΤΗΠΑΡΑΚΛΗϹΕΙΤΗΔΙΔΑϹΚΑΛΙΑ
ΜΗΑΜΕΛΙΤΟΥΕΝϹΟΙΧΑΡΙϹΜΑΤΟϹ
ΟΕΔΟΘΗϹΟΙΔΙΑΠΡΟΦΗΤΕΙΑϹ
ΜΕΤΑΕΠΙΘΕϹΕΩϹ
ΤΩΝΧΕΙΡΩΝ
ΤΟΥΠΡΕϹΒΥΤΕΡΙΟΥ

ET INPROPERAMVR
QVONIAM SPERAMVS IN D̅M̅ VIVVM
QVI EST SALVTARIS
OMNIVM HOMINVM
MAXIME FIDELIVM
PRAECIPE HAEC ET DOCE
NEMO TVAM ADVLESCENTIAM
CONTEMNAT
SED FIGVRA ESTO FIDELIBVS
IN SERMONE
IN CONVERSATIONE
IN CARITATE IN FIDE
IN CASTITATE
DVM VENIO ADTENDE
LECTIONI
EXHORTATIONI DOCTRINAE
NOLI NEGLEGERE GRATIAM QVE IN TE EST
QVAE DATA EST TIBI PER PROPHETIAM
PER INPOSITIONEM
MANVVM
PRAESBYTERII

ΤΑΥΤΑΜΕΛΕΤΑΕΝΤΟΥΤΟΙϹΕΙϹΘΙ
ΙΝΑϹΟΥΗΠΡΟΚΟΠΗ
ΦΑΝΕΡΑΗΠΑϹΙΝ
ΕΠΕΧΕϹΕΑΥΤΩ
ΚΑΙΤΗΔΙΔΑϹΚΑΛΕΙΑ
ΕΠΙΜΕΝΕΕΝΑΥΤΟΙϹ
ΤΟΥΤΟΓΑΡΠΟΙΩΝ
ΚΑΙϹΕΑΥΤΟΝϹΩϹΕΙϹ
ΚΑΙΤΟΥϹΑΚΟΥΟΝΤΑϹϹΟΥ
ΠΡΕϹΒΥΤΕΡΩΜΗΕΠΙΠΛΗΞΗϹ
ΑΛΛΑΠΑΡΑΚΑΛΕΙΩϹΠΑΤΕΡΑ
ΝΕΩΤΕΡΟΥϹΩϹΑΔΕΛΦΟΥϹ
ΠΡΕϹΒΥΤΕΡΑϹΩϹΜΗΤΕΡΑϹ
ΝΕΩΤΕΡΑϹΩϹΑΔΕΛΦΑϹ
ΕΝΠΑϹΗΑΓΝΕΙΑ
ΧΗΡΑϹΤΕΙΜΑ
ΤΑϹΟΝΤΩϹΧΗΡΑϹ
ΕΙΔΕΤΙϹΧΗΡΑΤΕΚΝΑ
ΗΕΓΓΟΝΑΕΧΕΙ
ΜΑΘΕΤΩϹΑΝΠΡΩΤΟΝ
ΤΩΝΙΔΙΩΝΟΙΚΩΝΕΝϹΕΒΕΙΝ

HAEC MEDITARE IN HIS ESTO
VT TVIS PROFECTVS
MANIFESTVS SIT OMNIBVS
ADTENDE TE TIBI
ET DOCTRINAE
PERMANE IN ILLIS
HOC ENIM FACIENDO
ET TE IPSVM SALVABIS
ET EOS QVI TE AVDIVNT
SENIOREM NE INCREPAVERIS
SED OBSECRA VT PATREM
IVNIORES VT FRATRES
ANVS VT MATRES
ADVLESCENTVLAS VT SORORES
IN OMNI CASTITATE
VIDVAS HONORA
QVAE VERE VIDVAE SVNT
SI QVA AVTEM VIDVA FILIOS
AVT NEPOTES HABET
DISCAT PRIMVM
DOMVM SVAM COLERE

ΚΑΙΑΜΟΙΒΑϹΑΠΟΔΙΔΟΝΑΙ	ET REMVNERARE
ΤΟΙϹΠΡΟΓΟΝΟΙϹ	PARENTES
ΤΟΥΤΟΓΑΡЄϹΤΙΝΑΠΟΔЄΚΤΟΝ	HOC ENIM EST ACCEPTVM
ЄΝѠΠΙΟΝΤΟΥΘ̅Υ̅	CORAM D̅O̅
ΗΔЄΟΝΤѠϹΧΗΡΑ	NAM QVAE VERE VIDVA EST
ΚΑΙΜЄΜΟΝѠΜЄΝΗ	ET DESOLATA
ΗΛΠΙΚЄΝЄΠΙΤΟΝΚ̅Ν̅	SPERAT IN D̅M̅
ΚΑΙΠΡΟϹΜЄΝЄΙΤΑΙϹΔЄΗϹЄϹΙΝ	ET PERMANET IN ORATIONIBVS
ΚΑΙΤΑΙϹΠΡΟϹЄΥΧΑΙϹ	ET PRAECATIONIBVS
ΝΥΚΤΟϹΚΑΙΗΜЄΡΑϹ	NOCTE ET DIE
ΗΔЄϹΠΑΤΑΛѠϹΑΖѠϹΑ	QVAE AVTEM IN DELICIIS AGIT VIVENS
ΤЄΘΝΗΚЄΝ	MORTVA EST
ΚΑΙΤΑΥΤΑΠΑΡΑΓΓЄΛΛЄ	ET HAEC PRAECIPE
ΙΝΑΑΝЄΠΙΛΗΜΠΤΟΙѠϹΙΝ	VT INREPREHENSIBILES SINT
ЄΙΔЄΤΙϹΤѠΝΙΔΙѠΝ	SI QVIS AVTEM SVORVM
ΚΑΙΜΑΛΙϹΤΑΟΙΚΙѠΝ	EX MAXIME DOMESTICORVM
ΟΥΠΡΟΝΟЄΙΤЄ	CVRAT NON HABET
ΤΗΝΠΙϹΤΙΝΗΡΝΗΤЄ	FIDEM DENEGAVIT
ΚΑΙЄϹΤΙΝΑΠΙϹΤΟΥΧЄΙΡѠΝ	ET EST INFIDELE DETERIOR
ΧΗΡΑΚΑΤΑΛЄΓЄϹΘѠ	VIDVA ELEGATVR
ΜΗЄΛΑΤΤΟΝЄΤѠΝ·Ξ̅·	NON MINVS ANNORVM ·L̅X̅

ΓΕΓΟΝΥΙΑΕΝΟϹΑΝΔΡΟϹΓΥΝΗ	QVAE FVERIT VNIVS VIRI VXORIS
ΕΝΕΡΓΟΙϹΚΑΛΟΙϹ	IN OPERIBVS BONIS
ΜΑΡΤΥΡΟΥΜΕΝΗ	TESTIMONIVM HABENS
ΕΙΕΤΕΚΝΟΤΡΟΦΗϹΕΝ	FILIOS NVTRIVIT
ΕΙΕΞΕΝΟΔΟΧΗϹΕΝ	SI HOSPITIO RECEPIT
ΕΙΑΓΙΩΝΠΟΔΑϹΕΝΙΨΕΝ	SI SANCTORVM PEDES LAVIT
ΕΙΘΛΙΒΟΜΕΝΟΙϹΕΠΗΡΚΕϹΕΝ	SI TRIBVLANTIBVS SVBMINISTRAVIT
ΕΙΠΑΝΤΙΕΡΓΩΑΓΑΘΩ	SI OMNE OPVS BONVM
ΕΠΗΚΟΛΟΥΘΗϹΕΝ	SVBSECVTA EST
ΝΕΩΤΕΡΑϹΔΕΧΗΡΑϹ	ADVLESCENTIORES AVTEM VIDVAS
ΠΑΡΑΙΤΟΥ	DEVITA
ΟΤΑΝΓΑΡΚΑΤΑϹΤΡΗΝΙΑϹΩϹΙΝ	CVM ENIM IN DELICIIS EGERINT
ΤΟΥΧ̅Υ̅ΓΑΜΙΝΘΕΛΟΥϹΙΝ	IN X̅P̅O̅ NVBERE VOLVNT
ΕΧΟΥϹΑΙΚΡΙΜΑ	HABENTES DAMNATIONEM
ΟΤΙΤΗΝΠΡΩΤΗΝΠΙϹΤΙΝΗΘΕΤΗϹΑΝ	QVIA PRIMAM FIDEM INRITAM FECERVNT
ΑΜΑΔΕΚΑΙΑΡΓΑΙΜΑΝΘΑΝΟΥϹΙΝ	SIMVL AVTEM ET OTIOSAE DISCVNT
ΠΕΡΙΕΡΧΟΜΕΝΑΙΤΑϹΟΙΚΙΑϹ	CIRCVMIRE DOMOS
ΟΥΜΟΝΔΕΑΡΓΑΙ	NON SOLVM AVTEM OTIOSAE
ΑΛΛΑΚΑΙΦΛΥΑΡΟΙ	SET ETIAM ET VERBOSAE
ΚΑΙΠΕΡΙΕΡΓΟΙ	ET CVRIOSAE
ΛΑΛΟΥϹΑΙΤΑΜΗΔΕΟΝΤΑ	LOQVENTES QVAE NON OPORTET

ΒΟΥΛΟΜΑΙΟΥΝΤΑϹΝΕΩΤΕΡΑϹ
ΓΑΜΕΙΝ
ΤΕΚΝΟΓΟΝΕΙΝ
ΟΙΚΟΔΕϹΠΟΤΕΙΝ
ΜΗΔΕΜΙΑΝΑΦΟΡΜΗΝ
ΔΙΔΟΝΑΙ
ΤΩΑΝΤΙΚΕΙΜΕΝΩ
ΛΟΙΔΟΡΙΑϹΧΑΡΙΝ
ΗΔΗΓΑΡΤΙΝΕϹΕΞΕΤΡΑΠΗϹΑΝ
ΟΠΙϹΩΤΟΥϹΑΤΑΝΑ
ΕΙΤΙϹΠΙϹΤΟϹΗΠΙϹΤΗ
ΕΧΕΙΧΗΡΑϹ
ΕΠΑΡΚΕΙΤΩΑΥΤΑΙϹ
ΚΑΙΜΗΒΑΡΙϹΘΩΗΕΚΚΛΗϹΙΑ
ΙΝΑΤΑΙϹΟΝΤΩϹΧΗΡΑΙϹ
ΕΠΑΡΚΕϹΗ
ΟΙΚΑΛΩϹΠΡΟΕϹΤΩΤΕϹ
ΠΡΕϹΒΥΤΕΡΟΙ
ΔΙΠΛΗϹΤΕΙΜΗϹΑΞΙΟΥϹΘΩϹΑΝ
ΜΑΛΙϹΤΑΟΙΚΟΠΙΩΝΤΕϹ
ΕΝΛΟΓΩΚΑΙΔΙΔΑϹΚΑΛΕΙΑ

VOLO ERGO ADVLESCENTIORES
NVBERE
FILIOS PROCREARE
MATRESFAMILIAS ESSE
NVLLAM OCCANSIONEM
DARE
ADVERSARIO
MALEDICTI GRATIAM
IAM ENIM QVIDAM CONVERSI SVNT
RETRO POST SATANAM
SI QVIS FIDELIS VEL SI QVA FIDELIS
HABET VIDVAS
SVFFICIENTER TRIBVAT ILLIS
VT NON GRAVETVR ECCLESIA
VT VERIS VIDVIS
SVFFICIAT
QVI BENE PRAESVNT
PRAESBYTERI
DVPLICI HONORE HONORENTVR
MAXIME QVI LABORANT
IN VERBO ET DOCTRINA

ΛΕΓΕΙΓΑΡΗΓΡΑΦΗ	DICIT ENIM SCRIPTVRA
ΒΟΥΝΑΛΟΩΝΤΑ	BOVI TRITVRANTI OS
ΟΥΚΗΜΩϹΕΙϹ	NON INFRENABIS
ΚΑΙΑΞΙΟϹΟΕΡΓΑΤΗϹΤΟΥΜΙϹΘΟΥΑΥΤΟΥ	ET DIGNVS OPERARIVS MERCEDEM SVA̅
ΚΑΤΑΠΡΕϹΒΥΤΕΡΟΥ	ADVERSVS PRAESBYTERVM
ΚΑΤΗΓΟΡΕΙΑΝ	ACCVSATIONEM
ΜΗΠΑΡΑΔΕΧΟΥΕΚΤΟϹΕΙΜΗΕΠΙΔΥΟ	NOLI RECIPERE NESI DVOBVS
ΗΤΡΙΩΝΜΑΡΤΥΡΩΝ	AVT TRIBVS TESTIS
ΤΟΥϹΔΕΑΜΑΡΤΑΝΟΝΤΑϹ	PECCANTES AVTEM
ΕΝΩΠΙΟΝΠΑΝΤΩΝΕΛΕΝΧΕ	CORAM OMNIBVS ARGVE
ΙΝΑΚΑΙΟΙΛΟΙΠΟΙΦΟΒΟΝΕΧΩϹΙΝ	VT ET CETERI TIMORE HABEANT
ΔΙΑΜΑΡΤΥΡΟΜΑΙΕΝΩΠΙΟΝΤΟΥΘ̅Υ̅	TESTOR CORAM D̅O̅
ΚΑΙΧ̅Υ̅Ι̅Υ̅	ET X̅P̅O̅ I̅H̅V̅
ΚΑΙΤΩΝΕΚΛΕΚΤΩΝΑΓΓΕΛΩΝ	ET ELECTIS ANGELIS
ΙΝΑΤΑΥΤΑΦΥΛΑΞΗϹ	VT HAEC CVSTODIAT
ΧΩΡΙϹΠΡΟΚΡΙΜΑΤΟϹ	SINE PRAEIVDICIO
ΜΗΔΕΝΠΟΙΩΝΚΑΤΑΠΡΟϹΚΛΗϹΙΝ	NIHIL FACIENS IN ALIAM PARTEM DECLINANDO
ΧΕΙΡΑϹΤΑΧΕΩϹΜΗΔΕΝΙΕΠΙΤΙΘΟΥ	MANVS CITO NEMINI INPOSVERIS
ΜΗΔΕΚΟΙΝΩΝΕΙ	NEQVAE COMMVNICAVERIS
ΑΜΑΡΤΙΑΙϹΑΛΛΟΤΡΙΑΙϹ	PECCATIS ALIENIS
ϹΕΑΥΤΟΝΑΓΝΟΝΤΗΡΕΙ	TE IPSVM CASTVM SERVA

ΜΗΚΕΤΙΥΔΡΟΠΟΤΙ
ΑΛΛΑΟΙΝΩΟΛΙΓΩΧΡΩ
ΔΙΑΤΟΝCΤΟΜΑΧΟΝ
ΚΑΙΤΑCΠΥΚΝΑCCΟΥ
ΑCΘΕΝΕΙΑC
ΤΙΝΩΝΑΝΘΡΩΠΩΝ
ΑΙΑΜΑΡΤΙΑΙ
ΠΡΟΔΗΛΟΙΕΙCΙΝ
ΠΡΟΑΓΟΥCΑΙΕΙCΚΡΙCΙΝ
ΤΙCΙΝΔΕΚΑΙΕΠΑΚΟΛΟΥΘΟΥCΙΝ
ΩCΑΥΤΩCΚΑΙΤΑΕΡΓΑΤΑΚΑΛΑ
ΠΡΟΔΗΛΑΕΙCΙΝ
ΚΑΙΤΑΑΛΛΩCΕΧΟΝΤΑ
ΚΡΥΒΗΝΑΙΟΥΔΥΝΑΝΤΑΙ
ΟCΟΙΕΙCΙΝΥΠΟΖΥΓΟΝΔΟΥΛΟΙ
ΤΟΥCΙΔΙΟΥCΔΕCΠΟΤΑC
ΠΑCΗCΤΕΙΜΗCΑΞΙΟΥCΗΓΙCΘΩCΑΝ
ΙΝΑΜΗΤΟΟΝΟΜΑΤΟΥΚ̅Υ̅
ΚΑΙΗΔΙΔΑCΚΑΛΙΑ
ΒΛΑCΦΗΜΗΤΕ
ΟΙΔΕΠΙCΤΟΥCΕΧΟΝΤΑCΔΕCΠΟΤΑC

NOLI ADHVC AQVAM BIBERE
SED VINO MODICO VTERE
PROPTER STOMACHVM
ET FREQVENTES TVAS
INFIRMITATES
QVORVMDAM HOMINVM
PECCATA
MANIFESTA SVNT
PRAECEDENTIA AD IVDICIVM
QVOSDAM AVTEM ET SECVNTVR
SIMILITER ET FACTO BONO
MANIFESTA SVNT
ET QVAE ALITER SE HABENT
ABSCONDI NON POSSVNT
QVICVMQVE SVNT SVB IVGO SERVI
SVOS DOMINOS
OMNI HONORE DIGNOS HABEANT
VT NON NOMEN D̅N̅I̅
ET DOCTRINA
BLASPHEMETVR
QVI AVTEM FIDELIS HABENT DOMINOS

ΜΗΚΑΤΑΦΡΟΝΙΤΩϹΑΝ	NON CONTEMNAT
ΟΤΙΑΔΕΛΦΟΙΕΙϹΙΝ	QVOD FRATRES SVNT
ΑΛΛΑΜΑΛΛΟΝΔΟΥΛΕΥΕΤΩϹΑΝ	SED MAGIS SERVIANT
ΟΤΙΠΙϹΤΟΙΕΙϹΙΝΚΑΙΑΓΑΠΗΤΟΙ	QVONIAM FIDELES SVNT ET DILECTI
ΟΙΤΗϹΕΥΕΡΓΕϹΙΑϹ	QVI BENEFICII
ΑΝΤΙΛΑΜΒΑΝΟΜΕΝΟΙ	PARTICIPES SVNT
ΤΑΥΤΑΔΙΔΑϹΚΕΚΑΙΠΑΡΑΚΑΛΕΙ	HAEC DOCET EXHORTARE
ΕΙΤΙϹΕΤΕΡΟΔΙΔΑϹΚΑΛΕΙ	SI QVIS ALITER DOCET
ΚΑΙΜΗΠΡΟϹΕΡΧΕΤΑΙ	ET NON ADQVIESCIT
ΥΓΙΑΙΝΟΥϹΙΝΛΟΓΟΙϹ	SANIS SERMONIBVS
ΤΟΙϹΤΟΥΚ̅Υ̅ΗΜΩΝΙ̅Υ̅Χ̅Υ̅	D̅N̅I̅ NOSTRI I̅H̅V̅ X̅P̅I̅
ΚΑΙΤΗΚΑΤΕΥϹΕΒΙΑΝΟΥϹΗ	ET EI QVAE SECVNDVM PIETATEM EST
ΔΙΔΑϹΚΑΛΕΙΑ	DOCTRINAE
ΤΕΤΥΦΩΤΑΙ	INFLATVS EST AVTEM
ΜΗΔΕΝΕΠΙϹΤΑΜΕΝΟϹ	NIHIL SCIENS
ΑΛΛΑΝΟϹΩΝΠΕΡΙΖΗΤΗϹΕΙϹ	SED EGROTAT CIRCA QVAESTIONEM
ΚΑΙΛΟΓΟΜΑΧΙΑϹ	ET BERBORVM RIXAS
ΕΞΩΝΓΕΝΝΩΝΤΑΙ	ET QVIBVS NASCVNTVR
ΦΘΟΝΟΙΕΡΕΙϹ	INVIDIAE CONTENTIONES
ΒΛΑϹΦΗΜΙΑΙ	BLASPHEMIAE
ΥΠΟΝΟΙΑΙΠΟΝΗΡΑΙ	SVSPICIONES MALAE

ΔΙΑΠΑΡΑΤΡΙΒΑΙ	CONFLICTATIONES
ΔΙΕΦΘΑΡΜΕΝΩΝΑΝΘΡΩΠΩΝ	CORRVPTORVM HOMINVM
ΤΟΝΝΟΥΝ	MENTE
ΚΑΙΑΠΕϹΤΡΑΜΜΕΝΩΝ	ET DESTITVTORVM
ΑΠΟΤΗϹΑΛΗΘΙΑϹ	A VERITATE
ΝΟΜΙΖΟΝΤΩΝΠΟΡΙϹΜΟΝΕΙΝΑΙ	EXISTIMANTIVM QVAESTVM ESSE
ΤΗΝΕΥϹΕΒΙΑΝ	PIETATEM
ΕϹΤΙΝΔΕΠΟΡΙϹΜΟϹΜΕΓΑϹ	EST AVTEM QVAESTVS MAGNVS
ΗΕΥϹΕΒΙΑΜΕΤΑΑΥΤΑΡΚΙΑϹ	PIETAS CVM SVFFICIENTIA
ΟΥΔΕΝΓΑΡΕΙϹΗΝΕΓΚΑΜΕΝ	NIHIL ENIM INTVLIMVS
ΕΙϹΤΟΝΚΟϹΜΟΝ	IN HVNC MVNDVM
ΑΛΗΘΕϹΟΤΙΟΥΔΕΕΞΕΝΕΓΚΕΙΝΤΙ	VERVM QVONIAM NEC EFFERE
ΔΥΝΑΜΕΘΑ	POSSVMVS
ΕΧΟΝΤΕϹΔΕΔΙΑΤΡΟΦΗΝ	HABENTES AVTEM VICTVM
ΚΑΙϹΚΕΠΑϹΜΑΤΑ	ET VESTITVM
ΤΟΥΤΟΙϹΑΡΚΕϹΘΗϹΟΜΕΘΑ	HIS CONTENTI SVMVS
ΟΙΔΕΒΟΥΛΟΜΑΙΝΟΙΠΛΟΥΤΕΙΝ	NAM QVI VOLVNT DIVITES FIERI
ΕΝΠΙΠΤΟΥϹΙΝΕΙϹΠΙΡΑϹΜΟΝ	INCIDENT IN TEMPTATIONEM
ΚΑΙΠΑΓΙΔΑΤΟΥΔΙΑΒΟΛΟΥ	ET LAQVEVM DIABOLI
ΚΑΙΕΠΙΘΥΜΙΑϹΠΟΛΛΑϹ	ET DESIDERIA MVLTA
ΑΝΟΗΤΟΥϹΚΑΙΒΛΑΒΕΡΑϹ	INVTILIA ET NOCIVA

ΑΙΤΙΝΕϹΒΥΘΙΖΟΥϹΙΝΤΟΥϹΑ̅Ν̅Ο̅Υ̅Ϲ̅	QVAE MERGVNT HOMINES
ΕΙϹΟΛΕΘΡΟΝΚΑΙΑΠΩΛΙΑΝ	IN INTERITVM ET PERDITIONEM
ΡΙΖΑΓΑΡΠΑΝΤΩΝΚΑΚΩΝΕϹΤΙΝ	RADIX ENIM OMNIVM MALORVM EST
ΗΦΙΛΑΡΓΥΡΙΑ	CVPIDITAS
ΗϹΤΙΝΕϹΟΡΕΓΟΜΕΝΟΙ	QVAM QVIDAM ADPETENTES
ΑΠΕΠΛΑΝΗΘΗϹΑΝΑΠΟΤΗϹΠΙϹΤΕΩϹ	ERRAVERVNT A FIDE
ΚΑΙΕΑΥΤΟΥϹΠΕΡΙΕΠΕΙΡΑΝ	ET SE INSERVERVNT
ΟΔΥΝΑΙϹΠΟΛΛΑΙϹ	DOLORIBVS MVLTIS
ϹΥΔΕΩΑΝΘΡΩΠΕΤΟΥΘ̅Υ̅	TV AVTEM O HOMO D̅I̅
ΤΑΥΤΑΦΕΥΓΕ	HAEC FVGE
ΔΙΩΚΕΔΕΔΙΚΑΙΟϹΥΝΗΝ	SECTA VERO IVSTITIAM
ΕΥϹΕΒΙΑΝΠΙϹΤΙΝ	PIETATEM FIDEM
ΑΓΑΠΗΝΥΠΟΜΟΝΗΝ	CARITATEM PATIENTIAM
ΠΡΑΥΤΗΤΑ	MANSVETVDINEM
ΑΓΩΝΙΖΟΥΤΟΝΚΑΛΟΝΑΓΩΝΑ	CERTARE BONVM CERTAMEN
ΤΗϹΠΙϹΤΕΩϹ	FIDEI
ΕΠΙΛΑΒΟΥΤΗϹΑΙΩΝΙΟΥΖΩΗϹ	ADPRAEHENDE AETERNAM VITAM
ΕΙϹΗΝΕΚΛΗΘΗϹ	AD QVAM VOCATVS EST
ΚΑΙΩΜΟΛΟΓΗϹΑϹ	ET COMFESSVS EST
ΤΗΝΚΑΛΗΝΟΜΟΛΟΓΙΑΝ	BONAM CONFESSIONEM
ΕΝΩΠΙΟΝΠΟΛΛΩΝΜΑΡΤΥΡΩΝ	CORAM MVLTIS TESTIBVS

I. AD TIMOTHEVM VI. 9—12.

ΠΑΡΑΓΓЄΛΛѠϹΟΙЄΝѠΠΙΟΝΤΟΥΘ̅Υ̅
ΤΟΥΖѠΟΓΟΝΟΥΝΤΟϹΤΑΠΑΝΤΑ
ΚΑΙΧ̅Υ̅Ι̅Υ̅ΤΟΥΜΑΡΤΥΡΗϹΑΝΤΟϹ
ЄΠΙΠΟΝΤΙΟΥΠЄΙΛΑΤΟΥ
ΤΗΝΚΑΛΗΝΟΜΟΛΟΓΙΑΝ
ΤΗΡΗϹΑΙΤΗΝЄΝΤΟΛΗΝ
ΑϹΠΙΛΟΝΚΑΙΑΝЄΠΙΛΗΜΠΤΟΝ
ΜЄΧΡΙΤΗϹЄΠΙΦΑΝΙΑϹ
ΤΟΥΚ̅Υ̅ΗΜѠΝΙ̅Υ̅Χ̅Υ̅
ΗΝΚΑΙΡΟΙϹΙΔΙΟΙϹΔЄΙΞΑΙ
ΟΜΑΚΑΡΙΟϹΚΑΙΜΟΝΟϹΔΥΝΑϹΤΗϹ
ΟΒΑϹΙΛЄΥϹΤѠΝΒΑϹΙΛЄΥΟΝΤѠΝ
ΚΑΙΚ̅Ϲ̅ΤѠΝΚΥΡΙЄΥΟΝΤѠΝ
ΟΜΟΝΟϹЄΧѠΝΑΘΑΝΑϹΙΑΝ
ΚΑΙΦѠϹΟΙΚѠΝΑΠΡΟϹЄΙΤΟΝ
ΟΝЄΙΔЄΝΟΥΔΙϹΑΝΘΡѠΠѠΝ
ΟΥΔЄΙΔЄΙΝΔΥΝΑΤΑΙ
ѠΤЄΙΜΗΚΑΙΚΡΑΤΟϹ
ΑΙѠΝΙΟΝΑΜΗΝ
ΤΟΙϹΠΛΟΥϹΙΟΙϹΤΟΥΝΥΝΑΙѠΝΟϹ
ΠΑΡΑΓΓЄΛΛЄ

PRAECIPIO TIBI CORAM D̅O̅
QVI VIVIFICAT OMNIA
ET X̅P̅O̅ I̅H̅V̅ QVI TESTIMONIVM REDDIDIT
SVB PONTIO PILATO
BONAM CONFESSIONEM
VT SERVES MANDATVM
SINE MACVLA INREPREHENSIBILE
VSQVE IN ADVENTVM
D̅N̅I̅ NOSTRI I̅H̅V̅ X̅P̅I̅
QVEM TEMPORIBVS SVIS OSTENDET
BEATVS ET SOLVS POTENS
ET REX REGVM
ET D̅N̅S̅ DOMINANTIVM
QVI SOLVS HABET INMORTALITATEM
ET LVCEM HABITAT INACCESSIBILEM
QVEM VIDIT NEMO HOMINVM
NEC VIDERE POTEST
CVI HONOR E POTESTAS
IN SAECVLA AMEN
DIVITIBVS HVIVS SAECVLI
PRAECIPE

ΜΗΥΨΗΛΟΦΡΟΝЄΙΝ
ΜΗΔЄΗΛΠΙΚЄΝΑΙ
ЄΠΙΠΛΟΥΤωΑΔΗΛΟΤΗΤΙ
ΑΛΛЄΠΙΘ̅ω̅ΖωΝΤΙ
ΤωΠΑΡЄΧΟΝΤΙΗΜΙΝ
ΠΑΝΤΑΠΛΟΥϹΙωϹ
ЄΙϹΑΠΟΛΑΥϹΙΝ
ΑΓΑΘΟЄΡΓЄΙΝ
ΠΛΟΥΤЄΙΝЄΝЄΡΓΟΙϹΚΑΛΟΙϹ
ЄΥΜЄΤΑΔΟΤΟΥϹЄΙΝΑΙ
ΚΟΙΝωΝΙΚΟΥϹ
ΑΠΟΘΗϹΑΥΡΙΖЄΙΝЄΑΥΤΟΙϹ
ΘЄΜЄΛΙΟΝ
ΚΑΛΟΝЄΙϹΤΟΜЄΛΛΟΝ
ΙΝΑЄΠΙΛΑΒωΝΤΑΙΤΗϹΟΝΤωϹΖωΗϹ
ωΤЄΙΜΟΘЄЄ
ΤΗΝΠΑΡΑΘΗΚΗΝΦΥΛΑΞΟΝ
ЄΚΤΡЄΠΟΜЄΝΟϹΤΑϹΒЄΒΗΛΟΥϹ
ΚЄΝΟΦωΝΙΑϹ
ΚΑΙΑΝΤΙΘЄϹЄΙϹ
ΤΗϹΨЄΥΔωΝΥΜΟΥΓΝωϹЄωϹ

NON SVBLIME SAPERE
NEQVE SPERARE
IN INCERTO DIVITIARVM
SED IN D̅O̅ VIVO
QVI PRAESTAT NOBIS
OMNIA ABVNDANTER
AD FRVENDVM
BENEFACIANT
DIVITES SINT IN OPERIBVS BONIS
FACILE TRIBVNANT
COMMVNICENT
THENSAVRIZENT SIBI
FVNDAMENTVM
BONVM IN FVTVRVM
VT ADPRAEHENDANT VERAM VITAM
O THIMOTHEE
DEPOSITVM CVSTODI
DEVITANS PROFANA
VOCVM NOVITATES
ET OPPOSITIONES
SCIENTIAE FALSI NOMINIS

ΗΝΤΙΝΕϹΕΠΑΓΓΕΛΛΟΜΕΝΟΙ	QVAM QVIDAM PROMITTENTES
ΠΕΡΙΤΗΝΠΙϹΤΙΝΗϹΤΟΧΗϹΑΝ	CIRCA FIDEM EXCIDERVNT
ΗΧΑΡΙϹΜΕΤΑϹΟΥ	GRATIA TECVM
ΠΡΟϹ ΤΙΜΟΘΕΟΝ Α	AD TIMOTHEVM I
ЄΠΛΗΡѠΘΗ ΑΡΧΕΤΑΙ	EXPLICIT INCIPIT
ΠΡΟϹ ΤΙΜΟΘΕΟΝ Β	AD TIMOTHEVM II

ΠΑΥΛΟϹΑΠΟϹΤΟΛΟϹΧ̄ῩῙῩ
ΔΙΑΘΕΛΗΜΑΤΟϹΘ̄Ῡ
ΚΑΤΕΠΑΓΓΕΛΙΑΝΖΩΗϹ
ΤΗϹΕΝΧ̄Ω̄ῙῩ
ΤΕΙΜΟΘΕΩΑΓΑΠΗΤΩΤΕΚΝΩ
ΧΑΡΙϹΕΛΕΟϹΕΙΡΗΝΗ
ΑΠΟΘ̄ῩΠΑΤΡΟϹ
ΚΑΙΧ̄ῩῙῩΤΟΥΚ̄ῩΗΜΩΝ
ΧΑΡΙΝΕΧΩΤΩΘ̄Ω̄ΜΟΥ
ΩΛΑΤΡΕΥΩΑΠΟΠΡΟΓΟΝΩΝ
ΕΝΚΑΘΑΡΑϹΥΝΙΔΗϹΕΙ
ΩϹΑΔΙΑΛΙΠΤΟΝΕΧΩ
ΤΗΝΠΕΡΙϹΟΥΜΝΙΑΝ
ΕΝΤΑΙϹΔΕΗϹΕϹΙΝΜΟΥ
ΝΥΚΤΟϹΚΑΙΗΜΕΡΑϹ
ΕΠΙΠΟΘΩΝϹΕΙΔΕΙΝ
ΜΕΜΝΗΜΕΝΟϹϹΟΥΤΩΝΔΑΚΡΥΩ̄
ΙΝΑΧΑΡΑϹΠΛΗΡΩΘΩ
ΥΠΟΜΝΗϹΙΝΛΑΜΒΑΝΩ̄
ΤΗϹΕΝϹΟΙΑΝΥΠΟΚΡΙΤΟΥΠΙϹΤΕΩϹ
ΗΤΙϹΕΝΟΙΚΗϹΕΝΠΡΩΤΟΝ

PAVLVS APOSTOLVS X̄P̄Ī ĪH̄V̄
PER VOLVNTATEM D̄Ī
SECVNDVM PROMISSIONEM VITAE
QVAE EST IN X̄P̄Ō ĪH̄V̄
TIMOTHEO CARISSIMO FILIO
GRATIA MISERICORDIA PAX
A D̄Ō PATRE
ET X̄P̄Ō ĪH̄V̄ D̄N̄Ō NOSTRO
GRATIAS AGO D̄Ō MEO
CVI SERVIO PROGENITORIBVS
IN PVRA CONSCIENTIA
QVOD SINE INTERMISSIONE HABEO
MEMORIAM TVAM
IN HORTATIONIBVS MEIS
NOCTE ET DIE
DESIDERANT TE VIDERE
MEMOR TVARVM LACRIMARVM
VT GAVDIO IMPLEAR
COMMEMORATIONEM ACCIPIENS
EIVS QVAE IN TE EST FIDE
QVAE HABITABVIT PRIMVM

ΕΝΤΗΜΑΜΜΗϹΟΥΛΩΙΔΙ	IN AVIA TVA LOIDE
ΚΑΙΤΗΜΗΤΡΙϹΟΥΕΥΝΙΚΗ	ET MATRE TVA EVNICE
ΠΕΠΙϹΜΕΔΕΟΤΙΚΑΙΕΝϹΟΙ	CERTVS SVM AVTEM QVOD ET IN TE
ΔΙΗΝΑΙΤΙΑΝΥΠΟΜΙΜΝΗϹΚΩϹΕ	PROPTER QVOD ADMONEO TE
ΑΝΑΖΩΟΠΥΡΙΝΤΟΧΑΡΙϹΜΑΤΟΥΘ̅Υ̅	VT RESVSCITES GRATIAM D̅I̅
ΟΕϹΤΙΝΕΝϹΟΙΔΙΑΤΗϹΕΠΙΘΕϹΕΩϹ	QVAE EST IN TER INPOSITIONEM
ΤΩΝΧΕΙΡΩΝΜΟΥ	MANVVM MEARVM
ΟΥΓΑΡΕΔΩΚΕΝΗΜΙΝΟΘ̅Ϲ̅	NON ENIM DEDIT NOBIS D̅S̅
Π̅Ν̅Α̅ΔΙΛΙΑϹ	S̅P̅M̅ TIMORIS
ΑΛΛΑΔΥΝΑΜΕΩϹΚΑΙΑΓΑΠΗϹ	SER VIRTVTIS ET CARITATIS
ΚΑΙϹΩΦΡΟΝΙϹΜΟΥ	ET SOBRIETATIS
ΜΗΟΥΝΕΠΑΙϹΧΥΝΘΗϹ	NOLI ERGO ERVBESCERE
ΤΟΜΑΡΤΥΡΙΟΝΤΟΥΚ̅Υ̅ΗΜΩΝ	IN TESTIMONIVM D̅N̅I̅ NOSTRI
ΜΗΔΕΕΜΕΤΟΝΔΕϹΜΙΟΝΑΥΤΟΥ	NEQVE ME VINCTVM EIVS
ΑΛΛΑϹΥΝΚΑΚΟΠΑΘΗϹΟΝ	SED CONLABORA
ΤΩΕΥΑΓΓΕΛΙΩ	IN EVANGELIO
ΚΑΤΑΔΥΝΑΜΙΝΤΟΥΘ̅Υ̅	SECVNDVM VIRTVTEM D̅I̅
ΤΟΥϹΩϹΑΝΤΟϹΗΜΑϹ	QVIA SALVOS NOS FACIT
ΚΑΙΚΑΛΕϹΑΝΤΟϹΚΛΗϹΕΙΑΓΙΑ	ET VOCAVIT VOCATIONE SANCTA
ΟΥΚΑΤΑΤΑΕΡΓΑΗΜΩΝ	NON SECVNDVM FACTA NOSTRA
ΑΛΛΑΚΑΤΙΔΙΑΝΠΡΟΘΕϹΙΝ	SED SECVNDVM SVVM PROPOSITVM

ΚΑΙΧΑΡΙΝ	ET GRATIAM
ΤΗΝΔΟΘΕΙϹΑΝΗΜΙΝΕΝΧ̅Ω̅Ι̅Υ̅	QVAE DATA EST NOBIS IN X̅P̅O̅ I̅H̅V̅
ΠΡΟΧΡΟΝΩΝΑΙΩΝΙΩΝ	ANTE TEMPORA SAECVLARIA
ΦΑΝΕΡΩΘΕΙϹΑΝΔΕΝΥΝ	MANIFESTATA EST AVTEM NVNC
ΔΙΑΤΗϹΕΠΙΦΑΝΙΑϹ	PER ADVENTVM
ΤΟΥϹΩΤΗΡΟϹΗΜΩΝΧ̅Υ̅Ι̅Υ̅	SALVATORIS NOSTRI X̅P̅I̅ I̅H̅V̅
ΤΟΥΚΑΤΑΡΓΗϹΑΝΤΟϹΜΕΝΤΟΝΘΑΝΑΤΟ̅	QVI DESTRVXIT QVIDEM MORTEM
ΦΩΤΙϹΑΝΤΟϹΔΕΤΗΝΖΩΗΝ	INLVMINAVIT AVTEM VITAM
ΚΑΙΑΦΘΑΡϹΙΑΝ	ET INMORTALITATEM
ΔΙΑΤΟΥΕΥΑΓΓΕΛΙΟΥ	PER EVANGELIVM
ΕΙϹΟΕΤΕΘΗΝΕΓΩΚΗΡΥΞ	IN QVO POSITVS SVM EGO PRAEDICATOR
ΚΑΙΑΠΟϹΤΟΛΟϹ	ET APOSTOLVS
ΚΑΙΔΙΔΑϹΚΑΛΟϹΕΘΝΩΝ	ET MAGISTER GENTIVM
ΔΙΗΝΑΙΤΙΑΝΚΑΙΤΑΥΤΑΠΑϹΧΩ	OB QVAM CAVSAM ET HAEC PATIOR
ΑΛΛΟΥΚΕΠΑΙϹΧΥΝΟΜΑΙ	SED NON CONFVNDOR
ΟΙΔΑΓΑΡΩΠΕΠΙϹΤΕΥΚΑ	SCIO ENIM CVI CREDIDI
ΚΑΙΠΕΠΙϹΜΕ	ET CERTVS SVM
ΟΤΙΔΥΝΑΤΟϹΕϹΤΙΝ	QVIA POTENS EST
ΤΗΝΠΑΡΑΘΗΚΗΝΦΥΛΑΞΑΙ	DEPOSITVM MEVM SERVARE
ΕΙϹΕΚΕΙΝΗΝΤΗΝΗΜΕΡΑΝ	IN ILLVM DIEM
ΥΠΟΤΥΠΩϹΙΝΕΧΕ	FORMAM HABENS

ΥΓΙΑΙΝΟΝΤΩΝΛΟΓΩΝ
ΩΝΠΑΡΕΜΟΥΗΚΟΥϹΑϹ
ЄΝΠΙϹΤΙΚΑΙΑΓΑΠΗϹ
ΤΗϹЄΝΧΩΙΥ
ΤΗΝΚΑΛΗΝΠΑΡΑΘΗΚΗΝ
ΦΥΛΑΞΟΝ
ΔΙΑΠΝϹΑΓΙΟΥ
ΤΟΥЄΝΟΙΚΟΥΝΤΟϹЄΝΗΜЄΙΝ
ΟΙΔΑϹΤΟΥΤΟ
ΟΤΙΑΠЄϹΤΡΑΦΗϹΑΝΜЄΠΑΝΤЄϹ
ΟΙЄΝΤΗΑϹΙΑ
ΩΝЄϹΤΙΝΦΥΓЄΛΟϹ
ΚΑΙЄΡΜΟΓЄΝΗϹ
ΔΩΗЄΛЄΟϹΟΚϹ
ΤΩΟΝΗϹΙΦΟΡΟΥΟΙΚΩ
ΟΤΙΠΟΛΛΑΚΙϹΜЄΑΝЄΨΥΞЄΝ
ΚΑΙΤΗΝΑΛΥϹΙΝΜΟΥ
ΟΥΚЄΠЄϹΧΥΝΘΗ
ΑΛΛΑΓЄΝΟΜЄΝΟϹЄΝΡΩΜΗ
ϹΠΟΥΔЄΩϹЄΖΗΤΗϹЄΝΜЄ
ΚΑΙЄΥΡЄΝ

SANORVM VERBORVM
QVAS A ME AVDISTI
ET FIDE ET DILECTIONEM
IN XPO IHV
BONVM DEPOSITVM
CVSTODI
PER SPM SANCTVM
QVI HABITAT IN NOBIS
SCIS HOC
QVOD ADVERTERVNT SE A ME OMNES
QVI SVNT AB ASIA
EX QVIBVS EST FYGELVS
ET ERMOGENES
DET MISERICORDIAM DNS
ONESIPHORI DOMVI
QVIA FREQVENTER ME REFRIGERAVIT
ET CATENAM MEAM
NON ERVBVIT
SED CVM VENISSET ROMAE
SOLLICITE QVAESIVIT ME
ET INVENIT

ΔΩΗΑΥΤΩΟΚ̅Ϲ̅	DET ILLI D̅N̅S̅
ЄΥΡЄΙΝЄΛΑΙΟϹΠΑΡΑΘ̅Ω̅	INVENIRE MISERICORDIAM A D̅O̅
ЄΝΤΗΗΜЄΡΑЄΚЄΙΝΗ	IN DIE ILLO
ΚΑΙΟϹΑЄΝЄΦЄϹΩΔΙΗΚΟΝΗϹЄΝ	ET QVANTA EPHESI MINISTRAVI
ΒЄΛΤЄΙΟΝϹΥΓЄΙΝΩϹΚЄΙϹ	MELIVS TV NOSTI
ϹΥΟΥΝΤЄΚΝΟΝΜΟΥЄΝΔΥΝΑΜΟΥ	TV ERGO FILIV MIHI CONFORTARE
ЄΝΤΗΧΑΡΙΤЄΙΤΗЄΝΧ̅Ω̅Ι̅Υ̅	IN GRATIA QVAE EST IN X̅P̅O̅ I̅H̅V̅
ΚΑΙΑΗΚΟΥϹΑϹΠΑΡЄΜΟΥ	ET QVAE AVDISTI A ME
ΔΙΑΠΟΛΛΩΝΜΑΡΤΥΡΩΝΤΑΥΤΑ	PER MVLTOS TESTES HAEC
ΠΑΡΑΘΟΥΠΙϹΤΟΙϹΑ̅Ν̅Ο̅Ι̅Ϲ̅	CONMENDA FIDELIBVS HOMINIBVS
ΟΙΤΙΝЄϹΙΚΑΝΟΙЄϹΟΝΤΑΙ	QVI IDONEI ERVNT
ΚΑΙЄΤЄΡΟΥϹΔΙΔΑΞΑΙϹΥΝ	ET ALIOS DOCERE SEMVL
ΚΑΚΟΠΑΘΗϹΟΝΩϹΚΑΛΟϹ	LABORA SICVT BONVS
ϹΥΝϹΤΡΑΤΙΩΤΗϹΧ̅Υ̅Ι̅Υ̅	MILEX X̅P̅I̅ I̅H̅V̅
ΟΥΔΙϹϹΤΡΑΤЄΥΟΜЄΝΟϹ	NEMO MILITANS
ЄΝΠΛЄΚЄΤΑΙ	INPLICAT
ΤΑΙϹΤΟΥΒΙΟΥΠΡΑΓΜΑΤΙΑΙϹ	SAE NEGOTIIS SECVLARIBVS
ΙΝΑΤΩϹΤΡΑΤΟΛΟΓΗϹΑΝΤΙ	ET EI QVI SE PROBAVIT
ΑΡЄϹΗ	PLACEAM
ЄΑΝΔЄΚΑΙΑΘΛΗΤΙϹ	SI AVTEM ET CERTET
ΟΥϹΤЄΦΑΝΟΥΤΑΙ	QVIS NON CORONATVR

ΕΑΝΜΗΝΟΜΙΜΩCΑΘΛΗCΗ
ΤΟΝΚΟΠΙΩΝΤΑΓΕΩΡΓΟΝ
ΔΕΙΠΡΩΤΟΝΤΩΝΚΑΡΠΩΝ
ΜΕΤΑΛΑΜΒΑΝΕΙΝ
ΝΟΕΙΑΛΕΓΩ
ΔΩCΕΙΓΑΡCΟΙΟΚ̅C̅
CΥΝΕCΙΝΕΝΠΑCΙΝ
ΜΝΗΜΟΝΕΥΕΙΝΧ̅Ν̅Ι̅Ν̅
ΕΓΗΓΕΡΜΕΝΟΝΕΚΝΕΚΡΩΝ
ΕΚCΠΕΡΜΑΤΟCΔΑΥΕΙΔ
ΚΑΤΑΤΟΕΥΑΓΓΕΛΙΟΝΜΟΥ
ΕΝΩΚΑΚΟΠΑΘΩ
ΜΕΧΡΙΔΕCΜΩΝΩCΚΑΚΟΥΡΓΟC
ΑΛΛΑΟΛΟΓΟCΤΟΥΘ̅Υ̅ΟΥΔΕΔΕΤΑΙ
ΔΙΑΤΟΥΤΟΠΑΝΤΑΥΠΟΜΕΝΩ
ΔΙΑΤΟΥCΕΚΛΕΚΤΟΥC
ΙΝΑΚΑΙΑΥΤΟΙCΩΤΗΡΙΑCΤΥΧΩCΙΝ
ΤΗCΕΝΧ̅Ω̅Ι̅Υ̅
ΜΕΤΑΔΟΞΗCΑΙΩΝΙΟΥ
ΠΙCΤΟCΟΛΟΓΟC
ΕΙΓΑΡCΥΝΑΠΕΘΑΝΟΜΕΝ

NISI LEGITIME CERTAVERIT
LABORANTEM AGRICOLA
OPORTET PRIMVM DE FRVCTIBVS
PERCIPERE
INTELLEGE QVAE DICO
DABIT ENIM TIBI D̅N̅S̅
INTELLECTVM IN OMNIBVS
MEMOR ESTO X̅P̅M̅ I̅H̅M̅
SVRREXISSE A MORTVIS
EX SEMINE DAVIT
SECVNDVM EVANGELIVM MEVM
IN QVO LABORO
VSQVE AD VINCVLA TAMQVAM MALEFACTOR
SED SERMO D̅I̅ NON EST ADLIGATVS
PROPTEREA OMNIA SVSTINEO
PROPTER ELECTOS
VT ET IPSI SALVTEM CONSEQVANTVR
QVAE EST IN X̅P̅O̅ I̅H̅V̅
CVM GLORIA AETERNA
FIDELIS SERMO
SI ENIM COMMORTVI SVMVS

ΚΑΙϹΥΝΖΗϹΟΜΕΝ
ΕΙΥΠΟΜΕΝΟΜΕΝ
ΚΑΙϹΥΝΒΑϹΙΛΕΥΟΜΕΝ
ΕΙΑΡΝΟΥΜΕΘΑ
ΚΑΚΕΙΝΟϹΑΡΝΗϹΕΤΑΙΗΜΑϹ
ΕΙΑΠΙϹΤΟΥΜΕΝΕΚΕΙΝΟϹ
ΠΙϹΤΟϹΜΕΝΕΙ
ΑΡΝΗϹΑϹΘΑΙΓΑΡΕΑΥΤΟΝΟΥΔΥΝΑΤΑΙ
ΤΑΥΤΑΥΠΟΜΙΜΝΗϹΚΕ
ΔΙΑΜΑΡΤΥΡΟΜΕΝΟϹΕΝΩΠΙΟΝΚ̅Υ̅
ΜΗΛΟΓΟΜΑΧΕΙΝ
ΕΙϹΟΥΔΕΝΧΡΗϹΙΜΟΝ
ΕΠΙΚΑΤΑϹΤΡΟΦΗ
ΤΩΝΑΚΟΥΟΝΤΩΝ
ϹΠΟΥΔΑϹΟΝϹΕΑΥΤΟΝΔΟΚΙΜΟΝ
ΠΑΡΑϹΤΗϹΑΙΤΩΘ̅Ω̅ΕΡΓΑΤΗΝ
ΑΝΕΠΙϹΧΥΝΤΟΝ
ΟΡΘΟΤΟΜΟΥΝΤΑ
ΤΟΝΛΟΓΟΝΤΗϹΑΛΗΘΙΑϹ
ΤΑϹΔΕΒΕΒΗΛΟΥϹ
ΚΕΝΟΦΩΝΙΑϹΠΕΡΙΙϹΤΑϹΟ

ET CONVIVEMVS
SI TOLEREMVS
ET CONREGNAVIMVS
SI NEGAMVS
ET ILLE NEGAVIT NOS
SI NON CREDIDIMVS ILLI
FIDELIS PERMANET
NEGARE SE IPSVM NON POTEST
HAEC ADMONE
TESTIFICANS CORAM D̅N̅O̅
NOLI VERBIS CONTENDERE
IN NIHIL ENIM VTILE EST
IN SVBVERSIONE
AVDIENTIVM
SOLLICITE CVRA TE IPSVM
EXHIBERE D̅O̅ OPERARIVM
INCONFVSIBILEM
RECTE TRACTANTEM
VERBVM VERITATIS
PROFANAS AVTEM
NOVITATES VOCVM DEVITA

ЄΠΙΠΛΙΟΝΓΑΡΠΡΟΚΟΨΟΥϹΙΝ
ΑϹЄΒЄΙϹ
ΚΑΙΟΛΟΓΟϹΑΥΤΩΝ
ΩϹΓΑΝΓΡΑΙΝΑΝΟΜΗΝЄΞЄΙ
ΩΝЄϹΤΙΝΥΜΑΙΝЄΟϹ
ΚΑΙΦΙΛΗΤΟϹ
ΟΙΤΙΝЄϹΠЄΡΙΤΗΝΑΛΗΘΙΑΝ
ΗϹΤΟΧΗϹΑΝΛЄΓΟΝΤЄϹ
ΤΗΝΑΝΑϹΤΑϹΙΝΗΔΗΓЄΓΟΝЄΝΑΙ
ΚΑΙΤΗΝΠΙϹΤΙΝ
ΤΗΝΤΙΝΩΝΑΝΑΤΡЄΠΟΥϹΙΝ
ΟΜЄΝΤΟΙϹΤЄΡЄΟϹ
ΘЄΜЄΛΙΟϹΤΟΥΘΥ
ЄϹΤΗΚЄΝЄΧΩΝ
ΤΗΝϹΦΡΑΓΙΔΑΤΑΥΤΗΝ
ЄΓΝΩΚϹΤΟΥϹΟΝΤΑϹΑΥΤΟΥ
ΚΑΙΑΠΟϹΤΗΤΩΑΠΟΑΔΙΚΙΑϹ
ΠΑϹΟΟΝΟΜΑΖΩΝ
ΤΟΟΝΟΜΑΚΥ
ЄΝΜЄΓΑΛΗΔЄΟΙΚΙΑ
ΟΥΚЄϹΤΙΝΜΟΝΟΝϹΚЄΥΗ

MVLTVM ENIM PROFICIENT
AD IMPIETATEM
ET SERMO EORVM
ET CANCER SERPIT
EX QVIBVS EST HYMENEVS
ET FILETVS
QVI A VERITATE
EXCIDERVNT DICENTES
RESVRRECTIONEM IAM FACTAM ESSE
ET FIDEM
QVORVMDAM SVBVERTVNT
FIRMVM QVIDEM
FVNDAMENTVM DI
STAT HABENS
SIGNVM HOC
QVO COGNOVIT DNS QVI SVNT EIVS
ET DISCEDAT AB INIQVITATE
OMNIS QVI NOMINAT
NOMEN DNI
IN MAGNA AVTEM DOMO
NON SVNT TANTVM VASA

ΧΡΥϹΑΚΑΙΑΡΓΥΡΑ	AVREA ET ARGENTEA
ΑΛΛΑΚΑΙΞΥΛΙΝΑΚΑΙΟϹΤΡΑΚΙΝΑ	SED ET LIGNEA ET FICTILIA
ΚΑΙΑΜΕΝΕΙϹΤΕΙΜΗΝ	ET ALIA QVIDEM IN HONOREM
ΑΔΕΕΙϹΑΤΙΜΕΙΑΝ	ALIA AVTEM IN CONTVMELIA
ΕΑΝΟΥΝΤΙϹΕΚΚΑΘΑΡΗ	SI QVIS ERGO MVNDAVERIT
ΕΑΥΤΟΝΑΠΟΤΟΥΤΩΝ	SEMETIPSVM AB HIS
ΕϹΤΕϹΚΕΥΟϹΕΙϹΤΕΙΜΗΝ	ERIT VAS IN HONORE
ΗΓΙΑϹΜΕΝΟΝ	SANCTIFICATVM
ΕΥΧΡΗϹΤΟΝΤΩΔΕϹΠΟΤΗ	VTILE DOMINO
ΠΡΟϹΠΑΝΕΡΓΟΝΑΓΑΘΟΝ	AD OMNEM OPVS BONVM
ΗΤΟΙΜΑϹΜΕΝΟΝ	PARATVM
ΤΑϹΔΕΝΕΩΤΕΡΙΚΑϹ	IVVENILIA AVTEM
ΕΠΙΘΥΜΙΑϹΦΕΥΓΕ	DESIDERIA FVGE
ΔΙΩΚΕΔΕΔΙΚΑΙΟϹΥΝΗΝ	SECTARE AVTEM IVSTITIAM
ΠΙϹΤΙΝΑΓΑΠΗΝΕΙΡΗΝΗΝ	FIDEM CARITATEM PACEM
ΜΕΤΑΤΩΝΕΠΙΚΑΛΟΥΜΕΝΩΝ	CVM HIS QVI INVOCANT
ΤΟΝΚ̅Ν̅	DOMINVM
ΕΚΚΑΘΑΡΑϹΚΑΡΔΙΑϹ	DE PVRO CORDE
ΤΑϹΔΕΜΩΡΑϹ	STVLTAS AVTEM
ΚΑΙΑΠΑΙΔΕΥΤΟΥϹΖΗΤΗϹΕΙϹ	ET SINE DISCIPLINA QVAESTIONES
ΠΑΡΑΙΤΟΥ	DEVITA

ΕΙΔΩϹΟΤΙΓΕΝΝΩϹΙΝΜΑΧΑϹ	SCIENS QVOD GENERANT LITES
ΔΟΥΛΟΝΔΕΚΥ̅	SERVVM AVTEM D̅N̅I̅
ΟΥΔΕΙΜΑΧΕϹΘΑΙ	NON OPORTET LITIGARE
ΑΛΛΑΝΗΠΙΟΝΕΙΝΑΙΠΡΟϹΠΑΝΤΑϹ	SED MITEM ESSE AD OMNES
ΔΙΔΑΚΤΙΚΟΝ	DOCIBILEM
ΑΝΕΞΙΚΑΚΟΝ	PATIENTEM
ΕΝΠΡΑΥΤΗΤΙΠΑΙΔΕΥΟΝΤΑ	CVM INMODESTIA CORRIPIENTE
ΤΟΥϹΑΝΤΙΔΙΑΤΙΘΕΜΕΝΟΥϹ	EOS QVI RESISTVNT
ΜΗΠΟΤΕΔΩΗΑΥΤΟΙϹΟΘ̅Ϲ̅	NE FORTE DET ILLIS D̅S̅
ΜΕΤΑΝΟΙΑΝ	PAENITENTIAM
ΕΙϹΕΠΙΓΝΩϹΙΝΑΛΗΘΙΑϹ	AD COGNOSCENDAM VERITATEM
ΚΑΙΑΝΑΛΗΜΨΩϹΙΝ	ET RESIPISCANT
ΕΚΤΗϹΤΟΥΔΙΑΒΟΛΟΥΠΑΓΙΔΟϹ	DE DIABOLI LAQVAEIS
ΕΖΩΓΡΗΜΕΝΟΙΥΠΑΥΤΟΥ	A QVO CAPTI TENTVR AB EO
ΕΙϹΤΟΕΚΕΙΝΟΥΘΕΛΗΜΑ	SECVNDVM IPSIVS VOLVNTATEM
ΤΟΥΤΟΔΕΓΕΙΝΩϹΚΕ	HOC AVTEM SCIO
ΟΤΙΕΝΕϹΧΑΤΑΙϹΗΜΕΡΑΙϹ	QVOD IN NOVISSIMIS DIEBVS
ΕΝϹΤΗϹΟΝΤΑΙΚΑΙΡΟΙΧΑΛΕΠΟΙ	ADVENIENT TEMPORA PERICVLOSA
ΕϹΟΝΤΑΙΓΑΡΟΙΑΝΘΡΩΠΟΙ	ERVNT HOMINES
ΦΙΛΑΥΤΟΙΦΙΛΑΡΓΥΡΟΙ	SE IPSOS AMANTES AVARI
ΑΛΑΖΟΝΕϹΥΠΕΡΗΦΑΝΟΙ	FASTIDIOSI SVPERVI

ΒΛΑϹΦΗΜΟΙ
ΓΟΝЄΥϹΙΝΑΠΙΘЄΙϹ
ΑΧΑΡΙϹΤΟΙΑΝΟϹΙΟΙ
ΑϹΠΟΝΔΟΙΑϹΤΟΡΓΟΙ
ΔΙΑΒΟΛΟΙΑΚΡΑΤЄΙϹ
ΑΝΗΜЄΡΟΙΑΦΙΛΑΓΑΘΟΙ
ΠΡΟΔΟΤΑΙΠΡΟΠЄΤЄΙϹ
ΤЄΤΥΦΩΜЄΝΟΙ
ΦΙΛΗΔΟΝΟΙΜΑΛΛΟΝ
ΗΦΙΛΟΘЄΟΙ
ЄΧΟΝΤЄϹΜΟΡΦΩϹΙΝЄΥϹЄΒΙΑϹ
ΤΗΝΔЄΔΥΝΑΜΙΝΑΥΤΗϹ
ΗΡΝΗΜЄΝΟΙ
ΚΑΙΤΟΥΤΟΥϹΑΠΟΤΡЄΠΟΥ
ЄΚΤΟΥΤΩΝΓΑΡЄΙϹΙΝ
ΟΙЄΝΔΥΝΟΝΤЄϹЄΙϹΤΑϹΟΙΚΙΑϹ
ΚΑΙЄΚΜΑΛΩΤΙΖΟΝΤЄϹ
ΓΥΝΑΙΚΑΡΙΑ
ϹЄϹΩΡЄΥΜЄΝΑΑΜΑΡΤΙΑΙϹ
ΑΓΟΜЄΝΑЄΠΙΘΥΜΙΑΙϹΠΟΙΚΙΛΑΙϹ
ΠΑΝΤΟΤЄΜΑΝΘΑΝΟΝΤΑ

BLASPHEMI
PARENTIBVS NON OBAVDIENTES
INGRATI SCELESTI
SINE ADFECTIONE SINE FIDE
DETRACTORES INCONTINENTES
INMITES SINE BENIGNITATE
PRODITORES PROTERVI
INFLATI
VOLVMPTATIVM MAGIS
QVAM AMATORES D̅I̅
HABENTEM SPECIEM PIETATIS
VIRTVTEM AVTEM IPSIVS
NEGANTES
ET HOC DEVITA
ET HIS ENIM SVNT
QVI PENETRANT DOMOS
ET CAPTIVAS DVCVNT
MVLIERCVLAS
ONERATAS PECCATIS
QVAE DVCVNTVR VARIIS DESIDERIIS
SEMPER DISCENTES

ΚΑΙΜΗΔΕΠΟΤΕΕΙϹΕΠΙΓΝΩϹΙΝ	ET NVMQVAM AD SCIENTIAM
ΑΛΗΘΙΑϹ	VERITATIS
ΕΛΘΙΝΔΥΝΑΜΕΝΑ	PERVENIRE POSSVNT
ΟΝΤΡΟΠΟΝΔΕΙΑΝΝΗϹ	QVEMADMODVM AVTEM IANNES
ΚΑΙΙΑΜΒΡΗϹ	ET MAMBRES
ΑΝΤΕϹΤΗϹΑΝΜΩΥϹΕΙ	RESISTERVNT MOYSI
ΟΥΤΩϹΚΑΙΟΥΤΟΙΑΝΤΙϹΤΑΝΤΑΙ	SIC ET HI RISISTVNT
ΤΗΑΛΗΘΕΙΑ	VERITATI
ΑΝΘΡΩΠΟΙΚΑΤΕΦΘΑΡΜΕΝΟΙ	HOMINES CORRVPTI
ΤΟΝΝΟΥΝ	MENTE
ΑΔΟΚΙΜΟΙΠΕΡΙΤΗΝΠΙϹΤΙΝ	REPROBI CIRCA FIDEM
ΑΛΛΟΥΠΡΟΚΟΨΟΥϹΙΝΕΠΙΠΛΙΟΝ	SED VLTRA NON PROFICIENT
ΗΓΑΡΑΝΟΙΑΑΥΤΩΝ	INSIPIENTIA ENIM EORVM
ΕΚΔΗΛΟϹΕϹΤΙΝΠΑϹΙΝ	MANIFESTA ERIT OMNIBVS
ΩϹΚΑΙΗΕΚΕΙΝΩΝΕΓΕΝΕΤΟ	SICVT ET ILLORVM FVIT
ϹΥΔΕΠΑΡΗΚΟΛΟΥΘΗΚΑϹΜΟΙ	TV AVTEM ADSECVTVS ES MEAM
ΤΗΔΙΔΑϹΚΑΛΙΑ	DOCTRINAM
ΤΗΑΓΑΠΗΤΗΠΡΟΘΕϹΕΙ	INSTITVONEM PROPOSITVM
ΤΗΠΙϹΤΙΤΗΜΑΚΡΟΘΥΜΙΑ	FIDEM LONGAANIMITATEM
ΤΗΑΓΑΠΗΤΗΥΠΟΜΟΝΗ	CARITATEM PATIENTIAM
ΤΟΙϹΔΙΩΓΜΟΙϹ	PERSECVTIONES

ΤΟΙϹΠΑΘΗΜΑϹΙΝ
ΟΙΑΜΟΙΕΓΕΝΕΤΟΕΝΑΝΤΙΟΧΙΑ
ΕΝΕΙΚΟΝΙΩΕΝΛΥϹΤΡΟΙϹ
ΟΙΟΥϹΔΙΩΓΜΟΥϹΥΠΗΝΕΓΚΑ
ΚΑΙΕΚΠΑΝΤΩΝΜΕΕΡΥϹΑΤΟΟΘ̄Ϲ̄
ΚΑΙΠΑΝΤΕϹΔΕΟΙΘΕΛΟΝΤΕϹ
ΕΥϹΕΒΩϹΖΗΝΕΝΧ̄Ω̄ῙῩ
ΔΙΩΧΘΗϹΟΝΤΑΙ
ΠΟΝΗΡΟΙΔΕΑΝΘΡΩΠΟΙ
ΚΑΙΓΟΗΤΑΙΠΡΟΚΟΨΟΥϹΙΝ
ΕΠΙΤΟΧΕΙΡΟΝΠΛΑΝΩΝΤΕϹ
ΚΑΙΠΛΑΝΩΜΕΝΟΙ
ϹΥΔΕΜΕΝΕΕΝΟΙϹΕΜΑΘΕϹ
ΚΑΙΕΠΙϹΤΩΘΗϹ
ΕΙΔΩϹΠΑΡΑΤΙΝΟϹΕΜΑΘΕϹ
ΚΑΙΟΤΙΑΠΟΒΡΕΦΟΥϹ
ΙΕΡΑΓΡΑΜΜΑΤΑΟΙΔΕϹ
ΤΑΔΥΝΑΜΕΝΑϹΕϹΟΦΙϹΑΙ
ΕΙϹϹΩΤΗΡΙΑΝ
ΔΙΑΠΙϹΤΕΩϹΤΗϹΕΝΧ̄Ω̄ῙῩ
ΠΑϹΑΓΡΑΦΗΘΕΟΠΝΕΥϹΤΟϹ

PASSIONES
QVALIA MIHI FACTA SVNT ANTIOCHIA
ICONIO IN LYSTRIS
QVALES PERSECVTIONES SVSTINVI
EX OMNIBVS ME LIBERAVIT D̄N̄S̄
ET OMNES QVI VOLVNT
PIE VIVERE IN X̄P̄Ō Ī H̄V̄
PERSECVTIONEM PATIENTVR
MALI AVTEM HOMINES
ET SEDVCTORES PROFICIENT
IN PEIVS ERRANTES
ET IN ERROREM MITTENTES
TV VERO PERMANE IN HIS QVAE DIDICISTI
ET CREDITA SVNT TIBI
SCIENS A QVIBVS DEDICERIS
ET QVONIAM AB INFANTIA
SACRAS LITTERAS NOSTI
QVAE TE POSSINT INSTRVERE
AD SALVTEM
PER FIDEM QVAE EST IN X̄P̄Ō Ī H̄V̄
OMNES SCRIPTVRA DIVINITVS

ΚΑΙΩΦΕΛΙΜΟϹ	ET VTILIS
ΠΡΟϹΔΙΔΑϹΚΑΛΙΑΝ	AD DOCENDVM
ΠΡΟϹΕΛΕΓΧΟΝ	AD CORRIPIENDVM
ΠΡΟϹΕΠΑΝΟΡΘΩϹΙΝ	AD CORRIGENDVM
ΠΡΟϹΠΑΙΔΙΑΝ	AD DISCIPLINAM
ΤΗΝΕΝΔΙΚΑΙΟϹΥΝΗ	QVAE EST AD IVSTITIAM
ΙΝΑΤΕΛΙΟϹΗ	VT PERFECTVS SIT
ΟΤΟΥΘ̅Υ̅ΑΝΘΡΩΠΟϹ	HOMO D̅I̅
ΠΡΟϹΠΑΝΕΡΓΟΝΑΓΑΘΟΝ	AD OMNE OPVS BONVM
ΕΞΗΡΤΙϹΜΕΝΟϹ	CONSVMMATVS
ΔΙΑΜΑΡΤΥΡΟΜΑΙΕΝΩΠΙΟΝΤΟΥΘ̅Υ̅	TESTIFICOR CORAM D̅O̅
ΚΑΙΧ̅Υ̅Ι̅Υ̅	ET X̅P̅O̅ I̅H̅V̅
ΤΟΥΜΕΛΛΟΝΤΟϹΚΡΙΝΕΙΝ	QVI IVDICATVRVS EST
ΖΩΝΤΑϹΚΑΙΝΕΚΡΟΥϹ	VIVOS ET MORTVOS
ΚΑΙΤΗΝΕΠΙΦΑΝΙΑΝΑΥΤΟΥ	ET ADVENTVM EIVS
ΚΑΙΤΗΝΒΑϹΙΛΙΑΝΑΥΤΟΥ	ET REGNVM EIVS
ΚΗΡΥΞΟΝΤΟΝΛΟΓΟΝ	PRAEDICA VERBVM
ΕΠΙϹΤΗΘΙΕΥΚΑΙΡΩϹ	INSTA OPORTVNE
ΑΚΑΙΡΩϹΕΛΕΓΞΟΝ	INPORTVNE ARGVE
ΕΠΙΤΙΜΗϹΟΝΠΑΡΑΚΑΛΕϹΟΝ	EXHORTARE INCREPA
ΕΝΠΑϹΗΜΑΚΡΟΘΥΜΙΑ	IN OMNI PATIENTIA

ΚΑΙΔΙΔΑΧΗ
ЄCΤΑΙΓΑΡΚΑΙΡΟC
ΟΤЄΤΗCΥΓΙΑΙΝΟΥCΗC
ΔΙΔΑCΚΑΛΙΑCΟΥΚΑΝЄΞΟΝΤΑΙ
ΑΛΛΑΠΡΟCΤΑCΙΔΙΑC
ЄΠΙΘΥΜΙΑC
ЄΑΥΤΟΙCЄΠΙCωΡЄΥCΟΥCΙΝ
ΔΙΔΑCΚΑΛΟΥC
ΚΝΗΘΟΜЄΝΟΙΤΗΝΑΚΟΗΝ
ΚΑΙΑΠΟΜЄΝΤΗCΑΛΗΘΙΑC
ΤΗΝΑΚΟΗΝΑΠΟCΤΡЄΨΟΥCΙΝ
ЄΠΙΔЄΤΟΥCΜΥΘΟΥC
ЄΚΤΡΑΠΗCΟΝΤΑΙ
CΥΔЄΝΗΦЄЄΝΠΑCΙΝ
ΚΑΚΟΠΑΘΗCΟΝ
ЄΡΓΟΝΠΟΙΗCΟΝЄΥΑΓΓЄΛΙCΤΟΥ
ΤΗΝΔΙΑΚΟΝΙΑΝCΟΥΠΛΗΡΟΦΟΡΗCΟ̄
ЄΓωΓΑΡΗΔΗCΠЄΝΔΟΜΑΙ
ΚΑΙΟΚΑΙΡΟCΤΗCЄΜΗC
ΑΝΑΛΥCЄωCЄΦЄCΤΗΚЄΝ
ΤΟΝΑΓωΝΑΤΟΝΚΑΛΟΝ

ET DOCTRINA
ERIT TEMPVS
CVM SANAM
DOCTRINAM NON SVSTINEBVNT
SED AD SVA
DESIDERIA
SIBI COACERVABVNT
MAGISTROS
PRVRIENTES AVRES
ET QVIDEM A VERITATE
AVDITVM AVERTENT
VT FABVLAS AVTEM
CONVERTENTVR
TV ERGO SOBRIVS ESTO IN OMNIBVS
LABORA
OPVS FAC EVANGELISTAE
MINISTERIVM TVVM INPLE
EGO ENIM DELIBOR
ET TENPVS MEAE
SOLVTIONIS INSTAT
CERTAMEN BONVM

Graece	Latine
ΗΓΩΝΙϹΜΕ	CERTAVI
ΤΟΝΔΡΟΜΟΝΤΕΤΕΛΕΚΑ	CVRSVM CONSVMMAVI
ΤΗΝΠΙϹΤΙΝΤΕΤΗΡΗΚΑ	FIDEM SERVAVI
ΛΟΙΠΟΝΑΠΟΚΕΙΤΑΙΜΟΙ	DE CETERO REPOSITA EST MIHI
ΟΤΗϹΔΙΚΑΙΟϹΥΝΗϹϹΤΕΦΑΝΟϹ	IVSTITIAE CORONA
ΟΝΑΠΟΔΩϹΕΙΜΟΙΟ$\overline{ΚϹ}$	QVAM REDDET MIHI $\overline{DNS}$
ΕΝΕΚΕΙΝΗΤΗΗΜΕΡΑ	IN ILLA DIE
ΟΔΙΚΑΙΟϹΚΡΙΤΗϹ	IVSTVS IVDEX
ΟΥΜΟΝΟΝΔΕΕΜΟΙ	NON SOLVM AVTEM MIHI
ΑΛΛΑΚΑΙΤΟΙϹΗΓΑΠΗΚΟϹΙΝ	SED ET HIS QVI DILIGVNT
ΤΗΝΕΠΙΦΑΝΙΑΝΑΥΤΟΥ	ADVENTVM EIVS
ϹΠΟΥΔΑϹΟΝΕΛΘΕΙΝ	FESTINA VENIRE
ΠΡΟϹΕΜΕΤΑΧΕΩϹ	AD ME CITO
ΔΗΜΑϹΜΕΓΑΡΚΑΤΕΛΙΠΕΝ	DEMAS ENIM ME DERELIQVID
ΑΓΑΠΗϹΑϹΤΟΝΝΥΝΑΙΩΝΑ	DILIGENS HOC SAECVLVM
ΚΑΙΕΠΟΡΕΥΘΗΕΙϹΘΕϹϹΑΛΟΝΙΚΗΝ	ET ABIIT THESSALONICEN
ΚΡΗϹΚΗϹΕΙϹΓΑΛΑΤΙΑΝΤΙΤΟϹΕΙϹΔΑΛΜΑΤΙ$\overline{Α}$	CRESCES IN GALATHIAM TITVS IN DALMATI$\overline{A}$
ΛΟΥΚΑϹΕϹΤΙΝϹΥΝΕΜΟΙΜΟΝΟϹ	LVCAS EST MECVM SOLVS
ΜΑΡΚΟΝΑΝΑΛΑΒΩΝ	MARCVM ADSVMENS
ΑΓΕΜΕΤΑϹΕΑΥΤΟΥ	ADDVC TECVM
ΕϹΤΙΝΓΑΡΜΟΙΕΥΧΡΗϹΤΟϹ	EST ENIM MIHI VTILIS

ЄΙCΔΙΑΚΟΝΙΑΝ
ΤΥΧΙΚΟΝΔЄΑΠЄCΤΙΛΑ
ЄΙCЄΦЄCΟΝ
ΤΟΝΦЄΛΟΝΗΝ
ΟΝΑΠЄΛΙΠΟΝЄΝΤΡωΑΔΙ
ΠΑΡΑΚΑΡΠωЄΡΧΟΜЄΝΟCΦЄΡЄ
ΚΑΙΤΑΒΙΒΛΙΑ
ΜΑΛΙCΤΑΔЄΤΑCΜЄΝΒΡΑΝΑC
ΑΛЄΞΑΝΔΡΟCΟΧΑΛΚЄΟΥC
ΠΟΛΛΑΜΟΙΚΑΚΑЄΝЄΔЄΙΞΑΤΟ
ΑΠΟΔωCЄΙΑΥΤωΟΚ̅C̅
ΚΑΤΑΤΑЄΡΓΑΑΥΤΟΥ
ΟΝΚΑΙCΥΦΥΛΑCCΟΥ
ΛΙΑΝΓΑΡΑΝΤЄCΤΗ
ΤΟΙCΗΜЄΤЄΡΟΙCΛΟΓΟΙC
ЄΝΤΗΠΡωΤΗΜΟΥΑΠΟΛΟΓΙΑ
ΟΥΔΙCΜΟΙCΥΝΠΑΡЄΓЄΝЄΤΟ
ΑΛΛΑΠΑΝΤЄCΜЄЄΝΚΑΤЄΛΙΠΟΝ
ΜΗΑΥΤΟΙCΛΟΓΙCΘΙΗ
ΟΔЄΚ̅C̅ΜΟΙΠΑΡЄCΤΗ
ΚΑΙЄΝЄΔΥΝΑΜωCЄΝΜЄ

IN MINISTERIVM
TYCHICVM AVTEM MISI
EPHESI
PAENVLAM
QVAM RELIQVI TROADE
APVT CARPVM VENIENS ADFERS
ET LIBROS
MAXIME AVTEM MEMBRANAS
ALEXANDEṘ ERARIVS
MVLTA MIHI MALA OSTENDIT
REDDAT ILLI D̅N̅S̅
SECVNDVM OPERA EIVS
QVEM ET TV DEVITA
VALDE ENIM RESTITIT
NOSTRIS VERBIS
IN PRIMA MEA DEFENSIONE
NEMO ADFVIT MIHI
SED OMNES ME DERELIQVERVNT
NON ILLIS INPVTETVR
D̅N̅S̅ AVTEM MIHI ADSTITIT
ET CONFORTAVIT ME

ΙΝΑΔΙΕΜΟΥΤΟΚΗΡΥΓΜΑ	VT PER ME PRAEDICATIO
ΠΛΗΡΟΦΟΡΗΘΗ	ADIMPLEATVR
ΚΑΙΑΚΟΥϹΩϹΙΝΠΑΝΤΑΤΑΕΘΝΗ	ET AVDIANT OMNES GENTES
ΚΑΙΕΡΡΥϹΘΗΝ	ET LIBERATVS SVM
ΕΚϹΤΟΜΑΤΟϹΛΕΟΝΤΟϹ	DE ORE LEONIS
ΡΥϹΕΤΑΙΜΕΟΚ̅Ϲ̅	LIBERAVIT ME D̅N̅S̅
ΑΠΟΠΑΝΤΟϹΕΡΓΟΥΠΟΝΗΡΟΥ	AB OMNI OPERE MALO
ΚΑΙϹΩϹΕΙΕΙϹΤΗΝΒΑϹΙΛΙΑΝΑΥΤΟΥ	ET SALVVM FACIET IN REGNVM SVVM
ΤΗΝΕΠΟΥΡΑΝΙΟΝ	CAELESTE
ΩΗΔΟΞΑΕΙϹΤΟΥϹΑΙΩΝΑϹ	CVI SIT GLORIA IN SAECVLA
ΤΩΝΑΙΩΝΩΝΑΜΗΝ	SAECVLORVM AMEN
ΑϹΠΑϹΑΙΠΡΙϹΚΑΝΚΑΙΑΚΥΛΑΝ	SALVTA PRISCAM ET AQVILAM
ΚΑΙΤΟΝΟΝΗϹΙΦΟΡΟΥΟΙΚΟΝ	ET HONESIPHORI DOMVM
ΕΡΑϹΤΟϹΕΜΙΝΕΝΕΝΚΟΡΙΝΘΩ	ERASTVS REMASIT CORINTHI
ΤΡΟΦΙΜΟΝΔΕΑΠΕΛΙΠΟΝ	TROFIMVM AVTEM RELIQVI
ΑϹΘΕΝΟΥΝΤΑΕΝΜΙΛΗΤΩ	INFIRMVM MILETO
ϹΠΟΥΔΑϹΟΝ	FESTINA
ΠΡΟΧΕΙΜΩΝΟϹΕΛΘΕΙΝ	ANTE HIEMEM VENEIRE
ΑϹΠΑΖΕΤΕϹΕΕΥΒΟΥΛΟϹ	SALVTAT TE EVBVLVS
ΚΑΙΠΟΥΔΗϹΚΑΙΛΙΝΟϹ	ET PVDENS ET LINVS
ΚΑΙΚΛΑΥΔΙΑ	ET CLAVDIA

ΚΑΙΟΙΑΔΕΛΦΟΙΠΑΝΤΕϹ
ΟΚ̅Ϲ̅Ι̅Ϲ̅Χ̅Ϲ̅ΜΕΤΑΤΟΥΠ̅Ν̅Ϲ̅ϹΟΥ
ΕΡΡѠϹΕΝΕΙΡΗΝΗΑΜΗΝ

ΠΡΟϹ ΤΕΙΜΟΘΕΟΝ Β̄

ΕΠΛΗΡѠΘΗ ΑΡΧΕΤΑΙ

ΠΡΟϹ ΤΙΤΟΝ

ET FRATRES OMNES
DNS IHS XPS CVM SPV TVO
VALE IN PACE AMEN

AD TIMOTHEVM ·II·

EXPLICIT INCIPIT

AD TITVM

ΠΑΥΛΟϹΔΟΥΛΟϹΘ̄Ῡ
ΑΠΟϹΤΟΛΟϹΔΕΧ̄Ῡ
ΚΑΤΑΠΙϹΤΙΝΕΚΛΕΚΤⲰΝΘ̄Ῡ
ΚΑΙΕΠΙΓΝⲰϹΙΝΑΛΗΘΙΑϹ
ΤΗϹΚΑΤΕΥϹΕΒΙΑΝ
ΕΦΕΛΠΙΔΙΖⲰΗϹΑΙⲰΝΙΟΥ
ΗΝΕΠΗΓΓΙΛΑΤΟ
ΟΑΨΕΥΔΗϹΘ̄Ϲ̄
ΠΡΟΧΡΟΝⲰΝΑΙⲰΝΙΟΝ
ΕΦΑΝΕΡⲰϹΕΝΔΕ
ΚΑΙΡΟΙϹΙΔΙΟΙϹΤΟΝΛΟΓΟΝΑΥΤΟΥ
ΕΝΚΗΡΥΓΜΑΤΙ
ΟΕΠΙϹΤΕΥΘΗΝΕΓⲰ
ΚΑΤΕΠΙΤΑΓΗΝ
ΤΟΥϹⲰΤΗΡΟϹΗΜⲰΝΘ̄Ῡ
ΤΙΤⲰΓΝΗϹΙⲰΤΕΚΝⲰ
ΚΑΤΑΚΟΙΝΗΝΠΙϹΤΙΝ
ΧΑΡΙϹΚΑΙΕΙΡΗΝΗΑΠΟΘ̄ῩΠΑΤΡΟϹ
ΚΑΙΧ̄ῩῙῩΤΟΥϹⲰΤΗΡΟϹΗΜⲰΝ
ΤΟΥΤΟΥΧΑΡΙΝΑΠΕΛΙΠΟΝϹΕΕΝΚΡΗΤΗ
ΙΝΑΤΑΛΙΠΟΝΤΑ

PAVLVS SERVVS D̄Ī
APOSTOLVS AVTEM ĪH̄V̄ X̄P̄Ī
SECVNDVM FIDEM ELECTORVM D̄Ī
ET COGNITIONEM VERITATIS
QVAE SECVNDVM PIETATEM EST
IN SPEM VITAE AETERNAE
QVAM PROMISIT
NON MENDAX D̄S̄
ANTE TEMPORA AETERNA
MANIFESTAVIT ENIM
TEMPORIBVS SVIS VERBVM SVVM
IN PRAEDICATIONE
QVOD CREDITVM EST MIHI
SECVNDVM INPERIVM
SALVATORIS NOSTRI D̄Ī
TITO CARISSIMO FILIO
SECVNDVM COMMVNEM FIDEM
GRATIA ET PAX A D̄Ō PATRE
ET X̄P̄M̄ ĪH̄M̄ SALVTARE NOSTRO
HVIVS REI GRATI RELIQVI TE CRETA
VT EA QVAE DEERANT

ΕΠΑΝΟΡΘΩϹΗϹ	CORRIGAS
ΚΑΙΚΑΤΑϹΤΗϹΗϹΚΑΤΑΠΟΛΙΝ	ET CONSTITVAS PER CIVITATES
ΠΡΕϹΒΥΤΕΡΟΥϹ	PRAESBYTERIVM
ΩϹΕΓΩϹΟΙΔΙΕΤΑΞΑΜΗΝ	SICVT EGO TIBI DISPOSVI
ΕΙΤΙϹΕϹΤΙΝΑΝΕΝΚΛΗΤΟϹ	SI QVIS EST SINE CRIMINE
ΜΙΑϹΓΥΝΑΙΚΟϹΑΝΗΡ	VNIVS VXORIS VIR
ΤΕΚΝΑΕΧΩΝΠΙϹΤΑ	FILIOS HABENS FIDELES
ΜΗΕΝΚΑΤΗΓΟΡΙΑΑϹΩΤΙΑϹ	NON IN ACCVSATIONEM LVXVRIAE
ΗΑΝΥΠΟΤΑΚΤΑ	AVT NON SVBIECTOS
ΔΕΙΓΑΡΤΟΝΕΠΙϹΚΟΠΟΝ	OPORTET ENIM EPISCOPVM
ΑΝΕΝΚΛΗΤΟΝΕΙΝΑΙ	SINE CRIMINE ESSE
ΩϹΘ̅Υ̅ΟΙΚΟΝΟΜΟΝ	SICVT D̅I̅ DISPENSATOREM
ΜΗΑΥΘΑΔΗ	NON PROTERVVM
ΜΗΟΡΓΙΛΟΝΜΗΠΑΡΟΙΝΟΝ	NON IRACVNDVM NON VINVLENTVM
ΜΗΠΛΗΚΤΗΝ	NON PERCOSSOREM
ΜΗΑΙϹΧΡΟΚΕΡΔΗ	NON TVRPILVCRVM
ΑΛΛΑΦΙΛΟΞΕΝΟΝ	SED HOSPITALEM
ΦΙΛΑΓΑΘΟΝϹΩΦΡΟΝΑ	BENIGNVM SOBRIVM
ΔΙΚΑΙΟΝΟϹΙΟΝ	IVSTVM SANCTVM
ΕΝΚΡΑΤΗ	CONTINENTEM
ΑΝΤΕΧΟΜΕΝΟΝ	ADPECTENTEM

ΤΟΥΚΑΤΑΤΗΝΔΙΔΑΧΗΝ
ΠΙϹΤΟΥΛΟΓΟΥ
ΙΝΑΔΥΝΑΤΟϹΗ
ΚΑΙΠΑΡΑΚΑΛΕΙΝΕΝΤΗΔΙΔΑϹΚΑΛΕΙΑ
ΤΗΥΓΙΑΙΝΟΥϹΗ
ΚΑΙΤΟΥϹΑΝΤΙΛΕΓΟΝΤΑϹ
ΕΛΕΓΧΕΙΝ
ΕΙϹΙΝΓΑΡΠΟΛΛΟΙΚΑΙΑΝΥΠΟΤΑΚΤΟΙ
ΜΑΤΕΟΛΟΓΟΙ
ΚΑΙΦΡΕΝΑΠΑΤΑΙ
ΜΑΛΙϹΤΑΔΕΟΙΕΚΤΗϹΠΕΡΙΤΟΜΗϹ
ΟΥϹΔΙΕΠΙϹΤΟΜΕΙΖΕΙΝ
ΟΙΤΙΝΕϹΟΛΟΥϹΟΙΚΟΥϹ
ΑΝΑΤΡΕΠΟΥϹΙΝ
ΔΙΔΑϹΚΟΝΤΕϹΑΜΗΔΙΕϹΧΡΟΥ
ΚΕΡΔΟΥϹΧΑΡΙΝ
ΕΙΠΕΝΤΙϹΕΞΑΥΤΩΝ
ΙΔΙΟϹΑΥΤΩΝΠΡΟΦΗΤΗϹ
ΚΡΗΤΑΙϹΑΕΙΨΕΥϹΤΑΙϹ
ΚΑΚΑΘΗΡΙΑΓΑϹΤΕΡΕϹΑΡΓΑΙ
ΗΜΑΡΤΥΡΙΑΑΥΤΗΑΛΗΘΗϹΕϹΤΙΝ

ID QVOD SECVNDVM DOCTRINAM EST
FIDELIS VERBI
VT POTENS SIT
ET EXHORTARI IN DOCTRINAM
SANAM
ET CONTRADICENTES
REVINCERE
SVNT ENIM MVLTI ET NON SVBDITI
VANILOQVI
ET SEDVCTORES
MAXIME QVI EX CIRCVMCISIONE SVNT
QVOS OPORTET REDARGVI
QVI VNIVERSAS DOMOS
EVERTVNT
DOCENTES QVAE NON OPORTET TVRPIS
LVCRI GRATIA
DIXIT QVIDAM EX ILLIS
PROPRIVS EORVM PROPETAT
CRETENSIS SEMPER MENDACES
MALAE VESTIAE VENTRES PIGRI
TESTIMONIVM HOC VERVM EST

ΔΙΗΝΑΙΤΙΑΝΕΛΕΓΧΕΑΥΤΟΥϹ
ΑΠΟΤΟΜΩϹΙΝΑΥΓΙΑΙΝΩϹΙΝ
ЄΝΤΗΠΙϹΤЄΙ
ΜΗΠΡΟϹЄΧΟΝΤЄϹ
ΙΟΥΔΑΙΚΟΙϹΜΥΘΟΙϹ
ΚΑΙЄΝΤΟΛΑΙϹΑ̅Ν̅Ω̅Ν̅
ΑΠΟϹΤΡЄΦΟΜЄΝΩΝ
ΤΗΝΑΛΗΘΙΑΝ
ΠΑΝΤΑΚΑΘΑΡΑΤΟΙϹΚΑΘΑΡΟΙϹ
ΤΟΙϹΔЄΜЄΜΙΑΝΜЄΝΟΙϹ
ΚΑΙΑΠΙϹΤΟΙϹ
ΟΥΔЄΝΚΑΘΑΡΟΝ
ΑΛΛΑΜЄΜΙΑΝΤΑΙΑΥΤΩΝ
ΚΑΙΟΝΟΥϹ
ΚΑΙΗϹΥΝΙΔΗϹЄΙϹ
Θ̅Ν̅ΟΜΟΛΟΓΟΥϹΙΝЄΙΔЄΝΑΙ
ΤΟΙϹΔЄЄΡΓΟΙϹΑΡΝΟΥΝΤΑΙ
ΒΔЄΛΥΚΤΟΙΟΝΤЄϹ
ΚΑΙΑΠΙΘЄΙϹ
ΚΑΙΠΡΟϹΠΑΝЄΡΓΟΝΑΓΑΘΟΝ
ΑΔΟΚΙΜΟΙ

PROPTER QVEM CAVSAM INCREPA ILLOS
ACRITER VT SANI SINT
IN FIDE
NON INTENDENTES
IVDAICIS FABVLIS
ET MANDATIS HOMINVM
AVERTENTIVM SE
A VERITATE
OMNIA MVNDA MVNDIS
INQVINATIS AVTEM
ET INFIDELIBVS
NIHIL MVNDVM
SED INQVINATA SVNT EORVM
ET MENS
ET CONSCIENTIA
D̅M̅ CONFITENTVR SE NOSSE
FACTIS AVTEM NEGANT
CVM SINT EXECRABILES
ET INCREDIBILES
ET AB OMNE OPVS BONVM
REPROBI

ϹΥΔЄΛΑΛЄΙΑΠΡЄΠЄΙ
ΤΗΥΓΙΑΙΝΟΥϹΗΔΙΔΑϹΚΑΛΙΑ
ΠΡЄϹΒΥΤΑϹΝΗΦΑΛΑΙΟΥϹЄΙΝΑΙ
ϹЄΜΝΟΥϹϹωΦΡΟΝΑϹ
ΥΓΙΑΙΝΟΝΤΑϹΤΗΠΙϹΤЄΙ
ΤΗΑΓΑΠΗΤΗΥΠΟΜΟΝΗ
ΠΡЄϹΒΥΤΙΔΑϹωϹΑΥΤωϹ
ЄΝΚΑΤΑϹΤΗΜΑΤΙ
ΙЄΡΟΠΡЄΠЄΙϹ
ΜΗΔΙΑΒΟΛΟΥϹ
ΜΗΟΙΝωΠΟΛΛωΔЄΔΟΥΛωΜЄΝΑϹ
ΚΑΛΟΔΙΔΑϹΚΑΛΟΥϹ
ΙΝΑϹωΦΡΟΝΙΖωϹΙΝ
ΤΑϹΝЄΑϹΦΙΛΑΝΔΡΟΥϹЄΙΝΑΙ
ΦΙΛΟΤЄΚΝΟΥϹ
ϹωΦΡΟΝΑϹΑΓΝΑϹ
ΟΙΚΟΥΡΓΟΥϹΑΓΑΘΑϹ
ΥΠΟΤΑϹϹΟΜЄΝΑϹΤΟΙϹΙΔΙΟΙϹ
ΑΝΔΡΑϹΙΝ
ΙΝΑΜΗΟΛΟΓΟϹΤΟΥΘ̅Υ̅
ΒΛΑϹΦΗΜΗΤЄ

TV AVTEM LOQVERE QVAE DECET
SANAM DOCTRINAM
SENES SOBRIOS ESSE
PVDICOS PRVDENTES
SANOS IN FIDE
CARITATE PATIENTIA
ANVS SIMILITER
IN HABITV
SANCTO
NON DETRAHENTES
NON VINO MVLTO SERVIENTES
BENE DOCENTES
VT PRVDENTIAM DOCEANT
ADVLESCENTVLAS VT AMENT VIROS SVOS
FILIOS DILIGANT
PRVDENTES CASTAE
DOMVM CVSTODIENTES BENIGNAE SINT
ET SVBDITAE
VIRIS SVIS
VT VERBVM D̅I̅
NON BLASPHEMETVR

ΤΟΥϹΝΕΩΤΕΡΟΥϹΩϹΑΥΤΩϹ
ΠΑΡΑΚΑΛΕΙϹΩΦΡΟΝΕΙΝ
ΠΕΡΙΠΑΝΤΑΕΑΥΤΟΝ
ΠΑΡΕΧΟΜΕΝΟϹΤΥΠΟΝ
ΚΑΛΩΝΕΡΓΩΝ
ΕΝΤΗΔΙΔΑϹΚΑΛΕΙΑ
ΑΦΘΟΡΙΑΝ
ϹΕΜΝΟΤΗΤΑ
ΛΟΓΟΝΥΓΙΗ
ΑΚΑΤΑΓΝΩϹΤΟΝ
ΙΝΑΟΕΞΕΝΑΝΤΙΑϹΕΝΤΡΑΠΗ
ΜΗΔΕΝΕΧΩΝΛΕΓΕΙΝ
ΠΕΡΙΗΜΩΝΦΑΥΛΟΝ
ΔΟΥΛΟΙΔΕϹΠΟΤΑΙϹΙΔΙΟΙϹ
ΥΠΟΤΑϹϹΕϹΘΑΙ
ΕΝΠΑϹΙΝΕΥΑΡΕϹΤΟΥϹΕΙΝΑΙ
ΜΗΑΝΤΙΛΕΓΟΝΤΑϹ
ΜΗΔΕΝΟϹΦΙΖΟΜΕΝΟΥϹ
ΑΛΛΑΠΑϹΑΝΠΙϹΤΙΝ
ΕΝΔΙΚΝΥΜΕΝΟΥϹΑΓΑΘΗΝ
ΙΝΑΤΗΝΔΙΔΑϹΚΑΛΙΑΝ

IVVENES SIMILITER
HORTARE VT SOBRII SINT
IN OMNIBVS TE IPSVM
PRAEBENS FORMAM
BONORVM OPERVM
IN DOCTRINAM
IN INTEGRITATEM
GRAVITATEM
SERMONEM SANVM
INREPRAEHENSIBILEM
VT ADVERSARIVS REVEREATVR
NIHIL HABENS QVOD DICERE
DE NOBIS MALVM
SERVI DOMINIS SVIS
SVBDITI SINT
IN OMNIBVS PLACENTES
NON CONTRADICENTES
NON FRAVDANTES
SED OMNEM FIDEM
OSTENDENTES BONAM
VT DOCTRINAM

ΤΗΝΤΟΥϹⲰΤΗΡΟϹΗΜⲰΝΘ̅Υ̅	SALVATORIS NOSTRI D̅I̅
ΚΟϹΜⲰϹΙΝⲈΝΠⲀϹΙΝ	ORNENT IN OMNIBVS
ⲈΠⲈΦⲀΝΗΓⲀΡΗΧⲀΡΙϹΤΟΥΘ̅Υ̅	INLVXIT ENIM GRATIA D̅I̅
ϹⲰΤΗΡΙΟϹΠⲀϹΙΝ	SALVTARIS OMNIBVS
ⲀΝΘΡⲰΠΟΙϹ	HOMINIBVS
ΠⲀΙΔⲈΥΟΥϹⲀΗΜⲀϹ	CORRIPIENS NOS
ΙΝⲀⲀΡΝΗϹⲀΜⲈΝΟΙΤΗΝⲀϹⲈΒΙⲀΝ	VT ABNEGANTES INPIETATEM
ΚⲀΙΚΟϹΜΙΚⲀϹⲈΠΙΘΥΜΙⲀϹ	ET SECVLARIA DESIDERIA
ϹⲰΦΡΟΝⲰϹΚⲀΙΔΙΚⲀΙⲰϹ	SOBRIAE ET IVSTE
ΚⲀΙⲈΥϹⲈΒⲰϹ	ET PIE
ΖΗϹⲰΜⲈΝⲈΝΤⲰΝΥΝⲀΙⲰΝΙ	VIVAMVS IN HOC SAECVLO
ΠΡΟϹΔⲈΧΟΜⲈΝΟΙ	EXPECTANTES
ΤΗΝΜⲀΚⲀΡΙⲀΝⲈΛΠΙΔⲀ	BEATAM SPEM
ΚⲀΙⲈΠΙΦⲀΝΙⲀΝΤΗϹΔΟΞΗϹ	ET ADVENTVM GLORIAE
ΤΟΥΜⲈΓⲀΛΟΥΘ̅Υ̅	MAGNI D̅I̅
ΚⲀΙϹⲰΤΗΡΟϹ	ET SALVATORIS
ΗΜⲰΝΙ̅Υ̅Χ̅Υ̅	NOSTRI I̅H̅V̅ X̅P̅I̅
ΟϹⲈΔⲰΚⲈΝΥΠⲈΡΗΜⲰΝⲈⲀΥΤΟΝ	QVI DEDIT PRO NOBIS SE IPSVM
ΙΝⲀΛΥΤΡⲰϹΗΤⲈΗΜⲀϹ	VT LIBERARET NOS
ⲀΠΟΠⲀϹΗϹⲀΝΟΜΙⲀϹ	AB OMNI INIQVITATE
ΚⲀΙΚⲀΘⲀΡΙϹΗⲈⲀΥΤⲰΛⲀΟΝ	ET MVNDET SIBI POPVLVM

ΠΕΡΙΟΥϹΙΟΝΖΗΛΩΤΗΝ
ΚΑΛΩΝΕΡΓΩΝ
ΤΑΥΤΑΛΑΛΕΙΚΑΙΠΑΡΑΚΑΛΕΙ
ΚΑΙΕΛΕΝΧΕΜΕΤΑΠΑϹΗϹ
ΕΠΙΤΑΓΗϹ
ΜΗΔΙϹϹΟΥΠΕΡΙΦΡΟΝΕΙΤΩ
ΥΠΟΜΙΜΝΗϹΚΕΑΥΤΟΥϹ
ΑΡΧΑΙϹΕΞΟΥϹΙΑΙϹ
ΥΠΟΤΑϹϹΕϹΘΑΙ
ΠΕΙΘΑΡΧΕΙΝ
ΠΡΟϹΠΑΝΕΡΓΟΝΑΓΑΘΟΝ
ΕΤΟΙΜΟΥϹΕΙΝΑΙ
ΜΗΔΕΝΑΒΛΑϹΦΗΜΕΙΝ
ΑΜΑΧΟΥϹΕΝΑΙ
ΕΠΙΕΙΚΕΙϹ
ΠΑϹΑΝΕΝΔΕΙΚΝΥΜΕΝΟΥϹ
ΠΡΑΟΤΗΤΑ
ΠΡΟϹΠΑΝΤΑϹΑΝΘΡΩΠΟΥϹ
ΗΜΕΝΓΑΡΠΟΤΕΚΑΙΗΜΕΙϹ
ΑΝΟΗΤΟΙ
ΚΑΙΑΠΙΘΕΙϹΠΛΑΝΩΜΕΝΟΙ

ABVNDANTEM AEMVLATOREM
BONORVM OPERVM
HAEC LOQVERE ET HORTARE
ET ARGVE CVM OMNI
INPERIO
NEMO TE CONTEMNAT
ADMONE ILLOS
PRINCIPIBVS ET POTESTATIBVS
SVBDITOS ESSE
OBAVDIENTES
AB OMNE OPVS BONVM
PARATOS ESSE
NEMINEM BLASPHEMARE
NON LITIGEOS ESSE
MODESTOS
OMNEM OSTENDENTES
MANSVETVDINEM
AD OMNES HOMINES
FVIMVS ENIM ALIQVANDO ET NOS
STVLTI
ET INCREDIBILES ERRANTES

ΔΟΥΛΕΥΟΝΤΕϹΕΠΙΘΥΜΙΑΙϹ	SERVIENTES DESIDERIIS
ΚΑΙΗΔΟΝΑΙϹΠΟΙΚΙΛΑΙϹ	ET VOLVPTATIBVS A VARIIS
ΕΝΚΑΚΙΑΚΑΙΦΘΟΝΩ	IN MALITIA ET INVIDIA
ΔΙΑΓΟΝΤΕϹΜΙϹΗΤΟΙ	AGENTES ODIBILES
ΜΕΙϹΟΥΝΤΕϹΑΛΛΗΛΟΥϹ	ODIENTES INVICEM
ΟΤΕΔΕΗΧΡΗϹΤΟΤΗϹ	SED CVM BENIGNITAS
ΚΑΙΗΦΙΛΑΝΘΡΩΠΙΑ	ET HVMANITAS
ΕΠΕΦΑΝΗΤΟΥϹΩΤΗΡΟϹΗΜΩΝΘ̅Υ̅	INLVXIT SALVATORIS NOSTRI D̅I̅
ΟΥΚΕΞΕΡΓΩΝΤΩΝΕΝΔΙΚΑΙΟϹΥΝΗ	NON EX OPERIBVS IVSTITIAE
ΑΕΠΟΙΗϹΑΜΕΝΗΜΕΙϹ	QVAE FACIMVS NOS
ΑΛΛΑΚΑΤΑΤΟΕΛΕΟϹΑΥΤΟΥ	SED SECVNDVM SVAM MISERICORDIA̅
ΕϹΩϹΕΝΗΜΑϹΔΙΑΛΟΥΤΡΟΥ	SALVOS NOS FECIT PER LAVACRVM
ΠΑΛΙΝΓΕΝΕϹΙΑϹ	REGENERATIONIS
ΚΑΙΑΝΑΚΑΙΝΩϹΕΩϹ	ET RENOVATIONIS
ΔΙΑΠ̅Ν̅Ϲ̅ΑΓΙΟΥ	PER S̅P̅M̅ SANCTVM
ΟΕΞΕΧΕΕΝΕΦΗΜΑϹ	QVEM EFFVDIT IN NOS
ΠΛΟΥϹΙΩϹΔΙΑΙ̅Υ̅Χ̅Υ̅	HONESTE PER I̅H̅M̅ X̅P̅M̅
ΤΟΥϹΩΤΗΡΟϹΗΜΩΝ	SALVATOREM NOSTRVM
ΙΝΑΔΙΚΑΙΩΘΕΝΤΕϹ	VT IVSTIFICATVRI
ΤΗΕΚΙΝΟΥΧΑΡΙΤΙ	IPSIVS GRATIA
ΚΛΗΡΟΝΟΜΟΙΓΕΝΗΘΩΜΕΝ	HEREDES EFFICIAMVR

ΚΑΤΑΕΛΠΙΔΑ	SECVNDVM SPEM
ΖΩΗCΑΙΩΝΙΟΥ	VITAE AETERNAE
ΠΙCΤΟCΟΛΟΓΟC	FIDELIS SERMO
ΚΑΙΠΕΡΙΤΟΥΤΩΝΒΟΥΛΟΜΑΙCΕ	ET DE HIS VOLO TE
ΔΙΑΒΕΒΑΙΟΥCΘΑΙ	ADFIRMARE
ΙΝΑΦΡΟΝΤΙΖΩCΙΝ	VT CVRAM HABEANT
ΚΑΛΩΝΕΡΓΩΝ	BONIS OPERIBVS
ΠΡΟΙCΤΑCΘΑΙΟΙΠΕΠΙCΤΕΥΚΟΤΕCΘ̅Ω̅	PRAEESSE QVI CREDIDERVNT D̅O̅
ΤΑΥΤΑΕCΤΙΝΚΑΛΑ	HAEC SVNT BONA
ΚΑΙΩΦΕΛΙΜΑΤΟΙCΑΝΘΡΩΠΟΙC	ET VTILIA HOMINIBVS
ΜΩΡΑCΔΕΖΗΤΗCΕΙC	STVLTAS AVTEM QVESTIONES
ΚΑΙΓΕΝΕΑΛΟΓΙΑC	ET GENEALOGIAS
ΚΑΙΕΡΕΙΝ	ET CONTENTIONES
ΚΑΙΜΑΧΑCΝΟΜΙΚΑC	ET LITES LEGIS
ΠΕΡΙCΤΑCΟ	DIVITA
ΕΙCΙΝΓΑΡΑΝΩΦΕΛΕΙC	SVNT ENIM INVTILES
ΚΑΙΜΑΤΕΟΙ	ET VANAE
ΑΙΡΕΤΙΚΟΝΑΝΘΡΩΠΟΝ	HAERETICVM HOMINEM
ΜΕΤΑΜΙΑΝΝΟΥΘΕCΙΑΝΚΑΙΔΥΟ	POST VNAM CORREPTIONEM ET DVO
ΠΑΡΑΙΤΟΥ	DEVITA
ΕΙΔΩCΟΤΙΕΞΕCΤΡΑΠΤΑΙ	SCIENS QVONIAM PERVERSVS EST

ΟΤΟΙΟΥΤΟϹ	HVIVSMODI
ΚΑΙΑΜΑΡΤΑΝΕΙ	ET PECCAT
ΩΝΑΥΤΟΚΑΤΑΚΡΙΤΟϹ	CVM SIT A SEMETIPSO DAMNATVS
ΟΤΑΝΠΕΜΨΩΑΡΤΕΜΑΝΠΡΟϹϹΕ	CVM MISERO ARTEMAN AD TE
ΗΤΥΧΙΚΟΝ	VEL TYCHICVM
ϹΠΟΥΔΑϹΟΝΕΛΘΙΝΠΡΟϹΜΕ	FESTINA VENIRE AD ME
ΕΙϹΝΙΚΟΠΟΛΙΝ	NICOPOLI
ΕΚΕΙΓΑΡΚΕΚΡΙΚΑΠΑΡΑΧΙΜΑϹΕ	IBI ENIM STATVI HIEMARE
ΖΗΝΑΝΤΟΝΝΟΜΙΚΟΝ	ZENAN LEGIS PERITVM
ΚΑΙΑΠΟΛΛΩϹΠΟΥΔΑΙΩϹ	ET APOLLO SOLLICITE
ΠΡΟΠΕΜΨΟΝ	PRAEMITTE
ΙΝΑΜΗΔΕΝΑΥΤΟΙϹΛΙΠΗ	VT NIHIL ILLIS DESIT
ΜΑΝΘΑΝΕΤΩϹΑΝΔΕ	DISCANT AVTEM
ΚΑΙΟΙΗΜΕΤΕΡΟΙΚΑΛΩΝΕΡΓΩΝ	ET NOSTRI BONIS OPERIBVS
ΠΡΟΙϹΤΑϹΘΑΙ	PREESSE
ΕΙϹΤΑϹΑΝΑΓΚΑΙΑϹΧΡΙΑϹ	AD NECESSARIAS CAVSAS
ΙΝΑΜΗΩϹΙΝΑΚΑΡΠΟΙ	VT NON SINT INFRVCTVOSI
ΑϹΠΑΖΟΝΤΕϹΕ	SALVTANT TE
ΟΙΜΕΤΕΜΟΥΠΑΝΤΕϹ	QVI MECVM SVNT OMNES
ΑϹΠΑϹΑΙΤΟΥϹΦΙΛΟΥΝΤΑϹΗΜΑϹ	SALVTA EOS QVI AMANT NOS
ΕΝΠΙϹΤΕΙ	IN FIDE

Ηχαριcτουκ̅υ̅μετατταντωνυμω̅ | Gratia D̅M̅I̅ cvm omnibvs vobis

ΠΡΟC ΤΙΤΟΝ | AD TITVM

ЄΠΛΗΡΩΘΗ ΑΡΧЄΤΑΙ | EXPLICIT INCIPIT

ΠΡΟC ΦΙΛΗΜΟΝΑ | AD FILEMONEM

ΠΑΥΛΟϹΑΠΟϹΤΟΛΟϹΙ̅Υ̅Χ̅Υ̅
ΚΑΙΤΕΙΜΟΘΕΟϹΑΔΕΛΦΟϹ
ΦΙΛΗΜΟΝΙΤΩΑΓΑΠΗΤΩΑΔΕΛΦΩ
ΚΑΙϹΥΝΕΡΓΩΗΜΩΝ
ΚΑΙΑΦΦΙΑ
ΤΗΑΔΕΛΦΗ
ΚΑΙΑΡΧΙΠΠΩ
ΤΩϹΥΝϹΤΡΑΤΙΩΤΗΗΜΩΝ
ΚΑΙΤΗΝΚΑΤΟΙΚΟΝϹΟΥ
ΕΚΚΛΗϹΙΑΝ
ΧΑΡΙϹΥΜΙΝΚΑΙΕΙΡΗΝΗ
ΑΠΟΘ̅Υ̅ΠΑΤΡΟϹΗΜΩΝ
ΚΑΙΚ̅Υ̅Ι̅Υ̅Χ̅Υ̅
ΕΥΧΑΡΙϹΤΩΤΩΘ̅Ω̅ΜΟΥΠΑΝΤΟΤΕ
ΜΝΙΑΝϹΟΥΠΟΙΟΥΜΕΝΟϹ
ΕΠΙΤΩΝΠΡΟϹΕΥΧΩΝΜΟΥ
ΑΚΟΥΩΝϹΟΥΤΗΝΠΙϹΤΙΝ
ΚΑΙΤΗΝΑΓΑΠΗΝΗΝΕΧΕΙϹ
ΕΙϹΤΟΝΚ̅Ν̅Ι̅Ν̅Χ̅Ν̅
ΚΑΙΕΙϹΠΑΝΤΑϹΤΟΥϹΑΓΙΟΥϹ
ΟΠΩϹΗΚΟΙΝΩΝΙΑ

PAVLVS APOSTOLVS I̅H̅V̅ X̅P̅I̅
ET TIMOTHEVS FRATER
FILEMONI CARISSIMO FRATRI
ET ADIVTORI NOSTRO
ET APPHIADI
SORORI
ET ARCHIPPO
COMMILITONI NOSTRO
ET QVAE IN DOMO TVA EST
ECCLESIA
GRATIA VOBIS ET PAX
A D̅O̅ PATRE NOSTRO
ET D̅O̅M̅ I̅H̅V̅ X̅P̅O̅
GRATIAS AGO D̅O̅ MEO SEMPER
COMMEMORATIONEM VESTRI FACIENS
IN ORATIONIBVS MEIS
AVDIENS TVAM FIDEM
ET CARITATEM QVAM HABES
IN D̅N̅O̅ I̅H̅V̅ X̅P̅O̅
ET IN OMNES SANCTOS
VT COMMVNICATI

ΤΗϹΠΙϹΤΕωϹϹΟΥ	FIDEI TVAE
ΕΝΕΡΓΗϹΓΕΝΗΤΑΙ	MANIFESTA FIAT
ΕΝΕΠΙΓΝωϹΕΙΠΑΝΤΟϹΑΓΑΘΟΥ	IN COGNITIONE OMNIS BONI
ΤΟΥΕΝΗΜΙΝΕΙϹΧΝΙΝ	QVAE IN NOBIS EST IN XPO IHV
ΧΑΡΑΝΓΑΡΠΟΛΛΗΝ	GAVDIVM ENIM MAGNVM
ΕϹΧΟΜΕΝ	HABVIMVS
ΚΑΙΠΑΡΑΚΛΗϹΙΝ	ET CONSOLATIONEM
ΕΝΤΗΑΓΑΠΗϹΟΥ	IN CARITATE
ΟΤΙΤΑϹΠΛΑΝΧΝΑΤωΝΑΓΙωΝ	QVIA VISCERA SANCTORVM
ΑΝΑΠΕΠΑΥΤΑΙΔΙΑϹΟΥΑΔΕΛΦΕ	REFECTA SVNT PER TE FRATER
ΔΙΟΠΟΛΛΗΝΠΑΡΡΗϹΙΑΝ	PROPTER QVOD MVLTAM FIDVCIAM
ΕΧωΕΝΧωΙΥ	HABENS IN XPO IHV
ΕΠΙΤΑϹϹΙΝϹΟΙ	IMPERANDI TIBI
ΤΟΑΝΗΚΟΝ	QVOD AD REM PERTINET
ΔΙΑΤΗΝΑΓΑΠΗΝΜΑΛΛΟΝΠΑΡΑΚΑΛω	PROPTER CARITATEM MAGIS OBSECRO
ΤΟΙΟΥΤΟϹωΝωϹΠΑΥΛΟϹ	CVM SIS TALIS SICVT PAVLVS
ΠΡΕϹΒΥΤΗϹ	SENEX
ΝΥΝΕΙΔΕΚΑΙΔΕϹΜΙΟϹ	NVNC AVTEM ET VINCTVS IHV XPI
ΠΑΡΑΚΑΛωϹΕ	OBSECRO TE
ΠΕΡΙΤΟΥΕΜΟΥΤΕΚΝΟΥ	PRO MEO FILIO
ΟΝΕΓΕΝΝΗϹΑΕΝΤΟΙϹΔΕϹΜΟΙϹ	QVEM GENVI IN VINCVLIS

ΟΝΗϹΙΜΟΝΤΟΝΠΟΤΕϹΟΙ
ΑΧΡΗϹΤΟΝ
ΝΥΝΕΙΔΕϹΟΙΚΑΙΕΜΟΙΕΥΧΡΗϹΤΟ̄
ΟΝΕΠΕΝΨΑϹΟΙ
ϹΥΔΕΑΥΤΟΝΤΟΥΤΕϹΤΙΝ
ΤΑΕΜΑϹΠΛΑΝΧΝΑΠΡΟϹΛΑΒΟΥ
ΟΝΕΓΩΕΒΟΥΛΟΜΗΝ
ΠΡΟϹΕΜΑΥΤΟΝΚΑΤΕΧΕΙΝ
ΙΝΑΥΠΕΡϹΟΥΜΟΙΔΙΑΚΟΝΗ
ΕΝΤΟΙϹΔΕϹΜΟΙϹΤΟΥΕΥΑΓΓΕΛΙΟΥ
ΧΩΡΙϹΔΕΤΗϹϹΗϹΓΝΩΜΗϹ
ΟΥΔΕΝΗΘΕΛΗϹΑΠΟΙΗϹΑΙ
ΙΝΑΜΗΩϹΚΑΤΑΝΑΓΚΗΝ
ΤΟΑΓΑΘΟΝϹΟΥΗ
ΑΛΛΑΕΚΟΥϹΙΟΝ
ΤΑΧΑΓΑΡΔΙΑΤΟΥΤΟ
ΕΧΩΡΙϹΘΗΠΡΟϹΩΡΑΝ
ΙΝΑΑΙΩΝΙΟΝΑΥΤΟΝ
ΑΠΕΧΗϹ
ΟΥΚΕΤΙΩϹΔΟΥΛΟΝ
ΑΛΛΑΥΠΕΡΔΟΥΛΟΝ

ONESIMVM QVI ALIQVANDO TIBI
INVTILIS SVNT
NVNC AVTEM TIBI ET MIHI VTILES
QVEM MISI TIBI
TV AVTEM ILLVM HOC EST
MEA VISCERA EXCIPE
QVEM EGO VOLVI
APVT ME RETINERE
VT PRO TE MIHI MINISTRARET
IN VINCVLIS EVANGELII
SED SINE TVO CONSILIO
NIHIL VOĹVI FACERE
VT NON QVASI EX NECESSITATE
BONVM TVVM ESSE
SED VOLVMPTARIVM
FORSITAM ENIM PROPTEREA
DISCESSIT AD HORAM
VT IN AETERNVM ILLVM
RECIPERES
IAM NON QVASI SERVVM
SED PRO SERVO

ΑΔΕΛΦΟΝΑΓΑΠΗΤΟΝ
ΜΑΛΙΣΤΑΕΜΟΙ
ΠΟΣΩΔΕΜΑΛΛΟΝΣΟΙ
ΚΑΙΕΝΣΑΡΚΙΚΑΙΕΝΚ̅Ω̅
ΕΙΟΥΝΜΕΕΧΕΙΣΚΟΙΝΩΝΟΝ
ΠΡΟΣΛΑΒΟΥΑΥΤΟΝΩΣΕΜΕ
ΕΙΔΕΤΙΗΔΙΚΗΣΕΝΣΕ
ΗΟΦΙΛΕΙΤΟΥΤΟΕΜΟΙΕΝΛΟΓΑ
ΕΓΩΠΑΥΛΟΣΕΓΡΑΨΑ
ΤΗΕΜΗΧΕΙΡΙ
ΕΓΩΑΠΟΔΩΣΩ
ΙΝΑΜΗΛΕΓΩΣΟΙ
ΟΤΙΚΑΙΣΕΑΥΤΟΝΜΟΙΠΡΟΣΟΦΙΛΙΣ
ΕΝΚ̅Ω̅
ΝΑΙΑΔΕΛΦΕ
ΕΓΩΣΟΥΟΝΕΜΗΝΕΝΚ̅Ω̅
ΑΝΑΠΑΥΣΟΝΜΟΥ
ΤΑΣΠΛΑΝΧΝΑΕΝΧ̅Ω̅
ΠΕΠΟΙΘΩΣΤΗΥΠΑΚΟΗΣΟΥ
ΕΓΡΑΨΑΣΟΙ
ΕΙΔΩΣΟΤΙΚΑΙΥΠΕΡΟΛΕΓΩ

FRATREM CARISSIMVM
MAXIME MIHI
QVANTA AVTEM MAGIS TIBI
ET IN CARNE ET IN D̅N̅O̅
SI ERGO HABENS ME SOCIVM
ADSVME ILLVM SICVT ET ME
SI QVID AVTEM LAESIT TE
AVT DEBET HOC MIHI INPVTA
EGO PAVLVS SCRIPSI
MEA MANV
EGO REDDAM
VT NON DICAM TIBI
QVOD ETIAM ET TE IPSVM MIHI DEBES
IN D̅N̅O̅
ITA FRATER
EGO TE FRVAR IN D̅N̅O̅
REFICE ME
VISCERA IN X̅P̅O̅
FIDVCIAM HABENS OBAVDITIONIS TVAE
SCRIPSI TIBI
SCIENS QVIA SVPER ID QVOD DICO

Greek	Latin
ΠΟΙΗCЄΙC	FACIES
ΑΜΑΔЄΚΑΙЄΤΟΙΜΑΖЄΜΟΙ	SIMVL AVTEM ET PRAEPARA MIHI
ΞЄΝΙΑΝ	HOSPITIVM
ЄΛΠΙΖꙌΓΑΡ	SPERO ENIM
ΟΤΙΔΙΑΤꙌΝΠΡΟCЄΥΧꙌΝΥΜꙌΝ	QVOD PER ORATIONES VESTRAS
ΧΑΡΙCΘΗCΟΜΑΙΥΜЄΙΝ	DONABOR VOBIS
ΑCΠΑΖЄΤЄCЄЄΠΑΦΡΑC	SALVTAT TE EPAPHRAS
ΟCΥΝΑΙΧΜΑΛꙌΤΟCΜΟΥ	CONCAPTIVVS MEVS
ЄΝΧ̅Ꙍ̅Ι̅Υ̅	IN X̅P̅O̅ I̅H̅V̅
ΜΑΡΚΟCΑΡΙCΤΑΡΧΟC	MARCVS ARISTARCVS
ΔΗΜΑCΛΟΥΚΑC	DEMAS LVCAS
ΟΙCΥΝЄΡΓΟΙΜΟΥ	ADIVTORES MEI
ΗΧΑΡΙCΤΟΥΚ̅Υ̅ΗΜꙌΝΙ̅Υ̅Χ̅Υ̅	GRATIA D̅N̅I̅ NOSTRI I̅H̅V̅ X̅P̅I̅
ΜЄΤΑΤΟΥΠ̅Ν̅C̅ΥΜꙌΝ	CVM S̅P̅V̅ VESTRO
ΠΡΟC ΦΙΛΗΜΟΝΑ	AD FILEMONEM
ЄΠΛΗΡꙌΘΗ	EXPLICIT

VERSVS SCRIBTVRARVM SANCTARVM

ITA GENESIS VERVS	$\overline{IIII}$ D
EXODVS VERSVS	$\overline{III}$ DCC
LEVITICVM VERSVS	$\overline{II}$ DCCC
NVMERI VERSVS	$\overline{III}$ DCL
DEVTERONOMIVM VER·	$\overline{III}$ CCC
IESV NAVVE VER·	$\overline{II}$
IVDICVM VER·	$\overline{II}$
RVD VER·	CCL
REGNORVM VER·	
PRIMVS LIBER VER·	$\overline{II}$ D
SECVNDVS LIB· VER·	$\overline{II}$
TERTIVS LIB· VER·	$\overline{II}$ DC
QVARTVS LIB· VER·	$\overline{II}$ CCCC
PSALMI DAVITICI VER·	$\overline{V}$·
PROVERBIA VER·	$\overline{I}$ DC
AECLESIASTES	DC
CANTICA CANTICORVM	CCC
SAPIENTIA VERS·	$\overline{I}$
SAPIENTIA IHV· VER·	$\overline{II}$ D
XII PROFETAE VER·	$\overline{III}$ CX

OSSEE VER·	DXXX
AMOS VER·	CCCCX
MICHEAS VER·	CCCX
IOEL VER·	XC
ABDIAS VER·	LXX
IONAS VER·	CL
NAVM VER·	CXL
AMBACVM VER·	CLX
SOPHONIAS VER·	CLX
AGGEVS VERS·	CX
ZACHARIAS VER·	DCLX
MALACHIEL VER·	CC
ESEIAS VER·	$\overline{III}$ DC
IEREMIAS VER·	$\overline{IIII}$ LXX
EZECHIEL VER·	$\overline{III}$ DC
DANIEL VER·	$\overline{I}$ DC
MACCABEORVM SIC·	
LIB· PRIMVS VER·	$\overline{II}$ CCC
LIB· SECVNDVS VER·	$\overline{II}$ CCC
LIB· QVARTVS VER·	$\overline{I}$
IVDIT VER·	$\overline{I}$ CCC
HESDRA	$\overline{I}$ D

ESTER VER·	$\overline{\text{I}}$
IOB. VER·	$\overline{\text{I}}$ DC
TOBIAS VER·	$\overline{\text{I}}$
EVANGELIA ·IIII·	
MATTHEVM VER·	$\overline{\text{II}}$ DC
IOHANNES VER·	$\overline{\text{II}}$
MARCVS VER·	$\overline{\text{I}}$ DC
LVCAM VER·	$\overline{\text{II}}$ DCCCC
EPISTVLAS PAVLI	
AD ROMANOS VER·	$\overline{\text{I}}$ XL
AD CHORINTIOS ·I· VER·	$\overline{\text{I}}$ LX
AD CHORINTIOS ·II· VER·	I LXX
AD GALATAS VER·	CCCL
AD EFESIOS VER·	CCCLXXV
AD TIMOTHEVM ·I· VER·	CCVIII
AD TIMOTHEVM ·II· VER·	CCLXXXVIIII
AD TITVM VER·	CXL
AD COLOSENSES VER·	CCLI
AD FILIMONEM VER·	L
AD PETRVM PRIMA	CC
AD PETRVM ·II· VER·	CXL
IACOBI VER·	CCXX
PR· IOHANNI EPIST·	CCXX
IOHANNI EPISTVLA ·II·	XX
IOHANNI EPISTVLA ·III·	XX
IVDAE EPISTVLA VER·	LX
BARNABAE EPIST· VER·	DCCCL
IOHANNIS REVELATIO	$\overline{\text{I}}$CC
ACTVS APOSTOLORVM	$\overline{\text{II}}$ DC
PASTORIS VERSI	$\overline{\text{IIII}}$
ACTVS PAVLI VER·	$\overline{\text{III}}$ DLX
REVELATIO PETRI	CCLXX

ΠΟΛΥΜΕΡωϹΚΑΙΠΟΛΥΤΡΟΠωϹ
ΠΑΛΑΙΟΘ̅Ϲ̅ΛΑΛΗϹΑϹΤΟΙϹΠΑΤΡΑϹΙΝ
ЄΝΤΟΙϹΠΡΟΦΗΤΑΙϹ
ЄΠЄϹΧΑΤΟΥΤωΝΗΜЄΡωΝΤΟΥΤω̅
ЄΛΑΛΗϹЄΝΗΜΙΝЄΝΥΙω
ΟΝЄΘΗΚЄΝΚΛΗΡΟΝΟΜΟΝ
ΠΑΝΤωΝ
ΔΙΟΥΚΑΙЄΠΟΙΗϹЄΝΤΟΥϹΑΙωΝΑϹ
ΟϹωΝΑΠΑΥΓΑϹΜΑΤΗϹΔΟΞΗϹ
ΚΑΙΧΑΡΑΚΤΗΡΤΗϹΥΠΟϹΤΑϹЄωϹΑΥΤΟΥ
ΦЄΡωΝΤЄΤΑΠΑΝΤΑΤωΡΗΜΑΤΙ
ΤΗϹΔΥΝΑΜЄωϹΑΥΤΟΥ
ΔΙΑΥΤΟΥΚΑΘΑΡΙϹΜΟΝ
ΤωΝΑΜΑΡΤΙωΝΠΟΙΗϹΑΜЄΝΟϹ
ЄΚΑΘΙϹЄΝЄΝΔЄΞΙΑ
ΤΗϹΜЄΓΑΛΟϹΥΝΗϹЄΝΥΨΗΛΟΙϹ
ΤΟϹΟΥΤωΚΡΙΤΤωΓЄΝΟΜЄΝΟϹ
ΤωΝΑΓΓЄΛωΝ
ΟϹωΔΙΑΦΟΡωΤЄΡΟΝΠΑΡΑΥΤΟΥϹ
ΚЄΚΛΗΡΟΝΟΜΗΚЄΝΟΝΟΜΑ
ΤΙΝΙΓΑΡЄΙΠЄΝΤωΝΑΓΓЄΛωΝΠΟΤЄ

MVLTIFARIE MVLTISQVE MODIS
ANTE D̅S̅ LOCVTVS PATRIBVS
IN PROPHETIS
IN NOVISSIMIS DIEBVS HIS
LOCVTVS ES NOBIS IN FILIO
QVEM POSVIT HEREDEM
OMNIVM
PER QVEM ETIAM FECIT SAECVLA
QVI EST SPLENDOR GLORIAE
ET IMAGO SVBSTANTIAE EIVS
FERENS OMNIA VERBO
VIRTVTIS SVAE
PER IPSVM PVRIFICATIONE
PECCATORVM FACTA
SEDIT IN DEXTERAM
MAGNITVDINIS IN EXCELSIS
TANTO MELIOR FACTO
ANGELIS
QVANTO PROCELLENTIVS
HIS POSSIDET NOMEN
CVI ENIM ALIQVANDO ANGELORVM DIXIT

ΥΙΟϹΜΟΥΕΙϹΥΕΓΩϹΗΜΕΡΟΝ
ΓΕΓΕΝΝΗΚΑϹΕ
ΚΑΙΠΑΛΙΝΕΓΩΕϹΟΜΑΙΑΥΤΩ
ΕΙϹΠΑΤΕΡΑ
ΚΑΙΑΥΤΟϹΕϹΤΕΜΟΙΕΙϹΥΙΟΝ
ΟΤΑΝΔΕΠΑΛΙΝΕΙϹΑΓΑΓΗ
ΤΟΝΠΡΩΤΟΤΟΚΟΝ
ΕΙϹΤΗΝΟΙΚΟΥΜΕΝΗΝ
ΛΕΓΕΙΚΑΙΠΡΟϹΚΥΝΗϹΑΤΩϹΑΝΑΥΤΩ
ΠΑΝΤΕϹΑΓΓΕΛΟΙΘΥ
ΚΑΙΠΡΟϹΜΕΝΤΟΥϹΑΓΓΕΛΟΥϹΑΥΤΟΥ
ΛΕΓΕΙ
ΟΠΟΙΩΝΤΟΥϹΑΓΓΕΛΟΥϹΑΥΤΟΥΠΝΑ
ΚΑΙΤΟΥϹΛΙΤΟΥΡΓΟΥϹΑΥΤΟΥ
ΠΥΡΟϹΦΛΟΓΑ
ΠΡΟϹΔΕΤΟΝΥΙΟΝ
ΟΘΡΟΝΟϹϹΟΥΟΘϹ
ΕΙϹΤΟΝΑΙΩΝΑΤΟΥΑΙΩΝΟϹ
ΚΑΙΡΑΒΔΟϹΕΥΘΥΤΗΤΟϹΗ
ΡΑΒΔΟϹΤΗϹΒΑϹΙΛΙΑϹϹΟΥ
ΗΓΑΠΗϹΑϹΔΙΚΑΙΟϹΥΝΗΝ

FILIVS MEVS ES TV EGO HODIE
GENERAVI TE
ET ITERVM EGO ERO
ILLI IN PATREM
ET IPSE ERIT MIHI IN FILIO
DEINDE ITERVM CVM INDVCIT
PRIMOGENITVM
IN CREATIONE
DICIT E ADORENT ILLVM
OMNES ANGELI DI
ET ANGELVS IPSIVS QVIDEM
DICIT
QVI FACIT ANGELOS SVOS SPM
ET MINISTROS SVOS
IGNEM VRENTEM
AD FILIVM AVTEM
THRONVS TVVS DS
IN AETERNO AETERNI
ET VIRGA AEQVITATIS
VIRGA REGNI TVI
DILEXISTI AEQVITATEM

ΚΑΙΕΜΙϹΗϹΑϹΑΝΟΜΙΑϹ
ΔΙΑΤΟΥΤΟΕΧΡΙϹΕΝϹΕΟΘ̅Ϲ̅
ΟΘ̅Ϲ̅ϹΟΥΕΛΕΟϹΑΓΑΛΛΙΑϹΕΩϹ
ΠΑΡΑΤΟΥϹΜΕΤΟΧΟΥϹϹΟΥ
ΚΑΙϹΥΚΑΤΑΡΧΑϹΚ̅Ε̅
ΤΗΝΓΗΝΕΘΕΜΕΛΙΩϹΑϹ
ΚΑΙΕΡΓΑΤΩΝΧΕΙΡΩΝϹΟΥ
ΕΙϹΙΝΟΙΟΥΡΑΝΟΙ
ΑΥΤΟΙΑΠΟΛΟΥΝΤΑΙ
ϹΥΔΕΔΙΑΜΕΝΙϹ
ΚΑΙΠΑΝΤΕϹΩϹΕΙΜΑΤΙΟΝ
ΠΑΛΑΙΩΘΗϹΟΝΤΑΙ
ΚΑΙΩϹΠΕΡΙΒΟΛΑΙΟΝ
ΑΛΛΑΞΙϹΑΥΤΟΥϹ
ΩϹΕΙΜΑΤΙΟΝΑΛΛΑΓΗϹΟΝΤΑΙ
ϹΥΔΕΟΑΥΤΟϹΕΙ
ΚΑΙΤΑΕΤΗϹΟΥΟΥΚΕΚΛΙΨΟΥϹΙ̅
ΠΡΟϹΤΙΝΑΔΕΤΩΝΑΓΓΕΛΩΝΕΙΡΗΚΕ̅
ΠΟΤΕΚΑΘΟΥΕΚΔΕΞΙΩΝΜΟΥ
ΕΩϹΘΩΤΟΥϹΕΧΘΡΟΥϹϹΟΥ
ΥΠΟΠΟΔΙΟΝΤΩΝΠΟΔΩΝϹΟΥ

ET ODISTI INIQVITATEM
IDEO LINIVIT TE D̅S̅
D̅S̅ TVVS OLEVM LAETITIAE
PRAE PARTICIPES TVOS
ET TV INITIIS D̅M̅E̅
FVNDASTI TERRAM
ET OPERA MANVM TVARVM
SVNT CAELI
IPSI PERIENT
TV AVTEM PERMANEBIS
ET OMNES TAMQVAM VESTIMENTV̅
VETERESCENT
ET TAMQVAM AMICTVM
MVTABIS ILLOS
ET TAMQVAM VESTIMENTVM MVTABVNTVR
TV AVTEM IPSE ES
ET ANNI TVI NON DEFICIENT
AD QVEM AVTEM ANGELORVM DIXIT
ALIQVANDO SEDE AD DEXTERIS MEIS
DONEC PONAM INIMICOS TVOS
SVB PEDES TVOS

ΟΥΧΙΠΑΝΤΕϹΕΙϹΙΝ	NON ENIM OMNES SVNT
ΛΕΙΤΟΥΡΓΙΚΑΠ̅Ν̅Α̅ΤΑ	MINISTRI S̅P̅S̅
ΕΙϹΔΙΑΚΟΝΙΑΝΑΠΟϹΤΕΛΛΟΜΕΝΑ	IN MINISTERIO QVI MITTVNTVR
ΔΙΑΤΟΥϹΜΕΛΛΟΝΤΑϹ	PROPTER POSSESSVROS
ΚΛΗΡΟΝΟΜΙΝϹΩΤΗΡΙΑΝ	SALVTEM AETERNAM
ΔΙΑΤΟΥΤΟΔΙΠΕΡΙϹϹΟΤΕΡΩϹ	IDEO OPORTET NOS AMPLIVS
ΠΡΟϹΕΧΕΙΝΗΜΑϹΤΟΙϹΑΚΟΥϹΘΙϹΙΝ	INTVERI QVAE AVDITA SVNT
ΜΗΠΟΤΕΠΑΡΑΡΥΩΜΕΝ	NE CASV LEBEMVR
ΕΙΓΑΡΟΔΙΑΓΓΕΛΩΝ	SI ENIM QVOD PER ANGELOS
ΛΑΛΗΘΕΙϹΛΟΓΟϹΕΓΕΝΕΤΟΒΕΒΑΙΟϹ	PRAEDICATVM VERBVM CERTISSIMVM FACTVM EST
ΚΑΙΠΑϹΑΠΑΡΑΒΑϹΙϹ	ET OMNIS PRAEVARICATIO
ΚΑΙΠΑΡΑΚΟΗΕΛΑΒΕΝ	ET CONTVMACIA ACCEPIT
ΕΝΔΙΚΟΝΜΙϹΘΑΠΟΔΟϹΙΑΝ	IVSTAM REMVNERATIONEM
ΠΩϹΗΜΙϹΕΚΦΕΥΞΟΜΕΘΑ	QVOMODO NOS EFFVGIEMVS
ΤΗΛΙΚΑΥΤΗϹΑΜΕΛΗϹΑΝΤΕϹ	SI TANTAM NEGLEXERIMVS
ϹΩΤΗΡΙΑϹ	SALVTEM
ΗΤΙϹΑΡΧΗΝΛΑΒΟΥϹΑ	QVECVMQVE INITIVM ACCEPISSENT
ΛΑΛΕΙϹΘΑΙΔΙΑΤΟΥΚ̅Υ̅	PRAEDICANDI D̅M̅
ΥΠΟΤΩΝΑΚΟΥϹΑΝΤΩΝ	AD HIS QVI AVDIERVNT
ΕΙϹΗΜΑϹΕΒΕΒΑΙΩΘΗ	IN NOBIS CONFIRMATA EST
ϹΥΝΕΠΙΜΑΡΤΥΡΟΥΝΤΟϹΤΟΥΘ̅Υ̅	ADSEVERANTE D̅O̅

ϹΗΜΙΟΙϹΤΕΚΑΙΤΕΡΑϹΙΝ
ΚΑΙΠΟΙΚΙΛΑΙϹΔΥΝΑΜΕϹΙ̅
ΚΑΙΠ̅Ν̅Ϲ̅ΑΓΙΟΥ
ΜΕΡΙϹΜΟΙϹΚΑΤΑΤΗΝΤΟΥΘ̅Υ̅ΘΕΛΗϹΙ̅
ΟΥΓΑΡΑΓΓΕΛΟΙϹΥΠΕΤΑΞΕΝ
ΤΗΝΟΙΚΟΥΜΕΝΗΝΤΗΝΜΕΛΛΟΥϹΑ̅
ΠΕΡΙΗϹΛΑΛΟΥΜΕΝ
ΔΙΕΜΑΡΤΥΡΑΤΟΔΕ
ΠΟΥΤΙϹΛΕΓΩΝΤΙΕϹΤΙΝΑ̅Ν̅Ο̅Ϲ̅
ΟΤΙΜΙΜΝΗϹΚΗΑΥΤΟΥΗ
ΥΙΟϹΑΝΘΡΩΠΟΥ
ΟΤΙΕΠΙϹΚΕΠΤΗΑΥΤΟΝ
ΕΛΑΤΤΩϹΑϹΑΥΤΟΝΒΡΑΧΥΤΙ
ΠΑΡΑΓΓΕΛΟΥϹ
ΔΟΞΗΚΑΙΤΙΜΗ
ΕϹΤΕΦΑΝΩϹΑϹΑΥΤΟΝ
ΚΑΙΚΑΤΕϹΤΗϹΑϹΑΥΤΟΝ
ΕΠΙΤΑΕΡΓΑΤΩΝΧΕΙΡΩΝϹΟΥ
ΠΑΝΤΑΥΠΕΤΑΞΑϹ
ΥΠΟΚΑΤΩΤΩΝΠΟΔΩΝΑΥΤΟΥ
ΕΝΤΩΓΑΡΤΑΠΑΝΤΑΥΠΟΤΑΞΑΙΑΥΤΩ

SIGNIS QVOQVE ET PRODIGIIS
ET VARIIS VIRTVTIBVS
ET S̅P̅S̅ SANCTI
DIVISIONIBVS SECVNDVM IPSIVS VOLVPTATE̅
NON ENIM ANGELIS SVBDIDIT
SAECVLVM FVTVRVM
DE QVO LOQVIMVR
CONTESTATVS EST AVTEM
QVODAM LOCO QVIS DICENS QVIS EST HOMO
QVOD MEMOR EST EVM
AVT FILIVS HOMINIS
QVI VISITAS EVM
MINORASTI EVM PAVLO MINVS
AB ANGELIS
GLORIA ET HONORE
CORONASTI EVM
ET CONSTITVISTI EVM
SVPER OPERA MANVM TVARVM
OMNIA SVBIECISTI
SVB PEDIBVS EIVS
SVBICIENDO AVTEM OMNIA

ΠΡΟC ΕΒΡΑΙΟΥC	AD HEBREOS
ΟΥΔΕΝΑΦΗΚΕΝΑΥΤΩΑΝΥΠΟΤΑΚΤΟ̅	NIHIL RELIQVID NON SVBIECTVM
ΝΥΝΔΕΟΥΠΩΟΡΩΜΕΝΑΥΤΩΤΑ	MODO AVTEM NONDVM VIDEMVS
ΠΑΝΤΑΥΠΟΤΕΤΑΓΜΕΝΑ	OMNIA EIVS SVBIECTA
ΤΟΝΔΕΒΡΑΧΥΤΙ . . ΠΑΡΑΓΓΕΛΟΥC	NAM PAVLO QVAM ANGELOS
ΗΛΑΤΤΩΜΕΝΟΝΒΛΕΠΟΜΕΝΙ̅Ν̅:	MINORATVM VIDEMVS I̅H̅N̅
ΔΙΑΤΟΠΑΘΗΜΑΤΟΥΘΑΝΑΤΟΥ	PROPTER PASSIONEM MORTIS
ΔΟΞΗΚΑΙΤΕΙΜΗΕCΤΕΦΑΝΩΜΕΝΟ̅	GLORIA ET HONOREM CORONATVM
ΟΠΩCΧΑΡΙΤΙΘ̅Υ̅	VT GRATIA D̅I̅
ΥΠΕΡΠΑΝΤΟCΓΕΥCΕΤΑΙΘΑΝΑΤΟΥ	PRO OMNIS GVSTARET MORTEM
ΕΠΡΕΠΕΝΓΑΡΑΥΤΩ	DICEBAT ENIM EVM
ΔΙΟΝΤΑΠΑΝΤΑΚΑΙΔΙΟΥΤΑΠΑΝΤΑ	PER QVO OMNIA ET PER QVEM OMNIA
ΠΟΛΛΟΥCΥΙΟΥC	MVLTIS FILIIS
ΕΙCΔΟΞΑΝΑΓΑΓΟΝΤΑ	IN GLORIAM ADDVCTIS
ΤΟΝΑΡΧΗΓΟΝΤΗCCΩΤΗΡΙΑCΑΥΤΩ̅	DVCEM SALVTIS EORVM
ΔΙΑΠΑΘΗΜΑΤΩΝΤΕΛΙΩCΑΙ	PER PASSIONEM CONSVMMARE
ΟΤΕΓΑΡΑΓΙΑΖΩΝ	QVI ENIM SANCTIFICAT
ΚΑΙΟΙΑΓΙΑΖΟΜΕΝΟΙ	ET QVI SANCTIFICANTVR
ΕΞΕΝΟCΠΑΝΤΕC	OMNES EX VNO
ΔΙΗΝΑΙΤΙΑΝΟΥΚΕΠΕCΧΥΝΕΤΑΙ	QVAM OB CAVSAM NON PVDET
ΑΔΕΛΦΟΥCΑΥΤΟΥCΚΑΛΙΝΛΕΓΩΝ	EVM FRATRES EIVS VOCARE DICENS
ΑΠΑΓΓΕΛΩΤΟΟΝΟΜΑCΟΥ	RENVNTIABO NOMEN TVVM

ΤΟΙCΑΔΕΛΦΟΙCΜΟΥ
ΕΝΜΕCΩΕΚΚΛΗCΙΑCΥΜΝΗCΩCΕ
ΚΑΙΠΑΛΙΝ
ΕΓΩΕCΟΜΑΙΠΕΠΟΙΘΩCΕΠΑΥΤΩ
ΚΑΙΠΑΛΙΝ
ΙΔΟΥΕΓΩΚΑΙΤΑΠΑΙΔΙΑ
ΑΜΟΙΕΔΩΚΕΝΟΘ͞C
ΕΠΙΟΥΝΤΑΠΑΙΔΙΑΚΕΚΟΙΝΩΝΗΚΕ̄
ΑΙΜΑΤΟCΚΑΙCΑΡΚΟC
ΚΑΙΑΥΤΟCΠΑΡΑΠΛΗCΙΩC
ΜΕΤΕCΧΕΝΤΩΝΑΥΤΩΝΠΑΘΗΜΑΤΩ̄
ΙΝΑΔΙΑΤΟΥΘΑΝΑΤΟΥΘΑΝΑΤΟΝ
ΚΑΤΑΡΓΗCΗΤΟΝΤΟΚΡΑΤΟC
ΕΧΟΝΤΑΤΟΥΘΑΝΑΤΟΥ
ΤΟΥΤΕCΤΙΝΤΟΝΔΙΑΒΟΛΟΝ
ΚΑΙΑΠΑΛΛΑΞΗΤΟΥΤΟΥC
ΟCΟΙΦΟΒΩΘΑΝΑΤΟΥ
ΔΙΑΠΑΝΤΟCΤΟΥΖΗΝ
ΕΝΟΧΟΙΗCΑΝΔΟΥΛΙΑC
ΟΥΓΑΡΔΗΠΟΥΑΓΓΕΛΩΝ
ΕΠΙΛΑΜΒΑΝΕΤΕ

FRATRIBVS MEIS
IN MEDIA ECCLESIA CANTABO TIBI
ET ITERVM
EGO ERO FIDENS IN ILLO
ET ITERVM
ECCE EGO ET FILI
QVOS MIHI DEDIT D͞S
ERGO QVIA FILII PARTICIPES SVNT
SANGVINIS ET CARNIS
SIMILITER ET IPSE
PARTICIPES FACTVS EST EORVNDEM PASSIONE
VT PER MORTEM MORTEM
DESTRVERET QVI IMPERIVM
HABEBAT MORTIS
HOC EST DIABOLVM
ET LIBERARET HOS
QVODQVOD TIMETV MORTIS
SEMPER VIVENDO
OBNOXIT ERANT SERVITVTI
NEC ENIM STATIM ANGELOS
ADSVMPSIT

ΑΛΛΑϹΠΕΡΜΑΤΟϹΑΒΡΑΑΜΕΠΙΛΑΝΒΑΝΕΤΑΙ	SED SEMEN ABRAHAE SVSCEPIT
ΟΘΕΝΩΦΙΛΕΝΚΑΤΑΠΑΝΤΑ	VNDE DEBVIT PER OMNIA
ΤΟΙϹΑΔΕΛΦΟΙϹΟΜΟΙΩΘΗΝΑΙ	FRATRIBVS SIMILARI
ΙΝΑΕΛΕΗΜΩΝΓΕΝΗΤΕ	VT MISERICORS FIERET
ΚΑΙΠΙϹΤΟϹΑΡΧΙΕΡΕΥϹ	ET FIDELIS SVMMVS SACERDOS
ΤΑΠΡΟϹΤΟΝΘ̅Ν̅	AD D̅M̅
ΕΙϹΤΟΕΙΛΑϹΚΕϹΘΑΙ	VT EXPIARET
ΤΑϹΑΜΑΡΤΙΑϹΤΟΥΛΑΟΥ	PECCATA POPVLI
ΕΝΩΓΑΡΑΥΤΟϹΠΕΠΟΝΘΕΝ	IN QVO ENIM IPSE EXPERTVS
ΠΙΡΑϹΘΙϹΔΥΝΑΤΑΙ	PASSVS EST POTEST
ΤΟΙϹΠΕΙΡΑΖΟΜΕΝΟΙϹΒΟΗΘΗϹΑΙ	EXPERIENTES ADIVVARE
ΟΘΕΝΑΔΕΛΦΟΙΑΓΙΟΙ	PROPTER QVOD FRATRES SANCTISSIMI
ΚΛΗϹΕΩϹΕΠΟΥΡΑΝΙΟΥΜΕΤΟΧΟΙ	CAELESTIS VOCATIONES PARTICIPES
ΚΑΤΑΝΟΗϹΕΤΕΤΟΝΑΠΟϹΤΟΛΟ̅	INTVIMINI APOSTOLVM
ΚΑΙΑΡΧΙΕΡΕΑ	ET PRINCIPEM
ΤΗϹΟΜΟΛΟΓΙΑϹΗΜΩΝΙ̅Ν̅	CONSTITVTIONIS NOSTRAE I̅H̅M̅
ΠΙϹΤΟΝΟΝΤΑΤΩΠΟΙΗϹΑΝΤΙΑΥΤΟ̅	FIDELEM ESSE CREATORI SVO
ΩϹΚΑΙΜΩϹΗϹ	SICVT ET MOYSES
ΕΝΟΛΩΤΩΟΙΚΩΑΥΤΟΥ	IN OMNE DOMO EIVS
ΠΛΙΟΝΟϹΓΑΡΟΥΤΟϹΔΟΞΗϹ	AMPLIOREM ENIM HIC GLORIAM
ΠΑΡΑΜΩΥϹΕΩϹΗΞΙΩΤΑΙ	QVAM MOYSES CONSECVTVS EST

AD HEBRAEOS II, 16 – III, 3.

ΚΑΘΟϹΟΝΠΛΙΟΝΑΤΙΜΗΝΕΧΕΙ	QVANTO MAIOREM HONOREM HABET
ΤΟΥΟΙΚΟΥΟΚΑΤΑϹΚΕΥΑϹΑϹΑΥΤΟ̄	DOMVS IS QVI PRAEPARAVIT IPSAM
ΠΑϹΓΑΡΟΙΚΟϹΚΑΤΑϹΚΕΥΑΖΕΤΕ	OMNIS ENIM DOMVS AEDIFICATVR
ΥΠΟΤΙΝΟϹ	AB ALIQVO
ΟΔΕΠΑΝΤΑΚΑΤΑϹΚΕΥΑϹΑϹΘ̅Ϲ̅	QVI AVTEM OMNIA CREAVIT D̅S̅
ΚΑΙΜΩΥϹΗϹΜΕΝΠΙϹΤΟϹ	ET MOYSES QVIDEM FIDELIS
ΕΝΟΛΩΤΩΟΙΚΩΑΥΤΟΥ	IN TOTA DOMO EIVS
ΩϹΘΕΡΑΠΩΝΕΙϹΜΑΡΤΥΡΙΟΝ	TAMQVAM SERVVS IN TESTIMONIO
ΤΩΝΛΑΛΗΘΗϹΟΜΕΝΩΝ	LOQVENDORVM
Χ̅Ϲ̅ΔΕΩϹΥΙΟϹΕΠΙΤΟΝΟΙΚΟΝΑΥΤΟΥ	X̅P̅S̅ AVTEM TAMQVAM FILIVS IN DOMO EIVS
ΟϹΟΙΚΟϹΕϹΜΕΝΗΜΙϹ	QVAE DOMVS NOS SVMVS
ΕΑΝΤΗΝΠΑΡΗϹΙΑΝ	SI LIBERTATEM
ΚΑΙΤΟΚΑΥΧΗΜΑΤΗϹΕΛΠΙΔΟϹ	ET EXVLTATIONEM SPEI
ΜΕΧΡΙΤΕΛΟΥϹΒΕΒΑΙΑΝ	VSQVE AD FINEM FIRMAM
ΚΑΤΑϹΧΩΜΕΝ	TENVERIMVS
ΔΙΟΚΑΘΩϹΛΕΓΕΙΤΟΠ̅Ν̅ΑΤΟΑΓΙΟΝ	PROPTER QVOD SICVT DICIT S̅P̅S̅ SANCTVS
ϹΗΜΕΡΟΝΕΑΝΤΗϹΦΩΝΗϹΑΥΤΟΥ	HODIE SI VOCEM EIVS
ΑΚΟΥϹΗΤΕΜΗϹΚΛΗΡΥΝΗΤΕ	AVDIERITIS NOLITE OBDVRARE
ΤΑϹΚΑΡΔΙΑϹΥΜΩΝ	CORDA VESTRA
ΩϹΕΝΤΩΠΑΡΑΠΙΚΡΑϹΜΩ	SICVT IN EXACERVATIONEM
ΚΑΤΑΤΗΝΗΜΕΡΑΝΤΟΥΠΙΡΑϹΜΟΥ	SECVNDVM DIEM TEMPTATIONIS

ΕΝΤΗΕΡΗΜΩΟΠΟΥ
ΕΠΕΙΡΑϹΑΝΟΙΠΑΤΕΡΕϹΥΜΩΝ
ΕΝΔΟΚΙΜΑϹΙΑ
ΚΑΙΕΙΔΟΝΤΑΕΡΓΑΜΟΥ·Μ̄·ΕΤΗ
ΔΙΟΠΡΟϹΩΧΘΙϹΑΤΗΓΕΝΕΑΤΑΥΤΗ
ΚΑΙΕΙΠΑΝΑΕΙΠΛΑΝΩΝΤΑΙΤΗΚΑΡΔΙΑ
ΑΥΤΟΙΔΕΟΥΚΕΓΝΩϹΑΝ
ΤΑϹΟΔΟΥϹΜΟΥ
ΩϹΩΜΟϹΑΕΝΤΗΟΡΓΗΜΟΥΕΙ
ΕΙϹΕΛΕΥϹΟΝΤΑΙ
ΕΙϹΤΗΝΚΑΤΑΠΑΥϹΙΝΜΟΥ
ΒΛΕΠΕΤΕΑΔΕΛΦΟΙΜΗΠΟΤΕΕϹΤΕ
ΕΝΤΙΝΙΥΜΩΝΚΑΡΔΙΑΠΟΝΗΡΑ
ΑΠΙϹΤΙΑϹ
ΕΝΤΩΑΠΟϹΤΗΝΑΙΑΠΟΘ̄ῩΖΩΝΤΟϹ
ΑΛΛΑΠΑΡΑΚΑΛΕΙΤΕΕΑΥΤΟΥϹ
ΚΑΘΕΚΑϹΤΗΝΗΜΕΡΑΝ
ΑΧΡΙϹΟΥΤΟ·ϹΗΜΕΡΟΝΚΑΛΕΙΤΑΙ
ΙΝΑΜΗϹΚΛΗΡΥΝΘΗ
ΕΞΥΜΩΝΤΙϹΑΠΑΤΗ
ΑΜΑΡΤΙΑΙϹ

IN SOLITVDINEM VBI
TEMPTAVERVNT PATRES VESTRI
IN EXPERIMENTO
ET VIDERVNT OPERA MEA ·X̄L̄· ANNIS
IDEO OPEROSA EST MIHI GENS ISTA
ET DIXIS SEMPER ERRANT IN CORDE
I AVTEM NON COGNOVERVNT
VIAS MEAS
SICVT IVRAVI IN IRA MEA
SI INTRABVNT
IN REQVIEM MEAM
VIDETE ITAQVE FRATRES NE SIT
IN ALIQVO VESTRVM COR MALIGNVM
INIQVITATIS
DISCEDENDI A D̄Ō VIVENTE
SED CONSOLAMINI VOSMETIPSOS
QVODTIDIE
DONEC HODIE VOCATVS
NEC PRAEDVRETVR
EX VOBIS ALIQVIS IN ERRORE
PECCATI

ΜΕΤΟΧΟΙΓΑΡΤΟΥΧ̅Υ̅ΓΕΓΟΝΑΜΕΝ	PARTICIPES ENIM X̅P̅I̅ FACTI SVMVS
ΕΑΝΠΕΡΤΗΝΑΡΧΗΝΤΗϹΥΠΟϹΤΑϹΕΩϹ	SIQVIDEM PRINCIPIVM SVBSTANTIAE
ΜΕΧΡΙΤΕΛΟΥϹ	VSQVE AD FINEM
ΒΕΒΑΙΑΝΚΑΤΑϹΧΩΜΕΝ	FIRMAM TENVERIMVS
ΕΝΤΩΛΕΓΕϹΘΑΙϹΗΜΕΡΟΝ	CVM DICITVR HODIE
ΕΑΝΤΗϹΦΩΝΗϹΑΥΤΟΥΑΚΟΥϹΗΤΕ	SI VOCEM EIVS AVDIERITIS
ΜΗϹΚΛΗΡΥΝΕΤΕΤΑϹΚΑΡΔΙΑϹΥΜΩ̅	NOLITE PRAEDVRARE CORDA VESTRA
ΩϹΕΝΤΩΠΑΡΑΠΙΚΡΑϹΜΩ	SICVT IN EXACERVATIONE
ΤΙΝΕϹΓΑΡΑΚΟΥϹΑΝΤΕϹ	QVIDAM ENIM AVDITO
ΠΑΡΕΠΙΚΡΑΝΑΝΑΛΛΟΥΠΑΝΤΕϹ	EXACERVAVERVNT SED NON OMNES
ΟΙΕΞΕΛΘΟΝΤΕϹΕΞΑΙΓΥΠΤΟΥ	QVI EXIERVNT DE AEGYPTO
ΔΙΑΜΩΥϹΕΩϹ	PER MOYSEN
ΤΙϹΙΝΔΕΠΡΟϹΩΧΘΙϹΕΝΜ̅·ΕΤΗ	QVIBVS AVTEM ET PEROSVS FVIT X̅L̅· ANNIS
ΟΥΧΙΤΟΙϹΑΜΑΡΤΗϹΑϹΙΝ	NONNE HIS QVI PECCAVERVNT
ΩΝΤΑΚΩΛΑΕΠΕϹΑΝΕΝΤΗΕΡΗΜΩ	QVORVM OSSA CAECIDERVNT IN SOLITVDINE
ΤΙϹΙΝΔΕΩΜΟϹΕΝ	QVIBVS AVTEM IVRAVIT
ΜΗΕΙϹΕΛΕΥϹΕϹΘΑΙ	NON INTROITVRVS
ΕΙϹΤΗΝΚΑΤΑΠΑΥϹΙΝΑΥΤΟΥ	IN REQVIEM SVAM
ΕΙΜΗΤΟΙϹΑΠΙΘΗϹΑϹΙΝ	NISI CONTVMACIS
ΚΑΙΒΛΕΠΟΜΕΝΟΤΙΟΥΚΗΔΥΝΗΘΗϹΑΝΕΙϹΕΛΘΙΝ	ET VIDEMVS QVIA NON POTVERVNT INTRARE
ΔΙΑΠΙϹΤΙΑΝ	PROPTER INCREDVLITATE

ΦΟΒΗΘΩΜЄΝΟΥΝΜΗΠΟΤЄ	TIMEAMVS ITAQVE NE
ΚΑΤΑΛΙΠΟΜЄΝΗϹΤΗϹЄΠΑΓΓЄΛΙΑϹ	DERELICTO MANDATO
ЄΙϹЄΛΘΙΝЄΙϹΤΗΝΚΑΤΑΠΑΥϹΙΝΑΥΤΟΥ	INTRARE IN REQVIEM EIVS
ΔΟΚΗΤΙϹЄΞΥΜΩΝΥϹΤЄΡΗΚЄΝΑΙ	NEGLEXISSET QVIS VIDEATVR
ΚΑΙΓΑΡЄϹΜЄΝЄΥΗΓΓЄΛΙϹΜЄΝΟΙ	NAM ET ADNVNTIATVM NOBIS EST
ΚΑΘΑΠЄΡΚΑΚЄΙΝΟΙ	QVEMADMODVM ET ILLIS
ΑΛΛΟΥΚΩΦЄΛΗϹЄΝΟΛΟΓΟϹΤΗϹΑΚΟΗϹ	SED NON FVIT PRODE ILLIS VERBVM AVDITVS
ЄΚЄΙΝΟΥϹΜΗϹΥΝΚЄΚЄΡΑϹΜЄΝΟΥϹ	ILLOS NON TEMPERATVS
ΤΗΠΙϹΤΙΤΩΝΑΚΟΥϹΑΝΤΩΝ	FIDEM AVDITORVM
ЄΙϹЄΡΧΟΜЄΘΑΓΑΡЄΙϹΚΑΤΑΠΑΥϹΙ̅	INTRAMVS ENIM IN REQVIEM
ΟΙΠΙϹΤЄΥϹΑΝΤЄϹ	QVI CREDIMVS
ΚΑΘΩϹЄΙΡΗΚЄΝ	VT DIXIT
ΩϹΩΜΟϹΑЄΝΤΗΟΡΓΗΜΟΥ	SICVT IVRAVI IN IRA MEA
ЄΙΙϹЄΛЄΥϹΟΝΤΑΙЄΙϹΤΗΝΚΑΤΑΠΑΥϹΙΝΜΟΥ	SI INTRABVNT IN REQVIEM MEAM
ΚΑΙΤΟΙΤΩΝЄΡΓΩΝ	ET CVM OPERA
ΑΠΟΚΑΤΑΒΟΛΗϹΚΟϹΜΟΥ	AB ORIGINE MVNDI
ΓЄΝΗΘЄΝΤΩΝЄΙΡΗΚЄΝΓΑΡΠΟΥ	FACTA SVNT DIXIT TAMEN ALICVBI
ΠЄΡΙΤΗϹЄΒΔΟΜΗϹΟΥΤΩϹ	DE DIE SEPTIMA SIC
ΚΑΙΚΑΤЄΠΑΥϹЄΝΟΘ̅Ϲ̅	ET REQVIEVIT D̅S̅
ЄΝΤΗΗΜЄΡΑΤΗЄΒΔΟΜΗ	IN DIE SEPTIMA
ΑΠΟΠΑΝΤΩΝΤΩΝЄΡΓΩΝΑΥΤΟΥ	AB OMNIBVS OPERIBVS SVIS

ΚΑΙΕΝΤΟΥΤΩΠΑΛΙΝ
ΕΙϹΕΛΕΥϹΟΝΤΑΙΕΙϹΤΗΝΚΑΤΑΠΑΥϹΙΝΜΟΥ
ΕΠΙΟΥΝΑΠΟΛΙΠΕΤΕΤΙΝΑϹ
ΕΙϹΕΛΘΙΝΕΙϹΑΥΤΗΝ
ΚΑΙΟΙΠΡΟΤΕΡΟΝΕΥΑΓΓΕΛΙϹΘΕΝΤΕϹ
ΟΥΚΙϹΗΛΘΟΝΔΙΑΠΙΘΙΑΝ
ΠΑΛΙΝΤΙΝΑΟΡΙΖΕΙΗΜΕΡΑΝ
ϹΗΜΕΡΟΝΕΝΔΑΥΕΙΔΛΕΓΩΝ
ΜΕΤΑΤΟϹΟΥΤΟΝΧΡΟΝΟΝ
ΚΑΘΩϹΠΡΟΕΙΡΗΤΑΙ
ϹΗΜΕΡΟΝΕΑΝΤΗϹΦΩΝΗϹΑΥΤΟΥ
ΑΚΟΥϹΗΤΕ
ΜΗϹΚΛΗΡΥΝΗΤΕΤΑϹΚΑΡΔΙΑϹΥΜΩ̅
ΕΙΓΑΡΑΥΤΟΥϹΙ̅Ϲ̅
ΚΑΤΕΠΑΥϹΕΝ
ΟΥΚΑΝΠΕΡΙΑΛΛΗϹΕΛΑΛΕΙ
ΜΕΤΑΤΑΥΤΑΗΜΕΡΑϹ
ΑΡΑΑΠΟΛΙΠΕΤΑΙϹΑΒΒΑΤΙϹΜΟϹ
ΤΩΛΑΩΤΟΥΘ̅Υ̅
ΟΓΑΡΕΙϹΕΛΘΩΝ
ΕΙϹΤΗΝΚΑΤΑΠΑΥϹΙΝΑΥΤΟΥ

ET IN HOC ITERVM SIC
ET INTRABVNT IN REQVIEM MEAM
ERGO QVIA SVPEREST RELIQVOS
INTRARE IN ILLAM
ET HI QVIDEM PRIMVM QVIBVS PRAEDICATVM EST
NON INTRAVERVNT PROPTER CONTVMACIA̅
RVRSVS ALIAM PRAEFINIVIT DIEM
HODIE IN DAVID DICENDO
POST TANTVM TEMPORIS
SICVT ANTEA DICTVM EST
HODIE SI VOCEM EIVS
AVDIERITIS
NOLITE PRAEDVRARE CORDA VESTRA
QVONIAM SI I̅H̅S̅
REQVIEM DEDISSE ILLI
NON DE ALIO DIXISSET
POSTERA DIE
ERGO RESTAT REQVIES
POPVLO D̅I̅
QVI ENIM INTRAVIT
IN REQVIEM EIVS

ΚΑΙΑΥΤΟϹΚΑΤΕΠΑΥϹΕΝ	ET IPSE REQVIEVIT
ΑΠΟΠΑΝΤΩΝΤΩΝΕΡΓΩΝΑΥΤΟΥ	AB OPERIBVS SVIS
ΩϹΠΕΡΑΠΟΤΩΝΙΔΙΩΝΟΘ̅Ϲ̅:	SICVT A SVIS D̅S̅
ϹΠΟΥΔΑϹΩΜΕΝΟΥΝΕΙϹΕΛΘΙΝΑΔΕΛΦΟΙ	FESTINEMVS ITAQVE INTRARE FRATRES
ΕΙϹΕΚΙΝΗΝΤΗΝΚΑΤΑΠΑΥϹΙΝ:	IN ILLAM REQVIEM
ΙΝΑΜΗΕΝΤΩΑΥΤΩΤΙϹ	NE ALIQVIS EODEM
ΥΠΟΔΙΓΜΑΤΙΠΕϹΗΤΗϹΑΛΗΘΙΑϹ	EXEMPLO CADAT A BERITATE
ΖΩΝΓΑΡΟΛΟΓΟϹΤΟΥΘ̅Υ̅	VIVVM ENIM VERBVM D̅I̅
ΚΑΙΕΝΕΡΓΗϹΚΑΙΤΟΜΩΤΕΡΟϹ	ET VALIDVM ET ACVTVM
ΥΠΕΡΠΑϹΑΝΜΑΧΑΙΡΑΝΔΙϹΤΟΜΟΝ	OMNI GLADIO ACVTISSIMVM
ΚΑΙΔΕΙΚΝΥΜΕΝΟϹΑΧΡΙϹΜΕΡΙϹΜΟΥ	ET PENETRANS VSQVE AD DIVISIONEM
ΨΥΧΗϹΤΕΚΑΙΠ̅Ν̅Ϲ̅	ANIMAE ET S̅P̅S̅
ΑΡΜΩΝΤΕΚΑΙΜΥΕΛΩΝ	ARTVVMQVE ET MEDVLLARVM
ΚΑΙΚΡΙΤΙΚΟϹΕΝΘΥΜΗϹΕΩϹ	ET SCRVTATVR ANIMI ET COGITATIONIS
ΕΝΝΟΙΩΝΤΕΚΑΡΔΙΑϹ	ET COGITATIONIS CORDIS
ΚΑΙΟΥΚΕϹΤΙΝΚΡΙϹΙϹΑΦΑΝΗϹ	ET NON EST NVLLA CREATIO QVA NON PAREAT
ΕΝΩΠΙΟΝΑΥΤΟΥΠΑΝΤΑΔΕΓΥΜΝΑ	ANTE ILLVM OMNIA AVTEM NVDA
ΚΑΙΤΕΤΡΑΧΗΛΙϹΜΕΝΑ	ET APERTA
ΤΟΙϹΟΦΘΑΛΜΟΙϹΑΥΤΟΥ	OCVLIS EIVS
ΠΡΟϹΟΝΗΜΙΝΟΛΟΓΟϹ	ANTE QVAM NOBIS RATIO EST
ΕΧΟΝΤΕϹΟΥΝΑΡΧΙΕΡΕΑΜΕΓΑΝ	HABENTES ITAQVE SACERDOTEM MAGNV̅

ΔΙЄΛΗΛΥΘΟΤΑΤΟΥϹΟΥΡΑΝΟΥϹΙ̅Ν̅	EGRESSVM CAELOS I̅H̅M̅
ΤΟΝΥΙΟΝΤΟΥΘ̅Υ̅	FILIVM D̅I̅
ΚΡΑΤѠΜЄΝΤΗϹΟΜΟΛΟΓΙΑϹ	TENEAMVS CONFESSIONEM
ΟΥΓΑΡЄΧΟΜЄΝΑΡΧΙЄΡЄΑ	NEC ENIM HABET SACERDOTEM
ΜΗΔΥΝΑΜЄΝΟΝϹΥΝΠΑΘΗϹΑΙ	QVI NON POSSIT ADFICI
ΤΑΙϹΑϹΘЄΝΙΑΙϹΗΜѠΝ	IN INFIRMITATIBVS NOSTRIS
ΠЄΠΙΡΑϹΜЄΝΟΝΔЄΚΑΤΑΠΑΝΤΑ	EXPERTVM IN OMNIBVS
ΚΑΘΟΜΟΙΟΤΗΤΑΧѠΡΙϹΑΜΑΡΤΙΑϹ	SECVNDVM SIMILITVDINE SINE PECCATO
ΠΡΟϹЄΡΧѠΜЄΘΑΟΥΝ	ACCEDAMVS ITAQVAE
ΜЄΤΑΠΑΡΡΗϹΙΑϹΤѠΘΡΟΝѠ	CON FIDVCIA AD SEDEM
ΤΗϹΧΑΡΙΤΟϹ	GRATIAE
ΙΝΑΛΑΒѠΜЄΝЄΛЄΟϹΚΑΙΧΑΡΙΝ	VT ACCIPIAMVS MISERICORDIAM ET PACE̅
ЄΥΡѠΜЄΝЄΥΚΑΙΡΟΝΒΟΗΘΙΑΝ	VT INVENIAMVS OPPORTVNVM AVXILIV̅
ΠΑϹΓΑΡΑΡΧΙЄΡЄΥϹ	OMNIS ENIM SACERDOS
ЄΞΑΝΘΡѠΠѠΝΛΑΜΒΑΝΟΜЄΝΟϹ	DE OMINIBVS ELECTVM
ΥΠЄΡΑΝΘΡѠΠѠΝΚΑΘΙϹΤΑΤΑΙ	PRO HOMINIBVS CONSTITVTVS
ΤΑΠΡΟϹΤΟΝΘ̅Ν̅	QVAE SVNT D̅O̅
ΙΝΑΠΡΟϹΦЄΡΗΤЄΔѠΡΑΚΑΙΘΥϹΙΑϹ	VT OFFERAT MVNERA ET HOSTIAS
ΥΠЄΡΑΜΑΡΤΙѠΝΜЄΤΡΙΟΠΑΘΙΝ	PRO PECCATIS
ΔΥΝΑΜЄΝΟϹΤΟΙϹΑΓΝΟΟΥϹΙ	QVI POSSIT IGNORANTIBVS
ΚΑΙΠΛΑΝѠΜЄΝΟΙϹ	ET ERRANTIBVS

AD HEBRAEOS IV, 14—V, 2.

ΚΑΙΓΑΡΑΥΤΟCΠΕΡΙΚΙΤΑΙΑCΘΕΝΙΑΝ	QVONIAM IPSE GESTAT INFIRMITATEM
ΚΑΙΔΙΑΥΤΗΝΟΦΙΛΕΙ	ET PROPTER ILLAM DEBET
ΚΑΘΩCΠΕΡΙΤΟΥΛΑΟΥΟΥΤΩC	SICVT POPVLO SIC
ΚΑΙΠΕΡΙΑΥΤΟΥΠΡΟCΦΕΡΕΙΝ	ET PRO SE OFFERE
ΠΕΡΙΑΜΑΡΤΙΩΝ	PRO PECCATIS
ΚΑΙΟΥΚΕΑΥΤΩΛΑΜΒΑΝΙΤΙC	ET NON QVIS SIBI SVMIT
ΤΗΝΤΙΜΗΝ	HONOREM
ΑΛΛΑΚΑΛΟΥΜΕΝΟCΥΠΟΤΟΥΘ̅Υ̅	SED QVI VOCATVR A D̅O̅ NON
ΚΑΘΩCΠΕΡΑΑΡΩΝ	QVEMADMODVM AARON
ΟΥΤΩCΚΑΙΟΧ̅C̅	SIC ET X̅P̅S̅
ΟΥΧΕΑΥΤΟΝΕΔΟΞΑCΕΝ	NON SE MAGNIFICAVIT
ΓΕΝΝΗΘΗΝΑΙΑΡΧΙΕΡΕΑ	FIERI SVMMVM SACERDOTEM
ΑΛΛΟΛΑΛΗCΑCΠΡΟCΑΥΤΟΝ	SED QVI LOCVTVS EST AD ILLVM
ΥΙΟCΜΟΥΕΙCΥ	FILIVS MEVS ES TV
ΕΓΩCΗΜΕΡΟΝΓΕΓΕΝΝΗΚΑCΕ	EGO HODIE GENVI TE
ΚΑΘΩCΚΑΙΕΝΕΤΕΡΩΠΑΛΙΝΛΕΓΕΙ	SICVT ET ALIO LOCO DICIT
CΥΙΕΡΕΥCΕΙCΤΟΝΑΙΩΝΑ	TV ES SACERDOS IN AETERNVM
ΚΑΤΑΤΗΝΤΑΞΙΝΜΕΛΧΙCΕΔΕΚ	SECVNDVM ORDINEM MELCHISEDEC
ΟCΩΝΕΝΤΑΙCΗΜΕΡΑΙC	QVI IN DIEBVS
ΤΗCCΑΡΚΟ'CΑΥΤΟΥ	CARNIS SVAE
ΔΕΗCΙCΤΕΚΑΙΙΚΕΤΗΡΙΑC	PRAECIBVS ET SVPPLICATIONIS

ΠΡΟϹΤΟΝΔΥΝΑΜЄΝΟΝϹωΖЄΙΝΑΥΤΟ̄
ЄΚΘΑΝΑΤΟΥΜЄΤΑΚΡΑΥΓΗϹΙϹΧΥΡΑϹ
ΚΑΙΔΑΚΡΥωΝΠΡΟϹЄΝЄΓΚΑϹ
ΚΑΙΑΚΟΥϹΘΙϹ
ΑΠΟΤΗϹЄΥΛΑΒΙΑϹ
ΚΑΙΠЄΡωΝΥΙΟϹЄΜΑΘЄΝ
ΑΠωΝЄΠΑΘЄΝΤΗΝΥΠΑΚΟΗΝ
ΚΑΙΤЄΛΙωΘΙϹЄΓЄΝЄΤΟΠΑϹΙΝ
ΤΟΙϹΥΠΑΚΟΥΟΥϹΙΝΑΥΤω
ΑΙΤΙΟϹϹωΤΗΡΙΑϹΑΙωΝΙΟΥ
ΠΡΟϹΑΓΟΡЄΥΘΙϹ
ΥΠΟΤΟΥΘ̄ῩΑΡΧΙЄΡЄΥϹ
ΚΑΤΑΤΗΝΤΑΞΙΝΜЄΛΧΙϹЄΔЄΚ
ΚΑΙΠЄΡΙΟΥΠΟΛΥϹΗΜΙΝΛΟΓΟϹ
ΚΑΙΔΥϹЄΡΜΗΝЄΥΤΟϹΛЄΓЄΙΝ
ЄΠΙΝωΘΡΟΙΓЄΓΟΝΑΤЄΤΑΙϹΑΚΟΑΙϹ
ΚΑΙΓΑΡΟΦΙΛΟΝΤЄϹЄΙΝΑΙ
ΔΙΔΑϹΚΑΛΟΙΔΙΑΤΟΝΧΡΟΝΟΝ
ΠΑΛΙΝΧΡΙΑΝЄΧЄΤЄ
ΤΟΥΔΙΔΑϹΚΙΝΥΜΑϹ
ΤΙΝΑΤΑϹΤΟΙΧΙΑΤΗϹΑΡΧΗϹ

HVIC QVI POSSIT ELIBERAREM EVM
DE MORTE CVM VOCE MAGNA
ET LACRIMIS OBLATIS
ET EXAVDITVS
A METV
QVAMQVAM ESSET FILIVS DEDICIT
A QVIBVS PASSVS EST SVBDITIONEM
ET PERFECTVS ET OMNIBVS
OPERANTIBVS SIBI
CAVSA SALVTIS AETERNAE
VOCATVS
A D̄Ō SVMMVS SACERDOS
SECVNDVM ORDINEM MELCHISEDEC
DE QVO NOBIS MAGNVS SERMO
ET LABORIOSA QVAE INTERPRAETATIO EST
QVONIAM INBECILLES FACTI ESTIS AVRIBVS
ET CVM DEBERETIS ESSE
MAGISTRI SECVNDVM TEMPVS
ITERVM NECESSE EST
DOCERI VOS
QVAE SINT ELEMENTA PRINCIPII

ΤΩΝΛΟΓΩΝΤΟΥΘ̅Υ̅	VERBORVM D̅I̅
ΚΑΙΓΕΓΟΝΑΤΕΧΡΙΑΝΕΧΟΝΤΕϹΓΑΛΑΚΤΟϹ	ET FACTI ESTIS EGENTES LACTE
ΚΑΙΟΥϹΤΕΡΕΑϹΤΡΟΦΗϹ	ET NON SOLIDE ESCE
ΠΑϹΓΑΡΟΜΕΤΕΧΩΝΓΑΛΑΚΤΟϹ	OMNIS ENIM QVI PERCIPET LACTE
ΑΠΙΡΟϹΛΟΓΟΥΔΙΚΑΙΟϹΥΝΗϹΕϹΤΙΝ	PERITVS VERBORVM IVSTITIAE EST
ΝΗΠΙΟϹΓΑΡΑΚΜΗΝΕϹΤΙΝ	PARVOLVS ENIM ADHVC EST
ΤΕΛΙΩΝΔΕΕϹΤΙΝ	PERFECTORVM EST AVTEM
ΗϹΤΕΡΕΑΤΡΟΦΗΤΩΝΔΙΑΤΗΝΕΞΙΝ	SOLIDA ESCA QVIA PROPTER HABITV
ΤΑΑΙϹΘΗΤΗΡΙΑΓΕΓΥΜΝΑϹΜΕΝΑ	SENSVS EXERCITATVS
ΕΧΟΝΤΩΝΠΡΟϹΔΙΑΚΡΙϹΙΝ	HABEN AD DISCRIMINA
ΚΑΛΟΥΤΕΚΑΙΚΑΚΟΥ	BONI ET MALI
ΔΙΟΑΦΕΝΤΕϹ	RELICTO IGITVR
ΤΟΝΤΗϹΑΡΧΗϹΤΟΥΧ̅Υ̅ΛΟΓΟΝ	INITII X̅P̅I̅ VERBVM
ΕΠΙΤΗΝΤΕΛΙΟΤΗΤΑΦΕΡΟΜΕΘΑ	AD PERFECTVM TENDAMVS
ΜΗΠΑΛΙΝΘΕΜΕΛΙΟΝ	NON ITERVM FVNDAMENTVM
ΚΑΤΑΒΑΛΛΟΜΕΝΟΙΜΕΤΑΝΟΙΑϹ	DIRVENTES PAENITENTIAE
ΑΠΟΝΕΚΡΩΝΕΡΓΩΝΚΑΙΠΙϹΤΕΩϹ	AB OPERIBVS MORTVIS ET FIDEI
ΕΠΙΘ̅Ν̅ΒΑΠΤΙϹΜΟΝΔΙΔΑΧΗϹ	AD D̅M̅ BAPTISMORVM DOCTRINAM
ΕΠΙΘΕϹΕΩϹΤΕΧΕΙΡΩΝ	INPOSITIONIS MANVVM
ΑΝΑϹΤΑϹΕΩϹΝΕΚΡΩΝ	ET RESVRRECTIONIS MORTVORVM
ΚΑΙΚΡΙΜΑΤΟϹΑΙΩΝΙΟΥ	ET IVDICIA AETERNI

ΚΑΙΤΟΥΤΟΠΟΙΗϹΩΜΕΝ	ET HOC FACIEMVS
ΕΑΝΠΕΡΕΠΙΤΡΕΠΗΟΘ̄Ϲ̄	SI QVIDEM PERMISERIT D̄S̄
ΑΔΥΝΑΤΟΝΓΑΡΤΟΥϹΑΠΑΞΦΩΤΙϹΘΕΝΤΑϹ	DIFFICILE EST ENIM HOC QVI SEMEL INLVMINATI SVN
ΓΕΥϹΑΜΕΝΟΥϹΤΕΤΗϹΔΩΡΕΑϹ	ET GVSTAVERVNT DONVM
ΤΗϹΕΠΟΥΡΑΝΙΟΥ	CAELESTEM
ΚΑΙΜΕΤΟΧΟΥϹΓΕΝΗΘΕΝΤΑϹΠ̄Ν̄Ϲ̄ΑΓΙΟΥ	PARTICIPESQVAE FACTI SVNT S̄P̄S̄ SANCTI
ΚΑΙΚΑΛΟΝΓΕΥϹΑΜΕΝΟΥϹΘ̄Ῡ̄ΡΗΜΑ	ET BONVM GVSTAVERVNT D̄Ī VERBV̄
ΔΥΝΑΜΙϹΤΕΜΕΛΛΟΝΤΟϹΑΙΩΝΟϹ	ET VIRTVTIS FVTVRI SAECVLA
ΚΑΙΠΑΡΑΠΕϹΟΝΤΟϹ	ET LAPSOS EOS
ΠΑΛΙΝΑΝΑΚΕΝΙΖΕΙΝΕΙϹΜΕΤΑΝΟΙΑΝ · ΑΝΑ	ITERVM RENOVARE IN PETITENTIĀ
ϹΤΑΥΡΟΥΝΤΑϹΕΑΥΤΟΙϹ	RECRVCIENTES IN EIS
ΤΟΝΥΙΟΝΤΟΥΘ̄Ῡ̄	FILIVM D̄Ī
ΚΑΙΠΑΡΑΔΙΓΜΑΤΙΖΟΝΤΕϹ	ET POPVLARE
ΓΗΓΑΡΗΠΙΟΥϹΑΤΟΝΕΠΑΥΤΗϹΕΡΧΟΜΕΝΟ̄	TERRA ENIM SITIENS VENS VENIENTEM IN SE
ΠΟΛΛΑΚΙϹΥΕΤΟΝΚΑΙΤΙΚΤΟΥϹΑ	SAEPE INBREM GENERANS
ΒΟΤΑΝΗΝΕΥΘΕΤΟΝΕΚΕΙΝΟΙϹ	HERBAM VTILEM HIS
ΔΙΟΥϹΓΕΩΡΓΕΙΤΕ	PROPTER QVOS COLITVR
ΜΕΤΑΛΑΜΒΑΝΙΕΥΛΟΓΙΑϹΑΠΟΘ̄Ῡ̄	RECIPIT BENEDICTIONEM A D̄Ō
ΕΚΦΕΡΟΥϹΑΔΕΑΚΑΝΘΑϹΚΑΙΤΡΙΒΟΛΟΥϹ	NAM QVAE PROMIT SPINAS ET TRIBVLOS
ΑΔΟΚΙΜΟϹΚΑΙΚΑΤΑΡΑϹ	REPROBA ET DEVOTATIONI
ΕΓΓΥϹΗϹΤΟΤΕΛΟϹΕΙϹΚΑΥϹΙΝ	PROXVMA CVIVS FINIS INCENDIVM

ΠЄΠΙϹΜЄΘΑΔЄΠЄΡΙΥΜΩΝΑΓΑΠΗΤΟΙ	FIDEMVS AVTEM DE VOBIS CARISSIMI
ΤΑΚΡΙΤΤΟΝΑ	ET MELIORA
ΚΑΙЄΧΟΜЄΝΑϹΩΤΗΡΙΑϹ	ET PROXIMIORA SALVTI
ЄΙΚΑΙΟΥΤΩϹΛΑΛΟΥΜЄΝ	NAM ET SIC LOQVIMVR
ΟΥΓΑΡΑΔΙΚΟϹΟΘ̅Ϲ̅	NEC ENIM INICVS D̅S̅
ЄΠΙΛΑΘЄϹΘΑΙΤΟΥЄΡΓΟΥΥΜΩΝ	VT OBLIVISCATVR OPVS VESTRVM
ΚΑΙΤΗϹΑΓΑΠΗϹΗϹЄΝЄΔΙΞΑϹΘΑΙ	ET AMOREM QVEM OSTENDISTIS
ЄΙϹΤΟΟΝΟΜΑΑΥΤΟΥ	IN NOMINE EIVS
ΔΙΑΚΟΝΗϹΑΝΤЄϹΤΟΙϹΑΓΙΟΙϹ	MINISTRANDO SANCTIS
ΚΑΙΔΙΑΚΟΥΟΝΤЄϹ	ET AVDIMVS
ЄΠΙΘΥΜΟΥΜЄΝΔЄЄΚΑϹΤΟΝΥΜΩ̅	CVPIMVS ENIM VNVMQVEMQVE VESTRV̅
ΤΗΝΑΥΤΗΝЄΝΔΙΚΝΥϹΘΑΙϹΠΟΥΔΗ̅	EANDEM EXHIBERE SOLLICITVDINEM
ΠΡΟϹΤΗΝΠΛΗΡΟΦΟΡΙΑΝΤΗϹЄΛΠΙΔΟϹ	AD CONFIRMATIONEM SPEI
ΑΧΡΙΤЄΛΟΥϹ	IN SEMPITERNO
ΙΝΑΜΗΝΩΘΡΟΙΓЄΝΗϹΘΑΙ	NE SITIS AEGRI
ΜΙΜΗΤΑΙΔЄΤΩΝΔΙΑΤΗϹΠΙϹΤЄΩϹ	IMITATORES AVTEM HORVM QVI PER FIDE
ΚΑΙΜΑΚΡΟΘΥΜΟΥΝΤΑϹ	ET PATIENTIAM
ΚΛΗΡΟΝΟΜΟΥΝΤΩΝΤΑϹЄΠΑΓΓЄΛΙΑϹ	POTIVNTVR REPROMISSIONIS
ΤΩΓΑΡΑΒΡΑΑΜЄΠΑΓΓΙΛΑΜЄΝΟϹΟΘ̅Ϲ̅	CVM ENIM ABRAHAE REPROMISSET D̅S̅
ЄΠΙΚΑΤΟΥΔЄΝΟϹЄΙΧЄΝ	QVONIAM NVLLVM ALIVM HABERET
ΜΙΖΟΝΟϹΟΜΟϹΑΙ	MAIOREM PER QVEM IVRARET

ΩΜΟϹΕΚΑΘΕΑΥΤΟΥΛΕΓΩΝ
ΕΙΜΗΝΕΥΛΟΓΩΝΕΥΛΟΓΗϹΩϹΕ
ΚΑΙΠΛΗΘΥΝΩΝΠΛΗΘΥΝΩϹΕ
ΚΑΙΟΥΤΩϹΜΑΚΡΟΘΥΜΗϹΑϹ
ΕΠΕΤΥΧΕΤΗϹΕΠΑΓΓΕΛΙΑϹ
Α̅Ν̅Ο̅Ι̅ΓΑΡΚΑΤΑΤΟΥΜΙΖΟΝΟϹΟΜΝΥΟΥϹΙ̅
ΚΑΙΠΑϹΗϹΑΝΤΙΛΟΓΙΑϹΑΥΤΟΙϹ
ΠΕΡΑϹΕΙϹΒΕΒΑΙΩϹΙΝΟΟΡΚΟϹ
ΕΝΤΩΠΕΡΙϹϹΟΤΕΡΟΝΟΘ̅Ϲ̅ΒΟΥΛΟΜΕΝΟϹ
ΕΠΙΔΕΙΞΑΙΤΟΙϹΚΛΗΡΟΝΟΜΟΙϹ
ΤΗϹΕΠΑΓΓΕΛΙΑϹΤΟΑΜΕΤΑΘΕΤΟΝ
ΤΗϹΒΟΥΛΗϹΑΥΤΟΥ
ΕΜΕϹΙΤΕΥϹΕΝΟΡΚΩ
ΙΝΑΜΕΤΑΔΥΟΠΡΑΓΜΑΤΩΝΑΜΕΤΑΘΕΤΩ̅
ΕΝΟΙϹΑΔΥΝΑΤΟΝΨΕΥϹΑϹΘΑΙ
Θ̅Ν̅ΙϹΧΥΡΑΝΠΑΡΑΚΛΗϹΙΝΕΧΩΜΕ̅
ΟΙΚΑΤΑΦΥΓΟΝΤΕϹ
ΚΡΑΤΗϹΑΙΤΗϹΠΡΟΚΙΜΕΝΗϹΕΛΠΙΔΟϹ
ΗΝΩϹΑΝΚΥΡΑΝΕΧΩΜΕΝΤΗϹΨΥΧΗϹ
ΑϹΦΑΛΗΝΤΕΚΑΙΒΕΒΑΙΑΝ
ΚΑΙΕΙϹΕΡΧΟΜΕΝΗΝΕΙϹΤΟΕϹΩΤΕΡΟ̅

IVRAVIT PER SE IPSVM DICENS
NISI BENEDICENDO BENEDIXERO TE
ET MVLTIPLICANDO MVLTIPLICABO TE
ET SIC PER PATIENTIAM
PETITVS EST PROMISSIONEM
HOMINES ENIM PER MAIOREM IVRANT
ET OMNIQVE CONTROVERSIA EORVM
NOVISSIMVM IN OBSERVATIONEM IVRANDVM
INTERVENIT IN QVO PRIMVM D̅S̅ VOLENS
OSTENDERE HEREDIBVS
REPROMISSIONIS INMOBILEM
NOBILATIS SVAE
INTERPOSVIT IVSIVRANDVM
VT PER DVAS RES IMMOBILES
IN QVIBVS INPOSSIBILE EST MENTIRE
D̅M̅ FORTISSIMVM SOLACIVM HABEAMVS
QVI CONFVGIMVS
TENERE PROPOSITAM SPEM
QVAM VT HANCHORAM HABEMVS ANIMAE
TVTAM ET FORTISSIMAM
ET INCEDENTEM VSQVE IN INTERIORA

ΤΟΥΚΑΤΑΠΕΤΑϹΜΑΤΟϹ	VELAMINIS
ΟΠΟΥΠΡΟΔΡΟΜΟϹΥΠΕΡΗΜΩΝ	VBI PROCVRSO PRO NOBIS
ΕΙϹΗΛΘΕΝΙ̅Ϲ̅Χ̅Ϲ̅	INTRAVIT I̅H̅S̅ X̅P̅S̅
ΚΑΤΑΤΗΝΤΑΞΙΝΜΕΛΧΙϹΕΔΕΚ	SECVNDVM ORDINEM MELCHISEDEC
ΑΡΧΙΕΡΕΥϹΓΕΝΟΜΕΝΟϹ	SACERDOS FACTVS
ΕΙϹΤΟΝΑΙΩΝΑ	IN PERPETVO
ΟΥΤΟϹΓΑΡΟΜΕΛΧΙϹΕΔΕΚΒΑϹΙΛΕΥϹϹΑΛΗ̅	SIC ENIM MELCHISEDEC REX SALEM
ΙΕΡΕΥϹΤΟΥΘ̅Υ̅ΤΟΥΥΨΙϹΤΟΥ	SACERDOS D̅I̅ ALTISSIMI
ΟϹϹΥΝΑΝΤΗϹΑϹΑΒΡΑΑΜ	QVI OBVIAVIT ABRAHAE
ΥΠΟϹΤΡΕΦΟΝΤΙ	REGRESSO
ΑΠΟΤΗϹΚΟΠΗϹΤΩΝΒΑϹΙΛΕΩΝ	A CEDE REGVM
ΚΑΙΕΥΛΟΓΗϹΑϹΑΥΤΟΝ	CVMQVE EVM BENEDIXISSET
ΚΑΙΑΒΡΑΑΜΕΥΛΟΓΗΘΕΙϹΥΠΑΥΤΟΥ	ET ABRAHAM BENEDICTVS AB EO
ΟΚΑΙΔΕΚΑΤΗΝΠΑΝΤΩΝΕΜΕΡΙϹΕΝ....	CVI ET DECIMAM OMNIVM DIVISIT EV̅
ΠΡΩΤΟΝΜΕΝΕΡΜΗΝΕΥΟΜΕΝΟϹ	PRIMVM QVIDEM INTERPRAETATVR
ΒΑϹΙΛΕΥϹΔΙΚΑΙΟϹΥΝΗϹ	REX IVSTITIAE
ΕΠΙΤΑΔΕΚΑΙΒΑϹΙΛΕΥϹϹΑΛΗΜ	DEINDE REX SALEM
ΟΕϹΤΙΝΒΑϹΙΛΕΥϹΕΙΡΗΝΗϹ	QVOD REX PACIS
ΑΠΑΤΩΡΑΜΗΤΩΡΑΓΕΝΕΑΛΟΓΗΤΟϹ	SINE PATRE SINE MATRE SINE GENEALOGIA
ΜΗΤΕΑΡΧΗΝΗΜΕΡΩΝ	NEQVE INITIVM DIERVM
ΜΗΤΕΖΩΗϹΤΕΛΟϹΕΧΩΝ	NEQVAE VITAE FINEM HABENS

ΑΦΟΜΟΙΩΜΕΝΟϹΔΕΤΩΥΙΩΤΟΥΘ̅Υ̅	SIMVLATVS AVTEM FILIO D̅I̅
ΜΕΝΙΙΕΡΕΥϹΕΙϹΤΟΔΙΗΝΕΚΕϹ	MANET SACERDOS IN PERPETVVM
ΘΕΩΡΙΤΕΔΕΗΛΙΚΟϹΩΔΕΚΑΤΗΝ	VIDETIS AVTEM QVANTVS SIT HIC CVI DECIMAS
ΑΒΡΑΑΜΕΔΩΚΕΝ	ABRAHAM DEDIT
ΕΚΤΩΝΑΚΡΟΘΙΝΙΩΝΟΠΑΤΡΙΑΡΧΗϹ	DE PRIMITIBIS PRINCIPENS PATRI
ΚΑΙΟΙΜΕΝΕΚΤΩΝΥΙΩΝΛΕΥΕΙ	ET HI QVIDEM QVI DE FILIIS LEVI SVNT
ΤΗΝΙΕΡΑΤΙΑΝΛΑΜΒΑΝΟΝΤΕϹ	SACERDOTIVM ACCIPIENTES
ΕΝΤΟΛΗΝΕΧΟΥϹΙΝ	MANDATVM HABENT
ΑΠΟΔΕΚΑΤΟΙΝΤΟΝΛΑΟΝ	DECIMAS SVMERE A POPVLO
ΚΑΤΑΤΟΝΝΟΜΟΝ	SECVNDVM LEGEM
ΤΟΥΤΕϹΤΙΝΤΟΥϹΑΔΕΛΦΟΥϹΑΥΤΩ̅	ID EST FRATRES SVOS
ΚΑΙΠΕΡΕΞΕΛΗΛΥΘΟΤΑϹ	QVAMQVAM QVI EXIERVNT
ΕΚΤΗϹΟϹΦΡΥΟϹΑΒΡΑΑΜ	DE SEMINE ABRAHAE
ΟΔΕΜΗΓΕΝΕΑΛΟΓΟΥΜΕΝΟϹ	QVI AVTEM NON ENVMERATVR
ΕΞΑΥΤΩΝΔΕΔΕΚΑΤΩΚΕΝΑΒΡΑΑΜ	DE HIS DECIMAS SVMSIT AB ABRAHAM
ΚΑΙΤΟΝΕΧΟΝΤΑΤΑϹΕΠΑΓΓΕΛΙΑϹ	ET HVNC QVI HABEBANT REPROMISSIONES
ΗΥΛΟΓΗΚΕΝ	BENEDIXIT
ΧΩΡΙϹΔΕΠΑϹΗϹΑΝΤΙΛΟΓΙΑϹ	SINE VLLA AVTEM CONTROVERSIA
ΤΟΕΛΑΤΤΟΝΥΠΟΤΟΥΚΡΙΤΤΟΝΟϹΕΥΛΟΓΙΤΕ	QVOD MINIMVM EST A MELIORE BENEDICITVR
ΚΑΙΩΔΕΜΕΝΔΕΚΑΤΑϹ	ET HI QVIDEM DECIMAS
ΑΠΟΘΝΗϹΚΟΝΤΕϹΑ̅Ν̅Ο̅Ι̅ΛΑΜΒΑΝΟΥϹΙ̅	MORIENTES HOMINES ACCIPIVNT

AD HEBRAEOS VII, 3—8.

ΕΚΕΙΔΕΜΑΡΤΥΡΟΥΜΕΝΟϹΟΤΙΖΗ	IBI AVTEM CONTESTATVS QVIA VIVIT
ΚΑΙΩϹΕΠΟϹΕΙΠΕΝΔΙΑΒΡΑΑΜΚΑΙΛΕΥΕΙ	ET QVEMADMODVM DICAM ABRAAM ET LEVI
ΟΔΕΚΑΤΑϹΛΑΜΒΑΝΩΝΔΕΔΕΚΑΤΩΤΑΙ	QVI DECIMAS ACCEPIT DECIMATVS EST
ΕΤΙΓΑΡΕΝΤΗΟϹΦΥΕΙΤΟΥΠ̅Ρ̅Ϲ̅ΗΝ	ADHVC ENIM IN VTERO PATRIS ERAT
ΟΤΕϹΥΝΗΝΤΗϹΕΝΑΥΤΩ	QVANDO OBVIAVIT EVM
ΜΕΛΧΙϹΕΔΕΚ	MELCHISEDEC
ΕΙΜΕΝΟΥΝΤΕΛΙΩϹΙϹ	SI ERGO CONSVMMATIO
ΔΙΑΤΗϹΛΕΥΕΙΤΙΚΗϹΙΕΡΟϹΥΝΗϹΗ̅	PER SACERDOTIO LEVITARVM ERAT
ΟΛΑΟϹΓΑΡΕΠΑΥΤΗϹΝΕΝΟΜΟΘΕΤΗΤΕ	POPVLVS ENIM IN ILLOS LEGEM ACCEPIT
ΤΙϹΓΑΡΕΤΙΧΡΙΑ	QVID ADHVC NECESSE EST
ΚΑΤΑΤΗΝΤΑΞΙΝΜΕΛΧΙϹΕΔΕΚΕΤΕΡΟ̅	SECVNDVM ORDINEM MELCHISEDEC ALIV̅
ΑΝΙϹΤΑϹΘΑΙΙΕΡΕΑ	SACERDOTEM SVRGERE
ΚΑΙΟΥΚΑΤΑΤΗΝΤΑΞΙΝΑΑΡΩΝΛΕΓΕϹΘΑΙ	ET NON SECVNDVM AARON DICI
ΜΕΤΑΤΙΘΕΜΕΝΗϹΓΑΡ	TRANSLATO ENIM
ΤΗϹΙΕΡΟϹΥΝΗϹΕΞΑΝΑΓΚΗϹ	SACERDOTIO NECESSE EST
ΚΑΙΝΟΜΟΥΜΕΤΑΘΕϹΙϹΓΙΝΕΤΑΙ	ET LEGIS TRANSLATIO FIAT
ΕΦΟΝΓΑΡΛΕΓΕΙΤΑΥΤΑ	IN QVO ENIM HAEC DICITVR
ΦΥΛΗϹΕΤΕΡΑϹΜΕΤΕϹΧΗΚΕΝ	DE ALIO TRIBV EST
ΑΦΗϹΟΥΔΙϹΠΡΟϹΕϹΧΗΚΕΝ	DE QVA TRIBV NVLLVS PRAESTO FVIT
ΤΩΘΥϹΙΑϹΤΗΡΙΩ	AD ARAM
ΠΡΟΔΗΛΟΝΓΑΡΟΤΙ	MANIFESTVM ENIM QVONIAM

ΕΞΙΟΥΔΑΑΝΑΤΕΤΑΛΚΕΝΟΚ̅Ϲ̅ΗΜΩ̅
ΕΙϹΗΝΦΥΛΗΝΠΕΡΙΙΕΡΕΩΝΟΥΔΕΝ
ΜΩϹΗϹΕΛΑΛΗϹΕΝ
ΚΑΙΠΕΡΙϹϹΟΤΕΡΟΝΕΤΙΚΑΤΑΔΗΛΟΝΕϹΤΙ̅
ΕΙΚΑΤΑΤΗΝΟΜΟΙΟΤΗΤΑΜΕΛΧΙϹΕΔΕΚ
ΑΝΙϹΤΑΤΑΙΙΕΡΕΥϹΕΤΕΡΟϹ
ΟϹΟΥΚΑΤΑΝΟΜΟΝ
ΕΝΤΟΛΗϹϹΑΡΚΙΝΗϹΓΕΓΟΝΕΝ
ΑΛΛΑΚΑΤΑΔΥΝΑΜΙΝΖΩΗϹ
ΑΚΑΤΑΛΥΤΟΥ
ΜΑΡΤΥΡΕΙΤΑΙΓΑΡ
ΟΤΙϹΥΙΕΡΕΥϹΕΙϹΤΟΝΑΙΩΝΑ
ΚΑΤΑΤΗΝΤΑΞΙΝΜΕΛΧΙϹΕΔΕΚ
ΑΘΕΤΗϹΙϹΜΕΝΓΑΡΓΙΝΕΤΑΙ
ΠΡΟϹΑΓΟΥϹΗϹΕΝΤΟΛΗϹ
ΔΙΑΤΟΑΥΤΗϹΑϹΘΕΝΕϹΚΑΙΑΝΩΦΕΛΕϹ
ΟΥΔΕΝΓΑΡΕΤΕΛΙΩϹΕΝΟΝΟΜΟϹ
ΕΠΙϹΑΓΩΓΗϹΔΕΚΡΙΤΤΟΝΟϹΕΛΠΙΔΟϹ
ΔΙΗϹΕΓΓΙΖΟΜΕΝΤΩΘ̅Ω̅
ΚΑΙΚΑΘΟϹΟΝ
ΟΥΧΩΡΙϹΟΡΚΩΜΟϹΙΑϹ

DE IVDA ORTVS EST D̅M̅S̅ NOSTER
IN QVA TRIBV DE SACERDOTIBVS NIHIL
MOSES LOCVTVS EST
ET AMPLIVS ADHVC MANIFESTVM EST
SI SECVNDVM SIMILITVDINEM MELCHISEDEC
SVRGIT ALIVS SACERDOS
NON SECVNDVM LEGEM
MANDATVM CARNIS FACTVM EST
SED SECVNDVM VIRTVTEM VITAE
INFATIGABILIS
CONTESTATVR ENIM
QVONIAM TV ES SACERDOS IN PERPETVO
SECVNDVM ORDINEM MELCHISEDEC
INTERMITTITVR IGITVR
PRAECEDENS MANDATVM
PROPTER SVAM INFIRMITATEM ET INVTILITATE̅
QVONIAM NIHIL CONSVMMAVIT LEX
INTRODVCTIO AVTEM MELIORIS SPEI
PER QVAM ACCEPIMVS AD D̅M̅
NEC QVANTVM
SINE IVREIVRANDO

AD HEBRAEOS VII, 14—20.

ЄΙϹΙΝΙЄΡΙϹΓЄΓΟΝΟΤЄϹ
ΟΔЄΜЄΤΑΟΡΚΩΜΟϹΙΑϹ
ΔΙΑΤΟΥΛЄΓΟΝΤΟϹΠΡΟϹΑΥΤΟΝ
ΩΜΟϹЄΝΚ̅Ϲ̅ΚΑΙΟΥΜЄΤΑΜЄΛΗΘΗϹЄΤΑΙ
ϹΥΙЄΡЄΥϹЄΙϹΤΟΝΑΙΩΝΑ
ΚΑΤΑΤΗΝΤΑΞΙΝΜЄΛΧΙϹЄΔЄΚ
ΚΑΤΑΤΟϹΟΥΤΩΚΡΙΤΤΟΝΟϹ
ΔΙΑΘΗΚΗϹΓЄΓΟΝЄΝЄΓΓΥΟϹ
Ι̅Ϲ̅
ΚΑΙΟΙΜЄΝΠΛΙΟΝЄϹЄΙϹΙΝΙЄΡΙϹ
ΓЄΓΟΝΟΤЄϹΔΙΑΤΟΘΑΝΑΤΩ
ΚΩΛΥЄϹΘΑΙΠΑΡΑΜЄΝЄΙΝ
ΟΔЄΔΙΑΤΟΜЄΝΙΝΑΥΤΟΝЄΙϹΤΟΝΑΙΩΝΑ
ΑΠΑΡΑΒΑΤΟΝЄΧЄΙΤΗΝЄΙЄΡΑΤΙΑΝ
ΟΘЄΝΚΑΙϹΩΖЄΙΝ
ЄΙϹΤΟΠΑΝΤЄΛЄϹΔΥΝΑΤΑΙ
ΤΟΥϹΠΡΟϹЄΡΧΟΜЄΝΟΥϹΔΙΑΥΤΟΥΤΩΘ̅Ω̅
ΠΑΝΤΟΤЄΖΩΝ
ЄΙϹΤΟЄΝΤΥΝΧΑΝΙΝΥΠЄΡΑΥΤΩΝ
ΤΟΙΟΥΤΟϹΓΑΡΗΜΙΝ
ΚΑΙЄΠΡЄΠЄΝΑΡΧΙЄΡЄΥϹ

SVNT SACERDOTES FACTI
HIC AVTEM QVI IVREIVRANDO
PER EVM QVI DIXIT AD ILLVM
IVRAVIT D̅M̅S̅ ET NON PAENITEBIT
TV ES SACERDOS IN PERPETVO
SECVNDVM ORDINEM MELCHISEDEC
ET IDEO TANTO MELIOR
TESTAMENTI FACTVS EST SPONSOR
I̅H̅S̅
ET ILLI QVIDEM PLVRES SACERDOTES
FACTI SVNT IDEO QVOD MORTE
PROHIBERENTVR PERMANERE
HIS AVTEM EO QVOD MANEAT IN AETERNO
SEMPITERNVM HABET SACERDOTIV̅
VNDE ET SALVOS
IN PERPETVVM POTES FACERE
ACCENDENTES PER IPSVM AD D̅M̅
SEMPER VIVENS
AND EXORANDVM PRO HIS
TALIS ENIM NOBIS
DECEBAT SACERDOS

ΟϹΙΟϹΑΚΑΚΟϹΑΜΙΑΝΤΟϹ
ΚΕΧΩΡΙϹΜΕΝΟϹ
ΑΠΟΤΩΝΑΜΑΡΤΩΛΩΝ
ΚΑΙΥΨΗΛΟΤΕΡΟϹΤΩΝΟΥΡΑΝΩΝ
ΓΕΝΟΜΕΝΟϹ
ΟϹΟΥΚΕΧΕΙΚΑΘΗΜΕΡΑΝΑΝΑΓΚΗΝ
ΩϹΠΕΡΟΑΡΧΙΕΡΕΥΠΡΟΤΕΡΟΝ
ΥΠΕΡΤΩΝΙΔΙΩΝΑΜΑΡΤΙΩΝ
ΘΥϹΙΑΝΑΝΑΦΕΡΙΝ
ΕΠΙΤΑΤΩΝΤΟΥΛΑΟΥ
ΤΟΥΤΟΓΑΡΕΠΟΙΗϹΕΝΕΦΑΠΑΞ
ΕΑΥΤΟΝΑΝΕΝΕΓΚΑϹ
ΟΝΟΜΟϹΓΑΡΚΑΘΙϹΤΗϹΙΝ
ΙΕΡΕΙϹΑΝΘΡΩΠΟΥϹ
ΕΧΟΝΤΑϹΑϹΘΕΝΙΑΝ
ΟΛΟΓΟϹΔΕΤΗϹΟΡΚΩΜΟϹΙΑϹ
ΤΗϹΜΕΤΑΤΟΝΝΟΜΟΝ
ΥΙΟΝΕΙϹΤΟΝΑΙΩΝΑ
ΤΕΤΕΛΙΩΜΕΝΟΝΚΕΦΑΛΑΙΟΝΔΕ
ΕΠΙΤΟΙϹΛΕΓΟΜΕΝΟΙϹ
ΤΟΙΟΥΤΟΝΕΧΟΜΕΝΑΡΧΙΕΡΕΑ

IVSTVS INNOCENS INMACVLATVS
SEGREGATVS
A PECCATORIBVS
ET EXCELSIOR CAELESTIS
FACTVS
QVI NON HABET COTTIDIE NESSE
QVEMADMODVM SACERDOTES PRIVS
PRO SVIS DELICTIS
HOSTIAM OFFERRE
DEINDE POPVLI
HOC ENIM FECIT SEMEL
SE OFFERENDO
LEX ENIM CONSTITVIT
SACERDOTES HOMINES
HABENTES INFIRMITATEM
VERBVM AVTEM IVRISIVRANDO
QVOD POST LEGEM EST
FILIVM IN AETERNO
PERFECTVM CAPITVLVM AVTEM
SVPER EA QVAE DICIMVS
TALE HABEMVS SACERDOTEM

ΟCΕΚΑΘΙCΕΝΕΝΔΕΞΙΑ	QVI SEDIT IN DEXTERAM
ΤΟΥΘΡΟΝΟΥΤΗCΜΕΓΑΛΟCΥΝΗC	SEDIS MAGNITVDINIS
ΕΝΤΟΙCΟΥΡΑΝΟΙC	IN CAELIS
ΤΩΝΑΓΙΩΝΛΙΤΟΥΡΓΟC	SANCTORVM MINISTER
ΚΑΙΤΗCCΚΗΝΗCΤΗCΑΛΗΘΙΝΗC	ET TABERNACVLI VERI
ΗΝΕΠΗΞΕΝΟΚ̄C̄ΟΥΚΑΝΘΡΩΠΟC	QVOD FIXIT D̄S̄ NON HOMO
ΠΑCΓΑΡΑΡΧΙΕΡΕΥC	OMNIS ENIM SACERDOS
ΕΙCΤΟΠΡΟCΦΕΡΕΙΝ	AD OFFERENDA
ΔΩΡΑΤΕΚΑΙΘΥCΙΑC	MVNERA ET HOSTIAS
ΚΑΘΙCΤΑΤΑΙΟΘΕΝΑΝΑΓΚΑΙΟΝ	CONSTITVITVR VNDE NECESSE SIT
ΕΧΕΙΝΤΙ	HABERE ALIQVI
ΚΑΙΤΟΥΤΟΝΟΠΡΟCΕΝΕΓΚΗ	HVNC ALIQVID QVOD OFFERAT
ΕΙΜΕΝΟΥΝΗΝΕΠΙΓΗC	SI ERGO ESSET SVPER TERRA
ΟΥΔΑΝΗΝΙΕΡΕΥC	NEC ESSET SACERDOS
ΟΝΤΩΝΤΩΝΠΡΟCΦΕΡΟΝΤΩΝ	ALIIS OFFERENTIBVS
ΚΑΤΑΤΟΝΝΟΜΟΝΤΑΔΩΡΑ	SECVNDVM LEGEM MVNERA
ΟΙΤΙΝΕCΥΠΟΔΙΓΜΑΤΙ	QVI EXEMPLARI
ΚΑΙCΚΙΑΛΑΤΡΕΥΟΥCΙΝΤΩΝΕΠΟΥΡΑΝΙΩ̄	ET VMBRA SERVIVNT IN CAELESTIVM
ΚΑΘΩCΚΕΧΡΗΜΑΤΙCΤΑΙΜΩCΗC	SICVT ET RESPONSVM EST MOYSI
ΜΕΛΛΩΝΕΠΙΤΕΛΙΝΤΗΝCΚΗΝΗΝ	CVM CONSVMMAT TABERNACVLVM
ΟΡΑΓΑΡΦΗCΙΝΠΟΙΗCΙC	VIDE INQVIT FACIS

ΠΑΝΤΑΚΑΤΑΤΟΝΤΥΠΟΝ
ΤΟΝΔΕΙΧΘΕΝΤΑΝϹΟΙΕΝΤΩΟΡΕΙ
ΝΥΝΔΕϹΟΙΔΙΑΦΟΡΩΤΕΡΑϹ
ΤΕΤΥΧΕΝΛΙΤΟΥΡΓΙΑϹ
ΟϹΩΚΡΙΤΤΟΝΟϹΕϹΤΙΔΙΑΘΗΚΗϹ
ΜΕϹΕΙΤΗϹΗΤΙϹΕΠΙΚΡΙΤΤΟϹΙΝ
ΕΠΑΓΓΕΛΙΑΙϹΝΕΝΟΜΟΘΕΤΗΤΑΙ
ΕΙΓΑΡΗΠΡΩΤΗΕΚΕΙΝΗΗΝΕΜΑΠΕΛΙΑ
ΟΥΚΑΝΔΕΥΤΕΡΑϹ
ΕΖΗΤΕΙΤΟΤΟΠΟϹ
ΜΕΜΦΟΜΕΝΟϹΓΑΡΑΥΤΟΥϹΛΕΓΕΙ
ΙΔΟΥΗΜΕΡΑΙΕΡΧΟΝΤΑΙΛΕΓΕΙΚ̅Ϲ̅
ΚΑΙϹΥΝΤΕΛΕϹΩΕΠΙΤΟΝΟΙΚΟΝΙ̅Η̅Λ̅
ΚΑΙΤΟΝΟΙΚΟΝΙΟΥΔΑ
ΔΙΑΘΗΚΗΝΚΕΝΗΝ
ΟΥΚΑΤΑΤΗΝΔΙΑΘΗΚΗΝ
ΗΝΕΠΟΙΗϹΑΤΟΙϹΠΑΤΡΑϹΙΝΑΥΤΩΝ
ΕΝΗΜΕΡΑΕΠΙΛΑΒΟΜΕΝΟΥΜΟΥ
ΤΗϹΧΕΙΡΟϹΑΥΤΩΝ
ΕΞΑΓΑΓΕΙΝΑΥΤΟΥϹΕΚΤΗϹΑΙΓΥΠΤΟΥ
ΟΤΙΑΥΤΟΙΟΥΚΕΝΕΜΙΝΑΝ

OMNIA SECVNDVM EXEMPLA
QVOD TIBI OSTENSVM EST IN MONTE
NVNC AVTEM MELIVS
SORTITVS EST MINISTERIVM
QVANTO ET MELIORIS TESTAMENTI
INTERVENTOR EST QVOD IN MELIORIBVS
REPROMISSIONIBVS SANCTVM EST
NAM SI ILLVD PRIVS CVLPA VACASSET
NON SECVNDAS
INQVIRERE LOCVS
VITVPERANS ENIM EOS DICIT
ECCE DIES VENIVN DICIT D̅M̅S̅
ET DISPONAM DOMVM ISRAHEL
ET DOMV IVDA
TESTAMENTVM NOVVM
NON SECVNDVM TESTAMENTVM
QVALEM FECIT PATRIBVS ILLORVM
IN DIE QVA ADPREHENDIT
MANVM EORVM
ETDVCERE ILLOS DE TERRA AEGYPTI
QVONIAM IPSI NON PERMANSERVNT

ЄΝΤΗΔΙΑΘΗΚΗΜΟΥ	IN TESTAMENTO MEO
ΚΑΓΩΗΜЄΛΗCΑΑΥΤΩΝΛЄΓЄΙΚ̅C̅	ET EGO NEGLEXI ILLORVM DICIT D̅M̅S̅
ΟΤΙΑΥΤΗΗΔΙΑΘΗΚΗΜΟΥ	QVONIAM HOC TESTAMENTVM
ΗΝΔΙΑΘΗCΟΜΑΙΤΩΟΙΚΩΙ̅Η̅Λ̅	QVOD DISPONAM DOMVISRAHEL
ΜЄΤΑΤΑCΗΜЄΡΑCЄΚЄΙΝΑCΛЄΓЄΙΚ̅C̅	POST DIES ILLOS DICIT D̅M̅S̅
ΔΙΔΟΥCΝΟΜΟΥCΜΟΥ	DANDO LEGES MEAS
ЄΙCΤΗΝΔΙΑΝΟΙΑΝΑΥΤΩΝΚΑΙЄΠΙΚΑΡΔΙΑCΑΥΤΩΝ	IN SENSIBVS EORVM ET IN CORDIBVS EORV̄
ЄΠΙΓΡΑΨΩΑΥΤΟΥC	SVPERSCRIBAM EOS
ΚΑΙЄCΟΜΑΙΑΥΤΟΙCЄΙCΘ̅Ν̅	ET ERO EORVM D̅S̅
ΚΑΙΑΥΤΟΙЄCΟΝΤΑΙΜΟΙЄΙCΛΑΟΝ	ET IPSI ERVNT MIHI POPVLVS
ΚΑΙΟΥΜΗΔΙΔΑΞΩCΙΝ	ET NON DOCEBVNT
ЄΚΑCΤΟCΤΟΝΠΟΛΙΤΗΝЄΑΥΤΟΥ	SINGVLI CIVEM SVVM
ΚΑΙЄΚΑCΤΟCΤΟΝΑΔЄΛΦΟΝΛЄΓΩ̄	VEL FRATREM DICENS
ΓΝΩΘЄΙΤΟΝΚ̅Ν̅ΟΤΙΠΑΝΤЄCЄΙΔЄCΟΥCΙΝΜЄ	COGNOSCE D̅O̅M̅ QVONIAM OMNES SCIENT ME
ΑΠΟΜΙΚΡΟΥЄΩCΜЄΓΑΛΟΥΑΥΤΩΝ	A MINOREM VSQVE AD MAIOREM EORV̄
ΟΤΙЄΙΛЄΩCЄCΟΜΑΙ	QVIA PROPITIVS ERO
ΤΑΙCΑΔΙΚΙΑΙCΑΥΤΩΝ	MALITIAE EORVM
ΚΑΙΤΩΝΑΜΑΡΤΙΩΝΑΥΤΩΝ	ET PECCATI ILLORVM
ΚΑΙΤΩΝΑΝΟΜΙΩΝΑΥΤΩΝ	ET INIVSTIS EORVM
ΟΥΜΗΜΝΗCΘΩЄΤΙЄΝΤΩΛЄΓЄΙΝ	IAM NON MEMORABOR DICENDO AVTĒ
ΚЄΝΗΝΠЄΛЄΩΚЄΝΤΗΝΠΡΩΤΗΝ	NOVVM VETERAVIT PRIVS

ΤΟΤЄΠΑΛΑΙΟΥΜЄΝΟΝΚΑΙΓΗΡΑCΚΟ̅	QVOD AVTEM VETERATVR ET SENESCIT
ЄΝΓΥCΑΦΑΝΙCΜΟΥ	PROPE INTERITVM EST
ЄΙΧЄΝΜЄΝΟΥΝΚΑΙΠΡѠΤΗΔΙΚΑΙѠΜΑΤΑ	HABEBAT AVTEM ET QVIDEM PRIOR EIVS IVSTITIA
ΚΑΙΛΑΤΡΙΑC	CONSTITVTIONIS
ΤΟΔЄΑΓΙΟΝΚΟCΜΙΚΟΝ	CVLTVRA SANCTVM SAECVLAREM
CΚΗΝΗΓΑΡΚΑΤЄCΚЄΥΑCΘΗ	TABERNACVLVM ENIM FACTVM EST
ΗΠΡѠΤΗЄΝΗΤЄΛΥΧΝΙΑ	PRIMVM IN QVO CANDELABRVM
ΚΑΙΗΤΡΑΠЄΖΑ	ET MENSA
ΚΑΙΗΠΡΟΘЄCΙCΤѠΝΑΡΤѠΝ	ET PROPOSITIO PANVM
ΗΤΙCΛЄΓЄΤЄΑΓΙΑΑΓΙѠΝ	QVI DICITVR SANCTA SANCTORVM
ΜЄΤΑΔЄΤΟΔЄΥΤЄΡΟΝΚΑΤΑΠЄΤΑCΜΑ	POST VLAMENTVM AVTEM SECVNDV̅
CΚΗΝΗΗΛЄΓΟΜЄΝΗΑΓΙΑΑΓΙѠΝ	TABERNACVLVM QVOD DIXIT SANCTVM SANCTORV̅
ΧΡΥCΟΥΝЄΧΟΥCΑΘΥΜΙΑΤΗΡΙΟΝ	AVREVM HABENS ALTAREM
ΚΑΙΤΗΝΚΙΒѠΤΟΝΤΗCΔΙΑΘΗΚΗC	ET ARCAM TESTAMENTI
ΠЄΡΙΚЄΚΑΛΥΜΜЄΝΗΝ	TECTAM
ΠΑΝΤΟΘЄΝΧΡΥCΙѠ	VNDIQVE AVRO
ЄΝΗCΤΑΜΝΟCΧΡΥCΗ	IN QVA VRNA AVREA
ЄΧΟΥCΑΤΟΜΑΝΝΑ	HABENS MANNA
ΚΑΙΗΡΑΒΔΟCΑΑΡѠΝΗΒΛΑCΤΗCΑCΑ	ET VIRGA ARON QVE FLORIERAT
ΚΑΙΑΙΠΛΑΚЄCΤΗCΔΙΑΘΗΚΗC	ET TABVLAE TESTAMENTI
ΥΠЄΡΔЄΑΥΤΗΝΧЄΡΟΥΒΙΝΔΟΞΗC	SVPER EAM CHERVBIN GLORIAE

ΚΑΙΚΑΤΑϹΚΙΑΖΟΝΤΑ	ET TEGENTES
ΤΟΕΙΛΑϹΤΗΡΙΟΝ	EXPIATIONEM
ΠΕΡΙΩΝΟΥΚΕϹΤΙΝΝΥΝΛΕΓΕΙΝ	DE QVIBVS MODO NON EST DICENDVM
ΚΑΤΑΜΕΡΟϹ	PER SINGVLIS
ΤΟΥΤΩΝΔΕΟΥΤΩϹΚΑΤΕϹΚΕΥΑϹΜΕΝΩΝ	HIS AVTEM ITA APTATIS
ΕΙϹΜΕΝΤΗΝΠΡΩΤΗΝϹΚΗΝΗΝ	PRIORI QVIDEM TABERNACVLO
ΔΙΑΠΑΝΤΟϹΕΙϹΙΑϹΙΝ	SEMPER INTRABANT
ΟΠΕΡΕΙϹΤΑϹΛΑΤΡΙΑϹ	SACERDOTES MINISTERII
ΕΠΙΤΕΛΟΥΝΤΕϹ	CONSVMMARE
ΕΙϹΔΕΤΗΝΔΕΥΤΕΡΑΝ	IN SECVNDO AVTEM
ΑΠΑΞΤΟΥΕΝΙΑΥΤΟΥ	SEMEL IN ANNO
ΜΟΝΟϹΟΑΡΧΙΕΡΕΥϹ	SINGVLARIS SVMMVS SACERDOS
ΟΥΧΩΡΙϹΑΙΜΑΤΟϹΟΠΡΟϹΦΕΡΕΙ	NON SINE SANGVINE QVEM OFFERET
ΥΠΕΡΕΑΥΤΟΥ	PRO SE
ΚΑΙΤΩΝΤΟΥΛΑΟΥΑΓΝΟΗΜΑΤΩΝ	ET POPVLI DELICTORVM
ΤΟΥΤΟΔΗΛΟΥΝΤΟϹΤΟΥΠ̅Ν̅Ϲ̅ΤΟΥΑΓΙΟΥ	HOC SIGNIFICANTE S̅P̅V̅ SANCTO
ΜΗΠΩϹΠΕΦΑΝΕΡΩϹΑΙ	NONDVM PROPALATVM ESSE
ΤΗΝΤΩΝΑΓΙΩΝΟΔΟΝ	SANCTORVM VIAM
ΕΠΙΤΗϹΠΡΩΤΗϹϹΚΗΝΗϹ	ADHVC PRIORE TABERNACVLO
ΕΧΟΥϹΗϹϹΤΑϹΙΝ	HABENTES VIRTVTE
ΗΤΙϹΠΡΩΤΗΠΑΡΑΒΟΛΗ	QVI PRIORI PARABVLA

ΕΙϹΤΟΝΚΑΙΡΟΝΤΟΝΕΝΕϹΤΗΚΟΤΑ	IN TIMORE IN QVO
ΚΑΘΗΝΔΩΡΑΤΕΚΑΙΘΥϹΙΑΝ	MVNERA ET HOSTIAS
ΠΡΟϹΦΕΡΟΝΤΑΙ	OFFERVNTVR
ΜΗΔΥΝΑΜΕΝΑΙ	QVE NON POSSVNT
ΚΑΤΑϹΥΝΙΔΗϹΙΝ	CONSCIENTIA
ΤΕΛΙΩϹΑΙΤΟΝΛΑΤΡΕΥΟΝΤΑΜΟΝΟ̅	CONSVMMARI SERVIENTES SOLVMMODO
ΕΠΙΒΡΩΜΑϹΙΚΑΙΠΟΜΑϹΙ	IN CIBIS ET POTV
ΚΑΙΔΙΑΦΟΡΟΙϹΒΑΠΤΙϹΜΟΙϹ	ET BARIIS BAPTISMIS
ΔΙΚΑΪΩΜΑϹΑΡΚΟϹ	IVSTITIA CARNIS
ΜΕΧΡΙΚΑΙΡΟΥΔΙΟΡΘΩϹΕΩϹ	VSQVE AD TEMPVS RESTITVTIONIS
ΕΠΙΚΕΙΜΕΝΑ	INPOSITA
Χ̅Ϲ̅ΔΕΠΑΡΑΓΕΝΟΜΕΝΟϹΑΡΧΙΕΡΕΥϹ	XP̅S̅ AVTEM SACERDOS QVANDO ADVENTSE
ΤΩΝΓΕΝΟΜΕΝΩΝΑΓΑΘΩΝ	BONORVM FACTORVM
ΔΙΑΤΗϹΜΙΖΟΝΟϹ	PER AMPLIVS
ΚΑΙΤΕΛΙΟΤΕΡΑϹϹΚΗΝΗϹ	ET PERFECTVM TABERNACVLVM
ΟΥΧΕΙΡΟΠΟΙΗΤΟΥ	NON MANV FACTVM
ΤΟΥΤΕϹΤΙΝΟΥΤΑΥΤΗϹΤΗϹΚΤΙϹΕΩϹ	ID EST NON HVIVS CREATIONIS
ΟΥΔΕΔΙΑΙΜΑΤΟϹ	NEQVE PER SANGVINEM
ΤΡΑΓΩΝΚΑΙΜΟϹΧΩΝ	HIRCORVM ET VITVLORVM
ΔΙΑΔΕΤΟΥΙΔΙΟΥΑΙΜΑΤΟϹ	SED PER SVVM SANGVINEM
ΕΙϹΗΛΘΕΝΕΦΑΠΑΞΕΙϹΤΑΑΓΙΑ	INTRAVIT SEMEL IN SANCTIS

ΑΙΩΝΙΑΝΛΥΤΡΩϹΙΝΕΥΡΟΜΕΝΟϹ
ΕΙΓΑΡΤΟΑΙΜΑΤΡΑΓΩΝΚΑΙΤΑΥΡΩΝ
ΚΑΙϹΠΟΔΟΝΔΑΜΑΛΕΩϹ
ΡΑΝΤΙΖΟΥϹΑΤΟΥϹΚΕΚΟΙΜΗΜΕΝΟΥϹ
ΑΓΙΑΖΕΙΠΡΟϹΤΗΝΤΗϹϹΑΡΚΟϹ
ΚΑΘΑΡΟΤΗΤΑ
ΠΟϹΩΜΑΛΛΟΝΤΟΑΙΜΑΤΟΥΧΥ
ΟϹΔΙΑΠΝϹΑΓΙΟΥ
ΕΑΥΤΟΝΠΡΟϹΗΝΕΝΚΕΝΑΜΩΜΟ
ΤΩΘΩ
ΟϹΚΑΘΑΡΙΕΙΤΗΝϹΥΝΙΔΗϹΙΝΗΜΩΝ
ΑΠΟΝΕΚΡΩΝΕΡΓΩΝ
ΕΙϹΤΟΛΑΤΡΕΥΕΙΝΤΩΘΩΤΩΖΩΝΤΙ
ΚΑΙΔΙΑΤΟΥΤΟΔΙΑΘΗΚΗϹΚΕΝΗϹ
ΜΕϹΕΙΤΗϹΕϹΤΙΝ
ΟΠΩϹΘΑΝΑΤΟΥΓΕΝΟΜΕΝΟΥ
ΕΙϹΑΠΟΛΥΤΡΩϹΙΝ
ΤΩΝΕΠΙΤΗΠΡΩΤΗΔΙΑΘΗΚΗ
ΠΑΡΑΒΑϹΕΩΝ
ΤΗΝΕΠΑΓΓΕΛΙΑΝΛΑΒΩϹΙΝ
ΟΙΚΕΚΛΗΜΕΝΟΙ

AETERNIS EXPIATIONE REPERTA
SI ENIM SANGVIS HIRCORVM ET TAVRORV
ET CINIS VITVLAE
SPARSVS INQVINATVS
SANCTIFICAT AD CARNEM
EMVNDANDAM
QVANTO MAGIS SANGVIS XPI
QVI PER SPM SANCTI
SE IPSVM OPTVLIT INMACVLATVM
DO
QVI EMVNDAVIT CONSCIENTIAM NOSTRA
AB OPERIBVS MORTVIS
VT SERVIAMVS DO VIVENTI
ET IDEO NOVI TESTAMENTI
ARBITER EST
VT MORTE INTERCEDENTE
IN REDEMPTIONE
VETERIS TESTAMENTI
PRAEVARICATIONVM
PROMISSIONEM ACCIPIENT
QVI VOCATI SVNT

ΤΗϹΑΙΩΝΙΟΥΚΛΗΡΟΝΟΜΙΑϹ	AETERNA HEREDITATIS
ΟΠΟΥΓΑΡΔΙΑΘΗΚΗΘΑΝΑΤΟΥ	VBI ENIM TESTAMENTVM MORS
ΑΝΑΓΚΗΦΕΡΕϹΘΑΙ	NECESSE EST INTERCEDAT
ΤΟΥΔΙΑΘΕΜΕΝΟΥΔΙΑΘΗΚΗΓΑΡ	TESTATORIS TESTAMENTVM ENIM
ΕΠΙΝΕΚΡΟΙϹΒΕΒΑΙΑ	IN MORTVIS CONFIRMATVR
ΕΠΙΜΗΤΟΤΕΙϹΧΥΕΙΟΤΕΖΗ	QVONIAM NONDVM VALE DVM VIVIT
ΟΔΙΑΘΕΜΕΝΟϹ	QVI TESTATVR
ΟΔΕΝΟΥΔΕΝΗΠΡΩΤΗΔΙΑΘΗΚΗ	VNDE PRIDEM PRIVS TESTAMENTVM
ΧΩΡΙϹΑΙΜΑΤΟϹΕΝΚΕΚΑΙΝΙϹΤΑΙ	NON SINE SANGVINE DEDICATVM EST
ΛΑΛΗΘΕΙϹΗϹΓΑΡΠΑϹΗϹΤΗϹΕΝΤΟΛΗϹ	LECTO ENIM OMNI TESTAMENTO
ΚΑΤΑΤΟΝΝΟΜΟΝΜΩΥϹΕΩϹ	SECVNDVM LEGIS PER MOYSEN
ΠΑΝΤΙΤΩΛΑΩ	VNIVERSO POPVLO
ΛΑΒΩΝΤΟΑΙΜΑΤΩΝΤΡΑΓΩΝ	ACCEPTO SANGVINE HIRCORVM
ΚΑΙΤΩΝΜΟϹΧΩΝ	ET VITVLORVM
ΜΕΤΑΥΔΑΤΟϹΚΑΙΕΡΙΟΥΚΟΚΚΙΝΟΥ	CVM AQVA ET LANA COCCINEA
ΚΑΙΥϹϹΩΠΟΥ	ET HYSSOPO
ΑΥΤΟΤΕΤΟΒΙΒΛΙΟΝ	IPSVM QVOQVE LIBRVM
ΚΑΙΠΑΝΤΑΤΟΝΛΑΟΝΕΡΑΝΤΙϹΕΝΛΕΓΩ̅	ET OMNE POPVLVM ASPERSIT DICENS
ΤΟΥΤΟΤΟΑΙΜΑΤΗϹΔΙΑΘΗΚΗϹ	HIC SANGVIS TESTAMENTI
ΗϹΕΝΕΤΙΛΑΤΟΠΡΟϹΥΜΑϹΟΘ̅Ϲ̅	QVOD MANDAVIT AD VOS D̅S̅
ΚΑΙΤΗΝϹΚΗΝΗΝΔΕ	IPSVM ETIAM TABERNACVLVM

ΚΑΙΠΑΝΤΑΤΑϹΚΕΥΗΤΗϹΛΙΤΟΥΡΓΙΑϹ	ET OMNIA VASA MINISTERII
ΤΩΑΙΜΑΤΙΟΜΟΙΩϹΕΡΑΝΤΙϹΕΝ	SANGVINEM SIMILITER ASPERSIT
ΚΑΙϹΧΕΔΟΝΕΝΑΙΜΑΤΙ	ET PENE IN SANGVINI
ΠΑΝΤΑΚΑΘΑΡΙΖΕΤΕ	OMNIA EMVNDATVR
ΚΑΤΑΤΟΝΝΟΜΟΝ	SECVNDVM LEGEM
ΚΑΙΧΩΡΙϹΑΙΜΑΤΕΚΧΥϹΙΑϹ	ET SINE SANGVINIS FVSIONE
ΟΥΓΙΝΕΤΑΙΑΦΕϹΙϹ	NON FIT REMISSIO
ΑΝΑΓΚΗΟΥΝ	NECESSARIO ITAQVE
ΤΑΜΕΝΥΠΟΔΕΙΓΜΑΤΑ	EXEMPLARIO
ΤΩΝΕΝΤΟΙϹΟΥΡΑΝΟΙϹ	CAELESTIVM
ΤΟΥΤΟΙϹΚΑΘΑΡΙΖΕΤΕ	HIS MVNDARI
ΑΥΤΑΔΕΤΑΕΠΟΥΡΑΝΙΑΚΡΙΤΤΟϹΙ	NAM IPSA CAELESTIA MELIORIBVS
ΘΥϹΙΑΙϹΠΑΡΑΤΑΥΤΗϹ	HOSTIIS QVAM ISTIS
ΟΥΓΑΡΕΙϹΧΕΙΡΟΠΟΙΗΤΑΑΓΙΑ	NON ENIM IN MANVFACTIS SANCTIS
ΕΙϹΗΛΘΕΝΧ̅Ϲ̅	INTRAVIT X̅P̅S̅
ΑΝΤΙΤΥΠΑΤΩΝΑΛΗΘΙΝΩΝ	EXEMPLARIVM VERITATIS
ΑΛΛΙϹΑΥΤΟΝΤΟΝΟΥΡΑΝΟΝ	SED IN IPSO CAELO
ΝΥΝΕΝΦΑΝΙϹΘΗΝΑΙ	MODO APPARVIT
ΤΩΠΡΟϹΩΠΩΤΟΥΘ̅Υ̅ΥΠΕΡΗΜΩΝ	PERSAE D̅I̅ PRO NOBIS
ΟΥΔΙΝΑΠΟΛΛΑΚΙϹ	SED NEQVE VT SEPE
ΠΡΟϹΦΕΡΗΕΑΥΤΟΝ	OFFERAT SE

ΩϹΠΕΡΟΑΡΧΙΕΡΕΥϹ	QVEMADMODVM SACERDOS
ΕΙϹΕΡΧΕΤΑΙΕΙϹΤΑΑΓΙΑ	INTRAT IN SANCTIS
ΚΑΤΕΝΙΑΥΤΟΝ	PER SINGVLOS ANNOS
ΕΝΑΙΜΑΤΙΑΛΛΟΤΡΙΩ	IN SANGVINE ALIENO
ΕΠΙΕΔΕΙΑΥΤΟΝΠΟΛΛΑΠΑΘΙΝ	CETERVM OPORTEBAT EVM ALIQVOTIENS PATI
ΑΠΟΚΑΤΑΒΟΛΗϹΚΟϹΜΟΥ	AB ORIGINE MVNDI
ΝΥΝΔΕΑΠΑΞ	NVNC AVTEM SEMEL
ΕΠΙϹΥΝΤΕΛΙΑΤΩΝΑΙΩΝΩΝ	IN CONSVMMATIONEM SAECVLORVM
ΕΙϹΑΘΕΤΗϹΙΝΑΜΑΡΤΙΩΝ	AD DESTITVENDVM PECCATVM
ΔΙΑΤΗϹΘΥϹΙΑϹΑΥΤΟΥΠΕΦΑΝΕΡΩΤΕ	PER SANGVINEM SVVM APPARVIT
ΚΑΙΚΑΘΟϹΟΝΑΠΟΚΕΙΤΑΙ	ET QVEMADMODVM STATVVM EST
ΤΟΙϹΑΝΘΡΩΠΟΙϹ	HOMINIBVS
ΑΠΑΞΑΠΟΘΑΝΙΝ	SEMEL MORI
ΜΕΤΑΔΕΤΟΥΤΟΚΡΙϹΕΙϹ	ET POSTEA IVDICARI
ΟΥΤΩϹΚΑΙΟΧ̅Ϲ̅	SIC ET X̅P̅S̅
ΑΠΑΞΠΡΟϹΕΝΕΧΘΙϹΕΙϹΤΟΠΟΛΛΩ̅	SEMEL OBLATVS AD MVLTORVM
ΑΝΕΝΕΝΚΕΙΝΑΜΑΡΤΙΑϹ	EXAVRIENDA PECCATA
ΕΚΔΕΥΤΕΡΟΥΧΩΡΙϹΑΜΑΡΤΙΑϹ	SECVNDO SINE PECCATO
ΟΦΘΗϹΕΤΑΙΤΟΙϹΑΥΤΟΝΕΚΔΕΧΟΜΕΝΟΙϹ	APPAREBIT EXPECTANTIBVS EVM
ΕΙϹϹΩΤΗΡΙΑΝ	IN SALVTEM
ϹΚΙΑΝΓΑΡΕΧΩΝΟΝΟΜΟϹ	VMBRAM ENIM HABENS LEX

ΤΩΝΜΕΛΛΟΝΤΩΝΑΓΑΘΩΝ	FVTVRORVM BONORVM
ΟΥΚΑΥΤΗΝΤΗΝΕΙΚΟΝΑ	NON IN IPSA PERSONA
ΤΩΝΠΡΑΓΜΑΤΩΝΚΑΤΕΝΙΑΥΤΟΝ	RERVM PER SINGVLOS ANNOS
ΤΑΙϹΑΥΤΑΙϹΘΥϹΙΑΙϹΑΙϹΠΡΟϹΦΕΡΟΥϹΙ̅	ISDEM HOSTIIS QVIBVS OFFERENT
ΕΙϹΤΟΔΙΗΝΕΚΕϹ	IN FREQVENTIAM
ΟΥΔΕΠΟΤΕΔΥΝΑΤΑΙ	NVMQVAM POTEST
ΤΟΥϹΠΡΟϹΕΡΧΟΜΕΝΟΥϹΚΑΘΑΡΙϹΑΙ	ACCEDENTES EMVNDARE
ΕΠΙΟΥΚΑΝΕΠΑΥϹΑΝΤΟ	NAM NECESSANSENT
ΠΡΟϹΦΕΡΟΜΕΝΑΙ	OFFERRI
ΔΙΑΤΟΜΗΔΕΜΙΑΝΕΧΕΙΝ	IDCIRCO QVOD NVLLAM HABERENT
ϹΥΝΙΔΗϹΙΝΑΜΑΡΤΙΩΝ	CONSCIENTIA PECCATI
ΤΟΥϹΔΕΛΑΤΡΕΥΟΝΤΑϹΑΠΑΞ	QVI OBSERVANTES SEMEL
ΚΕΚΑΘΑΡΙϹΜΕΝΟΥϹ	PVRGARI
ΑΛΛΕΝΑΥΤΑΙϹΑΝΑΜΝΗϹΕΙϹ	SED IN IPSIS MEMORATIO
ΑΜΑΡΤΙΩΝΚΑΤΕΝΙΑΥΤΟΝΓΙΝΕΤΑΙ	PECCATORVM PER SINGVLOS ANNOS FIT
ΑΔΥΝΑΤΟΝΓΑΡ	DIFFICILE ENIM EST
ΑΙΜΑΤΑΥΡΩΝΚΑΙΤΡΑΓΩΝ	SANGVINE TAVRORVM ET HIRCORVM
ΑΦΑΙΡΕΙΝΑΜΑΡΤΙΑϹ	AVFERRI PECCATA
ΔΙΟΕΙϹΕΡΧΟΜΕΝΟϹ	IDEOQVE INCEDENS
ΕΙϹΤΟΝΚΟϹΜΟΝΛΕΓΕΙ	IN ORBEM DICIT
ΘΥϹΙΑΝΚΑΙΠΡΟϹΦΟΡΑΝ	HOSTIAM ET OBLATIONEM

ΟΥΚΗΘЄΛΗϹΑϹ
ϹΩΜΑΔЄΚΑΤΗΡΤΙϹΩΜΟΙ
ΟΛΟΚΑΥΤΩΜΑ
ΚΑΙΠЄΡΙΑΜΑΡΤΙΑϹΟΥΚΗΥΔΟΚΗϹΑϹ
ΤΟΤЄЄΙΠΟΝΙΔΟΥЄΓΩΗΚΩ
ЄΝΚЄΦΑΛΙΔΙΒΙΒΛΙΟΥ
ΓЄΓΡΑΠΤΑΙΓΑΡΠЄΡΙЄΜΟΥ
ΤΟΥΠΟΙΗϹΑΙΟΘ̅Ϲ̅ΤΟΘЄΛΗΜΑϹΟΥ
ΑΝΩΤЄΡΟΝΛЄΓΩΝ
ΟΤΙΘΥϹΙΑϹΚΑΙΠΡΟϹΦΟΡΑϹ
ΚΑΙΟΛΟΚΑΥΤΩΜΑΤΑ
ΚΑΙΠЄΡΙΑΜΑΡΤΙΩΝΟΥΚΗΘЄΛΗϹΑϹ
ΟΥΔЄΗΥΔΟΚΗϹΑϹ·
ΑΙΤΙΝЄϹΚΑΤΑΤΟΝΝΟΜΟΝ
ΠΡΟϹΦЄΡΟΝΤΑΙ
ΤΟΤЄЄΙΡΗΚЄΝΙΔΟΥΗΚΩ
ΤΟΥΠΟΙΗϹΑΙΤΟΘЄΛΗΜΑϹΟΥ
ΑΝΑΙΡЄΙΤΟΠΡΩΤΟΝ
ΙΝΑΤΟΔЄΥΤЄΡΟΝϹΤΗϹΗ
ЄΝΩΘЄΛΗΜΑΤΙ
ΗΓΙΑϹΜЄΝΟΙЄϹΜЄΝ

NOLVISTI
CORPVS AVTEM APTASTI MIHI
OLOCAVTOMA
ET PROPTER PECCATO NON TIBI PLACVIT
TVNC DIXI EGO ECCE VENIO
IN VOLVMINE LIBRI
SCRIPTVM EST DE ME
VT FACIAMVS D̅S̅ VOLVNTATEM TVA̅
SVPERIVS DICENS
QVONIAM HOSTIAS ET OBLATIONES
ET OLOCAVTOMATA
ET PRO PECCATIS NOLVISTI
NEC PLACVIT TIBI
QVAE SECVNDVM LEGEM
OFFERVNTVR
TVNC DIXIT ECCE VENIO
VT FACIAT VOLVNTATEM TVAM
RETOLLET PRIMVM
VT SECVNDVM STET
IN QVA VOLVNTATE
SANCTIFICATI SVMVS

ΔΙΑΤΗCΠΡΟCΦΟΡΑCΤΟΥΑΙΜΑΤΟCΙΥΧΥ	PER OBLATIONIS SANGVINIS IHV XPI
ЄΦΑΠΑΞ	SEMEL
ΚΑΙΠΑCΜЄΝΙЄΡЄΥCЄCΤΗΚЄΝ	ET OMNIS QVIDEM SACERDOS PRAESTVS EST
ΚΑΘΗΜЄΡΑΝΛΙΤΟΥΡΓѠΝΤΑCΑΥΤΑC	COTTIDIE MINISTRANS EASDEM
ΠΟΛΛΑΚΙCΠΡΟCΦЄΡѠΝΘΥCΙΑC	SAEPE OFFERENS HOSTIAS
ΑΙΤΙΝЄCΟΥΔЄΠΟΤЄΔΥΝΑΝΤΑΙ	QVAE NVMQVAM POSSVNT
ΠЄΡΙΑΙΛЄΙΝΑΜΑΡΤΙΑC	AVFERRE PECCATA
ΟΥΤΟCΔЄΜΙΑΝ	HIC AVTEM VNAM
ΥΠЄΡΑΜΑΡΤΙѠΝΠΡΟCЄΝЄΓΚΑC	PRO PECCATIS OBLATA
ΘΥCΙΑΝЄΙCΤΟΔΙΗΝЄΚЄC	HOSTIA IN SEMPITERNO
ЄΚΑΘΙCЄΝЄΝΔЄΞΙΑΤΟΥΘΥ	SEDIT IN DEXTRA DI
ΤΟΛΟΙΠΟΝЄΚΔЄΧΟΜЄΝΟC	POSTEA EXPECTANS
ЄѠCΤЄΘѠCΙΝΟΙЄΧΘΡΟΙΑΥΤΟΥ	DONEC PONANTVR INIMICI EIVS
ΥΠΟΠΟΔΙΟΝΤѠΝΠΟΔѠΝΑΥΤΟΥ	SCABELLVM PEDVM EIVS
ΜΙΑΓΑΡΠΡΟCΦΟΡΑΤЄΤЄΛΙѠΚЄΝ	VNA ENIM OBLATIONE CONSVMMAVIT
ЄΙCΤΟΔΙΗΝЄΚЄC	IN SEMPITERNVM
ΤΟΥCΑΓΙΑΖΟΜЄΝΟΥC	NOS SANCTIFICANS
ΜΑΡΤΥΡЄΙΔЄΗΜΙΝ	CONTESTATVR AVTEM NOBIS
ΚΑΙΤΟΠΝΑΤΟΑΓΙΟΝ	ET SPS SANCTVS
ΜЄΤΑΔЄΤΟЄΙΡΗΚЄΝΑΙ	CVM ENIM DIXERIT
ΑΥΤΗΔЄΗΔΙΑΘΗΚΗ	HOC TESTAMENTVM

AD HEBRAEOS X, 10–16.

ΗΝΔΙΑΘΗCΟΜΑΙΠΡΟCΑΥΤΟΥC	QVOD TESTABOR AD ILLOS
ΜЄΤΑΤΑCΗΜЄΡΑCЄΚЄΙΝΑC	POS DIES ILLOS
ΛЄΓЄΙΚ̅C̅ΔΙΔΟΥCΝΟΜΟΥCΜΟΥ	DICIT D̅M̅S̅ DANDO LEGES MEAS
ЄΠΙΚΑΡΔΙΑCΑΥΤΩΝΚΑΙЄΠΙΤΗΝΔΙΑΝΟΙΑΝΑΥΤΩΝ	IN CORDIBVS EORVM ET IN SENSIBVS EORV̄
ЄΠΙΓΡΑΨΩΑΥΤΟΥC	SVPERSCRIBAM EIVS
ΚΑΙΤΩΝΑΜΑΡΤΙΩΝ	ET PECCATIS
ΚΑΙΤΩΝΑΝΟΜΙΩΝΑΥΤΩΝ	ET SCELERIS EORVM
ΟΥΜΗΜΝΗCΘΗCΟΜΑΙЄΤΙ	IAM NON MEMORABOR
ΟΠΟΥΔЄΑΦЄCΙCΤΟΥΤΩΝ	VBI ERGO REMISSIO EORVM
ΟΥΚЄΤΙΠΡΟCΦΟΡΑΠЄΡΙΑΜΑΡΤΙΑC	IAM NON OBLATIO PRO PECCATIS
ЄΧΟΝΤЄCΟΥΝΑΔЄΛΦΟΙΠΑΡΡΗCΙΑΝ	HABENTES ITAQVAE FRATRES LIBERTATĒ
ЄΙCΤΗΝЄΙCΟΔΟΝΤΩΝΑΓΙΩΝ	AD INTROITVS SANCTORVM
ЄΝΤΩΑΙΜΑΤΙΙ̅Υ̅	IN SANGVINEM I̅H̅V̅
ΗΝЄΝЄΚЄΝΙCЄΝΗΜΙΝ	IN QVA INITIAVIT NOBIS
ΟΔΟΝΠΡΟCΦΑΤΟΝΖΩCΑΝ	VIAM NOVAM ET VIVENTEM
ΔΙΑΤΟΥΚΑΤΑΠЄΤΑCΜΑΤΟC	PER VELAMEN
ΤΟΥΤЄCΤΙΝΔΙΑΤΗCCΑΡΚΟCΑΥΤΟΥ	ID EST CARNEM EIVS
ΚΑΙΙЄΡЄΑΜЄΓΑΝ	ET SACERDOTEM MAGNVM
ЄΠΙΤΟΝΟΙΚΟΝΤΟΥΘ̅Υ̅	IN DOMO D̅I̅
ΠΡΟCЄΡΧΟΜЄΘΑ	ACCEDAMVS
ΜЄΤΑΑΛΗΘΙΝΗCΚΑΡΔΙΑC	CVM CERTO CORDE

ΕΝΠΛΗΡΟΦΟΡΙΑΠΙϹΤΕΩϹ	IN CONFIRMATIONE FIDE
ΡΕΡΑΝΤΙϹΜΕΝΟΙΤΑϹΚΑΡΔΙΑϹ	ADSPARSI A CORDA
ΑΠΟϹΥΝΕΙΔΗϹΕΩϹΠΟΝΗΡΑϹ	A CONSCIENTIA MALA
ΚΑΙΛΕΛΟΥϹΜΕΝΟΙΤΟϹΩΜΑΥΔΑΤΙ	ET ABLVITI CORPVS AQVA
ΚΑΘΑΡΩΚΑΤΕΧΩΜΕΝ	MVNDA ET TENEAMVS
ΤΗϹΕΛΠΙΔΟϹΤΗΝΟΜΟΛΟΓΙΑΝΑΚΛΙΝΗ	SPEI CONFESSIONE INPREVARICABILEM
ΠΙϹΤΟϹΓΑΡΟΕΠΑΓΓΙΛΑΜΕΝΟϹ	FIDELIS ENIM QVI REPROMISIT
ΚΑΙΚΑΤΑΝΟΩΜΕΝΑΛΛΗΛΟΥϹ	ET ASPICIAMVS INVICEM
ΕΙϹΠΑΡΟΞΥϹΜΟΝΑΓΑΠΗϹ	IN PRAEVARICATIONEM AMORIS
ΚΑΙΚΑΛΩΝΕΡΓΩΝ	ET BONORVM OPERVM
ΜΗΚΑΤΑΛΙΠΟΝΤΕϹ	NON DESERENTES
ΤΗΝΕΠΙϹΥΝΑΓΩΓΗΝΕΑΥΤΩΝ	COLLECTIONEM NOSTRAM
ΚΑΘΩϹΕΘΟϹΕϹΤΙΝΤΙϹΙΝ	SICVT ET CONSVETVDINI QVIBVSDAM
ΑΛΛΑΠΑΡΑΚΑΛΟΥΝΤΕϹ	SED CONSOLAMINI
ΚΑΙΤΟϹΟΥΤΩΜΑΛΛΟΝ	TANTO MAGIS
ΟϹΩΒΛΕΠΕΤΕ	QVANTO BIDES
ΕΓΓΙΖΟΥϹΑΝΤΗΝΗΜΕΡΑΝ	ADPROPINQVANTEM DIEM
ΕΚΟΥϹΙΩϹΓΑΡ	VLTRO ENIM
ΑΜΑΡΤΑΝΟΝΤΩΝΗΜΩΝ	PECCANTIBVS NOBIS
ΜΕΤΑΤΟΛΑΒΙΝΤΗΝΕΠΙΓΝΩϹΙΝ	POST ACCEPTA NOTITIA
ΤΗϹΑΛΗΘΕΙΑϹ	VERITATIS

ΟΥΚΕΤΙΠΕΡΙΛΙΠΕΤΑΙ
ΘΥΣΙΑΝΠΕΡΙΑΜΑΡΤΙΑΣΠΡΟΣΕΝΕΝΚῙ
ΦΟΒΕΡΑΔΕΤΙΣΕΚΔΟΧΗΚΡΙΣΕΩΣ
ΚΑΙΠΥΡΟΣΖΗΛΟΣ
ΕΣΘΙΕΙΝΜΕΛΛΟΝΤΟΣΤΟΥΣ
ΥΠΕΝΑΝΤΙΟΥΣ
ΑΘΕΤΗΣΑΣΤΙΣΝΟΜΟΝΜΩΣΕΩΣ
ΧΩΡΙΣΟΙΚΤΕΙΡΜΩΝΚΑΙΔΑΚΡΥΩ̄
ΕΠΙΔΥΣΙΝΗΤΡΙΣΙΝΜΑΡΤΥΣΙΝ
ΑΠΟΘΝΗΣΚΕΙ
ΠΟΣΩΔΟΚΕΙΔΕΧΕΙΡΟΝΟΣ
ΑΞΙΩΘΗΣΕΤΑΙΤΙΜΩΡΙΑΣ
ΟΤΟΝΥΙΟΝΤΟΥΘ̄ῩΚΑΤΑΠΑΤΗΣΑΣ
ΚΑΙΤΟΑΙΜΑΤΗΣΔΙΑΘΗΚΗΣ
ΚΟΙΝΟΝΗΓΗΣΑΜΕΝΟΣ
ΕΝΩΗΓΙΑΣΘΗΚΑΙΤΟΠ̄Ν̄Ᾱ
ΤΗΣΧΑΡΙΤΟΣΕΝΥΒΡΙΣΑΣ
ΟΙΔΑΜΕΝΓΑΡΤΟΝΕΙΠΟΝΤΑΕΜΟΙΕΚΔΙΚΗΣΙΣ
ΕΓΩΑΝΤΑΠΟΔΩΣΩ
ΚΑΙΠΑΛΙΝ
ΟΤΙΚΡΙΝΕΙΚ̄Σ̄ΤΟΝΛΑΟΝΑΥΤΟΥ

IAM NON RESTAT
PECCATIS HOSTIA OFFERRE
HORRIBIS AVTEM QVIDAM EXECRATIO IVDICI
ET IGNIS AEMVLATIO
QVAE CONSVMPTVRA EST
ADVERSARIOS
CVM ENIM QVIDAM RELIQVE LEGE MOSI
SINE VLLA MISERATIONE ET LACRIMIS
DVOBVS VEL TRIBVS TESTIBVS
MORITVR
QVANTO MAGIS PVTATIS DETERIORA
DEPRAECAVITVR VINDICTAE
QVI FILIVM D̄Ī INCVLCAVERIT
ET SANGVINEM TESTAMENTI
COMMVNEM AESTIMAVERIT
IN QVO SANCTIFICATVS EST ET S̄P̄S̄
GRATIAE CONTVMELIAM FECERIT
NAM SCIMVS QVI DIXIT MIHI VINDICAS
EGO REDDAM
ET ITERVM
QVIA IVDICAT D̄M̄S̄ POPVLVM SVVM

ΦΟΒΕΡΟΝΤΟΕΝΠΕϹΕΙΝ
ΕΙϹΧΕΙΡΑϹΘ̅Υ̅ΖΩΝΤΟϹ
ΑΝΑΜΙΜΝΗϹΚΕϹΘΑΙΔΕ
ΤΑΙϹΠΡΟΤΕΡΑΙϹΗΜΕΡΑΙϹ
ΕΝΑΙϹΦΩΤΙϹΘΕΝΤΕϹ
ΠΟΛΛΗΝΑΘΛΗϹΙΝΥΠΕΜΙΝΑΤΕ
ΠΑΘΗΜΑΤΩΝ
ΟΥΤΟΜΕΝΟΝΙΔΙϹΜΟΙϹΤΕ
ΚΑΙΘΛΙΨΕϹΙΝΟΝΙΔΙΖΟΜΕΝΟΙ
ΤΟΥΤΟΔΕΚΟΙΝΩΝΟΙ
ΤΩΝΟΥΤΩϹΑΝΑϹΤΡΕΦΟΜΕΝΩΝ
ΓΕΝΗΘΕΝΤΕϹ
ΚΑΙΓΑΡΤΟΙϹΔΕϹΜΙΟΙϹϹΥΝΕΠΑΘΗϹΑΤΕ
ΚΑΙΤΗΝΑΡΠΑΓΗΝ
ΤΩΝΥΠΑΡΧΟΝΤΩΝΥΜΩΝ
ΜΕΤΑΧΑΡΑϹΠΡΟϹΕΔΕΞΑϹΘΑΙ
ΓΕΙΝΩϹΚΟΝΤΕϹΕΧΕΙΝΕΑΥΤΟΙϹ
ΚΡΙΤΤΟΝΑΥΠΑΡΞΙΝ
ΚΑΙΜΕΝΟΥϹΑΝ
ΜΗΑΠΟΛΥΗΤΕΟΥΝ
ΤΗΝΠΑΡΡΗϹΙΑΝΥΜΩΝ

HORRIBILEM AVTEM EST INCIDERE
IN MANVS D̅I̅ VIVENTIS
REMEMORAMINI IGITVR
PRISTINOS DIES
IN QVIBVS INLVMINATI
MAGNVM CERTAMEN SVSTINVISTI
PASSIONVM
SPECTACVLO INPROPERANTIVM
ET ANGVSTIA SVBIECTI
ET SOCII
ETALITER CONSERVANTIVM
FACTI
NAM ET VINCVLIS EORVM CONSENSISTIS
ET RAPINAM
SVBSTANTIAE VESTRAE
CVM GAVDIO EXPECTASTIS
SCIENTES VOS HABERE
MELIORE SVBSTANTIAM
ET MANENTEM
NOLITE ITAQVE AMITTERE
LIBERTATEM VESTRAM

ΗΤΙCϵΧϵΙΜϵΓⲁΛΗΝ
ΜΙCΘⲁΠΟΔΟCΙⲁΝ
ΥΠΟΜΟΝΗCΓⲁΡϵΧϵΤϵΧΡΙⲁΝ
ΙΝⲁΤΟΘϵΛΗΜⲁΤΟΥΘ̅Υ̅ΠΟΙΗCⲁΝΤϵC
ΚΟΜΙCΗCΘⲁΙΤΗΝϵΠⲁΝΓϵΛΙⲁΝ
ϵΤϵΙΓⲁΡΜϵΙΚΡΟΝ
ΟΘϵΝϵΡΧΟΜϵΝΟCΗΞϵΙ
ΚⲁΙΟΥΧΡΟΝΙCϵΙ
ΟΔϵΔΙΚⲁΙΟCϵΚΠΙCΤϵⲰCΜΟΥΖΗCϵΤⲁΙ
ΚⲁΙϵⲁΝΥΠΟCΤΙΛΗΤϵ
ΟΥΚϵΥΔΟΚΙΜΟΥΗΨΥΧΗϵΝⲁΥΤⲰ
ΗΜΙCΔϵΟΥΚϵCΜϵΝ
ΥΠΟCΤΟΛΗCϵΙCⲁΠⲰΛΙⲁΝ
ⲁΛΛⲁΠΙCΤϵⲰC
ϵΙCΠϵΡΙΠΟΙΗCΙΝΨΥΧΗC
ϵCΤΙΝΔϵΠΙCΤΙCϵΛΠΙΖΟΜϵΝⲰΝ
ΥΠΟCΤⲁCΙΝΠΡⲁΓΜⲁΤⲰΝ
ϵΛϵΓΧΟCΟΥΒΛϵΠΟΜϵΝⲰΝ
ϵΝΤⲁΥΤΗΓⲁΡϵΜⲁΡΤΥΡΗΘΗCⲁΝ
ΟΙΠΡϵCΒΥΤϵΡΟΙ
ΠΙCΤϵΙΝΟΟΥΜϵΝ
ΚⲁΤΗΡΤΙCΘⲁΙΤΟΥCⲁΙⲰΝⲁC

QVAE MAGNA HABET
REMVNERATIONEM
PERSEVERANTIS ENIM VOBIS NECESSE EST
VT VOLVNTATEM D̅I̅ CONSVMMATAM
PERCIPIATIS REPROMISSIONEM
ADHVC ENIM MODICVM
DONEC QVI VENTVRIS EST VENIAT
ET NON TARDAVIT
NAM IVSTVS EX FIDE MEA VIVIT
ET SI SVBTRAHENT SE
NON PLACEBIT ANIMAE MEAE IN EO
NOS QVIDEM NON SIMVS
PER VESTIGIVM IN PERDITIONEM
SED FIDEI
IN RENASCENTI ANIMAE
EST AVTEM FIDES ISPIRANTIVM
SVBSTANTIA RERVM
ACCVSATOR NON VIDENTIVM
IN TESTIMONIVM CONSECVTI SVNT
SENIORES
FIDE SCIMVS
APTATA ESSE SAECVLA

ΡΗΜΑΤΙΘ̅Υ̅
ЄΙCΤΟΜΗЄΚΦΑΙΝΟΜЄΝωΝ
ΤΟΒΛЄΠΟΜЄΝΟΝΓЄΓΟΝЄΝΑΙ
ΠΙCΤΙΠΛΙΟΝΑΘΥCΙΑΝΑΒЄΛ
ΠΑΡΑΚΑЄΙΝΠΡΟCΗΝЄΝΚЄΝΤωΘ̅ω̅
ΔΙΗCЄΜΑΡΤΥΡΗΘΗЄΙΝΑΙΔΙΚΑΙΟC
ΜΑΡΤΥΡΟΥΝΤΟC
ЄΠΙΤΟΙCΔωΡΟΙCΑΥΤΟΥΤωΘ̅ω̅
ΚΑΙΔΙΑΤΑΥΤΗCΑΠΟΘΑΝωΝ
ЄΤΙΛΑΛЄΙΤΑΙ
ΠΙCΤЄΙΑΙΝωΧΜЄΤЄΤЄΘΗ
ΤΟΥΜΗΙΔЄΙΝΘΑΝΑΤΟΝ
ΚΑΙΟΥΧΗΥΡΙCΚЄΤΟ
ΔΙΟΤΙΜЄΤЄΘΗΚЄΝΑΥΤΟΝΟΘ̅C̅
ΠΡΟΓΑΡΤΗCΜЄΤΑΘЄCЄωC
ΜЄΜΑΡΤΥΡΗΤЄЄΥΗΡЄCΤΗΚЄΝΑΙΤωΘ̅ω̅
ΧωΡΙCΔЄΠΙCΤЄωC
ΑΔΥΝΑΤΟΝЄΥΑΡЄCΤΗCΑΙ
ΠΙCΤЄΥCΑΙΓΑΡΔЄΙ
ΤΟΝΠΡΟCЄΡΧΟΜЄΝΟΝΤωΘ̅ω̅
ΟΤΙЄCΤΙΝΚΑΙΤΟΙCЄΚΖΗΤΟΥCΙΝΑΥΤΟ̅

VERBO D̅I̅
VT EX NON APPARENTIBVS
ID QVOD NON VIDETVR FACTIS
FIDE ABEL PLVRIMAM HOSTIAM
QVAM CAIN OPTVLIT D̅O̅
PER QVA TESTIMONIVM CONSECVTVS EST IVSTVS
TESTIFICATVR
PERHIBENTEM MVNERIBVS D̅O̅
ET PER ILLAM DEFVNCTVS
ADHVC NOMINANTVR
FIDE ENOC TRANSLATVS EST
NE VIDERET MORTEM
ET NON INVENIEBAMVR
QVOD TRANSTVLIT ILLVM D̅S̅
ANTE TRANSLATIONEM ENIM
TESTIMONIVM HABET PLACVISSE D̅O̅
SINE FIDE AVTEM
NON POTVIT PLACERE
CREDERE ENIM OPORTET
ACCEDENTEM AD D̅M̅
QVIA EST ET QVIA INQVIRENTES SE EVM

ΜΙCΘΑΠΟΔΟΤΗCΓΙΝЄΤΑΙ
ΠΙCΤΙΧΡΗΜΑΤΙCΘΙCΝωЄ
ΠЄΡΙΤωΝΜΗΔЄΠωΒΛЄΠΟΜЄΝωΝ
ЄΥΛΑΒΗΘΙCΚΑΤЄCΚЄΥΑCЄΝΚЄΙΒωΤΟ̄
ЄΙCCωΤΗΡΙΑΝΤΟΥΟΙΚΟΥΑΥΤΟΥ
ΔΙΗCΚΑΤЄΚΡΙΝЄΝΤΟΝΚΟCΜΟΝ
ΚΑΙΤΗCΚΑΤΑΠΙCΤΙΝΔΙΚΑΙΟCΥΝΗC
ЄΓЄΝЄΤΟΚΛΗΡΟΝΟΜΟC
ΠΙCΤΙΟΚΑΛΟΥΜЄΝΟCΑΒΡΑΑΜ
ΥΠΗΚΟΥCЄΝЄΙCΤΟΠΟΝЄΞЄΛΘΙΝ
ΟΝЄΜЄΛΛЄΝΛΑΜΒΑΝΙΝ
ЄΙCΚΛΗΡΟΝΟΜΙΑΝ
ΚΑΙЄΞΗΛΘЄΝ
ΜΗЄΠΙCΤΑΜЄΝΟCΠΟΥЄΡΧЄΤΑΙ
ΚΑΙΠΑΡωΚΗCЄΝЄΙCΤΗΝΓΗΝ
ΤΗCЄΠΑΓΓЄΛΙΑCωCΑΛΛΟΤΡΙΑΝ
ЄΝCΚΗΝΑΙCΚΑΤΟΙΚΗCΑC
ΜЄΤΑΙCΑΚΚΑΙΙΑΚωΒ
ΤωΝCΥΝΚΛΗΡΟΝΟΜωΝ
ΤΗCЄΠΑΓΓЄΛΙΑCΑΥΤΟΥ
ЄΞЄΔЄΧЄΤΟΓΑΡ

REMVNERAT
FIDE RESPONSO NOE
ACCEPTO DE HIS QVAE NON VIDEBANTVR
METVENS APTAVIT ARCAM
IN SALVTEM DOMVS SVAE
PER QVAM DAMNAVIT SAECVLVM
ET FIDEI IVSTITIAE
HERES INSTITVTVS EST
FIDE QVI VOCATVR ABRAHAM
OBOEDIIT IN LOCVM EXIRE
QVEM ACCEPTVRVS ERAT
IN POSSESSIONE
ET EXIVIT
NESCIENS VBI VENIRET
ET DEMORATVS EST IN TERRA
PROMISSIONIS TAMQVAM IN ALIENA
TABERNACVLIS HABITANDO
CVM ISAC ET IACOB
COHEREDIBVS
REPROMISSIONIS EIVSDEM
EXPECTABAT ENIM

ΤΗΝΤΟΥϹΘЄΜЄΛΙΟΥϹЄΧΟΥϹΑΝΠΟΛῙ
ΗϹΤЄΧΝΙΤΗϹΚΑΙΔΗΜΙΟΥΡΓΟϹΟΘ̄Ϲ̄
ΠΙϹΤЄΙΚΑΙΑΥΤΗϹΑΡΡΑϹΤΙΡΑΔΥΝΑΜЄῙ
ЄΙϹΚΑΤΑΒΟΛΗΝϹΠЄΡΜΑΤΟϹЄΛΑΒЄ̄
ЄΙϹΤΟΤЄΚΝΩϹΑΙ
ΠΑΡΑΚΑΙΡΟΝΗΛΙΚΙΑϹ
ЄΠΙΠΙϹΤΟΝΗΓΗϹΑΤΟ
ΤΟΝЄΠΑΝΓΙΛΑΜЄΝΟΝ
ΔΙΟΚΑΙΑΦЄΝΟϹЄΓЄΝΗΘΗϹΑΝ
ΚΑΙΤΑΥΤΑΝЄΝЄΚΡΩΜЄΝΟΥ
  ΚΑΘΩϹΤΑΑϹΤΡΑΤΟΥΟΥΡΑΝΟΥ
  ΤΩΠΛΗΘЄΙ
  ΚΑΙΚΑΘΩϹΗΑΜΜΟϹΤΗϹΘΑΛΑϹϹΗϹ
ΗΑΝΑΡΙΘΜΗΤΟϹ
ΚΑΤΑΠΙϹΤΙΝ
ΑΠЄΘΑΝΟΝΟΥΤΟΙΠΑΝΤЄϹ
ΜΗΛΑΒΟΝΤЄϹΤΑϹЄΠΑΓΓЄΛΙΑϹ
ΑΛΛΑΠΟΡΡΩΘЄΝ
ΑΥΤΑϹЄΙΔΟΝΤЄϹ
ΚΑΙΑϹΠΑϹΑΜЄΝΟΙ
ΚΑΙΟΜΟΛΟΓΗϹΑΝΤЄϹ

QVE FVNDAMENTVM HABENTEM CIVITATE̅
CVIVS ARTIFEX ET CONDITOR D̅S̅
FIDE ET IPSA SARRA STERILLIS VIRTVTEM
IN CONCEPTIONEM SEMINIS ACCEPIT
FILIVM
AETIAM SVPER TEMPVS AETATIS
QVIA FIDELEM CREDIDIT ESSE
REPROMISSIONEM
PROPTER QVOD ET AB VNO ORTI SVNT
ET HOC EMORTVO
  TAMQVAM SIDERA CAELI
  IN MVLTITVDINEM
  ET SICVT HARENA MARIS
INNVMERABILIS
IN FIDE
DEFVNCTI SVNT OMNES
NON ACCEPTIS REPROMISSIONIBVS
SED A LONGE
ASPECTIS
ET SALVTANTES
ET CONFITENTES

ΟΤΙΞΕΝΟΙΚΑΙΠΑΡΟΙΚΟΙ	QVIA PEREGRINI
ΚΑΙΠΑΡΕΠΙΔΗΜΟΙΕΙϹΙΝ	ET OSPITES SVNT
ΕΠΙΤΗϹΓΗϹ	SVPER TERRAM
ΟΙΓΑΡΤΟΙΑΥΤΑΛΕΓΟΝΤΕϹ	QVI ENIM TALIA DICVNT
ΕΝΦΑΝΙΖΟΥϹΙΝ	SIGNIFICANT
ΟΤΙΠΑΤΡΙΔΑΖΗΤΟΥϹΙΝ	SE PATRIAM INQVIRERE
ΚΑΙΕΙΜΕΝΕΚΕΙΝΗϹΜΝΗΜΟΝΕΥΟΥϹΑ̅	ET SI QVIDEM ILLIVS MEMINISSENT
ΑΦΗϹΕΞΕΒΗϹΑΝ	DE QVA EXIERVNT
ΕΙΧΟΝΚΑΙΡΟΝΑΝΑΚΑΝΨΑΙ	HABEBANT TEMPVS REVERTENDI
ΝΥΝΔΕΚΡΙΤΤΟΝΟϹΟΡΕΓΟΝΤΑΙ	NVNC AVTEM MELIOREM DESIDERANT
ΤΟΥΤΕϹΤΙΝΕΠΟΥΡΑΝΙΟΥ	ID EST CAELESTEM
ΔΙΟΟΥΚΕΠΕϹΧΥΝΕΤΑΙΑΥΤΟΥϹΟΘ̅Ϲ̅	IDEO MERITO NON PVDET EOS D̅S̅
ΕΠΙΚΑΛΕΙϹΘΑΙΑΥΤΩΝΘ̅Ϲ̅	VOCARI EORVM D̅S̅
ΗΤΟΙΜΑϹΕΝΓΑΡΑΥΤΟΙϹΠΟΛΙΝ	PARAVIT ENIM ILLIS CIVITATEM
ΠΙϹΤΙΠΡΟϹΕΝΗΝΟΧΕΝΤΟΝΙϹΑΚ	FIDE OPTVLIT ISAC
ΠΕΙΡΑΖΟΜΕΝΟϹΑΒΡΑΑΜ	CVM TEMPTABATVR ABRAAM
ΚΑΙΤΟΝΜΟΝΟΓΕΝΗΝΠΡΟϹΕΦΕΡΕ̅	ET VNICVM OFFEREBAT
ΟΤΑϹΕΠΑΓΓΕΛΙΑϹ	REPROMISSIONEM
ΑΝΑΔΕΞΑΜΕΝΟϹ	QVI SVSCEPERAT
ΠΡΟϹΟΝΕΛΑΛΗΘΗΕΝ	AD QVEM DICTVM EST IN
ΙϹΑΚΚΛΗΘΗϹΕΤΑΙϹΟΙϹΠΕΡΜΑ	ISAC VOCABITVR TIBI SEMEN

ΛΟΓΙCΑΜЄΝΟCΟΤΙ
ΚΑΙЄΚΝЄΚΡѠΝЄΓЄΙΡЄΙΝ
ΔΥΝΑΤΟCΟΘ͞C
ΟΘЄΝΑΥΤΟΝ
ΚΑΙЄΝΠΑΡΑΒΟΛΗЄΚΟΜΙCΑΤΟ
ΠΙCΤΙΚΑΙΠЄΡΙΜЄΛΛΟΝΤѠΝ
ЄΥΛΟΓΗCЄΝΙCΑΚΤΟΝΙΑΚѠΒ
ΚΑΙΤΟΝΗCΑΥ
ΠΙCΤΙΙΑΚѠΒΑΠΟΘΝΗCΚѠΝ
ЄΚΑCΤΟΝΤѠΝΥΙѠΝ
ΙѠCΗΦΗΥΛΟΓΗCЄΝ
ΚΑΙΠΡΟCЄΚΥΝΗCЄΝ
ЄΠΙΤΟΑΚΡΟΝΤΗCΡΑΒΔΟΥΑΥΤΟΥ
ΠΙCΤΙΙѠCΗΦΤЄΛЄΥΤѠΝ
ΠЄΡΙΤΗCЄΞΟΔΟΥ
ΤѠΝΥΙѠΝΙ͞Η͞Λ
ЄΜΝΗΜΟΝЄΥCЄΝ
ΚΑΙΠЄΡΙΤѠΝΟCΤЄѠΝΑΥΤΟΥ
ЄΝЄΤЄΙΛΑΤΟ
ΠΙCΤΙΜѠΥCΗCΓЄΝΝΗΘΙCЄΚΡΥΒΗ
ΤΡΙΜΗΝΟΝΥΠΟΤѠΝ

CERTVS AESTIMANS QVOD
A MORTVIS SVSCITARE
POSSIT D͞S
VNDE EVM
ET IN PARABOLAM ACCEPIT
FIDE ET DE FVTVRIS
BENEDICIT ISAC IACOB
ET ESAV
FIDE IACOB MORIENS
SINGVLOS FILIOS
IOSEPH BENEDIXIT
ET ADORABIT
FASTIGIVM VIRGAE EIVS
FIDE IOSEPH MORIENS
DE PROFECTIONE
FILIORVM ISRAHEL
MEMORATVS EST
ET DE OSSIBVS SVIS
MANDAVIT
FIDE MOYSES QVAM NATVS EST OCCVLTATVS EST
MENSIBVS TRIBVS A

ΠΑΤΕΡΩΝΑΥΤΟΥ	PARENTIBVS SVIS
ΔΙΟΤΙΕΙΔΟΝΑϹΤΙΟΝΤΟΠΑΙΔΙΟΝ	EO QVOD VIDISSENT ELIGANTEM INFANTEM
ΚΑΙΟΥΚΕΦΟΒΗΘΗϹΑΝ	ET NON TIMVERVNT
ΤΟΔΙΑΤΑΓΜΑΤΟΥΒΑϹΙΛΕΩϹ	REGIS EDICTVM
ΠΙϹΤΙΜΕΓΑϹΓΕΝΟΜΕΝΟϹΜΩΥϹΗϹ	FIDE MAGNVS FACTVS MOYSES
ΑΝΙΛΕΝΤΟΝΑΙΓΥΠΤΙΟΝ	OCCIDIT AEGYPTIVM
ΚΑΤΑΝΟΩΝΤΗΝΤΑΠΙΝΩϹΙΝ	CONSIDERANS DOLOREM
ΤΩΝΑΔΕΛΦΩΝΑΥΤΟΥ	FRATRVM SVORVM
ΠΙϹΤΙΜΩϹΗϹΜΕΓΑϹΓΕΝΟΜΕΝΟϹ	FIDE MOYSES GRANDIS FACTVS
ΗΡΝΗϹΑΤΟΛΕΓΕϹΘΑΙ	NEGAVIT SE DICI
ΥΙΟϹΘΥΓΑΤΡΟϹΦΑΡΑΩ	FILIVS FILIAE FARAONIS
ΜΑΛΛΟΝΑΙΛΟΜΕΝΟϹ	MALVIT ENIM
ϹΥΝΚΑΚΟΥΧΕΙϹΘΑΙΤΩΛΑΩΤΟΥ$\overline{ΘΥ}$	EXPERIRI ADFECTVM POPVLO $\overline{DI}$
ΗΠΡΟϹΚΑΙΡΟΝΕΧΕΙΝΑΜΑΡΤΙΑϹ	QVAM TEMPORALE HABERE PECCAT$\overline{V}$
ΑΠΟΛΑΥϹΙΝΜΙΖΟΝΑΠΛΟΥΤΟΝ	DELICIAS MAIOREM HONESTATEM
ΗΓΗϹΑΜΕΝΟϹ	AESTIMANS
ΤΩΝΑΙΓΥΠΤΟΥΘΗϹΑΥΡΩΝ	THENSAVRIS AEGYPTVM
ΤΟΝΟΝΙΔΙϹΜΟΝΤΟΥ$\overline{ΧΥ}$	INPROPERIVM $\overline{XPI}$
ΑΠΕΒΛΕΠΕΝΓΑΡ	ASPICIENS ENIM
ΕΙϹΤΗΝΜΙϹΘΑΠΟΔΟϹΙΑΝ	IN REMVNERATIONE
ΠΙϹΤΙΚΑΤΕΛΙΠΕΝΑΙΓΥΠΤΟΝ	FIDE RELINQVIT AEGYPTVM

ΜΗΦΟΒΗΘΙCΤΟΝΘΥΜΟΝΤΟΥΒΑCΙΛЄѠC
ΤΟΝΓΑΡΑΟΡΑΤΟΝ
ѠCΟΡѠΝ . . ЄΚΑΡΤЄΡΗCЄΝ
ΠΙCΤΙΠЄΠΟΙΗΚЄΝΤΟΠΑCΧΑ
ΚΑΙΤΗΝΠΡΟCΧΥCΙΝΤΟΥΑΙΜΑΤΟC
ΙΝΑΜΗΟΟΛЄΘΡЄΥѠΝ
ΤΑΠΡѠΤΟΤΟΚΑΘΙΓΗΑΥΤѠΝ
ΠΙCΤΙΔΙЄΒΗCΑΝ
ΤΗΝЄΡΥΘΡΑΝΘΑΛΑCCΑΝ
ѠCΔΙΑΞΗΡΑCΓΗC
ΗCΠΙΡΑΝΔΑΒΟΝΤЄCΟΙΑΙΓΥΠΤΙΟΙ
ΚΑΤЄΠΟΘΗCΑΝ
ΠΙCΤЄΙΤΑΤΙΧΗΙЄΡΙΧѠЄΠЄCΑΝ
ΚΥΚΛѠΘЄΝΤΑЄΠΙΖ̄·ΗΜЄΡΑC
ΠΙCΤΙΡΑΑΒΗΠΟΡΝΗ
ΟΥCΥΝΑΠѠΛЄΤΟΤΟΙCΑΠΙΘΗCΑCΙΝ
ΔЄΞΑΜЄΝΗΤΟΥCΚΑΤΑCΚΟΠΟΥC
ΜЄΤЄΙΡΗΝΗC
ΚΑΙΤΙΛЄΓѠЄΠΙΛΗΝΨΙΜЄΓΑΡ
ΔΙΗΓΟΥΜЄΝΟΝΟΧΡΟΝΟC
ΠЄΡΙΔЄΓЄΔЄѠΝΚΑΙΒΑΡΑΚ

NON VERITVS ANIMOSITATEM REGIS
HVNC ENIM QVOD NON ASPICIEBAT
TAMQVAM ASPICIENS SVSTINEBAT
FIDE CELEBRAVIT PASCHAN
ET SANGVINIS FVSIONEM
NE QVE SVBASTABAT
PRIMITIVAM TANGERET EORVM
FIDE TRANSIERVNT
PER RVBRVM MARE
TAMQVAM PER ARIDAM TERRAM
QVAM SPERTI AEGYPTII
DEVORATI SVNT
FIDE MVRI IERICHO RVERVERVNT
DIEBVS $\overline{\text{VII}}$ GIRATI
FIDE RAHAB MERETRIX
NON CONPERIBIT INFIDELIBVS
CVM CONTVMACIBVS EXCEPTIS EXPLORATORIBVS
CVM PACE
ET QVID ADHVC DICO DEFECIET EIM ME
INARRANDO TEMPVS
DE GEDEON ET DE BARAC

ΚΑΙϹΑΜΨΩΚΑΙΙΕΦΘΑΕ	SAMPSONI ET EPHTAN
ΔΑΥΕΙΔΤΕΚΑΙϹΑΜΟΥΗΛ	DAVIDQVI ET SAMVEL
ΚΑΙΤΩΝΠΡΟΦΗΤΩΝ	ET PROPHETIS
ΟΙΔΙΑΠΙϹΤΕΩϹ	QVI PER FIDEM
ΚΑΤΗΓΩΝΙϹΑΝΤΟΒΑϹΙΛΕΙΑϹ	DEVICERVNT REGNA
ΗΡΓΑϹΑΝΤΟΔΙΚΑΙΟϹΥΝΗ	OPERATI SVNT AEQVITATEM
ΕΠΕΤΥΧΟΝΕΠΑΓΓΕΛΙΩΝ	POTITI SVNT REPROMISSIONIS
ΕΦΡΑΞΑΝϹΤΟΜΑΛΕΟΝΤΩΝ	OPTVRAVERVNT ORA LAEONVM
ΕϹΒΕϹΑΝΔΥΝΑΜΙΝΠΥΡΟϹ	EXTINXERVNT INPETVM IGNIS
ΕΦΥΓΟΝϹΤΟΜΑΤΑΜΑΧΑΙΡΗϹ	EFFVGERVNT ACIES GLADI
ΕΔΥΝΑΜΩΘΗϹΑΝΑΠΟΑϹΘΕΝΙΑϹ	EVALVERVNT DE INFIRMITATE
ΕΓΕΝΗΘΗϹΑΝΙϹΧΥΡΟΙΕΝΠΟΛΕΜΩ	IN BELLO FORTES FVERVNT
ΠΑΡΕΝΒΟΛΑϹΕΚΛΙΝΑΝ	CASTRAS CEPERVNT
ΑΛΛΟΤΡΙΩΝΕΛΑΒΟΝΓΥΝΑΙΚΑϹ	EXTERORVM ACCEPERVNT MVLIERES
ΕΞΑΝΑϹΤΑϹΕΩϹΤΟΥϹΝΕΚΡΟΥϹΑΥΤΩΝ	DE SVRRECTIONE MORTVORVM SVORV̄
ΑΛΛΟΙΔΕΑΠΕΤΥΝΠΑΝΙϹΘΗϹΑΝ	ET ALII NECATI SVNT
ΟΥΠΡΟϹΔΕΞΑΜΕΝΟΙΤΗΝΑΠΟΛΥΤΡΩϹΙΝ	NON EXPECTANTES DELICIIS
ΙΝΑΚΡΙΤΤΟΝΟϹ	VT MELIOREM HABERENT
ΑΝΑϹΤΑϹΕΩϹΤΥΧΩϹΙΝ	RESVRRECTIONEM
ΕΤΕΡΟΙΔΕΕΝΠΕΓΜΑΤΩΝ	ALII VERO LVDIBRIAE
ΚΑΙΜΑϹΤΙΓΩΝ	ET VERBERA

ΠΕΙΡΑΝΕΛΑΒΟΝ	EXPERTI
ΕΤΙΔΕΔΕϹΜΩΝΚΑΙΦΥΛΑΚΗϹ	INSVPER ET VINCVLA ET CARCERES
ΕΛΙΘΑϹΘΗϹΑΝΕΠΙΡΑϹΘΗϹΑΝ	LAPIDATI ET SECTI SVNT
ΕΠΙΡΑϹΘΗϹΑΝΕΝΦΟΝΩΜΑΧΑΙΡΗϹ	TEMPTAVERVNT MACTATIONE GLADII
ΑΠΕΘΑΝΟΝ	MORTVI SVNT
ΠΕΡΙΗΛΘΟΝΕΝΜΗΛΩΤΑΙϹ	CIRCOIERVNT IN ANTELENIS
ΕΝΑΙΓΙΟΙϹΔΕΡΜΑϹΙΝ	ET CAPRINIS PELLIBVS
ΥϹΤΕΡΟΥΜΕΝΟΙ	EGENTES
ΘΛΙΒΟΜΕΝΟΙΚΑΚΟΥΧΟΥΜΕΝΟΙ	ANGVSTITATIS ET DOLORIS
ΩΝΟΥΚΗΝΑΞΙΟϹΟΚΟϹΜΟϹ	QVORVM NON ERAT DIGNVS ORBIS
ΕΝΕΡΗΜΙΑΙϹΠΛΑΝΩΜΕΝΟΙ	IN SOLITVDINIBVS ERRANTES
ΚΑΙΟΡΕϹΕΙΚΑΙϹΠΗΛΑΙΟΙϹ	IN MONTIBVS ET IN SPELVCIS
ΚΑΙΤΑΙϹΟΠΑΙϹΤΗϹΓΗϹ	IN FOVEIS TERRAE
ΚΑΙΠΑΝΤΕϹΜΑΡΤΥΡΗΘΕΝΤΕϹΟΥΤΟΙ	ET HI OMNES TESTIMONIO
ΔΙΑΤΗϹΠΙϹΤΕΩϹΟΥΚΕΜΙϹΑΝΤΟ	FIDEI PROBATI NON ACCEPERVNT
ΤΗΝΕΠΑΓΓΕΛΙΑΝΤΟΥΘ̅Υ̅	REPROMISSIONEM D̅O̅
ΚΡΙΤΤΟΝΤΙΠΕΡΙΗΜΩΝ	SCILICET PRO NOBIS MELIVS
ΠΡΟΒΛΕΨΑΜΕΝΟΥ	ALIQVID PROVIDENTE
ΙΝΑΜΗΧΩΡΙϹΗΜΩΝΤΕΛΙΩΘΩϹΙΝ	NE SINE NOBIS CONSVMMARENTVR
ΤΟΙΓΑΡΟΥΝΚΑΙΗΜΕΙϹ	IDEOQVE ET NOS
ΤΟϹΟΥΤΟΝΕΧΟΝΤΕϹ	TANTA HABENTES

ΠΕΡΙΚΕΙΜΕΝΟΝΗΜΙΝΝΕΦΟϹ
ΜΑΡΤΥΡΩΝΟΝΚΟΝ
ΑΠΟΘΕΜΕΝΟΙΠΑΝΤΑ
ΚΑΙΤΗΝΕΥΠΕΡΙϹΤΑΤΟΝΑΜΑΡΤΙΑΝ
ΔΙΥΠΟΜΟΝΗϹΤΡΕΧΩΜΕΝ
ΤΟΝΠΡΟΚΙΜΕΝΟΝΗΜΙΝΑΓΩΝΑ
ΑΦΟΡΩΝΤΕϹ
ΕΙϹΤΟΝΤΗϹΠΙϹΤΕΩϹΑΡΧΗΓΟΝ
ΚΑΙΤΕΔΙΩΤΗΝΙ̅Ν̅
ΟϹΑΝΤΙΤΗϹΠΡΟΚΕΙΜΕΝΗϹΑΥΤΩΧΑΡΑϹ
ΥΠΕΜΙΝΕΤΟΝϹΤΑΥΡΟΝΑΙϹΧΥΝΗϹ
ΚΑΤΑΦΡΟΝΗϹΑϹ
ΕΝΔΕΞΙΑΤΕΤΟΥΘΡΟΝΟΥΤΟΥΘ̅Υ̅
ΚΕΚΑΘΙΚΕΝ
ΑΝΑΛΟΓΙϹΑϹΘΑΙΓΑΡ
ΤΟΙΑΥΤΗΝΥΠΟΜΕΜΕΝΗΚΟΤΑ
ΑΠΟΤΩΝΑΜΑΡΤΩΛΩΝ
ΕΙϹΕΑΥΤΟΥϹΑΝΤΙΛΟΓΙΑΝ
ΙΝΑΜΗΚΑΜΗΤΕΤΑΙϹΨΥΧΑΙϹΥΜΩ̅
ΕΚΛΕΛΥΜΕΝΟΙ
ΟΥΠΩΓΑΡΜΕΧΡΙΑΙΜΑΤΟϹ

INPOSITAM INBREM IN NOBIS
TESTIMONIORVM FIRMAMENTVM
DEPOSITIS OMNIA
ET FRAGILEM PECCATVM
PER PATIENTIAM CVRRAMVS
AD PROPOSITVM NOBIS CERTAMEN
ASPICIENTES
FIDEI PRINCIPALEM
ET CONSVMMATOREM I̅H̅M̅
QVI PRO TANTO PROPOSITO SIBI GAVDIO
SVSTINVIT CRVCEM CONFVSIONIS
CONTEMPTA
IN DEXTERA SEDIS D̅I̅
SEDIT
RECOGITATE IGITVR
TALEM VOS PORTASSE
A PECTORIBVS
IN VOBIS ADVERSITATE
NEC FATIGEMINI ANIMIS
DEFICIENTES
NONDVM VSQVE AD SANGVINEM

ΑΝΤΙΚΑΤΕϹΤΗΤΕΠΡΟϹΤΗΝΑΜΑΡΤΙΑΝ
ΑΝΤΑΓΩΝΙΖΟΜΕΝΟΙ
ΚΑΙΕΚΛΕΛΗϹΘΑΙΠΑΡΑΤΗϹΠΑΡΑΚΛΗϹΕΩϹ
ΗΤΙϹΥΜΙΝΩϹΥΙΟΙϹΔΙΑΛΕΓΕΤΑΙ
ΥΙΕΜΗΟΛΙΓΩΡΙΠΑΙΔΙΑϹ$\overline{\text{ΚΥ}}$
ΜΗΔΕΕΚΛΥΟΥΕΛΕΝΧΟΜΕΝΟϹΥΠΑΥΤΟΥ
ΟΝΓΑΡΑΓΑΠΑ$\overline{\text{ΚϹ}}$ΠΑΙΔΕΥΕΙ
ΜΑϹΤΙΓΟΙΔΕΠΑΝΤΑΥΙΟΝ
ΟΝΠΑΡΑΔΕΧΕΤΑΙΕΙϹΠΑΙΔΙΑΝ
ΥΠΟΜΕΙΝΑΤΕ
ΩϹΥΙΟΙϹΥΜΙΝΠΡΟϹΦΕΡΕΤΑΙΟ$\overline{\text{ΘϹ}}$
ΤΙϹΓΑΡΕϹΤΙΝΥΙΟϹΟΝΟΥΠΑΙΔΕΥΕΙΠΑΤΗΡ
ΕΙΔΕΧΩΡΙϹΕϹΤΑΙΠΑΙΔΙΑϹ
ΗϹΜΕΤΟΧΟΙΓΕΓΟΝΑϹΙΝΠΑΝΤΕϹ
ΑΡΑΝΟΘΟΙΚΑΙΟΥΧΥΙΟΙΕϹΤΕ
ΕΙΤΑΤΟΥϹΜΕΝΤΗϹϹΑΡΚΟϹΗΜΩΝ
ΠΑΤΕΡΑϹΕΙΧΟΜΕΝΠΑΙΔΕΥΤΑϹ
ΚΑΙΕΝΕΤΡΕΠΟΜΕΘΑ
ΟΥΠΟΛΥΔΕΜΑΛΛΟΝΥΠΟΤΑΓΗϹΟΜΕΘΑ
ΤΩΠΑΤΡΙΤΩΝ$\overline{\text{ΠΝΑ}}$ΤΩΝ
ΚΑΙΖΗϹΟΜΕΝΟΙΜΕΝΓΑΡ

RESTITVIT ADVERSVS PECCATVM
REPVGNANTES
ET OBLITI ESTIS CONSOLATIONEM
QVAE VOBIS TAMQVAM FILIIS LOQVITVR
FILI NECLEGERE DISCIPLINA $\overline{\text{DMI}}$
NEQVE FATIGERIS CVM AB EO ARGVERIS
QVEM ENIM DILIGIT $\overline{\text{DS}}$ VERBERAT
CASTIGAT AVTEM OMNEM FILIVM
QVEM RECIPIT IN DISCIPLINAM
PERSEVERARE
TAMQVAM FILIIS VOBIS OFFERET $\overline{\text{DS}}$
QVI ENIM EST FILIVS QVEM NON VERBERAT PATER
QVODSI EXTRA DISCIPLINAM
ESTIS CVIVS PARTICIPES FACTI SVNT OMNES
ERGO ADVLTERI ET NON FILI ESTIS
DEINDE QVIDEM CARNIS NOSTRAE
PATRES HABENTES ERVDITORES
ET VEREBAMVR
QVANTO MAGIS OPTEMOPERABIMVS
PATRIS SPIRITVM
ET VIVEMVS ET ILLI QVIDEM

ΠΡΟϹΟΛΙΓΑϹΗΜΕΡΑϹ
ΕΠΑΙΔΕΥΕΝΗΜΑϹ
ΚΑΙΤΑΔΟΚΟΥΝΤΑΑΥΤΟΙϹ
ΟΔΕΕΠΙΤΟϹΥΝΦΕΡΟΝ
ΕΙϹΤΟΜΕΤΑΛΑΒΙΝΤΗϹΑΓΙΟΤΗΤΟϹΑΥΤΟΥ
ΠΑϹΑΠΑΙΔΙΑΠΡΟϹΜΕΝΤΟΠΑΡΟΝ
ΟΥΔΟΚΕΙΧΑΡΑϹΕΙΝΑΙ
ΑΛΛΑΛΥΠΗϹ
ΥϹΤΕΡΟΝΔΕΚΑΡΠΟΝΕΙΡΗΝΙΚΟΝ
ΤΟΙϹΔΙΑΥΤΟΙϹΓΕΓΥΜΝΑϹΜΕΝΟΙϹ
ΑΠΟΔΙΔΩϹΙΝΔΙΚΑΙΟϹΥΝΗϹ
ΔΙΟΤΑϹΠΑΡΙΜΕΝΑϹΧΕΙΡΑϹ
ΚΑΙΤΑΠΑΡΑΛΕΛΥΜΕΝΑΓΟΝΑΤΑ
ΑΝΟΡΘΩϹΑΤΕ
ΚΑΙΤΡΟΧΙΑϹΟΡΘΑϹΠΟΙΗϹΑΤΕ
ΤΟΙϹΠΟϹΙΝΥΜΩΝ
ΙΝΑΜΗΤΟΧΩΛΟΝΕΚΤΡΑΠΗ
ΙΑΘΗΔΕΜΑΛΛΟΝ
ΕΙΡΗΝΗΝΔΙΩΚΕΤΕΜΕΤΑΠΑΝΤΩΝ
ΚΑΙΤΟΝΑΓΙΑϹΜΟΝ
ΟΥΧΩΡΙϹΟΥΔΙϹΟΨΕΤΑΙΤΟΝΚ̅Ν̅

IN TEMPORE PAVCORVM DIERVM
ERVDIEBANT NOS
SECVNDVM VOLVNTATEM SVAM
HIC AVTEM MELIORA
AD RECIPIENDAM SANCTIFICATIONEM EIVS
ET OMNI QVIDEM DISCIPLINAE IN PRAESENTE
VIDETVR NON SE GAVDIIS
SED MAERORE
POSTEA AVTEM FRVCTVM PACISSIMV̄
EXERCITATIS PER EAM
REDDIT IIVSTITIAE
PROPTER QVOD REMISSAS MANVS
ET SOLVTA GENVA
ERIGITE
ET REGRESSVS RECTVS FACITE
PEDIBVS VESTRIS
NE CLAVDICANS ERRET
MAGISQVAE SANETVR
PACEM SEQVIMINI CVM OMNIBVS
ET SANCTIMONIVM
QVO NEMO VIDEBIT D̅M̅

ΕΠΙϹΚΟΠΟΥΝΤΕϹ	PROVIDENTES
ΙΝΑΜΗΤΙϹΥϹΤΕΡΩΝ	NE QVID DESIT
ΑΠΟΤΗϹΧΑΡΙΤΟϹΤΟΥΘ̅Υ̅	GRATIAE D̅I̅
ΜΗΤΙϹΡΙΖΑΠΙΚΡΙΑϹ	NEQVE RADIX AMARITVDINIS
ΑΝΩΦΥΟΥϹΑΕΝΟΧΛΗ	EXVRGENS INPEDIAT
ΚΑΙΔΙΑΤΑΥΤΗϹΜΙΑΝΘΩϹΙΝΠΟΛΛΟΙ	ET PER ILLAM INQVINENTVR MVLTI
ΜΗΤΙϹΠΟΡΝΟϹΗΒΕΒΗΛΟϹ	NE QVIS FORNICATOR AVT POLLVTVS
ΩϹΗϹΑΥΑΝΤΙΒΡΩϹΕΩϹΜΙΑϹ	VT ESAV QVI PROPTER VNAM ESCAM
ΑΠΕΔΟΤΟΤΑΠΡΩΤΟΤΟΚΙΑΑΥΤΟΥ	VENDIDIT PRIMITIVA SVA
ΙϹΤΕΓΑΡΟΤΙΚΑΙΜΕΤΕΠΙΤΑΛΕΓΩΝ	SCITOTE ENIM QVONIAM ET POSTEA CVPIENS
ΚΛΗΡΟΝΟΜΗϹΑΙΤΗΝΕΥΛΟΓΙΑΝ	ACCIPERE BENEDICTIONEM
ΑΠΕΔΟΚΙΜΑϹΘΗ	REPROBATVS EST
ΜΕΤΑΝΟΙΑϹΓΑΡΤΟΠΟΝΟΥΧΕΥΡΕΝ	NON ENIM INVENIT PAENITENTIA LOCV̅
ΚΑΙΠΕΡΜΕΤΑΔΑΚΡΥΩΝΕΚΖΗΤΗϹΑϹΑΥΤΗ̅	ET QVAMQVAM CVM LACRIMIS INQVISISSET EA̅
ΟΥΓΑΡΠΡΟϹΕΛΗΛΥΘΑΤΕ	NON ENIM ACCESSISTIS
ΨΗΛΑΦΩΜΕΝΩΟΡΕΙΚΕΚΑΛΥΜΜΕΝΩ	AD ARDENTEM ET TRACTABILEM
ΠΥΡΙΚΑΙΓΝΟΦΩΚΑΙΖΟΦΩ	IGNEM ET TVRBINEM ET PROCELLAM
ΚΑΙΘΥΕΛΛΗΚΑΙϹΑΛΠΙΓΓΟϹΗΧΩ	ET CANTVM TVBAE
ΚΑΙΦΩΝΗΡΗΜΑΤΩΝ	ET VOCEM VERBORVM
ΗϹΟΙΑΚΟΥϹΑΝΤΕϹΠΑΡΗΤΗϹΑΝΤΟ	QVAM QVI AVDIERVNT EXCVSAVERVNT SE
ΜΗΠΡΟϹΤΕΘΗΝΑΙΑΥΤΟΙϹΛΟΓΟΝ	NE IAM EIS FIERET VERBVM

ΟΥΚΕΦΕΡΟΝΓΑΡ	NON ENIM PORTABANT
ΤΟΔΙΑϹΤΕΛΛΟΜΕΝΟΝΚΑΝΘΗΡΙΟΝ	MONENTEM LICET BESTIA
ΘΙΓΗΤΟΥΟΡΟΥϹΛΙΘΟΒΟΛΗΘΗϹΕΤΑΙ	TETIGERIT MONTEM LAPIDABITVR
ΚΑΙΟΥΦΟΒΕΡΟΝΗΝ	ETIAM SIC TERRIBILE ERAT
ΤΟΦΑΝΤΑΖΟΜΕΝΟΝ	QVOD PAREBAT
ΜΩϹΗϹΕΙΠΕΝΕΚΦΟΒΟϹΕΙΜΙΚΑΙΕΚΤΡΟΜΟϹ	MOSES DIXIT TREMIBVNDVS SVM ET EXTERRITVS
ΑΛΛΑΠΡΟϹΕΛΗΛΥΘΑΤΕϹΕΙΩΝΟΡΕΙ	SED ACCESSISSETIS AD SION MONTEM
ΠΟΛΙΘ̅Υ̅ΖΩΝΤΟϹ	CIVITATEM D̅I̅ VIVENTIS
ΕΠΟΥΡΑΝΙΩΙ̅Η̅Μ̅	CAELESTEM I̅H̅M̅
ΚΑΙΜΥΡΙΩΝΑΓΙΩΝΑΓΓΕΛΩΝ	ET MVLTITVDINEM ANGELORVM
ΠΑΝΗΓΥΡΙΚΑΙΕΚΚΛΗϹΙΑ	FREQVENTEM ET ECCLESIA
ΠΡΩΤΟΤΟΚΩΝΑΠΟΓΕΓΡΑΜΜΕΝΩ̅	PRIMITIVORVM QVI PROFESSI SVNT
ΕΝΟΥΡΑΝΟΙϹ	IN CAELIS
ΚΑΙΚΡΙΤΗΘ̅Ω̅ΠΑΝΤΩΝΚΑΙΠ̅Ν̅Ι̅	ET IVDICEM D̅M̅ OMNIVM ET S̅P̅M̅
ΔΙΚΑΙΩΝΤΕΘΕΜΕΛΙΩΜΕΝΩΝ	IVSTORVM FVNDITORVM
ΚΑΙΔΙΑΘΗΚΗϹΝΕΑϹΜΕϹΙΤΗϹΙ̅Υ̅	ET TESTAMENTI NOVI ET SPONSORE I̅H̅M̅
ΚΑΙΑΙΜΑΤΙΡΑΝΤΙϹΜΟΥ	ET SANGVINIS ASPARSIONIS
ΚΡΙΤΤΟΝΑΛΑΛΟΥΝΤΙ	MELIVS LOQVENTEM
ΠΑΡΑΤΟΝΑΒΕΛ	QVAM ABEL
ΒΛΕΠΕΤΕΜΗΠΑΡΕΤΗϹΗϹΘΑΙ	VIDETE NECLEGATIS
ΤΟΝΛΑΛΟΥΝΤΑΥΜΕΙΝ	LOQVENTEM IN VOBIS

AD HEBRAEOS XII, 20—25.

ΕΙΓΑΡΕΚΕΙΝΟΙΟΥΚΕΦΥΓΑΝΕΠΙΓΗϹ
ΠΑΡΕΤΗϹΑΜΕΝΟΙΤΟΝΧΡΗΜΑΤΙΖΟΝΤΑ
ΠΟΛΥΜΑΛΛΟΝΗΜΕΙϹ
ΟΙΤΟΝΑΠΟΥΡΑΝΩΝΑΠΟϹΤΡΕΦΟΜΕΝΟΙ
ΟΥΗΦΩΝΗΤΗΝΓΗΝΕϹΑΛΕΥϹΕΝΤΟΤΕ
ΝΥΝΔΕΕΠΗΝΓΕΛΤΑΙΛΕΓΩΝ
ΕΤΙΕΓΩΑΠΑΞϹΙΩΛΕΓΕΙ
ΟΥΜΟΝΟΝΤΗΝΓΗΝΑΛΛΑΚΑΙΤΟΝΟΥΡΑΝΟ̄
ΤΟΔΕΕΤΙΑΠΑΞΔΗΛΟΙ
ΤΩΝϹΑΛΕΥΟΜΕΝΩΝΜΕΤΑΘΕϹΙΝ
ΩϹΠΕΠΟΙΗΜΕΝΩΝ
ΙΝΑΜΙΝΗΤΑΜΗϹΑΛΕΥΟΜΕΝΑ
ΔΙΟΒΑϹΙΛΙΑΝΑϹΑΛΕΥΤΟΝ
ΠΑΡΑΛΑΜΒΑΝΟΝΤΕϹΕΧΩΜΕΝΧΑΡῙ
ΔΙΗϹΛΑΤΡΕΥΩΜΕΝΕΥΧΑΡΙϹΤΩϹΤΩΘ̅Ω̅
ΜΕΤΕΥΛΑΒΙΑϹΚΑΙΔΕΟΥϹ
Κ̅Ϲ̅ΓΑΡΟΘ̅Ϲ̅ΗΜΩΝ
ΠΥΡΚΑΤΑΝΑΛΙϹΚΟΝ
ΗΦΙΛΑΔΕΛΦΙΑΜΕΝΕΤΩ
ΤΗϹΦΙΛΟΞΕΝΙΑϹ
ΜΗΕΠΙΛΑΝΘΑΝΕϹΘΑΙ

SI ENIM ILLI NON EFFVGERVNT IN TERRĀ
VENIA POSTVLANTES AB EO PRAESTANTEM DIVITIAS
MVLTO MAGIS NOS
QVI A CAELIS LOQVENTEM NOBIS AVERTIMVR
QVA VOCE MOVIT TERRA TVNC
NVNC AVTEM REPROMISIT DICENS
ADHVC EEGO SEMEL MOVEO INQVIT
NON SOLVM TERRAM SED IAM ET CAELVM
ADHVC AVTEM SEMEL
DECLARAT MOBILIVM TRANSLATIONEM
FACTORVM
VT MANEANT QVAE NON MOVENTVR
REGNO ITAQVAE INMOBILI
SVSCEPTO HABEMVS GRATIAM
PER QVAM SERVIAMVS PLACENTES D̅O̅
CVM METVETV ET VERECVNDIA
D̅M̅S̅ ENIM D̅S̅ NOSTER
IGNIS CONSVMENS
CARITAS FRATERNITATIS MANEAT
ET HOSPITALITATEM
NOLITE OBLIVISCI

ΔΙΑΤΑΥΤΗϹΓΑΡΕΛΑΘΟΝΤΙΝΕϹ
ΞΕΝΙϹΑΝΤΕϹΑΓΓΕΛΟΥϹΜΙΜΝΗϹΚΕϹΘΕ
ΤωΝΔΕΔΕΜΕΝωΝ
ωϹϹΥΝΔΕΔΕΜΕΝΟΙΤωΝΚΑΚΟΥΧΟΥΜΕΝω̄
ωϹΚΑΙΑΥΤΟΙΟΝΤΕϹΕΝϹωΜΑΤΙ
ΤΕΙΜΙΟϹΟΓΑΜΟϹΕΝΠΑϹΙΝ
ΚΑΙΗΚΟΙΤΗΑΜΙΑΝΤΟϹ
ΠΟΡΝΟΥϹΓΑΡΚΑΙΜΟΙΧΟΥϹΚΡΙΝΙΟΘ̄Ϲ̄
ΑΦΙΛΑΡΓΥΡΟϹΟΤΡΟΠΟϹ.
ΑΡΚΟΥΜΕΝΟΙΤΟΙϹΠΑΡΟΥϹΙΝ
ΑΥΤΟϹΓΑΡΕΙΡΗΚΕΝ
ΟΥΜΗϹΕΑΝω
ΟΥΔΟΥΜΗϹΕΕΝΚΑΤΑΛΙΠω
ωϹΤΕΘΑΡΡΟΥΝΤΑϹΛΕΓΙΝΗΜΑϹ
Κ̄Ϲ̄ΕΜΟΙΒΟΗΘΟϹ
ΚΑΙΟΥΦΟΒΗΘΗϹΟΜΑΙ
ΤΙΠΟΙΗϹΕΙΜΟΙΟᾹΝ̄Ο̄Ϲ̄
ΜΝΗΜΟΝΕΥΕΤΕΤωΝΠΡΟΗΓΟΥΜΕΝω̄
ΟΙΤΙΝΕϹΕΛΑΛΗϹΑΝΥΜΙΝΤΟΝΛΟΓΟΝΤΟΥΘ̄Ῡ
ωΝΑΝΑΘΕωΡΟΥΝΤΕϹ
ΤΗΝΕΚΒΑϹΙΝΤΗϹΑΝΑϹΤΡΟΦΗϹ

PER HANC ENIM DIDICERVNT ALIQVI
ANGELIS HOSPITIO RECEPTIS MEMENTOTE
VINCTORVM
TAMQVAM SIMVL VINCTI ET LABORANTIV̄
TAMQVAM ET IPSI IN CORPORE MORANTES
VENERABILEM CONVIVIVM IN OMNIBVS
ET TORVS INMACVLATVS
FORNICATORES ENIM ADVLTEROS IVDICAT D̄S̄
SINT MORES SINE AVARITIA
CONTENTI QVAE IN PRAESENTI HABETIS
IPSE ENIM DIXIT
NON TE DESERAM
NEQVE RELINQVAM
ITA AVDIENTE DICITE
D̄S̄ MIHI AVXILIO EST
NON TIMEBO
QVID FACIAT MIHI HOMO
MEMENTOTE PRAEPOSITORVM VESTRORV̄
QVI VOBIS LOCVTI SVNT VERBVM D̄Ī
QVORVM ASPICIENTES
EXITVM CONVERSATIONIS

ΜΕΙΜΙϹΘΑΙΤΗΝΠΙϹΤΙΝΙϹΧϹ	EMITAMINI FIDEM IHS XPI
ΕΧΘΕϹΚΑΙϹΗΜΕΡΟΝΟΑΥΤΟϹ	HERI ET HODIE IPSE EST
ΚΑΙΕΙϹΤΟΥϹΑΙΩΝΑϹΑΜΗΝ	ET IN SAECVLA AMEN
ΔΙΔΑΧΑΙϹΠΟΙΚΙΛΑΙϹΚΑΙΞΕΝΑΙϹ	DOCTRINIS VARIIS ET NOBIS
ΜΗΠΑΡΑΦΕΡΕϹΘΑΙ	NOLITE ADDVCI
ΚΑΛΟΝΓΑΡΧΑΡΙΤΙΒΕΒΑΙΟΥϹΘΑΙ	OPTIMVM ENIM EST GRATIA CONFIRMARI
ΤΗΝΚΑΡΔΙΑΝΟΥΒΡΩΜΑϹΙΝ	CORDA EQVAM ESCA
ΕΝΟΙϹΟΥΚΩΦΕΛΗΘΗϹΑΝ	QVAE NON PROFVIT
ΟΙΠΕΡΙΠΑΤΟΥΝΤΕϹ	AMBVLANTIBVS
ΕΧΟΜΕΝΘΥϹΙΑϹΤΗΡΙΟΝ	HABEMVS HOSTIA
ΕΞΟΥΦΑΓΙΝΟΥΚΕΧΟΥϹΙΝ	DE QVO HERERE NON HABENT
ΟΙΤΗϹΚΗΝΗΛΑΤΡΕΥΟΝΤΕϹ	QVI TABERNACVLO SERVIVNT
ΩΝΓΑΡΕΙϹΦΕΡΕΤΕΖΩΟΝ	QVORVM ENIM ALIVM INFERETVR
ΤΟΑΙΜΑΠΕΡΙΑΜΑΡΤΙΑϹΕΙϹΤΑΑΓΙΑ	SANGVIS PRO PECCATO IN SANCTIS
ΔΙΑΤΟΥΑΡΧΙΕΡΕΩϹ	PER SACERDOTEM
ΤΟΥΤΩΝΤΑϹΩΜΑΤΑ	EORVM CORPORA
ΚΑΤΑΝΑΛΙϹΚΟΝΤΑΙ	CREMANTVR
ΕΞΩΤΗϹΠΑΡΕΝΒΟΛΗϹ	EXTRA CASTRA
ΔΙΟΚΑΙΙϹΙΝΑΑΓΙΑϹΗ	PROPTER QVOD ET IHS VT SANCTIFICARET
ΔΙΑΤΟΥΙΔΙΟΥΑΙΜΑΤΟϹΤΟΝΛΑΟΝ	PER SVVM SANGVINEM POPVLVM
ΕΞΩΤΗϹΠΥΛΗϹΕΠΑΘΕΝ	EXTRA PORTA PASSVS EST

ΤΟΙΝΥΝΕΞΕΡΧΟΜΕΘΑΠΡΟCΑΥΤΟΝ	EXEAMVS ITAQVE AD EVM
ΕΞΩΤΗCΠΑΡΕΜΒΟΛΗC	EXTRA CASTRA
ΤΟΝΟΝΙΔΙCΜΟΝΑΥΤΟΥΦΕΡΟΝΤΕC	INPROPERIVM EIVS PORTANTES
ΟΥΓΑΡΕΧΟΜΕΝΩΔΕΜΕ	NON ENIM HABEMVS HIC
ΜΕΝΟΥCΑΝΠΟΛΙΝ	MANENTEM CIVITATEM
ΑΛΛΑΤΗΝΜΕΛΛΟΥCΑΝΕΠΙΖΗΤΟΥΜΕ̅	SED FVTVRAM INQVIRIMVS
ΔΙΑΥΤΟΥΑΝΑΦΕΡΩΜΕΝ	VT PER IPSVM OFFERAMVS
ΘΥCΙΑΝΑΙΝΕCΕΩC	HOSTIAS LAVDES
ΔΙΑΠΑΝΤΟCΤΩΘ̅Ω̅	SEMPER D̅O̅
ΤΟΥΤΕCΤΙΝΚΑΡΠΟΝΧΕΙΛΕΩΝ	ID EST FRVCTVM LABIORVM
ΟΜΟΛΟΓΟΥΝΤΩΝΤΩΟΝΟΜΑΤΙΑΥΤΟΥ	CONFITENTIVM NOMINI EIVS
ΤΗCΔΕΥΠΟΙΙΑC	BENIVOLENTIAE AVTEM
ΚΑΙΤΗCΚΟΙΝΩΝΙΑC	ET COMMVNIONIS
ΜΗΕΠΙΛΑΝΘΑΝΕCΘΑΙ	NOLITE OBLIVISCI
ΤΟΙΑΥΤΑΙCΓΑΡΘΥCΙΑΙC	TALIBVS ENIM HOSTIIS
ΕΥΑΡΕCΤΕΙΤΕΟΘ̅C̅	PROMERETVR D̅S̅
ΙΕΙΘΕCΘΑΙΤΟΙCΗΓΟΥΜΕΝΟΙCΥΜΩ̅	OBOEDIITE PRAEPOSITIS VESTRIS
ΚΑΙΥΠΕΙΚΕΤΕ	ET SVBIACETE
ΑΥΤΟΙΓΑΡΑΓΡΥΠΝΟΥCΙΝ	QVONIAM IPSI VIGILANT
ΥΠΕΡΤΩΝΨΥΧΩΝΥΜΩΝ	PRO ANIMIS VESTRIS
ΩCΛΟΓΟΝΑΠΟΔΩCΟΝΤΑΙΠΕΡΙΥΜΩ̅	QVASI RATIONEM REDDITVRI PRO VOBIS

ΙΝΑΜЄΤΑΧΑΡΑCΤΟΥΤΟΠΟΙΩCΙΝ
ΚΑΙΜΗCΤЄΝΑΖΟΝΤЄC
ΑΛΥCΙΤЄΛЄCΓΑΡΥΜΙΝΤΟΥΤΟ
ΠΡΟCЄΥΧЄCΘΑΙΚΑΙΠЄΡΙΗΜΩΝ
ΠΙΘΟΜЄΘΑΓΑΡΟΤΙ
ΚΑΛΗΝCΥΝΙΔΗCΙΝЄΧΟΜЄΝ
ЄΝΠΑCΙΝΚΑΛΩCΘЄΛΟΝΤЄC
ΑΝΑCΤΡЄΦЄCΘΑΙ
ΠЄΡΙCCΟΤЄΡΩCΔЄΠΑΡΑΚΑΛΩ
ΤΟΥΤΟΠΟΙΗCΑΙ
ΙΝΑΤΑΧΙΟΝΑΠΟΚΑΤΑCΤΑΘΩΥΜΙΝ
ΟΔЄΘ̅C̅ΤΗCЄΙΡΗΝΗC
ΟΑΝΑΓΑΓΩΝЄΚΝЄΚΡΩΝ
ΤΟΝΠΟΙΜΗΝΑΤΩΝΠΡΟΒΑΤΩΝ
ΤΟΝΜЄΓΑΝЄΝΑΙΜΑΤΙ
ΔΙΑΘΗΚΗCΑΙΩΝΙΟΥ
ΤΟΝΚ̅Ν̅ΗΜΩΝΙ̅Ν̅Χ̅Ν̅
ΚΑΤΑΡΤΙCΑΙΗΜΑCЄΝΠΑΝΤΙΑΓΑΘΩ
ЄΙCΤΟΠΟΙΗCΑΙΗΜΑC
ΤΟΘЄΛΗΜΑΑΥΤΟΥ
ΠΟΙΩΝЄΝΗΜΙΝΤΟЄΥΑΡЄCΤΟΝ

VT CVM GAVDIO HOC FACIANT
ET NON GEMENTES
HOC ENIM PRODE FIT VOBIS
ET ORATE PRO NOBIS
SVADEMVS ENIM
BONAM CONSCIENTIAM HABENTES
IN OMNIBVS BENE VOLENTES
CONVERSARI
AMPLIVS AVTEM HOC PETO
FACIATIS
QVOD CELERIVS RESTITVAR VOBIS
NAM D̅S̅ AVTEM PACIS
QVI SVSCITAT EX MORTVIS
PASTOREM OVIVM
MAGNVM IN SANGVINEM
TESTAMENTI AETERNI
D̅M̅ NOSTRVM I̅H̅M̅ X̅P̅M̅
APTET VOS IN OMNI BONO
VT FACIATIS VOLVNTATEM EIVS
IPSO FACIENTE
IN VOBIS QVOD PLACEAT

ΕΝΩΠΙΟΝΑΥΤΟΥΔΙΑΙ̅Υ̅Χ̅Υ̅
ΩΗΔΟΞΑΕΙϹΤΟΥϹΑΙΩΝΑϹΑΜΗΝ
ΠΑΡΑΚΑΛΩΔΕΥΜΑϹΑΔΕΛΦΟΙ
ΑΝΕΧΕϹΘΑΙΤΟΥΛΟΓΟΥ
ΤΗϹΠΑΡΑΚΛΗϹΕΩϹ
ΚΑΙΓΑΡΔΙΑΒΡΑΧΕΩΝ
ΑΠΕϹΤΙΛΑΥΜΙΝ
ΓΙΝΩϹΚΕΤΕΤΟΝΑΔΕΛΦΟΝΗΜΩΝ
ΤΙΜΟΘΕΟΝ
ΑΠΟΛΕΛΥΜΕΝΟΝ
ΜΕΘΟΥΕΑΝΤΑΧΙΟΝΕΡΧΗΤΕ
ΟΨΟΜΑΙΥΜΑϹ
ΑϹΠΑϹΑϹΘΑΙΠΑΝΤΑϹ
ΤΟΥϹΗΓΟΥΜΕΝΟΥϹΥΜΩΝ
ΚΑΙΠΑΝΤΑϹΤΟΥϹΑΓΙΟΥϹ
ΑϹΠΑΖΟΝΤΑΙΥΜΑϹ
ΟΙΑΠΟΤΗϹΙΤΑΛΙΑϹ
ΗΧΑΡΙϹΜΕΤΑΠΑΝΤΩΝ
ΤΩΝΑΓΙΩΝ
ΑΜΗΝ
> > > > > > > > > > > >

APPENDIX

IN QVA DE VARIIS EMENDATIONIBVS QVAS VTERQVE TEXTVS SVBIIT, ITEM PASSIM DE PRIMAE MANVS SCRIPTVRA EXPLICATVR.

Pag.	Vers.	
1.	16.	OBAVDIENDVM : d*** OBOEDIENDVM.
-	21.	IN CARITATE DEI : d*** ante IN apposuit ⁒ i. e. signum lectionis ab ipso in margine exhibitae. Sed margo abscissa est. Videtur DILECTIS DEI adscriptum fuisse.
-	2.	YMЄIN : Є erasum est.
-	7.	ΠЄΡΙ : D*** ΥΠЄΡ.
-	8.	ΚⲀΤⲀΓΓЄΛΛЄΤЄ : D*** ΚⲀΤⲀΓΓЄΛΛЄΤⲀΙ.
-	10.	ΜⲀΡΤΥΡ : correctum est ΜⲀΡΤΥϹ. Item P in ΓⲀΡ super rasuram instauratum est. Utraque emendatio atramento subnigro facta est formaque parum eleganti. Neutrum in correctorem D*** quadrat, manumque eo posteriorem (D***b) prodit; quamquam vix credibile est D*** ΜⲀΡΤΥΡ intactum reliquisse. Praeterea P in ΓⲀΡ (pro P in ΜⲀΡΤΥΡ) videtur corrector per errorem attigisse eoque intellecto in integrum restituisse.
-	-	MOI : D*** MOY.
-	13.	ⲀΔΙⲀΛΙΠΤⲰϹ : D*** ⲀΔΙⲀΛЄΙΠΤⲰϹ.
-	14.	ΜΝΙⲀΝ : D*** ΜΝЄΙⲀΝ.
3.	2. 6.	YMЄIN : Є utroque loco erasum est.
-	-	IN VOBIS : d*** addidit PER EAM.
-	9.	ΟΥΚ ΟΙΟΜЄ. Locus est vexatissimus. D** non tetigisse videtur. D*** in margine apposuit ΘЄΛⲰ, erasis litteris ΚΟΙΟΜЄ, ut esset ΟΥ ΘЄΛⲰ. Secutus est D***b qui erasa subnigro atramento restituit sic : ΚΟΙϹΜЄ. Quae inepta scriptio etiam in codicem Sangermanensem nunc Petropolitanum transiit, quemadmodum Ed. de Muralt facsimili expressit in Catalogo codicum bibl. imp. publ. graecorum. Petropoli 1840. Porro D$^{**}_{**}$, qui atramento utebatur e fusco candicante, rursus notavit in margine ΟΥ ΘЄΛⲰ. Denique novissimus corrector (Dnov) litteris ϹΜЄ deletis superscripsit ΜⲀΙ, ut esset ΟΥΚ ΟΙΜⲀΙ.
3.	14.	ΤΙ : D*** ΤΙΝⲀ.
-	15.	YMЄIN : Є erasum est.
-	20.	PROMPTVS SVM : his d*** adpinxit EST. Hinc voluisse videtur PROMPTVM EST.
-	21.	ЄΝ YMЄIN : et ЄΝ et Є erasa sunt. Item ex ЄΥⲀΓΓЄΛΙϹⲀϹΘЄ D*** fecit ЄΥⲀΓΓЄΛΙϹⲀϹΘⲀΙ. Similiter in latinis pro IN VOBIS IN ROMA d*** scripsit VOBIS ROMANIS.
4.	1.	ЄΠЄϹΧΥΝΟΜⲀΙ : D** et D*** ЄΠⲀΙϹΧΥΝΟΜⲀΙ.
-	2.	ΤΟ ЄΥⲀΓΓЄΛΙΟΝ : D*** addidit ΤΟΥ $\overline{ΧΥ}$; eadem vero D$^{**}_{**}$ punctis substratis (quae primo obtutu videntur ad ЄϹΤΙΝ pertinere) rursus improbavit.
-	5.	ATQVE : d*** ET.
-	13.	IN OMNEM : d*** SVPER OMNEM.
-	14.	ΤⲰΝ : improbavit D**b; hinc neque D*** accentum addidit.
-	16.	INIVSTITIAM : prior corrector erasit M, ut esset INIVSTITIA; alter M restituit et praeposuit IN, ut esset IN INIVSTITIAM. Quae correctio atramento fusco manuque eleganti facta est.
-	17.	ΟΤΙ : D*** ΔΙΟΤΙ; D$^{**}_{**}$ rursus ΟΤΙ.
-	19.	Ο $\overline{ΘϹ}$ ΓⲀΡ. D*** sic : Ο ⁒ $\overline{ΘϹ}$ ⁒⁒ ΓⲀΡ; voluit igitur Ο ΓⲀΡ $\overline{ΘϹ}$.
5.	1.	ΝΟΟΥΜЄΝ : D** et D*** ΝΟΟΥΜЄΝⲀ.
-	3.	ΔΥΝⲀΜЄΙϹ : Є erasum est.
		ET SEMPITERNA : d*** SEMPITERNA QVOQVE.
-	5.	IPSI : d*** improbavit punctis superpositis.
-	7.	QVI : d*** QVIA.
-	8.	MAGNIFICAVERVNT : d*** GLORIFICAVERVNT.
-	9.	ΗΥΧⲀΡΙϹΘΗϹⲀΝ : D*** ΗΥΧⲀΡΙϹΤΗϹⲀΝ. Eodem modo iam D**b (ut videtur) locum emendavit.
-	10.	ЄΜⲀΤЄⲰΘΗϹⲀΝ : D** et D*** ЄΜⲀΤⲀΙⲰΘΗϹⲀΝ.
-	13.	ΚⲀΡΔΙⲀ ⲀΥΤⲰΝ : D*** ⁒ ΚⲀΡΔΙⲀ ⁒⁒ ⲀΥΤⲰΝ; voluit igitur ⲀΥΤⲰΝ ΚⲀΡΔΙⲀ.

Pag. Vers.

5. 21. SERPENTVM : lege SERPENTIVM; sic enim in codice est.

6. 7. - Folium quod efficit sextae paginae columnam latinam, septimae graecam, membrana paullo crassiore atramentoque fusco, suppletum est manu quadam antiquissima. Quam praecessisse correctoribus D*** et D**, inde clarum fit quod utriusque non dubia vestigia adsunt. D*** quidem ex more suo ubique accentus posuit.

6. 5. ΑΤЄΙΜΑΖЄCΘΑΙ : Є prius erasum est.

- 6. ΑΥΤΟΙC : D*** ЄΑΥΤΟΙC.

- 8. ΑΛΗΘΙΑΝ : D** et D*** ΑΛΗΘЄΙΑΝ.

- 15. ΑΤΙΜЄΙΑC : Є erasum est.

PASSIONIS : d*** PASSIONES.

- 16. ΘΗΛΙΑΙ : D** et D*** ΘΗΛЄΙΑΙ.

- 17. 18. ΚΤΙCΙΝ et ΧΡΗCΙΝ : D*** ex priore fecit ΧΡΗCΙΝ, deleto posteriore.

19. ΔЄ : correctum est ΤЄ a D**c i. e. manu quadam inter D** et D***, sed diversa a D**b. Quae emendatio etiam correctori D*** probata est quoniam ΤЄ non instruxit accentu, quem sine dubio positurus fuisset si ΔЄ habuisset aut voluisset.

ΑΡCЄΝЄC : D*** ΑΡΡЄΝЄC. In subsequentibus vero, ΑΡCЄΝЄC ЄΝ ΑΡCЄCΙΝ, nil mutatum est.

7. 1. ΟΡЄΞΙ : D** et D*** ΟΡЄΞЄΙ.

- - DESIDERIO SVO : D*** DESIDERIIS SVIS.

- 5. ΑΝΤΙΜΙCΘЄΙΑΝ : Є erasum est.

- 6. ЄΔΙ : D** et D*** ЄΔЄΙ.

- 11. ΑΔΟΚЄΙΜΟΝ : Є erasum est.

- 13. ΑΔΙΚЄΙΑ : Є erasum est.

- 14. ΚΑΚЄΙΑ : Є erasum est. ΠΛЄΟΝЄΞЄΙΑ (Є tertium erasum est) : D*** in margine notavit ΠΟΝΗΡΙΑ, et ita quidem ut ante ΠΛЄΟΝЄΞΙΑ videatur voluisse addi. Ad eundem in latinis versum (MALITIA FORNICATIONE AVARITIA) aliquid in margine adscriptum erat, sed rursus erasum est. Tamen id non videtur fuisse NEQVITIA, quod in vulgato textu additur. Videbar mihi CVPIDITATE vel simile quid assequi.

- 16. HOMICIDIIS : d*** HOMICIDIO.

- 18. ΚΑΚΟΛΑΛΟΥC : hoc Wetstenius notat a prima manu legi; at nulla adest correctio.

- 19. ΘЄΟCΤΥΓΙC : D** et D*** ΘЄΟCΤΥΓЄΙC.

8. 3. Post ΑCΤΟΡΓΟΥC D*** addidit ΑCΠΟΝΔΟΥC. Eandem vocem idem corrector per errorem post ΑCΥΝЄΤΟΥC (versu 2.) addiderat; errore intellecto delevit et ad versum sequentem transtulit.

8. 5. COGNOVERVNT : d*** COGNOVISSENT.

- 6. ΟΥΚ ЄΝΟΗCΑΝ. Sic nunc in codice est: ʽΟΥΚЄΝΟΗCΑΝʼ, nullo accentu aut spiritu addito. Improbavit igitur D***, itemque ut videtur iam D**.

- 7. ЄΙCЄΙΝ : Є secundum erasum est.

- 8. ΓΑΡ : leviter erasum est neque donatum accentu. Ut D*** improbavit, ita iam improbatum videtur correctori D**.

- 9. 10. ILLA FACIVNT SED ETIAM : d*** QVI FACIVNT EA SED ET QVI.

- 11. PROPTEREA : d*** PROPTER QVOD.

- 12. 15. ΚΡЄΙΝΩΝ : Є utroque loco erasum est.

OMNES : d*** OMNIS.

- 14. ΚΑΤΑΚΡЄΙΝЄΙC : Є prius erasum est.

- 16. ΚΡЄΙΜΑ : Є erasum est.

- 17. ΚΑΤ : D*** ΚΑΤΑ. Idem iam correxerat D**b.

- 18. ЄΠЄΙ : Є secundum erasum est.

- 20. O HOMO : d*** ,Ó, HOMO. Quae signa potius ad distinguendam exclamationem quam delendam videntur posita esse.

- 21. ΚΡЄΙΝΩΝ : Є erasum est.

9. 2. FACIES : E deletum est. Quod quum rursus aliquis superscripsisset, rursus erasum est.

- 10. AVTEM DVRITIAM : d*** DVRITIAM AVTEM.

- 11. SINE PAENITENTIAM COR : d*** COR INPAENITENS.

- 13. IN DIE : d*** IN DIEM.

- 14. ΚΑΙ ΑΠΟΚΑΛΥΨЄΩC : D*** addidit ΚΑΙ, quod Dnov rursus delevit.

- 20. ΤЄΙΜΗΝ : Є erasum est.

- 21. ΑΦΘΑΡCЄΙΑΝ : Є erasum est.

INCORRVPTIONEM : d** praeposuit ET.

10. 2. ЄΡΙΘΙΑC : D*** ЄΡЄΙΘΙΑC. Sic.

- 3. ΑΠΙΘΟΥCΙΝ : D*** addidit ΜЄΝ.

DIFFIDVNT : d*** NON ADQVIESCVNT.

- 4. ΑΔΙΚЄΙΑ : Є erasum est.

- 5. ΟΡΓΗ ΚΑΙ ΘΥΜΟC : D*** ΘΥΜΟC ΚΑΙ ΟΡΓΗ.

- 6. ΘΛΙΨЄΙC : Є erasum est.

- 9. 10. IVDAEO PRIMVM ET GRAECO : d*** IVDAEI PRIMVM ET GRAECI.

- 11. ΤЄΙΜΗ : Є erasum est.

Pag. Vers.

10. 11. GLORIAM -- HONOREM : d*** GLORIA -- HONOR, nisi quod GLORIA iam a d** restitutum est.

\- 16. ΠΡΟCΩΠΟΛΗΜΨΙΑ : M delevit D***.

\- 17. $\overline{ΘΩ}$: D*** ΤΩ $\overline{ΘΩ}$.

\- 19. PERIBVNT : d*** ET PERIBVNT.

\- 20. IN LEGE : d*** IN LEGEM.

\- 21. PER LEGE : d*** PER LEGEM.

11. 1. ΜΟΥ. Iam ante D*** bis correctum est ΝΟΜΟΥ. D*** addidit accentum.

\- 2. $\overline{ΘΩ}$: D*** ΤΩ $\overline{ΘΩ}$.

\- 3. ΝΟΜΟΥ : D*** ΤΟΥ ΝΟΜΟΥ.

\- 7. ΠΟΙΟΥCΙΝ : D*** ΠΟΙΗ. QVAE : d*** EA QVAE.

\- 13. REDDENTIS : d*** REDDENTE.

\- 14. ILLORVM : d*** IPSORVM.

\- 15. INVICEM : d*** INTER SE INVICEM.

\- 18. AVT ETIAM : d*** VEL ETIAM.

\- 19. ΚΡΙΝΕΙ : D*** ultimam circumflexit.

\- 21. EVANGELIVM : d** addidit MEVM.

12. 2. ΕΙΔΕ : D*** ΙΔΕ.

\- 4. ΝΟΜΩ : D*** ΤΩ ΝΟΜΩ.

\- 5. ΚΑΥΧΑCΕ : D** et D*** ΚΑΥΧΑCΑΙ.

\- 6. ΓΕΙΝΩCΚΕΙC : Ε erasum est.

\- 19. ΚΛΕΠΕΙC : D** et D*** ΚΛΕΠΤΕΙC.

13. 5. ΑΤΕΙΜΑΖΕΙC : Ε prius erasum est.

\- 6. NOMEN ENIM : ita manu antiquissima nescio qua correctum est pro NOMENIM.

\- 11. ΦΥΛΑCCΗC : D*** ΠΡΑCCΗC.

\- 19. ΚΡΙΝΕΙ : D*** ultimam circumflexit.

ΑΚΡΟΒΥCΤΕΙΑ : Ε erasum est.

\- 21. ΓΡΑΜΑΤΟC : D** et D*** ΓΡΑΜΜΑΤΟC.

14. 1. CIRCVMCISIONE : d*** CIRCVMCISIONEM. ES LEGIS : d*** LEGIS ES. Praeterea iam ante d*** scriptura codicis mutata est manu ea quam d** dicere consuevimus. Ea manu ex PRAEVARICATOR ES factum est PRAEVARICATOREM : quod intactis iis quae praecedunt aptum non est et inde ortum videtur quod corrector negligenter PRAEVARICATORES pro PRAEVARICATOR ES legisset.

\- 4. MANIFESTA : d*** IN MANIFESTO.

\- 6. ΑΛΛΑ : D*** ΑΛΛ. ABSCONSO : d*** ABSCONDITO.

\- 9. ΕΠΑΙ : Pluries correctum est ΕΠΑΙΝΟC.

\- 10. ΤΟΥ : D**b delevit, sed D*** restituit. ΕCΤΙΝ : D*** improbavit.

\- 13. ΩΦΕΛΙΑ : D*** ΩΦΕΛΕΙΑ.

Pag. Vers.

14. 15. ΜΕΝ : D*** addidit ΓΑΡ. ILLI : d** ILLIS.

\- 20. ΓΕΙΝΕCΘΩ : Ε prius erasum est.

15. 5. ΝΕΙΚΗCΕΙC : Ε prius erasum.

ΚΡΕΙΝΕCΘΕ : D** et D*** ΚΡΙΝΕCΘΑΙ.

\- 6. 7. DEI IVSTITIAM : d*** IVSTITIAM DEI.

\- 12. ΕΠΙ ΠΩ : D*** ΕΠΕΙ ΠΩC. Praeterea D*** ΚΡΊΝΕΙ.

\- 18. ΚΡΕΙΝΟΜΑΙ : Ε erasum est.

\- 20. DICVNT : d*** AIVNT.

16. 1. ΚΑΚΑ : D**b ΤΑ ΚΑΚΑ.

\- 4. ΠΡΟΚΑΤΕΧΟΜΕΝ ΠΕΡΙCCΟΝ : D*** ΠΡΟΚΑΤΕΧΟΜΕΘΑ (videtur ΚΑΤ per incuriam non attigisse) ΟΥ ΠΑΝΤΩC. ERGO TENEMVS AMPLIVS : d*** IGITVR PRAECELLIMVS EOS, NEQVAQVAM.

\- 5. ΗΤΙΑCΑΜΕΘΑ : D*** ΠΡΟΗΤΙΑCΑΜΕΘΑ ΓΑΡ.

\- 9. ΟΥΔΕΙC. Prima manus quum scripsisset ΟΥΕΙC, superposito Δ se ipsa correxit. D*** ΟΥΔΕ ΕΙC.

\- 10. CΥΝΕΙΩΝ : Ε erasum est. Praeterea D*** ultimam accentu notavit.

\- 13. ΗΧΡΕΩΘΗCΑΝ : D*** ΗΧΡΕΙΩΘΗCΑΝ.

17. 1. ΓΕΜΗ : D** et D*** ΓΕΜΕΙ.

\- 12. ΛΕΓΕΙ : D*** ΛΑΛΕΙ.

\- 18. CORAM ILLO : d*** CORAM IPSO.

\- 21. ΝΥΝΕΙ . Ε erasum est.

18. 2. ΜΑΡΤΥΡΟΜΕΝΗ : D***c ΜΑΡΤΥΡΟΥΜΕΝΗ.

\- 2. 3. A LEGE ET PROPHETIS : d*** PER LEGEM ET PROPHETAS.

\- 8. EST ENIM : d*** ENIM EST.

\- 13. IPSIVS GRATIAM : d*** GRATIAM IPSIVS.

\- 16. ΕΙΛΑCΤΗΡΙΟΝ : Ε erasum est.

PROPITIATOREM : d*** PROPITIATIONEM.

\- 17. ΔΙΑ ΠΙCΤΕΩC : D*** ΔΙΑ ΤΗC ΠΙCΤΕΩC. FIDE : d*** PER FIDEM.

\- 18. IN OSTENSIONEM : d*** AD OSTENSIONEM.

\- 19. PROPOSITVM : d*** REMISSIONEM.

19. 1. ΤΗΝ : D*** improbavit.

\- 4. IVSTVS : d*** IPSE IVSTVS.

\- 5. ΔΙΚΑΙΟΥΝ : D**c et D*** ΔΙΚΑΙΟΥΝΤΑ.

$\overline{ΧΡΙ}$ $\overline{ΙΗΥ}$: d*** delevit $\overline{ΧΡΙ}$.

\- 6. ΕΞΕΚΛΙCΘΗ : D*** ΕΞΕΚΛΕΙCΘΗ.

IVSTIFICATIO : d*** GLORIACIO.

\- 8. ΟΥΚ ΑΛΛΑ : D**b et D*** ΟΥΧΙ ΑΛΛΑ ΔΙΑ.

\- 9. ΛΟΓΙΖΟΜΕΘΑ ΓΑΡ : D*** ΛΟΓΙΖΩΜΕΘΑ ΟΥΝ.

\- 10. PER FIDEM HOMINVM : d** PER FIDEM HOMINEM; d*** HOMINEM PER FIDEM.

Pag. Vers.

19. 12. AD : d*** AN.

\- 15. ЄΠЄΙΠЄΡ : D^{**b} ЄΙΠЄΡ, D*** rursus ЄΠЄΙΠЄΡ.
ΘC̄ : D^{**b} et D*** Ο ΘC̄.

\- 16. IVSTIFICAVIT : d*** IVSTIFICAT.

20. 1. ΠЄΡΙCΤⲀΝΟΜЄΝ : D^{**b} ΙCΤⲀΝΟΜЄΝ, D*** ΙCΤѠΜЄΝ. Etenim D^{**b} nil fecit nisi quod punctis superpositis ΠЄΡ delevit.

\- 7. Θ̄Ν : D*** ΤΟΝ Θ̄Ν.

\- 9. ЄΠΙCΤЄΥCЄΝ : D*** addidit ΔЄ.

\- 10. DEPVTATVM : d*** REPVTATVM.

\- 15. ΚⲀΤⲀ : Ⲁ secundum erasum erat, sed rursus restituit D***. Videtur ipse D*** per errorem erasisse : id quod ad similes locos iudicandum est ubi lectio inter αλλ et αλλα fluctuat; hos enim fere omnes non attigit nisi D***.
ΟΦΙΛЄΜⲀ : D*** ΟΦΙΛΗΜⲀ.

\- 16. AVTEM : d*** VERO.

\- 18. ⲀCЄΒΗΝ : Ν erasum est.

21. 8. ΟΥ prius : D*** in margine notavit Ѡ.

\- 10. TANTVM : impositis punctis d*** improbavit.

\- 11. MANET : d*** AN ETIAM.

\- 13. ЄΛΟΓΙCΘΗ : D$^{**}_{**}$ praeposuit ΟΤΙ.
FIDES ABRAHAE : d*** ABRAHAE FIDES.

\- 16. CVM ESSET : d*** haec improbasse videtur.

\- 17. Η ЄΝ : D$^{**}_{**}$ Η ΚⲀΙ ЄΝ.
ⲀΚΡΟΒΥCΤЄΙⲀ : D*** delevit Є.

\- 19. ⲀΚΡΟΒΥCΤЄΙⲀ : Є erasum est.

22. 5. ΔΙⲀ : D^{**b} et D*** ΔΙ. Nimirum D^{**b} puncta super Ⲁ posuit; D*** vero spiritu significavit se cum D^{**b} facere. Ita enim scriptum est: ΔΙ'Ⲁ̈ ⊣ⲀΚΡΟΒ.

\- 7. ΔΙΚⲀΙΟCΥΝΗΝ : D*** praeposuit ΤΗΝ.
IVSTITIA : d*** AD IVSTITIAM.

\- 8. ET : d*** ET SIT. Praeterea primum per incuriam scriptum erat CIRCVMSIONIS, sed id iam ante d*** correctum est.

\- 11. 12. Et ΠΙCΤЄѠC et FIDEI utroque loco a correctore salvum mansit. Praeterea D*** utrumque ΠΙCΤЄѠC accentu donavit.

\- 12. ЄΝ ⲀΚΡΟΒΥCΤΙⲀ : D*** ЄΝ ΤΗ ⲀΚΡΟΒΥCΤΙⲀ.

23. 3. Ι̅Υ̅ : improbatum est correctori ante D***, qui videtur D^{**b} esse, et ipsi D***. Ι̅Η̅V̅ : improbavere d** et d***

\- 7. ΝΟΜΟΥ : D$^{**}_{**}$ addidit ЄCΤΙΝ.
LEGE EST : d*** addidit SOLVM.

\- 13. ЄΠΙCΤЄΥCⲀΝ : D*** et fortasse iam D** ЄΠΙCΤЄΥCЄΝ. ANTE DEVM : d*** (si non iam ante d*** factum est) ANTE EVM.

23. 17. ЄΦ : D*** (et iam D**?) ЄΠ.

\- 21. ΟΥΤѠCΤⲀΙ : D*** correxit ΟΥΤѠCЄCΤⲀΙ.

24. 1. ЄΝ : erasum est. Hinc et D** et D*** improbasse videntur. IN FIDEM : pro his iam ante d*** (dicamus d^{**d}) correctum est FIDE.

\- 4. ΥΠⲀΡΧЄΙ : D** et D*** ΥΠⲀΡΧѠΝ.

\- 7. AVTEM : punctis improbatum est, a d*** ut videtur, si non est d^{**d}.

\- 8. ⲀΠΙCΤЄΙⲀ : Є erasum est.

\- 11. ΚⲀΙ. In codice est -ΚⲀΙ:, quae insolita in hoc codice emendandi ratio est. Wetstenius quidem quum notabat και deesse in D *a prima manu*, omnino falsus est. Praeterea D*** accentum super Ⲁ posuit.

\- 14. ΔΙΟ : D^{**b} et D*** addiderunt ΚⲀΙ.

\- 18. ⲀΥΤѠ : D$^{**}_{**}$ addidit ЄΙC ΔΙΚⲀΙΟCΥΝΗΝ. Item post ILLI d^{**d} (i. e. idem qui in graecis D$^{**}_{**}$) addidit AD IVSTITIAM.

25. 1. ЄΠЄΙ : Є secundum erasum est.

\- 6. ΔΙΚⲀΙѠCΙΝ : D$^{**}_{**}$ ΔΙΚⲀΙѠCΙΝΗΝ; non enim nisi ΝΗΝ pro Ν finali notavit.

\- 10. ACCESSVM HABEMVS : d*** in margine addidit PER FIDEM.

\- 13. ЄΦ : D*** (itemque iam D**?) ЄΠ.
DEI : d** FILIORVM DEI.

\- 14. ΤΟΥΤΟ : improbavere D^{**b} et D***.

\- 19. AVTEM : d*** VERO.

\- 20. ЄΛΠЄΙC : Є secundum erasum est.

26. 3. ΗΜЄΙΝ : Є erasum est.

\- 4. ЄΤΙ : D^{**b} ЄΙC ΤΙ, sed D*** rursus ⊣'ЄΤΙ.

\- 5. ЄΤΙ : improbaverunt D^{**b} et D***.

\- 9. MORITVR : d** (ut videtur) MORIETVR.

\- 10. FORSITAM ALIQVIS : d*** FORSITAN QVIS.

\- 14. ΟΤΙ : D^{**b} addidit ЄΙ, sed D*** rursus delevit. SI : punctis improbandi notatum est, a d*** ut videtur.

\- 15. ΗΜѠΝ : Η ab initio praetermissum nescio an ipse librarius suppleverit.

\- 17. ΠΟΛΛѠ : D*** addidit ΟΥΝ.

27. 5. ΤΟΥΤΟ : D*** improbavit. Item in latinis HOC improbatum est, a d*** ut videtur.

28. 2. IN EOS : d** praeposuit ET. Porro inter QVI et PECCAVERVNT superscriptum est NON. Quod etsi pro elegantia et atramento a ratione ipsius librarii

Pag. Vers.

vix abhorret, tamen minime per incuriam inter scribendum omissum credi potest. Quam in rem vide Wetstenium et Sabatarium ad h. l.

28. 3. IN SIMILITVDINE : d*** IN SIMILITVDINEM.
- 14. PECCATVM : d*** PECCANTEM.
- 15. DONATIO : d*** DONVM.
- 20. ΖϢΗϹ: D*** improbavit. Pariter VITAE d*** punctis improbandi notavit.

29. 7. ΒⲀϹΙΛΕΥϹΟΥϹΙΝ : C medium nescio an a correctore sublatum dicam. Pro certo id haberi non poterit quum totius loci scriptura male affecta sit.
- 14. INOBAVDIENTIAM : d*** INOBOEDIENTIAM.
- 19. ⲀΝΘΡϢΠΟΥ: improbatur punctis superpositis nec accentum habet. Utrumque correctori D*** deberi videtur. Item in latinis versu 18. HOMINIS punctis superpositis notavit d***.
OBAVDITIONEM : d*** OBOEDIENTIAM.

30. 4. ET : d*** VT.

31. 3. ΘⲀΝⲀΤΟΝ : D*** praeposuit ΤΟΝ.
- 5. ΔΙⲀ : in rasura positum est. Videtur primum ΥΠΟ scriptum fuisse, tum et D** et D*** correxerunt ΔΙⲀ : quod ipsum quum iam subnigrum sit, alia manu instauratum vel confirmatum videtur.
- 11. ΓΕΙΝϢϹΚΟΝΤΕϹ : Ε prius erasum est.
- 13. CONFIXVS : CON a d*** improbatur punctis superpositis.
- 20. 21. ΤϢ $\overline{\text{ΧϢ}}$: D*** ⲀΥΤϢ, quod ita fecit ut ⲀΥ versui 20. adderet, et versu 21. $\overline{\text{ΧϢ}}$ punctis improbaret.

32. 1. ΕΓΕΡΘΙϹ : D*** ΕΓΕΡΘΕΙϹ.
- 2. 3. Utroque loco ΟΥΚ ΕΤΙ a D*** scriptum est.
- 3. ΚΥΡΙΕΥΕΙ : Ε posterius periit foramine; tamen haud probabile est ΚΥΡΙΕΥϹΙ pro ΚΥΡΙΕΥΕΙ scriptum fuisse. Nec Sangermanensis nunc Petropolitanus codex aliter quam edidimus habet.
- 8. MORTVOS : d*** addidit QVIDEM.
- 12. OBAVDIATIS EI : d*** OBOEDIATIS CONCVPISCENTIIS EIVS.
- 17. ΖϢΝΤΕϹ: D**b ΖϢΝΤⲀϹ, nec D*** priorem scripturam restituit.
EXH : H et puncto et linea deletum est. Illud nescio an ipsius sit librarii; videtur enim EXHIBETE scripturus fuisse, sed statim errorem intellexisse.
- 19. IVSTITIAE : primum scriptum fuerat IVSTITIA; sed emendavit locum antiquissima manus, si non est ipsa prima.

32. 20. IN VOS : d*** VOBIS.

33. 1. ΕϹΤⲀΙ : D*** ΕϹΤΕ.
- 2. ⲀΛΛⲀ : D*** ⲀΛΛ.
- 3. PECCAMVS : d*** PECCAVIMVS.
- 6. Η ΟΥΚ : D*** improbavit Η.
AN NESCITIS : d*** improbavit AN.
- 8. OBAVDIENDVM : d*** OBOEDIENDVM.
- 9. ΥΠⲀΚΟΥΕΤΕ : nescio quid corrector sibi voluerit. Videtur enim correctum esse ΥΠⲀΚΟΥΟΜΕΝ, sed locus tam male affectus est ut per errorem retractatus videatur. ESTIS CVI : inter ESTIS et CVI superscriptum est versui HVIVS ab antiquissima, si non prima, manu; d*** vero corrector pro HVIVS malebat EIVS. OBAVDITIS : d*** OBOEDIETIS.
- 10. PECCATO : d*** PECCATI.
OBAVDITIONI : d*** OBOEDITIONIS.
- 14. OBAVDISTIS : d*** OBOEDISTIS.

34. 13. ΤΟΤΕ : scriptum fuerat ΠΟΤΕ, sed erasa lineamentorum parte ex Π factum est Τ. Quae emendatio videtur non deberi nisi D***.
- 14. ΕΠΕϹΧΥΝΕϹΘⲀΙ : D*** ΕΠⲀΙϹΧΥΝΕϹΘⲀΙ.
- 15. ΜΕΝ : D*** improbavit punctis superpositis, quamvis iam posuisset accentum.
- 17. ΝΥΝΕΙ : D*** ΝΥΝΙ.
- 20. HABENTES : d*** HABETIS.

35. 7. ΓΕΙΝϢϹΚΟΥϹΙΝ : D*** ΓΙΝϢϹΚΟΥϹΙΝ.

36. 3. VOS : d*** improbavit.
- 6. ΗΜΗΝ : D** et D*** ΗΜΕΝ. Postea emendatione deleta instaurata est prior scriptura (D^{nov}).
- 11. ΝΥΝΕΙ : D*** ΝΥΝΙ.
- 14. ΚΕΝΟΤΗΤΙ : D*** et ut videtur iam D** ΚⲀΙΝΟΤΗΤΙ.
- 15. ΠⲀΛΕΟΤΗΤΙ : D*** et ut videtur iam D** ΠⲀΛⲀΙΟΤΗΤΙ.

37. 2. ⲀΦΟΡΜΗΝ : D*** addidit ΔΕ. ⲀΜⲀΡΤΕΙⲀ : Ε erasum est. OCCANSIONE : d** OCCASIONE, praetereaque d*** addidit AVTEM.
- 10. VENIT : d*** VENISSET.
- 16. OCCANSIONE : d** OCCASIONE.

38. 1. MORS EST : fuerat MOR pro MORS, sed iam d** emendavit. d*** correxit FACTVM MORS EST.
- 3. PAREAT : d*** APPAREAT.
- 12. VENVMDATVS : d*** VENVNDATVS.

Pag. Vers.

38. 13. ΓЄΙΝⲰϹΚⲰ : Є erasum est. QVOD : d** QVOD ENIM. NESCIO : d*** NON INTELLEGO.

- 15. ΜЄΙϹⲰ : D*** ΜΙϹⲰ.

- 19. ΝΥΝЄΙ : D*** ΝΥΝΙ.

- 21. ⲀΛΛⲀ : D*** ⲀΛΛ.

39. 8. ⲀΛΛⲀ : D*** ⲀΛΛ.

- 12. ⲀΛΛⲀ : posterius Ⲁ erasum est. INHABITAT : d*** HABITAT.

- 15. ADICET : omissum A suppletum est, a d*** ut videtur.

- 18. VIDE : O omissum supplevit d**. Hinc iam est VIDEO.

40. 4. ΤⲀΛЄΠⲰΡΟϹ : pro Є D**c scripsit ⲀΙ, atque hoc D*** donavit accentu.

- 8. ⲀΡⲀ : sive prima sive primae proxima manu additum est ΟΥΝ. ΝΟЄΙ : Є erasum est.

- 10. LEGI DEI : d** punctis improbavit DEI et adscripsit PECCATO, ex quo rursus d*** fecit PECCATI. (Videtur ergo d** etiam LEGI voluisse deleri.)

- 11. ⲀΡⲀ : D**b ut videtur et D*** addiderunt ΝΥΝ.

- 12. Χ̅Ⲱ̅ Ι̅Υ̅ : D**b addidit ΜΗ ΚⲀΤⲀ ϹⲀΡΚⲀ ΠЄΡΙΠⲀΤΟΥϹΙΝ, atque ad haec rursus D*** apposuit ⲀΛΛⲀ ΚⲀΤⲀ Π̅Ν̅Ⲁ̅. X̅P̅O̅ I̅H̅V̅ : d** addidit NON SECVNDVM CARNEM AMBVLANTIBVS; ex quibus d*** fecit QVI NON SECVNDVM CARNEM AMBVLANT.

- 18. LEGI : d*** LEGIS.

- 19. ΗϹΘЄΝΙ : D*** ΗϹΘЄΝЄΙ. INFIRMABITVR : d** INFIRMABATVR.

- 20. ΠЄΝΨⲀϹ : D*** et ut videtur iam D**b ΠЄΜΨⲀϹ.

41. 2. ЄΝ ΤΗ ϹⲀΡΚΙ : haec ipse librarius in rasura scripsit. Antea scripserat ΠΡΟϹ .... Alterum, quod iam legi nequit, fuisse ϹⲀΡΚⲀ Wetstenium recte coniecisse non puto, quoniam totum ϹⲀΡΚΙ rescriptum est.

2. IN CARNEM : d*** IN CARNE.

11. PRVDENTI : d*** PRVDENTIA.

12. PRVDENTIAVTEM : in his desiderari A, fugit correctorem. Sed ex VITAE d** restituit VITA.

20. ΥΜΙϹ : D*** ΥΜЄΙϹ. Verba ΟΥΚ ЄϹΤЄ ЄΝ ϹⲀΡΚΙ super rasuram ipsa prima manu rescripta sunt; sed priora prorsus latent.

21. ⲀΛΛⲀ : alterum Ⲁ erasum est.

42. 1. ΥΜЄΙΝ : Є erasum est. HABITET : d*** HABITAT.

3. IN VOBIS : d*** addidit EST.

5. ΝЄΚΡΟΝ : sic nunc est in codice. Videtur D**b signis istis significasse, ΝЄΚΡΟΝ ad versum praecedentem pertinere. ΔΙ ⲀΜⲀΡΤΙⲀΝ : D*** ΔΙⲀ ⲀΜⲀΡΤΙⲀΝ.

42. 6. VITAM : M improbatum est, ut fieret VITA.

- 8. ABITAT : d** HABITAT.

- 9. X̅N̅ I̅N̅ : D*** delevit I̅N̅.

- 10. INMORTALIA : d*** ET MORTALIA.

- 14. ΟΦΙΛЄΤЄ : correctum est ΟΦЄΙΛЄΤⲀΙ.

- - IGITVR : d*** ERGO. DEVITORES : d** (ut videtur) DEBITORES.

- 18. INCIPIETIS MORI : d*** MORIEMINI.

- 19. S̅P̅S̅ : correctum est S̅P̅V̅, et quidem iam ante d***.

- 21. S̅P̅S̅ : correctum est S̅P̅V̅ iam ante d***.

43. 2. ΔΟΥΛΙⲀϹ : D*** ΔΟΥΛЄΙⲀϹ. ACCIPISTIS : correctum est ACCEPISTIS, a d*** ut videtur.

- 3. IN TIMOREM : d*** IN TIMORE.

- 4. SET : d*** SED.

- 5. ADOPTIONES : d*** ADOPTIONIS.

- 9. SIMVS : d*** SVMVS. FILI : d*** FILII.

- 10. ϹΥΝΚΛΗΡΟΝΟΜΟΙ : D*** ΚΛΗΡΟΝΟΜΟΙ. FILI : d*** FILII.

- 11. HAEREDES : corrector (d** ut videtur) HEREDES, atque idem pro AVTEM scripsit QVIDEM.

- 13. ITA : d*** TAMEN.

- 14. GLORIFICEMVS : d** GLORIFICEMVR; d*** CONGLORIFICEMVR. (d*** per incuriam SIMVL intactum reliquisse videtur.)

- 16. INDIGNAE SVNT PASSIONES : d*** NON SVNT CONDIGNAE PASSIONES.

- 19. QVE : d** QVAE.

44. 4. ΟΥΧ ЄΚΟΥϹⲀ : haec, quibus instaurandis D*** operam dedit, ab ipso librario videntur in rasura scripta esse.

- 5. PROPTER EO : d*** PROPTER EVM.

- 6. ЄΦ : D*** ЄΠ.

- 7. ΔΙΟΤΙ : D*** ΟΤΙ.

- 8. ΔΟΥΛΙⲀϹ : D*** ΔΟΥΛЄΙⲀϹ. LIBERAVITVR : d*** LIBERABITVR. SERVITVTAE : corrector (d**?) SERVITVTE.

- 9. CORRVPTIONE : d*** CORRVPTIONIS.

- 10. IN LIBERTATE : d*** IN LIBERTATEM.

- 13. ϹΥΝϹΤЄΝⲀΖЄΙ : D*** ϹΥϹΤЄΝⲀΖЄΙ.

- 15. ΗΜΙϹ : D*** ΗΜЄΙϹ. AVTEM SET : d*** AVTEM ILLA SED.

Pag. Vers.

44. 16. RECEPTACVLVM : d*** PRIMITIAS.
- 17. CΥΝCΤЄΝΑΖΟΜЄΝ : D*** CΤЄΝΑΖΟΜЄΝ.
NOS IPSI : d*** ET IPSI.
- 20. VESTRI : d** NOSTRI.
45. 1. QVE : d** QVAE.
- 7. ΤΗ ΑCΘЄΝΙΑ : D*** ΤΗ ΑCΘЄΝЄΙΑ ΗΜΩΝ.
INFIRMITATEM : additum est, et quidem iam ante d***, etsi non est qui nobis plerumque d**, sed qui supra d**d (in graecis D**) dicitur, NOSTRAM.
- 9. SI QVOD : d*** SICVT.
- 10. POSTVLAT : d*** addidit PRO NOBIS.
- 11.12. GEMITIBVS (sed G factum est a d** ex C) : d*** addidit INENARRABILIBVS, in locum eorum quae sequuntur QVI ELOQVI NON POSSVNT.
- 14. SENSVS : d*** QVID DESIDERET.
- 17. AVTEM : punctis superpositis improbatum est a d***.
- 19. IN BONIS : d*** IN BONVM.
46. 1. QVIA : d*** punctis improbavit.
PRAESCIT : d** PRAESCIIT.
- 2. COMFORMIS : corrector (d*** ut videtur) COMFORMES.
- 7.9. EOS : d*** HOS utroque loco.
- 11. MAGNIFICAVIT : d*** GLORIFICAVIT.
- 12. ADVERSVS : d*** AD.
- 15. OC ΟΥΔЄ : D*** OCΓЄ ΟΥΔЄ. Porro idem ЄΦЄΙCΑΤΟ pro ЄΦΙCΑΤΟ scripsit. In latinis quid post QVI adnotaverit d***, non satis assequor. Videtur esse QVIDEM; magis vero etiam SI DEVS (pro QVI).
- 16. ΑΛΛΑ : alterum Α deletum est.
- 19. ΠΑΝΤΑ : D*** ΤΑ ΠΑΝΤΑ.
- 20. ADVERSVS : punctis notatum est.
ESCVSAVIT : d** EXCVSAVIT.
47. 1. QVIS CONDEMNAT : d*** QVIS EST QVI CONDEMNET.
- 2. SIMVL AVTEM : d** punctis notavit.
XPS : d*** adpinxit IHS.
- 4. QVI EST : d*** QVI ET EST.
- 6. ERGO : punctis notatum est a d***.
- 9. ΔΙΩΓΜΟC : D*** Η ΔΙΩΓΜΟC.
PERSECVTIO : d*** praeposuit AN.
- 11. GLADIVM : d*** GLADIVS.
- 13. EXTIMATI : d** EXISTIMATI. Post a d*** videtur E in AE mutatum esse.
- 14. QVASI : d*** VT.

47. 16. PROPTER EO : d*** PROPTER EVM.
- 17. ΠЄΠΙCΜЄ : corrector (D**c videtur) ΠЄΠΙCΜΑΙ.
- 19. ANGELVS : d** addidit, idque d*** confirmavit, NEQVE POTESTAS.
- 20. INITIA : d*** PRINCIPATVS.
STANTIAM : d** et d*** INSTANTIA.
- 21. ΔΥΝΑΜΙC : D*** ΔΥΝΑΜЄΙC.
48. 6. ΑΛΗΘΙΑΝ : D*** ΑΛΗΘЄΙΑΝ. Idem delevit ΙΥ.
- 9. CΥΝΙΔΗCЄΩC : D*** CΥΝЄΙΔΗCЄΩC.
- 11. ΑΔΙΑΛΙΠΤΟC : D*** ΑΔΙΑΛЄΙΠΤΟC.
- 12.13. ANATHEMA ESSE IPSE EGO : haec transponenda esse significavit d***, quamquam quod voluit non satis clarum est. Videtur IPSE EGO ante ANATHEMA ESSE poni voluisse.
- 15. CΥΓΓЄΝΩΝ : D*** addidit ΜΟΥ. Item post COGNATI d*** addidit MEI.
- 16. ΙCΤΡΑΗΛЄΙΤΑΙ : D*** delevit Є.
ISTRAHELITAE : T prius d*** improbavit.
- 17. ADOPTIO : d** ADOPTATIO, sed d*** restituit ADOPTIO.
- 20. ΛΑΤΡΙΑ : D*** ΛΑΤΡЄΙΑ.
49. 5. EXCIDIT : d*** notavit ad signum syllabae IT appositum ET; hinc legi voluit EXCIDET.
- 6.7. ΙCΡΑΗΛЄΙΤΑΙ : D*** ΙCΡΑΗΛΙΤΑΙ. ISTRAHEL et ISTRAHELITAE : d*** ISRAHEL et ISRAHELITAE.
- 11. ISAC : d*** ISAAC.
- 13.14.15. FILI : d*** FILII ter.
- 18. AD : d*** SECVNDVM.
50. 1. ЄΙCΑΚ : Є erasum est. ISAC : d*** ISAAC.
NOSTRI : d*** NOSTRO.
- 2. ΓЄΝΗΘЄΝΤΩΝ : D**b ΓЄΝΝΗΘЄΝΤΩΝ.
NAM CVM : d*** CVM ENIM.
- 5. ЄΚΛΟΓΗ : D*** ЄΚΛΟΓΗΝ.
- 8. ЄΡΡЄΘΗ : D**c (ut videtur) ЄΡΡΗΘΗ. Praeterea D*** addidit ΑΥΤΗ.
- 9. ΜΙΖΩΝ : D*** ΜЄΙΖΩΝ.
- 15. ΠΑΡΑ ΘΩ : D*** ΠΑΡΑ ΤΩ ΘΩ.
- 16. MOYSES : d*** MOYSI.
- 17. MISERTVS ERO : d*** MISEREOR.
- 20.21. VOLENTES et CVRRENTES : D**b VOLENTIS et CVRRENTIS.
51. 1. EST : punctis superpositis improbatum est, a d*** ut videtur.
- 2. FAONI : d** FARAONI.

Pag. Vers.

51. 6. NVNTIETVR : d*** ADNVNTIETVR.

\- 8. ΕΛΕΑ : D*** ΕΛΕΕΙ. IGITVR : improbatum est, a d*** ut videtur, superpositis punctis. VVL : d** VVLT. MISERITVR : d** MISERETVR.

\- 9. QVEM AVTEM : d*** ET QVEM. (VVL h. l. intactum mansit.)

\- 10. ΕΡΙϹ : D*** ΕΡΕΙϹ.

\- 11. IGITVR : d*** improbavit punctis.

\- 13. ΑΝΘΕϹΤΗΚΕΝ : D*** addidit ΜΕΝΟΥΝΓΕ. QVID : d*** QVIS.

\- 21. ΠΟΙΗϹΕ : D*** ΠΟΙΗϹΑΙ.

52. 1. ΤΕΙΜΗΝ : Ε erasum est.

\- 3. ΕΝΔΙΞΑϹΘΑΙ : D*** ΕΝΔΕΙΞΑϹΘΑΙ.

\- 4. SVAM : d*** addidit SVSTINVIT, nisi quod SVSTINEVIT scriptum videtur.

\- 6. IN VASA : d*** IN improbavit punctis.

\- 7. ΑΠΩΛΙΑΝ : D*** ΑΠΩΛΕΙΑΝ. VIRTVTE : d*** INTERITVM. (Pro INTERITVM exhibito in margine auctor codicis Sangermanensis nunc Petropolitani legisse videtur MERITVM, ut ex Sabatarii editione coniicio.)

\- 18.19. ET NON DILECTAM DILECTAM : d*** ET NON MISERICORDIAM CONSECVTAM MISERICORDIAM CONSECVTAM.

\- 20. ΕϹΤΕ : D*** ΕϹΤΑΙ. Item ΕΡΡΕΘΗ : D*** ΕΡΡΗΘΗ. VOCABVNTVR : d*** DICITVR EIS.

\- 21. ΥΜΙϹ : D*** ΥΜΕΙϹ.

53. 2. FILI : non satis videre licet an FILII correctum sit.

\- 4. ISTRAHEL : d*** ISRAHEL. (54, 2. ISTRAHEL immutatum mansit.)

\- 5. NVM ante NVMERVS punctis deletum est, iam ante d***.

\- 7. ΚΑΤΑΛΕΙΜΜΑ : litterae ΑΛΕΙΜ iam ipsa prima manu super rasuram scriptae sunt. Videtur ineptum aliquid exaratum fuisse.

\- 13. ESEIAS : d*** ESAIAS. Antea (53, 3.) nihil eiusmodi correctum est.

\- 15. ΕΝΚΑΤΕΛΙΠΕΝ : D*** ΕΝΚΑΤΕΛΕΙΠΕΝ.

\- 18. ΟΤΙ ΕΘΝΗ : et lunulis et punctis improbata neque accentibus donata sunt. Hunc in modum ὈΤῚ ἜΘΝΗ,

54. 4. IN LEGEM : d*** IN LEGEM IVSTITIAE.

\- 7. ΠΡΟϹΕΚΟΨΑΝ : D*** addidit ΓΑΡ.

54. 13. ET QVI : d*** ET OMNIS QVI.

\- 14. ΚΑΤΕϹΧΥΝΘΗ : an Ε correctionem subierit, non satis liquet. Ex scriptura vero codicis Sangerman. (quemadmodum apud Wetstenium est) ΚΑΤΑϹΧΥΝΘΗ probabile fit ΑΙ correctum esse, indeque eum qui transscripsit non esse nisi Α assecutum.

\- 15. FRASTRES : S medium iam manu antiquissima, si non ipsa prima, deletum est.

\- 17. AD $\overline{\text{DM}}$: d*** addidit FIT.

55. 2. ΔΙΚΑΙΟϹΥΝ : D*** ΔΙΚΑΙΟϹΥΝΗΝ.

\- 3. IVSTITIAM : d*** punctis improbavit.

\- 5. IVSTITIAE : d** addidit $\overline{\text{DI}}$.

\- 7. $\overline{\text{ΧϹ}}$: ita legitur, non ut Wetstenius notavit $\overline{\text{ΘϹ}}$ a prima manu. Quae vestigia litterae Θ in littera Χ adesse videntur, Wetstenium in errorem duxerunt.

\- 9. ΟΤΙ : D*** improbavit punctis.

\- 10. ΤΗϹ : D*** ΤΗΝ. Idem post ΝΟΜΟΥ addidit ΟΤΙ.

\- 11.12. EA et IN EIS : d** et d*** EAM et IN EA.

\- 20. REDVCERE : d*** videtur superscripsisse REVOCARE.

56. 7. $\overline{\text{DMO}}$ (i. e. *domino*) : d*** $\overline{\text{DNM}}$ (i. e. *dominum*).

\- 9. SVSCITAVIT : d*** EXCITAVIT.

\- 13. FVIT : d** et d*** FIT.

\- 16. CREDIDERIT : d*** punctis superpositis effecit CREDIDIT.

\- 17. ΚΑΤΕϹΧΥΝΘΗϹΕΤΑΙ : D*** ΚΑΤΑΙϹΧΥΝΘΗϹΕΤΑΙ. CONFVNDENTVR : d** et d*** CONFVNDETVR.

57. 9. SINE PRAEDICANTEM : M deletum est.

\- 10. AVT QVOMODO : d*** QVOMODO VERO.

\- 11. MITTATVR : d** MITTANTVR.

\- 13. ΩΡΕΟΙ : D*** ΩΡΑΙΟΙ.

\- 15. ΑΓΑΘΑ : D** et D*** ΤΑ ΑΓΑΘΑ.

58. 1. $\overline{\text{ΧΥ}}$: et D** et D*** correxerunt $\overline{\text{ΘΥ}}$.

\- 4. ΓΑΡ : et D** et D*** improbaverunt. IN OMNEM ENIM : d*** ET QVIDEM IN OMNEM.

\- 8.9. ΜΗ $\overline{\text{ΙΗΛ}}$ ΟΥΚ ΕΓΝΩ : D** ΜΗ ΟΥΚ ΕΓΝΩ $\overline{\text{ΙΗΛ}}$. D*** deletis transpositionis signis revocavit primam scripturam.

\- 12.13. ΕΘΝΙ bis : D*** bis ΕΘΝΕΙ. IN GENTEM : d*** IN NON GENTE. Sed accusativi sqq. non mutati sunt.

\- 15. ΔΕ : signum ⁒ appositum habet; sed id ipsum rursus deletum est nec quicquam adscriptum legitur quod ad id signum referretur. Qua de re mihi sic videtur. D** adpinxit signum, innuens se in exem-

Pag. Vers.

plari alio additamentum invenisse : addita enim verba ΑΠΟΤΟΛΜΑ ΚΑΙ viderat; sed verba ipsa non adscripsit; nisi in margine perisse credenda sunt. D*** vero non modo non supplevit ea verba, sed etiam signum rursus abstulit.
Post AVTEM d*** addidit AVDET ET.

58. 16. ЄN.: correctoribus D** et D*** improbatum est.

\- 19. ЄN : et D** et D*** improbaverunt.

59. 2. ΛЄΓΟΝΤΑ : D** et D*** ΑΝΤΙΛЄΓΟΝΤΑ.

\- 5. ΟΝ ΠΡΟЄΓΝѠ : D*** improbavit, sed per incuriam iam posuerat accentus.
QVAM (sic, non QVEM ut est apud Sabatarium) PRAESCIIT : d*** improbavit.

\- 9. VENIAMIN : d*** BENIAMIN.

\- 12. HELIAN : d*** HELIA.

\- 14. POSTVLAT : d*** INTERPELLAT.

\- 17. ΑΠЄΚΤΙΝΑΝ : D*** ΑΠЄΚΤЄΙΝΑΝ.

\- 19. ΚΑΓѠ : D** ΚΑΙ ЄΓѠ, sed D*** restituit ΚΑΓѠ.
ΥΠЄΛΙΦΘΗΝ : D*** ΥΠЄΛЄΙΦΘΗΝ.

60. 3. SEPTEMILIA : d*** SEPTEM MILIA.

\- 4. ΓΟΝΥ. In codice sic est : ΓΟΝΥ̇ΟΙ, nisi quod Υ praeter punctum etiam obelum habet. Voluit igitur, quod satis mirum est, D*** pro ΓΟΝΥ legi ΓΟΝΟΙ.
GENVM : d*** GENVA SVA.

\- 7. ΛΙΜΜΑ : D*** ΛЄΙΜΜΑ, quamvis ante hanc correctionem cum accentu circumflexo iam posuisset acutum. ЄΚΛΟΓΗC : D** et D*** ЄΚΛΟΓΗΝ.
RELIQVIA : d*** RELIQVIAE.

\- 8. FACTAE : d*** praeposuit SALVI. Sic.

\- 11. ЄΠΙ : D*** ЄΠЄΙ. ΓЄΙΝЄΤΑΙ : D** et D*** ΓΙΝЄΤΑΙ.
NON : d*** IAM NON.

\- 13. ISTRAHEL : d*** ISRAHEL.

\- 14. ΤΟΥΤΟ ΟΥΚ : inter has voces litterae Ο (minime Υ est) a correctore (D**) perperam positae rursusque (ab ipso fortasse) deletae vestigia sunt.

61. 4. ΚΑΙ ЄΙC ΘΗΡΑΝ : haec et D** et D*** delenda esse significarunt.

\- 12. CΥΝΚΑΜΨΟΝ : D*** CΥΓΚΑΜΨΟΝ.
IN PERPETVVM : d*** SEMPER.

\- 13. ЄΠΤЄCΑΝ : D*** et ut videtur iam D** ЄΠΤΑΙCΑΝ.
OFFENDERVNT : d*** praeposuit SIC.

62. 3. QVANDIV : d*** addidit QVIDEM.

\- 7. AEMVLER : d*** AD AEMVLANDVM PROVOCEM.

\- 12. ΠΡΟCΛΗΜΨΙC : M erasum est.

Pag. Vers.

62. 12. NIS : non correctum est.

\- 14. LIBERATIO : d*** legendum esse significavit LIBETIO; voluit igitur LIBATIO.

\- 21. IN ILLO : d*** IN ILLIS.

63. 1. CΥΝΚΟΙΝѠΝΟC : D*** CΥΓΚΟΙΝѠΝΟC. Porro ЄΓЄΝΟΥ a D** improbatum, a D*** restitutum est.

\- 2. ΤΗC ΠΙΟΤΗΤΟC : D** et D*** ΤΗC ΡΙΖΗC ΚΑΙ praeposuerunt.

\- 3. ЄΛЄΑC : D*** et ut videtur iam D** ЄΛΑΙΑC. Praeterea D** addidit ЄΓЄΝΟΥ, sed D*** rursus delevit. OLIVAE : d*** OLIBAE. Sic.

\- 5. ΔЄ CΥ ΚΑΥΧΑCΑΙ : D** et D*** ΔЄ ΚΑΤΑΚΑΥΧΑCΑΙ. Item in latinis corrector d*** improbavit TV.

\- 7. ΑΛΛΑ : Α alterum plane erasum est.

\- 8. ЄΡΙC : D** et D*** ЄΡЄΙC. ΟΙ : D*** delevit, quamvis spiritum iam addidisset. SI : d*** delevit.

\- 9. ЄΝΚЄΝΤΡΙCΘѠ : D*** ЄΝΚЄΓΤΡΙCΘѠ; voluit igitur ЄΓΚЄΝΤΡΙCΘѠ. INSERAR : d*** INSERER.

\- 11. ЄΚΛΑCΘΗCΑΝ : D** et D*** ЄΞЄΚΛΑCΘΗCΑΝ. Possis dubitare utrum primus D** an alius quis ante D*** correxerit. Sed correctio ΞЄ h. l. mansit quemadmodum a D** profecta est, plerumque vero D*** instauravit eius correctoris litteras : hinc atramentum praeter solitum pallet.

\- 12. CΥ · ΔЄ ΤΗ · ΠΙCΤΙ · : ter littera plane erasa est. Primo loco N videtur positum fuisse. Duobus reliquis nescio an cum Wetstenio coniiciam ΤΗ ΑΠΙCΤΙΑ fuisse. Praeterea D*** ex ΠΙCΤΙ fecit ΠΙCΤЄΙ.

\- 16. ЄΦΙCΑΤΟ : D*** ЄΦЄΙCΑΤΟ.

\- 17. ΦΙCЄΤΑΙ : D*** ΦЄΙCЄΤΑΙ.

\- 21. SIVERITATEM : iam ante d*** correctum est SEVERITATEM.

64. 1. ΧΡΗCΤΟΤΗC $\overline{\text{ΘΥ}}$: D*** et ut videtur iam D** ΧΡΗCΤΟΤΗΤΑ, deleto $\overline{\text{ΘΥ}}$.

\- 2. ЄΠΙΜЄΝΗC : D*** ЄΠΙΜЄΙΝΗC.

\- 3. ЄΠΙ : D*** ЄΠЄΙ.

\- 4. ЄΠΙΜЄΝѠCΙΝ : D*** ЄΠΙΜЄΙΝѠCΙΝ.
ET ILLI : d*** praeposuit SED.

\- 5. INCREDVLITATEM : d*** INCREDVLITATE.

\- 6. ЄΝΚЄΝΤΡΙCΘΗCΟΝΤΑΙ : D*** ЄΓΚЄΝΤΡΙCΘΗCΟΝΤΑΙ.

\- 8. ЄΝΚЄΝΤΡΙCЄ : D*** ЄΓΚЄΝΤΡΙCЄ.

\- 13. OLIVAM : d*** OLIBAM. Ut supra.

\- 15. ΟΙ : D** adnotavit ЄΑΝ, sed D*** rursus delevit.

Pag. Vers.

64. 16. ЄNKЄNTPICΘHCONTⲀI : D*** ЄΓKЄNTPICΘHCONTⲀI. Praeterea D** pro H scripserat Ⲱ, sed D*** restituit H. An forte voluerit D** legi OYTOI ЄⲀN KⲀTⲀ ΦYCIN ЄNKЄNTPICΘⲰCIN?

- 17. IN SVAM OLIVAM : d*** SVAE OLIBAE, praetereaque etiam super V in OLIVAM positum est B.

- 20. IPSIS : d*** IPSI.

65. 4. SIT : hoc mendum fugit correctorem.

- 7. CЄIⲰN : D*** CIⲰN.

- 8. ⲀΠOCTPЄΨЄI : D** et D*** praeposuerunt KⲀI.

- 17. YMIC : D** et D*** KⲀI YMЄIC.

- 21. DIFFIDENTIAM : d*** INCREDVLITATEM.

66. 1. ⲀYTOI : D** et D*** OYTOI. NON : d*** NVNC NON.

- 2. IN VESTRA MISERICORDIA : d*** IN VESTRAM MISERICORDIAM.

- 3. NYN : D** et D*** improbavere. Recentissimus corrector (D^{nov}) instauravit quod erasum erat.
ISTI : d*** IPSI.

- 4. TⲀ ΠⲀNTⲀ : D** et D*** TOYC ΠⲀNTⲀC.

- 7. EN : ante d*** correctum erat ET, sed d*** totum verbum delendum significavit.

- 8. SCIENTIAE : d*** praeposuit ET.

- 11. INVESTIGABILIS : d** INVESTIGABILES.

- 12. $\overline{ΘY}$: D*** $\overline{KY}$. $\overline{DI}$: d*** $\overline{DNI}$.

67. 1. OIKTЄIPMⲰN : Є erasum est.

- 2. ΠⲀPⲀCTHCЄ : D*** ΠⲀPⲀCTHCⲀI.

- 5. ⲀⲀTPIⲀN : D*** ⲀⲀTPЄIⲀN.
RATIONABILEM : M erasum est.

- 6. NOLITE : d** praeposuit ET.
Ex CONFORTARI d*** fecit CONFORMARI.

- 7. MЄTⲀMOPΦOYCΘⲀI : D*** et ut videtur iam D** MЄTⲀMOPΦOYCΘЄ.

- 9. NOOC : D** addidit YMⲰ, idque spiritu et accentu donavit D***.

- 11. 12. QVOD BONVM ET BENEPLACITVM ET QVOD PERFECTVM : d*** BONA ET PLACENS ET PERFECTA, nisi quod ET PERFECTA videtur ante ET PLACENS poni voluisse.

- 12. TЄΛION : D** et D*** TЄΛЄION.

- 13. ΔOΘICHC : D** et D*** ΔOΘЄICHC.

- 17. ΔI : D** et D*** ΔЄI.

68. 1. ⲰCΠЄP : D** et D*** KⲀΘⲀΠЄP, quod ex vestigiis emendationis coniicere licet, quamquam fere tota cum ipso margine abscissa est.

Pag. Vers.

68. 7. TO ΔЄ : D** et D*** O ΔЄ. KⲀΘIC : D** et D*** KⲀΘЄIC. ALTERIVS : d*** praeposuit ALTER.

- 10. ΔOΘICⲀN : D** et D*** ΔOΘЄICⲀN. ΔIⲀΦOPⲀN : N erasum est. DIFFIDENTIAE : d** DIFFERENTIAE, d*** DIFFERENTES.

- 11. PROFITIAM : d** PROFETIAM.

- 17. IN DOCTRINA : d*** IN DOCTRINAM.

- 18. O ΠⲀPⲀKⲀΛⲰN : D*** praeposuit ЄITЄ. EXORTATVR et EXORTATIONE : d*** EXHORTATVR et EXHORTANDO.

69. 5. T post ΦIΛOCTOPΓOI et puncto et obelo improbatum est postque erasum.
BENIGNI : d*** DILIGENTES.

- 6. TЄIMH : Є erasum est.

- 7. ΠPOCHΓOYMЄNOI : C erasum est.

- 9. FERBENTES : d*** FERVENTES.

- 10. KⲀIPⲰ : D** et D*** $\overline{KⲰ}$. Postea recens corrector (D^{nov}) instauravit KⲀIPⲰ. In latinis pro TEMPORI d*** scripsit $\overline{DNO}$.

- 13. ORATIONE : d*** ORATIONI.

- 14. MNIⲀIC : D** et D*** XPЄIⲀIC.
MEMORIIS : d*** NECESSITATIBVS.

- 17. 18. Hos versus transponi voluit D**, sed D*** signa transpositionis (Ⲁ Γ B) rursus delevit.

- 17. ЄYΛOΓЄI · T · Є : videtur primum scriptum fuisse ЄYΛOΓЄICΘⲀI, cui emendando plures operam dederunt. In KⲀTⲀPⲀCΘⲀI nil mutatum est.

- 19. IN : d** CVM.

- 20. KⲀⲀIЄIN : D*** praeposuit KⲀI.

70. 5. ΓIΓNЄCΘⲀI : D** et D*** -CΘЄ.

- 9. BONA : d*** addidit NON TANTVM CORAM $\overline{DO}$ SED ETIAM.

- 10. TⲰN $\overline{ⲀNⲰN}$: D** et D*** ΠⲀNTⲰN $\overline{ⲀNⲰN}$.

- 18. VINDICTAM : scriptum erat VINCTAM, sed ipse librarius superscripsisse videtur DI.

- 19. SED : d*** improbavit.

- 20. ЄⲀN ΠINⲀ : D** et D*** ЄⲀN OYN ΠЄINⲀ.

- 21. ΨⲰMIZЄ : D** et D*** ΨⲰMIZⲀI. Sic.

71. 1. ЄⲀN : D** et D*** addidere ΔЄ.
ΠOTIZЄ : D** ΠOTIZⲀI, nec mutavit D***.

- 2. CARBONEM : d*** CARBONES.

- 4. EI : iam ante d*** (sed non d** est) correctum est EIVS.

- 5. NЄIKⲰ : Є erasum est.

Pag. Vers.

71. 7. ΠΑϹΑΙϹ : D** et D*** ΠΑϹΑ ΨΥΧΗ.
OMNIBVS : d*** OMNIS ANIMA.

- 8. ΥΠΟΤΑϹϹЄϹΘΑΙ : D** et D*** ΥΠΟΤΑϹϹЄϹΘω.
SVBDITI ESTOTE : d*** SVBDITA SIT.

- 9. ΑΠΟ : D*** ΥΠΟ.

- 10. Є ΔЄ : D** et D*** ΑΙ ΔЄ. Iidem post ΟΥϹΑΙ addiderunt ЄΞΟΥϹΙΑΙ.

- 15. ΛΗΜΨΟΝΤΑΙ : M erasum est.

- 17. Τω ΑΓΑΘω ЄΡΓω : D** et D*** ΤωΝ ΑΓΑΘωΝ ЄΡΓωΝ.
OPERE : d*** OPERIS. Sed nec in BONO nec in MALO correctio apparet.

- 18. Τω ΚΑΚω : D** et D*** ΤωΝ ΚΑΚωΝ.

72. 1. ЄΞΙϹ : D** (et D***) ЄΞЄΙϹ.

- 2. EST TIBI : alterum T omissum erat; iam vero a d** suppletum est.

- 6. ЄϹΤΙΝ : D** et D*** addiderunt ЄΙϹ ΟΡΓΗΝ. Item in latinis post EST d*** addidit IN IRAM, sed positis signis legi voluit ante IN EVM v. 7.

- 8. IDEOQVAE : d** IDEOQVE; d*** IDEO NECESSITATE.

- 10. ϹΥΝΙΔΗϹΙΝ : D** et D*** ϹΥΝЄΙΔΗϹΙΝ.

- 14. ΑΠΟΔΟΤЄ : D** et D*** addiderunt ΟΥΝ.
DEVITA : d** DEBITA.

- 18. ΤЄΙΜΗΝ bis : bis Є erasum est.

- 19. ΟΦΙΛЄΤЄ : D*** ΟΦЄΙΛЄΤЄ.

73. 1. INPLEBIT : d*** INPLEVIT.

- 8. RESTAVRATVR : d*** INSTAVRATVR.

- 9. ΑΓΑΠΗϹΙϹ : D** et D*** ΑΓΑΠΗϹЄΙϹ.

- 12. ΟΥ ΚΑΤЄΡΓΑΖЄΤЄ : D** et D*** ΟΥΚ ЄΡΓΑΖЄΤΑΙ.

- 13. ΔЄ : D** et D*** ΟΥΝ.

74. 1. ADPROPIAVIT : d*** ADPROPRIAVIT. Sic.

- 2. ΑΠΟΒΑΛωΜЄΘΑ : D** ΑΠΟΘωΜЄΘΑ, sed D*** revocavit ΑΠΟΒΑΛωΜЄΘΑ.

- 4. ЄΝΔΥϹωΜЄΘΑ ΔЄ : D** et D*** ΚΑΙ ЄΝΔΥϹωΜЄΘΑ. OPERA : d*** ARMA.

- 5. LVMINIS : d*** LVCIS.

- 9. ΑϹЄΛΓΙΑΙϹ : D*** ΑϹЄΛΓЄΙΑΙϹ.

- 11. ΑΛΛ : D*** ΑΛΛΑ. ЄΝΔΥϹΑϹΘΑΙ : D** et D*** -ϹΘЄ. Praeterea post $\overline{\text{XN}}$ D*** addidit ΚΑΙ, deleto ΚΑΙ quod D** ante v. 12. adpinxerat. In latinis pro $\overline{\text{DM}}$ d*** $\overline{\text{DNM}}$, itemque post $\overline{\text{XPM}}$ addidit ET.

- 12. ΠΟΙЄΙϹΘΑΙ : D** et D*** -ϹΘЄ.

- 13. CONCVPISCENTIIS : d*** DESIDERIIS.

74. 15. ΠΙϹΤΙ : D** ΠΙϹΤЄΙ.
ΠΡΟϹΛΑΜΒΑΝЄϹΘΑΙ : D** et D*** -ϹΘЄ.

- 16. ΔΙΑΚΡΙϹΙϹ : D** et D*** -ϹЄΙϹ.
DISCEPTATIONES : d*** DISCEPTATIONIBVS.

- 21. ЄϹΘΙЄΤω : D*** ЄϹΘΙЄΙ.
MANDVCAT : d*** MANDVCET.

75. 2. ΑΙϹΘΙΟΝΤΑ : D*** (et iam D**?) ЄϹΘ.
ЄΞΟΥΘЄΝΙΤω : D** et D*** -ΝЄΙΤω.

- 3. Ο ΔЄ : D** et D*** ΚΑΙ Ο. ΑΙϹΘΙωΝ : D*** ЄϹΘ.
QVI AVTEM : d*** ET QVI.

- 6. IVDICES : d*** IVDICAS.

- 7. ϹΤΗΚΙ Η ΠΙΠΤΙ : D** et D*** ϹΤΗΚЄΙ Η ΠΙΠΤЄΙ.

- 9. ΔΥΝΑΤΙ : D** et D*** ΔΥΝΑΤΟϹ.

- 10. ΚΡΙΝΙ : D** ΚΡΙΝЄΙ. ALTERNO QVOQVE DIE : d*** DIEM INTER DIEM.

- 11. AVTEM : d*** improbavit.

76. 1. 2. ΟΥΔΙϹ bis : D** et D*** bis ΟΥΔЄΙϹ.

- 9. 10. ЄΖΗϹЄΝ : D** h. l. improbavit et post ΑΝЄϹΤΗ addidit ΚΑΙ ЄΖΗϹЄΝ; sed D*** restituit lectionem primam.

- 9. ET VIXIT : punctis improbatum est, a d*** ut videtur.

- 13. QVI : antiquissima manu, certe ante d***, correctum est QVID.

- 15. ЄΝ Τω ΜΗ ЄϹΘΙЄΙΝ : D** lunulis inclusit atque sic improbavit. D*** deletis lunulis posuit accentus, sed rursus ipse quoque lunulos adpinxit, quamquam accentus intactos reliquit.
IN NON MANDVCANDO : d*** improbavit.

- 16. ЄΞΟΥΘЄΝΙϹ : D** et D*** ЄΞΟΥΘЄΝЄΙϹ.

- 18. ADSTABIMVS : d*** STABIMVS. Praeterea D in AD correctori d** deberi eiusque loco antea N vel simile quid fuisse videtur.

77. 1. .... ЄΜΟΙ : videtur ЄΙ ΜΗ erasum esse. D** et D*** eius loco reposuere ΟΤΙ. FLECTE .. : non satis patet quid librarius scripserit; corrector, et quidem d**, scripsit FLECTET. Videtur FLECTENT ante fuisse.

- 2. 3. ΚΑΙ ЄΞΟΜΟΛΟΓΗϹЄΤΑΙ ΠΑϹΑ ΓΛωϹϹΑ haec D** sic transponi voluit ΚΑΙ ΠΑϹΑ ΓΛωϹϹΑ ЄΞΟΜΟΛΟΓΗϹЄΤΑΙ; sed D*** delevit signa transpositionis.

- 4. ΑΡΑ : D** et D*** addiderunt ΟΥΝ.

- 6. ΑΠΟΔωϹЄΙ : D***, quamvis iam addidisset spiritum, delevit ΑΠΟ.

Pag. Vers.

77. 8. ΚΡЄΙΝⲰΜЄΝ : Є erasum est.
- 9. ΚΡΙΝЄΤⲀΙ : D***, et fortasse iam D**, ΚΡΙΝⲀΤⲀΙ.
- 10. OFFENSIONEM : d*** OFFENDICVLVM.
- 13. ΠЄΠΙCΜЄ : D** ΠЄΠΙCΜⲀΙ, D*** ΠЄΠЄΙCΜⲀΙ.
- 16. 17. ΤΙ prius iam antiquissimis punctis improbatum delevit D**, sed D*** restituit deleto ΤΙ sequente.
- 18. ЄΚЄΙΝⲰ- : h. l. littera penitus erasa est. Videtur primum per errorem ЄΚЄΙΝⲰΝ scriptum fuisse.
- 19. NAM SI : d*** SI ENIM.
78. 2. ESCA TVA : d*** CIBO TVO.
- 3. ⲀΠΟΛΛΥЄ : alterum Λ erasum est.
- 5. 7. ΒΛⲀCΦΗΜΙCΘⲰ : D** et D*** -ΜЄΙCΘⲰ. Iidem ΒⲀCΙΛЄΙⲀ.
- 8. EET : alterum E d*** delevit.
- 11. ΤΟΥΤⲰ : D** et D*** ΤΟΥΤΟΙC. Item D*** ante X̅Ⲱ̅ addidit ΤⲰ. X̅P̅S̅ : d** X̅P̅O̅.
- 14. ERGO : punctis improbatum est, a d*** ut videtur.
- 17. ΦΥΛⲀΞⲰΜЄΝ : D***, quamquam accentum posuit, lunulis inclusit.
- 21. MALVM : d*** addidit EST.
79. 2. MANDVCANT : d** MANDVCAT.
- 3. ΚΡЄⲀ : D** ΚΡЄⲀC, sed D*** C rursus delevisse videtur.
- 4. ΠЄΙΝ : D** et D*** ΠΙЄΙΝ. VIVERE : d** BIBERE.
- 7. CΚⲀΝΔⲀΛΙΖЄΤЄ : D** et D*** -ΖЄΤⲀΙ.
- 10. HABES : corrector, et quidem d*** ut videtur, HABE.
- 17. ΤΟ : D*** Ὁ.
- 19. ΟΦΙΛΟΜЄΝ : D*** ΟΦЄΙΛΟΜЄΝ. ΗΜΙC : D** et D*** ΗΜЄΙC.
80. 3. ΗΜⲰΝ : aliquis (D** ?) ante D*** correxerat ΥΜⲰΝ, sed D*** restituit ΗΜⲰΝ. In latinis ex VESTRVM d** fecit NOSTRVM.
- 4. AD : d*** IN.
- 6. X̅C̅ : D** et D*** Ο X̅C̅.
- 8. ΟΝΙΔΙCΜΟΙ : (D** et) D*** ΟΝЄΙΔΙCΜΟΙ. Ipse D** Є suum rursus delevisse videtur.
- 9. ΟΝΙΔΙΖΟΝΤⲰΝ : D*** ΟΝЄΙΔΙΖΟΝΤⲰΝ.
- 10. ЄΠЄΠЄCⲀΝ : Non satis patet an D*** correxerit ЄΠЄΠЄCΟΝ. Sed ita videtur.
- 11. ΠΡΟCЄΓΡⲀΦΗ : C erasum est.
- 15. PER : improbatum est punctis superpositis, fortasse iam ante d***.
- 17. HABEMVS : d** HABEAMVS.
81. 6. ΠΡΟCΛⲀΜΒⲀΝЄCΘⲀΙ : D** et D*** -CΘЄ.
81. 7. ΗΜⲀC : D** et D*** ΥΜⲀC. Item NOS : d*** VOS.
- 8. GLORIAM : d*** HONOREM.
- 10. ΓЄΝЄCΘⲀΙ : D*** ΓЄΓЄΝΗCΘⲀΙ.
- 11. ⲀΛΗΘΙⲀC : D** et D*** ⲀΛΗΘЄΙⲀC.
- 12. PROMISSIONIS : d** PROMISSIONES.
- 14. ЄΛⲀΙΟΥC : D*** ЄΛЄΟΥC.
82. 3. D̅M̅ : d** D̅N̅M̅.
- 6. ITERVM : d*** RVRSVS.
- 7. Vox post RADIX scripta penitus periit. Apud Sabatarium ex Clar. et Sangerm. est IESSE.
- 8. ⲀΡΧΙΝ : D** et D*** ⲀΡΧЄΙΝ.
- 12. PACE : d*** addidit IN CREDENDO.
- 13. ΥΜⲀC : D** et D*** addiderunt ЄΝ. AD ABVNDANDAM VOBIS : d*** VT (sed hoc praetermissum videtur, neque AD mutatum) ABVNDETIS IN.
- 14. SPEM NOSTRAM : d*** SPE.
- 16. ΠЄΠΙCΜЄ : D** et D*** ΠЄΠΙCΜⲀΙ.
- 17. ⲀΔЄΛΦΟΙ : D** et D*** addiderunt ΜΟΥ. FRATRES : d*** addidit MEI, et utrumque ante ET IPSE EGO poni voluit.
- 18. DELICTIONE : d** DILECTIONE.
- 19. ET : d*** improbavit.
- 21. ⲀΛΛΗΛΟΥC ΔΥΝⲀΜЄΝΟΙ : D** ΔΥΝⲀΜЄΝΟΙ ΚⲀΙ ⲀΛΛΗΛΟΥC, sed D*** restituit primam lectionem.
83. 3. REMEMORANS VOS : d*** IN MEMORIAM REDVCENS VOS.
- 4. GRATIA : d*** GRATIA̅.
- 5. ΔΟΘΙCⲀΝ : D** et D*** ΔΟΘЄΙCⲀΝ.
- 7. ΓЄΝЄCΘⲀΙ : D** et D*** ЄΙΝⲀΙ. ΛΙΤΟΥΡΓΟΝ : D*** ΛЄΙΤΟΥΡΓΟΝ. SERVIENS : d*** MINISTER. (In sequenti X̅P̅O̅ nihil correctum vidi.)
- 15. QVAE : d*** improbavit.
- 17. EFFICIT : d*** EFFECIT.
- 20. ⲀΥΤΟΥ : D** et D*** (etsi iam posuerat accentum) improbaverunt. Recentior vero manus (D^{nov}) erasum restituit. Item EIVS improbavit d***.
84. 1. ΔΥΝⲀΜΙ : D** et D*** ΔΥΝⲀΜЄΙ. ⲀΓΙΟΥ : D** Θ̅Υ̅, sed D*** rursus ⲀΓΙΟΥ.
- 4. ΜЄΧΡΙ ΤΟΥ ΙΛΛΥΡΙΚΟΥ ΚⲀΙ ΚΥΚΛⲰ : D** ΚⲀΙ ΚΥΚΛⲰ ΜЄΧΡΙ ΤΟΥ ΙΛΛΥΡΙΚΟΥ, sed D*** restituit primam lectionem.
- 6. ΦΙΛΟΤЄΙΜΟΥΜЄ : D** et D*** -ΜЄΝΟΝ.
- 8. ΟΠΟΥ ΟΥΚ : D** ΟΥΚ ΟΠΟΥ, D*** ΟΥΧ ΟΠΟΥ.

Pag. Vers.

Denique D^{nov} restituit ΟΠΟΥ ΟΥΚ. Ο $\overline{XC}$: D** et D*** $\overline{XC}$.

84. 16. INPEDIBAR : d*** INPEDIEBAR.

- 17. 21. ΕΛΘΙΝ : D** et D*** ΕΛΘΕΙΝ utroque loco.

- 18. ΝΥΝΕΙ : D** et D*** ΝΥΝΙ.

- 19. ΚΑΙΜΑCΙ : D*** ΚΑΙΜΑCΙΝ.

- 20. ΕΧω : D*** ΕΧωΝ.

CVPIO AVTEM : d*** CVPIDITATEM HABENS.

85. 1. MVLTIS : d*** EX MVLTIS.

- 2. SED : d*** improbavit.

- 4. 5. PERTRANSIENS VIDERE : d*** QVOD PRAETERIENS VIDEAM.

- 6. ΠΡΟΠΕΝΦΘΗΝΑΙ : D*** ΠΡΟΠΕΜΦΘΗΝΑΙ.

PRAEMITTI : d*** DEDVCAR.

- 7. VOS : d*** VOBIS.

- 9. ΝΥΝΕΙ : D** et D*** ΝΥΝΙ.

- 10. IN : d*** improbavit.

- 12. MACEDONES : d*** MACEDONIA.

- 14. ΠΟΙΗCΑCΘΕ : D** et D*** -CΘΑΙ.

- 15. 16. IN PAVPERES : d*** addidit SANCTORVM, deleto SANCTI v. 16.

- 17. ΟΦΙΛΕΤΑΙ : D*** ΟΦΕΙΛΕΤΑΙ. DEBITORES ENIM : d*** PLACVIT ENIM EIS ET DEBITORES.

- 18. QVONIAM : d*** NAM.

- 20. ΟΦΙΛΟΥCΙΝ : D*** ΟΦΕΙΛΟΥCΙΝ.

- 21. CARNALIBVS : d*** praeposuit IN.

86. 1. ΛΕΙΤΟΥΡΓΗCΕ : D** et D*** -CΑΙ.

- 9. ΠΛΗΡΟΦΟΡΙΑC (C iam antiquitus deletum est) : D** et D*** ΠΛΗΡωΜΑΤΙ.

- 11. ITAQVE : d*** IGITVR.

- 14. SOLLICITVDINEM INPERTIAMINI MIHI : d*** ADIVVETIS ME.

- 15. VESTRIS : d** addidit PRO ME; praeterea vero d*** (non enim d** fuisse videtur) delevit VESTRIS.

- 19. Η ΔωΡΟΦΟΡΙΑ : D*** ΙΝΑ Η ΔΙΑΚΟΝΙΑ. Signa correctionis iam D** posuit : voluit is igitur sive Η ΔΙΑΚΟΝΙΑ sive ΙΝΑ Η ΔΙΑΚΟΝΙΑ.

REMVNERATIO MEA : d*** MINISTERIVM MEVM.

- 20. ΕΝ : D*** et ut videtur iam D** ΕΙC.

QVAE IN HIERVSALEM : d*** QVOD IN HIERVSOLYMA DEFERTVR.

- 21. ACCEPTALIS : d** ACCEPTABILIS; d*** ACCEPTABILE.

87. 3. $\overline{XY}$ $\overline{IY}$: D*** $\overline{ΘY}$. $\overline{XPI}$ $\overline{IHV}$: d*** $\overline{DI}$.

87. 4. REFRIGEREM : d*** REQVIESCAM.

- 6. ΗΤω : D*** (et iam D**?) improbavit.

- 8. CΥΝΙCΤΗΜΙ : D** et D*** addiderunt ΔΕ.

COMMENDO : d*** addidit AVTEM.

- 9. VESTRAM : d** NOSTRAM.

- 10. ΟΥCΗΝ : D** et D*** ΟΥCΑΝ.

- 11. ΚΕΝΧΡΕΑΙC : D*** ΚΕΓΧΡΕΑΙC.

- 12. ΠΡΟCΔΕΞΗCΘΑΙ : D** et D*** -CΘΕ.

- 15. IN QVIBVSCVMQVE DESIDERAVIT VESTRI : d*** IN QVOCVMQVE NEGOTIO VESTRI INDIGVERIT.

- 16. 17. MIHI ET ALIIS ADSISTIT : d*** ADSTITIT MIHI ET MVLTIS.

- 17. ΑΛΛωΝ : D** et D*** ΑΛΛωΝ ΠΟΛΛωΝ. Sic.

- 18. ΑCΠΑCΑCΘΑΙ : D** et D*** -CΘΕ.

- 20. 21. Hos versus post ΤωΝ ΕΘΝωΝ 88, 4. transponendos esse corrector D** indicavit, dissentiente correctore D***.

88. 2. PROPOSVERVNT : d*** SVBPOSVERVNT.

- 4. ΠΑCΕ : D** et D*** ΠΑCΑΙ.

- 5. ΑCΠΑCΑCΘΑΙ : D** -CΘΕ.

- 7. ΑΠΑΡΧΗC : D** et D*** ΑΠΑΡΧΗ. Iidem ΑΧΑΙΑC pro ΑCΙΑC. IN PRINCIPIO : d*** PRIMITIBVS (lege *primitivus*). ASIE : d*** ASIAE.

- 8. ΑCΠΑCΑCΘΑΙ : D** -CΘΕ.

- 10. ΑCΠΑCΑCΘΑΙ : D** et D*** -CΘΕ.

- 11. CΥΓΓΕΝΙC : D** et D*** -ΝΕΙC.

MEOS : d*** improbavit.

- 16. $\overline{IY}$: D*** improbavit. QVI : d*** QVI ET. $\overline{IHV}$: d*** improbavit.

- 17. 19. ΑCΠΑCΑCΘΑΙ : D** et D*** -CΘΕ utroque loco. Sub ΑΜΠΛΙΑΝ satis apparent vestigia nominis ΟΥΡΒΑΝΟΝ, sed errorem suum ipse librarius statim correxit. AMPHIATVM : d** AMPLIATVM.

- 18. DILECTISSIMVM : d*** DILECTVM.

- 20. MEVM : d** $\overline{N}$· i. e. *nostrum*.

89. 1 sqq. ΑCΠΑCΑCΘΑΙ : correctum est -CΘΕ plerumque ab utroque correctore, et D** et D***, versibus 1. 3. 7. 9. 11. 13. 15. 19. Non mutatum est v. 5.

- 4. ARISTOBOLI : d** ARISTOBVLI.

- 6. CΥΓΓΕΝΗΝ : D*** CΥΓΓΕΝΗ.

- 10. LABORAVERVNT : d*** LABORANT.

- 13. DILECTVM : d*** ELECTVM.

- 16. 17. ΕΡΜΗΝ : D*** ΕΡΜΑΝ. Rursusque ΕΡΜΑΝ : D*** ΕΡΜΗΝ.

Pag. Vers.

89. 21. ΑΥΤΟ : D** et D*** ΑΥΤΟΥ.

90. 1. ΚΑΙ ΤΟΥϹ : puncta quibus haec improbantur videntur esse a D**b posita.

- 4. ΑϹΠΑϹΑϹΘΑΙ : D*** -ϹΘЄ.

- 5. ΑΓΙΩ. Post hanc vocem signum apposuit D**, sed nota, si qua fuit, abscissa est. Omnino spectat signum ad verba ea quae h. l. in plerisque monumentis leguntur, ασπαζονται υμας αι εκκλησιαι πασαι του χριστου. Quam in rem cf. infra 91, 19. ubi verba και αι εκκλησιαι πασαι του χυ et a D** et a D*** improbata sunt. Praeterea in latinis post SANCTO d*** addidit SALVTANT VOS OMNES ECCLESIAE XPI.

- 6. ЄΡΩΤΩ : D** improbavit, sed ΠΑΡΑΚΑΛΩ quod in eius locum substituisse censendus est nusquam conspicitur. Ceterum D*** hanc lectionem rursus delevisse putandus est: verbo enim ЄΡΩΤΩ et spiritum et accentum apposuit.

- 7. OBSERVATE : d*** VT OBSERVETIS EOS.

- 10. ΠЄΡΙ : D** et D*** ΠΑΡΑ.

- 11. ΥΜΙϹ : D** et D*** ΥΜЄΙϹ.

- 13. VEL FACIENTES : d*** FACIVNT.

- 14. DECLINANTE : d** DECLINATE.

- 16. DNO ET XPO : d*** XPO DNO.

- 19. ΧΡΗϹΤΟΛΟΓΙΑϹ : haec vox additum habet signum correctoris D**, sed nihil nisi signum. Spectabat omnino ad additamentum και ευλογιας, quod in margine perisse putandum videtur. Cf. supra ad v. 5.

91. 1. OB - - DIENTIAM : M abstulit d**. Praeterea scissa est membrana, ita ut secunda syllaba, quae non tam AV quam OE esse videtur, perierit.

- 2. OMNES : d*** OMNEM LOCVM.

- 3. PROVVLGATA : d*** DIVVLGATA. Praeterea non tam G quam C scriptum esse videtur: lineola enim, unde G ex C fit, paene non apparet.

- 4. ЄΦ ΥΜΙΝ : D** et D*** praeposuerunt TO.

- 5. ΚΑΙ ΘЄΛΩ : D*** ΘЄΛΩ ΔЄ.

- 8. ΑΚΑΙΡЄΟΥϹ : D*** et ut videtur iam D** -ΡΑΙΟΥϹ. INTEGROS AVTEM : d*** ET SIMPLICES.

- 11. SATANAN : d** SATANAM.

- 13. ЄΝ ΤΑΧЄΙ : Post haec signum (a D**) positum est, sed nihil praeter signum. Vide quae in plerisque codicibus addita leguntur. Cf. supra 90, 5. 90, 19.

Pag. Vers.

Post VELOCITER d*** addidit GRATIA DMI IHV XPI VOBISCVM.

- 14. ΑϹΠΑΖЄΤЄ : D*** ΑϹΠΑΖΟΝΤЄ. Sic.

- 15. ΤЄΙΜΟΘЄΘЄΟϹ : Є prius erasum est.

- 18. ϹΥΓΓЄΝΙϹ : D** et D*** -ΝЄΙϹ.

- 19. Totus versus lunulis inclusus est (a D**) nec a D*** accentibus donatus. Cf. supra ad 90, 5. In latinis totum versum iisdem signis circumdedit d***.

- 20. ΑϹΠΑΖΟΜЄ : D** et D*** -ΜΑΙ.

92. 1. 3. ΑϹΠΑΖЄΤЄ : D*** utroque loco -ΤΑΙ. Praeterea ΓΑ in ΓΑΙΟϹ fere abscissum est. In latinis edidimus GAIVS, etsi lineola, qua G ex C fit, vix apparet. Cf. ad 95, 11.

- 8 sqq. Inde ab hoc versu usque epistulae finem ,ΑΙΩΝΩ ΑΜΗΝ, nullum invenitur correctorum D** et D*** vestigium; neque magis D*** accentus apposuit, exceptis quattuor primis verbis ΤΩ ΔЄ ΔΥΝΑΜЄΝΩ ΥΜΑϹ. Hinc etsi non dici potest D** aut D*** delevisse extremos versus, tamen dubitari nequit quin pro suspectis habuerint.

- 9. SECVNDVM : d*** IVXTA.

- 10. APOCALYPSEM : d*** REVELATIONEM. Sed vitiosum SECVM pro SECVNDVM corrector non attigit.

- 11. TEMPORIS AETERNI : d*** TEMPORIBVS AETERNIS.

- 15. FIDEM : d*** FIDEI.

- 16. DECLARASSET : d*** COGNITO.

Subscriptio graeca additum habet manu posteriori (et quidem D**) ЄΓΡΑΦΗ (per compendium scriptum est ЄΓΡΑ/) ΑΠΟ ΚΟΡΙΝΘΟΥ, nullis accentibus auctum. Pro subscriptione latina quae prorsus erasa est corrector scripsit: EPISTVLA PAVLI APOST· EXPLICIT
SCRIBENS A CORINTHVM

Pag. Vers.

93. 5. Hunc versum D** post versum 6. ponendum esse signis indicavit; D*** vero signa rursus delevit.

- 10. ΑΥΤΩΝ : D** et D*** ΑΥΤΩΝ ΤЄ.

- 13. XPI : d** XPO.

- 17. ΔΟΘΙϹΗ : D** ΔΟΘЄΙϹΗ.

94. 1. ΥϹΤЄΡΙϹΘΑΙ : D** et D*** -ΡЄΙϹΘΑΙ.

- 6. ΑΝЄΝΚΛΗΤΟΥϹ : D** et D*** ΑΝЄΓΚΛ.

- 8. ΥΦ ΟΥ : D*** ΔΙ ΟΥ.

- 17. ΝΟЄΙ : Є deletum est.

Pag. Vers.

94. 20. AD : correctum est AB.

95. 2. NVSQVISQVE : d** VNVSQVISQVE.

\- 7. ΠЄΡΙ : D**b et D*** ΥΠЄΡ.

\- 11. GAIVM : sic, non CAIVM quod Sabatier notavit, etsi linea quae G ex C facit satis tenuis est.

\- 14.16. ΒЄΒⲀΠΤΙΚⲀ : D*** ЄΒⲀΠΤΙCⲀ utroque loco.

\- 17. ⲀΠЄCΤΙΛЄΝ : D*** ⲀΠЄCΤЄΙΛЄΝ.

96. 1. PEREVNTIBVS : d** addidit QVIDЀM.

\- 3. ΓЄΓΡⲀΠΤⲀΙ : D**b et D*** addiderunt ΓⲀΡ.

\- 11. STVLTA : d** STVLTĀ.

\- 12. ΚΟCΜΟΥ : D**b et D*** addiderunt ΤΟΥΤΟΥ.

\- 13.20. ЄΠΙΔΗ : D*** ЄΠЄΙΔΗ. Item v. 20. D** et D***.

\- 15. D̅M̅I̅ : I erasum est. (MVNDVM corrector non attigit.)

\- 21. CΗΜΙⲀ : D*** CΗΜЄΙⲀ.

97. 2. ΗΜΙC : D*** ΗΜЄΙC.

\- 5. ЄΘΝЄCΙΝ : D*** ЄΛΛΗCΙΝ, cuius vocis plures litterae in margine exteriore abscissae sunt.

\- 6. ΤЄ : id nunc in ligatura codicis latet.

\- 18. ΟΥΔЄ : D*** et fortasse iam D** ΟΥ.

\- 19. ЄΥΓЄΝΙC : D** et D*** ЄΥΓЄΝЄΙC.

98. 1.4. ΚⲀΤЄCΧΥΝΗ bis : D** et D*** bis ΚⲀΤⲀΙCΧΥΝΗ.

\- 3. D̅O̅ : d** D̅S̅.

\- 5. MODI : d** MVNDI.

\- 7. ΤⲀ ΜΗ : D** et D*** praeposuerunt ΚⲀΙ.

\- 9. ΚⲀΥΧΗCΗΤЄ : D** et D*** -ΤⲀΙ.

\- 11. ΥΜΙC ЄCΤⲀΙ : D*** ΥΜЄΙC ЄCΤЄ.

\- 12. QVIA : A puncto improbatur antiquissimo.

\- 13. ΔΙΚⲀΙΟCΥΝΗ : D** praeposuit ΚⲀΙ. Sed id rursus deletum et ΤЄ post ΔΙΚⲀΙΟCΥΝΗ a duobus correctoribus additum est. Hinc D*** legit ΔΙΚⲀΙΟCΥΝΗ ΤЄ. D** vero ΚⲀΙ ΔΙΚⲀΙΟCΥΝΗ ΤЄ legisse videtur, nisi forte corrector inter D** et D*** iam idem quod D*** scripsit, aut ipse D** ΚⲀΙ quod scripserat rursus abstulit et ΤЄ tantum apposuit.

99. 3. ΤΙ ЄΝ ΥΜЄΙΝ (D** et D*** ΥΜΙΝ) ЄΙΔЄΝⲀΙ : D** ΤΟΥ ЄΝ ΥΜΙΝ ЄΙΔЄΝⲀΙ ΤΙ. D*** restituit lectionem primam.

\- 11. ΠΙΘΟΙC : D** ΠЄΙΘΟΙC.

\- 12. ⲀΠΟΚⲀΛΥΨЄΙ : D** ⲀΠΟΔЄΙΞЄΙ. D*** restituit primam lectionem.

\- 18. ΤЄΛΙΟΙC : D** et D*** ΤЄΛЄΙΟΙC.

100. 4. ET : d** IN.

\- 9. ΟΥΔЄ ЄΙC : D*** ΟΥΔЄΙC. Item fortasse iam D**.

\- 12. MAESTATIS : d** MAIESTATIS.

100. 17. ΚⲀΡΔΙⲀΝΘΡѠΠΟΥ : non liquet num ⲀΝ quod deest corrector suppleverit : scriptura enim tantum non periit.

101. 7. ΤΟ : bis correctum est ΤⲀ (videntur esse D** et D**b); denique D*** accentum addidit. In latinis v. 6. HOMNE non correctum est; neque magis SIT v. 4. aut aliud quidquam per hanc totam paginam.

\- 8. ΟΥΔΙC : D** ΟΥΔЄΙC.

\- 9. ΗΜΙC : D*** ΗΜЄΙC.

\- 12. ΗΜЄΙΝ : Є deletum est.

\- 16. Π̅Ν̅C̅ : D** et D*** addiderunt ⲀΓΙΟΥ.

\- 18. CΥΝΚΡΙΝΟΝΤЄC : D*** CΥΓΚΡ.

102. 1. POTEST : lege POTES; ita enim per incuriam in codice scriptum est; neque correctum est.

\- 3. ΤⲀ ΠⲀΝΤⲀ : D** et D*** ΜЄΝ ΠⲀΝΤⲀ.

\- 5.6. QVIS ENIM etc. : hi duo versus difficillime legi possunt; sed omnino non differre a vulgata lectione videntur.

\- 7. ΗΜΙC : D*** ΗΜЄΙC.

K̅Y̅ : correctum est fusco atramento X̅Y̅, idque potius a D**c quam a D*** factum esse videtur.

\- 9. ΛⲀΛΗCⲀΙ ΥΜЄΙΝ (D*** ΥΜΙΝ) : D** ΥΜЄΙΝ ante ΛⲀΛΗCⲀΙ poni voluit, sed D*** rursus delevit signa transpositionis.

\- 11. CⲀΡΚΙΝΟΙC : D*** et ut videtur iam D** -ΚΟΙC.

\- 12. PARVOLIS : correctum est fusco colore sed sordide PARVVLIS.

\- 14.15. ΗΔΥΝⲀCΘⲀΙ et ΔΥΝⲀCΘⲀΙ : D** et D*** -CΘЄ bis.

\- 16. CⲀΡΚΙΝΟΙ : iam D** -ΚΟΙ. Rursus eadem correctio fuscum colorem (a D**c?) passa est. Denique vero Dnov restituendae primae lectioni operam dedit.

\- 19. ΟΥΧΙ : D** ΟΥΧЄΙ, sed D*** rursus delevit Є.

CⲀΡΚΙΝΟΙ : ut versu 16.

103. 3.4. ⲀΠΟΛΛѠC et ΠⲀΥΛΟC : D** haec nomina transponi voluit, non item D***.

\- 5. ΔΙⲀΚΟΝΟΙ : D** et D*** ⲀΛΛ Η ΔΙⲀΚΟΝΟΙ.

\- 10.13. ⲀΛΛⲀ bis : D*** ⲀΛΛ bis.

\- 17. ΛΗΜΨЄΤⲀΙ : D*** ΛΗΨЄΤⲀΙ.

\- 20. ΓЄΟΡΓΙΟΝ : correctum est ΓЄѠΡΓΙΟΝ. Ѡ nigrum colorem habet; nescio vero an ab uno D*** profectum sit. Praeterea D** addiderat ЄCΤЄ, sed id rursus deletum est a D***. ЄCΤЄ quod sequitur v. 21. nullus corrector attigit.

Pag. Vers.

104. 2. ΔΟΘΙCΑΝ : D** et D*** ΔΟΘЄΙCΑΝ.
- 9. ΟΥΔΙC : D** (et D***) ΟΥΔЄΙC.
- 16. Ο ΠΟΙΗCΑC ΤΟΥΤΟ : ex his D** et D*** correxerunt ЄΚΑCΤΟΥ.
- 17. ΦΑΝЄΡΟC : D** et D*** ΦΑΝЄΡΟΝ.
ΓЄΝΗΤΑΙ : D*** ΓЄΝΗCЄΤΑΙ.

105. 1. ΜЄΝЄΙ : D*** accentum super primam posuit.
- 3. ΛΗΜΨЄΤΑΙ : correctum est ΛΗΨЄΤΑΙ, a D*** solo ut videtur.
- 9. ΥΜЄΙΝ : correctum est ΥΜΙΝ, a D*** ut videtur.
- 10.11. ΦΘΙΡЄΙ et ΦΘЄΙΡΙ : D** et D*** ΦΘЄΙΡЄΙ bis.
- 14. ΜΗΔΙC : D** (et D***) -ΔЄΙC.

106. 1. ΓЄΓΡΑΠΤΑΙ : D**b (ut videtur) et D*** addiderunt ΓΑΡ.
- 5. ΓЄΙΝωCΚЄΙ : D** et D*** ΓΙΝωCΚЄΙ.
- 7. ΜΗΔΙC : D** (et D***) ΜΗΔЄΙC.
- 13. ΥΜωΝ : D** et D*** addiderunt ЄCΤΙΝ.
- 14. ΥΜΙC : D*** ΥΜЄΙC.
- 18. ωΔЄ : D*** ὃ δὲ.
- 20. ΤΙC ЄΥΡЄΘΗ ΠΙCΤΟC : D** ΤΙC ΠΙCΤΟC ЄΥΡЄΘΗ. D*** vero restituit priorem lectionem.

107. 3. ΑΛΛΑ : D*** ΑΛΛ.
- 6. $\overline{ΘC}$: D*** et ut videtur iam D** improbaverunt.
- 7. ΚЄΡΟΥ : D** et D*** ΚΑΙΡΟΥ. $\overline{ΚC}$: D** et D*** Ο $\overline{ΚC}$.
- 8. ΚΑΙ : D*** praeposuit ΟC.
- 16. ΥΜΙΝ : correctum est ΗΜΙΝ; quae emendatio, etsi fuscum quendam colorem habet, tamen a D*** profecta videtur. NOBIS : correctum est VOBIS, et quidem ut videtur a d**.
- 17. ΓЄΓΡΑΠΤΑΙ : D*** addidit ΦΡΟΝЄΙΝ.
- 18. ΙΝΑ. Wetstenio visum est addi ΜΗ altera manu, sed equidem data opera nihil assequi poteram.
- 21. ЄΧΙC : D** ЄΧЄΙC.

108. 5. ΟΦЄΛΟΝ : D** ΟΦЄΛΟΝ ΓЄ, D*** ωΦЄΛΟΝ ΓЄ. VTINA : d** ET VTINĀ.
- 6. ΗΜΙC : D*** ΗΜЄΙC. Sequens CΥΝ improbavit D*** et ut videtur iam D**.
- 7. CΥΝΒΑCΙΛЄΥCωΜЄΝ : D*** CΥΜΒ. REGNETIS : d** REGNEMVS.
- 8. Ο $\overline{ΘC}$: D** et D*** praeposuerunt ΟΤΙ.
- 14.15. ΗΜΙC et ΥΜΙC : D*** ΗΜЄΙC et ΥΜЄΙC.
- 16. ΑCΘЄΝΙC : D** (et D***) -ΝЄΙC.
- 19. IGNOBILES : littera G a d** demum plene scripta est; a prima manu non fuisse videtur nisi C.
- 20. ORAM : d** HORAM.

109. 1. ΓΥΜΝЄΙΤЄΥΟΜЄΝ : D** et D*** ΓΥΜΝΙΤЄΥΟΜЄΝ.
- 7. PATIEMVR : E delevit corrector.
- 11. ΠЄΡΙΚΑΘΑΡΜΑ : D*** et ut videtur iam D** ΠЄΡΙΚΑΘΑΡΜΑΤΑ. TANQVAM : d** TAMQVAM.
- 14. CONFVNDAM VOS : d** CONFVNDAMINI.

110. 2. ΔЄ : D** et D*** ΟΥΝ. D[nov] restituit ΔЄ.
- 3. ΜЄΙΜΗΤΑΙ : Є erasum est. Item Є prius erasum est in voce ΓЄΙΝЄCΘΑΙ, et ex ΑΙ a D*** correctum Є. Utrumque erasum Є restituit D[nov]
EMITATORES : d** IMITATORES.
- 5. ΤЄΙΜΟΘЄΟΝ : Є prius deleverunt D** et D***
- 9. $\overline{Κω}$ $\overline{ΙΥ}$: D** $\overline{Χω}$ $\overline{ΙΥ}$, D*** $\overline{Χω}$.
- 14. ЄΛЄΥCΟΜЄ : D** et D*** -ΜΑΙ.
- 17. ΤΟΝ : D**b et D*** ΟΥ ΤΟΝ. Item in latinis d** ante SERMONEM addidit NON.

111. 4. $\overline{ΠΝΑ}$: D** et D*** $\overline{ΠΝΙ}$. (In latinis $\overline{SPS}$ non correctum est.)
- 5. ΑΚΟΥЄΤЄ : D** et D*** -ΤΑΙ.
- 6. ΠΟΡΝΙΑ : D*** ΠΟΡΝЄΙΑ.
- 7. ΠΟΡΝЄΙΑ : D** delevit Є, sed D*** restituit.
- 9. ITA : d** ITA VT.
- 11. ΥΜΙC : D*** ΥΜЄΙC.
- 15. ΑΠωΝ : D** et D*** ωC ΑΠωΝ.
- 19. $\overline{ΙΥ}$: D*** $\overline{ΙΥ}$ $\overline{ΧΥ}$.

112. 1. $\overline{ΙΥ}$: D*** $\overline{ΙΥ}$ $\overline{ΧΥ}$. (Versu 5. $\overline{ΧΥ}$ non deletum est a correctore, ut Wetstenius vult.)
- 7. ΚΡΑ : iam D** correxit ΜΙΚΡΑ.
- 8. ΔΟΛΟΙ : D** et D*** superscripserunt ΖΥΜΟΙ, sed ipsum ΔΟΛΟΙ praeter morem non deleverunt.
- 12. ЄΤΥΘΗ : et D** et D*** delendum esse significarunt.
- 18. ΙΛΙΚΡΙΝΙΑC : D** -ΝЄΙΑC, sed D*** rursus -ΝΙΑC. Simul vero D*** ЄΙΛΙΚΡ. scripsit.
- 19. ΑΛΗΘΙΑC : D** et D*** -ΘЄΙΑC.
- 21. CΥΝΑΝΑΜΙΓΝΥCΘΑΙ : D** ex ΑΙ fecit Є, sed D*** restituit ΑΙ.

113. 1. ΟΥ : D** et D*** ΚΑΙ ΟΥ.
- 3. ΚΑΙ ΑΡΠΑΞΙΝ : D** et D*** Η ΑΡΠΑΞΙΝ.
- 4. IDOLATRIS : d** IDOLOLATRIS.
- 5. ωΦΙΛЄΤЄ : D*** ωΦЄΙΛЄΤЄ.
- 6. ЄΞЄΛΘΙΝ : D** et D*** -ΘЄΙΝ. EXIRE : in codice membrana scissa est nec nisi litterae EXI et dimidia E reliquae sunt. Hinc non satis certum est

Pag. Vers.

utrum EXIRE an (quod Sabatier edidit) EXISSE scriptum fuerit.

113. 7. NYNЄI : D** delevit Є, D*** et Є et I. D** igitur NYNI, D*** NYN legit.

\- 17. IVDICATIS : d** praeposuit VOS.

\- 19. ЄΞⲀΡⲀΤЄ (D** -ΤⲀΙ, sed D*** rursus -ΤЄ) : D*** ΚⲀΙ ЄΞⲀΡЄΙΤЄ, suasque emendationes erasis litteris correctoris D** imposuit. Nihilominus D** in eundem iam modum locum mutasse videtur.

\- 20. AVTDET : T erasum est. (Versu 19. AVTFERTE intactum est.)

114 1. HABENT : d** HABENS.

\- 4. Η ΟΥΚ : D*** improbavit Η.

\- 6. ΚⲀΙ ЄΝ : D** et D*** ΚⲀΙ ЄΙ ЄΝ.

\- 16. CΟΦΟC : D*** et, ut ex signo apposito coniicere licet, iam D** CΟΦΟC ΟΥΔ'Є ЄΙC.

\- 20. ΚΡЄΙΝЄΤⲀΙ : Є prius deletum est.

\- 21. ΤΟΥΤΟ : D** ΤΟΥΤⲀ (priore Ο per incuriam non mutato), D*** rursus ΤΟΥΤΟ. ΜЄΤⲀ : D** et D*** ЄΠΙ. INFIDELIS : d** INFIDELES. Paullo ante (v. 19.) FRATREM intactum mansit.

115. 1. ΜЄΝ : D** et D*** addiderunt ΟΥΝ.

QVIDEM : d** IAM QVIDEM.

\- 2. ΗΤΗΜⲀ : D*** ΗΤΤΗΜⲀ.

\- 4. ⲀΔΙΚЄΙCΘⲀΙ : D** et D*** -CΘЄ.

\- 5. ⲀΠΟCΤЄΡΙCΘⲀΙ : D** et D*** -ΡЄΙCΘЄ.

\- 6. ⲀΛΛ ΥΜΙC : D*** ⲀΛΛⲀ ΥΜЄΙC. Item pro ⲀΠΟCΤЄΡΙΤЄ D** et D*** scripserunt -ΡЄΙΤЄ.

\- 10. ΒⲀCΙΛΙⲀΝ : D** (et D***) -ΛЄΙⲀΝ.

\- 11. ΠΛⲀΝⲀCΘⲀΙ : D** (et D***) -CΘЄ. (D*** acutum posuit, sed errore animadverso rursus statim delevit in eiusque locum substituit circumflexum.)

\- 13. IDOLISERVIENTES : d** IDOLIS SERVIENTES.

\- 16. ΟΥΔЄ ΚΛЄΠΤⲀΙ ΟΥΔЄ ΠΛЄΟΝЄΚΤⲀΙ : D** ΟΥΔЄ ΠΛЄΟΝЄΚΤⲀΙ ΟΥΔЄ ΚΛЄΠΤⲀΙ, sed D*** revocavit priorem ordinem.

\- 17. ΟΥΤЄ prius non mutatum est, nisi quod D*** hunc accentum addidit ΟΥ̓ΤЄ̀. In altero vero ΟΥΤЄ deletum est ΤЄ, ita ut D*** (et iam D**?) legeret ΟΥ. MALEDICI : lege MALEDICTI; ita enim codex habet, neque id correctum est. Item iam supra 113, 12. pro MALEDICVS lege vitiosum MALEDICTVS.

\- 19. $\overline{\Theta\Upsilon}$ ΒⲀCΙΛΙⲀΝ : D** ΒⲀCΙΛЄΙⲀΝ $\overline{\Theta\Upsilon}$, sed D*** priorem ordinem restituit

115. 21. ⲀΛΛ : D*** ⲀΛΛⲀ.

ⲀΠЄΛΟΥCⲀCΘⲀΙ : D** et D*** -CΘЄ.

116. 3. $\overline{\text{XY}}$: D*** improbavit.

\- 6. CΥΝΦЄΡЄΙ : D*** CΥΜΦЄΡЄΙ.

\- 8. AD QVIBVS : d** ex AD fecit A.

\- 13. ΠΟΡΝΙⲀ : D*** ΠΟΡΝЄΙⲀ.

\- 16. $\overline{\text{DON}}$: correctum est $\overline{\text{DNM}}$. (Correctio fusca sed sordida est.)

\- 17. ЄΞЄΓΙΡЄΙ : D** ЄΞЄΓЄΙΡЄΙ, D*** ЄΞЄΓЄΡЄΙ.

117. 9. ΠΟΡΝΙⲀΝ : D*** ΠΟΡΝЄΙⲀΝ.

\- 10. Ο ⲀΝ : D** et D*** Ο ЄⲀΝ.

\- 20. ΤЄΙΜΗC : D** et D*** ΤΙΜΗC. Versu 17. ЄΙCΤΙΝ non mutatum est.

118. 1. ΥΜѠΝ : D*** addidit (et D** iam posuerat signum additamenti) : ΚⲀΙ ЄΝ ΤѠ $\overline{\Pi\text{NI}}$ ΥΜѠΝ ⲀΤΙΝⲀ ЄCΤΙΝ ΤΟΥ $\overline{\Theta\Upsilon}$.

\- 4. ΓΥΝⲀΙΚΟC : et D** et D*** delendum esse significarunt.

\- 5. ΠΟΡΝΙⲀC : D*** ΠΟΡΝЄΙⲀC.

\- 7. VNAQVEQVE : d** VNAQVAEQVE.

\- 15. ⲀΛΛⲀ : D*** ⲀΛΛ.

119. 2. CΥΓΝѠΜΗΝ : D*** CΥΓΓΝѠΜΗΝ.

\- 4. ΔЄ : D*** et ut videtur iam D** ΓⲀΡ (sed Ρ per incuriam omissum est).

\- 6. ⲀΛΛⲀ : D*** ⲀΛΛ.

\- 7. $\overline{\text{DNO}}$: N erasum est; hinc nunc est $\overline{\text{DO}}$. (i. e. *deo* pro *domino*.)

\- 11. ЄⲀΝ : D** et D*** praeposuerunt ЄCΤΙΝ.

ΜΙΝѠCΙΝ : D*** ΜЄΙΝ.

\- 13. ЄΝΚΡⲀΤЄΥΟΝΤⲀΙ : D*** ЄΓΚΡ.

\- 15. ΚΡΙΤΤΟΝ : D*** ΚΡЄΙΤΤΟΝ. Post ΓⲀΡ D** et D*** addiderunt ЄCΤΙΝ.

\- 18. ⲀΛΛⲀ : D*** ⲀΛΛ.

120. 1. ΟΥΧ prius pluries improbatum est; fortasse iam ab ipso librario.

\- 7. ЄΙ ΤΙC : D*** ΗΤΙC.

\- 9. ΟΥΤΟC : D*** ⲀΥΤΟC. Iam posuerat spiritum super ΟΥΤΟC (sic ὉΥΤΟC) antequam mutaret lectionem.

\- 12. VIR : d** EST VIR.

\- 14. FIDEI : d** FIDELI.

\- 16. ⲀΔЄΛΦѠ : D*** ⲀΝΔΡΙ.

\- 19. ΝΥΝЄΙ : D** ΝΥΝΙ, D*** ΝΥΝ.

121. 14. ΔΙΔⲀCΚѠ : D*** et ut videtur iam D** ΔΙⲀΤⲀCCΟΜⲀΙ.

Vers.

15. ΠЄΡΙΤЄΤΝΗΜЄΝΟC : iam D** correxit -ΤΜΗΜЄΝΟC. ЄΚΛΗΘΗ ΤΙC : D** ΤΙC ЄΚΛΗΘΗ, sed D*** restituit priorem ordinem.
17. ΚЄΚΛΗΤΑΙ : D*** ЄΚΛΗΘΗ.
6. ΑΛΛΑ : D*** ΑΛΛ. ΔΥΝΑCЄ et ΓЄΝЄCΘЄ : D** et D*** -CΑΙ et -CΘΑΙ.
8. 11. ΚΛΗΘΙC : D** (et D***) ΚΛΗΘЄΙC.
12. Quae hoc versu scripta sunt, iam post ΚΛΗΘΙC v. 11. addita legebantur, sed abluta et erasa sunt (et quidem ab ipso ut videtur librario).
13. ΤЄΙΜΗC : Є deletum est.
14. ΓЄΙΝЄCΘΑΙ : Є prius deletum est.
16. ЄΚΛΗΘΗΤЄ : ΤЄ delevit D**b (ut videtur), nec D*** restituit.
5. ЄCΤΙΝ : D*** delevit.
7. ΔЄΔЄCЄ : D** et D*** -CΑΙ.
8. ΖΗΤΙ : D** ΖΗΤЄΙ.
9. EST AB VXOREM : d** ES AB VXORE.
13. ΓΑΜΗ : D***, isque ut videtur solus, ΓΗΜΗ.
14. ЄΝ : D*** iam posuerat spiritum, sed rursus una cum ipso ЄΝ delevit.
16. ΦΙΔΟΜΑΙ : D*** ΦЄΙΔΟΜΑΙ.
18. ЄCΤῙ : D*** (etsi iam posuerat ⁻ᵛ) h. l. delevit et post ΛΟΙΠΟΝ v. seq. addidit.
19. ΛΟΙΠΟΝ : D** et D*** ΤΟ ΛΟΙΠΟΝ.
21. TANQVAM : d** TAMQVAM.
1. 2. ΚΛЄΟΝΤЄC bis : D** et D*** ΚΛΑΙΟΝΤЄC bis.
2. 3. 5. 7. TANQVAM quater : d** quater TAMQVAM.
6. ΤΟΝ ΚΟCΜΟΝ ΤΟΥΤΟΝ : D** et D*** ΤΩ ΚΟCΜΩ ΤΟΥΤΩ.
17. ΚΑΙ ΜЄΜЄΡΙCΤΑΙ : D*** ΜЄΜЄΡΙCΤΑΙ ΚΑΙ.
18. VIRO : d** VIRGO.
3. HOC : d** HOC AVTEM.
4. CΥΜΦΟΡΟΝ : D*** CΥΜΦЄΡΟΝ.
9. ΑCΧΗΜΟΝΙΝ : D** et D*** -ΝЄΙΝ.
9. 10. ΝΟΜΙΖЄΙ ЄΠΙ ΤΗΝ ΠΑΡΘЄΝΟΝ ΑΥΤΟΥ : D** ΝΟΜΙΖЄΙ post ΑΥΤΟΥ poni voluit, sed D*** rursus delevit signa transpositionis.
12. ΟΦΙΛΙ : D** ΟΦΙΛЄΙ, D*** ΟΦЄΙΛЄΙ.
ΓЄΙΝЄCΘΑΙ : Є prius erasum est.
14. ΓΑΜЄΙΤΩ : D*** ΓΑΜЄΙΤΩCΑΝ.
16. ЄΔΡЄΟC : D*** ЄΔΡΑΙΟC. (Sed id non ut Wetstenius notat a correctore transpositum est.)
21. ΤΗΡΙΝ : D** et D*** ΤΗΡЄΙΝ.

Pag. Vers.

126. 5. ΚΡΙCCΟΝ : D*** ΚΡЄΙCCΟΝ.
\- 6. ΔЄΔЄΤЄ : D** et D*** -ΤΑΙ. Item D*** et iam ut videtur D** addiderunt ΝΟΜΩ.
\- 8. ЄΑΝ ΔЄ : D*** addidit ΚΑΙ.
\- 15. ET EGO AVTEM : d** AVTEM ET EGO. Idem pro HABEO legi voluit HABERE.
\- 21. ΔΟΚΙ : D** et D*** ΔΟΚЄΙ.
127. 1. ЄΓΝΩ : D*** et ut videtur iam D** ΟΥΔЄΝ ЄΓΝΩΚЄΝ. Ab ipsa vero prima manu non tam ЄΓΝΩ quam ЄΓΝΩΝ scriptum esse mihi visum est.
\- 5. ΓΝΩCЄΩC : ita prima manu scriptum est, non ut Wetstenio videbatur ΠΙΩCЄΩC. Corrector, et quidem D**b, scripsit ΒΡΩCЄΩC. Praeterea non possum quin Tregellium cl. errasse existimem, nuntiantem post ΒΡΩCЄΩC additum in codice esse ΟΥΝ.
\- 9. ΟΥΔΙC : D** (et D***) ΟΥΔЄΙC.
\- 13. DI : d** DII.
\- 16. ΠΑΝΤΑ : D*** ΤΑ ΠΑΝΤΑ. Idem ΗΜЄΙC pro ΗΜΙC.
\- 17. IHS (with overline) : d** addidit XPS (with overline).
\- 18. ΗΜΙC : D*** ΗΜЄΙC.
\- 20. CΥΝΙΔΗCЄΙ : D*** CΥΝЄΙΔΗCЄΙ.
128. 8. ENIM : d** improbavit.
\- 15. SCIENTIA : d** SCIENTIA̅.
\- 16. ЄΙΔΩΛΙΩ : D*** ЄΙΔΩΛЄΙΩ. ΚΑΤΑΚΙΜЄΝΟΝ : D** et D*** ЄΙ pro Ι. ET : d** improbavit.
\- 17. 21. CΥΝΙΔΗCΙC et ΙΔΩΛΟΘΥΤΑ : D*** ЄΙ pro Ι bis.
129. 1. ΑΠΟΛΥΤΑΙ : D**b (ut videtur) ΑΠΟΛΛΥΤΑΙ, D*** ΑΠΟΛЄΙΤΑΙ.
\- 2. Ο ΑΔЄΛΦΟC : Ο improbavit D***; item ut videtur iam D**.
\- 4. SI : d** SIC.
\- 6. ΑΥΤΩΝ : male Wetstenius notavit ЄΑΥΤΩΝ.
\- 7. CΥΝΙΔΗCΙΝ : D*** CΥΝЄΙΔΗCΙΝ.
\- 10. FRATREM : d** addidit MEVM.
\- 13. ΑΔЄΛΦΟΝ : D** et D*** ΑΔЄΛΦΟΝ ΜΟΥ.
\- 15. 16. 21. ΙΜΙ : D** et D*** ЄΙΜΙ ter.
\- 18. ЄΩΡΑΚΑ : D*** ЄΟΡΑΚΑ.
\- 20. ΥΜΙC : D*** ΥΜЄΙC.
130. 4. ΥΜΙC (D*** ΥΜЄΙC) ЄCΤЄ : D*** et, ut ex signo apposito concludendum est, iam D** addiderunt ЄΝ Κ̅Ω̅.
\- 9. ΠΙΝ : D** et D*** ΠЄΙΝ.

Pag. Vers.

130. 11. MVLIERE : d^{**} MVLIERĒ.
- 16. ЄΞΟΥCΙⲀΝ : D^{**} et D^{***} addiderunt ΤΟΥ.
- 18. CΤΡⲀΤЄΥЄΤЄ : D^{**} et D^{***} -ΤⲀΙ.
- 21. ΤΟΝ ΚⲀΡΠΟΝ : D^{**} et D^{***} ЄΚ ΤΟΥ ΚⲀΡΠΟΥ.
131. 3. ⲀΥΤΗC : D^{***} ΤΗC ΠΟΙΜΝΗC.
- 7. ΛЄΓЄΙ : ad finem huius verbi, id est totius versus, apposuit D^{**} signum ⁒, sed praeterea nihil adscriptum legitur. D^{***} signum intactum reliquit. Videtur id non tam ad huius versus lectionem in posterioribus codicibus vulgatam (Η ΟΥΧΙ ΚⲀΙ Ο ΝΟΜΟC ΤⲀΥΤⲀ ΛЄΓЄΙ) quam ad sequentia spectare, ubi antiqui testes multi ante ΓЄΓΡⲀΠΤⲀΙ scriptum habent ЄΝ ΓⲀΡ ΤѠ ΜѠΥCЄѠC ΝΟΜѠ. Vide etiam de versu 8.
- 8. ΓЄΓΡⲀΠΤⲀΙ ΓⲀΡ : ΓⲀΡ improbavit D^{**}, nec accentu donavit D^{***} (quamquam nec ΓЄΓΡⲀΠΤⲀΙ accentum habet). Hinc omnino dixeris pro ΓЄΓΡⲀΠΤⲀΙ ΓⲀΡ correctoribus probatum esse ЄΝ ΓⲀΡ ΤѠ ΜѠΥCЄѠC ΝΟΜѠ ΓЄΓΡⲀΠΤⲀΙ, quae verba fortasse in margine notata cum ipso margine perierunt, nisi forte per incuriam omissa sunt.
- 9. ΚΗΜѠCЄΙC : D^{**} et D^{***} ΦΙΜѠCЄΙC.
- 10. ΜЄΛΙ : D^{**} ΜЄΛЄΙ. BOBVS : d^{**} BOBIBVS.
- 13. Ο ЄΠ ЄΛΠΙΔΙ : D^{**} et D^{***} ЄΠ ЄΛΠΙΔΙ Ο.
- 14. ΟΦΙΛΙ : D^{**} ΟΦΙΛЄΙ, D^{***} ΟΦЄΙΛЄΙ. Praetereaque D^{**} id voluit ante Ο ⲀΡΟΤΡΙѠΝ poni, sed D^{***} transpositionis signa rursus abstulit.
- 16. ΜЄΤЄΧЄΙΝ : D^{***} et ut ex signo concludo iam D^{**} addiderunt ЄΠ ЄΛΠΙΔΙ.
- 17. 19. ΗΜΙC bis : D^{***} ΗΜЄΙC bis.
- 18. ЄCΠΙΡⲀΜЄΝ ΟΥ : D^{***} ЄCΠЄΙΡⲀΜЄΝ. Sed ΟΥ iam D^{**} deleverat.
132. 2. ΗΜΙC : D^{***} ΗΜЄΙC.
- 6. ЄΚΚΟΠΗΝ : D^{***} ЄΓΚΟΠΗΝ.
- 11. ΤⲀ : D^{***} et ut videtur iam D^{**} deleverunt.
- 14. CΥΝΜЄΡΙΖΟΝΤЄ : D^{***} CΥΜΜЄΡΙΖΟΝΤⲀΙ.
- 15. DISPONSVIT : d^{**} delevit N.
- 18. ΔЄ ΟΥ ΚЄΧΡΗΜⲀΙ ΟΥΔЄΝΙ : D^{**} ΔЄ ΟΥΔЄΝΙ ΚЄΧΡΗΜⲀΙ. D^{***} restituit priorem scripturam. IVSSVS : correctum est VSVS.
- 20. FIAT : F rescriptum est; quid ante fuerit eius loco, non satis liquet; certe non videtur S fuisse.
133. 1. ⲀΠΟΘⲀΝΙΝ : D^{**} et D^{***} -ΝЄΙΝ.
- 2. ΟΥΔΙC : D^{**} (scripserat post ΜΟΥ) et D^{***} (scripsit ante ΟΥΔΙC) ΙΝⲀ ΤΙC. D^{nov} restituit primae manus lectionem.
133. 4. ΧⲀΡΙC : improbatum a D^{**} et D^{***}. Sed ad signum, quod adest, nihil appositum legitur. Hinc ΚⲀΥΧΗΜⲀ videtur in margine perisse.
- 11. ЄCΤⲀΙ : D^{***} ЄCΤΙΝ.
- 14. ΤΟ ЄΥⲀΓΓЄΛΙΟΝ : D^{***} et ut videtur iam D^{**} apposuerunt ΤΟΥ $\overline{ΧΥ}$.
- 16. ΤΗΝ ЄΞΟΥCΙⲀΝ : D^{**} et D^{***} ΤΗ ЄΞΟΥCΙⲀ.
- 17. ΜΟΥ : improbatum a D^{**} et D^{***}.
- 18. LIBER : post hanc vocem corrector litteram A inepte positam erasisse videtur.
- 19. ЄΝ : D^{***} delevit. IN OMNIBVS : BVS a d^{**} rescriptum est. Videtur inepti quid fuisse; fortasse IN OMNIVM, lectionibus duabus in unam conflatis.
- 20. ΠΛΙΟΝⲀC : D^{**} et D^{***} ΠΛЄΙΟΝⲀC.
- 21. ЄΓЄΝΟΜΗΝ : D^{**} et D^{***} praeposuerunt ΚⲀΙ.
134. 3. 4. ΜΗ ѠΝ ⲀΥΤΟC ΥΠΟ ΝΟΜΟΝ : haec lunulis circumdata eoque modo improbata sunt; nihilominus accentibus donata sunt. Et accentus et lunulae correctori D^{***} deberi videntur, qui quidem passim accentibus iam positis delendi notas posuit. Tamen per se probabilius est, D^{**} lunulas adpinxisse, D^{***} vero lunularum nulla ratione habita addidisse accentus.
- 3. ESSE : d^{**} ESSĒ.
- 4. LVCRARE : d^{**} LVCRARĒ.
- 5. SENE bis : d^{**} bis SINE.
- 6. $\overline{ΘΥ}$ et $\overline{ΧΥ}$: D^{***} $\overline{ΘѠ}$ et $\overline{ΧѠ}$.
- 9. ⲀCΘЄΝΙC : D^{**} et D^{***} ⲀCΘЄΝЄΙC.
- 10. ΠⲀΝΤⲀ : D^{**} et D^{***} ΤⲀ ΠⲀΝΤⲀ.
- 11. ET : d^{**} VT.
- 14. CΥΝΚΟΙΝѠΝΟC : D^{***} CΥΓΚ.
- 18. ΒΡⲀΒΙΟΝ : D^{***} ΒΡⲀΒЄΙΟΝ.
- 19. ΟΥΤѠ : D^{***} ΟΥΤѠC.
135. 1. ЄΝΚΡⲀΤЄΥЄΤЄ : D^{***} ЄΓΚΡ.
- 4. ΗΜΙC : D^{***} ΗΜЄΙC.
- 9. ΥΠѠΠΙⲀΖѠ : sic prima manu scriptum est. D^{***} ex Ⲁ fecit Є; D^{**}_{**} restituit Ⲁ. Denique D^{nov} in margine notavit Є, quod pro antiquissima codicis scriptura habuit. Hinc facile intelligitur qui factum sit ut Wetstenius de prima scriptura codicis falleretur.
136. 3. ЄΠΙⲀΝ : D^{**} ЄΠΙΟΝ.
- 4. BIBANT : d^{**} BIBEBANT. Item alterum A in SPIRITALIA improbatum est.

Pag. Vers.

136. 6. Η ΠЄΤΡΑ ΔЄ : D** Η ΔЄ ΠЄΤΡΑ, sed D*** restituit priorem scripturam.
\- 7. ΠΑΙΟCΙΝ : D** et D*** ΠΑЄΙΟCΙΝ.
\- 14. MALVM : d** MALORVM. (PROSTATI : cum tot aliis correctorem fugit.)
\- 17. ΓЄΙΝЄCΘΑΙ : D** ΓΙΝЄCΘΑΙ, D*** ΓΙΝЄCΘЄ.
\- 18. ΚΑΙ ΤΙΝЄC : D*** et ut videtur iam D** improbaverunt ΚΑΙ.
\- 19. ωC : D** et D*** ωCΠЄΡ.
\- 21. ΠЄΙΝ : D** et D*** ΠΙЄΙΝ.
137. 2. ЄΚΠΟΡΝЄΥωΜЄΝ : D*** ΠΟΡΝЄΥωΜЄΝ.
\- 4. ЄΞЄΠΟΡΝЄΥCΑΝ : D*** ЄΠΟΡΝЄΥCΑΝ.
\- 5. ЄΠЄCΑΝ : D*** ЄΠЄCΟΝ.
ΜΙΑ : D** et D*** ЄΝ ΜΙΑ.
\- 6. ΤΡΙC : D*** ΤΡЄΙC.
\- 7. ЄΚΠΙΡΑΖωΜЄΝ : D** et D*** ЄΙ pro Ι.
\- 8. ΤΙΝЄC : D** et D*** ΚΑΙ ΤΙΝЄC.
\- 9. ЄΞЄΠΙΡΑCΑΝ : D** ЄΞЄΠЄΙΡΑCΑΝ, D*** ЄΠЄΙΡΑCΑΝ.
\- 16. ΟΛЄΘΡЄΥΤΟΥ : D*** (et fortasse iam D**) ΟΛΟΘΡЄΥΤΟΥ.
138. 1. ΚΑΤΗΝΤΗΚЄΝ : D*** ΚΑΤΗΝΤΗCЄΝ.
\- 2. TE PVTANT : haec inepta scriptura non correcta est.
\- 4.11. ΠΙΡΑCΜΟC et ΠΙΡΑCΜω : D** et D*** ΠЄΙΡ. bis.
\- 10. ΔΥΝΑCΘΑΙ : D** et D*** -CΘЄ.
\- 13. ΥΠЄΝЄΓΚЄΙΝ : D*** addidit ΥΜΑC. Postea (a D^nov) rursus deletum est.
\- 16. ЄΙΔωΛΟΛΑΤΡΙΑC : D*** -ΤΡЄΙΑC.
\- 18. ΟΥΝ ΦΗΜΙ : D** et D*** ΥΜЄΙC Ο ΦΗΜΙ.
\- 20. ΗΥΛΟΓΟΥΜЄΝ : D*** ЄΥΛΟΓΟΥΜЄΝ.
139. 4. $\overline{ΚΥ}$: D*** $\overline{ΧΥ}$ voluit.
\- 12. ΟΥΧ ΟΙ ЄCΘΟΝΤЄC : D** et D*** ΟΥΧΙ ΟΙ ЄCΘΙΟΝΤЄC.
\- 14. DI (pro DICO) : librarius oblitus est addere alteram syllabam. Tota vero pagina a correctore intacta mansit; hinc nec DI nec VNVS (v. 5.) nec ALTARIIS mutata sunt.
\- 16. ЄCΤΙΝ ΤΙ : D*** ΤΙ ЄCΤΙΝ.
\- 20.21. ΔΑΙΜΟΝΙωΝ ΚΟΙΝωΝΟΥC : D** ΚΟΙΝωΝΟΥC ΤωΝ ΔΑΙΜΟΝΙωΝ, sed D*** revocavit priorem scripturam. Praeterea in ΓЄΙΝЄCΘΑΙ a correctore deletum est Є prius.
140. 1.4. ΔΥΝΑCΘΑΙ bis : D** et D*** bis -CΘЄ.
\- 13. ΜΗΔΙC : D** et D*** ΜΗΔЄΙC.

Pag. Vers.

140. 14. ЄΤЄΡΟΥ : D*** addidit ЄΚΑCΤΟC, eiusque correctionis signum iam D** apposuerat.
\- 18. CΥΝΙΔΗCΙΝ : D*** CΥΝЄΙΔΗCΙΝ.
\- 21. ЄΙ : D*** addidit ΔЄ.
141. 1. ЄΙC ΔΙΠΝΟΝ : haec improbata sunt correctoribus D** et D***. Ille enim lunulis circumdedit, hic retinuit accentus.
\- 6.10.11. CΥΝΙΔΗCΙΝ : ubique D*** scripsit CΥΝЄΙΔ.
\- 12. ΟΥ ΤΗΝ CЄΑΥΤΟΥ : D*** ΟΥΧΙ ΤΗΝ ЄΑΥΤΟΥ.
\- 15. ΚΡЄΙΝЄΤΑΙ : D*** et fortasse iam D** ΚΡΙΝ.
\- 16. CΥΝΙΔΗCЄωC : D*** ЄΙ pro Ι.
\- 20. VE ERGO : in codice VEROERGO vitiose scriptum est, nec correctum est.
142. 3. ΓЄΙΝЄCΘΑΙ : correctum est ΓΙΝЄCΘЄ. Є quidem prius deletum est a D** et D***.
\- 13.17. ΓΙΝЄCΘΑΙ et ΜЄΜΝΗCΘΑΙ : D** et D*** -CΘЄ bis.
\- 16. MEA : post hanc vocem additum erat prima manu FECISTIS; sed ab eadem ut videtur rursus ablutum est.
\- 19. ΥΜЄΙΝ : D** et D*** ΥΜΙΝ.
\- 20. ΠΑΡΑΔΟCΙC ΜΟΥ : D** et D*** ΠΑΡΑΔΟCЄΙC scripsere deleto ΜΟΥ.
143. 3. $\overline{ΧC}$: D*** Ο $\overline{ΧC}$.
\- 9.13. ΚΑΤЄCΧΥΝЄΙ : D*** ΚΑΤΑΙCΧ. utroque loco.
\- 12. ΚЄΦΑΛΗ : D*** ΤΗ ΚЄΦΑΛΗ.
\- 13. ΑΥΤΗC : D** et D*** ЄΑΥΤΗC.
\- 19. ΚΙΡΑCΘΑΙ : D** et D*** ΚЄΙΡ.
\- 21. ΟΦΙΛЄΙ : D*** ΟΦЄΙΛЄΙ.
144. 4. Η ΓΥΝΗ : Η improbavit D***, etsi iam posuerat spiritum. Idem iam puncto superposito improbasse videtur D**.
\- 12. ΟΦΙΛΙ : D** ΟΦΙΛЄΙ, D*** ΟΦЄΙΛЄΙ.
\- 16 sqq. ΟΥΤЄ ΓΥΝΗ ΧωΡΙC ΑΝΔΡΟC ΟΥΤЄ ΑΝΗΡ ΧωΡΙC ΓΥΝΑΙΚΟC : D** poni voluit ΟΥΤЄ ΑΝΗΡ ΧωΡΙC ΓΥΝΑΙΚΟC ΟΥΤЄ ΓΥΝΗ ΧωΡΙC ΑΝΔΡΟC. D*** delevit transpositionis signa.
145. 3. ΥΜΙC : D*** ΥΜЄΙC.
\- 7. ΟΥΔЄ : D** et D*** Η ΟΥΔЄ. Praeterea D** ΑΥΤΗ Η ΦΥCΙC poni voluit, D*** vero restituit Η ΦΥCΙC ΑΥΤΗ.
\- 9. ΑΝ : D*** ЄΑΝ.
\- 16. ΦΙΛΟΝΙΚΟC : iam D** -ΝЄΙΚΟC.
\- 17. ΗΜΙC : D*** ΗΜЄΙC.
\- 20. ΠΑΡΑΓΓЄΛΛω : D*** -ΛΛωΝ.

Pag. Vers.

146. 1. IC: D** et D*** ЄIC. KPICCON : D*** KPЄITTON.
- 2. ⲁΛΛⲁ : D*** ⲁΛΛ. HCCON CYNЄPXЄCΘⲁI : D** et D*** HTTON CYNЄPXЄCΘЄ.
- 6.7. YΠⲁPXЄIN ЄN YMIN : D** ЄN YMIN YΠⲁPXЄIN; D*** restituit priorem ordinem.
- 9. ⲁIPЄCIC D** et D*** -CЄIC. Post ЄINⲁI D*** addidit ЄN YMIN.
- 10. KⲁI ; D** et D*** improbarunt.
- 12. YMЄIN : D*** YMIN.
- 13. CYNЄPXOMЄNѠN : D** et D*** addiderunt OYN.
- 15. OYK ЄTI : D** et D*** OYK ЄCTIN.

147. 5. KⲁTЄCXYNЄTЄ : D*** KⲁTⲁICX.
- 7.11. YMЄIN : D*** YMIN bis.
- 9. ЄΠЄNѠ : D** et D*** ЄΠⲁINѠ.
- 10. $\overline{\text{DO}}$: correctum est $\overline{\text{DOM}}$. (*domino* pro *deo*.)
- 13. ЄN H NYKTI : D*** ЄN TH NYKTI H.
- 14. ЄΛⲁBЄ TON : D** et D*** ЄΛⲁBЄN. D^nov ut videtur instaurandae scripturae primae operam dedit.
- 18. ΘPYΠTOMЄNON : D** et D*** KΛѠMЄNON.

148. 1. ΔЄΙΠΝΗCЄ : D** et D*** -CⲁI. In latinis nec POSQVAM v. 1., nec HIS v. 3. correctum est.
- 12. TO ΠOTHPION : D*** et ut videtur iam D** TO ΠOTHPION TOYTO.
- 14. ⲁXPIC OY : D** et D*** addiderunt ⲁN.
- 18. ⲁNⲁΞIѠC : D*** addidit TOY KYPIOY.

149. 1. O ⲁNΘPѠΠOC : D*** delevit O, etsi iam posuerat spiritum.
- 11. ⲁCΘЄNIC : D** et D*** -NЄIC.
- 17. CORRVMPIMVR : correctum est CORRIPIMVR.

150. 1. ЄKΔЄXЄΘⲁI : D** et D*** ЄKΔЄXЄCΘЄ.
- 2. ЄI : D** et D*** ЄI ΔЄ.
- 4. CYNЄPXHCΘⲁI : D** et D*** Є ex ⲁI fecerunt.
- 9. ⲁΔЄΛΦOI : hoc D** ante OY ΘЄΛѠ v. 8. poni voluit; sed D*** abstulit rursus signa transpositionis.
- 12. ⲁNHΓЄCΘЄ : D*** ⲁN HΓЄCΘЄ.
- 14.16. OYΔIC bis : D** utroque loco OYΔЄIC. Praeterea POTES vitiosum intactum mansit.

151. 1. ΔIⲁIPЄCIC : D** et D*** -CЄIC.
- 7. ΠⲁNTⲁ : D** et D*** Tⲁ ΠⲁNTⲁ.
- 15. ЄTЄPѠ : D** et D*** ЄTЄPѠ ΔЄ.
- 17.18. SANITATEM IN VNV : etiam haec cum tot aliis vitiis intacta manserunt.
- 19. ⲁΛΛѠ : D*** addidit ΔЄ.
- 21. ΔIⲁKPICIC : D*** -CЄIC.

152. 2. ΔIЄPMHNIⲁ : D*** ΔЄ ЄPMHNЄIⲁ. Illud vero quod sequitur ΓЄNH et D** et D*** deleverunt.
- 4. ЄN : D** et D*** TO ЄN.
- 5. ΔIЄPOYMЄNⲁ : D** et D*** ΔIⲁIPOYN IΔIⲁ. Postea vero D^nov prius illud et instauravit et in margine notavit.
- 9. MЄΛH ΔЄ : D** et D*** KⲁI MЄΛH. D^nov instauravit primam scripturam.
- 11. ЄK : improbavit D*** (etsi iam spiritum posuerat).
- 15. HMIC : D*** HMЄIC.
- 16. ЄCMЄN : D** et D*** abstulerunt. (D** deleverat tantum ЄCMЄN; D*** vero etiam ЄIC delevit, rursusque ЄIC ante ЄN CѠMⲁ adpinxit.)
- 21. ЄN $\overline{\text{ΠNⲁ}}$: D*** praeposuit ЄIC.

153. 6.7. IMI et IMЄI : D** et D*** ЄIMI bis.
- 10. ЄⲁN : D** et D*** KⲁI ЄⲁN.
- 11.12. IMI bis : D** et D*** ЄIMI bis.
- 15. O OΦΘⲁΛMOC : articulum improbant D** et D***.
- 18. NYN : D** et D*** NYNI.
- 19. QVOQVE : corrector non attigit.

154. 3. ΠOΛΛⲁ : D*** et ut videtur iam D** ΠOΛΛⲁ MЄN.
- 7.9. XPIⲁN bis : D** bis XPЄIⲁN.
- 15. ⲁTЄIMOTЄPⲁ : Є prius delevit D**.
- 17. TЄIMHN : D** TIMHN.

155. 2. XPIⲁN : D** XPЄIⲁN. Item D** et D*** TIMHC.
- 5. TЄIMHN : D** TIMHN.
- 6. CXICMⲁTⲁ : D** et D*** CXICMⲁ.
- 8. Tⲁ ⲁYTⲁ : D** et D*** TO ⲁYTO.
- 17. YMIC : D*** YMЄIC.
- 18. MЄΛOYC : D*** MЄPOYC.

156. 2. ΔЄ : D*** delevit.
- 3. ЄΠITⲁ : D** ЄΠЄITⲁ.
ΔYNⲁMIC : D** et D*** -MЄIC.
- 5. ⲁNTIΛHMΨIC : M delevit D***; -ΨЄIC pro -ΨIC correctorum D** et D*** est.
- 6. KYBЄPNHCIC : D** et D*** -CЄIC.
- 11. ΔYNⲁMIC : D** et D*** -MЄIC.
- 19. KPICCONⲁ : D*** KPЄICC.
ЄITI : D** et D*** ЄTI.
- 21. ΔЄIKNYMЄI : D** et D*** ΔЄIKNYMI.

157. 5. ЄN ЄIMI : D*** et ut videtur iam D** ΓЄΓONⲁ.
- 8. ΠPOΦHTIⲁN : D** et D*** -TЄIⲁN.
- 9. IΔѠ : D*** ЄIΔѠ.
- 14. OYΔЄN : D*** OYΘЄN.

Pag. Vers.

158. 10. ϹΥΝΧΑΙΡΕΙ : D*** ϹΥΓΧΑΙΡΕΙ. ΑΛΗΘΙΑ : iam D** -ΘΕΙΑ.

\- 17. ΕΙΤΕ : D** et D*** addiderunt ΔΕ. ΠΡΟΦΗΤΙΑΙ : D** -ΤΕΙΑΙ.

\- 20. ΓΝΩϹΙϹ ΚΑΤΑΡΓΗΘΗϹΕΤΑΙ : D** ΓΝΩϹΕΙϹ ΚΑΤΑΡΓΗΘΗϹΟΝΤΑΙ. D*** vero revocavit priorem scripturam; quemadmodum etiam γνῶσις, non γνώσεις, scripsit.

\- 21. ΓΕΙΝΩϹΚΟΜΕΝ : D** et D*** ΓΙΝ.

159. 3. ΤΕΛΕΙΟΝ : D** et D*** addunt ΤΟΤΕ.

\- 4.5. D** ΤΟ ΕΚ ΜΕΡΟΥϹ ante ΚΑΤΑΡΓΗΘΗϹΕΤΑΙ poni voluit; sed D*** restituit priorem ordinem.

\- 6. ΔΕ : D*** (et iam D**?) delevit.

10. ΟΤΕ : D*** addidit ΔΕ.

\- 12. ΒΛΕΠΟΜΕΝ : D*** addidit ΓΑΡ. Praeterea falsus est Wetstenius, quum putabat ΩϹ a correctore deletum esse. Sed hoc quidem loco falli facile erat.

\- 13. ΕΝΙΓΜΑΤΙ : D*** ΑΙΝΙΓΜΑΤΙ.

\- 17. ΚΑΙΩ : D*** (et iam D**?) delevit Ω. (An forte scriptura ΚΑΙΩ per errorem orta est ex ΚΑΓΩ?)

\- 18. ΝΥΝΕΙ : D** et D*** ΝΥΝΙ. ΜΕΝΙ : D** ΜΕΝΕΙ.

\- 21. ΜΕΙΖΩ : D*** ΜΕΙΖΩΝ.

160. 6. ΘΕΩ : D*** ΤΩ ΘΕΩ.

\- 7. ΟΥΔΙϹ : D** et D*** ΟΥΔΕΙϹ.

\- 20. ΠΡΟΦΗΤΕΥΕΙΝ : D** et D*** ΙΝΑ ΠΡΟΦΗΤΕΥΗΤΕ. Vitiosum PROPHETIS intactum mansit.

161. 2. ΔΙΕΡΜΗΝΕΥΩΝ : D*** ΔΙΕΡΜΗΝΕΥΗ.

\- 5. ΝΥΝ : D*** ΝΥΝΙ.

\- 11. ΠΡΟΦΗΤΙΑ : D*** -ΤΕΙΑ. In latinis VT (pro AVT) correctorem non invenit, neque magis aliud quidquam per totam hanc paginam.

\- 12. ΔΙΔΑΧΗ : D** et D*** praeposuerunt ΕΝ.

\- 17. ΔΩ : D*** ΜΗ ΔΙΔΩ (deleto ΜΗ praecedente).

\- 18. ΓΝΩϹΘΗ : D** et D*** ΓΝΩϹΘΗϹΕΤΑΙ.

162. 1. ΔΩΗ : D*** ΔΩ.

\- 3. ΥΜΙϹ : D*** ΥΜΕΙϹ.

\- 4. ΕΥϹΧΗΜΟΝ : D** et D*** ΕΥϹΗΜΟΝ.

\- 8. ΕϹΕϹΘΑΙ : D** et D*** -ϹΘΕ.

\- 9. ΕΙ : D*** et ut videtur iam D** praeposuerunt ΤΟϹΑΥΤΑ.

\- 10. ΤΩ : D*** delevit.

\- 11. ΟΥΔΕΝ : D*** addidit ΑΥΤΩΝ. Idem improbavit ΕϹΤΙΝ.

\- 12.16. ΙΔΩ et ΥΜΙϹ : D*** ΕΙΔΩ et ΥΜΕΙϹ.

Pag. Vers.

162. 17. ΕΠΙ ΖΗΛΩΤΕ : D*** ΕΠΕΙ ΖΗΛΩΤΑΙ.

163.} 164.} De duobus his foliis rescriptis vide Prolegomena.

164. 3. ΕΚΚΛΗϹΙΑ : alterum Κ inter Κ et Λ superscriptum est, sed eadem manu qua haec duo folia suppleta sunt.

\- 17. POPVLO : utrum HVIC an ILLI additum sit, propter pallorem scripturae non satis assecutus sum. Mihi quidem magis videbatur ILLI scriptum esse. Sed id propterea dubito quod omnes latini testes reliqui HVIC tenent. V. 21. est IN SIGNIVM.

165. 3. ΠΡΟΦΗΤΙΑ : D** (et D***) -ΤΕΙΑ.

\- 9.10. ΛΑΛΩϹΙΝ ΓΛΩϹϹΑΙϹ ΠΑΝΤΕϹ : D** ΠΑΝΤΕϹ ΓΛΩϹϹΑΙϹ ΛΑΛΩϹΙΝ. D*** restituit priorem ordinem.

\- 12. ΜΑΙΝΕϹΘΑΙ : D** et D*** -ϹΘΕ.

\- 16. ΕΛΕΝΧΕΤΑΙ : D*** ΕΛΕΓΧ.

\- 17. ΠΑΝΤΩΝ : D*** addidit ΚΑΙ ΟΥΤΩϹ.

\- 19. ΓΕΙΝΕΤΑΙ : D** et D*** ΓΙΝΕΤΑΙ.

166. 1. ΘϹ : D** et D*** Ο ΘϹ.

\- 4. ϹΥΝΕΡΧΗϹΘΑΙ : D** -ϹΘΕ.

\- 12. ΓΕΙΝΕϹΘΩ : D** ΓΙΝΕϹΘΩ.

\- 14. ΠΛΙϹΤΟΝ ΤΡΙϹ : D** et D*** ΠΛΕΙϹΤΟΝ ΤΡΕΙϹ.

\- 17. Ο ΕΡΜΗΝΕΥΤΗϹ : D** et D*** ΔΙΕΡΜΗΝΕΥΤΗϹ.

\- 18. ϹΕΙΓΑΤΩ : D** et D*** ϹΙΓΑΤΩ.

\- 20. ΤΡΙϹ : D** et D*** ΤΡΕΙϹ.

167. 1. ΑΛΛΟΙ : D*** ΟΙ ΑΛΛΟΙ. ΑΝΑΚΡΙΝΕΤΩϹΑΝ : D** et D*** ΔΙΑΚΡΙΝΕΤΩϹΑΝ. Praeterea in latinis EXANIMENT aeque ac 166, 20. PRAOPHETAE corrector non attigit.

\- 2. ΕΑΝ : D*** ΕΑΝ ΔΕ.

\- 5. ΔΥΝΑϹΘΑΙ : D** et D*** -ϹΘΕ.

168. 1. ΕϹΤΙΝ : D** et D*** ΕΙϹΙΝ ΕΝΤΟΛΑΙ.

\- 3. ΑΓΝΟΕΙΤΕ : D** et D*** ΑΓΝΟΕΙΤΩ.

\- 4. ΑΔΕΛΦΟΙ : D** et D*** addunt ΜΟΥ.

\- 6. ΕΝ : D*** delevit.

\- 9. ΓΕΙΝΕϹΘΩ : D** et D*** ΓΙΝ.

\- 10. ΓΥΝΑΙΚΑΙϹ : D** et D*** -ΚΕϹ.

\- 14. ΑΛΛΑ : D*** ΑΛΛ. Obiter moneo, SVBDITA in latinis intactum mansisse a correctore.

\- 16.19. ΜΑΘΙΝ et ΛΑΛΙΝ : D*** -ΕΙΝ bis.

\- 17. ΕΠΕΡΩΤΑΤΩϹΑΝ : syllabae ultimae duae ΤΩϹΑΝ nunc in ligatura codicis delitescunt.

169. 3. ϹΤΗΚΕΤΕ : D** et D*** ΕϹΤΗΚΑΤΕ.

\- 4. ϹΩΖΕϹΘΑΙ : D** et D*** -ϹΘΕ.

Pag. Vers.

169. 5. ΚⲀΙ : D** et D*** improbaverunt.
\- 6. ЄΥΗΝΓЄΛΙCⲀΜΗΝ ΥΜЄΙΝ : D*** ЄΥΗΓΓЄΛΙCⲀΜΗΝ (in margine rursus Ν pro Γ exhibet D^{nov}) ΥΜΙΝ. Versu 1. est ЄΥⲀΓΓЄΛΙCⲀΜΗΝ, nec mutatum.
\- 7. ΟΦΙΛЄΤЄ ΚⲀΤЄΧЄΙΝ : D** et D*** ЄΙ ΚⲀΤЄΧЄΤЄ. D^{nov} in margine rursus notat ΟΦЄΙΛЄΤЄ ΚⲀΤЄΧЄΙΝ.
\- 19. ΚⲀΙ ΜЄΤⲀ ΤⲀΥΤⲀ : D*** ЄΙΤⲀ. Iam posuerat accentum super ΚⲀΙ. Idem corrector pro ЄΝΔЄΚⲀ scripsit ΔѠΔЄΚⲀ. Praeterea moneo tam exigua esse signa, quibus ΚⲀΙ ΜЄΤⲀ ΤⲀΥ improbantur, ut facile intelligatur qui factum sit ut ineptus scriba codicis Sangermanensis transscriberet ΚⲀΙ ΜЄΤⲀ ΤⲀΥЄΙΤⲀ. Item ЄΝ in ЄΝΔЄΚⲀ non deletum est sed tantummodo superscriptum habet ΔѠ : hinc idem ille ΔѠЄΝΔЄΚⲀ. Cf. Wetsten. N. T. Tom. II. Prolegg. pag. 7. sub finem.
\- 20. ЄΠΙΤⲀ : D** ЄΠЄΙΤⲀ.
170. 2. ΠΛΙΟΝЄC : D** (et D***) ΠΛЄΙΟΝЄC.
\- 4. ΤΙΝЄC ΔЄ : D*** addidit ΚⲀΙ.
QVID : d** $\overline{\text{QVID}}$; voluit ergo QVIDAM legi.
\- 8. ѠCΠЄΡ : D*** ѠCΠЄΡЄΙ. Praeterea idem super ΤѠ circumflexum posuit.
\- 12. ΙΜΙ : D** et D*** ЄΙΜΙ.
\- 17. ЄΙC ЄΜЄ : D** et D*** Η ЄΙC ЄΜЄ.
\- 18. ΠΤѠΧΗ ΟΥΚ : D** et D*** ΟΥ ΚЄΝΗ.
\- 19. ΠЄΡΙCCΟΤЄΡΟΝ : D*** addit ⲀΥΤѠΝ.
171. 1. ⲀΛΛⲀ : D*** ⲀΛΛ. Idem cum D** pro CΥΝ scripsit Η CΥΝ.
\- 2. ΔЄ : D** et D*** ΟΥΝ.
\- 5. ΚΗΡΥCCЄΤЄ : D** et D*** -ΤⲀΙ.
\- 6. 7. ЄΚ ΝЄΚΡѠΝ ΟΤΙ : D** ΟΤΙ ЄΚ ΝЄΚΡѠΝ, sed D*** restituit priorem ordinem.
\- 14. ΟΥΚ : deleverunt D** et D***. Praeterea D*** post ЄΓΗΓЄΡΤⲀΙ addidit ЄΙ ΔЄ $\overline{\text{ΧC}}$ ΟΥΚ ЄΓΗΓЄΡΤⲀΙ.
\- 16. ΚЄΝΗ ΚⲀΙ : D*** ΚЄΝΗ ΔЄ ΚⲀΙ. Deinde pro ΗΜѠΝ et D** et D*** scripserunt ΥΜѠΝ.
\- 17. ΔЄ : D** et D*** addunt ΚⲀΙ.
172. 1. Post ΝЄΚΡΟΙ positum erat Ο (scripturus erat ΟΥΚ quod v. seq. sequitur) quod iam ipse librarius delendum significasse videtur. Nunc exstinctum est.
\- 5. ΜⲀΤЄⲀ : D** et D*** ΜⲀΤⲀΙⲀ. ЄCΤΙΝ : improbatum est, nec D*** accentum aut spiritum addidit.
\- 11. 12. ЄΝ $\overline{\text{ΧѠ}}$ ΗΛΠΙΚΟΤЄC ЄCΜЄΝ ΜΟΝΟΝ : D** ΗΛΠΙΚΟΤЄC ЄCΜЄΝ ЄΝ $\overline{\text{ΧѠ}}$ ΜΟΝΟΝ. D*** vero delevit transpositionis signa.
172. 15. ΝΥΝЄΙ : D** et D*** -ΝΙ.
\- 17. ΚЄΚΟΙΜΗΜЄΝѠΝ : D*** addidit ЄΓЄΝЄΤΟ.
\- 18. ЄΠΙΔΗ : D** et D*** ЄΠЄΙΔΗ.
\- 19. ΘⲀΝⲀΤΟC : D** et D*** Ο ΘⲀΝⲀΤΟC.
173. 6. ЄΠΙΤⲀ : D** et D*** ЄΠЄΙΤⲀ.
\- 17. ⲀΧΡΙC ΟΥ : D** et D*** addunt ⲀΝ.
\- 18.—174, 3. Istis septem versibus D** corrector has praeposuit litteras transponendi caussa : Ⲁ Β Є Ϛ Γ Δ Ζ. Voluit igitur verba ЄCΧⲀΤΟC ЄΧΘΡΟC ΚⲀΤⲀΡΓЄΙΤЄ Ο ΘⲀΝⲀΤΟC ante ΠⲀΝΤⲀ ΓⲀΡ ΥΠЄΤⲀΞЄΝ ΥΠΟ ΤΟΥC ΠΟΔⲀC ⲀΥΤΟΥ legi. Quas notas nec D*** delevit.
174. 1 sqq. Quicquid hac pagina vitiose in latinis scriptum est, ut NONVISSIMOS INIMICOS v. 1., SI pro SIBI v. 12., FACIET v. 14., intactum mansit.
\- 4. ΥΠΟΤЄΤⲀΚΤⲀΙ : D** per errorem super ΤЄ aliud ΤЄ posuerat, sed id rursus deletum est.
\- 10. ⲀΥΤΟC : D*** ΚⲀΙ ⲀΥΤΟC.
\- 13. Ο $\overline{\text{ΘC}}$ Η ΠⲀΝΤⲀ : D** et D*** Η Ο $\overline{\text{ΘC}}$ ΤⲀ ΠⲀΝΤⲀ.
\- 14. ЄΠΙ : D** et D*** ЄΠЄΙ.
\- 19. ΒⲀΠΤΙΖΟΝΤЄ : D** et D*** -ΝΤⲀΙ.
\- 20. ⲀΥΤѠΝ : D*** ΤѠΝ ΝЄΚΡѠΝ.
\- 21. ΗΜΙC : D*** ΗΜЄΙC.
175. 1 sqq. Per hanc paginam in latinis nota OMNIA HORA, BESTEIS, HEBENT.
\- 4. $\overline{\text{ΚѠ}}$ (sic a prima manu; erravit Wetstenius notans $\overline{\text{ΧѠ}}$) : D*** (et iam D** uncinis incluserat $\overline{\text{ΚѠ}}$, sed nihil praeterea ab eo scriptum legitur; certe nihil superest) $\overline{\text{ΧѠ}}$ (hoc ex ipso $\overline{\text{ΚѠ}}$ fecit mutans Κ cum Χ) $\overline{\text{ΙΥ}}$ ΤѠ $\overline{\text{ΚѠ}}$ ΗΜѠΝ.
\- 7. ΟΦЄΛΟC : D*** ΤΟ ΟΦЄΛΟC.
\- 11. ΠΛⲀΝⲀCΘⲀΙ : D** et D*** Є pro ⲀΙ.
\- 12. ΦΘΙΡΟΥCΙΝ : D** ΦΘЄΙΡΟΥCΙΝ.
ΧΡΗCΤⲀ : D*** ΧΡΗCΤⲀ̀.
176. 4. 6. 8. CΠΙΡЄΙC ter : D** ter CΠЄΙΡЄΙC.
ΖѠΟΠΟΙЄΙΤЄ : D** et D*** -ΤⲀΙ.
\- 10. CЄΙΤΟΥ : D** et D*** CΙΤΟΥ.
\- 16. ΠⲀCⲀΡΞ : a D*** et iam ante eum correctum est ΠⲀCⲀ CⲀΡΞ. Post CⲀΡΞ alterum D** et D*** addiderunt ⲀΛΛⲀ.
\- 17. ⲀΝΘΡѠΠΟΥ : D** et D*** ⲀΝΘΡѠΠѠΝ.
\- 18. ΚΤΗΝΟΥC : D** et D*** ΚΤΗΝѠΝ.

Pag. Vers.

176. 19. ΑΛΛΗ : D** addidit ΔЄ, neque mutavit D***. ΠЄΤΙΝѠΝ : D** (et D***) ΠΤΗΝѠΝ.

177. 2. ΑΛΛΑ : D*** ΑΛΛ.

- 4. ЄΠΙΓΙѠΝ : D*** ЄΠΙΓЄΙѠΝ.

- 6. ET ALIA : ET punctis improbatum est. Infra DIFFERET IN CARITATE non correctum est, neque magis TERRESTRIA v. 4.

- 12. CΠΙΡЄΤЄ : D** et D*** -ΤΑΙ.

- 13 sqq. ЄΓЄΙΡЄΤЄ et CΠЄΙΡЄΤЄ : ubique correctum est -ΤΑΙ, et quidem plerumque ab utroque correctore.

- 16. ΑCΘЄΝΙΑ : D*** -ΝЄΙΑ.

- 20. ЄΙ : D** et D*** improbavere.

178. 6. ΑΛΛΑ : D*** ΑΛΛ. Versu 7. est QVOD SPIRITALIS.

- 13. ЄΞ : D*** (et iam D** pro signo apposito) Ο ΚС ЄΞ.

- 15. 16. ΟΥΡΑΝΙΟC et ΟΥΡΑΝΙΟΙ : D** (neque quidquam mutavit D***, etsi nec spiritum apposuit,) ЄΠΟΥΡΑΝΙΟC et ЄΠΟΥΡΑΝΙΟΙ.

179. 5. ΚΛΗΡΟΝΟΜΗCЄΙ : D*** ΚΛΗΡΟΝΟΜЄΙ. (Posuerat iam acutum super Η, sed se statim correxit.)

- 6. ΥΜЄΙΝ : D** et D*** ΥΜΙΝ.

- 7. 8. ΑΝΑCΤΗCΟΜЄΘΑ ΟΥ : D*** ΜЄΝ ΟΥ ΚΟΙΜΗΘΗCΟΜЄΘΑ. Praeterea uncini supersunt quibus iam D** circumdederat ΑΝΑCΤΗCΟΜЄΘΑ, ΟΥ vero non expertum videtur nisi D*** : hinc conieceris D** voluisse ΚΟΙΜΗΘΗCΟΜЄΘΑ pro ΑΝΑCΤΗCΟΜЄΘΑ, non mutatis reliquis.

- 10. ΡΟΠΗ : D** et D*** ΡΙΠΗ.

- 15. ΗΜΙC : D*** ΗΜЄΙC.

- 21. 23. ЄΝΔΥCΗΤЄ bis : D** (et D***) -ΤΑΙ.

- 22. sq. : haec in utroque textu ipsa prima manu suppleta sunt. Aberraverat igitur librarius oculo a simili ad simile, sed errorem suum mox animadvertit. (Praeterea INDVERE v. 23. pro INDVERIT scriptum est.) Tamen vero etiam hoc fieri potuit ut uterque versus iam in veterrimo exemplari, unde codex Claromontanus descriptus est, non exstiterit nisi suppletus in margine. Nimirum iam ibi per eundem errorem in textu excidere poterat. Cf. etiam Griesbachium in Symbolis criticis, tom. II. pag. 33.

180. 4. 6. 12. ΝЄΙΚΟC : D** et D*** ubique ΝΙΚΟC.

- 6. ΘΑΝΑΤЄ : improbavit D***; hinc haud dubie voluit ΑΔΗ, etsi id non adscriptum vidi.

- 12. ΥΜЄΙΝ : D** et D*** ΥΜΙΝ.

- 15. ΓЄΙΝЄCΘΑΙ : D** et D*** Ι pro ЄΙ, item D*** Є pro ΑΙ.

180. 16. ΑΜЄΤΑΚЄΙΝΗΤΟΙ : D** et D*** Ι pro ЄΙ.

181. 2. ΤЄC : D** et D*** ΤΑΙC. In latinis ORDINAVIT non invenit correctorem.

- 3. ΓΑΛΑΤЄΙΑC : D** delevit Є.

- 4. ΥΜΙC : D*** ΥΜЄΙC.

- 6. ΠΑΡ ЄΑΥΤѠ : haec iam ipsa prima ut videtur manu punctis notata sunt.

- 9. ЄΥΟΔѠΤЄ : D*** -ΤΑΙ.

- 11. ΓЄΙΝѠΝΤΑΙ : Є deletum est.

- 13. ΟΥC ΑΝ : D*** ΟΥC ЄΑΝ.

- 15. ΠЄΝΨѠ : D** et D*** ΠЄΜΨѠ.

- 16. ΑΠЄΝЄΝΚЄΙΝ : D*** ΑΠЄΝЄΓΚЄΙΝ.

182. 2. ΔΙЄΡΧΟΜЄ : D** -ΜΑΙ.

- 5. ΙΝΑ ЄΙ : haec D** deleri vult; D*** vero eorum loco reponit Η. ΠΑΡΑΧΙΜΑCѠ : D*** ЄΙ pro Ι. Post hanc vocem D** addidit ΙΝΑ, quod D*** ad initium versus eius qui sequitur transtulit.

- 6. ΥΜΙC : D*** ΥΜЄΙC. ΠΡΟΠЄΝΨΗΤЄ : D** et D*** Μ pro Ν.

- 7. ΟΥ ΑΝ : D*** ΟΥ ЄΑΝ.

- 13. ЄΠΙΜЄΝѠ : D*** ἘΠΙΜΈΝѠ.

- 16. ET VIDENS : sic; neque correctum est.

- 18. ΤЄΙΜΟΘЄΟC : D** delevit Є prius.

- 21. ЄΡΓΑΖЄΤЄ : D** et D*** -ΤΑΙ.

183. 2. ΜΗ ΤΙC : D*** et (pro signo apposito) iam D** ΜΗ ΤΙC ΟΥΝ.

- 3. ΠΡΟΠЄΝΨΑΤЄ : D***, isque ut videtur solus, ΠΡΟΠЄΜΨΑΤЄ.

- 5. ΠΡΟC ЄΜЄ : D*** ΠΡΟC ΜЄ.

- 9. 10. ΔΗΛѠ ΥΜЄΙΝ (D** ΥΜΙΝ) ΟΤΙ : haec D*** improbavit.

- 19. ΑΝΔΡΙΖЄCΘΑΙ : D** -CΘЄ.

184. 1. ΠΑΡΑΚΑΛѠ : D** et D*** addunt ΔЄ.

- 4. ΑΠΑΡΧΗC : D** et D*** ΑΠΑΡΧΗ.

- 8. ΥΜΙC : D*** ΥΜЄΙC. ΥΠΟΤΑCCΗCΘΑΙ : D** -CΘЄ.

- 17. ΚΑΙ : D** et D*** deleverunt.

- 18. ЄΠΙΓЄΙΝѠCΚЄΤЄ : correctum est Ι pro ЄΙ, iam a D** ut videtur.

185. 1. ΑCΠΑΖЄΤЄ : D** et D*** -ΤΑΙ.

- 4. ΠΑΡ ΟΙC ΚΑΙ ΞЄΝΙΖΟΜЄ (D** -ΜΑΙ) : his nullus additus est accentus, etsi nulla praeterea nota adest; videtur igitur D*** ea verba improbasse.

- 5. 6. ΑCΠΑΖΟΝΤЄ et ΑCΠΑCΑCΘΑΙ : D** -ΤΑΙ et -CΘЄ.

- 10. ΜΑΡΑΝΑΘΑ : D*** ΜΑΡᾺΝ ΑΘᾺ. Sic.

In subscriptione inter lineam primam et secundam (ubi pro ⲀΡΧЄΤЄ D** ⲀΡΧЄΤⲀΙ) D** apposuit haec : ЄΓΡⲀΦΗ (per compendium scriptum est ЄΓΡⲀ/) ⲀΠΟ ΦΙΛΙΠΠΙϢΝ ΜⲀΚЄΔΟΝΙⲀC. Ea D*** prorsus non attigit. Item sub textu latino eodem loco corrector adscripsit SCRIBENS A PHILIPPIS.

Pag. Vers.

186. 3. ΤЄΙΜΟΘЄΟC : Є prius delevit D**.
THIMOTHAEVS : H prius deletum est. Versu 2. PER (ante VOLVNTATE) punctis rubris (tres primi versus rubricati sunt) notatum videri potest; sed sunt ea puncta potius casu quam consilio adspersa. Nec puto correctorem aliter quam PER VOLVNTATE̅ emendaturum fuisse.

187. 1. ΚⲀΙ : D** et D*** improbaverunt.

\- 3. ΤΟ ΠⲀΘΗΜⲀ : D*** ΤⲀ ΠⲀΘΗΜⲀΤⲀ.

\- 4. ΚⲀΙ : D*** (isque ut videtur solus) improbavit. In latinis super N in ABVNDANT duo puncta posita sunt. Correctum igitur est ABVNDAT.

\- 6. ЄΙ ΔЄ : D** et D*** ЄΙΤЄ ΔЄ.

\- 10. ΥΠΟΜΟΜΟΝΗ : D*** addidit circumflexum, neque tamen vitium quod est in ΜΟ duplicato animadvertit.

\- 12. ϢC : D*** (et fortasse iam D**) ϢΝ. D^{nov} in margine reposuit ϢC. ΥΜΙC : D** et D*** ΥΜЄΙC.

\- 18. ϢC : D** et D*** ϢCΠЄΡ.

188. 3. ΓЄΝΟΜЄΝΗC : D** et D*** addunt ΗΜΙΝ.

\- 5. ΠⲀΡⲀ : D** et D*** ΥΠЄΡ.

\- 10. D** ЄCΧΗΚⲀΜЄΝ ΤΟΥ ΘⲀΝⲀΤΟΥ, D*** ΤΟΥ ΘⲀΝⲀΤΟΥ ЄCΧΗΚⲀΜЄΝ.

\- 13. ⲀΛΛⲀ : D*** ⲀΛΛ.

\- 16. ΗΜⲀC : D*** addidit ΚⲀΙ ΡΥЄΤⲀΙ. Praeterea sub ΚⲀΙ vestigia latent vocis ЄΙC prima manu scriptae sed ab eadem ut videtur ablutae.

\- 17. ΗΛΠΙΚⲀΜЄΝ : D** et D*** addiderunt ΟΤΙ.

\- 18. ЄΤΙ : D** delevit, D*** restituit.

\- 20. ΠЄΡΙ : D** et D*** ΥΠЄΡ. D^{nov} rursus ΠЄΡΙ.

\- 15.21. Nec MORIBVS, nec MVLTIFACIE corrector attigit.

189. 3. ΗΜϢΝ : D*** ΥΜϢΝ.

\- 6. CΥΝΙΔΗCЄϢC : D*** ЄΙ pro Ι.

\- 8. ЄΙΛΙΚΡΙΝΙⲀ : D*** ΙΛΙΚΡΙΝЄΙⲀ. Sic; contra cf. 196, 5.

\- 14. ΥΜЄΙΝ : D*** ΥΜΙΝ.

Pag. Vers.

189. 15. ⲀΝⲀΓЄΙΝϢCΚΗΤЄ : D** ⲀΝⲀΓΙΝϢCΚΗΤЄ, atque D*** praeposuit Ⲁ. (Erravit Wetstenius.)

\- 16. ЄΠΙΓЄΙΝϢCΚЄΤЄ : D** et D*** Ι pro ЄΙ.

\- 18. ΟΤΙ : D*** addidit ΚⲀΙ.

\- 19. ЄΠΙΓΝϢCЄCΘⲀΙ : D** et D*** -CΘЄ.

190. 2. ΥΜΙC : D*** ΥΜЄΙC.

\- 3. Χ̅Υ̅ : D*** improbavit.

\- 4.7. Et HAEC et SECVNDVM ex codice accurate exscripsimus.

\- 6.12. ЄΛΘΙΝ bis : D** et D*** bis ЄΛΘЄΙΝ.

\- 9. ⲀΠЄΛΘΙΝ : D** ⲀΠЄΛΘЄΙΝ, D*** ΔΙЄΛΘЄΙΝ.

\- 13. ⲀΦ : D** et D*** ΥΦ.
ΠΡΟΠЄΝΦΘΗΝⲀΙ : D** et D*** ΜΦ pro ΝΦ.

191. 1. ΠΡΟC : D** et D*** Ο ΠΡΟC.

\- 2. ЄCΤΙΝ : D*** et ut videtur iam D** ЄΓЄΝЄΤΟ. V. 3. nota Ι̅Η̅V̅ pro Ι̅Η̅S̅.

\- 4.7. ΥΜЄΙΝ : D*** ΥΜΙΝ. Item pro ΤЄΙΜΟΘЄΟΥ D** ΤΙΜΟΘЄΟΥ.

\- 13. ΔΙ ⲀΥΤΟΥ : D*** et ut videtur iam D** ЄΝ ⲀΥΤϢ.

\- 17. Ο ΚⲀΙ : Ο deleverunt D** et D***. Pro ΧΡΙCⲀC D** dederat ΧΡЄΙCⲀC, sed D*** rursus delevit Є.

192. 9. ΠΙCΤΙ : D** et D*** ΠΙCΤЄΙ.

\- 10. ΤЄ : D** et D*** ΔЄ.

\- 12. ЄΛΘΙΝ : D** et D*** -ΘЄΙΝ. In latinis nota VENIRE.

193. 13. ΟΥΧ : D** et D*** ΟΥΚ.

\- 14. ΜЄΡΟΥ : D*** ΜЄΡΟΥC.

\- 18. ΠΛΙΟΝϢΝ : D** ΠΛЄΙΟΝϢΝ.

194. 1. Nota TRISTIA pro TRISTITIA; item v. 2. ADSORBEATVR, v. 4. ILLVM.

\- 11. ΧⲀΡΙΖЄCΘⲀΙ : D** et D*** -CΘЄ.

\- 13. ΚЄΧⲀΡΙCΜЄ : D** et D*** Ϣ ΚЄΧⲀΡΙCΜⲀΙ.

\- 14. ΚЄΧⲀΡΙCΜЄ : D** et D*** -ΜⲀΙ. Praeterea D** ЄΙ ΤΙ ΚЄΧⲀΡΙCΜⲀΙ poni voluit ante Ϣ ΚЄΧⲀΡΙCΜⲀΙ; sed D*** rursus abstulit transpositionis signa. In latinis DONAVI litteras NA prima manu superscriptas habet.

195. 5. ЄΥΡΙCΚΙΝ : D** et D*** ЄΥΡЄΙΝ.

\- 15. Nota huius versus vitiositatem.

196. 5. ΙΛΙΚΡΙΝΙⲀC : D*** ЄΙΛΙΚΡΙΝΙⲀC.

\- 7. Θ̅Υ̅ : D** et D*** ΤΟΥ Θ̅Υ̅.

\- 10. CΥΝΙCΤⲀΝ : D** et D*** CΥΝΙCΤⲀΝЄΙΝ.

\- 11. ϢCΠЄΡ : D*** (et iam D**?) ϢC.

\- 14. CΥΝCΤⲀΤΙΚⲀC : D*** CΥΝCΤⲀΤΙΚϢΝ.

\- 15. ΥΜΙC : D*** ΥΜЄΙC.

Pag. Vers.

196. 18. 19. ΓЄΙΝѠCΚΟΜЄΝΗ et ΑΝΑΓЄΙΝѠCΚΟΜЄΝΗ : utroque loco Є prius erasum est.

197. 2. ΔΙΑΚΟΝΗΘΙCΑ : D** et D*** -ΘЄΙCΑ.

\- 3. ЄΝΓЄΓΡΑΜΜЄΝΗ : D*** ЄΓΓЄΓΡ.

\- 12. ΤΙ ΑΦ ЄΑΥΤѠΝ : haec improbavit D***; D** improbaverat eadem verba v. 11. Itaque consentiunt.

\- 17. ΚЄΝΗC : D** et D*** ΚΑΙΝΗC.

\- 18. LITTERAE : correctum est LITTERA; nihilominus duplex S quod sequitur intactum mansit. Item S̅P̅V̅ v. 20.

\- 19. ΑΠΟΚΤЄΝЄΙ : D*** ἈΠΟΚΤΈΝЄΙ.

198. 1. ΓΡΑΜΜΑΤΙ : D** et D*** ΓΡΑΜΜΑCΙΝ. D^nov rursus ΓΡΑΜΜΑΤΙ.

\- 2. ΛΙΘΟΙC : D** et D*** ЄΝ ΛΙΘΟΙC.

\- 4. ΑΤЄΝΙCЄ : D** et D*** -CΑΙ.

\- 7. ΔΟΞΗΝ : D** (?) et D*** ΔΟΞΑΝ.

\- 12. ЄCΤЄ : D** et D*** ЄCΤΑΙ.

\- 13. ΤΗ : D** et D*** Η.

\- 15. ЄCΤΙΝ : D*** improbavit. Spiritum, quem iam adpinxerat, non rursus delevit sed nec accentum addidit.

\- 19. ΔЄΔΟΞΑCΤЄ : D** et D*** -CΤΑΙ.

199. 3. Nota vitiosum ABORENTVR. (Male Sabatarius ABHORENTVR.)

\- 12. ΑΤЄΝΙCЄ : D** et D*** -CΑΙ.

\- 14. ΤЄΛΟC : D** et D*** ΤΟ ΤЄΛΟC.

200. 3. ΑΝΑΓΙΝѠCΚΗΤЄ : D** et D*** -ΤΑΙ.

\- 6. ЄΠΙ ΤΗΝ ΚΑΡΔΙΑΝ ΑΥΤѠΝ : haec D** ante ΚЄΙΤΑΙ poni voluit, non item D***.

\- 9. ΠЄΡΙЄΡЄΙΤЄ : D** -ЄΡЄΙΤΑΙ, D*** -ΑΙΡЄΙΤΑΙ.

\- 11. ЄΛЄΥΘЄΡΙΑ : D** et D*** praeponunt ЄΚЄΙ.

\- 17. REFORMARVM (pro *reformamur*) : non correctum est.

201. 3. ЄΝΚΑΚΟΥΜЄΝ : D*** ЄΚΚΑΚΟΥΜЄΝ.

\- 4. ΑΠΙΠΑΜЄΘΑ : D** et D*** ΑΠЄΙΠΑΜЄΘΑ.

\- 12. CΥΝΙCΤΑΝΤЄC : D***, isque ut videtur solus, CΥΝΙCΤѠΝΤЄC.

\- 13. CΥΝΙΔΗCΙΝ : D*** CΥΝЄΙΔΗCΙΝ.

\- 16. OPERTVM : d** COPERTVM (nihil enim nisi G praeposuit). Supra v. 10. MANIFESTATIO non correctum est.

202. 3. ΚΑΤΑΥΓΑCΑΙ : D*** et ut videtur iam D** ΚΑΤΑΥΓΑCΑΙ ΑΥΤΟΙC.

\- 9. NOSTROS : sic, vitiose.

\- 12. ΛΑΜΨЄΙ : D*** ΛΑΜΨΑΙ.

202. 13. ЄΛΑΝΨЄΝ : D*** ΟC ЄΛΑΜΨЄΝ.

\- 16. ΑΥΓΟΥ : D** et D*** ΤΟΥ Θ̅Υ̅.

203. 8. ЄΝΚΑΤΑΛΙΠΟΜЄΝΟΙ : D*** ЄΓΚΑΤΑΛ.

\- 11. ΤΟΥ Χ̅Υ̅ : additum est a D** Ι̅Υ̅, neque id mutavit D***. Parum accurate de hoc loco Wetstenius retulit.

\- 14. ΤΟΥ Ι̅Υ̅ Χ̅Υ̅ : D*** delevit Χ̅Υ̅.

\- 17. ΗΜΙC : D*** ΗΜЄΙC.

\- 20. Ι̅Υ̅ Χ̅Υ̅ : D*** delevit Χ̅Υ̅.

204. 3. ЄΝЄΡΓЄΙΤЄ : D** et D*** -ΤΑΙ.

\- 4. ΥΜЄΙΝ : Є erasum est.

\- 5. 14. Nota EADEM et I̅H̅S̅.

\- 10. ΗΜΙC : D*** ΗΜЄΙC.

\- 11. CΥΝ : D*** ΔΙΑ. ЄΓΙΡЄΙ : D** et D*** ЄΓЄΡЄΙ.

\- 19. ΠΛΙΟΝѠΝ : D** et D*** ΠΛЄΙΟΝѠΝ.

205. 2. ЄΝΚΑΚΟΥΜЄΝ : D*** ЄΚΚΑΚΟΥΜЄΝ.

\- 3. ЄΞѠΘЄΝ : ΘЄΝ erasum est (improbasse videntur D** et D***); D^nov vero rursus instauravit atque quo magis de prima lectione constaret, etiam in margine adscripsit. Sed ut prorsus dicam id quod sentio, locus hanc dubitationem habet, ΘЄΝ sitne a D** appositum rursusque plane a D*** deletum, an ab ipso librario scriptum et ab utroque correctore exstinctum. Re vero identidem examinata ΘЄΝ iam ipsa antiquissima manu exaratum esse statui, quemadmodum etiam D^nov statuit, etsi is aeque ac nos errare potuit. Ceterum in promtu est Griesbachium difficultatem huius loci parum perspexisse notantem haec (Symbol. crit. II. p. 46.) : *a prima fuerat* ἔξω, *quod Wetstenius non indicavit; corrector ut videtur* E (is nobis est D^nov!) *substituit* ἔξωθεν.

\- 5. ΔΙΑΦΘΙΡЄΤΑΙ : D** et D*** ΔΙΑΦΘЄΙΡЄΤΑΙ.

\- 6. ЄCѠ : D*** et (ex signo) iam D** ЄCѠΘЄΝ. ΑΝΑΚЄΝΟΥΤΑΙ : D** et D*** ΑΝΑΚΑΙΝΟΥΤΑΙ.

\- 9. ΠΡΟCΚΑΙΡΟΝ ΚΑΙ : D*** haec improbavit.

\- 14. ΚΑΤЄΡΓΑΖЄΤЄ : D** et D*** -ΤΑΙ.

\- 15. CΚΟΠΟΥΝΤЄC : correctum est, et quidem ni fallor a D** et D***, CΚΟΠΟΥΝΤѠΝ ΗΜѠΝ. Post RESPICIENTES d** addidit NOSTRORVM, et v. 16. pro VIDENT scripsit VIDENTVR.

206. 1. ЄΠΙΓΙΟC : D*** ЄΠΙΓЄΙΟC.

\- 6. DOMVM : fuerat DONVM, sed ipsa ni fallor prima manu correctum est DOMVM.

\- 13. ЄΚΔΥCΑΜЄΝΟΙ : D*** (de D** non satis constat) ЄΝΔΥCΑΜЄΝΟΙ. D^nov rursus in margine ЄΚΔΥ-

Pag. Vers.

CⲀMЄNOI, addita nota hac *Observa hunc locū quem iste foedissime depravarat.*

206. 14. ΓΥΜΝΟΝ : correctum est ΓΥΜΝΟΙ, ab D** et D*** ut videtur.

\- 17. BⲀPΥNOMЄNOI : D*** BⲀPOΥMЄNOI. D^{nov} in margine rursus BⲀPΥNOMЄNOI.

207. 4. O ΔOΥC : D** et D*** O KⲀI ΔOΥC.

7. Scriptum est ENSCIENTES. Sed perperam Sabatario v. 6. visum est scriptum esse AVDIENTES pro AVDENTES : hoc enim omnino recte in codice scriptum est.

\- 8. ЄΠΙΔΗΜΟΥΝΤЄC : D***, isque ut videtur solus, ЄΝΔΗΜΟΥΝΤЄC.

\- 10. Θ̅Υ̅ : D*** K̅Υ̅.

\- 16. Θ̅N̅ : D*** K̅N̅.

\- 17. ΦΙΛΟΤЄΙΜΟΥΜЄΘⲀ : Є prius erasum est.

208. 2. ЄΝΠΡΟCΘЄΝ : D*** ЄΜΠΡΟCΘЄΝ. In latinis est TRIBVNA.

\- 3. KOMICHTЄ : D** et D*** -TⲀI.

\- 4. Ⲁ ΔΙⲀ et ЄΠΡⲀΞЄΝ : D** et D*** TⲀ ΔΙⲀ et ΠΡΟC Ⲁ ЄΠΡⲀΞЄΝ.

\- 11. CΥΝΙΔΗCЄCΙΝ : D*** CΥΝЄΙΔΗCЄCΙΝ.

\- 13. OΥ : D*** addit ΓⲀΡ.

\- 14.15. ΥΜЄΙΝ : D*** ΥΜΙΝ bis. In latinis inepte scriptum est NOBIS.

\- 17. ⲀΥΤΟΥC : correctum est ΤΟΥC a D** et D***.

\- 19. OΥK ЄN : D***, deleto spiritu quem iam posuerat, OΥ scripsit.

209. 3. KPЄΙΝⲀΝΤⲀC : Є erasum est.

\- 4. ЄΙC : male Wetstenius indicavit sic a prima manu legi; additum enimvero ЄΙ non invenitur.

\- 13. ΗΜΙC : D*** ΗΜЄΙC.

\- 15. ЄΙ ΚⲀΙ : D** et D*** ЄΙ ΔЄ ΚⲀΙ. Praeterea nullam corrector notavit transpositionem verborum X̅N̅ KⲀTⲀ CⲀPKⲀ. Id quod contra Wetstenium notandum erat.

\- 17. ΓЄΙΓΝⲰCΚΟΜЄΝ : Є prius erasum est.

\- 18. KⲀTⲀ CⲀPKⲀ : haec D** et D*** improbaverunt.

\- 20. KЄΝΗ : D** et D*** KⲀΙΝΗ.

210. 1. KЄΝⲀ : D** et D*** KⲀΙΝⲀ, praetereaque D*** addidit TⲀ ΠⲀΝΤⲀ, quibus addendis D** iam signum posuerat.

\- 2. Θ̅Υ̅ : D** et D*** ΤΟΥ Θ̅Υ̅.

\- 4. X̅Y̅ : D*** I̅Y̅ X̅Y̅.

Pag. Vers.

210. 9. ЄⲀΥΤⲰ : sic ipsa prima manu, quod dubium non est, super erasa ЄΝ ЄⲀΥΤⲰ scriptum est.

\- 10. ЄⲀΥΤΟΙC : Є puncto notaverat iam ipse librarius; post delevit corrector.

\- 13. ΤΟΥ ЄΥⲀΓΓЄΛΙΟΥ : a correctore uncis inclusum est, nec additur accentus aut spiritus. Videtur tamen unus D*** correxisse.

\- 15. ΟΝ ΥΠЄΡ X̅Y̅ : D*** ΥΠЄΡ X̅Y̅ ΟΥΝ.

\- 18. ΔЄΟΜЄΝΟΙ : D*** ΔЄΟΜЄΘⲀ.

\- 19. KⲀTⲀΛΛⲀΓΗΝⲀΙ : D*** KⲀTⲀΛΛⲀΓΗΤЄ. D^{nov} restituit ΝⲀΙ pro ΤЄ.

\- 20. ΤΟΝ : D*** addidit ΓⲀΡ.

211. 3. ΗΜΙC : D*** ΗΜЄΙC.

\- 6. ΠⲀΡⲀΚⲀΛΟΥΝΤЄC : D*** ΠⲀΡⲀΚⲀΛΟΥΜЄΝ.

\- 8.9. ΔЄΞⲀCΘⲀΙ : D*** addidit ΥΜⲀC ΛЄΓЄΙ ΓⲀΡ, improbatis ΓⲀΡ ΛЄΓЄΙ. Eandem vero correctionem iam praeiverat D**, excepto ΥΜⲀC : posuerat enim signa ad transponenda verba ΛЄΓЄΙ ΓⲀΡ ante ΚⲀΙΡⲰ.

\- 17. ΜⲰΜⲰΘΗ : D*** et ut videtur iam D** ΜⲰΜΗΘΗ.

\- 19. CΥΝΙCΤⲀΝΤЄC : D*** CΥΝΙCΤⲰΝΤЄC (sed ante hanc correctionem iam posuerat accentum super -CTⲀΝΤЄC).

\- 21. ΔΙⲀΚΟΝΟΥC : D*** posuit accentum super O, sed sententia mutata scripsit ΔΙⲀΚΟΝΟΙ.

212. 7—10. D** praeposuit his versibus Ⲁ Γ Β Δ, ita ut ЄΝ ΝΗCΤΙⲀΙC (D*** ΝΗCΤЄΙⲀΙC) ante ЄΝ ⲀΓΡΥΠΝΙⲀΙC poni vellet. Quae signa nec a D*** deleta sunt.

\- 16. ⲀΛΗΘΙⲀC : D*** ⲀΛΗΘЄΙⲀC.

\- 17. ΔΥΝⲀΜΙ : D** et D*** ΔΥΝⲀΜЄΙ.

\- 21. ⲀΤЄΙΜΙⲀC : Є deletum est.

213. 8. ΠΙΡⲀΖΟΜЄΝΟΙ : D*** ΠⲀΙΔЄΥΟΜЄΝΟΙ. Praeterea in latinis v. 8. ET, v. 9. VT legitur, quemadmodum edidimus.

\- 20. CΤЄΝΟΧⲰΡΙCΘⲀΙ : D** et D*** -ΡЄΙCΘЄ.

\- 21. ΥΜЄΙΝ : Є erasum est.

214. 1. CΤЄΝΟΧⲰΡΙCΘЄ : D** et D*** -ΡЄΙCΘЄ.

\- 5. ΥΜΙC : D*** ΥΜЄΙC.

\- 6. ΓЄΙΝЄCΘⲀΙ : D** et D*** ΓΙΝЄCΘЄ.

\- 9.10. ΔΙΚⲀΙΟCΥΝΗC et ⲀΔΙΚΙⲀC : D*** ΔΙΚⲀΙΟCΥΝΗ et ⲀΔΙΚΙⲀ.

\- 11. ΦⲰΤΟC : D*** ΦⲰΤΙ.

\- 12. Η : ipsa prima manu improbatum est. C vero, quod

Pag. Vers.

post ΠΡΟϹ desideratur, nec a correctoribus suppletum est.

214. 13. CYNΦѠNHCIC : D*** CYMΦѠNHCIC.

- 17. CYNKⲀTⲀΘЄCIC : D*** CYΓK.

- 20. HMIC et ЄCMЄN : D*** YMЄIC et ЄCTЄ.

- 21. ZѠNTOC : N minor est litteris reliquis; sed ipse librarius addidisse videtur. Praeterea D*** adscripsit KⲀΘѠC ЄIΠЄN O $\overline{ΘC}$. Haec igitur in locum eorum quae subsequuntur ΛЄΓЄI ΓⲀP O $\overline{ΘC}$ substitui voluit.

215. 1. Vide ad 214, 21.

- 3. ЄNΠЄPIΠⲀTHCѠ : D*** et ut videtur iam D** ЄMΠЄPIΠⲀTHCѠ.

10. ⲀΠTЄCΘⲀI : D** et D*** -CΘЄ.

- 13. YMIC : D*** YMЄIC.

ЄCЄCΘⲀI : D** et D*** -CΘЄ.

- 16. HAS : S graecam formam pro latina habet, ut sit potius HAC.

- 18. ЄⲀYTOY : corrector (D***) supplevit C, ut esset ЄⲀYTOYC.

216. 3. XѠPICⲀTЄ : D** et D*** XѠPHCⲀTЄ.

- 5. ЄΦΘIPⲀMЄN : D** et D*** ЄΦΘЄIPⲀMЄN.

- 14. ЄCTIN : D*** delevit.

- 18. YΠЄPΠЄPICCЄYOMЄ : D** et D*** MⲀI pro MЄ.

- 19. ΠOΛΛH : D*** delevit.

217. 2. HABVNT non mutatum est.

- 4. ΘΛIBOMЄNOC : D** et D*** ΘΛIBOMЄNOI.

- 7. TⲀΠINOYC : D*** TⲀΠЄINOYC.

- 13. HN : D** et D*** H.

ΠⲀPЄKΛHΘHN : N improbatum est.

- 14. YMIN : a D*** et iam ante eum correctum est HMIN.

- 21. MOY : D*** improbavit.

218. 2. MЄTЄΛOMHN : correctum est (a D**b ut videtur) MЄTЄMЄΛOMHN.

- 3. BΛЄΠѠ : D*** et pro signo apposito iam D** BΛЄΠѠ ΓⲀP.

- 7. XⲀIPѠ : D*** et pro signo apposito iam D** NYN XⲀIPѠ.

- 15. TRISTITIĀ : conservavimus lineam super A, quamvis ineptam.

219. 10. ⲀΛΛⲀ : D*** ⲀΛΛ.

- 13. TѠ : D** et D*** ЄN TѠ.

- 15—19. His versibus D** praeposuit Ⲁ Δ Γ B Є. Voluit igitur poni OYK ЄNЄKЄN TOY ⲀΔIKHCⲀNTOC OYΔЄ ЄNЄKЄN TOY ⲀΔIKHΘЄNTOC. Neque D*** delevit ea signa.

219. 16. FECIT : d** pro FECIT scripsit PASSVS EST; volebat igitur, quamvis PASSVS EST quod sequitur v. 18. non mutatum sit, eandem transpositionem verborum quam corrector in graecis indicavit. Post d** vero alius corrector rursus delevit PASSVS EST, quamquam puncta super FECIT intacta reliquit.

- 20. 21. Super YMѠN v. 20. notatum erat HMѠN, sed rursus deletum est. Contra v. seq. et D** et D*** HMѠN ex YMѠN fecerunt. Spectat ad YMѠN v. 20. nota recentior (D^nov) quae sic habet : *Hic oportuit corrigi* υμ̃, *non in proximo versiculo*. Parum accurate Wetstenius de h. l.

220. 3. ΠⲀPⲀKΛHCI : D** et D*** CЄI pro CI.

- 14. 17. ⲀΛHΘIⲀ bis : D** et D*** -ΘЄIⲀ.

221. 5. ЄΔЄΞⲀCΘⲀI : D** et D*** -CΘЄ.

- 15. ΠЄPICCIⲀ : D*** ΠЄPICCЄIⲀ.

- 16. BⲀΘOC : D*** BⲀΘOYC.

- 17. ΠTѠXЄIⲀ : D** ΠTѠXIⲀ, D*** restituit -XЄIⲀ.

222. 3. ΠⲀPⲀKΛHCЄѠC : ⲀK primum omissum erat; sed sive ipsa prima manu sive ab eo qui recognovit statim quae prima manu scripta erant additum est. Hinc in ipso textu edendum iudicavimus.

- 4. ΔⲀIOMЄNOI : D*** (et fortasse iam D**) ΔЄOMЄNOI.

- 9. HΛΠICⲀMЄ : D**b addidit N, cui D*** vividiorem speciem reddidit.

- 10. ⲀΛΛⲀ : D*** ⲀΛΛ.

- 13. ΠⲀPⲀKⲀΛЄCЄ : D** et D*** CⲀI pro CЄ.

- 20. ΠICTI : D*** ΠICTЄI.

223. 5. ΠЄPICCЄYCHTЄ : D*** ΠЄPICCЄYHTЄ.

- 10. ΔOKIMⲀZѠ : D** -ZѠ̄, D*** -ZѠN.

- 11. ΓЄINѠCKЄTЄ : Є primum deletum est.

- 15. 16. TH ⲀYTOY ΠTѠXIⲀ (D*** -XЄIⲀ) YMIC (D*** YMЄIC) : D** YMIC TH ⲀYTOY ΠTѠXIⲀ. Sed D*** delevit transpositionis signa.

- 17. $\overline{DO}$: ita inepte linea superscripta est confusis *do* et $\overline{do}$.

- 20. ΘЄΛIN : D** ΘЄΛЄIN. ЄNHPΞⲀCΘⲀI (ⲀI non mutatum est) : D*** ΠPOЄNHPΞⲀCΘⲀI.

- 21. ΠЄPCY : correxit quidam (D**? potius D**b videtur: sed cf. infra 228, 5.) ΠЄPICY, D*** ΠЄPYCI.

224. 1. NYNЄI : D** NYNI. Observa in latinis FACIO (pro *facto*), item v. 17. INOPIA.

- 4. TO · D** et D*** TOY.

Pag. Vers.

224\. 5. ЄΠΙΤЄΛЄCЄ : D** -CΑΙ.
\- 8. ΠΡΟΚЄΙΤЄ : D** et D*** -ΤΑΙ.
\- 9 ΚΑΘΟ ΑΝ : D*** ΚΑΘΟ ЄΑΝ.
\- 13 ΘΛΙΨЄΙC : Є erasum est. D^{nov} restituit.
225\. 13 CΠΟΥΔЄΟΤЄΡΟC : D** et D*** CΠΟΥΔΑΙΟΤЄΡΟC.
\- 15 ΑΥΘЄΡЄΤΟC : D*** ΑΥΘΑΙΡЄΤΟC.
\- 17 CΥΝЄΠЄΝΨΑΜЄΝ : D** et D*** -ΠЄΜΨΑΜЄΝ.
\- 20. ЄΥΑΝΓЄΛΙѠ : D*** et ut videtur iam D** ЄΥΑΓΓ.
226\. 5. ΧΑΡΙ : D** et D*** ΧΑΡΙΤΙ.
\- 8. ΤΟΥ $\overline{\text{ΚΥ}}$: D*** et pro signo posito iam D** ΑΥΤΟΥ ΤΟΥ $\overline{\text{ΚΥ}}$.
\- 9. ΤЄΛΟΥCΙΝ : D*** improbavit. Observa in latinis VOLVNT, pro quo Sabatarius male VOLVNTATEM edidit, propria codicis lectione non notata.
\- 11. ΜѠΜΗCΗΤЄ : D** et D*** ΤΑΙ pro ΤЄ.
\- 18. CΥΝЄΠЄΝΨΑΜЄΝ : D*** et iam D** -ΠЄΜΨΑΜЄΝ.
227\. 2. ΝΥΝЄΙ : D** et D*** ΝΥΝΙ. Iidem ΠΟΛΥ pro ΠΟΛΥC.
\- 3. CΠΟΥΔЄΟΤЄΡΟΝ : D** et D*** CΠΟΥΔΑΙΟΤЄΡΟΝ.
\- 12. ЄΝΔΙΞΙΝ : D** ЄΝΔЄΙΞΙΝ.
\- 14. ΥΠЄΡ ΗΜѠΝ : D** et D*** ΥΠЄΡ ΥΜѠΝ.
\- 15. ЄΝΔЄΙΚΝΥΜЄΝΟΙ : D*** itemque pro signis positis iam D** ЄΝΔЄΙΞΑCΘЄ. Praeterea erravit Wetstenius quum καὶ sequens a prima manu deesse dixit. Est enim nec a correctore additum.
\- 21. ΥΜЄΙΝ : D*** ΥΜΙΝ.
228\. 5. ΠЄΡCΥ : D** ΠЄΡΙCΥ, D*** ΠЄΡΥCΙ.
\- 7. ΠΛΙΟΝΑC : D** et D*** ΠΛЄΙΟΝΑC.
\- 8. ЄΠЄΝΨΑΜЄΝ : D*** et ut videtur iam D** ЄΠЄΜΨ.
\- 12. ΜЄΡΙ : D** ΜЄΡЄΙ.
\- 15. ΜΗ ΑΝ : D** delevit ΑΝ. D*** vero scripsit ΜΗΠѠC ЄΑΝ.
\- 18. ΚΑΙ : D*** delevit.
\- 19. ΚΑΤЄCΧΥΝΘѠΜЄΝ ΗΜΙC : D** et D*** ΚΑΤΑΙCΧΥΝΘѠΜЄΝ ΗΜЄΙC.
\- 21. ΤΑΥΤΗ : D*** addit ΤΗC ΚΑΥΧΗCЄѠC.
229\. 7. ΠΡΟЄΠΗΝΓЄΛΜЄΝΗΝ : D*** ΓΓ pro ΝΓ. D^{nov} restaurat Ν.
\- 8. ΤΑΥΤΗΝ : D*** et pro signo posito iam D** ΥΜѠΝ ΤΑΥΤΗΝ.
\- 12. 15. CΠΙΡѠΝ bis : D** et D*** CΠЄΙΡѠΝ.
\- 16. ЄΝ ЄΥΛΟΓΙΑ : D** et D*** ЄΠ ЄΥΛΟΓΙΑΙC.
\- 17. ЄΞ ЄΥΛΟΓΙΑC : D** et D*** ЄΠ ЄΥΛΟΓΙΑΙC, atque iidem addunt ΚΑΙ.
\- 18. ΠΡΟΑΙΡЄΙΤЄ : D** et D*** -ΤΑΙ.
230\. 2. DICIT : correctum est (a d**) DILIGIT.
\- 3. ΔΥΝΑΤЄΙ ΓΑΡ : D** et D*** ΔΥΝΑΤΟC ΔЄ.
\- 5. ΠЄΡΙCCЄΥCЄ : D** et D*** CΑΙ pro CЄ.
\- 14. ΜЄΝΙ : D** et D*** ΜЄΝЄΙ.
\- 15. CΠΟΡΟΝ : D** et D*** CΠЄΡΜΑ.
\- 16. CΠΙΡΟΝΤΙ : D** (et D***) CΠЄΙΡΟΝΤΙ.
\- 18. 19. 21. ΧΟΡΗΓΗCЄΙ et ΠΛΗΘΥΝЄΙ et ΑΥΞΗCЄΙ : D*** ΧΟΡΗΓΗCΑΙ et ΠΛΗΘΥΝΑΙ et ΑΥΞΗCΑΙ.
231\. 4. ЄΙ ΤΙC : D** et D*** ΗΤΙC. Iidem ΚΑΤЄΡΓΑΖЄΤΑΙ pro -ΖЄΤЄ.
\- 5. $\overline{\text{ΘѠ}}$: D** et D*** ΤѠ $\overline{\text{ΘѠ}}$.
\- 7. ΛΙΤΟΥΡΓΙΑC : D*** ΛЄΙΤΟΥΡΓΙΑC.
\- 12. ЄΥΧΑΡΙCΤΙѠΝ : D** ЄΥΧΑΡΙCΤЄΙѠΝ, sed D*** rursus delevit Є.
232\. 6. ΧΑΡΙC : D** (male adscripserat inter ΤѠ et $\overline{\text{ΘѠ}}$) et D*** addunt ΔЄ.
\- 7. ΑΝЄΓΔΙΗΓΗΤѠ : D** et D*** ΑΝЄΚΔΙΗΓΗΤѠ.
\- 12. ЄΠΙЄΙΚΙΑC : D*** ЄΠΙЄΙΚЄΙΑC.
\- 14. ΤΑΠΙΝΟC : D*** ΤΑΠЄΙΝΟC.
\- 17. ΠΑΡΡѠΝ : haud mutatum est. Item observa v. 19. AVDIRE, v. 7. ENARRABILI.
233\. 6. CΤΡΑΤΙΑC : D*** CΤΡΑΤΙΑC.
\- 11. ΚΑΘΑΙΡΟΥΝΤѠΝ : D*** ΚΑΘΑΙΡΟΥΝΤЄC.
\- 15. ЄΚΜΑΛѠΤΙΖΟΝΤЄC : D*** (et iam D**?) ΑΙΧΜ.
\- 18. ΑΓΟΝΤЄC : D*** improbavit.
\- 19. ЄΤΟΙΜѠC : D** et D*** ЄΝ ЄΤΟΙΜѠ.
234\. 2. Η ΥΠΑΚΟΗ ΗΜѠΝ : D** ΥΜѠΝ Η ΥΠΑΚΟΗ, D*** Η ΥΠΑΚΟΗ ΥΜѠΝ. Rursus enim delevit D*** signa transpositionis a D** adscripta.
\- 5. ΔΟΥΛΟC : D*** improbavit.
\- 9. ΗΜΙC : D*** ΗΜЄΙC $\overline{\text{ΧΥ}}$.
\- 10. ΠЄΡΙCCΟΤЄΡΟΝ : D*** praeposuit ΚΑΙ.
\- 13. Ο $\overline{\text{ΘC}}$: D*** Ο $\overline{\text{ΚC}}$ ΗΜΙΝ.
\- 15. ΙC ΚΑΘЄΡЄCΙΝ : D** et D*** ЄΙC ΚΑΘΑΙΡЄCΙΝ.
\- 16. ЄCΧΥΝΘΗCΟΜΑΙ : D** et D*** ΑΙCΧΥΝΘ.
\- 17. 18. ΔΟΞѠΜΑΙΝ : D** ΜЄΝ pro ΜΑΙΝ; D*** vero scripsit ΔΟΞѠ et versui sequenti praeposuit ѠC ΑΝ, intactum relinquens (per incuriam ut videtur) ЄΚΦΟΒΟΥΝΤЄC. Minus recte de h. l. scripsit Griesbachius in Symb. crit. II. pag. 43. Praeterea iam ante D***, sive ipsa prima manu sive ea quae proxime secuta est, voci ЄΚΦΟΒΟΥΝΤЄC praepositum erat ѠC minutis sed elegantibus litteris.
235\. 1. ΒΑΡΙΑΙ : D*** ΒΑΡЄΙΑΙ.

Pag. Vers.

235. 12. ЄNKPINЄ: D** ЄNKPINⲀI, D*** ЄΓKPINⲀI. Praeterea D*** improbavit ЄⲀYTOYC, cui ipse iam imposuerat accentum.

- 13. CYNKPINЄ : D** CYNKPINⲀI, D*** CYΓKPINⲀI. Praeterea D** delevit ЄⲀYTOYC eiusque loco TICIN scripsit; D*** vero revocavit ЄⲀYTOYC et addidit TICIN.

- 15. ⲀΛΛ : D*** ⲀΛΛⲀ.

- 16. MЄTPOYNTЄC : pro N primum videtur Π exaratum fuisse; sed correctum est.

- 17. CYNKPINONTЄC : D*** CYΓ pro CYN.

- 18. ЄⲀYTOYC : D*** addit OY CYNIOYCIN.

- 19. OYK ЄIC TO ⲀMЄTPON : pro his D*** et ut videtur iam D** (certe enim correxerat, etsi quid scripserit non satis cerni potest) : HMЄIC ΔЄ OYXI ЄIC TⲀ ⲀMЄTPⲀ KⲀYXHCOMЄΘⲀ. De enucleanda prima lectione Griesbachius Symb. crit. II. pag. 43. desperavit.

236. 6. YΠЄPЄKTINOMЄN : D*** ЄI pro I.

- 10. IC : D** et D*** ЄIC.

- 16. ΠЄPICCIⲀN : D*** ΠЄPICCЄIⲀN.

237. 2. CYNICTⲀNⲰN : D*** CYNICTⲰN.

ЄKINOC : D** et D*** ЄKЄINOC.

- 4. CYNICTHCЄIN : D** delevit Є.

- 5. OΦIΛON : D** superscripsit Є, unde non tam OΦЄΛON quam OΦЄIΛON effecisse videtur. D*** vero correxit ⲰΦЄΛON. Idem pro ⲀNIXЄCΘⲀI scripsit ⲀNЄIXЄCΘЄ.

- 6. MЄIKPON : D** delevit Є.

- 8. ⲀNЄXЄCΘⲀI : D** et D*** -CΘЄ.

- 16. MH ⲰC : D*** MHΠⲰC ⲰC.

- 17. TH ΠⲀNOPΓIⲀ : D*** ЄN TH ΠⲀNOYPΓIⲀ (iam D** OY pro O). Post ⲀYTOY D*** et pro signo posito iam D** addunt OYTⲰC.

- 20. Ⲁ · · OTHTOC. Locus est impeditissimus. Nunc in codice sic est : ⸤ⲀΓNÓTHTOC⸥ litteris Ⲁ et C obelo transfixis et N super rasuram rescripta. Videtur a prima manu fuisse ⲀΠΛOTHTOC. Id D*** improbaturus erat, sed inter corrigendum intellexit facili negotio inde restitui posse, id quod volebat vel certe ferendum iudicabat, ⲀΓNOTHTOC. Tum ei voci etiam accentum imposuit, signa vero improbandi per incuriam non abstulit. Quae si cui minus placent, ab ipsa prima manu fuisse ⲀΓNOTHTOC (quod omnino respondet latinae lectioni CASTITATE), tum per incuriam ⲀΠΛOTHTOC corrigi coeptum sed statim rursus in ⲀΓNOTHTOC mutatum esse, pro ea quae nunc est loci ratione statuere debebit.

238. 7. ЄΔЄΞⲀCΘⲀI : D** ЄΔЄΞⲀCΘЄ.

- 8. ⲀNЄXЄCΘⲀI : D** ⲀNЄXЄCΘЄ, D*** -ЄIXЄCΘЄ.

- 9. ΛOΓIZOMЄ : D** et D*** -MⲀI.

- 11. ЄN YMIN : D*** improbavit.

- 13. ЄI KⲀI : D*** et pro signo posito iam D** ЄI ΔЄ KⲀI. Postea D*** delevit ЄIMI, cui iam spiritum et accentum apposuerat.

- 16. ΦⲀNЄPⲰΘIC : D** -ΘЄIC, D*** -ΘЄNTЄC.

- 19. TⲀΠINⲰN : D*** TⲀΠЄINⲰN.

- 20. YMIC : D** et D*** YMЄIC.

239. 2. YMЄIN : D*** YMIN.

- 8. YCTЄPHΘIC : D** (et D***) YCTЄPHΘЄIC. In latinis v. 8. et v. 13. pro HONORE ad marginem recens corrector (D^nov^) adscripsit ONERI et ONERE.

- 13. YMЄIN : D*** YMIN.

- 16. $\overline{XY}$: hoc ita in ipso codice superscriptum est prima manu. Id primum ex mero errore calami omissum fuisse intelligitur etiam ex textu latino. Praeterea D** ⲀΛHΘЄIⲀ pro ⲀΛHΘIⲀ scripsit.

- 21. $\overline{ΘC}$: D*** O $\overline{ΘC}$.

240. 8. ΨЄYΔOⲀΠOCTOΛOI : D** et D*** ΨЄYΔⲀΠOCT.

- 9. ЄPΓⲀTЄ : D** et D*** ЄPΓⲀTⲀI.

- 12. ΘⲀYMⲀ : D** et D*** ΘⲀYMⲀCTON.

- 13. ⲀYTⲀC : D** et D*** ⲀYTOC.

- 14. MЄTⲀCXHMⲀTIZЄTЄ : D** et D*** -TⲀI.

- 15. ⲰC ⲀΓΓЄΛOC : D** et D*** ЄIC ⲀΓΓЄΛON.

- 16. OY MЄΓⲀ : D*** et pro signo posito iam D** addunt OYN.

- 19. ЄCTIN : D*** ЄCTⲀI. Postea in restauranda priore scriptura laboratum est.

241. 3. ЄI ΔЄ MH : D*** et ut videtur iam D** ЄI ΔЄ MHΓЄ.

- 4. ΔЄΞⲀCΘⲀI : D** et D*** ΔЄΞⲀCΘЄ.

- 5. MЄIKPON : Є deletum est.

- 12. ЄΠI : D** et D*** ЄΠЄI. MVLTIS : S super se punctum habet, quo improbatur.

- 13. CⲀPKⲀ : D*** THN CⲀPKⲀ.

- 15.18. ⲀNЄXЄCΘⲀI bis : D** (et D***) -CΘЄ.

242. 2. ЄIC ΠPOCⲰΠON YMⲀC : D** YMⲀC ЄIC ΠPOC-

Pag. Vers.

ѠΠΟΝ, D*** revocavit priorem scripturam. Versu 3. in latinis est IGLOBILITATEM.

242. 5. ΗΜΙC : D** et D*** ΗΜЄΙC.

\- 7. ЄΝ Ѡ ΑΝ : D** et D*** ЄΝ Ѡ ΔΑΝ.

\- 11. ΙCΡΑΗΛЄΙΤΑΙ : D*** delevit Є.

\- 17. 18. Versum 18. ante 17. poni voluit D**; non item D***.

\- 19. ΠΟΛΛΟΙC : D** et D*** ΠΟΛΛΑΚΙC.

243. 7. ΠΟΛΛΑΙC : D*** (et iam D**?) ΠΟΛΛΑΚΙC.

\- 17. ΠΟΛΛΑΙC : D** et D*** ΠΟΛΛΑΚΙC.

\- 19. ΝΗCΤΙΑΙC : D*** ΝΗCΤЄΙΑΙC. Post idem (isque ut videtur solus) ex ΠΟΛΛΑΙC fecit ΠΟΛΛΑΚΙC.

\- 20. ΨΥΧΙ : D** et D*** ΨΥΧЄΙ.

244. 3. SOLLITVDO : correctum est SOLLICITVDO.

\- 5. ΑCΘЄΝΙ : D** et D*** ΑCΘЄΝЄΙ.

\- 7. CΚΑΝΔΑΛΙΖЄΤЄ : D** ΤΑΙ pro ΤЄ.

\- 10. ΑCΘЄΝΙΑC : D** et D*** ΑCΘЄΝЄΙΑC.

\- 12. ΤΟΥ ΙCΡΑΗΛ : D*** improbavit. Super ΤΟΥ iam circumflexum posuerat.

\- 18. ΑΡΑΙΤΑ : D** et D*** ΑΡЄΤΑ.

\- 19. 20. ЄΦΡΟΥΡΙ : D** et D*** ЄΦΡΟΥΡЄΙ. Praeterea D** voluit poni ΤΗΝ ΔΑΜΑCΚΗΝѠΝ ΠΟΛΙΝ, non item D***.

\- 21. ΠΑCΑΙ ΜЄ : D*** addidit ΘЄΛѠΝ.

245. 1. SPORTAM : super M punctum videtur positum esse, sed non est : transiit etiam huc a pagina aversa.

\- 5. ΚΑΥΧΑCΘЄ : D*** -CΘΑΙ. Pro ΔЄ D*** scripsit ΔЄΙ.

\- 6. CΥΝΦЄΡЄΙ : D** addidit (nec mutavit D***) ΜΟΙ.

\- 7. IAM EI (sic) AD VISIONES in rasura scripsit ipse librarius. Sed quae infra sunt prorsus latent.

\- 8. ΑΠΟΚΑΛΥΨΙC : D** et D*** -ΨЄΙC.

\- 12. ΤѠ : D*** improbavit.

\- 20. ΧѠΡΙC : D*** et pro signis positis iam D** ЄΚΤΟC. Nihilominus D*** (qui dedit ЄΚΤÒC) iam super ΧѠΡΙC accentum posuerat.

246. 1. ΠΑΡΑΔΙCΟΝ : D*** ΠΑΡΑΔЄΙCΟΝ.

\- 6. ΚΑΥΧΗCΟΜЄ : D** -ΜΑΙ.

\- 7. ΠЄΡΙ : D*** ΥΠЄΡ.

\- 9. ЄΝ ΤΟΙC ΑCΘЄΝΗΜΑCΙΝ : D** et D*** ЄΝ ΤΑΙC ΑCΘЄΝЄΙΑΙC, praetereaque D***, isque ut videtur solus, addidit ΜΟΥ.

\- 13. ΑΛΗΘΙΑΝ : D** ΑΛΗΘЄΙΑΝ.

\- 14. ΦΙΔΟΜΑΙ : D*** ΦЄΙΔΟΜΑΙ.

\- 15. ΛΟΓΙCΗΤЄ : D** -ΤΑΙ.

\- 17. ΤΙ : D*** delevit.

246. 20. ΥΠЄΡЄΡΟΜΑΙ : D** et D*** ΥΠЄΡΑΙΡΟΜΑΙ (sic).

247. 1. CΑΤΑΝΑ : D** et D*** CΑΤΑΝ.

\- 3. 4. ΤΟΝ ΚΝ ΤΡΙC : D** ΤΡЄΙC ΤΟΝ ΚΝ, D*** rursus ΤΟΝ ΚΝ ΤΡΙC.

\- 7. ΑΡΚΙ : D** et D*** ΑΡΚЄΙ.

\- 8. ΔΥΝΑΜΙC : D*** et pro signo apposito iam D** ΔΥΝΑΜΙC ΜΟΥ.

\- 9. ΑCΘЄΝΙΑ : D** (et D***) ΑCΘЄΝЄΙΑ. Item D** et D*** ΤЄΛЄΙΟΥΤΑΙ pro ΤЄΛЄΙΤЄ.

\- 12. 16. ΑCΘЄΝΙΑΙC bis : D** (et D***) -ΝЄΙΑΙC.

248. 3. ΥΜΙC : D** et D*** ΥΜЄΙC.

\- 5. ΥΜѠΝ : D*** et iam corrector ante eum (D**b? certe non D** est : eadem manu 269, 10. correctum esse videtur) ΥΦ ΥΜѠΝ.

\- 9. CΗΜΙΑ : D*** CΗΜЄΙΑ.

\- 10. ΥΜЄΙΝ : Є deletum est.

\- 12. CΗΜΙΟΙC : D*** ЄΝ CΗΜЄΙΟΙC.

\- 14. ΗCCѠΘΗΤЄ : D** et D*** ΗΤΤΗΘΗΤЄ.

\- 18. ΧΑΡΙCΑCΘΑΙ : D** et D*** -CΘЄ.

249. 2. ΥΜΑC : D** et D*** ΥΜѠΝ.

\- 5. ΟΦΙΛЄΙ : D*** ΟΦЄΙΛЄΙ.

\- 7. ΓΟΝΙC : D** et D*** ΓΟΝЄΙC.

\- 10. ΚΑΙ ЄΚΔΑΠΑΝΗCѠ : D*** improbavit, licet iam posuisset accentus.

\- 13. ΠЄΡΙCCΟΤЄΡѠC : D*** praeposuit ЄΙ ΚΑΙ. Item pro signo posito iam D**.

\- 14. ΗCCΟΝ : D*** ΗΤΤΟΝ. Item D** et D*** ΑΓΑΠѠΜΑΙ pro -ΜЄ.

\- 16. ΟΥΚ ЄΒΑΡΗCΑ : D*** ΟΥ ΚΑΤЄΒΑΡΗCΑ.

\- 17. ΑΛΛΑ : D*** ΑΛΛ. In latinis est SIT.

250. 2. CΥΝΑΠЄCΤΙΛΑ : D** -CΤЄΙΛΑ.

\- 10. ΘΥ : D** et D*** ΤΟΥ ΘΥ.

\- 13. ΦΟΒΟΥΜЄ : D** -ΜΑΙ.

\- 16. ΥΜЄΙΝ : Є deletum est.

\- 19. ΖΗΛΟC : D** et D*** ΖΗΛΟΙ.

\- 20. ΑΙΡΙΘΙΑΙ : D*** ЄΡΙΘЄΙΑΙ.

251. 1. ΦΥCΙѠCΙC : D** ΦΥCΙѠCЄΙC.

\- 4. ΤΑΠΙΝѠCЄΙ : D*** ΤΑΠЄΙΝѠCЄΙ. Item D** et D*** deleverunt ΜЄ.

\- 9. ΠΟΡΝΙΑ : D** et D*** ΚΑΙ ΠΟΡΝΙΑ (D*** -ΝЄΙΑ). Iidem ΑCЄΛΓЄΙΑ pro -ΓΙΑ.

\- 16. ΓΑΡ : D*** delevit.

\- 17. ΠΑΡѠΝ : D*** et pro signo posito iam D** ѠC ΠΑΡѠΝ.

Pag. Vers.

251. 18. ΝΥΝ : D*** addidit ΓΡⲀΦⲰ. Cui verbo rursus D^{nov} notam improbandi addidit.

- 20. ΚⲀΙ ΤΟΙC ΛΟΙΠΟΙC ΠⲀCΙΝ : haec omnia ipse librarius in litura scripsit.

252. 1. ΦΙCΟΜⲀΙ : D*** ΦЄΙCΟΜⲀΙ.

- 2. ЄΠΙ : D** et D*** ЄΠЄΙ.

- 5. ΥΜЄΙΝ : D** et D*** ΥΜΙΝ.

- 6. ΚⲀΙ ΓⲀΡ : D*** et ut videtur etiam D** addiderunt ЄΙ.

- 7. ⲀCΘЄΝΙⲀC : D** et D*** -ΝЄΙⲀC.

- 9. ΗΜΙC : D** et D*** ΗΜЄΙC.

- 11. ΖΗCΟΜЄΝ ЄΝ : D*** ΖΗCΟΜЄΘⲀ CΥΝ. D^{nov} in margine priorem lectionem restituit.

- 13. ЄΙC ΥΜⲀC : D*** improbavit.

- 17. ЄΝ ΥΜΙΝ : D** et D*** addunt ЄCΤΙΝ.

- 19. ΓΝⲰCЄCΘⲀΙ : D** -CΘЄ.

- 20. ΗΜΙC : D*** ΗΜЄΙC.

- 21. ЄΥΧΟΜЄΘⲀ : D*** ЄΥΧΟΜⲀΙ.

253. 2.4.5. ΗΜΙC et ΥΜΙC : ubique D*** ЄΙC pro ΙC.

- 4.8. ⲀΛΛⲀ bis : D*** ⲀΛΛ.

- 7.8. ⲀΛΗΘΙⲀC bis : D** et D*** -ΘЄΙⲀC.

- 9. ΓⲀΡ : D*** delevit. (ΧⲀΙΡⲰΜЄΝ immutatum mansit.)

- 10.11. ΗΜΙC et ΥΜΙC : D*** ΗΜЄΙC et ΥΜЄΙC.

- 12. ΤΟΥΤΟ ΚⲀΙ : D*** ΤΟΥΤΟ ΔЄ ΚⲀΙ.

- 14. ΤⲀΥΤⲀΠⲰΝ : D** et D*** ΤⲀΥΤⲀ ⲀΠⲰΝ.

- 19. ΙC : D** et D*** ЄΙC.

- 20. ΛΟΙΠΟΝ : D** ΤΟ (v. 19. apposuit) ΛΟΙΠΟΝ, sed D*** rursus delevit ΤΟ.

254. 1. ΠⲀΡⲀΚⲀΛΙCΘⲀΙ : D** et D*** -ΛЄΙCΘЄ.

- 2. ΦΡΟΝΙΤЄ : D** et D*** ΦΡΟΝЄΙΤЄ.

- 4. ЄCΤЄ : D*** ЄCΤⲀΙ.

- 5. ⲀCΠⲀCⲀCΘⲀΙ : D** -CΘЄ.

In subscriptione post ΠΡΟC ΚΟΡΙΝΘΙΟΥC $\overline{\text{Β}}$ addidit D** ΟΜΟΙⲰC ΚⲀΙ ΟΥΤΟC. Ea D*** prorsus non attigit. In latinis inter EXPLICIT et INCIPIT corrector addidit SCRIBENS VT $\overline{\text{SS}}$ (i. e. *supra?*) A FILIPPHIS.

Pag. Vers.

255. 20. PATRI NOSTRI : sic. Item v. 5. $\overline{\text{DO}}$ PATRI.

256. 4. ΜЄΤⲀΤΙΘЄCΘⲀΙ : D** et D*** -CΘЄ.

- 15. ЄΥⲀΓΓЄΛΙΖΗΤЄ : D** et D*** ΤⲀΙ pro ΤЄ. Item D*** ΥΜΙΝ pro ΥΜⲀC. D^{nov} in margine rursus ΥΜⲀC.

- 20. ЄΥⲀΝΓЄΛΙΖЄΤⲀΙ : D** et D*** ЄΥⲀΓΓ.

257. 6. ЄΙ : D*** et pro signo posito iam D** ЄΙ ΓⲀΡ.

Pag. Vers.

257. 7. PLACERE : sic.

- 9. ΓⲀΡ ΥΜЄΙΝ : D** et D*** ΔЄ ΥΜΙΝ.

- 18. ΟΥΔЄ : D*** (isque solus ut videtur) ΟΥΤЄ. D^{nov} in margine rursus ΟΥΔЄ.

258. 10. ΓЄΝΙ : D** ΓЄΝЄΙ.

- 15. ⲀΦΟΡΙCⲀC : D*** ex Ο fecit Ⲱ.

- 21. ЄΥⲀΓΓЄΛΙCⲰΜⲀΙ : D*** ΖⲰΜⲀΙ pro CⲰΜⲀΙ.

259. 11. ΙCΤΟΡΗCЄ : D** et D*** ΙCΤΟΡΗCⲀΙ.

- 12. ЄΠЄΜΙΝⲀ : D** et D*** ЄΠЄΜЄΙΝⲀ.

- 15. ЄΙΔΟΝ ΟΥΔЄΝⲀ : D** et D*** praeposuerunt ΟΥΚ, deleto ΟΥΔЄΝⲀ. Praeterea D** voluit ΙΔΟΝ, sed D*** restituit ЄΙΔΟΝ.

- 17. ΥΜЄΙΝ : Є erasum est.

- 20. ЄΠΙΤⲀ : D** et D*** ЄΠЄΙΤⲀ.

260. 2. ΤΗC ЄΝ : D*** ΤⲀΙC ЄΝ.

- 6. ЄΥⲀΓΓЄΛΙΖЄΤЄ : D** et D*** -ΤⲀΙ.

- 8. ЄΠΟΡΘΙ : D** et D*** ЄΠΟΡΘЄΙ.

- 2. In latinis observa QVI, v. 4. PERSEQVEBANTVR, v. 6. ADNVNTIANT.

261. 1. In latinis observa CVCVRISSE, v. 16. AD HIS, v. 17. QVALIS, v. 21. QVAE.

- 4. ΠЄΡΙΤΝΗΘΗΝⲀΙ : D** et D*** ΠЄΡΙΤΜΗΘ.

- 5. ΠⲀΡΙCⲀΚΤΟΥC : D** ΠⲀΡЄΙCⲀΚΤΟΥC.

- 7. ΠⲀΡΙCΗΛΘΟΝ : D** ΠⲀΡЄΙCΗΛΘΟΝ.

- 12. ΠΡΟC ⲰΡⲀΝ. Haec primae manus lectio certissima est; sed perdifficile est de correctoribus statuere. Nunc quidem ante ΠΡΟC manu satis recenti adpictum est οἷς οὐδὲ. Sed ipsum οὐδὲ idque solum in litura scriptum est, et v. 11. post ΚⲀΤⲀΔΟΥΛⲰCΟΥCΙΝ signum additamenti habetur a correctore D** profectum. Quod D** additamentum innuit, id ipsum D*** dedisse probabile est. Sed si ille ΟΙC ΟΥΔЄ adscripsit, cur tandem recens corrector deletis iisdem eadem rescripsit? Coniicerem D*** ΟΙC tantum scripsisse, nisi ea lectio ab correctoris D*** ingenio aliena videretur.

- 14.15. ⲀΛΗΘΙⲀ et ΔΙⲀΜΙΝΗ : D** ⲀΛΗΘЄΙⲀ et ΔΙⲀΜЄΙΝΗ.

- 19. $\overline{\text{ΘC}}$ ⲀΝΘΡⲰΠΟΥ ΠΡΟCⲰΠΟΝ : D** ΠΡΟCⲰΠΟΝ $\overline{\text{ΘC}}$ ⲀΝΘΡⲰΠΟΥ, sed D*** revocavit priorem ordinem.

262. 3. ΠЄΠΙCΤЄΥΜЄ : D** et D*** -ΜⲀΙ.

- 4. ЄΥⲀΝΓЄΛΙΟΝ : D** et D*** ЄΥⲀΓΓ.

- 9. ЄΝЄΡΓΗCЄΝ ΚⲀΜΟΙ : D*** ЄΝΗΡΓ. ΚⲀΙ ЄΜΟΙ.

Pag. Vers.

262. 12. ΔΟΘΙCΑΝ : D** et D*** ΔΟΘЄΙCΑΝ.
- 13. ΚΑΙΑΚѠΒΟC : D*** et iam ante eum (D**b?) ΚΑΙ ΙΑΚѠΒΟC.
- 17. VT BARNABAE : sic.
- 18. ΗΜΙC : D** et D*** ΗΜЄΙC.

263. 4. ΑΝΤΙΟΧΙΑΝ : D*** -ΧЄΙΑΝ.
- 7. ЄΛΘΙΝ : D** et D*** ЄΛΘЄΙΝ.
- 9. SEDEBAT : corrector erasit S.
- 10. ΗΛΘЄΝ : D*** et ut videtur iam D** ΗΛΘΟΝ.
- 13. TIMEN : corrector (d** ut videtur) TIMENS. V. 14. ERAT, v. 17. ET, v. 18. AD HIS non correcta sunt.
- 19. ЄΙΔΟΝ : D** ΙΔΟΝ, D*** rursus ЄΙΔΟΝ.
- 20. ΟΥΧ : D*** ΟΥΚ.
- 21. ΑΛΗΘΙΑΝ : D** ΑΛΗΘЄΙΑΝ.

264. 2. ЄΝΠΡΟCΘЄΝ : D*** ЄΜΠΡΟCΘЄΝ.
- 3. ѠΝ : plane erasum est, eiusque loco D*** adscripsit ΥΠΑΧѠΝ (corrige ΥΠΑΡΧѠΝ).
- 4. ΟΥΧΙ : D** et D*** ΟΥΚ.
- 7. ΦΥCΙ : D** et D*** ΦΥCЄΙ.
- 9. ΔЄ : D*** improbavit.
- 13. ΗΜΙC : D** et D*** ΗΜЄΙC.
- 17. ΟΤΙ : D*** ΔΙΟΤΙ. Item pro QVI d** scripsit QVIA.

265. 8. CΥΝΙCΤΑΝѠ : D*** CΥΝΙCΤΗΜΙ.
- 16. $\overline{\Theta\Upsilon}$ ΚΑΙ $\overline{\mathrm{X}\Upsilon}$: D*** et pro signo posito iam D** $\overline{\Upsilon\Upsilon}$ ΤΟΥ $\overline{\Theta\Upsilon}$.

266. 4. ЄΒΑCΚΑΝЄΝ : D*** addidit ΤΗ ΑΛΗΘЄΙΑ ΜΗ ΠЄΙΘЄCΘΑΙ.
- 5. ΚΑΤΑ : D*** ΚΑΤ.
- 8. ΜΑΘΙΝ ΘЄΛѠ : D** ΘЄΛѠ ΜΑΘЄΙΝ, D*** ΜΑΘЄΙΝ ΘЄΛѠ.
- 10. $\overline{\mathrm{SPS}}$: sic.
- 14. ЄΠΙΤЄΛΙCΘΑΙ : D** et D*** ЄΠΙΤЄΛЄΙCΘЄ.
- 18. ΔΥΝΑΜΙC : D** ΔΥΝΑΜЄΙC.
- 19. ΥΜЄΙΝ : Є erasum est.
- 21. EX AVDITVM FIDE : sic.

267. 5. ΓЄΙΝѠCΚЄΤЄ : Є primum erasum est.
- 11. ΠΡΟЄΥΗΓΓЄΛΙCΤΑΙ : D** et D*** -ΛΙCΑΤΟ.
- 21. ЄΝΜЄΝЄΙ : D*** (et fortasse iam D**) ЄΜΜЄΝЄΙ.

268. 3. ΠΟΙΗCЄ : D** et D*** ΠΟΙΗCΑΙ.
- 5. ΟΥΔΙC : D** (et D***) ΟΥΔЄΙC. $\overline{\Theta\Omega}$: D*** ΤѠ $\overline{\Theta\Omega}$.
- 6. ΓЄΓΡΑΠΤΑΙ ΓΑΡ : D*** haec improbavit.
- 11. ΑΛΛΑ : D*** ΑΛΛ. Idem post ΑΥΤΑ addit $\overline{\mathrm{ANOC}}$.
- 12. ΖΗCЄΤЄ : D** et D*** ΖΗCЄΤΑΙ.
- 17. ΟΤΙ ΓЄΓΡΑΠΤΑΙ : D*** ΓЄΓΡΑΠΤΑΙ ΓΑΡ.

Pag. Vers.

269. 2. ЄΥΛΟΓΙΑΝ : D*** (et iam D**?) ЄΠΑΓΓЄΛΙΑΝ.
- 9. ΟΥΔΙC : D** (et D***) ΟΥΔЄΙC.
- 10. ЄΠΙΤΑCCЄΤΑΙ : correctum est ЄΠΙΔΙΑΤΑCCЄΤΑΙ. Quis correxerit, non satis liquet. Cf. 248, 5.
- 11. ΤѠ : D** et D*** ΤѠ ΔЄ. ЄΡΡЄΘΗCΑΝ : D*** ЄΡΡΗΘΗCΑΝ.
- 13. VT : sic.
- 14. CΟΥ : D*** abstulit, etsi iam accentum super -CIN posuerat.
- 18. Ο ЄCΤΙΝ : D** ΟC ЄCΤΙΝ. Suspicari possis C rursus a D*** deletum esse; sed potest scripturae pallor fallere.

270. 13. ΠΑΡΑΔΟCЄѠΝ : D*** et ut videtur iam D** ΠΑΡΑΒΑCЄѠΝ.
- 14. ЄΤЄΘΗ : D*** ΠΡΟCЄΤЄΘΗ. Sed idem iam ante eum correctum erat. Post ΧΑΡΙΝ enim exeunte v. 13. etiamnum cernitur ΠΡΟC minutis et elegantibus litteris adscriptum idque a D***, ut probabile est, erasum. Licet id correctori D** adscribere, nisi quod elegantia scripturae potius in ipsum codicis scriptorem aut antiquissimum quendam correctorem quadrat.
- 17. ΔΙΑΤΑΓΙC : D** et D*** ΔΙΑΤΑΓЄΙC.
- 18. 19. ΜЄCЄΙΤΟΥ et ΜЄCЄΙΤΗC : D** et D*** ΜЄCΙΤΟΥ et ΜЄCΙΤΗC.
- 20. ΟΥΧ : D*** ΟΥΚ.

271. 7. ΟΝΤѠC : D** et D*** ΟΝΤѠC ΑΝ.
- 9. CΥΝЄΚΛΙCЄΝ : D*** CΥΝЄΚΛЄΙCЄΝ.
- 10. ΥΦ : D*** et ut videtur iam D** ΥΠΟ.
- 15. ЄΛΘΙΝ : D** et D*** ЄΛΘЄΙΝ.
- 18. CΥΝΚΛΙΟΜЄΝΟΙ : D** CΥΝΚЄΚΛΙCΜЄΝΟΙ, D*** CΥΓΚЄΚΛЄΙCΜЄΝΟΙ.

272. 2. $\overline{\mathrm{XN}}$ $\overline{\mathrm{IN}}$: D*** delevit $\overline{\mathrm{IN}}$.
- 7. PAEDAGOGV : sic.
- 13. ЄΝЄΔΥCΑCΘΑΙ : D** et D*** ЄΝЄΔΥCΑCΘЄ.
- 16. 17. Η ЄΛЄΥΘЄΡΟC : D** et D*** ΟΥΔЄ ЄΛЄΥΘЄΡΟC.
- 20. ЄCΤΑΙ : D** et D*** ЄCΤЄ.
- 21. ЄΙC ЄCΤЄ : D*** haec improbavit, eorumque loco scripsit $\overline{\mathrm{X}\Upsilon}$.

273. 1. ЄΝ $\overline{\mathrm{X}\Omega}$ $\overline{\mathrm{I}\Upsilon}$: haec improbavit D***, isque solus ut videtur.
- 2. ΟΥΝ : D** et D*** improbant.
- 7. HEREDES : sic. Item v. 10. CVRATORE.
- 8. ΔΙΑΦЄΡΙ : D** ΔΙΑΦЄΡЄΙ.

Pag. Vers.

273. 10. ЄCTЄIN : Є secundum erasum est.
- 14. HMIC : D** et D*** HMЄIC.
- 16. CTOIXIΑ : D** et D*** CTOIXЄIΑ.
- 17. HMЄΘΑ : D** et D*** HMЄN.
- 18. VERO VERO : alterum punctis improbatum est, fortasse ab ipso librario.
- 20. ЄΞΑΠЄCTIΛЄN : D** et D*** ЄΞΑΠЄCTЄIΛЄN.

274. 5. ADPOTIONEM : sic. Item v. 18. HI QVI.
- 8. ЄΞΑΠЄCTIΛЄN : D** ЄΞΑΠЄCTЄIΛЄN.
- 10. HMωN : D*** YMωN.
- 13. ΑΛΛΑ : D*** ΑΛΛ. D^{nov} restituit ΑΛΛΑ.
- 17. IΔOTЄЄ : D** et D*** ЄIΔOTЄC.
- 18. ΦYCЄI MH OYCI : D** MH ΦYCЄI OYCI, D*** vero rursus ΦYCЄI MH OYCIN (sic; addidit N).
- 19. ЄΔOYΛЄYCΑTЄ : hoc D** ante TOIC v. 18. poni voluit; nec D*** transpositionis signa abstulit.
- 20. NYNЄI : ЄI erasum est. D^{nov} in margine restituit.

275. 2. ЄΠICTPЄΦЄCΘΑI : D*** et ut videtur iam D** ЄΠICTPЄΦЄTЄ.
- 4. CTOIXIΑ : D** et D*** CTOIXЄIΑ.
- 7. ΠΑPΑTHPICΘΑI : D** et D*** -PЄICΘЄ.
- 9. KЄPOYC : D** et D*** KΑIPOYC.
- 13. ΓЄINЄCΘΑI : D** et D*** ΓINЄCΘЄ.
- 17. OIΔΑTЄ : D** et D*** addunt ΔЄ. Item D*** ΑCΘЄNЄIΑN pro -NIΑN.
- 19. YMЄIN : Є erasum est.
- 21. ΠIPΑCMON YMωN : D** et D*** ΠЄIPΑCM. MOY.

276. 1. ЄN TH : D*** et pro signo posito iam D** TON ЄN TH.
- 5. ЄΔЄΞΑCΘΑI : D** et D*** -CΘЄ.
- 11. ЄΔωKΑTЄ : D*** ΑN ЄΔωKΑTЄ.
- 12. ЄΓω : D*** improbavit.
- 14. YMЄIN : Є erasum est.
- 17. ΑΛΛ ЄKKΛICΑI : D*** ΑΛΛΑ ЄKKΛЄICΑI.
- 20.21. ZHΛOYTЄ ΔЄ TΑ KPITTω XΑPICMΑTΑ : haec omnia appositis signis itemque negatis accentibus improbavit D***, isque ut videtur solus.

277. 1. KΑΛON : D** et D*** addunt ΔЄ.
- 4.10. ΠΑPINΑI bis : D** et D*** ΠΑPЄINΑI.
- 6. TЄKNΑ : D** et D*** TЄKNIΑ.
- 9. YMЄIN : Є erasum est.
- 10. VEL AVTEM : sic.
- 17. LESISTIS : correctum est LEGISTIS.

278. 4. ΓЄΓЄNHTЄ : D** et D*** ΓЄΓЄNNHTΑI.
- 14. OPOC ЄCTIN : D** ЄCTIN OPOC, non item D***
- 15. ΑPΑBЄIΑ : Є erasum est.
- 16. CYNCTOIXOYCΑ (non H CYNCT., ut notavit Wetstenius) : D** et D*** CYNCTOIXЄI ΔЄ.
- 18. ΓΑP : D*** ΔЄ.

279. 3. CTIPΑ : D** et D*** CTЄIPΑ.
- 10. YMIC : D** YMЄIC, D*** HMЄIC. Erravit Wetstenius, tantum latinam versionem ὑμεῖς tenere dicens.
- 12. ЄCTЄ : D*** ЄCMЄN.
- 14. ΓЄNNHΘIC : D** ΓЄNNHΘЄIC.

280. 1. MOY ICΑΑK : D*** et pro signis positis iam D** THC ЄΛЄYΘЄPΑC.
- 2. ΔIO : D*** ΑPΑ. De accentu cf. Prolegg.
- 6. $\overline{XC}$: D** et D*** praeposuerunt H, praetereaque D** addidit signa quibus H $\overline{XC}$ ante HMΑC ponendum esse significaret. Sed videntur ea signa rursus deleta esse, etsi id satis mirum est. Praeterea de huius loci scriptura et emendatione non satis accurate Wetstenius scripsit.
- 8. ΔOYΛIΑC : D** ΔOYΛЄIΑC.
- 9. ΑNЄXЄCΘΑI : D** ЄNЄXЄCΘЄ, D*** ΑNЄXЄCΘЄ.
- 12. ΠЄPITЄMNHCΘΑI : D** et D*** -CΘЄ.
- 14. ΔЄ : D*** addit ΠΑΛIN.
- 17. OΦIΛЄTHC : D** OΦЄIΛЄTHC. Sed Є tam pallidum est ut videatur D*** correctori displicuisse.
- 19. $\overline{XY}$: D*** TOY $\overline{XY}$.
- 21. ΔIKΑIOYCΘΑI : D** ΔIKΑIOYCΘЄ.

281. 1. ЄΞЄΠЄCΑTЄ : D*** ЄΞЄΠЄCЄTЄ.
- 2. HMIC : D*** HMЄIC.
- 13. ΑΛHΘIΑ : D** et D*** ΑΛHΘЄIΑ.
- 14. ΠIΘЄCΘΑI : D** ΠЄIΘЄCΘЄ, D*** ΠЄIΘЄCΘΑI. Denique D^{nov} Α (in ΑI) instauravit.
- 16. ЄK TOY : D*** praeposuit OYK.
- 18. ΔOΛOI : D*** ZYMOI.

282. 1. NOS : d** VOS correxit.
- 5. KHPYCCω : D*** ЄTI KHPYCCω.
- 9. OΦЄΛON : D*** ωΦЄΛON.
- 11. YMIC : D*** YMЄIC.
- 14. THC CΑPKOC : D*** et fortasse iam D** TH CΑPKI.
- 18. ЄN YMIN : D*** improbavit.
- 19. ΠΛHPOYTΑI : D*** addit ЄN Tω.
- 20. ΑΓΑΠHCIC : D** ΑΓΑΠHCЄIC. In latinis pro DIGES d** scripsit DILIGES. Antea v. 9. ABSCIDANTVR non correctum est.

Pag. Vers.

283. 1.2. D** ⲀⲀΛΗΛΟΥC ante ΔⲀΚΝЄΤЄ poni voluit; sed D*** transpositionis signa rursus abstulit.

– 3.4. ⲀΝⲀΛⲰΘΗΤЄ ΥΠ ⲀΛΛΗΛⲰΝ : D** ΥΠΟ ⲀΛΛΗΛⲰΝ ⲀΝⲀΛⲰΘΗΤЄ, D*** ⲀΝⲀΛⲰΘΗΤЄ ΥΠΟ ⲀΛΛΗΛⲰΝ.

– 5. $\overline{\text{SPS}}$: sic.

– 7. ΤЄΛЄCΗΤЄ : D*** ΤЄΛЄCЄΤЄ.

– 11. ΓⲀΡ : D*** ΔЄ.

– 13. Ο ⲀΝ : D** et D*** Ⲁ ⲀΝ.

– 15. Ι ΔЄ et ⲀΓЄCΘⲀΙ : D** et D*** ЄΙ ΔЄ et ⲀΓЄCΘЄ.

– 19.20. ΜΟΙΧΙⲀ et ΠΟΡΝΙⲀ : D*** ΜΟΙΧЄΙⲀ et ΠΟΡΝЄΙⲀ.

284. 1. ⲀCЄΛΓΙⲀ : D** ⲀCЄΛΓЄΙⲀ.

– 2.3. ЄΙΔⲰΛΟΛⲀΤΡΙⲀ ΦⲀΡΜⲀΚΙⲀ : D*** -ΤΡЄΙⲀ et -ΚЄΙⲀ.

– 3. BENEFICIA : d** MALEFICIA.

– 4. ЄΡΙC ΖΗΛΟC : D** et D*** ЄΡЄΙC ΖΗΛΟΙ.

– 5. ЄΡΙΘΙⲀΙ : D*** ЄΡΙΘЄΙⲀΙ.

– 9. ΜЄΘЄ : D** ΜЄΘⲀΙ.

– 12. ΠΡΟЄΙΡΗΚⲀ : D*** ΠΡΟЄΙΠΟΝ. Tamen iam posuerat accentum super ΠΡΟЄΙΡΗΚⲀ.

– 15. ΒⲀCΙΛΙⲀΝ : D** (et D***) ΒⲀCΙΛЄΙⲀΝ.

285. 1. ЄΝΚΡⲀΤΙⲀ ⲀΓΝΙⲀ : D*** ЄΝΚΡⲀΤЄΙⲀ, praeterea ⲀΓΝΙⲀ, cui iam addiderat spiritum, improbavit.

– 9. CΤΟΙΧⲰΜЄΝ : D*** CΤΟΙΧΟΥΜЄΝ.

– 10. ΓЄΙΝⲰΜЄΘⲀ : D*** et ut videtur etiam D** ΓΙΝⲰΜЄΘⲀ.

– 17. ΥΜΙC : D*** ΥΜЄΙC. V. 18. est INSTVITE. Sic.

286. 1. ⲀΥΤΟC : D*** CΥ.

Item pro ΠΙΡⲀCΘΗC D** et D*** ΠЄΙΡⲀCΘΗC.

– 12. ΙC : D** et D*** ЄΙC.

– 20. ΠΛⲀΝⲀCΘⲀΙ : D** et D*** -CΘЄ.

– 21. ΜΥΚΤΗΡΙΖЄΤЄ : D** -ΖЄΤⲀΙ.

287. 1. ⲀΝ : D*** ЄⲀΝ. CΠΙΡΗ : D** et D*** CΠЄΙΡΗ.

– 2. ΤⲀΥΤⲀ : D** et D*** ΤΟΥΤΟ. In latinis est EADET. Sic.

– 3. CΠΙΡⲰΝ : D** et D*** CΠЄΙΡⲰΝ.

– 4. ⲀΥΤΟΥ : D*** ЄⲀΥΤΟΥ.

– 5. ⲀΥΤΟΥ : D*** delevit.

– 7. CΠΙΡⲰΝ : D** (et D***) CΠЄΙΡⲰΝ.

ЄΚ ΤΟΥ $\overline{\text{ΠΝC}}$: D** et D*** ЄΙC ΤΟ $\overline{\text{ΠΝⲀ}}$.

– 11. ЄΝΚⲀΚⲰΜЄΝ : D*** (et iam D**?) ЄΚΚⲀΚⲰΜЄΝ.

– 19. ΟΙΚΙΟΥC : D** ΟΙΚЄΙΟΥC.

288. 4. ЄΠΡΟCⲰΠΗCⲀΙ : D**^{b} ЄΥΠΡΟCⲰΠΗCⲀΙ.

Pag. Vers.

288. 7. CΤⲀΥΡⲰ : T, quod primum omiserat, ipse scriba supplevit. In latinis observa CRVX.

– 17. ΚⲀΥΧΗCⲀCΘⲀΙ : D*** ΚⲀΥΧⲀCΘⲀΙ. D^{nov} in margine restituit priorem scripturam.

– 21. ΚΟCΜⲰ : D*** ΤⲰ ΚΟCΜⲰ.

289. 2. ΤΙ ЄCΤΙΝ : D*** ΤΙ ΙCΧΥЄΙ.

– 6. ЄΠΙ : D** et D*** ΚⲀΙ ЄΠΙ. ΤΟΥ $\overline{\text{ΚΥ}}$: D*** ΤΟΥ $\overline{\text{ΘΥ}}$.

– 7. ΤΟ ΛΟΙΠΟΝ : D**^{b} et D*** ΤΟΥ ΛΟΙΠΟΥ.

ΜΗΔΙC : D** ΜΗΔЄΙC.

– 10. ΗΜⲰΝ $\overline{\text{ΙΥ}}$ $\overline{\text{ΧΥ}}$: D** et D*** et ΗΜⲰΝ et $\overline{\text{ΧΥ}}$ deleverunt.

In subscriptione latina eraso INCIPIT corrector scripsit SCRIBENS A ROMA INCIPIT.

Pag. Vers.

290. 11. ЄΥΛΟΓΙⲀ : D** ЄΥΛΟΓЄΙⲀ, sed D*** restituit ЄΥΛΟΓΙⲀ.

– 13. $\overline{\text{ΧⲰ}}$: D** addidit $\overline{\text{ΙΥ}}$, neque id tetigit D***.

– 21. ΠΡΟⲰΡΙCⲀC : D*** ΠΡΟΟΡΙCⲀC.

291. 9. ΥΙⲰ ⲀΥΤΟΥ : D***, qui iam accentus posuerat, delevit.

– 10. ЄCΧΟΜЄΝ : C deletum est : videtur ab D** et D*** improbatum esse.

– 15. ΤΟ ΠΛΟΥΤΟC : D*** ΤΟΝ ΠΛΟΥΤΟΝ. D^{nov} in margine restituit priorem scripturam.

292. 1. ΤΟ ΜΥCΤЄΡΙΟΝ : haec ipse librarius in litura scripsit. Videtur antea ΤΟΥΤΟΥ ΜΥCΤЄΡΙΟΝ sive (ut Wetstenius vult) ΤΟΥΤΟ ΤΟ ΜΥCΤЄΡΙΟΝ exaratum fuisse. Sed id, quippe per errorem scriptum, nullam potest auctoritatem habere. D*** correxit ΜΥCΤΗΡΙΟΝ pro ΜΥCΤЄΡΙΟΝ.

– 12. ΠΡΟⲰΡΙCΘЄΝΤЄC : D*** ΠΡΟΟΡΙCΘЄΝΤЄC.

– 13. ΤΗΝ : erasum est a D***, et fortasse iam a D**. Denique D^{nov} instauravit.

– 14. ΠⲀΝΤⲀ : D*** ΤⲀ ΠⲀΝΤⲀ.

– 18. ΔΟΞΗC : D*** et pro signo apposito iam D** ΔΟΞΗC ⲀΥΤΟΥ.

– 20.21. ΥΜΙC et ⲀΛΗΘΙⲀC : D*** ΥΜЄΙC et ⲀΛΗΘЄΙⲀC.

293. 15. $\overline{\text{ΧΥ}}$: D*** delevit.

– 16. ⲀΓⲀΠΗΝ : D*** et pro signo posito iam D** ⲀΓⲀΠΗΝ ΤΗΝ.

– 20. ΜΝΙⲀΝ : D*** ΜΝЄΙⲀΝ ΥΜⲰΝ.

294. 12. ΤΙC : D** et D*** ΚⲀΙ ΤΙC.

 APPENDIX.

Pag. Vers.

294. 18. ΥΜΑC : D*** ΗΜΑC.

295. 18. ECCLESIA : sic. Eadem vitiosa scriptura in codice Fuldensi aliisque est.

296. 14. ΑΠΘΙΑC : D*** ΑΠΙΘΕΙΑC. Item infra 316, 16.

- 15. ΥΜΙC : D** et D*** ΗΜΕΙC.

297. 7. ΑΓΑΠΗΝ : D*** et pro signo posito iam D** ΑΓΑΠΗΝ ΑΥΤΟΥ.

- 11. ΤΑΙC ΑΜΑΡΤΙΑΙC : D***, qui iam super haec accentus posuerat, eorum loco scripsit ΤΟΙC ΠΑΡΑΠΤΩΜΑCIN.

- 13. ΟΥ ΤΗ : D*** haec delevit.

- 18. ΕΝΔΙΞΗΤΕ : D** et D*** ΕΝΔΕΙΞΗΤΑΙ.

- 21. ΤΟ ΥΠΕΡΒΑΛΛΟΝ : D** et D*** ΤΟΝ ΥΠΕΡΒΑΛΛΟΝΤΑ. In latinis scriptum est SVPERABVNDANTE, atque item v. seq. DIVITIAE.

298. 1. ΠΛΟΥΤΟC : D** et D*** ΠΛΟΥΤΟΝ.

- 3. ΕΝ ΧΥ : (ΧΥ non correctum est) : D** et D*** addunt ΙΥ.

- 4. ΤΗ ΓΑΡ ΑΥΤΟΥ : D** et D*** haec omnia (sic) improbaverunt. Iidem pro CECΩCΜΕΝΟΙ ΕCΜΕΝ dederunt ΕCΤΕ CECΩCΜΕΝΟΙ.

- 5. ΠΙCΤΕΩC : D*** ΤΗC ΠΙCΤΕΩC.

- 6. ΗΜΩΝ : D*** ΥΜΩΝ.

- 9. ΚΑΥΧΗCΗΤΕ : D** -CΗΤΑΙ.

- 17. ΠΟΤΕ ΥΜΙC : D** ΥΜΕΙC ΠΟΤΕ, D*** rursus ΠΟΤΕ ΥΜΕΙC. V. 20. PRAEPVTATIVM : sic.

299. 2. ΧΕΙΡΟΠΟΙΗΤΩ : D*** ΧΕΙΡΟΠΟΙΗΤΟΥ.

- 3. ΤΩ ΚΑΙΡΩ : D** et D*** ΕΝ ΤΩ ΚΑΙΡΩ.

- 9. EORVM : d** improbavit punctis superpositis.

- 12. ΝΥΝΕΙ : D** ΝΥΝΙ.

- 14. ΕΝΓΥC : D** et D*** ΕΓΓΥC. Item d** IVXTA pro IVSTA. Sed ESTI non correctum est.

- 20. MACERIAE : d** SEPIS, quod rursus superscriptum habet A, unde fit SAEPIS.

300. 3. ΚΑΤΑΡΤΙCΑC : D*** et ut videtur iam D** ΚΑΤΑΡΓΗCΑC.

- 13. ΑΠΟΚΤΙΝΑC : D** et D*** ΑΠΟΚΤΕΙΝΑC. Praeterea a prima manu additum erat h. l. ΤΗΝ ΕΧΘΡΑΝ, sed ab eadem, ni fallor, rursus deletum est.

- 15. EVANGELIZAVI : sic.

- 16.18. ΕΙΡΗΝΗ : D** et D*** ΕΙΡΗΝΗΝ utroque loco. Non satis accurate de h. l. Wetstenius scripsit.

301. 4. ΑΛΛ ΕCΤΕ : D*** ΑΛΛΑ.

CΥΝΠΟΛΕΙΤΑΙ : D** et D*** -ΛΙΤΑΙ.

Pag. Vers.

301. 6. ΟΙΚΙΟΙ : D** et D*** ΟΙΚΕΙΟΙ.

- 11. ΑΚΡΟΓΩΝΙΕΟΥ ΛΙΘΟΥ : D*** ΑΚΡΟΓΩΝΙΑΙΟΥ (deleto ΛΙΘΟΥ).

- 18. CΥΝΟΙΚΟΔΟΜΙCΘΑΙ : D** et D*** -ΜΕΙCΘΕ.

302. 2. ΧΥ : D** (nec aliter D***) addidit ΙΥ.

- 3. ΠΡΕCΒΕΥΩ : Wetstenius notat sic a prima tantum manu legi. Sed nullum delendi signum comparet.

- 5. ΤΟΥ ΘΥ : haec D** post ΤΗC ΧΑΡΙΤΟC poni voluit; D*** rursus delevit signa transpositionis.

- 6. ΔΟΘΙCΗC : D** et D*** ΔΟΘΕΙCΗC.

- 9. ΕΓΝΩΡΙCΘΗ : D*** ΕΓΝΩΡΙCΕΝ.

- 13. ΔΥΝΑCΘΑΙ : D** et D*** -CΘΕ.

- 17. ΕΤΕΡΕC : D** et D*** ΕΤΕΡΑΙC.

303. 1. Κ : id iam ipse librarius puncto notavit (ΚΑΙ scripturus erat); post etiam D** attigit.

- 6. CΥΝΜΕΤΟΧΑ : D*** CΥΜΜΕΤΟΧΑ.

- 7. ΕΠΑΓΓΕΛΙΑC : D*** et pro signo apposito iam D** addunt ΑΥΤΟΥ.

- 10. ΕΓΕΝΗΘΗΝ : D*** ΕΓΕΝΟΜΗΝ.

- 11. MODVM : correctum est (a d**?) DONVM.

- 13. ΤΗC ΔΟΘΕΙCΗC : D*** (etsi iam posuerat accentus) ΤΗΝ ΔΟΘΕΙCΑΝ.

- 20. ΕΥΗΓΓΕΛΙCΑCΘΑΙ : D** et D*** ΕΥΑΓΓ.

- 21. ΤΟ : D*** ΤΟΝ.

304. 1. ΠΛΟΥΤΟC : D*** ΠΛΟΥΤΟΝ.

- 7. ΠΑΝΤΑ : D** et D*** ΤΑ ΠΑΝΤΑ. Post ΚΤΙCΑΝΤΙ D*** addit ΔΙΑ ΙΥ ΧΥ.

- 8. INNOTESCAT : d** addit NVNC.

- 20.21. D** sic poni voluit : ΤΗΝ ΠΑΡΡΗCΙΑΝ ΚΑΙ ΤΗΝ ΠΡΟCΑΓΩΓΗΝ. Sed D*** delevit rursus signa transpositionis.

305. 1. ΕΝ ΤΩ ΕΛΕΥΘΕΡΩΘΗΝΑΙ : D*** et pro signo posito iam D** ΕΝ ΠΕΠΟΙΘΗCΕΙ.

- 3. ΕΝΚΑΚΙΝ : D** ΕΝΚΑΚΕΙΝ, D*** ΕΚΚΑΚΕΙΝ.

- 7. GRATIA : in codice est GRATI, sed videtur A suppletum esse.

- 13. ΟΝΟΜΑΖΕΤΕ : D** et D*** -ΖΕΤΑΙ.

- 14. ΚΑ : rursus erasum est; videtur iam ipse librarius expunxisse.

- 15. ΤΟ ΠΛΟΥΤΟC : D*** ΤΟΝ ΠΛΟΥΤΟΝ.

306. 5. ΙCΧΥCΗΤΕ : D*** ΕΞΙCΧΥCΗΤΕ.

- 6. ΠΑCΙ : D*** ΠΑCΙΝ.

- 10. ΓΝΩΝΑΙ : D** et D*** addunt ΤΕ.

307. 1. ΗΜΕΙΝ : D*** ΗΜΙΝ.

Pag. Vers.

307. 2. 3. D** poni voluit H ΔOΞⲀ ЄN TH ЄKKΛHCIⲀ ЄN X̅Ѡ̅ I̅Y̅. D*** vero abstulit signa transpositionis.

- 3. KⲀI TH : D** et D*** ЄN TH.

- 11. TⲀΠINOΦPOCYNHC : D*** TⲀΠЄINOΦP.

- 17. ⲀINOTHTⲀ : D*** ЄNOTHTⲀ.

308. 9. YMЄIN : D** et D*** YMIN.

- 11. XⲀPIC : D*** H XⲀPIC.

- 17. ЄXMⲀΛѠCIⲀN : D*** ⲀIXMⲀΛѠCIⲀN KⲀI. De D** non satis liquet, praesertim quum vv. 15—19. minio scripti sint.

- 21. Post KⲀTЄBH nec a correctore, ut Wetstenius indicavit, additum legitur ΠPѠTON.

309. 1. KⲀTѠTЄPⲀ : D*** addit MЄPH.

- 15. THC : D*** improbavit.

- 18. MЄXPI : D*** MЄXPIC.

- 19. ΠⲀNTЄC : D** et D*** OI ΠⲀNTЄC.

- 20. ⲀINOTHTⲀ : D*** ЄNOTHTⲀ.

310. 9. FRVCTVANTES : correctum est FLVCTVANTES.

- 11. KYBIⲀ : D*** KYBЄIⲀ.

- 13. MЄΘOΔIⲀN : D*** MЄΘOΔЄIⲀN.

- 19. KЄΦⲀΛH : D*** H KЄΦⲀΛH. Praeterea lege O ЄCTIN : sic enim in codice est.

311. 1. CYNBIBⲀZOMЄNON : D*** CYMBIB.

- 2. IVNCTVRAM : lege VINCTVRAM, ut in codice est. Illud ex errore Sabatarii in nostram editionem irrepsit.

- 5. INIVSCVIVSQVE : sic.

- 6. ΠOIЄITЄ : D** ΠOIЄITⲀI. Pro FACIT bis correctum est FACITE.

- 7. ⲀYTOY : D*** (qui iam spiritum lenem posuerat) ЄⲀYTOY.

- 13. TⲀ ЄΘNH : D*** et pro signo apposito etiam D** TⲀ ΛOIΠⲀ ЄΘNH.

- 15. MⲀTЄOTHTI : D** et D*** MⲀTⲀIOTHTI.

312. 4. ⲀCЄΛΓIⲀ : D** et D*** ⲀCЄΛΓЄIⲀ.

- 12. ⲀΛHΘIⲀ : D** ⲀΛHΘЄIⲀ.

- 18. EVM : ita nunc d**, videturque antea CVM fuisse. Sed poterat lineola expalluisse, ut d** instauraret.

- 21. ⲀNⲀNЄOYCΘⲀI : D** ⲀNⲀNЄOYCΘЄ, sed D*** rursus ⲀNⲀNЄOYCΘⲀI.

313. 2. ЄNΔYCⲀCΘⲀI : D** -CΘЄ. Nec mutatum id est a D***.

- 7. KⲀI ⲀΛHΘIⲀ (D** -ΘЄIⲀ): D*** THC ⲀΛHΘЄIⲀC.

- 9. ΛⲀΛЄITⲀI : D** et D*** -TЄ.

313. 13. OPΓIZЄCΘⲀI : D*** -CΘЄ.

- 16. ЄN TѠ : D*** ЄΠI TѠ.

314. 2. XIPCIN : D** et D*** XЄPCIN.

- 3. MЄTⲀΔOYNⲀI : D** et D*** MЄTⲀΔIΔONⲀI.

- 4. XPIⲀN : D** et D*** XPЄIⲀN.

- 8. ⲀΛΛⲀ : D*** ⲀΛΛ.

- 10. ΠICTЄѠC : D*** XPЄIⲀC.

- 11. ΔOI : D** et D*** ΔѠ.

- 13. TO ⲀΓION Π̅N̅Ⲁ̅ : D** TO Π̅N̅Ⲁ̅ TO ⲀΓION, sed D*** restituit priorem scripturam.

315. 1. ΓЄINЄCΘⲀI : D** et D*** ΓINЄCΘЄ. Item D*** scripsit ΔЄ pro OYN.

- 6. HMЄIN : Є deletum est.

- 7. ΓЄINЄCΘⲀI : D** ΓINЄCΘⲀI, D*** ΓINЄCΘЄ.

- 8. MЄIMHTⲀI : D** et D*** MIMHTⲀI.

- 16. ΠOPNIⲀ : D*** -NЄIⲀ.

- 19. YMЄIN : Є erasum est.

- 20. ΠPЄΠI : D** ΠPЄΠЄI.

- 21. H ⲀICXPOTHC H MOPOΛOΓIⲀ : D*** KⲀI ⲀICXPOTHC KⲀI MѠPOΛOΓIⲀ. D** nondum correxisse in his videtur.

316. 3. ЄYXⲀPICTIⲀ : D** -CTЄIⲀ, D*** rursus -CTIⲀ.

- 4. ICTЄ : D*** ЄCTЄ. Pro ΓЄINѠCKONTЄC D** et D*** ΓINѠCKONTЄC.

- 10. X̅Y̅ : sic ab ipsa prima manu est, quamquam ex emendatione : antea enim Θ̅Y̅ scriptum erat. Versu seq. Θ̅Y̅ prorsus salvum est.

- 12. MHΔIC : D** et D*** MHΔЄIC.

- 16. ⲀΠЄΘIⲀC : D*** ⲀΠЄΘЄIⲀC. Cf. 296, 14.

- 17. ΓINЄCΘⲀI : D** et D*** -CΘЄ.

- 18. CYNMЄTOXOI : D*** CYMMЄTOXOI.

- 20. LVX IT : sic. Item v. 13. INABVS.

317. 2. ΦѠTOC : D*** Π̅N̅C̅.

- 5. ⲀΛHΘIⲀ : D** et D*** ⲀΛHΘЄIⲀ.

- 7. Θ̅Ѡ̅ : D*** K̅Ѡ̅.

- 8. CYNKOINѠNITЄ : D** CYNKOINѠNЄITЄ, D*** CYΓKOINѠNЄITЄ. D^{nov} in margine rursus N pro Γ.

- 12. ΓЄINOMЄNⲀ : D** et D*** ΓINOMЄNⲀ.

318. 2. ЄΠIΦⲀYCЄIC TOY X̅Y̅ : D*** ЄΠIΦⲀYCЄI COI O X̅C̅. D** nondum correxisse videtur.

- 9. ΓINЄCΘⲀI : D** et D*** ΓINЄCΘЄ.

- 11. CYNIONTЄC : D*** CYNIЄNTЄC.

- 13. MЄΘYCKЄCΘⲀI : D** -CΘЄ.

- 15. ΠΛHPOYCΘⲀI : D** et D*** -CΘЄ.

Pag. Vers.
319. 4. D** poni voluit ΤΩ ΘΩ ΚΑΙ ΠΑΤΡΙ, sed D*** restituit priorem ordinem.
- 7. ΥΠΟΤΑϹϹΕϹΘΑΙ : D** -ϹΘΕ.
- 14. ΑΥΤΟϹ : D** et D*** ΚΑΙ ΑΥΤΟϹ ΕϹΤΙΝ.
- 15. ΑΛΛΑ ΩϹ : D*** ΑΛΛ ΩϹΠΕΡ.
- 16. ΚΩ : D*** ΧΩ.
- 18. ΤΟΙϹ ΑΝΔΡΑϹΙΝ : D*** ΤΟΙϹ ΙΔΙΟΙϹ ΑΝΔΡΑϹΙΝ.
320. 8. ΑΥΤΟϹ : D*** ΑΥΤΗΝ.
- 16. ΟΦΙΛΟΥϹΙΝ : D*** ΟΦΕΙΛΟΥϹΙΝ.
- 18. ΤΟ ΕΑΥΤΩΝ ϹΩΜΑ : D*** ΤΑ ΕΑΥΤΩΝ ϹΩΜΑΤΑ.
- 21. ΟΥΔΙϹ : D** et D*** ΟΥΔΕΙϹ.
321. 2. ΕΜΕΙϹΗϹΕΝ : D** ΕΜΙϹΗϹΕΝ.
- 3. ΑΛΛ : D*** ΑΛΛΑ. V. 4. FOVEM : sic.
- 5. ΧϹ : D*** ΚϹ.
- 10. ΚΑΤΑΛΙΨΕΙ : D*** ΚΑΤΑΛΕΙΨΕΙ.
- 11. ΠΑΤΕΡΑ ΚΑΙ ΜΗΤΕΡΑ : D*** ΤΟΝ ΠΑΤΕΡΑ ΑΥΤΟΥ ΚΑΙ ΤΗΝ ΜΗΤΕΡΑ.
- 12. ΚΟΛΛΗΘΗϹΕΤΑΙ ΤΗ ΓΥΝΑΙΚΙ : D*** ΠΡΟϹΚΟΛΛΗΘΗϹΕΤΑΙ ΠΡΟϹ ΤΗΝ ΓΥΝΑΙΚΑ.
- 19. ΥΜΙϹ : D*** ΥΜΕΙϹ.
- 20. ΙΝΑ : D*** delevit.
322. 1. ΑΓΑΠΑ : D*** ΑΓΑΠΑΤΩ.
- 2. ΦΟΒΗΤΕ : D** ΦΟΒΗΤΑΙ.
- 4. ΥΠΑΚΟΥΕΤΕ : D** -ΕΤΑΙ. Sic.
- 5. ΥΜΩΝ : D*** et pro signo posito iam D** ΥΜΩΝ ΕΝ ΚΩ.
- 7. ΤΕΙΜΑ : Ε erasum est.
- 17. ΑΛΛΑ : D*** ΑΛΛ.
- 18. ΠΑΙΔΙΑ : D*** ΠΑΙΔΕΙΑ.
323. 5. VESTRIS : sic.
- 9. ΧΥ : D*** ΤΟΥ ΧΥ.
- 14. ΩϹ : D*** delevit.
- 16. ΕΙΔΟΝΤΕϹ : D*** ΕΙΔΟΤΕϹ.
- 17. Ο ΑΝ : D*** Ο ΕΑΝ ΤΙ.
- 18. ΚΟΜΙϹΕΤΑΙ : D*** ΚΟΜΙΕΙΤΑΙ.
324. 2. ΑΠΙΛΗΝ : D** ΑΠΕΙΛΗΝ.
- 4. ΚΑΙ ΥΜΩΝ : D*** delevit ΚΑΙ.
- 6. ΠΡΟϹΩΠΟΛΗΜΨΙΑ : D*** delevit Μ.
- 7. ΠΑΡΑ ΘΩ : D*** ΠΑΡ ΑΥΤΩ.
- 8. ΕΝΔΥΝΑΜΟΥϹΘΑΙ : D*** -ϹΘΕ.
- 12. ΕΝΔΥϹΑϹΘΑΙ : D*** -ϹΘΕ.
- 14. ΜΕΘΟΔΙΑϹ : D*** ΜΕΘΟΔΕΙΑϹ.
- 16. ΥΜΙΝ : D*** ΗΜΙΝ.

Pag. Vers.
324. 21. ΤΟΥ ϹΚΟΤΟΥϹ : D*** addit ΤΟΥ ΑΙΩΝΟϹ.
325. 5. ΑΝΑΒΑΛΕΤΕ : D** et D*** ΑΝΑΛΑΒΕΤΕ.
- 10. ϹΤΗΤΕ : D** ϹΤΗΤΕ ΟΥΝ, D*** ϹΤΗΝΑΙ ϹΤΗΤΕ ΟΥΝ.
- 11. ΠΕΡΙΕΖΩϹΜΕΝΟΙ : D*** ΠΕΡΙΕΖΩϹΑΜΕΝΟΙ. Sic; sed Ε per incuriam intactum mansit.
326. 2. ΔΥΝΑϹΘΑΙ : D** ΔΥΝΑϹΘΕ, D*** ΔΥΝΗϹΕϹΘΕ.
- 4. ΠΕΠΥΡΩΜΕΝΑ : D*** ΤΑ ΠΕΠΥΡΩΜΕΝΑ.
- 6. ϹΩΤΗΡΙΟΥ : D*** et pro signo posito iam D** addunt ΔΕΞΑϹΘΑΙ.
- 13. ΕΙϹ ΑΥΤΟΝ : D*** ΕΙϹ ΑΥΤΟ ΤΟΥΤΟ.
- 14. ΠΑΝΤΟΤΕ : D*** delevit.
- 15. ΤΗ ΔΕΗϹΕΙ : D*** et pro signo posito etiam D** ΠΡΟϹΚΑΡΤΕΡΗϹΕΙ ΚΑΙ ΔΕΗϹΕΙ. D*** inceperat iam scribere ΤΗ ΔΕΗϹΕΙ ΚΑΙ ΚΑΡΤΕΡΗϹΕΙ, sed haec rursus delevit ut illa scriberet.
- 16. ΥΠΕΡ : D*** ΠΕΡΙ.
- 19. ΑΝΟΙΞΙ : D** ΑΝΟΙΞΕΙ.
327. 5. ΙΔΗΤΕ : D** ΕΙΔΗΤΕ. VT AVTEM VT : sic.
- 7. ΓΝΩΡΙϹΕΙ : D*** et pro signo apposito iam D** ΠΑΝΤΑ ΓΝΩΡΙϹΕΙ.
- 10. ΕΠΕΝΨΑ : D*** (et iam D**?) ΕΠΕΜΨΑ.
- 20.21. ΕΦΕϹΙΟΥ : correctum est, a D**b ut videtur, ΕΦΕϹΙΟΥϹ. In latinis corrector sic scripsit:

AD EPHESIOS EXPLICIT
MISSA A ROMA PER TYTICVM INCIPIT
AD COLOSSENSES FILICITER

Scriptura versus secundi inde a R TY manum sordide radentem passa est. Hinc Griesbachius nomen TYTICVM non assecutum se esse significavit Symbol. critic. II. pag. 49. Sed nullus dubito quin TYTICVM (non TYCHICVM) ibi exaratum fuerit.

Pag. Vers.
328. 3. ΤΕΙΜΟΘΕΟϹ : D** et D*** ΤΙΜΟΘΕΟϹ.
- 4. ΚΟΛΟϹϹΑΕΙϹ : D*** ΚΟΛΟϹϹΑΙϹ.
- 6. ΙΥ : D*** abstulit.
- 10. ΤΩ ΠΑΤΡΙ : D** et D*** ΚΑΙ ΠΑΤΡΙ.
- 12. ΥΠΕΡ : D*** ΠΕΡΙ.
- 17. ΗΝ ΕΧΕΤΕ : D*** ΤΗΝ.
- 18. ΑΓΙΟΥ : D**b ΑΓΙΟΥϹ.
- 20. ΑΠΟΚΙΜΕΝΗΝ : D** ΑΠΟΚΕΙΜΕΝΗΝ.
329. 2. ΑΛΗΘΙΑϹ : D** ΑΛΗΘΕΙΑϹ.

Pag. Vers.

329. 7. ЄCTIN : D** et D*** KAI ЄCTIN.

- 8. KAI ΑΥΞΑΝΟΜЄΝΟΝ : improbavit D***, itemque ut videtur iam D**.

- 9. ΚΑΘѠC ΚΑΙ : D** et D*** in litura addiderunt ЄΝ ΥΜΙΝ. A prima manu quid fuerit, non satis assequor. Wetstenio visum est a prima fuisse ΥΜΙΝ omisso ЄΝ. Hoc ferri potest, quamquam si ΥΜΙΝ scriptum esset, non probabile est id a correctoribus plane erasum esse : poterant enim ЄΝ praeponere, quem ad modum saepe correxerunt. Certum hoc est, nihil auctoritatis in prima scriptura inesse posse, praesertim quum latinus textus cum emendatione conveniat.

- 12. ΑΛΗΘΙΑ : D** ΑΛΗΘЄΙΑ.

- 13. ΚΑΘѠC : D*** ΚΑΘѠC ΚΑΙ.

- 14. AD EPAPHRA : sic.

18. ΗΜѠΝ : D** ΥΜѠΝ.

330. 8. ΤΗΝ ЄΠΙΓΝѠCΙΝ : D** ΤΗ ЄΠΙΓΝѠCЄΙ, sed D*** restituit priorem scripturam (etsi puncta super N utroque non delevit).

- 11. CΥΝЄCΙ : D** et D*** CΥΝЄCЄΙ.

- 12. ΠЄΡΙΠΑΤΗCΑΙ : D*** addit ΥΜΑC.

- 18. ΤΗ ЄΠΙΓΝѠCЄΙ : D*** ЄΙC ΤΗΝ ЄΠΙΓΝѠCΙΝ.

331. 2. ΠΑC : a correctoribus deletum est.

- 6. ΚΑΛЄCΑΝΤΙ : D*** ΙΚΑΝѠCΑΝΤΙ. D^nov in margine rursus ΚΑΛЄCΑΝΤΙ.

- 14. FILI : corrector FILII.

- 17. ΑΠΟΛΥΤΡѠCΙΝ : D** et D*** addunt ΤΗΝ ΑΦЄCΙΝ.

332. 1. CREATAE : sic.

- 3. ЄΝ ΤΟΙC : D*** ΤΑ ЄΝ ΤΟΙC.

- 6. SEVE et DONATIONIS : d** SIVE et DOMINATIONIS. TRONIS non correctum est; nec v. 12. IN IPSI.

- 11 sqq. Inde ab ΑΥΤΟC plura ab ipsa prima manu in litura scripta sunt.

333. 8. ΑΥΤΟΥ : D*** et pro signo apposito iam D** addunt ΔΙ ΑΥΤΟΥ.

- 11. ΗΜΑC : lege ΥΜΑC, quod in codice est.

- 14. ΤΗC ΔΙΑΝΟΙΑC : D** et D*** ΤΗ ΔΙΑΝΟΙΑ. Per errorem apud Millium, Wetstenium, Griesbachium dicitur in codice Claromontano ΑΥΤΟΥ addi. Non est enim nisi EIVS in latino textu.

- 16. ΝΥΝ ΔЄ ΑΠΟΚΑΤΑΛΛΑΓЄΝΤЄC : D*** ΝΥΝΙ ΔЄ ΑΠΟΚΑΤΗΛΛΑΞЄΝ.

- 20. EXHIBERE : sic.

334. 6. ΜЄΤΑΚЄΙΝΟΥΜЄΝΟΙ : correctum est ΜЄΤΑΚΙΝ.

- 7. EVANGELI : d** EVANGELII.

- 10. ΠΑCΗ : D*** addidit ΤΗ.

- 14. ΟC : D*** delevit.

- 21. CѠΜΑΤΟC : D** et D*** addunt ΑΥΤΟΥ.

335. 1. ΟC ЄCΤΙΝ : D** et D*** Ο ЄCΤΙΝ Η.

- 11. ΝΥΝЄΙ : D** et D*** ΝΥΝΙ. Pro ΦΑΝЄΡѠΘЄΝ D*** ЄΦΑΝЄΡѠΘЄΝ : voluit igitur ЄΦΑΝЄΡѠΘΗ.

- 14. ΤΟΝ ΠΛΟΥΤΟΝ : D*** et ut videtur iam D** ΤΙ ΤΟ ΠΛΟΥΤΟC. D^nov restituit illud.

- 15. ΤΟΥ ΘΥ : D*** ΤΟΥΤΟΥ.

- 19. ΗΜΙC : D*** ΗΜЄΙC.

- 21. ЄΝ ΠΑCΗ : D*** his praeposuit ΠΑΝΤΑ ΑΝΟΝ.

336. 3. ΧѠ : D*** et ut videtur iam D** ΧѠ ΙΥ.

- 5. ЄΝЄΡΓΙΑΝ : D*** ЄΝЄΡΓЄΙΑΝ.

- 9. ΠЄΡΙ : D** ΥΠЄΡ, sed D*** rursus ΠЄΡΙ.

- 10. ΛΑΟΔΙΚΙΑ : D*** ΛΑΟΔΙΚЄΙΑ.

- 11. ЄѠΡΑΚΑΝ : D** ЄѠΡΑΚΑCΙΝ, D*** ЄΟΡΑΚΑC.

- 14. CΥΝΒΙΒΑCΘЄΝΤЄC : D*** CΥΜΒΙΒΑCΘЄΝΤѠΝ.

- 15. ЄΙC : D** et D*** ΚΑΙ ЄΙC. Iidem delevere ΤΟΝ.

- 18. Ο ЄCΤΙΝ ΧC : haec iam D** incluserat lunulis; sed nihil eorum quae adscripsit cernere licet. D*** vero eorum loco scripsit ΚΑΙ ΠΡC ΚΑΙ ΤΟΥ ΧΥ.

- 21. ΓΝѠCЄѠC : D*** ΤΗC ΓΝѠCЄѠC.

337. 2. ΜΗΔΙC : D** et D*** ΜΗΔЄΙC. ΠΑΡΑΛΟΓΙΖΗΤЄ : D** -ΤΑΙ.

- 3. ΠΙΘΑΝΟΛΟΓΙΑ : D** ΠЄΙΘΑΝΟΛΟΓΙΑ.

- 4. ΑΠΙΜΙ : D** ΑΠЄΙΜΙ.

- 5. ΓЄ : D*** improbavit.

- 8. VT IN QVOD : sic. Item v. 10. DMI IHV XPI.

- 14. ΤΗ ΠΙCΤΙ : D** ΤΗ ΠΙCΤЄΙ, D*** ЄΝ ΤΗ ΠΙCΤЄΙ.

- 15. ΚΑΙ : D*** improbavit, etsi iam posuerat accentum.

- 16. ΑΥΤѠ : D*** ΑΥΤΗ.

- 18. ЄCΤЄ : D** ЄCΤΑΙ. Exeunte versu litterae ѠΝ nunc in ligatura codicis latent.

338. 2. CΤΟΙΧΙΑ : D*** CΤΟΙΧЄΙΑ.

- 3. NON : lege NOS; sic enim per errorem in codice scriptum est.

- 4. ΚΑΤΟΙΚΙ : D** et D*** ΚΑΤΟΙΚЄΙ.

- 8. ΚЄΦΑΛΗ : D*** Η ΚЄΦΑΛΗ.

- 9. ЄΚΚΛΗCΙΑC : D** et D*** ΑΡΧΗC ΚΑΙ ЄΞΟΥCΙΑC. Versu seq. ΠЄΡΙЄΤΝΗΘΗΤЄ correctores fugit.

- 14. ΤΗC CΑΡΚΟC : D*** praeposuit (itemque iam D** signum posuit) ΤѠΝ ΑΜΑΡΤΙѠΝ.

Pag. Vers.

338. 17. ΒΑΠΤΙϹΜѠ : D*** ΒΑΠΤΙϹΜΑΤΙ.
- 20. ЄΝЄΡΓΙΑϹ : D*** ЄΝЄΡΓЄΙΑϹ.
- 21. ΝЄΚΡѠΝ : ѠΝ in ligatura codicis latet.
339. 3. ЄΝ : D*** delevit.
- 5. ЄΖѠΟΠΟΙΗϹЄΝ : D*** ϹΥΝЄΖѠΟΠΟΙΗϹЄΝ.
- 7. ΗΜѠΝ : D*** delevit. Sed et h. l. et versu 3. iam posuerat accentum et spiritum.
- 8. ЄΞΑΛΙΨΑϹ : D*** ЄΞΑΛЄΙΨΑϹ. ΚΑΤ : D** et D*** ΚΑΘ.
- 10. DECLETI : sic. Item alia plura in latinis inepte scripta sunt neque correcta.
- 12. ΗΡЄΝ : D** ΗΡΚЄΝ.
- 17. ΘΡΙΑΝΒЄΥϹΑϹ : D*** et fortasse iam D** ΘΡΙΑΜΒ.
- 21. ΜЄΡΙ : D** ΜЄΡЄΙ.
340. 1. ΝΟΥΜΗΝΙΑ : D** et D*** ΝΟΥΜΗΝΙΑϹ.
- 2. ϹΑΒΒΑΤΟΥ : D*** ϹΑΒΒΑΤѠΝ.
- 5. ΜΗΔΙϹ : D** et D*** ΜΗΔЄΙϹ.
- 6. ΤΑΠΙΝΟΦΡΟϹΥΝΗ : D*** ΤΑΠЄΙΝΟΦΡ.
- 8. Α : D*** et pro signo posito iam D** Α ΜΗ.
- 9. ЄΝΒΑΤЄΥѠΝ : D*** ЄΜΒΑΤЄΥѠΝ.
- 10. ΦΥϹΙΟΥΜЄΝΟΙ : D** et D*** ΦΥϹΙΟΥΜЄΝΟϹ.
- 12. Χ̅Ν̅ : D** et D*** improbaverunt.
- 13. OMNES : sic. Item v. 14. CONEXVM.
- 19. ϹΤΟΙΧΙѠΝ : D*** ϹΤΟΙΧЄΙѠΝ.
- 20. ΔΙΑ ΤΙ ΠΑΛΙΝ : D*** delevit ΔΙΑ et ΠΑΛΙΝ.
- 21. ΔΟΓΜΑΤΙΖЄϹΘΑΙ : D** -ϹΘЄ.
341. 9. 10. ЄΝЄΘЄ : hae litterae omnes in litura a D*** scriptae sunt. Quid ante fuerit, difficile dictu est. ЄΝΘЄ post ϹΟΦΙΑϹ ab ipsa prima manu scriptum satis vidi, praeterea vero littera ut Μ addita erat. Ubi nunc est ΘЄ, duae litterae a prima manu positae omnino latent. D** vero ante ΘΡΗϹΚΙΑ (ex quo D*** correxit ΘΡΗϹΚЄΙΑ) addiderat ЄΝ, quod rursus abstulit D***.
- 11. 12. ΤΑΠΙΝΟΦΡΟϹΥΝΗ et ΑΦΙΔΙΑ : D*** ΤΑΠЄΙΝΟΦΡ. et ΑΦЄΙΔΙΑ.
- 16. ΤΑΑΝѠ : alterum Α supplevit ut videtur ipsa manus prima.
- 20. SVSV : sic. Supra v. 16. SVSVM.
342. 5. ΥΜѠΝ : D** et D*** ΗΜѠΝ.
- 6. ΥΜΙϹ : D*** ΥΜЄΙϹ.
- 7. ΦΑΝЄΡѠΘΗϹЄϹΘΑΙ : D** et D*** -ϹΘЄ.
- 10. ΠΟΡΝΙΑΝ ΚΑΙ : D*** ΠΟΡΝЄΙΑΝ, deleto ΚΑΙ.
- 14. ЄΙΔѠΛΟΛΑΤΡΙΑ : D*** -ΛΑΤΡЄΙΑ.
342. 15. ΔΙ Ο : D** et D*** ΔΙ Α. Praeterea verba ΥΙΟΥϹ ΤΗϹ ΑΠΙΘΙΑϹ propter spatii penuriam minoribus litteris scripta sunt. De quorum ratione cf. Prol.
- 18. ΤΟΥΤΟΙϹ : D*** ΑΥΤΟΙϹ.
- 19. ΝΥΝЄΙ : D** et D*** ΝΥΝΙ. Iidem ΑΠΟΘЄϹΘЄ.
- 20. ΥΜΙϹ : D*** ΥΜЄΙϹ.
343. 9. GNITIONEM : sic, omisso A.
- 10. ΙΚΟΝΑ : D** et D*** ЄΙΚΟΝΑ.
- 11. ΑΡϹЄΝ ΚΑΙ ΘΗΛΥ : D*** (isque ut videtur solus) improbavit.
- 14. ΚΑΙ : D*** delevit.
- 15. ΚΑΙ : D*** delevit.
- 17. ЄΝΔΥϹΑϹΘΑΙ : D** -ϹΘЄ. ѠϹЄΙ ЄΚΛЄΚΤΟΙ Θ̅Υ̅ : D*** ѠϹ ЄΚΛЄΚΤΟΙ ΤΟΥ Θ̅Υ̅.
- 19. ϹΠΛΑΝΧΝΑ : D*** ϹΠΛΑΓΧΝΑ.
ΚΑΙ ΟΙΚΤЄΙΡΜΟΝ : D** et D*** ΟΙΚΤЄΙΡΜΟΥ.
- 20. ΤΑΠΙΝΟΦΡΟϹΥΝΗΝ : D*** ΤΑΠЄΙΝΟΦΡ.
344. 3. ΜЄΜΨΙΝ : D*** ΦΗΝ pro ΨΙΝ scripsit, intacto Є praecedente. Voluit igitur ΜΟΜΦΗΝ, etsi ΜЄΜΦΗΝ scriptum est.
- 4. Ο Κ̅Ϲ̅ : D** et D*** Ο Χ̅Ϲ̅. ΗΜΙΝ : D*** ΥΜΙΝ.
- 5. ΥΜΙϹ : D** et D*** ΥΜЄΙϹ. Sequens ΠΟΙЄΙΤЄ a D*** improbatum est.
- 8. ΟϹ : D** et D*** ΗΤΙϹ. Iidem ΤЄΛЄΙΟΤΗΤΟϹ pro ΑΙΝΟΤΗΤΟϹ.
- 9. Χ̅Υ̅ : D*** Θ̅Υ̅.
- 13. ΓЄΝЄϹΘΑΙ : D** -ϹΘЄ; D*** et fortasse iam D** ΓΙΝЄϹΘЄ.
- 18. ΥΜΝΟΙϹ ѠΔΑΙϹ : D** ΚΑΙ ΥΜΝΟΙϹ ΚΑΙ ѠΔΑΙϹ. Utroque loco ΚΑΙ per compendium scriptum est; propterea D*** videtur non posuisse accentum.
- 19. ΤΗ : D*** delevit. In latinis est SPIRITABVS.
- 20. ΤΑΙϹ ΚΑΡΔΙΑΙϹ : D*** ΤΗ ΚΑΡΔΙΑ.
- 21. Θ̅Ѡ̅ : D*** Κ̅Ѡ̅.
345. 1. ΠΑΝ : D*** praeposuit ΚΑΙ.
- 3. Ι̅Υ̅ Χ̅Υ̅ : D*** Κ̅Υ̅ Ι̅Υ̅.
- 6. ΥΠΟΤΑϹϹЄϹΘΑΙ : D** -ϹΘЄ.
- 7. 9. ΥΜѠΝ et ΥΜѠ̅ : D*** utrumque delevit, etsi iam posuerat accentum.
- 10. ΠΙΚΡΑΙΝЄϹΘΑΙ : D** -ϹΘЄ.
- 14. ΠΑΡΟΡΓΙΖЄΤЄ : D** et D*** ЄΡЄΘΙΖЄΤЄ.
346. 1. Κ̅Ν̅ : D*** Θ̅Ν̅.
- 2. Ο ΑΝ : D*** et pro signo posito iam D** ΚΑΙ ΠΑΝ Ο ΤΙ ΑΝ. D[nov] instauravit priorem scripturam.

Pag. Vers.

346. 3. ЄΡΓΑΖЄСΘΑΙ : D** et D*** -CΘЄ.
- 6. ΑΠΟΛΗΝΨЄСΘΑΙ : D** M pro N, D*** eam litteram plane delevit. Praeterea D*** -CΘЄ.
- 7. ΤѠ $\overline{\text{ΚѠ}}$: D** et D*** ΤѠ ΓΑΡ $\overline{\text{ΚѠ}}$.
- 9. ΓΑΡ : D*** et fortasse iam D** ΔЄ.
- 10. ΚΟΜΙЄΙΤЄ : D*** ΚΟΜΙСЄΤЄ.
- 11. ΠΡΟСѠΠΟΛΗΜΨΙΑ : D*** delevit M. ES : sic.
- 14. ΠΑΡЄΧЄСΘΑΙ : D** et D*** -CΘЄ.
- 15. ΥΜΙС : D*** ΥΜЄΙС.
- 17. ΠΡΟСΚΑΡΤЄΡΙΤЄ : D** et D*** -ΡЄΙΤЄ.
- 18. ЄΝ ΑΥΤΗ : D*** et pro signo apposito iam D*** ЄΝ ΑΥΤΗ ЄΝ ЄΥΧΑΡΙСΤΙΑ.
- 21. ΗΜЄΙΝ : Є erasum est.

347. 1. ΛΟΓΟΥ : D** et D*** ΤΟΥ ΛΟΓΟΥ.
- 4. ΚΑΙ : D*** delevit; item ut videtur iam D**. D^{nov} in margine instaurat. ΑΥΤѠ : D** et D*** ΑΥΤΟ.
- 6. ΠЄΡΙΠΑΤΙΤЄ : D** et D*** -ΤЄΙΤЄ.
- 9. ΗΜѠΝ : D** et D*** ΥΜѠΝ.
- 13. ΚΑΘ : D*** et fortasse iam D** ΚΑΤ.
- 18. ЄΠЄΝΨΑ : D** et D*** ЄΠЄΜΨΑ.
- 19. ΓΝѠΤЄ et ΗΜѠΝ : D** et D*** ΓΝѠ et ΥΜѠΝ. D^{nov} in margine restaurat priorem lectionem.
- 20. ΠΑΡΑΚΑΛЄСΑΙ : D*** -ΛЄСΗ.

348. 3. ΟΙ : deletum est, et quidem demum a D*** ut videtur.
- 4. ΓΝѠΡΙСѠСΙΝ : D*** iam posuerat acutum super I, sed se ipsum corrigens scripsit ΟΥ̃СΙΝ. Hinc ex accentu patet, correctorem ΓΝѠΡΙΟΥ̃СΙΝ, non ΓΝѠΡΊСΟΥСΙΝ dedisse.
- 6. ΑСΠΑΖЄΤЄ : D** et D*** -ΖЄΤΑΙ.
- 7. CONCAPTIVOS MEOS : sic.
- 12. ΔЄΞΑСΘΑΙ : D** -CΘЄ.
- 13. Ο $\overline{\text{ΙС}}$: Ο erasum est, a D*** et ut videtur iam a D** improbatum. D^{nov} restauravit.
- 15. ΜΟΥ ЄΙСΙ : D*** improbavit.
- 19. ΑСΠΑΖЄΤЄ : D** -ΤΑΙ.

349. 1. ΠЄΡΙ : D*** ΥΠЄΡ. D^{nov} in margine rursus ΠЄΡΙ.
- 3. ΠЄΠΛΗΡΟΦΟΡΗΜЄΝΟΙ : D*** et fortasse iam D** ΠЄΠΛΗΡѠΜЄΝΟΙ. D^{nov} instaurandae priori lectioni operam dedit.
- 4. $\overline{\text{ΧΥ}}$: D** et D*** $\overline{\text{ΘΥ}}$.
- 6. ΚΟΠΟΝ : D** et D*** ΖΗΛΟΝ.
- 8. ΛΑΟΔΙΚΙΑ : D*** ΛΑΟΔΙΚЄΙΑ.
- 10. ΑСΠΑΖЄΤЄ : D*** -ΤΑΙ.
- 12. ΑСΠΑСΑСΘΑΙ : D** -CΘЄ. ΛΑΟΔΙΚΙΑ : D*** ΛΑΟΔΙΚЄΙΑ. In latinis est : IN LAODICIAE. Item v. 17. EPISTVLAM, v. 20. QVI LAODICIAM.

349. 18. ΛΑΟΔΙΚΑΙѠΝ : D*** ΛΑΟΔΙΚЄѠΝ.
- 20. ΛΑΟΔΙΚΙΑС : D*** -ΚЄΙΑС.
- 21. ΙΝΑ : D** et D*** addunt ΚΑΙ. Item D*** fecit ΥΜЄΙС.

350. In subscriptione latina pro INCIPIT corrector scripsit MISSA A ROMA INCIPIT.

Pag. Vers.

351. 1. ΤЄΙΜΟΘЄΟС : Є prius deletum est.
- 4. Hunc versum in latinis instauravit corrector, nulla littera mutata.
- 5. D*** СΥΝЄΠΙСΚΌΠΟΙС, non σὺν ἐπισκόποις.
- 9. ЄΓѠ ΜЄΝ : D*** improbavit.
- 10. $\overline{\text{ΚѠ}}$ ΗΜѠΝ : D*** $\overline{\text{ΘѠ}}$ ΜΟΥ.
- 11. ΜΝΙΑ : D*** ΜΝЄΙΑ.
- 20. ΥΜЄΙΝ : Є deletum est.

352. 3. ΦΡΟΝΙΝ : D** et D*** ΦΡΟΝЄΙΝ.
- 7. ΚΑΙ ΤΗ : D** et D*** ΚΑΙ ЄΝ ΤΗ.
- 14. $\overline{\text{ΙΥ}}$: D*** delevit.
- 15. ΠΡΟСЄΥΧΟΜΑΙ : videtur primum scriptum fuisse ΠΡΟЄΥΞΟΜΑΙ. Sed nescio an duplex emendatio ipsius primae manus sit.

353. 5. $\overline{\text{ΧΥ}}$: D*** $\overline{\text{ΘΥ}}$.
- 6. ΓЄΙΓΝѠСΚЄΙΝ : Є prius erasum est.
- 15. ΠΛΙΟΝΑС : D** et D*** ΠΛЄΙΟΝΑС.
- 17. ΜΟΙ : correctum est ΜΟΥ, iam a D** ut videtur.
- 20. ΤΟΥ $\overline{\text{ΘΥ}}$: D*** delevit. Posuerat iam circumflexum super ΤΟΥ.

354. 3 sqq. : D** ante v. 3. posuit Α, ante v. 4. Γ, ante v. 7. Β, ante v. 12. Δ : quae signa D*** intacta reliquit. Praeterea v. 4. D** et D*** scripserunt ΔЄ pro ΜЄΝ, v. 7. ΜЄΝ pro ΔЄ (D^{nov} utroque loco restituit priorem scripturam). Voluerunt igitur D** et D*** legi : ΟΙ ΜЄΝ ЄΞ ЄΡΙΘΙΑС usque ΤΟΙС ΔЄСΜΟΙС ΜΟΥ, eaque poni ante ΟΙ ΔЄ ЄΞ ΑΓΑΠΗС usque ΚЄΙΜΑΙ.
- 9. ΘΛΙΨЄΙΝ : Є deletum est.
- 10. ЄΓЄΙΡЄΙΝ : D*** ЄΠΙΦЄΡЄΙΝ. De emendatione correctoris D** nihil cerni potest nisi ΠЄ super Γ, unde ЄΠЄΓЄΙΡЄΙΝ fieri videtur.
- 14. ΑΛΗΘЄΙΑ : D*** ЄΝ ΑΛΗΘЄΙΑ.

Pag. Vers.

354. 15. ⲔⲀⲦⲀΝΓⲈΛΛⲈΤⲈ : D** -ΤⲀΙ, D*** ⲔⲀΤⲀΓΓⲈΛⲈΤⲀΙ. D^{nov} restituit N pro Γ.
\- 19. PROCEDANT : sic.
355. 12. ⲀΠΟΘⲀΝΙΝ : D** et D*** -ΝⲈΙΝ.
\- 13. ΤⲈ : D*** ΔⲈ.
\- 19. ΠΟCⲰ : D*** ΠΟΛΛⲰ. Idem ΚΡⲈΙCCΟΝ.
356. 1. ΔⲈΙ : Ⲉ prorsus erasum est.
\- 3. ΜⲈΝⲰ : D*** circumflexum super ultimam posuit.
\- 4. ΠⲀΡⲀΜⲈΝⲰ : D*** CΥΜΠⲀΡⲀΜⲈΝⲰ, cum circumflexo in ultima.
\- 6. FIDE : d** FIDEI.
\- 11. $\overline{\text{ΧΥ}}$: D** et D*** ΤΟΥ $\overline{\text{ΧΥ}}$.
\- 12. ΠΟΛΙΤⲈΥⲈCΘⲀΙ : D** et D*** -CΘⲈ.
\- 14. ⲀΚΟΥⲰ : D*** ⲀΚΟΥCⲰ.
\- 17. ΠΙCΤΙ : D** et D*** ΠΙCΤⲈΙ.
\- 21. ⲀΥΤΟΙC : D*** et ut videtur iam D** ⲀΥΤΟΙC ΜⲈΝ.
357. 1. ⲈΝΔΙΞΙC ⲀΠⲰΛΙⲀC : D** et D*** ⲈΝΔⲈΙΞΙC ⲀΠⲰΛⲈΙⲀC.
\- 2. ΗΜΙΝ : D** et D*** ΥΜΙΝ.
\- 10. ΚⲀΙ : plane erasum est; hinc et D** et D*** improbasse videntur. D^{nov} in margine restituit. ⲈΙΔⲈΤⲈ : D** ΙΔⲈΤⲈ, sed D*** restituit ⲈΙΔⲈΤⲈ.
\- 13. ΤΙC : C erasum erat (ab D** et D*** ut videtur); D^{nov} restituit.
\- 15. CΠΛⲀΝΧΝⲀ : D*** CΠΛⲀΓΧΝⲀ.
\- 16. ΟΙΚΤⲈΙΡΜΟΙ : D** et D*** ΟΙΚΤΙΡΜΟΙ.
\- 20. CΥΝΨΥΧΟΙ : D*** CΥΜΨΥΧΟΙ.
358. 1. ΚⲀΤ ⲈΡΙΘΙⲀΝ : D*** ΚⲀΤⲀ ⲈΡΙΘⲈΙⲀΝ.
\- 2. ΚⲀΙΝΟΔΟΞΙⲀΝ : D*** ΚⲈΝΟΔΟΞΙⲀΝ. D^{nov} restituit priorem scripturam.
\- 3. ΤⲀΠΙΝΟΦΡΟCΥΝΗ : D*** ΤⲀΠⲈΙΝΟΦΡ.
\- 4. ΠΡΟΗΓΟΥΜⲈΝΟΙ : D*** et ut videtur iam D** ΗΓΟΥΜⲈΝΟΙ. D^{nov} restituit ΠΡΟ. V. 5. ΥΠⲈΡⲈΧΟΝΤⲈC non correctum est.
\- 8. ΤⲀ : D*** et ut videtur iam D** ΚⲀΙ ΤΟ. D^{nov} restituit priorem scripturam.
\- 13. ⲀΡΠⲀΚΜΟΝ : D*** et fortasse iam D** ⲀΡΠⲀΓΜΟΝ.
\- 21. ⲈΤⲀΠΙΝⲰCⲈΝ : D*** ⲈΤⲀΠⲈΙΝⲰCⲈΝ.
359. 2. ⲀΧΡΙ : D*** ΜⲈΧΡΙ. D^{nov} restituit ⲀΧΡΙ.
\- 9. ⲈΠΙΓΙⲰΝ : D*** ⲈΠΙΓⲈΙⲰΝ.
\- 17. ΠΟΥCΙⲀ : D** et D*** ⲀΠΟΥCΙⲀ.
20. ΚⲀΤⲈΡΓⲀΖⲈCΘⲀΙ : D** et D*** -CΘⲈ.
\- 21. $\overline{\text{ΘC}}$: D** et D*** Ο $\overline{\text{ΘC}}$. ΥΜⲈΙ : D** et D*** delent Ⲉ.
360. 6. ΗΤⲈ : D*** ΓⲈΝΗCΘⲈ. In latinis est ET SITIS.

360. 7. ⲀΚⲈΡⲈΟΙ : D** et D*** ⲀΚⲈΡⲀΙΟΙ.
\- 9. ΜⲈCΟΝ : D** et D*** ⲈΝ ΜⲈCⲰ.
\- 11. ΦⲀΙΝⲈCΘⲀΙ : D** et D*** -CΘⲈ.
\- 12. ΦⲰCΤΗΡⲈC : C prius minore littera scriptum est, sed a prima manu.
\- 15. ΙC : D** et D*** ⲈΙC.
\- 17. ⲀΛΛⲀ : D***, isque ut videtur solus, ⲀΛΛ. In latinis est LIBERI.
\- 18. ΛΙΤΟΥΡΓΙⲀ : D*** ΛⲈΙΤΟΥΡΓΙⲀ.
\- 20. CΥΝΧⲀΙΡⲰ : D*** CΥΓΧⲀΙΡⲰ. D^{nov} instaurat N.
\- 21. ΥΜⲈΙΝ : D** et D*** ΥΜΙΝ.
361. 1. ΥΜΙC : D** et D*** ΥΜⲈΙC.
\- 2. CΥΝΧⲀΙΡⲈΤⲈ : D*** CΥΓΧ. D^{nov} instaurat N.
\- 3. $\overline{\text{ΧⲰ}}$: D*** $\overline{\text{ΚⲰ}}$.
\- 4. ΤⲈΙΜΟΘⲈΟΝ : D** et D*** ΤΙΜΟΘⲈΟΝ.
\- 5. ΠΡΟC ΥΜⲀC : D*** ΥΜΙΝ. D^{nov} restituit priorem scripturam.
\- 8. ⲈΙCΟΨΥΧΟΝ : D** et D*** ΙCΟΨ.
\- 9. ΗΜⲰΝ : D** et D*** ΥΜⲰΝ.
\- 10. ΜⲈΡΙΜΗCⲈΙ : D*** posuit accentum, sed non animadvertit omissum esse N.
\- 14. ΓⲈΙΝⲰCΚⲈΤⲈ : Ⲉ primum deletum est.
\- 17. ΠⲈΝΨⲀΙ : D*** isque ut videtur solus ΠⲈΜΨⲀΙ.
\- 18. ⲀΦΙΔⲰ : D*** isque ut videtur solus ⲀΠΙΔⲰ.
362. 3. ⲀΔⲈΛΦΟΝ : D*** addidit ΚⲀΙ CΥΝⲈΡΓΟΝ.
\- 6. ΛΙΤΟΥΡΓΟΝ et ΧΡΙⲀC : D*** ΛⲈΙΤΟΥΡΓΟΝ et ΧΡⲈΙⲀC.
\- 7. ΠⲈΝΨⲀΙ : D*** et fortasse iam D** ΠⲈΜΨⲀΙ.
\- 8. ⲈΠΙΔΗ : D** ⲈΠⲈΙΔΗ. Pro ⲈΠΙΠΟΘⲰΝ scriptum est ⲈΠΙΘⲰΝ, sed ipsa prima manu superscriptum est ΠΟ.
\- 11. 12. D*** improbato ⲀΥΤΟΝ scripsit ΟΤΙ ΗCΘⲈΝΗCⲈΝ. D^{nov} restituendae priori scripturae operam dedit.
\- 16. ΟΥΧ : D*** ΟΥΚ. In latinis est ILLIVM.
\- 18. ⲈΧⲰ : D*** CΧⲰ.
\- 19. CΠΟΥΔⲈΟΤⲈΡΟΝ : D** CΠΟΥΔⲀΙΟΤⲈΡΟΝ, D*** CΠΟΥΔⲀΙΟΤⲈΡⲰC. ⲈΠⲈΝΨⲀ : D*** ⲈΠⲈΜΨⲀ.
363. 1. ΠΡΟCΔⲈΧⲈCΘⲀΙ : D** et D*** -CΘⲈ.
\- 10. ΛΙΤΟΥΡΓΙⲀC : D*** ΛⲈΙΤΟΥΡΓ.
\- 13. ΓΡⲀΦΙΝ : D** ΓΡⲀΦⲈΙΝ.
\- 19. ΗΜΙC : D** et D*** ΗΜⲈΙC.
\- 21. $\overline{\text{ΘⲰ}}$: D*** $\overline{\text{ΘΥ}}$.
364. 4. ⲈΝ CⲀΡΚΙ : D*** ΚⲀΙ ⲈΝ CⲀΡΚΙ.

Pag. Vers.

364. 5. ΔΟΚΙ : D** et D*** ΔΟΚЄΙ.
- 13. ΖΗΛΟϹ : D** et D*** ΖΗΛΟΝ.
- 14. ЄΚΚΛΗϹΙⲀΝ : D** et D*** ΤΗΝ ЄΚΚΛΗϹΙⲀΝ.
- 17. ⲀΛΛⲀ : D*** ⲀΛΛ.

365. 6. ϹΚΥΒⲀΛⲀ : D*** addidit ЄΙΝⲀΙ. Pro STERCORO correctum est, a d** ut videtur, STERCORA.
- 13. ЄΝ ΠΙϹΤΙ (D** -ϹΤЄΙ) : D*** ЄΠΙ ΤΗ ΠΙϹΤЄΙ.
- 15. ⲀΝⲀϹΤⲀϹЄⲰϹ : D*** addidit ⲀΥΤΟΥ.
- 17. PASSIONEM : sic.
- 18. ϹΥΝΜΟΡΦΙΖΟΜЄΝΟϹ : D*** ϹΥΜΜΟΡΦΟΥΜЄΝΟϹ. D^{nov} Ν pro Μ restituit.

366. 3. Η ΗΔΗ ΔЄΔΙΚⲀΙⲰΜⲀΙ : haec improbarunt D** et D***. D*** ex ΔЄΔΙΚⲀΙⲰΜⲀΙ correcturus erat ΤЄΤЄΛЄΙⲰΜⲀΙ : quod quum versu quarto sequi vidisset a scribendo abstinuit. D^{nov} restituit ΔЄΔΙΚⲀΙ, quae litterae iam exstinctae erant. In latinis est SVM.
- 4. ΤЄΤЄΛΙⲰΜⲀΙ : D*** ΤЄΤЄΛЄΙⲰΜⲀΙ.
- 5. ЄΙ : D*** addit ΚⲀΙ.
- 6. ЄΦ Ⲱ : D** et D*** addunt ΚⲀΙ. Praeterea in ΚⲀΤЄΛΗΜΦΘΗΝ erasum est Μ. Pro $\overline{\text{ΧΥ}}$ D*** scripsit ΤΟΥ $\overline{\text{ΧΥ}}$.
- 7. ⲀΔЄΛΦΟΙ : D** et D*** addunt ЄΓⲰ. ΟΥΠⲰ D*** ΟΥ. ΛΟΓΙΖΟΜЄ : D** et D*** -ΜⲀΙ.
- 8. ΚⲀΤΙΛΗΦЄΝⲀΙ : correctum est ЄΙ pro Ι.
- 11. ЄΙϹ ΔЄ ΤⲀ ЄΝΠΡΟϹΘЄΝ : D*** ΤΟΙϹ ΔЄ ЄΜΠΡΟϹΘЄΝ.
- 12. ЄΠЄΚΤΙΝΟΜЄΝΟϹ : D*** ЄΠЄΚΤЄΙΝΟΜЄΝΟϹ.
- 15. $\overline{\text{ΚⲰ}}$ $\overline{\text{ΙΥ}}$ $\overline{\text{ΧⲰ}}$: D** $\overline{\text{ΧⲰ}}$ $\overline{\text{ΙΥ}}$.
- 16. ΤЄΛΙΟΙ : D*** ΤЄΛЄΙΟΙ.
- 18. ΦΡΟΝΙΤЄ : D** et D*** ΦΡΟΝЄΙΤЄ.
- 19. $\overline{\text{ΘϹ}}$: D*** Ο $\overline{\text{ΘϹ}}$. Praetereaque ΥΜΙΝ pro ΥΜЄΙΝ correctum est.

367. 2. ⲀΥΤΟΙ : D** et D*** ⲀΥΤⲰ. Post ϹΤΟΙΧЄΙΝ D*** addidit ΚⲀΝΟΝΙ.
- 3. ϹΥΝΜЄΙΜΗΤⲀΙ : D** ϹΥΝΜΙΜΗΤⲀΙ, D*** ϹΥΜΜΙΜΗΤⲀΙ.
- 4. ΓΙΝЄϹΘⲀΙ : D** et D*** -ϹΘЄ.
- 6. ΟΥΤⲰ : D*** ΟΥΤⲰϹ. Plane erravit cum Beza Wetstenius.
- 9. ЄΛЄΓΟΜЄΝ : D** et D*** ЄΛЄΓΟΝ.
- 10. ΚΛⲀΙⲰΝ : D** et D*** ΚⲀΙ ΚΛⲀΙⲰΝ. Versu sequenti est INIMICVS.
- 13. ⲀΠⲰΛΙⲀ : D** -ΛЄΙⲀ.

Pag. Vers.

367. 16. ЄΠΙΓΙⲀ : D*** ЄΠΙΓЄΙⲀ.
- 17. ΠΟΛЄΙΤЄΥΜⲀ : Є prius deletum est.

368. 1. ΤⲀΠΙΝⲰϹЄⲰϹ : D*** ΤⲀΠЄΙΝⲰϹЄⲰϹ. Post ΥΜⲰΝ addit D*** et pro signo posito iam D** ЄΙϹ ΤΟ ΓЄΝЄϹΘⲀΙ ⲀΥΤΟ.
- 2. ϹΥΝΜΟΡΦΟΝ : D*** ϹΥΜΜΟΡΦΟΝ.
- 6. ⲀΥΤⲰ : D*** ЄⲀΥΤⲰ.
- 10. ΟΥΤⲰ : D*** ΟΥΤⲰϹ.
- 11. $\overline{\text{ΚⲰ}}$: D*** et pro signo apposito iam D** addunt ⲀΓⲀΠΗΤΟΙ.
- 16. ϹΥΝΖΥΓЄ : Ν erasum est. D^{nov} restituit. ϹΥΝΛⲀΜΒⲀΝΟΥ : D*** (et iam D**?) ϹΥΛΛ., D^{nov} revocavit Ν.
- 18. ΜЄΤⲀ : D*** ΜЄΤⲀ ΚⲀΙ.

369. 1. ΧⲀΙΡЄΤЄ : ΤЄ omissum erat, sed ab ipsa prima manu suppletum est.

370. 4. ЄΠΙϹΤΗΜΗϹ : D*** improbavit.
- 5. ΛΟΓΙΖЄϹΘⲀΙ : D** et D*** -ϹΘЄ.
- 8. ЄΙΔЄΤЄ : D** ΙΔЄΤЄ, sed D*** restituit additis accentu et spiritu ЄΙΔЄΤЄ.
- 10. ЄϹΤЄ : D*** ЄϹΤⲀΙ.
- 12. ЄΘⲀΛⲀΤЄ : D** praeposuit ⲀΝ, D*** -ΛЄΤЄ pro -ΛⲀΤЄ scripsit. ⲀΝ aliquantum expalluit, tamen non videtur a D*** improbatum esse. Idem per incuriam nec super ⲀΝ nec super ЄΘ apposuit spiritum. In latinis omisso R est REFLOVISTIS.
- 14. ЄΦΡΟΝΙΤЄ : D** et D*** ЄΦΡΟΝЄΙΤЄ.
- 15. ΗΚⲀΙΡΙϹΘⲀΙ : D** et D*** -ΡЄΙϹΘЄ.
- 18. IN QVIBVS : sic, omisso SVM.
- 19. ΤⲀΠΙΝΟΥϹΘⲀΙ : D*** ΤⲀΠЄΙΝΟΥϹΘⲀΙ.

371. 2. ΠЄΙΝⲀΝ : Є a D** exstinctum, a D*** restitutum est.
- 3. ΥϹΤЄΡΙϹΘⲀΙ : D** et D*** -ΡЄΙϹΘⲀΙ.
- 5. ΜЄ : D*** addidit $\overline{\text{ΧⲰ}}$.
- 7. ϹΥΝΚΟΙΝⲰΝΗϹⲀΝΤЄϹ : D*** ϹΥΓΚ., D^{nov} restituit ϹΥΝΚ.
- 9. ΚⲀΙ ΥΜΙϹ : D** et D*** ΔЄ ΚⲀΙ ΥΜЄΙϹ.
- 12. ΟΤΙ : D*** delevit.
- 15. ΛΗΜΨЄⲰϹ : Μ deletum a D***. D^{nov} restituit.
- 19. ΤΗΝ ΧΡΙⲀΝ ΜΟΥ : D** ЄΙϹ ΤΗΝ ΧΡЄΙⲀΝ ΜΟΥ (ΜΟΥ non mutatum est). Pro ЄΠЄΝΨⲀΤЄ et D** et D*** ЄΠЄΜΨⲀΤЄ.

372. 6. ΤΟ : D*** ΤⲀ. Idem delevit ΠЄΝΦΘЄΝ.
- 7. HONORET : sic.
- 10. ΠΛΗΡⲰϹⲀΙ : D*** ΠΛΗΡⲰϹЄΙ.

Pag. Vers.

372. 11. ΧΡΙⲀΝ : D** et D*** ΧΡЄΙⲀΝ.

\- 12. ΤΟ ΠΛΟΥΤΟϹ ΥΜⲰΝ : D** et D*** ΤΟΝ ΠΛΟΥΤΟΝ ⲀΥΤΟΥ.

\- 17. ⲀϹΠⲀϹⲀϹΘⲀΙ : D** et D*** -ϹΘЄ.

\- 18. 20. ⲀϹΠⲀΖΟΝΤЄ : D** et D*** bis -ΤⲀΙ. In latinis est SALVTAT et SALVTAN.

373. Post INCIPIT (etsi additamentum potius ad EXPLICIT quadrat) corrector addidit MISSA A ROMA; sed ea verba tantopere pallent ut rursus exstincta videantur.

Pag. Vers.

374. 4. $\overline{\text{ΧΥ}}$: non correctum est.

\- 9. ΜΝΙⲀΝ : D*** ΜΝЄΙⲀΝ.

\- 11. ⲀΔΙⲀΛΙΜΠΤⲰϹ : D*** ⲀΔΙⲀΛЄΙΜΠΤⲰϹ. M intactum mansit.

\- 14. 15. ΤΟΝ ΚΟΠΟΝ et ΤΗΝ ΥΠΟΜΟΝΗΝ : D** et D*** ΤΟΥ ΚΟΠΟΥ et ΤΗϹ ΥΠΟΜΟΝΗϹ.

\- 17. ЄΝΠΡΟϹΘЄΝ : D*** ЄΜΠΡ. INTE : d** ANTE.

375. 3. VERO : d** VERBO.

\- 16. ΓЄΝЄϹΘⲀΙ : D** et D*** -ϹΘЄ. Sic. ΤΥΠΟΝ : D*** ΤΥΠΟϹ. D^{nov} illud in margine restituit.

\- 17. ΠⲀϹΙ : D*** ΠⲀϹΙΝ.

376. 3. ⲀΛΛ ЄΝ : D*** ⲀΛΛⲀ ΚⲀΙ ЄΝ.

\- 4. ΗΜⲰΝ : D** et D*** ΥΜⲰΝ.

\- 6. ΧΡΙⲀΝ : D** et D*** ΧΡЄΙⲀΝ.

\- 9. ⲀΠⲀΓΓЄΛΟΥϹΙΝ : D*** ἈΠⲀΓΓΈΛΟΥϹΙΝ, sed alterum Λ non supplevit.

\- 17. ⲀΝⲀΜЄΝΙΝ : D** -ΝЄΙΝ.

\- 13. $\overline{\text{ΔΜ}}$: linea superposita primum videtur omissa et a correctore suppleta esse. Antea v. 8. IPSE intactum mansit.

377. 2. ΙϹΟΔΟΝ : D*** ЄΙϹΟΔΟΝ.

\- 9. $\overline{\text{ΘⲰ}}$: D** et D*** praeponunt ΤⲰ.

\- 15. ΟΥΔЄ : D*** ΟΥΤЄ.

\- 21. $\overline{\text{ΘⲰ}}$: D*** ΤⲰ $\overline{\text{ΘⲰ}}$.

378. 3. ΚΟΛⲀΚΙⲀϹ : D*** ΚΟΛⲀΚЄΙⲀϹ. Versu 8. ET : sic.

\- 11. ΒⲀΡΙ : D** ΒⲀΡЄΙ.

\- 13. ΝΗΠΙΟΙ : D*** ΗΠΙΟΙ.

\- 15. ЄⲀΝ : Є erasum est (a D*** et D**?). D^{nov} restituit.

\- 17. ΟΜΙΡΟΜЄΝΟΙ : D*** ΟΜЄΙΡΟΜЄΝΟΙ.

\- 20. $\overline{\text{ΔΙ}}$: lineam superpositam demum corrector addidisse videtur.

379. 6. ΝΥΚΤΟϹ : D*** addidit ΓⲀΡ.

379. 12. ЄϹΤЄ : D*** improbavit.

\- 21. ΜⲀΡΤΥΡΟΥΜЄΝΟΙ : Υ secundum erasum est a D***; fortasse iam a D** improbatum?

380. 1. ΠЄΡΙΠⲀΤЄΙΝ : D*** ΠЄΡΙΠⲀΤΗϹⲀΙ.

\- 2. $\overline{\text{ΘΥ}}$: hoc ipsa prima manu scriptum est. Sed antea eadem aliquid per errorem scripserat. Videtur ΘⲀΝⲀΤΟΥ vel simile aliquid fuisse.

\- 4. ΒⲀϹΙΛΙⲀΝ : D** ΒⲀϹΙΛЄΙⲀΝ.

\- 6. ΗΜΙϹ : D** et D*** ΥΜЄΙϹ.

\- 8. ⲀΔΙⲀΛΙΝΠΤⲰϹ : D*** pro I scripsit ЄΙ, item erasit N, quod iam punctis a D** videtur notatum fuisse. Falsus est D^{nov}, quum notabat M in margine: conclusit id ex loco superiore ubi ⲀΔΙⲀΛΙΜΠΤⲰϹ scriptum est. Cf. etiam infra 393, 13.

\- 11. ЄΔЄΞⲀϹΘⲀΙ : D** et D*** -ϹΘЄ.

\- 15. ΥΜЄΙΝ : Є deletum est.

\- 17. ΜЄΙΜΗΤⲀΙ : D** et D*** ΜΙΜΗΤⲀΙ.

381. 1. ЄΠⲀΘЄΤЄ : D** et D*** addunt ΚⲀΙ ΥΜЄΙϹ.

\- 2. ⲀΠΟ : D*** ΥΠΟ.

\- 3. ϹΥΝΦΥΛⲀΙΤⲰΝ : D*** et ut videtur iam D** Є pro ⲀΙ.

\- 6. ⲀΠΟΚΤΙΝⲀΝΤⲰΝ : D** ЄΙ pro Ι.

\- 7. ΤΟΥϹ : D*** addit ΙΔΙΟΥϹ. Signum iam D** posuerat.

\- 11. ЄΝⲀΝΤΙΟΝ : D*** ЄΝⲀΝΤΙⲰΝ.

\- 16. ЄΦΘⲀΚЄΝ : D*** ЄΦΘⲀϹЄΝ. D^{nov} in margine restituit K.

\- 18. ΗΜΙϹ : D** et D*** ΗΜЄΙϹ.

382. 3. ЄΙΔЄΝ : D** et D*** ΙΔЄΙΝ.

\- 4. ΔΙΟΤΙ : D*** et fortasse iam D** ΔΙΟ. D^{nov} instaurat ΤΙ.

\- 5. ЄΛΘΙΝ : D** et D*** ЄΛΘЄΙΝ.

\- 12. ЄΝΠΡΟϹΘЄΝ : D*** ЄΜΠΡΟϹΘЄΝ.

\- 14. ΥΜΙϹ : D*** ΥΜЄΙϹ. ЄϹΤⲀΙ : D** et D*** ЄϹΤЄ.

\- 18. ΚⲀΤⲀΛΙΦΘΗΝⲀΙ : D*** ЄΙ pro Ι.

\- 20. ЄΠЄΝΨⲀΜЄΝ : D*** Μ pro Ν.

\- 21. ΗΜⲰΝ : D*** addidit ΚⲀΙ ΔΙⲀΚΟΝΟΝ ΤΟΥ $\overline{\text{ΘΥ}}$.

383. 1. ΤΟΥ $\overline{\text{ΘΥ}}$: D*** ΗΜⲰΝ.

\- 4. ΠⲀΡⲀΚⲀΛЄϹⲀΙ : D*** addidit ΥΜⲀϹ.

\- 5. ΥΠЄΡ : D*** ΠЄΡΙ.

\- 6. . . ΝЄϹΘⲀΙ : D*** in rasura scripsit ϹⲀΙΝЄϹΘⲀΙ. Sed litteris ϹⲀΙ spatium, quod prorsus convenit cum spatio litterarum ΙϹ (in ΠΙϹΤЄⲰϹ), non satis aptum est. Possis coniicere ϹЄ scriptum fuisse (ex eoque scripturam codicum FG ΜΗΔЄΝⲀϹΙЄΝЄ-

Pag. Vers.

CΘⲀΙ ortam esse), nisi quod tum corrector modo Є, non item C, videtur mutaturus fuisse. In latinis syllabam MO ante MOVEATVR praetermisit librarius.

383. 11. ΠΡΟCЄΛЄΓΟΜЄΝ : C deletum est a D***, fortasse iam a D**. D^{nov} in margine revocavit.

- 16. ЄΠЄΝΨⲀ : D*** ЄΠЄΜΨⲀ.

- 18. 19. ЄΠΙΡⲀCЄΝ et ΠΙΡⲀΖѠΝ : D** utroque loco ЄΙ pro Ι.

384. 2. ΤЄΙΜΟΘЄΟΥ : D** et D*** ΤΙΜΟΘЄΟΥ. In latinis est A NOS.

- 3. ЄΥⲀΓΓЄΛΙCⲀΜЄΝΟC : D** et D*** -ΜЄΝΟΥ.

- 5. ΜΝΙⲀΝ : D*** ΜΝЄΙⲀΝ.

- 15. 16. ΥΜΙC et ЄΥΧⲀΡΙCΤΙⲀΝ : D** ΥΜЄΙC et -ΤЄΙⲀΝ.

- 17. Κ̅Ѡ̅ : D*** et fortasse iam D** Θ̅Ѡ̅.

- 20. ЄΧⲀΙΡΟΜЄΝ : Є prorsus erasum est. D^{nov} in margine restituit.

- 21. ЄΝΠΡΟCΘЄΝ : D*** ЄΜΠΡΟCΘЄΝ.

385. 9. ΗΜѠΝ : D** ΗΜѠΝ Ι̅C̅, D*** ΗΜѠΝ Ι̅C̅ Χ̅C̅.

- 12. Ι̅C̅ : D*** delevit.

- 13. FACIAM : sic.

- 16. ΗΜΙC : D*** ΗΜЄΙC.

- 19. ЄΝΠΡΟCΘЄΝ : D*** ЄΜΠΡΟCΘЄΝ.

386. 2. ⲀΜΗ̅ : D*** improbavit.

- 6. ΙΝⲀ : D*** delevit.

- 9. ⲀΡЄCΚΙΝ : D** ⲀΡЄCΚЄΙΝ.

- 10. ΚⲀΘѠC ΚⲀΙ ΠЄΡΙΠⲀΤЄΙΤЄ : haec improbavit D***

- 13. ΠⲀΡЄΔѠΚⲀΜЄΝ : ΠⲀΡ plane erasum est a D***, fortasse iam a D**. D^{nov} revocat in margine.

- 14. ΗΜѠΝ : D*** exstinxit.

- 15. Θ̅Υ̅ : D*** ΤΟΥ Θ̅Υ̅.

- 18. ΠΟΡΝΙⲀC : D*** ΠΟΡΝЄΙⲀC.

- 19. ЄΚⲀCΤΟΝ : D** ЄΝⲀ ЄΚⲀCΤΟΝ, sed D*** rursus ЄΚⲀCΤΟΝ.

- 21. ΤЄΙΜΗ : Є plane erasum est.

387. 1. ΠⲀΘΙ : D*** ΠⲀΘЄΙ.

- 7. Κ̅C̅ : D** et D*** Ο Κ̅C̅.

- 9. ΠΡΟЄΙΠⲀΜЄΝ : Tregellio visum est ΠΡΟ a D*** improbatum esse. Quod nec vidi nec credo.

- 10. ΔΙЄΜⲀΡΤΥΡⲀΜЄΘⲀ : D*** (et iam D**?) -ΡΟΜЄΘⲀ.

- 13. ⲀΛΛ : D*** ⲀΛΛⲀ.

- 16. Θ̅Ν̅ : D*** ΤΟΝ Θ̅Ν̅. Idem (et fortasse iam D**?) delet ΚⲀΙ. D^{nov} in margine restituit. DEDICIT : C improbatum est, non item I alterum. V. 17. S̅P̅V̅ : sic.

387. 19. ΧΡΙⲀΝ ЄΧΟΜЄΝ : D** et D*** ΧΡЄΙⲀΝ ЄΧЄΤЄ.

- 20. ΓΡⲀΦΙΝ ΥΜЄΙΝ : D** ΓΡⲀΦЄΙΝ ΥΜΙΝ.

- 21. ΥΜΙC : D** et D*** ΥΜЄΙC.

388. 3. ⲀΔЄΛΦΟΥC : D*** et pro signo posito iam D** ⲀΔЄΛΦΟΥC ΤΟΥC.

- 4. IN VNIVERSA : sic corrector dedit. Antea fuerat scriptum INIVERSA.

- 7. ΦΙΛΟΤЄΙΜΙCΘⲀΙ : Є plane erasum est. D*** -ΜЄΙCΘⲀΙ.

- 9. ΠΡⲀCCΙΝ : D** ΠΡⲀCCЄΙΝ.

- 10. ΤⲀΙC : D*** addit ΙΔΙⲀΙC.

- 11. ΠⲀΡΗΝΓΙΛⲀΜЄΝ : D*** ΠⲀΡΗΝΓЄΙΛⲀΜЄΝ. Sic.

- 13. FORTIS : sic.

- 14. ΧΡΙⲀΝ : D** et D*** ΧΡЄΙⲀΝ.

- 18. ΛΥΠΙCΘЄ : D** ΛΥΠЄΙCΘЄ, D*** ΛΥΠΗCΘЄ.

- 19. ѠC : D*** voluit ΚⲀΘѠC, sed omisit Θ.

389. 6. ΥΜЄΙΝ : Є exstinctum est.

- 8. NOS VIVIMVS : sic.

- 9. ΠЄΡΙΛΙΠΟΜЄΝΟΙ : D*** ΠЄΡΙΛЄΙΠ.

- 18. ΠΡѠΤΟΙ : D*** ΠΡѠΤΟΝ.

- 19. ЄΠΙΤⲀ ΗΜΙC : D** et D*** ЄΠЄΙΤⲀ ΗΜЄΙC. Item D*** ΠЄΡΙΛЄΙΠΟΜЄΝΟΙ.

390. 1. ΥΠⲀΝΤΗCΙΝ : D** et D*** ⲀΠⲀΝΤΗCΙΝ. ΤѠ Χ̅Ѡ̅ : D** ΤѠ Κ̅Ѡ̅, D*** ΤΟΥ Κ̅Υ̅.

- 3. ΠⲀΝΤЄC : D** et D*** ΠⲀΝΤΟΤЄ.

- 9. ΧΡΙⲀΝ : D** et D*** ΧΡЄΙⲀΝ.

- 17. ЄΦΝΙΔΙΟC : D*** ⲀΙΦΝΙΔΙΟC. D^{nov} restaurat Є.

- 19. ѠΔЄΙΝΗ : D*** ѠΔΙΝ.

- 20. ЄΝ ΤΗ : D** et D*** delent ЄΝ.

- 21. ЄΚΦЄΥΞΟΝΤⲀΙ : D*** ЄΚΦΥΓѠCΙΝ. D^{nov} restituit priorem scripturam.

391. 1. ΥΜΙC : D*** ΥΜЄΙC.

- 2. CΚΟΤΙ : D*** CΚΟΤЄΙ.

- 4. ADPREHENDAD : pro extremo D correctum est T.

- 7. D̅I̅ : sic.

- 8. ΟΥΚ ЄCΤЄ : D** ΚⲀΙ ΟΥΚ ЄCΤЄ, D*** ΟΥΚ ЄCΜЄΝ, sed omisit Ν.

- 13. SVMVS : sic. Item v. 19.

- 18. ΗΜΙC : D*** ΗΜЄΙC.

392. 5. ⲀΛΛ : D*** ⲀΛΛⲀ. ΙC : D** et D*** ЄΙC. In latinis est AQVISITIONEM.

- 10. ΖѠΜЄΝ : D*** ΖΗCѠΜЄΝ. (Ѡ non mutavit : hinc erravit.)

- 20. ΥΠЄΡЄΚΠЄΡΙCCѠC : D*** -CCΟΥ.

Pag. Vers.

393. 1. ΑΥΤΟΙC : D*** ЄΑΥΤΟΙC. HABENTIS : sic.
– 2. ΔЄ : D** et D*** ΔЄ ΥΜΑC.
– 4. ΠΑΡΑΜΥΘΙΤЄ : D** -ΘЄΙΤЄ, D*** -ΘЄΙCΘЄ.
– 5. ΑΝΤЄΧЄCΘΑΙ : D** et D*** -CΘЄ.
– 8. ΑΠΟΔΟΙΗ : sic a prima manu est. H nunc penitus erasum est, hinc Wetstenio videbatur ΑΠΟΔΟΙ. D*** (isque ut videtur solus — nisi forte, idque credo, iam D** delevit H, ut fieret ΑΠΟΔΟΙ) ΑΠΟΔѠ.
– 13. ΑΔΙΑΛΙΝΠΤѠC : D*** -ΛЄΙΠΤѠC. D[nov] in margine notavit rursus M : debebat N notare. Cf. 380, 8. ΠΡΟCЄΥΧЄCΘΑΙ : D** et D*** -CΘЄ.
– 15. ЄCTIN : D*** improbavit.
– 17. ZBЄNNYTЄ : D*** et fortasse iam D** CBЄNNYTЄ.
– 18. ΠΡΟΦΗΤΙΑC et ЄΞΟΥΘЄΝΙΤЄ : D** et D*** -ΤЄΙΑC et -ΝЄΙΤЄ.
– 19. EXANIMATE : sic.

394. 1. ΑΠЄΧЄCΘΑΙ : D** et D*** -CΘЄ.
– 2. ΟΛΟΤЄΛΙC : D** et D*** -ΛЄΙC. In latinis est SANCTIFICATE et v. 3. ET.
– 6. ΤΗΡΗΘΙΗΝ : N erasum est, fortasse iam a D**. Praeterea D*** -ΘЄΙΗ.
– 8. ΠΡΟCЄΥΧЄCΘΑΙ : D** et D*** -CΘЄ. Item uterque improbavit ΚΑΙ.
– 9. ΑCΠΑCΑCΘΑΙ : D** et D*** -CΘЄ.
– 11. ЄΝΟΡΚΙΖѠ : D*** et fortasse iam D** ὉΡΚΙΖѠ.
– 13. ΠΑCΙ : D*** ΠΑCΙΝ.
– 15. ΥΜѠΝ : D** et D*** addunt ΑΜΗΝ.
In subscriptione D** et D*** bis ΘЄCCΑΛΟΝΙΚЄΙC.
Ante EXPLICIT corrector addidit SCRIBENS A LADICIA.

Pag. Vers.

395. 5. ΥΜЄΙΝ : Є erasum est.
– 7. ЄΥΧΑΡΙCΤΙΝ : D** et D*** -CΤЄΙΝ.
ΟΦΙΛΟΜЄΝ : D*** ΟΦЄΙΛΟΜЄΝ.

396. 1. ΘΛΙΨЄCΙΝ : D*** praeposuit ΤΑΙC. D** et D*** ΑΝЄΧЄCΘЄ.
– 5. ΒΑCΙΛΙΑC : D** -ΛЄΙΑC.
– 11. REQVEM : sic. Item v. 17. IS.
– 15. ЄΝ ΦΛΟΓΙ ΠΥΡΟC : haec non mutata sunt, quemadmodum Wetstenius suspicatus est.
– 16. ΔΙΔΟΥC : D*** et fortasse iam D** ΔΙΔΟΝΤΟC.

397. 5. ЄΝΘΑΥΜΑCΘΗΝΑΙ : D*** delevit ЄΝ.
– 11. ΚΑΙ : exstinctum est, fortasse iam a D**.
– 12. Ο Θ̅C̅ : D*** addit ΥΜѠΝ.
– 17. ΥΜЄΙΝ : Є deletum est.

398. 6. ΥΜѠΝ : non deletum est, sed accentu et spiritu caret : hinc D*** improbasse videtur.
– 7. ΜΗΔЄ : D*** ΜΗΤЄ. D[nov] in margine ΜΗΔЄ.
– 9. ΜΗΔЄ : D*** ΜΗΤЄ. D[nov] in margine rursus ΜΗΔЄ.
– 11. ΗΜЄΡΑ : D** et D*** Η ΗΜЄΡΑ. Κ̅Υ̅ : D*** Χ̅Υ̅.
– 14. NESI : sic.
– 18. ΑΠѠΛΙΑC : D** ΑΠѠΛЄΙΑC.

399. 1. Θ̅Υ̅ : D*** addit ѠC Θ̅Ν̅.
– 3. Θ̅C̅ : D*** plene scripsit ΘЄΟC.
– 5. ΟΤΙ ЄΤΙ ЄΜΟΥ ΟΝΤΟC : D** et D*** ΟΤΙ ЄΤΙ ѠΝ.
– 13. ΓЄΝΗΤЄ : D** -ΤΑΙ.
– 16. ΑΝЄΛЄΙ : sic, nisi quod potius ΟΙ quam ЄΙ esse videtur. D*** ΑΝΑΛѠCЄΙ.
– 18. ΚΑΤΑΡΓΙCЄΙ ΤΗΝ ЄΠΙΦΑΝΙΑΝ : D** et D*** ΚΑΤΑΡΓΗCЄΙ ΤΗ ЄΠΙΦΑΝΙΑ (sed D*** -ΝЄΙΑ).
– 19. SVILLVM : sic. Item v. 15. INIQVS. Item v. 7. DETENEAT.

400. 2. ΔΥΝΑΜΙ : D** et D*** ΔΥΝΑΜЄΙ.
CΗΜΙΟΙC : D*** CΗΜЄΙΟΙC.
– 5. ΤΟΙC : D** et D*** ЄΝ ΤΟΙC.
– 7. ΑΛΗΘΙΑC : D** ΑΛΗΘЄΙΑC. Χ̅Υ̅ : D*** improbavit.
– 10. ΔΙΑ : D*** ΚΑΙ ΔΙΑ. ΠЄΝΠЄΙ : D** et D*** M pro N; sed solus D***, nisi fallor, Ψ pro Π.
– 11. ЄΝЄΡΓΙΑΝ : D*** ЄΝЄΡΓЄΙΑΝ.
– 13. 15. ΨЄΥΔΙ et ΑΛΗΘΙΑ : D** ΨЄΥΔЄΙ et ΑΛΗΘЄΙΑ.
– 17. ΤΗ : D*** ЄΝ ΤΗ. INQVINATI : sic.
– 18. ΗΜΙC : D** et D*** ΗΜЄΙC.
ΟΦΙΛΟΜЄΝ : D*** ΟΦЄΙΛΟΜЄΝ.
– 19. ЄΥΧΑΡΙCΤΙΝ : D** et D*** ЄΥΧΑΡΙCΤЄΙΝ.
– 21. Θ̅Υ̅ : D** et D*** Κ̅Υ̅.

401. 1. ΗΜΑC : D*** ΥΜΑC.
– 4. ΠΙCΤΙ : D** ΠΙCΤЄΙ.
ΑΛΗΘΙΑC : D** et D*** ΑΛΗΘЄΙΑC.
– 5. ΗΜΑC : D*** ΥΜΑC.
– 10. ΠΑΡΑΔΟCΙC : D** et D*** -CЄΙC. Praeterea D*** delevit ΗΜѠΝ.
– 11. ЄΔЄΙΔΑΧΘΗΤЄ : D** et D*** ЄΔΙΔΑΧΘΗΤЄ.
– 15. Θ̅C̅ : D** et D*** Ο Θ̅C̅. Ο ΠΑΤΗΡ : D*** ΚΑΙ ΠΑΤΗΡ.
– 19. ΠΑΡΑΚΑΛЄΙCΘΑΙ : erasis litteris I et Θ factum est ΠΑΡΑΚΑΛЄCΑΙ, a D*** eoque ut videtur solo.

Pag. Vers.

Praeterea C in ΚΑΡΔΙΑC periit eo quod agglutinando in proximum folium transiit.

401. 20. CΤΗΡΙΞΑΙ : D*** addidit ΥΜΑC.
402. 1. ΠΡΟCЄΥΧЄCΘΑΙ : D** et D*** -CΘЄ.
- 10. Ο $\overline{\text{ΘC}}$: D*** Ο $\overline{\text{ΚC}}$.
- 14. ΠΑΡΑΓΓЄΛΛΟΜЄΝ : D*** addidit ΥΜΙΝ ΚΑΙ.
- 15. ΠΟΙΗCΑΤЄ : D** ut videtur -CΗΤЄ, sed D*** -CЄΤЄ.
403. 1. $\overline{\text{ΚΥ}}$: D*** addidit ΗΜωΝ.
- 6. ЄΛΑΒΟCΑΝ : D** et D*** ΠΑΡЄΛΑΒΟΝ.
- 8. ΜΙΜЄΙCΘΑΙ : ΜΙ omissum erat, sed ipsa prima manu additum est.
- 10. ΥΜЄΙΝ : Є erasum est. V. 12. est ALIOQVO.
- 21. ΜΙΜΙCΘΑΙ : D** et D*** ΜΙΜЄΙCΘΑΙ.
404. 2. ΠΑΡΑΝΓЄΛΛΟΜЄΝ : D** et D*** ΠΑΡΗΝΓЄΛΛΟΜЄΝ. Ν intactum mansit.
- 3. ΜΗ : D*** (et iam D**?) ΟΥ. D^{nov} ΜΗ.
- 3. 4. VVL et MANDVCEM : sic.
- 9. ΤΟΥC et ΤΟΙΟΥΤΟΥC : D** et D*** ΤΟΙC et ΤΟΙΟΥΤΟΙC.
- 11. ЄΝ $\overline{\text{Κω}}$ $\overline{\text{ΙΥ}}$ $\overline{\text{ΧΥ}}$: D*** ΔΙΑ ΤΟΥ $\overline{\text{ΚΥ}}$ ΗΜωΝ $\overline{\text{ΙΥ}}$ $\overline{\text{ΧΥ}}$.
- 14. ΥΜΙC : D*** ΥΜЄΙC.
- 15. ЄΝΚΑΚЄΙΤЄ : D*** ЄΚΚΑΚΗCΗΤЄ.
- 19. CΗΜΙΟΥCΘΑΙ : D** et D*** -CΘЄ. NVNC : sic.
- 20. ΚΑΙ : D*** (et fortasse iam D**) delevit. D^{nov} restituit. CΥΝΑΝΑΜΙCΓЄCΘΑΙ : D** et D*** -CΘЄ.
405. 1. ΜΗ : D*** ΚΑΙ ΜΗ. ΗΓΙCΘΑΙ : D** et D*** ΗΓЄΙCΘЄ.
- 5. ΤΟΠω : D*** ΤΡΟΠω.
- 9. CΗΜΙΟΝ : D*** CΗΜЄΙΟΝ.

In subscriptione pro ΤЄΙΜΟΘЄΟΝ D** ΤΙΜΟΘЄΟΝ. Praeterea ante EXPLICIT corrector addidit SCRIBENS AB ATHENIS.

Pag. Vers.

406. 3. ΤΟΥ : D*** improbavit.
- 4. $\overline{\text{ΧΥ}}$ $\overline{\text{ΙΥ}}$: D*** $\overline{\text{ΚΥ}}$ $\overline{\text{ΙΥ}}$ $\overline{\text{ΧΥ}}$.
- 6. ΤЄΙΜΟΘЄω : D** et D*** ΤΙΜΟΘЄω.
- 7. ΠΙCΤΙ : D** ΠΙCΤЄΙ.
- 9. ΠΑΤΡΟC : D*** addit ΗΜωΝ.
- 10. $\overline{\text{ΧΡΥ}}$: sic hoc loco.
- 11. CΑΙ : D** et D*** CЄ. ΠЄΡΙΜΙΝΑΙ : D** et D*** -ΜЄΙΝΑΙ, sed D*** ut videtur solus ΠΡΟCΜЄΙΝΑΙ pro ΠЄΡΙΜЄΙΝΑΙ.

Pag. Vers.

406. 12. ЄΦΑΙCω : D** et D*** ЄΦЄCω.
- 14. ΠΑΡΑΓΓΙΛΗC : D** et D*** ΠΑΡΑΓΓЄΙΛΗC.
- 15. ЄΤЄΡΟΔΙΔΑCΚΑΛΙΝ : D** et D*** -ΛЄΙΝ.
- 16. ΠΡΟCЄΧΙΝ : D** et D*** -ΧЄΙΝ. In latinis est NEQVI et INTENDAN.
- 19. ΖΗΤΗCΙC : D** -CЄΙC.
- 21. ΟΙΚΟΔΟΜΗΝ : D*** ΟΙΚΟΔΟΜΙΑΝ.
407. 1. ΠΙCΤΙ : D** ΠΙCΤЄΙ.
- 5. CΥΝΙΔΗCЄωC : D*** CΥΝЄΙΔΗCЄωC.
- 14. ΔΙΑΒЄΒΑΙΟΥΝΤЄ : Ν omissum erat, sed ipsa prima manu suppletum est. Praeterea D** et D*** -ΤΑΙ.
- 17. ΙΔωC : D** ЄΙΔωC.
- 20. ΚΑΙ : D*** delevit.
- 21. CAELESTIS : sic. Item antea vv. 12. 13. NEQVA.
408. 1. ΠΑΤΡΟΛωЄC : D*** -ΛΟΑΙC. D^{nov} rursus -ΛωЄC.
- 2. ΜΗΤΡΟΛωЄC : D*** -ΛΟΑΙC. D^{nov} rursus -ΛωЄC.
- 6. ЄΦΙΟΡΚΟΙC : D*** ЄΠΙΟΡΚΟΙC. D^{nov} rursus Φ.
- 9. ΤΗ : D*** delevit. ЄΥΑΝΓ. non correctum est.
- 14. ЄΝ : D*** delevit.
- 17. ΤΟ : D*** ΤΟΝ.
- 19. ΔΙΑ ΤΟΥΤΟ : D*** improbavit, isque solus ut videtur.
- 21. ΤΗ : D** et D*** ЄΝ.
409. 12. ЄΜΟΙ : D*** addit ΠΡωΤω. Signum iam D** posuerat. $\overline{\text{ΧC}}$ $\overline{\text{ΙC}}$: D*** $\overline{\text{ΙC}}$ $\overline{\text{ΧC}}$.
- 18. ΑΘΑΝΑΤω : D*** et ut videtur iam D** ΑΦΘΑΡΤω. ΜΟΝω : D** et D*** addunt CΟΦω.
- 19. ΤЄΙΜΗ : D** et D*** ΤΙΜΗ.
- 21. ΠΑΡΑΝΓЄΛΙΑΝ : D*** ΠΑΡΑΓΓЄΛΙΑΝ.
410. 1. ΠΑΡΑΤΙΘЄΜЄ : D** et D*** -ΜΑΙ.
- 4. ΠΡΟΦΗΤΙΑC : D*** -ΤЄΙΑC. IN TER : sic. Item v. 7. HABES.
- 5. CΤΡΑΤЄΥCΗ : C alterum erasum est a D***, et fortasse iam a D**.
- 6. CΤΡΑΤΙΑΝ : D*** CΤΡΑΤЄΙΑΝ.
- 8. CΥΝΙΔΗCΙΝ : D*** CΥΝЄΙΔΗCΙΝ.
- 11. ΥΜΑΙΝЄΟC : D*** ΥΜЄΝΑΙΟC.
- 16. ΠΑΡΑΚΑΛЄΙ : D*** -Λω. D^{nov} rursus -ΛЄΙ.
- 20. ЄΥΧΑΡΙCΤΙΑC : D** -CΤЄΙΑC, D*** rursus ut videtur -CΤΙΑC.
411. 3. CON : sic. Item v. 10. VVL.
- 4. ЄΥCЄΒΙΑ : D** et D*** ΠΑCΗ ЄΥCЄΒЄΙΑ.
- 12. ΑΛΗΘΙΑC : D** ΑΛΗΘЄΙΑC.
- 13. ΜЄCЄΙΤΗC : Є secundum erasum est, ab utroque ut videtur correctore.

Pag. Vers.

411. 18.19. OY : non deletum est, sed accentu et spiritu caret : hinc D*** improbasse videtur. Idem improbavit ЄΔΟΘΗ.

412. 1. ΑΛΗΘΙΑΝ : D** ΑΛΗΘЄΙΑΝ.
ΛЄΓѠ : D*** addit ЄΝ $\overline{\text{ΧѠ}}$.
- 6. MANOS : sic. Item v. 14. MARGARITAS.
- 9. ΓΥΝΑΙΚΑC : D** et D*** ΤΑC ΓΥΝΑΙΚΑC.
- 10. ΚΟCΜΙѠC : C finale erasit D***; fortasse iam D** improbaverat.
- 12. ΚΟCΜΙΝ : D** et D*** ΚΟCΜЄΙΝ.
- 14. ΚΑΙ : D*** Η. D[nov] rursus ΚΑΙ.
- 15. ЄΙΜΑΤΙCΜѠ : D** et D*** ΙΜΑΤΙCΜѠ.
- 16. ΠΡЄΠΙ : D** ΠΡЄΠЄΙ.
- 17. ΘЄΟCЄΒΙΑΝ : D** -ΒЄΙΑΝ.
- 21. ΔΙΔΑCΚΙΝ : D** et D*** -CΚЄΙΝ.
MVLIERĒ : linea superposita erasa esse videtur; sed species fallere potest.

413. 7. ЄΞΑΠΑΤΗΘЄΙCΑ : ЄΞ erasum est. Cum D*** etiam D** improbasse videtur.
- 9. ΓΑΡ : D** et D*** ΔЄ.
- 10. ΜЄΝѠCΙΝ : D** et D*** ΜЄΙΝѠCΙΝ. ΠΙCΤΙ : D** -CΤЄΙ. Praeterea ΚΑΙ erasum est : punctis vero iam prima ut videtur manu notatum erat.
- 14. ΑΝΘΡѠΠΙΝΟC : D** et D*** ΠΙCΤΟC.
- 15. ΟΡЄΓЄΤЄ : D** et D*** -ΤΑΙ.
- 16. ЄΠΙΘΥΜΙ : D** et D*** -ΜЄΙ.
- 17.18. EGO et INREPREHENSIBILE : sic. Sed pro illo d** ERGO.
- 20. ΝΗΦΑΛΙΟΝ : D*** ΝΗΦΑΛЄΟΝ.

414. 3. MOLESTVM : sic. Item v. 12. DILIGENTIA.
- 13. ΝΑΙΟΦΥΤΟΝ : D** et D*** ΝЄΟΦΥΤΟΝ.
- 14. ΤΥΦѠΘΙC : D** -ΘЄΙC.
- 15.19. ЄΝΠЄCΗ : D*** ЄΜΠЄCΗ bis.
ΟΝΙΔΙCΜΟΝ : D*** (ut videtur) ΟΝЄΙΔΙCΜΟΝ.
- 20. ЄΙC : D*** delevit.

415. 2. MVLTOS : sic. Item v. 9. SCIT.
- 3. ΑΙCΧΡΟΚЄΡΔΙC : D** et D*** -ΔЄΙC.
- 9. ΚΑΙ ΟΥΤѠ : D*** ЄΙΤΑ, deletis rursus accentibus quos super illa iam posuerat.
ΔΙΑΚΟΝΙΤѠCΑΝ : D** et D*** -ΝЄΙΤѠCΑΝ.
- 13. ΝΗΦΑΛΙΟΥC : D*** -ΛЄΟΥC.
- 17. ΚΑΛѠΝ : D***, item fortasse iam D**, ΚΑΛѠC.

416. 2. ΠΙCΤΙ : D** et D*** ΠΙCΤЄΙ.
4. ЄΛΘΙΝ : D** et D*** ЄΛΘЄΙΝ. ЄΝ ΤΑΧЄΙ : D*** ΤΑΧΙ, i. e. ΤΑΧΙΟΝ omisso ΟΝ. Omnino ergo D*** ΤΑΧΙΟΝ scribere volebat, etsi ΟΝ omittebat. VENI : d** VENIRE.
- 6. ΙΔΗC : D*** ЄΙΔΗ͂C. Idem CЄ exstinxit.
- 11. ΑΛΗΘΙΑC : D** et D*** -ΘЄΙΑC.
- 12.13. ΟΜΟΛΟΓΟΥΜЄΝ : Ν finale D*** transtulit ad initium versus sequentis.
- 14. ЄΥCЄΒΙΑC : D** et D*** -ΒЄΙΑC.
- 15. Ο : D*** $\overline{\text{ΘC}}$. Certissimum est primam manum Ο, tertiam $\overline{\text{ΘC}}$ scripsisse. Item certum est secundam non attigisse locum. $\overline{\text{ΘC}}$ nunc ita positum est ut Θ fere totum lineam excedat. Fusius nec solum docte sed etiam recte de h. l. exposuit Griesbachius in Symbol. crit. II. p. 64—77.
- 20. ΑΝЄΛΗΜΦΘΗ : D*** (isque ut videtur solus) exstinxit Μ. D[nov] restituit.

417. 5. ΔΙΔΑCΚΑΛΙΑΙC : D** et D*** praeponunt ΚΑΙ.
- 8. CΥΝΙΔΗCΙΝ ЄΑΥΤѠΝ : D*** ΙΔΙΑΝ CΥΝЄΙΔΗCΙΝ.
- 12. ΜЄΤΑΛΗΜΨΙΝ : Μ alterum erasit corrector (videtur D*** solus). D[nov] restituit.
- 13.19. ЄΥΧΑΡΙCΤΙΑC : utroque loco D** -CΤЄΙΑC, sed D*** rursus delevit Є.
- 16. ΑΛΗΘΙΑΝ : D** -ΘЄΙΑΝ. ΑΥΤΟΥ : D*** improbavit.

418. 1. ЄΝΤЄΥΞЄCΙΝ : sic, non -ΞЄѠΝ. Sed D** et D*** ЄΝΤЄΥΞЄѠC.
- 4. $\overline{\text{ΧΥ}}$ $\overline{\text{ΙΥ}}$: D*** $\overline{\text{ΙΥ}}$ $\overline{\text{ΧΥ}}$.
- 5. ЄΝΤΡЄΠΟΜЄΝΟC : D** Φ pro Π.
- 10. ΓΡΑѠΔΙC : lege ΓΡΑΙѠΔΙC, ut in codice est. D*** -ΔЄΙC, sed Ι quod praecedit non attigit. Versu 8. EST : sic.
- 11. ΓΥΜΝΑΖЄ : D*** addidit ΔЄ.
- 12.15. ЄΥCЄΒΙΑΝ et ЄΥCЄΒΙΑ : D** -ΒЄΙΑΝ et -ΒЄΙΑ.
- 13. EXERCITATI : correctum est -TATIO.

419. 1. ΟΝΙΔΙΖΟΜЄΘΑ : D*** (nisi fallor) ΟΝЄΙΔΙΖ.
- 2. ΗΛΠΙCΑΜЄΝ ЄΠΙ $\overline{\text{ΘΝ}}$ ΖѠΝΤΑ : D*** ΗΛΠΙΚΑΜЄΝ ЄΠΙ $\overline{\text{ΘѠ}}$ ΖѠΝΤΙ.
- 7. ΜΗΔΙC : D** ΜΗΔЄΙC.
- 9. ΓЄΙΝΟΥ : Є erasum est.
- 17. ΑΜЄΛΙ : D** ΑΜЄΛЄΙ.

420. 1. ЄΙCΘΙ : Є erasum est. Versu 2. est TVIS.
- 3. ΠΑCΙΝ : D*** ЄΝ ΠΑCΙΝ.
- 5. ΔΙΔΑCΚΑΛЄΙΑ : Є exstinctum est.
- 6. ЄΝ : D*** delevit.
- 15. ΑΓΝЄΙΑ : D** delevit Є, sed D*** restituit.

Pag. Vers.

420. 16. TЄIMA : D** et D*** TIMA.
- 19. ЄΓΓONA : D*** ЄKΓONA.
- 20. MAΘЄTωCAN : D*** MANΘANЄTωCAN, nisi quod N prius per incuriam omisit.
- 21. TωN IΔIωN OIKωN : D** et D*** TON IΔION OIKON.

421. 7. $\overline{KN}$: D*** $\overline{ΘN}$.
- 14. ANЄΠIΛHMΠTOI : M erasum est, a D*** solo ut videtur. D^{nov} restituit.
- 16. OIKωN : D** OIKЄIωN, praeterea D*** et pro signo posito iam D** praeponunt TωN. In latinis est EX, item v. seq. CVRAT.
- 17. ΠPONOЄITЄ : TЄ deletum est, ab utroque ut videtur correctore improbatum.
- 18. HPNHTЄ : D** et D*** HPNHTAI.

422. 13. ΓAMIN : D** et D*** ΓAMЄIN.
- 18. MON : D** MONON.

423. 1. TAC : D*** delevit. V. 8. GRATIAM : sic.
- 14. BAPICΘω : D** BAPЄICΘω.
- 17. OI : h. l. littera initialis in latino, non item in graeco est, sed signo addito exprimi videtur. Sic est : 7OI. Praeterea C in KAΛωC post suppletum est. Videtur demum D** supplevisse.
- 19. 21. TЄIMHC et ΔIΔACKAΛЄIA : Є erasum est utroque loco.

424. 3. OYKHMωCЄIC : hoc non mutatum est, sed in margine D*** adscripsit OY ΦIMωCЄIC.
- 6. KATHΓOPЄIAN : Є erasum est.
- 7. 8. NESI et TESTIS : sic. Item v. 11. TIMORE.
- 9. ΔЄ : D*** delevit.
- 10. ЄΛЄNXЄ : D*** ЄΛЄΓXЄ.
- 13. $\overline{XY}$ $\overline{IY}$: D*** $\overline{KY}$ $\overline{IY}$ $\overline{XY}$.
- 15. CVSTODIAT : correctum est CVSTODIAS.
- 18. ЄΠITIΘOY : D*** ЄΠITIΘЄI.

425. 1. YΔPOΠOTI : D** et D*** -TЄI.
- 2. AΛΛA : D*** AΛΛ.
- 3. CTOMAXON : D*** addit COY. Hoc per incuriam primum v. 4. addiderat; errore intellecto erasit et v. 3. adpinxit.
- 11. FACTO BONO : sic.
- 17. TЄIMHC : Є erasum est.
HΓICΘωCAN : D** et D*** HΓЄICΘωCAN.
- 18. $\overline{KY}$: D*** $\overline{ΘY}$. D^{nov} in margine rursus $\overline{KY}$.
- 20. BΛACΦHMHTЄ : D** et D*** -TAI.

425. 21. ЄXONTAC : D** (nisi est D^{**b}) et D*** ЄXONTЄC.

426. 1. KATAΦPONITωCAN : D** et D*** ЄI pro I. In latinis est CONTEMNAT, item v. 7. DOCET, v. 18. ET QVIBVS.
- 12. ЄYCЄBIAN : D** -BЄIAN. OYCH : D*** improbavit.
- 13. ΔIΔACKAΛЄIA : Є erasum est.
- 18. ΓЄNNωNTAI : D*** ΓINЄTAI. D^{nov} instaurat priorem scripturam.
- 19. ΦΘONOI : D*** ΦΘONOC.

427. 4. AΠЄCTPAMMЄNωN : D*** AΠЄCTЄPHMЄNωN. D^{nov} instaurandae priori scripturae studuit.
- 5. AΠO : D*** delevit. AΛHΘIAC : D** -ΘЄIAC.
- 7. ЄYCЄBIAN : D** -BЄIAN. Praeterea D*** addidit (quemadmodum iam D** signum apposuerat) AΦICTACO AΠO TωN TOIOYTωN.
- 9. ЄYCЄBIA et AYTAPKIAC : D** -BЄIA et -KЄIAC.
- 12. AΛHΘЄC : D*** et ut videtur iam D** ΔHΛON.
- 17. BOYΛOMAINOI : D** et D*** -MЄNOI.
- 18. ЄNΠIΠTOYCIN : D*** ЄMΠIΠTOYCIN.
ΠIPACMON : D** ΠЄIPACMON.
- 19. TOY ΔIABOΛOY : D*** exstinxit, etsi iam posuerat accentus.

428. 2. AΠωΛIAN : D** -ΛЄIAN.
- 3. ΠANTωN : D** et D*** addunt TωN.
- 12. ЄYCЄBIAN : D** -BЄIAN.
- 14. ΠPAYTHTA : D*** ΠPAOTHTA.
- 11. 15. 18. 19. SECTA : sic. CERTARE : sic. EST bis et COMFESSVS : sic.

429. 4. ΠЄIΛATOY : Є erasum est.
- 6. THPHCAI : D** et D*** addunt CЄ.
- 7. ANЄΠIΛHMΠTON : M erasum est.
- 8. ЄΠIΦANIAC : D*** -NЄIAC.
- 10. ΔЄIΞAI : D*** isque ut videtur solus ΔЄIΞЄI.
- 15. KAI : D*** delevit. AΠPOCЄITON : Є erasum est.
- 16. OYΔIC : D** -ΔЄIC.
- 18. TЄIMH : Є erasum est. In latinis est E POTESTAS.

430. 3. ΠΛOYTω : D** et D*** OY pro ω.
- 4. ЄΠI $\overline{Θω}$: D*** ЄN Tω $\overline{Θω}$ Tω.
- 10. TRIBVNANT : sic. Item v. 18. PROFANA.
- 15. ONTωC : D*** AIωNIOY.
- 16. TЄIMOΘЄЄ : D** et D*** TIMOΘЄЄ.

431. 3. COY : D** et D*** addunt AMHN.

In subscriptione ante EXPLICIT corrector addidit SCRIBENS A LADICIA.

Pag. Vers.

432. 5. ΤЄΙΜΟΘЄѠ : D** et D*** ΤΙΜΟΘЄѠ.

– 9. ΜΟΥ : D*** exstinxit. V. 10. PROGENITORIBVS : sic.

– 11. CΥΝΙΔΗCЄΙ : D*** CΥΝЄΙΔΗCЄΙ.

– 12. ΑΔΙΑΛΙΝΠΤΟΝ : D*** -ΛЄΙΠΤΟΝ. Dnov in margine rursus M notavit; sed debebat N notare. Cf. supra 308, 8. 393, 13.

– 13. ΜΝΙΑΝ : D*** ΜΝЄΙΑΝ.

– 20. ΤΗ : D** et D*** ΤΗC. FIDE : correctum est FIDEI.

– 21. ЄΝΟΙΚΗCЄΝ : D*** ЄΝѠΚΗCЄΝ. HABITABVIT : V leviter erasum est. Item in latinis est v. 16. DESIDERANT, v. 14. HORTATIONIBVS.

433. 3. ΠЄΠΙCΜЄ : D** et D*** -CΜΑΙ.

– 5. ΑΝΑΖѠΟΠΥΡΙΝ : D** et D*** -ΡЄΙΝ, O medio non deleto.

– 6. IN TER : sic; item v. 10. SER.

– 17. ΤΟΥ : erasum est. Improbat igitur D***; item D**?

434. 4. ΦΑΝЄΡѠΘΙCΑΝ : D** et D*** -ΘЄΙCΑΝ.

– 5. ЄΠΙΦΑΝΙΑC : D*** -ΝЄΙΑC.

– 6. Χ̅Υ̅ Ι̅Υ̅ : D*** Ι̅Υ̅ Χ̅Υ̅.

– 8. ΤΗΝ : D*** delevit. Dnov in margine restauravit.

– 17. ΠЄΠΙCΜЄ : D** et D*** -CΜΑΙ.

– 19. ΠΑΡΑΘΗΚΗΝ : D*** addidit ΜΟΥ.

– 21. HABENS : sic.

435. 2. QVAS : sic. Item v. 3. FIDE; v. 10 ADVERTERVNT.

– 3. ΠΙCΤΙ : D** ΠΙCΤЄΙ. ΑΓΑΠΗC : C erasum est; ΤΗC vero quod sequitur intactum mansit.

– 8. ΗΜЄΙΝ : Є erasum est.

– 15. ΟΝΗCΙΦΟΡΟΥ : CΙ omissum erat, sed ipsa prima manu supra lineam suppletum est.

– 18. ЄΠЄCΧΥΝΘΗ : D** et D*** ЄΠΑΙCΧΥΝΘΗ. Sic.

– 20. CΠΟΥΔЄѠC : D** et D*** CΠΟΥΔΑΙΟΤЄΡΟΝ.

436. 2. ЄΛΑΙΟC : D*** ЄΛΑΙΟΝ. ΑΙ non mutatum est. Θ̅Ѡ̅ : D*** Κ̅Ѡ̅.

– 4. MINISTRAVI : ita. Item v. 6. FILIV MIHI, v. 12. SEMVL, v. 14. MILEX, v. 17. SAE, v. 18 sq. ET – – PLACEAM.

– 5. 7. ΒЄΛΤЄΙΟΝ et ΓЄΙΝѠCΚЄΙC : utroque loco I pro ЄΙ correctum est. Item in ΧΑΡΙΤЄΙ.

– 12. 13. Pro CΥΝ D** et D*** scripserunt CΥ ΟΥΝ.

– 14. CΥΝCΤΡΑΤΙѠΤΗC Χ̅Υ̅ Ι̅Υ̅ : D*** CΤΡΑΤΙѠΤΗC Ι̅Υ̅ Χ̅Υ̅.

– 15. 17. ΟΥΔΙC et ΠΡΑΓΜΑΤΙΑΙC : D** -ΔЄΙC et -ΤЄΙΑΙC.

– 16. ЄΝΠΛЄΚЄΤΑΙ : D*** ЄΜΠΛ.

437. 2. AGRICOLA : sic.

437. 8. D*** deleto Ι̅Ν̅ ex ΜΝΗΜΟΝЄΥЄΙΝ fecit ΜΝΗΜΟΝЄΥЄ Ι̅Ν̅.

– 10. ΔΑΥЄΙΔ : Є erasum est, a solo D*** ut videtur.

– 14. ΑΛΛΑ : Α secundum erasum est, sed a solo ut videtur D***. Dnov in margine restituit.

438. 3. CΥΝΒΑCΙΛЄΥΟΜЄΝ : D** -ΛЄΥCΟΜЄΝ.

– 6. ILLI : sic.

– 7. ΜЄΝЄΙ : D*** ΜέΝЄΙ.

– 10. Κ̅Υ̅ : D*** praeponit ΤΟΥ.

– 17. ΑΝЄΠΙCΧΥΝΤΟΝ : D** et D*** ΑΙ pro I.

– 19. ΑΛΗΘΙΑC : D** -ΘЄΙΑC.

439. 1. ΠΑΙΟΝ : D** et D*** ΠΛЄΙΟΝ.

– 2. ΑCЄΒЄΙC ; D** et D*** ΑCЄΒЄΙΑ.

– 4. ET : sic.

– 5. ΥΜΑΙΝЄΟC : D*** (item iam D**?) ΥΜЄΝΑΙΟC.

– 7. ΑΛΗΘΙΑΝ : D** -ΘЄΙΑΝ.

440. 3. 4. ΤЄΙΜΗΝ et ΑΤΙΜЄΙΑΝ : D** et D*** utroque loco I pro ЄΙ. In latinis est CONTVMELIA, item v. 7. HONORE.

– 7. ЄCΤЄ : D** ЄCΤΑΙ. ΤЄΙΜΗΝ : D** et D*** ΤΙΜΗΝ.

– 9. ЄΥΧΡΗCΤΟΝ : D** et D*** praeponunt ΚΑΙ.

441. 4. ΝΗΠΙΟΝ : D*** ΗΠΙΟΝ.

– 7. ΠΡΑΥΤΗΤΙ : D*** et fortasse iam D** O pro Y. In latinis est INMODESTIA et CORRIPIENTE; item v. 14. CAPTI TENTVR; v. 16. SCIO.

– 9. ΔѠΗ : D*** (item iam D**?) ΔѠ.

– 11. ΑΛΗΘΙΑC : D** -ΘЄΙΑC.

– 12. ΑΝΑΛΗΜΨѠCΙΝ : D** et D*** ΑΝΑΝΗΨѠCΙΝ. Dnov in margine revocat priorem scripturam.

– 16. ΓЄΙΝѠCΚЄ : Є prius erasum est.

442. 2. ΑΠΘЄΙC : D*** ΑΠЄΙΘЄΙC.

– 11. ЄΥCЄΒΙΑC : D** -ΒЄΙΑC. In latinis est HABENTEM; item v. 14. HOC, v. 15. ET.

– 17. ЄΚΜΑΛѠΤΙΖΟΝΤЄC : D*** ΑΙΧΜΑΛѠΤЄΥΟΝΤЄC. Dnov priori scripturae revocandae studuit.

443. 2. 3. ΑΛΗΘΙΑC : D** -ΘЄΙΑC. Item D** et D*** ЄΛΘЄΙΝ.

– 6. RESISTERVNT : sic. Item v. 7. RISISTVNT, v. 18. INSTITVONEM, v. 19. LONGAANIMITATEM.

– 7. ΑΝΤΙCΤΑΝΤΑΙ : D** et D*** ΑΝΘΙCΤ.

– 12. ΠΑΙΟΝ : D** et D*** ΠΛЄΙΟΝ.

– 14. ЄCΤΙΝ : D** et D*** ЄCΤΑΙ.

– 16. ΜΟΙ : D** ΜΟΥ.

– 18. 19. ΑΓΑΠΗ : D*** ΑΓѠΓΗ. ΠΙCΤΙ : D** ΠΙCΤЄΙ.

Pag. Vers.

444. 2.3. ΑΝΤΙΟΧΙΑ : D*** -ΧЄΙΑ. ЄΙΚΟΝΙѠ : Є erasum est.

- 5. ЄΡΥCΑΤΟ : D*** ЄΡΡΥCΑΤΟ.

- 10. ΓΟΗΤΑΙ : D** et D*** ΓΟΗΤΑΙC. ΑΙ enim non mutatum est.

- 17. ΙЄΡΑ : D** et D*** ΤΑ ΙЄΡΑ.

445. 5. ΠΑΙΔΙΑΝ : D*** -ΔЄΙΑΝ.

- 7. ΤЄΛΙΟC : D*** ΑΡΤΙΟC.

- 11. ЄΝѠΠΙΟΝ : D*** praeponit ΟΥΝ ЄΓѠ. Iam D** signum posuerat.

- 12. Χ̅Υ̅ Ι̅Υ̅ : D*** ΤΟΥ Κ̅Υ̅ Ι̅Υ̅ Χ̅Υ̅.

- 15. ΚΑΙ : D** et D*** ΚΑΤΑ. Porro D*** ЄΠΙΦΑΝЄΙΑΝ.

- 16. ΒΑCΙΛΙΑΝ : D** -ΛЄΙΑΝ.

446. 10. ΑΛΗΘΙΑC : D** -ΘЄΙΑC.

- 12. VT : sic. Item v. 19. TENPVS, quemadmodum supra aliquoties MENBRA, ut editum est.

447. 1. ΗΓѠΝΙCΜЄ : D** -CΜΑΙ.

- 10. ΤΟΙC : D*** ΠΑCΙΝ ΤΟΙC. Idem v. 11. ЄΠΙΦΑΝЄΙΑΝ.

- 14. ΜЄ ΓΑΡ ΚΑΤЄΛΙΠЄΝ : D** ΓΑΡ ΜЄ ЄΝΚΑΤЄΛЄΙΠЄΝ : item D***, nisi quod ЄΓ pro ЄΝ scripsit.

- 17. CRESCES IN GALATHIAM : sic.

- 18. CΥΝ ЄΜΟΙ ΜΟΝΟC : D*** ΜΟΝΟC ΜЄΤ ЄΜΟΥ.

448. 2. ΑΠЄCΤΙΛΑ : D** -CΤЄΙΛΑ.

- 8. ΔЄ : D*** improbavit.

ΜЄΝΒΡΑΝΑC : D** et D*** ΜЄΜΒΡ.

- 9. ΧΑΛΚЄΟΥC : O prorsus erasum est.

- 11. ΑΠΟΔѠCЄΙ : D*** ΑΠΟΔѠΗ. D^{nov} in margine restituit priorem scripturam.

- 14. ΑΝΤЄCΤΗ : D*** ΑΝΘЄCΤΗΚЄΝ.

- 17. ΟΥΔΙC : D** -ΔЄΙC.

CΥΝΠΑΡЄΓЄΝЄΤΟ : D*** CΥΜΠ.

- 18. ЄΝΚΑΤЄΛΙΠΟΝ : D*** ЄΓΚ. (D^{nov} rursus ЄΝΚ.), item iam D** -ΛЄΙΠΟΝ.

- 19. ΛΟΓΙCΘΙΗ : D** -CΘЄΙΗ.

449. 6. ΡΥCЄΤΑΙ : D*** praeposuit ΚΑΙ.

- 8. ΒΑCΙΛΙΑΝ : D** -ΛЄΙΑΝ.

ΑΥΤΟΥ : D** ЄΑΥΤΟΥ, sed D*** rursus ΑΥΤΟΥ.

- 14. ЄΜΙΝЄΝ : D** ЄΜЄΙΝЄΝ.

REMASIT : sic. Item v. 18. VENEIRE.

- 17. Post CΠΟΥΔΑCΟΝ rasura est aliquot litterarum. Videtur scriba primum eo loco perrexisse ΠΡΟ etc.

- 19. ΑCΠΑΖЄΤЄ : D** et D*** -ΤΑΙ.

449. 20. ΠΟΥΔΗC : D** super I praecedenti addiderat C, unde fieret CΠΟΥΔΗC, sed id rursus delevit D***.

450. 2. Post CΟΥ D*** addidit : Η ΧΑΡΙC ΜЄΘ ΥΜѠΝ.

- 3. ЄΡΡѠC (D** ЄΡΡѠCΟ) ЄΝ ЄΙΡΗΝΗ : haec delevit D***.

In subscriptione Є prius in ΤЄΙΜΟΘЄΟΝ erasum est. Item ante EXPLICIT corrector addidit SCRIBENS A ROMA.

Pag. Vers.

451. 2. Χ̅Υ̅ : D*** Ι̅Υ̅ Χ̅Υ̅. Wetstenius falsus est.

- 4.5. ΑΛΗΘΙΑC et ЄΥCЄΒΙΑΝ : D** -ΘЄΙΑC et -ΒЄΙΑΝ.

- 6. ЄΦ : D*** (item D**?) ЄΠ. D^{nov} in margine per errorem ЄΠΙ.

- 7. ЄΠΗΓΓΙΛΑΤΟ : D** ЄΙ pro Ι.

- 9. ΑΙѠΝΙΟΝ : D** et D*** Ѡ pro Ο.

- 19. Χ̅Υ̅ Ι̅Υ̅ : D*** Κ̅Υ̅ Ι̅Υ̅ Χ̅Υ̅. In latinis est X̅P̅M̅ I̅H̅M̅ SALVTARE NOSTRO, item v. 20. GRATI et CRETA.

- 20. ΑΠЄΛΙΠΟΝ : D*** ΚΑΤЄΛΙΠΟΝ. Posuerat iam spiritum super Α, sed eum rursus abstulit et scripsit ΚΑΤ pro ΑΠ.

- 21. ΛΙΠΟΝΤΑ : D** et D*** ΛЄΙΠΟΝΤΑ.

452. 1. ЄΠΑΝΟΡΘѠCΗC : D*** ЄΠΙΔΙΟΡΘѠCΗ. C finale fortasse iam D** deleverat; certe enim prorsus erasum est. Falsus est de hoc loco Wetstenius.

- 5.11. ΑΝЄΝΚΛΗΤΟC et ΑΝЄΝΚΛΗΤΟΝ : utroque loco correctum est ΑΝЄΓΚΛ. Videtur praeter D*** etiam D** correxisse.

- 21. ADPECTENTEM : sic. Item antea PERCOSSOREM et VINVLENTVM.

453. 4. ΔΙΔΑCΚΑΛЄΙΑ : D** et D*** -ΛΙΑ.

- 9. ΜΑΤЄΟΛΟΓΟΙ : D** et D*** ΑΙ pro Є.

- 11. ΤΗC : erasum est a D***. Fortasse iam D** improbavit. D^{nov} in margine restituit.

- 12. ΔΙ : D** et D*** ΔЄΙ.

ЄΠΙCΤΟΜЄΙΖЄΙΝ : Є medium erasum est.

- 15. ΔΙ ЄCΧΡΟΥ : D** et D*** ΔЄΙ ΑΙCΧΡΟΥ.

- 18. PROPETAT : sic.

- 19. ΚΡΗΤΑΙC : D*** et ut videtur iam D** Є pro ΑΙ.

ΨЄΥCΤΑΙC : C erasum est.

454. 1. QVEM : sic. Item v. 20. AB.

- 8. ΑΛΗΘΙΑΝ : D** -ΘЄΙΑΝ.

- 9. ΠΑΝΤΑ : D*** addidit ΜЄΝ.

Pag. Vers.

454. 10. MЄMIΑNMЄNOIC : D*** et ut videtur iam D** MЄMIΑCMЄNOIC.

- 15. CYNIΔHCЄIC : D** et D*** CYNЄIΔHCIC.

- 19. ΑΠΙΘЄΙC : D*** ΑΠЄΙΘЄΙC.

455. 3. ΝΗΦΑΛΑΙΟΥC : D*** -ΛЄΟΥC.

- 17. ΟΙΚΟΥΡΓΟΥC : Γ deletum est, iam a D** ut videtur.

- 21. ΒΛΑCΦΗΜΗΤЄ : D** et D*** -ΤΑΙ.

456. 3. ЄΑΥΤΟΝ : D*** CЄΑΥΤΟΝ.

- 6. ΔΙΔΑCΚΑΛЄΙΑ : Є erasum est.

- 7. ΑΦΘΟΡΙΑΝ : D*** ΑΔΙΑΦΘΟΡΙΑΝ. Signum iam D** posuerat.

- 8. CЄΜΝΟΤΗΤΑ : D*** addit ΑΦΘΑΡCΙΑΝ.

- 14. ΔΟΥΛΟΙ : D** et D*** ΔΟΥΛΟΥC. D^{nov} rursus -ΛΟΙ.

- 15. ΥΠΟΤΑCCЄCΘΑΙ : D** -ЄCΘѠCΑΝ, sed D*** restituit -ЄCΘΑΙ.

- 18. ΜΗΔЄΝΟCΦΙΖΟΜЄΝΟΥC : sic, sed litterae Δ et C (ante Φ) supra lineam positae sunt, ab ipsa prima ut videtur manu. Post (a D***; item a D**?) exstinctae sunt litterae ΔЄ, ut esset ΜΗ ΝΟCΦΙΖΟΜЄΝΟΥC. D^{nov} rursus adpinxit Δ in margine et instauravit Є.

- 20. ЄΝΔΙΚΝΥΜЄΝΟΥC : D** ЄΙ pro Ι.

457. 4. CѠΤΗΡΙΟC : D** et D*** praeponunt Η.

- 7. ΑCЄΒΙΑΝ : D** -ΒЄΙΑΝ.

- 8. ΚΑΙ : D*** addit ΤΑC.

- 19. ΛΥΤΡѠCΗΤЄ : D** et D*** -ΤΑΙ.

458. 4. ЄΛЄΝΧЄ : D*** Γ pro Ν.

- 6. ΜΗΔΙC : D** ΜΗΔЄΙC.

- 8. ΑΡΧΑΙC : D*** (et fortasse iam D**) addit ΚΑΙ.

- 11. ΑΒ : sic.

- 14. ЄΝΑΙ : D** et D*** ЄΙΝΑΙ.

- 21. ΑΠΙΘЄΙC : correctum est ΑΠЄΙΘЄΙC, iam a D** ut videtur.

459. 4. ΜΙCΗΤΟΙ : D*** et ut videtur iam D** CΤΥΓΗΤΟΙ. Versu 2. est A VARIIS.

- 5. ΜЄΙCΟΥΝΤЄC : Є prius exstinctum est.

- 10. Α : D*** ѠΝ.

- 11. ΤΟ ЄΛЄΟC : D** et D*** ΤΟΝ ЄΛЄΟΝ. Praeterea D** voluit ΤΟΝ ΑΥΤΟΥ ЄΛЄΟΝ poni, sed D*** rursus abstulit signa transpositionis.

- 15. ΔΙΑ : D*** delevit.

- 16. Ο : D*** ΟΥ.

- 20. ЄΚΙΝΟΥ : D** ЄΙ pro Ι.

- 21. ΓЄΝΗΘѠΜЄΝ : D*** ΓЄΝѠΜЄΘΑ.

Pag. Vers.

460. 1. ΚΑΤΑ : D*** ΚΑΤ.

- 9. ΚΑΛΑ : D*** ΤΑ ΚΑΛΑ.

- 13. ЄΡЄΙΝ : D** et D*** ЄΡΙΝ.

- 15. ΠЄΡΙCΤΑCΟ : D** ΠЄΡΙЄΙCΤΑCΟ, D*** ΠЄΡΙCΙΤΑCΟ. D*** igitur per incuriam I posuit post C, quum vellet ac deberet scribere ΠЄΡΙΙCΤΑCΟ.

- 17. ΜΑΤЄΟΙ : D** et D*** ΜΑΤΑΙΟΙ.

- 19. ΔΥΟ : D*** ΔЄΥΤЄΡΑΝ.

461. 4. ΠЄΝΨѠ : D*** Μ pro Ν.

- 6. ЄΛΘΙΝ : D** ЄΙ pro Ι.

- 8. ΠΑΡΑΧΙΜΑCЄ : D** -CΑΙ.

- 10. ΑΠΟΛΛѠ : D** ΑΠΟΛΛѠΝ, sed D*** rursus abstulit N.

- 11. ΠΡΟΠЄΝΨΟΝ : hoc loco et D** et D*** Μ pro Ν.

- 12. ΛΙΠΗ : D*** ΛЄΙΠΗ.

- 16. ΧΡΙΑC : D** ΧΡЄΙΑC.

- 18. ΑCΠΑΖΟΝΤЄ : D** -ΤΑΙ.

462. 1. Post ΥΜѠΝ D** et D*** addunt ΑΜΗΝ.

In subscriptioue post TITVM corrector addidit SCRIBENS A NICOPOLIM.

Pag. Vers.

463. 1. ΑΠΟCΤΟΛΟC Ι̅Υ̅ Χ̅Υ̅ : D*** ΔЄCΜΙΟC Χ̅Υ̅ Ι̅Υ̅.

- 2. ΤЄΙΜΟΘЄΟC : D** ΤΙΜΟΘЄΟC.

- 3. ΑΔЄΛΦѠ : D*** delevit.

- 5. 6. ΑΦΦΙΑ : D*** ΑΠΦΙΑ, praeterea addidit ΤΗ ΑΓΑΠΗΤΗ, exstincto ΤΗ ΑΔЄΛΦΗ.

- 9. 10. ΤΗΝ et ЄΚΚΛΗCΙΑΝ : utroque loco N erasum est. In latinis est ECCLESIA.

- 15. ΜΝΙΑΝ : D*** ΜΝЄΙΑΝ. Idem ΠΟΙΟΥΜЄΝΟC pro -ΜЄΜΟC scripsit.

- 19. ЄΙC ΤΟΝ Κ̅Ν̅ Ι̅Ν̅ Χ̅Ν̅ : D*** ΠΡΟC ΤΟΝ Κ̅Ν̅ Ι̅Ν̅.

- 21. COMMVNICATI : sic, omisso O.

464. 6. ЄCΧΟΜЄΝ : D*** ЄΧΟΜЄΝ.

- 8. ЄΝ : D*** ЄΠΙ.

- 9. CΠΛΑΝΧΝΑ : D*** -ΓΧΝΑ.

- 12. ЄΧѠ : D** et D*** ЄΧѠΝ.

Ι̅Υ̅ : exstinctum est a D*** et ut videtur iam a D**.

- 13. ЄΠΙΤΑCCΙΝ : D** -CCЄΙΝ. Versu 16. est SIS.

- 18. ΝΥΝЄΙ : D** et D*** ΝΥΝΙ. Iidem (D** certe signum posuit) post ΔЄCΜΙΟC addunt Ι̅Υ̅ Χ̅Υ̅.

- 21. ΔЄCΜΟΙC : D*** addit ΜΟΥ. D** iam posuerat signum.

Pag. Vers.

465. 2. SVNT : corrige FVIT; sic enim recte in codice scriptum est.

- 3. NYNЄI : D** et D*** NYNI.

- 4 ЄΠЄΝΨⲀ : D*** et iam D** M pro N. Praeterea D*** delevit COI.

- 13. KⲀT : D*** KⲀTⲀ. V. 14. est ESSE.

- 15. ⲀΔΔⲀ : D*** addit KⲀTⲀ.

- 21. ⲀΔΔⲀ : D*** ⲀΔΔ.

466. 3. QVANTA : sic. Item v. 5. HABENS, v. 7. ME.

- 8. ΟΦΙΔЄΙ : D*** ΟΦЄΙΔЄΙ.

ЄΝΔΟΓⲀ : D** et D*** ЄΔΔΟΓЄΙ.

- 11. ⲀΠΟΔⲰCⲰ : D*** ⲀΠΟΤΙCⲰ.

- 13. ΠΡΟCΟΦΙΔΙC : D** -ΔЄΙC, D*** -ΦЄΙΔЄΙC.

- 14. ЄΝ $\overline{ΚⲰ}$: D** et D*** improbarunt.

- 16. ΟΝЄΜΗΝ : D*** ΟΝⲀΙΜΗΝ.

- 17. Hic versus in rasura scriptus est ipsa prima manu. Eadem manu per errorem scriptum erat ΠЄΠΟΙΘⲰC ΤΗ ΥΠⲀΚΟΗ CΟΥ.

- 18. $\overline{ΧⲰ}$: D*** $\overline{ΚⲰ}$.

467. 6. ΥΜЄΙΝ : Є erasum est.

- 7. ⲀCΠⲀΖЄΤЄ : D** et D*** -ΖΟΝΤⲀΙ.

- 14. ΥΜⲰΝ : D** et D*** addunt ⲀΜΗΝ.

In subscriptione post EXPLICIT corrector apposuit SCRIBENS A ROMA.

Pag. Vers.

468. 2. VERVS : sic. Praeterea VER compendium, paucissimis locis exceptis, ubique punctum ad mediam litteram appositum habet. Item numeris passim appositum est punctum, sed nulla lex in ea re observata est. Lineae super numeros millenarios constanter positae sunt; praeterea etiam aliquoties sed raro super reliquos.

- 12. MALACHIEL : I supra lineam ab ipso librario adpictum est.

469. 1 sqq. In ipso codice columna quae incipit ab ESTER et columna quae ab OSSEE incipit in eadem pagina iuxta positae sunt. Hinc ibidem sequenti pagina undecim tantum versus scripti sunt. Hanc vero quae excipit pagina vacua est relicta, quoniam rursus duabus columnis ex adverso positis, altera graeca altera latina, scribendum erat.

- 6. 9. 10. 11. His quattuor versibus de epist. Barnabae, pastore, actibus Pauli, revelatione Petri manu satis recenti praepositi sunt obeli.

469. 10. Numerum actibus Pauli praepositum Wetstenius, qui partem posteriorem huius stichometriae excerpsit Nov. Test. II. Prolegg. 6 sq., male dixit 4560.

- 12. Non dubium est quin h. l. librarius per incuriam scripserit LXX pro $\overline{\text{I}}$ LXX.

Pag. Vers.

470. 5. ES : correctum est EST.

- 8. D** ΤΟΥC ⲀΙⲰΝⲀC ante ЄΠΟΙΗCЄΝ poni voluit; sed D*** signa transpositionis delevit.

- 13. ΔΙ ⲀΥΤΟΥ : haec D** delenda significavit. D*** vero ΔΙ ЄⲀΥΤΟΥ scripsit.

- 14. ⲀΜⲀΡΤΙⲰΝ : D*** apposuit ΗΜⲰΝ. Iam D** posuerat signum.

- 17. ΚΡΙΤΤⲰ : D*** ΚΡЄΙΤΤⲰ. Sic. In latinis est FACTO.

- 21. ΠΟΤЄ : hoc D** et D*** post ЄΙΠЄΝ ponendum esse significarunt.

471. 5. ЄCΤЄ : D** et D*** ЄCΤⲀΙ.

- 9. E : correctum est ET.

- 11. ⲀΥΤΟΥ : D*** delevit.

- 14. ΛΙΤΟΥΡΓΟΥC : D*** ΛЄΙΤΟΥΡΓΟΥC.

- 19. ΚⲀΙ : D*** delevit.

- 20. ΒⲀCΙΔΙⲀC : D** et D*** -ΔЄΙⲀC.

472. 1. ⲀΝΟΜΙⲀC : D*** ⲀΝΟΜΙⲀΝ.

- 2. ЄΧΡΙCЄΝ : D** ЄΧΡЄΙCЄΝ, D*** rursus ЄΧΡΙCЄΝ.

- 3. ЄΛЄΟC : D** et D*** ЄΛⲀΙΟΝ.

- 7. MANVM : sic. Item v. 12. VETERESCENT, v. 19. AD.

- 10. ΔΙⲀΜЄΝΙC : D** et D*** ΔΙⲀΜЄΝЄΙC, et quidem D*** cum circumflexo.

- 11. ЄΙΜⲀΤΙΟΝ : D** et D*** ΙΜⲀΤΙΟΝ.

- 13. ⲰC : D** et D*** ⲰCЄΙ.

- 14. ⲀΔΔⲀΞΙC : D** -ΞЄΙC, D*** ЄΔΙΞЄΙC. Sed iam D** notam adpinxit primae litterae Ⲁ, eandemque cum D*** emendationem voluisse videtur.

- 15. ⲰC ЄΙΜⲀΤΙΟΝ : haec D** et D*** improbarunt eorumque loco ΚⲀΙ notarunt.

- 17. ЄΚⲀΙΨΟΥCΙΝ : D** et D*** ЄΙ pro Ι.

- 20. ЄⲰC : D** et D*** addiderunt ⲀΝ.

473. 2. ΛЄΙΤΟΥΡΓΙΚⲀ : D** ΛΙΤΟΥΡΓ., sed D*** rursus ΛЄΙΤΟΥΡΓ.

Pag. Vers.

473. 5. ΚΛΗΡΟΝΟΜΙΝ : D** et D*** -ΜЄΙΝ.
- 6. ΔΙ : D** et D*** ΔЄΙ.
- 7. ΑΚΟΥCΘΙCΙΝ : D** et D*** -CΘЄΙCΙΝ.
- 8. ΠΑΡΑΡΥωΜЄΝ : D*** ΠΑΡΑΡΡΥωΜЄΝ. In latinis est LEBEMVR; item v. 17. ACCEPISSENT, v. 19. AD HIS.
- 10. ΛΑΛΗΘΙC : D** -ΘЄΙC.
- 14. ΗΜΙC : D** ΗΜЄΙC.

474. 1. CΗΜΙΟΙC : D** CΗΜЄΙΟΙC.
- 4. ΤΟΥ $\overline{ΘΥ}$: D*** ΑΥΤΟΥ.
- 10. EST : sic. Item v. 12. QVI, v. 18. MANVM.
- 13. ЄΛΑΤΤωCΑC : D*** ΗΛΑΤΤωCΑC.
- 17. 18. ΚΑΙ ΚΑΤЄCΤΗCΑC usque COY : haec improbavit D***. Accentus quos iam posuerat idem rursus delevit. Praeterea versum 17. ipse librarius in rasura scripsit. Et ipse igitur videtur antea omissurus fuisse utrumque versum.
- 21. Τω : videtur obelis notatum sed rursus ab iisdem liberatum esse. Quod si est, D*** erravit errоremque ipse correxit.

475. 4. ΤΙ : post ΤΙ duae litterae penitus erasae sunt. Videbar mihi ΝΑ assequi.
- 7. ΤЄΙΜΗ : D** et D*** ΤΙΜΗ.
- 9. ΓЄΥCЄΤΑΙ . D*** ΓЄΥCΗΤΑΙ.
- 10. DICEBAT : sic. Item v. 11. PER QVO, v. 9. OMNIS, v. 7. HONOREM, v. 1. RELIQVID.
- 19. ЄΠЄCΧΥΝЄΤΑΙ : D** et D*** ЄΠΑΙCΧ.
- 20. ΚΑΛΙΝ : D** ΚΑΛЄΙΝ.

476. 8. ЄΠΙ : D** ЄΠЄΙ.
- 11. ΠΑΘΗΜΑΤωΝ : D** et D*** improbarunt. In latinis est PARTICIPES, item EORVNDEM PASSIONE, item v. 17. TIMETV, v. 19. OBNOXIT.
- 12. ΘΑΝΑΤΟΝ : D** et D*** improbarunt.
- 19. ΔΟΥΛΙΑC : D** -ΛЄΙΑC.
- 21. ЄΠΙΛΑΜΒΑΝЄΤЄ : D** et D*** -ΤΑΙ.

477. 1. ЄΠΙΛΑΝΒΑΝЄΤΑΙ : ΤΑΙ in ligatura codicis latet. N prius correctorem fugit.
- 4. ΓЄΝΗΤЄ : D** -ΤΑΙ.
- 7. ЄΙΛΑCΚЄCΘΑΙ : Є prius deletum est.
- 10. ΠΙΡΑCΘΙC : D** ΠЄΙΡΑCΘЄΙC.
- 14. ΚΑΤΑΝΟΗCЄΤЄ : D** et D*** -CΑΤЄ.
- 16. $\overline{ΙΝ}$: D*** addidit $\overline{ΧΝ}$.
- 20. ΠΛΙΟΝΟC : D** et D*** ΠΛЄΙΟΝΟC.
- 21. ΜωΥCЄωC : D** et D*** -CΗΝ. Praeterea Υ erasum est, fortasse a solo D***. Infra 478, 6. Υ salvum est a correctore.

478. 1. ΠΛΙΟΝΑ : D** ΠΛЄΙΟΝΑ.
- 3. ΚΑΤΑCΚЄΥΑΖЄΤЄ: D** -ΤΑΙ. Versu 2. DOMVS: sic.
- 5. ΠΑΝΤΑ : D*** ΤΑ ΠΑΝΤΑ.
- 11. ΟC : D** et D*** ΟΥ. Item D*** ΗΜЄΙC.
- 12. ЄΑΝ : D*** ЄΑΝΠЄΡ. Idem ΠΑΡΡΗCΙΑΝ.
- 21. ΠΙΡΑCΜΟΥ : D** ΠЄΙΡΑCΜΟΥ.

479. 1. ΟΠΟΥ : D** et D*** ΟΥ.
- 2. ЄΠЄΙΡΑCΑΝ : D*** addidit ΜЄ.
- 3. ЄΝ ΔΟΚΙΜΑCΙΑ : D*** ЄΔΟΚΙΜΑCΑΝ ΜЄ, nisi quod per incuriam N non exstinxit.
- 5. ΠΡΟCωΧΘΙCΑ : D** -ΘЄΙCΑ, nec D*** id mutasse videtur. Pro ΤΑΥΤΗ D*** dedit ЄΚЄΙΝΗ.
- 6. ЄΙΠΑΝ: ita prima manu scriptum est, unde voluisse videtur librarius ЄΙΠΑ. Ipsum N penitus erasum est. Hinc fortasse iam D** correxit ЄΙΠΑ. D*** vero ЄΙΠΟΝ scripsit.
- 7. Ι : sic. Item antea OPEROSA et DIXIS. Versu 17. est QVODTIDIE et v. 18. VOCATVS.
- 12. ЄCΤЄ : D** ЄCΤΑΙ.
- 18. ΤΟ · CΗΜЄΡΟΝ : littera, quae prorsus erasa est, videtur N vel C fuisse.
- 21. ΑΜΑΡΤΙΑΙC : D** et D*** ΤΗC ΑΜΑΡΤΙΑC.

480. 4. FIRMAM : sic. Item v. 17. INTROITVRVS, v. 19. CONTVMACIS, v. 21. INCREDVLITATE.
- 7. CΚΛΗΡΥΝЄΤЄ : D*** isque ut videtur solus -ΝΗΤЄ.
- 11. DE AEGYPTO : dele DE, id enim non est in codice. Sabatarius invito exemplo mea manu transscripto me in errorem duxit.
- 19. 20. ΑΠΙΘΗCΑCΙΝ et ЄΙCЄΛΘΙΝ : D** ΑΠЄΙΘΗCΑCΙΝ et ЄΙCЄΛΘЄΙΝ.
- 21. ΔΙ : D*** ΔΙΑ.

481. 2. ΚΑΤΑΛΙΠΟΜЄΝΗC : D*** ЄΙ pro Ι. Idem delevit ΤΗC.
- 3. ЄΙCЄΛΘΙΝ : D** -ΘЄΙΝ.
- 4. NEGLEXISSET : sic.
- 8. CΥΝΚЄΚЄΡΑCΜЄΝΟΥC : D*** -ΚЄΚΡΑΜЄΝΟΥC. Praeterea ex CΥΝ correctum est CΥΓ, rursus vero CΥΝ restitutum.
- 9. ΠΙCΤΙ : D** et D*** ΠΙCΤЄΙ. Porro D*** ΤΟΙC ΑΚΟΥCΑCΙΝ. In latinis est ut edidimus : ILLOS usque AVDITORVM.
- 10. ЄΙC : D** et D*** addunt ΤΗΝ.

Pag. Vers.

481. 14. ΙCЄΛЄΥCΟΝΤⲀΙ : D** ЄΙCЄΛЄΥC.

482. 2. ЄΙCЄΛЄΥCΟΝΤⲀΙ : et D** et D*** praeponunt ЄΙ. Wetstenius putans pro ЄΙ legi a prima manu ΚⲀΙ, falsus est eo quod sub ЄΙ correctoris D*** conspicuum est aliud ЄΙ iam a correctore D** minus eleganter positum. Opinionem Wetstenii confirmavit haud dubie latina lectio. Sed eum falsum esse, etiam inde clarum fit quod ЄΙCЄΛЄΥCΟΝΤⲀΙ eundem locum tenet sub ΚⲀΙ ЄΝ atque ET INTRABVNT sub ET IN HOC.

- 3. ЄΠΙ : D** ЄΠЄΙ.
ⲀΠΟΛΙΠЄΤЄ : D** -ΤⲀΙ, D*** praeterea ЄΙ pro Ι.

- 4. ЄΙCЄΛΘΙΝ : D** et D*** -ΘЄΙΝ.

- 6. ΙCΗΛΘΟΝ : D** et D*** ЄΙCΗΛΘΟΝ. Praeterea corrector, et quidem iam D** ut videtur, ⲀΠЄΙΘΙⲀΝ.

- 8. ΔⲀΥЄΙΔ : Є erasum est.

- 10. ΠΡΟЄΙΡΗΤⲀΙ : D*** ЄΙΡΗΤⲀΙ.

- 14. Ι̅C̅ : D*** plene scripsit ΙΗCΟΥC.

- 15. DEDISSE ILLI : sic. Item v. 16. ALIO.

- 18. ⲀΠΟΛΙΠЄΤⲀΙ : D*** ⲀΠΟΛЄΙΠЄΤⲀΙ.

483. 2. ΠⲀΝΤⲰΝ : D*** improbavit. Per incuriam ΤⲰΝ quod sequitur obelo invaserat, sed eo rursus exstincto posuit circumflexum.

- 4. ЄΙCЄΛΘΙΝ : D** -ΘЄΙΝ. D*** vero exstinxit ⲀΔЄΛΦΟΙ, quod sequitur.

- 5. ЄΚΙΝΗΝ : D** ЄΚЄΙΝΗΝ.

- 7. ⲀΛΗΘΙⲀC : D** ⲀΠЄΙΘЄΙⲀC, D*** ⲀΠЄΙΘΙⲀC.

- 11. ΔЄΙΚΝΥΜЄΝΟC : D** et D*** ΔΙΙΚΝΟΥΜЄΝΟC.

- 14. ЄΝΘΥΜΗCЄⲰC : D** et D*** -CЄⲰΝ.

- 15. ЄΝΝΟΙⲰΝ ΤЄ : D** et D*** ΚⲀΙ ЄΝΝΟΙⲰΝ.

- 16. ΚΡΙCΙC : D** et D*** ΚΤΙCΙC. In latinis est NVLLA CREATIO QVA. Item v. 14. SCRVTATVR, v. 20. QVAM.

484. 4. HABET : sic. Item v. 8. SIMILITVDINE, v. 10. CON, v. 13. VT, v. 15. OMINIBVS ELECTVM. Item vv. 19. 20. ut editum est.

- 5. CΥΝΠⲀΘΗCⲀΙ : D*** CΥΜΠ.

- 12. ЄΛЄΟC : D*** ЄΛЄΟΝ.

- 13. ЄΥΚⲀΙΡΟΝ : D*** praeposuit ЄΙC, et iam D** signum posuerat.

- 18. D** ΠΡΟCΦЄΡΗ ΔⲰΡⲀ ΚⲀΙ, D*** ΠΡΟCΦЄΡΗ ΔⲰΡⲀ ΤЄ ΚⲀΙ.

- 19. ΜЄΤΡΙΟΠⲀΘΙΝ : D** -ΘЄΙΝ.

485. 1. ΚⲀΙ ΓⲀΡ : D*** ЄΠЄΙ ΚⲀΙ. $\mathrm{D^{nov}}$ instaurandae priori lectioni operam dedit, sed inepte. Praeterea D** ΠЄΡΙΚЄΙΤⲀΙ ⲀCΘЄΝЄΙⲀΝ.

485. 2. ΔΙ ⲀΥΤΗΝ : D*** ΔΙⲀ ΤⲀΥΤΗΝ. Idem ΟΦЄΙΛЄΙ.

- 4. ⲀΥΤΟΥ : D*** ЄⲀΥΤΟΥ.

- 5. ΠЄΡΙ : D*** ΥΠЄΡ.

- 6. ΟΥΚ : D*** ΟΥΧ. Item D** ΛⲀΜΒⲀΝЄΙ.

- 8. NON : sic. Item v. 21. SVPPLICATIONIS. Etc.

- 9. ΚⲀΘⲰCΠЄΡ : sic; falsus est Wetstenius. D*** ΚⲀΘⲀΠЄΡ ΚⲀΙ. Fortasse iam D** locum attigit.

- 12. ΓЄΝΝΗΘΗΝⲀΙ : D** ΓЄΝΗΘ., consentiente D***.

- 16. ΠⲀΛΙΝ : D*** exstinxit, etsi iam accentum posuerat.

- 19. ⲰΝ : D*** exstinxit et fortasse iam D** improbavit. $\mathrm{D^{nov}}$ revocavit.

- 21. ΔЄΗCΙC : D** et D*** -CЄΙC.

486. 1. ELIBERAREM : M punctis improbatum est, fortasse ipsa prima manu. Corrupta leguntur vv. 8. et 9., item v. 15.

- 4. ⲀΚΟΥCΘΙC : D** et D*** ЄΙCⲀΚΟΥCΘЄΙC.

- 5. ЄΥΛⲀΒΙⲀC : D** -ΒЄΙⲀC.

- 7. ⲀΠ : D*** (et fortasse iam D**) ⲀΦ.

- 8. ΤЄΛΙⲰΘΙC : D** et D*** -ΘЄΙC.

- 11. ΠΡΟCⲀΓΟΡЄΥΘΙC : D** -ΘЄΙC.

- 14. ΚⲀΙ : D** et D*** improbant.
ΛΟΓΟC : D*** Ο ΛΟΓΟC.

- 16. 17. ЄΠΙ : D** ЄΠЄΙ. Item D*** ΟΦЄΙΛΟΝΤЄC.

- 19. 20. D** ΧΡЄΙⲀΝ et ΔΙΔⲀCΚЄΙΝ.

- 21. CΤΟΙΧΙⲀ : D*** CΤΟΙΧЄΙⲀ.

487. 1. ΛΟΓⲰΝ : D** et D*** ΛΟΓΙⲰΝ.

- 2. ΧΡΙⲀΝ : D** ΧΡЄΙⲀΝ.

- 3. SOLIDE ESCE : sic. Item v. 4. PERCIPET LACTE, v. 5. PERITVS, v. 8. HABITV, vv. 9. 10. EXERCITATVS HABEN, v. 13. VERBVM, v. 18. DOCTRINAM, v. 21. IVDICIA.

- 5. ⲀΠΙΡΟC : D** ⲀΠЄΙΡΟC. ЄCΤΙΝ : D*** improbavit.

- 6. ⲀΚΜΗΝ : D*** improbavit.

- 7. ΤЄΛΙⲰΝ : D*** ΤЄΛЄΙⲰΝ.

- 14. ΤЄΛΙΟΤΗΤⲀ ΦЄΡΟΜЄΘⲀ : D*** ΤЄΛЄΙΟΤΗΤⲀ ΦЄΡⲰΜЄΘⲀ.

- 18. ΒⲀΠΤΙCΜΟΝ : D*** -CΜⲰΝ.

- 20. ⲀΝⲀCΤⲀCЄⲰC : D*** addidit ΤЄ. Praeterea in ΝЄΚΡⲰΝ litterae N et K in litura positae sunt. Videtur antea ΧЄΙΡⲰΝ scriptum fuisse. Fortasse iam ipsa prima manu correctum est.

488. 8. ΔΥΝⲀΜΙC : D*** ΔΥΝⲀΜЄΙC. In latinis est v. 3.

Pag. Vers.

HOC, v. 8. SAECVLA, v. 10. PETITENTIAM, v. 13. POPVLARE, v. 14. VENS.

488. 9. ΠΑΡΑΠЄCONTOC : D** et D*** -NTAC.

\- 10. ΑΝΑΚЄΝΙΖЄΙΝ : D** ΑΙ pro Є. Ante ΑΝΑ, cuius Α extremum in ligatura codicis latet, littera (N? H? K?) erasa est. N prorsus salvum esse videtur: quod si non esset, a prima manu fuisse ΚΑΙ putarem.

\- 13. ΠΑΡΑΔΙΓΜΑΤΙΖΟΝΤЄC : D*** ΠΑΡΑΔЄΙΓΜ., sed -NTЄC non attigit.

\- 17. ΓЄⲰΡΓЄΙΤЄ : D** et D*** ΚΑΙ ΓЄⲰΡΓЄΙΤΑΙ.

\- 18. ΜЄΤΑΛΑΜΒΑΝΙ : D** -NЄΙ.

ΘΥ : D*** praeposuit TOY.

489. 1. ΠЄΠΙCΜЄΘΑ : D*** ΠЄΠЄΙCΜ.

\- 2. ΚΡΙΤΤΟΝΑ : D*** ΚΡЄΙCCΟΝΑ.

\- 6. ΥΜⲰΝ : D*** addidit ΚΑΙ ΤΟΥ ΚΟΠΟΥ.

\- 7. ΚΑΙ : D*** delevit.

ЄΝЄΔΙΞΑCΘΑΙ : D** et D*** ЄΝЄΔЄΙΞΑCΘЄ.

\- 10. ΔΙΑΚΟΥΟΝΤЄC : D*** ΔΙΑΚΟΝΟΥΝΤЄC. De D** nihil comparet.

\- 12. ЄΝΔΙΚΝΥCΘΑΙ : D** et D*** ЄΝΔЄΙΚΝ.

\- 15. ΓЄΝΗCΘΑΙ : D** et D*** -CΘЄ.

\- 16. THC : D*** delevit. In latinis est PER FIDE.

\- 17. ΜΑΚΡΟΘΥΜΟΥΝΤΑC : D** et D*** -ΘΥΜΙΑC.

\- 19 sqq. ЄΠΑΓΓΙΛΑΜЄΝΟC : D** ЄΠΑΓΓЄΙΛ. Idem ЄΠЄΙ et ΜЄΙΖΟΝΟC. Versu 19. est REPROMISSET.

490. 1. ⲰΜΟCЄ : D** et D*** ⲰΜΟCЄΝ.

\- 2. ΜΗΝ : N duobus punctis impositis a D** improbatum est. Nescio an D*** ea puncta rursus abstulerit.

\- 5. ЄΠЄΤΥΧЄ : D** et D*** -ΧЄΝ.

\- 6. ΑΝΟΙ : D*** addidit ΜЄΝ.

ΜΙΖΟΝΟC : D** et D*** ΜЄΙΖΟΝΟC.

\- 7. D** ΑΥΤΟΙC ante ΑΝΤΙΛΟΓΙΑC poni voluit, sed D*** rursus abstulit transpositionis signa.

\- 9. ΤⲰ : D** et D*** Ⲱ.

\- 11.12. INMOBILEM NOBILATIS : sic. Item v. 5. PETITVS, v. 7. ET OMNIQVE. Etc.

\- 14. ΜЄΤΑ : D** et D*** ΔΙΑ. D^{nov} instaurat prius.

\- 18. ΠΡΟΚΙΜЄΝΗC : D** et D*** ЄΙ pro Ι.

\- 19. ЄΧⲰΜЄΝ : sic; neque correctum est.

\- 20. ΑCΦΑΛΗΝ : D** et D*** ΑCΦΑΛΗ.

491. 2. PROCVRSO : sic. Item v. 7. SIC ENIM. Similiter alia.

\- 3. ΧC : D*** improbavit.

\- 13. ΚΑΙ usque ΥΠ ΑΥΤΟΥ : improbata haec sunt utrique correctori.

491. 14. Ο ΚΑΙ : D** et D*** Ⲱ ΚΑΙ. ΠΑΝΤⲰΝ : D** et D*** praeponunt ΑΠΟ. Post ЄΜЄΡΙCЄΝ quid prima manu scriptum fuerit, vix dici potest. Prima quidem littera videtur O fuisse. Wetstenius coniecit ΑΥΤⲰ, quod latino textui satis respondet. D** et D*** pro eo scripserunt ΑΒΡΑΑΜ.

\- 17. ЄΠΙΤΑ : D** ЄΠЄΙΤΑ.

492. 2. ΜЄΝΙ : D** ΜЄΝЄΙ.

\- 3. ΘЄⲰΡΙΤЄ : D** et D*** -ΡЄΙΤЄ.

ΗΛΙΚΟC Ⲱ ΔЄΚΑΤΗΝ : D*** ΠΗΛΙΚΟC ΟΥΤΟC Ⲱ ΚΑΙ ΔЄΚΑΤΗΝ.

\- 5. PRIMITIBIS et PRINCIPENS : sic.

\- 6. ΛЄΥЄΙ : D** et D*** ΛЄΥΙ.

\- 9. ΑΠЄΔЄΚΑΤΟΙΝ : D** et D*** -ΤΟΥΝ.

\- 13. ΟCΦΡΥΟC : P erasum est.

\- 15. ΑΒΡΑΑΜ : D** et D*** praeponunt TON.

\- 16. HABEBANT : N punctis superpositis improbatum est.

\- 17. ΗΥΛΟΓΗΚЄΝ : D*** ЄΥΛΟΓΗΚЄΝ.

\- 19. ΚΡΙΤΤΟΝΟC : D*** ЄΙ pro Ι.

ЄΥΛΟΓΙΤЄ : D** et D*** -ΓЄΙΤΑΙ.

\- 20. HI : sic.

493. 2. ЄΙΠЄΝ : D** et D*** ЄΙΠЄΙΝ. ΔΙ : D*** ΔΙΑ.

ΛЄΥЄΙ : D** et D*** ΛЄΥΙ.

\- 4. ΟCΦΥЄΙ : D** et D*** ΟCΦΥΙ.

\- 6. ΜЄΛΧΙCЄΔЄΚ : D*** Ο ΜЄΛΧ.

\- 7. ΤЄΛΙⲰCΙC : D*** ΤЄΛЄΙⲰCΙC.

\- 9. ЄΠ ΑΥΤΗC : D*** ЄΠ ΑΥΤΗ. Idem ΝЄΝΟΜΟΘЄΤΗΤΟ.

\- 10. TIC : D*** HC. ΓΑΡ : iam D** improbavit. ΧΡΙΑ : D*** ΧΡЄΙΑ.

\- 15. ΙЄΡΟCΥΝΗC : nec h. l. nec antea ex O correctum est Ⲱ, ut Wetstenius h. l. notavit.

\- 17. ΛЄΓЄΙ : iam D** ΛЄΓЄΤΑΙ. In latinis est DICITVR, item v. 9. IN ILLOS, item v. 18. ALIO.

\- 19. ΟΥΔΙC : D** -ΔЄΙC.

494. 2. ΠЄΡΙ ΙЄΡЄⲰΝ (D** litteras ЄⲰΝ signis inclusit, quae ad correctionem -ⲰCΥΝΗC in margine fortasse exhibitam sed abscissam spectasse videntur) ΟΥΔЄΝ : D*** ΟΥΔЄΝ ΠЄΡΙ ΙЄΡⲰCΥΝΗC.

\- 8. CΑΡΚΙΝΗC : D*** et fortasse iam D** CΑΡΚΙΚΗC. Priorem scripturam rursus in margine notavit D^{nov}.

\- 11. ΜΑΡΤΥΡЄΙΤΑΙ : D*** ΜΑΡΤΥΡЄΙ.

\- 12. CΥ : D*** CΥ ЄΙ.

\- 15. ΠΡΟCΑΓΟΥCΗC : D** et D*** ΠΡΟΑΓΟΥCΗC.

Pag. Vers.

494. 17. ЄΤЄΛΙѠCЄΝ : D*** ЄΤЄΛЄΙѠCЄΝ.
- 18. ЄΠΙCΑΓѠΓΗC : D** et D*** deleverunt C extremum. ΚΡΙΤΤΟΝΟC : D*** ΚΡЄΙΤΤΟΝΟC.
- 19. ACCEPIMVS : sic.
- 21. ΟΡΚѠΜΟCΙΑC : D*** addidit ΟΙ ΜЄΝ ΓΑΡ ΧѠΡΙC ΟΡΚѠΜѠCΙΑC.

495. 1. ΙЄΡΙC : D** et D*** ΙЄΡЄΙC.
- 5. CΥ : D*** addidit ЄΙ.
- 7. ΤΟCΟΥΤѠ : sic; non -ΤΟ. D*** ΤΟCΟΥΤΟΝ. Idem ΚΡЄΙΤΤΟΝΟC.
- 10. ΠΛΙΟΝЄC et ΙЄΡΙC : D** et D*** ΠΛЄΙΟΝЄC et ΙЄΡЄΙC.
- 13. ΜЄΝΙΝ : D** ΜЄΝЄΙΝ. In latinis est HIS; item infra POTES, et ACCENDENTES, et AND.
- 14. ЄΙЄΡΑΤΙΑΝ : D***, item fortasse iam D**, ΙЄΡѠCΥΝΗΝ.
- 19. ЄΝΤΥΝΧΑΝΙΝ : D** et D*** -ΝЄΙΝ.

496. 6. NESSE : sic. Item v. 16. IVRISIVRANDO, v. 21. TALE.
- 7. Ο ΑΡΧΙЄΡЄΥ : D** et D*** ΟΙ ΑΡΧΙЄΡЄΙC.
- 9. 10. ΑΝΑΦЄΡΙΝ et ЄΠΙΤΑ : D** -ΡЄΙΝ et ЄΠЄΙΤΑ.
- 14. ΙЄΡЄΙC : D*** ΑΡΧΙЄΡЄΙC.
- 15. ΑCΘЄΝΙΑΝ : D** -ΝЄΙΑΝ.

497. 4. ΛΙΤΟΥΡΓΟC : D*** ЄΙ pro Ι.
- 6. ΟΥΚ : D*** ΚΑΙ ΟΥΚ.
- 11. ALIQVI : sic. Item infra VMBRA et IN CAELESTIVM.
- 13. ΟΥΝ : D*** ΓΑΡ. D^{nov} instaurat priorem scripturam.
- 15. ΟΝΤѠΝ : D*** addit ΤѠΝ ΙЄΡЄѠΝ.
- 17. ΥΠΟΔΙΓΜΑΤΙ : D*** ΥΠΟΔЄΙΓΜΑΤΙ.
- 20. ЄΠΙΤЄΛΙΝ : D** et D*** -ΛЄΙΝ.
- 21. ΠΟΙΗCΙC : D** ΠΟΙΗCЄΙC.

498. 1. EXEMPLA : sic.
- 2. ΔЄΙΧΘЄΝΤΑΝ : intactum mansit.
- 3. ΝΥΝ : D** et D*** ΝΥΝΙ. Iidem deleverunt COI.
- 4. ΤЄΤΥΧЄΝ ΛΙΤΟΥΡΓΙΑC : D*** ΤЄΤЄΥΧЄ ΛЄΙΤΟΥΡΓΙΑC.
- 5. ΟCѠ : D** et D*** addunt ΚΑΙ. ΚΡΙΤΤΟΝΟC : D*** ЄΙ pro Ι. ЄCΤΙ : D** et D*** ЄCΤΙΝ.
- 6. ΜЄCЄΙΤΗC : Є secundum D** delevit. ΚΡΙΤΤΟCΙΝ : D*** ΚΡЄΙΤΤ.
- 8. ЄΜΑΠЄΑΙΑ : sic, etsi lectu difficile est, non ΑΝΑΙΤΙΑ, prima manu scriptum est. Et D** et D*** correxerunt ΑΜЄΜΠΤΟC.
- 9. SECVNDAS : sic. Item v. 10. INQVIRERE, v. 12. VENIVN, v. 13. DOMVM, v. 14. DOMV, v. 17. QVALEM FECIT, v. 18. ADPREHENDIT, v. 20. ETDVCERE.

498. 11. ΑΥΤΟΥC : D*** ΑΥΤΟΙC.
- 14. ΤΟΝ : D*** praeponit ЄΠΙ.
- 15. ΚЄΝΗΝ : D** et D*** ΚΑΙΝΗΝ.
- 21. ЄΝЄΜΙΝΑΝ : D** et D*** -ΜЄΙΝΑΝ.

499. 8. EOS : sic. Item v. 19. INIVSTIS.
- 11. ΔΙΔΑΞѠCΙΝ : D*** -ΞΟΥCΙΝ.
- 12. ЄΑΥΤΟΥ : D*** ΑΥΤΟΥ. De accentu cf. Prolegg.
- 13. ΑΔЄΛΦΟΝ : D*** addit ΑΥΤΟΥ.
- 14. ΓΝѠΘЄΙ : Є deletum est. ЄΙΔЄCΟΥCΙΝ : D*** ЄΙΔΗCΟΥCΙΝ.
- 15. ΜΙΚΡΟΥ : D*** addit ΑΥΤѠΝ.
- 16. ЄΙΛЄѠC : D** et D*** ΙΛЄѠC.
- 21. ΚЄΝΗΝ : D** et D*** ΚΑΙΝΗΝ. ΠЄΛЄѠΚЄΝ : D*** ΠЄΠΑΛΑΙѠΚЄΝ.

500. 1. ΤЄ : D** et D*** ΔЄ.
- 2. ЄΝΓΥC : D*** et ut videtur iam D** ЄΓΓΥC.
- 3. ΠΡѠΤΗ : D** et D*** Η ΠΡѠΤΗ. In latinis est PRIOR EIVS IVSTITIA, etc. Versu 11. est VLAMENTVM; v. 19. ARON QVE FLORIERAT.
- 4. ΚΑΙ : D** et D*** delent. ΛΑΤΡΙΑC : D*** -ЄΙΑC.
- 5. ΔЄ : D** et D*** ΤЄ.
- 7. ЄΝ Η ΤЄ : D** et D*** ЄΝ Η Η ΤЄ.
- 10. ΛЄΓЄΤЄ : D** -ΤΑΙ. ΑΓΙѠΝ : D** et D*** improbarunt.
- 12. ΑΓΙΑ ΑΓΙѠΝ : D*** ΤΑ ΑΓΙΑ ΤѠΝ ΑΓΙѠΝ
- 21. ΥΠЄΡ : D*** et pro signo posito iam D** ΥΠЄΡΑΝѠ. ΑΥΤΗΝ : D** et D*** ΑΥΤΗC. ΧЄΡΟΥΒΙΝ : D*** ΧЄΡΟΥΒЄΙΝ.

501. 1. ΚΑΙ : D** et D*** delent.
- 2. ЄΙΛΑCΤΗΡΙΟΝ : Є deletum est.
- 8. ΛΑΤΡΙΑC : D** et D*** -ЄΙΑC.
- 17. ΜΗΠѠC : D** et D*** ΜΗΠѠ. Iidem ΠЄΦΑΝЄΡѠCΘΑΙ.
- 19. ЄΠΙ : D** et D*** ЄΤΙ.
- 20. HABENTES VIRTVTE : sic. Item antea PROPALATVM, et v. 21. QVI PRIORI.
- 21. ΠΡѠΤΗ . D*** improbavit.

502. 1. TIMORE : sic. Item v. 2. HOSTIAS; v. 6. CONSVMMARI (sic; non COSVMMARI, ut est apud Sabatarium); v. 12. ADVENTSE.
- 2. ΗΝ : D*** ΟΝ. ΘΥCΙΑΝ : D** et D*** ΘΥCΙΑΙ.
- 5. CΥΝΙΔΗCΙΝ : D*** CΥΝЄΙΔΗCΙΝ.

Pag. Vers.

502. 6. ΤЄΛΙѠCΑΙ : D*** ΤЄΛЄΙѠCΑΙ.
- 7. ΒΡѠΜΑCΙ ΚΑΙ ΠΟΜΑCΙ : D*** ΒΡѠΜΑCΙΝ ΚΑΙ ΠΟΜΑCΙΝ.
- 9. ΔΙΚΑΙѠΜΑ : D** et D*** ΚΑΙ ΔΙΚΑΙѠΜΑCΙΝ.
- 10. ΜЄΧΡΙ : D*** ΜЄΧΡΙC.
- 13. ΓЄΝΟΜЄΝѠΝ : D*** ΜЄΛΛΟΝΤѠΝ.
- 14. ΜΙΖΟΝΟC : D** ΜЄΙΖΟΝΟC.
- 15. ΤЄΛΙΟΤЄΡΑC : D*** ΤЄΛЄΙΟΤЄΡΑC.
503. 1. ЄΥΡΟΜЄΝΟC : D*** ЄΥΡΑΜЄΝΟC. In latinis est AETERNIS; item v. 8. SPM SANCTI; v. 20. ACCIPIENT.
- 3. CΠΟΔΟΝ : D** et D*** CΠΟΔΟC.
- 4. ΚЄΚΟΙΜΗΜЄΝΟΥC : Wetstenius ΝΗ pro ΜΗ legit, sed M non dubium est. D** et D*** correxerunt ΚЄΚΟΙΝѠΜЄΝΟΥC.
- 8. ΑΓΙΟΥ : D*** ΑΙѠΝΙΟΥ.
- 9. ΠΡΟCΗΝЄΝΚЄΝ : D*** ΠΡΟCΗΝЄΓΚЄΝ.
- 11. ΟC : D*** delevit. Idem CΥΝЄΙΔΗCΙΝ ΥΜѠΝ scripsit.
- 13. ΤѠ ΘѠ ΤѠ ΖѠΝΤΙ : D*** delevit utrumque ΤѠ.
- 15. ΜЄCЄΙΤΗC : D** ΜЄCΙΤΗC.
504. 1. AETERNA : sic. Item v. 6. VALE; v. 11. SECVNDVM LEGIS; v. 18. OMNE.
- 2. ΘΑΝΑΤΟΥ : D*** ΘΑΝΑΤΟΝ.
- 6. ЄΠΙ : D** ЄΠЄΙ. ΤΟΤЄ : D** et D*** ΠΟΤЄ.
- 8. ΟΔЄΝ : D** et D*** ΟΘЄΝ. Iidem ΟΥΔЄ pro ΟΥΔЄΝ. Praeterea D*** delet ΔΙΑΘΗΚΗ.
- 9. ЄΝΚЄΚΑΙΝΙCΤΑΙ : D** -ΝЄΙCΤΑΙ, sed D*** rursus -ΝΙCΤΑΙ.
- 10. ΑΛΗΘΟΙCΗC : D** et D*** -ΘЄΙCΗC. Praeterea D*** delet ΤΗC.
- 11. ΚΑΤΑ ΤΟΝ ΝΟΜΟΝ : D*** ΚΑΤΑ ΝΟΜΟΝ ΥΠΟ.
- 20. ЄΝЄΤΙΛΑΤΟ : D** ЄΝЄΤЄΙΛΑΤΟ.
505. 1. ΛΙΤΟΥΡΓΙΑC : D*** ΛЄΙΤΟΥΡΓΙΑC.
- 2. ЄΡΑΝΤΙCЄΝ : D*** ЄΡΡΑΝΤΙCЄΝ.
- 3. IN SANGVINI : sic. Antea v. 2. SANGVINEM; v. 4. EMVNDATVR; v. 9. EXEMPLARIO; v. 16. EXEMPLARIVM; v. 19. PERSAE.
- 4. ΚΑΘΑΡΙΖЄΤЄ : D** et D*** -ΖЄΤΑΙ.
- 11. ΚΑΘΑΡΙΖЄΤЄ : D** et D*** -ΖЄCΘΑΙ.
- 12. ΚΡΙΤΤΟCΙ : D*** ΚΡЄΙΤΤΟCΙΝ.
- 13. ΤΑΥΤΗC : D** et D*** ΤΑΥΤΑC.
- 15. ΧC : D** et D*** Ο ΧC.
- 16. ΑΛΗΘΙΝѠΝ : D** -ΘЄΙΝѠΝ, D*** rursus -ΘΙΝѠΝ.

505. 17. ΙC : D** et D*** ЄΙC.
- 18. ЄΝΦΑΝΙCΘΗΝΑΙ : D*** ЄΜΦΑΝΙCΘΗΝΑΙ.
506. 5. ЄΠΙ : D** ЄΠЄΙ. ΠΟΛΛΑ : D** et D*** ΠΟΛΛΑΚΙC. ΠΑΘΙΝ : D** et D*** ΠΑΘЄΙΝ.
- 8. CΥΝΤЄΛΙΑ : D** CΥΝΤЄΛЄΙΑ.
- 9. ΑΜΑΡΤΙѠΝ : D*** ΑΜΑΡΤΙΑC.
- 10. ΠЄΦΑΝЄΡѠΤЄ : D** et D*** -ΤΑΙ.
- 11. STATVVM : sic.
- 13. ΑΠΟΘΑΝΙΝ : D** et D*** -ΝЄΙΝ.
- 16. ΠΡΟCЄΝЄΧΘΙC : D** et D*** -ΧΘЄΙC.
- 17. ΑΝЄΝЄΝΚЄΙΝ : D*** ΑΝЄΝЄΓΚЄΙΝ.
- 19. ЄΚΔЄΧΟΜЄΝΟΙC : D** et D*** ΑΠЄΚΔЄΧ.
507. 4. ΑΙC : D*** ΑC. In latinis est QVIBVS OFFERENT, item v. 8. NECESSANSENT; v. 11. CONSCIENTIA; v. 13. PVRGARI.
- 6. ΔΥΝΑΤΑΙ : D** ΔΥΝΑΝΤΑΙ, sed D*** rursus ΔΥΝΑΤΑΙ.
- 7. ΚΑΘΑΡΙCΑΙ : D*** ΤЄΛЄѠCΑΙ. Sic.
- 8. ЄΠΙ : D** et D*** ЄΠЄΙ.
- 10. ЄΧЄΙΝ : D*** addidit ЄΤΙ.
- 11. CΥΝΙΔΗCΙΝ : D*** CΥΝЄΙΔΗCΙΝ.
- 12. ΔЄ : D*** delevit.
- 13. ΚЄΚΑΘΑΡΙCΜЄΝΟΥC : id a correctore mutatum esse, Wetstenius per errorem notavit.
- 14. ΑΝΑΜΝΗCЄΙC : D** et D*** ΑΝΑΜΝΗCΙC.
- 15. ΓΙΝЄΤΑΙ : D*** delevit.
508. 4. ΗΥΔΟΚΗCΑC : D*** ЄΥΔΟΚΗCΑC. In latinis est PROPTER PECCATO; item v. 17. FACIAT.
- 5. ЄΓѠ : D*** erasit; fortasse iam D** improbavit.
- 7. ΓΑΡ : D** et D*** deleverunt. D^{nov} restituit.
- 10. ΘΥCΙΑC et ΠΡΟCΦΟΡΑC : D*** -CΙΑΝ et -ΡΑΝ.
- 13. ΗΥΔΟΚΗCΑC : D*** ЄΥΔΟΚΗCΑC.
509. 1. ΔΙΑ : D*** ΟΙ ΔΙΑ. Item D** et D*** CѠΜΑΤΟC pro ΑΙΜΑΤΟC. In latinis est PER OBLATIONIS; item v. 3. PRAESTVS EST; item v. 8. VNAM.
- 4. ΛΙΤΟΥΡΓѠΝ : D*** ΛЄΙΤΟΥΡΓѠΝ, praetereaque D** et D*** addunt ΚΑΙ.
- 7. ΠЄΡΙΛΙΛЄΙΝ : D** et D*** ΠЄΡΙЄΛЄΙΝ.
- 8. ΟΥΤΟC : D*** ΑΥΤΟC.
- 15. ΤЄΤЄΛΙѠΚЄΝ : D*** ΤЄΤЄΛЄΙѠΚЄΝ.
- 20. ΔЄ : D** et D*** ΓΑΡ.
- 21. ΔЄ : D** et D*** improbarunt.
510. 2. POS : sic. Item v. 5. EIVS, v. 6. PECCATIS, v. 12. AD INTROITVS.

Pag. Vers.

510. 4. THN ΔΙΑΝΟΙΑΝ : D** et D*** TωΝ ΔΙΑΝΟΙωΝ.

- 6. ΑΜΑΡΤΙωΝ : D*** addidit ΑΥΤωΝ.

- 8. ΜΝΗCΘΗCΟΜΑΙ : D*** ΜΝΗCΘω.

- 12. ΙCΟΔΟΝ : D** et D*** ЄΙCΟΔΟΝ.

- 14. ЄΝЄΚЄΝΙCЄΝ : D** et D*** ЄΝЄΚΑΙΝΙCЄΝ.

- 15. ΖωCΑΝ : D** et D*** ΚΑΙ ΖωCΑΝ.

- 17. ΔΙΑ : D** et D*** deleverunt.

511. 2. ΡЄΡΑΝΤΙCΜЄΝΟΙ : D*** ЄΡΡΑΝΤΙCΜ. In latinis est ADSPARSI A CORDA; item v. 1. FIDE; v. 6. CONFESSIONE INPREVARICABILEM; v. 13. ET CONSVETVDINI; v. 20. POST ACCEPTA NOTITIA.

- 4. ΛЄΛΟΥCΜЄΝΟΙ : D*** ΛЄΛΟΥΜЄΝΟΙ.

- 7. ЄΠΑΓΓΙΛΑΜЄΝΟC : D** ЄΠΑΓΓЄΙΛ.

- 11. ΚΑΤΑΛΙΠΟΝΤЄC : D** ΚΑΤΑΛЄΙΠΟΝΤЄC, D*** ЄΓΚΑΤΑΛЄΙΠΟΝΤЄC.

- 13. ЄCΤΙΝ : D*** delevit.

- 20. ΛΑΒΙΝ : D** et D*** ΛΑΒЄΙΝ.

512. 1. ΠЄΡΙΛΙΠЄΤΑΙ : D*** ΑΠΟΛЄΙΠЄΤΑΙ.

- 2. PECCATIS HOSTIA : sic. Item v. 3. HORRIBIS, item QVIDAM EXECRATIO IVDICI; v. 7. RELIQVE LEGE; v. 11. DETERIORA; v. 16. $\overline{\text{SPS}}$; v. 18. VINDICAS.

- 2. ΘΥCΙΑΝ : D*** ΘΥCΙΑ. Idem ΑΜΑΡΤΙωΝ. Idem delet ΠΡΟCЄΝЄΝΚΙ̅.

- 8. ΚΑΙ ΔΑΚΡΥωΝ : D*** improbavit.

- 11. ΔΟΚЄΙΔЄ : D** et D*** ΔΟΚЄΙΤЄ.

- 19. ΑΝΤΑΠΟΔωCω : D*** addit ΛЄΓЄΙ ΚΥΡΙΟC.

- 21. ΚΡΙΝЄΙ : D*** ultimam circumflexo notavit.

513. 1. ЄΝΠЄCЄΙΝ : D*** ЄΜΠЄCЄΙΝ.

- 3. ΑΝΑΜΙΜΝΗCΚЄCΘΑΙ : D** et D*** -CΘЄ.

- 4. ΤΑΙC ΠΡΟΤЄΡΑΙC ΗΜЄΡΑΙC : D** et D*** ΤΑC ΠΡΟΤЄΡΑC ΗΜЄΡΑC.

- 6. ΥΠЄΜΙΝΑΤЄ : D** et D*** ЄΙ pro Ι. In latinis est SVSTINVISTI; item v. 1. HORRIBILEM; v. 9. ANGVSTIA; v. 11. ETALITER CONSERVANTIVM; v. 18. MELIORE.

- 8. ΟΥΤΟ : D** et D*** ΤΟΥΤΟ. Item D*** ΟΝЄΙΔΙCΜΟΙC.

- 9. ΟΝΙΔΙΖΟΜЄΝΟΙ : D*** ΘЄΑΤΡΙΖΟΜЄΝΟΙ. De Sangermanensi scriptura inepta cf. Prolegg. p. XXVI.

- 13. ΔЄCΜΙΟΙC : D*** ΔЄCΜΟΙC ΜΟΥ.

- 16. 17. ΠΡΟCЄΔЄΞΑCΘΑΙ et ΓЄΙΝωCΚΟΝΤЄC : D** -CΘЄ et ΓΙΝωCΚ.

- 18. ΚΡΙΤΤΟΝΑ : D*** ΚΡЄΙΤΤΟΝΑ. Idem post ΥΠΑΡΞΙΝ addit ЄΝ ΟΥΡΑΝΟΙC.

513. 20. ΑΠΟΛΥΗΤЄ : D** et D*** ΑΠΟΒΑΛΗΤЄ (D** ut videtur -ΒΑΛЄΤЄ).

514. 3. ΧΡΙΑΝ : D** et D*** ΧΡЄΙΑΝ. In latinis est PERSEVERANTIS, item v. 1. MAGNA, item v. 4. VOLVNTATEM et CONSVMMATAM, item v. 7. VENTVRIS, v. 10. SVBTRAHENT, v. 15. RENASCENTI, v. 16. ISPIRANTIVM, v. 19. IN TESTIMONIVM.

- 5. ΚΟΜΙCΗCΘΑΙ : D*** -CΘЄ. ЄΠΑΝΓЄΛΙΑΝ : ex Ν correctum est Γ, rursusque restitutum Ν. Illud in D***, hoc in D^nov pro more cadere videtur.

- 6. ЄΤЄΙ et ΜЄΙΚΡΟΝ : D** et D*** bis Ι pro ЄΙ.

- 7. ΟΘЄΝ : D*** ΟCΟΝ ΟCΟΝ. Alterum ΟCΟΝ ex ΟΘЄΝ iam D** fecit, praetereaque signo post v. 6. posito alterum ΟCΟΝ indicasse videtur. Uterque corrector etiam Ο ЄΡΧΟΜЄΝΟC.

- 8. ΧΡΟΝΙCЄΙ : D*** ΧΡΟΝΙЄΙ.

- 9. ΜΟΥ : D*** delevit.

- 10. Hic versus in utroque textu omissus erat, sed ipsa prima manu suppletus est.
ΥΠΟCΤΙΛΗΤЄ : D** et D*** ΥΠΟCΤЄΙΛΗΤΑΙ.

- 11. ЄΥΔΟΚΙ : D** -ΚЄΙ. Idem Η ΨΥΧΗ ΜΟΥ, sed D*** rursus abstulit signa transpositionis.

- 12. 13. ΗΜΙC : D** et D*** ΗΜЄΙC. Item D** ΑΠωΛЄΙΑΝ.

- 17. ΥΠΟCΤΑCΙΝ : D** et D*** -CΙC.

- 22. ΚΑΤΗΡΤΙCΘΑΙ : D** -ΤЄΙCΘΑΙ, sed D*** rursus delevit Є invectum.

515. 3. ΤΟ ΒΛЄΠΟΜЄΝΟΝ : D*** ΤΑ ΒΛЄΠΟΜЄΝΑ. In latinis est FACTIS, item v. 6. PER QVA (talia non rara), item v. 8. PERHIBENTEM, item v. 10. NOMINANTVR, item v. 13. INVENIEBAMVR.

- 4. ΠΙCΤΙ ΠΛΙΟΝΑ : D** et D*** ΠΙCΤЄΙ ΠΛЄΙΟΝΑ.

- 5. ΚΑЄΙΝ : D** et D*** ΚΑΙΝ.

- 8. Τω $\overline{\text{ΘΩ}}$: D** et D*** ΤΟΥ $\overline{\text{ΘΥ}}$.

- 9. ΔΙΑ ΤΑΥΤΗC : D*** ΔΙ ΑΥΤΗC.

- 11. ΑΙΝωΧ : D** et D*** ЄΝωΧ.

- 13. ΗΥΡΙCΚЄΤΟ : D*** ЄΥΡΙCΚЄΤΟ.

- 14. ΜЄΤЄΘΗΚЄΝ : D** et D*** ΜЄΤЄΤЄΘΗΚЄΝ. Sic.

- 15. ΜЄΤΑΘЄCЄωC : D*** et pro signo apposito iam D** addunt ΑΥΤΟΥ.

- 16. ΜЄΜΑΡΤΥΡΗΤЄ : D** -ΤΑΙ.

- 20. Τω : punctis superpositis improbat D**; sed D*** nullo illorum respectu habito circumflexum ponit.

516. 2. ΠΙCΤΙ ΧΡΗΜΑΤΙCΘΙC : D** et D*** -CΤЄΙ et -CΘЄΙC.

Pag. Vers.

516\. 4. ЄΥΛΑΒΗΘΙC : D** -ΘЄΙC. Item D** et D*** ΚΙΒѠΤΟΝ.

\- 9. ΠΙCΤΙ : D** et D*** ΠΙCΤЄΙ. Praeterea D*** delevit articulum Ο qui sequitur.

\- 10. ΤΟΠΟΝ : D*** praeponit ΤΟΝ. Idem scribit ЄΞЄΛΘЄΙΝ.

\- 11. ЄΜЄΛΛЄΝ : D*** ΗΜЄΛΛЄΝ. Item D** ΛΑΜΒΑΝЄΙΝ.

\- 15. ΚΑΙ ΠΑΡѠΚΗCЄΝ : D*** ΠΙCΤЄΙ ΠΑΡѠΚΗCЄΝ ΑΒΡΑΑΜ. Praeterea idem obelis notavit ΤΗΝ, etsi accentum posuerat.

\- 18. ΙCΑΚ : D*** ΙCΑΑΚ.

\- 20. ΑΥΤΟΥ : D*** ΤΗC ΑΥΤΗC.

517\. 1. QVE : sic.

\- 3. CΤΙΡΑ : D** Η CΤЄΙΡΑ. D*** totum verbum delevit. Praeterea Є in ΔΥΝΑΜЄΙΝ deletum est.

\- 5. ЄΙC ΤΟ ΤЄΚΝѠCΑΙ : haec D*** improbavit.

\- 6. ΠΑΡΑ : D*** ΚΑΙ ΠΑΡΑ. Idem post ΗΛΙΚΙΑC addidit ЄΤЄΚЄΝ.

\- 7. ЄΠΙ : D** ЄΠЄΙ.

\- 8. ЄΠΑΝΓΙΛΑΜЄΝΟΝ : D*** ΓΓ pro ΝΓ, quod D[nov] instaurat. Porro D** et D*** ЄΙ pro Ι.

\- 9. ЄΓЄΝΗΘΗCΑΝ : D*** et ut videtur iam D** ЄΓЄΝΝΗΘΗCΑΝ.

\- 13. ΚΑΘѠC : D*** et fortasse iam D** ѠC. Praeterea post ΑΜΜΟC D*** addidit Η ΠΑΡΑ ΤΟ ΧЄΙΛΟC.

\- 19. ЄΙΔΟΝΤЄC : D** et D*** ΙΔΟΝΤЄC.

518\. 1. ΚΑΙ ΠΑΡΟΙΚΟΙ : haec deleverunt D** et D***

\- 5. ЄΝΦΑΝΙΖΟΥCΙΝ : D*** ЄΜΦ.

\- 6. ΖΗΤΟΥCΙΝ : D*** ЄΠΙΖΗΤΟΥCΙΝ.

\- 7. ΜΝΗΜΟΝЄΥΟΥCΑΝ : extrema in ligatura codicis latent. D*** ЄΜΝΗΜΟΝЄΥΟΝ.

\- 8. ЄΞЄΒΗCΑΝ : D*** ЄΞΗΛΘΟΝ.

\- 9. ЄΙΧΟΝ : D** et D*** addunt ΑΝ.
ΑΝΑΚΑΝΨΑΙ : D** et D*** -ΜΨΑΙ.

\- 10. ΚΡΙΤΤΟΝΟC : D*** ΚΡЄΙΤΤΟΝΟC.

\- 12. ЄΠЄCΧΥΝЄΤΑΙ : D** et D*** ЄΠΑΙCΧ.

\- 13. ΘC̄ : hoc D*** ante ЄΠΙΚΑΛЄΙCΘΑΙ ponit.

\- 15. ΠΙCΤΙ : D** et D*** ΠΙCΤЄΙ. ΙCΑΚ : D*** ΙCΑΑΚ.

\- 17. ΜΟΝΟΓЄΝΗΝ : Ν finale delevit D***, itemque ut videtur iam D**.

\- 20.21. ЄΝ ΙCΑΚ : D*** ΟΤΙ ЄΝ ΙCΑΑΚ.

519\. 3. ΔΥΝΑΤΟC : D** ΔΥΝΑΤΑΙ, sed D*** restituit -ΤΟC.

\- 6. ΠΙCΤΙ : D** et D*** ΠΙCΤЄΙ. ΚΑΙ : D*** delevit.

519\. 7. ΙCΑΚ : D*** ΙCΑΑΚ.

\- 9.14. ΠΙCΤΙ : D** et D*** bis ΠΙCΤЄΙ.

\- 20. ΠΙCΤΙ : D** et D*** ΠΙCΤЄΙ. ΜѠΥCΗC : Υ erasum est, a D*** ut videtur. ΓЄΝΝΗΘΙC : D** -ΘЄΙC. In latinis est QVAM.

520\. 2. ΑCΤΙΟΝ : D** et D*** ΑCΤЄΙΟΝ.

\- 5-8. D** ΠΙCΤЄΙ et ΑΝЄΙΛЄΝ. D*** vero hos quattuor versus delendos esse significavit eo quod nullis eos accentibus instruxit, iis quos iam posuerat versu 5. rursus deletis. Iam etiam Υ in ΜѠΥCΗC exstinxerat.

\- 9. ΠΙCΤΙ : D** ΠΙCΤЄΙ.

\- 12. ΑΙΛΟΜЄΝΟC : D** et D*** ЄΛΟΜЄΝΟC.

\- 13. CΥΝΚΑΚΟΥΧЄΙCΘΑΙ : D*** CΥΓΚ. D[nov] restituit CΥΝΚ.

\- 14. TEMPORALE et PECCATVM : sic. Item antea POPVLO et v. 11. FILIVS. Item v. 17. AEGYPTVM, v. 20. REMVNERATIONE et v. 21. RELINQVIT.

\- 15.18.21. ΜΙΖΟΝΑ, ΟΝΙΔΙCΜΟΝ, ΠΙCΤΙ : D** (et D***) ΜЄΙΖΟΝΑ, ΟΝЄΙΔΙCΜΟΝ, ΠΙCΤЄΙ

521\. 1. ΦΟΒΗΘΙC : D** et D*** -ΘЄΙC.

\- 2. QVOD : sic. Item v. 4. PASCHAN, v. 6. NE QVE SVBASTABAT, v. 7. PRIMITIVAM, v. 11. SPERTI, v. 13. RVERVERVNT, v. 19. EIM, v. 20. INARRANDO.

\- 3. Post ΟΡѠΝ duae litterae penitus erasae sunt; sed non videntur, ut Wetstenius coniecit, ΤΑ fuisse.

\- 4.8.15. ΠΙCΤΙ : D** et D*** ter ΠΙCΤЄΙ.

\- 7. ΘΙΓΗ : D** ΘЄΙΓΗ, sed D*** rursus ΘΙΓΗ.

\- 10. ΓΗC : D*** delevit.

\- 11. ΠΙΡΑΝ : D** et D*** ΠЄΙΡΑΝ.

\- 13. ΤΙΧΗ : D*** ΤЄΙΧΗ. Idem (itemque iam D**?) ЄΠЄCЄΝ.

\- 16. ΑΠΙΘΗCΑCΙΝ : D** ΑΠЄΙΘΗCΑCΙΝ.

\- 19. ΤΙ : D** et D*** ΤΙ ЄΤΙ. ЄΠΙΛΗΝΨΙ ΜЄ ΓΑΡ : D*** ЄΠΙΛЄΙΨЄΙ ΓΑΡ ΜЄ. Sed etiam iam D** locum attigisse videtur.

\- 21. ΔЄ : D*** exstinxit. ΚΑΙ ΒΑΡΑΚ : D*** addidit ΤЄ, videturque improbasse ΚΑΙ eo quod nullum accentum posuit.

522\. 1. CΑΜΨѠ : D*** CΑΜΨѠΝ. In latinis est SAMPSONI, item v. 2. DAVIDQVI.

\- 2. ΔΑΥЄΙΔ : Є (a solo D*** ut videtur) erasum est.

\- 6. ΗΡΓΑCΑΝΤΟ : D*** ЄΙΡΓΑCΑΝΤΟ.
ΔΙΚΑΙΟCΥΝΗ : D** et D*** ΔΙΚΑΙΟCΥΝΗ̄.

Pag. Vers.

522. 8. CTOMⲀ : D** et D*** CTOMⲀTⲀ.

- 10. MⲀXⲀIPHC : D*** MⲀXⲀIPⲀC.

- 11. ЄΔYNⲀMⲰΘHCⲀN : D** et D*** ЄNЄΔYNⲀMⲰΘHCⲀN. Iidem ⲀCΘЄNЄIⲀC.

- 13. ΠⲀPЄNBOΛⲀC : D** et D*** ΠⲀPЄMBOΛⲀC.

- 14. ΓYNⲀIKⲀC : D** et D*** ΓYNⲀIKЄC.

- 16. ⲀΠЄTYNΠⲀNICΘHCⲀN : D** et D*** deleverunt ⲀΠ (D^{nov} instaurat); item D*** scripsit MΠ pro NΠ.

- 18. KPITTONOC : D*** KPЄITT.

- 20. ЄNΠЄΓMⲀTⲰN : D** ЄNΠⲀIΓMⲰN, D*** ЄMΠⲀIΓMⲰN. D^{nov} instaurandis prioribus operam dedit.

- 17. 20. DELICIIS et LVDIBRIAE : sic.

523. 3. ЄΠIPⲀCΘHCⲀN : D** et D*** ЄΠPICΘHCⲀN.

- 4. ЄΠIPⲀCΘHCⲀN : D** ЄΠЄIPⲀCΘHCⲀN.
MⲀXⲀIPHC : D*** MⲀXⲀIPⲀC.

- 9. KⲀKOYXOYMЄNOI : D*** et fortasse iam D** KⲀKOXOYMЄNOI. In latinis est ANGVSTITATIS ET DOLORIS; item v. 12. SPELVCIS; v. 21. TANTA.

- 12. OPЄCЄI : D** OPЄCIN, item D***. D^{nov} instaurandae priori scripturae studuit, sed inepte.

- 15. ЄMICⲀNTO : correctum est iam ante D*** — is enim spiritum et accentum apposuit — ЄKOMICⲀNTO. Videtur D^{**c} correxisse.

- 16. TOY $\overline{\Theta\Upsilon}$: D*** apposuit ΠЄPI HMⲰN.

- 17. KPITTON : D*** KPЄITTON. Idem hoc loco ΠЄPI HMⲰN delevit.

- 19. TЄΛIⲰΘⲰCIN : D*** TЄΛЄIⲰΘⲰCIN.

524. 2. ONKON : D*** OΓKON. D^{nov} instaurat prius.

- 3. DEPOSITIS OMNIA : sic. Item v. 4. FRAGILEM; v. 11. CONFVSIONIS; v. 17. PECTORIBVS; v. 18. ADVERSITATE.

- 6. ΠPOKIMЄNON : D** et D*** ΠPOKЄIMЄNON.

- 9. TЄΛIⲰTHN : D*** TЄΛЄIⲰTHN.

- 11. YΠЄMINЄ : D** YΠЄMЄINЄ. (Idem -NⲀI correxisse, sed errore animadverso -NЄ restituisse videtur.) D*** YΠЄMЄINЄN. TON : D** et D*** deleverunt. D^{nov} revocat.

- 15. ⲀNⲀΛOΓICⲀCΘⲀI : D** et D*** -CΘЄ.

- 16. TOIⲀYTHN : D*** et pro signo ad v. 15. apposito iam D** TON TOIⲀYTHN.

- 17. ⲀΠO : D*** YΠO.

- 18. Hunc versum D*** improbavit eiusque loco ad v. 17. apposuit ЄIC ⲀYTON ⲀNTIΛOΓIⲀN.

Pag. Vers.

524. 20. ЄKΛЄΔYMЄNOI : D** et D*** ЄKΛYOMЄNOI. D^{nov} instaurat priorem scripturam.

- 21. ΓⲀP : D** et D*** deleverunt. Praeterea D*** scripsit MЄXPIC.

525. 1. RESTITVIT : sic. Item v. 5. NECLEGERE DISCIPLINA; v. 10. PERSEVERARE; v. 19 sq. OPTEMOPERABIMVS PATRIS.

- 3. ЄKΛЄΛHCΘⲀI : D** et D*** -CΘЄ. Iidem deleverunt ΠⲀPⲀ.

- 5. YIЄ : D*** addit MOY. OΛIΓⲰPI ΠⲀIΔIⲀC : D** -PЄI, D*** -ΔЄIⲀC.

- 9. ΠⲀIΔIⲀN : D*** ΠⲀIΔЄIⲀN.

- 10. YΠOMЄINⲀTЄ (sic) : D*** YΠOMЄNЄTЄ.

- 13. ЄCTⲀI : D** et D*** ЄCTЄ. Item D*** ΠⲀIΔIⲀC.

- 15. KⲀI OYX YIOI ЄCTЄ : D** ЄCTЄ ante KⲀI poni voluit; D*** rursus delevit signa transpositionis.

- 19. ΠOΛY ΔЄ : D*** ΠOΛΛⲰ, deleto ΔЄ.

526. 2. ЄΠⲀIΔЄYЄN HMⲀC : haec D** post versum 3. (post ⲀYTOIC) poni voluit; item D*** transpositionis signa intacta reliquit. D*** vero correxit ЄΠⲀIΔЄYON et delevit HMⲀC.

- 3. KⲀI TⲀ ΔOKOYNTⲀ : D** et D*** KⲀTⲀ TO ΔOKOYN.

- 4. CYNΦЄPON : D*** CYMΦ.

- 5. MЄTⲀΛⲀBIN : D** et D*** -BЄIN.

- 6. ΠⲀCⲀ ΠⲀIΔIⲀ : D*** ΠⲀCⲀ ΔЄ ΠⲀIΔЄIⲀ. In latinis est OMNI et DISCIPLINAE, item NON SE; item v. 11. IIVSTITIAE; item v. 15. RECTVS; item v. 21. QVO NEMO (videtur QVOSINENEMO vetus interpres africanus dedisse).

- 10. ⲀYTOIC : D** et D*** ⲀYTHC.

- 12. ΠⲀPIMЄNⲀC : D** ΠⲀPЄIMЄNⲀC.

- 21. OYΔIC : D** OYΔЄIC.

527. 2. INⲀ : D** et D*** deleverunt.

- 8. HCⲀY : D** et D*** addunt OC.

- 9. ⲀYTOY : D** et D*** ЄⲀYTOY.

- 10. MЄTЄΠITⲀ : D** MЄTЄΠЄITⲀ.
ΛЄΓⲰN : D** et D*** ΘЄΛⲰN.

- 13. PAENITENTIA : sic.

- 16. KЄKⲀΛYMMЄNⲰ : D** et D*** KⲀI KЄKⲀYMЄNⲰ.

- 17. ZOΦⲰ : D** et D*** CKOTⲰ.

528. 3. ΘIΓH : D** ΘЄIΓH, D*** rursus ΘIΓH.

- 4. OY : D** et D*** OYTⲰC.

Pag. Vers.

528. 6. ЄΚΤΡΟΜΟϹ : D*** ЄΝΤΡ. De D** non satis liquet.
- 7. ϹЄΙѠΝ : D** et D*** ϹΙѠΝ. In latinis est ACCESSISSETIS; item v. 9. Ι̅Η̅Μ̅; v. 11. ECCLESIA, v. 14. FVNDITORVM; v. 16. SPONSORE; v. 17. SANGVINIS; v. 20. VIDETE NECLEGATIS.
- 8. ΠΟΛΙ : D** ΠΟΛЄΙ, D*** ΚⲀΙ ΠΟΛЄΙ.
- 9. Ι̅Η̅Μ̅ : D** ante ЄΠΟΥΡⲀΝΙѠ poni voluit; sed D*** transpositionis signa rursus abstulit.
- 10. ΜΥΡΙѠΝ : D** et D*** ΜΥΡΙⲀϹΙΝ. Praeterea D*** delevit ⲀΓΙѠΝ.
- 14. ΚΡΙΤΗ : Τ ab ipsa prima manu super C scriptum est. Iam vero C a correctore penitus erasum est. Π̅Ν̅Ι̅ : D** et D*** Π̅Ν̅ⲀϹΙΝ.
- 15. ΤЄΘЄΜЄΛΙѠΜЄΝѠΝ : D** ΤЄΤЄΛΙѠΜЄΝѠΝ, D*** ΤЄΤЄΛЄΙѠΜЄΝѠΝ. D^nov instaurat primam lectionem.
- 16. ΜЄϹΙΤΗϹ : deleto C restitutum est ΜЄϹΙΤΗ, a D** et D*** ut videtur.
- 18. ΚΡΙΤΤΟΝ : D*** ΚΡЄΙΤΤΟΝ.
- 20. ΠⲀΡЄΤΗϹΗϹΘⲀΙ : D** -ϹΘЄ.
- 21. ΥΜЄΙΝ : D** ΥΜΙΝ; D***, etsi iam accentum posuerat, delevit.

529. 1 sq. IN TERRĀ VENIA et PRAESTANTEM; item v. 4. AVERTIMVR; v. 5. TERRA; v. 7. EEGO; v. 16. METVETV.
- - ЄΦΥΓⲀΝ : D*** ЄΦΥΓΟΝ.
- 2. ΠⲀΡЄΤΗϹⲀΜЄΝΟΙ : D*** ΠⲀΡⲀΙΤ.
- 3. ΠΟΛΥ : D*** ΠΟΛΛѠ.
- 7. ϹΙѠ : D** et D*** ϹЄΙѠ. ΛЄΓЄΙ : D*** delevit.
- 10. ΜЄΤⲀΘЄϹΙΝ : D*** praeposuit ΤΗΝ.
- 12. ΜΙΝΗ : D** et D*** ΜЄΙΝΗ.
- 13. ΒⲀϹΙΛΙⲀΝ : D** et D*** -ΛЄΙⲀΝ.
- 15. ЄΥΧⲀΡΙϹΤѠϹ : D*** ЄΥⲀΡЄϹΤѠϹ.
- 16. ЄΥΛⲀΒΙⲀϹ ΚⲀΙ ΔЄΟΥϹ : D** et D*** ЄΥΛⲀΒЄΙⲀϹ ΚⲀΙ ⲀΙΔΟΥϹ.
- 17. Κ̅Ϲ̅ : D** et D*** ΚⲀΙ.
- 21. ЄΠΙΛⲀΝΘⲀΝЄϹΘⲀΙ : D** -ϹΘЄ.

530. 3. ΔЄΔЄΜЄΝѠΝ : D*** et ut videtur iam D** ΔЄϹΜΙѠΝ.
- 4. ΚⲀΚΟΥΧΟΥΜЄΝѠ̅ : D*** ΚⲀΚΟΧΟΥΜЄΝѠ̅.
- 6. ΤЄΙΜΙΟϹ : D** et D*** ΤΙΜΙΟϹ. In latinis est VENERABILEM; item v. 8. ENIM ADVLTEROS; v. 14. AVDIENTE.

530. 8. ΓⲀΡ : D*** ΔЄ. Item D** et D*** ΚΡΙΝЄΙ. D*** ultimam circumflexo notat.
- 13. ЄΝΚⲀΤⲀΛΙΠѠ : D*** ЄΓΚⲀΤⲀΛЄΙΠѠ.
- 14. ΛЄΓΙΝ : D** ΛЄΓЄΙΝ.
- 18. ΠΡΟΗΓΟΥΜЄΝѠ̅ : D*** ΗΓΟΥΜЄΝѠΝ ΥΜѠΝ.

531. 1. ΜЄΙΜΙϹΘⲀΙ : D** et D*** ΜΙΜЄΙϹΘⲀΙ. In latinis est X̅P̅I̅; item v. 7. EQVAM; v. 10. HOSTIA; v. 11. DE QVO HERERE; v. 13. ALIVM.

531. 2. ЄΧΘЄϹ : D*** ΧΘЄϹ.
- 3. ⲀΜΗΝ : D*** delevit.
- 5. ΠⲀΡⲀΦЄΡЄϹΘⲀΙ : D** -ϹΘЄ.
- 9. ΠЄΡΙΠⲀΤΟΥΝΤЄϹ : D*** ΠЄΡΙΠⲀΤΗϹⲀΝΤЄϹ.
- 11. ΦⲀΓΙΝ : D** et D*** ΦⲀΓЄΙΝ. Post ЄΧΟΥϹΙΝ D*** addidit ЄΞΟΥϹΙⲀΝ : cuius additamenti iam D** signum adpinxerat.
- 13. ЄΙϹΦЄΡЄΤЄ : D** ЄΙϹΦЄΡЄΤⲀΙ. ΖѠΟΝ : D** et D*** ΖѠѠΝ.
- 17. ΚⲀΤⲀΝⲀΛΙϹΚΟΝΤⲀΙ : D** et D*** ΚⲀΤⲀΚⲀΙЄΤⲀΙ, quod D** ex ipso ΚⲀΤⲀΝⲀΛΙϹΚΟΝΤⲀΙ fecit, D*** vero versu 17. obelis notato ad finem versus 16. apposuit.
- 18. ΠⲀΡЄΝΒΟΛΗϹ : D** et D*** ΠⲀΡЄΜΒ.

532. 3. ΟΝΙΔΙϹΜΟΝ : D*** ΟΝЄΙΔΙϹΜΟΝ.
- 4. ΜЄ : deletum est a D** et D***, sed iam ab ipsa prima manu notam habuisse videtur.
- 7. ⲀΥΤΟΥ : D*** addit ΟΥΝ. Iam D** signum posuerat.
- 12. ΔЄΥΠΟΙΙⲀϹ : D*** ΔЄ ЄΥΠΟΙΙⲀϹ.
- 13. ΤΗϹ : D*** improbavit.
- 14. ЄΠΙΛⲀΝΘⲀΝЄϹΘⲀΙ : D** et D*** -ϹΘЄ.
- 16. ЄΥⲀΡЄϹΤЄΙΤЄ : D** ЄΥⲀΡЄϹΤЄΙΤⲀΙ.
- 17. ΠЄΙΘЄϹΘⲀΙ : D** et D*** -ϹΘЄ.
- 21. ⲀΠΟΔѠϹΟΝΤⲀΙ : D** et D*** -ϹΟΝΤЄϹ. Praeterea D*** exstinxit ΠЄΡΙ ΥΜѠ̅.

533. 4. ΠΡΟϹЄΥΧЄϹΘⲀΙ : D** et D*** -ϹΘЄ. Iidem improbant ΚⲀΙ.
- 5. ΠЄΙΘΟΜЄΘⲀ : D***, isque solus ut videtur, ΠЄΠΟΙΘⲀΜЄΝ.
- 6. ϹΥΝΙΔΗϹΙΝ : D*** ϹΥΝЄΙΔΗϹΙΝ.
- 14. ΠΟΙΜΗΝⲀ : D*** ΠΟΙΜЄΝⲀ. De D** non satis liquet.
- 17. Χ̅Ν̅ : D*** delevit. Super D̅M̅ recenti memoria scriptum est ON, ut iam sit DOMINVM.
- 18. ΗΜⲀϹ : D** et D*** ΥΜⲀϹ. Post ΠⲀΝΤΙ D*** addidit ЄΡΓѠ.

Pag. Vers.

533. 19. ΗΜΑC : D** et D*** improbarunt.

534. 4. ΑΝЄΧЄCΘΑΙ : D** -CΘЄ.

7. ΑΠЄCΤΙΛΑ : D*** -CΤЄΙΛΑ.

Pag. Vers.

534. 8. ΗΜΩΝ : D*** delevit. Iam D** improbasse videtur.

- 11. ЄΡΧΗΤЄ : D*** et ut videtur iam D** -ΤΑΙ.

- 19. ΤΩΝ ΑΓΙΩΝ : D*** ΥΜΩΝ.

SVPRA ADDE.

49, 17. ΓΑΡΟΛΟΓΟC : dele O articulum; in codice enim per incuriam omissus, nec magis a correctoribus suppletus est.

102, 1. Inter POTES et SCIRE aliquid spatii est ut facile putes recte scriptum esse POTEST. Conieceris librarium litteram T in exemplo quod ante oculos haberet non satis assecutum esse.